内蒙古自治区地方志丛书

临河区志

(1991-2016)

临河区地方志编纂委员会 编

九州出版社
JIUZHOUPRESS

图书在版编目（CIP）数据

临河区志：1991—2016 / 临河区地方志编纂委员会
编．－－北京：九州出版社，2020.11
ISBN 978－7－5108－9940－9

Ⅰ．①临… Ⅱ．①临… Ⅲ．①临河区—地方志—
1991—2016 Ⅳ．①K292.64

中国版本图书馆 CIP 数据核字（2020）第 240644 号

临河区志：1991—2016

作　　者　临河区地方志编纂委员会　编

出版发行　九州出版社

地　　址　北京市西城区阜外大街甲 35 号（100037）

发行电话　（010）68992190/3/5/6

网　　址　www.jiuzhoupress.com

电子信箱　jiuzhou@jiuzhoupress.com

印　　刷　三河市华东印刷有限公司

开　　本　880 毫米×1230 毫米　16 开

印　　张　68.5

字　　数　1855 千字

版　　次　2020 年 11 月第 1 版

印　　次　2020 年 11 月第 1 次印刷

书　　号　ISBN 978－7－5108－9940－9

定　　价　380.00 元

电子商务产业园（2016）

联邦制药（2014）

河套面粉（2014）

燕京金川年产 20 万吨啤酒项目（2013）

内蒙古临河泰亨肠衣制品有限公司生产车间（2014）

农业
Nong Ye

番茄

草莓

脱水菜

玉米

蜜瓜

浩彤农业（2015）

富硒小麦（2015）

克隆羊

巴美肉羊

富川肉羊——机械化喂养

（2014）

新华镇卫生院义诊活动

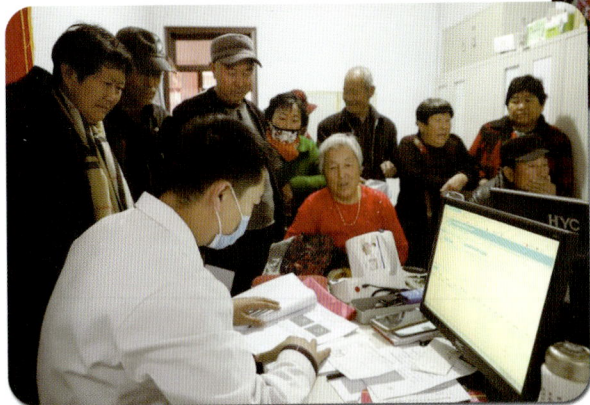

白脑包镇丹达卫生院义诊活动

曙光乡卫生院义诊活动（2016）

民办幼儿园教师能手赛

教学观摩活动

教学观摩活动

校园足球韵律操（2016）

龙舟赛（2016）

星月广场的健身队伍（2014）

国际铁人三项赛在多蓝湖开赛（2016）

马拉松赛（2016）

办年货（2015）

文化下基层活动（2014）

梨花节（2016）

交通

汽车站

火车站

沿黄公路（2014）

镜湖风光

多蓝湖（2016）

黄河大桥
（2014）

长河落日圆（2016）

九庄新村 （2014）

永济渠公园（2014）

中国十大最美乡村之富强村（2016）

临河西区全貌（2014）

景观
Jing Guan

临河区党政大楼

金川河夜景

临河街景（2014）

《临河区志（1991—2016）》评审会议全体人员合影

前排左起：王志东　　陈智瑞　　刘景平　　查干浪涛

斯日古楞　　韩　泽　　李　炯

后排左起：阿娜尔　　徐媛英　　宋超宇　　秦倩倩

李平原　　彭红梅　　张学军　　郝文强

额古勒　　赵在旺　　董丽娜

《临河区志（1991—2016）》编纂委员会

（2016 年 12 月至 2017 年 9 月）

主　任　李　理　巴彦淖尔市委常委、临河区委书记
副主任　王肇晟　临河区委副书记、政府区长
　　　　彭玉堂　临河区委副书记
　　　　张文智　临河区委常委、政府常务副区长
委　员　赵　敏　临河区委常委、纪委书记
　　　　王志强　临河区委常委、政法委书记
　　　　周鹏程　临河区委常委、组织部部长
　　　　李晓蕊　临河区委常委、宣传部部长、政府副区长
　　　　任昱东　临河区委常委、统战部部长
　　　　王　勇　临河区委常委、区委办公室主任
　　　　雷振华　临河区政府办公室主任
　　　　徐卫东　临河区财政局局长
　　　　李　炯　临河区委办公室副主任、党史地方志办公室主任
　　　　王海成　临河区政府办公室副主任

《临河区志（1991—2016）》编纂委员会办公室

（2016 年 12 月至 2017 年 9 月）

主　　　　任　李　炯
资料征集人员　詹耀中　张志国　李平原　张学军
　　　　　　　额古勒　孙　燕　温　馨

《临河区志（1991—2016）》编纂委员会

（2017年10月至2020年2月）

主　任　王肇晟　巴彦淖尔市委常委、临河区委书记
副主任　张如红　临河区委副书记、政府区长
　　　　彭玉堂　临河区委副书记
　　　　张文智　临河区委常委、政府常务副区长
委　员　王志强　临河区委常委、政法委书记
　　　　周鹏程　临河区委常委、组织部部长
　　　　任昱东　临河区委常委、统战部部长
　　　　王　勇　临河区委常委、区委办公室主任
　　　　王建宇　临河区委常委、人武部部长
　　　　苏茂荣　临河区委常委、纪委书记、监委主任
　　　　毅　恒　临河区委常委、宣传部部长
　　　　杨金平　临河区政府办公室主任
　　　　张　翼　临河区委办公室副主任、档案局局长
　　　　徐卫东　临河区财政局局长
　　　　李　炯　临河区委办公室副主任、党史地方志办公室主任
　　　　王海成　临河区政府办公室副主任

《临河区志（1991—2016）》编纂委员会办公室

（2017年10月至2020年2月）

主　任　李　炯
编纂人员　李平原　何立亭　吕春云　额古勒　张学军
　　　　　孙　燕　宋超宇

《临河区志（1991—2016）编纂委员会

（2020 年 3 月至 2020 年 10 月）

主　任　王志平　巴彦淖尔市委常委、临河区委书记
副主任　张如红　临河区委副书记、政府区长
　　　　赵　锋　临河区委副书记、双河区管委会主任
　　　　张文智　临河区委常委、政府常务副区长
委　员　王志强　临河区委常委、政法委书记
　　　　周鹏程　临河区委常委、组织部部长
　　　　任昱东　临河区委常委、统战部部长
　　　　王　勇　临河区委常委、区委办公室主任
　　　　王建宇　临河区委常委、人武部部长
　　　　苏茂荣　临河区委常委、纪委书记、监委主任
　　　　陈海维　临河区委常委、纪委书记、监委主任
　　　　毅　恒　临河区委常委、宣传部部长
　　　　杨成明　临河区委常委、区委办公室主任
　　　　薛　飞　临河区委常委、政府副区长
　　　　要振海　临河区政府办公室主任
　　　　张　翼　临河区委办公室常务副主任、档案局局长
　　　　徐卫东　临河区财政局局长
　　　　李　炯　临河区委办公室副主任、党史地方志办公室主任
　　　　丁明明　临河区地震观测站站长

《临河区志（1991—2016）》编纂委员会办公室

（2020 年 3 月至 2020 年 10 月）

主　任　李　炯
编辑人员　李平原　额古勒　张学军　宋超宇　阿娜尔　彭红梅

《临河区志（1991—2016）》
评审委员会组成人员名单

主任委员	查干浪涛	自治区地方志办公室副主任、副译审
副主任委员	刘景平	巴彦淖尔市地方志办公室主任
	张文智	临河区委常委、区政府常务副区长
	王　勇	临河区委常委、区委办公室主任
	斯日古楞	临河区政府副区长
委　员	赵在旺	自治区地方志办公室综合处处长
	韩　泽	自治区地方志办公室"三全目标"第五攻坚组组长、副编审
	郝文强	自治区地方志办公室盟市志业务处副编审
	徐媛英	自治区地方志办公室盟市志业务处一级主任科员
	秦倩倩	自治区地方志办公室综合处三级主任科员
	董丽娜	自治区地方志办公室综合处四级主任科员
	陈智瑞	巴彦淖尔市政协人口和资源环境委主任
	王志东	巴彦淖尔市政府办信息调研科科长
	李　炯	临河区委办公室副主任、党史地方志办公室主任

《临河区志（1991—2016）》编辑人员名单

主　　　编　李　炯
副　主　编　李平原
编　　　纂　李平原　何立亭　吕春云
总　　　纂　李　炯　李平原
编　　　辑　李平原　张学军　额古勒　詹耀中　宋超宇
　　　　　　彭红梅　阿娜尔
目录英文翻译　萨如拉

《临河区志（1991—2016）》提供资料及图片人员名单
（名次排列不分先后）

薛秀莲	程　楠	韩　晶	高　娟	高瑞卿	朱　娜	高　娃	刘晓军
王　霞	刘　欢	梁　涛	杨利忠	李雪柏	张改清	刘海福	李凤萍
李冠宇	常建华	张　勇	杜欢林	史桂芳	赵健伯	刘鲁明	刘　忠
张力钧	潘浩东	贾　雨	郭　丽	何乘前	史　亮	倪　霞	薄　建
丁明明	杨浩宁	李　丽	温泽念	邬建华	刘　峰	贺　喆	林雅君
康桂荣	郝　朋	刘恩毅	张帆超	苏树琴	张来宝	赵　斌	杨佳佳
范维纶	刘丽鲜	李亚超	王海波	孙　强	王翔健	乌吉莫	凤　梅
李　印	张俊峰	王　波	吴春梅	尹嘉奇	贺　荣	王　永	常建华
吕　波	徐婷婷	徐　星	布　和	李　溪	杨文化	刘晓珊	刘锁林
刘树权	赵文军	王耀彬	王　跃	梁　宏	金　燕	辛吉乐	王　琳
高　洁	洪春美	樊海全	董　军	李　霞	张　静	闫继新	崔　洁
王灵芝	房洪振	张佳艺	杨　勇	孔德胤	马慧珍	李　娟	焦程程
金　鑫	徐俊华	边　际	张　宇	邸小君	邱　波	冯　晶	侯　礼

序　言

　　《临河区志（1991—2016）》（以下简称《区志》）是《临河市志》（1997年出版）的续志，经过全区各相关部门、广大修志人员的共同努力，历时三载，数易其稿，正式付梓问世，这是全区各族人民政治、经济、文化、社会生活的一件大事。

　　修志工作"功在当前，利在千秋"，是我国社会主义文化的组成部分，是体现文化软实力的重要力量。《区志》洋洋百万言，对1991—2016年26年间临河市（区）政治、经济、文化、社会发展进行了全方位真实记载，是一部资料翔实、资政育人、经世致用的重要历史文献和宝贵精神财富。为了高质量完成志书编纂任务，临河区直属各单位以及驻区协管单位，积极搜集、整理、上报基础性资料，区史志办（党史办）抢时间、抓进度、重质量，克服重重困难，严格把关，精心编纂，按计划、按步骤、按要求完成了志书编修出版任务。在此，谨向所有关心、支持、从事区志修编工作的同志，表示衷心的感谢和崇高的敬意！

　　世事沧桑，时代巨变。1991—2016年，是临河经济社会发展史上非同寻常、极不平凡的历史时期。历届区委、政府带领全区各族人民，解放思想，实事求是，改革创新，狠抓落实，经济社会发展取得了令人瞩目的成就。国民经济快速发展，综合实力不断增强；农牧业结构调整成效显著，特色产业稳步发展；工业经济突飞猛进，发展后劲持续增强；城镇建设步伐稳健，区划功能日益完善；第三产业蓬勃兴起，绿色品牌效应持续增强；综合配套改革不断深化，对外开放领域进一步扩大；生态文明建设稳步实施，绿化美化覆盖率明显提高；基础设施建设力度加大，城乡面貌日新月异；党的建设全面加强，社会事业健康发展。

　　纵观26年发展历程，往事悉数在目，成绩来之不易。临河区在改革开放和现代化建设中的每一项成就，都是全区各族人民自强不息、艰苦奋斗的结果，更是我们在实现富民强区征途上奏响的壮丽凯歌。

　　修志问道，开启未来。修志不仅具有补史之缺、参史之错、详史之略、续史之无的存史价值，更可起到以志为鉴、启迪后人的巨大作用。习近平总书记指出，"要高度重视修史修志，让文物说话，把历史智慧告诉我们，激发我们民族自豪感和自信心，坚定全体人民振兴中华，实现中国梦的信心和决心"。

临河区的昨天是光荣的，今天是自信的，明天会更加灿烂辉煌。当前，临河区已进入全面建设小康社会的关键时期和深化改革开放、加快转变经济发展方式的攻坚时期，经济社会发展继续保持快速健康发展的强劲势头。我们相信，通过这次续修《临河区志（1991—2016）》，继而通过读志、用志，将更加有利于我们正确总结经验，认清形势，把握机遇，增强加快发展的决心和信心，完善发展思路，强化工作举措，推动经济社会科学发展，不断开创繁荣富强、和谐美丽的新局面。

巴彦淖尔市委常委、临河区委书记

临河区人民政府区长

2020 年 8 月 20 日

凡 例

一、《临河区志（1991—2016）》（以下简称"志书"）为断代志，是首部《临河市志》（1997年版）的续志，也是全面记载1991—2016年期间临河区（市）自然、经济、政治、文化、社会等各方面历史与现状的资料性文献。

二、志书以马克思列宁主义、毛泽东思想、邓小平理论、"三个代表"重要思想、科学发展观、习近平新时代中国特色社会主义思想为指导，坚持辩证唯物主义和历史唯物主义观点和方法，坚持实事求是的原则，以改革为主线，追求创新，体现时代特色，突出地域特色、民族特色，记述史料客观、公正、全面、系统、真实，力求做到思想性、科学性、资料性有机统一，为临河区经济发展、社会进步、文化繁荣服务。

三、志书记述上限为1991年1月，下限至2016年12月，记述范围以2016年临河区行政区划和行政隶属关系为依据。为保持事物的整体性、连续性，志书个别章节适当上溯或下沿。《临河市志》（1997年版）部分遗漏内容，分别在志书有关章节中进行补述。

四、志书的概述、人物、大事记、附录不列入篇章序列。目录采用汉语、蒙古文、英文三种语言依次设置。

五、志书记述纪年时，一律采用公元纪年。遇有帝王纪年、年号纪年和民国纪年时，先记述公元纪年，后括注帝王纪年、年号纪年和民国纪年。

六、志书记述的历史地名、机构名、官职名一律使用原名，必要时在历史地名后括注今地名；对人物名称的称谓，直称其正名；对国名、地名、人名的译名，以新华社译名为准；专用名词、特定称谓有必要时采用括注方式进行注释。"中国共产党内蒙古自治区委员会"一律简称为"内蒙古自治区党委"，"纪律检查委员会"简称为"纪委"，"中国共产党临河区（市）委员会"简称为"临河区（市）委"或"区（市）委"，"临河区（市）人民代表大会常务委员会"，简称为"临河区（市）人大常委会"或"区（市）人大常委会"，"临河区（市）人民政府"简称为"区（市）人民政府"，"政协临河区（市）委员会"简称为"区（市）政协"，其他称谓尽可能使用全称。使用简称时，在每篇第一次使用全称后括注简称，以后均使用简称。

七、志书大事记的编写，采用编年体为主，记事本末体为辅，兼用诸体的体例进行编写，全面记述临河区（市）的大事、要事、特事、新事。

八、志书对人物的记述，采用人物传略、人物简介、人物名录三种形式进行表述；人物传略和人物简介的记述原则上以出生时间先后为序；人物简介中，劳动模范以获得荣誉称号先后为序进行排列，党代会代表、人大代表、政协委员以当选届次先后为序进行排列，作家、艺术家以年龄大小顺序排列；人物名录中，各级各类先进人物均以获得表彰先后为序进行排列。

九、志书记述采用现代汉语语体文、记述体，以第三人称进行记述。志书中的用字、数字使用、计量单位使用、标点使用，均按照国家标准执行。度量衡计量单位，辅之必要的当时当地习惯使用单位。

十、志书基础资料主要来源于临河区直属、条管、驻区有关部门和单位，以及史籍、档案、报刊、前代县志等，个别资料来源于经过核实的口述资料。数据除使用统计部门的法定数据外，还采用了各职能部门提供的权威数据。记述中，入志资料和数据均不随文注明出处。

十一、志书记述内容与《临河市志》（1997年版）记述内容不一致时，以此部志书记述为准。

目　录

Contents

Contents

Contents

Contents

Contents

Contents

Contents

概　述

一

　　临河区位于黄河"几"字湾顶部，河套平原腹地，是巴彦淖尔市府所在地。总面积2333平方公里，辖9个乡镇、2个农场、11个街道办事处。城市面积55平方公里。

　　临河区南临黄河，北靠阴山，地处沿黄经济带和呼包银榆经济区，包兰铁路、临哈铁路、京藏高速、京新高速在这里汇集，2条国道、3条省道穿境而过，机场航运直通北京、郑州、西安、重庆等9个重要交通节点都市，交通便利，通信发达，是全国179个交通枢纽城市之一，是国家"五横五纵"交通网规划的重要交汇点，是沟通大西北、贯通大西南、连接蒙古国的重要交通节点城市，是国家西部大开发的重点区域。

　　临河区年平均气温6.8C，降水量141.2毫米，无霜期140天左右，年日照时数为3254小时。全境为黄河冲积平原，境内有亚洲最大的一首制自流灌区——河套灌区。黄河年平均过境流量为367.2亿立方米，年引水量为11.02亿立方米，总灌溉面积217万亩。千百年来黄河频繁改道、无数次从这片热土上翻滚而过，覆淤厚达数百米，造就了这片肥沃的土地，因此这里素有"塞上明珠"之美称。临河区地处北纬41°农业种植黄金纬度带，全年日照时间长、昼夜温差大、水土光热组合条件好。

二

　　临河区优越的自然气候条件造就了得天独厚的农牧业资源，是国家重要的优质农畜产品生产基地，先后被评为"中国果菜十强县""全国粮食生产先进县"。主要农作物有小麦、玉米、花葵等；经济林果和土特产品有蜜瓜、西瓜、苹果梨、枸杞、土豆、韭菜、豆角、青椒、番茄等。各类农作物总播面积203.4万亩，建成设施农业4万亩，订单农业116万亩，5.1万农户参与产业化经营，占总农户的85%，被农业部确定为农业标准化示范县。2015年成功创建国家级现代农业示范区。

　　临河区畜牧养殖业发达，被评为"中国（巴美）肉羊之乡""中国优质绒毛生产集散地"。全区牲畜饲养量576万只，肉羊年出栏量350万只。发展肉羊规模养殖场（户）4429个，建成年出栏5万只以上的规模养殖场15个。全区无公害农产品产地认定面积150万亩，14个农畜产品被认证为无公害农产品，16个农畜产品获得国家A级绿色食品标志认证，2个农畜产品被认证为有机食品。保税物流园区公路港正式通关运营，实现与天津港无缝对接。羊畜产品电子交易中心交易额近2亿元。

　　临河区有规模以上工业企业76家，初步形成了农畜产品加工、生物制药、新型化工、冶金和装备制造、能源电力、新型建材等为主导的六大工业产业集群。拥有中国驰名商标 5 个、自治区著名商标 21 个。

从 1991—2016 年，临河区社会经济实行了一系列改革、发展的重大举措，发生了翻天覆地的变化。

1991 年，临河市国民生产总值 89662 万元，工农业总产值 74444.6 万元，财政收入 5189.6 万元，财政支出 6953.1 万元，城乡储蓄存款 52085.7 万元，城市居民人均收入 1131.2 元，农村社员人均纯收入 936 元，零售物价总指数 104.7%。1992 年，临河市在农村推行"马林模式"，走大种大养、种养结合、深度加工、轻化增值的路子，提出把全市农牧林结合、农业综合开发型经济引向深入，确保农村经济沿着优质、高产、高效的方向发展。1993 年，临河市以市场为导向，根据资源优势，确立主导产业，实行区域布局，依靠龙头带动，发展规模经营。同年农业产值达到 7.14 亿元，乡镇企业呈现翻番态势，个体私营经济得到较大发展。1998 年，临河市加大招商引资和项目开发工作力度，成立市长挂帅的农畜产品销售调度中心，从行政机关抽调骨干力量协助各乡镇从事农畜产品流通工作。同年，市委、市政府举办首届"河套蜜瓜节"，"河套牌蜜瓜"在国家商标局注册。同年八一乡蜜瓜基地发展到 1100 亩，乌兰乡青椒种植发展到 8000 亩，新华镇大棚韭菜发展到 3800 亩，隆胜乡名优特小区引进 20 余种新蔬菜。2000 年底，中共临河市第十次代表大会提出：把临河建成祖国西部开发、开放的前沿，人流、物流、信息流汇聚的中心，独具特色、享有盛誉的北方羊城，全市掀起养羊热潮。2002 年，临河市提出工业立市、城市带动、养殖富民发展思路。强化农业基础，扩大对外开放，加快个体私营经济发展，发展壮大工商业、林牧业、建筑建材业，加快农业产业化、工业化和城镇化进程。2005 年，临河区工作重点由农业主导向工业主导转变，由农村主导向

城市主导转变；建成"三大中心"：区域性绿色农畜产品生产中心、物流中心和中心城市；培育"五大支柱产业"：培育和打造食品、绒纺、电力产业、有色金属加工业和化工、生物制药五大技术产业。2006 年，临河区以招商引资和项目建设为突破口，以工业为主攻方向，以固定资产投资为中心，做大做强经济总量；建设新区，改造旧区，完善城市功能，提高城市品位；以建设社会主义新农村为统领，增加农民收入。2008 年，临河区积极应对金融危机和经济环境变化，整体经济保持在困难中前进、在发展中转型的态势。2009 年，临河区深入学习贯彻科学发展观，抓住国际金融危机带来的地区经济分化组合、产业调整的战略机遇，审时度势，自加压力，将临河建设成具有极强辐射力的区域中心城市、自治区西部最具活力的地区、华北贯通大西北的交通枢纽。

2016 年，临河地区生产总值 310 亿元，固定资产投资 176 亿元，社会消费品零售总额完成 122 亿元，公共财政预算收入完成 22.26 亿元，城、乡常住居民人均可支配收入分别达到 27190 元和 15741 元。固定资产投资和公共财政预算收入增速位居巴彦淖尔市 7 个旗县区第一，其他 4 项位居第二。粮食总产量连续 11 年稳定在 10 亿斤以上。设施农业 4.3 万亩，利用率 95.6%；落实扶持资金 1.2 亿元，新建规模化肉羊养殖场 66 个，羊饲养量 530 万只，出栏 350 万只。新增农牧业合作经济组织 968 个，85% 以上农户参与产业化经营。大宗农作物综合机械化水平 82.8%，农业科技贡献率 55%，巴彦淖尔国家农业科技园区临河核心区顺利通过科技部评审。完成工业固定资产投资 75 亿元，76 家规模以上工业实现增加值 88 亿元，两项指标增速均居全市 7 个旗县区首位。开工千万元以上工业项目 94 项，富康荣盛管业、娃哈哈瓶装水等 37 个项目建成达产。帮助新海化工、团羊水泥等企业进入自治区电力多边交易市场。为 37 家中小企业争取贷款 11.6 亿元。支持草原宏宝在新三板挂

牌上市，帮助20家中小企业在自治区股权交易中心挂牌。60家食品加工单位入驻恒远食品加工园。中小企业创业园成功创建为国家级示范基地。交通运输、商贸餐饮等传统服务业不断巩固，现代物流、旅游、电商等新型业态蓬勃兴起。巴彦淖尔陆港实现全年通关，出口农畜产品1.4万吨，货值1.6亿元。甘临一级公路全线开工，京新高速临河段全线贯通，铁路货运中心项目通过审批，包银高铁临河段设计方案基本完成，现代物流业发展基础更加坚实。羊畜产品交易中心入市企业数量和交易额分别为1118家、2.59亿元。电子商务产业园顺利投运，209户电商、创客及快递企业入园经营；京东商城网上"河套馆"上线。全年电子商务交易额20.8亿元。

三

临河区历史文化悠久。战国时赵武灵王君临河套，"至高阙为塞"，设九原郡。临河属赵国九原郡之西部地。汉武帝元朔二年，即公元前127年，武帝命大将军卫青统兵十万出云中，北伐匈奴，收复当时被匈奴占领的黄河北河以南平原地区，称"河南地"。汉王朝在河南地置朔方郡，下领十县，临河县是其中之一，其县城筑于今新华镇境内，隶朔方刺史郡统领。东汉末年，朝廷腐败，匈奴再度南下。至献帝建安年间，临河县废。直至三国及晋初，临河地区长期为匈奴牧地。西晋永嘉以后，临河地区又迭次为前赵、后赵、前秦、后秦、赫连勃勃夏属地。南北朝时，北魏政权设立镇，临河地域属沃野镇辖区。隋初属丰州，大业三年（公元607年）撤州置郡，属五原郡。唐初隶关内道，贞观中改州置郡，属九原郡。景龙二年（公元708年），张仁愿筑三受降城，临河属西受降城。宋、辽、金、夏时，皆为西夏属地。元灭西夏，设云内州，临河地区属云内州之大同路。明初，地属宁夏卫。未几，即入北元蒙古部

属。北元中兴之主阿拉坦汗曾驻牧河套地区。清初，分属伊克昭盟鄂尔多斯左翼后旗和右翼后旗。乾隆以后，置道设厅，隶归绥道萨拉齐厅。清光绪二十七年（1901）隶五原厅。民国初年，改厅为县，属五原县。民国14年（1925），析五原县丰济渠以西地置临河设治局，筑城于强家油房（今城关镇），直隶绥远省。民国18年（1929）10月升格为县。民国38年（1949）9月19日，绥远省国民党军政当局宣布起义，临河县属绥远之陕坝专员公署。1954年，绥远省与内蒙古自治区合并。同年陕坝专署改称河套行政区，隶属未变。1958年河套行政区与巴彦淖尔盟合并，临河县隶巴彦淖尔盟。1984年12月11日，临河县改为县级市。2004年8月26日，巴彦淖尔撤盟设市，称巴彦淖尔市，临河市更名为临河区。

临河区旅游资源丰富，大致可概括为绿（田园和次生林）、蓝（湖泊和海子）、情（少数民族风情和边疆情趣）、史（历史遗存），极具旅游开发价值。佛教寺庙、农业观光、湖泊海子、黄河沿线景区开发初具规模，已成为内蒙古西部较大的旅游集散地和目的地。全区拥有旅行社25家，星级饭店7家，国家AAAA级景区1家，国家AAA级景区2家，国家AA级景区7家，自治区休闲农牧业示范点1家，五星级乡村旅游接待户2家，指定旅游产品销售企业3家。旅游接待人数突破121万人次，实现旅游收入9.8亿元。黄河河套文化旅游区入选全国优选旅游项目名录，狼山镇富强村被评为"全国十大最美乡村"。成功承办全国沿黄河公路自行车锦标赛、全国龙舟公开赛、环镜湖自行车赛等知名赛事。干召浩彤被评为国家3A级旅游景区，富强村进入中国最美村镇评选华北区10强；新建民主四队、九庄老镇特色村庄；打造蒙元文化风情街、河套民俗文化风情街特色街区；举办乡村大嫂拉面大赛、麦香记忆面筋大赛、年猪节等旅游推广活动。全年接待游客123万人次，旅游总收入12.63亿元。

四

2016 年，临河区常住人口 185917 户、55.12 万人，其中城镇人口 126284 户、37.2 万人，乡村人口 59633 户、17.92 万人。临河区有蒙古族、汉族、回族等 14 个民族，少数民族人口 2.74 万人，占全区总人口的 4.98%。

临河区社会事业稳步推进，健康发展。2016 年，临河区完成城建固定资产投资 75 亿元。打通 6 条断头路、改造 5 条搓板路。新建跨铁路、跨庆丰西街 2 座人行天桥。完成北边分干沟排污改造。先锋桥主体完工。实施火车站周边综合改造工程；实施北边渠西段、永济渠渠道衬砌及亮化美化工程。铺设排水管网 18.1 公里，铺设更新供热管网 177 公里。新开工房地产面积 116 万平方米，完工 38 万平方米。投资 8890 万元，购置市政环卫车辆机具 170 台，投放垃圾桶 2.8 万个，新建垃圾转运站 38 个，主次干道机扫率、洒水率分别达到 85% 和 40%。组建政府参股物业公司，改造接管 107 个无物业小区和弃管小区。投资 600 万元，建成智慧城管指挥平台，城市管理再上新台阶。投资 47.8 亿元，全面实施集镇、村庄综合整治工程，农村环境面貌彻底改观，18 万农民群众普遍受益。投资 12.3 亿元，完成通道、集镇、村屯绿化 4.83 万亩，实施城区 6 个公园广场、19 个重要节点、60 条主次干道、92 个小区的绿化提档升级工程。全区森林覆盖率 16.34%，城市绿地率 31.67%，人均公园绿地面积 10.66 平方米，生态绿化实现由绿到美、由量到质的迅速提升，顺利通过国家级园林城市自治区初验。投资 2.19 亿元，实施"蓝天行动计划"，为 3560 户居民免费更换节能环保炉具，将 3510 户、31 万平方米的平房接入集中供热管网，关停主城区 10 蒸吨及以下燃煤锅炉 31 台，治理雾霾迈出实质性步伐。脱贫攻坚扎实推进，当年实现稳定脱贫 831 户 1693 人，完成总任务 54%，自治区挂名的 8 个贫困村全部"摘帽"。投入教育基建资金 3 亿元，汇丰学校全面启用，乌兰图克幼儿园、朔方实验学校基本完工，临河九小改扩建工程顺利推进。建成乡镇卫生院、社区卫生服务中心 3 所，标准化村卫生室 134 所，区、镇、村三级医疗卫生机构标准化率达到 85% 以上。健康教育、预防接种等 13 项基本公共卫生服务扎实开展。全面两孩政策稳步实施。新建、改建村组文化室 145 个、文化健身广场 209 个，配送文化体育器材 328 套。成功承办首届国际马拉松大赛、沿黄公路自行车赛、国际华人篮球赛等知名赛事。城镇新增就业 3451 人，转移农村剩余劳动力 4.1 万人次，城镇登记失业率控制在 4% 以内。社会保障体系不断完善，保障能力稳步提升。年初承诺的惠民实事全部兑现。交付棚改回迁房 7440 套、保障性住房 927 套；改造老旧小区居民楼 120 栋、41 万平方米；新建全封闭式便民市场 2 处；硬化居民巷道 739 条；新建环保公厕 53 座；新建智能化公共自行车站点 63 处，投放公共自行车 1500 辆。依托中泰、草原宏宝等 52 家龙头企业，密切农企利益联接机制；扎实推进向北开放和"草原丝绸之路"建设，与蒙古国在矿产资源、旅游文化等方面开展交流合作；完成林权制度改革主体任务，实行最严格的水资源管理制度，完善污染物排放许可制，生态文明建设更加制度化、规范化。实施供给侧结构性改革，实施工业企业技改升级 60 项；为企业降低生产成本 3.8 亿元；消化市场存量房 9240 套；实施 PPP 项目 11 项，吸纳社会资本 4.71 亿元。依托城投公司、市政环境发展公司平台，广辟融资渠道，保障了基础设施建设、生态环境保护和棚户区改造工作的深入开展。政府承担的上三级 12 项改革试点和区本级先行先试 21 项改革任务有序推进。"救急难"、农村承包土地经营权抵押贷款等试点改革成效显著。成立国有公交公司，新开通公交线路 3 条，购置投放电动公交车 30 辆。推行商事制度改革，新登记各类市场主体 7280 户。新型社区管理体制基本建立，户籍制度改革深入推进，财税领域改革持续深化，社会活力加快释放。

五

中共十八大以后，在以习近平同志为核心的党中央坚强领导下，临河区 55 万各族人民坚定信念敢想敢干，秉持苦干实干作风，守望相助，团结奋斗，在践行习近平新时代中国特色社会主义思想的进程中，书写了"塞上江南、绿色崛起"的奋进之笔，造就了发展历程的不平凡辉煌。

风正劲足，自当奋勇争先；任重道远，更需策马扬鞭。临河经济社会发展正处在一个十分重要和关键的时期。我们坚信，在中国共产党临河区委的正确领导下，临河人民将以更加饱满的热忱、旺盛的斗志，抢抓机遇，开拓创新，扎实工作，为再造临河新强势而阔步前进。一个富强、民主、文明、和谐、美丽的新临河必将展现在人们面前。

大　事　记

1991 年

3月17—18日，自治区党委书记王群到临河视察指导新华、乌兰图克等乡镇小麦播种、集镇建设工作。

3月26日，临河市人民政府颁发《临河市村镇建房用地管理暂行规定》。

同月临河市获评全国造林绿化先进单位。

5月20—25日，临河市人民政府召开《临河市经济和社会发展中长期规划》和《临河市第八个五年计划》论证会，作出结论审批意见，提交临河市第十一届人民代表大会第二次会议讨论通过。

12月1日，临河市四季青蔬菜瓜果批发市场开业。该市场占地16700平方米，建筑面积15864平方米，有固定摊位4000余个，可容纳大小交易车辆100余辆，有来自银川市、兰州市、河北省、山东省等10余个省市的经营者，是巴彦淖尔盟最大的蔬菜瓜果类批发市场。

1992 年

2月26日，中共临河市八届二次全委（扩大）会议召开，讨论修订《临河市国民经济和社会发展十年规划和第八个五年计划》，通过《关于建议市人民代表大会审议通过规划、计划的决议》。

3月9日，临河市委下发《临河市综合改革实施意见》，要求全市精减20%的行政事业单位人员，并与财政脱钩。对部分职能交叉、机构重叠的行政单位进行撤并。对已有开发服务中心，要继续扩大服务范围，进一步增强自收自支能力，特别是各类技术服务性事业单位，在创造良好经济、社会效益前提下，增强有偿服务功能。市委成立综合改革领导小组，下设办公室。

3月15日，临河市委、政府决定在全市农村大力推广"马林模式"，走大种大养、种养结合、深度加工、轻化增值的路子，把全市农牧林结合、农业综合开发型经济引向深入，确保农村经济沿着优质、高产、高效方向发展。

3月16日，临河市人民政府颁发《临河市村民自治章程》。

3月30日，临河市人民政府颁发《临河市水资源管理实施细则》。

4—6月，临河市委、政府在城建系统实行撤局建委机构改革。撤销城建局、建工局、房产局、环卫局、园林科、市容大队、土地局，组建城乡建设管理委员会，原行政人员由376人减至54人，内设5科，下设25个二级单位。同年，临河市党政部门行政机构由79个减为42个。

5月27日，临河市政公司排水维护队工人、共青团员杨军，因抢救3名在井下作业遇险的工人不幸牺牲，年仅25岁。1993年10月20日，民政部追认杨军为烈士。

6月22日，临河市人民政府制定《关于进一步鼓励发展私营经济的若干规定》。

7月，临河市人民法院提出"一体两翼"发展思路，全面推行审判方式、基层法庭和服务实体化改革。

8月10日，临河市万丰经济技术开发区开工建设。

10月22日，临河市人民政府颁发《临河市城镇房地产综合开发管理暂行办法》。

11月12日，临河市委、市政府制定《临河市农村实现小康规划》。

12月6日，临河市人民政府制定《临河市农村社会养老保险工作实施方案》。

12月，临河市公共汽车公司获评全国公交系统先进单位。

同月，临河市金川市场被评为全国文明集贸市场。该市场是内蒙古西部区最大的全封闭、永久型、综合集贸市场，内设17大类，经营15000余种商品，设固定摊位2450个，从业人员6000余人，日上市7万余人次，日成交额35万元，年成交亿元以上，年缴利税400万元。曾被评为自治区、巴彦淖尔盟文明市场。

同年，磷铵厂建成投产，填补了巴彦淖尔盟高效磷肥生产项目空白。

同年，侨属、临河市政协副主席左民爱，为隆胜乡李师文瓜子厂招商引资70万元人民币，建成合资企业隆贸商品有限公司，开发炒货食品，是全市首个乡镇企业与大陆以外地区合资项目。

同年，临河市以转变职能、强化服务、精简消肿、加快发展为目的，兴办各类经济和服务实体270余个，分流人员2298人，与财政脱钩1396人。

同年，河套人造板有限公司、临河市第二建筑公司、临河市百货大楼、临河市商业大厦4家企业利税超百万。

1993 年

2月1日，临河市人民政府颁发《企业试行股份制实施意见》。

2月3日，临河市委、市政府制定《关于进一步完善和深化综合改革的实施意见》，市直党政机关调整为25个，其中政府工作部门20个，全市党政群机关在编人数控制在656人以内，各部门配备正职1人、副职1~2人，乡镇设两办一所（综合办、计生办、财政税务所），行政编制总数428人，办事处总编制195人，党委成员不超过7人。

3月，临河市企业转换经营机制工作全面铺开。到年底有22家完成股份改组，9家公告破产，6家公开拍卖，7家实行国有民营，12家物资企业实行全系统转制。

4月26日，临河市人民政府颁发《临河市城市旧区改造新区开发管理办法》。

6月23日，内蒙古自治区人民政府批准成立临河市商品交易所。

7月25日，古城乡、狼山乡、乌兰乡等乡遭受特大雹灾，受灾面积9.77万亩。倒塌房屋1户，5600人缺口粮，损失达878.5万元。灾后，临河市委号召全市城乡单位、个人捐款支援灾区生产生活，共募捐现金18万元。捐助化肥90吨、小麦30万斤，价值38万元。

8月22日零时，临河市万门程控电话开通，电信机房同时迁入新建电信综合楼。

8月，临河市第一家港商独资企业维信（临河）羊绒实业有限公司建成投产。

9月1日，临河市人民政府制定下发《九年义务教育实施办法》。

10月28日，临河市委、政府受自治区人民政府委托组建的西北地区第一家期货市场——临河商品交易所开业。上市交易商品有小麦、玉米、粳米、大豆、油葵、花葵、黑瓜子、驼绒、化肥、地膜、胶合板等20余个品种。

10月30日，《临河晚报》试刊发行。该报经自治区新闻出版局批准在自治区内公开发行。刊号NZ/5—091。刊期周一，四开四版。巴彦淖尔盟盟委副书记、临河市委书记任亚平题写报头。

11月11日，临河市转换企业经营机制办公室作出"关于市二轻联社转制实施意见的批复"。同意二轻联社1993年完成2家企业破产、3家企业改组；1994年完成10家企业改组。改组股份制企业执行《临河市股份制管理试行办法》；破产者执行《中华人民共和国企业破产法》；拍卖以市转制按领导小组规定的有关程序办理。

11月15日，曙光乡乡镇企业产值10120万元，实现利税920万元，提前一年实现产值超亿元目标。

12月31日，临河市人民政府制定《临河市企业国有资产经营管理暂行办法》。

同年，临河城区增建铁南办事处、西环办事处、北环办事处、东环办事处4个办事处。城区共9个办事处、46个居民委员会、446个居民小组。

1994 年

1月，临河市审计局获评全国审计机关先进集体。

2月21日，临河市人民政府制定《关于加强政府法制工作的意见》。

4月7日，自治区党委书记王群到临河市视察工作。分别到乌兰图克乡、隆胜乡等地进行实地调查，听取了全国人大代表马林关于组织带动周围群众发展种、养、加，共同奔小康的规划及具体实施情况介绍。

5月17日，临河市公安局开展"5·17"行动，抓获十类犯罪分子156人，其中"三逃"人

员61人，破获290起刑事案件，缴获赃款赃物价值46万余元。

5月28日至7月16日，巴彦淖尔盟境内临河—陕坝通信光缆工程建成开通，全长30.2公里，投资160万元。

7月18日，自治区党委书记王群来临河视察干召庙乡、八一乡、巴彦淖尔盟富河畜禽养殖场。

8月3日，临河市古城乡遭受狂风、大雨及冰雹袭击，前后持续一个多小时。全乡12个村、70个社的4.6万亩秋田受灾，直接经济损失13000万元。

9月8日，临河市在巴彦淖尔盟影剧院广场召开建市10周年庆祝大会，万余名群众和数百名外地来宾参加。

10月，小麦精量穴播覆膜栽培技术在临河市农业高科技示范区干召庙乡民主村四社取得成功，亩产量634公斤。

12月5日，临河市人民政府颁发《临河市城镇职工基本养老保险实施办法》。

1995 年

2月11日，临河市委召开社会主义市场经济理论大学习大讨论动员会。决定集中半年时间，在全市城乡开展一次社会主义市场经济理论大学习、大讨论。

3月27日，临河市委、政府颁发《临河市资产承包经营责任制暂行办法》。

6月18日，中共中央政治局常委、书记处书记胡锦涛到临河视察。考察乌兰图克乡红旗村、隆胜乡星光村2个村党支部，访问了党员、农民群众，并指出："加强基层党组织建设的重点，一是抓紧后进村党支部的整顿，要保证质量，讲求实效，选出一个好支书；二是要重视和培养优秀青年入党，把革命优良传统一代一代继承下去，发扬光大。这是农村基层党组织一项十分重要而迫

切的工作。一定要有战略眼光，要有紧迫感。"

8月9—13日，由中国农村社会学研究会、《中国农民》杂志社、自治区农业厅和临河市人民政府共同主办的"全国当代农民问题研讨会"在临河市召开。来自全国6个县市的主要领导及农村社会学理事会专家学者，围绕"新时期农民问题的实质及其特征""中国农民在社会主义现代化过程中的地位和作用"两个主题，进行了探讨和交流。

11月13日，临河市人民政府向巴彦淖尔盟行署呈报"关于黄河友谊险工段严重冲淘出险的紧急报告"。11月后，境内黄河友谊险工段处，黄河主流以平均昼夜10米的速度急剧向北冲淘，危及总干渠、包兰铁路、110国道、京呼银兰光缆工程，其中距总干渠仅1.8公里。临河市委、政府组织水利技术人员实地勘测，研究制定总体治理和应急整治方案。市紧急抢险指挥部每日组织民工1450人、机械400余辆紧急抢护。

15个省、市、自治区农业部门的参会领导和专家，到新丰乡、乌兰乡观摩小麦覆膜穴播、吨粮田建设综合试验示范田、穴播机现场操作表演，并就北方小麦地膜覆盖栽培做经验交流。

7月16日，内蒙古自治区政府副主席沈淑济带领自治区经贸委有关部门负责人到临河市检查指导工作。

8月4—6日，古城乡部分村社遭受风、雨、冰雹袭击，受灾农作物8100余亩。

11月22日，临河市公安局局长郝成龙在与犯罪分子搏斗中身受重伤，后抢救无效，不幸牺牲。内蒙古自治区民政厅、公安厅追认其为革命烈士。

12月2日，巴彦淖尔盟中级人民法院公开审理杀害郝成龙凶手陈军，判处其死刑，执行枪决。

12月，临河市人民法院被最高人民法院记"集体一等功"。

同年，临河市园丁学校创建培智学校，收智障儿童入学，创临河办特殊教育之先河。

1996 年

3月19日，临河市人民政府决定采取联合兼并形式组建成立临河市化肥工业集团总公司。总公司属于紧密型法人实体，原化肥厂、硫酸厂、磷铵厂为总公司二级核算单位，不具法人资格。总公司对各分厂的人、财、物、产、供、销统一管理，统筹安排。

4月，黄河流经临河市友谊乡段再次发生岸下冲淘，形成严重险情，全市人民奋力抢险。

5月，中国气象局为临河市气象局配备农林小气候观测仪及土壤水分子观测仪。

6月7日，黄河友谊险工段加固维修工程竣工，累计出工3462人次，完成铅丝笼石1045立方米、柴石1263.2立方米、土方8400立方米。

6月22—25日，全国北方小麦地膜覆盖栽培现场观摩及技术研讨会在临河市召开。农业部及

1997 年

1月13日，临河市第十二届人大常委会第二十一次会议通过《临河市人大常委会行使决定权和人事任免权的暂行办法》。

2月25日，临河市各级党组织及广大干部群众收听、收看邓小平追悼大会实况转播。

3月27日，临河保健啤酒总厂生产的金川保健啤酒由中华人民共和国卫生部以卫食健字［1997］第093号颁发了保健食品批准证书，并颁发了"中国卫生部认定的唯一保健啤酒"奖牌。

4月13—14日，内蒙古自治区党委书记刘明祖到临河市考察工作。在临河市得利斯食品公司考察得利斯系列火腿肠生产情况，向工人和管理人员了解企业经营机制、火腿肠市场销售情况。分别到万丰经济技术开发区、维信羊绒有限责任公司、曙光乡宏胜村养殖场、八一乡长丰村，了

解生产、经营情况。

4月16日，内蒙古自治区党委书记刘明祖对临河市乌兰图克乡"党员三结合致富链"活动的调查报告作重要批示：乌兰图克乡"党员三结合致富链"的经验很好，是农村基层组织和党员在新形势下发挥战斗堡垒作用和先锋模范作用的好形式。希望他们的经验能引起各级领导的重视，联系当地实际认真推广，确保全区2000年全部脱贫，解决温饱问题，不留死角。

5月12日，全国政协副主席钱正英一行到临河市考察农田水利建设工作。钱正英一行到城关乡继光村世界银行贷款农业综合开发项目区和农业综合开发隆胜乡项目区，了解农田配套资金投入和水利设施建设等方面情况。

6月13日，临河市委下发文件《关于公开选拔市直部分单位副科级领导干部工作方案》。在坚持干部"四化"方针和德才兼备原则基础上，引入和体现竞争激励机制，逐步建立和完善"公开、平等、竞争、择优"用人制度。临河市运用"一推双考"，在全市范围公开选拔市乡企局等5个单位副科级领导干部。

同日，中央电视台《焦点访谈》节目组2名记者到临河市乌兰图克乡采访"党员三结合致富链"和精神文明建设情况。

6月20日，临河市黄河防洪堤拓宽加固工程动工。市、乡两级成立工程指挥部，按照国家二级堤防标准，经过1个月奋战，完成48.4公里拓宽加固任务，完成土方118.1万立方米，投资1005.3万元。同时投资54万元，施作穿堤涵洞9座。

6月，正值小麦扬花灌浆期，临河市20个乡镇不同程度遭到蚜虫侵害。农业技术推广中心通知各乡镇组织喷施丰产麦磷酸二氢钾、40%氧化乐果等农药防治麦蚜，收到较好效果。

7月22日，参加内蒙古自治区成立50周年庆祝活动的中央代表团部分成员到临河市视察工作。22日下午3点30分，国务院副总理邹家华带团乘坐专列到临河市。中央代表团乘车直接来到临河市隆胜乡长胜村四社，了解商品粮基地建设情况。邹家华到农户家慰问，了解家庭收入和住房等情况。

7月27日、29日，临河市份子地乡、新丰乡、八一乡、马场地乡、城关乡、曙光乡、小召乡、丹达乡、干召庙镇9个乡镇受到特大暴雨和冰雹袭击。受灾面积16.3万亩，成灾14.2万亩，绝收9万亩。造成直接经济损失1亿余元，连同房屋、树木、家畜等共计损失1.59亿元。

8月1日，农业部农业司专家及领导到临河市农村调查，调查组到城关、隆胜乡三期农业综合开发项目区和高产、高效试验示范区，察看吨粮田建设、小麦玉米覆膜栽培、粮糖套作、一膜两用技术。

8月中旬，《临河市志》由内蒙古人民出版社出版发行。《临河市志》上述事物发端，下限1990年，附录临河市1991年至1995年经济社会发展概况、"临河地区经济文化社团选介"。

8月，临河市被内蒙古自治区精神文明建设委员会命名为三星级文明城市。

9月20日，临河市第一小学举行建校70周年庆典。盟市两级领导、社会各界以及校友1500余人参加庆典。1927—1940年，临河一小是中共地下党组织工作和活动的重要地点。学校经过70年发展，成为市直重点小学，曾获首批盟级文明单位、盟级义务教育示范学校、自治区电化教育优秀学校等称号。

1998 年

3月4日，临河市境内黄河水位比历年上涨0.8米，48公里防洪大堤全面吃水，最深处达1.5米以上。沿河乡镇9个村社350户、1650人被水围困，淹没耕地7万余亩。沿河三乡出动3000余民工与市水利局防汛指挥部干部职工日夜守护加固大堤。至下旬汛情逐渐缓解。

4月9日，临河市第十二届人大常委会第二十八次会议通过《临河市人大常委会关于实行审议意见书的决定》《临河市人大常委会关于实行法律监督书的决定》。

5月20日，临河市城区和部分乡镇遭受严重雹、风、雨袭击，50万亩农作物受灾，成灾面积40万亩，绝收12.4万亩，各项经济损失约1.8亿元。受众比较严重的有城关乡、干召庙镇、乌兰乡、八岱乡。

6月12日，临河市成立临河市招商局、临河市项目开发办公室，与临河市对外开放办公室实行"三块牌子、一套人马"，合署办公。这3个单位是市政府办事机构，人员从行政事业单位调拨和面向社会招聘。

7月22—23日，临河市黄河友谊险工段一期整治工程通过自治区水利厅验收。该工程由自治区水利厅立项监督、临河市具体组织施工，工程总长度2050米，投资819.62万元，其中国家补助60%，其余资金由地方负责筹集。工程采取全市19个乡镇投工、出车、出柴草的办法施作，1998年5月9日动工，7月5日竣工，历时58天。完成新建护堤岸10座，续建坝垛15座，维修加固坝垛9座，新建护档11处，续建护档21处。

8月8日，临河市首届蜜瓜节即1998年物资文化交流大会开幕式在巴盟影剧院广场举行。蜜瓜节庆祝活动为期10天。"河套牌蜜瓜"在国家商标局注册。1998年全市蜜瓜种植面积8万亩，总产量1.5亿公斤。

9月5日，全国人大常委会副委员长布赫到临河市视察河套灌溉区节水农业综合示范区建设工作。布赫详细询问了工程施工、投资、节水率及提高农田产量等情况，还实地了解农民负担、延长土地承包期、科技投入等项工作。

9月8日，临河市20个乡镇开展天牛普查。到14日，全市共捕捉成虫12万只，砸卵痕12000株，打孔注药3300株，化学防治300亩，技术培训2000人次。各乡镇开展木材检验工作，对进出乡镇所有木材进行检查，严禁调运天牛虫害木。

12月，临河市被评为"全国义务教育先进市"和全国"两基"达标先进市。

1999 年

5月10日，临河市人民政府颁发《临河市机关事业单位职工基本养老保险暂行办法》。1999年1月1日实施。

6月2日，临河市委、政府出台《临河市小康村样板村建设标准（试行）》。

6月3日，临河市第十三届人大常委会第五次会议通过《临河市行政执法错案责任追究暂行办法》。

7月7日晚7点临河市城关乡、干召庙镇、乌兰淖尔乡28个村、144个村民小组遭受特大冰雹袭击，受灾面积22万亩。

8月19日，内蒙古自治区农村牧区科技工作现场会在临河市召开。自治区党委书记刘明祖讲话，党委副书记乌云其木格主持大会。

8月19—20日，自治区党委书记刘明祖，自治区党委常委、党委秘书长任亚平，自治区政府副主席傅守正到临河市，检查了城关乡万亩农业综合开发区、临河富河责任有限公司、刘大明养蛙基地、隆胜节水灌溉示范项目、星月集团农业高科技示范小区、永刚分干渠防渗衬砌工程、八一乡蜜瓜生产基地。

2000 年

4月1日，内蒙古自治区党委书记刘明祖，党委常委、党委秘书长任亚平，以及农业厅有关负责人，调研临河市小康村建设。刘明祖一行还参观了万丰经济开发区部分个体私营企业，了解生产经营情况。

4月初，临河市与山东省得利斯集团公司成功签约，决定共同投资组建"中国得利斯公司内蒙古分公司"。该公司在临河市原得利斯食品有限公司、临河市富河食品有限公司基础上，引进得利斯集团资金、技术而重新组建。

4月，临河市新增种草面积20万亩，品种有鲁梅克斯、紫花苜蓿、草苜蓿等。同时，启动农区畜牧业发展"双十双五百"示范工程，即建成瘦肉型猪和秸秆养羊示范小区各10个、示范户各500个。

同月，内蒙古临河化肥工业集团总公司生产的河套牌稀土磷一铵、碳酸氢铵，获1999—2000年中国化肥行业十大名牌产品称号。

5月8日，临河市四季青蔬菜瓜果批发市场建设工程开工。市场位于110国道与临陕公路立交桥北侧，东靠110国道，南经临陕公路，西靠临白公路。市场占地136.5亩，总投资4000余万元，总体规划含行政管理、肉类批发、蔬菜批发、瓜果批发、农副产品批发、气调储藏6个区。该市场是经国家、自治区计委批准立项的重点建设项目，集批发、冷藏、信息服务、食宿等多功能于一体。

7月底，临河市2000年防砷改水工程全部竣工，高砷区近3万人喝上合格卫生水。

7月29日—8月2日，金川保健啤酒总厂赵焕然等4人到美国奥兰多，代表中国出席2000年世界啤酒大会。出席这次会议的有37个国家和地区的1100余名代表。"饮酒与健康"是此次大会主题。赵焕然的论文《金川保健啤酒的保健功能及机理研究》，还有金川啤酒的酿造工艺，引起世界同行关注。

7月，河套地区首批139名农民经纪人持证上岗，他们都是临河市八一乡农民。经纪人持证上岗受到农民欢迎，也给前来调运农副产品的外地客商提供了保障。

8月20日，临巴公路、临河至古城段全长48公里油路改造工程竣工通车。工程按平原微丘区二级公路设计建设，总投资4600万元。

同日，途经临河市的110国道技术改造工程竣工通车。该工程于2000年4月8日开工，是自治区落实中央关于西部大开发战略重点工程项目之一。

10月18日，中国第一座以岩画命名的博物馆——阴山岩画博物馆在临河市隆重开馆。这是一座以陈列阴山岩画为主、汇集了300余种河套地区出土文物珍品的综合性博物馆。

同日，由包头开往宁波方向的358次列车正式冠名为"二狼山"号，这是临河市二狼山绒毛集团与呼和浩特铁路局客运公司精诚合作的结果。二狼山绒毛集团以享誉国内外、素有"纤维钻石"之称的二狼山白山羊绒为原料，开发出独有的"二狼山"品牌，是临河市第一家跨行业、跨地区、贸工农一体化的股份制企业。

11月20日，66只身材高大的非洲鸵鸟在临河市丹达乡西海村占地120亩的养殖场安家落户。

12月由中共临河市委党史地方志办公室编辑的《中国共产党临河地方历史——新民主主义革命时期》一书面世。

2001年

1月31日，临河市"三个代表"重要思想学习教育第一期培训班开班。这次学教活动市委集中安排了20天，各乡镇、办事处、市直各部门副科以上干部参加。

1月，临河市在全市正科级以上干部中开展"进五家、帮百元，特殊困难大家援"活动，全市350余名干部到城乡1650余户贫困家庭，送去16.5万元慰问款。

2月28日，内蒙古得利斯食品有限公司举行投产剪彩仪式。参加剪彩仪式的有内蒙古自治区人大常委会副主任舍愣巴图，盟、市领导，全国人大代表、得利斯集团董事长郑和平，得利斯集团总裁郑金利等。

3月10日，临河市召开全市副科级以上干部包扶养羊重点户暨春播动员会，千余名副科以上干部参加。会议要求每位副科以上领导干部帮助1户农民种好优质牧草，养好良种母羊10~30只，并建好青贮氨化窖池，解决好饲草加工机械。

3月13日，金川保健啤酒总厂举行国家重点高新技术企业证书颁发大会。科技部项目开发办公室主任陈宏发为金川保健啤酒总厂颁发国家2001年2月认定的火炬计划重点高科技企业牌匾和批准证书。在全国12000余家酒类厂家和3000余家保健啤酒食品厂中，金川保健啤酒总厂是唯一获此称号的企业。

3月28日，临河市组织市直66个机关单位近6000人，在隆胜镇新民村2万亩沙丘地开展防沙、治沙、压沙障大会战。将小麦秸秆插沙下20厘米，形成1立方米的网络式沙障。

3月下旬，临河市启动万棵大树进临河工程，以胜利路树种更新改造为主，同时对前进路、万丰西街、利民东街、庆丰西街等主次干道及西郊、北郊、星月广场等休闲场所进行全面绿化。

4月10日，临河市委召开撤并乡镇人事调整集体座谈会。原来的20个乡镇撤并为14个。根据自治区批示，撤销份子地镇、古城乡，合并建立古城镇；撤销友谊乡、新丰乡、马场地乡，合并建立双河镇；撤销八岱乡，将原八岱乡棋盘村、农光村、旭光村划归黄羊镇；撤销城关乡，与原八岱乡蓿亥村、远景村合并，建立城关镇；撤销建设乡、白脑包乡，合并建立白脑包镇；撤销曙光乡，成立曙光办事处。

5月下旬，临河市对部分中学进行调整撤并。将临河市第二职业中等专业学校的职业高中并入市第一职业中等专业学校，将"二职"更名为临河市第九中学。同时撤销建设中学、友谊中学、八岱中学，将图克职业中学并入图克中学，将马场地二中并入马场地一中。

6月10日，为期3天的内蒙古自治区九届中学生"中国人寿保险杯"运动会在临河第一中学开幕。来自全区各地的29支代表队、512名运动员参加开幕式。临河市作为运动会主会场，承办了运动会开幕式、闭幕式和田径比赛。

6月12日，第五次全国人口普查数据显示，2000年11月1日零时，临河市总人口为520334人。

7月1日，临河市乌兰图克镇党委被中共中央组织部评为"全国先进基层党组织"，并授予证书、牌匾。镇党委书记王智和被中组部党委评为"全国先进党务工作者"。

9月，临河市四季青蔬菜瓜果批发市场建成，这是全国18个重点"菜篮子工程"之一和内蒙古西部区最大的蔬菜瓜果批发中心。

10月20日，内蒙古自治区党委书记储波到临河市，考察乌兰图克镇、隆胜镇、维信公司、得利斯公司等单位。

同年，临河市建成内蒙古自治区五星级文明城市。

2002 年

5月23日，内蒙古自治区党委书记储波到临河市视察工作，自治区党委常委、党委秘书长任亚平，自治区政府副主席及自治区农业厅、畜牧厅、计委、经贸委负责人随同。储波指出，要加快结构调整步伐，大力推进"三化"进程，实现国民经济持续快速健康发展。

7月6—10日，首届金川保健啤酒节在临河市举行。金川保健啤酒获内蒙古自治区啤酒评比第一名、国家优质新品啤酒称号，巴彦淖尔盟行署重奖该企业200万元。

8月28日，临河市乡乡通油路工程全线竣工剪彩仪式在双河镇举行。剪彩仪式上通报了临河市乡乡通油路工程实施情况，宣读了《临河市村村通油路工程规划实施意见》，表彰奖励 2001—2002 年在公路建设中做出显著成绩的先进集体和个人。

10 月初，临河市建成的氧化塘处理厂投入使用。该厂位于东郊距市区 5 公里处的原红星海子，东西长 25 公里，南北平均宽 400 米，占地 2114 亩，主要设施有终极泵站、泥沙厂、晒砂厂、5 个氧化塘等，日处理污水 6 万吨。污水处理采用生物氧化工艺，城市所有生产、生活污水都可实现入塘处理。处理后达到国家二级排放标准，可用于水产养殖及农田灌溉。

11 月 1 日，临河市召开学习教师闫文军、学生桂忠先进事迹座谈会，并分别授予他们"舍生忘死勇救落水学生的好教师""见义勇为好少年"称号。团市委发出"向闫文军老师、桂忠同学学习"的倡议。

2003 年

1 月 1 日，临河市委、政府发出"关于营造良好的经济环境的决定"文件，以加快全市对外开放步伐，提高招商引资水平，促进全市经济持续、快速、健康发展。市纪委、监察局制定出台《临河市对治理经济环境违规行为的处分（处理）办法》。

3 月 26—27 日，内蒙古自治区党委书记储波，到临河市秋林种畜繁育高科技园区、黄羊镇节水抗旱工地、城关镇视察。

4 月 18 日，截至下午 5 点，包括临河市医院在内的巴彦淖尔盟 3 所医院共收治类似非典型肺炎症状病例 28 例，其中临床诊断非典型肺炎 11 例（死亡 2 例）、疑似非典型肺炎 6 例（死亡 1 例）、留观病例 11 例，另监控 2 人。

4 月 19 日，临河市防治非典型肺炎领导小组发出致全市广大人民群众的一封信，详细说明非典型肺炎的传播途径和预防措施。

4 月 21—25 日，因发生非典疫情，临河地区出现抢购、储存粮食等物现象，蔬菜价格明显上涨，相关药品、药具翻番涨价，政府有关部门进行及时检查和控制。

4 月 26 日，临河市成立防治"非典"指挥部，指挥部下设流动控制组、市场供应保障组、预防宣传组、执法检查组、流动人口控制和社会治安组、治疗组和综合办公室。

5 月初，巴彦淖尔盟 SARS（非典型肺炎）救治中心在临河市投入使用，该中心 4 月 27 日开工修建，5 月 4 日竣工剪彩，位于临河市先锋桥南，有床位 120 张。12 日晚，首批 12 名非典患者从磴口县医院顺利转入救治中心接受进一步治疗。

5 月 9 日，临河市大范围持续降雹 14 分钟，冰雹最大直径 1.5 厘米，造成覆膜作物及小拱棚大面积被毁，甜菜、瓜菜类作物多数被剥茬，葵花、玉米等作物严重受损。双河镇、黄羊镇、乌兰乡、白脑包镇、干召庙镇、新华镇、乌兰图克镇、隆胜镇、小召镇、古城镇 10 个乡镇、43 个村、281 个组、9406 户的 15.25 万亩农作物受灾，成灾面积 10.28 万亩，直接经济损失 1420.78 万元。

5 月 18 日，中午 12 点左右，临河市部分乡镇再次遭遇冰雹袭击，时长 16 分钟，冰雹最大直径 2 厘米，造成农作物大面积严重受损，特别是瓜菜类、甜菜、葵花遭到毁灭性损坏。受灾的有八一乡、新华镇、乌兰图克镇、狼山镇、隆胜镇、古城镇等 7 个乡镇、41 个村、21 个组、10858 户、43837 人，受灾面积 20.98 万亩，成灾 16.02 万亩，绝收 4.25 万亩，直接经济损失 1797.1 万元。

6 月 12 日至 7 月 1 日，临河市森防站采取打孔注药防治光肩星天牛侵害。4 个疫区打孔注药 18 万株，边缘乡镇打孔注药 5 万株。

6 月 26 日，内蒙古自治区党委书记储波到临河市，经过两天考察，高度评价了巴彦淖尔盟和临河市"非典"防治和发展经济工作取得的成绩。

6 月，临河市出台六条优惠政策促进奶牛业发展。一是市财政出资 50 万元，设立奶牛发展专项奖励基金；二是新建奶站、养殖小区，除工本费外，免收土地、工商、城建等一切费用；三是鼓励机关干部职工投资创办奶牛养殖场；四是鼓励机构改革中离岗和提前退休人员发展奶牛业，优先提供贷款；五是对饲养产奶奶牛10头以上的在职干部职工，可以留职不停薪，不参与单位工作专心饲养奶牛；六是副科级以上领导干部引进养殖大户可以抵顶招商引资任务，也可抵顶养牛揽储任务。

7月1日，临河市人民医院党委被中央组织部评为全国先进基层党组织。

8月26日，临河新区建设启动暨西环路、北环路开工奠基仪式举行。

12月，临河市在自治区第四届创建十星级文明城市、文明镇、文明村系列竞赛活动中，摘得六星级文明城市桂冠。

2004 年

4月12日，内蒙古自治区第二届农牧业科技成果博览会在临河市开幕。本届农博会以"开放、发展、合作、交流"为主题，吸引210个科研院所、企业和行政、事业单位参展，会场共设160余个展位。参展交易科技成果1000余项。博览会由自治区科技厅、巴彦淖尔盟行署主办，自治区科技会展中心、巴彦淖尔盟科技局、临河市承办。4月15日结束。5万余人参会。现场交易23万元，签约27个项目，发放各类资料350万份。网上直播展况36小时，使用商务快车发送信息5300条，会展网页点击率8000余人次。

5月3日，临河市遭受罕见严重霜冻灾害，受灾103.4万亩。市委、市政府立即组织15个救灾工作队下乡开展生产自救。民政部门下拨50万元救灾种子，发放给5785户特困户。1238万元粮食直补资金通过存折发放到每个农户。

8月25日，中共临河区委常委会向社会作出

六项廉政承诺：认真执行民主集中制原则；带头遵纪守法；坚决抵制跑官要官；廉洁奉公，严于律己；不利用职务之便办私事谋私利；严格执行党风廉政建设责任制。

8月28日，临河粮油批发市场隆重开业。该市场位于临河区建设路滨河街，固定资产1400余万元，占地3万平方米，建筑面积7319平方米，集办公、交易、拍卖、信息网络、公寓为一体，内设交易门点46个、迎街交易点12个。

9月12日，国务院新型农村合作医疗联合检查评估组到临河区检查农村合作医疗工作。

9月22日，临河区人民政府下发禁赌通告，坚决取缔以营利为目的，没有工商、税务、文化许可证照的麻将馆或聚赌点。居民区内或迎街门点1000余个麻将馆关闭。对于仍然参与赌博或开设赌局的，公安部门根据赌注大小和行为轻重，给予1000～3000元经济处罚，并强制关闭。

同年，乡村通油路工程完成47公里，其中二级油路1条1.5公里、三级油路2条6.5公里、乡村小油路5条35公里。同时实施通村土路整修上砂路面改建工程，完成铺砂329公里，其中隆胜镇率先实现村村通砂石路目标。

同年，临河区启动新型农村合作医疗，为160866名参保农民报销医药费219万元。

同年，临河城区垃圾卫生填埋工程投资1947.73万元，完成场内绿化、美化、道路硬化和电力工程。

同年，改造临河人民公园，完成人行步道铺设工程。

同年，临河区北环路竣工，路面宽60米。

同年，临河区建成17座旱厕、13座水冲厕。

同年，临河区教育部门完成固定资产投资6126.8万元，改造建设17所学校，建筑面积69529.23平方米。

2005 年

3月，维信（深喜）公司新建年产16万件羊绒产品项目投入运营，新上16台电脑横机。

4月14日，富方泰药业与杭州德默医药科技有限公司签订战略合作协议。杭州德默医药科技有限公司投入2600万元，对富方泰进行控股和经营。8月重新启动生产。

7月，维信公司与日本深喜公司共同投资1.8亿元，建设年产50万米羊绒精纺面料生产线，已完成投资7000万元，订购的80台电脑横机已到货，厂房全部完工。

8月7日，临河区被评为自治区创建十星级文明城市（区）工作先进单位，隆胜镇、新华镇、水务局、第四中学、税务局分别被评为自治区创建十星级文明工作先进单位。

8月16日，金啤高科公司举行10万吨技改扩建项目奠基仪式。

8月，金川保健啤酒总厂转制，842名员工国有身份一次性置换，企业进行股份制改造，实现民有民营。

9月10日，临河区第二批保持共产党员先进性教育活动进行阶段性工作总结。从7月下旬开始，有467个基层党组织、11506名党员参加活动。

12月，临河区原14个乡镇合并为7个。古城乡与新华镇合并为新华镇，小召乡与狼山镇合并为狼山镇，乌兰图克镇与隆胜镇合并为乌兰图克镇，八一乡改为八一办事处。至此，临河区共辖城关镇、白脑包、新华镇、狼山镇、干召庙镇、乌兰图克镇、双河镇7个镇，八一办事处、曙光办事处、解放办事处、团结办事处、先锋办事处、车站办事处、新华办事处、东环办事处、铁南办事处、西环办事处、北环办事处11个办事处。

同年，北方联合电力公司投资临河热电厂建设一期2万—30万千瓦热电联产项目，静态投资266000万元，动态投资285877万元。

同年，临河区17项重点工程建设项目投资27.9亿元。内蒙古娃哈哈集团食品有限公司炒货生产线、维信（内蒙古）羊绒股份有限公司50万米高档羊绒面料、蓝宇大厦等项目建成投产。巴彦淖尔市运输公司物流中心等项目和工程建设进展顺利。

同年，临河区高考上线人数3214人，高考上线率和重点本科上线率15年蝉联巴彦淖尔市"双第一"。

2006 年

3月17日，山东鲁花集团与巴彦淖尔市、临河区两级政府签订10万吨葵花精炼油项目合作协议，项目总投资1亿元。

4月10日，下午至夜间，临河境内出现大风扬沙天气，风力6级左右，气温下降10度，最低零下3.2度。大风造成城关、曙光等地8个村、23个村民小组、244户农民受灾，直接经济损失84.7万元。

5月，临河区组织开展党员先进性教育活动成果展览，先后在农村、区直机关巡回展出。

7月，临河热电厂一期工程、山东鲁花集团葵花仁油项目列为自治区工业重点项目。

8月，由中共临河区党史资料征集办公室编辑的《中国共产党临河地方历史——社会主义改造基本完成时期和社会主义建设全面展开时期》一书出版发行。

同月，泸天化有限责任公司投资建设泸天化内蒙古（临河）煤化工基地，占地面积6000亩。

11月24日，巴彦淖尔市腾洁燃气有限责任公司在临河成立，注册资本2000万元，是内蒙古西部天然气股份有限公司为实施巴彦淖尔市天然气项目独自设立的子公司，主要经营巴彦淖尔市7个旗县区城市管道燃气。

同年，临河区建成乡村小油路245公里，有54个行政村实现通油路。对370公里农村公路整修铺砂。

同年，临河区完成平地缩块58.4万亩，实施农田配套12万亩。

同年，临河区实施部分试点村组自来水给水工程。新打水源井4眼，解决2000余人、1.9万头（只）牲畜饮水问题。

2007 年

1月，临河区个体私营协会被中国个体劳动者协会授予全国先进单位称号。

3月29日，新疆屯河临河西红柿制品分公司入驻临河区。

8月7—8日，由组工干部、媒体记者等18人组成的自治区党委组织部"三级联创"示范旗县区调研宣传组，在临河区开展调研。

8月22—23日，临河区委、人大、政府、政协四大班子领导，带领乡镇、办事处及经济部门领导40余人到乌拉特前旗、乌拉特中旗、乌拉特后旗考察工业经济和城市建设。

8月26日，由国家农业开发办组织自治区农业开发办举办的"内蒙古农村妇女参与用水户协会骨干暨农民用水户协会主席培训班"在临河区国泰大厦开课，来自自治区4个旗县区的102名农村用水户协会基层骨干参加培训。

8月1日至10月30日，临河区开展为期3个月的青贮饲料大会战。

8月28日，中国农工民主党巴彦淖尔市临河区支部委员会成立大会在区中心医院召开，选举产生中国农工民主党临河区第一届支部委员会组成人员。

9月7日，环境保护部解除对临河区实施的建设项目环境影响评价限批。

9月上旬，自治区党委巡视组来临河区，专项巡视人大、政府、政协换届工作。

9月，临河区统计局、双河镇统计站分别获自治区基层建设先进集体。

10月23日，临河区召开政风行风优化环境卫生监督员聘任大会。

10月29日，联邦制药（香港）集团临河制药项目二期工程建设投资合作协议签字仪式举行。

10月，临河区晋升为自治区八星级文明城区。

11月1日，《临河区新型农村合作医疗关于尿毒症患者报销透析费用的指导意见》出台，明确尿毒症患者门诊血液透析治疗费用以10次为单位进行结算，按住院补偿方案现场报销。

11月8—9日，自治区"发挥基层党组织作用进行土地规模化经营"调研组，就临河区社会投资人（农业生产经营公司）土地规模经营的数量、形式、效果，专业合作组织情况，区政府在土地规模经营中制定出台的优惠政策，基层党组织在土地规模经营中发挥的作用等一系列内容进行专题调研。

11月18日，四川化工控股（集团）有限公司内蒙古巴彦淖尔市临河区年产20万吨二甲醚项目、联邦制药国际控股有限公司内蒙古巴彦淖尔市临河区年产5000吨6—APA项目投产庆典仪式在巴彦淖尔市开发区举行。

12月17日，临河区2007年经济适用房摇号销售现场会在巴彦淖尔市房管局五楼会议室举行。

同年，临河第一小学被评为"全国礼仪示范学校"。

同年，临河四小少先队被命名为"全国红旗大队"。

2008 年

1月，巴彦淖尔市盛洁燃气有限责任公司成立，位于临河利民西街北，注册资本600万元，是内蒙古西部天然气股份有限公司下设的独资子公司，主要经营压缩气燃气和液化天然气的储存、销售，加气站覆盖7个旗县区城市。

1月，临河区人民法院刑事审判庭被最高人民法院评为"全国刑事审判工作先进集体"。

2月，临河区财政局被自治区人事厅、财政厅授予"全区财政系统先进集体"称号。

3月8日，临河区公开选拔年轻干部笔试在园丁学校进行，530名报考者竞争20个正、副科级职务。

4月17—18日，内蒙古自治区党委组织部基层党建综合督查组，督查指导临河区基层党建工作。

5月初，河套灌区利用自治区专项资金改造临河节水示范园区。

6月中旬，首届中国保健啤酒节在临河区举办。

6月26日，临河区人民政府与巴彦淖尔市西部地区铜矿业有限公司、内蒙古东源宇龙王集团公司、北京银诺亚能源环保发展有限公司，就铜材加工、黄河大桥、污水处理厂项目建设成功签约。

7月11日，参加2008年阴山岩画年国际科考活动周的专家学者，到临河一职参观内蒙古河套人文教育博物馆。

9月中旬，临河区出台《临河城乡医疗救助实施办法（试行）》，四类人群可申请享受城乡医疗救助，包括：持有临河区《城市居民最低生活保障金领取证》或《农村最低生活保障金领取证》，且正在享受低保待遇的城乡低保对象；持有临河区《农村五保供养证》的农村供养对象及农村孤儿；城乡重点优抚对象；患大疾病医疗费用个人自付部分在1万元以上的城镇特困居民和个人自付部分在5000元以上的农村特困村民。

12月16日，临河区成立行政审批服务中心。

同年，临河一中被教育部、团中央授予"全国精神文明建设先进单位""全国青少年文明、礼

仪创建活动基地"。学校新芽文学社被中国教育学会评为"全国示范性文学社团"；《校园之声》获"全国最佳校刊特等奖"，并在人民大会堂参加颁奖大会。

2009 年

2月27日，内蒙古自治区政协副主席、党组副书记云峰，视察临河区城市建设和工业经济运行情况。

3月19日，巴彦淖尔市、临河区两级政府与四川化工（控股）集团有限责任公司在呼和浩特签订四川化工60万吨甲醇项目建设协议书。该项目总投资33亿元，占地2231亩。

6月10日，临河黄河公路大桥建设项目在临河签约。

6月21日，临河区—鄂尔多斯市杭锦旗的黄河公路大桥举行奠基仪式。该项目由内蒙古东源宇龙王集团公司以"BOT"方式融资建设。

7月25日，CCTV7《每日农经》"走进巴彦淖尔——魅力农畜产品播出周"摄制组，在临河区八一乡联丰村开机，围绕二狼山白绒山羊、戈壁双峰红驼、向日葵、河套硬质小麦、西红柿等特色农畜产品摄制系列专题宣传片。

8月16日，大型纪录片《河套长烟》首映式在临河区举行。

8月18日，现代农产品内陆无水港建设项目落户临河区。

9月1日，临河区政府与鄂尔多斯市骋鑫投资有限责任公司在临河举行总投资3亿元2－25兆瓦生物质能热电联产项目签约仪式。

9月22—25日，临河金川啤酒、草原宏宝、草原鑫河、冠生园食品、京新药业5家企业，参加在广州国际会议展览中心举办的第六届中国国际中小企业博览会暨中西部中小企业博览会。

11月23日，临河—策克口岸合资铁路建设工

程全线贯通。

同年，临河区启动实施"校园安全工程"。

同年，临河区获得授权专利 32 项，其中发明专利 5 项、实用新型专利 19 项、外观设计专利 8 项。金川保健啤酒高科技公司被确定为自治区专利试点企业。

2010 年

1 月 16 日，临河区新型农村养老保险国家试点工作启动。

3 月，临河区 1223 万元粮食直补和 5004 万元柴油、化肥等生产资料综合补贴资金全部到位。4 月发放农民手中。粮补亩均 12.08 元，人均 50.96 元；农资综合补贴亩均 49.23 元，人均 208.5 元。

4 月 19 日，巴彦淖尔市兆鑫生物质能热电联产项目、巴彦淖尔市庞大广龙汽车销售公司重卡 4S 店项目、巴彦淖尔市临河中小企业创业园建设工程项目，在巴彦淖尔市经济开发区东区先后举行开工奠基仪式。

5 月 18 日，2010 年自治区中等职业学校技能大赛在临河一职开幕。

7 月 7 日，临河区人大常委会对新任命的 29 名人民陪审员进行上岗培训。

8 月，临河区高考上线 4869 人，上线率 82.47%。其中临河一中上线 1829 人，上线率 80.5%，第 20 次获巴彦淖尔市冠军。

9 月 14 日，临河区在自治区林业工作会议上获全区林业生态建设和森林资源管理两项奖励。

11 月 13 日，燕京集团集体收购内蒙古金川保健啤酒高科技股份有限公司所有股份，新组建燕京集团金川啤酒有限公司。合作协议在北京签订，燕京集团占有 70% 市场份额。就燕京啤酒集团投资 3 亿元在临河新建年产 20 万吨保健啤酒生产项目事宜，巴彦淖尔市、临河区两级政府与燕京啤酒集团公司签订《投资合作协议书》。

11 月底，临河区家电下乡共有备案企业 68 家，销售家电下乡产品 37704 台，销售金额 8027 万元，已报补贴产品 35759 台，补贴金额 984 万元。

11 月 30 日，联邦制药国际控股有限公司巴彦淖尔市临河制药项目四期工程在珠海市联邦制药总部签订合作协议书，项目总投资 15 亿元，其中建设年产 5000 吨 6—APA 项目，固定资产投资 8 亿元；配套建设动力车间及 2.5—4 万千瓦自备热电联产项目，固定资产投资 7 亿元。

12 月，临河区富田机械有限责任公司被认定为国家级高新技术企业，并获得高新技术企业证书，属国家重点支持的高新技术领域。

同月，临河区新型农村合作医疗参合人数 237828 人，实现全覆盖。每人筹资 150 元/年，共筹集新农合资金 3567.42 万元。

同年，临河区扩大廉租房租金补贴覆盖面，共补贴 3500 户 770 万元。

同年，巴彦淖尔市现代农畜产品（B 型）保税物流园区完成投资 10.48 亿元，其中土地收储、报批、拆迁等完成投资 5 亿元，投入各项基础设施建设资金 5.45 亿元。

同年，临河区被教育部评为"全国阳光体育先进区"。

同年，临河区公安局被公安部评为全国推行拘留所管理教育新模式先进单位。

同年，临河区首次将农牧民纳入经济适用住房销售对象范围，凡是户口在临河区的农牧民都可申请经济适用房。

2011 年

1 月 5 日，巴彦淖尔市人民政府、临河区人民政府、巴彦淖尔经济开发区管委会与内蒙古鑫泰物流有限责任公司签订总投资 8 亿元磁管道制造项目。

1月13日，临河区公安局成立巴彦淖尔市首个户政大厅，实行办理户籍"一站式"服务。

1月16日，临河区首次在高空安装高科技视频摄像头无线监控系统。

1月27日，临河区为2010年农村贫困残疾人危房改造户发放首批补贴款25万元。

2月17日，临河地区2011年元宵节大型文化活动开幕。

2月26日，临河区西部铜材年产5万吨电解铜项目点火生产。

2月，临河区文体局被自治区新闻出版局评为2010年度草原书屋工作先进单位。"草原书屋"建设项目是自治区实施的十项惠民工程之一。

同月，巴彦淖尔现代农畜产品（B型）保税物流园区启动核心功能区无水港建设。

3月6日，临河区人民政府与内蒙古正开化工有限公司签订总投资5.1亿元液压乳化液、金属切削乳化液项目合作协议。

3月12日，临河区第六次人口普查光电录入工作结束。

3月22日，巴彦淖尔市、临河区两级政府与内蒙古东源宇龙王实业（集团）签订总投资37亿元临河至甘其毛都口岸公路项目建设协议书。

3月，临河区组织科技人员到农村逐户测定土壤肥力，使全区180万亩土地实现配方施肥。

4月10日，临河区开展为期50天春季市容整治大行动。

4月20日，巴运东物流园区甩挂项目奠基开工仪式在巴彦淖尔现代农畜产品（B型）保税物流园区举行，总投资1.4亿余元。

4月20日，巴泰国际汽车展示中心和图腾汽车城项目落户临河巴彦淖尔现代农畜产品（B型）保税物流园区，总投资1.9亿元。

4月22日，临河区地热资源普查项目竣工，总投资687万元。

4月27日，浩森1000吨无毛绒深加工项目在临河区开工，总投资1.99亿元。

4月29日，德源动力风电装备项目在临河区开工，总投资3.8亿元。

是日，内蒙古北重同心富专用车辆组装项目在临河区开工。

4月，临河区集中供热二期项目北区开工建设，总投资8.6亿元。

同月，临河区东城区污水处理厂开工建设，总投资1.4亿元。

同月，临河区实施八岱35千伏输变电工程，投资1594万元。

5月5日，临河区人民政府发布《关于进一步强化城市管理工作的公告》。凡规划区域内的未成形建筑全部纳入监控管理，坚决禁止任何形式的违法建筑活动。

5月16日，巴彦淖尔市、临河区两级2011年"科技活动周暨全区第十六届科普活动宣传周"启动。

5月，浙江省杭州市家景房地产开发公司与巴彦淖尔市政府签订投资协议，在临河区投资52亿元建设煤化工项目，建设年产50万吨焦化、50万吨甲醇、20万吨二甲醚、14万吨焦油加工项目，建设周期5年。

同月，临河区人民法院受理首例"酒驾"案。

同月，临河区拘留所被公安部评为公安监管文化建设示范点。

同月，临河五中被定为"全国青少年道德培养实验基地"。

6月8日，全国国土空间开发规划《全国主体功能区规划》将包括临河区在内的河套灌区主产区确定为限制开发区域，重点建设优质强筋、中筋小麦为主的优质专用小麦生产带。

6月10日，临河区红星美凯龙全球家居生活广场项目举行开工庆典。项目总投资30亿元，占地600亩。

6月30日，巴彦淖尔市人民政府与万宇佳业集团公司合作开发双河区建设项目签字仪式在临河区举行。

6月，临河第二污水处理厂再生水回用项目（利用外资贷款建设）通过评估。

同月，临河区被列入国家科技富民强县专项行动计划。

同月，临河海利建材纸面石膏板项目投产，总投资1.2亿元。

同月，临河区投资150万元，改造竟香苑公园。

同月，临河大兴羊绒年产50万米高档羊绒面料、300吨精纺纱、50万件高档羊绒时装项目竣工投产，总投资18952万元。

7月15日，临河警示教育基地举行揭牌仪式，被确定为自治区首批17个廉政教育基地之一。

7月21日，巴彦淖尔市公安局交警支队为临河交警大队配发14台酒精检测仪器。

7月27日，临河区八一办事处联丰村三组发现汉古墓葬，地方考古者初步推断为西汉时期墓葬。

7月，临河区安排283.5万元专项资金，购买630个公益性岗位。

同月，内蒙古自治区妇联决定在临河区车站街道办事处金穗社区建立巴彦淖尔市首个关爱留守流动儿童家园。

同月，临河区投资2304万元，实施干召庙镇—城关安全饮水工程（二期），解决3个乡镇、30个村、232个自然组、4.2万人的饮用水问题。

同月，在全国职业院校技能大赛上，临河一职5名学生分别获个人三等奖及优秀奖。此次大赛，全国各省市参赛队员1.3万人。

同月，临河区被中国科协命名为"2011—2015年度全国科普示范县（市、区）"。

同月，临河区2010年新增千亿斤粮食产能田间工程及农技服务体系建设项目（预警站）通过批复。

同月，临河区生活垃圾资源化处理厂项目开工建设，总投资2.1亿元。

8月18日，2011中国·巴彦淖尔市首届全国观赏石博览会在临河区开幕。

同月，总投资50万元年产5000吨复合肥生产项目落户临河区。

9月1日，临河区金川学校启用。

9月9日，临河金川大桥开工建设。

9月15日，教育部督导组到临河区，督导中小学体育卫生和艺术教育工作。

9月16日，内蒙古西部区玉米机械化收获现场会在临河区召开。

9月18日，临河区开展全民国防教育暨征兵人防宣传活动。

9月20—21日，内蒙古自治区党委书记、人大常委会主任胡春华，率自治区西部盟市经济工作座谈会检查督导组，到临河区检查督导工作。

9月27日，巴彦淖尔市第二届创业成果展示、项目推介暨创业表彰会在临河区举行，全市160余家自主创业企业及40家招聘企业参加。

9月30日，临河城区发生1起绑架女童案，2名犯罪分子绑架1名11岁女童，勒索赎金100万元。临河区公安局接到报案后，仅用3个多小时破获案件，将人质安全解救。

9月，巴彦淖尔现代农畜产品（B型）保税物流园区10家新建企业在临河陆续开工。

10月9日，临河区在城区设立13处秋菜临时销售点，并推出"临河区周边秋菜市场分布图"。

10月14日，临河区2011年独生子女父母奖励费发放完毕，发放金额105万元，7000余个独生子女家庭获益。

10月，临河区人民法院创建的"诉调三层对接"工作经验做法在内蒙古自治区法院系统推广。

是月，博大环保建材项目在临河区投入试生产，总投资6700万元。

是月，临河区2010"三北"防护林工程建设任务圆满完成，总造林4万亩，投资800万元。

11月1日，中国国际航空公司执行巴彦淖尔机场试飞任务的波音737—800型飞机平稳降落在巴彦淖尔天吉泰机场。机场距离临河市区30余公里。

11月6日，巴彦淖尔河套农村商业银行举行开业庆典。该行经自治区银监会批准在原临河区农村信用合作联社基础上改制组建地方性股份制农村商业银行。

同日，临河区北边渠棚改及景观配套项目开工。

11月10日，内蒙古自治区沼气建后管理服务现场经验交流会在临河区召开。

11月24日，内蒙古自治区党委常委、组织部部长李鹏新到临河区部分企业调研经济社会发展和组织工作。

11月，临河区"商务预报"网站开通。该网站搭建从农村到城市双向沟通桥梁，解决农民买难卖难问题，实现构建助农、惠农、富农、强农网络商务平台。

同月，临河区12个街道、办事处政务服务中心和各行政服务窗口共18个单位安装群众满意度测评器90个，来窗口办理业务的群众可当场评价窗口工作人员的服务质量、工作效率和服务态度。

同月，总投资20亿元秸秆生物能源和新材料一体化项目落户临河区。

12月24日，临河区第一中学举行建校55周年庆典。

12月26日，临河区被国务院评为"全国粮食生产先进单位"，并在人民大会堂接受表彰奖励。

12月29日，临河区政务服务中心启用，入驻35个单位。

同年，临河区26个行政村、43个村民小组和7个民营公司投资发展设施农业，完成大中棚建设6069亩，建成园艺苗木育苗中心4处。

同年，临河区投入教育基金20.2万元，惠及644名特殊困难家庭学生。

是年，临河区脱水菜种植面积7.8万亩。

2012 年

1月9—12日，香港亚洲电视台《投资中国》栏目摄制组到临河区采访。

1月15日，内蒙古自治区党委常委、宣传部部长乌兰到临河区，调研基层文化建设、文化产业发展及社区建设等情况。

1月30日，巴彦淖尔市中级人民法院在临河区召开审判大会，对"浩天社"黑社会性质犯罪组织骨干成员进行判决。

1月，临河区委、政府联合接访中心投入运行。

2月6日，2012年"巴运情、金川夜、农商行、西铜欢、兴园乐"元宵节大型焰火文艺晚会在临河区人民广场举办。

2月29日，临河区被国家林业局确定为森林可持续经营管理试点旗县。

3月14日，巴彦淖尔市春播现场会在临河区双河镇进步村召开。

3月16日，临河区城市管理行政执法局、环境卫生管理局、市政维护处整建制合并，成立临河区城市管理综合执法局。

3月20—21日，内蒙古自治区农村牧区综合改革办绩效考评组，就临河区2011年一事一议项目实施及化解其他公益性乡村债务等情况进行检查。

3月30日，临河区地税局组织市区各宣传媒体、部分纳税人及行业代表座谈，启动第21个税收宣传月活动。

3月，内蒙古自治区发展和改革委员会批复同意《甘其毛都口岸至临河一级公路工程可行性研究报告》。

4月10日，北京燕京啤酒集团公司与巴彦淖尔市人民政府、临河区人民政府签订20万吨/年啤酒生产项目投资合作补充协议。

4月上旬，临河区委采取"村党组织自评、党员群众测评、乡镇党委定评"相结合的办法，对全区152个村级党组织按照"先进、一般、后进"三个标准完成分类定级，有71个党支部被评为先进等级，64个被评为一般等级，17个被评为后进等级。

4月，巴彦淖尔市圣泉生物科技有限公司年处理50万吨农业植物秸秆项目在临河巴彦淖尔现代农畜产品（B）型保税物流园区落户。

4月28日，内蒙古中润化工工业有限公司年产10万辆新能源汽车、5万吨KB抗磨剂、磁管道运输系统项目在临河巴彦淖尔经济开发区落户。

4月28日至5月4日，巴彦淖尔市首届社区文化节活动在临河区开展。

4月29日，由人民日报、新华社、光明日报、经济日报、中国青年报、农民日报、科技日报、中央电视台农业频道等11家媒体13名记者组成的"走转改·春耕赴基层主题采访活动"团，到临河区采访春耕备耕工作。

4月，临河区人民医院成功承办巴彦淖尔市首届超声学术会议。

同月，临河区开展"清洁城乡环境，营造秀美家园"主题爱国卫生运动。

同月，临河区开展千名党员干部"下基层办实事转作风"活动。

同月，临河区纪检委、监察局加大专项监督检查力度，明察暗访，依照有关规定集中整治、严肃处理"混、懒、庸、拖、散"等机关作风问题。

5月5日，"神舟八号"太空飞船搭载肉苁蓉种子交接仪式在临河区举行。此次共搭载肉苁蓉种子等33个样品，实施了17项实验项目，经过16天13小时运行，行程1100万公里，绕地球263圈后返回地球。该种子在内蒙古游牧一族公司梭梭肉苁蓉基地接种实验。

5月8日，临河区客运新站开工奠基。

5月21日，临河区公安局公布投诉电话

0478—8317245。居民可投诉民警在接处警中存在的推诿、迟缓、态度生硬等问题。

5月25日，临河至呼和木独镇黄河大桥主桥合龙仪式在中交一公局第一工程有限公司施工现场举行。该公路大桥全长4.2公里，桥宽12米，总投资4.4亿元。

5月31日，内蒙古自治区副主席布小林一行到临河区调研。布小林在调研企业时指出，企业要明确产品定位，重视品牌建设，带动地方就业工作，促进农民增收致富，促进地方经济发展。

5月，临河区拘留所被公安部评为全国优秀公安基层单位。

同月，临河区投入200多万元购置的10台大吨位、全功能水车投入运行。

同月，临河区对科文广场、星月广场及火车站广场进行改造。

同月，临河区划出乌兰图克镇星光村与原八一办事处辖区合并，设置八一乡，辖农丰村、八一村、新道村、联丰村、长丰村、丰收村、章家庙村、生丰村、红星村、星光村10个村；从城关镇划出部分区域（包括治丰村、治安村、晨光村），与原曙光办事处管辖区域合并，设置曙光乡。辖永强村、增丰村、曙光村、庆丰村、宏胜村、治丰村、治安村、晨光村8个村。

6月2日，中国农业科学院与巴彦淖尔市人民政府签订科技战略合作协议，下属院所分别与临河区签订蔬菜、玉米、畜禽养殖3个科技合作协议。

6月26日，临河区人民政府下发《关于启动"临河区重大气象灾害应急预案"Ⅳ级响应的通知》。

6月26—28日，临河区普降中到大雨，局部出现暴雨、冰雹，农作物受灾面积148.32万亩，占全区农作物总播面积74%，受灾范围涉及9个乡镇、151个行政村、1164个村民小组、240288人。

7月初，临河区各行政事业单位开展抢险救灾爱心捐助活动，单位和个人共捐款1163281元。

7月6日，临河区召开防汛抗灾工作紧急会议，动员全社会力量全力以赴抓好防汛抗灾救灾及灾后恢复重建工作。

8月3日，临河区人民政府常务会议决定，从8月起，将临河区所有环卫临时工人月工资由原来的1100元提高到1500元。

8月12日，临河区联合接访中心启动运行。

8月28日，巴彦淖尔市2012年资助贫困大学生捐赠仪式在临河区举行。内蒙古云曙碧公益事业基金会、维信羊绒集团等爱心企业及个人、单位共捐助350余万元。

8月29日，临河黄河大桥通车庆典在临河区举行。大桥及引线工程总投资5.6亿元，于2009年10月开工建设。项目全长18.2公里，其中大桥长约4.2公里，属特大型公路桥梁。

8月，临河区获全国家庭教育工作示范县市区。

9月6日，全国人大常委会副委员长陈昌智带领人大《中华人民共和国农业法》执法检查组到临河区，就《中华人民共和国农业法》贯彻实施情况开展执法检查。

9月18日，内蒙古自治区政协主席任亚平到临河区调研重点项目建设情况。

9月19日，中国河套文化博物院暨内蒙古河套文化艺术中心落成庆典仪式在临河区举行。

10月11日，内蒙古自治区党委书记、人大常委会主任胡春华到永济渠水系、金川社区服务中心、黄河大桥、中国农科院临河现代高新技术示范基地，就临河区经济社会各项事业发展情况进行视察。

10月20—21日，中央信访工作督导检查组到临河区督导检查工作。

10月27日，总投资30亿元、占地599亩的巴彦淖尔红星·美凯龙临河商场开业。

11月27日，临河区出台《关于对各街道社区行政区划进行调整的方案（征求意见稿）》，实行街道社区管理体制改革。

11月28日，内蒙古自治区人民政府副主席王波率自治区政府副秘书长曹晓斌及自治区经信委、发改委、国土资源厅、交通运输厅等有关部门负责人，到临河区就工业经济、城镇建设、经济社会发展情况进行调研。

11月，临河区全面启动IC卡智能水表收费系统。

12月4日，巴彦淖尔市人民政府、临河区人民政府与北京东世纪贸易有限公司云数据中心（CDC）项目投资框架协议签约仪式在临河区举行。

12月10日，鄂尔多斯市呼和木独—临河黄河公路大桥开收车辆通行费。

12月11日，内蒙古亚王电力有限公司与巴彦淖尔市、临河区两级人民政府就临河区投资建设4—300兆瓦热电联产项目举行签约仪式。

同日，临河区第一家法治体验教育实践基地在临河区法院干召庙法庭挂牌成立。

12月18日，巴彦淖尔市、临河区政务中心建成并投入办公，占地面积25亩，建筑面积25063平方米。

12月临河区被全国妇联、教育部、中央文明办评为"全国家庭教育工作示范区"。

同年，临河区完成土地流转10.08万亩。

同年，临河区发放小额担保贷款2266万元，用于帮扶自主创业和自谋职业，惠及城乡创业者718人。

同年，临河区新农合办被卫生部评为"全国新农合工作先进集体"。

2013 年

1月初，互联网自动取票终端机在临河火车站售票大厅投入使用。

1月17—18日,内蒙古自治区副主席刘新乐率食品安全督查组到临河区督查食品安全工作。

1月25日,临河区2012年人才储备考试在第一职业中学开考,来自全区2019名考生参加笔试,招录储备名额50个。

1月,根据《巴彦淖尔市委市政府关于调整农垦(国有农牧场)管理体制的决定》,市农垦管理的各国有农牧场全部整建制移交给所在旗县区,实行属地管理,由此临河农场、狼山农场属临河区行政管辖。

3月初,临河区开展治理"慵懒慢贪"专项活动,分5个阶段进行,到12月结束。重点解决干部队伍中存在的本领恐慌、无所作为、落实不力、效能低下、作风不正、为政不廉等问题。

3月5日,巴彦淖尔市、临河区两级开展了"青春雷锋照耀河套"学雷锋志愿活动。

3月15日,临河区食品药品监督管理局在巴彦淖尔市人民广场开展宣传活动,销毁24万元假劣、过期药品,计10300余个品种、66000余盒。

3月18日,2013年内蒙古现代农牧机械装备展示展销会暨蒙西农机市场启动仪式在临河蒙西农机市场举行。

3月,临河区被卫生部评为"全国新农合工作先进集体"。

4月1—3日,内蒙古自治区党委常委、宣传部部长乌兰到临河区调研经济社会发展和宣传思想文化工作。

4月3日,临河区事业单位面向全国招聘具有统招全日制硕士研究生及以上学历毕业生、取得硕士及以上学位的高层次人才。

4月中旬,临河区启动城区破损道路修补工程,修补面积1万平方米。

4月15日,临河区被全国绿化委员会授予全国绿化模范区称号。

4月19日,临河区开展党员干部转变作风服务群众专项活动,分三个阶段进行,7月初结束。

4月,临河区安监局对危险化学品、非煤矿山、烟花爆竹等重点行业和领域进行安全大检查,共下达整改指令25份。

同月,临河区从乡镇、办事处选聘15名科级党员干部到非公有制企业担任党建工作指导员。

5月13日,临河区京藏高速全线绿化栽植工作结束。

5月临河区开通12319城管服务热线,市民可以通过热线向城管部门提出建议、意见或进行咨询、投诉等。

6月4日,临河区干召庙镇民主村五组借助温室大棚引进穴盘培育林木种苗技术,培育国槐种苗1万盘,每盘72株。

6月10日,临河区爱卫办从河北沧州购进400斤蜻蜓稚虫投入临河部分天然水体。

6月22日,内蒙古自治区首家肉羊研究所在临河区草原宏宝公司挂牌。

6月26日,临河区社区信息化服务指挥中心启动运营。

6月30日,内蒙古自治区玉米宽覆膜高密度栽培技术现场观摩及培训会在临河区召开。

7月7日,"河套农商银行杯"2013中国·巴彦淖尔沿黄河公路自行车锦标赛暨青年公路自行车锦标赛在临河区开赛。

7月21日,临河区双河镇遭受冰雹灾害。

7月22—23日,内蒙古自治区党委常委、纪委书记张力,到临河区调研经济社会发展情况和纪检监察工作。

8月20日,临河金川大桥及金川南路建成通车。

9月5日,临河区2013年京津风沙源治理二期工程实施方案通过自治区发改委批复。

9月5日,内蒙古河套农牧业技术研究院揭牌仪式在临河区举行。

9月15日,临河城区所有街路首次安装路灯微控及防盗系统169套。

9月22日,临河区公安局在城区12个派出所设立12个"一站式"服务户籍室,推出多项便民措施。

9月28日，临河区768套保障性住房公开摇号。

9月29—30日，内蒙古自治区副主席布小林带领自治区金融办、农村信用联社等相关部门负责人，到临河区调研文化旅游产业发展、金融、小额贷款、生态建设等工作。

10月初，河套公园万丰湖水幕电影试运行。

10月10日，山东力诺集团在临河区投资建设的50兆瓦太阳能光伏发电项目启动。

11月4日，临河区生活垃圾填埋场被内蒙古自治区住房和城乡建设厅评定为2013年自治区生活垃圾无害化二级填埋场。

11月18日，临河区实施的临磴路、临狼路、临陕路、临五路、新华街、朔方路、先锋桥、金川大道八大出口改造工程全部完工。

11月20日，巴彦淖尔市督查组督查临河区农民工工资支付工作开展情况。

12月2日，临河热电厂成为临河城区集中供热的最大热源，供热面积750万平方米，占全区供热总面积的52%，年供热量205万吉焦。

12月13日，内蒙古自治区依法行政工作考核组考核检查临河区2013年度依法行政工作。

12月20日，临河新客运站试运营。临河城区原有的5个客运站将集中全部客车进入新客运站，日均客流量1.5万人次，进站运营车辆732台，运营客运线路217条。

12月30日，内蒙古自治区高级人民法院在巴彦淖尔市召开全区民事裁判文书改革现场会，推广临河区人民法院民事裁判文书简化改革经验。

同年，临河区成功创建自治区级文明城市。

同年，临河区完成农村危房改造1747户。

同年，临河区新建狼山水厂，改善19个村6700农户供水条件和供水质量。

同年，临河区新建改造标准化卫生室44个。

同年，临河区完成65个村文化活动中心器材配送。

同年，临河区为54个便民超市装修店面，统一更换牌匾。

同年，临河区完成农村电网升级改造157公里。

同年，临河区6720户农民实现电视户户通。

同年，临河区新农合全覆盖，农村养老保险覆盖173个村、分场的126880人，为1295名80岁以上老人发放老龄补贴462.36万元。

同年，临河区获得"全国绿化模范区"称号，顺利通过自治区园林城市验收。

同年，临河区教育局获评全国校园安全教育工作先进单位和2013年度自治区扶困助学工作先进集体。

同年，临河区成为全国最大肉羊生产交易集散地。牧业年度羊饲养量530万只，出栏羊350万只。新建标准化规模养殖场52个。

同年，临河区多方引进人才，面向全国引进博士、硕士62人，通过人才储备考录高校毕业生50人，招考教师98人、辅警70人。

2014年

1月4日，临河区人民政府与中节能（北京）实业发展有限公司举行投资建设有机废弃物综合利用项目合作签约仪式。

1月12日，临河区电子政务协同办公系统开通运行。

1月14日，临河区公安局治安大队公开销毁132台赌博机，销毁赌博机主板70块。

1月28日，临河区交管大队设立简易程序交通事故处理综合服务大厅。

2月28日，临河区出入境受理大厅挂牌试运营，3月3日开展因私出国（境）证件受理工作。

3月31日，内蒙古羊畜产品交易中心电子交易平台上线运营。

4月17日，内蒙古自治区党委巡视三组向临河区反馈巡视情况。

4月，临河区出台《预防拖欠农民工工资管理办法》。

5月9日，临河区人民法院首次用QQ视频开庭审案。

5月14—17日，内蒙古自治区卫生厅督导组到临河区，督导检查打击非法行医专项行动工作。

5月24—25日，内蒙古·巴彦淖尔环绕镜湖自行车公开赛暨市民马拉松赛在临河区镜湖举行。

5月26日，临河区环卫清扫保洁工作首次尝试市场化运作，从2014年7月1日起至2017年6月30日，胜利路以东、朔方路以西300万平方米街道的清扫保洁工作将由新"管家"负责。

6月1日，巴彦淖尔市315家加油站陆续清洗油罐，更换乙醇汽油。

6月8—9日，蒙古国议会新闻代表团对临河区经济社会发展情况进行采访。

6月6日，临河区为政法系统改革进行风险评估。

6月10日，内蒙古自治区高院正式批复临河区人民法院为内蒙古自治区法院系统首家审判长、执行长负责改革试点。

6月18日，临河区首次为沿街商铺建立"身份档案"。

6月20—22日，内蒙古自治区第十督导组督查指导临河区党的群众路线教育实践活动。

7月，临河区全面清查"小金库"。

7月23日，临河区37名志愿者成为中华骨髓库新成员。

8月8日，临河区举行智能视频监控联网系统签约仪式。

8月11—12日，1965年插队到临河的31名北京知青重返临河，感受第二故乡的发展变化。

8月，投资5亿元50兆瓦光伏发电建设项目落户临河区。

9月11—14日，巴彦淖尔市民族健身操比赛在临河区举行。

9月30日，临河区首次在西郊陵园举行烈士纪念日公祭活动。

9月，临河区汇丰学校启用。

10月21—24日，首届（2014）中国肉羊产业发展大会在临河区举行，来自全国各地150余名嘉宾参加。会上，成功签约7个项目，共计金额85亿余元。

10月21日晚，大型情景史诗《阴山·古歌》在巴彦淖尔文博中心首演。

10月，临河区A级旅游景区、星级乡村旅游接待户完成内蒙古自治区验收。

11月7日，巴彦淖尔市首家青年军校在临河区挂牌成立。

12月15日，临河1路公交车率先试行IC卡刷卡乘车，市民刷卡乘车可享9折优惠。

同年，临河区被确定为2014年国家义务教育质量监测样本县。

同年，临河区为250余个家庭农场颁发家庭农场证书，这是巴彦淖尔市对家庭农场的首次认证。

同年，临河区新建续建道路19条，总投资1.4亿元。

2015 年

1月4日，巴彦淖尔市河套湿地景区获批国家4A级旅游景区。

1月21日，临河区人民法院被最高人民法院授予"全国优秀法院"称号。

1月23日，临河区人民法院被最高人民法院确定为全国改革示范法院，是内蒙古自治区唯一的一家。

3月10日，临河区首届"区长杯"青少年校园足球联赛开赛。

3月21日，临河区作家协会成立。

3月，临河区第一中学获"全国文明单位"称号。

4月2日，临河区举行缅怀先烈清明祭扫活动。

4月28日，临河区完成151个村级党组织换届选举工作。

4月，临河区人民法院被最高人民法院确定为"全国法院多元化纠纷解决机制改革示范法院"。

5月5日，临河区首次开展"蒙古语言文字法律法规学习宣传周"活动。

5月初，通过个人申请、民主推荐、组织考察等方式，临河区选派93名机关干部到薄弱村（社区）担任基层党组织第一书记或村（居）委会副主任。

5月19日，临河区举行"中国旅游日"主题活动暨黄河河套文化旅游区创建国家5A级旅游景区启动仪式。

5月20日，巴彦淖尔市政务服务中心（公共资源交易中心）被列为国家第二批社会管理和公共服务综合标准化试点单位。临河区政务服务中心开启标准化建设工作。

5月24日，"燕京金川啤酒杯"市民马拉松赛在临河区镜湖湿地恢复生态保护区开赛，来自社会各界的358名参赛选手和近千名市民啦啦队员参加。

6月5日，巴彦淖尔市、临河区两级环保局在人民公园开展"践行绿色生活、实现可持续发展"主题系列宣传活动。

6月20日，巴彦淖尔市河套湿地"龙舟赛"在临河区开赛。

6月29日，临河区举行"庆七一·尽责圆梦"演讲比赛。

6月，临河区从中央财政现代肉羊项目发展资金中划出400万元作为贴息，发放养羊贷款8000万元。

7月7日，内蒙古社会科学院调研组到临河区回校、新华办事处，调研民族工作。

7月30日，临河区人民政府、嘉友国际物流（北京）有限公司、临河区城市发展投资有限公司三方签订临津物流海关监管场所通关运营合作框架协议。

同日，由内蒙古自治区政府新闻办与《大公报》联合主办的"范长江行动——港澳传媒学子内蒙古行"大型采访活动走进临河区，来自《大公报》的编辑记者和香港、澳门、内蒙古高校传媒学子近40人，先后到富川现代肉羊养殖园区、浩彤高科技现代农业示范园、黄河水利文化博物馆进行实地采访。

同日，临河地区首届"燕京金川杯"篮球精英邀请赛召开新闻发布会，内蒙古日报、内蒙古广播电台等12家媒体记者应邀参加。

7月，临河区浩彤农牧业有限责任公司被评为全国青少年农业科普示范基地，成为内蒙古自治区唯一获此称号的示范基地。

8月1日，巴彦淖尔市、临河区两级在人民广场举行主题为"法在身边、法制北疆"法制宣传月启动仪式。

8月11日，内蒙古自治区法院司法改革工作推进会在临河区召开，会议推广临河区人民法院审判权运行机制改革试点经验。

8月13日，临河区在全区范围内的非公有制经济组织和社会组织党工委委员中选派25名科级干部，到部分规模以上非公企业担任"第一书记"。

8月15日，《中·蒙·俄共同的胜利》艺术作品展在临河区阴山岩刻艺术馆开展。

8月15—16日，2015全国微创外科新技术论坛暨3D腹腔镜高级研讨会、第24届全国腔镜甲状腺手术高级学习班在临河区人民医院举行。

8月19日，内蒙古自治区安监局督查组专项检查临河区联邦制药、鲁花葵花仁有限公司等人员密集场所的电梯安全工作。

8月31日，巴彦淖尔市兆丰种业粮食有限公司承担的"河套优质春小麦全产业链关键技术研究与产业化开发"项目获800万元自治区2015年科技重大专项立项资金支持。

8月，临河区新华镇新丰村（九叶青韭菜）成功入选第五批全国"一村一品"示范村镇。

同月，临河区被确定为全国"救急难"综合试点单位。

9月8日，临河区第五中学教师李凤娥赴北京，参加"党和人民满意的好老师"称号颁奖仪式。

9月29日，国道110线临河绕城公路改扩建工程通过竣工验收。

9月，内蒙古博物院数字博物馆巡展到临河区，5000余名中小学生、武警官兵及社区群众参观流动数字博物馆。

11月1日，临河城区60座"旱改水"公厕投入使用。

同日，临河区首届"福玛特"山地自行车邀请赛开赛。

11月25日，临河区承办内蒙古自治区"同频互动"暨规范办学行为现场会。

12月9日，巴彦淖尔市陆港通关启动运营仪式在临河区举行。

12月23日，大型电视连续剧《鸿雁》在临河区举行筹拍启动仪式。

同年，临河区教育局获2014年国家义务教育质量监测实施优秀组织单位。

同年，临河区教育局荣获内蒙古家庭教育先进单位。

同年，临河区投入资金12.1亿元，改造危房5847户，硬化街巷601公里，新建学校、幼儿园2所，新建、扩建标准化卫生室72个，新建、改造便民连锁超市142个，农网改造升级172公里，新安装广播村村响173处、电视户户通1400户，配套新建农村文化广场89个，为169个村配送文体活动器材，解决了11440人的安全饮水问题。村庄综合整治同步推进，清理"四堆"174万吨，拆除危旧险房1.8万间，维修、新建院墙32万延长米，绿化通道40公里、集镇村屯137个。

同年，临河区获得产粮（油）大县奖励5301万元。

同年，临河区温室大棚首次纳入政策性农业保险。

2016 年

1月10日，巴彦淖尔市、临河区两级公安、武警、消防官兵在影剧院广场开展"群众的110、你我的30年"主题宣传日活动，向广大市民宣传安全防范知识。

1月19日，临河区委中心组（扩大）学习会邀请北京师范大学特聘教授张涛作《危机管理与媒体应对》专题报告。

1月22日，临河区人民政府与内蒙古和信园蒙草抗旱绿化股份有限公司举行"首单生态建设PPP项目暨长期合作协议"签约仪式。

2月24日，应保税物流园区海关监管场所经营企业北京嘉友物流集团公司邀请，世界500强企业澳大利亚力拓集团总裁到临河保税物流园区考察项目。

3月4日，宁夏吴忠市党政考察团来临河区考察PPP项目及城市绿化工作。

同日，市、区两级"创建文明城市，学雷锋志愿服务你我同行"主题实践活动启动仪式在临河区举行。

3月8日，临河城区建筑垃圾开始实行全密闭清运，在环卫垃圾处置场处置。

3月15日，临河区2016年节水增效工程建设项目在巴彦淖尔市公共资源交易中心完成招投标。

3月，临河区在基层医疗机构全面实施《关于推进家庭医生签约服务的实施方案（试行）》。

4月14日，临河区2016年科技文化卫生"三下乡"活动启动仪式在干召庙镇浩彤现代农业科技示范园区举行。

4月15日，内蒙古自治区党委组织部调研督查组调研督查临河区社区办公活动场所建设情况。

4月28日，临河区完成了151个村级党组织换届选举工作，通过"两推一选"选出村党支部书记151人、支部委员472人。

5月7—9日，中共中央政治局常委、全国人大常委会委员长张德江率食品安全法执法检查组，到临河区就贯彻落实《中华人民共和国食品安全法》情况开展执法检查。

5月12日，内蒙古自治区第十督导组、市"两学一做"学习教育和党委换届调研指导组到临河区，调研督查"两学一做"学习教育和党委换届工作。

5月15日，民政部基层政权和社区建设司调研组到临河区，调研城乡接合部农村社区建设工作。

5月20日，临河区举行2016年现代肉羊生产发展资金项目关于优质肉羊推广项目签约仪式。

5月26日，内蒙古自治区副主席王玉明到临河区督察全面深化改革工作。

5月，临河区人民法院结合《中华人民共和国反家庭暴力法》的实施，发出巴彦淖尔市第一份人身保护令。

6月9日，"中国银行杯"2016端午节黄河河套文化旅游区龙舟赛在临河区举行。

6月13日15时44分，临河区境内出现强对流天气，引发冰雹、暴风雨灾害。冰雹最大直径约2厘米，且降雹密度大，有人和牲畜被打伤；玉米叶片被打成条状；葵花、番茄、葫芦、蜜瓜叶片打成蜂窝状，茎部被打断。暴风雨导致直径为50厘米左右的大树被连根拔起，部分彩钢建筑房顶被揭起，小麦大面积倒伏。八一乡、乌兰图克镇、双河镇、新华镇、狼山镇5个乡镇、16个行政村、73个村民小组的农作物不同程度受灾。

同日，临河城区出租车计价器调校完毕，出租车运价起步价6元、里程价由1.2元调整为1.5元。

6月29日，临河区召开庆祝中国共产党成立95周年暨"七一"表彰大会，表彰先进基层党组织和优秀个人。

6月，临河区开始在新华镇隆胜村、白脑包镇西海村颁发首批新农村土地承包经营权证，200余农户领到经过确权登记的新证书。

7月12日，临河区中央财政支持现代肉羊F116发展资金项目实施启动仪式在八一乡举行。

7月，临河区被列入国家农村土地承包经营权抵押贷款试点旗、县（区）及自治区县域金融工程试点旗、县（区）。

同月，《临河区人大志》出版。

8月2—3日，内蒙古回族社会历史调查调研组到临河区，调研回族经济社会文化发展的历史与现状。

8月6日，临河区先锋新桥开工建设，紧邻旧桥下游。

8月9日，临河区首次利用直升机在京藏高速绿化带喷洒农药，防治天牛。

8月20日，临河区公安局安装在火车站、汽车站、星月广场、人民广场、百乐宫、金川市场门前的6个"一键报警柱"视频报警点终端系统投入运行。

9月3日，临河区委、人大、政府、政协四大班子领导到胜利路与新华街交叉路口，开展交通文明劝导志愿者服务，引导市民提升交通文明意识。

9月28日，临河一中举行建校60周年庆典活动。

9月28—29日，2016"和谐草原"——内蒙古自治区"沿黄河"自行车挑战赛巴彦淖尔分站赛在临河区举办。

9月，临河区电子商务产业园全面启动。该园由临河区政府、内蒙古睿智宏远电子商务有限公司共同打造，并由内蒙古双河集团公司的旧厂改建而成。它以电子商务运营、培训、服务、电商企业与个人创业孵化、产品展示等为主导，集电商、仓储物流、生产加工、金融、包装设计等多种业态为一体。

10月6日，2016河套农商银行巴彦淖尔国际马拉松赛在河套文化博物院鸣枪开赛，来自埃塞俄比亚、肯尼亚、加拿大、美国、丹麦、蒙古等国家以及国内多个省市的1万余名运动员参加。

10月7—8日，内蒙古自治区党委书记李纪恒在临河区调研，强调要坚持五大发展理念，促进新型工业化、信息化、城镇化、农牧业现代化、绿色化"五化"同步发展，坚决守住生态这条底线，切实提高发展的质量和效益，努力在转方式、调结构、促改革、惠民生上不断取得新成效，守望相助、团结奋斗，敢于担当、攻坚克难，奋力实现富民强市。

11月1日，临河城区18座水厕及环保公厕投入使用。

11月3日，临河区新接入大暖的18个平房区全部供暖。

11月11日，京东中国特产——河套馆上线仪式在临河区电子商务产业园举行。该馆已与临河区11家企业达成合作，上线羊肉、瓜子、羊绒、食品等8个品类、150个单品，其中知名品牌有三胖蛋瓜子、兆丰面粉、米真羊绒等。

11月28日，临河区新型职业农牧民培训工程启动。

12月4日，首届河套猪宴节在临河区干召庙镇民主村四组举行。其间，组织开展了猪宴节祭祀、广场舞、秧歌、二人台、舞狮表演及赛马、足球赛等活动。

12月5日，临河区安全生产专项排查整治百日大行动开始。

12月14—15日，内蒙古自治区党委常委、自治区副主席张建民到临河区草原宏宝有限公司、兆丰河套面业有限公司等地调研。

12月17—18日，内蒙古自治区盟市和区直单位党（工）委书记抓基层党建调研督查组第四组组长到临河区就党委书记抓党建情况进行调研督查。

12月24—25日，河套首届乡村文化采摘节在临河浩彤园区举办。

12月31日，临河—哈密公路（路线编号5312）临河—陕坝段收费站终止收费。

同年，临河区创建国家5A级黄河河套文化旅游区，干召浩彤被评为国家3A级旅游景区，富强村获评2016年度"中国十大最美乡村"。

同年，临河区投资2.38亿元，实施临河九小等4所学校校舍建设。

同年临河区开工改造小街小巷70余条，完成22条，铺设排污管网9.4公里，投资4000万元。

同年，临河区投资1500万元，成立国有参股物业公司，逐步接管214个无物业小区和弃管小区。

同年，临河区投资3000余万元，完成92个居民小区绿化升级改造。

同年，临河区投资1838万元，在城区主要干道两侧建起50座便民公厕。

同年，临河区投资2800万元，新建3处封闭式便民市场。

同年，临河区投资1000余万元，新建智能化公共自行车站点50个，采购公共自行车1500辆。

同年，临河区加快公交体制改革，新开通3条公交线路，投入30辆电动公交车。

第一篇
政　区

第一章　位置　建置　区划

第一节　地理位置

临河区位于内蒙古自治区西部的河套平原腹地，隶属巴彦淖尔市，为市府所在地，地理坐标北纬40°34′~41°17′，东经107°6′~107°44′。南临黄河，与鄂尔多斯市隔河相望；北以乌加河为界，与乌拉特中旗相邻；东接五原县；西与杭锦后旗毗邻。东西宽36公里，南北长64.7公里，总面积2333平方公里。城区中心测定点北纬40°46′，东经107°24′，距自治区首府呼和浩特市383公里，距首都北京1050公里（铁路里程）。

第二节　建置沿革

临河区疆域，战国时期属赵国九原郡之西部地，秦统一后建置未变，仍隶九原郡。西汉时属朔方郡，隶属朔方刺史统领。元朔二年，朔方郡在今巴彦淖尔市临河区新华镇原古城乡政府所在地筑城设临河县（因城址在黄河故道北河之南沿而得名，北河后更名乌加河）。

东汉末，郡县并废，临河属地被南匈奴盘踞。

三国至晋初，仍为南匈奴牧地。

西晋自永嘉以后，"五胡"纷争，迭次为前赵、后赵、前秦、后秦、赫连勃勃夏属地。

南北朝时，地属北魏沃野镇所辖。

隋初，属丰州。大业三年，改州设郡，属五原郡，隶属大同城护守。

唐初，地属丰州，隶属内道辖领。贞观中改州设郡，隶属九原郡。景龙二年，张仁愿筑三受降城，地属西受降城辖境，隶属天德军节度使，先后为燕然都护府和安北都护府统领。

宋、辽、金、夏时，皆为西夏属地。

元灭夏，地属云内州（下州）。

明初，地属宁夏卫，隶属陕西辖领。后来，入蒙古部属。

清初，为伊克昭盟鄂尔多斯左翼后旗（达拉特旗）和右翼后旗（杭锦旗）地各一部分。

乾隆以后，置道设厅，隶属归绥道萨拉齐厅。

清光绪二十七年（1901），隶属五原厅。

民国初，改厅为县，仍属五原县辖境。

民国14年（1925）7月，五原县丰济渠西侧划界，以西设临河，置临河设治局，筑城于强家油房。

民国18年（1929）10月，成立县政府，沿称临河。

民国28年（1939）2月，傅作义部进驻后套，在临河太安镇（今陕坝镇）成立绥远省政府，临河成为本省政治中心、抗日军事重镇。

民国31年（1942），绥远临时省政府在后套实行"新县制"，将临河北部和西部地划出，分别置狼山县、米仓县和陕坝市政筹备处，临河地域随之缩小。

1949年9月19日，临河和平解放。

1950年，属陕坝专员公署管辖。

1954年，隶属河套行政区。

1958年7月，隶属巴彦淖尔盟。同年，撤销狼山县，分别并入临河县和杭锦后旗。

1984年12月11日，临河县改建为县级市。

2003年12月1日，国务院决定撤销巴彦淖尔盟和临河市，设立地级巴彦淖尔市和县级临河区。

2004年7月，完成撤盟设市工作，宣布成立巴彦淖尔市和临河区。

第三节　行政区划

1991年，临河市有2个镇、18个乡、5个街道办事处。2个镇是：狼山镇、新华镇；18个乡是：城关乡、曙光乡、马场地乡、八一乡、新丰乡、隆胜乡、乌兰图克乡、份子地乡、古城乡、白脑包乡、丹达木头乡、建设乡、小召乡、八岱乡、乌兰淖尔乡、友谊乡、干召庙乡、黄羊木头乡；5个街道办事处是：解放办事处、新华办事处、团结办事处、车站办事处、先锋办事处。各乡镇下设152个村民委员会、1172个农业生产合作社；办事处设46个居民委员会、390个居民小组。同年11月，新增4个办事处：铁南办事处、东环路办事处、西环路办事处、北环路办事处。

1997年4月，经内蒙古自治区人民政府批准设立干召庙镇。

1999年，乌兰图克乡改乌兰图克镇。同年9月，马场地乡改马场地镇。

2000年，临河市有11个乡、9个镇、9个办事处。11个乡是：曙光乡、城关乡、八岱乡、友谊乡、乌兰淖尔乡、丹达木头乡、建设乡、白脑包乡、八一乡、新丰乡、古城乡；9个镇是：马场地镇、份子地镇、黄羊木头镇、干召庙镇、小召

镇、乌兰图克镇、隆胜镇、狼山镇、新华镇；9个办事处是：团结办事处、解放办事处、先锋办事处、车站办事处、新华办事处、东环办事处、西环办事处、北环办事处、铁南办事处。

2001年4月，临河市进行撤乡并镇，原20个乡镇撤并为14个：撤销份子地镇、古城乡，合并建立古城镇；撤销友谊乡、新丰乡、马场地镇，合并建立双河镇；撤销八岱乡，将八岱乡棋盘村、农光村、旭光村划归黄羊镇；撤销城关乡，与八岱乡蓿亥村、远景村合并，建立城关镇；撤销建设乡、白脑包乡，合并建立白脑包镇；撤销曙光乡，成立曙光办事处。双河镇设在马场地镇，古城镇设在古城乡，城关镇设在八岱乡，白脑包镇设在白脑包乡。同年6月，黄羊木头镇与八岱乡的农光村、旭光村、棋盘村3个行政村一起并入干召庙镇。同时按照巴彦淖尔盟撤乡并镇的要求，实验农场与临河农场合并为临河农场，狼山农场和份子地农场合并为狼山农场。

2005年12月，临河区乡镇合并为7个，其中古城乡与新华镇合并为新华镇，小召乡与狼山镇合并为狼山镇，乌兰图克镇与隆胜镇合并为乌兰图克镇，八一乡改为八一办事处（仍列乡镇序列）。至此，临河区共有7个镇、11个办事处。7个镇是：城关镇、白脑包镇、新华镇、狼山镇、干召庙镇、乌兰图克镇、双河镇；11个办事处是：八一办事处、曙光办事处、解放办事处、团结办事处、先锋办事处、车站办事处、新华办事处、东环办事处、铁南办事处、西环办事处、北环办事处。

2010年2月，成立金川街道办事处、汇丰街道办事处。

2012年，撤销曙光办事处，恢复曙光乡（划入城关镇3个村），并恢复八一乡。调整后，临河区有7个镇、2个乡、11个办事处。7个镇是：狼山镇、新华镇、干召庙镇、乌兰图克镇、双河镇、城关镇、白脑包镇；2个乡是：曙光乡、八一乡；

11 个办事处是：团结办事处、车站办事处、先锋办事处、解放办事处、新华办事处、东环办事处、铁南办事处、西环办事处、北环办事处、金川办事处、汇丰办事处。

2013 年 1 月，临河农场、狼山农场下划临河区管辖。

2016 年，临河区共有 7 个镇、2 个乡、151 个村民委员会；临河农场、狼山农场，23 个分场；11 个街道办事处，50 个居民委员会。

第二章　乡镇　农场　办事处

第一节　乡　镇

一、乌兰图克镇

乌兰图克镇是沿着"班禅召人民公社、乌兰图克人民公社、乌兰图克乡、乌兰图克镇"的名称演变发展来的。

2006年，乌兰图克镇内设农牧站、林工站、水利站、公路农机交管站、村镇站、经管站、统计站、计生办、民政办、司法所、劳动事务保障所、财税所、党政综合办13个职能站办及共青团、民兵、妇联3个群团管理组织。在职人员70人。

2012年，乌兰图克镇下设21个党支部、1个村党总支、2个村企联合党总支；13个村党支部、4个协会党支部、1个产业链党支部、3个企业党支部、107个党小组。

2016年，镇党委设书记1人，副书记1人，纪检书记1人，组织委员1人，宣传委员1人。镇政府设镇长1人，副镇长3人。镇人民代表大会为常设机构。内设机构有：办公室、财税所、经管审计站、农科站、畜牧站、林水站、文化站、综治维稳站、扶贫办、商贸所、司法所、征拆办、交管站、妇联、计生办、团委、纪检办等。

（一）基层党建

1991年，乌兰图克乡各村党支部创新党员帮扶群众新模式——党员"三结合"致富链。

1996年7月，乡党委书记牛德奎被评为全国优秀党务工作者，并出席全国农村基层组织经验交流暨先进集体、先进个人表彰大会。

1997年，乌兰图克乡党委被中央组织部评为先进基层党组织。

1998年6月，红旗村党支部被中共内蒙古自治区委员会授予"农村牧区基层组织建设五个好党支部"称号。同年7月1日，牛德奎被评为全国优秀党委书记。

2000—2001年，红旗村被中共临河市委员会评为"全市基层先进党组织"。各村党支部开展"党员星级化管理"活动。2001年6月，乌兰图克镇被中共内蒙古自治区委员会授予"全区党的基层组织先进单位"称号，被内蒙古自治区人民政府评为"内蒙古自治区优秀人民调解委员会"，被中共中央组织部评为"全国先进基层党组织"。

2006—2011年，红旗村被中共内蒙古自治区委员会授予"全区党的基层组织先进单位"称号，红旗村连续4次被乌兰图克镇党委评为"优秀党支部""先进党支部""先进基层党组织"。

2012—2016年，乌兰图克镇评出五星党员556人，四星党员678人，三星党员210人。2016年，镇班子成员定期对14个行政村的党建工作进行调研督查，通过互相观摩学习，使全镇党建工作水平明显提高。

（二）精神文明建设

1991—1997 年，乌兰图克乡投资 6.3 万元建起文化站，发展文化事业，有 50% 的社建起多功

乌兰图克镇红旗村社员正在进行二人台演出

能文化活动室。投资 1.4 万元，组建乡文艺宣传队、电影放映队。村村成立秧歌队，利用冬春农闲时间在村社进行表演。每年举办 1 次文化物资交流大会、1 次赛牛会、1 次农民运动会，引导农民劳逸结合，提高生活幸福指数。同时，各村社全部安装有线广播和有线电视，丰富农民的业余生活。1993 年 12 月，红旗村被中共巴彦淖尔盟委员会、巴彦淖尔盟行署授予"精神文明建设先进集体"称号。

2000—2007 年，乌兰图克镇被评为巴彦淖尔盟"星级文明集镇"。全镇建成小康示范村组 12 个，砖房普及率 70%；安装程控电话 2000 部，电话入户率 50%；建成镇村组文化室 18 个，组建文化演出队 2 个，成立文体协会，发展会员 80 人；合作医疗参保率 90% 以上，形成"镇有卫生院、村有卫生室"的医疗卫生格局。2007 年 9 月，红旗村被中共内蒙古自治区委员会、内蒙古自治区人民政府评为"全区第六届创建十星级文明城乡系列竞赛活动先进村"。

2008—2016 年，乌兰图克镇多次被自治区党委、巴彦淖尔市委、临河区委评为先进基层党组织，先后被评为全国军警民共建精神文明先进单位、全国亿万农民健身活动先进乡镇、自治区军警民共建精神文明先进单位、自治区双拥模范乡、自治区村民自治模范乡、自治区农村牧区基层组织建设 6 个好党委。

（三）经济建设

1995 年，乌兰图克乡国民生产总值 8800 万元，油料总产 1270 万斤，甜菜总产 8000 万斤，黑瓜子 350 万斤，其他作物 300 万斤，鱼 2 万斤，牲畜总数 10840 头（只）。有乡镇企业 56 家，固定资产 2200 万元，年利税 650 万元。

1997 年，全乡工农业生产总值 2.4 亿元，其中乡镇企业产值超亿元，粮食总产 7751 万斤，家畜饲养量 10.6 万头（只），林业面积 7 万亩，果树面积 1.24 万亩，森林覆盖率 26%。农民人均收入 2341 元，乡财政收入 272 万元。

2004 年，乌兰图克镇生产总值 3.2 亿元，财政收入 486 万元，农民人均纯收入 4118 元。绿色种植与规模养殖成主导产业，林业生态建设实施"招进走出、双向互动"的发展思路。

2006 年，全镇国民生产总值 4.4 亿元，财政收入 1122 万元，农民人均纯收入 5421 元。有工商业户 516 家，其中工业企业 60 家，商业企业 306 家，其他企业 150 家，总产值 1.2 亿元。

2009 年，全镇工农业生产总值 5.8 亿元，农民人均纯收入 8670 元，纯收入中，种、养、非农收入结构比为 4∶3∶3。种养业中的高效订单、组织化经营占 71.3% 以上。2.8 万亩番茄平均每亩收入在 2610 元左右。

2016 年，乌兰图克镇农牧业总产值突破 11.9 亿元，农民人均纯收入 16850 元。从乌兰图克镇的发展历程来看，乡镇企业一直是经济增长点：1991—1993 年，为乡镇企业起步建设阶段；1994—1997 年，为乡镇企业发展壮大阶段。乡镇企业从单一的面粉、机砖、渔场，扩大到油脂、炒货、饲料、酱菜、脱水菜、农机铸造、供销社

等。1997年，全乡乡镇企业利税实现1236万元，到2009年，全镇注册农民专业合作社12个。

1. 农牧业

1991—1997年，乌兰图克乡实施渠、沟、路、林、田五配套工程，完善农业生产基础设施，农运汽车、大型拖拉机、小型拖拉机及配套农机具数量不断增加，形成种养加一条龙生产模式。与此同时，把肥料建设作为改造中低产田、建设吨粮田的重要环节，推行家畜圈养、引草入田、秸秆还田、高温堆肥、深施有机肥等措施，形成有效施肥模式。1991—1999年，每年秋翻8.5万亩农田，占耕地面积的94%，其中深松深翻占70%，每年施农家肥2.5万亩；间套复种草、绿肥2万亩，深施一铵、碳铵2.5万亩，有效改善地力条件。注重加强种子建设，采取每村建立1个种子社的办法，使小麦繁种面积每年保持在1700亩左右，玉米制种2000亩左右，建立了稳定的种子基地。种植业方面以粮、油、糖为大宗，同时兼种黑瓜子等经济作物。

1993年，全乡有耕地79634亩，林地31290亩，草场79251亩，水域8765亩，沙丘24013亩，大小海子32个。

1995年，有耕地134336亩，林地35310亩，草场48753亩，水域13300亩，城乡居民工矿用地11891亩，交通用地753亩，未利用土地36225亩（其中盐碱地20837亩，沙地15385亩）。建成农田五配套工程6万亩。

1997年，全乡有农作物播种面积9万亩，其中粮豆面积6.42万亩，产量38774万斤。由于每年建设高标准连片示范田1万亩，推广吨粮田、小麦穴播套甜菜套玉米、盐碱地覆膜玉米、玉米精量点播、保护地蔬菜等种植技术，农作物良种覆盖率达95%。其中吨粮田面积占粮食种植面积的33%，2万亩单产1332斤。小麦产量4200万斤、玉米3400万斤、油料700万斤、甜菜4000万斤、蔬菜保护地1200亩，亩均收入4000元以上。

1998年，农作物播种面积9.09万亩，其中粮豆面积6.08万亩，产量33540万斤。1999年播种面积9.62万亩，其中粮豆面积6.49万亩，产量36043万斤。2000年播种面积9.62万亩，其中粮豆面积5.07万亩，产量28462万斤。

2004年，乌兰图克镇农作物播种面积11.7万亩，其中粮豆面积5.6万亩，产量29886万斤；经济作物面积6.37万亩，其中花葵1.7万亩，油葵0.3万亩，蔬菜0.6万亩，番茄0.37万亩，西瓜0.02万亩，甜瓜0.4万亩，白瓜子0.18万亩，黑瓜子0.2万亩，牧草2.6万亩。同年，建起1000亩"农林牧水机"五配套高科技示范园区。

2005—2006年，全镇有耕地24.8万亩，林草地2.4万亩。到2006年底，全镇种植蜜瓜、番茄、青椒等绿色高效农业8万亩，签订各类订单农业13.28万亩。

2009—2010年，隆强村实施中低产田改造工程1.7万亩。东兴村、新乐村新建温室46栋，全镇中小拱棚种植面积8200亩。玉米制种面积每年保持在3万亩以上。订单种植面积占总播种面积的85%以上，番茄、脱水菜等经济作物全部实现订单种植。两年中，全镇完成2万亩中低产田改造，完成土方破旧水沟回填工程11.91万亩，植树造林5000亩。

2012—2014年，全镇各类订单面积35万亩。玉米、番茄、杂交花葵走上规模化种植、产业化经营之路，新增设施农业面积1000亩。引进西班牙草莓种植项目，成立内蒙古思拜恩农业科技有限公司，在新民村三组征收土地65亩，租用农民土地450亩，完成52栋温室建设和300亩夏季大棚草莓种植，项目全部采用西班牙水肥一体化技术。生产出的草莓，亩产量8000斤以上，亩效益20万元以上。同时引进浩澎高科技农业示范园区，租用农民土地500亩，发展设施农业，建起37栋温室大棚。

2016年，乌兰图克镇依托引进的浩澎公司，利用现有大棚，引导团结村、红旗村、光荣村农户种植名优特产品，打造旅游、采摘、观光为一体的农业示范园区，同时在东兴村一组、二组、六组、七组、八组新建温室大棚3200亩，引导农户种植时令蔬菜和季节性农作物，收益良好。同年，引进山东中泰农业科技有限公司，完成800栋温室墙体建设任务，架钢架760栋，盖膜470栋，种植426栋，采收上市65栋。完成中泰基础设施建设水泥路7公里，砂石回填路槽15公里，新打机电井64眼，15公里高低压输变电线路安装。完成东兴村、隆胜村、长胜村、新民村、东济村、光荣村7万亩土地整理和中低产田改造，修建各类建筑物340座。

2. 畜牧林果业

1991—1997年，乌兰图克乡在养殖业方面实行大畜、小畜、生猪一齐上，社员家庭饲养与养殖大户集中饲养相结合，先后投资31万元，建起高标准圈舍1000座；投资23万元，购回种公羊、公猪、公牛，家畜良种率97%；从锡林郭勒盟、秦川等地购回基础母牛800头，总头数2500头。每年利用冬、春两季巡回各村培训5次以上。推广绵羊人工授精、牛冷配、疫病防治、饲草青贮、饲料配置、羔羊短期育肥等技术。先后聘请11名专家、教授、高级工程师，对养畜大户、畜牧科技骨干进行培训，提高养畜水平。每年春秋进行2次防疫大会战，平时进行全防，畜禽防疫密度96%；猪、鸡、羊因病死亡率分别控制在1.7%、3%、0.7%以内，无大的疫病疫点发生。1997年，全乡畜牧实用技术普及率80%以上。养猪50头以上121户，养羊40只以上127户，养牛10头以上38户，养鸡2000只以上141户，家畜饲养量10.6万头（只），基本实现1亩1只羊，1人1.5口猪，3户1头牛，户均76只禽兔。6年间，全乡种植高杆杨60万株，成活率85%以上，累计造林面积7万亩。果树栽植重点是发展果树带和连片集体果园，面积1.2万亩，其中挂果面积6700亩。乡政府投资9万元，购回草粉机、粉碎机120台。推广青贮草粉、微贮、氨化饲料等技术，为畜牧业发展提供后力。乌兰图克乡被内蒙古自治区林业厅

命名为"平原绿化科技示范乡"。

2006—2010年，乌兰图克镇发展基础母羊12万只，肉羊40万只，肉牛7000头，培育养殖户25户。其中2009年全镇出栏育肥牛2709头、出栏育肥羊16.7万只，育肥产业收入占畜牧业收入的60%以上。2010年新增肉羊育种户290户。

2012—2014年，乌兰图克镇完善富川现代肉羊养殖园区建设，投入资金1亿元，建成标准化养殖圈舍53栋，养殖规模35000只，年出栏20万只。富川现代肉羊与中国农科院、北京农大、内蒙古农大开展院企、校企合作，打造内蒙古绿色农畜产品生产，带动周边150户农民发展肉羊繁育。与350户农户合作，种植有机饲草玉米8000亩，饲草玉米15000亩、肉羊饲养量55万只，出栏49万只，形成饲草、繁育、育肥为一体的产业体系。"十二五"末，全镇肉羊饲养量80万只，出栏60万只，规模化养殖比重提高到60%以上。

2016年，乌兰图克镇重点在各村组小油路两侧新造林21万株，在新胜村一组、二组、三组、四组、五组、六组、七组，栽植苗木2.1万株，成活率90%。依托富川肉羊产业化循环经济科技园区，培育和发展养羊专业合作社，利用现有及新建圈舍从事基础母羊养殖、羔羊育肥，带动新民村、东济村农户从事养羊业。组建50户农民加入合作社，从事基础母羊养殖、羔羊育肥。依托内蒙古云海秋林畜牧有限公司建成云海秋林牧场，带动团结村、新义村农户从事奶牛饲养和饲草料种植，年内饲养优质奶牛4000头。

（四）社会事业

1991—1997年，乌兰图克乡投资20万元，兴建了6000余平方米卫生院，8个村建起卫生室。1997年底，全乡卫生院、村卫生室开始推行合作医疗。

1991—1997年，全乡投资43万元，兴办职业中学；投资15万元，兴建高标准乡级幼儿园，创办家长学校；投资120万元，对10所小学、2所中学的校舍进行了翻新。其中1994年、1995年共

计投资 58 万元，改善办学条件，被内蒙古自治区验收为普及九年义务教育达标乡。学龄前儿童入学率 100%，青壮年文盲脱盲率 100%。

2000—2005 年，全乡（镇）68 个社实现"三通"（街通、巷通、路通）。全乡（镇）投工 212 万个工日，动用土方 63 万立方米，投资 28 万元，其中拆除主房 38 间、2115 平方米，拆除凉房 126 间、7920 平方米，拆除圈舍 530 个、2.4 万平方米，征占果园 9.4 亩；建设村庄道路 439 条，总长度 124 公里，实现村庄道路规划整齐、四通八达的面貌。

2006—2010 年，全镇建成小油路 90 公里，铺设沙石路 180 公里，组、社、镇油路相连，农民的幸福感逐步增强。全镇维修各类农业生产建筑 47 座，改造渠道 74 条，衬砌渠道 8 条。到 2010 年，全镇衬砌渠道 17.799 公里，整修道路铺石沙 13.2 公里，维修、新建各类建筑物 487 座，斗、农、毛渠清淤土方 80 余万立方米。

2016 年，乌兰图克镇共识别确认建档立卡国家级贫困人口 170 户 342 人，涉及 14 个行政村 117 个村民小组。同年，全镇发放各类惠农资金、救助救灾资金 5303.9 万元。各村对 90% 以上的斗、农、毛渠进行洗挖，清淤斗渠 23 条 22.53 公里。全镇完成投资 375 万元，新建生产桥 2 座，机电井 20 眼，村部改造 5 个，新建农民文化活动广场 46 个，铺设绿化输水管道 31 千米。全镇开展了多次创建安全文明小区活动，陆续建成安全文明小区 39 个，刑事案发率多年来控制在万分之三以内。

二、狼山镇

1991 年，狼山镇总面积 165 平方公里，耕地 107666 亩，林地 2435 亩，园地 403 亩，居民及工矿用地 9580 亩，交通用地 404 亩，水域 11224 亩，牧草地及未利用土地 80090 亩。有各级灌水渠 1768 条，排水渠 2068 条。

2016 年，狼山镇面积 293 平方公里，农用地总面积 258876 亩，其中耕地 235312 亩（承包耕地 197350 亩），园地 80 亩，林地 3130 亩，草地 3677 亩，养殖水面 100 亩，其他 16577 亩。集镇面积 4 平方公里，人口 4200 人，驻镇单位 20 余个。因商业繁荣、电力通信发达，狼山镇成为内蒙古自治区重点建设"百镇"之一，镇内有占地 10 万平方米、年购销 3 亿斤的狼山瓜子市场，有年产 1500 吨的富源番茄酱厂，有年屠宰能力 18 万头（只）的富民屠宰厂，有 1 家葵仁厂、10 家脱水菜厂、4 家面粉厂、8 家奶站。种植业有小麦、玉米、葵花、番茄、青椒、西（甜）瓜等，养殖业以羊、猪为主，工业以农副产品加工业为主。番茄酱、瓜子、脱水菜畅销国内外，是巴彦淖尔市重要的农副产品集散地和加工基地。

（一）基层党建、精神文明建设

1991—1996 年，狼山镇党委下辖 16 个党支部。1996 年设人民代表大会常务委员会。

2005 年，狼山镇下辖 27 个党支部，即 6 个机关支部、19 个村党支部、2 个协会支部，有党员 998 人。内设党政办、财政所、信访办、农科站、农机站、畜牧站、林工站、水利站、镇村道路管理站、规划办、集镇办、扶贫办、就业所、工会、妇联、团委、经管站、文化站、企业办、统计站、计生办、民政办、综治办 23 个机构。

2010 年，有民政办、村镇站、财税所、经管站、农牧站、林工站、水利站、综治维稳办、信访办、劳动和社会保障事务所、统计站、计生办、群团办、重大项目办 14 个内设机构。

2016 年，镇党委下辖 24 个党支部，1 个机关支部、19 个村党支部、1 个小召医院支部、1 个狼山医院支部、1 个瓜子协会支部、1 个工商支部，有党员 896 人。内设党政办、党建办、纪检委、农科站、执法中队、文化站、计生办、畜牧站、经管站、就业所、信访办、综治维稳办、林工站、水利站、扶贫办、村镇站、财税所、民政办、妇联、团委 20 个机构。

（二）经济建设

1995 年，狼山镇工农业总产值 1.35 亿元，其中农业总产值 5373 万元，镇村企业总产值 8132 万元，粮食总产量 5118 万斤，人均产粮 2936 斤，油料总产量 1100 万斤，甜菜总产量 8000 万斤。畜牧业年度牲畜存栏 61020 头（只），其中大畜 3400 头，猪 20220 头。全年完成公路果树带种植 2500 亩，实现产值 780 万元。农民年人均纯收入 1552 元。全镇有乡镇企业 44 家，从业人员 2500 人，年上缴税金 38 万元。

1996 年，全镇工农业总产值 1.76 亿元，其中农业总产值 5600 万元，农民人均纯收入 1842 元。

1997 年，狼山镇筛选 24 个社作为畜牧养殖社，通过政策鼓励、资金技术倾斜，逐步向区域布局、规模经营、基地化养殖转变，畜牧养殖能力和效益明显提高。同时，林果业生产采取优惠政策，鼓励各村开发 50 亩发展集体果园，并完成公路两旁果树带 2500 亩。

1999 年，全镇工农业总产值 4.75 亿元，其中农业总产值 1.26 亿元，工业总产值 3.49 亿元。全镇全年粮食总产 6015 万斤，良种油葵面积 28667 亩。畜牧业年度牲畜存栏 87310 头（只），养殖良种绵羊 54730 只，猪 24602 头（只），牛 459 头（只）。植树造林 5000 亩，新育苗 120 亩。完成中低产田改造 7000 亩，吨粮田建设 17000 亩；农田配套提高标准面积 5000 亩，完成土方 17.8 万立方米；5000 亩四期综合开发项目，完成土方 14.6 万立方米。维修、新建各类建筑物 143 座。

2000 年，全镇粮食总产 4685 万斤，油料总产 1702 万斤，畜牧业年度牲畜存栏 85810 头（只），其中猪 21510 头，羊 58929 只，出栏率 50%；植树造林 4700 亩，其中高杆杨 2800 亩，果树经济林 1000 亩，新育苗 500 亩，零星植树 8 万株；完成机收吨粮田栽培 7002 亩，小麦套花葵 6580 亩，小麦套油葵 6520 亩，籽瓜开沟起垄覆膜栽培 3052 亩。全镇农民人均收入 2318 元，实现财政收入 477 万元。

2001 年，狼山镇完成平地缩块 7.5 万亩，完成乡村油路土方工程 12 公里，完成农业推广试验

示范推广项目 18 项，科技普及率 95%，科技贡献率 68%，农业机械化作业率在 90% 以上。

2003—2004 年，狼山镇筹集社会资金 1500 万元，建成占地面积 10 万平方米的狼山瓜子交易市场，使瓜子交易更加透明化、公平化，呈现农民不愁卖、客商不愁货的景象，由此衍生出从事流通业的流通大户 50 家。

2005 年，狼山镇瓜子市场销售量 2 亿余斤，交易额 5 亿元。涌现出农副产品购销经纪人 200 余人，直接和间接参与经营筛选、收购、装卸、打包、调运等人员 2000 人。在瓜子收购旺季，全镇安置农村剩余劳动力和城镇下岗人员 1000 人。瓜子交易市场的出现，稳定了葵花价格，使全国各地的商贾云集于此，农民收入不断攀升。同年，农民来自畜牧业方面的人均纯收入 2400 元。

2007 年，全镇经济结构明显优化，三产结构为 72：8：20；财政收入 630 万元，偿还历年债务 80.3 万元，未发生新增债务；农民人均纯收入 6235 元，比 2006 年增加 860 元。

2010 年，狼山镇优质高效农业种植面积 21 万亩，占总播面积的 78%。引进的山东第六代高效温室，开创了狼山镇设施农业的新局面。同时，光明村七组、九组建成高标准肉羊养殖小区和兴德成肉羊养殖小区，有规模以上肉羊养殖大户 200 户，带动全镇 6000 户农户共同发展肉羊养殖业。到年底，全镇羊存栏 27.5 万只，其中基础母羊 8.3 万只。猪、牛、羊的防疫密度 100%。农民来自畜牧业的人均纯收入 3200 余元。在实施集体林权制度改革中，狼山镇加强禁牧和乱砍滥伐管理，森林覆盖率 17% 以上。狼山镇民强村、福增村、迎胜村、富义村、永长村、爱丰村、新民村、永增村等村，实施土地整理、中低产田改造，配套面积 7.5 万亩。其中富义村、永增村、永长村、永乐村、迎胜村和爱丰村六组、八组，铺设了 16.7 公里的通村小油路。全镇一产产值 48792 万元，二产产值 27437 万元，三产产值 10486 万元，财政收入 826 万元，农民人均纯收入 9200 元。

2011 年，全镇落实番茄种植 2 万亩、青椒种植 1 万亩；新建温室 254 栋、950 亩；实施中低产田改造、小型农田水利建设、土地整治等农业基础设施建设项目 10 万亩，其中中低产田改造 1 万亩，涉及永丰等 4 个村民小组；实施小型农田水利建设项目 2.53 万亩，涉及爱国村、光明村、幸福村、巴音村 4 个村 14 个村民小组；实施土地整治 6 万亩，涉及西乐村、光明村、巴音村、幸福村、爱国村 5 个村。全镇全年农民人均纯收入 9521 元。

2012 年，全镇落实设施农业建设面积 1050 亩，其中富强村兴德成合作社流转土地 200 亩，建成欧式住房温室一体化高效温室 60 栋；巴音鸿成昊合作社流转土地 1500 亩，建成高标准温室 30 栋；聚丰公司在富义五组流转土地 100 亩，建成温室 16 栋；永长村金田阳光蔬菜合作社流转土地 120 亩，建成温室 20 栋；草原宏宝、一信绒等大型养殖场建成后，新建 100 亩以上大型养殖场 4 个，包括富强李四毛养殖场、幸福建成养殖场、先锋养殖场和福增春升养殖场。全镇全年完成土地整理建设项目 6 万亩，中低产田改造 1 万亩。植树造林面积 4400 亩，其中通道工程长 9.4 公里、300 亩；村屯绿化 1 个、50 亩；集镇绿化 1 个、186 亩；宜林荒地造林 400 亩；农田防护林 6 个村、2700 亩。在巴音村、爱国村万亩项目区的毛渠上，引进以育带造 200 亩、其他造林 564 亩，完成栽植垂柳 5000 株，小美旱 18.8 万株，沙枣 4 万株，扦插 18 万株。全镇累计建成规模化养殖场 27 个，肉羊养殖大户发展到 120 余户，肉羊年均出栏 40 万只。投资 3000 万元，实施占地 103 亩的狼山葵花市场二期工程；投资 2600 万元，建设占地 46 亩的狼山农资市场；投资 8900 万元，建设占地 113.5 亩的泰荣仓储中心。全镇农畜产品加工、仓储、物流业快速发展，也使得这方面的投资者和人才层出不穷。

2016 年，狼山镇实现仓储玉米 13 万吨、土地整理项目 18.2 万亩、实施农业综合开发项目 5.2 万亩、实施千亿斤粮食项目 3.12 万亩、完成农田水利建设 27 万亩、实施农田林网化建设 15 万亩、栽植各类树木 55 万株、新修通村小油路 120 公里，同年富强村五组被评为"中国乡村旅游模范村""十大最美乡村"。全镇全年有各类工商注册的专业合作社 313 家、家庭农牧场 44 户。农村常住居民人均可支配收入从 2010 年的 9200 元增加到 2016 年的 15340 元。

（三）社会事业

1. 教育

1991 年，狼山镇有临河市第二中学、狼山镇初级职业中学、中心小学和村小学 13 所。初级职业中学除设置专业农学课、畜牧专业课外，还根据市场需求开设了美术、缝纫、摄影、果树栽培

临河区唯一保留在农村的狼山二中校园外景

等短期培训课。

1994—1995 年，狼山镇九年义务教育通过巴彦淖尔盟行署评估验收，"两基"（基本实施九年义务教育、基本扫除青壮年文盲）工作通过内蒙古自治区人民政府验收。全镇适龄儿童入学率、巩固率 100%；按时毕业率，小学生 100%，初中生 98.6%；小学合格率 100%，初中合格率 99%。

1996—1999 年，全镇小学全部建成"五库三

室",中学全部建成"八库四室"标准。1998年,狼山镇初级职业中学被评为"巴彦淖尔盟农科教结合试验示范学校";1999年,初级职业中学被评为临河市"名学校"。

2000—2009年,永增小学合并到福增小学。狼山镇学区获巴彦淖尔"目标管理超标单位"。狼山镇初级职业中学成功举办巴彦淖尔素质教育暨内部管理现场会、职业课教师基本功大赛暨教学观摩现场会。随后,狼山镇初级职业中学和所有村小学并入临河第二中学(简称狼山二中),狼山二中占地面积170亩,建筑面积22769平方米,包括幼儿园、小学部、初中部3个教育教学单元。

2016年9月,狼山二中在校生993人,教学班24个,教职工111名,专任教师72名,专任教师合格率100%,是临河区唯一保留在农村的九年制学校。

2. 卫生与文化

1991—2000年,狼山镇建有影剧院、露天剧场、调频广播发射台和文化活动中心。投资40万元,安装有线电视。组建了文艺表演队、老年秧歌队,组织表演队参加了临河市第三届农牧民文艺汇演,举办了一年一度的物资文化交流大会。镇文化站被评为自治区优秀文化站。引资新建的狼山医院,拥有39张病床和较为先进的医疗设备。到2000年,狼山医院改为临河市医院狼山分院,12个村卫生室达标率100%。

2003—2015年,狼山分院开始启动新型合作医疗,解决农民看病难、看病贵问题。床位增至54张,新型农村合作医疗参合率98%以上。文化建设方面也有新进展:在3个村新建和改造村级文化活动场所,新建村文化活动室11个,配套建设7000平方米文化活动广场。建成草原书屋5个,藏书1.5万册。

截至2016年底,狼山镇共有村级标准化卫生室19个,地区医院1所,小召中心医院1所。新建、改建、翻新文化活动室19个,综合文化站1个。

3. 村镇建设

1991—1999年,狼山集镇进行主街硬化,街道两侧建有水泥面排水沟,安装了路灯,栽种行道树,接通了自来水。集镇布满商店、食堂、服务维修等生活服务网点。狼山镇被评为巴彦淖尔盟文明单位。陆续建成3个高标准样板村,建砖房84座,到1999年底,全镇共有砖房368座。被评为巴彦淖尔盟二星级文明集镇。

2007—2013年,从狼山镇光明村走出去的民营企业家林峻嵘热情回报家乡,出资建设新农村,采取整村推进搬迁的办法,建设光明村七组、九组新村。新村内建住房78户,综合活动中心1处,幼儿园、超市各1处。综合活动中心分为图书室、党员活动室、乒乓球室、象棋室、老年活动室等。整个新村占地144450平方米(216亩),建筑面积10112平方米。村民住宅主房平均97.6平方米,附房30.04平方米,标准化羊舍117平方米。新村规划科学,生产生活区分离,环村道路绿化,主次干道硬化,村容村貌美化,环境干净整洁,设施功能齐全,成为巴彦淖尔市、临河区新农村建设的典型。同时,狼山镇圆满承办自治区新农村精神文明建设现场经验交流会和巴彦淖尔市首届"两个文明"建设现场会。新村从建设到村民入住历时3年,整村搬迁入住率100%。从2010年开始,富强村三组成为狼山镇推进新农村的引领性示范点,全组75户、366人,耕地面积1500亩。在建设中,镇政府邀请有关部门对产业发展、基础建设、村庄布局进行了科学合理的规划。利用组内12眼机电井、3条衬砌农渠的便利条件,推广无公害坑种瓜菜400亩、双膜小弓棚西葫芦套葵花100亩,每亩效益2500元以上,人均收入3145元。建成规模化肉羊育肥示范户5户,年出栏育肥羊3万只;建设奶站1座,养殖奶牛50头;培育肉羊科学养殖示范户10户。在基础设施建设上,完成村庄道路整修铺砂4.5公里,村屯绿化植树3000株,沼气池20座,拆除旧房6座,新建院墙600米,建成1座多功能活动室。资金投入上坚持政府主导、农民主体、社会参与的原则，其中群众自主投入 40 余万元，占总投入的 80% 以上。全组出动民工 3600 人次，出动机动车 400 余次，完成土方 5800 立方米。打机电井集资投入 4 万元。动员走出去的能人、人大代表温存和投入 15 万元，建成占地 520 平方米、建筑面积 210 平方米的多功能文体活动室。活动室配备新桌椅 26 套，配齐书报架、羽毛球、乒乓球等活动器材和 2000 册图书。同时针对育肥羊户分散、不利于提高规模养殖的现状，温存和投资 300 万元，建成占地 163 亩的育肥羊场，无偿为 40 户育肥户提供场地、饲料等加工服务。2012 年，富强村、迎胜村 2 个村进行了村庄整治改造。新建镇政府办公大楼 3191 平方米，配套建设 7000 平方米文化活动广场。2013 年，狼山镇投资 200 万元，实施集镇供水工程；投资 160 万元，新修甲秀街；投资 283 万元，对旧街进行整体铺油；投资 320 万元，拓宽旧街和人行步道的改造升级。

2014—2015 年，新建供热站 1 座，铺设供热管道 1.5 公里，硬化巷道 9 条。投资 228 万元，对沿街店铺进行立面改造，统一更换店牌。新建占地 87 亩、建筑面积 6 万平方米的甲秀花苑住宅小区。对 17 条、2.6 万平方米背街小巷进行硬化，完成太阳能路灯、红绿灯、路标、摄像头安装。实施小召集镇改造，面积 2 万平方米，总投资 120 万元。

2016 年，提高集镇绿化档次，总投资 1600 万元，栽植金叶榆、云杉等景观树木 10 万株，造林面积 600 亩。全镇完成街巷硬化 207 公里，安全水管铺设全面覆盖，新建、改建、翻新文化活动室 19 个，标准化卫生室 19 个，新建便民连锁超市 19 个。完成农网改造 88.55 公里，户户通和村村响工程惠及一方百姓。社会保障高龄补贴应发尽发，农村养老保险应保尽保。119 个自然村全部实施村庄综合整治，77 个自然村实现高标准绿化。自然村共栽植各类树木 18 万株，造林面积 3000 亩，在31 个自然村栽植经济林 660 亩。

4. 民生

1991—1999 年，狼山镇逐步建起砖木结构住房 368 座，各项社会保障事业全面进步，截至 1999 年底，全镇有线电视、程控电话、自来水应有尽有。

2008—2010 年，实施人畜安全饮水工程，全镇完成自来水入户 16 村 100 个组，建成沼气池 425 座。在加强造林绿化、沼气、村庄、人畜饮水等基础设施建设上，采取招投标方式，修通集镇东、西、北 3 个出口 2.6 公里小油路。全镇修建公厕 3 座，整修植树沟 60 公里，植树 37 万株，拆除破旧建筑 5500 平方米，新建沼气池 110 座，新建砖房 200 座，衬砌渠道 42 公里，整修镇村道路并铺砂 180 公里，修建水利建筑 600 余座。在人畜饮水二期工程中，新增入网 20 个村民小组，完成福增村、迎胜村、民强村自来水并网改造。完成先锋村二组、四组、六组，永长村三组、福增村二组防砷改水工程，自来水入户 322 户。为解决 1607 人、3421 头（只）牲畜的饮水问题，工程铺设管道 121.12 千米，建泵房 5 个，投资 145.6 万元。同时，职工养老保险覆盖率 100%，养老保险基金征缴率 100%。创建安全文明小区 62 个，文明单位 14 个，文明村 2 个。调解民事纠纷 30 起，调解率 100%。设置 110 报警点 72 个。全镇完成计划生育手术 168 例，人口出生率控制在 8.2‰，无多胎生育。到 2010 年，全镇已完成人畜饮水一、二期工程，建成 685 座卫生厕所，建设沼气池 728 座，在 3 个村新建和改造村级文化活动场所。多元化筹集 72.5 万元，对多年来带病运行的桥、涵、口、闸进行了维修和新建。完善镇村组三级就业网络建设，培训劳动力 12162 人，转移劳动力 8679 人。两年建成草原书屋 5 个，藏书 1.5 万册。

2011—2012 年，落实支农惠农政策，为农民发放粮食直补、良种补贴、退耕还林款、寄宿生补贴、汽车摩托车下乡补贴、家电下乡补贴、农牧区独生子女奖励等惠农资金 3914 万元。2011—2012 年，新型农村社会养老保险参保人数 13625

人，参合率98%；1360户1685人纳入低保，供养五保人员225人，发放救济、慰问金110万元。2012年，狼山镇17万亩农田受灾，社会各界发放救灾资金470余万元，帮助受灾农民渡过难关。同年，全镇解决信访案件32件，调解各类社会矛盾220件。

2015—2016年，狼山镇配备价值22万元的消防车1辆，出警180起260车次，为群众挽回经济损失300万元。2015—2016年，全镇安装道路交通信号灯2组、高清摄像头2个。筛选出国家级贫困人口244户507人。实施迎胜村二组、三组社会扶贫和红光村"三到村三到户"扶贫项目，到2016年底，全镇共完成脱贫141户277人。

三、新华镇

新华镇是全国第三大韭菜生产基地，号称"韭菜之乡"，是国家六部委确定的1887个重点建设镇之一，也是临河区三大中心集镇之一。境内有"两庙一海"——甘露寺、慈云寺、南海子，旅游资源独特。全镇面积522平方公里，有耕地49.8万亩。镇政府内设党政综合办公室、财税所、劳动保障所、农科站、畜牧站、惠农站、文化站、团委、妇联、交管站、林工站、农机站、土地集镇办、民政残联扶贫办、综治信访维稳办（司法所）、人口和计划生育办公室、经管统计审计站、武装部、水利站19个站办所室。2016年，新华镇生产总值11亿元，财政收入1687.14万元，人均纯收入13370元。

（一）基层党建

2011—2014年，新华镇制定出台"宣传思想工作安排意见""党建工作安排意见"。开展"五创五评五落实"先进党支部评选活动。2014年，推进开展文明城市和美丽家园建设，印发《探索推广"善行义举榜"工作实施方案》。

2016年1月6日，安排部署了"两学一做"学习教育活动；3月17日，下发了《新华镇"一个金喇叭"实施方案》，完成29个村的农村综合广播信息系统工程；5月18日，下发了《新华镇开展"十星级文明户"评比活动实施方案》，制定出村级"十星级"文明户评选标准。6月，对各村党支部（总支）开展"两学一做"学习教育情况，进行督导检查和工作指导；6月12日，开展了"四德"主题教育活动，倡导居民树立良好的社会公德、职业道德、家庭美德、个人品德。

（二）精神文明建设

1994年6月10日，临河市委、市政府在新华镇召开创建文明集镇现场会。

2005—2007年，新华镇被中央文明委命名为"全国村镇建设先进镇"、被自治区文明委评为"五星级文明集镇"。投入1629万元，开展创建全国文明村镇建设，镇党委出台《新华镇创建文明村镇五年规划（2006—2010）》《新华镇加强新闻宣传工作的实施意见》，在全镇38个党支部、146个党小组、1325名党员干部中，开展党员先进性教育、"三级干部服务链"建设社会主义新农村活动。

2008—2010年，新华镇开展实践科学发展观暨"纪念改革开放30周年"党的知识竞赛活动、推荐道德模范活动、第三批学习实践科学发展观等活动。围绕新农村"生产发展、生活宽裕、乡风文明、村容整洁、管理民主"20字方针，形成题为"践行科学发展观、转变政府职能、切实推进社会主义新农村建设"的调研材料。推行"三一四全"（构建一个网络，实现基层组织建设和社会管理工作的全覆盖；完善一套体制，实现农牧民办事、群众信访和政务村务的"全接待""全公开"；抓好一项活动，实现全民参与的乡村文明创建"全竞赛"）工作方法，被国家文明委命名为672个文明村镇之一。

2011年，制定出台了"2011年精神文明建设工作安排意见"。

（三）经济建设

1. 农牧业

1991—2001年，新华镇红旗村党支部以发展肉羊产业为出发点，整合党员"三结合致富链"，组建肉羊产业合作化，推荐由养殖大户张义全牵头任理事长、6名股东参与，组建民兴养殖专业合作社。合作社有党员23人，养殖大户315人，他们结成利益共同体，为农户提供技术培训、种羊引进、疫病防治、商品羊销售、资金协调等服务，引领和带动周边11个村、53个村民小组、2300多余农户建起养殖基地。新华镇通过实施"党员产业化工程"，培养出党员产业带头人132人，建立以党员和村组干部为骨干的各类专业协会12个、合作社3个，重点培养党员民营家46人。组建蔬菜、制种、蜜瓜3大协会和韭菜、制种、蜜瓜、养殖4大专业合作社，登记会员5660户，韭菜种植面积1万亩、番茄面积3万亩、制种面积3.2万亩、蜜瓜面积8000亩，涉及22个村、78个村民小组。1991—2001年，全镇特色经济作物发展到8万亩，占总播面积的四分之一。截至2010年，全镇结成"三级干部服务链"201链，合并规范为信息、科技、扶贫项目、民事调解、大病救助、劳动就业、医疗和新农村建设10大服务链，参与的三级干部721人。三级干部帮扶实施中低产田改造项目3万亩，发展制种产业3.2万亩、2700户，韭菜1万亩、1120户、番茄3.2万亩、7230户；建成夏番茄冬小麦种植示范园区1个、200亩，涉及37户；建成养殖基地1处，涉及4个村民小组、216户；建成新农村示范点1个、乡镇消防站1个、便民大厅1处；完成新修村组砂石路120条、320公里；慰问贫困户726户。1991—1994年，新华镇开始实施世行农田配套建设工程。1992年，在新丰村、东方红村、召阁台村实施国家农业综合二期开发项目1.5万亩。1993年，在永利村、春和村实施国家农业综合开发三期项目1万亩。1994年，隆胜村、隆光村引进"甜菜制种"5000余亩。1995—1997年，隆光村、五星村实施国家农业综合开发三期项目工程2万亩；新丰村六组、四组、七组、九组，胜丰村四组，隆光村七组、七股地村二组，新建土钢（木）温室167栋，占

地面积200余亩。1995年5月23日，内蒙古自治区农业综合开发检查验收团，对新华镇农业综合开发项目进行了检查验收。1996年11月12日，内蒙古自治区农业厅综合开发办专家一行，对新华镇项目区内的渠、沟、路、林、田和各类建筑物进行了评估。1997—2001年，新华镇开始实施临河市提出的三年农田大会战。1997年6月，新华镇蔬菜基地被国家列为三期农业综合开发新建项目。1998年，红旗村开始实施基本农田整改水利配套工程，新荣村开始实施国家农业综合开发四期0.5万亩工程项目。同时，新华韭菜经中国绿色食品发展中心检测，被确认为"绿色食品"，新华镇举办了"绿色食品新华韭菜"新闻发布会。1999年，新华镇引进"山东元发"蓖麻制种，同时引进以"北京德元"为主的7家玉米制种企业，在本土进行繁育，繁育面积18000余亩。2000年，民益村发展了"6米跨度、1.6米高度"的竹木结构中棚700余亩。2001年，新华镇与巴彦淖尔盟供销社合作，在胜丰村四组尝试温室搭架栽培香菇，同年栽培15栋，涉及农户13户。

2002年，新华镇蔬菜协会成立。

2002—2004年，新华镇开始实施政策性农业保险工作，农业入保消除了农民开发种植新产品的顾虑。2002—2004年，新华镇与福建宁波食用菌栽培协会合作，引进了双孢菇生产，面积18000平方米；引进的"北大地建设"，在哈达村一组、四组进行小弓棚厚皮甜瓜种植，形成200亩的科技试验示范片。全镇新建砖钢温室43栋，占地面积70亩。同时引进奶牛养殖扶贫项目，仅哈达村养殖奶牛180头（只），新建与奶牛相配套的链条产业奶站1座，占地14亩。

2005—2007年，哈达村一组与"大罗素"及"临河区农业推广中心"合作，建设300亩"小弓棚番茄"育苗移栽试验示范片，同时哈达村一组试验示范冬小麦种植180亩。新荣村一组、三组与巴彦淖尔市植保站合作，建设580亩"向日葵螟综合防治"示范片，并购买安华保险公司的政策

性农业保险。同年，新华镇华丰韭菜专业合作社成立，有会员2358人，服务韭菜面积1万余亩、番茄32000亩，其他各类蔬菜7500亩，年创产值1.2亿元。

2008年，全镇制种协会有会员2940名，制种面积3.2万亩，其中蜜瓜协会吸纳会员876户，种植面积8000亩；蔬菜、制种、蜜瓜三大协会和3个专业合作社，涉及10余个产业，农民纯收入9000元，来自合作经济的收入3500元。3月28日，红旗村被巴彦淖尔市第二次全国农牧业普查领导小组评为先进集体。新华镇在隆胜村八组、九组建设1300亩"玉米后茬免耕种植向日葵及葵螟绿色综合防治"示范片，在哈达村一组种植300亩育苗无籽西瓜套荷兰豆高效栽培示范田。

2009年，在新丰村六组、七组新建无内立柱土钢结构温室83栋，占地面积147亩。在前进村实施1万亩农业综合开发项目工程。

2010年，在隆胜村三组与临河区农业技术推广中心合作，建设500余亩"玉米宽幅膜"栽培为主的"玉米五项栽培技术"示范片；在新丰村四组新建土钢温室27栋，占地面积53亩；在新荣村、七股地村实施农业综合开发中低产田改造工程1万亩；在隆光村、隆胜村实施1.5万亩土地整理项目工程。

2011—2012年，在隆胜村实施1.5万亩农业综合开发中低产田改造工程；在新丰村七组、九组，翻建大跨度、免加温新一代韭菜种植温室43栋，占地面积65亩。新华镇配合巴彦淖尔市人保财险公司，成功理赔因暴雨受灾的承保作物，理赔款2000余万元。

2013年，新华镇配合临河区农业技术推广中心，发放政策补贴性有机肥4600余吨。在大红旗村与巴彦淖尔市植保站合作，建成1500亩的葵花"黄萎病"综合防治示范片。在隆胜村、大红旗村实施3万亩中低产田改造工程，在五星村开展1.5万亩农田配套项目工程。全镇清淤新华排干17公里，完成高垄造田200亩。

2014年，隆光村、隆胜村、哈达村、七股地村、永红村对2600余亩耕地进行深松深翻，改善土壤结构，打破犁底板结层，增强土地肥力。新乐村四组新建"半地下、后墙体、寿光式"温室8栋，占地面积37亩；五星村实施3万亩中低产田改造；建国村、春和村、三合村实施"四个千万亩"和千亿斤粮食节水改造；春和村实施8900米渠道衬砌工程。

2015年3月，土地确权试点工作在新华镇隆胜村三组、四组、八组、九组开始推行。新华镇配合临河区农业技术推广中心，发放磷石膏3600吨，实施民益村、春和村、永利村2.7万亩农业综合开发中低产田改造工程。

2016年，全镇农民人均纯收入13370元，第一、二、三季度完成固定资产投资5578万元。韭菜种植面积5600余亩，亩均收益2万元，全年韭菜收入超亿元，完成订单农业27万亩。羊饲养量59.4万只，能繁母羊19.5万只，肉羊存栏量19.6万只，出栏39.8万只；猪饲养量2.1万头，存栏1.6万头，出栏1.9万头；牛存栏1500头，出栏900头。完成林业育苗1100余亩，亩均收益3000元。在桥梁村、春和村、和平村、联合村、大红旗村、胜丰村，新建农业防雹作业炮点6处。在总排干两侧7.5万亩农业综合开发区，实施大破大立高标准农田建设项目。到年底，全镇发放玉米生产补贴资金1200余万元。

2. 林业、水利

2001—2006年，新华镇实施天然林保护工程，同时实施安全饮水工程。与临河市（区）水务局配合，在桥梁村五组建成占地2500平方米的自来水厂，水源地在石兰计联荣村一组、二组石矿口。安全饮水工程的实施，解决五星村、和平村、红旗村人畜饮水的问题，使新设村和古城片的11个村接通了自来水。引进的退耕还林项目，使哈达六社新植速生杨套草88.6亩、建国村落实1000亩，同时总排干两侧的退耕还林工程也实施起来。

2014—2016年，哈达村衬砌支渠2条6000

米，衬砌斗渠 20 条 1 万米，工程投资 1600 万元。新建营村的土地整改渠道衬砌工程也在实施当中。同时，蒙草公司开始对银新公路两侧进行绿化，租地 190 余亩，每亩每年 600 元，租期到 2028 年止。按计划完成临份公路 29 公里、份白线 15.3 公里、治召线 12 公里、银新线 11 公里、临巴线 13.5 公里的通道造林任务；完成隆胜村一组、三组、四组、六组、七组、八组、九组，隆光村一组、四组、五组、六组、七组，古城村三组，前进村五组的村庄绿化。

表 1-2-1　　　　　　　　2011—2016 年新华镇畜禽存栏数一览表

年份	牛（头）		羊（只）			猪（头）	禽（只）			犬（条）	驴（头）
	奶牛	肉牛	基础母羊	育肥羊	羔羊		鸡	鸭	鹅		
2011 年	915	1210	177950	85000	73000	26602	158000	8500	800	13000	1677
2012 年	787	953	15710	87000	53000	17117	198000	5300	1800	19100	1338
2013 年	1216	2234	14100	75000	53500	25117	17100	5150	1300	17500	1718
2014 年	499	747	121500	37000	29500	8149	113000	1500	1150	13000	534
2015 年	535	1210	123500	38000	86000	21500	125300	5100	1500	13500	589
2016 年	203	1320	180754	74300	71980	27032	90941	7100	1130	9400	689

（四）社会事业

1. 民政、扶贫

1993—1997 年，古城乡遭受特大雹灾，临河市委号召城乡单位支援灾区，新华镇积极响应。1994 年 8 月 3 日，一场冰雹再次洗劫古城乡，12 个村 70 个社的 4.6 万亩秋田受灾，直接经济损失 13000 万元。新华镇出人出力帮助兄弟乡镇进行自救。1994 年 5 月 12 日，新华镇获全国民政工作全优镇。1996 年 8 月 5 日，古城乡部分村庄遭到风、雨、冰雹袭击，农作物受灾面积 8100 余亩。新华镇响应号召捐钱捐物。1997 年 7 月 27—29 日，临河市境内降特大暴雨和冰雹，份子地乡等 9 个乡镇受灾，新华镇第一时间响应号召进行募捐活动。

2003 年 5 月 18 日，临河市遭遇冰雹袭击，时长 16 分钟，冰雹最大直径 2 厘米，造成覆膜玉米、葵花等农作物大面积受损，葵花绝大部分被剁花，遭到毁灭性损害。新华镇与 7 个兄弟乡镇积极开展自救行动。

2014—2016 年，新华镇易地搬迁贫困户 105 户、220 人，产业扶持贫困户 267 户、378 人，其中 24 户、55 人购买农机具 25 台，享受扶贫补助资金 216000 元；198 户、221 人购买农资，享受扶贫补助资金 331500 元；16 户、38 人购买 16 头牛，享受扶贫补助资金 144000 元；29 户、64 人购买 286 只羊，享受扶贫补助资金 216000 元。全镇社会保障兜底贫困户 185 户、217 人，其中 121 户、153 人社会兜底，享受扶贫补助资金 442375 元；64 户、64 人政府兜底，享受扶贫补助资金 256000 元；2 户 2 名五保户，享受扶贫补助资金 3750 元；教育扶持贫困户 42 户、45 人，享受扶贫补助资金 130000 元。

2. 劳动就业与养老保险

2005—2010 年，新华镇以隆胜村、小红旗村、新丰村为巴彦淖尔市试点，率先推行农村养老保险。

2011—2015 年，全镇养老保险交费总人数 85310 人，总交费金额 19766400 元，其中 2011 年交费人数 17621 人，交费金额 3690400 元；2012 年交费人数 16594 人，交费金额 3383600 元；2013 年交费人数 16821 人，交费金额 3316400 元；2014 年交费人数 18838 人，交费金额 5276800 元；2015 年交费人数 15436 人，交费金额 4099200 元。

表 1 - 2 - 2　　　　　　　　　　**2005—2016 年新华镇民政扶贫救助工作情况表**　　　　　　　单位：元

年份	低保工作	五保工作	优抚对象	高龄补贴	临时救助	煤补	救灾	残疾人
2005 年	1231	123			132		632	436
2006 年	1246	127			246		632	563
2007 年	1453	135			273		735	693
2008 年	1707	141			267		785	806
2009 年	1759	138	95		286		850	834
2010 年	1808	156	93		298		990	1067
2011 年	1813	157	86		286		936	1106
2012 年	1832	159	89		279	7800	850	1135
2013 年	1953	164	78	747	365	8500	920	1256
2014 年	1947	163	77	754	314	8500	1150	1286
2015 年	2108	181	78	739	426	8900	1460	1390
2016 年	2279	180	78	840	458	9900	1320	1436

表 1 - 2 - 3　　　　　　　　　　**2016 年新华镇各村精准扶贫情况表**

村名	户数（户）	人数（人）	村名	户数（户）	人数（人）
新丰村	12	33	建国村	7	13
新荣村	13	27	三合村	5	9
胜丰村	8	16	永利村	10	24
民益村	5	10	新乐村	6	14
哈达村	71	135	前进村	9	20
七股地村	18	33	桥梁村	9	14
永红村	6	13	召阁台村	3	7
隆光村	12	25	联合村	6	13
隆胜村	14	26	联荣村	5	11
团结村	3	7	新元村	17	29
大红旗村	5	15	新设村	24	50
古城村	118	324	和平村	9	24
春和村	7	10	五星村	10	19
新建营村	8	14	小红旗村	3	10
东方红村	7	12	合计	430	957

2016 年，全镇养老保险交费人数 16387 人，交费金额 5322000 元。

劳动就业方面，2012 年，全镇就近就地安排 580 人，向外输出 140 人，创建转移示范村 3 个，扶持创业典型户3个；2013年，转移劳动力5400人，其中半年以上劳动力4336人；2014年，转移劳动力4800人，其中半年以上劳动力3740人，技能培训280人，创业培训30人，创建转移示范村3个，扶持就业创业先进企业2个；2015年，转移劳动力4460人，其中半年以上劳动力3212人，创业培训20人，技能培训30人。

2016年，全镇转移劳动力4350人，其中半年以上劳动力3156人。

3. 社会治安综合治理

2007年5月，新华镇司法所收编上划至临河区司法局，实行双重管理，以司法局为主，同时承担新华镇的综治、维稳、信访工作。

2009年，司法所实施公安、法庭、司法"三方联调"工作机制，化解了大量社会矛盾，被巴彦淖尔市、临河区两级评为综治维稳先进单位。同年10月，新华镇消防站出动处置火险2起。累计接收矫正人员83人，解矫77人。

2013—2015年，司法所被内蒙古自治区司法局评为优秀基层司法所。同时，新华镇社区戒毒中心成立，接收管理社区戒毒康复人员45人。

4. 集镇建设

1995—2000年，新华镇被列为全国小城镇建设试点之一，全镇开通程控电话256门。投资104.8万元，完成临份线隆胜—新华21.2公里路基土方工程；投资60万元，开通无线寻呼基站。

2001—2006年，新华镇发动农民出工修建银新公路10.07公里，同年临巴线建成通车；发动村民出工修建哈七小油路8公里。永利村实现有线电视全覆盖，春和村进行农网改造，和平村建起了吉祥寺。临河市（区）投资180万元，建成集中供热站，新华镇实现集中供热。

2009—2010年，临河区组织部投资30万元，新建哈达村村部办公室。新华镇完成排污管道工程建设，安装路灯91盏；建成4层祥泰住宅小区，建筑面积4000平方米，开创农村集镇建设经济适用小区的先河。临河区投资298万元，建设新华综合教学楼；争取国家计委立项资金500万元，建成占地2万平方米的祥泰市场；投资100万元，建成占地1500平方米的集中封闭式农贸市场。

2012—2013年，胜丰村新建占地1980平方米的村部，五星村新建占地1370平方米的村部，胜丰村新修通往公墓区的砂石路1.5公里，全镇实施小油路建设工程5公里。争取上级部门扶贫资金，对哈达村四社进行新村改造，新修水泥路2.3公里，新建院墙1900米，房屋粉刷亮化20000平方米，硬化活动广场2600平方米，栽植树木3000株；村民新建羊圈78座、5500平方米；村民购羊300只，获得购羊补贴18万元。

2014—2015年，新华镇召阁台村新建村部及文化活动室120平方米、活动广场600平方米，新建水泥路7公里。召阁台村一组、三组、五组打机电井57眼；红旗村新建村部及文化活动室、卫生室160平方米，新建村委会广场1980平方米，村内巷道全部为水泥路，计4.5公里；新设村新建村部130平方米、卫生室70平方米，对新设村一组进行整村迁移建设改造，新建房屋72座；对新设村二组进行高标准建设改造；为新设村一组、二组、五组新建活动室、文化广场，安装健身器材等。到2015年底，新设村12个组的建设改造任务基本完成。为桥梁村新建村部120平方米、卫生室60平方米；为和平村新建村部210平方米、硬化院落460平方米；为召阁台村新修水泥路3公里，为召阁台村三组安装太阳能路灯34盏，为召阁台村四组打机电井19眼。完成了隆胜村二组、五组、十组，隆光村三组，小红旗村一组、二组、三组、四组，新荣村六组，五星村四组的村庄绿化。为建国村新建120平方米村部、80平方米村卫生院。新建营村集资87500元，新修水泥路12.7公里，桥梁村二组、五组、六组也修通了水泥路。春和村通过社员集资和财政补贴，将全村12.5公里的主干路修成水泥路。临巴线改线扩建提标，更名242国道，直通甘其毛都口岸，2018年建成通车。

2016年，新华镇新建营村新建村委会180平方米，硬化村部广场 600 平方米；和平村社员集资 38 万元，新修水泥路 7.6 公里，新建 2 个广场；建国村新建 2 个文化活动广场。实施国土整治新乐村、东方红村、新设村、新元村高标准农田 6.6 万亩建设项目；实施南湖湿地改造项目，规划面积 1621 亩，其中水域面积 473 亩、绿地 329 亩、沙地 578 亩、铺装面积 181 亩，计划投资 1.581 亿元。同年，新华镇成立集镇综合执法大队，人员由临河区执法局干部和新华镇干部共同组成。

四、城关镇

城关镇地处临河区城郊，110 国道、临陕路、京藏高速公路及包兰铁路、临策铁路穿越境内。

1994 年，城关乡有乡镇企业 629 家，从业人员 2249 人，产值突破亿元，进入巴彦淖尔盟乡镇企业五强行列。到 1998 年，乡镇企业发展到 1364 家，其中个体私营 1311 家，从业人员 5976 人。乡内有各类商业网点 245 个，各类企业大户 1511 个。

2000—2015 年，城关（乡）镇耕地增加到 92379 亩，农牧业生产总值 9.02 亿元，农民人均纯收入 15835 元。

2016 年，城关镇产业结构主要以种养殖业为主，大棚温室蔬菜、肉牛羊饲养、商贸业为辅。镇内产业有旅游商贸加工、肉牛羊屠宰龙头企业。利用临陕路及 G6 高速的便利条件，依托巴运、鹏河 2 个物流公司和四季青菜市场，城关镇在增光村、继光村、五四村沿线村建成 3 片物流仓储区域，配套建设物流信息服务中心，全方位、立体式为种养殖业服务。

（一）基层党建

1991—2007 年，城关乡（镇）先后建起 2600 平方米的敬老院，接纳孤寡老人 60 余人，逐步营造乡村老年人"老有所依"的生活环境。

2008—2010 年，城关镇有基层党组织 50 个，党员 2326 人。流动党员 64 人，其中省内流动 26 人，跨省流动 38 人。干部总数 585 人，其中在职 454 人（正科级 7 人，副科级 15 人）。2010 年，全

镇 13 种"党员三结合致富链"（党员、富裕户与贫困户结链帮扶致富）链型被整合为 7 种链型，结链党员 340 人，结链农户 3745 户，结成各种致富链 331 链。

2011—2016 年，全镇有各类产业链 114 链，结链党员 350 人。除包扶单位外，镇村两级干部也都参与到服务农民、服务产业、服务项目、服务城市的建设中，形成上下联动合力，共促乡镇经济发展。截至 2016 年，已有 10 个村党支部活动阵地配备远程教育网络，同时，城关镇抽调干部在 7 个行政村设立群众工作站，更好地拉近与群众的距离。

（二）经济建设

1991 年，城关乡向国家交售商品粮 1156 万斤，畜牧业年饲养量 41580 头（只），油料总产 2344 万斤。同年，城关造纸厂建成投产。

1993 年，全乡粮食总产 3950 万斤，油料总产 2500 万斤，甜菜 3800 万斤，蔬菜 4000 万斤，果品 300 万斤。畜牧业年饲养量 46000 头（只）。农民人均收入 1134 元。

1999 年，城关镇万丰村开展了农田水利建设，完成总土方 10.4 万立方米，平地缩块及破旧土方 3.4 万立方米，开挖修建各类渠道 20 条、14.45 公里，整修道路 47 条，新上各类建筑物 84 座，维修各类建筑物 27 座。将北边渠原有 6 个直口合并为 1 个，从根本上解决 7 个社浇水难的问题，降低了水费支出。安装测流量水设备 5 套，在王贵支渠 11 条农渠、人民支渠 7 条斗渠进行了测流量水工作，依据数据开展节水工作，全乡节水面积 1 万亩。完成 110 国道绿色通道工程，栽植补植 2700 株，临陕路侧植树 4000 株，村庄主干路两侧植树 3 万株，高效农业示范园区栽植新疆杨 1 万株、小美旱 35000 株、桧柏 300 株、刺梅 2000 穴、枸杞 1500 株。在全乡推广抗天牛病害的白毛杨嫁接新技术试验，实现嫁接 6000 株。对发生光肩星天牛虫害的 7 个村、45 个生产合作社的虫害木进行集中整治，砍伐虫害木 22 万株，代表巴彦淖尔市 5

个虫害疫区乡镇，顺利通过国家林业局中期验收。巩固发展以瘦肉型猪基地建设为主的标准化养殖业，与银信部门协调贷款50万元，在五四村一组、三组、十组，友谊村五组、八组，新建3个养殖小区，并建成标准化棚圈116座。开展了3次以牲畜五号病为重点的防疫工作，全乡猪、牛、羊预防密度分别为100%、97%和95%。

2000年，城关乡新造林面积3259亩，其中防护林1195.7亩，栽植新疆杨228亩，小美旱967.7亩，经济林584.8亩，其中枸杞（宁杞一号）564.8亩，桃李杏20亩，灌木造林1478.5亩，栽植丁香、刺梅、花卉类2万穴；完成毛白杨嫁接7500株，萌发7万株（在上年天牛疫区）；新育苗159.5亩，其中新疆杨140亩，沙枣3亩，桃李杏1亩，小美旱15.5亩；在乡村油路两侧开挖整修5米宽的植树沟50公里，冬贮苗条14万株。完成保灌工程土方22.5万立方米，平地缩块任务3万亩，建成暗灌区1600亩，打井11眼，埋设暗灌管道14.3公里，安装190千伏安变电压器4台，购置水准仪5台；配备测流量水人员4人，开展测流量水工作，直测支渠2条（辖斗渠9条、农渠22条、直毛渠3条，控制面积22064亩）；新建维修各类建筑物239座，其中斗渠口闸2座、斗渠节闸4座、斗渠桥19座、农渠口闸2座、农渠节水闸3座、农桥12座、毛口122座、毛渠桥62座、斗沟尾闸6座、斗沟桥5座、新建渡槽2座。投资175万元，衬砌渠道20.5公里。种草510亩，其中鲁梅克斯350亩，杂草苜蓿、蜗牛苜蓿160亩；巩固增光村二组瘦肉型猪样板社，新建增光村六组、五四村一组、三十组2个养殖示范小区；采取乡村两级每座补给建设用砖1500块、帮助协调贷款等优惠政策，新建标准化棚圈109座，永久性窖池53座；年内购进草粉机具22台；实施畜种改良、优化品种结构，引进寒羊种公羊22只，种公猪13头，奶牛全部进行人工授精，寒羊母羊占基础母羊的30%，三元杂交母猪占基础母猪的40%以上，家畜品种改良化程度明显提高；90%的农户饲喂混

合饲料，60%的农户实行藤蔓打浆青贮、秸秆草粉加工；猪牛羊五号病防疫密度为100%，猪三病、鸡新城疫病、羊三病防疫密度分别在98%、95%、96%以上；畜牧小区发展到21个，形成了友谊村九组、十组5万只蛋鸡小区，治丰村、晨光村10万只肉鸡小区，治安村、增光村、继光村短期育肥羊年出栏2.5万只以上，继光村肉牛年出栏3000头以上；指导养殖户尝试发展肉鸽、肉兔、七彩山鸡、珍珠鸡、鹧鸪等特种畜禽养殖，培养专业户4户。

2001—2002年，城关镇播种面积16.21万亩，其中粮食播种面积10.45万亩，产量64545万斤，经济作物面积3.97万亩，其中2002年播种面积8.11万亩。

2004—2005年，播种面积18.1万亩，其中粮食播种面积10.3万亩，产量58430万斤。2004年经济作物花葵3074亩，油葵1681亩，蔬菜1.97万亩，番茄4685亩，西瓜2924亩，甜瓜1222亩，白瓜子927亩，黑瓜子564亩，牧草1.2万亩；2005年经济作物花葵5500亩，油葵1920亩，蔬菜2.3万亩，番茄9600亩，西瓜4900亩，甜瓜3000亩，白瓜子100亩，黑瓜子564亩，牧草1.2万亩。

2006—2007年，播种面积17.2万亩，其中粮食面积8.92万亩，油料5900亩，甜菜5900亩，蔬菜4.89万亩，瓜类1.19万亩，其他1.08万亩，其中2007年总播面积8.6万亩。

2009年，全镇农业经济体现"四增二减二持平"：小麦、玉米、油葵、中棚种植面积增加，番茄、脱水菜原料种植面积减少，且全部实现订单种植。设施农业重点发展增光村四组、治丰村六组、五四村七组。建成高效日光温室58亩。新组建蓿亥村葵花产业协会和晨光村农产品销售合作社，发展会员600名。开展新型能源入户工程，建设高标准户用沼气池450座，对以前建设的沼气池进行"三改"配套55座。落实继光村三组玉米、葵花机收示范点，示范点种植玉米300亩，葵花

150 亩。落实露地蔬菜 2.2 万亩。全镇肉羊饲养量 38.6 万只，出栏 27 万只；奶牛存栏 2600 头，育肥肉牛 3200 头；猪 2.2 万口；鸡 22.6 万羽。落实增光村一组、四组，继光村二组、五组 10 万只肉羊育肥基地，其中增光村一组、四组发展育肥羊养殖户 32 户。完成奶牛"两病"检测任务，对范围内的家畜、家禽进行强化免疫防疫，做到应防尽防。发放奶户倒奶补贴款 5.6 万元，能繁母猪补贴 16.8 万元。同年，争取中低产田改造项目 1 万亩，在治丰村、蓿亥村推广实施亩次计费 2 万亩。

2011 年，在增光村、继光村、治丰村、治安村 4 个村新建高标准砖钢结构温室 1080 栋，占地面积 2160 亩，投资 8000 万元。发展番茄、青红椒、饲草玉米、蜜瓜、无公害优质蔬菜等订单农业 6 万亩。全镇羊饲养量 46 万只，出栏羊 31.8 万只；奶牛存栏 4400 头，育肥牛 5000 头；育肥猪 2.6 万口；养鸡 26 万羽。清淤渠道土方 50 万立方米，实施了张三渠打井灌溉工程。同年完成绿化任务 4300 亩，实施了蓿亥村项目区工程造林，栽植小美旱 6 万株，小杂果 600 亩，育苗 500 亩，盐碱地造林 300 亩。

2014 年，全镇完成危房改造、修缮 226 户，安全饮水 5711 户，街巷硬化 34.29 公里，维修小油路 22 公里，道路铺砂 36 公里。建成村级标准化卫生室 9 个，村级文化活动室 7 个，便民服务超市 11 个。全镇拆除危旧建筑 1043 处、危旧院墙 23510 米，拉砂换土 23.8 万方，清理垃圾柴草 116776 万吨。新建院墙 41939 平方米、小花墙 2163 平方米，抹灰 853238 平方米，墙体粉刷 44.03 万平方米，硬化院落 3.6 万平方米。配套新建垃圾池 157 座，新建文化活动广场 9 处，栽植各类树木 12 万余株。

2015 年，全镇温室发展到 3000 亩，大中弓棚发展到 4000 余亩。建成标准砖钢结构温室 1196 栋，完善配套 750 栋，建成高标准中棚 3000 亩；建成养殖小区 14 个，年出栏育肥羊 10 万只以上，畜禽饲养量 72 万头（只）。

2016 年，完成农产品检测 2000 例，建成标准砖钢结构温室 924 栋，完善配套 554 栋，建成高标准中棚 1240 亩，年均推广麦后、瓜后复种面积 820 亩，参保率 99%。牲畜免疫 46.8 万头（只），家禽免疫 42 万羽。建成养殖小区 6 个，年出栏育肥羊 34 万只以上，畜禽饲养量 88.8 万头（只）。截至 2016 年底，全镇植树造林 1018 亩，衬砌渠道 5.5 公里，清淤渠道 483 公里，完成 34 条渠道的用水体制改制工作，翻修渠桥 53 座，新建节制闸 6 座。

（三）社会事业

1991—1996 年，城关学区的达标学校有：晨光学校、万丰学校、增光学校、治安学校、治丰学校、五四学校、继光学校、友谊学校、城关中学，计 9 所。到 1996 年，学区各校先后引进现代化教学设施设备，配备语音实验室、微机室等，硬件设施进一步提高。

2005—2010 年，巴彦淖尔市政府征收万丰村 9000 亩土地用于新区改造，巴彦淖尔市政府、临河区政府迁往新区。2009 年，实施万丰村新村建设和增光村六组新农村示范点，万丰村新村建设用地面积 284 亩，投资 4 亿元，建成住宅楼 35 栋，安居小区 21 万平方米，1500 户失地农民陆续入住。新修主干道路 3 条、6 公里，修补维护小油路 3.8 公里，道路铺砂 6 公里。解决治安村、治丰村 2 个村 1667 户村民的饮水问题。完成 48 条渠道改制，将农民用水者协会整合为 8 个。完成新造林 2800 亩，其中村屯绿化 3 个、面积 50 亩。配合区政府完成临陕路绿化 400 亩，朔方路绿化 900 亩，渠、沟、路造林 500 亩，以育代造 100 亩，盐碱地造林 200 亩，新区绿化 700 亩，造林成活率 95% 以上。建立了贫困人口参与农村新型合作医疗优惠制度，五年中，参加社会养老保险的失地农民 3000 人。建立了"农民直补信息网络"，通过"一卡通"将 460 万元农业综合补贴、良种补贴和粮食直补资金发放到农户手中。到 2010 年，全镇建成和平村、春尾村、东坑村、下乾村、安靖村、菁坑村农家书屋6处，形成以镇文化站、6处农家书屋为中心，辐射7个周边村1.1万农村群众的服务网络。

2011—2012年，巴彦淖尔市阳光能源公司在大兰庙桥征收2300亩土地，用于建设实施农牧业加工循环经济；巴彦淖尔市政府征收治安村二组、八组、九组1100亩土地，用于改造居住环境；远景村被征用200亩耕地成立金榕农业合作社；万丰村被征收670亩土地用于建设黄河湿地公园。全镇参保人数6400人，发放养老金9.9万元。人畜饮水工程涉及4个村、29个社、1480户农户，完成1250户，完成率85%。完成"汽车、摩托车下乡"活动补贴12.92万元。

2014—2016年，在临河区"美丽乡村"建设工程中，城关镇2015年完成危房改造54户，安全饮水4980人，街巷硬化12.1公里；完成村级标准化卫生室9个、文化活动室7个、便民服务超市7个。临磴路两侧的友谊村五组、八组，远景村一组、二组、三组、五组、六组、七组、八组，蓿亥村三组、四组、六组、八组、九组，临陕路两侧的增光村三组、七组、十组，继光村三组、十组，五四村七组，绕城线两侧的增光村一组、二组、四组、五组、六组、八组，包兰铁路沿线的蓿亥村一组、二组、七组、十一组、蓿亥粮库，临白路两侧的继光村一组、二组、五组、六组、七组、九组，京藏高速两侧的五四村六组、八组、九组，全部进行高标准建设和集中整治。2016年，全镇完成危房改造、修缮235户，安全饮水3302户、12535人，街巷硬化131.61公里，通村油路29.5公里，村级文化活动室6个，便民服务超市17个，农网升级改造和"村村响"全面完成，通讯、广播电视及社会保障工程全覆盖。拆除危旧建筑506处、破旧院墙24380米、棚圈857座，清理垃圾柴草4.7万吨。新建院墙64185米，抹灰46.31万平方米，墙体粉刷51.94万平方米，硬化院落32819平方米，配套新建垃圾池218座、文化活动广场28处。

五、干召庙镇

干召系藏语，甘珠尔的代音，意为"佛满郡"，蒙古语词汇借用。因境内有一座干召庙寺院（清乾隆年间建造，后毁于"文革"期间）而得名。干召庙镇面积334平方公里，其中耕地面积32万亩。

（一）基层党建

1999—2004年，干召庙乡党委被巴彦淖尔盟委命名为高标准"五个好"乡镇党委，永丰村、新利村、新华村党支部被命名为"五个好"村党支部。从2000年开始，乡党委每年开展以讲学习、讲政治、讲正气为主要内容的"三讲"教育活动。2004年，干召庙乡建成自治区"三星级文明集镇"。

2006—2014年，干召庙镇开展社会主义荣辱观教育，开展学习实践科学发展观活动，自上而下分三批进行。2014年，开展以"为民、务实、清廉"为主要内容的党的群众路线教育实践活动。

2015—2016年，投资1700余万元，改建了27个党建活动阵地，建成村级文化活动室23个、文化活动广场34个、文化大院3个。2015—2016年，数次开展"三严三实"专题教育活动。

（二）经济建设

干召庙镇的经济基础是农业畜牧业，主要粮食作物有小麦、玉米，主要经济作物有葵花、番茄、脱水蔬菜、白瓜子、瓜果、露地蔬菜，主要牲畜有肉羊、生猪、奶牛等。

1991—2003年，干召庙乡、乌兰淖尔乡、黄羊木头镇3个乡镇的种植业，以交售国家任务的小麦、油葵、甜菜（粮、油、糖）为主，经济作物以花葵、黑瓜子为主。

2005年，干召庙镇有农作物播种面积258494亩，其中粮食作物面积148038亩，小麦面积80099亩，玉米面积64950亩，薯豆类面积2989亩，油料面积49358亩，甜菜面积487亩，蔬菜面积 31518 亩，瓜类面积 5127 亩，其他农作物面积 23966 亩。全镇有牲畜 374038 头，其中肉羊 320917 只，生猪 37070 头，奶牛养殖 16051 头。

2006—2008 年，全镇粮食作物面积 374071 亩，蔬菜面积 118838 亩，其中 2006、2007 年油料面积 81130 亩，其他农作物 63257 亩，2007 年小麦面积 63590 亩、玉米面积 52125 亩、甜菜面积 1930 亩。2008 年葵花面积 39314 亩，白瓜子面积 18800 亩，番茄面积 17890 亩。2008—2009 年，全镇牲畜总数为 31.9 万~32.4 万头（只）。

2010—2013 年，全镇牲畜总数为 146.5 万头（只），其中 2012 年有肉羊 34.5 万只、猪 2.6 万头、奶牛 3940 头，2013 年有肉羊 41 万头、奶牛 3900 头、猪 2.5 万头。

2011—2016 年，全镇粮食作物面积 13.6 万~15.4 万亩，小麦、玉米面积增加，蔬菜面积 4.1 万~5 万亩，瓜类面积 8000 亩左右，白瓜子、番茄面积增加较快，每年 3.5 万~4.5 万亩，葵花面积 2.5 万~3 万亩。牲畜养殖总量，2014—2016 年为 35 万头（只），新建生猪养殖示范基地 8 个，奶牛养殖示范组 5 个，肉羊养殖示范组 30 个，种鸡养殖专业组 2 个。2016 年的主导产业以肉羊、奶牛、脱水蔬菜、露地瓜菜、设施农业、番茄 6 大支柱产业为主，建有标准化养殖小区 28 个，奶牛养殖示范组 4 个，涌现出肉羊养殖大户 368 个，脱水菜加工企业 33 家，各类个体工商户 1100 余家，农民经济合作组织 32 个。

1994—1995 年，干召庙乡的乡村企业有 16 家，个体工商户 400 家，产值 2400 万元，主要集中在面粉加工、乳制品加工方面。2005—2016 年，干召庙镇发展和引进了涉农龙头企业——金河套乳业有限公司和鑫牛乳业；在新华村五组、永丰村四组建起大型面粉加工厂；在建民村、广联村、民丰村办起脱水菜加工企业；在乌兰村办起木材加工企业；在黄羊村、立新村办起大型制砖企业。加上辖区的内蒙古浩彤高科技农业园区、巴彦淖尔市农科院、四季青农业高科技园区，干召庙镇

成为临河区重点绿色农畜产品生产加工输出基地。

（三）社会事业

1. 社会治安综合治理

1991—2000 年，干召庙乡创建安全文明小区 4 个，覆盖农村 80% 以上，巩固率 100%。在实施联户互保细胞工程建设中，村小组以 10~20 户为单位，实行联户互保。由司法所、派出所、法庭、维稳办、信访办、综治办六方组成联调小组，全面落实"三联六调"工作机制，解决历史遗留积案，调处各类矛盾纠纷 300 起，化解率 97%。

2005—2016 年，干召庙镇公安派出所、黄羊（第二）派出所成立，共有公安干警 21 人。2016 年，司法所、各村人民调解委员会调查处置各类纠纷 7000 件，调解成功率 97%。

2. 教育、文化、科技

1991—2003 年，干召庙乡（镇）有中学 1 所、幼儿园 1 所、小学 12 所。1995 年，乡里配齐了科技副乡长，行政村配备了科技副村长，各村组培养了农民技术员。农业科技项目主要有：地膜覆盖栽培技术，小麦间、套、复种栽培技术，等等。为提升农民生活品位，乡里成立了文化站，各行政村建立了科技培训室和农民业余学校，组建了电影放映队。干召庙乡被确立为国家和自治区农科教结合示范乡，落实七项重大农业技术推广。2000 年，全乡引进抗天牛危害的毛白杨、桧柏、速生丰产林、国槐等树种，重点抓公路果树带建设，适度发展桃、李、杏、葡萄等小杂果。实施"种子工程"，培植养殖专业村、组、户，加强棚圈标准化建设，推广青贮、微贮、氨碱化技术。先后建成内蒙古四季青农业高科生态园区、内蒙古浩彤现代农业科技园区，建成新华村、棋盘村、胜丰村、民主村、新丰村、广丰村等村科技示范片，推广农业新科技、新品种。开展测土配方施肥，安装配套滴灌、喷灌设施和节水工程。

2003—2005 年，干召庙镇各级行政村小学合并或撤销，全镇留有中学 1 所、小学 9 所。2005 年，投资 16 万元，建成镇文化活动中心，新建、

干召庙镇中心小学的尚德楼

改建 27 个村文化活动室，建筑面积 2700 平方米，藏书 4.5 万册；新建 34 个文化活动广场，配齐文体器材；成立 30 支秧歌队，队员 1900 人；发展文化大院 7 户；建成龙狮特色表演队 4 支。

2006—2016 年，全镇开展农业培训 100 场次，培训农民 2.5 万人。干召庙镇中学取消，小升初学生到临河区九中就读，27 个行政村小学全部取消，幼儿园、小学学生到其他集镇就读。截至 2016 年，全镇有幼儿园 3 所，在园人数 421 人，专任教师 27 人；小学 3 所，在校学生 1358 人，专任教师 134 人，适龄儿童入学率 99%。

3. 村镇建设

1997 年，干召庙乡成立，属于土地集镇办，由乡有关部门负责农村房屋的审批、规划和建设任务。1998 年，编制完成干召庙乡建设规划和自然村规划，结合小康村建设，拓宽改造主街道，铺设油路面，配套了污水排沟，新上了路灯，实施了绿化工程，建设如红丰村四组、广联村六组、建民村四组等"小康示范村"。

2010—2013 年，干召庙镇实施红丰村三组等 5 个生态引领型试点村和 38 个推进点建设。2011 年，聘请北京设计公司对集镇建设发展做总体规划，确立空间布局模式，为集镇建设持续发展提供科学依据。同年，集镇两侧硬化面积 7700 平方米。投资 55 万元，实施黄羊集镇排水工程建设，安装路灯 17 盏，新建垃圾池 12 个，新建公厕 5 座。2012 年，干召庙镇对 3 个主要集镇进行绿化、硬化、亮化工作。2013 年，全镇开始实施雨污排水工程，自来水入户工程。新建 12788 平方米便民综合市场，争取清洁车 1 台，新建垃圾填埋场 5 个。

2014 年，辖区浩彤现代示范园区加快建设步伐，建成 10400 平方米现代农业展厅、2000 平方米花卉展厅和 3000 平方米菌类展厅。完成农民住宅建设 8 万平方米，建成 5000 平方米社区综合活动大楼、1000 平方米社区党支部活动场所。3 个主要集镇对公路两侧房屋进行集中整治，改造面积 50 万平方米，迎接了内蒙古自治区推动科学发展观现场观摩会、巴彦淖尔市第四次"两个文明"建设现场会和全市党建工作现场会的召开。同年 9 月，干召庙镇被评为国家级重点镇。

2015—2016 年，全镇 27 个行政村、175 个自然村完成通村油路、村街巷硬化 350 公里，新建院墙 20 万延长米，粉刷亮化 140 万平方米，圈舍网围栏 10 万平方米。两年中，全镇完成危房改造 1940 户，新改建村卫生室 27 个，新改建便民连锁超市 33 个、文化活动室 23 个，新建文化活动广场 34 个。

4. 卫生与计生

1997 年，干召庙乡被评为自治区计划生育工作先进集体。2000 年，全乡卫生院有职工 17 人，有病床 12 张。

1998—2000 年，干召庙乡以行政村为单位，对育龄人群进行摸底调查，为育龄夫妇提供生产、生活、生育等系列服务。在开展的计划生育合格村创建活动中，规范计生操作程序，把计生工作与农村经济建设、小康村建设、十星级文明户创评活动相结合。

2004—2008 年，干召庙镇新型农村养老保险参合率 95% 以上。2007 年，干召庙、黄羊、乌兰卫生院在原有基础上进行翻建，病床分别增至 21 张、15 张、20 张，医技人员分别为 24 人、18 人、17 人，医院新购进数据化 X 光机、彩色 B 超机、心电图机、红外治疗仪、臭氧妇科治疗仪、大型综合治疗机等设备。

2010—2015 年，全镇无一例违反计生政策超生行为，计划生育率 92%，人口自然增长率控制在 3‰—5‰ 以内。新型农村养老保险参合率上升至 98%。

5. 就业与扶贫

2005 年乡镇撤并后，干召庙镇成立了劳动保障事务所，健全了镇村组三级就业服务网络，在提供用工信息、求职登记、证卡发放、政策咨询、就业再就业培训方面提供一条龙服务。

2006—2013 年，全镇农村剩余劳动力转移 40033 人，其中 2006 年向外转移 19700 人、就地转移 4685 人，2012 年就地就近转移 4685 人，2013 年就地转移 4780 人。

2014—2015 年，在新利村实施"三到村三到户"（开展"点对点""一对一"的规划到村到户、项目到村到户、干部到村到户）精准扶贫工作。投资 40 万元，新建棚圈 30 座，道路铺砂 13.7 公里。在民主村投资 150 万元，实施整村推进扶贫项目，新建标准化棚圈 105 座，新修水泥道路 4.6 公里。全镇转移劳动力 7153 人，就地转移 5897 人。到 2015 年底，全镇建档立卡贫困户 192 户 486 人。转移劳动力 7170 人，就地转移 4985 人。

2016 年，干召庙镇劳动保障事务所帮助 929 名下岗失业人员实施再就业，帮助 165 户零就业家庭实现每户至少 1 人就业，组织 38 名高校毕业生到基层从事"三支一扶"工作。同年，转移劳动力 7260 人，就地转移 5390 人。

6. 养老事业

2010 年，干召庙镇 16～59 周岁以上 16637 人

参加新型农村养老保险，收缴保费 508 万元，9487 名 60 周岁以上老人享受农保待遇，实现应保尽保。

2016 年，全镇脱贫 102 户 264 人，占贫困总数的 54%，人均可支配收入 4000 元，财政扶贫到户补贴资金 4303948 元，其中购置种畜、农机具 1178018 元。全镇有 862 名 80 周岁以上老人领取高龄补贴金，有最低生活保障农户 2168 户，人数 2475 人；农村五保分散供养 198 人，年领取五保金 78.65 万元；农村医疗救助 110 人次，民政部门资助参加合作医疗 3386 人次，支出 677200 元；农村临时救济 280 人次，支出 20 余万元；国家抚恤、补助各类优抚对象 78 人，抚恤事业费支出 58.5 万元。

六、白脑包镇

白脑包镇面积 328 平方公里，其中耕地面积 30.8 万亩，林地面积 5.5 万亩，荒地面积 3.8 万亩。内设机构有：党政综合办、党群办、行政服务大厅、综合维稳信访办、农科站、畜牧站、林工站、水利站、财政所、计生办、经统审计站、村镇建设管理站、交管站、爱卫办、劳动和社会保障事务所、民政、残联办、扶贫办。

（一）基层党建、精神文明建设

1991—2005 年，白脑包（乡）镇党委组织党员干部开展党委建设"六个好"和支部建设"五个好"目标创建工作，深化"三结合致富链""双链双推"（党员三结合致富链、三级干部服务链；推进农牧民组织化进程、推进基层组织建设）和"三级联创"（农村党的建设三级联创活动是指县、乡镇和村三级党组织，开展以"五个好"村党组织、乡镇党委和农村基层组织建设先进县为主要内容的创建）活动。2005 年，白脑包镇党委下设 21 个村党支部、1 个镇机关党支部、1 个合作社党支部、4 个驻镇单位党支部。有党员 982 人，其中农民党员 834 人。

2006—2016 年，开展社会主义荣辱观教育、学习实践科学发展观活动；开展以"为民、务实、

清廉"为主要内容的党的群众路线教育实践活动；开展"三严三实"（严以修身、严以用权、严以律己，谋事要实、创业要实、做人要实）专题教育工作；开展以"学党章党规、学系列讲话，做合格党员"学习教育活动。

（二）经济建设

白脑包镇的经济主导产业以肉羊、脱水蔬菜、露地瓜菜、番茄等支柱产业为主，粮食作物主要以小麦、玉米为主，主要经济作物有葵花、番茄、白瓜子、西甜瓜等。依托资源优势，通过调整种植结构，全镇基本形成南部村组以发展番茄、脱水蔬菜、小麦、玉米为主，北部村组以发展花葵、玉米、养殖业为主的产业布局。2000 年以后，农村合作经济组织快速发展，农民组织化、农业产业化初具规模，种养业科技含量明显提高，适用新科技应用率 70% 以上，订单农业种植面积逐年增加，占总面积的 30% 以上。到 2016 年，全镇建成标准化养殖小区 7 个，成立脱水菜加工企业 83 家，有肉羊养殖大户 265 个，有个体工商户 520 家，有各类农民经济合作组织 18 个。

1993—1995 年，白脑包乡实施农业综合开发第二期工程，改造中低产田 3 万亩，实施三期农业综合开发改造中低产田 4 万亩。

1998—2010 年，实施四期农业综合开发项目区的破旧、平地缩块任务，改造中低产田 12.6 万亩；实施永胜村、永和村 1.5 万亩农业综合开发项目和太阳村 5000 亩土地整理项目；实施鞋工厂村 1.5 万亩中低产田项目建设。2005 年，发展和引进涉农龙头企业万野公司、民和食品有限公司、大赫番茄厂、华盛公司，涉及 21 个村的 84 家脱水蔬菜加工企业及巴彦淖尔市昌盛金属材料有限公司、山东力诺太阳能发电等企业。

2011—2013 年，全镇牲畜总头数 109 万头（只），其中 2012 年肉羊 35.1 万只、猪 1.3 万头；2013 年肉羊 37.6 万只、猪 1 万头。实施西海、水桐树村 2.56 万亩末级渠系改造工程，实施涉及 13 个行政村、11 万亩土地整理重大项目，实施召滩

村 1 万亩中低产田改造项目工程。完成团结村、民富村 1 万亩新增千亿斤粮食生产能力规划田间工程项目。

2014—2016 年，实施民富村、团结村 1 万亩土地整理项目、联星村 1 万亩中低产田改造任务，完成太阳村 1 万亩新增千亿斤粮食项目。截至 2016 年，全镇牲畜养殖总数量在 40.2 万头（只）以上，建成养殖小区 6 个，建设肉羊育肥场 12 个。培育年出栏羊 2000 只以上的育肥大户 125 户，带动基础母羊存栏 30 只以上的养殖大户 460 户，发展养殖科技示范户 460 户。建成高标准养猪场 5 个，发展年出栏猪 100 头以上的养猪大户 12 户。建成蛋鸡养殖场 2 个，年产蛋量 220 吨。

（三）社会事业

1. 教育、科技

1991—1995 年，白脑包乡配齐科技副乡长，行政村配备科技副村长，各村组培养了农民技术员，农业科技项目主要有：地膜覆盖栽培技术、小麦间、套、复种栽培技术，特别是吨粮田、小麦千斤田、亩收入千元田"三田"综合技术，成为临河市"两高一优"（高产、优质、高效）的农业重要组成部分。

1996—2003 年，白脑包乡（镇）被确立为国家和自治区农科教结合示范乡镇。先后建成忠义村、永胜村、永和村、太阳村、水桐树村等科技示范片，主要推广农业新科技、新品种，开展测土配方施肥，安装配套滴灌、喷灌设施，推广节水农作物，引进设施农业新品种，成立农民专业合作社。

2006—2016 年，白脑包镇进行农业培训 80 余场次，培训农民 1.8 万人。白脑包镇中学取消。到 2016 年底，全镇有幼儿园 2 所，在园人数 125 人，专任教师 22 人；小学 2 所，在校学生 215 人，专任教师 89 人，适龄儿童入学率 99%。

2. 文化、卫生与人口

1991—2000 年，白脑包乡推行计划生育考核办法，层层签订目标管理责任状，人口出生率为

12‰。成立了文化站，各行政村都有科技培训室、农民业余学校，组建了电影放映队，村级图书室藏书1000册左右。1998—2000年，全乡每年都要开展以"科技、文化、卫生"为主要内容的"计划生育三下乡"和"婚育新风进万家"活动，旨在把国家政策和科教卫生送下乡，提高农民的生活品质。

2004—2008年，白脑包镇新型农村养老保险参合率96%。投资15万元，建成镇文化活动中心，改建21个村文化活动室，建筑面积2100平方米，藏书2.1万册，新建122个文化活动广场，所有行政村配齐文体活动器材。成立25支广场舞队，队员750人，发展文化大院10户。有乡镇卫生院3所，村级卫生院21个。

2010—2016年，全镇新型农村养老保险参合率99%，16～59周岁以上、14500余人参加新农保，累计收缴保费600万元，2100名60周岁以上老人，享受农保待遇。截至2016年，全镇计划生育率91%，人口自然增长率在4‰以内。有348名80周岁以上老人，领取了高龄补贴金。有最低生活保障农户1879户2547人，农村五保分散供养121人，年领取五保金30.25万元；农村医疗大病救助110人次，民政部门资助参加合作医疗1200人次，支出312万元；农村临时救济489人次，支出40万元；国家抚恤、补助各类优抚对象56人，抚恤事业费支出45.5万元。

3. 村镇建设

1991—2001年，白脑包乡结合农田水利基础建设，对乡村主干道进行集中整治。编制完成白脑包乡、建设乡、丹达乡建设规划和自然村规划任务，结合小康村建设，改造了主街道，铺设了油路面，配套了污水排沟，新上了路灯，并实施了绿化工程。将永清村五组、忠义村四组、水桐树村八组、十大股村三组等村组建设成为"小康示范村"。

2002—2006年，白脑包镇新建图干公路8.2公里、十大股小油路4.5公里、永清村通村小油路

3.2公里、北三村小油路15公里。

2010—2013年，全镇新修福利村、胜利村、永和村、太阳村等村小油路16.5公里，新修永胜村小油路5.5公里。实施西海村二组、十一组等3个生态引领型试点村和20个推进点建设；投资100万元，对集镇进行整体改造；投资89万元，对丹达集镇人行步道进行硬化，实施集镇排水工程建设，安装路灯25盏，新建垃圾池2个，新建公厕2座。

2015—2016年，全镇21个行政村、122个自然村完成乡村建设，完成村街巷硬化200公里。新建院墙32万延长米，粉刷亮化220万平方米，圈舍网围栏15万米。完成危房改造农户1680户，新改建村卫生室21个、便民连锁超市25个，新建文化活动室21个、文化活动广场122个。新修水泥路42公里，村街巷硬化185.6公里。

4. 就业与扶贫

2006—2011年，白脑包镇农村剩余劳动力转移12350人，向外转移7680人，就地转移4670人。

2012—2016年，全镇转移劳动力3.3万人，就地转移2.6万人，其中2016年转移劳动力7285人，就地转移6221人。截至2016年底，全镇有建档立卡贫困户248户504人，脱贫155户274人，占贫困总数的54%，人均可支配收入4000元。

七、双河镇

马场地乡1999年改马场地镇，马场地镇、友谊乡、新丰乡2001年合并建立双河镇。

1991年，马场地乡面积84平方公里，耕地82491亩，园地518亩，牧草地10118亩，林地8667亩，居民及工矿用地8018亩，交通用地783亩，水域24264亩，未利用土地4684亩（盐碱地3480亩，沙地1204亩）。1999年，马场地镇面积84平方公里，耕地35202亩，林地21537亩，草地67567亩（其中河滩地2000亩），沙丘3489亩，水面800亩，园地2300亩，是临河市重要的商品

粮基地之一，盛产小麦、玉米、油葵、西瓜、黑瓜子、甜菜等。2001年，双河镇面积266.6平方公里，有耕地158000万亩，林地53607亩，草场（包括河滩地）99253亩，森林覆盖率18%。播种面积99080亩，粮食作物面积48209亩，总产量24877吨。全镇全年家畜总头数83992头（只），农民人均纯收入2466元。2005年，双河镇有编制70人，其中行政编制30人，事业编制40人。2010年，全镇共有8个驻镇单位、16个行政村、98个村民小组。

（一）基层党建、精神文明建设

1991—1997年，马场地乡把村民委员会纳入民主与法治轨道，实行干部优化组合，做到任用、奖罚与实绩挂钩。通过发展多样化服务组织，形成乡、村、社三级服务网络，建立产前资料购进、产中技术咨询、产后运输销售的一条龙服务体系。开展的"十星小康文明户""三结合致富链"等活动，严厉地打击了村霸、社霸、路霸，制止了赌博、迷信等丑恶现象。

2001—2006年，双河镇发展新党员34人，党员结链230链，有效率90%。全镇16个村实行村账镇管，16个农村党支部有13个达到"五好党支部"标准。2001—2006年，组建不同类型的"三结合致富链"58链，三级干部服务链16链。

2010—2016年，规范和完善镇村两级党务、政务、村务，倾力打造阳光党委、政府。在党报、党刊发稿35篇，上报各类信息132条。帮助进步村王海宽将文化大院打造成自治区级先进文化大院。新建及修订工作制度17项，废止制度6项。组建党员爱民基金，救助各类贫困人员421人，发放救助款12.2万元。开展党员星级化评定工作，评出五星党员172人，四星344人，三星58人，三星以下18人。帮助群众代办各类事项5100余件，化解邻里纠纷189起。建立双河镇6120户农户基本情况数据库。到2015年，全镇新建村级活动场所3个，改扩建4个，完成所有村级党组织活动场所建设。

（二）经济建设

1. 经济总量

1991年，马场地乡农业总产值4300万元，粮食总产3460万斤，交售商品粮1400万斤，家畜饲养量59600头（只），家畜年末存栏4万头（只）。植树造林5000亩，其中栽植果树1300亩。乡镇企业年产值实现1100万元，社员人均年收入1250元。

1994年，全乡种植小麦2.2万亩，总产1980万斤；玉米1万亩，总产1600万斤；油葵4000亩，总产120万斤；甜菜3600亩，总产2160万斤。全乡牲畜总头数63118头（只），其中大畜20120头（只），小畜43060头（只），生猪11950头。植树造林2672亩。全年实现利税463万元，农业总产值4423万元，农民人均纯收入1510元。乡镇企业总产值3205万元。

1995年，全乡农业总产值4222元；粮食总产3510万斤，单产1560斤；油料总产876.8万斤；甜菜总产211.2万斤；家畜存栏43490头（只）。新上奶牛、山东寒羊养殖场1个。乡镇企业和个体户464家，其中乡办11家、村办9家。乡镇企业总产值6608万元，利税213万元。乡财政收入239.6万元。

1997年，一、二、三产业总产值3.5亿元。粮食总产量4100万斤，总产值5291万元。完成粮食订购任务3161521公斤，甜菜交售2000万斤。油料总产820万斤。家畜存栏47720头（只），其中大畜2520头（只），小畜27900头（只），生猪17300头。精养渔面积160亩。植树造林4000亩。社员人均纯收入2200元，财政收入350万元。

2000年，马场地镇工农业总产值3.15亿元，农民人均收入2541元，粮食总产量3980万斤，油料总产600万斤，甜菜总产2240万斤，蔬菜总产2100万斤，瓜果产量3050万斤。牧业年度牲畜总头数48678头（只），牲畜商品率40%。养鱼200亩，其中鲜鱼产量18.8吨。有乡镇企业、个体企业1257家，从业人员2808人，年产值28744万元，实现利润 2618 万元。

2001 年，双河镇农业总产值 1.26 亿元，农民人均纯收入 2683 元，财政收入 937.58 万元，其中地方财政收入 900.6 万元。

2004 年，6 万亩河滩地纯收入 2000 万元，农民人均纯收入 1000 元。10 万亩基本农田粮经草比例调整为 40∶40∶20。农民人均纯收入 295 元。

2007 年，全镇工农业总产值 2.62 亿元，其中农业总产值 2.26 亿元。二、三产业增加值 1.9 亿元。农民人均收入 6400 元。

2012 年，全镇农业总产值 5.9 亿元，农民人均纯收入 11900 元，其中种植业收入 6020 元，占 51%；养殖业收入 3900 元，占 32%；工资性收入 1980 元，占 17%。

2013 年，全镇农业生产总值 6.1 亿元，农民人均纯收入 12900 元。其中种植业收入 6020 元，占 47%；养殖业收入 4100 元，占 32%；工资性收入 2780 元，占 21%。农作物总播面积 19.7 万亩，其中粮食种植面积 7.5 亩，经济作物种植面积 12.2 亩，订单高粱种植面积 5000 亩。农作物投保面积 12.87 万亩，占 98%。蔬菜种植面积 5000 亩。基础母羊 200 只以上规模的养殖户 85 户，1000 只以上育肥户 32 户。存栏羊 16 万只，年出栏羊 40 万只，其中基础母羊 7.2 万只，引进杜波羊等优良品种 80 只。存栏牛 1200 头。春季造林 8873 亩，冬季造林 510 亩。

2014 年，全镇农业生产总值 6.6 亿元，农民人均纯收入 15200 元。其中种植业收入 7150 元，占 47%；养殖业收入 4860 元，占 32%；工资性收入 3190 元，占 21%。农作物总播面积 19.2 万亩，其中粮食种植面积 9 万亩，经济作物种植面积 10.2 万亩。蔬菜种植面积 5000 亩。新建标准化大棚 105 座，日光温室 30 座。举办科技培训大会 10 次，培训人数 6000 余人，发放宣传资料 15000 份。育肥羊户 132 户，存栏育肥羊 10 万只，其中养殖规模在 1000 只以上的 32 户，年出栏育肥肉羊和杂交繁育肉羊 60 万只，新建标准化养殖圈舍 103 座。

2015 年，全镇农业生产总值 6.89 亿元，农民人均纯收入 1.45 万元。镇政府发动各界力量，向上级争取各类项目资金 2.4 亿元，为各类工程项目的实施奠定基础。

2016 年，全镇农业生产总值 6.8 亿元，农民人均可支配收入 15058 元。其中种植业收入 6868 元，占 45%；养殖业收入 3930 元，占 26%；工资性收入 4260 元，占 29%。

2. 种植业

1991 年，马场地乡小麦套种覆膜玉米 15000 亩，小麦套种甜菜 5000 亩，小麦套种油葵、蔬菜 1 万亩，粮食混播面积 35000 亩，实播面积 3 万亩。亩产 1000 斤以上的小麦田 5000 亩，亩产 1800 斤以上的小麦玉米覆膜带田 5000 亩，亩产粮食 1000 斤、亩均收入 1000 元的粮经套作"双千亩" 1000 亩。建设吨粮田 5000 亩。

1994 年，全乡种植小麦 2.2 万亩，总产 1980 万斤；玉米 1 万亩，总产 1600 万斤；油葵 4000 亩，总产 120 万斤；甜菜 3600 亩，总产 2160 万斤。

1997 年，全乡成吨粮田 1.5 万亩，高效田 8000 亩，小麦穴播 2000 亩，玉米精量点播 4000 亩。建成 50 亩以上保护地大棚蔬菜小区 3 个，建成 800 亩脱水蔬菜基地 1 个。露天蔬菜种植面积 1000 亩，复套种绿肥 5000 亩。

2001 年，双河镇高蛋白饲料玉米以及花葵、油葵、蜜瓜、甜菜等经济作物的订单，占总播面积的 68%。

2004 年，全镇 6 万亩河滩地以葵花、西瓜为主，种河滩地农民人均纯收入 1670 元。10 万亩基本农田按粮、经、草比例 40∶40∶20 种植，农民人均纯收入 1295 元。

2007 年，全镇种植河滩油葵 6 万亩、西瓜 1500 亩，建成高标准无公害农产品生产基地 12.5 万亩，40% 以上瓜菜产品达到 3A 级绿色食品标准，形成"东部番茄、西部小麦、南部油葵、中部甜菜、城郊蔬菜" 4 个基地，即以沿河南部村组为主，形成年种植油葵 8 万亩、年产油葵 3500 万公斤的优质油葵基地；以永丰村、先锋村、跃进村等村为主，形成年种植 1.5 万亩的优质番茄基地；以富河村、进步村、丰河村、李玉村等村为主，形成年种植 1.5 万亩的优质甜菜基地。以进步村、丰河村、富河村等村为主，形成年种植 1 万亩富硒小麦基地；以先锋村、李玉村、团结村、永丰村等城郊村组为主，形成年种植面积 3000 亩的大棚蔬菜和露地蔬菜基地。

2010 年，全镇订单农作物种植面积 12 万亩，占总播面积的 85% 以上。

2012 年，全镇农作物总播面积 19.7 万亩，蔬菜种植面积 5000 亩。投保农作物 10.78 万亩，占总播面积的 55%。新建温室 135 栋。

2015 年，全镇总播面积 19.2 万亩，其中粮食种植面积 9 万亩，经济作物种植面积 10.2 万亩。农作物投保面积 12.2 万亩。与恒丰集团签订 2000 亩富硒小麦及麦后秋菜种植基地，实现粮食作物高效规模种植，亩均收入 3000 元。与河套酒业集团签订 3000 亩高粱种植订单；与圣牧高科签订 4000 亩草玉米种植订单、签订 1 万亩饲草订单；与鲁花集团签预订 2016 年 2 万亩油葵订单。蔬菜种植面积 5000 亩。

2016 年，全镇农作物总播面积 18.7 万亩，其中粮食种植面积 7.5 万亩，经济作物种植面积 11.2 万亩，农作物投保面积 17.8 万亩，订单面积 11 万亩。

3. 养殖业

1991 年，马场地乡三分之一的养畜重点户配齐了饲草料加工机械，户均加工草粉 5000 斤，青储饲料 2 万斤。三分之一的养畜重点户实现绵羊人工授精，三分之一的养畜重点户建起高标准养畜圈舍，三分之一的养畜重点户实行育肥出栏。绵羊人工授精 2500 只，改良率 95%；育肥羊 5000 只，商品率 30%。全年种草 1 万亩，加工草粉 1000 万斤，青储饲料 600 万斤。

2001 年，双河镇完成种草面积 10530 亩。发展养羊重点户 560 户，纯收入 2000 元的有 480 户，副科以上干部包扶养羊户 889 户。全镇养羊总数 70518 只，其中基础母畜 38078 只，出栏 19064 只，商品率 39%。购进小尾寒羊、优质公羊，建成 2 个羊冷配站，推进小尾寒羊取代土种羊，小尾寒羊数量占到养羊总数的 41%。改造羊圈 180 座，新建 50 座；新建微储、青储窖池 120 万立方米。

2004 年，为养奶牛户和养羊户发放养殖业专项贷款 336 万元。新建奶站 1 座，启动运营奶站 5 座。新增奶牛 1104 头，奶牛总量 1777 头。外购基础母羊 22130 只，放母收羔发放基础母羊 7650 只，基础母羊 20.1 万只。新购优质公羊 540 只，优质公羊总数 4010 只。同时，新建绵羊人工授精站 1 个。新增种草面积 8700 亩，总种草面积 23200 亩。推进作物秸秆"三储（青储、黄储、微储）、三化（农作物秸秆饲料化、肥料化、基料化）"，全镇搞青储饲料的养殖户 1896 户，占实有养殖户 4050 户的 46.8%。

2007 年，调入优质基础母羊 200 只，优质种公羊 180 只，新建纯繁户 9 户，累计 20 户。巩固建成 9 个绵羊人工授精点，实现人员、种羊、圈舍、设备、制度五到位、五配套。加大奶牛冷配技术力度，奶牛总数 1500 头。育肥肉羊 32 万只，育肥户 520 户。

2010 年，全镇牧业年度存栏羊 12 万只，其中基础母羊 5.2 万只，出栏羊 30 万只。

2012 年，新建养殖小区 3 个，有 300 只以上规模养殖户 85 户，出栏羊 37 万只，存栏羊 16 万只，其中基础母羊 5.2 万只，存栏牛 1200 头。

2015 年，全镇有育肥羊户 132 户，存栏育肥羊 8 万只，其中养殖规模在 1000 只以上的有 32 户。出栏育肥肉羊和杂交繁育肉羊 60 万只。新建标准化养殖圈舍 103 座。通过向上级争取资金 60 万元，为退耕还林农户修建标准化圈舍 40 户。

2016 年，全镇有鸿雁、鹅等特色养殖户 25 户。新建标准化铁艺圈舍 348 座，改造遮阳棚 1125 座。

4. 林果业

1991—2001 年，马场地乡 1991 年种植果树 1500 亩，户均果树 1.5 亩；2001 年双河镇种草 10530 亩，河滩封育 2000 亩，完成植树造林 22680 亩，其中防护林 2980 亩，速生林 10660 亩，经济林 3940 亩，盐碱地造林 5100 亩，育苗 320 亩，同时建成速生丰产林基地。

2004—2010 年，2004 年新造林 4546 亩，其中退耕还林 3880 亩，"三北"四期农田防护林 596 亩，采伐更新 70 亩，补植造林 5118 亩。2010 年新造林 2800 亩，其中渠沟造林 2100 亩，通道绿化 100 亩，盐碱地造林 500 亩，绿化 100 个自然村庄，成活率 95% 以上。

2012—2015 年，2012 年春季造林 10476.8 亩，冬季造林 510 亩；2014 年新造林 2485 亩，其中渠道造林 1130 亩，小杂果和育苗造林 1355 亩；2015 年新造林 3350 亩，超额完成造林任务，新植苗木成活率 85% 以上。

2016 年，全镇完成临友线全线 28 公里绿化任务及临新线 15 公里绿化，完成村屯绿化 36 个，完成项目片造林 4.2 万株。依托马场地村一组、二组少数民族特色村寨建设项目，栽植小杂果经济林 180 亩。栽植各类乔木 32.2 万株。新植公路果树林带 1200 亩，完成开发区高标准林网化建设。

5. 乡镇企业

1991—1994 年，马场地乡 1991 年乡镇企业产值实现 1100 万元，社员人均收入 1250 元。1994 年在进步村 2 个社、马场地村 8 个社和土默地村 6 个社，建立 500 亩油葵生产基地；在土默地村 4 个社及黄直村一组、二组建立 500 亩杂豆生产基地；在团结村 6 个社和进步村 8 个社建立 1500 亩苹果梨生产基地；以甘草膏生产厂为龙头，建立甘草生产基地；在进步村、团结村、土默地村建立 2000 亩甘草生产基地。挂靠巴彦淖尔盟面粉加工厂，建立 2.2 万亩小麦生产基地；挂靠临河市糖厂，建立 3600 亩甜菜生产基地；挂靠临河市番茄加工厂，在临铁村 5 个社、团结村 5 个社、进步村 4 个社建立 2500 亩番茄生产基地。

1995—1997 年，乡镇企业和个体户 464 家，其中乡办 11 家、村办 9 家。乡镇企业总产值 6608 万元，利税 213 万元。乡财政收入 239.6 万元。到 1997 年，乡镇企业收入 220 万元，实现利税 3000 万元。

2001—2010 年，双河镇建成 4 万亩优质油葵生产基地，建成 4000 亩西瓜、蜜瓜生产基地，建成 2000 亩以尖椒、青椒、萝卜为主的脱水菜原料生产基地。在防洪堤北、抢险公路以西的村组建成 3.2 万亩绿色小麦生产基地，在临铁村、永丰村建成 2000 亩优质露天蔬菜生产基地。到 2010 年，双河镇的工业主要以农畜产品加工为主，有脱水菜加工厂、榨油厂、肉联厂、钢球厂等中小型企业 11 家。

（三）社会事业

1. 教育、扶贫、养老

1991—1995 年，马场地乡有小学 8 所、1 个教学点、2 所初中。小学升初中比例 76.8%。到 1995 年，全乡"两基"（基本实施九年义务教育、基本扫除青壮年文盲）工作通过自治区验收，适龄儿童入学率、巩固率 100%。

2000 年，马场地镇有中学 1 所，小学 8 所，幼儿园 3 所，在校学生 1407 人，入园（托）儿童 213 人，教师 187 人。杨永亮先生投资 40 万元，翻新了跃进小学；中华基督教香港分教捐助 20 万元危改资金，翻建了奋斗小学。

2001—2015 年，双河镇历经数次教育改革，小学、中学逐步归入临河市（区）中小学校。2012 年，双河镇新型农村社会养老保险和农村合作医疗参保率和参合率在 95% 以上，有 2957 人领取养老保险金，发放高龄补贴 28.3 万元，发放低保、五保金 205.9 万元。2014 年有低保户 1144 人，享受老龄补贴 293 人，发放补贴款 35.16 万元，社会救助款 46.8 万元。2015 年新农合参合人数 20750 人，农村养老保险参保人数 10085 人，60 岁以上养老保险领取人数 3874 人。

2016年，双河镇识别建档立卡贫困户88户213人。脱贫114人，完成易地搬迁25户58人，社会保障兜底46户65人，实施教育扶持21户26人，实行产业扶持35户89人，计85户205人。

2. 乡村建设

1991年，马场地乡在建设高产攻关村、社、户、田的基础上，选择一个村进行农业科技综合示范，每村抓一个示范社，每社抓60%的科技示范户，推动大农业的组装配套，使农、牧、林、果、渔资源合理配置，协调发展。重点是永丰村、团结村的小区配套工程，疏通九都渠，打通南二分干沟。把有机肥的投入作为对土地投入的主攻方向，把高温堆肥、农家肥积造、秸秆还田作为一项长期目标。以社建立机械作业组，提供播种、收割、脱粒服务。小麦分层机播种、机械收割、脱粒面积分别在98%、30%、40%以上。明确口粮田、责任田、集体机动田的经营权宜和范围，消除土地经营短期行为。对土地适当调整，使每户的土地相对集中，为连片种植、统筹分管和土地集约化经营创造条件。壮大集体经济，对原有97万元的集体财产作价逐步回收，对原集体的果园、场、站重新核定承包费。

2001年，双河镇清理各级渠道，维护桥涵口闸等各类建筑物410座，更换26条支、斗渠直口闸。改制渠道48条，落实以亩次计收水费面积3.2万亩。清淤农级以上渠道288条，完成农级以上各类建筑物维修16座。修通从友谊到新丰全长61.8公里的通村砂石路。

2010年，启动"九庄"四位一体中心村建设项目，该项目分4个功能区：1000亩设施农业区、500亩规模化养殖区、200亩农畜产品交易区、10万平方米住宅区。通过整合、规范，成立"九丰"农业综合园区，完成沼气建设24座，危房改造92户，完成487座无害化卫生厕所示范建设。改制3个灌域47条直口渠，规范和整合3个群管协会。在推行以亩次计收水费工作方面，巩固和落实以亩次计收水费的渠道5条，涉及4个农民用水者协会，灌域面积4万亩，占双河镇灌溉总面积的35%。实施团结村、先锋村1万亩中低产田改造项目尾留工程，实施富河村、丰河村、进步村1.5万亩中低产田改造项目工程。新建和维修各类建筑物工程65座，渠道砌衬5800米，整修道路5.1公里，植树2.5万株。对8条村道17.7公里进行铺砂改造。

落实危房改造160户，新修小油路15.6公里，建成150栋高标准日光温室，完成流经双河镇48公里的黄河堤防公路工程，完成土方420万立方米，占土地8000亩，涉及13个行政村、69个村民小组。完成长度为8公里的黄河大桥引建工程建设。完成征收土地9900亩，发放征地补偿款3.5亿元。黄河湿地生态园征收土地470亩，涉及农户210户。租用土地390亩。发放租地费、征地补偿费和地上附着物处理费5000余万元。

八、八一乡

八一乡总面积108平方公里，耕地面积64627亩，黄灌面积35000亩，井灌面积34000亩。1991年，中共八一乡委员会设书记1人，副书记3人，政法书记1人，纪检书记1人。乡人民政府设乡长1人，副乡长3人，科技副乡长1人，计划生育副乡长1人。1996年设乡人民代表大会常务委员会，设主席、副主席。1997年乡政府由原址靳家台搬迁至章嘉庙。2001年，八一乡党委下辖12个支部，其中机关支部1个，村党支部9个，医院支部1个，学区支部1个。2005年12月，八一办事处下设12个党支部，其中机关党支部1个，村党支部9个，医院党支部1个，学区党支部1个，党员344人。办事处总体上仍列入乡镇序列。干部编制60人，行政编制30人，事业编制30人。全办下设17个职能机构，其中党委序列3个，分别为党政综合办公室、团委、妇联；政府序列分别是：财政所、经管站、审计站、统计站、民政办、计划生育办、农科站、畜牧站、土地办、就业办、林工站、水利站、综治办。2012年，八一乡下设党支部 14 个,其中机关党支部 1 个,村党支部 10 个,医院党支部 1 个,学区党支部 1 个,私营企业党支部 1 个。

（一）基层党建、精神文明建设

1991—2000 年,八一乡开始清理党员干部在建房和住房上的违法违纪行为,按规定配备小汽车和移动电话,控制公款大吃大喝,控制公款旅游和出国。同时开展市场经济理论大学习大讨论,推广乌兰图克乡党员"三结合致富链"基层党建工作经验。

2007 年,八一办事处结成"三结合致富链" 20 条,其中典型链条 9 条,每个支部 1 条,内容涉及产业发展、社会稳定、文化生活、劳动就业和新农村建设。

2012—2013 年,八一乡党委被评为巴彦淖尔市"创先争优"先进基层党组织,联丰村党总支被评为自治区"创先争优"先进基层党组织。推行党员星级管理,对积分低于基础分值的党员,由村支部成员进行帮扶并限期整改。

2016 年,八一乡开展党员星级化管理和"十星级"党组织评选活动,评出五星党员 167 人,四星党员 106 人,三星党员 62 人。整顿软弱涣散党组织 2 个,调整 2 名村党支部书记。

（二）经济建设

1. 农业

八一乡的农田配套,从 1991 年的 1.8 万亩增加到 1998 年的 4.5 万亩,其中 1996 年申请立项的国家三期农业综合开发万亩示范区,到 1998 年完成各项建设任务,通过国家、自治区、巴彦淖尔盟、临河市的验收和评估,被评为优良工程。各项农业科技推广试验示范项目,从 1991 年的空白发展到 1998 年的 16 项,科技普及率 90%,每户至少有 1 人掌握 1～2 项实用技术,580 人获科技"绿色证书"。到 1998 年底,八一乡有四轮车 980 台,各类新式农机具 1300 台套,农机化作业率 80%。砖木结构住房率从 1991 年 6% 增加到 1998 年的 44%。自然村全部实现"三打通",50% 实现

"三配套"。在联丰村实施"小康新村"工程,建成临河市乃至巴彦淖尔盟的生态能源示范小区 1 处,占地 100 亩,农户 17 户。整理规范迎街建筑,形成 45 个商业门点。在农丰村部建起占地 36 亩,集通讯、住宿、餐饮、娱乐为一体的大型蜜瓜批发市场,总投资 50 万元。

1991 年,八一乡以单一的粮油糖为主要种植结构。农业总产值 1500 万元,农民人均收入 875 元,耕地面积 78951 亩。1996 年,开始实施农业产业化,蜜瓜、蔬菜的种植规模不断扩大。

1998 年,八一乡成为以蜜瓜、蔬菜、小宗经济作物为主导产业的乡镇。粮经比例由 1991 年 7：3,调整为 1998 年的 5：5;粮食总产由 1991 年的 2799 万斤增长到 1998 年的 3503 万斤;蜜瓜面积由 1991 年 700 亩发展到 1998 年 1.1 万亩,其中 20 亩以上的种植大户有 150 户。种植品种 1991 年前后以冬瓜为主,1996 年开始种植黄河蜜等品种,到 1998 年,新疆甜瓜系列增至 10 个品种。种植范围由过去 2 个村 12 个组,发展到 8 个村 48 个组。种植模式由露地到覆单膜,到温室、大中棚、小模棚、覆盖膜 4 种,一年 8 个月有瓜上市。销售由过去的当地为主转向以外销为主,由北方市场拓展到南方市场。农民流通队伍、经纪人发展到 800 人。经过发展,八一乡形成河套地区蜜瓜销售集散地和万亩蜜瓜生产基地。到 1998 年,巴彦淖尔盟在八一乡举办蜜瓜新闻发布会,年底加入互联网,扩大了蜜瓜之乡的知名度。蔬菜种植面积由 1991 年 200 亩发展到 1998 年 4300 亩,温室发展到 1100 座,大中棚 800 座、500 亩。露地蔬菜由 1991 年 180 亩发展到 1998 年 3800 亩。八一乡工农业总产值 3.4 亿元,农业总产值 4000 万元,乡镇企业总产值 3 亿元,乡财政收入 245 万元,农民人均纯收入 2372 元。有耕地 78951 亩,人均耕地 6.1 亩。建成小康村 3 个,砖瓦房普及率 44.3%。粮食总产 3503 万斤,其中小麦 1850 万斤,玉米 1200 万斤,油料 480 万斤。

1999 年,八一乡农业总产值从 1996 年的 4100

万元增长到 6000 万元，全乡蜜瓜种植面积 2 万亩，商品瓜产量 4 万吨。全乡蔬菜种植面积 8000 亩，其中温室蔬菜 700 亩。投资 50 万元，建成占地 30 亩的蜜瓜批发市场，完成农田配套面积 13480 亩，其中新配套 3400 亩，提高标准、平地缩块 10000 亩。各项农业科技推广试验示范项目 18 项，科技普及率 90%。新购机械 120 台件，农业化作业率 80%。全年新增耕地 8000 亩，改造中低产田 15000 亩。

2000 年，成立临河市首家蜜瓜经纪人营销协会。蜜瓜均衡上市，其中温室蜜瓜 130 亩，中棚蜜瓜 546 亩，小弓棚蜜瓜 6510 亩，开沟起垄 4290 亩，秋延后生产 4210 亩。完成缩米增豆机收带 1728 亩，小麦套花油葵机收带 6400 亩。

1999—2001 年，全乡粮食总产 4466 万斤，引草入田 5000 亩。新购进草粉机 160 台，青贮、微贮饲料 600 万斤。完成农业科技试验示范推广项目 17 项，科技普及率 95%，科技贡献率 70%，农机化作业率 80%。新修高标准骨干路 23 公里，其中动用土方 3.5 万立方米。完成 5 公里乡村油路的土方工程，70 公里乡村公路铺垫砂石工程。2001 年，完成保灌清淤土方 19.7 万立方米，破旧土方 1 万立方米，维修新建建筑物 26 座，完成平地缩块 25000 亩。种植蜜瓜 6000 亩，蔬菜 5000 亩。

2005 年，八一办事处粮、经、饲比例为 24∶42∶34，订单和经济作物面积占 80% 以上。蔬菜保护地面积 1000 亩。办事处被自治区批准为无公害农产品生产基地。联丰小区被确立为自治区级社会主义新农村建设试点。

2006 年，八一办事处农业增加值 1.12 亿元，农民人均纯收入 5398 元，比上年增加 800 元；实现财政收入 400 万元，偿还债务 22 万元。培育建成农村专业协会 4 个，转移农村剩余劳动力 2007 人。完成青贮 2112 窖，人畜饮水工程 380 户。完成农村合作医疗筹资 9200 人，比 2005 年增加 500 人。完成平地缩块 3 万亩，清淤各级渠道 190 条，清淤土方 7 万立方米，维修各类建筑物 8 座。组建

用水协会 3 个。完成渠道衬砌 1.4 公里，破旧土方 3000 立方米，完成道路维修 43 公里。

2007 年，主抓农作物秸秆转化，有微贮农户 785 户，完成青贮 2213 窖，重点社青贮率占农户总数的 90%。购回良种 40000 公斤，发放良种补贴 12 万元，建成 300 亩科技示范园区。落实农作物订单 39677 亩，占经济作物面积的 90%。实施测土配方、沼气入户等工程。采取机械和人工清挖相结合的方式，完成渠道清淤 90 条 50 公里，完成亩次计费 2 万亩，平地缩块 2 万亩。在联丰村九斗渠一组、二组实施中低产田改造 3000 亩。

2008 年，黄灌区推行亩次计费，公管渠道实行协会式管理，八一办事处维护各类建筑物 348 座，清淤渠道 148 条、3 万立方米，实现了节本增效。

2009 年，新建"四位一体"（将日光温室、太阳能猪舍、沼气池、厕所有机结合，以沼气为纽带，通过生物能转换技术，在全封闭状况下，实现同一块土地上种植、养殖并举，产气与积肥同步）模式户 30 户，每户占地 4.5 亩，规划建设 1.2 亩温室 1 栋，80 平方米养殖棚圈 1 座。为农户解决信贷资金 3 万元，温室建设享受临河区政府补贴，土钢结构每栋 7000 元，砖钢结构每栋 1.2 万元。按时足额发放农资综合补贴 250 万元，人均 200 元。通过补贴购买各类农机具 48 台，补贴资金 15 万元。全乡完成农业保险 40135.6 亩 11.74 万元。

2010 年，引进山东中泰农业公司，合理流转土地 2000 亩。6 栋高标准日光温室投入生产，新增"四位一体"模式户 250 户，新建温室大棚 20 栋，主房 40 套。保护地面积 1000 亩，成为临河区重要的蔬菜供应基地。

2011 年，完成设施农业建设面积 2600 亩，新增"四位一体"模式户 352 户。推进八一村二组、五组设施农业长廊建设。完成温室建设 63 栋，改造农村危房 63 户，新修通村小油路 2.9 公里，改造入户电网 5.8 公里，完成渠道衬砌土方工程 2.9

公里。完成渠道清淤20公里6万立方米,衬砌渠道2.9公里。新规划建设农丰村一组种养小区,建设面积450亩,入住农户46户。占地3000亩的联丰设施农业园区初具规模,初步形成休闲农业、"四位一体"模式及高科技示范3个片区,完成建设1350亩。其中农民专业合作社投资3000万元,休闲观光农业区内的温室、农民培训中心、蔬菜展厅、生态餐厅等功能性建筑,2012年投入使用。中泰公司建设的第七代高效日光节能温室,覆盖八一办事处4个行政村100个农户。设施农业先后接待参观、考察31批次,接待人数1000人次。

2012年,八一乡完成设施农业建设3400亩,设施农业总面积1万亩,农业长廊建设1700亩,覆盖4个村民小组。联丰示范园区当年完成建设1500亩,新建高标准"四位一体"模式户144户。中泰公司投资新建的智能育苗棚投入生产。

2013年,八一乡整合项目资金,依托山东中泰公司、合作社的资金、技术、营销等优势,推进设施农业"四位一体"建设模式,完成设施农业建设400亩,总建设面积8000亩。争取资金500万元,总计投资2300万元,新建880平方米中泰科技示范园。休闲采摘园43栋葡萄示范种植成功。组建临河区蔬菜直销店配送中心,基本形成生产、加工、销售、休闲观光农业一体化发展格局。全年清挖渠道37公里5.6万立方米,排干清淤6条6.9公里4.3万立方米。

2016年,设施农业面积10030亩,建成蔬菜科技园8800平方米,试验示范种植100个蔬菜新品种。每栋温室年收入由原来3万元增加到10万元。建成农牧业专业合作社7个,采取公司+农户+基地的发展模式,推进优势产业的发展。

2. 畜牧业

1991年,八一乡牧业年度家畜饲养量37457头(只),其中猪15842头,羊30492只,牛410头,奶牛310头。生猪养殖1996年实现一人一猪,以瘦肉型猪养殖为主,建成以丰收村农户自养自销为主的万头瘦肉型养殖基地。建有标准化圈舍300座18000平方米。奶牛养殖以红星村为重点,以荷兰黑白花奶牛为主要品种。

1994—1999年,建起新道村保临股份养鸡场,有专业养鸡户38户。精鱼养殖水面400亩。到1998年,全乡牲畜总头数56800头(只),其中羊30492只,猪15842头。

2001年,全乡有规模养殖户550户,年出栏瘦肉型猪15000头。新购寒羊种公羊216只,基础母羊4800只。新建高标准圈舍200座12000平方米,新建2个专业化养殖小区。全年新增奶牛100头,总数600头。

2005—2006年,八一办事处建成6个养羊小区,3个养牛小区,1个专业化养猪小区,存栏羊56000只,牛2900头,猪13000头。建成7个绵羊人工授精站,有纯繁户83户,肉羊育肥31户。

2007年,办事处对搞优质德美羊纯繁的农户,每户补贴3000元,新购1只德美种公羊补贴200元。新增8户德美纯繁户,购回德美种公羊220只,出栏生猪3万头,出栏羊8万只。办事处严把疫苗供应和消毒关,以保证牲畜成活率。

2009年,办事处参保奶牛670头,参保母猪2300头。新建养殖小区2个,联丰小区新建猪舍30座,在新道村二组新建标准化养殖棚圈30栋。

2010年,肉羊养殖棚圈40座,购进德美种羊40只,每户补贴3万元。建成八一村、长丰村羊产业基地,新增养羊专业户30户,年出栏育肥羊6万只,实现利润500万元。拓展联丰村、八一村2个"四位一体"模式示范点的整体功能,为联丰专业合作社配套中央专项资金25万元,完成冷藏保险库的主体建设。

2011—2012年,建成规模化养羊小区1个,新增千只以上育肥羊大户40户,出栏育肥羊6万余只,实现利润1200万元,人均养殖增收1000元。到2012年,农丰村种养小区完成建设200亩,新增千只以上育肥羊户11户。

2013—2014年,建成育肥羊养殖大户130户,集中规模养殖小区2个,新增千只以上育肥羊大户

85 户，年存栏育肥羊 8 万只，出栏育肥羊 15 万只，实现利润 2800 万元，人均养殖增收 1500 元。到 2014 年，全乡育肥羊饲养量 23 万只。

2016 年，完成 5 个规模化养殖场的新建及改扩建，饲养量 37.3 万头（只），年出栏 24 万头（只）。

3. 林果业

1991—1996 年，八一乡有林地面积 23200 亩，果树面积 1800 亩，园地 54 亩，牧草地 34133 亩。其中 1993 年有草地 67213 亩、林地 13026 亩，1995 年有果树 4500 亩，果类产量 200 余万斤。

1998—2001 年，有林地 58100 亩，果树 4300 亩，草场 34021 亩。以公路果树带和 110 国道"绿色长廊"工程为重点，建成"绿色通道"工程 12 公里；建成公路果树带 1000 亩，总长 8 公里。畜牧业和林果业的收入占到八一乡农业总收入的 22.6%。全乡三年完成植树造林 11130 亩，其中植树套草 5114 亩，封沙育草 3000 亩。

2006—2011 年，八一办事处新造林 1390 亩，其中 2007 年植树 23 万株，2010 年绿化造林 1600 亩，其中京藏高速公路两侧 160 亩，渠沟路段造林 80 亩，盐碱荒造林 1360 亩。2011 年完成征地、租地造林 925 亩，宜林荒地造林 830 亩，补植高秆 3000 株，涂白面积 730 亩，实施打孔注药 27200 株。

2012 年，八一乡重点实施机场大道、京藏高速、物流大道、五原街等绿化工程。京藏高速、物流大道两侧 100 米的绿化租地造林，租用土地 3000 亩，完成植树 500 亩，栽植高秆 4 万株，冬贮苗条 7 万株。小杂果等各类林木增加到 3000 亩。

2013 年，完成绿化植树 43 公里，租用土地 3000 亩，解决复杂租地矛盾 52 户，完成植树 14.3 万株。冬季植树造林 20 亩、5000 余株。完成机场路绿化拓宽租地 260 亩。对 1641 亩新造林面积进行涂白，对成树进行光肩型天牛防治，打孔注药 2.6 万株。

2014 年，围绕村屯绿化做文章，在联丰小区、

八一乡集镇建设了农业长廊。实施东召支沟新道支沟和黄河大桥联丰段绿化工程，栽植各类乔木 8631 株、灌木 13245 株。机场路绿化二次拓宽租地 260 亩。对树龄三年以下的幼树进行涂白防治大青叶蝉，对成树进行光肩型天牛防治，打孔注药 3.4 万株。

2016 年，八一乡实施村屯绿化和发展经济林，开挖植树沟 28580 米，开荒"三类地"种植果树 411 亩，清理废土 52306 立方米，回填土方 96720 立方米，打机井 4 眼，PVC 小机井 150 眼，压管 7000 米，栽植各类苗木 10 万余株，其中栽植果树 25000 株。

4. 乡镇企业

1991—1995 年，八一乡乡镇企业总产值 350 万元，上缴税金 3 万元，乡镇企业主要以地毯、建筑、贸易货站为主。在章嘉庙规划建设 3 个工贸小区，以维信公司为龙头，形成绒毛收购、梳洗、印染、加工、纺织为一体的工业小区。到 1995 年底，全乡有 10 家大中型绒毛加工企业，年生产能力 1000 吨，实现年产值 2 亿元。

1998 年，乡镇企业总产值 3.3 亿元，有乡镇企业 139 家，其中个体私营 139 家，从业人员 1062 人。建成各类商业网点 75 个，三产从业人员 150 人，消费品零售总额 300 万元。同年，第二、三工业小区正式启动。

1999—2001 年，乡镇企业总产值增长到 3.3 亿元，其中维信、秋林等公司年加工绒毛 1000 吨，为当地农民直接增收 450 万元。绒毛加工小区被自治区评为乡镇企业示范区。

（三）社会事业

1. 教育、卫生与文化

1991—1995 年，八一乡陆续为乡镇中小学投资 100 万元，用于校舍改造和教学研究。到 1995 年，普及初等义务教育工作通过巴彦淖尔盟行署评估验收，"两基"工作通过自治区验收。全乡适龄儿童入学率、巩固率均为 100%，按时毕业率 100%，初中合格率 98.5%。

1995—1997年，临河市实施"一无两有六配套"，即校舍无危房，班班有教室，学生人人有课桌，学校大门、院墙、厕所、操场、车棚和旗台六配套，八一乡中小学全部达标。同时，恢复乡文化站和电影队，全乡各村建起文化室、卫生室。

1998—2000年，全乡有中学1所，小学7所，在校生1817人，教育普及率100%。转岗分流教师30人。全乡有卫生机构9个，卫生技术人员15人。实现"乡有文化站、村有文化室"的目标，保证文化站室设施齐全。到2000年，恢复八一乡广播电视管理站，安装调频广播22台、有线电视110台。

2001—2003年，追加投资20万元，完成乡卫生院配套建设，同时启动新型合作医疗，开展各类疾病防治。到2003年，全乡有初级中学1所，9个教学班，在校生326人，教职工32人。有小学7所，31个教学班，657名在校生，70名教职工。有学前班7个，在班幼儿122人，教师7人。从2002年秋季开始，小学由五年制改为六年制，初中维持三年制教学。加大投资力度，改善办学条件，争取上级资金，落实远程教育工程。

2005—2010年，撤并八一办事处中学和各村小学，学生和教师分流到临河区直学校，校舍改作他用或废弃，只保留1个乡中心小学和中心幼儿园。2006年，农村参合人数8700人，报销金额40万元。2007年，投资30万元，建成联丰村文化活动中心，设立草原书屋、乒乓球室、棋牌室、篮球场等文化活动场所。在临河区农民运动会上，八一办事处取得男子篮球团体第三、男子象棋团体第四、女子拔河团体第一的成绩。到2010年，办事处建成农民书屋4个，购进各类图书近万册；建成文化大院1处、百人腰鼓队1支、秧歌队1支；卫生院综合改造工程完成，投入资金200万元。

2016年，八一乡有幼儿园2所，小学1所，在校学生700余人，教职工81人。适龄中小学入学率100%。有村级标准化卫生室10个，中心卫生院1所，床位34张；个体敬老院1所；新型农村合作医疗参保率100%。有艺术团体12个，文化站1个，图书室11个，藏书3万册。文化活动广场18处，乡政府及10个村均安装健身器材。

2. 村镇建设

1992—1998年，在第一轮村庄整治中，对全乡村庄道路进行规划建设。全乡开通程控电话、有线电视，安装程控电话230户，有线电视350户。

1999年，新配套农田3000亩，完成农村电网改造工程。以小康村及小康住房建设为重点，实现小康村道路"三打通"，70%以上的村庄达到"三配套"标准。全乡新建砖木结构住房232户，改造旧村庄11个。重点实施章嘉庙、三份子街、八一站、天吉太桥4大集镇建设。安排农村剩余劳动力4000人。

2001年，八一乡砖木结构住房比例为81%。以国道为依托的4大集镇规模扩大，集镇人口8000人，转移农村劳动力5000人。

2003年，巴彦淖尔经济技术开发区东迁，在原八一乡境内实施园区建设，加快了道路建设步伐。

2005年，八一办事处9个村有7个实现村村通油路，开通4路公交车。完成工业园区至热电厂区域的铺路工程。随着工业园区及重点项目的建设，八一办事处为园区提供8000亩土地，支持工业经济发展。绒毛小区及工业园区的建设，使办事处周围聚集了20余家企业，带动着相关产业的发展。

2007年，采取农民投工投劳、政府补贴资金的办法，新修乡村道路铺砂12条、16公里，旧路补砂7条21公里。新建保灌工程建筑物2座，分别是新道村十股渠渡槽、东召渠长丰村八斗桥。

2008—2011年，人畜饮水工程等尾留工程完工。完成道路铺砂15公里；完成120公里铺路工程，形成乡村公路交通网络；完成通村油路工程5公里，道路铺砂10公里。

2013 年，八一乡自筹资金 253 万元，项目补贴 500 万元，新建生产桥、渡槽各 2 座。新打机电井 13 眼，新修通村小油路 10.3 公里，铺设沙石路 20 公里，改造农村危房 24 户。

2014 年，投资 540 万元，建成 1700 平方米的联丰村社区综合服务中心，完成 4 个村街巷硬化 8.86 公里；投资 10 万元，为 9 村铺设灰渣路 120 公里，实现村庄无土路目标。新建文化活动室 2 个，3 个文化活动广场 2200 平方米，分别为 6 个村配备乐器。"一事一议"项目涉及 6 个村，自筹资金 121 万元，财政奖补 242 万元。新建永刚渠直口闸、农渠节制闸各 1 座，维修右二支节制闸 1 座、文化广场、文体活动室 5 个，新建村级卫生室 1 个，新打机电井 1 眼，新修通村水泥路 4.66 公里。

2016 年，完成 10 个行政村村级服务场所的新建、改建，街巷硬化 84.22 公里，路肩硬化 55460 平方米。栽植各类苗木 20 万株，安装路灯 80 盏，发放垃圾桶 1800 个，新建垃圾池 80 座，公厕 8 座，配备垃圾清运车 3 辆，购置集清扫、洗路、清运功能为一体的洗扫车 1 辆。自来水普及率 100%。农网改造完成 10 千伏线路 15 公里，0.4 千伏线路 27 公里。10 个行政村实现村村通油路，开通 4 路、9 路、12 路公交车。

3. 民生与维稳

1991 年，八一乡干部职工保险覆盖率 100%，保险基金征缴率 100%。农业税、以资代劳、水费等定期张榜公布，接受群众监督。

2001—2007 年，9 个村开通程控电话，完成 380 户人畜饮水工程。对乡敬老院进行综合改造，新上太阳能热水器。为涉及征地的 6 个村 16 个村民小组的 1065 名符合条件的失地农民，办理社会养老保险。发放救灾救济款 8.1 万元，因征地、生活好转需取消人数 35 人，上报因患大病、供学贫困等生活困难群众 69 人。

2008—2014 年，八一办事处排查社会矛盾纠纷 1030 件，其中 2010 年排查 218 件，2012 年排查 200 件，2013 年排查 240 件，2014 年排查 200 件。通过排查，使征地拆迁、土地流转、水事纠纷、拆迁引发的家庭矛盾得以化解。

2016 年，八一乡对 46 个自然村进行综合改造。

九、曙光乡

1995 年，曙光乡党委设党群办公室，政府设财税所、计生所、农业办、城工办、畜牧站、统计站、经审站、企业公司等 10 个内设机构。到 1998 年，全乡有耕地 4147 亩，110 国道横贯全乡，以临河区道为骨干，形成一张密集的城郊公路网。

2000 年，全乡有耕地 1.1 万亩，乡镇企业 1352 家，形成以 3 大批发市场、6 条商业街，以及建筑公司、塑编厂、地膜厂、肉联厂、娱乐中心等企业为主的经济模式。到 2008 年，有党员 379 人，机关党员 102 人。新建 500 平方米党员综合活动室。

2010 年，曙光办事处内设机构有：行政服务中心、企业办、信访办、计生办、行政办、党群办、城工办、农业办、经审站、劳动社会保障事务所、畜牧站 11 个。截至 2016 年，全乡总面积为 40 平方公里。

（一）基层党建、精神文明建设

1992—2003 年，曙光乡评选出 1 个文明村、2 个文明单位、2 个文明社、45 个五好家庭。以建设"六个好"小康乡镇党委和"五个好"小康村为目标，建成文明村、社、单位 17 个，评出六星以上文明户 1940 户，八星级以上文明户 936 户，参评率 100%。开展了优化经济发展环境培训活动、普法教育和社会治安综合治理活动。

2005 年，曙光办事处为养殖户协调信贷资金 150 万元，发放技术资料 8000 余份，举办专题讲座 20 场次；发放粮食直补 78800 元，兑现青贮补贴 6100 元；为 9 户危房农户协调办理住房翻建手续；为 296 户 1034 人集体办理新型农村合作医疗；对 41 户贫困户进行结对帮扶；为 82 户计划生育家庭兑现独生子女奖励费，为28位弱势群众开展查病查体、送医送药活动。在党的先进性教育整改提高阶段，群众测评满意率100%。

2007年，办事处5个支部106名无职党员，分别设置帮贫扶困岗、民情联系岗、群防群治岗、劳务输出岗、文明新风岗、村务监督岗等岗位，以农民夜校为载体，把农村党员培养成"有文化、懂技术、会经营"的新型农民。

2010年，推行"四议两公开"（"四议"是指村党支部会提议、村"两委"会商议、党员大会审议、村民代表会议决议；"两公开"是指决议公开、实施结果公开）工作法和"四权四治"（"四权"是指所有村级重大事项决策，由党支部履行决策组织权、村民代表会议履行决策表决权、村委会履行决策实施权、村民监督委员会履行决策监督权。"四制"是指将所有村级重大事项决策都按照决策启动、民主表决、组织实施、监督评议的运行机制进行）的村治模式。

2013—2016年，曙光乡制定村干部集中培训计划，定期为村干部、党员、村民代表讲解法律常识。对8个行政村的党建活动阵地进行综合改造，在4个自然村新建党群活动室。

（二）经济建设

1991—1992年，曙光乡工农牧业产值4221.3万元，乡镇企业产值实现3519万元，农民人均收入1030元，乡财政收入71.35万元。蔬菜面积4068亩。新建和改建保护地200亩，建成一个规模为300亩的种养基地，完成标准件厂、轧管厂、水磨石厂的扩建和技改任务。通过科学实践、反复对比，攻破了葵花仁保鲜技术。

1993年，乡镇企业产值在巴彦淖尔盟首家突破亿元。同时，农业总产值359.3万元，畜牧业及其他产值353万元；蔬菜种植面积4068亩，畜存栏数5500头（只）。全年乡财政收入71.35万元，人均收入1030元。

1995年，曙光乡被巴彦淖尔盟、临河市两级评为"发展乡镇企业10强""发展乡镇企业5

强"。同年，与天水地膜厂合资兴建产值1500万元的天河塑料有限公司。

1997年，农牧业产值实现1300万元，乡镇企业实现5.27亿元。乡财政收入418万元，农村人均收入2193元。同时，筹建3条商业街、1个预制厂、1个塑料厂分厂。

1998年，实现社会总产值7.54亿元，财政收入460万元，农民人均收入2348元，砖瓦房普及率78%。全乡牲畜总头数12631头（只），猪4330头。有乡镇企业180家，其中个体私营161家，固定资产值4727万元，营业收入8.61亿元，入库税金1289万元，从业人员7767人。有农村信用社3个。全乡有汽车230辆，四轮车500辆，摩托车2800辆。有各类专业大户112个，1900人获得农业科技培训绿色证书，有科技能手85人。

1999年，农业总产值1079万元，乡镇企业产值80117万元。粮食总产量46.8万公斤，平均亩产473公斤。家畜总头数10878头（只）。农民人均纯收入2558元。

2000年，有乡镇企业1352家，产值10.4亿元，实现利税14400万元，财政收入430万元。农业总产值928.3万元。粮食总产量52.3万公斤，其中小麦30.7万公斤，玉米13.4万公斤。家畜总头数9822头（只）。农民人均纯收入1528元。重点企业有3大批发市场、6条商业街及建筑公司，还有编织厂、地膜厂、肉联厂、娱乐中心等企业。

2002年，曙光办事处工农业总产值2.62亿元，其中一产实现总产值1620万元，二、三产业实现产值2.46亿元。财政收入360万元。农民人均纯收入3022元。全乡种植蔬菜2700亩，种草160亩，有温室葡萄种植32栋，食用菌种植30栋，花卉种植38栋。10头以上奶牛养殖大户25户，出栏300头以上育肥牛大户12户，40只以上育肥羊大户56户。家畜存栏8363头（只），其中奶牛661头，肉牛727头，羊6207只。

2003年，工农业总产值3.13亿元，其中一产完成产值2274.9万元，二、三产业完成2.9亿元。

财政收入 607 万元。农民人均纯收入 3420 元。种植蔬菜 23332 亩，其中温室葡萄种植 80 栋，食用菌种植 20 栋，温室花卉种植 29 栋。种植优质牧草 352 亩，饲料玉米 787 亩。标准化棚圈 512 座，窖池 159 座，青储饲草 3347 立方米。存栏羊 9454 只，存栏奶牛 1298 头。40 只以上育肥大户 72 户，肉牛育肥户 22 户。

2005 年，社会总产值 4.1 亿元，财政收入实现 800 万元，农民人均纯收入 4684 元。种植温室葡萄 118 栋、花卉 30 栋、食用菌 10 栋，蔬菜效益增加 1 倍。培植科技示范户 58 户，推广蔬菜那氏 778 生物诱导剂和阿姆斯生物微肥试验示范 60 栋；落实蔬菜保护地春提早和秋延后生产 75 栋；推广茄果类蔬菜新品种 12 种。新建绵羊人工授精站 1 座，开展人工授精 302 例，培植 20 头以上育肥牛大户 14 户，50 只以上育肥羊大户 87 户。落实饲用玉米 899 亩，饲用甜菜 28 亩，留茬草 222 亩，草粉加工 248 万公斤，完成窖池青贮任务 188 座。强化动物免疫和禽流感防控工作，防疫密度 100%。培育曙光、普立、美联三大建筑公司参与城市建设和房地产开发，承揽房地产开发工程 9 处，为办事处提供税收 1000 万元。启动闲置的增丰村七组市场，建成皮毛专业交易市场。曙光村三、五组国际家具建材城面向社会招商，提供就业岗位 500 个，增加税收 100 万元。

2006 年，社会总产值 4.92 亿元，财政收入实现 900 万元，农民人均纯收入较 2005 年增加 650 元。出栏 800 只以上的育肥羊大户 17 户；500 只以上育肥羊大户 20 户，出栏育肥羊 3 万只，出栏肉牛 300 头的育肥牛大户 25 户，出栏牛 8000 头。蔬菜、花卉、矮生果树、食用菌等种植面积 2200 余亩，其中保护地面积 1050.92 亩 1460 栋，有温室蔬菜 628.97 亩，大棚蔬菜 421.45 亩，温室葡萄 99 栋、食用菌 5 栋、花卉 18 栋，沼气池 31 座。津优黄瓜系列、菜心、樱桃、水萝卜等 17 种优良品种的种植面积 300 余亩。各村无公害种植 105 亩，那氏 778 生物诱导剂推广面积 80 栋，阿姆斯生物微肥推广种植面积 340 余亩，天达 2116 植物稳态剂试验面积 13 亩。完成蔬菜秋延后 600 余栋的生产任务。

2007 年，开展那氏 778 生物诱导剂试验示范 42 栋，引进天然植物稳态剂试验 20 栋。开展创"五好"、建"三村"活动，健全村民自治制度。永强村新补栽树木 2000 株，新建沼气池 44 座。引进开发新品种 27 种，发展温室葡萄、实用菌、花卉等特色农业 167 栋，发展各类专业种植协会 4 个，辐射农户 1800 户，组织农科培训会 7 次。培育年出栏 300 头以上的育肥牛大户 25 户，1000 只以上的育肥羊大户 40 户。先后启动增丰七组市场、宏胜停车场、国际家具建材城建设项目，完成曙光装饰材料市场商铺整体搬迁，并对市场进行综合改造，重新启动为土产、机电综合批零市场。

2008 年，蔬菜种植面积 1780 亩，推广 10 种蔬菜新优特品种 94 栋，推广温室葡萄套种多茬小菜 80 栋。开展那氏 778 生物诱导剂试验示范 4 栋，高效叶面微肥国光优丰试验 10 栋，天达 2116 植物稳态剂试验 32 栋，落实无公害蔬菜生产面积 450 亩。建成固定奶站 2 处，大型养殖场 3 处，培植年出栏 500 只以上的育肥羊户 26 户，年出栏 300 头以上的育肥牛户 27 户，并辐射带动周边农户。出栏育肥羊 15000 只，育肥牛 4580 头。在永强村建成绵羊人工授精站 1 座，在宏胜村培植德美种羊纯繁户 2 户，存栏种羊 67 只。落实饲用玉米 800 亩，牲畜存栏总数 36039 头（只），家禽存栏 35221 只。

2011 年，农业生产总值 1.96 亿元，二产完成产值 1.45 亿元，三产实现收入 10.5 亿元，农民人均纯收入 12000 元。蔬菜生产面积 1193 亩，秋延后蔬菜生产 788 栋 527 亩，种植温室葡萄、花卉等特色农业 256 栋。10 种蔬菜新品种在全乡范围内大面积推广，推广使用生物微肥 540 栋温室。家畜存栏 8.3 万头（只），家禽存栏 3.5 万只，出栏育肥羊 1.4 万只。畜牧业产值占农业总产值的比重为 50%。二、三产业 1320 家，从业人员 3393 人，占农民人均纯收入的 85%。

2012—2014 年，曙光乡保护地生产面积 1400 亩，发展温室葡萄、花卉等特色设施农业种植 300 栋，推广柿子、黄瓜、豆角等蔬菜新技术应用 3 项。对治丰村、治安村温室园区进行扩建，新增加温室保护地面积 90 亩 31 栋。培植 1000 ~ 5000 只肉羊规模养殖大户 38 户，育肥羊存栏 14.8 万只，家禽存栏 19500 只，奶牛存栏 1300 头。出栏羊总数突破 45 万只。造林面积 1000 亩，其中通道绿化近 400 亩，盐荒地造林 200 亩，社会化造林 400 亩。完成机场路、临狼路 200 亩租地绿化工作，组建造林专业合作社 1 个，流转土地 300 亩。二、三产业增至 1320 家，从业人员 3393 人。转移农村剩余劳动力 3004 人。完成宏胜村、曙光村、晨光村农田机井电网改造项目，实施晨光村渡槽引水项目。投资 10 万元，对治丰村、治安村、永强村、宏胜村桥闸等水利基础设施，进行更新和维护。

2016 年，农作物播种面积 2.15 万亩，其中小麦播种面积 3000 亩，玉米播种面积 1.8 万亩，流转土地 1073 亩。保护地蔬菜生产面积 5000 亩，无公害蔬菜生产面积 769 亩。温室葡萄、花卉、食用菌等特色种植 210 亩；富硒小麦、西红柿等订单农业 181.9 亩，推广国光优丰高效叶面肥 300 栋、双功能控释肥 600 栋、菌钙粉 200 栋，试验豆角、黄瓜新品种 302 栋。畜禽存栏 125096 头（只），养殖户 1768 户，育肥羊大户 244 户；存栏牛 921 头、奶牛 378 头；存栏羊 78948 只，能繁母羊 5516 只；存栏猪 2386 头，存栏鸡 42841 只。

（三）社会事业

2002 年，曙光办事处与兆丰等大型面粉加工企业签订原料基地协议，兴建食品精深加工企业。建成温室葡萄 32 栋、食用菌 30 栋、花卉 38 栋、二代节能温室 34 栋，培育科技示范户 18 户。改造水泥衬渠 3 条，配套机井 4 眼，套管井 41 眼，铺设农田灰渣路 300 米。兴建奶站 3 座，青储池 33 座，标准化棚圈 18 座。

2003—2005 年，各村对 18 ~ 49 岁外来人员实行建卡管理。完成庆丰村十组军分区 205 亩征地拆迁工作，曙光村三组、五组国际家具建材城 200 亩征地拆迁工作，曙光村四组铁路专用线 60 亩征地拆迁工作，曙光村一组、八组、九组输变电线路 15 亩征地工作，永强村二组城区第二水厂管道铺设 82 亩征地工作，宏胜村二组商业街 52 户 7200 平方米整体拆迁工作，永宽路、中华北路等城区 5 条次干道和巷道硬化 70 亩土地征用工作。解决芙蓉小区经济适用住房项目多年遗留的社会矛盾，使项目得以顺利开工。

2007 年，结成劳动力转移链、养殖富民链等 15 大类 14 链"三结合致富链"，结成扶贫、科技、就业、法律、信息等 9 大类 41 链"三级干部服务链"。有能力的党员全部参与结链，结农户 2299 户。为农户发放粮食直补 7.88 万元；为种养户协调信贷资金 420 万元，发放技术资料 600 份；为 28 户危房户协调办理危房翻建手续，为 20 户种养殖户申请办理看菜房、养殖棚圈等手续，为 32 户住房紧缺户办理建房审批手续，对 117 户贫困户进行结对帮扶，为 543 名低收入群体申请农村最低生活救助金。投资 26.4 万元，在永强村新建沼气池 44 座。

2010 年，计生办办理《生育（服务）证》68 本，二孩证 12 本，独生子女证 25 本。办理流动人口婚育证 11 本，杜绝流动人口漏登现象。排查各类矛盾纠纷 26 起，调处 21 起。

2012—2014 年，曙光乡配合拆迁项目 13 个，其中河套大街开通、绕城线拓宽改造、宁夏中石油输油管道铺设、杭后—临河 110 千伏输变电线路工程、巴彦淖尔市广电传媒项目、机场路照明线路入地工程、临河区第二污水处理及再生水回用工程及污水管道工程项目、纳帕溪谷供热管网铺设等一批重点项目征地及矛盾处理工作全部完成。处理土地征拆矛盾 40 起，妥善化解兴盛国际、新城康都、文景国际、维多利、巴运汽车站巷道占地及龙湖湾、绕城线、星河水业征地引发的群体性事件 8 件。完成临狼路、朔方路、临五路、机场路两侧村容、村貌亮化美化综合整治工作。

2016年，曙光乡人工造林90亩，开挖植树沟6400立方米，清理回填土方17429立方米，栽植垂柳、新疆杨等绿化树木15180株，栽植苹果梨、早熟梨等经济林2100株；砍伐天牛病虫害树木9000株，截杆4000株，对10400株树木进行打孔注药。二、三产业866家，从业人员2390人。引进社会资本480万元，对庆丰村八组市场进行综合改造。街巷硬化32.6公里，危房改造168户。改扩建文化活动室6个，开设便民连锁超市2个，新建文化广场5处。解决104人的安全饮水问题。清理"四堆"（柴堆、土堆、粪堆、垃圾堆）5万吨，新建村庄环保公厕38座；新建院墙13027米，完成工字砖硬化11467平方米，实施村庄亮化340495平方米。制作文化墙1800平方米，宣传标语38条，宣传展板13个。新安装路灯55盏，放置1300个垃圾桶，配置2辆清运车、4辆保洁车。为23名60岁以上老年人办理了优待证，为197名80岁以上的老年人申请发放长寿金，为32户38名群众办理农村最低生活保障，为177人办理新型农村养老保险，为63名到龄失地农民办理养老保险。农村劳动力转移就业3300人。为170对育龄夫妇进行孕前优生健康检查。受理信访个访案件68起，其中网络信访系统转办案件52起（自治区信访办转6起，巴彦淖尔市信访局转办17起，临河区信访局转办29起），出具答复意见办结38起，出具不予受理、不再受理告知书案件8起，未办结案件6起。

第二节　农场

一、临河农场

临河农场地势平坦，土地肥沃，2.15万亩耕地可全部引黄灌溉，4000亩实现井黄双灌，渠系和灌排基本配套。有水域面积1198亩，天然海子

2处。区域内有油脂、炒货、蔬菜、饲料、绒纺、建材、节能材料、肉羊养殖加工基地等各类加工企业65家。2012年，临河农场实现地区生产总值56132万元，是2010年的1倍，年均增长50%；三次产业结构比例为12.3：78.6：9.1，由农业主导型向工业引领型转变。财政收入316.6万元，比2010年增加51.7万元，年均增长19.5%；农牧场人均纯收入11131元，年均递增12.3%。2013年，镜湖成为巴彦淖尔市集生态旅游、河套风情展示、农业观光为一体的国家5A级旅游景区。营林面积5000亩，其中经济林面积157亩，森林覆盖率16.8%。截至2016年，农场完成生产总值28734万元，生产总值中三次产业结构比例为41：50：9，按常住人口计算，人均地区生产总值54919元。全乡全年财政收入399.3万元。

（一）基层党建、精神文明建设

1996—2003年，临河农场开展创建"十佳党支部"活动，评出"十佳党支部"5个，模范党员23人，发展新党员12人。成立老干党支部。开展邓小平理论大学习大讨论和"三个代表"重要思想、"三评三议、三级联创"学习教育活动。

2005—2006年，开展实践"三个代表"重要思想、保持共产党员先进性教育活动，社会主义荣辱观教育。深化"三级联创"（区、镇、村三级联动，创建农村基层组织先进区）活动，在党员干部中开展批评与自我批评，加强基层组织建设。

2011—2015年，开展"五有一创"（每个社区有一个好书记、有一支专联队伍、有一处标准场所、有一笔固定经费、有一套运行机制，着力创建型社区党组织）活动。临河农场连续六年被农垦局党委评为"业绩突出领导班子"。开展了"三严三实"专题教育活动，解决"不严不实"问题，使活动与实践有机衔接。在推进基层党组织思想、作风、制度建设中，治理了"慵懒慢贪"行为。截至2015年，共有15个党支部、285名党员参加了党的群众路线教育实践活动。

2016年，开展"老原场干部讲场史、老兵知

青讲兵团奋斗史、老农老职工讲连队发展史"的三讲主题学习教育活动,召开纪念建党九十五周年暨"七一"党建知识竞赛,举办首届广场舞健身大赛,开展"身边好人"和道德模范推荐、评选活动。被临河区委评为先进基层党组织。

（二）经济建设

1. 种植业

1995—2003 年,临河农场被列入国家农业综合开发第三期工程,建成温室 150 栋。被自治区确定为百乡千村科教兴农示范农场,被北京市认定为北京市实施"场地挂钩"蔬菜生产基地,被内蒙古自治区农牧业厅认定为无公害农产品基地。

2005—2012 年,农场实施"千亩温室、万亩菜园"工程,打造万亩无公害蔬菜生产基地。建成高标准日光温室 310 栋,面积 800 亩,配备水、电和卷帘设施,标志着农场由传统农牧业向现代设施农牧业转型升级。同时实施"两田制"机构和土地改革。

2009 年,启动"千亩温室万亩菜园"项目,打造万亩无公害蔬菜生产基地,建设安排 9 个品种的新特蔬菜示范种植区域,包括大黄柿子、春秋高糖脆、东升叶甜菜、花仙子长茄、四九菜心、日本川崎香菜、超级金玉龙等。

2010—2013 年,实施配方施肥应用示范种植和对无公害蔬菜应用生物菌肥种植,发展农场蔬菜产业。实行属地管理,加快"千亩温室、万亩菜园"项目和招商引资重点项目的建设。

2015—2016 年,打破一家一户卖菜难的瓶颈,学习新华农业专业合作社的先进经验,实行"合作社+公司+品牌+农户"产业化的经营模式。临河农场打造的"兵团红"牌蔬菜在临河万客乐超市上市。农场种植业实现多季生产的目标。

2. 畜牧业

1993 年,临河农场育肥出栏 2000 余只,养猪 1200 头,奶牛 10 头,年产鲜奶 40 吨;建成标准化养鸡场 1 座,饲养量 2 万只,孵化小鸡 3 万只;有中型饲料加工厂 1 座,年产 1800 吨混合饲料。

1997 年,农场建成微贮氨化池 33 个,实现微贮氨化养牛羊 41 户。

2001 年,临河农场和蒙牛公司签订为期 10 年的养殖奶牛、建立鲜奶收购站合同,从北京、天津、山西等地购回奶牛 248 头,建立 2 个鲜奶收购站,形成蒙牛乳业集团公司鲜奶供应基地。

2002—2004 年,采取农场垫支和职工集资的形式,投资 120 万元,建成由 20 户组成、占地约 60 亩的高标准奶牛养殖小区 1 处,年产鲜奶 1000 吨,仅此一项,农场的牧业产值增加 150 万元。临河农场被内蒙古自治区人民政府评为"基层动物防疫工作先进集体"。

2008 年,重点扶持 10 户有牲畜、有棚圈、有窖池、有草地、有机具、成规模、上档次的农牧结合典型户,采取优先划拨养殖用地、赊销机砖、担保小额养殖贷款、优惠提供木料的办法,引导农工扩大养殖规模,实现大小畜存栏 28098 头（只）,其中奶牛 900 头,猪 3800 头,羊 23390 只,牧业产值 3431 万元,占农牧业总产值的 50%。

2009—2010 年,加大疫病防控工作,牲畜五号病、猪蓝耳病、猪瘟、鸡新城疫和禽流感免疫密度均为 100%。草原宏宝食品有限公司落户临河农场,在中央财政现代农业肉羊生产发展专项资金的扶持下,临河农场在七分场打造占地 500 亩现代农业繁育养殖基地。

2012—2014 年,14 个养殖大户入驻临河农场草原宏宝现代农业繁育养殖基地,年生产高品质羔羊 10 万只,实现经济效益 1200 万元,带动周边农户增收 6000 元。临河农场八分场成立元鼎富养殖合作社,棚圈占地 19 亩,整合 300 亩饲料地,养殖 300 多只基础母羊,存栏羊 1200 只。

2016 年,临河农场畜牧存栏 58408 头（只）,其中存栏羊 56731 只,生猪 514 头,存栏牛 464 头,其他牲畜 699 头,鸡 22250 只。动物疫病防控体系加强,羊痘、布鲁氏菌病、口蹄疫、小反刍兽疫疫情及时得到防控。农场免疫密度 100%,通过临河区防疫检查部门的验收。

3. 工商业

1991—2000 年，临河农场投资 200 万元，建成 4 个砖厂、1 个面粉加工厂、1 个炒货厂、1 个鸡场。投资 150 万元，建成一个年产 1200 万块的空心砖厂，形成以建材工业为龙头的城郊工业经济雏形。2000 年底，临河农场开始实行企业转制改革。

2001 年，农场引进一批占地少、无污染、税收多、投资大的好项目：内蒙古日兆食品有限公司、昌森瓜子厂、宏发油脂厂、新世纪旅游区，引进企业总投资 2000 万元，安置职工 300 人。

2004 年，农场有企业 20 家，商业网点 80 个，固定资产 8000 余万元。招商引资 5610 万元，实现工业增加值 2447.5 万元，比上年增加 19%；工业总产值 1.6 亿元。新建厂 3 个，安排职工就业 800 人，初步形成以"日兆""昌森""奥宝""东禾酒厂""脱水菜厂"为龙头的食品加工业，以宏发油厂为龙头的油脂加工业，以砖厂和预制板为龙头的建材业，以鑫河肉联厂为龙头的畜产品加工业等。

2008—2012 年，一批食品生产、加工存储、建材销售等无污染项目在基地安家落户，新建项目 12 家，扩建项目 13 家，完成投资 20095 万元。巴彦淖尔市通宝水泥制品有限公司生产商品砼和粉煤灰砼砖厂入驻临河农场。

截至 2016 年，临河农场有蔬菜、炒货、油脂、饲料、绒纺、建材等各类加工企业 65 家，其中 24 家入驻工业园区，年税收 400 万元。

（三）社会事业

1. 教育、科技与医疗卫生

1991—1994 年，临河农场有场办学校 1 所，内设学前班、小学、中学，教师 18 名，学生 310 人，通过自治区"两基"工作验收。农场在发展果、菜、畜方面投资 465 万元，举办各类科技培训班 15 期，受训人数 2000 人次，获绿色证书的农民技术员 77 人。

1999—2000 年，农场学校给语文、英语教学配备 14 台新录音机和朗读磁带。完成校园硬化，开辟阅览室、展览室等 6 个学生活动室。在抗击非典中，形成以党员先锋任片长或组长的 56 个片、184 个组的组织体系和防控网络，出动人工 4600 人次，车辆 300 辆次，清运垃圾 1450 方，清理乱堆乱放柴草 194 处，对场内 63 座厕所、1380 处牲畜棚圈进行清池清圈和消毒。

2003—2006 年，配置电脑 20 台、投影仪 6 台。由于生源减少，8 月撤销初中及两个教学点，精简教师 13 人。临河农场学校整体移交地方管理，移交小学 11 所，九年一贯制学校 7 所。农场职工群众开始缴纳城镇居民医疗保险金。

2012—2016 年，科技人员走村入户，推广抗病品种玉米登海 605、葵花 3639 和葵花 3638C，从登海公司和凯福瑞公司引进 110 个品种的玉米、葵花种子，在分场优选土地进行增产、抗病试验，试验证明，登海 618、葵花 103 和葵花 363 这三个品种抗病性好，籽粒饱满，在农场大面积推广。将六、八分场定为农业科技示范园区，聘请科技人员进行指导，使地膜覆盖、瓜菜高畦起垄、作物新品种试验示范等 30 多种种植模式良性发展，达到预期效果，为注册"兵团红"商标创造条件。4152 名农工和职工参加了新农合和城镇医疗保险，继续推行退休职工住院医疗费二次报销政策。为现孕妇女每天提供半斤蒙牛牛奶，直到孩子分娩。

2. 民政、扶贫

1991—2012 年，临河农场慰问贫困户、残疾人 29 户次，发放慰问金 1.45 万元。到 2009 年，已连续三年资助 100 个贫困家庭，资助金额 6 万元。农场党委组织机关全体工作人员参加"博爱一日捐"活动，募捐善款 1270 元。开展"金秋助学"活动，救助考入大学和在校贫困大学生 210 人次，发放救助金 10.4 万元。资助 40 个贫困家庭、5 个重本大学生、35 个重本以下大学生。

2013—2016 年，临河农场建档立卡贫困户 27 户 52 人（死亡 1 人），完成脱贫 17 户 28 人。享受城镇低保待遇 92 户 115 人，享受农村低保户补贴的 121 户 177 人。为 33 名残疾人申请重度护理补贴 1.95 万元，申请困难残疾人生活补贴 8280 元。申报敬老孝星 6 人，每人奖励 1000 元，为 53 人申报民政临时救助 1.59 万元。

3. 社会治安综合治理与社会保障

1991—2002 年，临河农场设立保卫科，临河市公安局派驻派出所，派出所负责户籍、人口管理和农场的社会治安及案件侦破，保卫科负责农场治安保卫、民事调解工作。2001 年，实验农场并入临河农场，保卫科单设。2002 年，司法所获自治区"司法行政集体三等功"。

2003—2005 年，农场 784 名干部职工参加企业职工基本养老保险，占应参保险职工的 56%。退休职工人均养老金每月 217 元。农垦系统土地经营方式实行社保田和租赁田"两田制"改革，对已加入社保的农牧场在册在职职工（含管理人员、教师），每人配置 10 亩左右社保田，作为其统筹单位和个人每年所应缴纳养老保险金的补偿。临河农场实行集中经营，市场化运作方式，养老保险单位统筹部分由农场为职工缴纳。农场统一经营的社保田"人退地不退"，即职工退休后社保田的收费仍用于本场职工养老保险统筹。保卫科并入政工科，保留 2 名专职保卫干部和分场治保组织。

2009—2012 年，临河农场对 2009 年到龄的退休职工，采取到龄一个办理一个的办法，新退休人员的养老金最高每月 1700 元。农场为 1365 名非正式职工及子女解决基本养老保险问题，实现全员加入基本养老保险。临河农场被巴彦淖尔市委评为普法依法治理先进单位，被农垦局党委评为信访工作先进单位。

2013—2016 年，临河农场排查矛盾纠纷 82 起，调成率 100%；完成中央、自治区、巴彦淖尔市交办的涉法涉诉信访案件 3 件，结案息诉率 100%。农场职工纳入临河区社会保障管理体系，580 名到龄职工领到社保工资。

4. 民生事业

1997—1999 年，临河农场投入劳动力 13912 人次，修路 16.7 公里，开挖树沟 27.7 公里，拆迁凉房 1288 平方米，拆除院墙 79 平方米，埋设涵管 280 节，建设小桥 31 个。投资 15.5 万元，安装程控电话；投资 24.6 万元，安装 514 户有线电视。从 1999 年开始，开展小康分场建设。

2001—2007 年，投资 4 万元，硬化场部大院；投资 30 万元，对分场活动室进行维修，为主干路和营区铺沙；投资 25 万元，为分场群众安装程控电话和有线电视。建立农场文化娱乐中心。对各分场营区道路、柴草堆放进行统一规划，提升"文明生态家园"创建水平。

2008—2010 年，八分场营区完成 3.1 公里水泥路硬化工程，总投资 98 万元。农场投入 500 万元，完成人畜饮水工程，为 8 个分场和 1 个养殖小区进行集体供水。兴建 1300 平方米场办公大楼。2010 年 6 月，临河农场配合巴彦淖尔市委建设五大出口工程。

2011—2016 年，临河农场完成危旧房改造 1029 户。2012 年，农场实施临磴西出口改造城乡一体化项目，总投资 40 多亿元，涉及农场十分厂、十一分场境内路段 2400 米，涉及农户及其他 95 户（处）。2014 年开展"美丽场队建设工程"，对 11 个分场进行改造，完成 118 户危房改造任务，新建 5 个分场标准化卫生室，改建 6 个便民连锁超市，硬化 6.29 公里街巷水泥路，社会养老保险和医疗保险基本全覆盖。农场 252 户、370 人享受低保，4 人享受五保户待遇，实现村村通电和村村通广播电视。2015 年，为 2 个分场 282 户 822 人实现安全饮水，街巷硬化完成 10 个分场 29 公里，新建分场小油路 6 公里，硬化路肩 90920.76 平方米，新建标准化卫生室 5 所，改建 2 所，扩建 9 处 6720 平方米活动室和活动广场。1404 户安装了户户通，10 个分场安装了村村响，各分场都有便民连锁超市。立面改造抹灰 227632.59 平方米，喷涂料 201426.77 平方米，清理四堆 268516 吨，新建垃圾池 19 座，新建院墙 14594.18 延长米、猪羊圈改换网围栏 8618.71 米、彩钢棚 18804.5 平方米；拆除危旧土房 37 座、危旧棚圈 281 座、土旧院墙 4515 延长米。开挖树沟 23590 延长米，打机井 4 眼、筒子井 6 眼，埋管道 14900 延长米，栽植树木 12740 株。2016 年街巷硬化 10.021 公里，硬化路肩 133150 平方米，新建扩建 7 个分场、730 平方米活动室和 5100 平方米的活动广场，新建改建 2 座便民连锁超市。标准化卫生室、户户通、村村响、安全饮水、农网改造和社保医保实现了全覆盖。村庄综合整治合计完成投资 5160.97 万元，其中立面改造抹灰 340452 平方米，刮腻子 400819 平方米，喷涂料 500535 平方米，搬花檐 18005 米。铺设工字砖 65644 平方米，铺设红砖 2817 平方米；清理四堆 95786 吨，新建垃圾池 20 座，新建厕所 25 座。新建院墙 10869 延长米，猪羊圈改换网围栏 3248 米，彩钢棚 17290 平方米。拆除危旧土房 107 座、危旧棚圈 618 座、土旧院墙 8707 延长米。开挖树沟 36720 延长米，打机井 24 眼，埋管道 9400 延长米，累计栽植树木 32500 株。

二、狼山农场

狼山农场面积 12.5 万亩，其中耕地面积 7.2 万亩，草原面积 1.2 万亩，林地面积 1.7 万亩，果园面积 280 亩，水域面积 842 亩（其中养殖面积 442 亩）。农场下设 4 个职能科室、11 个农业分场、1 个养殖小区。有大罗素番茄厂、丰野化工厂、脱水菜加工厂、啤酒花烤制厂等农业产业化龙头企业。1991—2000 年，农场耕地面积由 19800 亩（不含份子地农场）开发增至 72500 亩，10 年造林 60 万亩。

"十二五"期间，农场实现地区生产总值 56413 万元，较"十一五"41745 万元增加 14668 万元，三次产业结构演进为 14.0：46.1：39.9，实现由农业主导型向产业化引领型的历史性转变。人均纯收入由 2000 年的 2660 元，增长至 2016 年的 11401 元。农场所属十一分场，建场初期，农场的地貌是沙丘，盐碱分布甚广，沼泽、芦苇成片，残梁破堰，经过数年的土地开发、农田基本建设和土地重新规划，旧貌逐渐换新颜。

（一）基层党建、精神文明建设

1991 年，狼山农场组织党员干部开展"五个好"党委创建工作，深化"双链双推""五有一创""三创一落实""三评三议"、三级联创、党员三结合致富链活动。党委下设基层党支部 13 个。

2001—2003 年，份子地农场并入狼山农场，设一个党委，下设基层党支部 13 个。农场党员徐贵茹同志被巴彦淖尔盟农垦局评为"三评三议"三级联创学习教育活动好党员。

2005—2007 年，开展以实践"三个代表"重要思想为主要内容的保持共产党员先进性教育活动，开展学习实践科学发展观等系列活动。狼山农场团委被自治区团委评为自治区"五四"红旗团委。农场场长贺志宏被农垦局党委评为业绩突出领导班子，副场长王永军被评为优秀领导干部，六分场党支部被评为"五个好"党支部，九分场党支部被农垦局党委评为"五个好"党支部，三分场主任赵国民被评为优秀分场主任。

2010 年，狼山农场被巴彦淖尔市"双学双比"活动领导小组评为"双学双比"先进集体；三分场党支部被农垦局党委评为"五个好"党支部；三分场主任赵国民被农垦局党委评为优秀分场主任。

2011—2016 年，狼山农场党委被农垦局党委评为先进党委，被自治区党委评为全区创先争优先进基层党组织。农场组织广大党员干部开展"星级党员"争创活动、"践行社会主义核心价值观"主题教育活动、党的群众路线教育实践活动、"三严三实"专题教育活动、"两学一做"学习教育活动。

（二）经济建设

狼山农场是一个由牧业逐渐转变为农、林、牧、工、商、贸全面发展的国营农场，主要盛产优质硬质小麦、玉米、番茄、河套蜜瓜、大豆、花油葵、黑瓜子、脱水菜、啤酒花、牛奶、肉羊、羊绒等各类优质绿色农畜产品。

1. 种植业

1991—1993 年，狼山农场仅有耕地 19800 亩，是耕地面积最少的历史时期。到 1993 年，农垦土地开发列入全国农业综合开发第二期工程，巴彦淖尔盟委、行署批准狼山农场列入项目区，任务是改造中低产田1万亩，开垦宜农荒地0.8万亩，植树造林60万株。

1994年，二期工程按时完成，通过国家验收，被评为巴彦淖尔盟优良项目区。场长兰铎、分管农业综合开发的副场长王占威受到表彰奖励。农场新增耕地面积3000亩，成为农场农业经济发展新的经济增长点。

1995年，实施三期农业综合开发区建设，任务是改造中低产田1万亩，开垦宜农荒地0.3万亩，造林0.1万亩。为酒花和蔬菜加工投资为167.8万元，促进企业发展。

1997—1998年，各项开发建设项目任务完成，项目通过国家验收，被评为巴彦淖尔盟优良项目区，场长兰铎、分管农业综合开发的副场长王占威再次受到表彰奖励。通过两期农业综合开发，5年投入资金748万元，投工投劳8.3万工日，开挖排水渠16.5千米，建桥、涵、口、闸1890座，开垦宜农荒地1300公顷，改良中低产田1500公顷，营造农田防护林700公顷，退林100余万株，实现渠、沟、路、林、田、机、电、井八配套，耕地面积增加到23900亩。因实施农业综合开发，农业设施配套，地下水位明显下降，项目区周边的盐碱荒滩及弃耕撂荒地被农工开发利用，到1998年，耕地面积增加到29200亩。

2001—2005年，份子地农场并入狼山农场，并入耕地29689亩，农场拥有耕地7万亩。粮食豆类总产2000万千克，葵花总产600万千克。种植业总产值2900万元。2005年，实施农业开发5000亩。

2007年，农垦综合改革，免除农业（牧业、渔业）职工和农业从业人员租赁经营国有土地承担的收费。经自治区财政厅、国土资源厅批准，农场实施土地整理项目，批复建设规模1.5万亩，国家投资1495万元，平均每亩投资999元，实施土地整理项目0.2万亩，实施农业开发5000亩。

2008年，实施国家级土地整理项目1.5万亩，实施农业综合开发5000亩，项目建设投资275万元；实施国家级土地整理项目1.5万亩，投资2000万元。

2009年，农场土地整理项目完成，完成田间土方平整92.41万立方米，维修渠道20.55公里，渠道衬砌26.068公里，排水沟清淤34.884公里；新建桥梁165座、渡槽2座、水闸276座；新修田间道路26.063公里，种植农田防护林40896株。实现田成方、路相连、渠相通、树成行、旱能灌、涝能排，渠（沟）、路、桥、涵、闸等设施配套齐全，农业基础设施完善。整理后的渠（沟）、路、林及配套设施不仅占地面积扩大，而且新增耕地3136亩，新增耕地率21%，做到了土地利用合理、高效、集约，达到本地区土地利用总体规划目标要求。改造建成的标准化农田，社会效益、经济效益、生态效益明显。小麦产量由原来亩均333.3公斤提高到亩均390公斤，玉米产量由原来亩均483.4公斤提高到亩均550公斤，耕地每亩平均收益由整理前342元增加到423元。新增耕地当年种植小麦亩产量200公斤。

2010—2013年，狼山农场共实施农业开发项目4万亩。

2016年，投资200万元，完成九分场2000亩农业综合开发。

2. 林业

1991—1996年，狼山农场林地面积3533亩。巴彦淖尔盟林业局对农场三分场5号地进行实验观察，对高密度速生丰产林栽培方式给予肯定。

1997—2005年，整合林业队和果园队，成立林工站，各分场设护林员1—2名，林工站完成造林16万株，新定植果树50亩，存活率90%。狼山农场被全国绿化委员会评为"全国部门造林绿化400佳先进单位"，场长兰铎获"全国绿化奖章"。

2016年，投资140万元，建设生态林和防护林，发展景观林，在营区、交通道路栽植景观林，美化绿化家园，完成绿化造林600亩，农田防护林600亩，采伐更新造林56亩。

表 1-2-4　　　　1991—2016 年狼山农场林业生产情况一览表　　　　单位：亩、万元

年份	造林规模	林业产值	占总产值比例（%）
1991 年			
1992 年	3833	300	7
1993 年			0
1994 年			0
1995 年	6090	1212	19
1996 年	8072	2026	25
1997 年			
1998 年	9292	455	5
1999 年			0
2000 年			0
2001 年	15476	1003	6
2002 年			
2003 年	16228	422	3
2004 年			
2005 年	17711	700	4
2006 年	18451	2000	11
2007 年			
2008 年			
2009 年			
2010 年	17650	310	2
2011 年	17010	300	2
2012 年	16320	100	1
2013 年			
2014 年	16300	100	6
2015 年	16300	100	6
2016 年	16640	340	2

3. 畜牧、渔业

1991—1993 年，狼山农场牲畜总数发展到 5238 头（只），年生产肉类总产量 128.5 吨，鲜蛋 20.1 吨，生产羊毛 8.27 吨、山羊绒 0.2 吨，牧业产值 96 万元。农场鼓励扶持职工发展畜牧养殖业。

2000 年，农场牲畜养殖量 8810 头（只），肉类总产量 187.9 吨、羊毛 18 吨、山羊绒 0.12 吨、皮张 3082 张，牧业产值 187 万元。与 1991 年相比，牲畜增加 3572 头（只），年均增长 33%；肉

类总产量增加 88.89 吨，年均增长 74%；羊毛增加 8.28 吨，年均增长 7%；皮张增加 2171 张；牧业产值增加 109.53 万元。

2001—2002 年，畜牧坐正，发展奶牛养殖业，建成占地 13 万平方米的奶牛养殖小区 1 处，养殖小区奶牛存栏 188 头，日产鲜奶 0.6 吨，出售鲜奶 216 吨，实现产值 56 万元。建成 1 个种羊繁育中心，占地 1.4 万平方米；建成饲草料库房、加工车间 32 栋，占地 640 平方米；建成宿舍、办公室、

检疫室、人工授精室 120 平方米，青储池 1500 立方米。可饲养基础母羊 1 万只，年繁育种羊规模 2000 万只。

2010—2016 年，农场牲畜存栏量 2 万头（只），年生产肉类 1099 吨、牛奶 66 吨、羊毛 34 吨、山羊绒 1 吨、皮张 41748 张，牧业产值 4015 万元，占总产值 25%。

4. 乡村企业

1993—1995 年，狼山农场改善种植结构，延长产业链，实现农产品深加工，增加职工收入。投资 156 万元，建成年加工能力 200 吨的脱水菜加工厂 1 座；投资 25 万元，建成年生产机制砖 200 万块的机制砖厂 1 座。

2003—2007 年，农场完成固定资产投资 3275 万元，纳税 41.8 万元，成为全系统纳税先进单位第二名。2007 年，意大利"大罗素番茄控股"集团公司在狼山农场投资 8000 万元，建成年产 1.5 万吨番茄酱厂和分装厂。

2008 年，狼山农场全年招商引资 6686 万元。大罗素番茄制品有限责任公司新上一条日产 1000 吨的生产线，建成番茄污水处理厂 1 座，新建职工宿舍和办公室 450 平方米。引进巴彦淖尔市丰野有限公司，投资新建年产 3000 吨工业糠醛项目。

2009—2011 年，狼山农场被农垦局评为招商引资先进单位，大罗素番茄制品有限公司被农垦局评为工业企业先进单位。

2016 年，大罗素番茄酱厂实现生产番茄酱 1.96 万吨。农场实现工业总产值 1200 万元。

5. 交通、商贸

20 世纪 90 年代，政府兴建修复公路，带动了农场的公路发展，多次修整通往各分场的道路，加高拓宽路面，增修、更换桥梁涵洞，淘汰老化树木，整修农田道路。以排干渠为主线，每排修一条路，过水的地方都修筑桥梁和涵洞，使农场农事活动更加平坦畅通。

进入 21 世纪，狼山农场至临河段公路全部铺上沥青，原份子地农场至狼山农场路段 2007 年实现铺油，农垦通往 110 国道的主干道为黑色路面。修补部分乡村级小油路，道路交通发达，农场实现村村通油路。

狼山农场供销科改称供销公司，虽保持兵团时期的做法，但规模扩大，由内部供应转向社会经营，进货渠道广泛，商业活动频繁，经营项目增加。供销公司的主要任务是统收统销产品，以计划购入生产、基建资料，也收购本场农副产品、土特产、畜产品，然后向外推销。

1998 年，完成转体改制，供销公司退出国有序列，进入市场经济发展轨道。

（三）社会事业

1. 教育、文化、科技

1991 年，狼山农场有初级中学 1 所、完全小学 1 所，分场设 4 个教学点，有教职工 46 人，学生 635 人。

1992 年，狼山农场工会购置新书 1000 册，成立图书室，向干部职工开放。农业科技方面，开始搞四良四改，推广暖棚养羊技术。引进微储氨化技术，制定优惠政策，垫支砖头木料，推广此项技术。引进新疆杨、黑皮柳、垂柳、榆树等 18 种树苗。

1993 年，引进药材栽培枸杞 1000 亩、甘草 200 亩，发展果树 1000 亩。引进苹果品种红富士、青冠、黄青椒、红青椒、浮华皮、黄太平、大邱、基洛夫等 30 种；引进苹果梨品种早酥、金丰、朝鲜梨、香水、金白等 15 种。大棚增加 75 座 5300 平方米。

1996 年，图书室部分图书转给学校图书室陈列借阅，学校图书室成立。

1997 年，聘请高级专业技员、农艺师举办 7 期培训班，组织职工听课 1900 人次，对考试合格者颁发绿色证书。

1999 年，农场中学停办。

2005 年，农场所属 1 所小学、6 个教学班、在校学生 205 人、16 名教职工全部移交临河区教育局管理。开展建设"职工之家"，每个"职工之家"有图书室、阅览室、游艺室和演出厅，保证了农民文化生活的需求。

2009—2010年，争取资金为农场配备了文化活动设施和体育健身器材。在农场建起"草原书屋"，获赠价值32551.3万元的图书。

2016年，狼山农场各分场建成集党员活动、学习培训、服务职工群众、文体娱乐等功能于一体的文化活动室、文化活动广场。农场有科技示范户520户，参与职工1203人，种植示范田2006亩。

2. 医疗卫生

1992—1998年，狼山农场实行医疗代金券制度，凡是享受公费医疗的职工，每年每人发24元代金券，作为公费医疗的门诊费，住院者按70%报销，上限1500元（1997年调整到2000元），超限自付。1996年，农场医院与新华镇医院协作办，1998年停办，又与巴彦淖尔盟第二医院协作合办，1999年关闭，之后承包给个人经营。

2003—2008年，狼山农场被评为全系统非典型肺炎防控防治工作先进单位。农垦系统开启新型农村牧区合作医疗，农场非正式工及子女全部参保。

2010年，狼山农场新建卫生院1所，承包给个人经营，职工就医条件得到改善。农场正式职工全部参加城镇居民基本医疗保险。

3. 民政、扶贫与社会保障

1991—2012年，狼山农场慰问贫困户、残疾人470户次，发放慰问金40万元；救助贫困大学生7人次，发放救助金1.8万元。为1545名非正式职工及其子女，解决了基本养老保险。

2014—2015年，为222户375个低收入困难职工争取最低生活保障，困难职工群众实现应保尽保。通过入户登记，建档立卡贫困户15户30人。

2016年，筛选出10户19人，实施易地搬迁扶贫，易地搬迁和同步搬迁工程量782平方米，投入资金51万元。为3户8人进行产业扶持，建起

养羊圈舍570平方米，其中2户羊是自购，1户是农场购买（5只母羊）。5人享受教育扶持，计7000元。11户22人纳入社会保障兜底脱贫，每人享受扶贫资金4000元。另有6户14人，计划2017年脱贫。123户200人享受农村低保，107户180人享受城镇低保，发放低保金133.5798万元。农场有14190人参加新型城乡居民社会养老保险。

4. 民生事业

1993年，狼山农场实行职工建房，凡在规划区内，按规划标准建房，验收合格的，农场给予2000元补贴。

1997—2000年，临河实施小康村规划建设，狼山农场对场部和13个分场进行整体规划设计，拆除大量占道房、占道柴草园、占道牲畜棚圈，鼓励职工新建砖瓦房，改2000元补贴为2万块砖支助，职工住房条件得到改善。

2006年，狼山农场改善分场人居环境，推进农业产业结构调整，提高农工生活质量和农场社会发展程度，编制了新农村建设总体规划和13个专题规划。同年，狼山农场被评为"四五"普法先进单位。

2007年，开展环境整容换装活动，解决柴草乱垛、粪便乱堆、垃圾乱倒、污水乱泼、牲畜乱跑的"五乱"现象。投资254万元，实施人畜饮水改造，解决垦区2300人、15000头（只）牲畜安全饮水问题。

2008—2010年，投资720万元，实施农网改造工程，实施0.6公里场部主干道混凝土路面建设和22公里场部到分场主干道沙石路建设工程。狼山农场被评为信访工作先进单位、安全生产及消防工作先进单位。

2011年，国家实施垦区棚户区危房改造项目，农垦局在6个农场进行600户试点，狼山农场列入其中，年初下达危房改造任务80户，但6月底的洪涝灾害造成76户住房倒塌，458户住房开裂，148户凉房倒塌，281户凉房开裂。农垦局及时调整危房改造计划，农场增加到260户，9月份又新

增 60 户,达到 320 户。中央、自治区补贴 1.5 万元,在为新建户另外补贴 0.5 万元的基础上又增加 0.5 万元,农场无偿为新建户提供 2 立方米木料。对整村搬迁的九分场 1 个居民点,统一设计、统一规划、统一施工,帮助 14 户受灾农户建设布局合理、功能齐全、安全实用、经济美观的新住宅。

2012—2014 年,狼山农场完成危房改造任务 884 户,改造 62000 平方米。

2015 年,狼山农场成立 1 个领导小组和 6 个专项推进组,整治了 11 个行政分场的环境卫生。重点实施十一分场休闲花园改造建设工程,新建文化活动室 1 个 130 平方米,配套建设 2000 平方米的休闲广场。开挖植树沟 3 公里,拉沙换土 6900 方,栽植树木 8000 棵。完成街巷硬化 12 公里,完成 3 个分场 14 公里农村电网改造升级工程。

2016 年,狼山农场完成村庄整治上涂料 40000 平方米,街巷硬化 30.8 公里,整理路肩 36 公里,砌筑院墙 1500 米,改造猪、羊圈舍 145 户 5075 平方米,改造安装 100 户 15000 平方米的彩钢屋顶,集镇街道硬化 26000 平方米,统一设计安装集镇门面广告牌 1700 平方米,完成危房改造 220 户。

第三节 街道办事处

一、解放街道办事处

2009 年 2 月 9 日,解放办事处更名为解放街道办事处;2012 年 6 月,更名为解放社区,下设 4 个居委会。有住户 11812 户,总人口 31239 人,有行政事业单位 17 个,商业网点 2800 个。社区设立党工委、居民代表议事会和社区服务中心。社区内设机构有:计生办、综治办、统计站、劳动保障事务所、民政办、工会、团委、妇联、武装部等。党工委下设 4 个社区居委会联合党委、6 个党支部和 51 个居民小组。有在职干部职工 43 人,民生志愿者和公益岗位 23 人。联通、阳光、金都、育龙 4 个居民委员会共有 31 名网格员。

2016 年,解放社区服务中心设有一站式服务大厅、党员多功能活动室、人大代表之家、信访首问接待室、电子图书阅览室、棋牌室、日间照料室、社区矫正室、残疾人康复训练室、心理咨询室、人民调解庭、舞蹈室、瑜伽馆、卫生服务站、健身房和警务室等。

(一)基层党建

1991—1997 年,解放办事处建成临河市级文明单位 21 个,巴彦淖尔盟级文明单位 11 个,自治区级文明单位 2 个。办事处连年获"先进基层党组织""工作实绩突出单位""党建目标考核一等奖"。

2010—2011 年,解放街道办事处在非公企业天力保押公司成立党支部,同时在办事处辖区开展市民教育活动。

2012 年,解放社区组织辖区单位和结对共建单位进行扶贫救助、小巷道硬化、旧小区改造、小区绿化、市民教育、繁荣社区文化等活动。

2015 年,党工委组织开展了各种形式的市民教育活动。在鸿臣·欧洲假日小区成立"鸿臣村企居联合共建党支部",在 4 个社区各成立 1 个"夕阳红党支部",在社区文体协会成立党支部。

截至 2016 年,社区有党支部(包括非建制党支部)11 个。

(二)精神文明建设

1991—2002 年,解放办事处组织干部职工和社区志愿者开展告别"脏乱差"大环境整治活动。同时,每年都要组织开展"学雷锋讲文明树新风"活动,成立了多支学雷锋志愿者服务队。

2004—2009 年,开展精神文明创建活动、"和谐家庭"创建活动,贯彻落实《公民道德建设实施纲要》,评出和谐家庭 108 户。创办临河区第一份《街道之声》报,免费向居民发放。

2012—2013 年,开展"倡导文明新风,共建美好家园"活动。规范志愿服务活动,新成立三支志愿者队伍,开展"一对一"志愿帮扶、文化服务、综治维稳、环境卫生、普法宣传、心理咨询等各类专业服务。创办市民大讲堂，受益群众5800人次。

2014—2016年，开展"五好家庭""和谐小区""五城同创"（把创建卫生城市、园林城市、双拥模范城市、优秀旅游城市和文明城市结合起来）等活动，在老旧小区改造、旧小区绿化、小巷道硬化建设中，选树了一批"道德模范""敬老孝星""爱岗敬业""见义勇为"先进人物，进行宣传和奖励，弘扬社区正气。成立了老年大学分校，开设书法、绘画、舞蹈等课程，80多位老年人实现了大学梦。

（三）社会事业

1. 社区建设

截至2016年，解放社区调解矛盾纠纷187起，达成调解协议162件；受理法律援助案件26起，社区矫正15人，开展普法宣传16次。成立3个业主委员会，提高了居民的自治能力。社区活动中心健身房、舞蹈室、日间照料室、医务室、司法调解中心、心理咨询室、图书阅览室、书画室等功能房免费开放。按照住宅小区350户左右的标准，以街、路、巷的中心线为界，划定31个社区网格单元，每个网格配备1名网格员。积极筹措资金，完成3米以下小巷道硬化任务58条，硬化面积4200多平方米。完成育龙社区旱厕改水厕2座，完成金都、育龙2个社区620户平房区，和永济、水利两个老旧小区平房接大暖工程，以及成片平房区节能暖气炉更换等惠民工程。协助上级部门完成5个旧小区的改造。在育龙小区、吉祥园小区、阳光二号园等6个小区，栽种乔木1000棵，灌木3万株，扩大了绿化覆盖面。引进尚善物业公司，接管6个弃管小区，改善

和提高了小区物业服务水平。组织党员干部和志愿者，对无物业小区经常进行环境卫生打扫、乱贴乱画清理等服务活动。争取和引进房地产开发商，对辖区平房区进行棚户区改造，开展征地拆迁、化解矛盾工作。辖区陆续建成金都华庭、阳光一二三号园、阳光新都、鸿臣·欧洲假日等现代化小区。

2. 民政与劳动就业

2004—2016年，解放社区实现新增就业人员6720人，完成目标任务的108%。其中就业困难人员就业165人，完成目标任务的105%。城镇失业人员再就业130人，完成目标任务的102%。城镇

改造前的育龙小区

改造后的育龙小区

登记失业率控制在4%以内。累计为1万余名城镇失业人员办理《就业失业登记证》。为180余名下岗失业人员安置公益岗位，其中安置就业困难人员100人。组织6000余人参加各类大型招聘会，开展用工信息征集和宣传活动，办劳动保障宣传栏819期。利用街道自办报纸专栏，进行就业政策及典型事例宣传，印刷宣传资料1万份，接待求职人员5200人，求职成功5000人。为下岗失业人员免费开展职业介绍和职业指导，组织技能培训3500人次，创业培训500人次，其中家庭服务企业人员培训1800人，通过劳动力市场介绍社区居民1013人次。对于辖区认定就业困难人员1300人，为其提供政策咨询、就业信息援助、职业指导和职业介绍援助、公益性岗位补贴援助、就业岗位援助、社会保险补贴援助、职业技能培训、创业培训援助、失地农民工就业援助、劳动保障事务代理援助及基本保障援助。为1105名持有《就业失业登记证》的下岗失业人员、高校毕业生、返乡农牧民、失地农民、退伍军人、残疾人，配合办理巴彦淖尔市、临河区两级小额担保贴息贷款审批手续。2004年，开展"就业援助月"活动，实行"一家一策、一人一策"，建立"一人帮扶一户"责任制，帮扶责任人与帮扶对象签订结对帮扶协议，提供职业培训，帮扶50个零就业家庭实现自主创业。

2010年，办事处落实动态管理"应保尽保"和"按标施保"政策，建立健全公示制度、收入核查制度、责任追究制度。

2011年，为2000名符合灵活就业的"4050"人员（指处于劳动年龄段中，女40岁以上、男50岁以上的，本人就业愿望迫切，但因自身就业条件较差、技能单一等原因，难以在劳动力市场竞争就业的劳动者），办理基本养老、基本医疗保险补贴。为辖区1328名老人办理老年优待证。开展"敬老孝星"评比，为534名重度残疾人每人每年发放500元护理补贴，为895名困难残疾人每人每年发放600元生活补贴。

2014—2016年，为69名低保家庭贫困学生转办大学生贫困补助。为3589户贫困家庭实施城镇低保。为辖区70周岁以上老人、持证残疾人、部分低保户等共计1331人发放居家服务券180万元。对9名患重特大疾病的居民进行救助。为5户低收入家庭申报城乡低保边缘户困难救助，每户每年发放救助金5000元。

二、新华街道办事处

新华街道办事处成立于1984年5月，辖区面积3.6平方公里，户数20663户，人口50513人（其中蒙古族9830人，其他少数民族3896人）。辖区有行政企事业单位39个，设5个社区居委会。办事处内设综合办公室、社会保障部、社区管理部、群众工作部，简称"三部一室"。有干部49人，社会公益岗位人员32人，"三支一扶"人员7人。

（一）基层党建

新华街道党工委下设1个机关党支部、5个社区党总支、5个社区夕阳红党支部，有党员560人。办事处党委下设基层党支部10个。

2001—2012年，办事处建立了社区党支部＋企业、楼院党小组＋业主委员会、党员志愿者＋辖区单位的党建工作模式。创建了"五个一"党委，推行了社区党建工作示范点创建活动。在推进社区综合体制改革中，科学划分社区网格，做到精细化服务。

2014—2016年，办事处增强社区活动场所建设，加强党员星级化管理，在5个社区成立夕阳红党支部，在利民社区和赛亨社区成立物业党支部，在"两新"组织（新经济组织和新社会组织）阳光能源公司成立阳光能源党支部。5个社区居委会全部建成集文化娱乐、图书阅览等为一体的多功能场所，面积在300平方米以上。

（二）精神文明建设

1991—1995年，新华街道办事处组建居委会市民学校，并配备兼职教员。开展了推荐评比

"五好家庭""光荣户"活动，推进文明单位、文明小区创建评比活动；开展了以创优质服务、优良秩序、优美环境为主要内容的创"三优"活动；开展了创建文明家庭、文明楼院、文明小区、文明城市活动。

2002—2007 年，开展了创建安全文明片区、安全文明单位、文明市民、文明户、"六进社区"等活动，1 个社区被自治区授予安全文明小区荣誉称号。办事处的档案管理升级为自治区二级档案标准。

2015—2016 年，办事处开展了社区道德模范、邻里互助模范、孝顺媳妇等评比活动。从结链单位、辖区单位、学校抽调 750 人，对辖区 20030 户 44080 人进行社情民意和志愿者登记入户调查，入户率 97%，落实志愿者登记人数 5741 人。筹集资金 48 万元，实施居民小巷道硬化 136 条；完成科文、爱丽舍 2 个社区、5 个片区，计 622 户平房接大暖改造工程。

（三）社会事业

1. 环境卫生

1991—1995 年，新华办事处开展爱国卫生运动、环境卫生集中整治活动、预防疾病大宣传大整治活动。在开展的爱国卫生运动中，加强"四害"（苍蝇、老鼠、蚊子、蟑螂）防治。为保证辖区卫生，健全清洁工队伍，合理划分清扫保洁区域，并及时清运当日垃圾，做到日产日清。

1999—2003 年，办事处与商户签订"门前四包"（包卫生、包绿化、包秩序、包设施）责任状。组织小区业委会、物业公司、居民住户，开展小区治理，维修改造小区公共设施，硬化居民巷道。在 2003 年的"非典型肺炎"防治工作中，深入调查疫情、排查疫情。

2009—2010 年，推行单位门点"门前四包、门内达标"责任制和周末清扫卫生责任区制度。与辖区单位签订《共驻共建协议》，邀请共建单位探讨、解决社区建设、街巷硬化、小区改造的热点、难点问题。

2012—2016 年，科学制定辖区道路、旧小区改造、环境整治改造和公共设施建设等规划。成立一支由党员、居民志愿者共 800 人组成的社区志愿服务队伍，定期开展捡拾垃圾、清理小广告等活动。同时加快推进辖区道路硬化、环境整治等硬件建设。

2. 劳动就业

2003 年，新华街道办事处成立街道再就业领导小组，将再就业工作列入年度考核，将任务分解到 6 个社区居委会。开展调查摸底，建立台账，安置下岗失业人员 100 人。

2004 年，实现下岗失业人员再就业 267 人（其中下岗职工 170 人，实现自主创业 87 人，政府出资购买公益性岗位 10 人），新增社区服务实体 25 个，帮助 34 人办理银行小额贷款担保手续，实现个体私营企业减免税费 48 人次。

2008 年，办事处将就业困难群体、"零就业家庭"成员确定为重点帮扶对象，根据"4050"人员、"零就业家庭"等不同类型，制定"一家一策""一人一策"援助措施，确保"零就业家庭"脱零。新出现的"零就业家庭"，发现一户援助一户，使辖区 23 户零就业家庭实现 39 人就业，就业率 100%。

2012 年，办事处对辖区失业人员及企业需岗情况进行实名制调查和微机录入，随时掌握失业人员就业情况及企业用工情况，主动服务企业，为企业提供政策咨询和服务，帮助失业人员寻求就业岗位。录入就业服务对象 4580 人，调查企业 53 家，需岗 780 个，工种 36 个，根据相应岗位，与就业对象进行匹配。

2015 年，安置公益性岗位 14 人，推荐小额贷款 25 人。组织和参加大型招聘会 3 次，发布空岗信息 1000 余条。举办创业培训班 2 期，50 位有创业意愿的居民参加培训并取得结业证书。举办家政服务技能培训班 2 期，培训失业和灵活就业人员 120 人，有 85% 的人实现灵活就业。

2016 年，办事处将 5 个社区的工作台账进行统一规范，并装订成册。举办创业培训班2期，新增就业523人。32人办理了小额担保贷款，236人办理了社会保险补贴手续。新产生零就业家庭1户，其中1人被安置到公益岗位工作。组织开展大型招聘活动2次，提供就业岗位860个。

3. 社会治安综合治理

1991—1995年，新华办事处调整社会治安综合治理领导小组，综治办与辖区单位、居委会分别签订社会治安责任书，居委会与单位、个体户签订责任书。推行栋片联防"一长三员"（治安楼长、人民调解员、安置帮教员、义务巡逻员）防范工作。以警民共建、资源共享、家园共管的方式，形成防范一点、巡查一片、辐射一方的防控网络。

2001—2005年，推进文明社区、文明小区、星级文明户评比活动。开展"崇尚科学、反对邪教"大型宣传活动。推进道路改造进程，加快人行步道硬化补修。与65个机关企事业单位、9个社区居民委员会，签订社会治安综合治理目标管理责任状，落实吸毒人员"四位一体"（组织领导到位、禁毒宣传工作到位、工作责任到位、基础工作落实到位）帮救措施，无毒社区创建覆盖率90%以上。

2006—2007年，办事处实行信访代理制，做到小事不出楼门，大事不出社区，纠纷不激化，矛盾不升级，两年解决矛盾纠纷9起。在"平安临河"创建活动中，开展法制培训班6期，法制知识竞赛活动3次，发放宣传材料1万余份，接待群众咨询2000人次。

2012年，完善社区多功能活动室和社区办公室场所硬件设施，将面向群众的服务内容、办理时限等制成流程图，开创便民利民"绿色通道"。

2015年，设立信访接待室，公布信访热线电话，实行首问负责制。排查社会信访矛盾纠纷24次，在职权范围内予以调处，未调处的实行"五级联保"和干部专职稳控制度。不断完善街道服务大厅、街道多功能活动场所功能。

2016年，加强各社区治安员、巡逻人员、联防员队伍建设，形成人防、物防、技防相配套的社会治安防范网络；排查调处重点矛盾纠纷62件，调处成功60件，调处率96%；监管社区矫正人员22人，刑释解教人员45人。

三、先锋街道办事处

2016年，先锋办事处成形的住宅小区有：光明小区、数码小区、太阳城、润丰园、豪绅家园、光大花园、光辉花苑、五一家苑、今日尚品、绿都新村等。

（一）基层党建

1992年，办事处下设10个社区居委会党支部、1个机关党支部、22个居民委员会党小组。

2004年，每个社区建立流动党员联络站，新光社区党总支确定为临河区党建工作示范点。投入300万元，新建和完善5个社区居委会办公用房和活动阵地，配备电脑电教设备40台。

2005年，办事处党委牵头，与巴彦淖尔市、临河区两级24个单位"结链"，帮扶慰问贫困家庭和低保户300余户；组织发动20多个结链单位在职党员、社区党员、离退休党员、市民党员，开展结链活动1500人次。对辖区14个老旧小区开展绿化美化、植树造绿活动。

2010年，建立以党工委为核心、以社区党总支为枢纽、以党支部为基础的社区三级工作体制，在新丰社区绿都新村成立由社区居委会、业主委员会和物业公司组成的三位一体党支部，实现由封闭管理模式向开放指导、服务性方式转变。

2011—2013年，办事处构建服务型党建格局，提升社区服务水平，创建管理有序、服务完善、治安良好、环境优美、生活便捷、文明祥和的新型社区。开展了"青春雷锋照耀河套"学雷锋志愿活动。

2014—2016年，以开展街道社区管理机制机构改革为重点，转变工作职能，深化"三有"水平，设置"一站式"服务中心，探索建立党建工作联席会议制度。2016年4月4日，召开了创建全国文明城市工作推进会，安排部署创建任务。

（二）精神文明建设

1991年，先锋办事处开展了道德实践、群众性精神文明、文明单位、文明家庭、星级文明城市、卫生城市等创建活动，以及开展社会公德、普法教育和学雷锋、树新风活动。

2000年，开展以创优质服务、优良秩序、优美环境为主要内容的创"三优"活动，在各社区居委会开展创建文明家庭、文明楼院、文明小区、文明城市"四创"活动。

2006—2008年，依托街道市民讲堂和社区市民分校，利用信息宣传栏、板报、橱窗、广场活动等形式，宣传科普、法律知识。投资100万元，为5个社区18个小区安装健身器材200余套，建成全民健身活动中心5个，向群众开放健身场地3个；组建了社区老年秧歌队、老年文艺表演队、老年象棋队、少儿书法队、羽毛球队、老年女子健身操队、社区足球队。以社区为单位，每年都要开展社区文化娱乐活动。将党建示范创建活动向社区楼道、单元延伸，开展了"五个好目标"活动。

2014年，开展党员量级化管理工作和在职党员进社区活动，以示范引领项目为重点，开展了"六必访、四问清"活动，圆满完成社区党组织换届选举工作。

（三）社会事业

1. 环境卫生

1991—2000年，先锋办事处实行社区居委会向辖区单位和居民住户征收卫生费的办法，雇摇铃车夫对生活垃圾进行清扫、清理、清运，实行全天保洁。

2006年，实施街道领导包片、干部包街路卫生责任制，要求居民垃圾装袋、日产日清、不留死角。落实周五大扫除制度和承包街路卫生责任制，进行定期检查，沿街门点执行"门前四包、门内达标"责任制。

2007年，组织开展清除公共场所垃圾死角行动，清理规范占道经营、乱堆乱放、乱停乱摆问题，整治户外广告、灯箱、牌匾、墙体广告。组织社区"4050"人员和志愿者服务队，定期清理小广告。开展"世界无烟日"宣传活动，发放禁烟宣传资料2万余份，张贴宣传标语1万余处。

2012—2015年，开展"清洁城乡环境，营造秀美家园"为主题的爱国卫生运动，并开展慢性病与营养监测项目调查。

2. 民政与劳动就业

1990年，先锋办事处成立劳动和社会保障事务所，11个居委会分别建立社区就业服务站，帮助下岗失业人员办理《下岗失业证》《再就业优惠证》，完成向外劳务输出任务，为下岗失业人员开辟新的就业岗位。

2003年，成立街道再就业领导小组，将再就业工作列入社区年度考核，并将任务分解到5个社区居委会。定期开展下岗失业人员再就业及社区居民就业培训和岗位技能培训，对就业失业人员底数进行采集，登记造册，建卡立账。对符合政策下岗失业人员和个体私营企业，推荐办理银行小额贷款，减免税费，享受政策比例为100%。累计举办就业培训和岗位技能培训63场次，5701人参加，80%以上学员实现自主创业。发放《再就业优惠证》2185个，为1716人办理再就业小额贷款，1534人享受国家社保补贴。安置社区公益性岗位314人，辖区灵活就业1298人，基本消除"零就业家庭"。

2016年，为484户城市低保户、18名困境儿童、371名老人、146位重度残疾人、31名优抚人员及9名"三无"人员，发放各类补贴600万元，保障了社区弱势群体和困难群众的基本生活。

3. 社区建设与社会治安综合治理

1991—2015年，办事处综治办每年与辖区单位、居委会签订社会治安综合治理、消防、禁毒、安全生产责任状，分解任务，责任落实到人，形成防范一点、巡查一片、辐射一方的社区防控网络。每年开展普法宣传，邀请消防、公安、司法人员，为社区群众讲解消防安全、防盗、防骗和日常法律知识；每年开展"安全知识进社区"活动，组建了一支由社区老党员、青年团员、离退休职工和低保对象组成的社会治安志愿者巡逻队伍，参与社区安全防范，形成人防、物防、技防相配套的社会治安防范网络。按照"小事不出社区，大事不出街道"的原则，从源头上防止和减少各种矛盾的发生，维护辖区稳定。每年开展文明社区、文明户、五好家庭、卫生之家、文明楼院、遵纪守法光荣户等评比活动，参评合格率90%以上。截至2015年底，辖区有社区综合服务站5个，居民综合文体活动室6个，高标准社区服务站3个，便民商店、爱心超市、多功能活动室、图书室、心理咨询室、康复中心、市民讲堂、科普活动室、家长学校等一应俱全。

2016年，办事处出动干部职工和在职党员647人次，动用机械45台次，投入资金14万元，对社区14个老旧小区开展植树造绿。种植乔木3392株、花冠木2947丛、绿篱11561平方米；清理废土8041.6立方米，回填土方3469立方米；在绿地打井16眼；清理病死树木629株，绿化面积96329平方米。在新丰社区万丰九队400户居民中，开展平房区集中供暖改造工程，为国家提倡的"蓝天工程"添砖加瓦。为369户居民接通统一供暖网络，面积40000平方米。同时，办事处筹资4.2万元，对5个社区90条宽度在3米以下的巷道进行硬化，硬化面积10900平方米；投资100万元，打造新顺社区，建成便民服务大厅、党史党建展览室、社区党校、居民议事大厅、道德讲堂、家长学校、图书阅览室、基层人大代表之家、社区居民文体活动室、社区妇女儿童之家、志愿者之家、民族团结之家、社区法务室、司法调解室、社区警务室等多功能社区党群活动中心。

四、团结街道办事处

1991—1996年，团结办事处设党委书记1人，副书记3人，办事处主任1人，副主任2人。内设办公室、环卫站、市管站、计生办、土地办、房产办、文化站、文明办、综治办、法律服务所、司法所、企业办、民政办13个股室。

2000年，办事处党委系统有12个党支部，设工会、团委、妇联、民兵武装、精神文明办等群众组织。办事处下设9个居委会、72个居民小组，4个职能办公室：环卫站、多经办、计生办、综合办。

2008年3月，党委改称街道党工委，设党工委书记1人，副书记2人，纪检书记1人，组织委员1人，宣统委员1人，人武部长1人，行政主任1人。下设3个总支（今日、五星、光宇社区党总支），3个支部（庆丰、团结、新村社区党支部），正式组织关系在街道党工委的党员有535人（在职党员44名，离退休党员397名，市民党员26名，下岗职工党员39名，学生党员16名，退伍军人党员13名），流入党员48人，流出党员41人。

2016年，办事处有工作人员52人，人员编制44人（其中行政编17人，事业编26人，工勤编1人），平均年龄43岁，大专以上学历39人。下辖6个社区居委会及三部一办（综合事务办公室、社会保障部、社区管理部、群众工作部）。街道党工委下设3个社区党总支、3个社区党支部、1个机关党支部、3个非公企业党支部。有党员538名，社区工作者47名。有居民15198户40033人，有汉、蒙、回、满、朝鲜、鄂温克、鄂伦春、达斡尔、俄罗斯、彝族、羌族、锡伯族等14个民族。辖区党政机关、企事业单位和商业服务网点2996个，中小学校5所。有自治区级、巴彦淖尔市级和临河区级文明单位23个，文明小区3个，文明楼院175个，文明示范大街2条。

（一）基层党建

1991—1994年，团结办事处党委下设基层党支部9个，机关党支部党员与社区党员结成联系户，协助社区支部做好日常管理工作。对党员实行分类管理，建立完善管理机制。

2000—2004 年，办事处党委实现党员信息库微机化管理，健全社区党员登记册、流动党员登记册、下岗失业党员登记册。在创建"五个一"党委工作中，开展了"三级联创"，实施了"六民"工程（为民、富民、安民、乐民、便民、育民），建立了流动党员联络站，成立了党建工作示范点建设领导小组。

2005—2008 年，开展"四进四访"（进社区、进机关、进企业、进重点场所；访民意、记民情、访民难、访民安）连民心活动，成立楼院党小组、老年大学党支部、"两新"组织联合党支部、青年党员志愿者服务队。开展了"庆七一、迎奥运、纪念改革开放三十周年"、建党 87 周年纪念活动。建立社区党组织"片会"制度，采取社区党支部＋企业、楼院党小组＋业主委员会、党员志愿者＋辖区单位的"3＋3"党建工作模式。

2012—2014 年，建立"社区网格管理"制度和"居民说事"制度，实行党员"7＋7"精细化管理，形成"一居一特"工作格局。加强党员星级化管理，对 477 名党员进行评星定级。

2015—2016 年，辖区 8 家非公经济组织组建团支部和女工委等群团组织、2 家非公经济组织成立党支部。完成社区"两委"（社区党支部委员会和社区居民委员会）换届选举工作。开展了"两学一做"学习教育，推进区域化党建、在职党员进社区工作。

（二）精神文明建设

1991 年，团结办事处开展了道德实践活动，推进文明单位、文明家庭创建活动，以及建立健全志愿服务制度，深化群众性精神文明创建活动，并开展全民阅读活动。

2000 年，开展以创优质服务、优良秩序、优美环境为内容的创"三优"活动，并开展创建文明家庭、文明楼院、文明小区、文明城市等活动。

2003 年，发放精神文明宣传资料 5000 余份，出板报专栏 36 期。利用家长学校、社区市民学校开课 10 场次，参加人数 4000 人次。接受国家、自治区、巴彦淖尔盟、临河市四级检查观摩 10 次。举办社区消夏文艺晚会 3 次，新建安全文明小区 2 个、社区警务室 3 个、社区民兵连 2 个。为健康小区安装价值 15 万元的全民健身活动器材。树立文明单位标兵 2 个，新建文明片区 4 片、文明楼院 5 处，开辟文明街路 3 条，建成"五好家庭"（爱国守法，热心公益好；学习进步，爱岗敬业好；男女平等，尊老爱幼好；移风易俗，少生优育好；夫妻和谐，邻里团结好）240 户，"卫生之家"1800 户，"遵纪守法户"2000 户，"十星级文明户"1465 户，五星以上文明户 85% 以上。

2004 年，创建安全文明片区、安全文明单位、文明市民、文明户、文明单位评选活动。创建文明片区 4 个，文明楼院 5 个，自治区级文明单位 2 个，市级文明单位 4 个，区级文明单位 1 个。有社区被自治区授予安全文明小区荣誉称号，分别被巴彦淖尔市、临河区两级授予文明社区称号。

2006—2007 年，成立"邻里互助站"，推行文明社区建设新机制。开展社会主义荣辱观（以热爱祖国为荣，以危害祖国为耻；以服务人民为荣，以背离人民为耻；以崇尚科学为荣，以愚昧无知为耻；以辛勤劳动为荣，以好逸恶劳为耻；以团结互助为荣，以损人利己为耻；以诚实守信为荣，以见利忘义为耻；以遵纪守法为荣，以违法乱纪为耻；以艰苦奋斗为荣，以骄奢淫逸为耻）进机关、进校园、进企业、进社区、进家庭活动。参与自治区成立 60 周年文化活动。

2008 年，开展群众性精神文明创建活动，发放宣传资料 8000 余份，书写横幅标语 5 条，接受现场咨询 1600 人次。组织街道社区全体干部职工参与"迎奥运、讲文明、树新风"知识竞赛。

2013 年，办事处开展健康教育专题讲座 4 次、健康素质问卷调查 2 次、科普健康教育宣传 2 次，开展控烟宣传活动 1 次，张贴禁烟标志和除"四害"相关资料 6000 余份。开展学雷锋环境专项治理活动，清理垃圾 40 吨。对旧小区进行专项治理 2 次，清理垃圾 8 车 20 吨。

2015年，成立文明创建领导小组，培育扶持精神文明先进组织；成立志愿者协会，表彰宣传精神文明先进个人，组织培育出一支文体活动队。开展精神文明宣讲活动5次。

2016年，开展创建全国文明城市活动，加大辖区市容市貌和小区治理力度。进行巷道硬化，清理小广告、小区垃圾死角，对小区破损垃圾桶进行更新，进行绿化改造。改造老旧小区地沟暖气，对1995年以前建成的10个老旧楼房，实施外墙保温、楼顶防水、更新污水管网等综合改造工程。

（三）社会事业

1. 环境卫生

1991年，团结办事处动员辖区13个单位360人次，出动各种车辆17台，清除大冰堆19个，运走垃圾35吨，开展环境卫生大检查4次。

1995—1998年，清除垃圾28吨，迎接卫生检查6次，自查5次。在爱国卫生运动活动月中，数次组织人力清除垃圾。

2002—2003年，在爱国卫生活动月中，投放鼠药500袋、蟑螂药200袋，保洁队一级清运做到日产日清。2003年，根据临河市防治"非典型肺炎"工作要求，办事处对外来人员实行24小时监控，做到底数清、情况明，形成严密的防控体系。

2007年，组织机关及居委会干部职工、低保户500人，会同辖区单位，协调装载机运输车，对辖区内的建筑垃圾、生活垃圾、白色垃圾，进行彻底清理。

2010—2012年，采取袋装、筐装、定时倾倒的办法，坚持日清扫、常清洁、垃圾日产日清制度。组织大型义务劳动数次，清理卫生死角103处，清理垃圾500吨。

2015年，筹资110万元，对17栋老旧小区住宅楼、1栋商铺楼的地沟、暖气、管道进行改造，惠及居民703户；组织小区业委会、物业公司、居民住户集资，为9个老旧小区、32个单元更换污水管道；出资1.2万元，为畜产家属院45户居民更换自来水主管道；筹资8万元，对大厦楼外墙和楼顶防水进行维修改造。全年硬化居民巷道124条27480平方米，其中3米宽以上巷道37条17500平方米，3米宽以下巷道87条9980平方米。

2016年，投资2.5万元，治理无物业小区和平房区巷道垃圾死角140处；投资1.75万元，购置100个垃圾桶，对小区破损垃圾桶进行更新；对15个小区进行绿化改造，绿化面积104476平方米。对绿化改造小区进行砍伐病虫害、枯死树木682棵，清运废土4762立方米，回填种植好土2900立方米，整理土地42000平方米，施肥22700平方米。打井24眼，铺埋安装管道482米。种植乔木1269株、亚乔木1228株、篱带6336平方米、灌木1390丛、地被48000平方米，整理堤堰256条，除草51500平方米，硬化1386平方米。

2. 民政

2003—2005年，辖区实现脱贫10户29人，享受最低生活保障的有385户1045人，办事处推行低保户一户一档、一户一岗工作模式，搭建动态管理信息处理平台、人力资源管理平台、民主入保平台、低保户廉租住房平台，全方位为生活困难人群服务。开展"四进四访"连民心活动，122户特困家庭得到社会救助，筹集教育救助金12500元，临时救济14415元。为利民小区安装楼道门28扇，硬化小区道路1条。

2007年，以"爱心储蓄所"为载体，动员社会各界，为12名贫困大学生捐款13200元，为6221名居民群众办理城镇居民医疗保险。与华西医院联系，为2000名居民免费体检，为100名居民发放扶贫医疗救助卡。同年，为符合条件的68户特贫户提供最低生活保障，对70户低保家庭进行标准调整，对237户低保边缘户实行临时救助和社会救助；为13户贫困户发放廉租房补贴9800元；春节为贫困户送煤60吨、米66袋、面30袋、油50斤、现金31250元；为53户残疾家庭办理低保，为15户残疾家庭赠送煤、米面、电视等价值8000元的物品。三次组织双拥共建单位，走访慰问临河区武装部、中旗骑兵营、川井边防连。在八一建军节之际，组织巴彦淖尔市广电局6个辖区单位筹资2600元，慰问临河区武装部、乌拉特中旗骑兵营官兵和16名优抚对象，为3名军转干部解决子女择校难问题。

2011年，对患有重大疾病人员（其中低保人员108人、优抚5人、边缘户24人）进行二次医疗救助，救助137人302700元。对100名低保慢性病人发放每人价值400元的医疗卡。对18位白内障患者和21位精神病患者建立档案，施行复明术18例。为5名丧失劳动能力的重度残疾人员申请居家托养补贴。为35名三级、四级残疾人员发放残疾人机动车燃油补贴。

3. 劳动就业

1990年，团结办事处成立劳动和社会保障事务所，9个居委会建立社区就业服务站，帮助344名下岗职工办理《下岗失业证》《再就业优惠证》，向外输出劳务人员78人，新开辟就业岗位安置下岗职工21人，安置公益性岗位15个。

2003年，成立街道再就业领导小组，将任务分解到6个社区居委会，建立台账，安置下岗失业人员100人。

2004—2008年，帮助下岗失业人员再就业267人（其中下岗职工170人，实现自主创业87人，政府出资购买公益性岗位10人）。新增社区服务实体25个，为34人办理银行小额贷款担保手续，实现个体私营企业减免税费48人次。辖区23户零就业家庭中30余人就业，就业率100%。

2012—2015年，实行就业实名制，录入就业服务对象4000余人，调查50余家企业，需岗700个。安置公益性岗位14人，推荐小额贷款25人。组织和参加大型招聘会3次，发布空岗信息1000余条。举办创业培训班2期，参加培训并取得结业证书的居民50人。举办家政服务技能培训班2期，培训失业和灵活就业人员120人，85%的人实现灵活就业。

2016年，新产生零就业家庭1户，其中1人被安置到公益岗位。组织开展大型招聘活动2次，提供就业岗位860个。

4. 社区建设与社会治安综合治理

1991—1995年，团结办事处调整社会治安综合治理领导小组，与辖区单位、居委会分别签订社会治安责任书，居委会与单位、个体户签订责任书，做到社会治安综合治理工作全方位、无死角，环环相扣。

2003年，办事处被内蒙古自治区文明办、民政厅确定为自治区创建文明社区示范点。

2005年，办事处对辖区住宅小区供热、拆迁、给排水开挖、掏窗换门等矛盾纠纷进行集中排查。落实吸毒人员"四位一体"帮救措施，"无毒社区"创建覆盖率在90%以上。办事处自筹资金8100元，为利民小区居民更换"爱心楼道门"；筹资50400元，硬化480平方米便民路。

2006—2009年，解决矛盾纠纷9起，开展各类法制培训班6期，法制竞赛活动3次，发放宣传材料13000余份，接待群众咨询2000余人。筹资19万元，为800位居民提供钱物救助，为156名学生解决入学难问题，为1300名贫困居民提供医疗救助服务，为1400名下岗失业人员提供就业岗位。

2011—2012年，成立"团结办鸿雁文艺团"。同时，加强出租房屋管理，签定出租房屋治安管理协议，做到出租户底数清、情况明、不漏管、不失控。

2015年，排查社会信访矛盾纠纷案件24次，在职权范围内予以调处，未调处的实行"五级联保"和干部专职稳控制度。落实辖区单位承包街路巷道卫生责任制和"门前四包"责任制，细化责任区，明确责任人，实行环境卫生联抓联管。

2016年，排查调处各类重点矛盾纠纷62件，调处成功60件，调处率96%。对健康新家园院落进行了硬化，对6个老旧小区垃圾桶进行了更新，拆除清理住宅小区绿地、卫生死角积存垃圾170车，对18栋旧楼房、2栋商铺楼进行维修改造。

组织统建楼小区和啤酒楼住户居民集资 186 万元，进行土暖改大暖；协调临河区住建局，对辖区 1995 年以前的 11 个老旧小区、单体楼 1402 户住宅楼进行外墙保温和涂料装饰、楼顶防水、污水管网、院落硬化等综合改造；对 34 个老旧无物业弃管小区、单体楼，引进国有控股的尚善物业公司进行服务；为具备条件的 23 个小区划设停车位；对 242 个楼道进行重新刮白装饰；对 22 个老旧小区、单体楼安装电子监控设备。组织低保户、物业工作人员和社区干部，清理非法小广告 9000 余份；对团结街道 15 个小区进行绿化改造，绿化面积 10.45 万平方米；协调临河区供电局，对 20 世纪 80 年代承建的河套大街南统建楼小区 272 户居民用电线路，进行无偿换线、换智能表、线路套管等改造。

五、车站街道办事处

车站街道办事处辖区东起王贵渠、建材路，南至曙光东街，西到胜利南路，北接新华东街，总面积 2.6 平方公里。辖商业网点 1079 个、行政企事业单位 25 个。

（一）基层党建

1999—2003 年，车站办事处每年开展党性党风教育活动。建立的党员互助基金会，通过自觉自愿、滚动积累、有偿投放、定向帮扶、无息周转的方式，多年为生活困难的党员提供帮助。

2004 年，办事处筹建了 3 个党员电教站，建立了流动党员联络站、在职党员联络站，新增了 3 处党员活动室，实行党员分级管理和"党员认岗"活动。同时开展"五星级"党员评比竞赛活动和"党员互助"活动。办事处党委和兴旺社区党支部被自治区组织部确定为党建工作示范点。

2007—2010 年，开展创建"学习型党支部"和"学习型机关"，投资 2000 元，开通首家党员远程教育网，对机关干部、社区党员进行多元化教育。开展"一社区总支一品牌、一支部一特色党建"活动、学习实践科学发展观活动，成立平

安社区下岗再就业党支部，开展创先争优活动。

2011 年，按照"有人管事、有钱办事、有场所议事"的基本原则，实施"党建网联工程"，建立党工委、党总支、党支部、党小组四级网格责任制度。推进"6 + 6"岗位权力风险防控体系建设，制定防控措施，形成决策、执行、监管、评议的职权运行体系。辖区金穗社区被评为巴彦淖尔市先进基层党组织。

2012 年，推进"居企联建"新模式，以繁荣社区文化为重点，与辖区企业百灵公司建立"公司 + 支部 + 基地 + 居民"的发展模式，使企业发展与促进就业融为一体。

2013 年，开展"慵懒慢贪"专项治理和转变作风服务群众专项活动，建立联访、联商、联建、联评为主要环节的"菜单式"帮扶机制，被中央组织部作为党的群众路线教育实践活动典型案例，在《共产党员手机报》进行登载，被《中国组织人事报》报道。

2014—2016 年，开展党的群众路线教育实践活动和党员"1 + 1"结对活动，组织社区"两委"换届，开展"三严三实"专题教育和五级示范抓引领工作，实施党员星级化管理。开展"两学一做"学习教育、党员集中排查、党费收缴工作专项检查、党员档案排查、党代表和党员违纪违法排查工作。

（二）精神文明建设

1991—2003 年，车站办事处每年举办一次法律、卫生、科教、文体、道德、治安"六进社区"活动。自 2001 年举办首届社区体育运动会后，形成每三年举办一届运动会的惯例。

2004 年，培养树立 400 个包括"文明行业""文明单位""五好文明家庭""文明市民"在内的各类文明典型。举办 4 场以文艺表演、歌咏比赛、公民道德建设知识问答为主要内容的主题活动。

2005—2007 年，召开文明典型经验交流和表彰大会，举办"真情温暖农民工"专场晚会，组

织成立以辖区中老年合唱团、舞蹈队、二人台戏剧队、秧歌队等群众文艺团体组成的"车站办中老年艺术协会"。

2008—2009年，开展廉政文化进社区、进家庭及改革开放三十年成果演讲会活动。

2010年，金穗和恒丰两个社区图书阅览室，免费向居民开放。依托金穗社区活动场所，建起12355青少年服务室，为辖区青少年及家长进行免费心理咨询、心理健康辅导。成立临河区首个街道社区困难职工帮扶工作站，开展救助活动。在恒丰社区开展家庭读书试点活动，每年评选10户学习型家庭，引导社区家庭学知识、用知识，树立终身学习理念。恒丰社区获得"全国创建学习型家庭示范社区"荣誉称号。

2011年，成立社区心理健康服务中心和关爱留守流动儿童家园。开展剪纸、插花、记忆测试等一系列"温馨家园"亲子活动。办事处团工委在开展基层团组织格局创新工作中，被自治区团委确定为优秀典型，报团中央在全国进行推广。金穗社区被评为"内蒙古自治区科普文明社区"。

2012—2013年，建立金穗社区科普文化长廊。组织开展地震、火灾、雷雨天气避灾知识讲座和演练、青少年科技作品大赛、道德讲堂等活动。利用科普专项资金，购买50套科普知识刊物，供居民免费借阅。金穗社区被评为"全国科普示范社区"。

2014—2016年，办事处举办科普知识竞赛、社区乒乓球比赛和群众文艺汇演。举办首届社区羽毛球比赛、全民体能测试、"书香进社区"活动。

（三）社会事业

1. 环境卫生

1991—2002年，车站办事处辖区10条次干道、7万多平方米黑色路面，全部实行专业化保洁。为使街路优美整洁，取缔了不规范的临时摊点，杜绝店外占道经营。

2003—2005年，开展了创建六星级文明城市

活动，组织大环境卫生"百日会战"，以及北边渠、王贵渠专项治理行动，落实了辖区保洁员全天保洁的任务。

2006—2007年，办事处为清洁工购买了人身意外伤害险，落实清理"城市牛皮癣"专人专段管理长效机制，关停群众反映强烈的光辉路货车停车场，清除次干道障碍，彻底改善街容街貌。配合完成自治区"八星级"文明城市创建和验收工作。

2008—2011年，开展以"人人关爱城市环境，全民参与综合整治"为主题的爱国卫生月活动，以及"讲文明、讲卫生、讲科学、树新风"为主题的春季爱国卫生运动。

2012—2013年，完成紫薇园小区、光辉小区等5个小区的外墙保温工程；改造车站办住宅小区和糖果厂小区2个老旧小区。组织20个责任单位，完成塞北街、曙光街迎街巷道硬化任务。

2014—2015年，对拉科普小区、气象局家属楼等8个小区15栋楼，进行地沟暖气改造；硬化朝阳园和育红园小区路面；接通育红园和粮油小区天然气。硬化3米以下居民巷道53条5223平方米，综合改造5个老旧小区。

2016年，实施水利平房区、草库巷平房区、临河宾馆西平房区接大暖工程，对因接大暖破坏的巷道重新进行硬化。对14个老旧小区进行综合改造，对26个弃管小区接冶尚善物业进行接管服务。

2. 民政与劳动就业

1991—2016年，车站办事处每年都要组织辖区单位、结对单位、党员干部，与困难群众、贫困学生，结成助困链，进行一对一帮扶。逐步落实城市居民最低生活保障、经济适用房、公租房、廉租房、大病救助、慢性病救助等救助政策，使贫困人群尽快脱贫。

2003—2004年，开展下岗职工择业观念教育，实行劳务输出，通过建立辖区单位、企业空岗增员申报制度，安置了一批下岗失业人员。

2005—2006年，成立"爱心超市"，贫困户每月领取一定生活补助费。依托就业平台成立就业服务中介所，免费为下岗职工和待业青年提供就业服务。对失业人员实行"ABC"分类管理，做到失业原因清、家庭状况清、社会关系清、技能特长清。

2007—2009年，辖区7个社区居委会建立劳动和社会保障服务站，建立援助"零就业家庭"长效机制，实行"分散或集中就业，统一管理"的家庭作坊式就业模式。开展城镇居民医疗保险工作，辖区7197人参保。恒丰社区被自治区评为"和谐社区"。截至2009年，办事处采取的"技能支持、资金扶持、岗位援助、托底保障"4项措施，使零就业家庭实现至少1人就业。

2010—2016年，辖区5个社区达到充分就业社区标准，其中恒丰社区被评为自治区"五星级充分就业社区"。办事处将辖区领取低保补助、独生子女奖励、城镇三民定期定量补助财政惠民资金的人员，纳入财政惠民补贴信息化管理网络"一卡通"发放范围。为符合条件的老年人办理《老年优待证》，为80岁以上老年人发放长寿金，将残疾人全部纳入内蒙古自治区残疾人信息系统，实行统一管理。

3. 社会治安综合治理

1991—2004年，车站办事处每年开展普法宣传和培训工作，针对小区治安实际，在19个小区实施"堵多口、留一口"封闭化改造。

2005—2006年，在无物业管理的8处旧楼和15处单体楼，成立业主委员会和楼管会，实行居民自我管理。建成金穗社区朝阳园、万客乐超市、兴隆街、五完小等11个平安社区、平安单位、平安街路、平安楼院。

2010—2016年，出台"五级联保"责任制，对非访人员进行不间断稳控，办事处成立社区维稳工作站，在自治区率先成立物业管理小区人民调解委员会、供热纠纷人民调解委员会、外来务工人员维权人民调解委员会、企业用工人民调解委员会，进行辖区行业调解。车站办事处和平安社区居委会双双获自治区"五五"普法工作先进基层单位称号。

4. 社区建设

1991—2004年，车站办事处成立临河市首家社区行政服务中心和"政务超市"，实行"一站式"办公。筹建临河市首家社区物业服务中心，新增社区居民活动室2处，新增星光计划项目1项。率先成立青年服务中心和复转军人服务中心。

2005—2009年，成立党员服务超市，为居民提供家电维修、管道疏通、纠纷化解等服务。打造金穗社区和平安社区2个精品社区，开展机关党员志愿者服务日、社区读书月、六进社区活动月、扶贫助学等结对共建活动。

2010年，举办首届社区书画大赛，成立自治区首家街道社区困难职工帮扶工作站，实现对困难职工从年终救助到终年救助的转变。在金穗社区建起12355青少年服务室，在恒丰社区开展家庭读书试点活动，被全国妇联评为"全国创建学习型家庭示范社区"；在金穗社区推行低碳环保生活理念，被自治区妇联评为"自治区基层示范社区"和"自治区低碳示范社区"。

2011—2016年，以社区党总支为领导核心，链接社区居委会、社区警务站、业委会和物业公司，携手共同管理、协调社区事务，推行调处社区矛盾纠纷的"1＋4"社区管理模式。社区实行网格化管理，社区干部更名为社区网格员。

六、铁南街道办事处

1992年，铁南办事处成立。2009年，铁南办事处更名为铁南街道办事处。2015年，办事处建成245平方米便民服务大厅、150平方米棋牌室、多功能活动室、图书阅览室。办公面积1000平方米，工作人员62人，人员编制38人（其中行政编17人，事业编20人，工勤编1人），平均年龄40岁，大专以上学历30人。办事处下辖4个社区居委会及三部一办（综合事务办公室、社会保障部、社区管理部、群众工作部），有社区工作者 33 名。

（一）基层党建

1992—2002 年，铁南办事处党委下设基层党支部 9 个，党委对党员实行分类管理，建立完善的管理机制。结合新形势下社区出现的新情况、新问题，党委努力探索社区党建工作新途径，健全社区党员登记册、流动党员登记册、下岗失业党员登记册、党建行政责任状，为统筹管理打好基础。

2004—2005 年，办事处创建"五个一"党委，开展"三级联创"，实施"六民"工程。以"共产党员先进性教育"活动为主线，开展"四进四访"连民心活动，创新"先进性教育"活动形式。

2006 年，开展"三级联创"活动，以服务居民群众为重点，实施"六民"工程。开展街道社区党建工作示范点建设、结链共建、党员先进性教育等活动。

2007—2009 年，在非公有制企业中开展"党建带三建、三建促党建"（党建带团建、妇建、工建）活动。开展"庆七一、迎奥运、纪念改革开放三十周年"、建党 87 周年纪念活动，开展以党建带科普、以科普促党建活动，打造科普绿色社区。

2012—2015 年，开展推进"解放思想、优化环境、打造诚信临河"主题实践活动，开展结链共建，"下基层、办实事、转作风"活动。截至2015 年，办事处对 104 名党员实施"五星管理"，同时各社区完成党组织换届选举工作。

2016 年，开展党员组织关系排查，摸清党员底数，经排查，在册党员人数 147 名，预备党员 3名。按照合法程序处置 5 名失联党员，5 名党员按自行脱党除名。

（二）精神文明建设

1992—1996 年，铁南办事处推进文明单位、文明家庭创建活动，组织各社区开展全民阅读活动。加强党风廉政建设和民主法制教育，加大反腐败、扫除社会丑恶现象和打击刑事犯罪活动的斗争力度。

2000—2001 年，开展以创优质服务、优良秩序、优美环境为主要内容的创"三优"活动；开展"创建文明家庭、文明楼院、文明小区、文明城市"活动。组织社区利用黑板报阵地，加强禁毒宣传教育。

2003 年，辖区建成安全文明小区 2 个、"五好家庭"5000 户、"十星级文明户"3000 户，建成各级文明单位 13 个，其中巴彦淖尔盟级文明单位4 个，临河市级文明单位 9 个，文明单位覆盖率占辖区总数的 70%。

2004—2006 年，二居委会、七居委会成立文明社区相应机构，制定规划意见，形成上下配套的组织领导机构。开展"河套文明长廊"品牌创建，以及文明单位、文明行业评比竞赛活动。

2007—2008 年，开展社会主义荣辱观进机关、进校园、进企业、进社区、进家庭活动。参与自治区成立 60 周年文化活动，迎接党的十七大召开。组织街道社区全体干部职工参与"迎奥运、讲文明、树新风"知识竞赛。开展"六进社区"活动和"文明社区"共建活动。

2015—2016 年，成立文明创建领导小组，培育扶持精神文明先进组织，成立志愿者协会，组织培育一支文体活动队。对各小区进行绿化改造，开展老旧小区地沟暖气管道改造，对1995 年以前建成的 4 个老旧楼房、小区进行外墙保温、楼顶防水、污水管网维护等综合改造。

（三）社会事业

1. 环境卫生

1992 年冬季，铁南办事处组织 510 人，出动各种车辆 29 台次，清除大冰堆 26 个，运走垃圾59 吨，开展环境卫生大检查 4 次。

1995—1998 年，办事处清除垃圾 33 吨，迎接卫生检查 6 次，自查 12 次。配备专兼职健康教育工作人员 45 人，开展各类健康教育活动 26 次。

2004—2009 年，结合非典型肺炎防控工作，组织辖区单位、个体门点、居民住户进行全面清毒。投资 132 万元，铺设排污管网 5.2 公里，解决先锋社区、临铁社区 2500 户居民排污问题；组织 19 个结链单位、23 个辖区单位和居民群众 2800 余人，开展清理垃圾死角大会战 5 次；利用办板报、写墙报、张贴标语和发行内部刊物等形式，开展爱国卫生运动宣传教育。

2010—2016 年，清理卫生死角垃圾 25 处约 100 吨，疏通污水管网 18 处 2600 延长米，对辖区内 22 条、2920 平方米小街小巷进行全面整治，新建广告栏 17 个。对 3 个小区进行绿化改造，清理废土 1.1 万方，回填种植土 1 万方，施有机肥 260 方。接通自来水管网，铺设给水管道 950 米，整理绿地 1.3 万平方米，种植各类乔木、亚乔木 650 株。

2. 民政

1992—1994 年，铁南办事处对辖区复员、退伍、转业军人进行全面信息采集，建立信息采集卡分类归档。帮助辖区困难户 76 户、孤老孤儿 12 户，落实政策 7 户，优抚 6 户，实施社会救助 22 户。

1997—2002 年，办事处共有 70 户 185 名低保户，其间新增保障对象 254 户 696 人，调高标准 12 户 25 人，取消低保 5 户。

2003 年，办事处按时足额发放各类优抚对象定期补助，及时注销已故优抚定补人员。为军属、伤残军人办好事 20 次。组织辖区单位慰问驻临武警二中队，送去慰问款物 2000 元。

2004 年，发动市、区两级结链单位与特困户结成扶贫帮困链 26 链，结链单位资助特困户 3500 元，为 12 户贫困家庭提供助学金 9829 元。多方筹集资金，开展“扶贫济困送温暖”活动，发放救济金慰问款 5000 元，发放衣服 2000 件、被褥 50 套、学习用品 100 套。

2005 年，对考入大学的贫困独生子女家庭帮扶救济 35 户 28000 元。结链单位为特困独生子女户资助钱、物、食品，折合人民币 3500 元。为 12 户贫困独生子女家庭提供助学资金 9829 元。

2007—2009 年，筹集资金硬化居民巷道 7 条 5226 平方米，新建公厕 2 座，翻建 1 座。投资 5 万元，在道南小区建设 300 平方米的阳光花房。

2012 年，对已超出低保标准的 32 户 95 人取消最低生活保障，对 14 户 16 人进行个别调整。春节前慰问贫困户 40 户，每户 400 元，共计 1.6 万元。完成城市医疗保险的低保户有 903 人，办理慢性病医疗救助 83 人 7.7 万元，60 人给予救助 400 元的医疗卡，48 人给予大病救助共计 1.8 万元。办老年残疾证 857 人，输入残疾人信息系统 1300 人。

2014—2015 年，重大节日慰问贫困户、低保户等弱势群体 460 户，救助重大疾病低保户 26 户 16 万元，救助贫困大学生 8 人 1.3 万元。出资 10 万元，慰问贫困户、低保户等弱势群体 460 户，救助重大疾病低保户 26 户 16 万元。

2016 年，筹资 13 万元，慰问贫困党员、低保户、困难户 430 户，大病救助 5 人 3.2 万元，慰问困难职工 12 人 1.5 万元。对辖区 536 户低保户进行民主评议和审核认定，取消不符合条件的低保户 25 户。办理城镇居民医保 5847 人，发放廉租房租金补贴 42 户 86 人 11.61 万元。

3. 劳动就业

2002 年，铁南办事处成立劳动和社会保障事务所，8 个居委会建立社区就业服务站，帮助 183 名下岗职工办理《下岗失业证》《再就业优惠证》。

2003 年，开展“4050”再就业援助，召开 500 名下岗失业人员、求职人员参加的劳务输出和信息发布动员大会，现场发布外出就业信息 23 条，登记外出求职人员 53 人。

2004 年，组织参加市、区就业部门及办事处举办的培训 8 期 276 人次，安置下岗失业人员和就业困难人员 48 人，为就业部门推荐外出务工人员 80 人，成功输出 22 人。

2007 年，辖区新增就业人员 102 人，下岗失业人员再就业 39 人，帮助困难人员再就业 20 人。再就业培训 473 人，其中引导性培训 346 人，电脑培训 98 人，财会电算化培训 7 人，创业培训 22 人，帮助城镇"零就业"家庭实现至少一人再就业 23 户。创建道南社区为充分就业社区，创办社区服务实体 4 个。

2009 年，与富源集团联系，推荐用工 100 人；临铁社区与建元商行、富田农机公司对接，为两个企业输送用工 108 人，帮助一信绒和连小忠羊绒织片厂租赁新生产厂地，解决厂地不足问题，实现新增就业岗位 50 个；努力消除零就业家庭，实行就业援助，新增就业人员 342 人。持有《再就业优惠证》实现人员再就业 105 人，就业困难对象再就业 33 人。技能培训、创业培训和再就业培训 366 人。创办社区服务实体 5 个。为 20 名下岗失业人员办理小额担保贷款 40 万元，通过帮助办理小额贷款带动更多失业人员实现再就业。

2010—2012 年，实施社区再就业工程，新增就业人员 342 人，领取《再就业优惠证》人员再就业 105 人。开展就业技能培训、岗位技能培训和创业培训，参加技能培训 197 人，向本辖区企业输送员工 87 人。

2014 年，组织 187 人参加技能培训、创业培训和再就业培训，创办社区服务实体 3 个，解决 72 名就业困难人员的再就业问题，为 20 人办理创业小额贷款。

2015 年，组织 147 人参加技能培训、创业培训和再就业培训，为 174 名就业困难人员办理就业失业证；18 人领取失业保险，金额为 11.88 万元。

2016 年，组织 210 人参加技能培训、创业培训和再就业培训，创办社区服务实体 3 个，解决 131 名就业困难人员的再就业问题，为 20 人办理创业小额贷款。

4. 社会治安综合治理

1992 年，铁南办事处调整了社会治安综合治理领导小组，与辖区单位、居委会分别签订社会治安责任书，居委会又与单位、个体户签订责任书，形成层层落实、环环相扣的态势。

1995—1999 年，开展法律宣传活动 3 次，综治工作检查 4 次。

2002 年，通过筛选将 15 名享受低保人员聘为治安联防队员。与派出所协商，给 17 名摇铃车夫在原工资基础上加 20 元，聘为兼职联防队员，加上铁路单位 9 名联防队员，共有 41 名专兼职联防队员负责全办联防工作，形成派出所、辖区单位、居民群众共同参与的群防群治综治工作网络。

2005 年，调处各类矛盾纠纷 121 起，没有发生一起上访事件。与出租户签订治安责任状 762 份，多方位遏制外流人口犯罪活动。加大禁毒工作力度，为 72 名涉毒人员建档立卡。

2006 年，列管重点人口 80 人，对原有 72 名重点人员逐一回访，对三无人员捺印 5 份，网上光盘对比 68 人，清除传销点 3 处，查处违法人员 4 人，打击处理 3 人，破获刑事案件 2 起。

2007 年，建立安全防范组织 115 个，组织义务联防员 367 人，防范覆盖面 100%。创建安全稳定社区 4 个（第三、五、六、七居委），防范覆盖面 50%，创建安全小区 2 个，防范户数 1029 户。

2010 年，4 个社区居委会 36 名干部集中开展排查整治工作 15 天，入户 4205 户，排查人员 12615 人，其中外流人口 1356 户 4384 人，出租房 675 户，闲散青少年 61 人，社区矫正 5 人，解除劳教 4 人。铁南派出所排查火车站广场周边 4 个大型宾馆、13 个小旅店、5 个废旧回收站、4 个网吧游戏厅，排查治安重点巷道 4 个、散落社区小麻将馆 8 个，发现矛盾纠纷和上访诉求 14 起，处理 11 起。

2014—2016 年，组织干部定期开展矛盾纠纷排查化解工作，排查矛盾纠纷 26 次，排查出重大矛盾纠纷 7 件，接待上访群众 73 人次，办理来信来访案件 9 件。对重点上访人员进行严密稳控，稳控对象 27 人。截至 2016 年，接访群众 540 人次，受理信访事项 24 件，处置 20 件。

5. 社区建设

1998—2001 年，铁南办事处新建公共厕所 5 座，修补先锋路 1000 米。开展创建"文明社区"

活动，进行"文明户、五好家庭、卫生之家、文明楼院、遵纪守法光荣户"评比活动，参评率100%，评选率80%以上。

2002—2005年，采取留、借、租、建等办法，解决居委会办公用房问题，7个社区居委会全部做到一居一室一支。协调铁路部门投资395万元，完成50栋旧楼改造工程，包括楼顶防雨补漏、楼道粉刷亮化、更新声控灯。完成土暖改大暖，解决3000户居民取暖问题；解决吉祥社区42户居民自来水改造工程。培植社区服务定点单位25个，新增绿地2800平方米，协调铁路部门和辖区单位采取多种形式完成公厕建设3座，巷道硬化2条，排污管道1条。加大文体设施投入，截至2005年，有体育场馆13个，占地3300平方米，室内外体育器材180件。

2007—2009年，投入6万元，配置办公设施，实现社区办公自动化；协调铁路退管会等7个老年活动中心，向社区群众开放；组织辖区单位开展扶贫助学、扶贫助困活动，为贫困学生捐资12000元；通过协调学校，为36名贫困学生减免学费，申请助学金，开展社会捐助2次。建立"爱心超市"，开展"和谐社区""和谐楼院"创建活动。

2010—2011年，成立"怡德文化大院"，设阅览室、收藏室、棋牌室、培训室，建起面积140平方米文化墙、80平方米红色记忆展示室，建起演出厅和多功能厅。活动项目有二人台坐腔、合唱团、广场舞、健身操、图书阅览、书画笔会、象棋比赛、传统文化讲座、红色记忆展示等。投资3万元，装修临铁社区办公室；出资3万元，为向阳社区、曙光社区租赁办公室；投资6万元，改造装修便民服务大厅。

2014年，翻建铁南社区服务中心。投资330万元，新建便民服务大厅、图书阅览书、棋牌室、健身活动室等。通过办事处提供砖和沙子，居民自己组织施工的方法，在曙光社区硬化巷道5000平方米。投资15万元，在道南社区东端铺设自来水管网，为600户居民安装自来水。

2016年，投资22万元，对曙光社区、临铁社区居民活动室进行装修改造和活动器材配备；投资2.1万元，为临铁社区29户居民安装自来水；免费为临铁社区、道南社区平房区1223户住户发放节能环保炉；建成1900平方米的向阳社区居民服务中心。协调巴彦淖尔市河灌总局出资220万元，硬化辖区3米以下巷道1.7万平方米；协调执法局硬化铁路单体楼院落和巷道5000平方米，对福满园的排污管网进行彻底改造，解决多年的信访矛盾，为道南社区新建1座水冲厕所；协调恒诺集团，接通177号厕所下水，使新建一年之久的厕所重新使用。铁南办事处自筹资金12.6万元，硬化巷道1800平方米；投资6.2万元，对立交桥东面2栋居民楼的出口进行改造。

七、西环街道办事处

西环街道办事处辖区面积由过去的7.8平方公里缩减为3.8平方公里，东至水源路，南至新华西街，西至金川大道，北至解放西街，有长青、花都、花城、泰城、四季5个社区居委会，下设13个站、办、所，有29个辖区单位。

2011年，西环街道办事处在四季花城三区建起高标准政务大厅，办事处计划生育、医疗卫生、家政服务、中介服务、司法调解、养老保障、再就业等关系居民生产生活的服务门类，全部纳入大厅统一管理。同时投资4万元，在泰城社区建起高标准党员活动室和政务服务站。

2016年，办事处有商业服务网点1086个，中小学校2所。主要单位有中国邮政储蓄、中国银行、中国建设银行、河套农商行、西环派出所、巴彦淖尔市残联眼科医院、临河区地税局、临河区西环街道卫生服务中心等。

（一）基层党建

1992—2002年，西环办事处党委下设基层党支部10个，对党员实行分类管理，建立完善的管理机制，实现党员信息库微机化管理。健全社区党员登记册、流动党员登记册、下岗失业党员登记册。

2004—2005 年，花都社区党支部和长青社区党支部被确定为党建工作示范点，成立党建工作示范点建设领导小组。以"共产党员先进性教育"活动为主线，开展"四进四访"连民心活动。

2006—2008 年，成立楼院党小组，选拔 7 名有责任心的干部分别到社区支部担任支部书记，充实基层组织力量。投入 3.1 万元，完善 4 个居委会的办公用房和活动阵地，配备电教设备。开展"庆七一、迎奥运、纪念改革开放三十周年"、建党 87 周年纪念活动。

2011 年，在花都社区探索建立"企居"共建模式，实现阵地共建、活动共搞，扩大共建工作覆盖面。整合泰城社区资源，实行居委会和物业管理公司、业主委员会的双向进入、交叉任职，形成在社区党支部领导下，思想工作联做、公益事业联办、生活环境联建、文体活动联谊、小区服务联抓的党建工作模式。

2012 年，建立"社区网格管理"制度和"居民说事"制度，推行社区网格化服务管理，拉近与居民的距离。网格管理人员当好网格信息采集员、社区事务协调员、矛盾纠纷调解员、社情民意联络员、法律政策宣传员、文明新风倡导员，做到联络到位、排查到位、帮教到位、管控到位、服务到位、防范到位。

2013 年，成立离退休党支部 3 个，党总支 1 个，通过离退休党员协助街道做好群众工作，发挥"夕阳增辉"的重要作用。在国泰集团和德龙酒店分别成立党委和党支部。对街道机关原 10 个站办所进行整合调整，通过改革，内设机构由原来的 14 个缩减为 5 个。四季社区被临河区委组织部确定为文明社区，被区委、政府确定为精品社区示范点。

2014 年，在便民服务大厅设置"一号服务台"，由街道班子成员轮流值班，接待群众咨询来访。加强党员星级化管理，对 316 名党员进行评星定级。

2015 年 4 月，四季社区成立首家老党员调解室和业主论坛，开展在职党员进社区活动和社区"两委"换届选举，组建弘瑞物业公司和内蒙古金诚房地产评估有限责任公司党支部，党工委下辖支部达到 15 个，形成机关支部、社区支部、夕阳红支部、企业支部并进的党建格局。同时联系结链单位、辖区单位党组织参与社区建设工作。有 3 家非公经济组织组建团支部和女工委等群团组织，4 家非公经济组织成立党支部。

2016 年，发动支部党员、在职党员、离退休党员及市民党员 500 名植树，绿化面积 6 万多平方米，新植苗木 1 万株。开展辖区巷道硬化工作，开展庆祝"建党 95 周年"暨廉政文化进社区文艺汇演、党章党规知识竞赛、慈善书画活动。

（二）精神文明建设

1992 年，西环办事处开展道德实践活动，推进文明单位、文明家庭创建活动，以及推进全民阅读活动。

2000—2006 年，开展以创优质服务、优良秩序、优美环境为主要内容的创"三优"活动。开展创建六星级文明城市、抓文明细胞优化工程活动。成立"邻里互助站"，推行文明社区建设新机制。

2007—2008 年，举办大型广场晚会、劳动就业招聘会、社区文艺汇演、社区体育运动会 8 场次。开展群众性精神文明创建活动，组织街道社区全体干部职工参与"迎奥运、讲文明、树新风"知识竞赛。

2013 年，落实"迎会创城"工作任务，开展健康教育专题讲座 5 次，健康素质问卷调查 2 次，科普健康宣传 4 次，控烟宣传活动 1 次，张贴禁烟标志和除"四害"相关资料 4000 余份。对锦都花园小区等旧小区，进行专项治理 2 次，清理垃圾 3 车 8 吨。

2014—2015 年，完善基层社区文化阵地和文体设施建设，四季花城三区南门广场开放，配套安装健身路禁，开放健身场地。成立文明创建领导小组，培育扶持精神文明先进组织，完善基层社区文化阵地和文体设施建设，动员有一技之长的离退休党员牵头，成立文体协会，成立健身队14支。

（三）社会事业

1. 环境卫生

2006年，西环办事处发动机关单位27个和干部群众1800人，参加义务劳动，清理积雪积冰140吨，清理垃圾150吨，整治巷道10条，疏通排水管道18条、收水口78个，清洗居民小广告1600余处，清理基建废土50吨。

2007年，在爱国卫生月活动和市容市貌集中整治过程中，出动辖区单位干部群众580人次，动用大小机具8台，清理垃圾310吨，整治巷道10条，疏通污水井76个，清理乱贴乱画小广告278处，修补破损路面850米。设立社区定点医院2个、定点服务站1个。为5000人建立健康档案，对30名残疾人、低保特困户进行全年跟踪服务。联系残联眼科医院，为辖区1000人进行眼健康免费检查，有19名白内障病人接受残联眼科医院免费手术。

2008年，组织"社区是我家，维护靠大家""文明社区、卫生先行"为主题的大型义务劳动7次，参加人员200人，清理垃圾26车50吨。

2009年，制作街道旗140面，悬挂过街横幅20条，发放市民爱卫知识和健康教育宣传材料5100余份，出板报12期88块，制作墙壁广告30块、大型公共信息栏2个，进行环境卫生、疾病预防知识宣传。国庆前夕，开展辖区大环境卫生集中整治，清理死角垃圾20处，处理垃圾20吨。

2015年，完成184条20183平方米小巷硬化，在水晶宫路沿线新建13个花池，解决锦都花园的暖气管道更换问题及四季花城五区、三区的取暖问题，草坪砖硬化3000平方米，还解决街心公园改造问题。

2016年，发动党员500名植树，新植苗木1万株，绿化面积6万平方米；完成3米以下巷道硬化150条3万平方米；种植桧柏、国槐、香花槐、火炬、山杏、珍珠梅球、玫瑰、侧柏蒿、水蜡篱等52359株。

2. 劳动就业

1990年，西环办事处成立劳动和社会保障事务所，9个居委会全部建立社区就业服务站，帮助344名下岗职工办理《下岗失业证》《再就业优惠证》，完成向外劳务输出78人，新开辟就业岗位安置下岗职工21人，安置公益性岗位15个。

2003—2004年，贯彻劳动者"自主择业，市场调节就业，政府促进就业"方针，实现下岗失业人员再就业267人，其中下岗职工170人，实现自主创业87人，政府出资购买公益性岗位10人。新增社区服务实体25个，帮助34人办理银行小额贷款担保手续，实现个体私营企业减免税费48人次。

2005年，利用西开发区企业多、用人广的优势，实行"空岗申报制"，申报空岗476个，安置下岗失业人员、待业人员108人。在花都广场召开大型就业招聘会，为80名下岗失业人员提供就业渠道。新增就业人员269人，安置下岗失业人员再就业289人，求职登记288人，推荐就业145人。利用辖区归侨、侨眷集中、外地亲戚朋友多的优势，多方联系，增加劳务输出，对外输出劳动力162人。

2006年，收集发布用工信息220条，印发信息5000余份，提供政策咨询647人次。求职登记420人，推荐就业265人。培训下岗失业人员和外出务工人员200人，有63人培训后实现就业。办理《再就业优惠证》732个。在辖区企业和个体工商户中实行空岗申报制，与一信、春雪、维信、天马、新盛等12家企业、68个商业网点联合召开大型就业招聘会，提供岗位202个，实现就业186人。通过亲戚传帮带动、政府有序输出等方式，扩大劳务输出规模，增加居民收入，输出劳动力189人，完成下达任务161%。参加社会保险人员

60 人，已领取保险补贴基金 14.1 万元。为下岗失业人员办理小额贷款 33 人，享受税费减免政策 100%。263 人加入"分散就业、集中管理"灵活就业模式，月增加经济收入 350～600 元。

2007 年，收集发布用工信息 551 条，印发信息 3000 余份，提供政策咨询 179 人次。求职登记 325 人，推荐就业 179 人。培训下岗失业人员 419 人，办理《再就业优惠证》800 个；在辖区各中小企业和个体工商户实行空岗申报制，与鄂尔多斯羊绒公司等企业联合召开现场招聘会 3 次，提供岗位 202 个，安置下岗失业人员、待业人员 17 人；通过摸底走访，对辖区 40 户"零就业"家庭进行登记。领导分片承包，每人包 2～3 户，使 31 户有劳动能力的"零就业"家庭得到就业安排，月收入 500 元左右。

2008 年，与辖区各中小企业和个体工商户联系，进行空岗申报，申报空岗 80 个。组织辖区下岗失业人员参加各类培训班，25 名下岗失业人员通过各种技能培训，20 人实现再就业。针对"零就业"家庭开展送政策、送岗位、送技能、送服务活动，开发保洁、保安、保育等公益岗位，用于安排"零就业"家庭下岗失业人员。为解决无法走出去就业的妇女和病残无业人员的就业问题，与企业签订在家中就可以完成的手工制作产品或半成品订单，为 70 名因照顾老人、小孩或残疾人而走不出家门的妇女找到活干。

2009—2011 年，有 70% 的人员实现自主创业。各企业和个体工商户申报空岗 208 个，新增就业 260 人。组织企业专场招聘会，为失业人员提供 423 个就业岗位，基本消除"零就业家庭"。开辟再就业基地，开展"百日援助零就业家庭"活动，形成就业培训、指导和实践岗位相结合的系统化再就业服务。

2013—2015 年，发放小额贷款 155 万元，就业困难对象及申报社会养老保险补贴对象 907 人，办理城乡居民社会养老保险 408 人。安置公益性岗位 14 人，推荐小额贷款 25 人，组织和参加大型招聘会 3 次，发布空岗信息 1000 余条。举办创业培训班 2 期，有 50 位有创业意愿的居民参加培训并取得结业证书。举办家政服务技能培训班 2 期，培训失业和灵活就业人员 120 人。

3. 社会治安综合治理

1991 年，西环办事处与辖区单位、居委会分别签订社会治安责任书，居委会与单位、个体户签订责任书。

2001—2005 年，与 6 个社区居委会、23 个单位签订综合治理、消防、禁毒、安全生产目标管理责任状，与 320 个国有企业和个体工商业户签订安全保卫合同书。在综治宣传月和创建平安巴彦淖尔宣传月活动中，制作展板 8 块，印发法制宣传提纲 6000 余份。在人民广场和花都广场开展宣传活动，为 100 人提供法律咨询。通过分散排查和集中排查，排查出各类矛盾纠纷 11 起。

2006 年，排查调处各类矛盾纠纷 20 起，开展普法宣传教育活动 5 次，发放宣传资料 6000 余份。接待群众来信来访 3 起，经过耐心细致的调处化解，未出现 1 例越级上访事件。

2007 年，西环办事处把锦都花园定为"安全示范小区"，邀请巴彦淖尔市消防支队、西环路派出所、西环办司法所参加为期 2 天的法律知识宣传，发放各类法律知识和安全知识宣传图册、资料 1460 份，展出宣传图 27 块。3 月，在花都广场开展社会法律服务、法律援助、政策咨询活动，接待咨询 50 人，发放宣传资料 2000 余份。

2009 年，增强对突发性、群体性事件的应急处置能力，在社区居委会设立"连心窗"、发放"连心卡"，公布社区领导、管片小组长的联系电话，拓宽群众诉求渠道。将 22 名"4050"人员纳入联防工作，壮大联防员队伍，不定期进行拉网式片区联防，联防覆盖面 100%。根据辖区流动人口分布的实际情况，将"以房管人、入户访查"管理方法运用到流动人口管理中，以"静态"的房屋管好"动态"的人。

2011—2013 年，对可能引发的矛盾纠纷，按照归口办理的原则落实到人。对 15 户重点稳控人员实施帮扶救济。接待群众来信来访 52 人次，受理信访案件 57 起，办结 57 起，结案率 100%。排查化解各类矛盾纠纷 60 件，重点案件 4 起，涉访 10 人。发放法制宣传资料 5000 余份，接受群众咨询 180 人次。

2014 年，西环街道四季社区 8、9 号楼 100 户居民住户取暖存在问题，街道多次与相关部门协调、实地调研，筹资 10 万元对供热管网进行改造。河套大街未贯通前，四季花城五区的排污管道只能借助临时抽水管接入利民西街，为避免碾压地面管网，利民西街与水源路交界处设置了路障，给行人造成不便，居民家中时有污水反味现象发生，街道与执法局、住建委、开发企业等单位协调，最终将四季花城五区排污管道接入河套大街管网，拆除利民街口路障，彻底解决排污难问题。四季花城六区由于排污管道破裂，造成污水外溢，街道及时召开会议研究对策，最终通过办事处、物业公司、居民三方集资 4.8 万元更换排污管道。

2015 年，设立信访接待室，公布信访热线电话，实行首问负责制。排查社会信访矛盾纠纷案件 24 次，在职权范围内予以调处，未调处的实行干部专职稳控制度。

2016 年，加强各社区治安员、巡逻员、联防员的队伍建设，形成人防、物防、技防相配套的社会治安防范网络。加强流动人口管理和服务。排查调处各类重点矛盾纠纷 62 件，调处成功 60 件，调处率 96%。监管社区矫正人员 22 人，刑释解教人员 45 人。开展校园周边地区治安整治，加强特种行业、公共娱乐场所的管理。

4. 社区建设

2001—2003 年，西环办事处开展创建"文明社区"活动，进行"文明户、五好家庭、卫生之家、文明楼院、遵纪守法光荣户"评比活动，参评率 100%，评选率 85% 以上。

2005 年，开展结链共建和"四进四访"连民心活动，多方筹集资金 11.5 万元，硬化次干道城

西南路人行步道 8500 平方米。发动群众铺设人行步道 15 条 9905 平方米。组织居民自筹资金 2 万元，办事处投资 5000 元，完成 2 条巷道 200 米排污工程。投资 11.5 万元，新建和改建厕所 4 座。组织和发动居民在巷道和庭院种草种花，开展绿化美化活动。统一规划，统一设计，统一施工，建设完成城西路、乌兰路巷道硬化样板路和绿化美化示范路。

2006 年，通过招商，在西环路西建起永胜便民市场，占地面积 1950 平方米，总投资 38.5 万元，建筑面积 640 平方米。市场内有封闭式门点 15 间，有 3 排风雨棚可容纳摊位 26 个。同时筹措资金新建公厕 3 座，翻建 1 座。

2008 年，与个体户共产党员吴建夫协商，在花都社区新建"西环办便民市场"，占地面积 5 亩，市场内建有简易钢屋架棚 1984 平方米，简易门点 767.8 平方米，内设 1 座 24 平方米厕所，容纳摊位 150 个，总投资 76 万元。

2009 年，筹资 19 万元，为 800 户居民提供钱物救助，为 156 名学生解决入学难问题，为 1300 名贫困居民提供医疗救助和服务，为 1400 名下岗失业人员安置就业岗位。

2011 年，通过协调争取，泰城、花城、四季三个社区都有了办公场所，长青、花都社区分别搬迁到四季花城五区、六区公建房内办公。泰城社区建起高质量党员活动阵地，社区党员都有了自己的家。

2012 年，健全群防群治队伍，解决突出治安问题，准确掌握流动人口基本情况和相关信息，加强出租房管理，签订治安管理协议，做到底数清、情况明、不漏管、不失控。

2013 年，开展精品社区创建，四季社区被临河区委组织部确定为文明社区，被临河区委区政府确定为精品社区示范点。

2015 年，进行社区居民委员会换届选举工作，登记选民 28858 人，推选居民代表 298 人。社区居委会按 5 人设置，依次设主任 1 人、副主任 1 人、

委员 3 人。

2016 年，协助临河区住建局实施老旧小区改造，完成锦都小区、自来水公司家属楼、水保楼等 6 栋旧楼改造；协助临河区物业局实施弃管小区接管和平房区接大暖；规范自来水公司家属楼、水保楼、林业楼物业；对 397 户平房 40 万平方米进行供暖改造；完成四季花城三区 7 号楼供暖管道改造。重点对街道服务中心及花都、长青两个社区进行整改达标，新建服务中心 1600 平方米，租用解决花都社区场所 300 平方米，与街道共同使用解决长青社区场所 600 平方米。完成小区绿化提档，新植苗木 1 万株，绿化面积 6 万平方米；完成 3 米以下巷道硬化 150 条 3 万平方米。

八、东环街道办事处

截至 2016 年，东环街道办事处内设三部一办：党政综合办公室、社会保障部、社区管理部、群众工作部。街道党工委下设 4 个社区党总支部、1 个机关党支部，在册党员 130 名，有社区工作者 50 名。辖区居民住户 8550 户，人口 26588 人，14 个民族。

（一）基层党建

1992—1994 年，东环办事处党委下设 6 个基层党支部，机关党支部党员与社区党员结成联系户，宣传党的方针政策，协助社区支部做好日常管理工作。党员实行分类管理，建立了完善的管理机制。

2000—2008 年，办事处实现党员信息库微机化管理，健全社区党员登记册、流动党员登记册、下岗失业党员登记册。开展了双扩双创、"三联三抓三互动""庆七一、迎奥运、纪念改革开放三十周年"、建党 87 周年等活动。

2012—2015 年，建立"社区网格管理"制度和"居民说事"制度，对 316 名党员进行评星定级。3 家非公经济组织组建团支部，2 家非公经济组织成立党支部。

2016 年，发动支部党员、在职党员、离退休党员及市民党员 550 名，绿化社区面积 7 万平方米，新植苗木 1 万余株。

（二）精神文明建设

1992—2000 年，东环办事处开展道德实践活动，推进文明单位、文明家庭创建以及全民阅读活动。开展以创优质服务、优良秩序、优美环境为主要内容的创"三优"活动。

2006—2008 年，成立"邻里互助站"，推行文明社区建设新机制。开展社会主义荣辱观进机关、进校园、进企业、进社区、进家庭活动。开展群众性精神文明创建活动。组织街道社区干部职工参与"迎奥运、讲文明、树新风"知识竞赛。

2013—2015 年，开展学雷锋环境专项治理活动，清理垃圾 60 吨。对东辰名苑小区等旧小区进行专项治理 2 次，清理垃圾 3 车 8 吨。成立文明创建领导小组，培育扶持精神文明先进组织，完善基层社区文化阵地和文体设施建设。

（三）社会事业

1. 民政

2006 年，在原有社区服务点的基础上，办事处服务残疾人、优优对象、低保困难户 125 人次。成立东环办卫生进社区服务中心 1 个，卫生进社区服务点 1 个，为 5000 户困难群众建立健康档案。在东环医院举行为期一个月的降低收费标准健康体检，参检人数 8855 人次。为 30 户低保特困户、残疾人发放医疗优惠卡，并进行跟踪服务。筹集资金慰问贫困户 136 户，发放慰问金 17600 元、米面 103 袋、胡油 84 斤。临时救助特困户 32 户，救助现金 1 万元。大病医疗救助 2 人，救助现金 5000 元。对低保户中的 15 户租房户进行廉租住房租金补贴，补贴金额 9840 元。对所有低保户发放购药优惠卡，为 130 户过冬困难户送去煤和面。爱心服务站接受社会各界捐献衣物 1587 件，捐献食品 40 件。

2007 年，筹集资金慰问贫困户 110 户，发放慰问金 114555 元。救助贫困大学生 5 人，救助现金 6000 元。组织辖区单位捐衣捐物 2279 件。

2010 年，医疗救助 66 人 9220 元，临时救助 41 人，12300 元。慰问 279 户贫困户，发放慰问金 85550 元。

2011 年，为低保家庭累计发放低保金 29 万元，走访慰问社区孤老户、低保户、残疾人、民族宗教人士、统战对象、老党员等 4000 人次，送去慰问品、慰问款折合人民币 25 万元。组织残疾人培训和康复训练 129 人次，安置残疾人就业 12 人。完成 338 户低保家庭住房困难情况入户核查，完成 998 户低收入群体住房困难调查工作。

2013 年，走访慰问社区孤老户、低保户、残疾人、老党员等各界群众 300 人次，送去慰问品、慰问款，价值计 9 万元。组织残疾人培训和康复训练 180 人次，安置残疾人就业 10 人。对 95 名符合医疗救助的困难群众实施医疗救助，发放救助金 30 万元。有低保家庭 545 户 1064 人，发放低保金 444 万元。

2. 劳动就业

1999 年，东环办事处成立劳动和社会保障事务所，6 个居委会建立社区就业服务站，帮助 360 名下岗职工办理《下岗失业证》《再就业优惠证》，向外劳务输出 78 人，新开辟就业岗位安置下岗职工 21 人，安置公益性岗位 15 个。

2003 年，街道再就业领导小组将任务分解到 6 个社区居委会，建立台账，安置下岗失业人员 100 人。

2004 年，实现下岗失业人员再就业 150 人，其中下岗职工 100 人，实现自主创业 40 人，政府出资购买公益性岗位 10 人。新增社区服务实体 25 个，帮助 34 人办理银行小额贷款担保手续，实现个体私营企业减免税费 48 人次。

2005 年，申报空岗 550 个，安置下岗失业人员、待业人员 108 人。在红星美凯龙广场召开就业招聘会，为 80 名下岗失业人员提供就业渠道。新增就业人员 269 人，安置下岗失业人员再就业 289 人，求职登记 288 人，推荐就业 120 人。

2006 年，收集发布用工信息 200 余条，印发信息 6000 余份，提供政策咨询 630 人次。求职登记 400 余人，推荐就业 230 人。培训下岗失业人员和外出务工人员 200 人，有 63 人培训后就业。办理《再就业优惠证》700 个。

2007 年，收集发布用工信息 500 余条，印发信息 4000 余份，提供政策咨询 200 人次。求职登记 300 余人，推荐就业 200 余人。培训下岗失业人员 400 余人，办理《再就业优惠证》800 余个。采取领导分片承包"一对一"方式与"零就业"家庭结成帮扶对象，每人包 2—3 户，使 30 余户有劳动能力的"零就业"家庭得到妥善安排，月收入 500 元左右。

2008—2010 年，25 名下岗失业人员通过技能培训，实现再就业。各企业和个体工商户申报空岗 200 余个，新增就业人员 260 人。组织企业专场招聘会，为失业人员提供 400 余个就业岗位，基本消除"零就业家庭"。

2011—2013 年，开展"百日援助零就业家庭"活动，形成就业培训、指导和实践岗位相结合的系统化再就业服务。发放小额贷款 150 余万元，就业困难对象认定及申报社会养老保险补贴 900 余人，办理城乡居民社会养老保险 400 余人。

2015 年，安置公益性岗位 14 人，推荐巴彦淖尔市小额贷款 25 人。组织和参加大型招聘会 3 次，发布空岗信息 1000 余条。举办创业培训班 2 期，有 50 余位有创业意愿的居民参加培训并取得结业证书。

3. 社会治安综合治理

1991 年，东环办事处调整社会治安综合治理领导小组成员，与辖区单位、居委会分别签订社会治安责任书，居委会与单位、个体户签订责任书。

2005—2006 年，召开社会治安综合治理工作会议，下发社会治安综合治理、消防、禁毒、普法、创安、安全生产工作安排意见和领导责任制以及奖惩办法。两年排查调处各类矛盾纠纷 20 起。

2009 年，在社区居委会设立"连心窗"，发放

"连心卡"，公布社区领导、管片小组长联系电话，拓宽群众反映诉求的渠道。对重点信访案件当事人，给予专门建档与管理。

2013年，对10余户重点稳控人员实施帮扶救济，接待群众来信来访52人次，受理信访案件57起，办结57起，结案率100%。全年排查化解各类矛盾纠纷60件，重点案件4起，涉访10人，发放法制宣传资料5000余份，接受群众咨询200人次。

2016年，排查调处各类重点矛盾纠纷62件，调处成功60件，调处率96%。

九、北环街道办事处

1992年，北环街道办事处成立，户数14524户，人口40451人，其中常住人口30486人，流动人口9965人。街道内设三部一办：社会保障部、社区管理部、群众工作部、综合办公室。设4个居委会：闸口社区、福泰社区、朝阳社区、春和社区。党工委下设7个基层党组织，有党员254人。办事处有社区干部45人，辖区有单位11个。

2009年3月，北环办事处改名为北环街道办事处，党委改为党工委，居委会改为社区。春和社区办事处被评为"自治区基层组织建设示范点""全区基层基础建设先进集体"。

在2015年"创建全国文明城市"工作中，北环办事处的巷道硬化工作接受多部门观摩检查，被新闻媒体报道8次。办事处承担巴彦淖尔市妇联、市团委、临河区民宗局等多个部门的创新工作试点任务。社区戒毒与康复工作代表自治区接受国家禁毒委的检查验收。夕阳红党员义务调解中心荣获内蒙古自治区"草原英才"社会工作人才团队荣誉称号。

（一）基层党建

1992—2004年，北环办事处党委下设基层党支部7个，其中6个社区支部，1个机关党支部。健全社区党员登记册、流动党员登记册、下岗失业党员登记册，对党员实行分类管理，实现党员信息库微机化管理。创建"五个一"党委，开展"三级联创"，实施"六民"工程。

2005—2009年，开展"共产党员先进性教育"活动，以巩固保持共产党员先进性教育活动成果为契机，开展"五帮""五送"（"五帮"：办事处每名机关党员帮助社区五名贫困无业人员实现就业；"五送"：机关党员到包联的贫困户家中送政策、送培训、送岗位、送信息、送回访）就业与再就业工作，通过"结链"共建、社会捐资助学、与学校协调等多种形式，组织结链单位、辖区私营企业、个体户、社区党员和机关干部捐助贫困大学生27名、中小学生26名，折合人民币7.95万元，使这些在校贫困学生得到不同程度的资助。组织结链单位、辖区私营企业、个体户、社区党员和机关干部慰问低保贫困户84户、贫困老党员22户、摇铃车夫32户，为他们送去米、面、油、煤、现金和越冬衣物，共计58100元；联系结链单位对宏胜幼儿园巷、派出所巷、民安巷、闸口巷等19条巷道，进行重新铺设排污管道和硬化美化。

2009—2016年，青海玉树地震后，办事处干部捐助现金3500元，党员缴纳特殊党费1790元，辖区群众捐现金1800元，辖区企业临河戎圣绒衫厂捐100件羊毛衫、70条羊毛裤，价值17000元。"夕阳红"党支部离退休老党员，通过开展"五必访""五上门"（特困户必访，上门了解帮助解决问题；拆迁户必访，上门讲解政策，做好动员工作；老上访户必访，上门谈心征求意见，做好思想工作；离退休干部必访，上门送资料传达上级精神；流动人员必访，上门看望慰问），"五带头""五大员"（带头宣传党的政策，争当政策法规的宣传员；带头倡导社会公德，争当文明和谐的倡导员；带头遵守法律法规，争当综合治理的联防员；带头参加公益活动，争当公益事业的监督员；带头融洽邻里关系，争当矛盾调解员）等活动，走出一条离退休党员管理的新路子。完成社区"两委"换届选举工作。加强社区"一厅一站两中心四室"建设，推进区域化党建、在职党员进社区工作。

（二）精神文明建设

1992年，北环办事处深化群众性精神文明创建活动，推进文明单位、文明家庭等创建活动。

2003年，创建自治区级文明单位1个，巴彦淖尔盟级单位3个，临河市级单位3个，文明市民198人，五好家庭5653户，庭院绿化美化户4442户，星级文明户7299户。开辟为民街路3条、文明片区3片、文明楼院1处，新建花园式单位6个。对文明单位的创建，实行动态管理。

2008—2009年，成立老年人协会、群众艺术协会和北环办文化艺术团等群众性组织。税苑小区作为巴彦淖尔市首届精神文明现场会的观摩点，接受巴彦淖尔市、临河区两级检查，受到好评。组织居民群众学习健身球，参与"移动杯"乒乓球、足球、篮球和万人健步行等多项体育运动。

（三）社会事业

1. 环境卫生

1992—2004年，北环办事处动员辖区单位党员、本单位干部、社区低保户3000人，动用各种车辆200台次，清理冰坡、雪堆、垃圾230处，清运垃圾3000吨。投放鼠药500袋，蟑螂药8件，消杀蚊蝇药2箱。

2003年"非典"期间，办事处出卫生知识板报259期，自制录音带30盘，发放宣传单18万份，巡回演讲8次，受教育群众96%以上。辖区流入人数1247人，留观监控1237人，留观解控人数1210人，流调排查7698户8078人次，签订租房户责任状1557份，建立外来返临人员及家庭人员健康档案1061份。流调排查发现、报告返临人员61人，可疑人员9人。因措施得力，辖区没出现1例非典患者和疑似病例。

2004—2006年，在社区投放鼠药6000斤，投放率100%，灭鼠成效居历年之首。协调环卫局和辖区广源热力公司动用小型挖掘机15台次、铲车23台次、翻斗车300辆次，雇四轮车、畜力车200辆次，发动辖区单位、学校学生、结链单位、低保户、"4050"人员、办事处干部以及周围群众，组织大型义务劳动20次，投入资金26000元，集中清理垃圾6400吨。

2008年，在4个居委会建立"三定"（定人员、定路段、定标准）、"三责"（责任到人员、责任到路段、责任到领导）的爱国卫生科学管理机制。

2009—2012年，协调临河区环卫局、执法局、市政公司等单位，对死角垃圾、基建废土、排污管网、广告栏等进行集中整治。动用铲车50台次、挖机10次、翻斗车800台次、四轮车500台次，清运垃圾7000吨，埋填污水坑8处，回填清理基建废土4万方。冬季清理主次干道积雪34条，动用车辆21辆，清运积雪100车，清理小广告3000处，规范广告栏12块。出动干部、辖区单位职工、在校学生、"4050人员"、低保户5000人次，参与社区劳动。

2016年，开展吸烟危害健康宣传活动，开展拒吸第一支烟、小手拉大手、做永不吸烟新一代的签名活动。利用社区文化宣传阵地，举办健康知识讲座，开展义诊咨询服务，进行控烟宣传。

2. 民政

1992年2月，民政办成立，对辖区复员退伍、转业军人进行信息采集，建立信息采集卡，分类归档。

1993—1996年，民政办为居民办理结婚登记业务和协议离婚证书等业务。

1997年，民政办经入户调查、邻里走访，上报3户特殊困难群众，优抚对象10人，社救对象11人，残疾军人1人，捐款30元，衣物10件。

1998—1999年，登记上报8户特殊困难家庭，每月以现金的方式发放最低生活保障金。对残疾人以及残疾家庭给予帮助。坚持低保户保障政策，通过"低保户公开亮身份、一户一岗参与社区公益事业"等活动，使低保工作接受群众监督。

2000—2006年，办事处落实最低生活保障政策开展双拥优抚工作，规范低保户档案管理，实行"一户一档"制度，低保户由几十户增长至200户，按月发放保障金，将40岁以下无重大疾病的低保人员作为动态管理重点对象。实行分类施保，实现低保户应保尽保、应出尽出。

2007年，加强救灾救济工作，解决临时救助26户，救助资金7800元；为71名大病患者申请救助金243400元；救助辖区内贫困大学生24人，救助金额32000元。

2008年，对529户1279人低保户进行排查，对因搬迁、出嫁、死亡、经济收入超标的56户164人，经过核实予以取保。将79户193人符合低保条件的贫困家庭，纳入救助范围。将179户低保无房户上报上级有关部门申请享受廉租房补贴。对188户城市低保边缘人群进行调查摸底，纳入政府救助范畴；为415户低收入家庭和927户符合政策条件的家庭，申请经济适用住房并建立档案。

2009年，建立社会捐助接收站，特别对"三无对象"、孤寡老人、重残人员以及无生活来源的家庭给予救助。取消已超标的低保对象52户291人，新入保92户196人。申报廉租住房居民194户，发放廉租住房补贴194户334760元。其中64户无房户购买廉租住房。成立社会捐助接收站，全年收到各类捐赠衣被600件。

2011年，为57名高位残疾人申请上报"阳光家园"，对0—18岁先天性心脏病患者进行摸底调查，为65周岁以上因脑梗造成偏瘫、类风湿性关节炎、严重高血压造成视力残疾、老年痴呆症、骨折的老年人，办理残疾证513个。

2012—2013年，推动保障性住房惠民政策。办理老年优待证1431份，其中90周岁以上老年人6人，80—89周岁以上老年人88人。为80周岁以上的老年人发放高龄补贴金。

3. 劳动就业

2003—2006年，北环办事处成立劳动和社会保障事务所，6个居委会建立社区就业服务站，成立街道再就业领导小组，再就业工作列入每年年度考核。在具体工作中，劳动和社会保障事务所

引导鼓励贫困家庭人员参加计算机、面点、美容美发等各类技能培训班，实现就业240人。

2008年，就业困难群体、"零就业家庭"成员被确定为重点帮扶对象，根据"4050"人员、"零就业家庭"等不同类型，制定"一家一策""一人一策"援助措施，确保"零就业家庭"脱零，新出现的"零就业家庭"发现一户援助一户。

2015年，安置公益性岗位11人，推荐小额贷款25人。组织和参加大型招聘会4次，发布空岗信息970条。举办创业培训班2期，有60位有创业意愿的居民参加培训并取得结业证书。培训失业和灵活就业人员145人，85%的人实现灵活就业。

2016年，举办创业培训班2期，新增就业452人，为3人办理小额担保贷款，366人办理社会保险补贴手续。安置公益性岗位14人，新产生零就业家庭2户，其中2人被安置到公益岗工作。组织大型招聘活动2次，提供就业岗位800余个。

4. 社会治安综合治理

1992—2004年，北环办事处组建社会治安综合治理领导小组，与居委会签订责任状。组建治安联防队，实施联户互保。实行"警务进社区"工程，探索警民共建模式，实行居警合署办公。选拔聘用8位离退休老党员，组建"夕阳红"义务调解中心，加强居民区联户互保细胞工程。截至2004年，辖区有专职联防员15名，"4050"公益岗位兼职联防员38名，组建联户互保组810个，建立治保会6个、帮教小组6个、调委会6个、治调小组43个，有治调人员129人、普法员482人。

2006年，开展"五五"普法工作，发放宣传单10000余份，培训普法员200余人，上报综治信息12条，出版报12期，报社发稿12篇。投资2000元，在居民区显眼位置建成以综合治理为主要内容的大型宣传壁1处。创建安全居委会2个、安全文明小区8个、治调委员会6个、治调小组37个，建立联户互保小组860个。有专兼职联防员65名，低保联防员33名。

2007 年，12 个辖区单位全部建立内部安全保卫组织。受理民调案件 8 起，治安案件 5 起，排查调处矛盾纠纷 97 起。

2008—2009 年，投资 5.8 万元，建成高标准司法所。建立信访工作"四诊"机制（轮流"坐诊"，接访听民意；主动"出诊"，下访察民情；全面"会诊"，妥善处置重复信访问题；及时"回诊"，确保取得成效），通过做思想工作，化解了大量矛盾纠纷和信访突出问题。两年排查矛盾纠纷 38 件，热线接待 52 起，接待群众来信来访 32 件，调处结案率 98%。对 23 名重点信访人员进行监稳控，成功化解重点案件 3 起，未发生 1 起集体访、越级访案件。

2010—2012 年，对信访重点人员实行 24 小时全程监稳控制度，开展社区矫正工作，对社区服刑人员进行监督管理和教育帮助，组建"红袖标"义务巡逻队，开展落实重大事项社会稳定风险评估机制专项行动。

2016 年，成立"讲理说事"工作室，调解处理社区因修路、铺设下水管道、供热等引发的群体性矛盾隐患 20 起。

5. 社区建设

2001—2003 年，开展"文明户、五好家庭、卫生之家、文明楼院、遵纪守法光荣户"评比活动。新建厕所 8 座，上排污管道 1 条，硬化巷道 2 条，全部通过验收。向上级争取"老年星光计划"投资，在办事处院内车库建起 230 平方米的高标准老年活动室，配齐活动器材。协调 511 地质队筹资 35 万元，硬化居民巷道 460 米。

2004 年，投入 11 万元，清理积存垃圾 76 处8000 吨，新增垃圾清运工 8 个，新增垃圾点 8 个，新增清扫面积 3.2 平方公里。

2006—2008 年，完成 21 条排污管道，硬化巷道 18 条，完成 3 条黑色路面两侧人行步道硬化铺设，对 8 条巷道进行平整和铺设石砂，新建厕所 4座，完成 6 座危厕的维修任务。

2009 年，社区居委会换届选举工作完成，4 个社区达到机构人员、工作场所、经费投入"三落实"要求。全年硬化居民巷道 12 条，维修排污管道 13 条。协调 701 部队，新拓宽巷道 1 条；新上垃圾地坑 2 个，惠及居民 1800 户；为闸口社区雷达部队南巷安装下水管道，解决周围居民多年无下水、空宅基地垃圾成堆问题；对福泰社区 701 东渠进行集中改造，把过去的垃圾渠建设成标准化卫生示范点。

2011—2014 年，春和社区服务中心正式运行，闸口社区服务中心正式启用，北环社区服务中心运行顺畅。办事处每年都要开展"五平安"（平安社区、平安单位、平安学校、平安企业、平安家庭）创建活动，通过"平安"二字，让居民切实感受到社区的温暖。

2015 年，朝阳社区和福泰社区完成改扩建，至此，北环社区 4 个居委会全部拥有办公场所。办事处获内蒙古自治区"草原英才"社会工作人才团队荣誉称号，获 20 万元专项奖励资金。

十、金川街道办事处

金川街道办事处成立于 2010 年，辖区范围为新华西街以南东起水源路，新华西街以北东起金川大道，西至临策铁路，北依河套大街，南临包兰铁路。共有街路 20 条，总面积约 7.2 平方公里。街道下设 6 个社区居民委员会（江林、泰欧、锦河、明珠、金沙、水苑）。辖区有各类行政事业单位 264 个，学校 4 所，公园景点 5 处，是集行政办公、商业、居住为一体的综合型街道。

（一）基层党建

2010—2011 年，金川办事处党工委下设基层党支部 4 个，有党员 22 名。通过开展党员先锋岗奉献活动，调动社区内有能力的党员参与到社区管理服务中。

2012 年，先后设立党员物业监督管理员、车辆停放秩序维护员、矛盾纠纷调解员等先锋岗。

2013 年，建成 5 个各具特色的小区党支部：

明珠城小区建成以创建充分就业社区为重点的特色党支部；锦绣小区建成以体育器械锻炼为重点的特色党支部；北欧印象小区建成以健身健美操为重点的特色党支部；丽水新城小区建成以二人台为重点的特色党支部；河套书苑小区建成以书画艺术为重点的特色党支部。

2014年，在锦绣花园、河畔丽景、丽水新城、河套书苑建立4个老龄党支部，建立1个太极队特色党支部，成立夕阳红党总支。

2015年，在5个居民区全部建立"1＋N"模式（1是社区党委统筹；3是社区居委会、党员、群众三个层面共治体系），建成社区共治委员会联合党委，将明珠居民区和江林居民区建成特色党建示范点，党建联席会轮值活动实现常态化，区域化党建工作取得实效。同时健全锦绣、明珠、丽水等9个夕阳红党支部。

2016年，解决各社区居民群众活动室装修配备、小区绿化、美化、物业等30多个问题。在金川社区服务中心完善社区党建文化长廊及社区"四德"榜（一是个人品德优秀典型榜，二是家庭益德优秀典型榜，三是职业道德优秀典型榜，四是社会公德优秀典型榜）。在江林社区打造和谐文明小区党建工作示范点。

（二）精神文明建设

2010年，金川办事处在丽水新城社区成立"中老年文化俱乐部"，自编自演秧歌、健身操、二人台小戏等文艺节目。

2011年，开展"三比三带"（比创新、比业绩、比贡献；带头宣传党的政策、带头贯彻执行党的方针、带头服务群众）活动，做好"三个一"（党员干部记一本民情日记，真实记录居民群众反映的热点难点问题，做到早发现早解决；做一件好事，鼓励党员在社区做一件好人好事；结一个对子，每位党员在社区内摸底调查，选一户贫困户或弱势群体人员结成帮扶对子，为居民解忧排难）工程。

2014年，成立老年合唱团、老年秧歌队、健

身操队、太极拳队、佳木斯健身队、二人台表演队等十几支群众性文体团队，编排出一些群众喜闻乐见的文艺节目。对社区文艺参与群众进行登记造册，组建太极拳协会、乒乓球协会、棋牌协会、秧歌队、健身操协会，会员发展到600余人。

2015年，发挥辖区单位、学校、金川书画院等文化资源优势，繁荣社区文化，建立各种文体娱乐组织12个。引进巴彦淖尔市黄河志愿者协会，参与社区服务和文明社区创建活动，注册志愿者3002人，全年开展各类活动30次。开展"五好文明家庭"争创活动，引导社区妇女和家庭参加文明楼院、文明小区建设，选树社区好人，16位居民荣登好人榜。

2016年，制定领导班子成员包联社区、机关干部上班去向公示、首问接待等各项规章制度。开展"提升效能优化服务环境"专项活动，科学设置和划分网格，提升社区管理服务水平。组织开展居民道德讲堂，评选"社区好人"，传递文明新风，完善居民自治组织。开展社区居委会主任公推直选，不断扩大基层民主，促进社区依法、民主治理。

（三）社会事业

1. 民政

2010年，金川办事处联系辖区单位，对30户低保家庭、20户困难家庭、10户低收入家庭进行实物慰问。开展城镇居民医疗保险，办理新入保手续290人。

2011年，分别将6名贫困大学生和特困家庭推荐到巴彦淖尔市福利彩票基金会进行救助。为解决群众就医难问题，利用社区卫生服务室，为辖区低保户、贫困户、老党员进行义诊。同时组织妇幼保健院和金川社区医院，在辖区开展医疗卫生进社区服务活动。

2012年，新增低保户21户，接管低保户206户。为5户符合条件的低保户办理发放廉租住房补贴资金，为4名弱势群体申请办理大病医疗救助。组织单位和社会力量开展各类扶贫济困活动。

2013—2014 年，宣传殡葬管理制度，倡导文明办丧新风尚。采取购买服务的形式，开展居家养老专业化服务试点。为 598 位 70 岁以上老年人及部分居民进行经济等因素综合评估，发放 300、400、500 元三种额度服务券。与临河区优秀的养老公益性服务机构合作，为老人提供上门服务。针对老龄化，空巢、独居老人居多的实际，委托社区卫生服务中心，对日间照料中心进行全面管理，实行"医养结合"，为辖区老人提供便民服务。

2015 年，对 254 户低保户实行"ABC"分三类施保，动态管理适时帮扶，实现精准扶贫，兜底到位。建立救助体系信息库，准确掌握老年人、残疾人、困难户等群体信息。开展"一帮一、结对子"活动和居民"微心愿"活动。为 840 户 70 岁以上老年人发放居家养老服务券 31.6 万元，为 17 户困难家庭申请办理最低生活保障金，为 53 位 80 岁以上老人办理长寿金申领手续，为 67 位困难人员发放临时救助 29060 元，为 72 户无房户办理公租房申请手续，帮助 376 户困难户实现年终"微心愿"。"金秋助学"资助 37 名大学生，帮助资金 8 万元。

2016 年，对 239 户低保户实行"ABC"类分类施保，完善社会救助体系。建立"爱心捐助站"，对特困群体实行"分类救助"。为符合条件的无房户办理公租房、廉租房申请手续，为患重大疾病困难人员办理救急难补助。

2. 劳动就业

2010 年，金川办事处举办电脑和保安保洁员培训班各 1 期，培训人员 70 名。建立求职登记、自我服务、帮助服务、就业援助一体化服务平台。在社区建立宣传橱窗，及时发布就业信息，将劳动保障方面的法律法规送到居民家中，为他们推荐就业岗位，开展政策咨询、职业介绍、职业指导等服务。

2012 年，完成新增就业人员 198 人，其中就业困难人员 52 人。开展下岗失业人员引导性培训

2 期，培训人员 203 人。组织计算机、会计电算化、家政服务等专业技能培训 110 人。与大众职业学校联手举办创业培训班 2 期，培训学员 62 人。扶持创业典型 4 户，协助 10 名自办实体。为自主创业人员办理小额担保贷款手续，为 230 名"4050"灵活就业人员办理社保补贴。开展社区困难人员认定，审核认定 210 人。开展社区招聘会 4 次，创建充分就业社区 1 个（丽水社区）。

2013 年，完成新增就业 158 人，其中就业困难人员 52 人。组织计算机、家政服务、社区保洁服务等专业技能培训 180 人。推荐创业培训 50 人，协助 10 人自办实体，帮助自主创业人员办理小额担保贷款手续。为 318 名"4050"灵活就业人员办理社保补贴。开展社区困难人员认定工作，审核认定 160 人。举办社区招聘会 4 次，创建第 2 个充分就业社区（明珠社区）。

2014 年，掌握就业、失业人员信息，利用计生入户核对人口信息的机会，将辖区人口总数、法定劳动年龄人口数、行政企事业单位工作人数、个体工商户人数、灵活就业人数、失业人数、有求职意向人数、无就业意向人数、法定劳动年龄内无劳动能力人数、求职意向人数、培训意向人数及个人交大社保人数掌握清楚，分类建立管理台账，做到底数清、情况明。

2015 年，开展免费就业技能培训 6 期，培训 220 人次。新增就业 285 人，扶持创业 4 人，协助办理申请小额担保贷款 27 人，援助困难就业家庭 14 户，申请失业保险金 12 人，办理"4050"补贴 403 人，补贴金额 845664 元，再就业率 90% 以上。

2016 年，开展免费就业技能培训 5 期，培训 87 人次，新增就业 150 人，援助困难就业家庭 10 户，申请失业保险金 13 人，办理"4050"补贴 55 人，补贴金额 127875 元，再就业率 97% 以上。

3. 社会治安综合治理

2010 年，金川办事处开展矛盾纠纷排查化解工作，对不稳定因素实行台账管理，排查矛盾纠纷 6 件。做好"打、防、控、管"一体化建设，

加强看门望户工作，落实群防群治措施。发动社区志愿者、离退休人员、低保人员、清洁工，定点义务巡逻。加强刑释解教人员帮教安置工作，定期开展清理排查，防止漏管失控，预防和减少违法犯罪。加强流动人口登记、管理服务工作，确保外来务工人员安全。

2011—2012年，通过整合人力资源，实行综治办、维稳办、信访办、司法所"四位一体"合署办公。开展矛盾纠纷排查调处工作，实行日排查、周汇报、月总结制度，把纠纷遏制在萌芽状态。

2014—2016年，建立综治维稳工作中心，形成一个口受理、一条龙服务、一体化解决的工作模式。出台责任倒查制度，成立矛盾纠纷排查化解及信访维稳专项工作领导小组。

4. 社区建设

2011年，金川办事处按程序、章程公推直选明珠社区、丽水社区、锦绣社区的党支部书记、社区居民主任，选出居民委员会，并从公益岗位人员中选了5名全职居民干部，新来的8名"三支一扶"大学生有7名分配、充实到居委会。锦绣社区办公场所装修完成，使社区具备4个功能区：一站式政务服务区、健身体育活动区、阅读休息区、社区医疗卫生服务区。分别在明珠社区、锦绣社区选出业主委员会，高起点高标准构建由社区党组织、社区居委会、业主委员会、物业公司组成的"四位一体"管理服务新模式。

2013年，通过购置方式，投资2000万元，建成3800平方米的金川社区服务中心，分别建成老年人日间照料中心、社区医疗卫生服务中心、社区矛盾调解中心、社区文体活动中心、社区图书阅览中心、社区教育培训中心、社区便民服务大厅。

2014年，实行大科室制，将社区机关原14个站办及便民服务大厅整合为"一办五科"：党政综合办、社区保障科、社区服务科、社区管理科、群众工作科、社会协同科，为居民提供高效快捷

的一站式便民服务。将社区按层级设置为三级网格，形成三级网格服务管理。公推直选居委会负责人，组建社区居民代表会，实现社区居民自治。

2015年，开展全民小区增绿活动，综合整治背街死角，建立门前三包网络化管理体系，加大流动摊点、乱张贴、乱停放及"店外店"等现象整治，做到居民区和街路秩序井然，完成辖区巷道硬化面积2775平方米。建立各种文体娱乐群众组织12个。完善社区协商议事制度，加强居民区党支部、居委会、业主委员会、物业管理公司、辖区单位的沟通，增强社区建设整体合力。加强重点场所防病知识的宣传教育，联合计生、民政、综治办、社区卫生服务中心、派出所等部门，针对社区内的发廊、足浴店、KTV等娱乐场所和外来务工人员集居地，开展以艾滋病和结核病防治为重点内容的知识宣传和行为干预工作，提高从业人员和外来务工人员的知晓率。

2016年，举办"创建国家级文明城市"工作培训会，聘请"夕阳红"党组织老党员担任"创城监督员"，对"创建"工作进行全程监督。

十一、汇丰街道办事处

汇丰办事处成立于2010年1月。2014年，组合原有站办，成立"三部一办"：社会保障部、社区管理部、群众服务部、党政综合办。2012年，争取开发企业和政府投资800万元，建成2400平方米高标准的社区服务中心，建成230平方米的综合服务大厅，将原有12个职能站办所全部整合到服务中心大厅。2013年，争取巴彦淖尔市邮政局投资30万元，在社区服务中心设置ATM存取款一体机，设立邮政综合服务平台。在高新世家小区增建公厕、垃圾站、居民活动室、居委会办公室500多平方米。2015年，争取自治区体彩资助金项目350万元，建成康都社区泰汇现代城全民健身中心；争取自治区红十字会100万元，建成康都社区"生命体验馆"；建成康都社区500平方米、开源社区360平方米，2个新建社区办公活动室和居民

活动场所。截至 2016 年，先后举办消夏文艺晚会 24 次，建成安全文明小区 8 个、社区警务室 11 个。建成老年大学汇丰分校，举办巴彦淖尔市"宏鹏"杯书法大赛。会同临河区总工会、文体局，举办 2013 年全区职工乒乓球比赛。举办书画、摄影、乒乓球、健身操等比赛 40 次。出资 15 万元，高标准打造文明城市宣传长廊。

（一）基层党建

2010—2011 年，争取社区建设资金 8 万元，资助社区活动器材 20 件；聘请 12 名辖区单位党员作为社区兼职文艺教师、曲艺艺术指导员；组建由 130 名辖区单位党员参与的社区志愿者队伍。

2012 年，建立网格党支部，整合单元网格内的居民党员、在职党员、入党积极分子、居民小组长、楼长及社区志愿者等人力资源，建立"共建联谊小组"13 个、"文化联谊小组"6 个、"帮困互助小组"17 个。

2014—2016 年，筹资 12 万元，慰问贫困户 180 户。组织辖区在职党员，在金秋华城、领秀小区、山河墅小区，开展"万棵绿荫进社区"义务植树活动，栽植树木 3500 棵；投资 10 万元，打造开源社区"红色情结"党员教育社区，建成"生命体验馆"教育基地；投资 13 万元，建成银河社区"廉政文化进社区"党员教育基地。在金秋社区打造"一刻钟便民服务圈"和"一刻钟文体活动圈"。

（二）精神文明建设

2010 年，办事处举办科技、文化、卫生、法律、警务、道德"六进社区"活动，设立科普、法律图片展板 28 块，免费为 80 余名群众检查身体，30 名下岗失业人员与用工单位签订了用工协议。

2011 年，开展健康、消防、应急救护知识讲座，分类开展教育培训活动 8 场次。各居委会集中开展市民培训班 4 次以上，每月开展 1 次宣传教育活动，居民受教育率 96%。

2012 年，举办社区消夏文艺晚会 4 次，新建

安全文明小区 2 个、社区警务室 2 个。争取 3 套 9 万元的健身活动器材，投入到各小区。

2014 年，组织辖区居民举办"欢歌笑语中国梦、沟通理解促和谐"等主题文艺晚会 12 次，举办书画、摄影、乒乓球、健身操等比赛 10 次。

截至 2016 年，社区图书室藏书 1 万余册。投资 10 万元，加强街道和社区党建阵地建设，打造文明城市宣传长廊。举办市民讲座 24 期。

（三）社会事业

1. 环境卫生

2010—2016 年，办事处清理垃圾 260 吨，清理私搭乱建、乱堆乱放 120 处，清理小广告 1500 条。依法成立 11 个小区的业主委员会。完成巷道硬化 96 条 43485 平方米。协调开发房地产公司投资 200 万元，帮助居民解决供热管道的工程质量问题。

2011 年，办事处对领秀小区、一职平房区进行专项治理 2 次，清理垃圾 10 车 20 吨。组织干部集中劳动 2 次，清理私搭乱建、乱堆乱放 25 处，清理小广告 220 条。

2013 年，在 3 个社区服务站建立科普宣传栏，在主要街路设立科普宣传栏 12 处。举办健康知识讲座 4 期，发放健康知识、禁烟标志 3000 份。探索"社区全面管理、物业公司规范管理、网格协同管理、群众参与共同管理"的物业管理与服务机制，通过走访居民、发放调查问卷，听取居民的意见和建议，依法成立 3 个小区业主委员会。

2015 年，完成巷道硬化 96 条 43485 平方米。集资 25 万元，接通一职西墙平房区 142 户居民自来水，解决平房区居民吃水难问题；集资 29 万元，进行领秀小区 4 栋楼供热管网改造工程，解决老旧小区部分暖气不热问题；办事处从社区经费中支出 1 万元，为天饮楼小区维修供热锅炉和供热管网，解决 40 户居民暖气不热的问题；协调金秋大地房地产公司投资 200 万元，帮助居民群众解决供热管道的工程质量问题。

2016 年，对西苑小区、王府花园的建筑垃圾

进行集中清理；清理金秋华城 4 个小区楼道堆积物，确保楼道畅通；清理领秀小区绿地乱搭乱建问题；协调市政公司，对银河路帅丰街至汇丰街段重新铺设油路；出资 10 万元，对辖区内三米以下巷道进行硬化和美化；出资 2 万元，对辖区内发生天牛病害病死树木进行砍伐或截枝处理；出资 2.5 万元，再次为天饮楼小区维修供热锅炉和供热管网；出资 1.6 万元，为金秋华城 D 区、康都社区购买居民活动文体器材、文艺表演演出服；出资 13 万元，建成教育街惠民菜店 1 个。在巴彦淖尔市公安消防支队的指导下，在金秋华城 4 个居民住宅小区及社区服务中心建起微型消防试点站。

2. 民政救助

2010—2016 年，办事处清退不符合低保条件人员 45 户 69 人，新纳符合条件低保人员 65 户 83 人，现享受低保待遇 219 户 370 人。申请公租房、廉租房 320 套。残疾人救助 371 人 18 万元，临时困难救助 182 人 9 万元，慰问困难群众 1600 人 80 万元。

2010 年，开展为社区老人服务志愿活动，街道 4 个社区分别成立各具特点的志愿者服务队伍，建立志愿者服务台账，长期为老人送去温暖。组织各社区居委会，向社区 60 周岁以上老人发放健康知识传单 750 份；联合社区医院，为辖区 510 位老人做免费体检，对行动不便的空巢老人进行上门体检。

2012 年，在汇丰社区服务中心的老年日间照料中心，打造集全托、日托、居家养老、文化娱乐为一体的老年人养老服务场所，推进老年协会发展，组建老年活动队伍。

2013 年，对辖区 244 户低保户，进行重新审核认定，取消 44 人；对新申请的贫困户进行入户调查，审查上报，批准 22 户 44 人享受最低生活保障金。

2014 年，为 20 位 80 岁以上老人办理长寿金申领手续，有 25 人申领长寿金，发放长寿金 15000 元，发放"三无"补贴 41760 元；为 54 户

无房户办理公租房申请手续，为 7 户低收入家庭办理廉租房审核、审批。为 67 位因大病、天灾人祸致贫的困难人员发放临时救助 31000 元。为贫困学生出具贫困证明，对老年人及部分居民的经济情况进行综合评估，与养老公益性服务机构合作，为老人提供上门服务。

2015 年，开展超标准低保人员排查清退工作，清理不符合低保标准 21 户 36 人，新增低保户 19 户 35 人。为符合条件的困难群众办理公租房、廉租房 62 套，为 58 名残疾人落实护理金 23300 元。

2016 年，开展超标准低保人员排查清退工作，清理不符合低保标准 18 户 32 人，新增低保户 16 户 29 人。加大辖区贫困群体救助力度，发放救助资金 30 万元。

3. 劳动就业

2010—2016 年，办事处新增就业 2500 人，参加技能培训 1360 人，参加 SYB 创业培训 245 人，享受创业小额贷款 210 人。

2010 年，围绕"零就业家庭""4050"人员等就业困难人员，开展以"送政策、送项目、送岗位、送服务"为主要内容的再就业援助活动，组织大型招聘会 2 次。

2012、2013 年，录入就业服务对象 5300 人，参加技能培训 170 人，向辖区企业输送 92 人。争取上级就业部门投资 37 万元，用于劳动就业平台建设，通过实行公益性设岗、社区服务增岗、培训找岗等措施，扩大就业渠道。

2014 年，新增就业 322 人，其中就业困难人员再就业 110 人，完成技能培训 166 人、创业培训 30 人；新办社区生产车间 1 个，扶持创业典型 2 户。

4. 社会治安综合治理

2010—2016 年，办事处共排查纠纷矛盾 390 起，调解成功率 95%，整顿治安薄弱部分 20 处。

2010 年，建立矛盾纠纷台账，在维稳、消防、流动人口管理等方面，对各社区、辖区各单位进行定期排查摸底，建立完善的社会治安联防、矛

盾纠纷联调、重点工作联动、突出问题联治、基层平安联创、流动人口联管的"六联"机制。

2011年，开展送法进社区、进家庭活动，加强对青少年、进城务工人员、社区居民等重点对象的宣传教育，提高群众的法律意识。

2012年，落实刑满释放人员帮教措施，落实社区矫正人员工作机制，对违法犯罪人员建立信息卡，帮教小组每月不定期进行矫正谈话。

2013年，实行社区网格员、社区民警、物业公司人员、楼道长、信息员"一格五员"网格化管理模式，明确每个网格内的综治维稳、纠纷调解、法律宣传等责任。

2014—2016年，成立4个社区调委会，举办法律法规知识培训2次。排查纠纷矛盾58起，调解成功率98%以上，整顿治安薄弱部分3处。

5. 社区建设

2010—2016年，办事处完成临河区委、政府下达的棚户区改造征拆任务931户。

2010年，深化社区网格、楼院网格、单元网格建设，拓宽一站式服务、窗口受理、内部流转、全程代办服务形式；完善监督考核机制，对社区办事流程、工作目标、岗位职责等事项全部公开，拓宽限时办结制、责任追究制范围。

2012年，争取投资800万元，建成高标准社区服务中心和综合服务大厅，实行一站式办公、一体化服务。

第二篇
环境　资源　灾害

第一章 自然环境

第一节 地质地貌

一、地质

临河区全境地质构造为河套断陷，地质基底为太古代时期形成的变质岩系太古界，中生代末期开始下陷。在新生代第三纪中，造山运动极盛，喜马拉雅造山运动使阴山山脉强烈隆起，乌加河至太阳庙一带的山前凹地开始断裂，河套盆地急剧下沉，堆积成巨厚的第三系，因那个时期气候干燥、炎热，沉积物为氧化的红色地层，含盐量较高。

第四纪上更新世时期，后套盆地大幅度下沉，中心在陕坝一带，向东北延伸至临河北部几个乡（镇）。大量洪水倾注、储积，形成湖泊，沉积了深厚的湖积物。由于当时气候温凉湿润，地层含盐量一般少于0.1%。

中更新世时期，湖积物进一步发展，沉积环境大体相似。因湖水渐退，气候干燥，沉积物变为石灰质结核、石膏和芒硝等化学盐类物质，地层含盐量有所增加，一般在0.1%~0.5%之间。

中更新世末至晚更新世初，河套断陷缓慢上升，湖盆边缘的河流逆厚侵蚀，河套盆地与其他盆地逐步联结起来。

晚更新世，黄河流经临河境内，沿北部扇缘东流，在后套平原形成以黄河故道北河（今乌加河）为主流、南河（今黄河）为支流，河道支权交叉纵横的"黄泛区"。经长期冲积，在原湖积层上普遍覆盖着厚约60米的亚砂土、亚黏土和中细砂、粉砂互层为主的黄河冲积层。这一时期气候干燥，山前洪积物迅速发展，形成湖积扇群，并逐步连成山前洪积平原。山前洪积平原与黄河冲积平原在发展过程中连在一起，构成后套平原。由于盆地下陷，所以山前洪积平原范围较窄。

由于地形变动强烈，临河境内地质构造运动明显，境北山地高原上升，境内平原相对下降。

二、地貌

临河区全境为黄河冲积平原，地势平坦，由西南向东北微度倾斜。海拔1029~1045米，平均坡降1/5000。最高点为双河镇原友谊乡西南部，最低点为新华镇原份子地乡东北部，位差16.6米。

由于黄河支流纵横交叉，遍布全境，所以在古河道流经之地，因土壤质地松软，受风蚀而堆集成为沙丘，在风蚀低洼处或原古河道水深处形成海子，在沙质岗地与红泥洼地之间为壤质缓坡。当大水来临时，主流改道流向红泥洼地，多年后，此处又成沙质岗地，原来的岗地成为红泥洼地。如此周而复始，形成沙质岗地、红泥洼地和壤质缓坡三大基本地貌。其中沙质岗地102.2万亩，占土地总面积的30.24%；壤质缓坡164.36万亩，占总面积的48.62%；红泥洼地71.45万亩，占总面积的21.14%。沙质岗地随地势逐渐降低而减少，红泥洼地随地势逐渐降低而增大。

临河区南境黄河岸地带是宽窄不一的河漫滩，高出黄河水面0.5～1米。河漫滩外侧是一级阶地，高出河漫滩0.5～1.5米。地面平坦开阔，个别地方可见到高出一级阶地0.5～1米的二级阶地。由于多年开垦，加之渠道纵横，河漫滩、阶地与冲积平原之间的界线已分辨不清。总干渠以南的双河镇全境皆属此种地形地段。

北部新华镇等镇境系南高北低的冲积平原，与北高南低的洪积平原之间形成一条低凹地段，沉积着厚的粗粒砂类物质。

冲积平原上，受本地特有干旱风大的气候作用，土壤表层沙粒堆集形成了沙丘。其中流动沙丘高度在2～20米之间，以月牙形居多；半固定沙丘一般高度在1～1.5米，与风蚀洼地相间分布；固定沙丘低缓，呈波状起伏，生长着沙蓬、藜藜等耐旱植物。另有一些洼地经长期风蚀作用形成洼坑，由于地下水位升高或河水注入形成了海子。较大的有白脑包镇联丰海子、干召庙镇张连生海子、新利海子、八一乡红星海子、乌兰图克镇团结海子、班禅召海子。

沙质岗地、壤质缓坡、红泥洼地、沙丘、海子相间，形成本地特有的地貌景观。

（一）特征

临河区地形地势平坦，海拔1029～1045米，由西南向东北微倾，土地肥沃，渠道纵横，灌溉便利，素有"塞上江南"之称，是国家和自治区商品粮、油、糖生产基地。

（二）类型

临河区地貌特征为黄河冲积平原，地势平坦，由西南向东北微度倾斜，素有"塞上江南"之称，是国家和自治区商品粮、油、糖生产基地。

后套平原西起巴彦高勒、四坝、太阳庙一线，东至乌梁素海和西山咀，北至狼山南麓，南至黄河。东西长约180公里，南北宽约60公里，呈一扇形，面积约1万平方公里，平均海拔1050米。黄河冲积平原是后套平原的主体，约占平原总面积的3/4，北以乌加河为界，南北宽40～50公里，地势平坦，西高东低，坡降1/3000～1/5000，南高北低，坡降1/40000～1/18000，仅局部地方微有起伏。

组成物质为细砂、粉砂和亚砂土、亚黏土互层，沉积物的粗细分布是由北向南相间变化的，厚的粗粒物质多出现于黄河古道，以砂类沉积为主，古河道之间则为亚黏土和黏土沉积。在黄河沉积分选的作用下，使后套冲积平原又有由西向东颗粒渐细的分布规律。据浅钻孔资料表明，地表5米左右的黏性土变化是：西部多为粉砂和亚砂土，局部夹1.5米左右的黏土；东部则以亚砂土、砂质黏土为主，黏土夹层多次出现，黏土厚度2～3米。5米以下还有厚层的黏土存在。

乌加河以北是山麓洪积平原，沿狼山、渣尔泰山南麓呈东西向分布。由一系列洪积扇群组成，是在长期间歇性水流作用下形成的。由于山麓沟谷大小不同以及携带物质堆积范围的不同，则形成大小不一的洪积扇，在山地不断上升的情况下，出现重叠的现象。面积大者如石哈河、摩楞河、乌不浪沟、前达门沟、呼鲁斯太沟等扇形地。地形坡度较大，向南倾斜，坡度一般为3°～7°，海拔1040～1200米，相对高差20～60米。组成物质有明显的分带性：由扇顶至边缘，从粗逐渐变细，上部为砾石及碎石；中部为小砾石、粗砂、细砂及粉砂；前缘为黏质砂土和砂质黏土等。在洪积扇坡彼此交接处，常有南北向凹地，给地表径流活动创造了条件，久而久之造成冲沟和干谷。

黄河冲积平原和山麓洪积平原间的过渡地带是山前冲积洪积平原，是在河流冲积物上又堆积了洪积物，面积较窄。

第二节　气候　物候

一、气候特征

临河区属中温带半干旱大陆性气候，气候特

点是：降水少，蒸发强，日照足，风沙多，温差大，无霜期短，春秋短促，冬季漫长，冬寒夏炎，气候干燥，四季分明，雨热同季，灾害频繁。

二、气候区划

临河区地处内蒙古高原，河套平原腹地，海拔 1000～1100 米，属温带大陆性气候，具有寒暑变化快的特点。光、热、水等农业气候资源同步，有利于植物生长，能促进农作物高产、优质、丰收，为农业经济发展提供了有利的气候条件。

（一）光能资源

太阳辐射是地表面最主要的能量来源。植物靠光合作用将太阳辐射能转化为储藏于植物体内的生物化学潜能，光合作用及矿物养分和水分供求状况是影响作物产量的重要因素。临河区属于干旱地区，年降水量较少，晴天多，太阳辐射较强，年太阳总辐射量 198.8 瓦/平方米，太阳辐射资源较为丰富，略低于藏南等极少数地区，且变化不大，日照百分率较高，在 70%以上，生长季略低，也接近 70%，变化不大。临河区光能资源分为 2 个类型区。

1. 光能资源丰富区

光能资源丰富区主要在临河区北部，即乌兰图克镇陕坝镇一线以北地区，年日照时数在 3200 小时以上，生长季日照时数在 1800 小时以上，最高 2000 小时，日照百分率 70%以上，一年四季变化稳定。一年里，日照百分率以夏季为谷值，最低在 7 月，为 65%。

2. 光能资源较丰富区

光能资源较丰富区在临河区南部，即在乌兰图克镇陕坝镇一线以南地区。年日照时数 3100 小时以上，生长季日照时数 1750 小时以上，日照百分率 70%以上。

（二）热量资源

热量条件是农作物生长必需的环境因子之一。农作物的生长发育要在一定的热量条件下才能进行，并最终获得产量。农业气候条件分析表明，玉米等喜温作物需要的热量条件较高，对其生长发育所需的≥10℃积温的热量条件作为指标进行判别，可以客观地区划本地区热量资源的分布。根据≥10℃的活动积温，本地区热量资源可划分为热量资源丰富区、热量资源较丰富区、热量资源一般区。

1. 热量资源丰富区

热量资源丰富区分布在临河南部，即城关镇乌兰淖尔线以南地区。年≥10℃的活动积温在 3100℃以上，持续时间在 160 天以上。稳定通过 10℃初日在 4 月 24 日，终日在 10 月 5 日，无霜期为 164 天，其起止时间比春秋霜冻日期分别早晚 7～10 天，可利用率较高。

丰富区灌溉便利，适宜种植晚熟玉米，也可在麦收后，通过复种提高热量资源利用率。南部双河镇≥20℃的活动积温在 1700～1900℃的地区，可以适当发展喜热作物，提高经济效益。

2. 热量资源较丰富区

热量资源较丰富区分布在临河区中部，即城关镇乌兰淖尔线以北，狼山镇、白脑包镇一线以南地区，年≥10℃的活动积温在 3000～3100℃，持续时间约 160 天，无霜期约 140 天。此区≥10℃的活动积温的开始时间在 4 月 27—29 日，比春霜早约 9～12 天，而结束时间在 10 月 1—3 日，仅比秋霜日晚 2～8 天，由于春季可用地膜等保护作物发芽出苗，因此，该区的热量有效性更强。可以种植中晚熟玉米品种，也可根据当年霜冻情况，种植晚熟玉米品种。也可以在小麦收获后，复种蔬菜等短日期作物，或通过育苗移栽复种提高热量资源利用率。

3. 热量资源一般区

热量资源一般区分布在临河北部地区，即狼山镇、白脑包镇一线以北地区，年≥10℃的活动积温在 2900～3000℃，持续时间约 150 天，无霜期约 125 天。适宜种植中熟玉米品种，也可根据当年霜冻情况，种植中晚熟玉米品种。

（三）降水资源

临河区年平均降水量 148.9 毫米，属于干旱地区，无灌溉就无农业。虽然有良好的灌溉条件，但由于降水时效性较强，对作物及时补充水分，解除旱象，仍十分有用。临河区降水量分为两类地区：降水资源较丰富区域、降水资源一般区域。降水资源较丰富区域位于临河区古城乡、干召庙镇一线以东地区，占临河区总面积约80%，平均年降水量在155毫米以上，最多年份200毫米。降水资源一般区域地处临河区西部，即古城乡、干召庙镇一线以西地区，平均年降水量约为140毫米。

降水量分布特点从西到东逐渐增多，但降水远不能满足农牧业生产的需要，虽有引黄灌溉，降水影响稍小，但由于黄河水量呈逐渐减少的趋势，影响正在不断增大。

由于极端气候事件频繁，降水集中性体现非常明显，时空分布很不均匀，年降雨量通常集中在几次较大的降水过程中，作物对降水的利用率下降，同时也会导致一些气象灾害及病虫害的严重发生，制约农业生产的发展。特别是黄河引水量减少，地下水位降低，农田适宜湿度保持时间缩短，农作物遭受干旱影响越来越大，使得空中水资源利用成为发展农业生产和农业经济的重要手段。

三、气候要素

（一）气温

临河区整体呈现冬寒夏热，春暖秋爽的气温特点。年平均气温8.7℃。其中7月平均气温最高为24.7℃，1月平均气温最低为-9.3℃。年平均气温最高值10.3℃，出现于1998年；年平均气温最低值7.0℃，出现于1984年。历史极端最高气温39.4℃，出现于1999年7月29日；历史极端最低气温-35.3℃，出现于1971年1月21日。

（二）气压

气压随季节变化有明显的变化，冬季气压最大，夏季气压最小，春秋居中，年平均气压898.3帕。

表2-1-1

1981—2010年临河市（区）月平均气压情况表

单位：帕

月份	平均气压
1月	904.4
2月	902.1
3月	899.3
4月	896.2
5月	894.1
6月	890.8
7月	889.7
8月	893.1
9月	898.2
10月	902.5
11月	904.1
12月	905.1

（三）日照

年平均总日照时数3084.6小时，一年之中夏季日照时间长，冬季最短。日照百分率（为实际日照时数与可日照时数之比）冬季最高，夏季最低。临河市（区）年平均日照百分率为70%。

表2-1-2

1981—2010年临河市（区）月平均日照时数和日照百分率统计表

单位：小时

月份	平均日照时数	日照百分比
1月	205.4	69.3
2月	209.3	69.8
3月	251.8	68.1
4月	271.2	68.2
5月	309.3	69.4
6月	303.9	67.6
7月	305.4	66.9
8月	287.6	67.7
9月	266.1	70.5
10月	260.1	75.9
11月	219.6	74.2
12月	197.6	68.9

（四）辐射

光能资源丰富，年辐射量为 2581.4 瓦/平方米。其中 5 月辐射最强，12 月最弱。

表 2 - 1 - 3

1981—2010 年临河市（区）月平均辐射情况表

单位：瓦/平方米

月份	平均辐射量
1 月	115.7
2 月	148.1
3 月	194.5
4 月	246.0
5 月	295.9
6 月	276.5
7 月	265.9
8 月	233.7
9 月	213.9
10 月	168.5
11 月	122.9
12 月	101.1

（五）降水

年平均总降水量 148.9 毫米，70% 的降水集中在 6—8 月，多分布不均匀的阵雨，甚至会出现暴雨等强对流天气。冬春季降水稀少，其中 12 月份降水最少。

表 2 - 1 - 4

1981—2010 年临河市（区）月平均降水量情况表

单位：毫米

月份	平均降水量
1 月	0.8
2 月	1.2
3 月	3.1
4 月	3.8
5 月	14.2
6 月	19.3
7 月	29.8

续表

月份	平均降水量
8 月	45.3
9 月	22.4
10 月	6.6
11 月	1.6
12 月	1.0

（六）蒸发

年平均总蒸发量 3078 毫米。夏季是全年蒸发最强烈的季节，冬季是一年中蒸发量最少的时候。

表 2 - 1 - 5

1981—2010 年临河市（区）月平均蒸发量情况表

单位：毫米

月份	平均蒸发量
1 月	203.8
2 月	207.9
3 月	248.4
4 月	271.7
5 月	311.7
6 月	305.0
7 月	306.5
8 月	289.6
9 月	261.2
10 月	259.4
11 月	218.4
12 月	194.5

注：因蒸发观测调整，临河区的蒸发数据为 1986—2001 年平均值。

（七）湿度

年平均湿度 47%。临河市（区）一年中春季相对湿度最小，夏、秋相对湿度最大；一日之中，相对湿度最大值出现在早晨，随温度升高相对湿度降低，到午后达到最小；入夜后，随温度降低相对湿度逐渐增大。

表2-1-6

1981—2010年临河市（区）月平均相对湿度一览表

单位：百分比

月份	平均相对湿度
1月	53
2月	45
3月	38
4月	32
5月	34
6月	41
7月	51
8月	56
9月	53
10月	50
11月	53
12月	53

（八）风向风速

受季节和阴山山脉地形共同影响，临河冬半年以西南风为主，夏半年以东北风为主。

表2-1-7

1981—2010年临河市（区）主导风向、各月最多风向情况表

月份	风向
1月	WSW（西西南）
2月	ENE（东东北）
3月	ENE（东东北）
4月	WSW（西西南）
5月	NE（西北）
6月	NE（西北）
7月	ENE（东东北）
8月	ENE（东东北）
9月	ENE（东东北）
10月	WSW（西西南）
11月	WSW（西西南）
12月	WSW（西西南）
全年	ENE（东东北）

由于阴山屏障作用，临河市（区）平均风速小于山后高平原。一年中平均风速春季最大，夏、冬次之，秋季最小。临河年平均风速1.9米/秒。年平均风速最大为2.9米/秒，发生于2010年；月平均风速最大为4.1米/秒，出现在2010年12月；历史极端最大风速为20米/秒，出现在1979年2月25日。

表2-1-8

1981—2010年临河市（区）月平均风速统计表

单位：米/秒

月份	平均风速
1月	1.9
2月	1.8
3月	2.2
4月	2.4
5月	2.3
6月	2.1
7月	1.9
8月	1.8
9月	1.6
10月	1.6
11月	1.8
12月	1.8

注：气候资源部分使用1981—2010年这30年的整编资料，并以此为标准平均值进行统计和分析，极值部分使用建站到2010年的资料。

四、物候

物候指自然环境中植物、动物生命活动的季节现象和在一年中特定时间出现的某些气象、水文现象。它包括植物的发芽、展叶、开花、果实成熟、叶变色、落叶等；候鸟、昆虫以及其他动物的初见、初鸣、绝见、终鸣等；霜、雪、闪电、雷声、结冰等气象、水文现象。为区别于作物与人工饲养动物的物候，对非人工影响或很少受人工影响的在自然条件下的植物和动物的物候及气象、水文现象统称自然物候。对物候现象按统一的规则进行观察和记载，就是物候观测。

在本地农谚中，反应农时、农事的有"清明前十天，小麦种的欢""谷雨不冻，抓着就种""过了小满十日种，十日不种一场空"，等等。天气的降霜、下雪、雷鸣，果树的开花、结实，候鸟的春来秋往，都是随着气候的变化而变化的。

（一）植物候

植物物候，如各种植物发芽、展叶、开花、叶变色、落叶等现象。木本植物观测对象为1株时，只要有一个枝条出现某物候现象，即作为进入某一物候期；在同一观测点选择同一植物若干株时，则记载目测超过一半以上的植株出现某一物候现象的日期。如果为特定目的在不同地形上选定观测植株，则必须分地形目测记载，不能加在一起计算平均日期。

表 2-1-9　　　　　　　　　　　　　**木本物候观测情况表**　　　　　　　　　　　　单位：年平均日期

生长时期	小叶杨	苹果梨
芽膨大期		
花芽		
叶芽		
芽开放期		
花芽	4 月 13 日	4 月 20 日
叶芽	4 月 23 日	4 月 29 日
展叶期		
始期	4 月 28 日	5 月 3 日
盛期	5 月 1 日	5 月 6 日
花蕾或花序出现期		
开花期		
始期	4 月 25 日	4 月 24 日
盛期	4 月 29 日	4 月 28 日
末期		
第二次开花期		
果实或种子成熟期		
果实或种子脱落期		
始期	5 月 8 日	9 月 23 日
末期	5 月 14 日	10 月 3 日
叶变色期		
始期		
完全变色期	10 月 23 日	10 月 19 日
落叶期		
始期		
末期	11 月 3 日	10 月 31 日

表2-1-10　　　　　　　　　　　草本物候观测情况表　　　　　　　　　单位：年平均日期

生长时期	蒲公英	车前草	马兰	苦苣
萌芽期	4月12日	4月19日	4月12日	4月18日
展叶期				
始期	4月20日	4月24日	4月19日	4月23日
盛期	4月22日	4月30日	4月27日	4月27日
开花期				
始期	5月10日	6月1日	5月9日	5月27日
盛期	5月20日	6月20日	5月16日	6月14日
末期	5月28日	7月7日	6月4日	6月29日
果实或种子成熟期				
始期	6月11日	8月4日	7月30日	7月10日
完全成熟期	6月29日	8月14日	8月7日	7月23日
果实或种子脱落期	7月16日	8月29日	8月23日	8月8日
黄枯期				
始期	9月8日	9月14日	9月14日	9月6日
普遍期	9月16日	9月22日	9月25日	9月16日
末期	9月26日	9月30日	10月7日	9月29日

（二）动物候

动物物候，如候鸟、昆虫及其他动物的迁徙、初鸣、终鸣、冬眠等现象。观测记录其始见、始鸣为在一年中第一次见到某种鸟、昆虫、两栖动物或第一次听到其叫声。绝见、终鸣为在一年中最后一次见到某种鸟、昆虫、两栖动物或最后一次听到其叫声。

表2-1-11　　动物候情况表

单位：年平均日期

时间	家燕（2009—2013年）	蟾蜍
始见	4月15日	5月4日
终见	10月2日	9月12日

第三节　水　文

一、地表水

（一）河流

黄河从巴彦淖尔市杭锦后旗头道桥镇进入临河区境内，从双河镇新荣村出境，全长50公里，洪水以上游来水为主，流向是自西向东。河道宽度3.15～3.16公里，水面比降1/4400～1/6500，河道宽浅散乱、汊道纵横，为典型的平原性河道，河滩高程1044—1038米。

黄河流经临河区双河镇，自巴彦高勒三盛公枢纽闸下至临河区，区间无引水工程和大的支流汇入，据巴彦高勒水文站1969—1998年共30年实测资料统计计算，该河段多年平均流量648立方米/利物浦，多年平均径流量204.2亿立方米，最大年径流量337.7亿立方米（1976年），最小年径流量为129亿立方米（1987年）。枯水期月平均最枯流量638立方米/秒（1980年6月），多年平均洪峰流量2860立方米/秒，历年实测最大洪峰流量5290立方米/秒（1981年9月22日）。50年一遇洪水设计洪峰流量为5900立方米/秒。

该河段年平均输沙量0.774亿吨，年平均含沙量3.79千克/立方米，历年最大年输沙量1.56亿吨（1981年），历年最小年输沙量为0.13亿吨（1969年）。输沙量年内分配极不均匀，7—10月输沙量占全年的71.1%左右。

由于临河段黄河的纬度较高，开河时往往是上游先开，下游后开，较易形成冰坝。冬季流凌开始日期 11 月 11 日至 12 月 8 日，封河起始日期 11 月 23 日至 12 月 25 日，开河日期 3 月 9—30 日，春季开河流凌日期 3 月 9—30 日。

（二）湖泊

张家庙海子位于临河区八一乡张家庙，水域面积 450 亩，蓄水量 600.03 万立方米，所有权登记为维信公司。

青春湖位于临河区城关镇友谊村，水域面积 673 亩，蓄水量 89.74 万立方米，所有权登记为临河区国有资产管理局。

班禅召海子位于临河区图克镇红旗村、团结村，水域面积 993 亩，蓄水量 198.61 万立方米，所有权登记为临河区国有资产管理局。

新华南海子位于新华镇新丰村、隆光村，水域面积 1200 亩，蓄水量 160.01 万立方米，所有权登记为新华镇。

新利海子位于干召庙镇新利村，水域面积 650 亩，蓄水量 151.67 万立方米，所有权登记为干召庙镇新利村。

镜湖位于临河农场、狼山镇富强村，水域面积 5300 亩，蓄水量 706.7 万立方米，所有权登记为临河农场、狼山镇富强村。

郝驴驹海子位于白脑包镇公产村、太阳村，水域面积 1300 亩，蓄水量 260.01 万立方米，所有权登记为临河国有资产管理局。

张连生海子位于干召庙镇民丰村，水域面积 730 亩，蓄水量 146.01 万立方米，所有权登记为临河国有资产管理局。

熊家海子位于白脑包镇太阳村，水域面积 480 亩，蓄水量 64 万立方米，所有权登记为临河区水产站。

多蓝湖位于双河镇团结村，水域面积 3991 亩，蓄水量 52.16 万立方米，所有权登记为内蒙古临河黄河国家湿地公园管理中心。

（三）湿地

内蒙古临河区黄河国家湿地公园，地处北纬 40°40′27″～40°41′54″，东经 107°21′26″～107°32′29″，位于临河区南部双河镇境内，以黄河大堤为界，分为堤南、堤北两大部分，总面积 4637.6 公顷，堤南面积 4278.5 公顷，堤北面积 359.1 公顷。其中，堤南部分北起黄河大堤，南至市域内黄河主河道，与鄂尔多斯交界，西至柽柳滩地，东至黄河大桥；堤北部分北起安澜街（规划路），南至黄河大堤，西至通宁路（规划路），东至朔方路（规划路）。

临河区黄河国家湿地公园位于黄河中上游，属黄河沼泽滩涂湿地类型，总面积 4637.6 公顷，河流湿地面积 709.14 公顷，多蓝湖及鱼塘面积 266 公顷。根据湿地公园资源特征和分布情况以及自然人文单元的完整性和管理便利需要，湿地公园分为湿地保育区、恢复重建区、科普宣教区、合理利用区和管理服务区。保育区面积 1492 公顷，恢复重建区面积 2228.5 公顷，宣教展示区面积 350 公顷，合理利用区面积 539.5 公顷，管理服务区 27.6 公顷。

二、地下水

河套平原地质结构决定了咸淡水分布较广，加之后期的改造作用，使得灌区水质分布规律十分复杂。

受地质构造、地层岩性和地貌等因素的影响，表现出明显的南北向分带规律，分出 6 条水质带，其中 3 条淡水带，3 条咸水带。以北部咸水带延伸长度最大，为区域性咸水带，南部咸水带矿化度最高、水质最咸。

第一带为扇裙全淡水带（全淡水指第一含水组全部为淡水，下同），主要分布在狼山山前扇裙平原，其南届大致沿总排干北侧分布，东部宽度较大，向西宽度变窄。其与南侧咸水带呈犬牙交错分布，在较大冲积扇轴部方向，淡水带延伸较远，淡水层厚度较大，而在扇裙翼部，咸水向北伸入。此带由于含水层颗粒粗，径流条件好，为盐分的溶滤搬运带，含水层含盐量低，地下矿化度小于 1 克/升，扇裙上部多小于 0.5 克/升，水化学类型以 HCO_3SO_4—NaMg 和 HCO_3Cl—CaNa 水为主，扇裙上部局部为 HCO_3—CaMg 水。

第二带为扇前洼地咸水带。自西向东沿扇裙前缘洼地南侧呈条带状分布，为纵贯全区的北部咸水带，一般宽度 5~10 千米，在陕坝镇东北部最宽为 8~15 千米，沿总排干两侧分布，向东至乌梁素海西侧。这一带地势低洼，在构造上为扇裙前缘断裂南侧的深陷带，形成地形和构造上相一致的由南向北倾的构造洼地，长期成为地表水和地下水的水盐聚集带，在漫长的地质时期中，地层中盐分累积量较高，形成咸水。

第三带为套区中部淡水带在新华镇以东处于南北两咸水带之间，永济渠以西为全淡水，以东为上淡下咸。全淡水含水层深厚稳定，淡水层深度厚度一般大于 100 米，最厚 185 米。此带全淡水的形成，主要由于地处灌区上游，含水层岩性相对较粗，地形坡度相对较大，径流条件相对较好，为盐分搬运带，加之黄河古河道长期迂回淡化的结果。全淡水带矿化度多小于 2 克/升，在近咸水带附近变为 2~3 克/升，并多变为上淡下咸结构。一般以 HCO_3SO_4—NaMg 及 HCO_3Cl—Na 水为主。在局部洼地，由于表层无黏性土覆盖层或者覆盖层甚薄，洗盐水的淋渗，经蒸发浓缩使潜水矿化度增高，形成局部浅层咸水。

咸淡水的垂向分布特征主要受气候和古地理环境的影响，往往由古气候和沉积环境的变化，影响地层中盐分的富集，使垂向水质结构具有不同特征。全区大致可分为全淡水型、全咸水型、上淡下咸型、上咸下淡型、咸淡咸型和淡咸淡型六种类型，以前三种类型分布最广，后三种类型分布较为局限。咸淡水界面一般也有渐变和突变两种形式，渐变性往往没有明显的界面。但是局部分布的咸淡水往往有明显的界面。

全淡型分为山前扇裙带全淡水，套区西南部全淡水和三湖河全淡水带，主要为扇裙溶滤潜水和黄河古河道淡化的结果。全咸型分为北部扇前洼地咸水带，在水质上包括矿化度 3~5 克/升的半咸水，5~10 克/升的咸水和大于 10 克/升的盐卤水。上淡下咸型分布于中部淡水带的东段以及咸水带外围的淡水过渡带，主要位于永济渠以东，南北宽约 15~25 千米。上部矿化度小于 3 克/升，五原以西多小于 2 克/升，近咸水带多为 2~3 克/升，下部多为大于 5 克/升的咸水。淡咸水界面在垂线上多是渐变的，自东向西和随远离两侧咸水带逐渐加深，淡水层厚度随之增大。五原西部一带淡咸水界面 60~100 米，淡水层厚度 50~80 米，而从五原县塔尔湖—临河区新华一带，淡咸水界面 80~140 米，淡水层厚度 60~130 米。永济灌域的各类地下水矿化度的面积比差别较大，淡水所占比例最大，咸水最小，居于中间比例的是微咸水和半咸水，其中微咸水比半咸水的面积略大。淡水面积大，但地下水矿化度还是呈增长趋势。

淡水矿化度小于 2 克/升，以 HCO_3SO_4—NaMg 型和 HCO_3Cl—NaMg 型为主。该类型水完全适宜灌溉，但是局部地区有 HCO_3—Na 型水分布，碱度较高时，长期冲洗灌溉，应采取适当防范措施，以防止土壤碱化。微咸水矿化度 2~3 克/升，以 $ClHCO_3$—NaMg 和 $ClSO_4$—Na 型为主，各地广泛利用，灌溉效果良好。如灌溉利用得当，有排水措施，不会产生土壤盐渍化，一般称宜用水，但对碱度较高者，也应注意防止土壤碱化。半咸水矿化度 3~5 克/升，以 $ClSO_4$—NaMg 型水为主。该类水可用于混灌或交替灌溉，一般是改造利用的主要对象，如灌溉得当，加强排水措施，能取得良好灌溉效果，一般称可用水。咸水矿化度 5~10 克/升，不宜直接用于灌溉，为节约水源，改造利用咸水，增大灌排效果，仍可用于混灌。盐卤水矿化度大于 10 克/升，不宜用于灌溉。局部地区矿化度更高，30~70 克/升，可用来提炼盐。

第四节　土壤　植被

一、土壤

（一）土壤类型

1. 灌淤土

临河区灌淤土面积98752.3公顷，占临河区总耕地面积145266.7公顷的67.98%，灌淤土有草甸灌淤土和盐化灌淤土两个亚类。

（1）草甸灌淤土

草甸灌淤土是临河区灌淤土的主要亚类，面积为59843.9公顷，占临河区灌淤土的60.6%。草甸灌淤土发育在草甸土上，特点是脱盐过程大于积盐过程，无盐渍化现象。草甸灌淤土根据表层土壤质地不同分灌淤红泥土、灌淤两黄土、灌淤沫尔土、灌淤沙土4个土属。

灌淤红泥土。属草甸灌淤土亚类，占草甸灌淤土总面积的20.3%，分布于局部低洼地带，一般表现出渗透性差，通气性不好，土温较低，宜耕期短，土壤比阻较高的特性，故耕作效率比其他土属小，但保肥保水能力强，不易盐化，后劲足，宜种植多种作物和牧草，表土容重较轻。

灌淤两黄土。属草甸灌淤土亚类，占草甸灌淤土总面积的67.8%。灌淤两黄土属较其他土属渗透性和保水保肥性能适中，易耕作，适宜种植多种作物、牧草和林木。灌淤两黄土属表土容重较大。

灌淤沫尔土。属草甸灌淤土亚类，占草甸灌淤土总面积的5.5%。灌淤沫尔土属耕性良好，宜耕期较红泥土和两黄土长，透水性和通气性比红泥土和两黄土好，保水保肥性较差，适宜种植大秋作物和块根块茎类作物。

灌淤沙土。属草甸灌淤土亚类，占草甸灌淤土总面积的6.3%。灌淤沙土属透水性、通气性好，保水保肥能力弱，易盐化也易脱盐，耕性良好，宜耕期长，但适宜种植面积较窄，表土容重较大。

（2）盐化灌淤土

盐化灌淤土是临河区灌淤土的另一亚类，是具有盐渍化特征的灌淤土，面积为38908.4公顷，占临河区灌淤土的39.4%。临河区盐化灌淤土因其表层质地不同，分为盐红泥土、盐两黄土、盐沫尔土、盐沙土4个土属。

盐红泥土。属盐化灌淤土亚类，占盐化灌淤土总面积的23.1%。盐红泥土属的生产性能和理化性状不及无盐化的红泥土，表土容重大于无盐化的红泥，一般在1.4克/立方米以上。盐化程度与土体结构不同，生产性能有显著差异，其主要限制因子是盐化程度。

盐两黄土。属盐化灌淤土亚类，占盐化灌淤土总面积的57.8%。

盐沫尔土。属盐化灌淤土亚类，占盐化灌淤土总面积的13.4%。

盐沙土。属盐化灌淤土亚类，占盐化灌淤土总面积的5.7%。一般而言，盐沙土属渗透性好，养分含量较低。

2. 盐土

临河区盐土面积为44872.9公顷，占耕地面积30.89%，在临河区各种土类中居第二位，分布于临河区各乡镇，其中以新华镇、白脑包镇、干召庙镇、狼山镇、双河镇、乌兰图克镇分布最多。

临河区盐土有草甸土1个亚类，草甸盐土有白盐土、蓬松盐土、黑油盐土、沼泽盐土4个土属。

（1）白盐土

即硫酸盐氯化物盐土，盐分类型以氯化物为主，硫酸盐含量也较多，大部分为灌淤土重盐后的退耕地，白盐土属是草甸盐土的主要土属，也是草甸盐土中最容易改造的土属，其成因多为灌溉蒸发型，地下水水质为淡水，自然植被多为碱蓬、枳芨、肥地芦苇等，心土层有锈纹锈斑，盐分含量特点为表层多，下层少。

（2）蓬松盐土

临河区白盐土面积占草甸盐土总面积的62.7%。

即氯化物硫酸盐土，盐分类型以硫酸盐为主，有大量氯化物，也有大量重碳酸盐类，多分布于地形高起的地块。蓬松盐土属的表土盐分大量聚积，有大量的钙镁离子，结成盐皮，因地下水埋深较深，盐结皮与土层脱节，中间形成高盐含量的松土层，在100厘米以下有潜育化过程特征，主要植被有碱草、枳芨、白茨等。临河区蓬松盐土面积占草甸盐土总面积的24.3%。

（3）黑油盐土

即氯化物盐土，一般分布于低洼地带，黑油盐土的生成与其地下水矿化度有密切关系，在矿化度较高的地区分布较广，属原生型盐土类型。盐分的剖面特点为上下都是高盐含量层次，盐分类型以氯化物为主，有大量的吸湿性镁离子，表土呈黑色，改造困难。黑油盐土属植被稀疏，多着生盐爪爪和少量的白茨，主要分布在陕五公路以北部分地区。临河区黑油盐土面积占草甸盐土总面积的6.8%。

（4）马尿盐土

即苏打盐土，因含大量苏打能使有机质呈可溶状态，浸染土层呈黄褐色，"马尿"因此得名。临河区马尿盐土面积占草甸盐土总面积的6.1%，零星分布，局部低洼处由于水分经常补给，土壤时常呈嫌气状态，土壤中有机质分解的二氧化碳不能发散，与水分结合成为碳酸，再与钠离子结合，形成苏打。马尿盐土属一般无任何植被，是草甸盐土中质量最差的盐土。临河区马尿盐土的盐分类型是复合型的，常与氯化物伴生，为苏打—氯化物盐土或氯化物—苏打盐土。

3. 碱土

临河区的碱土仅有龟裂碱土亚类，白僵土属，面积为1656.0公顷，占耕地总面积的1.14%，分布于乌兰图克镇、新华镇、双河镇，其中以乌兰图克镇分布面积最大，占临河区碱土面积的

90.11%。特点是表层盐分不高，下层盐分含量较高，碳酸根离子和碳酸氢根含量较大。代换性钠占阳离子代换总量>20%，从盐分总量来说，下层高于上层。

（二）利用分区

1. 南部林草耕土地利用区

范围包括总干渠以南双河镇全部。防洪堤南由于受黄河影响，河滩地或冲或淤，岸线极不稳定，地下水位较高，盐渍化较重；防洪堤以北由于总干渠的排水作用，盐渍化较轻。

2. 中部耕林草土地利用区

包括总干渠与总排干之间的全部土地，是临河区主要农业区。人口稠密，经济发达，交通方便，有利于农产品的输出与生产资料供应。本区地处灌区上中游，灌排保证率较高，耕地多而次生盐渍化较轻，是临河区粮、油、瓜、果、蔬的主要产区。

3. 北部草林耕地利用区

位于乌加河以南总排干以北。地处临河区北缘，交通条件差，灌排不便，排水困难，耕地、林地呈散点分布，耕地质量差，盐渍化严重，宜林地少，乔木树种成活率不高。

二、植被

（一）沙生植被

临河区的沙生植被有白刺（蒺藜科）、蒺藜、沙蓬（藜科）、沙蒿、沙打旺等，为固定沙丘的先锋植物。

（二）旱生植被

旱生植被有骆驼蓬（蒺藜科）、苦豆子等，特点是生长在盐渍化较轻的干燥土坡上。

（三）湿生草甸植被

临河区的湿生植被较多，有莎草、三棱草、小戟草、羊草、佛子茅、画眉草、黄花草木栖、小花棘豆、委陵菜、草木栖、枳芨草、猪毛菜、苦菜、苍耳、蒲公英、车前子、灌木、红柳、河

柳等。

（四）水生植被

水生植被有芦草、蒲、三棱草、蓼科植物等，是临河区沼泽水面的主要植被。

（五）耐盐植被

临河区的耐盐植被有红柳、枳芨、白茨、胡杨、沙枣、爬地芦草等。其中红柳喜湿，能在低湿盐地生长；白茨、胡杨、枳芨等耐旱植物，一

般在地势较高处生长。

（六）盐生植被

临河区的盐生植被有盐爪爪、碱蓬、盐角草等，其中碱蓬、盐角草等为低湿地盐生植物，盐爪爪为高坡荒漠盐生植物。

第二章　自然资源区划

第一节　土地资源

一、面积

临河区土地资源丰富，2016 年，全区总土地面积 233321.28 公顷，其中耕地 146093.49 公顷，园地 851.99 公顷，林地 3619.35 公顷，草地 420.37 公顷，城镇村及工矿地 24760.85 公顷，交通运输用地 7099.42 公顷，水域及水利设施用地 25883.33 公顷，其他用地 24592.48 公顷。

二、分类

陕坝—五原公路和包兰铁路之间，耕地占东地区的 48%，两路之外耕地占 30.8%，黄河防洪堤南耕地占 19%，总排干以北耕地占 19%。草地、林地在上述地区各有相当数量的分布。

双河镇、干召庙镇、白脑包镇、曙光乡等地为轻度盐渍化区，灌淤土与盐化土之比大于 2，盐土与盐化土百分率之和小于 60%。

城关镇、狼山镇、新华镇、乌兰图克镇等地为中度盐渍化区，灌淤土与盐化土之比大于 1，盐土与盐化土百分率之和大于 60%。

白脑包乡、古城镇等地为重度盐渍化区，灌淤土与盐化土之比大于 1，盐土与盐化土百分率之和大于 70%。

临河区历史上粮豆作物以小麦、糜子为主，大麦、玉米、高粱、黄黑豆、黍子、蚕豆、谷子次之。间断性种植过水稻，还有豇豆、红豆、绿豆、豌豆、荞麦等杂粮和马铃薯。特殊的自然环境造就了临河区农副产品的特殊品质。绿色、特色农业蓬勃兴起，基本形成南北林牧业、西部脱水菜、东部特色瓜果、城郊保护地的产业格局。主要农作物有小麦、玉米、花葵、甜菜等；经济林果和土特产品有蜜瓜、西瓜、苹果梨、枸杞、土豆、韭菜、豆角、青椒、番茄等；所产小麦是国家一级优质小麦，是中国重要的优质农畜产品生产基地，是"中国苹果梨之乡"。4 个乡镇被定为北京放心蔬菜基地，14 个乡镇被自治区认证为无公害生产基地，建成自治区首家绿色食品生产基地，被农业部确定为农业标准化示范县，被评为"中国果菜十强县"之一。

第二节　水资源

一、地表水储量

黄河是临河区地表水和地下水的主要来源。黄河总径流量年际变化不大，年平均总径流量为 367.2 亿立方米，流量为 847.3 立方米/秒。年内月份变化大，最大流量在 8 月，最小流量在 11—12 月。最大月份的流量为最小月份流量的 5～24

倍。除黄河灌溉网以外，还有总面积 3.10 万亩的大小湖泊，水深 1～7 米，pH 值 8～9，也是地表水的来源。

二、地下水储量

地下水埋深平均 1.6～2.2 米，pH 值 7～8.5，含盐量小于 0.8%。每年 3 月地下水埋藏最深，为 2.5 米以下，11 月最浅，为 0.5～1 米。地下水埋藏深度与地形走向一致，即北部埋深小于 1 米，含水层厚 180 米，单井涌水量 5～10 立方米。中部埋深小于 1.5 米，含水层厚 150 米，单井涌水量每小时 10～20 立方米。南部埋深小于 2 米，单井涌水量每小时 10～20 立方米。地下水补给主要依靠引黄灌溉。

第三节　林木资源

一、树种与分布

天然林主要是指红柳、河柳灌木丛林和胡杨林。

红柳喜光，不耐庇荫，对大气干旱及高温、低温有适应能力；抗风、保持水土能力较强。对土壤要求不严，耐旱、耐湿、耐盐碱，分布在沿黄河双河镇及陕五公路以北，呈零星分布状态。

胡杨（俗名水桐树），耐盐碱能力强，具有分泌盐碱的能力。可以萌发出年龄不同的植株，形成片林。双河镇团结村九社防洪堤外，一棵最大的胡杨树龄在 200 年以上，胸围 4 米，胸径 130 厘米，仅树干材积 4.5 立方米，它周围繁衍生长出 100 余株径级、树龄不同的胡杨。胡杨又是沙丘、盐碱地造林的优良树种。除双河镇，其他乡镇沙丘内也有天然胡杨林分布。

天然林资源数量不大，分布在河滩、湿地、碱地和沙丘上，而这些地方是人工造林不易成活的地方。

二、面积与储量

人工林是临河的主要森林资源，地理分布西南部较多，西北部较少。权属分布个体占人工林面积的 78%，蓄积量占人工林蓄积量的 72.2%。集体和国有林面积、蓄积量仅占人工林面积、蓄积量的 22% 和 27.8%。树种分布乔木占多数，乔木中杨柳树居多。

第四节　野生植物

临河的草本植物资源分为两类：一是药用植物，有苍耳、扁蓄、菟丝子、车前、蒲黄、芦根、苦豆根、蒲公英、枸杞、茵陈、戟草、问荆、艾等。二是牧草，有藜科、菊科、禾本科、豆科、蒺藜科、蔷薇科、蓼科、紫草科、玄参科、十字花科、毛茛科、报春花科、车前科、椹柳科、莎草科 17 个科，48 个属，60 个种。具体有芦草、三棱草、红柳、河柳、佛子茅、苦豆、盐爪、碱蓬、白茨、枳芨、碱草、小禾本、旋复花等。

第五节　动物资源

一、家养畜禽

临河的动物资源以家养畜禽为主，有牛、马、骡、驴、骆驼等大牲畜，有绵羊、山羊等小牲畜，还有猪、鸡、鹅、鸭、兔等。

二、野生动物

哺乳动物有野兔、刺猬、獾子。

鸟类有老鹰、猫头鹰、凤鹰，啄木鸟、喜鹊、乌鸦、麻雀、野鸡（环领颈雉）、雉鸡、野鸭、天鹅、鹌鹑、杜鹃、家燕、黄鹂、柳莺、苍鹭、地鹧、翡翠、画眉、百灵等。

三、昆虫

害虫有螟虫、蚜虫、蝗虫、黏虫、红蜘蛛、麦秆蝇、甜菜象虫甲、甘蓝夜蛾、蝼蛄、金针虫、地老虎（地蚕）、米象、麦蛾、谷查牛蝇、牛虻等。

益虫有野蜂、蜜蜂、蜻蜓、瓢虫、蚂蚁、蜘蛛、步行虫等。

四、水生动物

临河有闻名遐迩的黄河鲤鱼，还有鲫鱼、鲇鱼、龟、蚌、虾等。

第六节 气象资源

一、光能

临河的光能资源丰富，年总辐射量 153.13 千卡/平方厘米，生理有效辐射约占总辐射的 49%，为 75.28 千卡/平方厘米。在作物生长季节的 4—9 月里，太阳总辐射为 94.44 千卡/平方厘米，日照时数 1780.0 小时，光照强度 8 万～10 万勒克斯。

二、风能

临河位于西风带内，终年受西风环流影响，境内地势较高，植被稀疏，风能资源丰富。风速随季节、时间变化，春季风速最大，冬季次之，秋季居中，夏季最小；夜间风速最小，日出后逐渐增大，午后达到最大，傍晚较小。每年 10 月至翌年 3 月，盛行北风或者西北风；4—9 月则以偏南风或偏东风为主，风速在 1.8～2.4 米/秒之间。

第三章 自然灾害

第一节 气象灾害

临河区地处河套平原，气候多变，曾经自然灾害频繁，干旱、洪涝、冰雹、沙尘暴、霜冻、雪灾等灾害严重威胁农牧业生产，还影响工业、交通、国防建设发展，危及人民生命财产安全，后随人工治理得到缓解。

一、干旱

由于地处内陆，降水量少，年变率大，季节分配不均，蒸发量大，大风多，干旱经常发生。1971—2010年，春、夏、秋旱发生频率分别为63.3%、63.3%和70%，春夏连旱频率40%。有气象记录，连续两年干旱的年份分别为1962年、1963年，1971年，1972年，1986年、1987年，1999年、2000年。

二、洪涝

夏季降水集中，大到暴雨虽少，然而一旦出现暴雨，便会形成洪涝灾害。河套地区灌溉条件较好，但排水系统不完善，暴雨一旦造成洪涝灾害，作物因长时受淹而发病或致死，给农业生产造成严重损失。1929年，立秋后大雨无阻，山洪暴发，黄河决口，五原、临河悉成泽国。晚禾淹没，田产冲毁无数。1931年8月，五原以西阴雨不已，河水暴涨，五原、临河各渠退水悉聚于乌兰脑包，水深2.3～2.7米，月余水势不减，秋禾尽淹，成大灾。

1981—2016年，有8次暴雨洪涝对临河形成较大灾害。

1995年7月13—18日，临河地区连续普降大雨，城关乡、乌兰淖尔乡、新华镇、乌兰图克乡、干召庙镇、八一乡、隆胜乡、份子地乡8个乡镇遭受暴雨袭击，受灾面积14866.7公顷，成灾面积861.3公顷，绝收面积306.7公顷，倒塌房屋5间，死亡牲畜18头（只）。造成直接经济损失4778.58万元。

1997年8月14日，临河各地普降大暴雨，洪涝受灾14万人，4380公顷农作物受灾。

1998年5月20日，临河24小时降水量72.5毫米，超过年降水量的一半，暴雨出现时间早，强度大，历史罕见。此时玉米进入三叶期，甜菜尚未进入三对真叶期，瓜类作物刚出苗，农田积水未及时排出，大田作物受到较大危害。

1999年7月7日，北部沿山发生洪涝，受灾人口11400人，农作物受灾面积3910公顷。

2002年3月10日，黄河水出岸漫延，淹没双河镇马场地村、新丰村2个村6个村民小组，使187户、748人受灾，淹没房屋506间，淹没耕地400公顷，造成直接经济损失916万元。6月8日，黄河上游普降大雨，临河市境内黄河水位再次上涨，双河镇的马场地、团结等村护田坝相继被冲毁，共有 10 个村、36 个村民小组、1630 户、7335 人受灾，2433.3 公顷耕地绝收，直接经济损失 1440 万元。

2003 年 8 月 26 日，发生洪涝，受灾人口 17100 人，农作物受灾面积 1000 公顷。

2007 年 6 月 15—19 日，临河区普降大到暴雨，最大雨量 102.1 毫米，出现在白脑包镇，最小出现在狼山镇为 54.6 毫米。这场降水对雨前灌水的部分地块出现积水，致使部分农作物受灾，双河镇、城关乡、新华镇、白脑包镇、狼山镇、干召庙镇受灾面积 16899 公顷，受灾人口 7 万人，造成农业直接经济损失 2535 万元。

2012 年 6 月 25—28 日，暴雨天气造成临河区干召庙镇、狼山镇、白脑包镇、乌兰图克镇、新华镇、八一乡、城关镇 6 个乡镇，122 个行政村，43837 户，169790 人受灾；受灾作物面积 51200 公顷，其中小麦 15466.7 公顷、玉米 12666.7 公顷、葵花 14733.3 公顷、瓜菜类 8333.3 公顷，直接经济损失 35703 万元。新华镇春和村七组 1 名老人，因雨水导致电线短路，被电击身亡。新华镇的 8 个村，10 个农户的 30 余间房屋倒塌，造成危房 28 户。干召庙镇 24 户房屋有裂缝。

三、冰雹

冰雹是临河区作物生长季的主要农业气象灾害之一。轻雹可使作物叶片、植株受害，重雹则使花果实大量脱落，造成颗粒无收。夏季冰雹常伴随局地大到暴雨出现，雹打水冲，致使作物和牧草倒伏、茎秆折断，农田和草牧场被毁，冲倒房舍、棚圈，冲走淹死牲畜等。冰雹云多发生在温暖季节，在地形热力条件易形成强烈对流的山区上空形成，在高空气流控制下，移动过程中降雹，影响区常呈带状分布，俗有"雹打一条线"之说，因此一次冰雹过程的受害面积有限，冰雹造成大范围粮食减产的年份不多，但就局地而言，给人们的生产生活带来损失。

临河地区降雹一般出现在 4—10 月。4—5 月，西风槽盛行，冷暖空气活动异常剧烈，易出现强对流天气；6—8 月，由于处于副热带高压边缘，易出现风向、风速辐合切变，对流旺盛，极易形成冰雹云，尤其在中午至傍晚对流旺盛，有利于冰雹形成，9—10 月，冷暖空气交替频繁，天气不稳定，虽仍有降雹可能，但次数明显降低。

临河区冰雹云的移动路径主要有四条。第一条雹线从炭窑口出山后分两路：一路经杭锦后旗等乡镇，临河区的乌兰淖尔乡、双河镇到鄂尔多斯境内；另一路经杭锦后旗等乡镇，临河区的白脑包乡、狼山镇、乌兰图克镇到五原县境内。第二条雹线从经杭锦后旗等乡镇到临河的干召庙镇、新丰乡。第三条雹线从乌拉特后旗出山口后分成两路：一路经杭锦后旗等乡镇到临河的建设乡、小召乡、八一乡；另一路经杭锦后旗等乡镇到临河的古城乡、份子地乡。第四条雹线从两狼山口出山口后分成三路，一路经杭锦后旗等乡镇到临河区的建设乡、干召庙镇后进入杭锦后旗五星乡；第二路经乌拉特中旗等乡镇，临河的狼山镇、乌兰图克镇，进入五原县境内；第三条经乌拉特中旗等乡镇，临河的古城乡、份子地乡、狼山农场，进入五原县境内。

1957—2010 年，据临河历史灾情资料显示，冰雹发生主要集中在夏季，占全年发生总数的 73%，7 月出现最多。

1954—2010 年，临河降雹 233 日次，成灾 94 日次，年平均降雹 4.4 天，成灾面积 11000 公顷，其中 20 世纪 80—90 年代，降雹 155 次，成灾 61 次，为冰雹发生主要集中时期。20 世纪 50—70 年代，以及 21 世纪前十年，降雹明显较少，呈现先加强后递减的趋势。

四、大风、沙尘暴

大风、沙尘暴对临河农牧业生产的危害是多方面的，如风蚀表土引起土壤沙化，导致生态环境恶化，尤其是春季大风，常常风揭沙压农田和草场，毁坏农牧业生产设施，如温室、塑料大棚、机井等。秋季大风常导致作物牧草茎秆折断或倒伏，籽粒脱落。冬季大风直接影响牧事活动，造成经济损失。随着经济的发展，大风、沙尘暴造成的危害越来越严重，1998 年 4 月 21 日，临河境内出现大风、扬沙天气，最大瞬时风速为 19 米/秒，毁坏塑料大棚 6000 座，大风撕坏蒲帘、摧破棚膜，风后降温，失去保护的蔬菜一夜冻死，直接经济损失 4000 余万元。

2010 年 3 月 19 日晚 18 时左右，最大风速为 15.3 米/秒，极大风速为 23 米/秒，当天最小能见度为 200 米。导致临河地区 142 农户受灾，受灾人口 462 人，84 栋大棚棚膜损坏，43 栋中棚棚膜损坏，保护地面积大约 4 公顷，死亡大牲畜 1 头，倒塌房屋 6 间，经济损失约 78.74 万元。

临河地处大陆性季风气候区内，受季风的影响，一年内，主导风向可明显分为两个阶段，即冬季风阶段和夏季风阶段。冬季风向以西南风为主，夏季以东北风为主。由于阴山山脉的阻挡作用，临河区大风、沙尘暴发生频率和强度远远小于后山地区，也小于套区均值，是大风日数最少的地区，年平均大风日数仅有 4.8 天，以 4 月、5 月的冷空气大风和低气压大风最多，分别为 1.1 天和 0.9 天；夏季次之，月平均为 0.3 天，主要是雷雨大风、冰雹大风；秋季最少，月平均只有 0.1 天，以冷空气大风为主。年平均沙尘暴日数为 4.4 天，以 4 月、5 月份最多，分别为 0.8 天和 0.9 天；秋冬季最少，月平均为 0.1 天。

1971—2000 年，临河最大风速为 20 米/秒，出现在 1979 年 2 月 25 日；2001—2010 年，最大风速、极大风速和最强沙尘暴均出现在 2010 年 3 月 19 日，最大风速为 15.3 米/秒，极大风速为 23 米/秒，当天最小能见度为 200 米。从大风日数的年代际变化看，20 世纪 60 年代到 2010 年，临河大风和沙尘暴总趋势是减少的，大风和沙尘暴从 20 世纪 60 年代的 107 天和 163 天，减少到 80 年代的 27 天和 48 天。20 世纪 80 年代以后，大风日数呈缓慢上升趋势，沙尘暴则在 90 年代降至 14 天，进入

2001 年后的 10 年又有所升高。

五、霜冻

位于西风带的冷空气比较活跃，加上地势高，气温变化剧烈，有秋霜来得早、春霜结束晚的特点。终霜冻主要发生在作物苗期，尚有再恢复的可能，初霜冻主要危害未成熟的大秋作物和蔬菜，一旦发生，将无再恢复的可能，造成作物严重减产。

临河终霜冻最早结束在 4 月 2 日（2009 年），最晚结束于 6 月 2 日（1966 年），早晚相差 61 天。初霜冻最早出现在 9 月 5 日（1965 年），最晚出现在 10 月 23 日（2008 年），两者相差 44 天。1957 年 9 月 4—6 日，临河县出现严重霜冻，大秋作物减产 3 成，500 余吨。1978 年 9 月 18 日、19 日，临河县大秋作物因霜冻减产 20%～30%。1984 年 4 月 26—28 日，临河气温突然下降到 -3℃，4 月 27 日凌晨，地面结冰 1.5 厘米，临河市 148 个村、1154 个社、52501 户，已经出苗的 3333.3 公顷甜菜、9333.3 公顷葵花、152.3 公顷瓜菜受到严重袭击，经济损失 33.2 万元。2006 年 9 月 9 日，临河区 1306.7 公顷农田遭受霜冻袭击，成灾面积 261.3 公顷，经济损失 392 万元。2008 年 5 月 11—12 日，临河区 9889 公顷农田遭受霜冻袭击，成灾面积 515 公顷，经济损失 3708 万元。

六、雪灾

临河的雪灾主要集中在 11 月到次年 3 月，尤其 12 月、1 月、2 月形成雪灾的概率最大。选取 1971—2010 年 ≥3 毫米的降雪日作为大雪日进行统计。

1971—2010 年，11 月到次年 3 月，日降雪量 ≥3 毫米的有 21 天，出现积雪和结冰现象的有 18 天，日降雪量 ≥5 毫米，出现积雪和结冰现象的日数有 8 天。最大降雪量为 12 毫米，出现在 1991 年 3 月 26 日。

从临河大雪日数的年际变化可见，20 世纪 80

年代最少，仅有 3 天，2000 年后最多为 7 天，表明发生雪灾的概率增大。

连续最长积雪日数为 35 天。积雪深度≥5 厘米的日数有 56 天，最大积雪深度为 18 厘米，出现在 1971 年 1 月 20 日。

从积雪深度≥5 厘米的积雪日数年代际变化看，不同年代积雪日数分布不均，20 世纪 80 年代最少仅有 2 天，2000 年后最多，41 天，随着设施农业的发展，雪灾发生概率明显增加。

1997 年 3 月 13 日开始，临河市持续三天普降小到中雪，加之气温下降，天气连阴，造成温室作物死亡，早播小麦种子不能正常发芽。降雪造成临河市 14 个乡镇的所有村组受灾，受灾农户 5.87 万户、23.46 万人，因灾造成早播小麦 3066.7 公顷全部死苗，648 栋温室作物死苗，16933.3 公顷土地不能正常播种小麦而影响产量，因灾造成粮食减产 30480 吨，造成农业直接经济损失 4182.4 万元。

第二节　生物灾害

一、虫害

（一）小地老虎

在临河 1 年发生 2 代，小地老虎成虫生长与气温密切相关，一般 4 月上旬气温上升到 5～8℃ 开始出现，盛发为 8 天左右，当地有"杨树努芽芽，柳树飞毛毛，小地老虎咬苗苗"的说法。1991—2016 年只有零星发生，危害较轻。

（二）粘虫

土名"花不浪"虫，主要危害小麦、玉米，到 2016 年，该虫害基本得到控制。

（三）小麦蚜虫

气温偏高，降水少，利于蚜虫的发生，严重时，对小麦的灌浆造成一定影响。1997 年发生较

重，属重发生年。1998—2016 年没有大发生。

（四）玉米螟

1991—2016 年偶有发生，均较轻，未形成大的危害。

（五）草地螟

为暴发性害虫，1991—2016 年未暴发成灾。

（六）小菜蛾

在临河城郊保护地蔬菜上局部发生。

（七）玉米红蜘蛛

发生严重时，对玉米正常灌浆成熟造成比较严重的影响。1991—2016 年时有发生，但未造成大的危害。

（八）蝗虫

临河未发生过较重的危害。

（九）蔬菜害虫

蔬菜常见害虫主要有白粉虱、红蜘蛛、斑潜蝇、蚜虫、韭蛆、小菜蛾。

（十）果树害虫

果树害虫主要有山楂粉蝶、红蜘蛛、梨二叉蚜、李小食心虫、大青叶蝉。

二、鼠害

临河的鼠害在 4—10 月进入危害期，主要危害向日葵、麦类、玉米、糜黍、番茄、豆类、瓜果蔬菜等，尤以向日葵、玉米、瓜果蔬菜受害最重。害鼠主要有四种：黑线仓鼠、五趾跳、褐家鼠、小家鼠。

三、微生物灾害

（一）小麦锈病

小麦锈病俗称"黄疸"，发生较晚，在高湿气候条件下，中晚熟品种的蘖茎易受害，造成小麦千粒重下降，产量降低。临河基本未发生。

（二）禾谷类黑穗病

俗称"黑疸""霉霉"，历史上广为发生，主

要发病作物有糜黍、小麦、玉米、高粱。临河基本未发生。

（三）甜瓜病害

霜霉病、果斑病、白粉病局部时有发生。

（四）籽瓜炭疽病

临河市1993年发生较重，发生面积1.12万亩，对籽瓜的生产带来较大的影响。1994年以后没有大发生。

（五）向日葵菌核病

菌核病在临河发病症状表现为茎基腐、茎腐和盘腐三种形态，以茎基腐型发生较为普遍。1999年以前，向日葵菌核病主要以侵染根茎部，呈茎基腐状（根腐）为主；2000年以后，随着产业结构调整力度加大，向日葵大面积连年种植，加上从国内外引种、换种的频繁进行和气候的影响，茎腐和盘腐逐年加重。向日葵菌核病2001—2002年发病率5%，2002—2004年发病率10%，2005年发病率20%，个别地块发病率35%，成为限制向日葵产业持续健康发展的主要因素之一。2006年后，由于农民注重轮作倒茬等综合防治措施的应用，发病率下降，平均发病率16%。

（六）番茄早、晚疫病

2007年，临河番茄晚疫病大发生，全区番茄种植面积11万亩，发生番茄疫病约3.575万亩，其中发生重的约2万亩，几乎全田毁灭。受灾损失6088.5吨。番茄早疫病每年都有发生，危害番茄茎秆、叶片和果实，局部地块损失严重，成为威胁番茄产业健康发展的一大病害。

四、外来生物及其他灾害

（一）向日葵螟

向日葵螟2006—2007年在临河大发生，2007年临河向日葵总播面积为36.2万亩，向日葵螟发生面积3.6万亩，受灾损失637.5吨。2008年后，通过采取适当推迟播种期、种植短日期杂交向日葵品种、性引诱剂诱杀雄虫、释放赤眼蜂、挂置杀虫灯等综合防治措施，该虫得到有效防治，只有局部轻发生。

（二）巨膜长蝽

是一种荒漠昆虫，成虫有翅可迁飞扩散，分布广泛，食性杂，主要危害枸杞、玉米、葵花、蔬菜等作物。该虫多为大量聚集在作物上刺吸茎、叶汁液，造成短期内植株失水萎蔫枯死。2008年，在葫芦、葵花等作物上大发生，发生严重的地块虫口密度达1000头/平方米，一般地块在500头/平方米，受害严重的地块造成绝收。后通过防治得到控制。

（三）向日葵黄萎病

随着向日葵种植面积的不断扩大，连作比例增加，向日葵黄萎病发病面积呈逐年上升趋势，成为向日葵产业发展的制约因素。

（四）向日葵列当

由于向日葵种植效益增加，长年连作造成列当迅速扩展蔓延，因无有效防治技术，发生率逐年上升。如何科学防控向日葵列当的发生，成为迫切需要解决的重大难题。

第三篇
人口　民族　宗教

第一章 人 口

第一节 人口规模

一、人口数量

1991 年，临河市总人口 41.92 万人。

2000 年，临河市总人口 49.24 万人。

2004 年，临河区总人口 52.6 万人。

2008 年，临河区总人口 53.47 万人。

2010 年，临河区总人口 54.17 万人。

截至 2016 年，临河区总人口 55.37 万人。

二、人口分布

1991 年，临河市城镇人口 12.79 万人，乡村人口 29.1 万人。

2000 年，临河市城镇人口 22.5 万人，乡村人口 26.75 万人。

2012 年，临河区城镇人口 35.05 万人，乡村人口 19.81 万人。

2014 年，临河区城镇人口 36.7 万人，乡村人口 18.31 万人。

截至 2016 年，临河区城镇人口 37.70 万人，乡村人口 17.67 万人。

三、人口密度

1953—1995 年，临河市人口密度急剧增大。

1953—1964 年第一次普查和第二次普查间，增大 43.73，年均增大 3.98；1964—1982 年第二次普查和第三次普查间，增大 64.84，年均增大 3.60；1982—1990 年第三次普查和第四次普查间，增大 37.90，年均增大 4.74。

第二节 人口构成

一、民族构成

1991 年，临河市由蒙古族、汉族、回族、满族、达斡尔族、朝鲜族、藏族、锡伯族、维吾尔族、壮族、彝族、苗族、土族、鄂温克族、土家族、黎族、东乡族、侗族、普米族、塔塔尔族、水族、畲族 22 个民族构成。

1995 年的抽查结果显示，临河市的人口总量由 14 个民族人口构成。

2010 年，临河区蒙古族人口 18409 人，回族人口 7312 人，满族人口 1813 人。

截至 2016 年，临河区有蒙古族人口 18410 人，回族人口 7312 人，满族人口 1813 人。

二、性别构成

1991 年，临河市有男性 21.78 万人，女性 20.15 万人，

1997 年，男性 23.99 万人，女性 23 万人。

2000 年，男性 24.6 万人，女性 24.7 万人。

2004 年，临河区有男性 26.77 万人，女性 25.83 万人。

2009 年，男性 26.97 万人，女性 26.58 万人。

截至 2016 年，临河区有男性人口 28.52 万人，女性人口 26.85 万人。

三、年龄构成

1995 年，抽查 0 岁婴儿人口时，比前四次抽查分别下降 15.96%、3.42%。婴儿人口性别比呈上升趋势，由第一次普查的 101.34 增高到 1995 年抽查的 119.45，超出婴儿性别比在 104～107 之间正常范围的 12.45。

1～6 岁学龄前儿童人口一直处于增长趋势，到 1990 年抽查时增加 34714 人，年均增加 938 人。1995 年出现下降，下降率 13.49%，年均下降率 2.86%，这个年龄段儿童人口的性别比较稳定，在正常幅度内变动。

7～12 岁学龄儿童人口也处于增长阶段，到 1982 年抽查时增加 45399 人，年均增加 1565 人，增长率 404.81%。到 1990 年第四次普查时出现下降，下降率 12.84%，年均下降率 1.71%。1995 年抽查时又出现增长，增长率 5.47%，年均增长率 1.07%。

14 岁少年儿童人口一直在增加，增长率 281.40%，年均增长率 4.72%，1990 年第四次普查比第三次普查下降 3.19%，年均下降率 0.41%。1995 年抽查比第四次普查下降 3.78%，年均下降率 0.7%。性别比分别为：119.01、109.29、103.78、105.53、107.50，呈不规则地变动。

男女 16～59/54 岁劳动年龄人口，从 1953 年第一次普查到 1995 年抽查，共增加 23004 人，年均增加 5478 人，增长率 478.23%。

婚龄以上人口（男 22 岁、女 20 岁），在第一、三次普查间的 11 年，年均增长率 6.46%；第二、三次普查间的 18 年，年均增长率 34%；第三、四次普查间的 8 年，年均增长率 4.97%；第四次和 1995 年抽查间的 5 年，年均增长率 3.22%。性别比分别为 144.13、134.42、108.40、102.17、99.75，呈下降趋势。

育龄妇女人口（15～49 岁）由第一次普查的 18865 人，增加到 1995 年抽查的 132533 人，增加 11368 人，年均增加 2706 人，增长率 602.53%。

四、文化构成

1995 年，临河市人口抽查结果显示，受小学及其以上教育的人口 337905 人，占总人口比重 75.95%。其中大专以上人口 14370 人，占人口比重 3.23%；高中人口 47072 人，比重 10.58%；初中人口 143308 人，比重 32.21%；小学人口 133155 人，比重 29.93%；文盲半文盲人口 54350 人，比重 12.22%。

五、职业构成

1995 年，临河市人口抽查结果显示：临河市各类专业技术人员人口数 24793 人，占在业人口 9.84%，性别比为 68.3；国家机关党群组织企事业单位负责人 7811 人，占在业人口 3.10%，性别比为 396.5；办事人员和有关人员 15722 人，占在业人口 6.24%，性别比为 149.5；商业工作人员 21165 人，占在业人口 8.40%，性别比为 82.4；服务性工作人员 7987 人，占在业人口 3.17%，性别比为 67.3；农林牧渔劳动者 147375 人，占在业人口 58.49%，性别比为 90.6；生产工人运输工人和有关人员 27068 人，占在业人口 10.75%，性别比为 193.2；不便分类的其他劳动者 46 人，占在业人口 0.01%，性别比为 187.5。

六、行业状况

在 1990 年的普查和 1995 年抽查中，临河市在业人口的性别比呈不规则扩大趋势，与同时期劳动年龄人口的性别相比，具有相逆趋向。从行业结构及其变化上看，农牧林渔水利业的从业人口，占从业人口总数的比重最大，后随生产力发展，比重下降。工业从业人口比重有所上升，后期又出现下降，与发展趋势相悖。交通运输、通讯商业、房地产业和金融保险业比重的上升理应快些，但事实上，除了商业比重上升较快外，其余行业上升缓慢，或有所下降。卫生体育、教育文化和科学研究等行业，所占比重未达到应有地位，下降在所难免。国家机关、政党机关和社会团体的在业人口比重直线上升，仅次于商业的年均增长率。

第三产业从业人口的比重处于主升趋势，但内部问题不少，综合起来，作如下排列：1990 年第四次普查为 62.35、12.21、25.4；1995 年抽查为 58.98、8.34、32.68。数据表明临河市三产在业人口结构不合理，调整任务艰巨。

临河市物质生产领域（行业中的 1—6）和非物质生产领域（行业中的 7—13）在业人口比重，1990 年第四次普查为 86.53：13.47，1995 年抽查为 82.20：17.80。数据表明物质生产领域在业人口比重为 80%，非物质生产领域在业人口比重为 20% 以下，这是临河市社会生产力低下、社会劳动生产率不变，在劳动力分配结构上的反映。

七、城乡构成

1991 年，临河市总人口 41.92 万人，其中农业人口 28.21 万人，非农人口 13.71 万人。1997 年，总人口 46.98 万人，其中农业人口 29.67 万人，非农人口 17.31 万人。2003 年，总人口 52.14 万人，其中农业人口 29.84 万人，非农人口 22.3 万人。截至 2016 年，临河区常住人口比 2015 年增加 0.25 万人，其中城镇人口 37.70 万人，乡村人口 17.67 万人，城镇化率 68.1%，比上年提高 0.6 个百分点。

第三节 特殊社会群体

一、流动人口

1982—1995 年，临河市流入人口由 5438 人增加至 64849 人，增加 59411 人，年均增加 4570 人，增长率 1092.52%。第三、四次普查间的 8 年，增加 23131 人，增长率 425.36%；第四次普查至第五次抽查的 5 年间，增加 36280 人，增长率 126.99%。2000 年以前，临河市调查登记流动人口 36320 人，其中已婚育龄妇女 7604 人。到 2009 年，临河区各乡镇、办事处、计生局和相关部门，共同开展流动人口计划生育集中服务管理活动，清查流入人口 39665 人，已婚育龄妇女 7967 人。

二、老年人口

到 1995 年，临河市老年人口随人口总量增长而增加，从 1953 年后，年均增加 842 人。从 1953 年第一次人口普查到 1964 年第二次人口普查的 11 年间，年均增长率 7.48%；从 1964 年第二次人口普查到 1982 年第三次人口普查的 18 年间，增长率 4.42%；从 1982 年第三次人口普查到 1990 年第四次人口普查的 8 年间，增长率 1.99%；从 1990 年第四次人口普查至 1995 年抽查的 5 年间，增长率 6.11%。四次调查性别比分别为 115.71、99.68、92.56、79.69、78.21，呈下降趋势，共下降 37.50，年平均下降 0.89，老年人口中的女性老年人口比之男性老年人口比重上升。截至 2015 年，临河区按照全国老龄办、民政部、财政部和自治区老龄办关于开展第四次中国城乡老年人生活状况抽样调查的相关文件，在 4 个乡镇办事处启动老年人生活状况调查。

三、残疾人口

2006 年，临河区残疾人抽样调查统计，残疾人占全区总人口的 6.34%。有六类残疾人 35053 人，其中城镇残疾人 11918 人，农村残疾人 23135 人。六类残疾人中，肢体残疾 10165 人，占残疾人总数的 29%；言语残疾 702 人，占残疾人总数的 2%；智力残疾 2804 人，占残疾人总数的 8%；视力残疾 11217 人，占残疾人总数的 32%；精神残疾 3505 人，占残疾人总数的 10%；听力残疾 6660

人，占残疾人总数的19%。

第四节　计划生育

一、机构与改革

2002—2004年，临河市人口和计划生育局内设办公室、规划统计股、宣传法规股、城镇股、农村股、科技股6个职能股室和二级单位计划生育指导（服务）站，核定机关行政编制15名，其中局长1名、副局长3名，另核定工勤人员编制2名。核定计划生育指导（服务）站事业编制8名，为全额拨款单位。2004年8月，改称临河区计划生育局。

2006—2008年，更名为临河区人口和计划生育局。临河区人口和计划生育信息服务中心成立，隶属临河区人口和计划生育局，相当于股级事业单位，核定事业编制2名，2008年增至5名。

2010年12月，内设机构为办公室、规划统计信息股、宣传教育股、科学技术股、行政执法股、流动人口管理服务站，下设2个二级单位——临河区计划生育服务站和临河区人口计生信息服务中心。核定局机关行政编制15名，核定工勤人员事业编制2名，核定区计划生育服务站事业编制10名，区人口计生信息服务中心事业编制5名。

2016年，按照国务院自上而下组建各级卫生和计划生育委员会要求，9月18日，临河区卫生和计划生育局成立，原人口计生局除部分人口规划职能划归发改部门外，原人口和计划生育局其余职能以及所有干部职工全部划入新组建的临河区卫生和计划生育委员会。临河区卫生计生局内设5个计划生育职能股室站，即基层指导股、宣传科教信息化股、行政执法股、计划生育家庭发展股和流动人口办公室。2个二级单位——临河区计划生育服务站和临河区人口计生信息服务中心继续保留，编制、人员、资产等不变。

二、政策措施

（一）政策与法规

1995年11月17日、1999年11月29日、2002年9月27日、2008年7月25日、2014年3月31日、2016年3月30日，经6次修订，生育调节、技术服务、法律责任和奖励与社会保障方面都有变化。政策法规及相关指导性文件出台后，人口计生部门把学习宣传与科技、文化、卫生"三下乡"活动结合起来，开展有重点、分层次、多形式的学习宣传活动。组织开展分片集中培训，与媒体联办专题栏目，宣传政策，形成有利于加强人口和计划生育工作、统筹解决人口问题的良好环境。

2007年，临河区印发《推进人口和计划生育依法行政专项活动实施方案》《全面推进计划生育村民自治实施意见》《关于进一步巩固计划生育优质服务先进区创建成果全面开展"三级联创"活动的实施意见》《人口和计划生育工作目标管理考核评估办法》《统筹解决人口和计划生育问题相关部门目标管理责任书原则评估办法》《出生缺陷干预工程实施意见》《开展计划生育新农村建设暨科学文明婚育新家庭创建活动实施方案》《城镇违法生育专项治理行动实施方案》等规范性文件，形成依靠法律、行政、经济等手段综合治理、统筹解决人口问题的政策框架。

2009年，临河区印发《人口和计划生育工作目标管理考核评估办法》《关于开展出生缺陷一级预防工作实施方案》《关于实行出生登记实名制试点工作方案》《关于进一步加强村级人口和计划生育工作队伍建设的指导意见》《区镇计划生育服务站建设标准及服务管理规范》等规范性文件。

2014年，临河区"单独两孩"目标人群进行核查，摸底全区符合单独两孩政策的家庭5123个，其中意愿生育二孩的家庭有3439个，占67.13%，目标人群的分布、结构等也已初步掌握。在开展"单独两孩"生育政策宣传过程中，在《北方新报·新周末》和临河区人口计生局信息网站刊登《人口与计划生育条例》全文，并委派三位局领导做客巴彦淖尔电视台 3 套直播间，就"单独两孩"生育政策及国家计划生育"三项制度"等政策的适用人群、办理流程、违法行为界定处理等，进行详尽的解释，及时回答群众提问。4 月 28 日，召开全区以"单独两孩"政策为内容的培训，开始受理"单独两孩"再生育申请。

2016 年，以实施"全面两孩"政策为重点，组织计生系统干部认真领会精神，了解政策的时代背景、重大意义。又组织乡镇、办事处、农场计生部门工作人员进行集中学习。乡镇、办事处、农场组织干部学习《人口与计划生育条例》，吃透政策、搞好服务。结合"母亲节关爱贫困母亲""国际家庭日""协会会员活动日"等，宣传解读全面两孩政策。从 2016 年 1 月 1 日起，全面实行一孩、二孩生育登记制度。

（二）奖励与社会保障

关于独生子女父母奖励政策，2004 年以前，限于财力不足，对独生子女家庭的奖励仅在农村偏远地区小范围开展，群众不申请则不予奖励，且标准为每户每年 60 元（农村独男户）和 120 元（农业独女户）。随着经济社会的发展，2004 年开始进行独生子女奖励政策宣传，凡申领《独生子女父母光荣证》的夫妻，除有公职或在国有企业就业之外，全部纳入奖励范畴，标准提高至每户每年 120 元（农村独男户）和 240 元（农业独女户），临河区财政每年用于独生子女父母的奖励经费为 50 万~130 万元。

2005 年，临河区落实农村部分计划生育家庭奖励扶助政策，国家、自治区、巴彦淖尔市财政各按一定比例对农业户籍、年满 60 周岁、曾经生育过一个子女或两个女孩的家庭予以扶助：2005—2007 年，每人每年 600 元；2008—2010 年，每人每年 720 元；2011 年以后，每人每年 960 元。累计为 2687 名老人发放了奖励金。

2006 年，落实政策内结扎奖励政策，自治区、

市、区财政各按 1∶1∶1 的比例，对符合独女户、独男户、双女户中采取节育措施的家庭，按照每户 1000—1500 元的标准，发放一次性奖励金，有 143 个家庭受益。

2007 年，落实计划生育特别扶助制度，国家、自治区、市财政各按一定比例，对女方年满 49 周岁的独生子女死亡、伤残家庭父母进行救助。落实"少生快富"奖励政策，临河区财政出资，对全区 5 个蒙古族双女户且配合计划生育家庭，每户一次性奖励 3000 元。

2009 年，在双河镇临铁村和团结村开展"一杯奶"生育关怀行动试点，从人口计生事业费中划拨 7190 元专项资金，保证"一杯奶"效果。5 月 10 日，在双河镇举行"一杯奶"生育关怀启动仪式。

2010 年，临河区解放办联通社区和临河区各乡镇，全部纳入"一杯奶"生育关怀试点，到 2015 年，自治区停止供应专用牛奶，该项政策终止。

（三）依法行政

1990 年，临河市计生协会把依法管理变成群众自觉行为，实施人大监督、舆论监督、群众监督和内部监督。

从 2003 年起，每隔 2~3 年对机关内部管理制度、人口计生业务工作规范等制度进行一次性完善。实行领导包片、干部包联乡镇、办事处计生工作责任制。乡镇、办事处把职工工资、奖金与工作实绩挂钩，形成奖优罚劣激励机制。

2004 年，严格按程序审批生育指标，实行一孩生育登记制度，强化二孩及以上生育审批，提高镇村两级干部的初审责任意识，将申报准确率与镇、办事处年度考核挂钩，提高准确性，完善二孩跟踪管理、服务、监督机制。

2005 年，自治区计生委将临河区确定为自治区三个"关爱女孩行动"试点单位之一，成立由区政府牵头，宣传、公安、计生、卫生、民政、扶贫、妇联等部门参与的试点领导小组，学习先

进地区工作经验，营造"关爱女孩""关注女性"氛围。开展扶贫助困、捐资助学活动，建立 B 超管理制度，查处 B 超鉴定胎儿性别行为。

2007 年，成立由分管副区长任组长，纪检、公安、法院、计生、工商、行政执法、卫生、建设等相关部门负责人组成的人口和计划生育依法行政专项活动领导小组，制定实施方案，召开专项动员会，培训干部，发动群众，对 2003 年 10 月以来的违规生育案件进行清查。经清查，2005 年 10 月至 2007 年 4 月，违规生育行为 61 例，其中早婚早育、非婚生育 11 例，2006 年 23 例。对出生人口统计漏报情况进行清查，查出往年出生人口未报 114 例。对近三年已审批二孩及以上生育指标的生育情况进行回访，对避孕措施落实情况进行清查，开展避孕药具市场专项检查，对城区 58 家药店和 22 家个体诊所进行突击检查，查出标有"国家免费提供"字样的避孕药具 435 份，予以没收，打击私售避孕药具行为，规范避孕药具市场。

2008—2016 年，对流动人口进行集中清查治理，摸清底数和实情。推行计划生育村（居）民自治，打造"阳光计生"形象，实行计划生育村务公开、政务公开，将生育政策、优待奖励政策、行政收费项目、标准、程序、生育指标的审批等情况，通过多种方式公开。

三、宣传教育

从 1993 年起，临河市计生委每年从事业费中拨出专款，用于基层购买计划生育宣传品补助。

2002—2003 年，临河市计生干部和乡镇、办事处领导干部、育龄群众进行分片集中培训。投资 1.8 万元，在巴彦淖尔盟电视台 3 套《百姓健康》栏目开辟计生专题，每半月播放一次计生工作动态。举办国家计生委暨西部五省区联合组织的"关爱女孩西部行"（临河）活动；会同临河市妇联，组织开展了人口与计生知识及妇女儿童权益保障知识竞赛；协调临河市文体局，开展了以"男女平等、关爱女孩"为主题的文艺演出；协调

卫生部门和各办事处，开展了计生宣传咨询和技术服务活动；联合巴彦淖尔市各旗县 7 辆计生流动服务车，为上千名育龄妇女进行健康查体。

2004—2005 年，开展临河区婚育新风进万家活动，增强群众计划生育的自觉性，加强计生宣传环境建设。区、乡、村三级举办一轮以人口和计划生育政策法规、基础知识为主要内容的宣传培训活动，"关爱女孩"宣传教育活动，宣传贯彻《妇女儿童权益保障法》《母婴保健法》《计划生育技术服务管理条例》《关于禁止非医学需要的胎儿性别鉴定和选择性别人工终止妊娠的规定》等法律法规，宣传"关爱女孩、男女平等"的新观念和优惠政策。与新闻媒体联办一档计生专题栏目。投资 16000 元，与巴彦淖尔市电台、电视台、巴彦淖尔日报社联办人口计生专题栏目，每周播出（刊登）1 期，扩大婚育新风宣传覆盖面。

2006 年，以"婚育新风进万家""三下乡""六进社区"等活动为载体，实施"新型生育文化建设工程"。通过宣传培训，群众的婚育观念有了新转变，晚婚优生、男女平等、生男生女顺其自然等观念深入人心。同年，临河区被国家计生委授予"全国婚育新风进万家活动先进区"。

2007 年，举办培训班、座谈会、知识竞赛、文艺演出、集中宣传咨询服务等活动近 500 场次，让每一位育龄群众接受一次面对面的教育。

2008 年，组织大型集会，宣传婚育新观念。结合新农村建设，创建 1600 余个"科学文明婚育新家庭"。举办 27 场次人口计生政策法规、人口理论、国情国策和青春期教育活动，参与群众 6000 人次。群众对应享有的基本权利、避孕方法知识的知晓率 90% 以上。

2009 年，计生委一楼服务厅安装电子显示屏，滚动播出人口计生政策法规、办事指南及相关服务内容，服务站技术人员到村组、社区、企业、学校，开展生殖健康、出生缺陷干预、青春期教育等特色宣传。

2010 年，组织各乡镇、办事处进行《流动人

口计划生育工作条例》知识竞赛，在乡村和居民社区更新刷写110条新时期人口计生宣传标语，制作了宣传展板、宣传牌，免费发放彩页宣传册、计生家庭特色挂历、毛巾、围裙、春联等实用宣传品。

2012年，开展生殖健康、出生缺陷干预、青春期教育等特色宣传和日常生活保健知识宣传；开展"7·11"世界人口日纪念活动，启动计划生育家庭意外伤害保险；与新闻媒体办专栏，多角度、全方位、立体式宣传计生法律法规。

2014年，依托科普周等活动，引导群众从优生优育角度和家庭实际，合理安排生育时间，避免堆积，以减轻子女未来的教育、就业和社会保障等压力。

2015年，重点就"单独两孩"生育政策、出生缺陷预防、国家免费孕前优生健康检查项目、出生人口性别比综合治理、计划生育新家庭创建活动进行主题宣传教育。

2016年，临河区人口和计划生育局在新建、改建的村民文化活动室、广场醒目位置，制作图文并茂的人口计生政策法规、惠民措施等宣传画。

四、技术服务

1991—1997年，临河市人口和计划生育局根据已婚育龄妇女结构、历年生育情况和节育率，测算当年应采取节育措施的人数，下达年度节育手术任务，杜绝多胎生育。开展以计划外怀孕补救为重点的"双月双补"活动，把计划外生育降到最低限度，确保年度人口计划的完成。

2001—2004年，三级计生干部在入户进行管理的同时，为育龄群众提供计生政策法律宣传咨询。各计生服务站统一配置器械柜、妇检床等9种器械设备，14个乡镇配备一台功能较为齐全的凸阵B超机，以提高乡镇技术服务站的服务能力。

2005年，推行以长效避孕措施为主的知情选择，对痴呆傻人、再婚家庭、术后再通和脱环者等特殊服务对象，进行定期查体和回访；对流动人口建档立卡登记上门，政策法规宣教上门，生育服务送证上门，流动人口查验上门，避孕药具发送上门，知情选择宣讲上门；开展生殖健康服务、出生缺陷干预和生殖道感染干预服务，改变过去避孕节育措施"一刀切"的做法；对已生育一胎病残儿的妇女进行重点医学监护，对患有先天性、遗传性、家族病史、习惯性流产及其他影响生育病症的对象进行调查登记，跟踪监控干预，建立健康档案，降低出生婴儿缺陷率。对不孕夫妇，借助精子分析系统的有效检测，帮助其分析不孕不育的原因。

2006年，6台避孕药具售卖机和IC卡发放系统，放置在临河区服务站和四季青蔬菜批发市场、临河火车站、维信集团公司、车站办事处、安居园小区等人口密集地，提高群众的生殖健康意识和水平。在各乡镇、办事处选择晚婚等重点人群投放叶酸，提高出生人口素质。

2007年，乌兰图克镇服务站进行改建。全区已婚育龄妇女常见病发生率由2001年的36.6%下降到2006年的21.3%。服务站人员到村、组、社区、企业工厂，举办优生优育知识讲座，实施出生缺陷一级干预。妇幼保健院对出生婴儿的健康状况进行登记、监测，开展出生缺陷的早期诊断和治疗，并与计生部门互通信息，协同开展出生缺陷的跟踪调查分析，实施二级干预。

2008年，临河区人口和计划生育局购置了宫腔镜、可视人流系统、高性能彩色B超等先进设备，提升服务质量。为双河镇、八一乡、新华镇、狼山镇4个乡镇服务站更新、配备了B超机。把传统的"查环、查孕、健康查体"的三查顺序调整为"健康查体、查环、查孕"，第一时间发现生殖系统疾病和隐患，提出治疗方案，进行动态监测、治疗。推行"婚前体检、政府埋单"，鼓励新婚夫妇接受婚前医学检查。开办孕妇学校，开展孕期优生优育教育。开展新生儿及父母健康状况登记、监测，为下一步干预工作提供可靠依据。通过出生缺陷干预工作开展，新生婴儿出生缺陷发生率由 2003 年的 9.4‰下降至 2.8‰。临河区被自治区人口计生委确定为出生缺陷干预试点区。

2009 年，新华镇、乌兰图克镇、双河镇 3 个镇的计划生育服务站，被上级确定为国家新增投资建设项目。同时，建成八一办联丰村和狼山镇光明村两个高标准村计划生育服务室。临河区服务站、妇幼保健医院技术人员开展了基层健康宣讲活动，让更多人了解优生优育的重要性。

2010 年，开展乳腺诊疗、不孕不育等相关病症业务，推进出生缺陷干预工作，制定出生缺陷预防工作流程，建立考核评估体系。在全区开展了五项病毒筛查，对即将参加病残儿鉴定的家庭，免费进行病毒筛查。

2011 年，以"万名母亲健康行动"为载体，开展"三查一治"活动。完善区、镇、村、组四级药具管理服务网络，村组、社区仍由计生干部按月送药具上门，流动人口较为集中的社区，委托流动人口自管协会发放。乡镇、办事处服务站开展新婚、产前、产后全程随访服务，掌握出生缺陷发生情况和动态变化。村、居委会计生服务人员按需入户、完善档案、跟踪监测，做到"零误差"，保证"全覆盖"。计生局和妇幼保健院合作开办孕妇学校，每周六、日对准妈妈进行孕期培训。开展出生缺陷孕前实验室检测、孕中期四维彩超检测、高危人群指导和孕前风险评估，努力降低出生缺陷风险。

2012 年，在媒体滚动播发《致广大育龄群众的一封信》和电视专题讲座，把开展项目的意义、内容、主体、流程告诉群众，让免费政策家喻户晓；把免费孕前检查作为申领《生育服务证》的前提条件，督促政策内生育家庭接受检查；同时采取"下乡普查＋预约精查"的方式，为群众提供服务。

2014—2016 年，计生技术人员奏好"四步曲"，即一愿（愿服务）、二会（会服务）、三能（能服务）、四优（优服务），以广大育龄群众需求为出发点和落脚点，变单一的落实避孕措施服务

为开展生殖健康服务和提供优生优育、日常保健、性病预防宣传咨询等综合性服务，引导群众参加检查、享受政策，切实降低人口出生缺陷，提高出生人口素质。

五、人口控制管理

（一）目标责任管理

2002 年，临河市完善人口与计划生育目标管理责任制，对各级党政领导、计划生育部门和流动人口计生管理相关部门实行分线考核，层层下达目标管理责任状，加大对基层的指导和服务力度，组织以季督查和半年、年终考核验收，形成一级抓一级，层层抓落实的工作机制。各乡镇、办事处及相关部门对流动人口进行集中查验证，做到逢户必入，村不漏户，户不漏人，人不漏项。

2003 年，计生干部的工作绩效与工资奖金挂钩，做到责、权、利统一，调动机关干部的工作积极性；为部分城郊镇、边缘办事处增配专职计生干部，确保工作正常进行。

2004 年，人口和计划生育被列为对镇、办事处和各相关部门实绩考核的重要内容，采取抽样调查、社会调查、专项检查、平时监控等方式考核评估，对人口计生工作实行"一票否决"。将商务、社保、土地等部门纳入统筹解决人口问题范畴，签状单位 27 个。各乡镇、办事处分别与村、居委会、辖区相关部门以及机关企业签订责任书，形成纵向到底、横向到边的目标管理网络。

2009 年，各乡镇、办事处、相关部门主要领导，履行亲自抓、负总责的工作职责，带头落实计生工作任务，做到领导到位、责任到位、措施到位。

（二）基层基础管理

2003 年，计生工作重心下移到村、居委会，分城乡两条线。城镇以流动人口集中治理整顿和社区计生管理服务为重点，农村以创建计生合格村为重点，计生干部按季深入基层和群众家中，指导督查，解决生育指标审批管理、人口出生统

计、节育措施落实、流动人口管理服务、工作机构及网络建设等方面的问题，特别加强对城乡接合部、工作基础薄弱地区的指导服务，规范基层计生工作。

2004年，落实机关、企事业单位和社会组织法定代表人的计生责任制，在新开发的小区，推行单位自管、物业部门代管、居委会与物业部门共管模式，使计划生育融入社区管理服务中。在农村建立村委会负责、村民自治的工作机制，把计划生育纳入村规民约，实行村两委指导、村民自治、协会参与、群众监督的新机制，推进计生工作的法制化、民主化、科学化，实现群众的自我管理、自我教育、自我服务。

2005年，巩固乌兰图克镇东兴村"协会链接、产业带动、少生快富"的管理服务模式，创建城关镇四季青菜市场流动人口综合管理服务等示范典型。

2006年，临河区人口和计划生育局在种、养、建、产、购、销等方面，对计划生育家庭予以优惠照顾，涉及资金100余万元。创建科学文明婚育新家庭3100户，13个计划生育新农村建设试点村的科学文明婚育新家庭数1430户。

2008年，建成17个计生示范典型，其中乌兰图克红旗村和城关镇增光村作为巴彦淖尔市的典型，进行重点创建。

2009—2016年，每年组织开展各乡镇、办事处人口计生法律知识和优质服务竞赛活动，扩大计生宣传面。

（三）信息化建设

2003年，临河市人口和计划生育局对办公楼进行扩建改造，建成1个多功能培训中心、1个集中办公大厅和1个网络中心，配齐网络设施。新配置微机10台，建成内部局域网；临河市14个乡镇、10个办事处均按要求更新配备了微机，建成育龄妇女个案信息库。与各乡镇、办事处实现广域网联通，实现全系统办公信息化和自动化。4—6月，"非典"疫情暴发，全市计生管理服务网络开

展对流动人口的疫情排查工作。12月15日，召开巴彦淖尔盟计生网络工作现场会，推广了临河市计生工作经验。

2006年，先锋办事处建设"数字计生"，自主开发辖区人口分布和基本情况电子图，以及人口计生自动化管理服务应用软件，实现系统自动提示，精细化管理服务。各乡镇、办事处、农场统计员和干部，通过信息系统应用培训，发挥管理服务作用，提高应用能力。

2007年，信息中心自主开发育龄妇女生殖健康智能化管理服务系统，将临河区7个乡镇服务站、11个办事处、城区11家医院（卫生院）连接到信息中心，及时采集信息，提高管理服务水平。

2010年，基层干部开展拉网式调查，按月开展录入信息逻辑审核、重复信息删除和查错纠错工作，上报信息数据库。

2011—2016年，为各乡镇、办事处计生办和计生局配备硬件设施，推进人口计生工作科学化、规范化、精细化管理。

第五节 人口普查

一、第四次人口普查

1990年，第四次全国人口普查的标准时间为7月1日零时，普查内容21项。普查结果：临河市总户数10.5万户，总人口43.3654万人，其中汉族41.5428人，蒙古族人口9865人，回族6701人，满族1317人，达斡尔族100人，朝鲜族53人，藏族43人，锡伯族32人，维吾尔族26人，壮族23人，彝族22人，苗族20人，土族10人，鄂温克族8人，土家族5人，黎族5人，东乡族5人，侗族2人，普米族1人，塔塔尔族1人，水族1人，畲族1人。

二、第五次人口普查

这是中国在社会主义市场经济体制下进行的

第一次普查，标准时间为 2000 年 11 月 1 日零时。此次普查第一次将居民住房情况纳入普查内容，首次采用长、短表的方法（长、短表分别有 49 个和 17 个指标），采用光电录入技术。普查结果为：临河市总户数为 154142 户，总人口为 520334 人，其中，团结办 33633 人，份子地 11761 人，车站办 21287 人，城关乡 28080 人，先锋办 30646 人，新丰乡 5350 人，解放办 29263 人，八一乡 13658 人，新华办 34559 人，古城乡 12804 人，东环办 29033 人，白脑包乡 10687 人，铁南办 19805 人，建设乡 8464 人，西环办 18390 人，丹达木头乡 1110 人，北环办 28496 人，乌兰淖尔乡 13793 人，狼山镇 16675 人，八岱乡 9279 人，新华镇 16951 人，友谊乡 2437 人，干召庙镇 19099 人，曙光乡 11095 人，黄羊木头镇 7612 人，开发区 9426 人，乌兰图克镇 17103 人，份子地农场 930 人，隆胜镇 12497 人，狼山农场 3555 人，小召镇 13852 人，试验农场 1596 人，马场地镇 13309 人，临河农场 4046 人。

三、第六次人口普查

2010 年第六次人口普查，临河区总人口 541721 人，男性 279075 人，女性 262646 人；共有家庭户数 181249 户；年龄结构 0～14 岁 74123 人，15～64 岁 429208 人，65 岁及以上 38390 人；受教育程度，大专及以上 60891 人，高中、中专 98665 人，初中 222731 人，小学 103690 人，文盲人口 27530 人；汉族人口 514747 人，蒙古族人口 16871 人，其他少数民族人口 10103 人。

第六节　人口与社会发展

一、人口与耕地

1997 年，临河市城镇人口 203865 人，乡村人口 265921 人。乡村实有耕地面积 192.1 万亩（包括宽度小于 2 米的渠路坝和面积小于 3 亩的零星荒地及小于四行的渠路田防护林带的面积），园地 0.99 万亩，林地 8.88 万亩，牧草地 65.3 万亩。

2006 年，临河区第二次全国农牧业耕地数据显示，到 2006 年 10 月 31 日，全区耕地面积 190.7 万亩，水浇地面积比重最大。

二、人口与教育

2000 年临河市总人口的 520334 人中，接受大学（指大专以上）教育的人口为 25433 人，接受高中（含中专）教育的人口为 86813 人，接受初中教育的人口为 197449 人，接受小学教育的人口为 122519 人。与 1990 年第四次人口普查相比，每 10 万人中，具有大学受教育程度的人口上升 4887 人，具有高中受教育程度的人口上升 16677 人，具有初中受教育程度的人口上升 37944 人，具有小学受教育程度的人口下降 23550 人。全市总人口中，文盲人口下降 8.84%。

三、人口与经济发展

2004 年 12 月底的"全国第一次经济普查"结果显示，临河区共有法人单位 1583 个，年从业人员 7.5 万人，其中单产业法人单位 1487 个，多产业法人单位 96 个。产业单位 2327 个，年末从业人员 7 万人。企业法人单位 657 个，全年实现营业收入 81.77 亿元，资产总计 200.4 亿元，年末从业人员 4.5 万人。全区共有个体经营户 18628 户，占个体经营户的 32.1%。

第二章 民 族

第一节 机 构

1991—2002 年，设立临河市民族事务局。在机构改革中，临河市民族事务局挂临河市宗教局牌子，一套人马，两块牌子。内设办公室、民族股、宗教股、语政股、清真食品管理股（清真办）至今。

第二节 民族构成

一、蒙古族

1991 年，临河市境内蒙古族分布于双河镇、乌兰图克镇、狼山镇、八一乡、新华办事处、西环办事处等地。

2002 年，蒙古族 17270 人，占总人口的 3.3%，分布于双河镇、乌兰图克镇、狼山镇、八一乡、新华办事处、西环办事处等地。

2012 年，临河区有蒙古族 18409 人，分布于双河镇、乌兰图克镇、狼山镇、八一乡、新华办事处、西环办事处等地。

2016 年，蒙古族 17810 人分布于双河镇、乌兰图克镇、狼山镇、八一乡、新华办事处、西环办事处等地，多为巴彦淖尔市旗县陪小孩读书的

家长和进城务工的牧民。

二、汉族

1991 年，临河市境内汉族分布于全市各地。

2002 年，汉族 492559 人，分布于全市各地。

2012 年，临河区有汉族 491832 人，分布于全市各地。

2016 年，汉族 529770 人，分布于全市各地。

三、回族

1991 年，临河市境内的回族主要分布在城关镇、白脑包镇、狼山镇、干召庙镇、曙光乡、团结办事处。

2002 年，临河市有回族 7768 人，占总人口的 1.49%，主要分布在城关镇、白脑包镇、狼山镇、干召庙镇、曙光乡、团结办事处。

2012 年，临河区有回族 7312 人，主要分布在城关镇、白脑包镇、狼山镇、干召庙镇、曙光乡、团结办事处。

2016 年，临河区有回族 10510 人，分布在城关镇、白脑包镇、狼山镇、干召庙镇、曙光乡、团结办事处；主要是宁夏、甘肃或周边盟市、旗县来临河务工人员，集中在民族学校、清真寺附近。

四、其他少数民族

1991 年，临河市境内其他少数民族分布于全

市各地。

2002 年，临河市其他少数民族 539 人，占 0.1%，分布于全市各地。

2012 年，临河区其他少数民族 2447 人，分布于全区各地。

2016 年，临河区其他少数民族 1910 人，分布于全区各地。

第三节　民族习俗

一、蒙古族习俗

（一）婚礼

蒙古族传统婚礼有着浓郁的民族色彩。

通常是男方托媒人到女方说亲，媒人携带 4 个圆饼和白酒、哈达等礼品前往女方。先将 4 个圆饼入盘摆在桌上，然后给女方老人敬酒，献哈达，唱古老的《求婚之歌》。对方老人如果接哈达，就表示同意求婚。传统婚嫁，习惯上女方的年龄略小于男方。

订婚时，男方带的礼品有整羊、白酒、圆饼、哈达等。蒙语叫谈彩礼为"乃日"，是联谊的意思。宾朋贵客坐上席，放乌查（羊背子），念敬酒辞，唱敬酒歌。祝词由一个人来念，敬酒歌则由女方请来的歌手演唱。每唱一次歌大家饮一次酒，唱完三首歌后，在座的人们回唱一首歌，并给歌手敬一盅酒。传统敬酒歌曲有《永恒之福》《缔造之福》《先辈之祝福》，统称"三福"。订婚之后，要下聘礼。

因蒙古族八百年前成亲要从远方聘娶，这个习俗慢慢进化演变成现代蒙古族成亲奔赴远方、娶亲在天亮的习惯。按照喇嘛选定的良辰吉日，备喜车一辆（有的骑马）到女方迎亲。娶亲时娘家也待客，放乌查、敬酒、唱歌、举行坐唱。当娶亲队伍到来时，女方由唱念赞词者带领几名敬酒者迎出门外接待，等迎亲者下马后为他们敬酒。

女方念唱赞词者主动提问，男方派出念唱赞词者应答，形成一问一答。对毕歌后，女方将娶亲的人们迎入蒙古包，但唯独将新郎拒之门外，还装作不知的样子。经向女婿提问、答辩取乐后，再以羊为赞（名曰"碰门羊"），女方接收了男方送来的礼羊后，新郎方可启门进屋。接着，男方向女方敬献哈达，将整羊摆上，证婚人向大家致祝酒歌。新郎先向佛位叩首，再向女方亲朋行跪拜礼，女方设宴款待宾客。待姑娘出嫁的吉时良辰一到，大家一起出动为姑娘送行，歌手们又唱起了悠扬动听的《送亲歌》。新娘出门上马，众人在马背上互敬美酒三次，便告辞启程。娶亲返回的路上，马队浩浩荡荡，新郎及娶亲、送亲所乘马匹一律披红挂绿。女方送行者打马追赶新郎，新郎则扬鞭飞马，不让对方赶上，特别是不让自己的帽子被抢去，这是考核新郎的坐骑是不是骏马良驹，新郎官是不是能骑善战。如果帽子被人抢去，那就不体面了，大家会笑他无能，说他的坐骑是老牛，新郎官须敬酒认输，索回帽子。接下来的途中，男女双方一路追逐嬉戏，比赛抢先到家，这是娶亲途中一个非常有趣的娱乐活动。

新娘娶至门前，先由女宾挽扶新娘行拜礼，来宾戏耍一番。接着新郎新娘先叩拜天地，再叩拜尊亲。男方设宴款待送亲者及亲朋，席间，新郎敬上马奶酒，主歌手唱起《送客歌》，双方频频对歌，推杯换盏，互赠礼品。

新娘下马时，脚不着土，踩着地毯或毛毡入新房。而后进行梳头，佩戴首饰，身着新装，准备拜火。拜火时新娘头蒙婚纱，在炉灶前点头。之后，司仪念唱长辈和来客称呼，念一个点一次头，女伴在一边压头。长辈们都有礼品，大至牛马驼羊，小至衣料银圆。赠送牲畜时必须是能生产的母畜，这也是一种美好的祝愿。新娘礼毕，青年们不让新娘出门，继续耍笑新娘。新娘把平时绣好的手帕、烟荷包，糖块等送给他们后才出得了门。之后，新娘取掉蒙头纱，戴好首饰，穿好服装，再度返回客房向大家请安问好，并同长辈和来客交换鼻烟壶。然后为客人倒茶敬酒，婚礼酒宴就此开始。

新娘一般于结婚后的3日、9日、12日回门。由婆婆领上儿子和儿媳，带上整羊、圆饼、白酒前往女方家。女方娘家也要举行酒席宴会，款待女婿和亲家。

（二）服饰

长袍、腰带、首饰和靴子是蒙古族服饰的重要组成部分。蒙古袍是蒙古族男女老少都爱穿的长袍，这是在长期的游牧生活中形成的独特衣装。蒙古族以宽袍阔带著称，春秋穿夹袍，夏季穿单袍，冬季穿棉袍或皮袍。

腰带是蒙古族不可或缺的重要装束，一般用棉布、绸缎制成，长三、四米不等，色彩多与袍子的颜色相协调。腰带右侧挂一把蒙古刀，有长有短，长的30多厘米，短的只有10多厘米。刀鞘上一般还装有就餐用的铁筷子，并拴有金或银制的金属链子。女子扎腰带时将袍子向下拉展，以示苗条、娇美身段。

帽子和首饰是蒙古族的最爱，男子喜戴平扁左右边缘翻卷向上的蒙古帽，多用狐狸皮及其他兽皮制作，略缀一条彩带垂于帽后，称为"帽尾"。除戴蒙古帽外，男子还戴瓜皮帽。首饰大致分为头饰、项饰、胸饰、腰饰、首饰五种。

蒙古人的靴子分布靴和皮靴两种：布靴用厚布或帆布制成，穿起来柔软、轻便；皮靴用牛皮、马皮或驴皮制成，结实耐用，防水防寒性能好。其样式大体分靴尖上卷、半卷和平底不卷三种，分别适宜在沙漠、干旱草原和湿润草原上行走。

中华人民共和国成立后，随着物质和文化生活水平的不断提高，蒙古族服饰有了很大变化，男女穿长袍、长筒靴者逐渐消失，那种不便于生产活动的纷繁头饰渐渐被淘汰，服饰与汉族基本相同。

进入21世纪，蒙古族人只在重大节日才穿蒙古族服装。近几年，汉族人喜欢到蒙古族人开的蒙古族服装店定制蒙古袍，旅行或出国时穿，以体现内蒙古自治区的独特气质。

（三）饮食

1. 奶食

奶食，蒙语为"查汗伊德"。奶食分食品和饮料两种，食品类包括黄油、白油、奶皮子、奶酪、奶豆腐、奶果子、酸奶子。奶皮子是牛奶中的精华，味醇香，营养丰富，加以奶茶、奶果子、炒米，为待客之佳品。奶豆腐、奶酪是蒙古族最普通的食品，是出牧、行猎、旅游的必备品。奶果子则是饮茶时的家常食用品。饮料主要有奶茶、酸奶、奶酒。奶茶具有解渴、充饥、助消化的功能，是蒙古族常用饮料。酸奶有生津、止渴、解热、清暑作用，不仅营养丰富，而且对肺结核和胃病有一定疗效。奶酒无色透明，醇香甜美，可益智提神，是招待贵宾的佳酿。

2. 手扒肉

肉食是蒙古族的主要食品，主要以牛肉、羊肉、驼肉为主。羊肉吃法主要有晾干羊肉、手扒肉、羊背子、烤全羊。晾干羊肉为常备肉食，食用时拿小刀削成薄片，用奶茶冲泡而食。蒙餐中，以手扒肉、羊背子、烤羊肉最为讲究。手扒肉是将全羊切成若干块，白水下锅，只加盐煮到没有血渍，肉香味美，鲜嫩可口。吃时用蒙古刀割、刮、剔，用手扒着吃，所以称"手扒羊肉"。

3. 羊背子

"羊背子"是将全羊由脊背上第七肋骨至尾部割为一段，再割四肢、头、颈、脚各为一件，带尾入锅，加少量食盐煮熟捞出，将全羊各部件拼成原样，盛放大铜盘里上席。然后念唱一段放羊背子的赞词后，由一位德高望重的长者将肉割开，吃肉时先从尾巴开始，长者用蒙古刀熟练地割下一条一寸宽的薄羊尾，放在手掌上让你一口吞下，标准的吃法是不用咀嚼，顺着喉咙吞咽下肚，然后再食用羊身上其他部位的肉。据说吞下一条羊尾，可酒量大增。

4. 烤全羊

将一只整羊放入烤炉内烘烤，直至色味俱佳。

客人入座后，开始喝酒，先上奶食品和羊内脏调制的冷盘，再上牛羊肉为主的热盘。酒至正酣，上马奶子，每人一盏。少顷，两名厨师将一只头朝前、后腿弯曲的卧式烤羊放入长方形盘内，端到首席前接受检验，然后把羊抬到各席间，让全体客人过目后撤回厨房。厨师用刀把皮层肉切成1厘米半厚、7厘米左右长的条状，盛到大盘内，上到各桌，最后把贴骨肉切好上桌。

5. 灌肠

蒙古族风味小吃中有一道荤菜叫灌肠，即在现杀的羊肠里，灌上面浆、肉末、葱丝煮熟，当地人称做"活倒肚"。

6. 羊宝

人们还时兴吃"羊宝"（羊的睾丸）。羊宝，俗名羊蛋，雅名珍珠。蒙古族朋友将尊贵客人邀请到家中或食堂，用煮熟的"羊宝"待客。河套地区有句俗语，叫"吃啥补啥"，据说"羊宝"有滋阴壮阳的食疗功效。因此客人只能品尝有限的几个即可，不能饱食。通常，烹制者将"羊宝"置于米粥中煮食，称之为"珍珠糕"，是其他地方不可多见的奇食。

（四）居住

民国年间，临河境内的蒙古族大多以游牧为业，居无定所，择水草肥美、适宜放牧的地方搭建蒙古包临时居住。"蒙古包"曾是满族对蒙古族牧民住房的称呼。"包"，满语是"家""屋"的意思。蒙古包史称"穹庐"，蒙古语称"蒙古勒格尔"。蒙古包呈圆形，有大有小，大的可容纳20多人休息，小的也能容纳十几个人。蒙古包构造简单，先在选好的地面画一个圆圈，然后沿圆圈将"哈纳"（用2.5米长的柳条交叉编结而成）架好，再架上顶部的"乌尼"（长约3.2米的柳条棍），将"哈纳"和"乌尼"按圆形衔接在一起绑架好，搭上毛毡，用毛绳系牢。蒙古包建成，一户牧民就算在草原上安家落户了。

蒙古包的最大优点是拆装容易，搬迁简便。架设时将"哈纳"拉开便成圆形的围墙，拆卸时将"哈纳"折叠合回，体积缩小，又能当牛、马车的车板。一顶蒙古包只需要两峰骆驼或一辆双轮牛车就可以运走，两三小时就能搭盖起来。

蒙古包外形虽小，但包内使用面积很大。室内空气流通，采光充足，冬暖夏凉，不怕风吹雨打，非常适合于转场放牧居住。

2000年以后，牧民基本结束了传统的游牧生活方式，有了自己的房屋棚圈和草圐圙，条件好的还建有羊盘，多数牧民实现了居住定居化、生活电器化、出行机械化。

（五）礼仪

1. 日常礼仪

蒙古族以性格豪爽、热情好客而著称。对于来客，传统礼仪是，长辈对晚辈说"赛尤"（你好），晚辈对长辈则说"赛伴塔"（您好），并把右手放到胸前，微微躬身，请客人进入蒙古包，问长问短，一如家人。来者无论是熟人还是陌生人，都要走出门外迎接，不准坐在家中不理。至亲长辈和尊贵客人到来，则施以请安礼，男子单跪右膝，女子屈双膝。客人进入蒙古包时，必须撩起门帘的左边进屋，禁忌从右面撩帘进门。进包、屋的客人，必须坐在蒙古包的右方下角，忌坐正面，更不得坐在左方，因左方是姑娘、媳妇的位置。屋里的青年人，必须让位请坐。依次就座后，主人与客人先相互敬烟，后由主人向客人敬茶。为客人看茶时须双手端递，禁单手递碗，忌用左手递碗。接着，主人以丰盛的食品（黄油、奶皮、奶酪等）款待客人。在屋内说话或与长者言谈时，忌讳放开嗓门大声说话。客人离去时，主人再次与客人握手，送出门外，并祝愿一路平安。

蒙古族一般施握手礼。青年人见到老人，不施握手礼，而是向老人点头、鞠躬，并说"阿莫尔拜塔"（"问安"的意思）。和尊贵的客人见面时，礼节十分隆重。当得知客人要来的消息后，要赶赴地界处等候，并提前准备好待客的酒肉和奶制品，见面时要敬献酒和哈达，表达主人对客人的热情和真诚。在离别时，还要送行到地界处，并敬酒献歌。

以往，递鼻烟壶是蒙古族世代相传的最普通的相见礼。成年人在赴宴席或互相见面时，都要携带一个鼻烟壶。见面后，各自掏出鼻烟壶，交换品烟，用右手递出，用左手接回。壶内装有带香味的烟粉或药品，嗅一下神清气爽，然后各自交回对方。不同辈分的人相见，长辈微微欠身，晚辈单腿下跪，用双手接过鼻烟壶，举至鼻端。

敬酒，以表示主人对客人的欢迎和尊敬。敬酒时，用双手捧杯，身略向前躬，接杯者也用同样姿势接酒。隆重的敬酒礼节，要将酒举过头顶，并伴唱《祝酒歌》。

献哈达，是世代相传的礼节，常在迎亲、馈赠、敬神、拜年以及喜庆时进行，以表敬意和祝贺。哈达分布、帛两种质地，颜色多为白色，也有红、黄、浅蓝色，长短不等，一般在140厘米到150厘米之间，两端有拔丝，约有5厘米左右。

到蒙古族家中做客，有几种规矩一定要遵守：骑马到主人蒙古包附近，速度须放慢，以防惊动畜群；骑马用的鞭子要放在门外，不准把马鞭或棍棒之类带入包内或屋里；青年男女不准在老人和客人面前盘腿大坐，特别是女人，无论老少，在任何地方都不得盘腿坐，一般应是立着；不准在屋里打口哨；禁在屋后大小便，因为神位在屋子的后墙上；睡觉时脚不能伸向供佛的北角；不准用手指头或烟袋指人；不准用脚踩炉台，不得在火上烤脚。因为蒙古族崇拜火、火神和灶神，认为火、火神或灶神是驱妖避邪的圣洁物，所以进入蒙古包后，不许在火炉旁烤湿靴子和鞋子；不得跨越炉灶，不得在炉灶上磕烟袋、摔东西、扔脏物；不能用刀子挑火，不能将刀子插入火中或用刀子从锅中取肉。客人和家人离开时，不准在他们背后倒垃圾；不准迎着来人泼水，也不准在行人路上倒水。

在野外遇见陌生人，是年长者要下马请安，是同龄人要下马问好，不得不予理睬。路途问路、问事，无论面对的是什么人，必须先下马请安问好，才能问路问事，不可骑在马上鞭指问事。

20世纪50年代后，上述各礼节虽仍在沿用，但减少了许多烦琐细节，部分带有封建迷信的礼节逐步废除，但敬献哈达至今仍是蒙古族待客极其隆重的传统礼仪。

2. 丧葬礼仪

民国年间，河套的蒙古族在牧区举行天葬者较为常见。也有的把尸体移出蒙古包外，用干柴焚化，称为"火葬"。葬后用树枝或牛、羊粪烟熏蒙古包。

20世纪70年代后，越来越多的人实行火葬、棺葬。土葬也叫棺葬，多在农区采用。人死后，家人为其更换新衣，用白布罩面，然后将尸体连同死者生前所用的衣帽、鼻烟壶、蒙古刀、木碗等，一并装入坐棺或卧棺内。入殓时，亲友都来参加葬礼，各出一点钱财，放入棺材内。下葬后，主家以酒食招待亲友，每逢过节，请喇嘛念经，以示悼念。后来，蒙古族葬礼逐步简化，流行为死者送花圈、挽幛，参加逝者的葬礼，并接受主家设宴招待。

3. 祭祀礼仪

蒙古族有祭天、祭山、祭祖、祭火神、祭敖包、祭石、祭河、祭湖、祭树等习俗，最隆重的祭祀活动当属祭敖包。

传统"敖包"是"山神"的化身。祭敖包多在水草丰美、牛羊肥壮的6至8月间进行。祭祀时，敖包上插树枝，上挂五颜六色的布条或纸旗，旗上写经文。祭祀礼仪大致有血祭、酒祭、火祭、玉祭等。

玉祭　把玉作为供品来祭神。

火祭　在敖包前烧一大堆干树枝，各户都走近火旁，口中念叨着自家的姓氏，供上祭品。蒙古族认为火最洁净，用火可以驱逐一切邪念。

祭火神　蒙古族祭拜火神是从元朝开始的，传说中，火神上天汇报一年的情况时要举行欢送仪式，祭火神活动带有浓厚的宗教信仰，其讲究和步骤完全按佛教来完成。1. 欢送祭拜火神，用最好的肉食上供，请求上天汇报自家的好，希望来年保佑全家，风调雨顺、牲畜兴旺、吉祥如意。2. 用大羯子羊祭拜，肉锅里不放盐，只以奶食品为主料。3. 邀请喇嘛到家里念诵"火神经"，男主人也可念诵。4. 把院内外打扫干净，炉灶整理整齐，再把羊胸叉上面的肉包在麻纸里面，放一些包肚油、松树叶、白酒和奶食品、枳机草、砖茶等。5. 全家人围坐在炉灶边，由女主人端着包好的祭品，在炉灶大火上面来回转悠，喇嘛在一旁念诵火经。6. 大约持续一个半小时，祭品就可以吃了。吃饱喝足之后，邻居或亲戚之间开始敬送肉粥，若谁家的肉肥油大，谁家来年的日子就会过得滋润。无论何种祭法，都要请喇嘛来焚香点火，诵经念咒。祭祀礼仪结束后，还要举行传统的赛马、射箭、摔跤等娱乐活动。

（六）节日

蒙古族有过"小年"和"大年"习俗。小年为农历腊月二十三日，晚间全家团坐，吃团圆饭，叙旧话新。这天，要在"灶神"前烧香，供献牛羊肉、奶酒、奶皮、奶饼、糖块等食品，名曰"祭灶"。晚上送灶神时，把供品扔进火堆。全家对着火焰虔诚地叩头、念经，向灶神祷告。"小年"之后要清扫蒙古包内外，做新蒙古袍，贴春联，挂灯笼。从腊月三十日至正月初五，过大年。除夕晚上，讲究"熬年""守岁"。晚辈要给父母和长辈们敬酒祝愿。欢歌笑语，彻夜不断。晚饭要有剩余，象征新的一年吃穿不愁。用黄油、红糖、白面混合烙一个大圆饼，每人只咬一口，意思是全家永不分离，永远团圆。

初一天不亮，男女老少都换上新衣裳，给双亲、老年人磕头、献哈达、敬酒，祝愿他们身体健康、晚年幸福。旧时，初一要请喇嘛到家念经，消除一年不祥，以求新一年顺利、平安。不请喇嘛的人家，则全家到寺庙去，求活佛保佑平安。初一到初五之间，一般不到亲友家拜年。

初五到初十，男女青年纷纷跨上骏马，带上漂亮的哈达、美酒等礼物，成群结队对去给亲友拜年。主人以美酒招待，临走时送一小包茶，意思是"带喜回家"。

正月十五。寺院附近各户，一大早来等候大喇嘛摸顶。大喇嘛将缠红布的木棒向众人扔去，被击中者以为大喜，未被击中者，苦苦求告重击，或者再过四五天后，再去请击。

很早以前，蒙古族还在清明前后过"兴畜节"，在农历十二月二十五日过"千盏灯节"。在腊月十五以前要把牛羊宰好，把洁白的哈达放在肉上，赠送亲友。有的互送整牛整羊。正月十五或十八喇嘛们要过跳鬼节。

三月初三、五月初五、七月十五、九月初九、十月初三和冬至，要宰羊祭佛。信奉灶神、关帝、财神、天地神、奶奶神者，都在家中供奉。有的还请喇嘛书写咒文贴于门前、屋内，在蒙古包顶部插一面小旗，供佛像，敬火神。有官衔爵位的人家，在院内竖一把三股铁钗，称为"吉星"，逢节祭祀。有的还在院内、屋顶栽一根木杆，挂一面小布旗，颜色随家主属相选定，称为"运神"。

二、汉族习俗

（一）服饰

清末至民国年间，汉族居民春、夏、秋三季的穿戴都是家做的中式衣裤，衣料多为内地运来的土布，也称老布。男服多是黑与蓝，女服多为红、绿或花色。上衣为对襟立领衫、袄，春夹、夏单、冬絮棉。裤子为深裆大腰裤，裤带是一条红布。无论男女上身都爱穿红色腰子，也称"主腰"，小孩子多穿"裹肚"。农村人习惯在头上罩一块白毛巾，俗称"羊肚肚手巾"。当时的人们时兴穿牛鼻子鞋，因形状像牛鼻子，故得此名。生活较宽裕的人家，冬季穿驼鞍子棉鞋，鞋形隆起似驼峰。冬天，男子多穿绵羊、山羊皮衣裤。妇女发式多样，已婚妇女头上扎髻，有抓髻、蝴蝶髻等，未婚妇女扎一条或两条辫子，留"刘海儿"，俗称马鬃，使一眼望去，便知媳妇、闺女。民国时流行短发，人称剪发头，一时成为风尚。

男童额前留刘海儿，又称"护前脑"，后脑勺留一撮发，称"舅舅毛"，又叫"长命毛"。男子进入少年后，大多留光头。

解放初期，汉族衣着兴起，"海潮蓝一身，红裤带一根，大底鞋一蹬"。随后，灯芯绒问世，绒布衣服时兴起来。20世纪60年代，人们讲究用"条绒大绒花达呢，棉线毛衣蓝咔叽"来作为聘礼。

20世纪70年代，军装军帽盛兴，后随商品经济的发展，布匹花色多样，品种齐全，衣服款式新颖，人们的穿戴逐渐讲究起来。人们很少穿棉布衣料，开始转向"的确良"（颜色多为白色或警蓝色）、涤卡（多为灰色）、涤纶（多为黑色或灰色）和毛料之类。男服以中山服常见，女服以翻领多见，中式衣服除新婚妇女穿外，已不多见。

20世纪80年代，社会上流行皮夹克、登山服、套服（衣裤为一色）、喇叭裤、牛仔裤。

改革开放后，人们穿西装，打领带，着革履。城市姑娘穿紧身裤、裙子。中年妇女烫发，戴戒指、项链、耳环，穿高跟鞋。中年男子讲究发型，不戴帽子。

进入2000年，人们的穿戴更为讲究，强调衣着的高品位，样式的新潮时尚，休闲装盛行一时。服务行业多为样式独特的制服，裙子成为中青年妇女一年四季的追求。随着气候变暖，毛、绒类服装由厚变薄，牛仔服由过去单一的蓝色变为多色，大街上名牌服装店随处可见，服装款式和饰物搭配和谐，染发、烫发成为普遍现象。

从2006年到2016年的10年间，临河地区的汉族服饰呈现多元和个性化，裁缝店退出历史舞台，面料门店、摊点关闭，各种档次不一的成衣直接进入服装店，人们的选择空间更为广泛。女子染发成为日常，且色彩多样。男子的发型也有了新突破，不再拘泥于普通理发，而是根据顾客的头型进行创新剪、理，打破千人同型的局面。越来越多的人青睐轻便的休闲鞋和旅游鞋，皮鞋

成为正式场合的配置。

（二）饮食

临河汉族传统食品主要有糜米酸粥、烙饼、炒鸡蛋、肉汤蘸糕（油炸糕或素糕）、猪肉烩酸菜、蒸饼、锅贴、炒土豆丝等。

酸粥 酸粥是20世纪六七十年代临河农村家庭的美食，烹制方法简单，便于操作，主要取材于临河盛产的糜米。做法是：将糜米汁盛于罐中，放在灶台上发酵，然后将糜米放入浆中，做饭时捞出浆米放入锅中，煮至半熟时，留的汁多就成了酸粥，留的汁少便是酸焖饭。其味酸香，败火消暑。多数人家一日三餐的饭桌上，早上酸粥，中午酸焖饭，晚上酸稀粥。

进入21世纪，白面大米成为主食，加之火炕的逐步消失，酸粥失去灶台发酵的舞台，成了廉价的"奢侈"食品。不过，在临河各大餐馆的菜谱上，有一道"红腌菜炒酸粥"倍受欢迎，它其实就是过去的酸粥，再用红腌菜和辣椒油炒一遍，老食品新做法，成为餐馆的必点菜。

2010年后，三高人群中流行"酸米汤晚餐"，制作者用酸奶发酵酸浆，用来做酸粥或酸稀饭。也有的用点豆腐的卤汁来制作酸浆。

猪肉烩酸菜 临河人对猪肉烩酸菜情有独钟。过去，家家户户秋天腌制大白菜，为的是在缺少菜蔬的冬天用酸菜改善伙食。到了杀猪季，柴火烧大铁锅，把现杀的猪肉和腌制的大白菜烩在一起，加入粉条、豆腐、土豆等副料，烩到绵软调和，满灶油香即可出锅。

随着城市的发展，楼房兴起，居民不再秋储和腌制大白菜，酸白菜被冠以商标，进入各大超市，成为一道永不落幕的菜肴。

面筋 又称酿皮，用"种在水上、收在火上"的河套面粉做出来的面筋，具有绵香爽滑的口感，再配以辣椒油、葱花油、酸菜丝等辅料，成为一道风靡全国地方风味小吃。

20世纪90年代，面筋多为路边摊点，两元钱一碗，后进入临河市金川市场，进行统一管理。

那时候的面筋是纯手工制作，一口大锅，两个铝盘，掌握好火候，面汤清稠适度，有经验的师傅才能做出好面筋。

面筋的两元时代结束于 21 世纪，价格一路上扬，从四元、五元涨至七元。市面上出现了面筋机，可代替人力大量生产面筋，进行批发。但机器生产的面筋失去了手工面筋的柔韧度，容易断裂，不筋道，面筋口味大打折扣。后来，手工面筋再度复燃，时至今日，面筋店在临河遍地开花，一些年轻人在淘宝开店、在快手直播，售卖面筋，用快速的方式，送到客户手中。还有人把面筋店开到北京、天津，甚至更远的城市，把河套特色美味送到全国各地。

（三）住所

20 世纪五六十年代，临河城乡居民的住宅由"一门一窗"的小屋转向"玻璃窗子大正房"，部分仍为土木结构。70 年代，兴建"穿靴戴帽"的住宅，根基砌石，前槽码头用砖砌，并有几层过河砖，余墙用土坯垒砌。主房为面南坐北的正房，设南凉房，筑院墙。房屋造型多为"一进两开""前走廊""后走廊"。屋内墙壁均用白泥粉刷，明亮宽敞，有的窗户装双层玻璃。人们在房前屋后栽种杨柳，美化庭院。

80 年代，城镇居民住宅及部分农民转向砖木结构、水磨石地面、土暖气。城市逐渐建起楼房。室内陈设立柜、高低柜、酒柜、写字台、沙发、电视机、录音机、洗衣机等。较多家庭还有地毯、组合柜、电冰箱、摩托车、席梦思床等。90 年代，城市农村普遍安装了电话，一砖到顶的红砖瓦房随处可见。

进入 21 世纪，农村出现整齐划一的小康民宅，城市大多数居民住上了商品楼，室内装修美观，社区设施齐备，服务功能完善，电脑、私家轿车进入寻常百姓家，城乡居民步入小康。到 2016 年，房地产开发已经成为城市建市的主体，新楼盘、新小区层出不穷，年轻人结婚都会购买楼房。

（四）礼仪

1. 日常礼仪

临河境内的汉族为人豪爽，素有厚道之称。客人至家，招待殷勤。邻居往来，不屑虚假客气。乞丐上门，用面或钱物施济。邻里之间，依辈分、年龄相称呼。每逢节日，互相问候，互赠礼品。遇有要事，相互帮助。遇春节或至亲长辈过寿，晚辈都要行叩拜之礼。遇有丧事，至亲晚辈均穿孝服，并守灵吊奠。家庭有祀祖和为新亡者过百日祭、周年祭、扫坟添土等习俗。正所谓"大礼虽简，鸿仪则容"。

妇女生育后一月之内称"坐月子"，亲友及邻居备送红糖等，以示慰问。孩子满月日，产妇家备宴款待亲朋邻里，俗称"过满月"。来客备送婴儿帽礼品等表示祝贺，后来发展为随"份子"搭礼。

城乡居民盖新房安放柁梁、椽子时，都要张贴对联或用红布放一对筷子裹在房梁上，并鸣放鞭炮，称为"上梁"。午餐吃馒头，谓之"上梁馍馍"；接着用泥抹房顶，称为"压栈"，"压栈"要吃糕，谓之"压栈糕"。在上梁压栈时，不少近邻前来帮忙、捧场道贺。

2. 婚礼

汉族婚事礼仪大致有提亲、定亲、探话、迎娶、回门等。

提亲，即托媒说亲。提亲时注重男女双方生辰八字，选择门当户对者，互换庚帖。中华人民共和国成立前，男女青年结婚多由父母包办，彼此不认识，或无过多交往，经介绍人撮合，如果男女双方生辰八字、属相不相克，选择一个"吉日"，便算定了终身大事。

定亲，又叫"喝酒"。经过媒妁之言，双方达成一致意见后，男家要准备钱、衣服、饰物、稻米、红枣、羊、酒、烟、喜饼、喜馍等彩礼。钱一般为数十元到数百元或者更多不等，衣服一般为单、夹、棉 3 套，饰物为手镯、戒指、手表等。彩礼由介绍人率领男方随庚帖送到女家，以肯定这桩婚事。酒瓶要成双，用红头绳系之，连在一起，好似月老牵的红线，再贴上喜字。吃饭时要打开此酒喝，但不能喝尽，留半瓶，放些米粒或绿豆，意思是"生米做成熟饭"，即定了，不可再变了。还要在半瓶酒内插上葱节，意思是"生根发芽"。所带食品均要留给男方一小部分，宴毕返回男方。女家以金银饰物一两件附在帖中，以物回送，叫作压帖，也叫陪送。男女两方，各召亲友，备酒菜款待，互换庚帖，叫作下定、订婚。过去结婚，民间只讲媒妁之言，行拜天地大礼，没有结婚证一说。拜完天地，入洞房，即视为名正言顺的夫妻。中华人民共和国成立后，国家制定了《婚姻法》，规定男女双方自领取结婚证之日起，视为合法夫妻。至于结婚办事宴，源于传统婚俗流传至今。

探话，即托使媒人商定迎娶日期。婚期讲究择阴历双日，但忌用四、六两日，以避"四六不成材"之说。

迎娶，迎娶前一日，男家备烧肉、馒头送给女家，叫离娘馒头、离娘肉，并将新娘衣服一套送给女家，叫催妆。

过去富人家多用花轿娶媳妇，由几个人抬着，前有鼓乐吹奏，其情形如张艺谋电影《红高粱》中的场面。一般人家只坐马车、牛车或骑马。迎娶时，新郎到女家娶新娘叫"迎亲"，如新郎不去，叫"等亲"。娶亲时，有"姑不娶、姨不送，妗妗（舅父之妻）送到黑圪洞，姥娘送到米面瓮，姐姐送了妹妹的命。姐姐娶的神俏棍，姐夫送小姨子驴圈寻"之说，并有"娶三、送四"的讲究，即男方迎亲3人，女方送亲4人。一般情况下，娶亲人数为奇数（包括新郎），送亲人数为偶数（不包括新娘）。当娶亲者到女家后，男方燃放花炮，女家出迎，以茶点、酒食款待。女方在水饺中包入辣椒、花椒、盐等，端给新郎吃，以取笑、逗乐子。送亲时，新娘穿婚纱，与新郎同乘一车，女方携带嫁妆到男家。迎娶返回不走原路，绕道而行，有新娘不走回头路的意思。一般由新娘的一个弟辈相送，俗称"压轿"，由新郎家在下轿前

给"压轿钱"。新娘进入喜房时，有人搀扶并为她解髻挽簪。旧时，即使是十冬腊月、数九寒天，也必有偷窥者把窗户纸扯烂，取"开风气"之意，叫作打喜窗。新娘娶回来，稍待片刻举行"拜天地"（即"典礼"）仪式。新郎、新娘向天地、神位行叩拜礼。再向亲朋行"拜人礼"。从大到小，先按辈分长次拜，再按年龄大小拜，要先拜姥爷、舅舅，再姑姑、姨姨、姑舅等。然后入喜宴敬酒，此宴俗称"坐席"。"坐席"时，很讲究座次位置，一般为"姥娘（姥姥）舅舅"坐正席。上菜也很有讲究，先冷后热，最后上丸子，意思是所有的饭菜都已上完。当晚入洞房，桌上设喜灯，新郎、新娘相向而坐，其间新娘不能外出，称为"守喜灯"。是夜，当地有闹洞房习俗，嬉笑戏谑、听房窃物、说令子，难为新娘，皆为联欢、喜庆。新娘、新郎任凭大家嬉闹，不得生气。年龄大者也可戏耍、玩笑，讲究新婚"三日之内无大小"，但"公公"和"大伯子"不能入洞房戏耍。

回门，新婚第二天，小夫妻俩要"回门"，即回媳妇娘家住一天，女方多在这一天设宴庆贺，款待亲朋。然后，回婆家住7天，再回娘家住8天，俗称"住七""住八"。

20世纪六七十年代，迎娶多骑自行车。80年代后，多乘坐小汽车，穿戴和家中摆设逐步讲究。

续娶及再嫁。续娶若为闺女，与初婚礼节相同。如果男方年龄较大，只行"等亲"。若为再嫁之妇，则以车娶，概不用轿。男女拜堂后，亲友或邻居笑谑欢饮而散，次日由新媳妇拜见家庭尊长，行跪拜礼。

3. 丧葬礼仪

汉民族的丧葬文化历史悠久。人亡时，通知邻近至亲，把珠玉或钱币放入死者口中，称"口含钱"。死者在弥留之际要穿上寿衣，为其刮脸洗浴。人死后，把一块饼放在死者袖子内，称为"打狗饼"。死者的手、脚上系一根丝麻，面部盖一张白纸，仰面放平，门外贴讣状，俗称"殃状"。在自家门前挂冲天纸，纸条数与死者年龄相

同，并缀以铁、炭，男左女右。接着，搭灵棚、布挽幢、入殓。在棺材底部铺灰，灰上铺谷草，再铺草纸。前面放一把香做枕头，左右塞一些棉花，并去掉手脚上的麻丝，盖上红布，摆放在灵棚内。入殓多在死亡的当天进行。入殓时，孝子孝孙们停止哭泣，入殓完毕，再放声痛哭。如果死者死在外地后运回，就在村外搭灵棚，认为是"死不回家"。

灵前设一灯案，上面供米饭一碗，称"倒头捞饭"。案中竖四根棉花杆，供一只鸡。子孙们都是白布裹头、白布蒙鞋，披麻戴孝。孙子帽子上缀红十字，外孙缀蓝十字，妇女摘去耳环、钗钏等饰物。过去孝子出入家门，都要手持一根柳杖。普通亲友胳膊上佩戴黑纱，或者是胸前佩戴白花。每次吃饭时，灵前要供上饭食，早、晚都要祭奠，按时辰举哀焚烧麻纸。旧时，"告庙"（祭告祖庙）、"叫夜"、启棺都要用棉球蘸白酒为死者洗擦面部、七窍，名叫"开光"，开光后封棺。封棺时，将死者衣服的下襟撕去一角。

长子守丧，幼子戴孝给亲族报丧，通报下葬的日期，敬请亲朋好友前来送葬，称为报丧或报孝。安葬日期有自家定的，也有请"阴阳先生"共同择定的。河套地区多数在死者亡后三、五、七日安葬。葬前孝男孝女昼夜烧纸敬香守灵，并对前来送葬者下跪磕头。开奠的前一天，请鼓乐队吹打伴灵，俗称"安鼓"。安葬前一晚举行"叫夜"，佩孝男孝女捧灵位哭送于野外十字路口，鼓乐队吹打相随。

出灵时要给抬棺材的人各系一条红、白布条。动灵前烧纸开光，死者的长子背一下大材头，用手摔了烧纸盆，扛着引魂幡子到坟地。孝男孝女拖拉着灵布紧跟在引魂幡的后面，并将纸钱抛向高空，鼓乐齐鸣。灵至墓地后，孝子都停止哭泣。

下土掩埋棺木时，有些人将死者生前喜欢的一些物件一同随葬。掩埋棺木后，孝子们排队绕墓用手徐徐往棺材上撒土，然后掩土成坟，将柳幡插上。有用阴阳先生者，由阴阳先生诵经指挥

安葬。安葬完毕，孝子们在坟地摘去麻冠、麻衣，女的也另换帕首。到家门口，男女将麻衣、麻冠、帕首等隔墙扔进院内。这时，门前早已摆放好一只桌子，桌上放一盆水，盆内放一些钱币，孝子各捞一枚，并吃一点切片的面馍，然后才能进门。

安葬后的第三天，孝子手持纸制缸釜炊具，并带些食物，到墓地坟前吃饭、揭孝，名曰"安灶"。同时加土整墓，叫圆坟，总称"复三"。从下葬那天起，每七天烧一次纸，至七七四十九天止。此后过"百天""周年"，都要到墓地祭奠。一周年为小拜，两周年为大拜，每到死者的亡日、诞辰日，也要举行祭礼。过三周年时，亲朋好友备礼再次赶来祭奠。主家要设宴席，备鼓乐，家祭扫墓，款待宾客。以后的日子里，只在清明、中元节行祭礼。

家人死亡后的春节，第一年贴黄色对联，第二年贴绿色对联，第三年开始贴红色春联。

2000年以后，国家提倡丧事从简，多数人家对死者进行火葬，送花圈、戴黑纱，以示哀悼。

4. 祭祀

旧时，每家每户普遍祭祀的神为天地神、灶神、土地神、财神、关帝、观音菩萨等。一少部分人家摆先人牌位进行祭祀。商家则一概祭祀财神和关圣帝君。城乡间多建庙宇，方便随时祭祀。祭祀仪式要烧香、摆供品。供品多为馒头、糕点、水果之类。如有大型祭祀活动，也摆三牲（羊、猪、鸡）。祭灶神很特别，在腊月二十三日这天，祭者一边将灶神像及"上天言好事，回宫降吉祥"对联放进炉灶焚烧，一边口中念念有词。

20世纪50年代后，祭神活动逐渐减少。民众多在清明、阴历七月十五、冬至及父母亡日，前往坟地或殡仪馆祭祀先人之灵。

5. 禁忌

（1）婚配禁忌

旧时，临河地区婚配忌男女生肖相克，将男女的生辰八字相对照，如果相克就不能结婚。临河人结婚忌犯日，迎娶忌姑姑陪娶，姨姨、姐姐

陪送；忌孕妇、寡妇做陪戚；家中遇有丧事，忌当年办婚事；忌一年办两次婚配喜事；忌迎、娶时，出去和回来走同一条路线。

（2）丧葬禁忌

旧时，人死后忌停尸于炕上，只能停在木板上；死尸忌过两道门抬出，须从窗口抬出。人死后3日内，忌自家夜间一切剧烈响动，忌百日内整修房屋；埋葬后，忌穿孝服进家；复三时，从坟地返回，忌回头看；孝男孝女在守孝三年内忌穿红衣服；当年过春节忌贴红对联，要头年黄、二年蓝；凡与死者属相一样即为犯月者，忌参与帮办丧事；闰月年忌合葬。

（3）节日禁忌

旧时，临河地区从除夕到正月末，禁忌很多：除夕忌夜间出门，初一至初五忌出远门；除夕夜地面忌洒扫、初一太阳未出前忌拂尘、开箱柜，忌呼唤名字，忌挑水；初四前忌扫院，初五前忌使用碾磨，正月十三忌出门。祭祀神鬼的食品必须遵循"神三鬼四"的数字；当年与本人属相相合称为"本命年"，此为大忌之年。

（4）建宅、搬迁禁忌

旧时，新建住宅忌建于场面，忌凉房高于正房，忌南方门与正房门相对，忌院墙大门口向西，迁居忌搬入刚搬走的人家居住，忌使用原有炉灶，忌搬家不吃糕，曰"搬家不吃糕，一年搬九遭"。俗有"张、王、李、赵六腊月，乱家百姓三、九月"一说，即张、王、李、赵四姓，忌六月和腊月搬迁，其他诸姓忌三月和九月搬迁；五月为"恶五月"，忌动土、忌搬迁。

（5）其他禁忌

旧时，逢九之年，忌进"月房""丧房"，开门倒水不能泼向来人或去人，平素忌坐锅台，忌路途中拾捡别人的帽子戴，忌拾不通气的烟具使用。忌飞鸟粪落在身上，若落在身上缀红布以避邪。忌乌鸦在头上围绕飞叫，忌午后喜鹊在门前叫，忌夜猫子（猫头鹰）夜间在自家房上叫，忌母鸡叫鸣，忌饲养白头白尾四腿白色牲畜，忌拾

死狐狸。女子无论出嫁与否，对娘家尊亲和其他亲族施礼时，一概施"鞠躬礼"，忌施"叩拜礼"。客人启行后，屋内不能随即扫除。月经期妇女忌动神位和各种供品。进入21世纪，有些禁忌逐渐弱化或消失。

6. 节日

（1）春节

春节又称"过大年"，这是家家户户的事，也是大多数民族都过的节日。河套有民谚："六个月种田，两个月过年。"本地有乡俗，即过年前一个月就开始准备，买过年穿的新衣服，做好吃的。不仅准备自家人吃喝，也要预备亲朋好友拜年时的食品。麻花、油饼、油糕、凉菜、糖果等都是传统待客食品。农历十二月二十三日为小年，家家户户供以麻糖，祭灶神，俗称送灶神上天。有诗为凭，"上天言好事，回宫降吉祥"。

从腊月二十四到除夕，家家"大扫除"，准备年货，迎接大年的到来。过年依例要贴对联，放花炮。于是，年头将近，卖对联、卖花炮者成了街头巷尾的一道喜气景观。对联过去用墨汁书写，后来多用金粉、银粉来写，字迹更光鲜、福气，平添喜庆气氛。正月初一前夜，称为除夕，各家都挂红灯笼。夜晚，举家团圆，彻夜守岁，谓之"熬年"。晚饭喝好酒，吃好吃的，谓年夜饭。

20世纪80年代，人们喜看春节联欢晚会。子时（零点）在院中放鞭炮，燃旺火，意思是接旺气、避邪秽，俗称"接神"。无论贫富，早餐必食饺子（又名扁食），饺子中包入钱币，寓意为"揣元宝"。之后，晚辈依次序先拜长辈，再拜邻里长辈，互问"过年好""恭喜发财"，叫"拜年"。孩童叩拜后，长辈要赏给钱，俗称"压岁钱"，人们戏称这种习俗为"二八小子拜大年，又吃好的又挣钱"。初一，做生意的人家还要接财神，点旺火，设供桌叩拜。按接喜神的方位到郊外祭祀，叫作"迎喜神"。迎神而归后，在家中设神位供奉。旧时乡村农户迎喜的时候，还驱赶牛马相随其后。正月初五，名曰"破五"。一般人家要对屋

内进行一次彻底打扫，谓之"送穷"。20世纪50年代以来，机关、部队、单位春节期间普遍举行"团拜"和慰问军烈属、孤寡、贫困者等活动。

（2）元宵节

正月十五，俗名"灯节"。城镇举办"社火"，又称"红火"。沿街张灯结彩，锣鼓喧天，有高跷、旱船、赏龙灯、舞龙、舞狮、老年秧歌等红火，男女们集会游观。自20世纪80年代以来，在城内举办灯展，燃放焰火。人们扶老携幼，云集街头，半夜才散去回家。当天人们吃元宵，以表示举家团圆，幸福康乐。

（3）二月二

俗称"龙抬头"，是种地人家上工的日子。这天男子兴理发，称为"剃龙头"。俗语说"龙抬头，绣女也下楼"，意思是一过二月二，人们普遍忙于春耕生产。

（4）惊蛰

这一天，有吃梨的习俗，意思是泄内热，清肠胃，除秽积。农家吃黄米糕，并以片糕蘸麻油喂牛，使其不生病。

（5）清明节

家家举行墓祭，为死者烧纸钱、添坟土。凡是为死者起葬或合葬者，也在此日进行。清明前一天，俗称"寒食节"，人们在这一天为儿童蒸白面食品，做成虫、鱼、鸟、雀等形状，名曰"寒燕"。让儿女们高兴，并相互赠送。

（6）端午节

又称端阳节，即五月初五。这天人们吃凉糕、包粽子，相传是纪念屈原。人们在门口上贴端午鸡、黄老虎。出聘的姑娘也要在今天回娘家小住。人们用雄黄酒和红颜色涂小孩面额、耳、鼻、手心，以避虫毒；用艾草水洗脸，并将艾草插在门头上，以避毒气。用艾草叶子和红布制成艾虎、艾人、艾鸟等形状，用五色线佩戴在小孩颈部，取名"长命绳"。

（7）六月六

六月初六，城市踏青出游的人渐渐多起来。这时，瓜果刚熟，农人进城卖鲜，故有"六月六，鲜葫芦熬羊肉"的谚语。

（8）七月十五

也是敬鬼的日子，人们为故去祖先亡灵烧纸敬钱，供奉美食。新麦已收，家家做馍馍祭墓，以尽孝心，并做各种面人，互送亲朋，以娱儿女。晚上，将灯放入河中漂浮，以祭孤魂。灯光顺流而下，荡漾数里，俗称"放河灯"。

（9）中秋节

阴历"八月十五"，也称团圆节。外地的直系亲属尽量赶回来与家人过节。节前全家制作月饼。入夜，院内放一张桌子，摆上月饼、瓜果供月。同时备酒食、焚香、赏月，取团圆之意。节前邻居和亲朋好友互赠月饼，以示丰盈。20世纪50年代以后，也在此节进行慰问军烈属活动。

（10）十月一

十月初一，家家户户焚纸祀祖，妇女上坟哭祭，名曰"送寒衣"。

（11）冬至

十一月一日，为冬至日。杀羊献牲，举行贺冬礼仪。从冬至起，开始"数九"。民间流传有"数九歌"：头九二九，冻烂碓臼；三九四九，门缝叫狗；五九六九，消井口；七九河开，八九雁来；九九又一九，犁牛遍地走。

（12）腊八

农历十二月初八，原属佛教节日。每当这一天，人们普遍用豇豆或扁豆加黄米、红枣熬粥，吃时再放点糖，称之"腊八粥"。这天人们还用醋泡蒜腌制"腊八醋"，以备春节时食用。

中华人民共和国成立后，人们也注重新的节日，如元旦（又称"阳历年"）、三八妇女节、五一国际劳动节、五四青年节、六一儿童节、七一建党节、八一建军节、十一国庆节等。机关、企事业单位、学校等都执行固定节假日，节前清扫大街小巷。节日期间，各街道、单位门口张灯结彩，举行座谈会和各种文艺、体育活动，召开隆重的庆祝大会，等等。

从20世纪八九十年代开始，人们又逐渐时兴起给孩子圆锁、庆生日、庆上大学，为老人过寿等家庭活动。

随着东西方文化的交融、渗透，节日渐渐多了起来，如母亲节、情人节、圣诞节等，都是年轻人十分喜爱的节日，其气氛热烈，如火如荼，大有与传统节日一比高下之势。

三、回族习俗

（一）礼仪

回族十分注重礼节。对于来客，无论相识与否，总会热情招呼。如遇回族长者，则主动上前握手问好（女子作拱手拜礼）。晚辈先问候长辈，长辈用右手提起衣襟右上方以示意。凡遇隆重大礼，人们互相见面时，双手相握。

回族历来有尊老、敬老的传统美德，不孝顺父母即为有罪。同一村落中，人们相互称谓时，忌直呼姓名，习惯以自己的孩子称呼对方。如果无子女，则直接称呼。逢年过节，长辈对于小辈、富者对于穷人，都要给辞岁钱，阿语称"弗实尔钱"。

（二）饮食和服饰

回族的传统面食有油饼、馓子，以其酥、软、香、甜著称。请客设宴时，通常请阿訇到场，先上盖碗茶、油饼、馓子，其次上菜肴、米饭、汤。席间，凉盘可有可无，但热菜一定要丰盛。他们还喜欢喝"扣碗茶"，茶中加入冰糖、芝麻、桃仁、柿饼、红枣等，俗称"五味茶"，佐以饼干、油香（油饼）等，郁香可口，清肺提神，利于健康长寿。逢年过节，回族人要制作油香、馓子等食品，馈送亲友。回族忌烟、酒，不吃他族人的食品，不饮他族人家之水，不使用他族的饮食器具。

临河地区的回族群众旧时大多集中在曙光办事处庆丰村一带和解放办事处西辖区一带。服饰的主要标志在头部，男子爱戴白色的圆帽，圆帽分两种，一种是平顶的，一种是六棱形的。讲究

的人，还在圆帽上刺绣精美的图案。白帽与回族的生活习惯和职业特点有关，就拿临河的回族居民来说，多经商，大都集中在庆丰街一带，经营饭店与牛羊肉买卖，职业要求他们穿戴洁净。

回族妇女常戴盖头，老年妇女戴白色，中年妇女戴黑色，未婚女子戴绿色。不少已婚妇女也戴白色或黑色的带沿圆帽。回族老者爱穿白色衬衫，外套黑坎肩（也称"马夹"）。老年妇女冬季戴黑色或褐色头巾，夏季戴白纱巾，有扎裤腿的习惯。青年妇女冬季戴红、绿色或蓝色头巾，夏季戴红、绿、黄等色的薄纱巾。

21世纪，只在回族居民间流传的、对于汉族居民来说神秘的盖头出现在百货商店，色彩艳丽，款式有镶水钻的、流苏的、印花的，回族妇女可自由选择。

（三）主要节日

回族节日很多，各个节日都带有宗教色彩。临河地区的回族群众每年都要举行圣纪、开斋节、古尔邦节。

圣纪　即圣人穆罕默德诞生纪念日，是教历三月十二日。穆斯林们重视这个节日，是为了纪念先圣，赞颂穆罕默德的美德，永远不忘他的教诲。这天要集会、诵经、赞圣、讲述圣人事迹，还聚餐，俗称办"圣会"。相传穆罕默德也是在这天逝世，故穆斯林又称此日为"圣忌"。

开斋节　又称"大尔代节"。回族的斋月，是伊斯兰教历九月。封斋月里，年满14岁者，除孕妇病残者外，成年人守斋一个月。人们每天在东方发白前吃好、喝好，直到太阳落山前水米不进，待太阳落山后再进饮食，以锻炼意志，体会穷人疾苦，养成坚韧、忠实、廉洁的美德。开斋节这天，男女老幼喜气洋洋，沐浴盛装，上寺礼拜，走亲戚拜邻居，互相问候。家家户户置办富有民族特色和地方风味的传统食品。有不少男女青年喜欢在开斋节举办婚礼。开斋节后，饮食时间恢复正常。

古尔邦节　又称"小尔代节""宰牲节"，是

伊斯兰教教历十二月十日，即开斋节后的第七十天举行。每逢这天，临河地区的穆斯林们要衣冠整洁地上寺会礼（聚礼）。典礼活动别开生面，有条件的地方，每人要宰一只羊，七人合宰一头牛或一峰骆驼。将肉分成三份，一份留给自己，一份馈赠待客，一份济贫施舍。典礼后，开始访亲拜友。回族在三大节日中，最看重"宰牲节"。

四、满族习俗

旧时，满族男子多穿带马蹄袖的袍褂，腰束衣带，或穿长袍外罩对襟马褂，夏季头戴凉帽，冬季戴皮制马虎帽。衣服喜用青、蓝、棕等色的棉、丝、绸、缎等各种质地的衣料制作，裤腿扎青色腿带，脚穿棉布靴或皮靴，冬季穿皮制乌拉，留辫子。后来，满族群众只在重大节日穿民族服饰。一些满族政协委员和人大代表，身着本民族盛装出席会议，成为会场上的一道亮丽风景。

满族的传统主食有停悖、煮饽饽（饺子）、米饭、秫米水饭、高粱米（休米）豆干饭、豆糕、酸汤子等。尤其喜欢吃粘食和甜味食品，如饽饽、年糕等。流传至今的"驴打滚""萨其玛"都是满族传统点心。火锅、全羊席、酱肉也是满族人传统吃肉方法。酸菜是他们喜欢的素食，或炒，或炖，或凉拌。

满族宾主相见，先请安，后问好，男屈单膝，女屈双膝。客人到家，主妇敬烟茶，以示敬意。未出嫁女子见到客人仅问好，不行礼。媳妇对家族尊长行跪拜礼。

满族许多节日均与汉族相同，主要有春节、元宵节、二月二、端午节和中秋节。节日期间一般要举行"珍珠球"、跳马、跳骆驼和滑冰等传统体育活动。"颁金节"是满族的"族庆"之日。1989年10月，在丹东"首届满族文化学术研讨会"上，正式把每年的12月3日定为"颁金节"。各地满族同胞在农历十月十三日满族命名日自发地举行纪念活动，以纪念满族的诞生。但活动使用的名称不尽相同，或称"命名日"，或称"诞生日"，或称"纪念日"等。"走百病"是满族妇女的节日，一般在正月十六日。当晚，妇女们三五成群，结伴远洲，或走沙滚冰，或嬉戏欢闹，叫作"走百病"。"添仓节"在每年的正月二十五，满族农村讲究煮黏高粱米饭，放在仓库，用秫秸棍编织一只小马插在饭盆上，意为往家驮粮食，丰衣足食。满族以七月十五为"中元节"，也视为超度亡灵的"鬼节"。届时，各寺院设立道场，燃灯念经，举行各种超度仪式。满族人家要在腊月初八泡"腊八醋"，煮"腊八肉"。满族分"红、黄、蓝、白"四旗人。春节时，红旗人在门上贴红挂旗，黄旗人在门上贴黄挂旗，蓝旗人在门上贴蓝挂旗，白旗人在门上贴白挂旗。这些挂旗图案优美，色彩鲜艳，象征一年吉祥开端。

第四节　民族语言

一、蒙古族方言

临河区是巴彦淖尔市府所在地，临河境内的蒙古族与巴彦淖尔市境内的蒙古族一样，属于内蒙古方言中的中部方言，又叫察哈锡乌方言。而临河蒙古族方言虽然跟正蓝旗为代表的中国蒙古语标准音相似，但也有它自己的特点。2011年8月，内蒙古大学硕士阿荣在巴彦淖尔市的30个调查点（苏木、乡镇）做的《蒙古语方言地图》，通过田野调查与语言地理学研究，发现了巴彦淖尔市蒙古语土话的语言和语法的一些特点，说明临河乃至整个巴彦淖尔市蒙古语土话的现状跟书面语与其他地区的蒙古语方言之间是有区别的。

经研究，巴彦淖尔市特定地域的蒙语借词地名，既具有语言学、文化学及美学上的学术意义，也具有利于运用乃至推进地方文化建设等应用价值。巴彦淖尔市是民族自治的蒙、汉双语制地区，存在大量的蒙语借词地名，共有682个表行政区划及牧点名的蒙语借词地名。它们的构词、文化内涵有着鲜明的民族特色，是民族文化的镜像，有着不可低估的语言文化价值。

例如巴音、脑高、哈达淖尔等，是临河区的行政村名。

例如乌仁（精巧、灵巧的）、雅茹（幽雅、悦耳的）、斯琴（聪颖、伶俐的）、乌兰（红色）、其其格（花卉）、塔娜（珍珠）、陶格斯（孔雀）、萨茹拉（明亮、皎洁的）、乌云（智慧）、其木格（光彩）、娜荷芽（萌芽）、萨仁（月亮）、图雅（光芒），是临河区一些蒙古族群众的名字。

同时，临河方言与蒙古族方言互有影响，在语言交际中蒙汉语词汇交互使用的情况并不罕见，如忽拉盖，又叫贼忽拉，蒙语指贼，汉语指坏人。如"突罗"，蒙语中是"头"的意思，汉语也指"头"。如"叨拉"，蒙语原指发音，出声，汉语指聊天。如"虎不拉儿"，蒙语指细小、珍贵的，汉语是一种鸟的专称。此外还有"那达慕""淖尔""敖包"等。

二、汉族方言

因临河区具有移民性的特点，决定了临河方言的交融性、多样性。又因晋语区移民的先入性和多数性，临河方言基本打上了晋语的烙印，加之与蒙古族人民长期相融共处，语言自然形成了较为特殊的方式。

（一）析音词

析音词又叫分音词、"嵌 l 词"，是一种第一字读入声，第二字读 l 母的双音节联绵词。它没有书面形式，但大部分可以在古今汉语中找到对应的单音词，少数还有对应的双音词。主要有以下几种构词方式：

1. P－l 卜浪（棒） 卜拉（扒）

卜烂（绊） 卜来（上声—摆）

卜楞（阴平—蹦） 卜楞（笨）

卜捵（阴平—滚来滚去）

2. P－l 扑箩（去声—笸箩）

扑篮（盘、笸箩 扑楞甩头）

扑拉（同卜拉）

3. K－l 圪拉（去声—罅、缝隙，又称黑拉） 圪（角、旮旯儿）

圪榄（杆） 圪塄（埂、田埂）

圪梁（冈） 圪老（搅）

圪料（翘） 圪溜（弯）骨隆（滚）

4. K－l 克郎（阴平—腔） 克良（阴平—别扭） 窟垒（阴平—食物）

5. X－l 黑拉（去声—罅、缝隙）

黑浪（巷） 黑楞（摇晃）

忽咙（喉咙） 忽栾（环、液体浸渍后留下的环状印迹）

忽路（昏迷、糊涂） 忽拉（划）

忽溜（去声—光滑）

此外还有为数不多的其他形式，如"t－l－"的溜（提、提溜）、"t－l－"突罗（陀、圈）、"ts－l－"仄楞（倾斜）、"ts－l－"撮摞（拾掇、打）等。

析音词在语音上有一些较为明显的特点，如第一音节的声母主要是塞音，只有少数擦音和个别塞擦音；前后音节联系紧密，整个词语发音短促；词重音在第二音节上，第一音节比第二音节短得多，在发音较快时，第一音节可以只发略为浊化的声母，省略韵母，但并不影响表义。

从语义上看，析音词大部分是指称具体的事物、动作、性状的，有的词之间具有明显的语义联系和词源关系，如"卜来""卜捵"都有来回动的意思，"圪溜""圪料"都含有弯曲的意思。

析音词历史古老，究其来源，一般认为是上古汉语辅音的遗迹。

（二）叠音词

叠音和词的重叠构词，是汉语词汇构成的一种普遍现象，临河方言中有一些叠音词别具特色，主要体现在叠音名词、叠音量词、特殊的叠音动词和形容词上。

1. 叠音名词

AA 式：盒盒　碗碗　窟窟　帘帘　牛牛
　　　　娃娃　嘴嘴

ABB 式：指头头　柴棍棍　豆荚荚　毛眼眼
　　　　喜鹊鹊　倒衩衩

AAB 式：游游风　花花布　蚊蚊草　沙沙地
　　　　和和饭　嘴嘴烟

ABCC 式：螺马蛛蛛　肚卜脐脐　白毛虎虎
　　　　　猴毛旦旦　指头肚肚　毛花眼眼
　　　　　圪淘虫虫　细麻绳绳

上述叠音名词在语义上都含有表示细小、喜爱、亲切的修辞色彩，多指较小或令人喜爱的对象，在少年儿童中使用频率较高，这是普通话以及许多方言中所没有的。

2. 叠音量词

叠音量词都是 AA 式，如：一根根、两盘盘、三捆捆、四把把、五堆堆、半瓮瓮、一伙伙，叠音量词大多是表集体且模糊的数量，在语义上与叠音名词的特点相同，指较小的量。

3. 叠音动词

通过动词重叠表示尝试态，普通话和许多方言都是如此，但下面 ABB 式的叠音动词则是河套方言所特有的：戏耍耍、逗耍耍、藏迷迷、打能能、打转转，这些叠音动词的结构均为支配式，多指幅度较小或令人感到舒服愉快的动作行为，其中不少是儿童游戏，语义特点和叠音名词一脉相承。

4. 叠音形容词

形容词重叠表示程度的加强，是普通话和其他方言中极为普遍的现象，临河的叠音形容词构成形式主要有四种。甲 ABB，麻阴阴、虚饱饱、瓦灰灰、二细细、二岁岁。乙不 BB，不大大、不深深、不高高、不胖胖、不快快。甲组描写程度较轻的状态，乙组有程度减弱的附加意义。丙组和丁组中，丙组的圪（忽）BB 中有圪尖尖、圪铮铮、圪弯弯、忽少少、忽沙沙。丁组的 A 格（忽）BB 中有胖格墩墩、甜格丝丝、光不溜溜、酸不叽叽、甜忽腻腻、轻忽缭缭。丙、丁两组尽管语义

色彩是表示程度加强，与普通话"ABB"式类似，但因包含了临河方言中特有的前缀和中缀，其构词方式与普通话的"ABB"式有所不同，应看作特殊叠音形容词。

（三）圪头词

圪头词是以"圪"打头的词。"圪"在书面上无固定的字形，有多种写法。在临河方言中，圪头词数量较多，按构成形式可分为单纯圪头词和派生圪头词两类。从词类上看，有名词、动词、形容词、量词、象声词五类。

1. 单纯圪头词

单纯圪头词数量较少，是临河方言析音词的一部分，一般没有书面形式。比如名词有圪崂、圪塄、圪拉、圪榄，动词有圪老、圪撩、圪遛、圪里，形容词有圪溜、圪料。

单纯的圪头名词都指具体对象，尤其是自然、地理现象，本身没有什么特殊的色彩，不过可以重叠后一音节构成"圪 BB"式，如"圪崂崂""圪塄塄""圪拉拉"，重叠后具有表小的色彩。单纯的动词也没有什么特殊的色彩，可以重叠为"圪 B 圪 B"式，表示尝试态或短时态，如"圪老圪老""圪遛圪遛"。

2. 派生圪头词

派生圪头词数量较多，有名词、动词、形容词、量词、象声词。比如名词有圪蛋、圪桩、圪疤、圪杈。圪头名词常见的变化形式是"圪 BB"式，如"圪蛋蛋""圪桩桩""圪疤疤"，具有明显的表小、表爱的色彩。动词有圪挤、圪嚼、圪抓、圪捣、圪躺。派生动词绝大多数词根可以独用，只有数量很少的如"圪趁、圪欠、圪诣、圪侈"等不能独用。与名词不同的是派生圪头动词在基本意义之外还含有附加意义，比如"圪捣"与"捣"，"圪搅"与"搅"，"圪摇"与"摇"，虽然基本意义差别不大，但附加色彩不同。

3. 形容词

甲：圪堆、圪弯、圪朽、圪腻、圪扁。乙：圪晃晃、圪铮铮、圪崩崩、圪轰轰。丙：圪拐圪

拐、圪摇圪摇、圪兴圪兴、圪拧圪拧。甲组形容词多是对指称对象进行一般性描写，属性质形容词。乙组形容词在描写性状的同时含有量的附加意义，所表状态的程度较高，属于状态形容词。丙组形容词是由圪头动词加以重叠后转化而来的，表示某种状态。

4. 量词

如疙瘩、圪抓、圪绺、圪节、圪堵，有的是专职的，有的与名词一样可以重叠词根，如"圪绺绺""圪节节"等。

5. 象声词

甲组：圪嚓、圪噔、圪嘣、圪咚、圪叭，乙组：圪炸炸、圪噌噌、圪噔噔、圪吱吱，丙组：圪叭圪叭、圪嘣圪嘣、圪噔圪噔、圪噌圪噌。

甲组是基本式，乙组是由甲组的词根重叠演变而来的，丙组是甲组的重叠式。较之基本式，后两组在表义上有程度加大的意味。

圪头词是临河方言词汇语法的主要特点之一，源于晋语方言词汇。随着晋语区移民在临河地区的生息繁衍，以及二人台、爬山调的流行，语义丰富的圪头词广为流传，成为临河人民的日常用语。

（四）蒙语借词

临河方言中的蒙语借词、蒙语地名都带有鲜明的区域地方色彩，反映了临河地区独特的文化历史和现状。同时也是农耕文化与草原文化相互影响融合，蒙汉人民和谐共处的有力佐证。

（五）方言四字格

临河方言词汇中有大量表现力极强的口头成语，多由四字组成，称为方言四字格。方言四字格的构词丰富多样，结构颇为复杂，既有各种类型的组合式，又有形式多样的派生式，以及其他杂式结构，容纳了方言中的析音词、圪头词、忽头词、日头词和其他口语词。

1. "A眉B眼" 光眉俊眼、傻眉愣眼、鬼眉溜眼、瘫眉信眼

2. "A不BC"式 灰不愣噔、黑不溜秋、酸

不拉叽、软不拉叽

3. "A不BB"式 灰不塌塌、灰不杵杵、光不溜溜、傻不叽叽

4. "A格BB"式 白格生生、热格洞洞、凉格阴阴、胖格墩墩、脆格铮铮

5. "A忽BB"式 甜忽腻腻、薄忽缭缭、绵忽塌塌、硬忽沙沙

6. "圪B圪B"式 圪摇圪摇、圪爬圪爬、圪挤圪挤、圪扭圪扭

7. "圪BCD"式 圪溜把弯、圪搐打旦、圪丁溜旦、圪嘀半塌、圪堵流星

这种形式的四字格，临河人张口就能说出几十个。临河方言四字格修辞色彩浓烈，从语义上看，四字格多通过描摹、引申、比喻、夸张等方式表义，以描摹最为突出，具有可感性、丰富多样性、适用对象和语言环境的特定性。四字格具有浓郁的生活气息和口语色彩，感情色彩鲜明，修辞效果明显，在临河方言词汇系统中具有重要地位。

除上述构词形式外，还有由"忽""日"构成的词汇。"忽头词"如忽咙、忽路、忽栾、忽煽、忽点、忽搅、忽兴、忽沙沙、忽赛赛、忽哨哨、忽喃喃。"日头词"如日鬼、日哄、日粗、日蹶、日馕、日怪、日能、日精、日灵。至于"咬喃""定猛""待要""圪泡""老秧""失特""扑坎""二孟唐"等词语，其形象程度更是罕见。

第五节 民族工作

一、民族人才培养使用

到2016年，临河区少数民族干部有219人，其中使用蒙古语言文字的少数民族干部有63人。

二、蒙古语言文字工作

1991—2016年，临河市（区）党政机关、社

会团体各类门牌、公章、文头、会标及企业、个体工商户牌匾蒙汉并用率99%，街面蒙汉两种文字并用率达98%以上，准确率、规范率95%以上。2011年，临河区获巴彦淖尔市民宗教蒙古语文工作实绩突出单位。2012年，临河区获自治区第四次学习使用蒙古语先进集体。同年，临河区获巴彦淖尔市蒙语学习使用蒙古语文工作先进集体。

三、民族扶贫

2012—2016年，临河区争取到少数民族发展项目23个，共计822万元，用于少数民族聚居区道路建设、优质肉羊繁育、农田水利建设改造工程、生态经济林产业化扶贫开发建设等关系到少数民族民生项目和流动人口管理专项经费、维护稳定专项经费、蒙古语文工作专项经费，改善少数民族贫困群众生产生活条件。

四、民族文化

2016年，临河区投入53万元，为临河区新华办事处蒙古族老年人文艺团体添置民族特色演出服饰和文艺器材。并且每年结合少数民族的生活习俗、劳动习惯和宗教信仰等方面特点，开展全区"春季少数民族农牧民科技培训"。

五、民族团结表彰

2001年、2009年，临河区召开民族团结进步表彰大会，会上表彰奖励了回族、蒙古族相对集中民族团结先进集体（4个）：

曙光乡（回族相对集中乡）、新华办事处（蒙古族相对集中办事处）、狼山镇（蒙古族相对集中镇）、临河区人民检察院。

民族团结先进个人（10人）：

祁三宝　男　蒙古族　临河区狼山镇巴音村五组组长（政协委员）

葛占海　男　蒙古族　临河区双河镇民族村三组组长（政协委员）

马成军　男　回　族　临河区伊斯兰教协会会长

丁红山　男　回　族　城关镇增光村党支部书记

查　干　男　蒙古族　临河区蒙餐协会会长（四子王蒙餐店老板）

斯琴高娃　女　蒙古族　临河区民族宗教事务局局长

王　勇　男　汉　族　临河区政府办主任、征收局局长

王银宝　男　汉　族　临河区综合执法局局长

吴玉成　男　回　族　临河区民族宗教事务局副局长

鲁士平　男　汉　族　临河区公安局局长

学习使用蒙古语文先进集体（4个）：

民宗局、综合执法局、工商局、飞龙美工

学习使用蒙古语文先进个人（4人）：

孟根达来　男　蒙古族　临河区政协副主席

阿腾花　女　蒙古族　乌兰图克镇新义五组农民

额古勒　女　蒙古族　临河区委信调室干部

那仁满都那　男　蒙古族　临河区民宗局副局长、蒙语办主任

第六节　民族事务管理

临河区的民族事务管理是由"党委政府主导、有关部门配合、社会共同参与"的城市民族工作体制机制，区委统战部牵头，民宗等部门参与，办事处安排落实，社区具体实施的城市民族工作三级网络。到2016年年底，民族工作建立网络信息平台、社区民族工作平台、民族联谊平台，运用宣传教育机制、示范创建机制、矛盾调处机制、协调联动机制、扶贫帮困机制五个机制，实施改善少数民族民生工程、落实党的少数民族政策、少数民族经济文化发展工程。

第三章 宗 教

第一节 管理机构

1991—2001年，设立临河市民族事务局。

2002年，临河市民族事务局挂临河市宗教局牌子，一套人马，两块牌子。

2010年，设立临河区民族宗教事务局，内设办公室、民族股、宗教股、语政股、清真食品管理股（清真办），对全区民族、宗教、蒙古语文工作进行宏观指导。

第二节 宗教种类

一、藏传佛教

班禅召，1995年被政府登记为正式宗教活动场所。

1997年，由本寺喇嘛"希日布扎木苏"主持僧人集资在旧址基础上修复"班禅召"（寺院旧大殿），恢复了寺庙修缮和庙会活动。

2002年开始，由于希日布扎木苏之子淖尔布从小寺庙长大，受佛教文化影响，逐步加入恢复寺庙建设修缮事业。

2006年，淖尔布在"拉布楞寺"受戒，开始学习藏文经书及蒙古经文。

2008年，逐年增建恢复"财神殿""莲花师殿""如来大殿""度母殿""龙王殿"等。

二、伊斯兰教

临河区清真北寺 1997年，穆斯林对该寺的大殿、沐浴室、办公室、宿舍等设施进行不间断的修缮或翻建。

三、天主教

临河区城区天主教堂 始建于1927年，最初位于中华北路，"文革"时被毁。1987年重建，教堂地点由中华北路迁至解放西街65号，占地面积2600多平方米。1995年，被政府批准登记为正式宗教活动场所。2000年，新建哥特式的大教堂及附属房屋，教堂建筑面积667.54平方米。有教职人员4人、神父2人（本堂神父1人，副本堂神父1人）、修女2人，教堂负责人宋先伟，有信教群众2000余人。

四、基督教

沐恩堂，位于临河区万丰经济开发区开源中路坐东迎西的一所教堂。1996年经堂委会研究决定建造培训中心及聚会场所，同年9月份在临河区万丰经济开发区购买土地5.4亩，价值19万元。1997年7月破土动工，当年11月份建起一座1000平方米的四层楼和300平方米的附属楼。培训楼的建起给内蒙古西部地区基督教教牧培训工作带来了复兴。1998年冬季举办内蒙古西部地区教牧同工学习班，培训人数100余人。2000年冬季，临河基督教两会举办了一期培训班，培训人数40人，各地培训义工、传道人员200人。2001年4月，开始新建沐恩堂，经过四个月的建造，建成600多平方米的一座教堂，可容纳信徒1500人。现有专职教牧人员6名，其中牧师2名，教师2名，文书1名，门卫1名，信徒人数500人，现固定资产2449165.25元。

第三节　宗教场所与宗教活动

境内正式登记的宗教活动场所有佛教场所7处，伊斯兰教场所9处，基督教场所18处，天主教场所4处。分布于城区及狼山、干召、新华、城关、双河等乡镇。如临河区黄羊清真寺、临河区八岱清真寺、临河区基督教沐恩堂、临河区基督教救恩堂、临河区基督教蒙恩堂、临河区基督教良友堂、临河区八一基督教堂、临河区隆胜基督教堂、临河区乌兰图克基督教堂、临河区丹达基督教堂、临河区白脑包基督教堂、临河区狼山基督教堂、临河区小召基督教堂、临河区乌兰基督教堂、临河区干召庙镇基督教堂、临河区新华基督教堂、临河区份子地基督教堂、临河区古城基督教堂、临河区城关基督教堂、临河区双河基督教堂、临河区天主教堂、临河区黄羊天主教堂、临河区乌兰天主教堂、临河区古城天主教堂、临河区吉祥寺、临河区城关镇继光清真北寺。

境内大型宗教活动有汉传佛教二月十九、九月十九法会活动，伊斯兰教开斋节，基督教、天主教圣诞节。

第四节　宗教事务管理

一、政策宣传

临河区民族宗教事务局在汉传佛教法会、伊斯兰教开斋节、基督教圣诞节等重大节日期间进行政策宣传。组织举办内容丰富、形式多样的培训班进行政策解读，深入基层调研发放宣传资料。

二、人员管理

人员管理实行"三自原则"，自养、自传、自治。

三、场所管理

宗教活动场所内部管理均实行"三自原则"，自养、自传、自治。

临河区宗教部门按照《宗教事务条例》居所规定内容对宗教活动场所进行依法管理。

第四篇
中国共产党地方组织

第一章　党代表大会

第一节　党员代表

一、代表选举

1990—2016年，中国共产党临河市（区）委员会按照《中国共产党章程》《中国共产党地方组织选举工作条例规定》，制定临河市（区）党代会选举办法。严格按照提名、考察、通过基层党代会和党员无记名差额选举等推选程序，选举历届临河市（区）党代表大会代表。

二、代表资格审查

1990—2016年，中共临河市第八次代表大会、中共临河市第九次代表大会、中共临河市第十次代表大会、中共临河区第十一次代表大会、中共临河区第十二次代表大会、中共临河区第十三次代表大会，经严格审核，全部有效。

第二节　历次代表大会

1990—2016年，临河市（区）共召开6次党代表大会。

一、中共临河市第八次代表大会

1990年12月26—27日，中共临河市委召开第八次代表大会。会议应到代表213人，实到210人。

二、中共临河市第九次代表大会

1995年11月8—9日，中共临河市委召开第九次代表大会，应到代表251人，实到249人。

三、中共临河市第十次代表大会

2000年12月27—28日，中共临河市委召开第十次代表大会，应到代表228人，实到228人。

四、中共临河区第十一次代表大会

2006年7月18—19日，中共临河区委召开第十一次代表大会。出席大会的代表有241人，编为16个代表团，列席人员43人，计284人。

五、中共临河区第十二次代表大会

2011年5月25—27日，中共临河区委召开第十二次代表大会。出席大会的代表有241人，编为16个代表团，邀请列席人员88人，计329人。区委书记作了题为"立足新起点　抢抓新机遇　为推动临河强势崛起而努力奋斗"的工作报告。

六、中共临河区第十三次代表大会

2016年7月26—28日，中共临河区委召开第十三次代表大会。出席大会的代表有241人，列席人员109人，计325人，组成14个代表团，4个列席组。

2016年7月26—28日，中共临河区委第十三次代表大会召开

第二章 中共巴彦淖尔盟（市）临河市（区）委员会

第一节 组织机构

一、中共巴彦淖尔盟（市）临河市（区）委员会

（一）中共临河市第八届委员会（1990年12月至1995年11月）

1990年12月27日，中共临河市第八届委员会第一次会议，选举产生中共临河市第八届委员会委员29人，候补委员3人，选举出市委常委9人。

（二）中共临河市第九届委员会（1995年11月至2000年12月）

1995年11月9日，中共临河市第九届委员会第一次会议，选举产生市委新一届委员31人、候补委员4人，市委常委11人。

（三）中共临河市第十届委员会（2000年12月至2006年7月）

2000年12月28日，中共临河市第十届委员会第一次会议，选举产生中共临河市第十届委员会委员35人、候补委员6人，市委常委10人。

（四）中共临河区第十一届委员会（2006年7月至2011年5月）

2006年7月19日，中共临河区第十一届委员会第一次会议，选举产生中共临河区第十一届委员会委员37人、候补委员6人，区委常委11人。

（五）中共临河区第十二届委员会（2011年5月至2016年7月）

2011年5月27日，中共临河区第十二届委员会第一次会议，选举产生中共临河区第十二届委员会委员37人、候补委员6人，区委常委11人。

（六）中共临河区第十三届委员会（2016年7月—　）

2016年7月28日，中共临河区第十三届委员会第一次会议，选举产生中共临河区第十三届委员会委员39人、候补委员8人，区委常委11人。

表4-2-1　　　　　中国共产党临河市第八届委员会书记、副书记名录

姓名	职务	性别	民族	任职时间	备注
李树民	书　记	男	汉族	1990.01—1990.12	
任亚平	书　记	男	汉族	1991.12—1994.08	
赵胜利	书　记	男	汉族	1994.08—1995.11	
王智德	副书记	男	汉族	1990.12—1991.12	

续表

姓名	职务	性别	民族	任职时间	备注
闫兴武	副书记	男	汉族	1990.12—1991.04	
赵胜利	副书记	男	汉族	1990.12—1994.08	
高瑞明	副书记	男	汉族	1991.12—1995.11	
魏培	副书记	男	汉族	1991.12—1995.11	
曹征海	副书记	男	汉族	1993.04—1994.04	挂职
魏仿志	副书记	男	汉族	1995.02—1995.11	
全继民	副书记	男	汉族	1995.02—1995.08	
李兴华	副书记	男	蒙古族	1995.08—1995.11	

表4-2-2　　　　　中国共产党临河市第八届委员会常委名录

姓名	性别	民族	任职时间	备注
李树民	男	汉族	1990.12—1991.12	
任亚平	男	汉族	1991.12—1994.08	
赵胜利	男	汉族	1990.12—1995.11	
王智德	男	汉族	1990.12—1991.12	
闫兴武	男	汉族	1990.12—1991.04	
高瑞明	男	汉族	1991.12—1995.11	
魏培	男	汉族	1991.12—1995.11	
曹征海	男	汉族	1993.04—1994.04	挂职
魏仿志	男	汉族	1995.02—1995.11	
全继民	男	汉族	1995.02—1995.08	
李兴华	男	蒙古族	1995.08—1995.11	
陈金增	男	汉族	1990.12—1992.11	
赵喜亮	男	汉族	1990.12—1996.01	
吴润孝	男	汉族	1990.12—1995.10	
张克吉	男	汉族	1990.12—1994.01	
屠国民	男	汉族	1992.11—1996.04	

表4-2-3　　　　中国共产党临河市第八届委员会委员、候补委员名录

职务	姓名	性别	民族
委员	王平一	男	汉族
委员	王智德	男	汉族

续表

职务	姓名	性别	民族
委员	王德义	男	汉族
委员	王增华	男	汉族
委员	孙文远	男	汉族
委员	全继明	男	汉族
委员	李长青	男	汉族
委员	李步高	男	汉族
委员	李树民	男	汉族
委员	张凤岐	男	汉族
委员	张世杰	男	汉族
委员	张永福	男	汉族
委员	张克吉	男	汉族
委员	张树贤	男	汉族
委员	张悦忠	男	汉族
委员	吴寿山	男	汉族
委员	吴润孝	男	汉族
委员	陈金增	男	汉族
委员	郝成龙	男	汉族
委员	赵秀峰	男	汉族
委员	赵明	男	汉族
委员	赵胜利	男	汉族
委员	赵喜亮	男	汉族
委员	阎兴武	男	汉族
委员	慕新胜	男	汉族
委员	魏培	男	汉族
委员	魏喜才	男	汉族
委员	祁素梅	女	汉族
委员	李兴华	男	蒙古族
候补委员	邢国俊	男	汉族
候补委员	张德周	男	汉族
候补委员	何文秀	男	汉族

表 4-2-4 中国共产党临河市第九届委员会书记、副书记名录

姓名	职务	性别	民族	任职时间	备注
赵胜利	书记	男	汉族	1995.11—1998.03	
胡匡敬	书记	男	汉族	1998.04—2000.11	
高瑞明	副书记	男	汉族	1995.11—1998.03	
魏　培	副书记	男	汉族	1995.11—2000.11	
魏仿志	副书记	男	汉族	1995.11—2000.12	
李兴华	副书记	男	蒙古族	1995.11—1997.06	
陈和平	副书记	男	蒙古族	1997.06—1998.05	
王　列	副书记	男	汉族	1998.11—2000.12	
张　荣	副书记	男	汉族	1998.11—2000.12	
康玉莲	副书记	女	汉族	2000.11—2000.12	

表 4-2-5 中国共产党临河市第九届委员会常委名录

姓名	性别	民族	任职时间	备注
赵胜利	男	汉族	1995.11—1998.03	
胡匡敬	男	汉族	1998.04—2000.11	
高瑞明	男	汉族	1995.11—1998.03	
魏培	男	汉族	1995.11—2000.11	
魏仿志	男	汉族	1995.11—2000.12	
李兴华	男	蒙古族	1995.11—1997.06	
陈和平	男	蒙古族	1997.06—1998.11	
梁永杰	男	汉族	1995.11—1998.11	
金熙康	男	汉族	1995.11—1997.07	
周玉峰	男	汉族	1998.11—2000.12	
王常在	男	汉族	1995.11—1998.10	
王列	男	汉族	1998.11—2000.12	
牛德奎	男	汉族	1995.11—2000.12	
张荣	男	汉族	1995.11—2000.12	
赵远	男	汉族	1998.11—2000.12	
王德义	男	汉族	1995.11—1999.01	
袁海升	女	汉族	1999.01—2000.11	
张吉逸	男	汉族	1998.01—1999.07	
苏屹昌	男	汉族	1999.07—2000.12	

续表

姓名	性别	民族	任职时间	备注
邢国俊	男	汉族	1995.11—2000.12	
康玉莲	女	汉族	2000.11—2000.12	
李　强	男	汉族	2000.11—2000.12	
薛维林	男	汉族	2000.11—2000.12	

表4-2-6　　　　　**中国共产党临河市第九届委员会委员、候补委员名录**

职务	姓名	性别	民族
委员	赵胜利	男	汉族
委员	高瑞明	男	汉族
委员	魏培	男	汉族
委员	魏仿志	男	汉族
委员	梁永杰	男	汉族
委员	王德义	男	汉族
委员	金熙康	男	汉族
委员	张荣	男	汉族
委员	王常在	男	汉族
委员	邢国俊	男	汉族
委员	杜存	男	汉族
委员	全继民	男	汉族
委员	张悦忠	男	汉族
委员	李福元	男	汉族
委员	张克吉	男	汉族
委员	王列	男	汉族
委员	李有旺	男	汉族
委员	刘耕晓	男	汉族
委员	贾英祥	男	汉族
委员	李玉明	男	汉族
委员	刘建玉	男	汉族
委员	郝成龙	男	汉族
委员	王忠	男	汉族
委员	孙加林	男	汉族
委员	李志明	男	汉族

续表

职务	姓名	性别	民族
委员	张少平	男	汉族
委员	郭俊	男	汉族
委员	朱建英	男	汉族
委员	康玉莲	女	汉族
委员	李兴华	男	蒙古族
委员	白金兰	女	蒙古族
候补委员	高永厚	男	汉族
候补委员	王德俊	男	汉族
候补委员	袁世勤	男	汉族
候补委员	尚增义	男	汉族

表4-2-7　**中国共产党临河市（区）第十届委员会书记、副书记名录**

姓名	职务	性别	民族	任职时间	备注
魏仿志	书记	男	汉族	2000.11—2001.08	
弓占维	书记	男	汉族	2001.09—2004.07	
侯风岐	书记	男	汉族	2004.07—2006.07	
周玉峰	副书记	男	汉族	2000.12—2004.08	
王列	副书记	男	汉族	2000.12—2002.03	
张荣	副书记	男	汉族	2000.12—2002.03	巴彦淖尔盟党委委员兼
康玉莲	副书记	女	汉族	2000.12—2002.03	巴彦淖尔市委常委兼
郭介中	副书记	男	汉族	2002.03—2004.08	
王惠忠	副书记	男	汉族	2002.03—2004.08	后任临河市委调研员
常存善	副书记	男	汉族	2002.03—2005.03	
李强	副书记	男	汉族	2005.03—2006.07	
邱进宝	副书记	男	汉族	2004.08—2006.07	
李彬	副书记	男	汉族	2004.08—2006.07	
连泽	副书记	男	汉族	2004.08—2006.07	
王宏伟	副书记	男	汉族	2005.03—2006.03	
王志云	副书记	男	汉族	2004.08—2006.07	

表4-2-8　　　　　**中国共产党临河市（区）第十届委员会常委名录**

姓名	性别	民族	任职时间	备注
魏仿志	男	汉族	2000.11—2001.08	
周玉峰	男	汉族	2000.12—2004.08	
王列	男	汉族	2000.12—2002.03	
张荣	男	汉族	2000.12—2002.03	
牛德奎	男	汉族	2000.12—2002.03	
赵远	男	汉族	2000.12—2002.03	
薛维林	男	汉族	2000.12—2008.05	
苏屹昌	男	汉族	2000.12—2001.03	
康玉莲	女	汉族	2000.12—2002.03	
李强	男	汉族	2000.12—2003.11	
马赤东	男	汉族	2001.06—2004.08	
弓占维	男	汉族	2001.09—2004.07	
郭介中	男	汉族	2002.03—2004.08	
王惠忠	男	汉族	2002.03—2004.08	
常存善	男	汉族	2002.03—2005.03	
王桂兰	女	汉族	2002.03—2003.12	
于建光	男	汉族	2002.03—2003.11	
杨文奎	男	汉族	2002.03—2005.04	
程志平	男	汉族	2002.04—2003.11	
王永有	男	汉族	2003.11—2006.07	
袁海升	女	汉族	2003.12—2006.07	
侯凤岐	男	汉族	2004.07—2006.10	
邱进宝	男	汉族	2004.08—2008.04	
李彬	男	汉族	2004.08—2011.05	
连泽	男	汉族	2004.08—2010.08	
王志云	男	汉族	2004.08—2008.07	
李钧	男	汉族	2004.08—2008.07	
乌云巴图	男	蒙古族	2003.11—2007.11	

表4-2-9　　**中国共产党临河市（区）第十届委员会委员、候补委员名录**

职务	姓名	性别	民族
委员	王列	男	汉族
委员	王忠	男	汉族
委员	王志荣	男	汉族
委员	王惠忠	男	汉族
委员	牛德奎	男	汉族
委员	尹兆明	男	汉族
委员	白建军	男	汉族
委员	全继民	男	汉族
委员	刘耕晓	男	汉族
委员	杜振山	男	汉族
委员	杨文奎	男	汉族
委员	杨占清	男	汉族
委员	苏屹昌	男	汉族
委员	苏福元	男	汉族
委员	李强	男	汉族
委员	李文彪	男	汉族
委员	张荣	男	汉族
委员	张秀峰	男	汉族
委员	尚增义	男	汉族
委员	周玉峰	男	汉族
委员	赵远	男	汉族
委员	贾少良	男	汉族
委员	贾英祥	男	汉族
委员	徐明	男	汉族
委员	高永厚	男	汉族
委员	程志平	男	汉族
委员	雷存明	男	汉族
委员	薛维林	男	汉族
委员	燕子亮	男	汉族
委员	魏仿志	男	汉族
委员	陈秀英	女	汉族
委员	袁海升	女	汉族

续表

职务	姓名	性别	民族
委员	康玉莲	女	汉族
委员	白金兰	女	蒙古族
委员	马兆虎	男	回族
候补委员	何会明	男	汉族
候补委员	杨兴海	男	汉族
候补委员	史永莲	男	汉族
候补委员	宋铁	男	汉族
候补委员	张可珍	男	汉族
候补委员	孟根达赖	男	蒙古族

表4-2-10　　　　　中国共产党临河区第十一届委员会书记、副书记名录

姓名	职务	性别	民族	任职时间	备注
侯凤岐	书记	男	汉族	2006.07—2006.10	巴彦淖尔市委常委
杜隽世	书记	男	汉族	2006.10—2011.05	巴彦淖尔市委常委
邱进宝	副书记	男	汉族	2006.07—2008.04	
李彬	副书记	男	汉族	2006.07—2011.05	
王志云	副书记	男	汉族	2006.07—2008.07	
连泽	副书记	男	汉族	2008.05—2010.08	
薛维林	副书记	男	汉族	2006.07—2008.05	
王瑞	副书记	男	汉族	2008.05—2011.05	
杨文山	副书记	男	汉族	2008.08—2009.07	
王永有	副书记	男	汉族	2010.03—2011.05	

表4-2-11　　　　　中国共产党临河区第十一届委员会常委名录

姓名	性别	民族	任职时间	备注
侯凤岐	男	汉族	2004.07—2006.10	巴彦淖尔市委常委
杜隽世	男	汉族	2006.10—2011.07	巴彦淖尔市委常委
龚明珠	男	汉族	2011.08—2014.10	巴彦淖尔市委常委兼
邱进宝	男	汉族	2004.08—2008.04	
李彬	男	汉族	2004.08—2011.05	
王志云	男	汉族	2006.06—2008.07	
连泽	男	汉族	2004.08—2010.08	

续表

姓名	性别	民族	任职时间	备注
薛维林	男	汉族	2003.12—2008.05	
王瑞	男	汉族	2008.05—2011.06	
杨文山	男	汉族	2008.07—2009.07	
王永有	男	汉族	2010.03—2011.05	
乌云巴图	男	蒙古族	2003.11—2007.11	
李钧	男	汉族	2004.02—2007.03	
王智和	男	汉族	2005.03—2006.06	任临河区宣传部部长
李瑞芝	女	汉族	2006.04—2011.04	
高义昌	男	汉族	2006.06—2011.05	
刘向阳	男	汉族	2006.06—2007.12	
吴青霞	女	汉族	2006.06—2010.02	
白利军	男	汉族	2007.03—2008.03	
白建军	男	汉族	2007.12—2010.03	
赵文利	男	汉族	2008.03—2012.05	
贾中山	男	汉族	2010.02—2013.02	
闫永生	男	汉族	2010.03—2011.05	
张建平	男	回族	2010.08—2016.07	
王志强	男	汉族	2010.03—	
李树强	男	汉族	2011.05—2011.07	
侯继华	男	汉族	2011.05—2014.12	
李晓蕊	女	蒙古族	2011.05—	

表4-2-12　　　　中国共产党临河区第十一届委员会委员、候补委员名录

职务	姓名	性别	民族
委员	于建光	男	汉族
委员	王永有	男	汉族
委员	王志云	男	汉族
委员	王志强	男	汉族
委员	王国瑞	男	汉族
委员	王秀成	男	汉族
委员	王智和	男	汉族
委员	白建军	男	汉族

续表1

职务	姓名	性别	民族
委员	刘向阳	男	汉族
委员	刘海胜	男	汉族
委员	闫永生	男	汉族
委员	许敬军	男	汉族
委员	李钧	男	汉族
委员	李彬	男	汉族
委员	杨文奎	男	汉族
委员	连泽	男	汉族
委员	邱进宝	男	汉族
委员	辛玉平	男	汉族
委员	张建平	男	汉族
委员	屈强军	男	汉族
委员	侯凤岐	男	汉族
委员	贾志峰	男	汉族
委员	徐国庆	男	汉族
委员	高义昌	男	汉族
委员	郭志峰	男	汉族
委员	常存善	男	汉族
委员	程志平	男	汉族
委员	雷存明	男	汉族
委员	裴子亮	男	汉族
委员	薛维林	男	汉族
委员	魏智英	男	汉族
委员	刘玉梅	女	汉族
委员	李瑞芝	女	汉族
委员	吴青霞	女	汉族
委员	董瑞卿	女	汉族
委员	乌云巴图	男	蒙古族
委员	布仁图雅	女	蒙古族
候补委员	王勇	男	汉族
候补委员	王跟翔	男	汉族
候补委员	赵贵成	男	汉族

续表2

职务	姓名	性别	民族
候补委员	高建荣	男	汉族
候补委员	王少雄	男	汉族
候补委员	张风莲	女	汉族

表4-2-13　　　　　**中国共产党临河区第十二届委员会书记、副书记名录**

姓名	职务	性别	民族	任职时间	备注
杜隽世	书记	男	汉族	2011.05—2011.11	巴彦淖尔市委常委
龚明珠	书记	男	汉族	2011.11—2015.01	巴彦淖尔市委常委
李理	书记	男	汉族	2015.01—2016.07	巴彦淖尔市委常委
薛维林	副书记	男	汉族	2011.05—2012.01	
武志杰	副书记	男	汉族	2012.12—2015.01	
樊文	副书记	男	汉族	2011.05—2013.01	
裴子亮	副书记	男	汉族	2012.04—2016.07	
赵锋	副书记	男	汉族	2012.02—2016.07	
王智和	副书记	男	汉族	2013.03—2015.01	
王肇晟	副书记	男	汉族	2015.01—2016.07	

表4-2-14　　　　　**中国共产党临河区第十二届委员会常委名录**

姓名	性别	民族	任职时间	备注
龚明珠	男	汉族	2011.08—2014.10	巴彦淖尔市委常委
李理	男	汉族	2014.12—	巴彦淖尔市委常委
薛维林	男	汉族	2003.12—2008.05	
武志杰	男	汉族	2012.12—2015.01	
王肇晟	男	汉族	2015.01—	
樊文	男	汉族	2011.05—2013.01	
裴子亮	男	汉族	2012.04—2016.07	
赵锋	男	汉族	2012.02—2016.07	
王智和	男	汉族	2013.03—2015.01	
乌云巴图	男	蒙古族	2003.11—2007.11	
赵文利	男	汉族	2008.03—2012.05	
贾中山	男	汉族	2010.02—2013.02	
张建平	男	回族	2010.08—2016.07	

续表

姓名	性别	民族	任职时间	备注
王志强	男	汉族	2010.03—	
侯继华	男	汉族	2011.05—2014.12	
王晓军	男	汉族	2011.05—2013.03	
李晓蕊	女	蒙古族	2011.05—	
彭玉堂	男	汉族	2012.10—	
杨永雄	男	汉族	2012.11—2016.07	
孙国昌	男	汉族	2012.05—2014.03	
周鹏程	男	汉族	2013.03—	
赵敏	女	汉族	2014.12—	
王勇	男	汉族	2015.11—	

表4－2－15　　　　**中国共产党临河区第十二届委员会委员、候补委员名录**

职务	姓名	性别	民族
委员	于建光	男	汉族
委员	王勇	男	汉族
委员	王志强	男	汉族
委员	王国瑞	男	汉族
委员	王晓军	男	汉族
委员	王跟翔	男	汉族
委员	王银保	男	汉族
委员	任惠礼	男	汉族
委员	刘向阳	男	汉族
委员	刘建光	男	汉族
委员	许敬军	男	汉族
委员	苏建平	男	汉族
委员	李斌	男	汉族
委员	李树强	男	汉族
委员	杨贵荣	男	汉族
委员	张文智	男	汉族
委员	屈强军	男	汉族
委员	赵文利	男	汉族
委员	段建强	男	汉族

续表

职务	姓名	性别	民族
委员	侯继华	男	汉族
委员	贾中山	男	汉族
委员	高义昌	男	汉族
委员	高建荣	男	汉族
委员	郭平	男	汉族
委员	郭忠东	男	汉族
委员	彭玉堂	男	汉族
委员	樊文	男	汉族
委员	薛维林	男	汉族
委员	王玉莲	女	汉族
委员	李瑞芝	女	汉族
委员	赵剑侠	女	汉族
委员	董瑞卿	女	汉族
委员	乌云巴图	男	蒙古族
委员	杜隽世	男	汉族
委员	奇平祥	男	汉族
委员	李晓蕊	女	蒙古族
委员	张建平	男	回族
候补委员	李志钧	男	汉族
候补委员	张永兴	男	汉族
候补委员	张树林	男	汉族
候补委员	孟保和	男	汉族
候补委员	葛鹰	男	汉族
候补委员	李皓	女	汉族

表4－2－16　　　　中国共产党临河区第十三届委员会书记、副书记名录

姓名	职务	性别	民族	任职时间	备注
李理	书记	男	汉族	2016.07—	巴彦淖尔市委常委兼
王肇晟	副书记	男	汉族	2016.07—	
彭玉堂	副书记	男	汉族	2016.07—	

表4-2-17　　　　　　　　　中国共产党临河区第十三届委员会常委名录

姓名	性别	民族	任职时间	备注
李理	男	汉族	2014.12—	巴彦淖尔市委常委兼
王肇晟	男	汉族	2015.01—	
彭玉堂	男	汉族	2012.10	
张雅东	男	汉族	2014.06	
赵敏	女	汉族	2014.12—	
张文智	男	汉族	2016.07—	
王志强	男	汉族	2010.03	
周鹏程	男	汉族	2013.02	
李晓蕊	女	蒙古族	2011.05—	
任昱东	男	汉族	2016.07—	
王勇	男	汉族	2015.11—	

表4-2-18　　　　　　　中国共产党临河区第十三届委员会委员、候补委员名录

职务	姓名	性别	民族
委员	弓建国	男	汉族
委员	弓建强	男	汉族
委员	马建国	男	汉族
委员	王刚	男	汉族
委员	王勇	男	汉族
委员	王志强	男	汉族
委员	王银保	男	汉族
委员	王跟翔	男	汉族
委员	王肇晟	男	汉族
委员	乔伟	男	汉族
委员	任昱东	男	汉族
委员	刘宜	男	汉族
委员	刘浩	男	汉族
委员	刘进荣	男	汉族
委员	刘海福	男	汉族
委员	李理	男	汉族
委员	李志钧	男	汉族
委员	杨明	男	汉族

续表

职务	姓名	性别	民族
委员	杨荐中	男	汉族
委员	张旺	男	汉族
委员	张文博	男	汉族
委员	张文智	男	汉族
委员	张宝玉	男	汉族
委员	张雅东	男	汉族
委员	陈锐	男	汉族
委员	周鹏程	男	汉族
委员	赵锋	男	汉族
委员	贾建冈	男	汉族
委员	徐卫东	男	汉族
委员	高义昌	男	汉族
委员	黄勇	男	汉族
委员	康贵平	男	汉族
委员	彭玉堂	男	汉族
委员	蔺晓东	男	汉族
委员	裴子亮	男	汉族
委员	李瑞芝	女	汉族
委员	赵敏	女	汉族
委员	乌云巴图	男	蒙古族
委员	李晓蕊	女	蒙古族
候补委员	任惠礼	男	汉族
候补委员	刘志强	男	汉族
候补委员	杨成明	男	汉族
候补委员	陈茂伟	男	汉族
候补委员	雷振华	男	汉族
候补委员	王健	男	汉族
候补委员	赵剑侠	女	汉族
候补委员	包琳	男	蒙古族

二、工作机构

1991年，中共临河市委员会设办公室、组织部、宣传部、纪律检查委员会、政法委员会、统战部、直属机关工作委员会。

1993—1995年，临河市政府监察局与临河市纪律检查委员会合署办公，临河市老干部局归属临河市组织部管理，临河市宣传部挂精神文明建设委员会牌子。

2002年，临河市委机构整合，临河市直属机关工委与组织部合署办公、社会治安综合治理委员会办公室与政法委员会合署办公、机构编制委员会办公室列入市委序列。中共临河市委员会设工作部门7个，部门管理机构1个。7个工作部门是纪律检查委员会机关、区委办公室、组织部、宣传部、统一战线工作部、政法委员会、机构编制委员会。1个部门管理机构是老干部局。

2009年1月，临河区成立党委政府督查室，列区委管理机构。中共临河区委员会工作部门增加为8个。

2014年5月，区委全面深化改革领导小组，下设办公室（简称"区委改革办"）。与区委办一个机构两块牌子。

第二节　会议

1990年12月26—27日，中共临河市委召开第八次党员代表大会。

1991年4月16—17日，临河市委召开"临河市宣传、新闻、广播电视、文化体育工作会议"。

1991年6月21—23日，临河市委召开"临河市党风和廉政建设经验交流会"。

1991年6月24日，临河市委召开"临河市企事业单位思想政治工作会议"。

1991年7月31日，市委、市政府在乌兰图克乡召开"全市农村翻番达小康现场会暨三秋工作会议"。

1991年10月22—24日，临河市委市政府召开"临河市农村工作会议"。

1992年2月26日，召开中共临河市第八届第二次全委（扩大）会议。会议讨论修订了《临河市国民经济和社会发展十年规划》和《第八个五年计划》。并通过"关于建议市人民代表大会审议通过《规划》和《计划》的决议"。

1992年3月18日，临河市委召开"临河市综合改革动员大会"。

1993年6月17日，临河市委、市政府召开"临河地区精神文明建设动员暨文明单位授匾大会"。

1993年10月7日，临河市委召开"临河市党建工作会议"。

1993年11月30日至12月2日，临河市委、市政府召开"临河市农村工作会议"。

1993年12月26日，临河市委召开"临河市纪念毛泽东诞辰100周年大会"。

1994年1月20日，临河市委召开"深入学习贯彻党的十四届三中全会精神会议"。

1994年2月21日，召开中共临河市第八届第三次全委（扩大）会议。会议通过并形成四个文件：《1994年党建工作指导意见》《1994年经济体制改革工作要点》《关于改进领导作风，提高工作效率的决定》和《全市开展"十星级"小康户创评活动的决定》。

1994年2月28日，临河市委召开"临河市1994年建成自治区级文明城市动员大会"。

1994年5月16—18日，临河市委召开"临河市宣传、组织、纪检监察工作会议"。

1994年6月10日，临河市委、市政府在新华镇召开创建文明集镇现场会。

1994年7月1日，临河市委召开"纪念中国共产党建党73周年大会"。

1994年11月，临河市委召开六大班子领导会，宣布赵胜利任市委书记，高瑞明任市政府代市长。

1994年11月1日，中共临河市纪律检查委员会召开全委扩大会议。贯彻中纪委和自治区、巴盟纪检工作会议精神。

1995年2月11日，临河市委召开社会主义市场经济理论大学习大讨论动员会。决定集中半年时间，在全市城乡广泛深入开展一次社会主义市场经济理论大学习、大讨论。

1995年11月8—9日，中共临河市委召开第九次党员代表大会。

1996年12月23—24日，中共临河市委九届二次全委（扩大）会议在蒙达丽召开。会议传达贯彻盟委扩大会议精神，部署 1997 年全市工作。会议一致通过赵胜利代表市委所作的《振奋精神，真抓实干，为经济综合实力在全区 87 个旗县市排名争第一而努力》的报告。

1997 年 12 月 29 日，中共临河市委九届四次全委扩大会议召开，出台了《临河市 1998 年群众性精神文明建设安排意见》《临河市关于进一步推进农业产业化的实施意见》。

1999 年 1 月 4 日，中共临河市委召开九届五次全委（扩大）会议。市委书记胡匡敬作了题为"抓住机遇、开拓创新，把繁荣稳定充满生机活力的临河市全面推向二十一世纪"的报告。市委副书记魏培宣读《关于在全市推行"政务公开"制度的实施意见》。市委副书记王列宣读《关于推进工业产业化的指导意见》。会议还宣读了关于加快畜牧业产业化、小康村建设、集镇建设、"四个体系"建设和加速科技进步、切实减轻农民负担等意见和决定。

2000 年 1 月 13—14 日，中共临河市委员会九届六次全委扩大会议召开。

2000 年 12 月 21 日，临河市委召开九届七次全委会议。讨论通过《关于召开中国共产党临河市第十次代表大会决议（草案）》，听取并审议中国共产党临河市第九届委员会工作报告（草案），审定大会选举办法（草案），听取《关于制定临河市国民经济和社会发展第十个五年计划的决议（草案）》。

2000 年 12 月 27—28 日，中共临河市委召开第十次党员代表大会。会议提出今后 5 年，要努力把临河建成祖国西部开发、开放的前沿，人流、物流、信息流汇聚的中心，独具特色、享有盛誉的北方羊城。

2001 年 9 月 5 日，中共临河市委召开第十届委员会第二次全体会议，市委书记弓占维及各常委、委员、候补委员出席。会议选举产生临河市出席中共内蒙古自治区第七次代表大会候选人，审定了《临河市出席中共内蒙古自治区第七次代表大会代表选举办法（草案）》。

2002 年 1 月 5—6 日，中共临河市召开十届三次全委（扩大）会议，确定全市经济工作总体思路：工业立市，城市带动，养殖富民。具体要强化农业基础，扩大对外开放，加快个体私营经济发展，壮大发展工商业、林牧业、建筑建材业，加快农业产业化、工业化和城镇化进程。

2002 年 11 月 1 日，临河市召开学习闫文军老师、桂忠同学先进事迹座谈会，并授予他们"舍生忘死勇救落水学生的好教师""见义勇为好少年"称号。团市委发出"向闫文军老师、桂忠同学学习"的倡议。

2003 年 8 月 3 日，中共临河市十届五次全委（扩大）会议召开。巴彦淖尔盟党委委员、市委书记弓占维作题为"深入学习贯彻'三个代表'重要思想，掀起全市发展建设新高潮，夺取全年各项工作新胜利"的工作报告。会议号召全市各级干部大力解放思想，优化经济发展环境。

2004 年 8 月 25 日，中共临河区委召开常委会，向社会作出六项廉政承诺：认真执行民主集中制原则；带头遵纪守法；坚决抵制跑官要官；廉洁奉公，严于律己；不利用职务之便办私事谋私利；严格执行党风廉政建设责任制。

2006 年 7 月 18—19 日，中共临河区委召开第十一次党员代表大会。

2007 年 1 月 25 日，临河区委召开十一届二次全委（扩大）会议。

2007 年 11 月 20 日，中共临河区十一届三次全委（扩大）会议召开。

2009 年 1 月 16 日，中共临河区第十一届代表大会第二次全体会议召开。

2011 年 1 月 9—10 日，中共临河区委召开十一届六次全委（扩大）会议，审议通过《中共临河区委关于制定国民经济和社会发展第十二个五年规划的建议》。

2011 年 5 月 21 日，中国共产党临河区第十一届委员会第八次全体会议召开，研究部署区委、区纪委换届工作。

2011 年 5 月 25—27 日，中共临河区委召开第十二次代表大会。选举产生中共临河区委员会委员、候补委员、纪委委员和出席市第三次党代会代表。内蒙古自治区派驻巴彦淖尔市换届工作组成员、市委领导应邀出席。

2011 年 5 月 27 日，临河区召开中国共产党第十二届第一次全体会议，选举产生中共临河区第十二届委员会常委、书记、副书记。通过中共临河区纪委第一次会议选举产生的常委、书记、副书记名单。

2011 年 10 月 31 日，临河区召开党政联席（扩大）会议，贯彻落实市第三次党代会精神，总结临河区经济社会各项工作，加快推进各项目标责任落实。

2012 年 1 月 10 日，中共临河区十二届二次全体（扩大）会议闭幕。会议号召全区各级党组织和广大党员干部要坚持三化互动，推进改革创新，为建设富裕文明和谐临河而努力奋斗。

2012 年 4 月 6 日，临河区召开"六五"普法依法治理工作会议。

2012 年 6 月 6 日，临河区召开村党支部委员会和村民委员会换届选举工作会议。

2013 年 4 月 12 日，临河区召开内蒙古党委巡视组赴临河区巡视通报会议。

2013 年 4 月 26 日，临河区召开纪检监察工作会议。

2013 年 7 月 1 日，临河区组织收听收看内蒙古自治区党委召开的党的群众路线教育实践活动工作电视电话会议。

2013 年 11 月 19 日，临河区召开区委中心组（扩大）会议，专题学习中共十八届三中全会精神。

2013 年 12 月 9 日，巴彦淖尔市委常委、临河区委书记龚明珠主持召开临河区党政联席会议，贯彻落实中共十八届三中全会和自治区九届九次全委（扩大）会议精神。

2014 年 2 月 17 日，巴彦淖尔市委常委、临河区委书记龚明珠主持召开临河区党的群众路线教育实践活动领导小组第一次会议，研究讨论临河区教育实践活动相关事宜。

2014 年 2 月 18 日，中共临河区委十二届四次全委（扩大）会议决定批准市委常委、区委书记龚明珠代表区委常委会所作的工作报告。

2014 年 5 月 16 日，巴彦淖尔市委常委、临河区委书记、区委党的群众路线教育实践活动领导小组组长龚明珠，主持召开区委第六次常委（扩大）会议暨区委党的群众路线教育实践活动领导小组工作会议，研究部署全区党的群众路线教育实践活动第二环节工作。

2014 年 5 月 28 日，巴彦淖尔市委常委、临河区委书记、区委党的群众路线教育实践活动领导小组组长龚明珠，主持召开区委第八次常委（扩大）会议暨区委党的群众路线教育实践活动领导小组工作会议。

2014 年 7 月 28 日，临河区常委班子召开党的群众路线教育实践活动专题民主生活会。

2014 年 12 月 24 日，中共临河区十二届六次全委（扩大）会议暨全区经济工作会议召开。

2015 年 7 月 21 日，巴彦淖尔市委常委、临河区委书记李理主持召开区委第十三次常委（扩大）会议，专题研究创建全国文明城市相关工作。

2015 年 8 月 31 日，临河区委召开第十四次常委（扩大）会议暨全面深化改革领导小组会议。

2015 年 10 月 20 日，临河区召开区委常委（扩大）会议，学习传达自治区西部盟市社会主义新农村建设工程巡回观摩检查和巴彦淖尔市委常委（扩大）会议精神。

2015 年 12 月 16 日，临河区召开区委十二届七次全委会议，审议形成《中共临河区委员会关于制定国民经济和社会发展第十三个五年规划的建议》。

2016 年 1 月 6 日，临河区召开干部大会，深入学习贯彻中央、自治区、巴彦淖尔市经济工作和城市工作会议精神，回顾总结临河区 2015 年经济和城市工作，研究分析当前面临形势，安排 2016 年经济工作和今后一个时期重点工作，落实区委"十三五"规划建议要求。

同日，临河区召开乡镇、农场、街道、部分区直单位党组织书记抓党建工作述职评议会。

2016 年 1 月 19 日，临河区委中心组（扩大）学习会邀请北京师范大学特聘教授张涛作《危机管理与媒体应对》专题报告，进一步提高临河区各级领导干部应对各类群体性突发事件和媒体的能力。

2016 年 1 月 20 日，临河区委常委班子召开"三严三实"专题民主生活会，学习贯彻习近平总书记在中央政治局"三严三实"专题民主生活会上的重要讲话精神，查摆不严不实问题，开展批评和自我批评，进一步明确整改方向和落实措施。

2016 年 2 月 26 日，临河区委中心组（扩大）学习会特邀内蒙古自治区纪委第五纪检监察室主任王亮山作《守纪律讲规矩的新常态》专题报告。

2016 年 3 月 17 日，临河区四大班子领导、区委各部委班子成员、党群口主要负责人等 260 余人，在临河区分会场收听收看自治区传达贯彻两会精神干部大会视频会议。

2016 年 4 月 22 日，巴彦淖尔市委常委、临河区委书记李理主持召开全面深化改革领导小组会议，强调要明确目标、强化保障措施、统筹协调，加快推进全面深化改革各项工作。

2016 年 5 月 18 日，巴彦淖尔市委常委、临河区委书记李理参加所在支部（区委办公室机关支部）"两学一做"学习教育组织生活会。

是日，临河区召开干部大会，传达学习中共中央政治局常委、全国人大常委会委员长张德江在内蒙古考察时的重要讲话精神、自治区党委常委（扩大）会议精神及全市干部大会精神，部署临河区食品安全、"两学一做"和当前重点工作。

2016 年 6 月 29 日，临河区召开庆祝中国共产党成立 95 周年暨"七一"表彰大会，表彰先进基层党组织和优秀个人。

2016 年 7 月 22 日，中共临河区第十二届委员会召开第十次全体会议，审议通过临河区第十三次党代会有关事宜。

2016 年 7 月 26—28 日，中共临河区委召开第十三次代表大会。

2016 年 8 月 18 日，巴彦淖尔市委常委、临河区委书记李理主持召开"两学一做"学习教育协调指导小组会议，听取临河区"两学一做"学习教育开展情况，部署下步工作。

2016 年 9 月 8 日，临河区召开全面深化改革专项小组联络办第十二次工作会议，通报巴彦淖尔市委改革办督察临河区全面深化改革工作情况，听取各改革专项小组工作推进情况汇报，部署下步改革任务。

2016 年 10 月 11 日，临河区召开领导干部会议，学习传达自治区党委书记李纪恒在巴彦淖尔市调研时的指示和讲话精神，传达巴彦淖尔市领导干部会议精神。

2016 年 11 月 1 日，临河区召开区委常委（扩大）会议，传达学习中共十八届六中全会精神，安排贯彻落实工作。

2016 年 12 月 8 日，临河区召开全国文明城市创建工作调度会，传达内蒙古自治区文明办督查巴彦淖尔市反馈会会议精神，通报巴彦淖尔市统计局《2016 年巴彦淖尔市创建全国文明城市调查报告》情况，部署临河区迎检各项准备工作。

2016 年 12 月 13 日，临河区召开学习贯彻内蒙古自治区第十次党代会精神宣讲报告会，巴彦淖尔市第十次党代会宣讲团成员、巴彦淖尔市委党校政治学教研室主任、副教授陈海燕作题为"亮丽内蒙古北疆新跨越—学习自治区第十次党代会精神"的专题宣讲报告。

2016 年 12 月 22 日，临河区委第十三届委员会第三次全体（扩大）会议召开，总结临河区 2016 年工作，明确 2017 年工作总体要求和思路。

第三节　决策

一、中共临河市第八次党代会决策

大会提出"八五"期间的总体目标是：政治社会稳定，经济文化繁荣，科技教育蓬勃发展，人民生活安居乐业，整个城乡文明富庶，地方工业和城市经济实力明显增强。农村双层经营体制进一步完善，集体经济发展进一步壮大，农业基础地位进一步巩固加强。科学技术在更广的领域、更深的层次发挥威力。党的各级组织思想上团结统一，政治上坚强有力，作风上求实廉洁，密切联系群众，真正成为领导全市各族人民进行改革、建设的坚强核心和战斗堡垒。力争使临河市跨入全国经济社会发展水平较高的县（市）行列。

1990—1995 年，临河市工农业总产值，1993 年达到 5.7 亿元，年递增 10%。其中农业总产值达 3.9 亿元，年递增 8%；工业总产值 1.8 亿元，年递增 12%，粮食总产量 7 亿斤，年递增 8%；家畜年末存栏 90 万头（只），年递增 3%；农村人均收入突破 1000 元，每年增加 60 元以上。财政收入 6400 万元，年递增 l0.8%。

二、中共临河市第九次党代会决策

1996—2000 年，实现小康和初步建立起社会主义市场经济体制的两大历史任务。主攻重点按照"一线三点"（以建立社会主义市场经济体制为主线，培植新的经济生长点、主攻突破点、接通相互衔接点）的思路，组织好"七个一工程"（人均一亩吨粮田、一亩高效田、一亩果树、一口商品猪、户均一头牛、一亩鱼、亩均一只羊）、"四区一带"（农业综合开发区、乡镇企业工贸区、畜牧养殖小区、科技示范区、公路果树带）和"三改"（改组、改制、改造）、"双引双联"（外引内联、内引外联）、"三开发"（开发人才、名牌产品

和新项目）战略工程的实施。主要目标是到 2000 年，临河市国内生产总值 27.5 亿元，年递增 15%。其中第三产业增加值 13.3 亿元，年递增 21.1%；农业总产值 9.1 亿元，年递增 4.8%；工业总产值 13.1 亿元，年递增 21.8%；乡镇企业产值 29.3 亿元，年递增 20.8%；财政收入达 14650 万元，年递增 10.2%；农民人均收入达 2610 元，扣除物价上涨因素，每年增加 100 元以上；城镇居民人均收入 4030 元，年递增 10%；人口自增率控制在 12‰以内。

三、中共临河市（区）第十次党代会决策

2001—2006 年，以实现"两个提高"全面建设小康社会统揽工作全局；实施以人为本，科教先行，农牧林振兴，个体私营经济繁荣，城乡一体化推进的发展思路，抓住西部大开发的历史机遇，加强基础建设，扩大对外开放，调整优化经济结构，提高经济增长的质量和效益；加强党的建设、精神文明建设和民主法制建设，推动社会事业全面进步。主要目标是到 2005 年，临河区国内生产总值 55 亿元，年递增 10%。其中第一产业年均增长 4%，第二产业年均增长 17%，第三产业年均增长 10%；社会消费品零售总额 18.7 亿元，年递增 10%；财政收入 2.4 亿元，年递增 8%；城镇居民人均可支配收入 6800 元，年递增 6%；农民人均纯收入 3500 元，年递增 8%；人口自增率控制在 10‰以内。

四、中共临河市（区）第十一次党代会决策

2006—2011 年，完善"扩张一个总量、推进两个转变、建成三大中心、加快四个提高、培育五大支柱产业"经济社会发展战略，确保 2007 年提前完成"11116"工程。在发展目标上：到 2010 年，地区生产总值 272.5 亿元，人均国内生产总值在 2009 年超过 3000 美元，五年平均增长 30.8%；第一产业增加值 26.2 亿元，增长 7.2%；第二产业增加值 183.5 亿元，增长 51%，其中工业增加

值159.5亿元，增长56%；第三产业增加值61亿元，增长16%。三次产业结构调整为10：67：23，在全区率先进入工业化中期阶段。固定资产投资累计585亿元，年均增长30%以上。单位地区生产总值能源消耗比"十五"期末降低25%以上。在城市功能定位上：把临河建成生态园林城市，区域性中心城市，确保2010年城镇化率70%以上。在三项收入上：财政收入达20亿元以上，年均增长33%以上；城镇居民人均可支配收入1.5万元，年均增长13%；农民人均纯收入9000元以上，年均增长14%。

五、中共临河区第十二次党代会决策

2011—2016年（"十二五"）期间，临河制定"突出一个主题、围绕一条主线、坚持两个原则、实现四个目标"的发展战略。一个主题即突出科学发展这个主题；一条主线即"一、三、五"发展战略这条主线，坚持再创临河新强势不动摇，夯实区域性中心城市、工业园区、交通枢纽三个平台，构建绿色食品、绒纺、生物制药、冶金化工、现代物流五大基地；两个原则即坚持富民与强区并重，做大总量与调整结构并举；四个目标即尽快把临河打造成为市府经济增长极、现代产业聚集区、绿色特色产品供应区和生态宜居区。主要目标是：地区生产总值年均增长15%；财政收入年均增长20%；城镇居民人均可支配收入年均增长15%；农民人均纯收入年均增长13%；社会消费品零售总额年均增长20%；五年固定资产投资累计完成1000亿元以上。

六、中共临河区第十三次党代会决策

2016—2020年，打造"四城四区"。"四城"为区域性中心城市的对外形象定位，即打造北方羊城、草原水城、塞上绿城、河套文化名城四张城市名片；"四区"为产业发展方向定位，即现代农业示范区、绿色特色食品供应区、现代物流产业聚集区、特色旅游休闲区。主要目标：地区生产总值年均增长8%以上；公共财政预算收入年均增长7%以上；城镇常住居民人均可支配收入年均增长9%以上；农村常住居民人均可支配收入年均增长10%以上；社会消费品零售总额年均增长11%以上；固定资产投资年均增长11%以上。

第三章　区委办公室

第一节　机　构

临河区委办公室是市委综合办事机构，既是市委领导的参谋部，又是市委机关的后勤部；既是上情下达、下情上达的枢纽，又是联系群众的桥梁和纽带。在市委实施领导决策、指挥过程中承担提供信息、督促检查、抓好落实、综合协调和处理日常政务、事务的重要任务。

1991年，中共临河市委员会设办公室，简称市委办公室。

2005年，临河市委办公室改称临河区委办公室。

第二节　督查信息

一、党委、政府督查室

2009年1月，成立党委政府督查室，列区委管理机构，从区委办公室、区政府办公室原从事督查工作占行政编制且符合公务员身份的人员中调剂。

二、信调督查室

1989年，临河市委办公室内设信调督查室。

1992年8月，信调督查室分为信息调研室和督查室。

三、信息调研室

1992年8月，市建委办公室单独设立信息调研室。

第三节　政策研究

1988年至1992年8月，政研室隶属临河市委直接领导。

1992年8月至1995年2月，政研室合并到办公室信调督查室。

1995年2月，办公室下单设政研室。

2002年10月，临河市委政研室、政府经研室合并为政策研究室，由市委办公室管理。

2012年，政研室并入办公室。

第四节　机要保密

一、机要局

1990年，市委办公室机要室更名机要科，同时代管保密工作。

1996年4月，机要科更名机要局，正科级建制，仍归口市委办公室。

二、保密局

1994 年 7 月 27 日，临河市保密局成立，科级建制，归口临河市委办公室。

1996 年 7 月，保密局从机要局分出，归口市委办公室。

2002 年 7 月，机要局与保密局合并，成立机要保密局。

2008 年，机要局与保密局分设。

第五节　接　待

1991—2016 年，临河区接待处是副科级建制事业单位，内设综合科、接待科。

第六节　党　史

1991—2016 年，临河区委党史办为党史和地方志两个职能合一（党史为党委职能，地方志为政府职能）的参公事业单位。

第七节　档　案

1991—2016 年，临河区档案局为副科级建制参公事业单位。

第四章 纪律检查

第一节 机 构

1992 年 6 月，临河市纪委和监察局合署办公，将原监察局和市纪委内设 9 个科室缩减为 7 个科室，把业务相近、职能交叉的重叠机构合并。

2002 年，按照上级要求，将监察一室、监察二室合并为监察室。

2004 年，临河市纪委、监察局更名为临河区纪委、监察局。

2015 年，临河区纪委监察局按照上级纪委"三转"要求，纪检监察室由原来的 2 个监察室变为 4 个监察室，纠风办、效能监察室、党风廉政建设室、执法监察室合并为党风政风监督室，宣教室更名为纪委宣传部，成立纪委组织部、案件监督管理室。

2016 年 12 月，临河区纪委监察局内设 11 个部室，即纪检监察室一室、纪检监察室二室、纪检监察室三室、纪检监察室四室、信访室、案件监督管理室、审理室、党风政风监督室、办公室、组织部、宣传部。有编制 40 名，其中行政编制 31 名，事业编制 6 名，工勤编制 3 名。

第二节 制度建设

1991—1997 年，临河市纪委狠抓向国有企业、乡镇企业、个体私营企业吃拿卡要、乱收费、乱摊派、乱罚款的问题。在窗口服务行业和执法部门中推行"社会承诺服务"和"政务公开"，确定 9 个部门的 16 个单位为承诺服务对象，发放调查表 1.1 万份，通过"承诺服务"和"政务公开"使部门和行业风气明显好转。

1998—2000 年，在纠风工作中坚持标本兼治的原则，纠正医药购销中的不正之风，下发《关于纠正医药购销中不正之风工作的实施意见》，对 100 种常用药品价格下调 25%。

2013 年，《临河区 2013 年落实党风廉政建设责任制分解实施意见》出台，意见明确了责任主体和工作任务。与此同时，临河区纪委、监察局组织召开全区纪检监察工作会议，与 64 个单位主要负责人签订《党风廉政建设责任状》，对因领导不力、工作失职造成严重后果的 11 名领导干部进行责任追究，27 个职能科局涉及 138 项审批服务事项进驻市、区两级政务服务中心，7 个乡镇建立政务服务大厅，110 个村建立政务服务代办点，全区上下形成"办理＋代理"的服务网络。在办案组织领导、硬件设施配备、部门协调配合、办案队伍建设、办案方式创新、案件线索管理以及依纪依法安全文明办案等方面采取新举措，查处某公安干警以帮忙转正为由诈骗他人，某法官收受他人贿赂，某镇村干部虚报冒领高速公路绿化带租地租金，教育局某科级干部因邻里矛盾殴打群众，某局原领导违规处置社保资产等一批典型案件。建立廉政风险防控电子监控平台，抓住案件查办、信访举报和媒体网络、执法效能监察和纠风专项治理、审计结果报告、重大事项申报、党务政务公开六个方面的线索，倒查发案单位廉政风险点是否找全找准、防控措施是否得力、执行是否到位。37 个单位增补廉政风险点 19 个、修正 22 个，完善防控措施 32 项，在地税、工商等部门推行电子防控系统，形成"预警、堵漏、束行、促廉"为一体的廉政风险防控机制。通过政府网站公开发布信息 230 个，38 项工程建设招标项目在区纪委监察局核准备案。开展效能监察，受理、办结效能投诉案件 28 件。完善纪检监察绩效考评办法，执行纪检干部"五条禁令的日常监督"，建立委局机关廉政风险防控长效机制。区纪委、监察局连续两年在全市旗县（区）纪检监察工作绩效考评中名列第一。成立深化纪律检查体制改革领导小组，制定年度工作要点，围绕落实"两责任""两为主""两覆盖"等要求，重点推进 9 项改革工作。

2015 年，临河区委印发"两个责任"实施意见的分解意见，与 96 个部门和单位签订党风廉政建设责任状，将落实"两个责任"情况纳入各级党政领导班子"三位一体"考核评价体系。规范信访举报工作和问题线索管理处置工作，建成"四位一体"信访举报网络平台，在信访接待中心安装音像监控系统，接访过程实行"痕迹化"管理。问题线索实行微机化集中管理、分类处置。按照"五类标准"处置问题线索 116 件。落实纪律审查安全措施，与办案人员签订安全办案责任状，确保依纪依法安全文明办案。坚持立行立改，制定落实改革任务台账，明确时间表和路线图，重点推进 16 项改革任务，形成改革成果 28 项，制定相关制度 50 个。

开展纪检监察机关"基层基础建设年"活动，巩固"三转"成果。调整区纪委内设机构，纪检监察室由原来的 2 个增加到 4 个，执纪办案人员占到机关工作人员的 76%。选强配齐 9 个乡镇和 11 个街道专职纪（工）委书记和专职纪检干部。为乡镇（街道）纪（工）委配备了办案设备。

2016 年，完善纪检监察系统内控机制建设，执行"一案一监督卡"制度，由案管室跟踪回访被调查人，对执纪违纪、以案谋私等行为"零容忍"。制定《临河区纪检监察系统内部监督管理暂行办法》《临河区纪检监察系统落实"一岗双责"的规定（试行）》，完善委局机关各部室、基层纪委（纪检组）两个层面的工作绩效考评办法。

第三节　党风廉政教育

1991—1997 年，临河市有组织地播放案例教育片 768 场次，举办党纪教育培训班 621 场次，党政纪条规知识竞赛 11 场次，其中副科以上干部培训班 19 期，党员直接受教育面 99%。通过培训、宣传教育，党员干部廉洁自律意识、遵纪守法意识不断增强。

2013 年，通过开展党风廉政知识竞答活动、观看廉政教育影片、赠送廉政日志、发送廉政短信、召开案情通报会等方式，重点加强党员领导干部廉政教育和警示教育。对各单位"三重一大"制度执行情况进行专项督查。开展农村基层党风廉政建设，推行"四议三公开两签一报备"管理模式，村民代表会议讨论决定村级重大事项机制进一步健全。

2014 年，与临河区公安局共同在临河看守所新建 380 平方米警示教育基地，拍摄巴彦淖尔市首部廉政微电影。推进廉政文化"六进"活动示范点建设，在铁南街道临铁社区建成"怡德廉政文化大院"。执行党内监督有关规定，实行"三重一大"月报告制度。

2015 年，学习贯彻《习近平关于党风廉政建设和反腐败斗争论述摘编》《中国共产党廉洁自律准则》《中国共产党纪律处分条例》。编印《廉政文化作品选》，制作《提升行政效能优化服务环境警示教育》专题片。针对一些学校发生的严重违纪问题，召开教育系统警示教育大会，邀请自治区纪委宣传部部长郝朝曦为 260 名党政领导干部作廉政教育专题讲座。组织 500 名在职副科以上党员干部分期到警示教育基地接受教育。开展"企业和服务对象评机关活动"，通过深入企业召开座谈会，在广场、公园等人群聚集地发放调查表、个别走访，把话筒交给群众，让社会各界评判服务环境，体现了作风建设的实际成效。深化民主评议政风行风工作，将临河区 4 大类 83 家单位纳入政风行风评议范围，采取委托"第三方"评议、网络评议、微信评议、在报纸上刊发问卷表评议、邀请行风监督员集中评议等方式，扩大群众参与范围，力求评实评准。评议结果向社会公开，对每个类别排名后两位的单位，由单位"一把手"在《临河报》上公开做出整改承诺。强化日常监督管理。对党员干部身上存在的苗头性、倾向性问题，及时扯扯袖子、咬咬耳朵，防止小毛病演化成大问题。制定出台提醒、函询、诫勉和廉政谈话暂行办法，与 96 个部门和单位 134 名领导干部分别进行廉政约谈；与 20 名新任乡镇、街道纪（工）委书记进行集体廉政谈话；对 8 名干部实施信访函询。开展"纪检监察干部队伍岗位大练兵"活动，抽调 20 名新任乡镇（街道）纪（工）委书记分批到纪委开展为期 3 个月的集中调训，派出 54 名干部参加上级纪委各类培训，4 名干部抽调到自治区纪委以案代训，组织委局机关全体干部参加每周一"学习讲坛"活动，组建办案人才库和案件审理人才库，完善内部监督管理 5 项制度。

2016 年，对 7 个存在廉政风险隐患的单位，由区委书记、政府区长和纪委书记共同进行了主体责任和监督责任廉政约谈。组织开展明察暗访 28 次，给予党政纪处分 23 人，发出《通报》14 期，点名道姓通报曝光 66 个单位 117 人，其中在《临河报》通报典型问题 3 批次。对 64 名被通报单位的党政负责人和纪委负责人进行了廉政约谈，按照"一案双查"的要求，对 5 人进行诫勉谈话。

开展"基层基础建设巩固提高年"活动，推进乡镇（农场）街道纪（工）委规范化"十有"

建设。完成纪委换届工作，配齐 9 个乡镇纪委领导班子，组建执纪办案和审理人才库。开展"纪检监察干部岗位大练兵"活动，组织纪检监察干部集中封闭培训，抽调乡镇（街道）纪（工）委书记分批到区纪委进行为期 3 个月的集中调训。9 个乡镇自办立案案件由 2015 年的 12 件增加到 2016 年的 24 件，6 个街道纪工委自办立案案件实现"零"突破。加大基层纪（工）委经费投入，调整纪检干部办案补贴，4 个乡镇按标准装修执纪办案谈话室。在临河区划片建立 4 个协作办案工作区，实行"1 + 1"业务指导，开展联合办案，消除基层纪检干部办案人情顾虑，解决办案力量薄弱的问题。完善"镇案区审"工作机制，规范纪律审查程序，解决基层查审不分问题。

第四节　领导干部廉洁自律监督

1991—1997 年，在临河市 1236 名科级干部中建立、完善廉政勤政档案制度。对副科以上干部住房进行清理，清理出 5 名科级干部住房 2 套，享受 2 次优惠，作出处理。对 36 辆违纪车辆实地罚款收缴，罚款 54.29 万元上缴财政。将 65 个单位公费安装 165 部私宅电话按规定过户个人名下。对公款大吃大喝、挥霍浪费的行为进行检查，1997 年，吃喝费比上年同期下降 29%，减少吃喝开支累计 98.2 万元。实行领导干部报告个人重大事项制度，仅 1996 年、1997 年，有 9 名处级干部、122 名科级干部办理婚丧宴席装修住房等事宜进行申报，处理 2 名副科级以上干部违反规定大操大办宴席，遏制婚丧宴席大操大办之风。组织安排基层党组织的专题民主生活会，每年有 38 个党委、2 个党组、30 个党总支严格按规定程序召开专题民主生活会，有 1236 名副科以上干部参加民主生活会。

2013 年，各单位申报重大事项 184 件，报告个人有关事项 51 件，建立完善科级干部电子廉政档案 1493 个。开展会员卡和商业预付卡清退工作，10253 名机关干部和 83 名纪检监察干部全部列入清退对象，实行零持有申报。

2014 年，临河区委印发《临河区委关于落实党风廉政建设党委主体责任和纪委监督责任的实施意见》，明确"两个责任"的具体内容和工作要求，将落实"两个责任"情况作为党风廉政建设责任制考核的重中之重，纳入领导班子综合考核评价体系。聚焦监督执纪问责，推进纪检监察机关转职能、转方式、转作风，工作重点向办案主业转变，人员配备向办案一线倾斜，执纪监督人员占总数 60%。清理牵头或参与的议事协调机构 68 个，保留或继续参与 12 个，对街道纪工委书记、区直单位纪检组长分管工作进行两轮清理规范。制定《临河区纪委监察局加强机关执纪执法内部监督工作的意见》，对执纪执法程序和行为规范进行监督。同年，各单位报送"三重一大"事项 108 件，领导干部报告个人有关事项 89 件，抽查核实 11 件，抽查结果录入干部电子廉政档案。建立廉政风险防控倒查制度，对 13 个单位的廉政风险防控倒查预警，督促其完善相关措施。

2015 年，对落实"两个责任"不力的 17 名基层党委负责人和 1 名基层纪委负责人分别进行诫勉谈话，对个别单位因本系统发生多起违纪案件进行责任倒查，对落实主体责任不力的分管领导和监督责任不力的纪检组长给予党内警告处分。坚决纠正"四风"问题，以开展"提升行政效能优化服务环境"专项活动为抓手，持之以恒落实中央八项规定，紧盯重要时间节点、重点领域和关键岗位，加大明察暗访力度，从严查处不作为、慢作为、乱作为等问题。组织开展明察暗访 62 次，发现问题 42 个、整改 42 个，在《临河报》开设曝光台，点名道姓通报曝光 29 个单位 41 人。对个别单位工作人员无故旷工、带酒上岗、公车私用和吃拿卡要等问题进行严肃处理，给予党政纪处分 33 人。

2016 年，新建汇丰办银河社区廉政文化示范点、乌兰图克镇民乐村廉政文化广场。两次邀请

自治区纪委室主任为全区党员领导干部作《准则》《条例》专题讲座。创办《清风临河》专刊，编印《廉洁文化宣传手册》，利用手机短信平台为领导干部定期发送廉政短信。会同区妇联组织 200 名领导干部家属开展"树清廉家风、建幸福家庭"专题讲座，与领导家属签订廉洁家庭承诺。组织 1800 名党员干部到临河区廉政教育基地分批接受警示教育，组织 5000 名党员干部参与廉政知识测试。落实《临河区关于对领导干部进行提醒、函询、诫勉和廉政谈话的暂行办法》，临河区各级党组织和纪检机关累计约谈 766 人次，其中，区委、政府主要领导约谈区党政班子成员 17 人，区纪委常委约谈乡镇、农场、街道党（工）委、纪（工）委和区直部门负责人 121 人，谈话对象从科级以上干部逐步延伸到村（社区）干部。

第五节　信访与举报

2013 年，临河区纪检监察机关受理信访举报 365 件次，初核案件线索 43 件，立案 30 件（自办立案 24 件、公检法移送立案 6 件），移送司法机关 2 人，给予党政纪处分 41 人（科级干部 23 人）；给予开除党籍、行政降级双处分 1 人；给予开除党籍处分 2 人；给予行政开除 1 人；给予行政降级 1 人，挽回经济损失 1890 余万元。

2014 年，开通纪检监察网站、电话语音记录、免费邮寄信件 3 条信访举报"绿色通道"；对重要案件线索录入微机数据库统一管理，建设标准化约谈室、办案指挥中心和信访接待中心，建立谈话、看护、监控"三位一体"的规范化办案机制。

2015 年，开通专门投诉电话，在各单位设立监督栏 150 处，发放监督卡 5000 份。把临河区 96 个部门和单位分为区直党政机关、乡镇、农场、行政执法单位和窗口服务部门五大类，从社会各界聘请 15 名党风政风监督员组成暗访组，采取随机抽查、模拟办事、跟踪办事等方式进行明察暗访。

第六节　违纪案件查处与申诉

1999年，临河市纪委、监察局组织力量对21个重点国营集体医疗单位和个体医疗门点进行专项检查，加强临河市药品市场管理。

2000年，会同有关部门对无证行医和售药的个体诊所和药店进行集中清理整顿，取缔无证行医个体诊所71家，药店5家，没收药品10件，罚款3.4万元。

2013年，查处某社区医院医务人员套取医保资金问题1起，涉及金额8.5万元，给予党政纪处分3人。查处镇、村干部虚报冒领专项资金问题2起，给予开除党籍1人、党内警告1人。查处违规处置社保资产问题1起，追缴土地1560多亩。加强对教育收费、行政执法公路"三乱"行为的监督检查，纠正违规问题14个。督办"行风热线"反映的问题，答复处理群众反映的问题32件。创新政风行风评议方式，采用扫描二维码，开展政风行风评议活动，参与评议人数突破10万人次，收集意见和建议105条，下达整改通知书25份。

临河区纪委、监察局会同有关部门多次进行明察暗访，抓住清明节时间节点，对公车使用情况进行突击检查，查出使用公车祭祀17辆。"三公"经费同比减少支出1389万元，下降32%。违规公务用车全部公开处置，办公用房超标治理整改到位。春节期间，对一般公务用车全部封停，对工作纪律、公款吃喝、公款旅游和奢侈浪费等问题进行重点抽查，各级党政机关滥发福利、补贴现象得到控制。全年查处违反中央八项规定精神的问题13起，给予党政纪处分16人。针对非传统性事宴泛滥的问题，出台《关于严禁大操大办非传统性宴席的通知》，对临河某中学科级干部违规操办圆锁宴，给予党内警告处分，收缴违规礼金3.6万元。

2014年，受理信访举报线索180件次（重复信访举报33件），初核案件44件，立案31件。给予党政纪处分45人，涉及科级干部18人，一般干部13人，其他人员14人，其中给予开除党籍、开除公职处分11人。开展明察暗访32次，到城区各大饭店暗访8次；到学校附近、高速公路收费口暗访公车私用11次；到机关单位特别是窗口服务单位明察暗访13次，发现违反作风建设规定的典型问题4起，给予党政纪处分4人。开展涉及民生资金使用、涉农领域、征地拆迁等10个方面的纠风专项治理工作，纠正问题158个，涉及金额744.2万元，下达监察文书9件，约谈27人。督办"行风热线"反映的问题，协调有关部门答复和处理问题29件。开展民主评议政风行风活动，改进扫描二维码民意测评方式，对参评群众提出的280条意见和建议，反馈相关单位限期整改。

2015年，受理信访举报332件，初核问题线索116件，立案审查71件。给予党政纪处分84人。查办的71件立案案件中，违纪行为发生在近两年的占49%，违纪行为发生在两年以前的占51%。发生在近两年的35件违纪案件中，涉及干部作风方面的问题占69%，腐败问题存量减少，腐败蔓延的势头得到遏制。

2016年，开展"整治基层侵害群众利益问题"专项行动，查处基层侵害群众利益的案件21件，重点查处双河镇跃进村原党支部书记张海亮、白脑包镇民富村原党支部书记贾文光、乌兰图克镇原副科级干部张金升、干召庙镇卫生院原院长刘河等一批严重损害群众利益的违纪违法案件。针对审查刘河多次挪用公款用于赌博挥霍以及群众强烈反映赌博扰民等问题，会同公安部门开展"整治国家公职人员参与赌博"专项行动，对16人参与赌博的行为进行立案调查，分别给予党政纪处分。全区受理信访举报367件次，处置问题线索135件，函询19件，立案81件，给予党政纪处分85人，涉及科级干部17人。其中轻处分76人（占89%），重处分9人（占11%），移送司法机关2人。

第五章 组织工作

第一节 机 构

2016年，区委组织部机关行政编制16人（含考核办），其中部长1人、副部长3人，党代表联络办1人，非公有制经济组织和社会组织党工委副书记1人，另核定事业编制7名，工勤人员编制2名取消。

第二节 党员管理

一、党员构成与发展

2012年，组织部有基层党组织705个，其中党（工）委37个，党总支29个，党支部639个。街道党工委9个，社区党组织81个，其中党总支8个，党支部73个；乡镇党委9个，建制村党组织204个，其中党总支2个，党支部202个。党员18133人。其中：正式党员17878人，占党员总数的98.6%，预备党员255人，占党员总数的1.4%；女党员4596人，占党员总数的25.3%；少数民族党员678人，占党员总数的3.7%。

党员年龄结构。35岁及以下党员2062人，占党员总数的11.4%；36~45岁4522人，占党员总数的24.9%；46~55岁4101人，占党员总数的

22.6%；56~59岁2131人，占党员总数的11.8%；60岁及以上5317人，占党员总数的29.3%。

党员学历结构。研究生学历党员78人，占党员总数的0.43%；大学本科学历党员2102人，占党员总数的11.6%；大专学历党员4072人，占党员总数的22.5%；中专学历党员2010人，占党员总数的11.1%；高中、中技学历党员2887人，占党员总数的15.9%；初中及以下学历6984人，占党员总数的38.5%。

党员工作岗位分布。18133名党员中，在岗职工党员6966人，其中党政机关工作人员3436人，事业单位管理人员、专业技术人员2381人，企业管理人员、专业技术人员、工勤技能人员137人，非公有制单位企业管理人员、专业技术人员826人，民办非企业单位管理人员、专业技术人员、工勤技能人员186人；农牧渔民党员6289人；学生17人；离退休党员3494人；其他党员1367人。

2013年年底，基层党组织736个，其中党（工）委42个，党总支30个，党支部664个。共有街道党工委9个，社区党组织81个，其中党总支8个，党支部74个；乡镇党委9个，建制村党组织204个，其中党总支2个，党支部202个；农场党委2个，分场党支部30个。党员18917人。其中：正式党员18752人，占党员总数的99%，预备党员165人，占党员总数的1%；女党员4757人，占党员总数的25.1%；少数民族党员695人，

占党员总数的 3.7%。

党员年龄结构。35 岁及以下党员 2025 人，占党员总数的 10.7%；36～45 岁 4554 人，占党员总数的 24%；46～54 岁 4243 人，占党员总数的 22.4%；55～59 岁 2283 人，占党员总数的 12.1%；60 岁及以上 5812 人，占党员总数的 30.7%。

党员学历结构。研究生学历党员 96 人，占党员总数的 0.5%；大学本科学历党员 2169 人，占党员总数的 11.5%；大专学历党员 4216 人，占党员总数的 22.3%；中专学历党员 2096 人，占党员总数的 11.1%；高中、中技学历 3044 人，占党员总数的 16.1%；初中及以下学历 7296 人，占党员总数的 38.6%。

党员工作岗位分布。18917 名党员中，在岗职工党员 7276 人，其中党政机关工作人员 3491 人，事业单位管理人员、专业技术人员 2369 人，企业管理人员、专业技术人员、工勤技能人员 355 人，非公有制单位企业管理人员、专业技术人员 870 人，民办非企业单位管理人员、专业技术人员、工勤技能人员 191 人；农牧渔民党员 6299 人；学生 18 人；离退休党员 3772 人；其他领域的党员 1552 人。

2014 年年底，基层党组织 738 个，其中党（工）委 44 个，党总支 30 个，党支部 664 个。街道党工委 11 个，社区党组织 93 个，其中党总支 22 个，党支部 71 个；乡镇党委 9 个，建制村党组织 203 个，其中党总支 2 个，党支部 201 个；农场党委 2 个，分场党支部 24 个。党员 19118 人。其中女党员 2009 人，占党员总数的 10.5%；少数民族党员 698 人，占党员总数的 3.7%。

按所在领域分：机关党员 6126 人，占党员总数的 32%；非公企业和社会组织党员 1257 人，占党员总数的 6.6%；农民党员 6228 人，占党员总数的 32.6%；居民党员 2999 人，占党员总数的 15.7%；其他党员 2508 人，占党员总数的 13.1%。

2015 年年底，基层党组织 751 个，其中党

（工）委 51 个，党总支 31 个，党支部 669 个。街道党工委 9 个，社区党组织 51 个，其中党总支 5 个，党支部 46 个；乡镇党委 9 个，建制村党组织 151 个，其中党总支 2 个，党支部 149 个；农场党委 2 个，分场党支部 26 个。党员 19108 人。其中：正式党员 18915 人，占党员总数的 99%，预备党员 193 人，占党员总数的 1%；女党员 5020 人，占党员总数的 26%；少数民族党员 709 人，占党员总数的 3.7%。

党员年龄结构。35 岁及以下党员 1986 人，占党员总数的 10%；36～45 岁 4037 人，占党员总数的 21%；46～55 岁 5114 人，占党员总数的 27%；56～65 岁 4000 人，占党员总数的 21%；66 岁及以上 3971 人，占党员总数的 21%。

党员学历结构。大学本科及以上学历党员 2619 人，占党员总数的 14%；大专学历 4500 人，占党员总数的 24%；中专、高中、中技学历 5191 人，占党员总数的 27%；初中及以下学历 6798 人，占党员总数的 36%。

党员工作岗位分布。19108 名党员中，在岗职工党员 7627 人，其中党政机关工作人员 3607 人，事业单位管理人员、专业技术人员 2694 人，企业管理人员、专业技术人员、工勤技能人员 201 人，非公有制单位企业管理人员、专业技术人员 842 人，民办非企业单位管理人员、专业技术人员、工勤技能人员 283 人；农牧渔民党员 6412 人；学生 2 人；离退休党员 3602 人；其他党员 1465 人。

2016 年年底，基层党组织 1011 个（通过开展党组织和党员集中排查以及非公有制经济组织和社会组织党组织覆盖两项工作，基层党组织较 2015 年增加了 260 个，党员减少 757 人），其中党委 37 个，党总支 28 个，党支部 946 个。乡镇党委 9 个，辖社区党支部 1 个，党总支 2 个，党支部 149 个；街道党工委 9 个，辖党总支 5 个，党支部 46 个；区直机关工委辖党委 18 个，党总支 15 个，党支部 343 个；经济开发区党工委 1 个，辖党支部 24 个；国有经济组织（农场）设党委 2 个，辖党

支部 27 个；非公有制经济组织设党委 8 个，党总支 6 个，党支部 274 个；社会组织党支部 82 个。党员 18351 人，其中：正式党员 18114 人，占党员总数的 99%，预备党员 237 人，占党员总数的 1%；女党员 4953 人，占党员总数的 26.9%；少数民族党员 712 人，占党员总数的 3.9%。

党员年龄结构。35 岁及以下党员 2000 人，占党员总数的 10.8%；36～45 岁 3534 人，占党员总数的 19.2%；46～55 岁 5117 人，占党员总数的 27.8%；56～65 岁 3854 人，占党员总数的 21.2%；66 岁及以上 3846 人，占党员总数的 21%。

党员学历结构。大学本科及以上学历党员 2722 人，占党员总数的 14.8%；大专学历党员 4411 人，占党员总数的 24%；中专、高中、中技学历 4773 人，占党员总数的 26%；初中及以下学历 6445 人，占党员总数的 37.2%。

党员工作岗位分布。18351 名党员中，在岗职工党员 7304 人，其中党政机关工作人员 3589 人，事业单位管理人员、专业技术人员 2469 人，企业管理人员、专业技术人员、工勤技能人员 161 人，非公有制单位企业管理人员、专业技术人员 836 人，民办非企业单位管理人员、专业技术人员、工勤技能人员 249 人，农民工 2 人；农牧渔民党员 6367 人；离退休党员 3362 人；其他党员 1318 人。

二、组织生活

1991—2014 年，临河市（区）组织部坚持以"政治坚定、思想解放、作风正派、工作扎实"的十六字部风严格要求干部，加强对党的路线、方针、政策的研究，认真学习建设有中国特色社会主义理论、市场经济理论和《组织人事干部行为若干规范》，强化自身素质，在工作中提倡团结、务实、吃苦、奉献的精神，不折不扣地执行党的干部路线，坚持德才兼备、注重实绩用人原则，增加改革意识和党性修养，处理问题严谨细致、公道正派、坚持深入实际、深入群众，从根本上

加强对部内干部的思想教育。

2005 年 4 月 27 日，临河区委常委召开民主生活会，区委各常委参加了会议，自治区党委巡视组白德全、李岩峰，市委组织部李平，市委督导组组长杨育才和督导组余耀春、刘丽春应邀出席会议，区政协主席、人大常委会副主任、区委调研员及区政府各位党员副区长列席会议。

2006 年 12 月，下发《关于召开 2006 年度民主生活会的安排意见》，要求各级党组织要借鉴开展先进性教育活动中召开专题民主生活会的成功做法，提高民主生活会质量。

2008 年 2 月 21 日，市委下发《关于 2007 年度全市县处级党员领导干部民主生活会的安排意见》，区委常委召开 2017 年度民主生活会，区委常委参加会议。

2010 年 12 月，下发《关于召开 2010 年度民主生活会的安排意见》，以贯彻落实《党员领导干部廉洁从政若干准则》，加强领导干部作风建设为主题。

2011 年 12 月，下发《关于召开 2011 年度民主生活会的通知》，民主生活会以"坚持以人为本执政为民理念、发扬密切联系群众优良作风"为主题。

2013 年 3 月 4 日，召开 2012 年度区委常委专题民主生活会，10 位区委常委参加会议并逐一发言，发言材料以书面形式提交会议。区人大常委会主任乌云巴图、政协主席李瑞芝应邀列席会议。

2013 年 12 月 24 日，召开 2013 年度区委常委专题民主生活会，按照"照镜子、正衣冠、洗洗澡、治治病"的总要求，以为民务实清廉为主题，以反对四风服务群众为重点，联系各自的思想实际、岗位职责和工作经历，聚焦"四风"进行对照检查。

2014 年 7 月 24—25 日，区委常委班子召开专题民主生活会。自治区活动办、第十督导组、巴彦淖尔市委第一督导组等领导全程参加。

2014 年 7 月 27 日，新华镇党委班子召开党的

群众路线教育实践活动专题民主生活会，自治区党委教育实践活动领导小组办公室第十督导组组长、市委书记、市委党的群众路线教育实践活动领导小组组长、市委第一督导组组长，市委常委、纪委书记、市委党的群众路线教育实践活动领导小组副组长，市委常委、组织部部长、市委党的群众路线教育实践活动领导小组副组长，办公室主任等参加指导会议。确定新华镇为全市乡镇苏木召开专题民主生活会标杆单位。

2014年8月4日，双河镇进步村党支部召开专题组织生活会。自治区第十督导组副组长、成员，自治区学教办刘晓红、市委常委、临河区委书记，市委常委、组织部部长，市委组织部副部长，市第一督导组副组长，区委常委、组织部部长等参加指导会议。双河镇进步村"两委"班子全体成员，党小组长，两代表一委员及部分村民代表参加会议。确定进步村为全市嘎查村级召开专题组织生活会标杆单位。

2016年1月20日，常委班子召开"三严三实"专题民主生活会，学习贯彻习近平总书记在中央政治局"三严三实"专题民主生活会上的重要讲话精神，查找不严不实问题，开展批评与自我批评，进一步明确整改方向和落实措施，经受了一次深刻的思想洗礼和党性教育。

第三节 干部管理

一、制度建设

2005年，按照《干部任用条例》和"5＋1"文件要求，规范干部任用程序，健全干部任用选拔工作监督体系和用人失察失误追究制度，完善干部任前廉政谈话、任前公示、任免干部常委会票决等制度。经过民主推荐、民主谈话，调整一批干部，完成撤并乡镇人员安置分流工作。按照巴彦淖尔市组织部《关于事业单位领导班子聘任改革试点方案》要求，撤并部分二级单位，配合市组织部聘任临河第一职业中专学校2名副校长。

2006年，建立常委集体管干部的机制，解决128名公、检、法三部门干警政治待遇问题。

2007年，注重考核结果，预防和杜绝干部"带病上岗"和"带病提职"。加强对党政"一把手"和执法执纪等重点部门实行重点监控，以及对干部"八小时之外"的监督。按照《中华人民共和国公务员法》（以下简称《公务员法》）和有关规定，对符合条件的科级干部和党群口一般干部进行登记上报。建立健全人才工作组织领导机构，完成对社会工作人才各相关部门自查及调研相关工作。

2010年，以差额推荐、差额提名、差额考察、差额酝酿、差额票决为主要内容的全程差额干部选拔方式，通过"双推双考"，从符合条件的352名初选人才中储备177人，建立副科级后备干部库，实行动态管理，形成层次分明，近、远期相结合的后备干部体系。

2011年，建立选聘、培养、使用、管理、保障等衔接配套的大学生"村官"管理工作机制，实行区组织部、镇、村三级考核评价体系。

2012年，通过竞岗演说，临河区干部大会、区委全委会两轮差额定向推荐，以及常委会差额票决，开展竞争性选拔。

2014年，实行单位"一把手"负责制，严肃整治"吃空饷""裸官"等问题，审核党政领导干部档案、清理在企业兼职（任职）党政领导干部，清理吃空饷公职人员。

2015年，实行双轨制、自设机构配备干部、超机构规格配备的方式，为用人环境奠定基础。制定《科级领导岗位补充调整人选推荐提名办法》《临河区国有企业领导人员薪酬管理暂行办法》《临河区副科建制以下机构单位领导人员选任管理暂行办法》，把干部选任和管理向企业，向下一级拓展，深化党管干部原则。

2016年，出台《临河区领导干部选拔任用工作全程纪实办法》《临河区科级领导岗位补充调整动议和人选推荐提名暂行办法》《临河区民主推荐党政领导干部暂行办法》《临河区选用科级领导干部差额考察暂行办法》等规章制度，执行"九个严禁、九个一律"换届纪律要求，通过上好"五把锁"，严格"两核查"，选准好干部。制定《干部召回管理暂行办法》《临河区纪委、区委组织部对领导干部进行提醒、函询、诫勉和廉政谈话相互沟通配合暂行办法》《关于有效防止和治理乡镇（农场）干部"走读"问题的意见》等配套制度。

二、干部选拔与教育培训

2005年，临河区落实科学发展观、人才观和树立正确的政绩观，加强对领导班子、干部队伍和人才队伍的管理。干部培训教育，区别不同情况，实行分级分类培训，建立和完善分层次、分类别、多渠道、多形式、重实效、充满活力的干部教育培训新机制。对城区各单位科级干部进行四期轮训。进行《公务员法》实施前有关知识的学习培训。对863名科级干部举办4期中共十六届五中全会精神辅导和学习培训。选送32人参加内蒙古农业大学举办的管理干部培训班，选送3名优秀正科级干部参加市委组织部举办的县处级后备干部培训班，5名政法系统干部参加市组织部举办的政法干部培训班，3名少数民族干部参加市组织部举办的少数民族干部培训班。选派41名乡镇领导、村干部及农村产业带头人、经纪人到山东潍坊党校进行为期20天的学习考察。邀请区内外教授专家对1000名科级以上干部及各单位理论骨干进行专题辅导。

2006年，落实科学发展观、人才观和树立正确的政绩观，加强对领导班子、干部队伍和人才队伍的教育培训和监督管理。探索新时期干部教育培训规律，增强针对性和实效性，整体规划，统筹协调，区别不同情况，实行分级分类培训，采取举办干部理论学习班和专题报告会的形式，对1027名在职在岗科级干部和1000名单位理论骨干进行培训。选送46名领导干部参加区内外各类专业培训班。对行业部门业务人员和专业技术人员进行培训，举办各类培训班18期，培训人员2627人。举办经纪人、经理人培训班3期，培训人员230人。

2007年，制定《临河区2006—2010年干部教育培训规划》，选送31批次、125名科级以上干部参加上级组织部门举办的各类培训班；举办科级干部培训班8期，培训科级干部2269人次；协调有关部门开展业务培训13期，培训专业技术人员6000人次。

2008年，制定《临河区科级干部学分制管理暂行办法》，把干部参加上级组织调训、区内集中培训和机关理论学习、个人业余自学的情况纳入学分制管理，把学分考核情况与年底实绩考核挂钩，不达标者不能评优。抽调干部参加上级培训160人次，举办科级干部理论培训班5期，青年干部理论培训班1期，任职培训班2期，其他行业培训19期，累计培训干部4180人次。制定《关于进一步规范科级干部选拔任用和管理工作的意见》《选用科级领导干部差额考察制暂行办法》《科级后备干部工作暂行办法》《事业单位领导人员聘任制试行办法》《全委会和常委会对正科级职位拟任人选和推荐人选票决暂行办法》《民主推荐党政领导干部暂行办法》6个干部人事制度改革文件。形成与《公务员法》《党政领导干部选拔任用工作条例》和《深化干部人事制度改革纲要》相配套的制度规章体系，建立健全后备干部培养、民主推荐、讨论决定等干部选拔任用各个环节的规范化运作程序。按照大规模培训干部的要求，落实《临河区干部教育培训学分制管理暂行办法》。抽调干部参加上级培训160人次，举办科级干部理论培训班5期，青年干部理论培训班1期，任职培训班2期，其他行业培训19期，累计培训干部4180人次。对拟任用的干部，进行民主推荐、民主测评和谈话了解，征求人大、政府、政协等各方面意见，召开"五人小组"会进行反复酝酿，不成熟的不上会研究。在讨论决定干部任免时，执行《常委会议事规则》，没有经过组织考察的不研究，人事方案未经充分酝酿的不研究，群众有反映、纪检监察部门没有查清的不研究。重要干部任免全部实行票决制。

2009 年，引导和鼓励高校毕业生面向基层就业，落实 5% 人才储备编制，实施人才储备工程，安置"三支一扶"大学生 21 人，安置社区民生志愿者 70 人，安置上级组织部门分配的选调生 2 人，大学生"村官"5 人，安排 150 名大学毕业生到企事业单位见习，为事业单位储备人才 40 名。出台《临河区事业单位领导人员聘任制试行办法》，采取"公开竞聘"的方式，选拔事业单位领导人员。经个人报名、资格审查、演讲答辩、民主测评、民主推荐、组织考察、校长（院长）提名等多个环节的层层选拔，聘任了 10 所学校、2 所医院的领导班子成员，聘任科级干部 78 名。按照大规模培训干部的要求，抽调干部参加上级培训 100 人次，举办科级干部理论培训班 5 期，任职培训班 2 期，其他行业培训 22 期，累计培训干部 15456 人次。

2010 年，出台《临河区关于推进学习型党组织建设的意见》，开展党政领导干部自主选学和教育培训学分登记考核工作。7 月，组织街道党工委的书记、组织委员及部分社区党组织书记，到包头、银川学习借鉴两地"三有一化"先进经验。10 月，举办临河区党建工作培训班，赴江西九江党校和井冈山革命根据地进行红色革命教育。举办各类型培训班 1129 期次，累计培训党员、干部 101175 人次。把镇、村党组织书记纳入整体干部培训规划。研究、调整干部两批，涉及 182 人，其中新提拔 90 人。采取不定岗方式公开选拔 19 名"三少"干部。从基层一线和急难险重任务中选拔优秀干部，对在棚户区拆迁改造和社会矛盾化解工作中表现突出的 28 名干部予以提拔使用。通过公开竞争方式，选拔 3 名优秀村党组织书记或村主任担任镇领导班子成员。为教育系统储备人才 50

名，安置"三支一扶"大学生 20 人，安置社区民生志愿者 86 人；安置上级组织部门分配的选调生 1 人，大学生"村官"20 人，续聘到期大学生"村官"5 人。

2011 年，与北京、烟台等地联办特色农业及加工产业发展培训班。组织村干部和大学生村官培训班、科级干部政策理论轮训班，干部法律知识培训班等。组织政法委、组织部、区政府等相关领导，街道党工委书记和民政、计生等有关部门负责人，赴贵州等地考察加强和创新社会管理先进经验。分两批从优秀村党组织书记、村委主任中公开选拔 3 名副镇长，6 名事业编制工作人员。为行政、事业单位招录储备人才 123 人，安置上级组织部门分配的选调生 2 人。采取大学生"村官"、三支一扶、志愿服务西部、城市社区民生工作志愿者等形式，安置吸纳应往届大学毕业生 94 人。

2012 年，举办干部政策理论培训班 5 期，培训干部 750 人次。通过"双推双考"方式，公开选拔 30 岁以下优秀年轻干部 7 人，首次将大学生"村官"纳入参选范围，首次面向巴彦淖尔市招考团区委书记两大历史性突破。竞争性选拔区政法委副书记、发改局局长、环保局局长和人社局局长 4 个热点职能部门"一把手"岗位工作。完成 10 所科级以上建制学校领导班子，40 个校长、副校长岗位新一轮竞聘。参与指导完成教育系统 30 所小学、幼儿园领导班子成员聘任制改革、公检法司选调文职人员等工作。从基层一线选拔干部 10 人。

2013 年，选送 183 名干部赴外地学习。建立干部监督联席会议制度和干部监督员制度。采取"双推双选"方式竞争性选拔镇长 2 人、办事处主任 1 人，对临河区总工会主要领导进行调整，完成临河一职新一届领导班子竞聘。

2014 年，通过精学原文、视频讲座、专家解读的方式，分期分层次举办学习教育培训班 5 期，培训干部 685 人次。选送 211 人赴市、自治区及外省市参加培训。组织干部在线学习培训 420 人次，处级干部自主选学 19 人次。利用党校"主阵地"培训 23 期，培训干部 3621 人次，组织双休日干部学习讲座 6 期，培训干部 622 人次。组织 64 名新任职干部到临河区看守所和检察院反腐倡廉教育基地参观。创建金川、汇丰、解放示范型社区，干召浩彤、双河九庄、图克富川现代农牧业示范园等多个实践培训基地，组织 600 名科级干部及专业技术人才进行现场教学。调整干部 132 人，其中提拔 17 人。对因工作不力，引发越级上访的 7 家单位和相关领导干部进行重点约谈。

2015 年，培训党员干部 42700 人次。组织部分非公企业党组织负责人外出参观学习。借助"百人宣讲团"分片办好农村党员冬季培训。开通临河党建微信平台，筹建"临河先锋"党建网站。消化超职数配备干部 277 人，占消化总数的 85.8%。消化超配干部 242 人，完成消化任务的 75%。投入 2 万元，购置信息管理系统软件。落实 8 个专项整治，完成干部人事档案专项审核工作，严格党政领导干部在社会组织兼任职管理，强化领导干部和行政事业单位工作人员出入境监管。成立区人才工作协调小组，制定人才工作 3 年行动计划，引进中高层次和紧缺急需人才 300 人。6 个团队和 2 人入选自治区第五批"草原英才"工程。在内蒙古兆丰河套面业有限公司成立临河首家院士工作站。

2016 年，举办党代会精神、新提任干部、换届程序纪律等主体班 16 期，培训干部 2266 人次；组织区委中心组学习会 13 场，组织双休日讲座 14 期，培训科级干部 5000 人次；选送 234 人次参加上级各类培训，组织 44 名处级干部完成自主选学任务。区四大班子领导带头为联系点讲党课 80 场次。在 11 个街道党工委挂牌成立 34 所"社区党校"及开办"乡村夜校"，吸纳"两代表一委员"、市区党校教师、结对单位一把手、基层党组织书记、第一书记和身边好党员等先进模范人物组成"两学一做"巡回宣讲团，通过理论阐释、现身说

法讲党课，检验领导干部是否真学、真懂、真信、真用。累计培训党员干部群众 2 万人次。

调整干部 4 批次 316 人，其中提拔 36 人，平调 148 人，免职 38 人，调整配备党组成员 94 人。构建集信访、"8612380"举报电话、网络和手机微信于一体的监督平台。

三、干部考核

2009 年，对拟任用的干部进行民主推荐、民主测评和谈话了解，征求人大、政府、政协各方面意见，召开"五人小组"会反复酝酿，不成熟的不上会研究。在讨论决定干部任免时，坚决执行《常委会议事规则》，做到没有经过组织考察的不研究，人事方案未经充分酝酿的不研究，群众有反映、纪检监察部门没有查清的不研究。重要干部任免全部实行票决制。采取"公开竞聘"的方式，选拔事业单位领导人员。经个人报名、资格审查、演讲答辩、民主测评、民主推荐、组织考察、校长（院长）提名等多个环节的层层选拔，聘任 10 所学校、2 所医院的领导班子成员，聘任科级干部 78 人，其中新聘任 38 人，任期 3 年，转换事业单位用人机制。坚持关口前移，加强对干部选拔任用工作全过程的督查。加强对领导干部特别是党政一把手的日常教育、管理和监督，认真落实党员领导干部诫勉谈话、函询、述职述廉和有关事项报告制度。下发《临河区科级领导干部离任财务交接管理办法》，对领导干部离任交接事项进行规范。下达经济责任审计委托书 21 份，审计单位一把手 21 人。加大干部监督管理和处罚力度，对 2 名试用期内违纪科级干部进行降级、撤职处理。开展各类人才基本情况及各企事业单位人才需求摸底调查工作，引导和鼓励高校毕业生面向基层就业，落实 5% 人才储备编制，实施人才储备工程。安置"三支一扶"大学生 21 人，安置社区民生志愿者 70 人，安置上级组织部门分配的选调生 2 人，大学生"村官"5 人，安排 150 名大学毕业生到企事业单位见习，为事业单位储备人

才 40 人。

2011 年，完成区镇两级党委换届，选好配强各级班子。各镇新一届班子的干部结构明显优化。从年龄结构上看，平均 38.5 岁，形成以 35 岁左右干部为主体的格局。从学历层次上看，大专以上学历 100%。从专业构成上看，有行政管理、法律、教育、农林水、政法、经济管理等多种专业，实现班子成员专业构成的优势互补。规范和完善干部选任机制，提高选人用人科学化水平。按照十七届四中全会精神和"四项监督制度"要求，对历年形成的干部选任方面的工作制度进行全面梳理，重点完善干部推荐提名、差额选拔、任用表决、全程纪实和竞争性选拔干部等几方面的制度和办法。加大基层一线竞争性选拔干部力度。作为自治区试点，一举打破身份、年龄和学历限制，分两批从优秀村党组织书记、村委主任中公开选拔 3 名副镇长，6 名事业编制工作人员。将 2009 年参加从优秀村党组织书记、村主任中选录公务员工作列为考察范围，未被录用的 2 名差额人选一并解决工作问题。使一大批在传统干部选拔体制之外的优秀人才，进入组织选人用人的视野。坚持定期考核与日常考察相结合，定量考核与定性评价相结合，形成量化考核、分类比较、定性评价有机联系，目标考核、民主测评、民意调查、日常考察相互印证，建立更加科学合理的领导班子和领导干部考评机制。发挥领导监督、党代表监督、群众网络监督和部门监督合力，加大治懒治庸和反腐工作力度，对个别存在问题的干部予以了严肃处理，对临河区执法局班子进行全面调整。健全党内激励、关怀、帮扶机制。给每名离休干部增加一个月的基本离休费。为 151 名离休干部发放住房补贴。完成"文革"时期因冤假错案致残老干部的认定和待遇落实工作。通过"困难党员专项救助基金"，发放慰问金 15 万元。拨出部分党费，为中华人民共和国成立前老党员每人每月增发 100 元生活补助。实施人才工程。为行政、事业单位招录储备人才 123 人，安置上级组织

部门分配的选调生 2 人。采取大学生"村官"、三支一扶、志愿服务西部、城市社区民生工作志愿者等多种形式，安置吸纳应往届大学毕业生 94 人。

2012 年，组织做好区人大、政府、政协换届工作，配合上级组织部门，以严明换届纪律为核心，抓住关键环节，强化宣传监督，推动区人大、政府、政协换届工作依法有序进行。引导党员群众在风清气正的环境中，依法行使政治权利。提升选人用人公信度，完善民主、公开、竞争、择优的干部选任机制。实行选人用人空岗预告、全程差额、常委票决、全程纪实等方法，加强对动议、初始提名、酝酿、讨论决定等环节的规范和监督。提高干部公选比例，增加竞争性选拔岗位含金量。推进党政正职、关键岗位干部、优秀年轻干部交流。健全干部日常管理考核制度。出台《关于进一步完善制度从严管理干部的意见》《关于进一步加强和改进领导班子及领导干部日常管理的意见》，完善领导班子和领导干部目标考核体系。从严教育、从严要求、从严管理、从严监督，持续抓好领导干部监督管理。在严格执行和不断完善领导干部述职述廉、诫勉谈话、函询质询、罢免或撤换等制度的基础上，构建全方位、多角度、立体式的干部监督体系。把握加强党的执政能力建设、先进性和纯洁性建设这条主线，按照"围绕中心、服务大局，立足实际、务实管用，重点突出、便于操作，配套衔接、创新完善"的活动思路，精心设计载体，建立创先争优长效机制。实现基层党组织和党员创先有目标、争优有动力，使创先进、争优秀成为大家公认的价值取向。"解放思想、优化环境、打造诚信临河"主题实践活动初现成效。"创先争优见实效，我为'棚改'出把力"活动成效明显。

2014 年，组织临河区 706 个党组织、18496 名党员，紧扣活动主题和总要求，贯彻落实"严、实、长"和"三严三实"要求，以"四大行动""六大工程"为总载体，以"四学互动、五访纳谏、六步跟进"为有力抓手，坚持"五个贯穿始

终""六个更加注重"，精心组织、群策群力、严督实导，做到规定动作不走样、自选动作有创新、立行立改出实招，整顿后进动真格、服务群众下真功，从根本上祛除"四风顽疾"。推进"十个专项整治"行动，对"四风"问题、侵害群众利益和联系服务群众"最后一公里"等问题进行大排查、大检修、大扫除。以理论教育、挂职锻炼、实践培训三种方式，开展领导干部素质提升工程。落实干部选任的基本原则、标准条件、程序方法、纪律要求，建立不唯分、不唯票、不唯年龄、不唯 GDP 的选人用人新机制。树立和坚持"只管干活，不用找人"的鲜明用人导向，注重发挥党组织在干部选任中的领导和把关作用，把年度考核、平时考核、专项考核有机结合，通过实地督查、走访了解及乡语口碑等多种途径，建立科学规范的领导班子和领导干部考核评价机制，正确分析和对待民主推荐测评结果，突出解决好以票取人、拉票说情等问题。改革和完善干部考核评价机制。实施年度工作任务、领导班子建设、党风廉政建设"三位一体"考核评价办法，强化对服务群众、民生改善、社会管理、扶贫攻坚等内容的考核，把抓党建工作成效作为评价领导班子和领导干部实绩的重要指标，提高比例权重。严格监督管理干部，落实《干部选任工作监督意见》，坚持事前报告、事后评议、离任检查、违规失责追究。落实日常监管责任，要求各级党组织，特别是"一把手"，作为党员干部日常管理的第一责任人，严格按照党纪政纪和规章制度，从严监督管理单位党员干部职工。建立领导干部因公辞职、自愿辞职、引咎辞职、责令辞职等"问责"机制。提升老干部工作水平，以提升满意度为落脚点，以"强化生活待遇、提升政治待遇、拓展文化待遇、落实社会待遇"为着力点，针对社区行动不便、生活困难的老干部、老党员开展"五上门"服务，即党的温暖、党的政策、党的信息、感情交流、学习资料送上门，使老干部政治、生活待遇得到全面落实。推进人才强区工程。围绕全区经济发展定位，依托特色产业人才集聚平台、现代农牧业示范平台、创新创业平台，引进各类人才 1061 人，技能人才 2214 人，培养和带动各类实用人才 6000 余人。注重提高优秀人才的政治待遇，从各类人才中，推选党代表 127 人，人大代表 132 人，政协委员 98 人。制定和完善高学历高层次人才培养、引进、使用、激励和评估的相关政策，运用事业编制公开引进博士和硕士研究生 52 人，四大班子领导主动担负起优秀人才的实践导师，每人联系 2 名优秀人才，从工作和生活上给予更多的关心和指导。

2015 年，按期完成干部人事档案专项审核工作，严格党政领导干部在社会组织兼任职管理，强化领导干部和行政事业单位工作人员出入境监管，持续抓好"吃空饷"和裸官清查。落实干部能上能下有关规定，探索推行干部召回制度。开拓人才工作新局面。成立区人才工作协调小组，制定人才工作三年行动计划，引进中高层次和紧缺急需人才 300 人。6 个团队和 2 人入选自治区第五批"草原英才"工程，临河区成为巴彦淖尔市入选数量最多、覆盖面最广的旗县区。在内蒙古兆丰河套面业有限公司成立临河首家院士工作站。

2016 年，贯彻"1＋3"制度体系，通过落实党委职责，厘清党建责任，强化书记考评，着力构建党委抓、抓书记、一级带一级的抓党建格局。开展"三严三实"专题教育等专项活动，推动党风政风持续转变。抓好党员干部日常教育培训，把村、企、居基层党组织书记、第一书记、驻村工作队和大学生"村官"等群体纳入干部培训计划，借助"百人宣讲团"，分片办好农村党员冬季培训。

四、挂职锻炼

1996 年，组织部从市直机关选派一批中青年干部到乡（镇）村挂职锻炼，培养一批后备干部。

2008 年，下发《临河区关于为推进工业化、城镇化、产业化进程提供组织支持的意见》，形成在一线培养、锻炼、考察、选拔干部的制度，新提任干部分批分期到信访部门挂职锻炼。

2009年，有计划地抽调干部参与工业化、城镇化、产业化等重点项目建设，让干部在实践中加强锻炼、经受考验、增长才干。

2010年，临河区棚户区拆迁改造工作开展后，从各单位选派1000余名各级干部，直接参与到工业经济项目建设、信访矛盾调解及棚户区拆迁改造工作中。

2011年，选派289名优秀干部，以挂职锻炼、责任承包等形式，参与工业经济项目建设、信访矛盾调解及棚户区拆迁改造工作。

2012年，将公开选拔新提任的5名80后副科级优秀年轻干部，下派到各乡镇挂职锻炼一年。选派250名后备干部到信访维稳、征地拆迁、工业经济等部门进行调训、挂职锻炼。

2013年，推荐2名处级和24名科级干部分别到经济发达地区和巴彦淖尔市直部门挂职锻炼，同时选派干部到基层实践锻炼。

2014年，选派228名优秀干部到征拆、信访和扶贫工作一线提升工作能力。

五、干部监督

2005年，组织部完善常委会票决制度，对新提拔的科级干部进行任前廉政谈话，下达经济责任审计委托书，对任期及离任的63名干部进行经济责任审计。通过自治区及巴彦淖尔市组织部贯彻执行《任用条例》督查组检查。按照核定"三龄一历"情况，安排部署《干部履历表》的填报、回收、审核工作。

2006年，对新提拔的科级干部进行任前廉政谈话。下达经济责任审计委托书，对任期及离任的55名干部全部进行经济责任审计。与人事、编制部门对全区干部进行摸底，并对机关科级及以下工作人员个人基本情况进行审核认定。

2007年，执行《党政领导干部选拔任用条例》，完善科级干部廉政信息库，预防和杜绝干部"带病上岗"和"带病提职"。对党政"一把手"和执法执纪等重点部门实行重点监控，对干部实行"八小时之外"监督。

2008年，下发《临河区关于加强监督工作的实施意见》，完善《临河区科级领导干部监督管理十项制度》，建立干部监督工作信息员网络，实行干部监督信息报送制度。加强领导干部警示教育，落实谈话诫勉制度和干部任职前廉政谈话。查处各类案件5起。对领导干部离任交接事项进行了规范，下达经济责任审计委托书21份，对2名试用期内违纪科级干部进行降级、撤职处理。

2010年，落实《临河区从严管理干部实施意见》，由组织、纪委（监察局）、审计、信访、公检法等单位共同召开干部监督联席会议，分析解决干部队伍中出现的苗头性、倾向性问题。完善审计预告、分类管理、离任交接等具体办法，突出经济责任审计对领导干部权力运行的监督作用，审计"一把手"29人。建立电话举报、信访举报和网上举报"三位一体"的干部任前举报网络，畅通民意监督反馈渠道。

2011年，实行推荐提名实名制和责任追究制，将"一报告两评议"列为党代会的一项常规议程。建立选人用人公信度指标测评体系。探索委托独立机构，定期对干部选拔任用工作满意度和防治用人不正之风满意度开展测评。执行和完善领导干部述职述廉、诫勉谈话、函询、质询、罢免或撤换等制度，发挥职能部门"五位一体"考核监控体系（考核内容承担部门自我监控，相关职能职责部门日常监控，纪委、监察和审计部门主导监控、区委政府督查室重点监控、组织部门整体监控）和群众"三位一体"举报网络的监督效能（电话举报、信访举报和网上举报），构建全方位、多角度、立体式的干部监督体系。

2012年，健全民主集中制、个人重大问题报告制、任期离任经济审计制，监督领导干部是否做到重大事项、重大开支、人事任免经过集体讨论研究决定，加强领导干部"权力圈"监督。规范领导干部的行为，监督领导干部是否照章办事、依法决策，工作是否廉洁高效，敦促领导干部在党章和法律法规的范围内工作和活动。将领导干部深入农村扶危帮困情况，服务社区包联共建情况纳入干部考核系统，将干部考察延伸到8小时之外。

2013年，建立健全干部监督联席会议制度和干部监督员制度，构建全方位、多角度、立体式的干部监督体系，防止带病提拔，解决好干部管理失之于宽、失之于软的问题。

2014年，完善落实领导干部问责机制，健全日常管理监督机制，执行个人有关事项报告、诫勉谈话、述职述廉、"三责联检""一报告两评议"和经济责任审计等制度。规范党政领导干部在企业兼（任）职行为，严格领导干部出国出境审批，整治"裸官""三超两乱"问题。

2015年，制定《临河区干部选拔任用工作流程暨全程纪实办法》，实行领导干部选任工作全程纪实，使干部监督工作有据可依、有迹可查。投入2万元，购置12380信息管理系统软件，健全监督网络强化干部监管。落实8个专项整治，完成干部人事档案专项审核，持续抓"吃空饷"和裸官清查。

2016年，制定科级干部管理暂行办法，加强干部日常监督管理，构建了集信访、"8612380"举报电话、网络和手机微信于一体的监督平台。制定《干部召回管理暂行办法》《临河区纪委、区委组织部对领导干部进行提醒、函询、诫勉和廉政谈话相互沟通配合暂行办法》《关于有效防止和治理乡镇（农场）干部"走读"问题的意见》等配套制度。

第四节　组织建设

一、直属机关党组织建设

1991年，临河市开展以学理论、学党章，讲

学习、讲政治、讲正气为内容的"双学""三讲"活动，和社会主义市场经济大学习、大讨论。组织开展"走百村、访千户""百名村支书问卷"等专题调查。组织实施乡镇党委和村支书目标管理责任制。制定下发《1995—1997年农村基层党组织建设规划》《关于进一步加强村党支部建设的意见》，加强村级民主管理和民主监督，建立村务公开、财务公开制度，实行市级领导承包后进村，市直单位承包后进村和贫困户制度。选好配强村党支部班子，解决"有人办事"的问题；发展壮大集体经济，解决"有钱办事"问题。坚持边整理边建制原则，解决"有章理事"问题。

1995—1997年，基层组织整顿期间，调整村党支部班子82个，占总数的51%，调整村支部书记49人，占总数31%。全市一类村支部75%，三类支部全部转化。临河市村集体经济总收入640万元，90%以上的村新建党支部活动室，建立健全村民代表大会制度、村务公开制度、干部廉洁制度、村规民约、财务审计制度。在乡镇党委中开展先进乡（镇）党委创评活动，村级支部开展"红旗支部"创评活动，在党员干部中开展"双学""三讲""三结合致富链"活动，在农户中开展"十星级小康户"创评活动，形成"党组织—党员—农户"的创先争优格局。开展"党员三结合致富链"活动，"贫户学富户、富户帮贫户、党员联两户、两户帮一户、一户富三户、党群齐致富"成效明显。乌图克乡党委被中组部评为1995年全国先进基层党组织。制定下发《国有企业党的建设工作规划》《关于加强国有企业领导班子建设的意见》《关于在国有企业转制过程中切实加强党组织建设的意见》一系列文件，要求企业党组织按照"四个有"目标建应健全工作制度、党员教育管理制度、党内监督制度和党的干部制度、党组织参与企业重大问题决策制度。并组织对企业领导班子进行多次培训和考核，加强对企业管理人员的培训教育和企业后备干部队伍的建设。在城区街道办事处，以"星赛""杯赛"和评选"十佳市民"

"文明单位"为重点，开展创建星级文明城市活动。

2009年，创新基层党组织设置，构建城乡统筹和城镇区域化党建新格局，基层党建工作水平提升。农村基层组织围绕推进农业产业化进程，选好配强村支部书记，创新支部设置方式和工作内容，实施"五大工程"，为促进农民增收提供服务。

2011年，探索非公企业党组织发挥作用的新途径，先后在国泰集团等3个企业成立党组织，发展企业党员54人。开展鸿臣房地产开发公司党支部与曙光办增丰村"村企结对共建"，绅禾集团党委党员示范柜组评选和党员储金会互助组等内容丰富的党建典型示范点选树活动。开展结对帮扶、走访慰问、志愿服务、文体娱乐等活动。

2012年，培养入党积极分子505人，发展新党员277人。落实"一岗双责"制，不断加强机关党组织规范化建设。在机关中大力推行岗位责任制、首问负责制、服务承诺制、限时办结制等制度，改进机关工作作风，加强机关效能建设，打造机关服务品牌。非公有制企业和社会组织党建以"抓党建促发展"为主题，按照"五项规范化"建设和"四个100%"的要求，采取整体规划、以点带面、分类指导、载体推动等综合措施，建立规模以上企业党建工作领导包联制度，实行行业归口管理和属地管理相结合的管理机制，有效整合企业工会、共青团、妇联等群团组织，形成党群共建合力。推进党代会常任制各项工作。加强党代会联络办人员配备，完善党代表联系制度，推行党代表定期接待制度。开展区委委员、候补委员、纪委委员联系党代表，党代表联系党员群众"双联系"活动。围绕"服务大局、科学发展"活动主题，组织党代表开展视察调研、集中提议、述职评议等活动。采取"请进来、走出去"等学习培训手段，丰富和拓展党代表视野。

2014年，以推行"三级联述联评联考"为抓手，落实各级党组织书记管党治党责任，一级抓一级、层层抓落实。农村党组织重点围绕"推进科学发展、建设美丽乡村"主题，以提高党组织"双服务"和党员"双带"能力为重点，开展"五创五评五提升"活动。街道社区党组织围绕"服务居民群众、构建和谐社区"主题，推进"三有一化"建设，深化服务体制改革，提高社区服务水平、干部队伍素质、居民整体素质。机关党组织围绕"服务中心、建设队伍"主题，开展学习型、服务型、务实型、廉洁型、高效型党组织创建。结合教育实践活动开展反"四风"、树新风活动，建立健全机关干部直接联系服务群众机制，推进"结对互助、统筹共建"工作。探索对机关党员实施有效管理的途径，强化在职党员进社区考评管理。非公企业和社会组织党组织围绕"推动科学发展、维护各方权益"主题，抓好组织和工作两个覆盖，建好党组织书记和党建指导员两支队伍，在维护各方利益中发挥作用，服务大局。

2015年，以"六有"标准推进服务型党组织建设，实现"三个拓展""两个保障"。"三个拓展"包括以下三方面。拓展特色载体。推行农村社区化管理和"3353"民主议事机制，社区夕阳红、市民大讲堂、爱心储蓄所，机关"四深入五创建""五联五访五到户"，非公企业和社会组织"双强六好"创建等特色载体活动。分类推进不同类型示范群体创建，建成农村党建综合示范点25个，创建企业党建示范点8家，打造以金川居家养老和铁南怡德文化大院为代表的一批特色社区。延伸拓展党员星级化管理内涵，在临河区开展"十星级"党组织评选、授匾挂牌及倒排后进党支部、排查不合格党员等活动。开展"尽责圆梦"主题演讲比赛、消夏文艺演出和干部职工体育运动会等"庆七一"系列活动。拓展服务平台。为26个不达标社区解决办公活动场所，新建乡镇便民服务大厅3个，新建村部（分场）场所29个，配套改造38个。下拨专项经费和区管党费200万元，推进村（分场、社区）活动场所规范化建设。采取单建、联建、统建等多种形式强化建党工作，成立"村企居"联合党组织 2 家。组建非公企业党工委，强化非公企业和社会组织党建工作，在两类组织分别新建党组织 23 家和 10 家。"两个保障"包括两个方面。加强队伍保障，按照"三个百分百"目标，完成 151 个村 51 个社区的换届工作。选齐配强驻村、企、居党组织"第一书记"，实现全覆盖。结合"五级示范引领"和推进社会主义新农村建设，完成 18 个三类村三年转化目标。提升经费保障，制定出台基层活动经费使用管理、工资待遇定期增长机制。2015 年度财政列支专项党建经费 2490 万元，镇村、街居党建经费，党员活动经费和村干部待遇，均达到或超过自治区标准。增加农场分场党建工作经费 110 万元。落实302 名离任村干部的生活补贴。完成改革任务59 项。

2016 年，安排处级领导每人引领联系 1 个乡镇（街道）、1 个非公企业和 1 个重点项目。抽调3738 名机关干部组建 11 个示范引领工作团和 173个驻村（分场）工作队。

二、乡镇党组织建设

2005 年，临河区委下发《中共巴彦淖尔市临河区委办公室关于贯彻〈市委办公厅关于深化"三级联创"开展"双三双链双推"活动的安排意见〉的实施方案》，开展以"深化三结合致富链、完善三级干部服务链、推农民组织化、强基层党组织"为主要内容的"双三双链双推"活动。

2005 年 5 月 27 日，召开农村基层党组织建设暨"双三双链双推"活动现场会，巴彦淖尔市委对临河区农村基层党组织建设及深化"双三双链双推"活动给予肯定。临河区被内蒙古自治区确定为"三级联创"活动 5 个示范旗县区之一。

2006 年，临河区委下发《中共巴彦淖尔市临河区委员会关于印发〈深化"双链双推"活动的实施意见〉的通知》，持续推进临河区"双链双推"活动的开展。9 月 14 日，召开深化"双链双推"活动现场观摩会，区四大班子领导和乡镇、

区直有关部门负责人参会，实地观摩了白脑包镇"脱水菜协会"、十大股村"养殖产业链"、乌兰图克镇红旗村二八组"新农村建设"、城关镇治丰村部改造等内容。各乡镇新建村党支部阵地 10 个，改造 16 个村级党支部阵地，总投资 165 万元。

2007 年，农村基层党组织建设以深化"双链双推"活动为重点，结成三结合致富链 449 链，链结党员 4475 人，链结农户 55296 户，占临河区农户的 92%。结成"三级干部服务链"10 个大链，152 个小链，参加结链处级干部 27 人、科级干部 1070 人、村干部 638 人。11 月，印发《〈关于解决村干部待遇的意见〉的通知》，对符合任职条件的村干部办理社保基本养老保险或进行岗位生活补贴。

2008 年，确定为农村"双链双推"转化年，进一步推进农村"三结合致富链"向专业协会的转化，提升"三级干部服务链"服务效果，提高专业合作组织的协会运行质量。10 月 16 日，组织召开农村党建"双链双推"活动现场会，实地观摩白脑包镇召滩村、新华镇产业联合党支部、乌兰图克镇隆强村，乌兰图克镇党委、白脑包镇党委。

2009 年 3 月 31 日，组织召开纪检、组织、宣传、统战等一揽子党建会议，下发《农村党建工作安排意见》《党建工作示范点和村级活动场所建设表彰决定》等文件，明确农村基层党建重点工作任务。6 月 21 日，临河区 12 名农村干部参加选拔公务员考试，2 名村干部被录用。7 月，下发《临河区村级党组织和第七次村民委员会换届选举工作实施方案》，同月启动，9 月 15 日前完成新一届村"两委"换届选举任务。

2010 年 4 月，临河区委下发《中共巴彦淖尔市临河区委员会办公室关于在全区各镇推行"三一四全"工作法的实施意见》，加快推进基层职能转变，夯实党的执政基础。5 月 28 日，召开创先争优活动工作部署会议，印发《关于在全区党的基层组织和党员中深入开展创先争优活动的实施

方案》，动员镇村、街道社区、区直单位、党群部门及非公有制企业等146家单位，777个党组织的18495名党员，启动创先争优活动。11月，出台《临河区从优秀村党组织书记、村主任中公开选拔副镇长工作实施方案》（临党办发〔2010〕52号），从乌兰图克乡、新华镇、干召庙镇符合条件的村干部中公开选拔副镇长3人。

2011年3月，印发《临河区2011年农村基层组织建设工作安排意见》，在农村推行"3214"工程：突出三项建设（新建一批合作组织党组织、创建一批合作组织党建示范点、组建一支农民产业带头人队伍）；推行两个方法，即"三一四全"工作法和"四议两公开一备案"决策法；抓好一项活动，即庆祝建党90周年系列活动；实现四个提升，即实现村级党组织建设、党建亮点、村级活动场所和现代远程教育站点、城乡统筹的基层党建格局的新提升。4月30日，按照区委《关于做好镇党委换届工作的实施意见》，7个镇党委换届工作全部完成，选举产生党委委员59人、纪委委员35人，选举成功率100%。5个镇党委班子按9人配备，2个镇党委班子按7人配备。选举产生的新一届党委班子成员中，平均年龄38.5岁，大专以上学历96.6%，班子成员个体由行政管理、法律、教育、农林水、经济管理等多种专业组成。6月28日，临河区委举行庆祝建党90周年"七一"表彰大会，对38个先进基层党组织、38名优秀党务工作者、38名优秀共产党员、10名十佳村党支部书记、10名十佳农民党员产业带头人、5个村级活动场所建设先进党组织、4名支持社区党建工作先进个人、2名支持企业党建工作先进个人等进行表彰。7月，新华镇党委被自治区评为先进基层党组织；新华镇制种协会会长张毅敏被自治区评为优秀共产党员。11月，区委筹资80万元，完成10个村活动场所的翻新改造，配备桌椅1445套。协调文体部门为82个村活动室建立"草原书屋"，为部分村配备文体活动器材。

2012年4月，区委组织部以基层组织建设年

活动为契机，实施了村级党组织分类定级。按照"自查自评、民主测评"的程序，评出先进村级党组织71个，一般村级党组织64个，后进村级党组织17个。7月，八一乡联丰村党支部、狼山农场党委被自治区党委评为基层组织建设示范点。10月，按照《临河区村"两委"换届选举工作实施方案》精神，9个乡镇152个村完成村"两委"换届选举任务。选举产生村支部委员501人，村民委员会委员469人，其中村两委交叉任职308人，占46.5%，"一肩挑"30人，占20%；村两委委员中妇女有159名，占24%，保证每村有1名妇女干部；村两委平均年龄49岁，较上届相比下降0.5岁；村两委委员中大专及以上学历21人，较上届相比增加3人，高中及以上学历352人，占53.2%，较上届相比提高6.8%。12月，临河区6个乡镇建成便民服务大厅，把计生、民政、就业、社保、合作医疗、农牧业服务、土地资源管理等服务窗口部门纳入便民大厅，实行统一管理，集中办公，实现一站式办理，全程化服务的目标。在152个村全部设立村民事务代办点，聘请821名民情联络员（村民事务代办员），一张横向到边、纵向到底的镇、村、组三级干部便民服务网络基本形成。

2013年6月，推行农村社区化管理示范点建设。建成干召永丰村、八一联丰村、双河进步村、图克新民村4个高标准农村社区化管理示范点。7月，区委组织部印发《关于在全区三类村开展"五个一"帮联行动的实施方案》决定利用三年时间，完成18个三类村的转化整顿工作。新华镇隆胜村党支部、双河镇进步村党支部被自治区评为先进基层党组织。11月，区委下发《关于推行村民代表会议常设制和党员星级化管理的实施意见》，在临河区总结推广这两项工作。年底，巴彦淖尔市委专题调研后，在农村牧区推广。12月，巴彦淖尔市委组织部牵头召开各旗县区组织部部长、分管组织工作的副部长、组织科长，以及各乡镇苏木党委书记参加的全市农村基层服务型党

组织建设观摩推进会，期间对临河区新华镇村民代表常设制和乌兰图克镇党员星级化管理进行现场观摩。临河区作为旗县区唯一代表，由区委常委、组织部部长周鹏程作典型交流发言。

2014年4月28日，巴彦淖尔市委党的群众路线教育实践活动领导小组，到联系点新华镇调研指导实践活动进展情况。7月，新华镇党委被自治区评为先进基层党组织；乌兰图克镇新民村党支部被评为基层服务型党组织示范点；双河镇进步村党支部书记陈茂伟被评为基层服务型党组织示范带头人。12月17日，区委组织部组织召开村民代表会议常设制和党员星级化管理经验交流会。

2015年3月20日，召开村"两委"换届选举工作部署会议，分别于4月28日、8月16日完成村党组织、村委会换届选举任务。3月，区委出台《临河区村"两委"班子和村干部绩效考核工作指导意见》，在执行自治区村干部基本报酬的基础上，评为一类村的正职发放绩效工资7000元，二类村3000元，副职按照80%发放。4月，区委组织部印发《关于深入开展示范引领全面落实从严治党责任切实推进联系服务群众常态化工作的实施意见》，抽调机关和乡镇干部519人，组建11个示范引领工作团和173个驻村（分场）示范引领工作队。

7月，出台《临河区委贯彻落实习近平总书记从严治党八项要求的实施方案》，从12个方面提出76项具体任务，按照部门职能，明确7个牵头单位、13个成员单位的具体目标任务和职责要求。

2016年1月6日，召开乡镇、农场、街道、部分区直单位党组织书记抓党建述职评议会。市委常委、区委书记李理主持会议，市委组织部副部长、市委市政府考核办专职副主任贾中山等出席会议。会上听取了6个乡镇、10个街道和2个区直单位党组织书记抓党建工作的述职汇报，区委常委、纪委书记赵敏，区委常委、组织部部长周鹏程对述职单位进行逐一点评。4月4日，召开党委换届暨组织工作会议，贯彻落实中央、自治

区、市委换届工作会议和组织部长会议精神，安排部署临河区党委换届和组织工作。5月28日，9个乡镇完成党委换届选举任务，选出乡镇党委委员81人、纪委委员45人、出席区第十三次党代会代表85名。6月22日、23日，自治区"两学一做"巡回宣讲团第六宣讲团成员、内蒙古党校教授吴秀华来临河区宣讲，临河区科级以上党员干部和村党组织书记参加学习培训。6月29日，召开庆祝中国共产党成立95周年大会，市委常委、区委书记李理出席会议。区委副书记、政府区长王肇晟主持会议。对临河区城关镇继光村等25个先进基层党组织、任志平等30名优秀共产党员、李志钧等30名优秀党务工作者、潘竟忠等15名优秀基层党组织书记、杨靖海等10名优秀下派村（分场）第一书记进行表彰奖励。

三、社区党组织建设

2005—2007年，临河区实施以"为民、富民、安民、乐民、便民、育民"为主要内容的"六民工程"，组织部督导建成办事处党建综合服务大厅3个，社区党建综合示范点10个。

2008—2010年，组织构建街道社区区域化党建工作新格局。

2011—2012年，把解放街道办事处、金川街道办事处、汇丰街道办事处3个街道办事处列为改革试点，进行街道社区管理体制和运行机制改革。

2013年，在金川街道办事处、汇丰街道办事处、解放街道办事处3个试点撤销街道党工委和办事处，成立社区党工委和社区服务中心，推行"一委一会一中心"的组织体系，实行区直管理社区体制。

2014年，临河区社区服务指挥中心成立，中心以数字信息平台为支撑，推行"一网式"（一个网站）"一线式"（一部热线）"一信式"（一条短信）"三个一"数字化应用模式，实现与区直30个委办局，51个社区的无缝对接。居民通过点击社区网站，可随时查询、网上申报街道社区提供

的五大类30项服务内容。

2015年，组织社区完成"两委"首届换届选举工作。通过财政扶持、整合市直单位腾退办公用房和现有资源等途径，解决26个不达标社区办公活动场所，51个社区办公活动场所面积达到自治区标准。组织创建"一居一品"特色社区，打造以金川社区"四位一体"新型居家养老模式为代表的"关爱型"社区，铁南街道怡德文化大院为代表的"文化型"社区，北环、西环街道夕阳红党支部为代表的"服务型"社区等。推行在职党员进社区活动，全区6500名在职党员深入到所辖社区，亮身份、领岗位，开展政策宣传、健康保健、义务植树、扶贫救助等活动8700人次。51个社区成立夕阳红党组织。

2016年，《临河区街道社区党建阵地基本配置规范化建设实施方案》出台，坚持"办公最小化，服务最大化"原则，按照"一厅一站两中心四室"（一站式服务大厅、爱心捐助站、党员群众教育培训中心、卫生服务中心、图书阅览室、党群活动室、心理咨询室、矛盾调解室）建设标准，推进社区服务功能标准化建设。深化夕阳红、社区党校、市民大讲堂、红色港湾等特色品牌。打造康都社区生命体验馆、科文社区蒙元文化建设、明珠社区村企居共建"联合党委"等精品社区，推进各具特色的共享型、教育型、平安型社区建设，提升社区整体服务水平。

四、非公有制企业党组织建设

2008年，强化组织领导，实行行业归口管理，把临河区非公有制企业分为四大领域，商贸流通领域企业归口于商务局主管，建筑系统领域企业归口于建设局主管，年营业额500万元以上的规模企业归口于经济局主管，中小企业局主管规模以下中小型企业，年内纳新党员53人，有39名党员骨干被企业选拔为中层管理人员，17名党员骨干进入企业决策层。

2009年，因企制宜探索党组织和党员发挥作

用的途径和方式，分领域开展党建工作样板选树活动。内蒙古金川啤酒高科技有限公司党委、内蒙古草原鑫河食品公司党支部、临河区商业大厦党支部被评为"先进基层党组织"；内蒙古金河套乳业有限公司党支部被评为"党建工作创新奖"；巴彦淖尔市西部铜材有限公司、联邦制药内蒙古有限公司、双河羊绒制品有限公司、春雪羊绒制品有限公司、内蒙古草原宏宝食品有限公司被评为"支持党建企业"。

2010年，选树不同类型党建示范企业，推广绅禾集团党委开展的"党员示范柜组"评选和"党员储金会"活动，鸿臣房地产开发公司开展的村企结对共建活动。

2011年，实行行业归口管理和属地管理相结合的管理模式，将巴彦淖尔市经济技术开发区内的非公有制企业党建工作划归开发区管委会管理，将农村小型私营企业划归所在镇党委管理。城区中介组织，如律师事务所、会计师事务所、审计事务所、家政公司归属街道党委管理。"组建一个，巩固一个"，从阵地建设和活动形式上促进规范化。

2012年，按照"业余、分散、小型、实用、灵活"的原则，引导非公有制企业党组织把开展党活动与服务于生产经营相结合、与规范企业管理相结合，创建活动载体，开展多种形式的活动。在商贸流通企业党组织和党员中开展"党员先锋岗""党员示范摊位""优秀党员柜组"主题活动，多名经营户党员被评选为"党员示范户"。

2013年，对非公有制企业和社会组织进行摸底调查，建立工作台账，制定《关于切实加强和全面推进非公有制经济组织和社会组织党建工作的实施意见》。

2014年，按照注重一线的原则，发展新党员26人。制定《关于加强和改进非公有制企业党的建设的实施意见》，明确非公有制企业党组织职责，推行党组织书记党建述职制度，每年进行一次书面述职，把非公有制企业党建工作绩效作为

行业主管单位年终考核。

2015年，成立非公有制经济组织和社会组织党工委，作为区委派出机构，负责全区非公有制经济组织和社会组织党建工作，制定下发《临河区非公有制经济组织和社会组织党工委工作规则》《临河区非公有制经济组织和社会组织党工委职能职责》《关于规范全区非公有制经济组织和社会组织党组织活动场所规范化建设的通知》和《临河区党建指导员管理办法》等制度，编印发放《临河区非公有制经济组织和社会组织党建工作指导手册》。通过单独组建、村企居共建、行业联建等方式，新建企业党组织23家，新建社会组织党组织20家，非公有制企业和社会组织党组织组建率大幅提升。加大在生产一线职工、专业技术骨干及经营管理人员中发展党员的工作力度，发展党员54人。将25名党工委委员全部下派到职工人数较多、生产规模较大、企业效益较好的非公有制企业担任"第一书记"，加强对非公有制企业党建工作的指导。通过单位和个人推荐、报名审核、面试考察等程序公开选派7名专职党建指导员。

2016年，开展非公有制企业和社会组织"两个覆盖"专项行动，按照单独建、联合建、挂靠建、派驻建、"1+N"孵化建"六建"措施，开展党组织组建工作。新建党组织企业165家，党组织覆盖率55.9%；新建社会组织的党组织43家，党组织覆盖率70.7%，应建必建率100%，规模以上非公有制企业100%全覆盖，在巴彦淖尔市率先完成"两个覆盖"目标任务。依托各基层工商所，通过"1+N"区域化党建模式，将胜利市场监督管理所和车站市场监督管理作为试点，成立"个私联合党支部""党建指导站"，统筹整合区域党建资源，吸纳区域内116家小微企业和个体工商户，进一步扩大"小个专"党组织覆盖面。对没有党员、暂时不具备建立党组织条件的非公有制企业和社会组织，建立由区四大班子党员领导、第一书记、行业主管部门和党建指导员"四级包联"制度体系，实现党的工作全覆盖。29名处级

领导干部每人包联1家建立党组织的非公有制企业或社会组织，为他们提供相关政策性帮助。下派党建指导员167人，按照领域划分为七个党建指导组，把党建指导员编入各行业组内，采取"一对多"方式包联企业或社会组织，深入一线摸底调查组建党组织，推进非公有制企业和社会组织党建工作创新发展。按照注重一线的原则，采取群团推优、业主和党员推荐、员工推举等办法，发展新党员77人。结合"两学一做"学习教育，开展非公有制企业和社会组织党建工作"五抓三送一带"活动，赠送党建学习资料6500册、党徽1630枚、宣传海报2000份、专题宣传展板18套。内蒙古富川科技股份有限公司党委被自治区评为"先进基层党组织"。

第五节　目标考核

2005年，临河区委组织部对15个乡镇（包括曙光办）、9个办事处、16个党群政法部门、28个政府职能序列单位、19个二级单位，共87个单位进行考核，评出实绩突出单位29个，优秀科级干部153人。

2006年，对9个镇（包括曙光办）、9个办事处、16个党群政法部门、31个政府职能部门、23个二级单位，88个单位进行考核，评出实绩突出单位33个，评出优秀科级干部149人。

2007年，对9个镇（包括曙光办、八一办）、9个办事处、16个党群政法部门、31个政府职能部门、15个二级单位、1个委托考核单位，81个单位进行考核，评出实绩突出单位33个，评出优秀科级干部155人。

2008年，对镇、办事处、区直单位领导班子和科级领导干部进行考核，评出实绩突出单位33个，优秀科级干部144人。

2009年，下发《临河区镇、办事处、区直单位领导班子和领导干部2009年度工作实绩考核实

施办法》，根据该文件的具体要求，对科级领导班子和领导干部 2009 年度工作进行考核，评出实绩突出单位 33 个，优秀科级干部 135 个。

2010 年，制定《临河区 2010 年镇、办事处、区直单位领导班子和领导干部年度考核实施办法》，开展临河区棚户区改造 C2 项目拆迁工作专项考核，开展欧胜莱、居然之家、红星美凯龙项目拆迁工作专项考核，对科级领导班子和领导干部进行年度考核。

2011 年，年初对上一年度棚户区改造项目拆迁工作进行总体考核，评出拆迁工作先进集体和先进个人，由区委政府进行表彰奖励。下发《临河区 2011 年镇、办事处、区直单位领导班子重点工作考核细则》，对临河区科级领导班子和领导干部进行年度考核。

2012 年，开展对医院、学校的聘任期满考核。下发《临河区 2012 年镇、办事处、区直单位领导班子重点工作考核细则》，对科级领导班子和领导干部进行年度考核。

2013 年，开展"转变作风，服务群众"及"慵懒慢散"专项治理督查工作，组织部与纪委共同组成督查组对区直单位、二级单位、调管单位进行多次督查，公布督查通报。督查结果作为平时考核的一部分纳入年度考核。印发《临河区 2013 年乡镇、农场、办事处、区直单位领导班子和领导干部年度考核工作实施意见》，对临河区科级领导班子和领导干部进行年度考核。

2014 年，印发《关于调整临河区委、政府年度考核工作领导小组的通知》，对区委、政府年度考核工作领导小组进行调整，确立"三位一体"考核体系，下发年度考核细则，对科级领导班子和领导干部进行年度考核。

2015 年，印发《临河区 2015 年乡镇、农场、街道、区直单位领导班子和领导干部年度考核实施办法》。组织部与临河区人社局共同印发《临河区关于进一步加强公务员平时考核工作的实施意见》。对科级领导班子和领导干部进行年度考核。

2016 年，印发《临河区乡镇、农场、街道、区直单位领导班子和领导干部年度考核暂行办法》。

第六节　老干部工作

一、"两个待遇"落实

1991—2016 年，落实老干部"两个待遇"（政治待遇和生活待遇），在临河市（区）委、政府领导下，完成老干部安置工作，保障老干部权益。其中，1997 年在原国有企事业单位离休干部，被安置到所在单位的主管科局；原行政机关离休干部，被安置到本单位。主抓转制企业老干部待遇的落实，将"两费"收回政府，由老干局管理。每年确保离休干部及时拨付发放离休费，医疗费实报实销，给符合条件的离休干部发放交通费、护理费、书报费，提高"两费""交通费、护理费、书报费"的发放标准。1997 年，组织老干部代表参加"迎香港回归""赴自治区观礼、为老干部颁发自治区成立 50 周年纪念章"等活动，

1998—2000 年，为符合条件的 130 名老干部发放住房维修费，多年来为 200 名老干部做实事、好事 1000 件。组织老干部开展形式多样、健康向上的文体娱乐活动，丰富老干部的精神文化生活。邀请老干部代表参加市、区党代会、人代会、政协会等重要会议，老干部参政议政、献计献策 300 次。2008 年，组织老干部为"汶川地震捐献特殊党费"；临河市委、市政府领导向老同志通报重点工作情况；老干部局向老同志每月定期传达市、区有关重要会议、文件精神，多次召开老干部专题座谈会。从 2000 年开始，每两年组织老干部到先进地区参观考察，就近参观本地重点建设项目，使他们分享改革发展成果；每年为老干部体检 1 次，做好老同志的身体保健；每年"七一""国庆"等重大节日，组织开展健康文明积极向上的

文体比赛活动和文艺娱乐活动。2010 年，为 10 名离休干部落实经适房和廉租房，解决他们的住房问题。2011 年，离休干部医疗费按照每年人均 15000 元的标准列入预算，原任处级退休干部在享受职工医疗保险的基础上，每人每年发放医疗补贴 6000 元。

到 2016 年，老干部的政治和生活两项待遇得到加强，保证离休干部"三个机制"成果运行有效。

二、文体活动

2000—2016 年，临河市（区）老干部局多次组织离退休老干部参加乒乓球、门球等比赛，发动离退休干部参加社区广场舞和其他文体娱乐活动。

到 2016 年，离退休老干部参加各类文体娱乐比赛活动 500 余次。

第六章 宣传工作

第一节 机 构

2000 年，临河市宣传部内设办公室、宣传科、党教科、文体科、讲师团、文明办。有干部职工26 人。

2017 年，临河区宣传部内设办公室、理论室、社科联、文艺室、融媒体中心、外宣办、文明办，下设二级单位 1 个（网信办）。核定编制 37 名，有干部职工 36 人。

第二节 理论教育

一、中心组学习

1991 年，临河市委宣传部结合社教活动，学习马克思主义哲学、科学社会主义和建党理论。

1992—1996 年，定期组织市级六大班子领导参加中心组学习，经巴彦淖尔盟委考核，成绩名列前茅。

1997—2001 年，宣传部采取集中学习与自觉学习相结合，培训与辅导相结合，外出考察与调查研究相结合，专题讨论与撰写论文相结合的办法，学习领会中共十五大精神。

2002—2006 年，临河市（区）委宣传部以中心组学习为龙头，发挥辐射带动作用，促进各级干部群众的理论学习。2004 年，参加自治区党委召开的全区党委（党组）中心组学习经验交流会，研究探讨加强和改进党委（党组）中心组学习的思路和途径。参加自治区党委宣传部和巴彦淖尔盟委宣传部组织的理论研讨活动，组织报送理论文章 20 篇，其中 6 篇被自治区和盟级刊物采用。

2007—2011 年，临河区委宣传部统一撰写、印发专题学习讲座，加强党员干部的理论培训，成立宣讲团，统一备课、专人宣讲。

2012 年，区委中心组成员多次到乡镇、社区和企业，就城区街巷硬化、产业转型升级发展等课题进行调查研究，人均调研天数 78 天。各级中心组成员带头为基层做理论辅导，有效带动学习型党组织建设，涌现一批中心组学习和学习型党组织典型。制定优秀基层大讲堂和优秀宣讲员评选表彰办法。在中央、自治区、巴彦淖尔市委关于作风建设的相关规定出台后，召开 2 次扩大学习会，组织宣讲团干部集中学习。

2016 年，临河区委宣传部成立理论科，分管领导 1 人，工作人员 1 人。重新组建百人兼职讲师团。

二、理论下基层

1992—1996 年，结合实际开展理论研究，组织干部撰写理论文章和调查报告。召开宣传系统大学习大讨论论文研讨会。举办临河市党建、思想政治工作、精神文明建设理论研讨会，收到研讨会论文60篇，其中20篇论文获奖。在巴彦淖尔盟召开的转换企业经营机制理论研讨会上，6篇论文参加了研讨。选送11篇论文参加全盟党建论文研讨，其中2篇获得一等奖。举办临河市市场经济理论研讨暨大学习大讨论经验交流会，收到论文150篇，有54篇参加研讨交流，编印《论文选集》。

1997—2001年，在临河市范围内开展"理论下乡"活动，加强对农村党员的政治理论和科技培训，探索新形势下党教工作的新途径。各级党委组织理论宣讲团到农村、企业进行理论辅导、政策讲解、形势教育，开展揭批迷信等活动；抓大学习大讨论典型示范工作，在提高、发展老典型的同时，发现和培养新典型，推广典型经验。由领导带队的工作组，到困难企业和农村开展活动，把教育群众与服务群众结合起来。通过召开座谈会、征文、演讲等形式宣传和弘扬"五种精神"，注重宣传先进典型人物和事迹，增强辐射效应，宣传推广金川保健啤酒总厂等企业思想政治工作先进典型。

2002—2006年，通过加强学习灌输、强化教育培训、严肃学习纪律、注重考试考核等方式方法，分层次、有重点地加强理论学习宣传，不断提高党员干部群众的思想政治素质和理论素养，增强运用理论指导实践的能力，完善思想政治工作联席会议制度。开展"三个代表"重要思想理论学习活动。制定印发《关于在全市兴起学习贯彻"三个代表"重要思想新高潮的安排意见》，分三组对学习贯彻活动进行督察。邀请自治区、巴彦淖尔盟理论专家和先进发达地区领导作专题讲座、典型经验报告。2004年，以区委党校为主阵地，与组织部门联合对科级干部进行3次集中轮训。对各级党委中心组学习的重点内容、形式方法、基本要求做出安排部署，加强对临河区党委（党组）中心组学习工作的指导。安排分管理论的副部长赴京参加中共十六届六中全会精神培训班。

组织开展中共十六届五中全会精神、区委十届十次全会精神、社会主义荣辱观、社会主义新农村、党章、市民文明素质教育、农民科技理论教育、区十一次党代会精神、中共十六届六中全会精神、市二次党代会精神和自治区八次党代会精神等专题宣讲活动10轮450场次，受教育干部群众10万人次。

2007—2011年，开展中共十七大和区委十一届三次全会、迎奥运讲文明树新风、社会主义核心价值体系、中共十七届三中全会这四个方面的主题宣讲活动。纪念改革开放30周年理论文章中有1篇获自治区优秀论文，4篇获全区优秀论文。组织承办区委中心组理论学习60次，参学领导干部人数1.1万人次，各级党委中心组年均学习12次。

2011年，临河区启动哲学社会科学普及周活动，60个市区单位3000人参加，设立咨询台60个，接受咨询2200人次，解答法律问题300条，发放各类宣传资料7000份。开展"临河区读书日及图书展销"活动，发出"世界读书日"倡议书1000份，发放宣传资料500份，推荐图书100种。

2012年，开展送教下基层、送教下乡活动300余场次，受益党员干部1万人次；举办青干班2期，培训青年后备干部120人次。临河区共征集论文65篇，其中3篇获自治区级优秀论文，5篇获得市级理论成果奖，10篇获区级优秀论文。印发各类学习资料6000份，集中培训机关党员70场次，党员培训率95%以上。还设立道德讲堂52个，建成道德讲堂示范点3个。开展集中宣讲活动300场次，受众20万人次。开展中共十八大精神学习宣传活动，组织专场宣讲5次。9个乡镇悬挂"农民大讲堂"牌匾，11个办事处悬挂"市民大讲堂"牌匾，临河区委党校悬挂"党员干部理论学习讲坛"牌匾，区委宣传部建立"机关大讲堂"。"市民大讲堂"被自治区党委宣传部评为大讲堂先进集体，区委党校副校长郭建军被自治区党委宣传部评为理论宣讲先进个人。抽调有关部门专家、骨干组建市民大讲堂、农民大讲堂、道德讲堂、理论讲坛、机关大讲堂以及建设学习型党组织宣讲团，到机关、学校、企业、社区、村组开展巡回宣讲活动。

三、理论培训班

1991年，结合庆祝建党七十周年活动，组织广大党员干部学习马克思主义建党理论和党的基本知识。

1992—1996年，组织临河市各乡镇、办事处宣传委员参加培训班，提高基层宣传委员的理论素质和理论修养。

1997—2001年，组织不同层次的理论骨干培训班，使大学习大讨论形式多样，内容充分。召开经济建设、精神文明建设、西部大开发、党建工作、中国加入世界贸易组织面临的机遇和挑战及群众关心的热点、难点问题等方面的研讨会。

2002—2006年，举办学习培训班、座谈会，组织宣讲团宣传中共十六大精神。2004年，从临河区14个乡镇和曙光办筛选出30名懂经营、善管理的特色经济种养大户、产业协会领头人、流通经纪人以及外出务工高收入代表，从区委讲师团、党校抽调5名理论骨干，从农口各部门抽调10名科技人员，组成引导农民致富宣讲团，开展巡回宣讲。开展征文活动，筛选10篇理论文章上报上级宣传部门参加各类研讨，其中2篇理论文章获奖。以讲师团为基础，组建农民致富宣讲团、先进性教育宣讲团、市民教育宣讲团，有针对性开展讲座。

2007—2011年，建立基层大讲堂57所，其中道德讲堂29所，培养选拔基层宣讲员54人，开展宣讲1800场次，参学干部群众累计9万人次；建立完善"科普周"活动长效机制，为群众义务提供咨询14500次，发放各类宣传资料5万份。

2011年，临河区7个镇、13个街道办事处利用"农民大讲堂""市民大讲堂"开展农民实用技术培训、市民教育456场次，培训农民和市民110000人次。

2012年，开展农民实用技术培训、市民教育228场次，培训农民和市民50000人次；举办各级各类干部培训班60期，轮训党员干部近万人次。

第三节　社会宣传

1991年，文化艺术部门重点抓好具有地方特色剧目的编创和演出。组织专业文艺工作者深入生活，开展写家乡、唱家乡的群众性文艺活动。抓好文化市场整顿，加强农村文化阵地和队伍建设，加强对电影队、录像放映点的管理。

1992—1996年，临河市文联编创出版《歌唱临河》歌曲专辑。文体委组织建市十周年文体表演和国庆45周年游园活动，市乡两级组织举办农牧民运动会、职工运动会、中小学生运动会。市歌舞剧团配合爱国主义教育的开展，编排一套具有小学生观赏特点的节目在城乡巡回演出。临河市文联三级编剧孙世平同志创作的诗歌《离太阳最近的人》，登上由中组部、中宣部、中国文联联合主办的《孔繁森之歌》文艺晚会。有7个乡镇恢复建立电影放映队。文化市场管理部门以清理学校附近的"两室一厅"为重点，举办文化市场从业人员培训班12期。电视专题片《力的效应》、歌曲《小河》、论文《学习十四届四中全会精神，加强领导班子思想作风建设》、剧本《广告情》、书籍《春潮曲》被评为巴彦淖尔盟"五个一工程"入选作品。编印《论文选集》。《临河晚报》创办扩大版"中小学生文苑报"，首期印发8万份，年末更名为《巴盟文苑报》。临河市委宣传部、临河电视台联合摄制了大学习、大讨论专题汇报片《震撼》。

1997—2001年，临河完成3首歌曲、1个少儿舞蹈、2个剧本、1部电视专题片、1部儿童小说、2篇理论文章的创作。开展"维信之夜"广场文化艺术节。临河市文体局落实"彩虹文化计划"，筹措专项匹配资金，完成 14 个乡镇文化站的改扩建和设施完善工作，20 个乡镇全部建成高标准文化站，160 个村全部建有文化室，87 个社建有文化室，20 个乡镇建有图书阅览室、录像室、科技培训室等。在 17 个乡镇恢复建立电影放映队，临河市电影公司购买 35 部拷贝，为放映队解决片源问题。文化部门深入 20 个乡村开展活动 20 次，送书4800 册，送戏下乡 8 次，送春联 1000 幅，送电影50 场次。组织科技人员进村入户，为农民提供科技培训、技术咨询等服务。宣传文化部门开展"庆回归、迎大庆"主题文体活动、"迎回归、热爱内蒙古、爱我临河"知识竞赛和主题演讲会、"庆回归、贺大庆"金川杯节画展以及"庆回归、迎大庆、热爱祖国"歌咏大赛等文艺活动。临河市文联和内蒙古音像出版社编辑出版了具有浓郁地方特色的《临河之歌》音乐带。临河市 20 个乡镇、9 个办事处成立体育协会。全市建成篮球、短跑、投掷等 10 个训练点。临河市文体局落实"彩虹文化计划"，对 14 个乡镇文化站的改扩建和设施完善工作。临河广播电台对农村广播调频设备进行安装和整修。市广电中心对有线设备进行更换和整修，引进数学压缩处理设备技术，新增卫星电视节目 5 套，使有线电视节目增加到 25 套。歌曲《八百里美丽的河套川》、图书《彩色的翅膀》获自治区第五届"五个一工程"奖。歌曲《爬山调声声唱河套》获自治区第六届"五个一工程"奖。电视专题片《下岗女工公冶君》获"五个一工程"优秀奖。临河电视台记者李文亮采写的《老楼头退休》在中央电视台新闻联播节目播出，获自治区二等奖。

2002—2006 年，大型现代戏《乌兰图克》在巴彦淖尔盟（市）"三会"期间搬上舞台，由杨文奎部长和诗词爱好者共同策划、编辑《北方诗文集》。临河市（区）歌舞剧团编排的二人台节目在晋、蒙、陕、冀四省区二人台艺术电视大赛上获奖，并赴京演出。组织协调文化部门开展大型文艺活动 48 次，中小型文艺活动 113 次，放映电影

1800 场，参与人数 40 万人次。

2004 年 12 月 25 日，举办临河地区首届二人台山曲大赛。结合文化下乡，启动农村电影放映"2131"工程。临河区文化艺术综合大楼改造建成，图书馆、文化馆的基础设施更新改善。14 个乡镇、10 个办事处全部建起文化站，农村建成综合达标村文化室 26 个、综合达标组文化室 50 个，城区建立社区文化活动示范点 20 个，常年坚持活动的文艺队有 25 个、秧歌队 35 个、电影队 8 个，基层文化站（室）的宣传文化功能逐步发展壮大。组建文学、美术、书法、音乐舞蹈、戏剧曲艺、民间民俗文艺、摄影、集邮、篮球、乒乓球等 20个类别的文化艺术体育民间协会。成功举办中国首届河套文化艺术节临河区第六届河套蜜瓜节。

组织推荐 2001—2003 年度"五个一工程"参评作品 9 件，其中电视剧 2 部、歌曲 1 首、图书 1部、舞蹈 1 个、理论文章 4 篇。

2007—2011 年，借助春节元宵节开展大型文艺活动，集花灯赛展、团体操表演、社火游行表演、猜谜游园等 10 大类 29 个单项活动为一体，内容丰富，城乡联动，10 万人次群众参与观看。历时 5 天的首届中国保健啤酒节，举办大型文艺晚会5 场，有多名国家和自治区演艺界明星参加演出。2008 年 5 月 1 日，市区两级举办庆祝北京奥运会倒计时 100 天暨全民健身月启动仪式，健身操、万人长跑以及篮球、乒乓球、田径等各类体育项目竞技活动纷纷举行。2008 年 5 月 12 日，反映河套历史沿革，农田水利建设的大型连续电视剧《河神》（暂定名）编剧在临河区开展调研、采风和资料收集工作。2008 年 11 月 10 日，中央电视台《探索·发现》栏目《河套秘史》摄制组在镜湖生态园进行实景拍摄，在原生态的河套人文景观中探寻河套文明孕育和发展的过程。非物质文化遗产保护工作取得新成果，通过走访、调研、挖掘、整理，新华镇的甘露寺和民间剪纸列入巴彦淖尔市非物质文化遗产名录。成功举办巴彦淖尔市第

一届运动会甲类项目足球比赛。组织国际岩画专家参观内蒙古河套人文民俗博物馆（临河一职），观看群众文化活动演出，获得国际友人及随行各级新闻媒体记者的好评。开展"扫黄打非"斗争，重点加强春节、五一等重要节假日以及中小学开学、中高考期间的文化市场治理。在临河区共建成村级文化活动室 18 个，组文化活动室 5 个，总投资 368.8 万元。新建和改建的文化室，95% 的已经挂牌，布置了墙上阵地内容，添置了活动器材和图书等。协助组织举办 2010 中国·河套文化艺术节、河套文化研讨会、首届巴彦淖尔春节联欢晚会，启动阴山岩刻申遗工作。配合完成《黄河女人》《全二平的马拉松》《蓝学校》《红头绳》《杨门女将之军令如山》《西口情歌》等多部影视剧和电视纪录片《大河套》的拍摄工作。举办基层文化工作从业人员培训班 10 期，受训人员 150 人次。组建群众艺术协会 20 个，会员 2000 人。争取到乡镇文化站项目建设资金 52 万元，解决部分撤乡并镇后原有乡镇所在地无文化站的问题。为 7 个镇文化站安装卫星接收器，投入资金 50 万元配备办公设备。建设草原书屋 142 家。对新华镇甘露寺举办的"九曲黄河阵灯油会"进行实地拍摄、采访，收集相关重要资料并进行整理。

2012—2016 年，举办"万客乐"杯第三届青少年才艺大赛。争取体育健身项目资金 60 万元，在人民公园、街道社区、街心游园等便于市民健身锻炼的地段安装健身路径 11 套，164 件。临河区图书馆、文化馆、乡镇文化站、社区文化活动中心全部实行免费开放；完成巴彦淖尔市级非遗项目的申报和甘露寺"九曲黄河阵"转灯游会非遗项目的文字、音像资料整理和申报工作。曙光乡杨子明文化大院被自治区文化厅评为"内蒙古自治区十佳文化大院（户）"，这是继双河镇进步村王海宽文化大院后又一由个人创办的文化大院，获自治区荣誉称号。成立"总干"精神宣讲团，到乡镇、办事处、机关及企事业单位宣讲 80 场次，

受众 12000 人。成立"总干"精神研究会，创办临河区"总干"精神研究会会刊《总干之声》。协调广告公司及相关企业，投资 20 万元，在城市主要出口、街路明显位置，设立"总干"精神大型公告宣传广告 50 处，通过户外大型 LED 显示屏滚动播放"总干"精神宣传标语。成立临河区文化体制改革专项小组，制定"临河区文化体制改革实施意见"和"责任分工方案"，明确文化体制改革的工作目标、重点、措施等并报区委、政府研究审定，形成《临河区推进社区与机关单位文化服务设施共建共用办法》《临河区综合性文化服务中心建设试点工作方案》《临河区培育和践行社会主义核心价值观 2015 年行动方案》等 38 个改革方案和制度。区委、政府高度重视文化产业发展工作，将文化产业作为结构调整和新的经济增长点来培育，纳入《临河区国民经济和社会发展十三五规划》，将 663 家文化经营单位纳入临河区文化产业名录库，设立"临河区文化产业发展专项资金"，制定出台《临河区文化产业发展专项资金管理暂行办法》，明确专项资金用于文化产业规划编制、重点项目扶持、文化原创作品扶持奖励、文化旅游人才培养等。完成文艺团体改革工作，撤销歌舞剧团，妥善安置有关人员。大型文艺活动、送文化下基层等任务全部采取政府购买服务方式完成。开展《典藏巴彦淖尔》图书征集活动。举办消夏文化艺术节，同时开展临河区"放歌草原、书写百姓"全区文化艺术协会歌曲演唱评奖活动。挖掘利用河套文化资源，投入 4926 万元，将狼山镇富强村打造为河套民俗文化旅游村，在庆丰街西段建设蒙元文化风情街。在原湿地公园的基础上，按照国家 5A 级标准建设黄河河套文化旅游区，提升服务功能和运营效益。争取上级文化产业优惠政策，推荐河套文化产业园区项目、河套文化旅游区项目、彩迪印务文化用品生产项目等三个文化产业项目，通过巴彦淖尔市 2015 年文化产业发展专项资金项目的初步审核。推荐内蒙古

阳光文化城有限公司、内蒙古中润文化旅游有限公司等两家文化企业，加入自治区文化产业促进会。开展"倡导全民阅读、共建书香临河"为主题的"世界读书日"系列活动，参与市民 2 万人次，现场办理借书证 500 个，接受咨询 1000 人次，销售折扣低价图书 2000 册。在《临河报》开设"文苑"专版，推荐本土作家的优秀作品。编辑出版《美丽的嬗变》一书，涵盖小说、诗歌、散文、三字经等体裁，收录 109 部优秀作品，同时生产创作一批书画、美术、摄影、剪纸等作品。圆满承办自治区纪念抗日战争暨世界反法西斯战争胜利 70 周年优秀剧目《不落的太阳》巡演，场场座无虚席。制定《综合性文化服务中心建设工作方案》，在 11 个街道全部建成高标准综合文化服务中心，52 个社区办公活动场所达到自治区标准，形成社区党建、社区服务、社区文化、社区教育、社区卫生、社区治安、社区环境七位一体整体推进的发展模式。各乡镇农场新建村级文化活动室 125 个，改扩建文化活动室 20 个，新建成文化健身广场 209 个，完成文体器材配送 245 件套，组织各项文体活动 20 次，参与人数 10 万人次。举办临河地区纪念中国共产党成立 95 周年和红军长征胜利 80 周年群众大合唱优秀节目展演、社区文艺专场汇演等不同类型的群众性文艺专场演出。开展"美丽乡村"送文化下基层系列惠民演出 80 场。在国际马拉松比赛期间，开展 8 项文体表演活动，为中外运动员展示了地方特色文化。参加"非遗薪传·走进生活"非物质文化遗产展示活动，展出各类非物质文化遗产衍生品 100 件。开展临河区各级重点文物保护单位的日常巡查，对 3 处第五批自治区级重点文物保护单位开展立牌保护工作，对一处自治区文物保护单位实施围栏保护。进一步加强本土文艺作品创作的引导和鼓励，动员文艺工作者们采风创作，择优向巴彦淖尔市委宣传部推送。

第四节　新闻宣传

1991 年，健全新闻报道组织，加强新闻报道队伍建设，党委、总支建立健全新闻报道组，支部配齐专职或兼职报道员。落实新闻报道目标管理责任制，实行任务量化考核。加强广播电视网络建设，提高广播电视节目的编播质量，降低差错率，加强对特邀播出节目的审核、检查，提高广告节目的质量。广播电台蒙汉语共播新闻 3671 条，其中反映农村工作的占 37%，平均每次播出 9 条以上；电视台播新闻 1414 条，其中反映农村工作的占 40% 以上，每次播出 9 条以上。向上级台投稿 200 篇，通讯员来稿 1953 条，占总播出 20% 以上，新开办"故乡风""经济信息"等栏目。

1992—1996 年，十四大期间，临河市向各级报刊、电台、电视台等新闻单位投稿 44407 条篇，被采用 22422 条篇，其中被中央级新闻单位采用 38 条篇，自治区级新闻单位采用 454 条篇，盟级新闻单位采用 4761 条篇，市级新闻单位采用 11735 条篇，两台播出新闻 19775 条篇。建成临河有线电视台，安装有线电视入户 25500 户。

1992 年，2 台专门制作农村致富能手十星户的专题报道——"马林模式""一优两高"节目播出。

1993 年 8 月，临河完成 5000 户的有线电视台开通任务。"致富链联起一大片"获全国好新闻二等奖、自治区一等奖。创办市委机关报——《临河晚报》。

1994 年，"潮涌临河""力的效应"等专题被选为自治区和巴彦淖尔盟"五个一工程"参赛作品。获全国新闻报道二等奖 1 篇，自治区好新闻一等奖 1 篇，三等奖 2 篇，巴彦淖尔盟获奖稿 7 篇。

1995 年，市广电中心筹资 80 余万元新建两台办公楼，对编录设备进行更新换代，翻建三台机房、演播室；1996 年，两台进一步完善栏目承包责任制，《临河新闻》节目由每周三次增改为每周四次。"三台一报"开辟"八五"成就回顾、"九五"展望、党建工作巡礼等多个专栏或专题节目。制作外宣电视专题片《塞外明珠—临河市》，开展全国第一次农业普查宣传工作。成立广播电视管理办公室和社会科学研究联合会。

1997—2001年，在宣传报道临河市学习贯彻中共十五大精神和邓小平理论及市委中心工作与阶段性工作的同时，对市委中心组及市直各党委中心组学习中共十五大精神、邓小平理论进行立体式报道。中共十五大期间，上三级新闻媒体刊播临河市新闻稿件2609条篇，其中国家新闻媒体刊播20条篇，自治区级刊播414条篇，盟级新闻媒体刊播1503条篇。

1997年，重点对邓小平治丧活动、迎庆香港回归、自治区成立50周年进行宣传报道。有线电视进一步发展，市广电中心自筹资金5万元对有线设备进行更换和整修，引进数学压缩处理设备技术，新增卫星电视节目5套，使有线电视节目增加到25套。围绕临河市工作，开展星级文明城市创建、百日攻坚、特色农业、农业产业化等专题新闻报道。临河电视台记者李文亮采写的《老楼头退休》在中央电视新闻联播节目播出。围绕临河市工作大局，按季度下发新闻宣传报道要点4次，召开新闻协调会6次，开展备耕春播、迎接西部大开发、扶贫攻坚3个新闻宣传战役和"三讲"教育、思想政治工作、第五次人口普查、第十次党代会等18次专题宣传活动，召开3次新闻发布会。2001年开展纪念建党80周年、江泽民"七一"重要讲话、《公民道德建设实施纲要》、中共十五届六中全会、自治区第七次党代会及市委扩大会议的宣传。

2005年，策划《走进临河系列报道》等重点新闻选题，宣传区委十届九次全委（扩大）会议精神和重大项目、重点工作的进展情况，采写、刊播《临河区先进性教育活动重实效》《破解城市"四难"》等深度新闻报道。

2006年，《巴彦淖尔日报·临河新闻》专版于2006年1月正式启动，每周二出版一期，到年底共出版48期，刊载新闻稿件650篇。《临河周报》于2006年11月23日创刊。

2002—2006年，各级各类媒体刊播临河区新闻稿件总数为6785条篇，在头版显要位置或新闻联播重要时段刊播460条篇，中央级主要媒体（两台一报）11条篇，自治区级主要媒体485条篇，市级主要媒体6289条篇。临河区在中央级媒体、自治区及市内各主要媒体（两台一报）上稿数150条。

2007—2011年，在《巴彦淖尔日报·临河新闻专版》及《临河周报》两块阵地开设学习实践活动专版，在巴彦淖尔市电视台《临河新闻》中开设专讯，宣传临河区开展学习实践科学发展观活动中好的做法、好的经验及涌现出的先进典型。《巴彦淖尔日报·临河新闻》专版发行250期，刊发稿件2500篇，《临河周报》发行430期，刊发稿件14600篇。制定《临河区突发公共事件新闻宣传应急预案》和《关于建立临河区新闻发布制度的意见》，加强政府政务信息公开和新闻发布工作，向新闻媒体提供权威信息，引导舆论，维护稳定。结合临河区中心工作，组织协调新闻媒体开辟"迎会创城"进行时、"新亮美"工程、"百日会战"在行动、曝光台等专题专栏，以消息、通讯、言论、图片等形式，跟踪报道"新亮美"工程、"百日会战"有关决策、部署和工作动态。《巴彦淖尔日报·临河新闻》专版、《临河周报》及电视台、电台开设"迎接临河区新农村新牧区精神文明建设现场经验交流会召开"专栏，及时宣传报道临河区"办会"工作任务要求、进展动态和观摩点建设情况等。

2012—2016年，临河区委宣传部以《临河报》为载体，围绕"中国梦""践行社会主义核心价值观"，中共十八大、十八届三中、四中、五中、六中全会精神等，突出临河区在经济建设、社会发展方面的成就。《临河报》开设"专项活动曝光台""民生视点""焦点话题"等专栏。《临河报》全年刊发稿件7790篇，开辟各种专栏125个；在市级及以上媒体刊发稿件490篇。为《巴彦淖尔日报》专版——"直通临河"组稿100期。

2013年，《临河报》于10月1日起全面改扩版。由过去的4开4版改为对开4版，每周三期。

2014年5月29日，微信公众平台"黄河金岸·魅力临河"创建。

2016年12月17日，"临河新闻网"正式上线运行，设有"临河要闻""民生社会""经济建设""文化旅游""基层动态""人物风采"等15个一级栏目。

第五节　对外宣传

1991年，利用自治区召开那达慕大会的有利时机，集中宣传临河市的资源、产品优势和经济发展的潜力、前景，为经济建设牵线搭桥。

1992—1996年，加大外宣工作力度，树立"大外宣"观念。配合巴彦淖尔盟委宣传部完成《巴彦淖尔盟经贸交通旅游图》《内蒙古投资指南·巴彦淖尔分册》《内蒙古旅游指南·巴彦淖尔分册》临河市部分的文字撰写和图片征集工作。市委宣传部编制《奔小康明星荟萃》《塞外明珠—临河市》电视专题片，编撰出版报告文学集《河套农民小康路》《春潮曲》。

1997—2001年，采取请上级媒体记者到临河市采访、临河市记者向上级新闻媒体投稿的方法，展开全方位、宽领域、深层次的对外宣传。

1997年，乌兰图克乡"三结合致富链"被中央列为向全国推出的十大典型之一，中央电视台7月10日晚《焦点访谈》栏目对此进行专题报道，新华社、人民日报等中央级刊物都在显著位置给予报道。配合盟委宣传部在呼和浩特市为维信羊绒集团、金川啤酒总厂、恒丰公司举行新闻发布会。市委宣传部通过举办"国际羊绒博览会""河套蜜瓜节"等活动，邀请各地客商和媒体记者参加，制作《北方羊绒—临河》外宣画册。

2002—2006年，加大对内协调和对外沟通力度，组织协调各新闻媒体加强对临河的宣传报道。各级新闻媒体刊播临河区新闻稿件18683条篇，其中中央级媒体32条篇，自治区级媒体1263条篇，盟市级媒体3568条篇，市区级媒体13820条篇。

2003年，组织协调巴彦淖尔盟节水抗旱记者团、自治区抗击非典记者团以及中央电视台、《新华每日电讯》《经济日报》《内蒙古日报》等上级新闻媒体记者就节水抗旱、抗击非典、经济社会发展等方面进行专题采访报道，6篇新闻稿件被盟委宣传部评为好新闻，1人被评为全盟林业宣传先进个人。中央电视台10套播出的《城市平台—临河市》专题节目，被盟委宣传部评为对外宣传特别奖。12月，该节目又被盟委推荐参加自治区对外宣传特别贡献奖和优秀节目奖的评选。邀请、接待新华社、人民日报、法制日报、中央电视台、内蒙古日报、内蒙古电视台、电台、内蒙古新闻网站及市级新闻媒体记者86次，580人次来临河区采访。组织40名骨干通讯员参加市委宣传部举办的新闻外宣培训班。

2007—2011年，邀请中央、自治区和市级主流媒体资深记者、名记者到临河区采访。协调、配合中央、自治区及市级新闻媒体记者155批次1500人到临河采访。各类媒体刊播有关临河区的新闻稿件26333条篇，头版显要位置或重要时段发稿1860余条篇，其中中央级媒体60条篇，自治区级媒体1618条篇，市级媒体12069条篇。

2009年，17个对外宣传先进集体、10名优秀通讯员在临河区党建工作会议上受到表彰。重新修订印发《临河区突发公共事件新闻宣传应急预案》和《临河区新闻发布实施意见》，制定《临河区加强接待新闻媒体采访和规范新闻报道的意见》和《临河区突发公共事件新闻宣传应急办法》，引导舆论、维护社会稳定。以"草原同根、中蒙共荣、睦邻友好、共同发展"为主题，扩大与蒙古国的民间文化交流。

2011年9月20—22日，组织自治区、巴彦淖尔市知名词曲作家及部分音乐界人士就临河区形象歌曲、形象用语、形象标识有奖征集创作活动在临河进行为期3天的采风活动。棚户区改造拆迁宣传报道工作贯穿始终。成立由各媒体负责人参加的"棚户区改造指挥部宣传领导小组"，各媒体抽调专人，在重要版面和黄金时段，开辟专栏，开设专版，加强对棚户区工作的宣传报道力度，被巴彦淖尔市政府评为棚户区改造先进集体。

2012—2016年，配合中央、自治区、市级新闻媒体记者136批次420人来临河区采访。各媒体刊播有关临河区的新闻稿件10460条篇。开展"解放思想、优化环境、打造诚信临河"主题实践活动集中宣讲活动，组建宣讲团，宣讲30场（次）。先后投入100万元创作12首临河形象歌曲、拍摄《黄河金岸·魅力临河》城市形象宣传片、开展"临河精神"征集活动。

2014年，临河区委、政府邀请《人民日报》《人民日报（海外版）》、新华社、人民网、中央人民广播电台等20家媒体，到临河区宣传报道优势产业、特色产品、资源优势、水绿文化建设的新亮点。区委宣传部策划制作《黄河金岸魅力临河》宣传品套装，协调经信、畜牧、旅游等相关单位，制作《重点招商项目册》《投资指南》《肉羊产业发展图册》等多套介绍临河地区各类产业链条发展现状的宣传画册，通过图文、影像资料和形象歌曲的形式把生态富裕和谐美丽新临河呈现给外界，让社会大众更加直观地了解临河概况，有效提升临河对外形象。临河区接待中央电视台二套（财经栏目记者）、新华社内蒙古分社、内蒙古电视台、《内蒙古日报》、"港澳传媒及学子内蒙古行"团、蒙古国媒体记者，企业家、青年教育工作者等主流媒体记者及访问团到临河区采访报道

党的建设、经济建设、社会发展等特色品牌工作。邀请北京专业公司拍摄制作《美丽的嬗变》专题片。

从2016年7月筹备马拉松赛事开始，新闻宣传同步跟进，先后在北京和市里召开新闻发布会，在市级微信平台和《黄河晚报》开辟倒计时专栏，在《巴彦淖尔日报》等持续刊发相关稿件。

第六节　网络信息

2013年7月10日，临河区互联网信息办公室成立，隶属临河区委宣传部，为准科级建制全额拨款事业单位。2014年2月21日，巴彦淖尔市编委会对此进行批复。

2016年10月17日，区委宣传部新闻中心改为临河区融媒体中心，除《临河报》传统媒体外，增加《黄河金岸·魅力临河》微信平台、临河新闻网等新兴媒体，形成由《临河报》《黄河金岸·魅力临河》微信平台、临河新闻网、《巴彦淖尔日报·直通临河》这些传统媒体和新媒体融合运用发展的宣传平台。12月17日，临河新闻网上线运行。

2013—2016年，编发舆情提示42期、舆情专报33期，关注涉区网络舆情6100条；开展关键基层信息统计工作，对属地500家网站及党政机关开设网站进行安全巡查，开展临河区"清朗"专项行动和属地网信、微信公号、微博登记备案工作；组建一支116人的网评员队伍，涵盖全区各部门各单位；完成引导性评论26600条；鼓励网评员撰写原创网评文章，引导大众舆论，在内蒙古新闻网、内蒙古晨网、新华网内蒙古频道等自治区主流网络媒体上发表原创网评文章235篇；利用"两微一端"尤其是微信公众号"黄河金岸魅力临河"进行网上宣传；与"今日头条"和正北方网等有影响的网站建立合作关系，登载170条相关报道；

2015年、2016年连续两年被自治区党委宣传部评为"舆情信息报送优秀单位"。

第七节　社科联工作

社科普及领导小组是以临河区委常委、宣传部部长挂帅的社会科学普及活动领导小组，主要开展社科知识讲座，由现役干部、专武干部以及宣传部、教育局、团委、各乡镇办事处、企事业单位有宣讲特长的社科人才30人组成。

每年6月中旬为社会科学普及宣传周，组织普及宣传活动，发挥报纸、广播、电视、互联网等媒体作用，宣传社会科学知识和优秀成果。建立社会科学普及协调合作制度。

先后组织社科专家学者下农村、进社区开展社科知识普及巡讲活动20次，编写发放社会科学知识普及读本5000册，建成"临河区社会科学普及示范基地"5个。2010年组织撰写的调研报告《对农村综合改革工作的思考》，获得内蒙古自治区哲学社会科学优秀成果三等奖。

第八节　讲师团工作

1990年，临河市讲师团成立，属科级建制，单独运行，归口临河市宣传部。成立之初有成员6人，负责到乡镇、科局宣讲中国特色社会主义理论教育。

1993年3月23—26日，讲师团参加自治区党委宣传部在呼和浩特召开的全区讲师团工作会议。

1995年4月1日，讲师团与宣传部合署办公。

2005年，临河区讲师团撤销。

2016年，根据工作实际需要，临河区宣传部成立理论科，分管领导1人，工作人员1人。重新组建百人兼职讲师团。

第七章 统战工作

第一节 机 构

2000年，临河市统战部内设办公室、对台办、经济技术咨询中心，有干部9人。

截至2016年，临河区统战部下设办公室、党外办公室、民族宗教办公室、经济统战办公室。有行政编制8名，事业编制3名。

第二节 落实政策工作

1991—1997年，采取多种渠道、多种方式宣传落实党的民族政策和《民族区域自治法》，宣传改革开放以来临河市政治、经济、文化等方面取得的巨大成就。会同巴彦淖尔盟委宣传部联合下发《关于在全市干部群众中深入开展马克思主义民族观和党的民族政策宣传教育的意见》。在电台、电视台宣传报道临河市贯彻执行党的民族工作改革和落实情况。临河市党校增设新时期党的民族理论和民族政策课，作为培训干部（公务员）的必修课。具体工作方面，解决历史遗留下来的房地产问题，通过拨款维修，重建宗教活动场所，并先后为23名宗教界人士落实政策。对狼山镇基督教堂问题，会同有关部门和镇党委、政府协商，镇里给划拨土地。对汉佛教丹达乡水桐树活动点

建庙一事，经与乡镇府协商划拨地块解决。

第三节 民族宗教工作

1991—1997年，临河市的民族宗教工作主要以维护社会稳定，发展少数民族经济、文化教育事业为出发点，坚持开展马克思主义民族观和党的民族政策的宣传教育。鼓励扶持少数民族靠技术、靠政策、靠投入发展经济，对各乡镇少数民族做到政治上关心、政策上优惠、生产生活上扶持。各乡镇党委采取不同形式表彰民族团结、进步共同繁荣的先进集体、典型人物。通过表彰月活动，促进各民族团结进步，增强各民族"谁也离不开谁"的思想。抓好各宗教重大节日的超前引导工作，如新华镇哈达村常素庙春秋两季的庙会活动，提前调查了解，掌握动向、把握政策，使庙会活动有组织、有领导、有安排、有总结，确保庙会活动安全有序进行。

1998—2000年，会同临河市委宣传部、临河市民族宗教事务局联合下发《关于在全市各族干部群众中继续开展马克思主义民族观、党的民族政策和民族团结再教育》的通知，增强广大干部群众的法制观念，提高各少数民族群众知法、懂法、用法的能力，巩固和发展平等、团结、互助的社会主义新型民族关系。为提高临河市广大党员干部的马克思主义民族理论和民族政策知识，

了解临河市民族工作的成就，临河市委、政府在全市广大党员干部中举办马克思主义民族理论和党的民族政策有奖知识竞赛，增强党员干部的民族观念。研究制定临河市《关于对天主教、基督教非法活动继续开展专项治理的实施意见》，依法加强宗教事务的管理。在乡镇办事处相继举办少数民族代表座谈会和民族团结进步表彰会，注重办实事、办好事，切实帮助解决少数民族群众生活中遇到的问题。

2001—2009 年，形成由临河市统战部牵头的宗教工作联席会议制度。统战部着眼于重点培养、优先使用少数民族人才。强化服务意识，积极主动为少数民族办实事。

2010—2016 年，临河区统战部会同有关部门经常到教堂、寺庙活动点，宣传贯彻党的宗教信仰自由政策，加强宗教管理。注重发挥宗教团体和教职人员自我管理宗教的作用。在加强政府部门对宗教事务进行行政管理的同时，加强各寺庙教堂的组织建设，帮助各宗教完善各项规章制度。支持爱国宗教界人士按照各宗教的特点，沿着政策轨道独立自主地开展宗教活动。

第四节　党外知识分子与非党干部工作

1992 年，选送 5 名干部参加巴彦淖尔盟党校非党干部学习班，向巴彦淖尔盟委推荐 5 名党外干部，给予实职安排。向巴彦淖尔盟委上报 5 名党外干部任职。

1993 年，向自治区推荐人大代表 1 人，向临河市委推荐副处干部 4 人，

1994 年，向临河市委举荐副科级以上干部 4 人。

1996 年，举荐 6 人到政府部门担任副科级领导职务。

1997 年，向自治区推荐人大代表（差额选举）

1 人，向巴彦淖尔盟委推荐党外干部 11 人。保证党外人士参政议政、民主监督权利的实施。

1998 年，向巴彦淖尔盟委统战部推荐副处级干部 6 人，建立党外后备干部队伍 20 人，其中选配 6 人到巴彦淖尔盟党校进行学习、培训。

1999 年，对非党干部进行调查，通过调查和单位推荐，临河市有非党干部 132 人，在对非党干部考核的基础上，将符合条件的非党干部推荐为临河市政协委员。

2000 年，临河市统战部将 30 名党外后备干部队伍确定为重点培养对象。

第五节　经济统战工作

1994 年，向巴彦淖尔盟工商联举荐数名非公有制经济代表人士。

1995 年，根据工商业联合会章程，对工商联进行换届，经过调查走访座谈，选举产生十二届工商业联合会领导班子，将年富力强的非党干部充实到新的领导班子，成立"临河市民间商会"这一群众团体组织，实行两块牌子一套人马，选拔思想进步，有影响、有经济实力和有参政议政能力的 8 名私营企业主，到巴彦淖尔盟社会主义学院进行培训。

1996 年，利用会议和新闻媒体，大力宣传党对非公有制经济的方针、政策，宣传私营企业中涌现出来的先进典型，为非公有制经济的发展鸣锣开道，提供强有力的舆论，用广播电视、会议，宣传贯彻中共中央精神，在领会 15 号文件精神的基础上，制定《贯彻落实中央 15 号文件精神的安排意见》，配合有关部门组织个体工商户和私营主进行学习贯彻中央 15 号文件精神和有关党的方针政策。1994 年，统战干部经常和非公有制经济代表人士交流思想、联络感情，随时了解他们的生活、经营、生产情况。1995 年 4 月，市委、市政府召开临河市私营企业知名人士座谈会，召开临

河市非公有制经济工作总结表彰大会，对6家有突出贡献的私营企业经营者和纳税大户进行表彰奖励。同时市委、市政府做出《关于进一步加快发展个体、私营经济的若干规定》。1996年组织部分私营企业主积极投身全市的组织"光彩事业"中来，有22名私营企业主，主动捐资帮助30名贫困儿童完成九年制义务教育，每人每年资助300元，其中有8名私营企业主每年资助2名少年儿童。1997年年初，召开临河市加快个体私营经济发展动员及表彰大会，会议宣布市委、市政府《关于进一步加快发展个体私营经济的暂行规定》，表彰3个纳税大户，16家先进私营企业和45家文明个体户。

1998年，临河市委、市政府召开临河市加快发展个体、私营经济动员暨表彰大会。会上对5个纳税大户、20家私营企业、65户先进个体工商户以及12个优质服务单位进行表彰奖励。进一步推动光彩事业和捐资助学活动的深入，加强私营企业家与贫困学生的联系。有20名私营企业家捐款1万元，资助40名贫困生得以继续读书。1999年，为了推动光彩事业和捐资助学活动，加强私营企业家与贫困学生的联系，统战部会同工商联对1998年20家私营企业资助40名贫困学生完成九年义务教育情况进行回访，组织4家私营企业为干召庙民主一社考上大学的贫困生徐晓东捐资3000元，为孤儿吴瞧军出资2000元，并为他送去学习用品，鼓励他们安心学习，以优异的成绩回报家乡。会同工商联帮助佳兵羊绒制品有限公司和三和集团组建成立私营企业党支部，至此，临河市私营企业已有3家成立党支部。在市政协换届中，将10名符合条件的私营企业家推荐为市政协委员，其中3名进入市政协常委会。6月份盟政协换届，临河市有5名私营企业家被推荐为盟政协委员。2000年，市委统战部、宣传部、市工商联、市个私局联合召开临河市非公有制制经济代表人士"致富思源、富而思进"座谈会。

第六节　侨联侨务、港台及海外工作

1991年，临河市委、市政府面向港澳台和海外，主动开展侨、台属及海外统战工作，每逢节日组织慰问、看望侨台属，帮助他们解决生产、生活中的问题，侨台属子女经商的实行减免工商费政策。同年，接待台湾同胞来临探亲9批12人，政府机关破格录用4名侨台属子弟上岗，为5户侨台属与海外亲人通信牵线。

1992年，临河市统战部接待5人次台胞回临河探亲。同年，在侨属左民爱的帮助下，为临河市隆胜乡籽瓜子厂引进资金70万元，建起合资企业。临河市成立"三引进"领导小组，向港台宣传介绍临河。台胞马自立先生经其姐姐马菊秋牵线，与临河七中教师陈惠生结为夫妻，统战部帮助他们举办了婚礼。

1994年，接待来临河市探亲的台胞6批7人次。

1995年，接待来临河市探亲台胞2批3人次，协助台胞张宏飞寻找到父母坟地。和曙光乡协商，妥善解决坟地有关事宜。

1996年，帮助台胞郭有财（在台无儿无女）办理过继其弟郭孝禄女儿为养女的公证手续。

1997年，举办侨台属及各界人士"七一"迎香港回归座谈会。

1998年，接待2批3次来临河市探亲的台胞。乡镇办事处和城区宣传"台胞"调查的意义，通过2个月的摸底工作，调查清楚临河市有台属57户侨属、侨眷62户，港澳眷属29户。

2000年，接待回临河市探亲的台胞2批5人次，落实自治区台办主任会议精神，对临河市台胞台属进行党的统战政策的宣传教育。

第八章　政法工作

第一节　机　构

1991 年 8 月，临河市建立社会治安综合治理委员会办公室，与临河市委政法委员会合署办公。

1993 年 3 月 7 日，政法委员会列为党的工作部门，办事机构相应扩充。

2002 年 12 月，建立维护稳定工作领导小组。

2005 年，维护稳定工作领导小组办公室与政法委合署办公。

2014 年 11 月，中共中央决定将中央社会管理综合治理委员会恢复为中央社会治安综合治理委员会。临河区综治委明确组织机构，主任由政府区长兼任，常务副主任由区委常委、政法委书记担任，其他副主任由区四大班子相关领导担任，成员由 54 个区直单位一把手组成，下辖 19 个专项组，各专项组组长由四大班子领导兼任。

第二节　执法检查

1994 年，在临河区市开展打击 10 类犯罪分子的"5·17"专项斗争、"禁毒""禁赌"专项斗争。

1997 年，临河市加大禁毒工作力度，开展严打整治"百日行动"，为国家挽回经济损失 150 万元。

2002 年，协调各部门开展禁毒严打专项斗争，"三边地区"专项整治，网吧、电子游戏厅等专项治理，流动人口专项治理，打"两抢"专项斗争，公共娱乐场所专项整治，公众聚集场所消防安全专项治理等 8 个专项治理。组织召开公开打击处理违法犯罪嫌疑人员及退赃大会和严打整治斗争第 6 次公捕公判大会。

2010—2013 年，临河区政法委员会组织多次"风暴"行动，成功打掉"光头帮"犯罪团伙残余。临河区公安局成功侦破"3·27"特大灭门惨案，破获 3 起命案和 4 起绑架案。

2014 年，临河区建成"临河区信息化服务指挥中心"和"社区信息化综合应用平台"，实行 24 小时工作制，居民通过"一通电话""一个网站""一条短信"，就能得到政府答复和提供服务，现 30 个委办局、11 个街道社区实现工作对接，按照接收—转办—监管—回馈的办事流程，10 分钟转办，2 小时回应，12 小时答复办理结果。综合改造 6 处路口，合理区化 11 处路口，排查调整信号灯配时 74 处。选定利民东街、长春东街实行单向行驶，优化公交车候车亭设置。对辖区国省道、县乡道及城区道路排查出的 35 处道路安全隐患完成整改。对 81 所大中专院校、中小学幼儿园接送学生车辆进行拉网式排查，完善校园周边交通安全设施。

第三节　社会治安综合治理

1994—1997年，加强临河市暂住人管理，雇佣专职联防员779人，查封不法经营旅店，取缔赌博性质的游戏厅，查缴淫秽书刊，打击卖淫嫖娼人员。开展"清枪爆"工作。

2002年，全市建立社区警务室39个，创建安全居委会34个，安全村76个。加强细胞工程建设，建立联户互保组织8946个，"一长三员"35784人。

2004年，开展文化市场集中整治，在临河城区七彩文化街开展"抵制毒品、参与禁毒"宣传活动。

2006年，摧毁厦门麦德利传销组织的20个窝点，遣返传销人员800人。侦破"5.25"保险柜被盗案，挖出全国9个省市27个城市盗窃保险柜案102起。在临河城区选聘联防员1594人，农村选聘联防员1332人。

2007年，全区旅馆全部安装旅馆业管理系统，对"黑旅店"进行集中打击。检查音像、图书经营场所，取缔无证经营游戏厅，开展打击盗窃自行车违法犯罪专项行动。

2009年，创建平安镇、办事处8个，平安学校9个，平安村居委会30个，平安单位21个。发展专职联防员1594人，兼职联防员1332人，义务联防员280人。推行"金锁"家庭财产治安综合保险，实行一年一保的运作模式，农户按户每年只需交纳保费50元，出现保险责任范围内的损失由保险公司按标准、按年度进行理赔，入保农户2.5万户。建成新华、白脑包2个治安消防站。

2010年，创建平安镇、办事处13个，平安村、社区118个，平安学校32个，平安企业271家。共清查登记出租房屋6825户，登记流动人口19679人，签订治安责任状6000余份，流动人口

办理本地城镇户口198户，解决经济实用型住房25户，提供法律援助78件次，为农民工子女上学捐资8.5万元。开展社会治安重点地区排查整治工作，组织警力8000人次以上，出警20次，各镇、办事处及其相关部门密切配合，开展校园及周边安全整治工作，组织教育、公安、卫生、安检、消防、交警、团委、行政执法等多部门联合行动，为91所学校、幼儿园、部分民办幼儿园配齐专抓安全保卫的副校长，充实专职保安人员。各派出所民警分片包校包园，加强治安巡查力度，在上学放学时段，加强校园出入口值守，为专职保安人员配备警棍、橡胶棒、辣椒水等警用器械，增设交警助学岗33处，增设交通标志157块，施划人行横道线26处，黄色网状线28处，临时停车位25个，安装护栏300米，安装减速带48米。

2011年，全区共有联防员1951人，其中专职保安508人，专职联防员642人，兼职联防员801人，基本做到联防工作全覆盖。全区安装视频监控探头3786个。

2012年，临河区政法委员会组织开展集中排查整治全区社会治安混乱地带行动，责令有治安隐患问题的全部整改。

2013年，新建4个街道办社区服务中心、农村2个社区服务中心。创建平安村（居）181个，平安乡镇（街道办）16个，平安单位315个，平安学校31个，平安企业671个，平安医院19个，平安小区45个，平安家庭8.6万户。排查各类企业178个次，下达整改指令163份，落实重大危险源监控2次，排查治理事故隐患270处。

2014年，建立临河区涉药单位信用等级评定、餐饮量化分级管理制度、校外小餐桌备案登记制度、"前店后厂"小作坊登记备案制度、保健食品化妆品登记备案制度，对零售药店、药品批发企业全部实现药品信用等级评定管理，学校食堂和餐饮单位实行量化分级管理，加强监管信息体系建设，纳入药品电子监管系统。

2015年，在全区开展"安全生产和人员密集场所安全隐患大排查大整治专项行动""春雷行动""亮剑""公共娱乐场所消防安全百日专项整治工作""扫黄打非""公共安全隐患大排查大整治专项行动"。

2016年，临河区公安局开展"震慑"系列、"亮剑"系列和"社会治安集中排查整治"等专项集中清查行动，同时结合临河区"安全生产专项排查整治百日大行动"，做好道路交通和消防安全专项排查整治。临河区政法委员会在八一乡林业局种苗基地建立社区服刑人员公益劳动基地，完善"一日化"教育机制，开展公益劳动180人次，种植杨树40亩，为社区服刑人员改过自新、回归社会创造良好氛围。同时在八一乡建立社区服刑人员就业安置基地，完善"一体化"帮扶机制，为社区服刑人员融入社会提供有力保障。

第四节　维护社会稳定工作

2003—2004年，严厉打击非法宗教活动，初步构建打防控体系基本框架，以派出所打防控体系为基础，建立"三警"巡逻机制，构筑"五级"防范网络，完善"九大体系"，实现对社会治安的全方位控制。与辖区多处宗教活动场所签订治安责任书，为信教群众建立档案，加强监督控制。

2012—2013年，建立社会稳定风险评估机制，对临河区新上企业和重点项目中逐个确定评估方案。开展社会风险评估工作，召开联席会5次，确定23个重大风险评估重点项目，发放调查问卷3000份，入户走访1100余户，7000人次，听取社会各界的意见和建议。

2014—2016年，建立临河区社会稳定风险评估专家库，从不同领域、行业、系统中遴选78人聘任为专家库人员，按照不同领域编为11个类别组，颁布聘书，来提高社会稳定风险评估工作的科学性、公正性和权威性。

第五节　督查调研

2015年，临河区成立推进依法治区领导小组及其办公室，成立法律监督专项组、依法行政专项组、公正司法专项组、普法工作专项组、法治队伍建设专项组、党内法规建设专项组6个专项组。

2016年，临河区政法委员会落实司法体制改革和公正司法举措，在临河区人民法院开展审判长、执行长负责制改革，取得初步成效，在自治区人民法院范围内复制、推广。开展法律进机关、进单位活动，加强青少年学生法制宣传教育，建成汇丰办事处金秋社区、铁南办事处道南社区等一批法治文化社区，建立以宣传宪法、经济法、社会法等为主要内容的5条法治文化长廊，建成45个普法学法大讲堂和400人的普法志愿者队伍，将临河区政府广场打造成"临河区法治文化广场"。加强政法队伍建设，开展4次专题教育培训，加大对律师行业管理，选派法律骨干参加中蒙俄经济贸易法律服务律师专业技术人员能力建设高级研修班。

第六节　队伍建设

1996年，临河市加大政法干警的教育培训力度，要求全体干警要到各级党校、行政院校或者政法部门的培训机构轮训一次，提高干警的业务素质和执法水平；加大政法部门领导干部交流力度，省以下政法部门领导，原则上在同一地区、同级班子里任职满十年必须交流，在同一职位任职满5年以上，原则上进行轮岗。领导班子其他成员在同一地区、同级班子里任职十年以上必须在系统内对口交流；进一步升华人事制度改革，政法部门录用科员以下职务工作人员，一律实行考试录用制度；加大政法干部队伍监督管理力度，健全完善政法干部队伍监督管理各项制度，政法委协助党委组织部门管理政法部门领导班子和干部队伍。政法委书记由同级党委常委担任。

2000—2003 年，内蒙古自治区党委办公厅印发《内蒙古自治区委员会政法委员会机关职能配置、内设机构和人员编制方案》的通知，临河区贯彻执行。同时，开展学习贯彻"三个代表"重要思想活动。

2004 年，内蒙古自治区党委办公厅、政府办公厅印发《关于进一步加强公安派出所工作的意见》，提出加强公安派出所的规范化建设，构建覆盖全社会的社会治安打、防、控体系；对公安派出所所长（指导员）适当高配为副科级，对任务繁重的城镇公安派出所所长（指导员）可适当高配为正科级。对连续在公安派出所工作 15 年以上且符合干部任用条件的民警，经考核合格晋升为副科级非领导职务；对连续在公安派出所工作 25 年以上且符合干部任用条件的民警，经考核合格晋升为正科级非领导职务；对从警一直在公安派出所岗位工作的老人，按正科级待遇退休；每三年评选一次自治区十大杰出公安派出所民警。

2006—2009 年，开展社会主义法治理念教育活动、"规范执法行为、促进公正执法"专项活动。临河区委下发《加强和改进党对政法工作领导的实施办法》《关于进一步加强人民法院、人民检察院工作的实施意见》。

2010—2011 年，在政法机关开展"公正廉洁执法"专项活动，在政法机关推行"轮值轮岗、战训合一"的训练模式，建立健全具有政法机关特色的执法教育培训组织体系。开展"发扬传统、坚定信念、执法为民"主题教育实践活动。

2011—2012 年，中共巴彦淖尔市临河区委员会办公室下发《关于进一步规范政法系统干部管理的意见》。在政法系统开展"十佳基层政法单位和十佳政法干警"评选活动，对公安局等 10 个十佳政法单位和王伟等 10 个十佳政法干警予以表彰。

2013—2015 年，开展"严肃工作纪律、整顿工作作风"专项活动，"党的群众路线教育"活动，"严纪律守规矩、转作风敢担当、重实干树形象"专项活动。

2016 年，临河区政法委员会完善党内民主决策机制制度建设，开展党员进社区活动，为金秋社区绿化造林，清理垃圾，铲除小广告，开展法律宣讲、平安宣传等活动。为"博爱一日捐"活动捐款 5600 元，资助了 1 名贫困大学生。资助结链单位先锋办事处 2 万元，进行道路硬化。资助白脑包镇 20 万元，进行新农村建设。领导班子包扶的 9 户贫困户，已有 5 户实现脱贫。

第九章　直属机关党工委工作

第一节　机　构

1992 年 6 月，临河市委机关党委和临河市政府机关党委合并成立中共临河市直属机关工作委员会。

1998 年，直属机关工作委员会核定行政编制 8 名，领导职数一正两副，书记 1 名，副书记 2 名，纪检书记 1 名。

1999 年，机关工委核定编制 10 名，其中行政编制 8 名，增加事业编制 2 名。

2002 年 7 月，机关工委与市委组织部合署办公。

2004 年 7 月，机关工委内设组工部、宣教部、办公室、电教站 4 个职能科室。

2016 年，有在职干部 9 人。辖区直属党委 19 个（含 16 个机关党委），党总支 16 个，党支部 293 个；有党员 6981 人，其中在职党员 5213 人，离退休党员 1635 人，离岗及其他党员 133 人。

第二节　基层组织建设

1991 年，临河市委直属机关党委重新调整 5 个机关党支部的领导班子，并表彰奖励 8 个基层党组织、5 名优秀党务工作者、21 名优秀共产党员；

政府机关党委表彰奖励 5 个先进党总支、17 个先进党支部、42 名优秀党员、11 名优秀党务工作者。

1992—1993 年，表彰先进党支部 14 个，优秀共产党员 20 人。结合各单位实际，调整、整顿 27 个党总支、党支部，重点抓基层党组织民主生活会召开和民主评议党员工作。

1994 年，党工委与不承担经济指标的市直 4 个党委、19 个党总支、28 个直属党支部签订了党建目标管理责任状，分解落实各项年度党建任务。

1996 年，临河市调整改选总支、支部 29 个，新组建党支部 12 个，基层党组织班子健全率 98% 以上。表彰先进基层党组织 25 个，优秀党员 45 人。

1997 年，由工委推荐的市直 17 个先进基层党组织、33 名优秀共产党员、8 名优秀党务工作者受到市委表彰。

1999 年，组织所属 28 个党总支、39 个党支部进行换届，配备专兼职党务干部 170 人。根据市场经济发展需要，组建三和集团和佳兵羊绒制品有限公司私营企业党支部。出台《关于规范市直机关党建工作办法（试行）》，采取走出去调查，请回来座谈，抓典型、树样板的方式，强化对市直机关党建工作的指导。召开机关党建工作座谈会 4 次，调查企业党组织 12 个，撰写《关于企业转制后对下岗党员管理的思考》的调查报告。

2000 年，推出发展新党员、转正预备党员公示制，将发展对象的培养情况、考核结果公示，接受党内外群众监督。市直机关开展"两优一先"创评活动，评选出模范共产党员212人，先进基层党组织68个，其中有15名优秀共产党员、5名优秀党务工作者、10个先进基层党组织受到市委表彰。

2001年，临河市提出"城镇社区服务下乡、农村党员三结合致富链进城"的工作思路，工委及时在城区开展"党组织社区服务链"和"党员三结合致富链"活动。"党组织社区服务链"即市直机关一个或多个党组织联系一个居民党支部，指导帮助搞好一个居民小区的社区服务；"党员三结合致富链"即一名党员干部联系一名个体工商户或私营企业主共同帮扶一户贫困户。

2003年，在完成《临河市1999—2002年党和国家机关基层组织建设规划》各项任务之后，机关党的建设着力点放在抓基层组织建设的巩固和提高，工委提出在市直机关开展"三级联创"活动，主要内容是市委、基层党委、党支部三级党组织联创基层组织先进旗县市、市直机关"五个好"先进党委、"五个好"先进党支部。临河市有8个党委，25个党总支，298个党支部实现"五个好"目标，达到一类党组织标准，占机关党组织总数的90%，消灭了三类党组织。12月4日，在临河召开的"巴彦淖尔盟旗县市机关党建工作现场经验交流会"上，临河市代表机关党建工作先进旗县市在会上作典型发言。同年，新调整组建临河市工业局党委、临河市商务局党委，临河市卫生局、临河市医院党总支根据需要改建成立党委，临河市社保局和临河市执法局党支部改建成立党总支，新成立临河市环保局、临河市招商局、临河市编制委员会办公室、临河市扶贫办党支部，临河市土地局党总支改建为党支部。

2004年，开展基层党组织集中整顿，新组建临河市红十字会党支部，临河市质量技术监督局党总支改建为党支部（生活支部），临河市残联党支部撤并到临河市民政局党总支，撤销城调队党支部（上划统计局）。七一前夕，由临河市直属机

关工委牵头，各办事处党委具体负责，各结链党组织共同参与，组织开展了科教、文体、法律、卫生、道德、警务"六进社区"活动，通过文娱演出、健康咨询、法律宣传、科普展览、计生指导等多种形式，在社区传播健康、文明、科学生活理念。

2005年，在区直机关开展创建"党建工作先进单位"活动，成立临河区安全生产监督管理局党支部，临河区老干局党支部改建为党总支，临河区国税局、临河区地税局、临河区人民检察院、临河区人民法院、临河区粮食局、临河一职党总支和绅禾集团党支部改建为党委。

2006年，临河区直属机关工委制定下发《临河区区直机关党组织换届选举工作实施方案》，指导区直单位完成换届选举工作，产生51个新一届基层党组织领导班子，为推动临河区经济和社会各项事业全面发展奠定了坚实的组织基础。举办2期"党组织书记培训班"，对党组织书记进行专门培训，安排赴北京、福建等地考察学习，增强党组织书记的荣誉感和做好工作的责任感。同年，成立接待处、金融办党支部，批准临河区农业局增设执法大队党支部、临河区卫生局增设卫生监督所党支部、临河区人民法院增设干召庙法庭党支部，富源集团、临河区统计局党支部改建为党总支。

2007年，在区直机关开展"三创一落实"主题实践活动，"三创"即创建党建工作先进单位活动，创建"学习型"党支部活动，争创"党的好干部、人民的贴心人"主题活动；"一落实"即落实《党内监督条例》。6月，临河区召开"三创一落实"活动经验交流现场会，会上观摩先进典型，区直机关工委代表作了题为"深化'双链'活动，提高服务意识，推动区直机关'三创一落实'活动扎实有效开展"的典型发言。12月20日，临河区召开"三创一落实"活动理论研讨会。

2008—2010年，临河区执法局、水务局、财政局、农业局、临河一中党总支改建为党委，临

河区司法局党支部改建为党总支，批准临河区林业局增设森林公安分局党支部。

2009—2010年，成立保税物流园区、临河区旅游局、新区办党支部，批准临河区卫生局增设爱卫办党支部。成立临河区拆迁局、临河区红十字会党支部，批准临河区国税局增设稽查局党支部，原隶属于临河区执法局党委管理的消费者协会党支部调整为机关工委直管。

2011年，开展党建工作示范点创建活动，命名临河区教育局、农业局、临河区总工会为机关党建工作示范点，临河区委宣传部、财政局、审计局为学习型党组织示范点，临河区经济局、计生局、发改局为服务型党组织示范点，临河区工商局、水务局、文体局为机关文化建设示范点。

2012年，为落实"基层组织建设年"各项工作任务，临河区直属机关工委组织各机关党组织学习贯彻《中国共产党党和国家机关基层组织工作条例》，用新《条例》精神指导机关党的各项工作。根据机构设置的需要和机构改革部分单位被撤并的实际，批准临河区卫生局增设慈善医院、东环办社区服务中心、金川办社区服务中心党支部，临河区民政局增设中心敬老院党支部，临河区林业局党总支改建为党委，调整临河区园林局党总支隶属于临河区林业局党委管理，调整临河区环卫局党总支、市政维护站党支部隶属于临河区执法局党委管理。4月3日—22日，按照"基层党组织自评、党员群众测评、上级党组织评定"程序逐级评价定级，完成基层党组织分类定级工作，为迎接中共十八大召开奠定坚实的组织基础。持续抓好机关单位"创先争优"，围绕推动临河区中心工作和本单位业务工作组织开展"我为发展做贡献""我为棚改出份力"主题实践活动；围绕服务型党组织建设和服务品牌建设，开展"三亮"（亮身份、亮职责、亮承诺）、"三提"（提升能力、提升服务、提升效率）、"三评"（党员互评、群众测评、组织考评）、"三创"（创岗位奉献先锋、创群众满意服务行业和窗口单位、创优质服务品牌）

活动，增强基层党组织服务发展的能力。建设开通"临河机关党建网"。

2013年，物价局党总支与发改局党支部撤并，改建为临河区发改局党总支；征收局党支部改建为临河区征收局党总支；原隶属于卫生局党委管理的爱卫办党支部调整为机关工委直管。按照"建设一个好的领导班子，培养一支好的党员队伍，建立一套好的党建制度，形成一种好的工作作风，创造一个好的工作业绩"的"五好"目标，重点抓基层党支部建设，到2013年年底，92个基层党支部达到"五好"标准，182个基层党支部达到"较好"标准。"七一"前夕，由机关工委推荐上报的2个先进基层党组织、1个基层党组织示范点、2名优秀共产党员受到市委的表彰；12个先进基层党组织、2个基层党组织示范点、12名优秀党务工作者、11名优秀共产党员受到区委表彰。

2014年，临河区成立政务中心、物业管理局党支部，机关工委直属安监局党支部调整为经信局党委管理。开展党员星级化管理试点工作，按照行政、事业、企业等不同行业类型选择7个单位进行试点，通过科学设星、积极创星、严格评星、合理用星等几个关键环节，评选出5名星级层次党员，激励广大党员增强党员意识和先进性意识，探索建立党员干部立足岗位创先争优常态化机制。在64个直属机关单位党组织，开展党组织书记抓党建工作与述职评议考核工作。

2015年，成立气象局党支部，批准临河区司法局党总支增设基层司法所一支部、二支部党总支增设2个支部。到2015年年底，98个基层党支部达到"五好"标准，176个基层党支部达到"较好"标准。根据区委党建工作改革意见精神，制定出台《关于进一步加强部门党委（党组）党建工作责任制的实施意见》。开展"五级示范抓引领""万名干部下基层"活动，下派3738名机关党员干部驻村入户，与群众同吃同住同劳动，共同建设美丽乡村。

2016年，成立市政环卫发展股份有限公司党支部，隶属临河区执法局管理；原隶属于政府办管理的信访局党支部调整为机关工委直管；物业管理局党支部改建为党委。3—5月，对区直机关党员身份信息开展集中排查，排查出失联党员524人，其中63人恢复联系，2人履行组织谈话程序，限期改正；其余459人按自行脱党除名。通过集中排查，理顺了党员组织关系，使每名符合条件的党员都纳入党组织有效管理。

第三节　政治思想工作

1991—1999年，临河市委、政府机关党委通过党校培训副科以上党员干部160人，领导干部以普通党员的身份带头参加党委组织的党课学习，党委组织党员上党课4次，组织电视录像讲课3次。在市直各级党组织广大党员中突出"大学习、大讨论"和培训工作，在党员干部中进行六个方面的教育。在党员干部中开展学习《邓小平文选》第三卷、学习邓小平关于建设中国特色社会主义理论教育活动，并编印下发《邓小平文选、中共十四届四中全会、党的基本知识、党风廉政建设、精神文明建设、公务员常识、时事政策学习问答》学习资料汇编。举办市直机关党建知识竞赛，组织市直机关党员、入党积极分子参加《党章》《十四届四中全会决定》知识测试。举办党建理论骨干、纪检干部培训班1期，参加人数184人；组织市直单位参加临河市举办的"爱党、爱国、为民"知识竞赛，获优秀组织奖。组织参加临河市"迎回归、热爱内蒙古、爱我临河"演讲会、百题知识竞赛活动。临河市直属机关工委和临河市委宣传部、临河市文体局等8个单位联合举办"庆回归、迎大庆、热爱党、热爱祖国"歌咏大赛。编写印发《迎接香港回归祖国知识问答》读本。1999年7月，与临河市委组织部、宣传部、纪检委、临河晚报社联合举办"双学"知识百题竞赛，有64个单位、5000名党员参赛，评出优秀组织奖

10个，优秀个人20人。

2003—2004年，临河市直属机关工委调动和发挥街道社区、市直机关党组织和党员作用，通过多种形式做好抗击"非典"工作，组织开展"医院一线人员火线入党宣誓仪式"，组建了5支党员先锋队（党员救助先锋队、党员流调先锋队、党员宣传先锋队、党员爱心先锋队、党员爱民先锋队），在抗击"非典"中发挥党组织的战斗堡垒和党员的先锋模范作用。联合临河市民政局和临河市文体局，举办了"抗非典"文艺慰问演出。与临河市纪检委共同举办了"庆七一《中国共产党党内监督条例（试行）》《中国共产党纪律处分条例》知识竞赛"。

2005—2007年，组织区直273个机关党组织、5947名党员集中开展第二批先进性教育活动，在建立和健全党员先进性长效机制方面，临河区直属机关工委代表7个旗县区做了典型发言。组织机关在职党员成立10支党员服务队，下设医疗保健、文体义演、法律咨询、科技培训、就业服务、环境保护等38个党员服务分队，定期到社区群众中，开展"科教、文化、卫生、就业、法律、警务"六进社区和扶贫帮困活动。与党校、讲师团组成宣讲团深入各单位进行巡回宣讲，帮助广大机关党员干部学习领会中共十七大精神。在自治区机关思想政治工作座谈会上，临河区直属机关工委代表巴彦淖尔市作了经验介绍。先后印发各种学习资料5000册，集中培训机关党员4场次，党员培训率95%以上。

2008—2009年，在区直机关开展主题教育活动、学习实践科学发展观活动、创先争优活动，联系机关党建工作实际，确立"提高党员素质，优化发展环境，服务经济建设"的学习实践活动主题。组建宣讲团，到各单位进行宣讲。组织区直机关300名党员干部，聆听"巴彦淖尔市赴川抗震救灾英模报告团"的巡回报告。利用巴彦淖尔市机关党建网和党员教育影视网等现代化手段，开展网上教育培训和现代远程教育，提高机关党

员学习教育的效果。制定下发《关于在区直机关开展创先争优活动的实施意见》，各单位在争创过程中，科学设计主题，创新活动载体，活动全面推进。召开区直机关庆祝建党89周年暨表彰大会，对区直机关10个先进基层党组织、5名优秀共产党员和3名优秀党务工作者进行表彰奖励。

2011年，出台《关于在区直机关开展"建设学习型党组织"活动的实施意见》，组织区直单位广泛开展"建设学习型党组织"活动，健全和完善中心组学习制度，推行一把手讲党课和支部书记讲坛活动。针对不同领域、不同层次党员干部的实际，探索生动有效的学习方式和载体，开展互动式学习、体验式学习、多媒体学习、学习竞赛成果展示等活动，营造人人皆学、处处可学、时时能学的浓厚学习氛围。开展以"学党章、忆党史、强党性"为主题的党的知识答题竞赛活动。举办"争做五好党员，为临河发展做贡献"主题演讲比赛。

2012年，提出在各级党组织和广大干部群众中开展学习宣传践行"总干"精神，把学习弘扬"总干"精神有机融入建设学习型党组织、学习型机关中。在区直机关开展以"领导干部带头学习，领导班子带动学习，全员争创学习型党组织"为核心内容的"两带一创"主题活动。中共十八大召开后，下发《关于在区直机关学习宣传和全面贯彻落实党的十八大精神的通知》，号召和动员区直机关各级党组织和广大党员学习报告。

2013年，落实大规模培训党员干部任务，加强分层次分类别培训，举办入党积极分子培训班、预备党员培训班、中共十八届三中全会精神专题辅导班6期，印制发放《党员手册》《基层党务工作手册》《新党章》等学习读本1400册。

2014年，围绕新形势新任务，强化思想引领工作，通过一把手讲党课、党校宣讲、座谈讨论等形式，组织党员干部学习中共十八大后习近平总书记关于治国理政、管党治党的一系列新思想新观点新论断，特别是学习习近平总书记视察内

蒙古时重要讲话精神，真正用讲话精神统一思想、统一意志、统一行动，推动区直机关各项工作开展。开展"知区情、识大局、重落实、敢担当"区情教育，大力弘扬"总干"精神，增强党员干部大局意识、责任意识、担当意识。

2015年，围绕学习贯彻中共十八届四中（五中）全会精神，加强理论武装工作，区直机关党组织坚持中心组月学习、党员周学习制度，采取轮流讲学、理论测试、撰写心得等多种形式，引导党员干部学习和掌握相关政策理论，熟悉和了解现代经济、法律文化、社会管理等方面知识，提高党员干部依法行政、履职尽责的能力。为区直机关党员干部免费发放各类学习读本2000余册。

2016年，开展"两学一做"学习教育。区直机关按照"贴合实际、体现特色"的原则，把"两学一做"贯彻落实五大发展理念，推进"十三五""在职党员进社区""党员星级化管理"，与2016年各项工作目标结合起来，取得了效果。4月，开展"学党章、戴党徽、亮身份、做表率"活动，引导广大党员学党章明规矩、戴党徽亮身份、严纪律树形象、强服务比贡献、当先锋做表率。5月，组织机关党员开展手抄党章活动，增强党员的身份意识、责任意识、学习意识和从严意识。

第四节　党员教育管理

1991年，组织机关党员参加由自治区党委组织部、宣传部、《党的教育》杂志社联合举办的"了解党、热爱党、忠于党"为内容的竞赛活动，获得优秀组织奖。按照"坚持标准、保证质量、改善结构、慎重发展"的方针，培养发展新党员。市委机关党委发展党员22人、预备党员转正15人；政府机关党委发展党员232人，预备党员转正239人。

1992—1993年，联合临河市委宣传部、纪检

委、讲师团等单位，对市直机关的党支部书记、党员干部和入党积极分子进行集中培训，累计培训5569人，培训率95%以上。两年发展党员255人，预备党员转正378人。

1994—1997年，3年举办预备党员、积极分子培训班5期，参加人数1348人，发展党员783人，预备党员转正626人。举办市直机关党务干部、支部书记培训班，参加人数536人。

1999年，临河市直属机关工委组织讲师团巡回宣讲80场次，党员受教育面98%。播放典型案例录像78场次，播放电视录像220场次，举办座谈讨论120场次，参加座谈讨论1万人次。纪检工委受理党员违纪案件2件，查核信访案件2件，处分党员3人。4月，培训入党积极分子157人。8月，培训预备党员132人。编写《党的基本知识学习问答》简报7期。按照发展党员工作"十六字"方针，发展党员201人，预备党员转正170人。

2000年，对市直机关副科以上党员干部集中进行为期2个月的"三讲"理论教育。举办"三个代表"重要思想、西部大开发、"致富思源、富而思进"等专题讲座40场次，组织党员干部观看《生死抉择》影片、廉政教育专题录像65场次。发展党员127人，预备党员转正168人。

2003年，培养入党积极分子323人，发展党员286人。"非典"期间，火线发展6名党员，有80名医护人员递交入党申请书。举办入党积极分子、预备党员和党务干部培训班3期，参加培训人员516人，组织36名党务干部到北京市、海南省等地进行考察学习，开阔党务干部的视野。7月1日，组织城区范围内的新党员在公园烈士纪念碑前进行入党宣誓仪式，重温党的历史，坚定对党的信念，对党员进行革命传统教育。

2004年，培养入党积极分子286人，发展党员259人。分别举办入党积极分子、预备党员和区直机关党务干部培训班，参加培训人员602人。加强对离退休干部党员的教育管理，在具备条件的区直单位全部成立离退休干部党支部。

2005年，培养入党积极分子276人，发展党员205人。举办入党积极分子、预备党员培训班2期，参加培训人员421人。

2006年，培养入党积极分子313人，发展党员268人。举办入党积极分子、预备党员培训班2期，参加培训人员426人。组织区直单位开展"党员生态林"建设活动，有2300名机关党员参加栽植。

2007年，培养入党积极分子302人，发展党员267人。举办"入党积极分子培训班""预备党员培训班"各1期，参加培训人员398人。在区直机关建立流动党员服务中心，加强对流动党员的管理。

2008年，发展党员214人，其中机关党员63人，企业党员30人，学生党员121人，为党组织增添新鲜血液。5月12日汶川地震发生后，组织区直机关党组织和广大共产党员捐款，支援汶川抗震救灾，区直单位为抗震救灾累计捐款138万元，交纳特殊党费73.42万元。

2009年，发展党员230人，其中机关党员80人，企业党员14人，学生党员136人。举办"入党积极分子培训班""预备党员培训班"各1期，参加培训人员263人。举办1期"党组织书记、党务干部培训班"，就中共十七届四中全会精神及"六个为什么"内容进行培训。10月，成立"困难党员救助基金会"，区直各单位党组织，募捐救助基金47452元。

2010年，发展党员237人，其中机关党员83人，企业党员27人，学生党员127人。10月，与临河区委组织部共同组织举办"临河区党建工作培训班"，就党建工作业务、创先争优活动、创建学习型党组织、中国宏观经济发展等内容进行培训。

2011年，培养入党积极分子315人，发展党员285人（其中机关党员66人，企业党员54人，学生党员165人），审批101名预备党员按期转正。

举办了一期"入党积极分子培训班"，参加培训人员229人。6月29日，组织区直机关的110名入党积极分子、新党员赴烈士纪念碑前举行集中宣誓仪式。

2012年，加强对入党积极分子的培养教育，组织举办入党积极分子培训班1期，参训人员266人，发展党员221人。

2013年，培养入党积极分子186人，发展党员52人（其中学生党员29人），审批97名预备党员按期转正。举办一期"入党积极分子培训班"，参加培训人员1620人。

2014年，培养入党积极分子132人，发展党员51人（其中学生党员22人），审批52名预备党员按期转正。强化党内帮扶关爱工作，区直机关各级党组织慰问困难党员216人，累计慰问金额9.6万元。

2015年，培养入党积极分子103人，发展党员54人（其中学生党员17人），审批29名预备党员按期转正。区直单位广泛开展困难党员慰问活动，慰问困难党员245人，累计慰问金额9.8万元。

2016年，培养入党积极分子77人，发展党员21人，审批43名预备党员按期转正。7月1日，临河区210名入党积极分子、纳新党员和老党员，在人民公园烈士纪念碑前举行入党宣誓仪式，借助宣誓，提高党员意识，增强广大党员的责任感和使命感。各级机关党组织共慰问困难党员199人，累计慰问金额11.5万元。

第五节　机关建设

1998—2000年，临河市直属机关工委提出在市直机关开展"树机关良好形象工程"活动，发放《临河市直属机关实施"机关良好形象工程"情况社会调查问卷》300份，汇总结果显示，平均满意率87%。围绕"讲政治、做奉献、办实事"这一主题，针对"三讲"教育查摆出的问题，狠抓建章立制工作。在"执法公示制、服务承诺制、政务公开制"三项制度的落实上有新突破，使机关整体精神面貌、人员素质有明显提高。

2002—2005年，组织开展"树机关良好形象工程"活动，下发《关于在市直机关中继续开展树机关良好形象工程的实施意见》《关于在市直机关全面推行首问责任制的意见》，推行"共产党员挂牌上岗"和"共产党员示范岗"制度。以"加强机关建设，转变工作作风，提高服务水平"为目标，开展"四型机关"（学习型、服务型、创新型、文明型）创建活动。召开"临河区创建'四型机关'暨'优化环境'活动现场会"。在区直机关开展以"加强学习培训、强化服务意识、规范机关行为、严肃工作纪律"为主要内容的整治活动。制定出台《关于违反机关工作纪律的处理办法》。

2006—2008年，提出在区直机关开展创建"五型机关"（学习型、服务型、创新型、文明型、节约型）、争做"五好党员"（学习好、工作好、作风好、形象好、团结好）活动。2007年6月27—29日，由临河区委组织部和临河区直属机关工委主办，临河区文体局承办，在人民广场举行迎庆（纪念建党八十六周年、迎接自治区成立六十周年）文艺汇演，歌颂党的丰功伟绩，展现临河区人民建设新临河的美好愿景。2008年12月28日，举办了首届区直机关迎新年乒乓球比赛，区直机关24个代表队、100名运动员参加。

2009年，在区直机关和部分企事业单位开展学习实践科学发展观整风肃纪专项活动，以"严肃机关纪律，整顿机关作风，强化机关管理，提高机关效能"为重点，解决机关中存在的工作不实、作风不正等突出问题。9月，区直机关工委组织开展的创建"五型机关"、争做"五好党员"主题实践活动，获得巴彦淖尔市机关党建创新奖。

2010—2011年，提出在区直机关开展机关文化建设，制定下发《关于在区直机关开展机关文化建设的指导意见》，引导区直单位开展丰富多彩的文体活动，活跃机关文化生活，营造文明和谐的机关氛围。与临河区文体局共同举办庆"七一"暨全民健身月活动启动仪式。2011 年，再次与临河区委组织部、临河区文体局共同举办"临河区庆祝建党九十周年七·一表彰暨'海贝尔杯'红歌大赛颁奖晚会"。会上表彰区直机关 15 个先进基层党组织、15 名优秀共产党员、15 名优秀党务工作者、2 名支持企业党建工作先进个人。

2012 年，在区直机关大力开展"解放思想，优化环境，打造诚信临河"主题实践活动，按照"八个严禁"要求，从更新思想观念、严明工作纪律、加强制度建设、优化办事程序、抓好政务公开、保证政令畅通六个方面入手，解决机关作风中存在的"混、懒、庸、拖、散"等问题。在区直单位开展"千名干部下基层"活动，组织机关干部走出机关、走进基层、走近群众，解决门难进、脸难看、话难听、事难办的机关顽疾。

2013—2014 年，组织区直 77 个机关党组织与11 个街道社区党组织开展"结对互助、统筹共建"活动，确立 22 个共建项目，涉及电教设施配套、活动器材购置、居民巷道硬化等，协调筹措资金62 万元，实施完成建设项目 16 个。开展"做党的忠诚卫士、当群众贴心人"主题实践活动，发挥

各级党组织和广大党员的监督作用，引导党员干部树立正确的政绩观、权利观和利益观。

2016 年 6 月 30 日，组织开展庆"七一"消夏红歌大赛

2015—2016 年，在区直机关推行"首问负责、一次性告知和一次性办结"制度，窗口服务单位统一公开办事流程、质量效率标准和服务规范，开展党员承诺践诺、"三亮三比三评"等活动。6月 25—27 日，由临河区委组织部、宣传部、机关工委、临河区文体局、总工会共同举办"临河区干部职工运动会"，来自 66 个代表队的 1503 名运动员参加了乒乓球、羽毛球、篮球、拔河等比赛项目。开展以"明礼知耻·崇德向善"为主题的区直机关"道德讲堂"活动，营造"说文明话、办文明事、做文明人"的社会氛围。

第十章 其他党务工作

第一节 党校教育

一、机构

1991—2000 年，临河市委党校设办公室、教务处、财务室、教研室、图书室等机构。有在职人员 30 人，其中中级讲师 10 人，初级讲师 12 人，后勤人员 8 人。

2001 年，党校内设机构整合为教研室、办公室、财务室、图书室。

2004 年，临河区委讲师团职能划归党校，实行三个牌子一套人马的办学模式。

1997 年至 2008 年 12 月，党校属正科级建制事业单位。

2008—2016 年，党校成为正科级建制的参照公务员管理事业单位。

二、党员干部培训

1991—2016 年，临河市（区）委党校举办各类培训班 568 期，培训各类学员 61344 人次，其中科级干部主体班 178 期，培训科级干部 19224 人次。

（一）党员干部常规培训

党员干部常规培训，主要是科级干部轮训班，每年春冬季办两轮，此外，还有纪检干部培训班、理论干部培训班、入党积极分子培训班、党务工作者培训班等，每年至少办 1 次。

表 4-10-1 　　　　　　　　　　　党员干部常规培训情况表　　　　　　　　　　　单位：人

年份	主要培训专题题目	培训班次	培训人数
1991 年	《中共十二届七中全会精神》解读 《认识当代社会主义发展的历史必然性》 《坚持走中国特色社会主义道路》	科级干部培训班 5 期 入党积极分子培训班 1 期 乡镇党委书记、宣传委员 2 期	728 124 236
1992 年	《关于中国社会主义现代化建设新时期》的几点思考 《学习和贯彻中共十四次全国代表大会精神》	科级干部培训班 6 期 入党积极分子培训班 1 期 中专专修班 1 期	902 119 51
1993 年	《学习贯彻中共十四届三中全会精神》 《〈邓小平文选〉第三卷学习辅导》 《中共中央关于建立社会主义市场经济体制若干问题的决定》解读	科级干部培训班 5 期 党务干部培训班 1 期 理论进修班 1 期	719 112 53

续表1

年份	主要培训专题题目	培训班次	培训人数
1994 年	《全国宣传思想工作会议》精神解读 《关于 1994 年经济体制改革实施要点》解读 《中华人民共和国劳动法》辅导	科级干部培训班 5 期 预备党员培训班 1 期 理论骨干培训班 1 期	726 124 56
1995 年	《中共中央关于制定国民经济和社会发展十年规划和"八五"计划的建议》解读 《学习贯彻中共十四届五中全会精神》 《关于我国人民代表大会的几个问题》	科级干部培训班 5 期 青年干部培训班 1 期 理论干部专修班 1 期 村支书村主任培训班 1 期	711 63 51 213
1996 年	《加强社会主义精神文明建设》 《学习贯彻中共十四届六中全会》 《关于"九五期间"深化科技体制改革的决定》解读 《要牢牢掌握新闻舆论的领导权》	科级干部培训班 5 期 入党积极分子培训班 1 期 农村支部书记、村主任培训班 1 期 社会主义市场经济理论学习班 1 期 干部理论进修班 1 期	715 121 122 49 54
1997 年	《学习和贯彻中共十五大精神》 《树立科学的人生观》 《大力发展循环经济，努力构建节约型社会》 《人口理论和人口国情教育》	科级干部培训班 5 期 党务工作者培训班 1 期 农村经纪人培训班 1 期 工青妇干部培训班 1 期	712 113 54 231
1998 年	《农村改革二十年所取得的巨大成就》 《农村改革创造的丰富经验》 《全面把握和领会中共十五届三中全会精神》 《行政诉讼法》辅导	科级干部培训班 10 期 学习邓小平理论骨干班 1 期 入党积极分子培训班 1 期 "三五普法"培训班 8 期 计生干部培训班 1 期	1321 50 112 891 56
1999 年	《"光辉的历程"——中华人民共和国建国 50 周年》 《关于国有企业的改革和发展问题的几点认识》 《促进环境与经济协调发展》	科级干部培训班 6 期 党务工作者培训班 1 期 团干部培训班 1 期 理论干部培训班 1 期	812 113 121 52
2000 年	《加快推进社会主义现代化》 《经济全球化下的中国》 《以科学求实的精神推进西部大开发》 《统战工作条例》	科级干部培训班 5 期 入党积极分子培训班 1 期 中青年干部培训班 1 期 "三五普法"培训班 9 期	721 119 52 931
2001 年	《公民道德建设实施纲要》解读 《继续推进农业的结构调整》 《新世纪，新挑战》 《我国"十五"期间需要着力解决的几个问题》	科级干部培训班 6 期 中青年干部培训班 1 期 区直机关党组书记培训班 1 期 农村支部书记、村主任培训班 1 期	809 63 112 115
2002 年	《全面贯彻"三个代表"重要思想》 《中国要进一步适应经济全球化趋势》 《全面建设小康社会，开创中国特色社会主义事业新局面》	科级干部培训班 5 期 入党积极分子培训班 1 期 地税干部培训班 4 期 中青年干部培训班 1 期	721 121 431 55

续表2

年份	主要培训专题题目	培训班次	培训人数
2003 年	《中共中央关于完善社会主义市场经济体制若干问题的决定》 《政府工作报告解读》 《加强社会主义民主法制建设》 《坚持和完善中国共产党领导的多党合作制》	科级干部培训班 5 期 入党积极分子培训班 1 期 理论干部培训班 1 期 妇女干部、党外人士培训班 1 期	734 118 51 117
2004 年	《世贸组织基本法律制度》 《民营经济—中国经济持续发展的保证》 《树立科学的发展观》	科级干部培训班 5 期 入党积极分子培训班 1 期 理论干部培训班 1 期	721 121 53
2005 年	《我区"十五"时期需要着力解决的几个问题》 《解读中共十六届五中全会〈建议〉》 《实践"三个代表"重要思想，时刻保持共产党员先进性》 《自主创新和中国现代化》	科级干部培训班 5 期 入党积极分子培训班 1 期 区直机关、街道办事处党组书记培训班 1 期 预备党员培训班 1 期 农村支部书记、村主任培训班 1 期	715 124 134 108 117
2006 年	《巴彦淖尔市"十一五"规划 > 《构建和谐社会主义社会的五个着力点》 《学习新党章、实践新党章》	科级干部培训班 5 期 入党积极分子培训班 1 期 妇女干部培训班 1 期	736 124 52
2007 年	《关于社会主义核心价值体系建设的问题》 《深入贯彻落实科学发展观实现国民经济又快又好发展》 《"十七大"修改〈党章〉的背景、根据和成果》	科级干部培训班 5 期 入党积极分子培训班 1 期 理论干部培训班 1 期 党务工作者培训班 2 期	712 122 50 304
2008 年	《从 2008 年政府工作报告看科学发展观》 《中共十七届三中全会〈决定〉辅导》 《国际新形势及中国外交新理念》 《突发公共事件应对》	科级干部培训班 6 期 入党积极分子培训班 1 期 "五五普法"培训班 14 期 理论骨干培训班 1 期	742 117 1657 121
2009 年	《坚定信心共克时艰》 《中共十七届四中全会精神解读》 《2009 年宏观经济形势与预测》 《解读"六个为什么"》	科级干部培训班 6 期 入党积极分子培训班 1 期 "五五普法"培训班 15 期 纪检干部培训班 1 期	743 115 1786 104
2010 年	《求真务实催人奋进——2010 年"两会"精神解读》 《学习贯彻中共五中全会精神深入开展创先争优活动》 《中国共产党党员领导干部廉洁从政若干准则》辅导	科级干部培训班 6 期 入党积极分子培训班 1 期 "五五普法"培训班 17 期 妇女干部培训班 1 期	754 128 1874 104
2011 年	《"十二五"中国经济向何处去》 《中国共产党辉煌 90 年》 《贯彻中共十七届六中全会精神建设社会主义文化强国》 《当前的宏观经济形势》	科级干部培训班 6 期 入党积极分子培训班 1 期 "六五普法"培训班 15 期 党务干部培训班 1 期	723 121 1709 123

续表 3

年份	主要培训专题题目	培训班次	培训人数
2012 年	《中共"十八大"以来党治国理政的基本经验和重要启示》 《"两会"精神解读》 《中共"十八大"精神解读》 《壮大实体经济，夯实发展基础》	科级干部培训班期 1 期 入党积极分子培训班 1 期 "六五普法"培训班 16 期	699 114 1843
2013 年	《中共"十八大"以来党的治国理政新思路》 《解读习近平总书记"8·19"重要讲话精神》 《解读"中国梦"》 《中共十八届三中全会精神解读》	科级干部培训班 6 期 入党积极分子培训班 1 期 "六五普法"培训班 14 期 党外干部培训班 1 期	726 122 1621 112
2014 年	《2014 年全国"两会"精神解读》 《解读中央一号文件精神》 《群众路线是党的根本路线》	科级干部培训班 6 期 入党积极分子培训班 1 期 "六五普法"培训班 15 期 党务干部培训班 1 期	789 128 1820 121
2015 年	《守望相助，打造内蒙古亮丽风景线——习近平考察 内蒙古讲话精神解读》 《准确理解经济新常态，展望经济发展新动向》 《开启法治中国新征程——中共十八届四中全会精神解读》	科级干部培训班 6 期 入党积极分子培训班 1 期 "六五普法"培训班 14 期	754 126 1698
2016 年	《严肃党内政治生活，营造"风清气正"的政治生态》 《中共十八届六中全会精神解读》 《中国共产党党内监督条例》解读 《关于新形势下党内政治生活的若干准则》辅导 《"两学一做"专题培训》	科级干部培训班期 6 期 入党积极分子培训班 1 期	726 124

（二）后备干部培训

后备干部培训工作一直是党校干部教育培训的主要内容，是干部培训主业的重要组成部分。后备干部都是各乡镇、区直各单位的业务骨干、优秀分子和重点培养对象。

与区委组织部、宣传部、民宗局、区妇联、团委等各部门合作，举办农村后备干部、少数民族、妇女、青年后备干部及宣传系统后备干部培训班 14 期，培训相关后备干部 1100 人。

后备干部培训班的课程设置主要有：马克思主义基本理论、毛泽东思想、邓小平理论、"三个代表"重要思想、科学发展观、习近平总书记治国理政理念、党建理论等。此外，党校还结合形势的需要，就社会上的热点和难点问题举办讲座，结合任务的需要，就党在各个阶段重大理论问题举办讲座。

2008 年干部理论培训班合影

三、公务员轮训

1993年11月至2006年12月，临河市（区）委举办《公务员法》及公务员普通话培训班、公务员公共管理核心内容及行政机关《公务员处分条例》培训班、公务员任职培训班、新录用公务员初任培训班、公务员职业道德培训班共101期，轮训公务员11211人次。

2006年以后，公务员培训工作由临河区人力资源与社会保障局统一收回，党校结束公务员培训工作。

1991年第一期公务员培训班合影

2001年科级公务员知识更新培训班合影

四、理论学习

从2013年开始，临河区委党校先后有3名教师顺利完成内蒙古党校研究生学习，取得研究生学历。同时，选送教师到区内外参加培训学习、学术交流和论文研讨，1991—2016年，安排32批次、120人次，到北京市、浙江省、延安市、井冈山市、呼和浩特市等地参加中央会议精神和自治区党校系统业务培训学习。

党校结合工作特点和党员干部实际，抓好各环节的学习教育，坚持每周二进行集中学习，制定详细学习计划，年均集中学习40次，通过集中辅导、撰写心得体会、开展专题研讨、定期测试等多种形式加强党员干部的教育，个人学习笔记数字年均在1.5万字左右。党校教师不断向书本学习，学习原著、研读经典，打牢马克思主义理论功底。教师坚持理论联系实际，经常到基层研究世情、国情、党情的新变化，运用马克思主义的立场、观点和方法分析、研究和回答现实问题，使党校教育更好地为大局服务、为提高干部素质服务、为干部成长服务。

五、师资队伍建设

2000年，党校在职人员30人，其中教研人员22人。到2016年，党校教职工队伍有16人，包括教师10人，占教职工总数的63%。设教研室、办公室、教务处、电教管理中心等科室。其中函授研究生学历3人，本科生学历12人，专科1人。

临河区委党校坚持"人为本，师为先"的理念，推进人才强校、科学管理战略，参照公务员岗位设置和专业技术岗位评聘工作，致力于培养和建设一支忠诚于党校干部教育事业，具备时代发展的政治敏锐性及扎实的马克思主义理论功底，能够深入实际调查研究，以科学态度探索中国特色社会主义建设新问题，在思想理论战线发挥更大影响，规模适当、结构优良的师资队伍。通过多种途径、多种渠道、多种形式培养提高教师队伍。为让新来的教师快速成长，学校定期组织教师集体听课，观摩教学和评讲评教活动，通过讲评制度，使新教员迅速成长，登上主体班讲台。

六、教学工作

（一）教学改革

2003年开始，党校重点突出对教学工作管理，强化《政治业务学习制度》《主体班次管理制度》《试讲制度》《集体备课制度》《授课质量评估制度》培训。每次培训坚持课前试讲、集体备课、教学研究，校领导带头示范教学，调动教职工的积极性和主动性，教风学风明显改观，教学管理水平显著提高。临河区委党校被确定为市级"政策理论大讲堂"，被评为巴彦淖尔市理论宣传工作先进单位，5名教师被聘为自治区宣讲团成员。

（二）教学研究

党校科研工作始于20世纪80年代初期，发展于90年代，21世纪初逐步走上成熟阶段。为了营造科研工作氛围，党校每年定期召开一次全校理论研讨会，开展学术交流。2008年后，连续参加了九届科学普及周活动，发挥了社科普及主力军的作用。2013年12月，开展学习贯彻习近平总书记系列重要讲话精神理论研讨活动，活跃党校理论学习研讨的氛围。2016年，健全了科研管理组织，重新装修了科研办公室。

（三）教研成果

到2016年，党校共完成论文、调查报告100篇。其中《论大力培养少数民族干部》《当代我国社会主义应该以研究经济为重点》《牢记社会主义的根本任务，坚持以经济建设为中心不动摇》《企业走市场必须解放思想》4篇在自治区、省级报刊上发表。《临河区未来发展的战略思考》《临河区率先实现"绿色崛起、赛过江南"目标的对策思考》等10篇在市级刊物上发表。

第二节　政策研究

一、研究和论证

临河区政研室针对临河经济社会发展中存在的热点、难点问题分析原因，寻求对策，提供决策性建议，以及起草临河区委书记的讲话类材料、汇报类材料、约稿类材料及外出考察报告类材料，起草城市、农村改革及发展相关的文件材料。

二、调研成果

调查研究历届党代会报告及每年召开的全委会报告。

三、刊物创办

临河区政研室主办《调查与研究》《发展》《综合通讯》《临河工作》4种刊物。其中《调查与研究》是政研室一直使用的信息类刊物，主要内容是各部门、各单位的动态工作进展情况；《发展》是2002—2005年创办的月刊，主要内容包括领导讲话、报告及论文，基层工作论文和国家各类政策信息；《综合通讯》是信息类刊物，主要内容包括各部门和各单位的经验性工作总结和推广借鉴；《临河工作》是2009—2012年创办的月刊，主要内容包括领导讲话及报告，基层工作信息，国家政策解读以及全国各地工作经验借鉴。

第三节　党史工作

1991—2016年，开展了党史资料征编、研究、宣传和教育工作。经过广征、博采，走访了退休老干部、老职工，走访了参加过地下活动的农民、职工、烈士亲属和在临河任过主要领导职务的人员，共征集、查阅档案资料3000余万字，搞清了临河地下革命活动时期党组织和斗争史及中华人民共和国成立后各时期的组织机构沿革演变。出版5本书籍，计180万字。完成13个党史专题的编写，20万字。

一、组织史的编辑出版

1991年9月，出版发行《中共内蒙古临河市组织史资料》（1927.6—1987.12）第一卷。

1998 年 7 月，出版发行《中共内蒙古临河市组织史资料》（1988.1—1998.5）第二卷。

2005 年 1 月，出版发行《中共内蒙古临河市（区）组织史资料》（1998.1—2004.12）第三卷。三卷本分别对临河市党组织 1927 年 6 月至 2004 年 12 月的组织沿革及领导人更迭作了详尽记载。

二、中共临河地方历史的编辑出版

（一）《中国共产党临河地方历史——新民主主义革命时期》

2000 年 12 月出版发行，全书系统地记述了 1925—1942 年间中国共产党在临河县（当时辖界包括今杭锦后旗）的地下组织的建立及主要工作。包括中共绥远工委、中共后套特委等组织相关的简要情况，以及临河地下党组织在临河辖界以外发展组织的简要情况。

（二）《中国共产党临河地方历史——社会主义改造基本完成时期和社会主义建设全面展开时期》

2006 年 8 月出版发行，书中系统讲述了 1949 年 9 月至 1956 年 12 月社会主义改造基本完成时期中共临河县区组织和人民政权的建立和初期工作，以及 1957 年 1 月至 1966 年 5 月社会主义建设全面展开时期的主要工作及成就。

三、党史专题

2009—2016 年，临河区党史资料征集办公室先后完成 13 个党史专题的编写工作任务——经济建设的伟大成就，社会主义教育（四清）运动，社会主义建设总路线的宣传和"大跃进"运动，整风整社运动（五个月革命），整风运动和反右斗争，学雷锋学毛著运动，党组织建设与民主政治建设（各级党代会、人代会、政协会的召开），党内对高饶问题的传达和审干，肃反运动，人民公社化运动，大炼钢铁运动，《农业发展纲要（草案）》的宣传贯彻及对建设社会主义新农村的重大影响，国民经济调整、整顿、党风和廉政建设。

第十一章　编制管理

第一节　机　构

临河区机构编制委员会办公室是临河区机构编制委员会的常设办事机构，列临河区委机构序列，受区委和政府双重领导。内设办公室、行政事业股、车编股 3 个股室，行政人员 7 人。

2016 年 12 月，经巴彦淖尔市编委批准设立事业单位登记管理局，为区编办所属事业单位，事业编制 4 人。

第二节　管理制度改革

1996 年 5 月 22 日，临河市编办实行《人员列编通知单》制度。

2007 年 3 月 27 日，发《关于转发中央编办、监察部〈机构编制监督检查工作暂行规定〉的通知》。

2007 年 7 月 17 日，发《关于废除"五联单"进人制度的通知》。

2007 年 11 月 13 日，转发内蒙古自治区机构编制委员会办公室、人事厅《关于评选全区机构编制工作先进集体和先进个人的通知》。

第三节　政策法规

1995 年 12 月 18 日，临河市机构编制委员会办公室（简称编办）参与印发《临河市党政机构改革方案》。

1996 年 9 月 10 日，参与印发内蒙古自治区事业单位"五定"具体意见。

2002 年 7 月 22 日，参与编发《中共临河市委员会、临河市人民政府关于进一步加强机构编制管理和监督的意见》。

2007 年 5 月 11 日，转发自治区编办《关于学习贯彻〈通知〉〈条例〉〈暂行规定〉有关事项的通知》，转发《中共中央办公厅、国务院办公厅关于进一步加强和完善机构编制管理严格控制机构编制的通知》《地方各级人民政府机构设置和编制管理条例》、中央编办和监察部《关于印发机构编制监督检查工作暂行规定》的通知。

2009 年 12 月 28 日，转发中共巴彦淖尔市纪律检查委员会等八部门联合下发《关于防止年终突击花钱，压缩车辆购置费、出国费、会议费等支出的紧急通知》。

2009 年 12 月 30 日，协助印发《关于巴彦淖尔市临河区新型农村社会养老保险暂行办法的通知》。

第四节　机构改革

1996年8月9日，印发临河市政府办公室、临河市经济贸易委员会、计划委员会、民族宗教事务局、民政局、统计局、审计局、组织部、社会治安综合管理委员会办公室、老干部局、政法委、经济体制改革委员会、统战部、水利局、司法局、计划生育委员会、林业局、文化体育局、畜牧局、工商联合会、城乡建设管理委员会、交通局、乡镇企业局、临河市直属机关工作委员会、临河市总工会、残联职能配置、内设机构和人员编制方案的通知。

1996年11月18日，经临河市机构编制委员会研究，同意临河市医院上报为准处级规格。

1998年3月26日，参与同意临河市第一、二职业中学升格为正处级；4月28日，参与同意成立临河市残疾人劳动服务所；6月2日，参与成立临河市对外宣传办公室；7月17日，参与成立临河市种畜禽质量监督检验测试站；7月23日，参与成立临河市招商局、项目开发办；10月29日，参与成立临河市健康教育所、临河市住房公积金管理中心、临河市水政监察大队、临河市标准计量所机构升格为技术监督局、临河市农业机械产品质量投诉站、临河市殡葬管理所。

2004年2月19日，下发《关于成立临河市新型农村合作医疗管理办公室》的通知。8月10日，协助下发《临河区政府机构改革的方案》，深入转变政府职能，进行机构调整和设置。8月19日，编办下发《关于启用巴彦淖尔市临河区农业综合开发办公室等印章的通知》。启用巴彦淖尔市临河区农业综合开发办公室、巴彦淖尔市临河建设工程质量监督站、巴彦淖尔市临河人口和计划生育服务站、巴彦淖尔市临河卫生防疫站、巴彦淖尔市临河区瓜果蔬菜服务中心、巴彦淖尔市临河区绿色食品发展中心、巴彦淖尔市临河区职工医疗保险管理中心、中共巴彦淖尔市临河区委员会党史资料征集办公室、巴彦淖尔市临河区农业机械局、巴彦淖尔市临河区园林局、巴彦淖尔市临河区农村经营管理局、巴彦淖尔市临河区农业种子管理站等单位公章。9月15日，上报《临河区事业单位机构体制改革调研报告》。10月10日，参与成立临河区统计局城乡调查队企业调查队和统计执法大队。10月28日，发《关于成立临河区安全生产监督管理局的通知》，成立临河区安全生产监督管理局，与经济局、个体私营经济管理局，一个机构挂三块牌子。12月15日，发《关于成立巴彦淖尔市临河区生态监测评估站的批复》；12月20日，同意气象局成立巴彦淖尔市临河区生态监测评估站，为股级事业单位，隶属临河区气象局。

2005年3月28日，临河区机构编制委员会办公室发《关于成立临河区粮食管理局的通知》；4月1日，发《关于成立临河区粮食管理局的通知》，决定成立临河区粮食管理局，为区政府主管粮食流通领域的行政主管部门，科技建制。12月29日，参与成立临河化学工业高新技术园区工作办公室。

2006年12月24日，发《关于旗县区信访办更名的批复》。

2007年3月28日，发《关于规范临河区部分机构设置的通知》。

2007年7月10日，发《关于认真组织学习贯彻全区编办主任培训班材料的通知》。

第五节　机构编制管理

1997年2月25日，参与制定临河市环境保护局、临河市园林局、临河市环境卫生管理局、临河市自来水公司、临河市建材管理局、临河市档案局的编制工作。3月26日，参与制定临河市消费者协会的编制工作。5月30日，参与制定临河市城乡建筑勘察设计院的编制工作。7月12日，经临河市委第 13 次常委会议研究，临河编办参与市委党员电化教育中心、市纠正行业不正之风办公室、市城镇扶困管理办公室、市关心下一代工作委员会办公室、市经营管理局、市房产管理局、市技术监督局、市村镇规划管理局、市招生考试中心、市勤工俭学中心、市教育教学研究中心、市图书资料中心、市接待处的编制工作。同意撤销，商品交易所、市技术市场管理办和市工业研究所。7 月 15 日，参与成立市委机关事务服务中心、市政府机关事务服务中心。8 月 29 日，"临河市市政设施维护管理站"更名为"临河市市政设施维护管理处"。11 月 7 日，临河市编办第三次会议决定：同意公安局成立缉私队、打扒队，属公安局内设机构，股级建制，参与成立临河市瓜果蔬菜研究所，参与组建临河市卫生局公共卫生监督所，隶属卫生局。11 月 17 日，参与下发临河市事业单位"五定"方案。1997 年 12 月 10 日，参与成立临河市公安局刑警大队。

2002 年 10 月 18 日，市编办决定对新华办事处、团结办事处、解放办事处、铁南办事处、车站办事处、先锋办事处、北环办事处、西环办事处、东环办事处的编制进行调整。

2004 年 7 月 13 日，编发《关于对临河区乡镇（街道）司法所实施编制集中管理的通知》，将全区基层司法所编制进行统一管理。

2005 年 8 月 15 日，为妥善安置市司法局所属监狱的干警，根据巴彦淖尔市编委会 2005 年第一次会议纪要决定，给临河区下达 224 名公安地方行政编制。9 月 2 日，发《关于给公安局增加地方公安行政编制的通知》，决定给区公安局增加地方公安行政编制 217 名，以安置市司法局所属监狱移交临河区的 217 名干警。

2007 年 1 月 7 日，发《巴彦淖尔市机构编制委员会关于为临河区下达行政编制的通知》。

2007 年 3 月 30 日，转发《关于做好新增公安专项编制分配使用及公务员登记工作的通知》。

第六节 事业单位登记管理

2002 年 10 月 14 日，参与编发《临河市事业单位人事制度改革暂行办法》。

2003 年 11 月 4 日，参与印发《关于临河市第一职业中专升格为处级建制的报告》。

2004 年 6 月 9 日，经巴彦淖尔盟编委批准，临河市编办设置临河市科学技术协会为科技建制、全额事业单位。

2006 年 12 月 29 日，发《关于临河区部分副科级以上事业机构和领导职数核准备案的通知》。

第七节 车辆编制管理

1997 年 4 月 8 日，参与制定临河市机动车辆城市建设增容费征稽大队的编制工作。

1999 年 4 月 27 日，临河市编办进行 1999 年"机动车辆登记簿"和"机动车辆定编证"年度审验工作。10 月 10 日，向上级报送《临河市小汽车编制方案》《临河市小汽车台账》报告。

2002 年 11 月 4 日，参与印发"关于核定党政机关及事业单位车辆编制"的通知。

2003 年，协助内蒙古自治区党委办公厅、政府办公厅下发《关于严格执行党政机关公务用车标准》。11 月 25 日，协助印发《巴彦淖尔盟车辆编制办公室关于调整盟直及旗县市小汽车车辆编制》方案的通知；12 月 1 日，参与印发《巴彦淖尔盟车辆编制管理暂行规定》。

2004 年 3 月 12 日，印发关于认真贯彻执行中共内蒙古自治区委员会办公厅厅发〔2003〕56 号《内蒙古党委办公厅、政府办公厅关于严格执行党政机关公务用车标准的紧急通知》。

2007 年 7 月 23 日，发《关于调整市直和旗县区各单位车辆编制方案的通知》。

第八节　机构编制监督检查管理

2004 年 6 月 30 日，转发巴彦淖尔盟编委《关于进一步加强人员编制管理、严肃编制纪律有关问题的通知》。

2006 年 4 月 3 日，发《关于对全区各单位吃"空饷"为题进行检查的通知》。

2007 年 3 月 25 日，发《关于转发、印送中央编办〈关于通报督查内蒙古自治区控制乡镇机构编制和实有人员情况的函〉和国发〔2006〕34 号文件的通知》。3 月 26 日，发《关于对 2006 年度临河区机构编制管理目标考核结果的通报》。4 月 23 日，发《关于印发巴彦淖尔市编办"12310"举报电话及来信来访受理交办件办结报告和转办件备案函报文格式的通知》。5 月 28 日，发《关于转发自治区编办〈关于对盟市、旗县（市、区）所属事业单位机构、编制、实有人数情况进行调查统计的通知〉的通知》。7 月 4 日，发《关于开展上半年度机构编制管理目标考核工作的通知》。9 月 10 日，发《关于对旗县区机构编制工作进行督查检查的通知》。9 月 27 日，发《关于印发〈二〇〇七年度对各旗县区机构编制管理目标考核办法〉的通知》。

第五篇
地方人民代表大会

第一章　临河区人民代表大会

第一节　人民代表大会的产生

1991—2016 年，临河地区的人民代表大会制度逐步完善，人民大众参政议政的意识与能力不断增强，人民当家作主的权利得到保障与发挥，在促进临河经济建设、社会发展、政权建设上，发挥了积极作用。

一、换届选举

（一）组织动员

1. 成立换届选举委员会，制定换届选举工作方案，划分选区和分配代表名额。

2. 召开换届选举工作会议。

3. 组建选举工作队，培训工作队员。

4. 编写宣传提纲，各新闻媒体做好宣传发动工作。

（二）选民登记

1. 各乡镇、街道办事处成立选举工作领导小组，各选区成立选举工作小组。

2. 进行选民登记。选民登记按选区进行，经登记确认的选民资格长期有效。每次选举前对上次选民登记以后新满 18 周岁、被剥夺政治权利期满后恢复政治权利的选民，予以登记。对选民经登记后迁出原选区的，列入新迁入选区的选民名单；对死亡和依法被剥夺政治权利的人，从选民名单上除名。

精神病患者不能行使选举权利的，经选举委员会确认，不列入选民名单。

选民名单在选举日前 20 日公布，实行凭选民证参加投票选举的，发给选民证。

对于公布的选民名单有不同意见的，可以在选民名单公布之日起 5 日内向选举委员会提出申诉。选举委员会对申诉意见，在 3 日内做出处理决定。申诉人如果对处理决定不服，可在选举日的 5 日以前向人民法院起诉，人民法院在选举日以前做出判决。人民法院的判决为最后决定。

在有代表出缺的情况下，每年都要依法对代表进行补选，在补选过程中，依照"三增三减"原则，对选民依法进行登记。

3. 审查选民资格，公布选民名单。各选区认真做好选民登记、造册和选民资格审查工作，并在选举日的 20 日前以选区为单位张榜公布选民名单。

4. 颁发选民证，公布选举日和选举地点。

（三）提名酝酿确定代表候选人

1. 提名推荐代表候选人。代表候选人按选区提名产生。各政党、团体可以联合或者单独推荐代表候选人；选民 10 人以上联名，也可以推荐代表候选人。提名推荐代表候选人要填写"代表候选人提名推荐表"，所提候选人人数不得超过本选区应选名额。

2. 上报、公布初步代表候选人名单。各选区汇总上报本选区提名推荐的初步候选人，并在选举日的 15 日以前按选区张榜公布，交选区选民酝酿、讨论、协商。

3. 确定正式代表候选人。各选区根据较多数选民意见，按照差额选举规定，确定本选区正式代表候选人名单。正式代表候选人名单报区选举委员会批准，在选举日的 7 日前以选区进行张榜公布。公布正式代表候选人以姓氏笔画为序排列。

（四）组织介绍代表候选人情况

1. 选举委员会采取多种形式，统一向选民宣传介绍代表候选人情况。

2. 选举委员会按照修改后选举法规定，根据选民要求，组织代表候选人与选民见面，实现选民知情权。选举日停止介绍候选人情况。

（五）选举代表

1. 确定选举日，通知各选区选民届时参加投票选举。

2. 各选区提前公布选举时间、地点，做好投票选举前一切准备工作。核实参选人数、落实外出选民的委托投票人；召开选区选民小组会，推选监、计票人员，宣布投票注意事项；培训工作人员，明确选举程序、职责和纪律。

3. 各选区召开选举大会，组织选民投票选举。

投票时，一般按选区召开选举大会，也可以设立投票站、流动票箱进行。

投票选举由各选区选举工作小组主持。选举时公布选民人数、代表候选人名单和应选代表名额及投票注意事项。正式代表候选人不得在本选区主持投票选举或担任工作人员。流动票箱至少有 3 名选举工作人员负责。

选民亲自到选举大会或者投票站投票。确定不能到会投票的，可以书面委托其他选民代为投票，每位选民接受的委托不得超过 3 人。

选民凭选民证领取选票，不能写选票的，可以委托他人代写（代写一般不超过 3 人）。

选举采用无记名方式投票，各选区保证使选民参选率达到法定人数要求。

4. 公布当选代表名单，登记当选代表。

（六）准备召开新一届第一次人民代表大会

1. 对当选代表进行资格审查，颁发代表证书，进行代表培训。

2. 总结换届选举工作，填报各种统计表册，做好资料立卷归档。

3. 召开新一届人民代表大会第一次会议，选举新一届区人大常委会主任、副主任和委员，区人民政府区长、副区长、人民法院院长、人民检察院检察长和新一届人民代表大会代表。

4. 向巴彦淖尔市人大常委会和市委组织部报送市人大代表的选举结果和相关材料，向巴彦淖尔市人民检察院报备区人民检察院检察长选举结果。

二、选举情况

（一）选举区人大代表

2012 年换届选举产生代表 210 人。

2013 年补选代表 3 人。临河区第十届人民代表大会第一次会议结束后，出缺 5 人。

2014 年补选代表 4 人。临河区第十届人民代表大会第二次会议结束后，出缺 5 人。

2015 年选举代表 3 人。

2016 年补选代表 2 人。临河区第十届人民代表大会第四次会议结束后，出缺 4 人，现有代表 210 人。

（二）补选常委会委员

2013 年补选 1 人。

2015 年补选 3 人。

（三）补选巴彦淖尔市人大代表

2014 年补选 4 人。

2016 年补选 3 人。

第二节　人民代表大会的召开

一、临河市第十一届人民代表大会

临河市第十一届人民代表大会第一次会议于1991年1月15—18日召开，229名人民代表出席会议，各部门49名负责人列席会议，11名老干部代表特邀列席会议。会议听取、审议王智德代表市政府作的政府工作报告，听取、审议张世杰代表市人大常委会作的《临河市第十届人民代表大会常务委员会工作报告》，听取、审议慕新胜作的《临河市1990年国民经济和社会发展计划执行情况与1991年计划（草案）的报告》，听取、审议徐明作的《临河市1990年财政决算和1991年财政预算（草案）的报告》，听取、审议李玉明作的《临河市人民法院工作报告》，听取、审议吴寿山作的《临河市人民检察院工作报告》，听取代表资格审查委员会关于代表资格的审查报告和议案审查委员会的议案审查报告。会议批准以上报告，并通过相应决议。大会选举产生临河市第十一届人民代表大会常务委员会主任、副主任和委员；选举产生临河市第十一届人民政府市长、副市长，人民法院院长、人民检察院检察长。

临河市第十一届人民代表大会第二次会议于1992年3月22—25日召开，229名代表参加。市人大常委会主任张世杰作工作报告，代市长赵胜利作政府工作报告，政府副市长李庭舫作《关于编制临河市国民经济和社会发展十年规划和第八个五年计划的报告》。赵胜利当选临河市人民政府市长。

二、临河市第十二届人民代表大会

临河市第十二届人民代表大会第一次会议于1994年1月20—22日举行，230名代表出席会议。各部门31名负责人列席会议。全国人大代表马林

列席会议。会议听取、审议赵胜利代表市政府作的政府工作报告，听取、审议慕新胜作的《临河市1993年国民经济和社会发展计划执行情况与1994年计划（草案）的报告》，听取、审议徐明作的《临河市1993年财政决算和1994年财政预算（草案）的报告》，听取、审议白金兰作的《临河市第十一届人民代表大会常务委员会工作报告》，听取、审议李玉明作的《临河市人民法院工作报告》，听取、审议吴寿山作的《临河市人民检察院工作报告》，听取代表资格审查委员会关于代表资格审查的报告和议案审查委员会的议案审查报告。会议批准以上报告，并通过相应决议。大会选举产生临河市第十二届人民代表大会常务委员会主任、副主任、委员；选举产生了临河市第十二届人民政府市长、副市长，人民法院院长和人民检察院检察长。

1994年7月12日，临河市第十一届人民代表大会常务委员会第四次会议接受赵胜利辞去市人民政府市长职务，接受高瑞明辞去市人大常委会主任职务。

1995年2月24—26日，临河市第十二届人民代表大会第二次全体会议召开，出席代表217人。会议听取审议并通过各项例行报告，依法补选魏培为市人大常委会主任、高瑞明为市人民政府市长。11月8日，中共临河市第九次代表大会召开，市委书记赵胜利作工作报告。

1996年3月6日，临河市召开第十二届人民代表大会第三次会议，市六大班子主要领导出席。会议补选全继民等为市人大常委会主任、副主任，选举刘建玉为市人民检察院检察长。

1997年2月27—28日，临河市第十二届人民代表大会第四次会议召开。会议代表230人，实到220人，符合法定人数。

1998年3月4—5日，临河市第十二届人民代表大会第六次会议召开。

三、临河市第十三届人民代表大会

临河市第十三届人民代表大会第一次会议于

1999 年 1 月 21—23 日召开，212 名代表参加会议，各部门 48 名负责人列席会议，11 名老干部代表特邀列席会议，内蒙古自治区第九届人大代表高瑞明、刘凤兰、倪玉明列席会议，全国人大代表马林列席会议。会议听取、审议临河市人民政府工作报告，听取、审议焦永平作的《临河市 1998 年国民经济和社会发展计划执行情况与 1999 年计划国民经济和社会发展（草案）的报告》，听取、审议徐明作的《临河市 1998 年财政决算和 1999 年财政预算（草案）的报告》，听取、审议全继民作的《临河市第十二届人民代表大会常务委员会工作报告》，听取、审议李文彪作的《临河市人民法院工作报告》，听取、审议张秀峰作的《临河市人民检察院工作报告》，听取代表资格审查委员会关于代表资格审查的报告和议案审查委员会的议案审查报告。会议批准以上报告，并作出相应决议。会议采取无记名投票的办法依法选举产生临河市第十三届人民代表大会常务委员会主任 1 人，副主任 6 人，委员 14 人；选举产生临河市第十三届人民政府市长 1 人，副市长 7 人；选举产生临河市人民法院院长和临河市人民检察院检察长。

2000 年 4 月 9—10 日，临河市召开第十三届人民代表大会第二次会议。

2001 年 1 月 15 日，临河市第十三届人民代表大会第三次会议，审查和批准《临河市国民经济和社会发展第十个五年计划纲要》。4 月 10—11 日，临河市召开第十三届人民代表大会第四次会议，出席代表 214 人，列席代表 87 人。会议批准郝建业、张锦珍、高翠兰、梁永杰辞去临河市人大常委会副主任职务，批准刘耕晓、贾英祥、王惠忠、燕子亮、徐明辞去临河市人民政府副市长职务，批准张秀峰辞去临河市人民检察院检察长职务。补选牛德奎、徐明为临河市人大常委会副主任，补选苏志国、李强、张志新、斯庆为临河市人民政府副市长，补选刘志中为临河市人民检察院检察长。

四、临河市第十四届人民代表大会

临河市第十四届人民代表大会第一次会议于 2004 年 1 月 4—6 日召开，213 名代表参加会议，各部门 52 名负责人列席会议，14 名老干部代表特邀列席会议，全国人大代表郝续宽，内蒙古自治区人大代表赵焕然、朱勇、串智慧列席会议。会议听取、审议周玉峰代表临河市人民政府作的工作报告，听取、审议辛玉平作的《临河市 2003 年国民经济和社会发展计划执行情况与 2004 年国民经济和社会发展计划（草案）的报告》，听取、审议杜振山作的《临河市 2003 年预算执行情况及 2004 年财政预算（草案）的报告》，听取、审议全继民作的《临河市第十三届人民代表大会常务委员会工作报告》，听取、审议李文彪作的《临河市人民法院工作报告》，听取、审议王秀成作的《临河市人民检察院工作报告》，听取了代表资格审查委员会关于代表资格审查的报告和议案审查委员会的议案审查报告。会议批准以上报告，并作出相应决议。会议依法选举产生临河市第十四届人民代表大会常务委员会主任 1 人，副主任 4 人，委员 17 人；选举产生临河市第十四届人民政府市长 1 人，副市长 8 人；选举产生临河市人民法院院长和人民检察院检察长。

2005 年 2 月 2—3 日，临河区召开第十四届人民代表大会第三次会议，213 名代表参加，会议列席代表 72 名。会议批准弓占维辞去临河区第十四届人民代表大会常务委员会主任职务，批准周玉峰辞去临河区人民政府区长职务。补选李彬为人大常委会主任。

2006 年 1 月 13—14 日临河区召开第十四届人民代表大会第四次会议，214 名代表出席，列席会议代表 86 人。会议批准李文彪辞去临河区人民法院院长职务，选举王国瑞为临河区人民法院院长。7 月 31 日，临河区第十四届人民代表大会常务委员会第二十次会议任命王永有、于建光、王智和为临河区人民政府副区长。

五、临河区第十五届人民代表大会

临河区第十五届人民代表大会第一次会议于2007年11月29—30日举行，212名代表参加会议，各部门55名负责人列席会议，6名老干部代表特邀列席会议。会议听取、审议临河区人民政府代表作的政府工作报告，听取、审议辛玉平作的《临河区2007年国民经济和社会发展计划执行情况和2008年国民经济和社会发展计划（草案）报告》，听取、审议刘玉梅作的《临河区2007年1—10月份财政预算执行情况和2008年财政预算（草案）报告》，听取、审议王桂兰作的《临河区第十四届人民代表大会常务委员会常委会工作报告》，听取、审议王国瑞作的《临河区人民法院工作报告》，听取、审议王秀成作的《临河区人民检察院工作报告》，听取霍常富作的代表资格审查报告，听取杜振山作的议案审查报告。会议批准以上报告，并作出相应决议。会议依法选举产生临河区第十五届人民代表大会常务委员会主任1人，副主任4人，委员21人；选举产生临河区第十五届人民政府区长1人，副区长7人；选举产生了临河区人民法院院长和人民检察院检察长。选举产生出席巴彦淖尔市第二届人民代表大会代表85人。

2008年7月31日至8月1日临河区第十五届人民代表大会第二次会议召开。

2009年2月18日，临河区第十五届人民代表大会第三次全体会议在巴彦淖尔市政府会议中心报告厅召开。参会代表264人。

2011年1月18—20日临河区第十五届人民代表大会第五次会议召开，213名代表出席，列席会议人员94人。

六、临河区第十六届人民代表大会

临河区第十六届人民代表大会第一次会议于2012年12月5—8日举行，210名代表出席会议。各部门69名负责人列席会议，19名老干部代表特邀列席会议。会议听取、审议武志杰代表临河区第十五届人民政府作的政府工作报告，听取、审议杨成明作的《临河区2012年国民经济和社会发展计划执行情况与2013年国民经济和社会发展计划（草案）的报告》，听取、审议刘玉梅作的《临河区2012年1—11月财政预算执行情况和2013年财政预算（草案）的报告》，听取、审议于建光作的《临河区第十五届人民代表大会常务委员会工作报告》，听取、审议弓建国作的《临河区人民法院工作报告》，听取、审议张文博作的《临河区人民检察院工作报告》，听取了杨文奎作的代表资格审查报告，听取刘海胜作的议案审查报告。会议批准以上报告，并作出相应决议。会议依法选举产生临河区第十六届人民代表大会常务委员会主任1人，副主任4人，委员22人；选举产生临河区第十六届人民政府区长1人，副区长6人；选举产生临河区人民法院院长和人民检察院检察长；选举产生临河区出席巴彦淖尔市第三届人民代表大会代表81人。

2013年12月27日，临河区第十六届人民代表大会第二次全体会议召开。

2014年12月28日，临河区第十六届人民代表大会第三次会议闭幕。

2015年12月28日，临河区第十六届人民代表大会第四次会议闭幕。王肇晟当选临河区人民政府区长。

2016年12月28日，临河区第十六届人民代表大会第五次会议开幕。大会听取临河区人民政府工作报告、《临河区2016年国民经济和社会发展计划执行情况与2017年国民经济和社会发展计划（草案）的报告》《临河区2016年财政预算执行情况和2017年财政预算（草案）的报告》、临河区人民代表大会常务委员会工作报告和法检两院工作报告。大会收到代表提出的建议、意见54件。

第二章 常设机构

第一节 临河市（区）人民代表大会常务委员会

临河区人民代表大会常务委员会是临河区人民代表大会的常设机构，在本级人大闭会期间开展工作，行使本级国家权力机关部分职权，依法监督"一府两院"工作，讨论决定重大事项和人事任免，组织开展本级人大日常工作。

临河区第十六届人民代表大会常务委员会于2012年12月经临河区第十六届人民代表大会第一次会议选举产生，设主任1人，副主任4人（其中党外1人），常委会下设"一办六委"，即办公室、财政经济工作委员会、法制工作委员会、教科文卫工作委员会、城市工作委员会、人事代表选举工作委员会、农牧业工作委员会。

表5-2-1　　　临河市第十一届人民代表大会常务委员会主任、副主任名录

姓名	职务	性别	民族	任职时间
张世杰	主任	男	汉族	1991.01—1994.01
白金兰	副主任	女	蒙古族	1991.01—1994.01
李润智	副主任	男	汉族	1991.01—1993.05
兴连学	副主任	男	汉族	1991.01—1994.01
刘国忠	副主任	男	汉族	1991.11—1994.01

表5-2-2　　　临河市第十二届人民代表大会常务委员会主任、副主任名录

姓名	职务	性别	民族	任职时间	备注
高瑞明	主任	男	汉族	1994.01—1995.02	兼任
魏培	主任	男	汉族	1995.02—1996.03	兼任
全继明	主任	男	汉族	1996.03—1999.01	
刘国忠	副主任	男	汉族	1994.01—1996.04	

续表

姓名	职务	性别	民族	任职时间	备注
白铁峰	副主任	男	汉族	1994.01—1999.01	
张永福	副主任	男	汉族	1994.01—1996.04	
郝建业	副主任	男	蒙古族	1994.01—1999.01	
张锦珍	副主任	男	汉族	1994.01—1999.01	
高翠兰	副主任	女	汉族	1994.01—1999.01	
慕新胜	副主任	男	汉族	1996.03—1998.11	
霍常富	副主任	男	汉族	1996.03—1999.01	

表5-2-3　　　　　临河市第十三届人民代表大会常务委员会主任、副主任名录

姓名	职务	性别	民族	任职时间
全继明	主任	男	汉族	1999.01—2004.01
白铁峰	副主任	男	汉族	1999.01—2004.01
郝建业	副主任	男	蒙古族	1999.01—2002.04
张锦珍	副主任	男	汉族	1999.01—2002.04
高翠兰	副主任	女	汉族	1999.01—2002.04
霍常富	副主任	男	汉族	1999.01—2004.01
梁永杰	副主任	男	汉族	1999.01—2002.04
牛德奎	副主任	男	汉族	2002.04—2004.01
徐明	副主任	男	汉族	2002.04—2004.01

表5-2-4　　　　　临河区第十四届人民代表大会常务委员会主任、副主任名录

姓名	职务	性别	民族	任职时间	备注
弓占维	主任	男	汉族	2004.01—2004.08	兼任
李彬	主任	男	汉族	2004.08—2007.11	兼任
王桂兰	副主任	女	汉族	2004.01—2007.11	
霍常富	副主任	男	汉族	2004.01—2007.11	
杜振山	副主任	男	汉族	2004.01—2007.11	
王振围	副主任	男	汉族	2004.01—2007.11	
袁海升	副主任	女	汉族	2007.02—2007.11	

表5-2-5　　　　临河区第十五届人民代表大会常务委员会主任、副主任名录

姓名	职务	性别	民族	任职时间
常存善	主任	男	汉族	2007.11—2010.03
于建光	主任	男	汉族	2010.03—2012.12
杨文奎	副主任	男	汉族	2007.11—2012.11
王振国	副主任	男	汉族	2007.11—2012.12
刘海胜	副主任	男	汉族	2007.11—2012.11
布仁图雅	副主任	女	蒙古族	2007.11—2012.12

表5-2-6　　　　临河区第十六届人民代表大会常务委员会主任、副主任名录

姓名	职务	性别	民族	任职时间
乌云巴图	主任	男	蒙古族	2012.12—2017.12
王振国	副主任	男	汉族	2012.12—2017.12
布仁图雅	副主任	女	蒙古族	2012.12—2017.12
刘玉梅	副主任	女	汉族	2012.12—2017.12
王跟翔	副主任	男	汉族	2012.12—2017.12

第二节　人大常委会内设机构

　　1991年，临河区人大常委会机关内设"两委一办一委员"，即经济工作委员会、科教文卫工作委员会、办公室和法制工作委员。

　　1995年，设立法制工作委员会和城市工作委员会，经济工作委员会更名为财政经济工作委员会。

　　2008年，设立农牧业工作委员会和人事代表选举工作委员会。

　　2016年底，临河区人大常委会机关共有"一办六委"，即办公室、财政经济工作委员会、法制工作委员会（下设信访办公室）、教科文卫工作委员会、城市工作委员会、人事代表选举工作委员会、农牧业工作委员会。

第三章　重要会议

　　临河区人民代表大会常务委员会是临河区人民代表大会的常设机关，在本级人大闭会期间经常性地开展工作。常委会会议一般每两个月召开一次。1991—2016 年，常委会以党的基本路线为指导，在中共临河市（区）委的正确领导和上级人大的精心指导下，认真行使宪法、法律赋予的重大事项决定权、监督权、人事任免权，为加强和完善人民代表大会制度建设，促进社会主义民主与法制建设，保障临河市（区）改革开放和经济社会发展，发挥了地方国家权力机关的应有作用。

第一节　第十一届人民代表大会
常务委员会会议

　　1991 年 4 月 10 日至 1992 年 9 月 29 日，临河市第十一届人民代表大会常务委员会共召开 18 次会议。

　　会议讨论修改《临河市人民代表大会常务委员会监督"人民政府、人民法院、人民检察院"工作暂行办法》《临河市人大常委会主任办公会议、全委会议制度》《临河市人大常委会联系人民代表的暂行制度》《临河市乡（镇）人民代表大会工作制度》《临河市乡（镇）人民代表小组活动制度》《临河市乡（镇）人民代表大会主席团常务主席职责》；审议通过《关于加强乡镇人大工作的决定》。

　　任命赵胜利为临河市人民政府副市长、代理市长；任命张少平等 33 名新一届政府组成人员；任命李文耀等 10 人为临河市第十一届人大常委会各委、办主任、副主任。

　　听取临河市人民政府关于《临河市公费医疗管理办法及使用情况》的专题汇报，关于 1991 年第一季度政府工作汇报、城市建设和管理、供销社工作、标准计量所、城镇经济工作汇报。听取和审议临河市财政局《关于 1991 年财政预算部分变更的报告》。听取临河市人民法院工作报告，审议通过《关于设立曙光、新丰法庭的报告》。听取临河市计划生育局关于贯彻《内蒙古自治区计划生育条例》情况的汇报。听取临河市人大赴山西考察团考察学习情况汇报。

第二节　第十二届人民代表大会
常务委员会会议

　　1994 年 3 月 29 日至 1998 年 12 月 30 日，临河市第十二届人民代表大会常务委员会共召开 33 次会议。

　　会议听取和审议临河市人民政府工作报告："二五"普法教育、卫生、计生、广播电视、林业、科技、社会治安、环境保护方面的工作报告，财政预算调整报告，《关于暂缓修临河油路的报告》《关于调整 1996 年财政收支预算（草案）的报告》《关于公安局"严打"工作的情况报告》《临河市依法治市五年规划》《关于十二届三次人代会确定的市政工程建设落实情况报告》《关于黄河防洪堤加固工程集资收缴办法》《关于 1997 年上半年政法、综治工作情况及下半年工作安排意见的汇报》《关于 1997 年上半年城市建设工作汇报》《关于 1997 年财政收支预算调整报告》《关于设立环卫工人节的报告》《关于临河市实施"三五"普法、依法治市工作进展情况的汇报》《关于 1997 年农民负担决算和 1998 年农民负担预算及合同签订情况的报告》《关于临河与伊盟杭锦旗土地确权结果的汇报》《关于东门外原林研所地作城市公共绿地的报告》《关于调整 1998 年城市建设计划的报告》。

会议审议通过《关于乡镇开展人民代表评议工作的实施意见》《临河市人民代表评议市人民法院工作方案》《临河市城镇体系规划文本（1995—2010 年）》《关于开展述职评议工作的方案》《关于组织人民代表视察工作的安排》《临河市行政事业性收费管理办法》《临河市乡镇人大换届选举安排意见》《临河市城市总体规划文本（1990—2010 年）》《临河市中小学收费情况报告》《临河市城市管理执法检查报告》《种子管理条例执法检查报告》《临河收费局 1996 年收费工作总结》《临河市 1996 年乡镇人大换届选举工作总结》《临河市人民检察院请求增设监察科的报告》《关于成立税务检察室的报告》。

会议审议批准临河市人民法院工作报告；批准临河市人民法院在开发区增设"开发区法庭"。

听取和审议临河市人民检察院《关于提请免去田常清检察委员会委员、检察员的报告》《关于撤销税务、供销、农行、经贸四个室的报告》《关于反贪污贿赂工作情况的报告》；临河市财政局《关于调整 1994 年财政收支预算的报告》；临河市审计局《关于对临河市 1995 年财政预算执行情况的审计报告》《关于对市政府 1996 年财政预算执

行情况的审计报告》《关于财政局、工商局、地税局、教委、水利局财务收支情况的审计报告》；临河市工商局《关于执行〈生产、销售伪劣商品犯罪的决定〉和〈消费者权益保护法〉情况的报告》《关于〈消费者权益保护法〉执行情况的报告》；临河市卫生局《关于〈食品卫生法〉执行情况的报告》；临河市教育局《关于中小学收费检查情况的报告》。

会议听取临河市人大换届选举工作报告；讨论通过临河市人大常委会《关于实行审议意见书和法律监督书的决定》；听取临河糖厂答复人代会代表议案情况报告。

第三节　第十三届人民代表大会常务委员会会议

1999 年 1 月 29 日至 2003 年 12 月 22 日，临河市第十三届人民代表大会常务委员会共召开 28 次会议。

会议审议通过《临河市人大常委会 1999 年工作要点》《临河市行政执法责任制工作实施方案》《临河市行政执法错案责任追究暂行办法》《临河市人大常委会关于司法机关违法案件监督暂行办法》《临河市人大常委会落实〈信访条例〉实施意见》《临河市人民代表大会常务委员会主任会议议事规则》《临河市人民代表大会常务委员会议事规则》《临河市人民代表大会常务委员会联系代表暂行办法》《临河市人大常委会关于对政府部分组成人员述职评议的实施方案》《临河市人大常委会关于加强临河市人民法院执行工作的决定》《临河市人大常委会关于"人民政府、人民法院、人民检察院"领导向人大常委会作述职报告的决定》《临河市人大常委会关于公检法机关报送法律文书备案审查的决定》《临河市城市房屋拆迁管理办法》《临河市人大常委会关于监督事项实行责任制的暂行办法》《关于开展第四个五年法制宣传教育的决

议》《临河市城市总体规划修编（2000—2020）》
《临河市人大常委会关于办理代表议案、建议的暂
行办法》《临河市人民代表大会代表活动小组开展
代表活动制度》《临河市人大常委会讨论、决定重
大事项的暂行办法》《临河市人大常委会行使人事
任免权暂行办法》《临河市城市市容和环境卫生管
理暂行办法》《临河市人大常委会 2003 年工作要
点》。

会议听取审议临河市人民政府《关于 1999 年
财政预算调整的报告》《关于调整 1999 年部分财
政预算的报告》《关于十二届一次人代会代表议案
办理情况的报告》《1999 年财政决算和 2000 年财
政预算安排情况》《关于调整盟科研所植物园规划
的报告》《关于十三届二次人代会代表建议意见办
理情况的汇报》《关于第十个五年计划纲要（草
案）的报告》《关于 2000 年财政决算和 2001 年财
政预算的报告》《关于 2000 年国民经济和社会发
展执行情况和 2001 年国民经济和社会发展计划的
报告》《关于调整 2001 年财政预算的报告》《关于
调整 2001 年政府所办 10 件实事的报告》《关于调
整北边渠两侧用地性质的报告》《关于调整城北街
北侧用地性质的报告》《关于调整商业总公司用地
性质的报告》《2003 年城市建设重大项目汇报》
《关于防治"非典"工作情况的汇报》《关于村民
委员会换届选举工作情况汇报》《关于变更粮油交
易市场建设项目用地性质的报告》，审议通过临河
市人民政府八宗变更土地用地性质的报告。

会议听取审议临河市人民检察院《关于预防
职务犯罪工作情况的报告》；临河市人民法院《关
于设立"消费者权益保护法庭"的意见》，同意临
河市人民法院设立"消费者权益保护法庭"，《关
于执行工作情况的报告》；临河市审计局《关于市
政府 1998 年财政预算执行情况的审计报告》《关
于临河市 1999 年度本级财政预算执行情况的审计
报告》《关于市政府预算执行情况的审计报告》
《关于临河市人民政府 2002 年财政预算执行及其
他财政收支情况的审计工作报告》；临河市公安局

《关于"严打整治"工作情况的汇报》。

会议讨论通过人代会有关代表议案、建议交
办意见；通报临河市人大常委会主任、副主任分
工；通报临河市人大常委会委员对口工作划分。

第四节 第十四届人民代表大会 常务委员会会议

2004 年 2 月 20 日至 2007 年 11 月 22 日，临河
区第十四届人民代表大会常务委员会共召开 28 次
会议。

会议审议通过《临河新区党政大楼和现有市
委大院等 11 宗土地用地性质调整规划的报告》
《关于调整巴盟总商会职工住宅楼项目规划用地性
质的报告》《关于对临河区建设局、公安局、财政
局、教育局局长进行述职评议的实施方案》《临河
区 2006 年度财政预算调整方案的报告》《巴彦淖
尔市临河区人民代表大会常务委员会关于继续深
入开展法制宣传教育和依法治区的决议》《临河区
人大常委会工作报告》。

会议听取审议临河区人民政府、临河区人民
法院关于十四届一、二、三、四、五次人代会
《代表建议、批评和意见办理情况的汇报》《临河
区新型农村合作医疗工作情况的报告》《临河区农
村义务教育经费保障机制和工作情况的报告》《临河
区行政拘留所工作情况的报告》《临河区看守所
工作情况的报告》《临河区人民法院执行工作情况
的报告》《临河区人民法院关于人民陪审员工作情
况的报告》《临河区人民检察院关于集中查办破坏
社会主义市场经济秩序渎职犯罪专项活动情况的
报告》《临河区 2007 年财政收支预算报告（草
案)》《关于〈义务教育法〉执法检查情况的报
告》《关于〈宗教事务条例〉执法检查情况的报
告》《关于〈道路交通安全法〉执法检查情况的报
告》。

会议听取审议临河区人民政府《关于城市最

低生活保障工作情况汇报》《关于调整临河区2004年财政收支预算的报告》《临河区文化市场网吧管理近期工作情况汇报》《关于新型农村合作医疗工作情况汇报》《关于临河区职工医疗保险工作情况的汇报》《关于社保工作情况的汇报》《临河区2006年财政预算报告（草案）》《临河区2005年度本级预算执行及其他财政收支情况的审计报告》《关于在全区公民中深入开展法制宣传教育和依法治区第五个五年规划》、环保工作专项报告、民政工作专项报告、人事劳动工作专项报告、水务工作专项汇报、林业工作专项报告、《关于整体开发区政府旧楼及蒙达丽饭店的报告》。

会议听取审议临河区审计局《关于2003年财政预算执行情况的审计报告》《关于临河区2004年度本级财政预算执行情况及其他财政收支的审计报告》；临河区财政局《临河区2007年财政预算1—8月份执行情况报告》《临河区2007年财政预算调整方案》；临河区人民法院《关于增选人民陪审员的报告》。

会议听取审议执法检查情况汇报：《价格法》《关于对接受人大行政执法案件评查单位整改情况进行跟踪督查的报告》《关于〈行政诉讼法〉〈行政复议法〉执法调研报告》《关于〈中华人民共和国建筑法〉执法检查情况的报告》《中华人民共和国大气污染防治法》《关于临河区人大代表视察区公安局工作情况的报告》《关于对〈中华人民共和国水污染防治法〉的执法检查报告》。

第五节　第十五届人民代表大会常务委员会会议

2008年3月20日至2012年12月2日，临河区第十五届人民代表大会常务委员会共召开35次会议。

会议讨论通过《临河区第十五届人民代表大会常务委员会议事规则》《临河区第十五届人民代

表大会常务委员会联系人民代表暂行办法》《临河区第十五届人民代表大会代表活动小组开展代表活动制度》《临河区2009年度财政收支预算（草案）报告》《关于组织区人大代表对"人民政府、人民法院、人民检察院"及相关部门进行满意度测评的办法（草案）》《关于人大常委会组成人员联系代表的暂行办法（草案）》《2011年临河区财政预算收支（草案）报告》《临河区第十六届人民代表大会选举领导机构名单》。

会议听取审议《临河区2008年财政预算上半年执行情况报告》《临河区2007年度本级预算执行和其他财政收支情况的审计报告》《关于开展〈食品卫生安全法〉执法检查情况的报告》《关于开展〈残疾人保障法〉执法检查情况的报告》《关于开展〈动物防疫法〉执法检查情况的报告》《关于开展〈物业管理条例〉执法检查情况的报告》《关于对区法院人民陪审员工作专项调研的报告》《临河区关于深入开展法制宣传教育推进法治临河建设的第六个五年规划（2011—2015年）》《关于临河区第十六届人民代表大会换届选举选区划分的有关说明》。

会议听取审议通过临河区人民政府《关于2008年财政预算调整方案的报告》；关于临河区十五届一次、二次、三次、四次、五次人代会《代表建议、批评、意见办理情况汇报》；《关于借用退耕还林工程款用于临陕公路绿化的意见》《关于调整2009年临河区财政预算的报告》《2010年财政收支预算（草案）报告》《关于中小学校舍安全工程基本情况的汇报》《关于中小学校舍安全工程项目信贷资金列入相应年度财政支出预算的报告》《关于成立国有融资公司建设甘其毛都口岸一级公路的报告》《关于对巴彦淖尔阳光能源公司临河区集中供热二期工程提供融资支持的报告》《关于贯彻执行〈预算法〉情况的报告》《关于贯彻执行〈种子法〉情况的报告》《关于推行新型农村合作医疗情况的报告》《关于临河区2009年财政决算情况的报告》《关于临河区2010年上半年预算执行情况的报告》《关于 2009 年度临河区本级预算执行和其他财政收支的审计报告》《关于贯彻执行〈文化市场管理条例〉〈互联网上网服务营业场所管理条例〉的报告》《关于调整临河区 2010 年财政预算方案的报告》《关于借用退耕还林工程款用于临河区"四路"绿化的报告》《关于巴彦淖尔市现代农畜产品（B）型保税物流园区（南区）土地收储整理项目建设资金有关问题的报告》《关于贯彻实施〈劳动合同法〉情况的汇报》《关于贯彻落实〈食品安全法〉情况的汇报》《临河区人民政府 2010 年度本级财政预算执行和其他财政收支的审计报告》《关于拨付临河区人民医院引进血管造影机所需费用的报告》《关于地方性政府债券资金收储保障性住房建设用地的报告》《关于借用退耕还林工程款用于支付机场路绿化资金的报告》《临河区人民政府 2011 年财政预算调整方案》《关于 2010 年度临河区本级财政预算执行和财政收支审计中发现问题整改情况的报告》《关于追加 2011 年财政预算支出的报告》《临河区人民政府 2012 年财政收支预算（草案）报告》《2012 年上半年公安工作汇报》《关于全区春季造林和园林绿化工作的汇报》《关于 2011 年度临河区本级财政预算执行及其他财政收支的审计报告》《2012 年财政预算调整方案报告》《2013 年财政收支预算（草案）报告》。

会议听取审议临河区人大常委会及各工作委员会《关于〈治安管理处罚法〉执法检查情况报告》；关于贯彻落实区委 5 号文件精神和对各镇、部分街道人大工作调研情况的报告；《关于〈中华人民共和国教师法〉执法检查情况的报告》《关于〈内蒙古自治区文化市场管理条例〉执法检查情况的报告》《关于 2008 年度临河区本级财政预算执行和其他财政收支审计报告》《关于〈中华人民共和国刑事诉讼法〉执法检查情况的报告》《关于〈中华人民共和国水污染防治法〉和〈中华人民共和国大气污染防治法〉执法检查情况的报告》《关于临河区人民检察院直接立案扣押冻结款物工作

情况的调研报告》《关于〈预算法〉实施情况的执法检查报告》《关于〈种子法〉实施情况的执法检查报告》《关于新型农村合作医疗工作情况的调研报告》《关于对〈文化市场管理条例〉〈互联网上网服务营业场所管理条例〉落实情况的跟踪督查报告》《关于临河区新型农村养老保险工作情况的调研报告》《关于社区矫正工作专题调研报告》《关于变更强制措施、监外执行人员监管工作执法检查报告》《关于对〈劳动合同法〉执法检查情况的报告》《关于对〈食品安全法〉执法检查情况的报告》《代表变动情况的说明》《关于对临河区中小学校舍安全工程建设情况的检查报告》《关于对临河区人民政府 2012 年上半年公安工作检查情况的报告》《关于对临河区人民政府 2012 年春季造林和园林绿化工作的检查报告》《临河区第十六届人大代表资格审查报告》。

第六节　第十六届人民代表大会常务委员会会议

2013—2016 年，临河区第十六届人民代表大会常务委员会共召开 28 次会议。

会议审议通过《临河区人大常委会 2013 年工作要点》《临河区第十六届人民代表大会代表活动办法》《关于临河区第十六届人民代表大会代表活动小组的分组办法》《关于对临河区贯彻实施〈中华人民共和国食品安全法〉〈内蒙古自治区食品生产加工小作坊和食品摊贩管理条例〉的执法检查报告》《关于对临河区人民政府将政府购买服务资金纳入财政预算的情况说明》《关于对〈临河区人民政府向农银汇理（上海）资产管理有限公司申请债务置换资金列入预算的报告〉的审议意见》《关于对〈调整 2016 年财政支出预算的报告〉的审查报告》。

会议听取审议《关于对临河区贯彻执行〈中华人民共和国人民调解法〉情况的检查报告》《关

于对临河区春季造林绿化工作的督查报告》《临河区人民代表大会常务委员会组成人员守则（草案）》《临河区人大代表履职考核办法（草案）》《关于对临河区贯彻执行〈中华人民共和国道路交通安全法〉存在问题整改情况的报告》《关于对临河区人民政府2013年上半年财政预算执行情况的检查报告》《关于对〈2012年度临河区本级预算执行和其他财政收支的审计工作报告〉的审查报告》《关于〈中华人民共和国食品安全法〉贯彻实施情况的检查报告》《关于对临河区人民检察院贯彻执行〈刑事诉讼法〉和〈民事诉讼法〉监督职能行使情况的检查报告》《关于2013年临河区财政收支预算平衡的报告》《2014年临河区财政预算（草案）》《临河区人大常委会2014年工作要点》《临河区人大常委会跟踪监督制度（草案）》《临河区人大常委会开展询问和质询工作办法（草案）》《临河区人大常委会开展特定问题调查的办法（草案）》《临河区人大常委会撤职案的审议和决定办法（草案）》《关于临河区人民政府2014年1—8月份财政预算执行情况的审议意见》《关于对〈2013年度临河区本级预算执行和其他财政收支的审计工作报告〉的审议意见》《关于对临河区贯彻执行〈中华人民共和国水污染防治法〉情况的检查报告》《关于补选临河区第十六届人大代表的报告》《临河区2014年财政预算执行情况和2015年财政预算（草案）的报告》《关于2013年临河区财政追加预算支出及年终平衡的报告》《2014年临河区地方财政收支预算调整报告》《临河区人民代表大会常务委员会讨论决定重大事项的规定（试行）》《关于对临河区人民政府〈提请应付国开发展基金有限公司向临河区2个棚改项目的投资回购及收益列入相应年度财政预算的报告〉的审议意见》《关于对〈临河区人民政府申请将镜湖生态修复和金川南路生态景观大道PPP项目的政府付费列入跨年度财政预算的报告〉的审议意见》《关于对〈采用PPP模式实施巴彦淖尔市临河区绿化景观升级改造工程的报告〉的审议意见》《关于对

〈巴彦淖尔市临河区生活垃圾无害化综合处理场项目5000万元中国农发重点建设基金投资项目有关问题的报告〉的审议意见》。

会议听取审议政府《关于对临河区贯彻执行〈中华人民共和国道路交通安全法〉存在问题整改情况的报告》《临河区2013年上半年财政预算执行情况汇报》《关于临河区教育局采取融资租赁方式解决校安工程建设投入资金不足的报告》《临河区第十六届人大一次、二次、三次、四次、五次会议人大代表建议、意见办理情况的汇报》《关于开展"平安城市""数字城管"智能视频监控联网系统建设的报告》《关于提请将临河区第二批23个棚户区改造项目国家开发银行贷款本息列入相应年度财政支出预算的报告》《2014年临河区本级财政决算及2015年1—9月份财政预算执行情况报告》《2014年临河区财政追加预算支出及年终暂付资金情况的报告》《2014年度临河区本级预算执行和其他财政收支的审计工作报告》《2015—2016年新增棚户区改造项目融资计划的报告》《临河区人民政府提请将应付国开发展基金有限公司向临河区6个棚改项目的投资回购款及收益列入相应年度财政预算的报告》《临河区人民政府提请审议城乡基础设施和扶贫贷款计划的报告》《临河区人民政府提请审议2015年融资计划的报告》《关于2014年区本级财政预算执行情况及其他财政收支审计查出问题整改情况的报告》《临河区人民政府关于内蒙古草原宏宝食品股份有限公司百万只肉羊全产业链建设项目4000万元中国农发重点建设基金投资项目有关问题的议案》《关于将巴彦淖尔市临河城区污水支管网、硬化、路灯建设工程等5个项目贷款偿还资金纳入财政预算的报告》《关于将政府购买临河区公共自行车建设项目、便民市场建设项目等8个项目所需资金列入年度财政预算的报告》《关于提请将临河区"惠农富民"产业基地和街巷硬化政府购买服务项目纳入财政预算的请示》《临河区贯彻落实"一法一条例"情况汇报》《关于2015年临河区本级财政决算及年终暂付资金情况报告》《2015 年临河区财政追加预算支出情况报告》《2016 年临河区上半年财政预算执行情况报告》《2016 年临河区地方政府债券使用情况的报告》《2015 年度临河区本级预算执行和其他财政收支情况的审计工作报告》《临河区人民政府关于提请将应付国开发展基金有限公司向临河区棚改项目的投资回购款及收益列入相应年度财政预算的报告》《关于提请审议有关融资事项的报告》《关于向农银汇理（上海）资产管理有限公司申请债务置换资金列入预算的报告》《关于调整 2016 年财政支出预算的报告》《临河区 2017 年财政收支预算（草案）》《临河区第十六届人民代表大会第四次会议代表建议、意见办理情况汇报》。会议对临河区司法局贯彻执行《中华人民共和国人民调解法》工作和临河区林业局开展 2013 年春季造林绿化工作进行了评议；听取临河区人民法院《关于临河区法院审判长、执行长负责制改革情况汇报》。

第四章　主要工作

第一节　法律监督

1991—1993 年，临河市人大常委会多次听取和审议市人民政府执法情况报告及市人民法院、人民检察院工作报告，针对存在问题，提出整改要求。通过整改，使执法中有法不依、执法不严、违法不究的现象有所改进。

1994—1998 年，临河市人大常委会多次召开会议，听取市人民政府"二五"普法、环境保护、科技、卫生、计划生育、农村工作、城市经济、建市十周年大庆等工作汇报；开展了先锋、新华劳改支队和市看守所的视察工作；组织人民代表开展对市人民法院工作的评议。

1999—2003 年，临河市人大常委会多次召开会议，听取审议临河市人民政府关于财政预算、城市房屋征拆、刑事诉讼法、环境保护法实施情况、变更用地性质等工作报告。

2004—2007 年，临河区人大常委会多次会议听取审议市政府关于财政预算、变更土地用地性质等工作报告。

2008—2012 年，临河区人大常委会多次听取审议区人民政府关于财政预算、保税物流园区项目建设资金、预算法、种子法、文化市场管理条例、互联网上网服务营业条例、劳动合同法、食品安全法等法律法规实施情况工作报告，组织人大代表对临河区人民政府、人民法院、人民检察院工作进行满意度测评，并现场公布测评结果，扩大了代表的知情权、参与权、监督权。

第二节　重大事项决定

2008—2012 年，临河区人大常委会围绕发展经济和关注民生两大主题开展调研，依法审准了一年一度的政府工作报告、财政预决算报告、国民经济和社会发展计划报告、人民法院和人民检察院工作报告；先后召开常委会会议 35 次，主任办公会议 60 次，对区人民政府安排的重大项目、重点工作专题报告，以及为扩内需、保增长、惠民生、促建设提出的债券安排、担保贷款项目、财政预算调整、城市改造、新农村建设等 200 多项议题，进行审议、批复，为区委重大决策的执行、全区重点工作的落实以及重点建设项目的实施，提供了法制保障。对财政预算执行情况进行认真审查，同时组织专门力量，先后三次对财政、国税、地税部门，部分建筑、餐饮、商贸企业进行税收专项执法检查。对检查出的问题，以检查报告的形式反馈区政府和相关部门。多次对全区新农村建设、城市建设、道路交通建设、招商引资重点项目建设、防洪堤景观大道及黄河大桥建设等重点项目，进行实地视察，并形成视察报告，提出有针对性的建议和意见，促进项目建设有序进行。先后组织人大代表对全区房屋征迁、保障性住房建设、城区集中供热、校安工程建设、农民养老保险、城市低保、老旧小区改造、社区公益用房建设、城市园林建设、村级小油路建设、水利基础设施建设、人畜饮水工程建设等重大项目实施情况进行专项检查、调研和视察，提出建议，推动惠民工程的落实。

2013年，临河区人大常委会审查临河区人民政府《关于2013年预算草案的报告》。审查同意区人民政府提出的2013年全区财政总收入286000万元，财政一般预算支出159000万元的总目标。为了更好完成2013年预算任务，做好财政工作，提出整改建议。

审议批准区人民政府《关于对甘其毛都口岸至临河区一级公路项目贷款提供反担保的报告》，针对报告区人大常委会提出建议，要求区人民政府进行详细测算、评估，做出详细还款计划；积极向上级争取资金，防止随着信贷的收紧、公路收费减少、高速公路发展的链条断裂，引发政府负债危机。

对区人民政府2013年上半年财政预算执行情况进行调研，区人大常委会抽调审计、地税、国税、财政等有关部门工作人员组成检查组，2013年7月18日开始，通过听取区政府2013年上半年财政预算收支执行情况汇报、实地走访和检查26家企业、查阅相关资料等形式，对区人民政府2013年上半年预算收支执行、财政收入构成的税收征收、城建规费收缴、土地出让金缴交情况进行检查，针对发现问题提出整改建议，常委会以审议意见印发给相关部门，要求限期整改。

临河区人大常委会组织相关单位组成调查组，对临河区中小企业发展情况进行调研，基本摸清中小企业发展情况和存在问题。

临河区人大常委会审查批准区人民政府委托区审计局所作的《2012年度临河区本级预算执行和其他财政收支的审计工作报告》，针对审计部门审计出的问题，提出整改和处理意见，要求区人

民政府将整改情况和处理结果限期书面上报区人大常委会。

配合内蒙古自治区人大、巴彦淖尔市人大常委会开展中小企业促进法及企业工资集体协商条例落实情况调研。

配合巴彦淖尔市人大常委会开展审计法执法检查。检查组到临河区审计局查看部分审计档案；走访临河区交通局、水务局、教育局，了解对审计出的问题的整改情况和对审计工作的意见建议；听取区人民政府贯彻落实审计法情况汇报。

根据巴彦淖尔市人大常委会《关于开展套区无污染产业建设情况专题调研的通知》要求，2014年4月15日，组织人员对临河区无污染产业建设情况进行调研，针对存在问题提出整改建议。

对区人民政府《关于开展"平安城市""数字城管"智能视频监控联网系统建设的报告》进行审议，提出2条建议。

配合巴彦淖尔市人大常委会对临河区重点工业项目建设情况进行调研，查看部分项目建设情况，听取各企业经济发展概况。

组织召开临河区1—8月份经济运行形势分析座谈会，讨论分析临河区经济运行趋势，保证各项经济指标完成的具体措施。

审查通过《临河区人民政府2014年1—8月财政预算执行情况》，提出审查意见。

审查同意区人民政府委托区审计局所作《2013年度临河区本级预算执行和其他财政收支的审计工作报告》，针对审计部门审计出的问题，提出3条建议，要求区人民政府将整改情况和处理结果限期上报区人大常委会。

2015年，配合巴彦淖尔市人大常委会开展《中华人民共和国审计法》执法检查。检查组到临河区审计局查看部分审计档案；走访区妇幼保健医院、综合执法局和文化体育局，了解各单位落实《中华人民共和国审计法》情况、实施审计法过程中出现的新问题、关于进一步实施好审计法的意见和建议。听取区人民政府贯彻落实《中华

人民共和国审计法》情况汇报。

配合巴彦淖尔市人大常委会开展下岗失业人员小额担保贷款工作情况专题调研。调研组到临河区就业局查看相关资料，听取下岗失业人员和贷款企业代表对小额担保贷款申报、发放情况的意见和建议；听取区人民政府就下岗失业人员小额担保贷款工作情况汇报。

审议批准了临河区人民政府《关于提请第二批23个棚户区改造项目国家开发银行贷款本息列入相应年度财政支出预算的报告》，同意将临河区第二批23个棚户区改造项目授权临河区城市投资有限责任公司向国家开发银行融资贷款173131万元，并提出5条具体要求。要求区人民政府印发《临河区实施〈内蒙古自治区改造项目融资资金管理暂行办法〉细则》。

审查批准了临河区人民政府《2014年临河区本级财政决算报告》，提出3条意见和建议。

审查通过临河区人民政府《2015年1—9月份财政预算执行情况》，并提出审议意见3条。

审查批准区人民政府委托区审计局所作《2014年度临河区本级预算执行和其他财政收支的审计工作报告》，针对审计部门审计出的问题，提出2条建议，要求区人民政府将整改情况和处理结果于2015年12月底前书面上报区人大常委会。

审查批准区人民政府《2014年临河区财政追加预算支出及年终暂付资金情况的报告》。当年追加非税收入支出11155万元；追加城市公用事业附加费支出760万元；追加财政预算支出176609万元。

审议批准临河区人民政府《2014年融资租赁资金使用情况的报告》，针对报告提出《关于对区人民政府开展政府性融资事项的跟踪调研报告》，建议区人民政府认真对待融资款使用，尽快组织资金归还干部职工的融资本金和利息。

审议批准了《临河区人民政府关于提请审议城乡基础设施和扶贫贷款计划的报告》。临河区人民政府拟授权区城投公司等单位，向有关金融机构申请城乡基础设施和扶贫贷款。

审议批准临河区人民政府《关于提请审议2015年融资计划的报告》。在综合考虑地方政府偿债能力的基础上，同意区人民政府《关于提请审议2015年融资计划的报告》中5年和5年以上的融资贷款。

审议批准了《临河区人民政府关于提请审议2015—2016年新增棚户区改造项目融资计划报告》。同意将临河区人民政府2015—2016年新增棚户区改造项目融资计划授权临河区城市投资有限责任公司向国家开发银行融资贷款117600万元和向中国发展银行临河支行贷款204240万元，合计321840万元，保证棚户区改造项目顺利完成。

审议批准了区人民政府《关于提请将应付国开发展基金有限公司向临河区6个棚改项目的投资回购款及收益列入相应年度财政预算的报告》。

报请区委同意组建临河区人大常委会财经审查工作专家组，制定《关于成立人大常委会财经专家组的报告》《临河区人大常委会财经专家组工作制度》《临河区人大常委会对审计查出问题整改的监督办法》《临河区人大常委会预算审查监督办法》《国有资产管理监督办法》。

审查通过临河区人民政府提交《临河区国民经济和社会发展"十三五"规划纲要（草案）报告》，同时提出3条建议。

审查通过临河区人民政府提交的《2015年财政预算执行情况及2016年预算（草案）的报告》。

2016年，审议批准了区人民政府《关于申请将镜湖生态修复和金川南路生态景观大道PPP项目的政府付费列入跨年度财政预算的报告》，并提出3条建议。

审议批准了临河区人民政府《关于采用PPP模式实施巴彦淖尔市临河区绿化景观升级改造工程的报告》，同意区人民政府提交的这个报告中投资成本、投资收益、运营绩效服务费列入相应年度财政支出预算，要求区人民政府将具体实施的每一项单行项目报区人大常委会审批。

审议批准了临河区人民政府《巴彦淖尔市临河区人民政府关于巴彦淖尔市临河区生活垃圾无害化综合处理场项目 5000 万元中国农发重点建设基金投资项目有关问题的报告》，同意将农发重点建设基金投资回购款及投资收益列入相应年度财政支出预算，建议区人民政府责成财政部门高度重视该项资金的拨付及使用，确保项目资金专款专用；审计部门对该项目实施阶段的事前、事中、事后进行全程跟踪审计，及时发现问题及时督促和整改，定期对项目中存在的问题及整改情况向区人大常委会报告。

审议批准了临河区人民政府《关于提请将应付国开发展基金有限公司向临河区 2 个棚改项目的投资回购款及收益列入相应年度财政预算的报告》。

根据内蒙古自治区人大常委会统一安排和部署，2016 年 3 月 29 日，临河区人大常委会将临河区第十六届人大以来常委会开展预决算审查监督工作情况，以书面材料形式向巴彦淖尔市人大常委会作了汇报。

配合巴彦淖尔市人大常委会迎接自治区内蒙古人大常委会调研组对临河区主体功能区规划实施情况进行调研。2016 年 4 月 21 日调研组一行到临河区听取了区人民政府关于实施自治区主体功能规划总体情况，绿色农畜产品和矿产资源加工产业基地建设及生态环境保护情况，实施自治区主体功能区规划中存在的主要问题以及下一步工作思路和建议的汇报。

听取并审议批准了临河区政府《关于提请将应付国开发展基金有限公司向临河区棚改项目的投资回购款及收益列入相应年度财政预算的报告》。同意国开发展基金有限公司向巴彦淖尔市临河区城市发展投资有限责任公司现金增资 1700 万元，专项用于棚户区改造项目补充项目自有资本金，并将投资回购款及投资收益 2020.892 万元列入区本级相应年度财政支出预算。

2016 年 6 月 20 日，采取实地查看和召开座谈会的方式，组织部分市区两级人大代表，在全区范围开展工业经济运行情况视察活动，详细了解企业发展现状、环保投入情况及存在问题，研究解决促进企业健康发展的对策和建议。

对区政府提交《关于内蒙古草原宏宝食品股份有限公司百万只肉羊全产业链建设项目 4000 万元中国农发重点建设基金投资项目有关问题的议案》，进行认真审查，认为区人民政府提请的内蒙古草原宏宝食品股份有限公司百万只肉羊全产业链建设基金 4000 万元项目，应在草原宏宝提供不少于区政府承诺回购股权价值金额 1.5 倍抵押物的前提下，同意中国农发重点建设基金回购资金及投资收益（每年 1.2%）列入相应年度财政预算的意见，同时提出 2 点要求。

审计批准了临河区人民政府《关于提请将应付国开发展基金有限公司向临河区棚改项目的投资回购款及收益列入相应年度财政预算的报告》。

审议批准了临河区人民政府《关于提请将临河区"惠农富民"产业基金和村镇街巷硬化政府购买服务项目纳入财政预算的请示》，并提出 2 条建议。

审议批准了临河区人民政府《关于提请将巴彦淖尔市临河区污水支管网、硬化、路灯建设工程等 5 个项目贷款偿还资金纳入财政预算的报告》，建议区人民政府严把融资贷款使用关，强化项目预算管理，确保项目建设按照规划进行，严格根据项目建设内容使用建设资金，确保资金封闭运行、专户管理、单独核算、专款专用。

审议批准了临河区人民政府《关于将政府购买临河区公共自行车建设项目、便民市场建设项目等 8 个项目所需资金列入年度财政预算的报告》，并提出 2 条建议。

审议批准了临河区人民政府《关于提请将临河区绿化工程和教育资源项目政府购买服务偿还资金纳入财政预算的报告》。同意将临河区绿化工程和教育资源项目政府购买服务资金 49119.29 万元，列入相应年度财政预算支出。要求临河区人民政府严把贷款资金的相关使用，强化项目预算管理，确保项目建设按照规划进行，严格按照项目建设内容使用建设资金，确保资金封闭运行、专户管理、单独核算、专款专用，确保资金用于偿还银行贷款本息。期间如遇利率调整则按调整后金额列入支出预算。

审议批准了临河区人民政府《关于提请审议将临河区改善农村人居环境建设项目购买服务资金纳入财政预算的请示》。同意将临河区改善农村人居环境建设项目纳入政府购买服务范围，将购买服务资金列入中长期财政计划并逐年纳入同级财政年度预算。要求区政府严把贷款资金使用关，强化项目预算管理，严格按照项目建设内容使用建设资金。

审议批准了临河区人民政府《关于提请审议将临河区清宜林海岸二期棚户区（城中村）改造项目政府购买服务资金纳入财政预算的请示》。同意区人民政府将该清宜林海岸二期棚户区（城中村）改造项目纳入年度政府购买服务范围，将政府购买服务资金列入中长期财政计划并逐年纳入同级财政年度预算。要求区人民政府严把贷款资金使用关，强化项目预算管理，严格按照项目建设内容使用建设资金。

审议批准了临河区人民政府《关于提请审议将临河区通村公路及街巷硬化建设项目购买服务资金纳入财政预算的请示》。同意将区通村公路及街巷硬化建设项目纳入政府购买服务范围，将购买服务资金列入中长期财政计划并逐年纳入同级财政年度预算。要求区人民政府严把贷款资金的相关使用，强化项目预算管理，严格按照项目建设内容使用建设资金。

审议批准了临河区人民政府《关于提请将应付国开发展基金有限公司向临河区棚改项目的投资回购款及收益列入相应年度财政预算的报告》，建议区人民政府按照《投资合同》约定内容，将投资资金封闭运行，专款专用，定期向区人大常委会报告投资资金使用情况。

审议批准了临河区人民政府《2016年临河区地方政府债券使用情况的报告》，建议区人民政府严格按要求使用债券，专项用于乡村建设工程，不得挤占挪用。

审议批准了临河区人民政府《关于2015年度临河区本级预算执行和其他财政收支情况的审计工作报告》，建议区人民政府对审计报告中提出的处理意见认真落实，将整改情况和处理结果于2016年12月底前书面上报区人大常委会。

对临河区人民政府《关于2015年临河区本级财政决算及年终暂付资金情况报告》进行审查，同意区人民政府提交的该报告中《2015年临河区本级财政决算的报告》，为加强财政决算监督管理，提出3条建议。

审查批准了临河区人民政府《关于2015年临河区财政追加预算支出情况报告》，认为报告中财政一般预算体现了"量入为出、保障重点"的原则，政府基金预算调整符合"收支平衡、专款专用"要求。

审查批准了临河区人民政府《关于2016年临河区上半年预算执行情况报告》，对做好2016年财政工作提出4条意见和建议。

第三节　议案建议办理

1994—1998年，临河市人大常委会办理184件代表建议、批评和意见。

2004—2007年，临河区人大常委会加强代表工作，为代表履职创造条件。培训农牧民代表和工人代表，制定代表联系选民办法和代表小组活动制度，按照就近便于开展活动的原则划分代表活动小组，指导组织代表小组开展丰富多彩的代表活动。组织代表开展视察、执法检查、专项检查、评议、听取专项报告等活动，广泛征求代表建议、批评和意见，为代表发挥作用搭建平台。创新代表活动方式，组织代表外出学习，拓宽代表眼界，为代表参政决策、议政监督提供学习借鉴机会。

2008—2012年，办理代表建议意见257件，全部在规定时限内办结。

2013年，办理代表建议意见53件，涉及农村工作方面9件，道路交通方面8件，城建、城管、环卫方面17件，文教卫生事业方面7件，其他方面12件。

2014年，办理代表建议意见84件，涉及农村方面20件，道路交通方面4件，城建、城管、环卫方面29件，文教卫生事业方面12件，其他方面19件。

2015年，办理代表建议意见54件，涉及农村工作方面9件，道路交通方面9件，城建、城管、环卫方面23件，文教卫生事业方面2件，其他方面10件，法院1件。

2016年，办理代表建议意见54件，涉及农村工作方面15件，道路交通方面5件，城建、城管、环卫方面14件，文教卫生事业方面7件，其他方面13件。

临河区人民代表大会常务委员会坚持把代表议案、建议办理作为保障代表依法履行和代表监督职权的重要措施，制定了《临河区人大常委会监督办理人大代表建议、批评和意见暂行办法》，加强与区人民政府、人民法院、人民检察院等承办部门的协调联系，采取与承办签订办理工作责任书、限时办结、常委会领导重点督办、定期听取办理情况报告、开展视察和满意度测评等措施，加大代表议案、建议督办力度，全力推进代表议案、建议的落实，承办部门重答复、轻落实的问题有明显转变，代表满意率98%。

第四节　人事任免

临河市人大常委会按照党管干部和人大依法任免干部相统一的原则，严格执行法定程序，认

真行使人事任免权。

1991—1993年，临河市人民代表大会常务委员会召开常务委员会会议18次，依法任命地方国家机关工作人员109人，免职51人。

1994—1998年，临河市人民代表大会常务委员会依法任免"人民政府、人民法院、人民检察院"工作人员142人，其中临河市人民政府组成人员95人，临河市人民法院、人民检察院工作人员21人，临河市人民代表大会常务委员会机关工作人员26人。

1999—2003年，召开常务委员会会议28次，依法任命地方国家机关工作人员253人，免职99人。

2004—2006年，临河区召开常务委员会会议28次，依法任命地方国家机关工作人员174人，免职47人。

2007—2011年，召开常务委员会会议35次，依法任命地方国家机关工作人员177人，免职91人。

2012—2016年，召开常务委员会会议28次，依法任命地方国家机关工作人员80人，免职46人。

第五节　信访接待

1991—1993年，临河市人大常委会处理和接待人民群众来信来访200余件次。

1994—1998年，常委会把信访工作作为监督工作重要组成部分，改进信访案件交办、催办和调查核实工作，把注意力放在信访案件解决上，依法维护人民群众合法权益，密切与人民群众的联系。受理解决来信来访291件。

1999—2003年，强化信访监督工作，设立信访接待室，制定信访接待制度，推行常委会领导轮流值班接待上访制度。接待来访群众7968人次。

2004—2007年，临河区人大常委会认真贯彻

执行信访条例，建立和完善接待登记、立案受理、领导审核、归口转（交）办、跟踪督办、信息反馈、结果回报的信访案件办理程序。加强与有关部门的联系、沟通，加大对重要信访案件的督办力度，形成"一审""二查""三问""四纠"和转办、交办、督办相结合的处理办法，解决了一些较为复杂的信访案件，群众有事找人大的案例越来越多。

2013—2016年，接待来访群众1080人次。

第六节　执法检查、调研视察

一、执法检查

1991—1993年，临河市人大常委会在全市范围内组织开展执法检查，先后组织人员对法律法规的执行情况及政法队伍执法情况进行监督检查。

1994—1998年，组织开展针对减轻农民负担条例、教师法、义务教育法、消费者权益保护法、企业法、企业转换经营机制条例、环境保护法、妇女权益保障法、母婴保健法、文化市场管理条例、宗教活动场所管理条例等法律法规实施情况的执法检查；对临河市贯彻落实《中华人民共和国农业法》《中华人民共和国农业技术推广法》《宗教活动场所管理条例》《中华人民共和国境内外国人宗教活动管理规定》情况进行执法检查。1997年6月，组织开展司法执法检查，对临河市人民检察院、人民法院办理刑事案件方面的不捕、不诉、撤销案件、宣判无罪、缓刑等是否依法办事、严格执法问题进行检查，发现存在问题的案件8件8人。经过工作实践，逐渐形成案件督办查办制度。对受理的案件，坚持在反复核查事实的基础上，找准法律依据，集体审议，由市人大常委会主任会议或常委会会议提出监督意见。

1999—2003年，开展"四五"普法宣传教育、"3·15"执法检查。推行执法责任制和错案责任追究制，规范行政执法行为，促进公正执法。1999年，作出在全市各行政执法单位推行执法责任制的决定，制定出台《临河市行政执法错案责任追究暂行办法》，督促各行政执法单位整理收集法律法规1070部，分别汇编成册，明确执法依据。清理不具备执法资格的单位8个、执法人员622人，确认具有行政执法资格机构的单位29个、执法人员1588人，明确了执法主体。加强制度建设，推动人大监督工作规范化、制度化、科学化。先后制定《临河市人大常委会议事规则》《临河市人大常委会讨论决定重大事项暂行办法》《临河市人大常委会行使人事任免权暂行规定》《临河市行政执法错案责任追究制度》等文件，形成常委会监督工作制度、司法案件备案审查制度、信访案件督办查办制度、重大问题审议意见书制度、个案监督办理制度、错案责任追究制度。

2004—2007年，组织开展行政诉讼法、行政复议法、建筑法、大气污染防治法、水污染防治法、义务教育法、宗教事务条例、道路交通安全法等执法检查。

2008—2012年，组织开展饮食食品安全法、残疾人保障法、动物防疫法、物业管理条例、治安管理处罚法、教师法、刑事诉讼法、水污染防治法、大气污染防治法、预算法、种子法、文化市场管理条例、互联网上网服务营业条例、劳动合同法、食品安全法、区人民检察院直接立案扣押冻结款物工作情况、新型农村合作医疗、新型农村养老保险、社区矫正工作、监外执行人员监管工作等执法检查和调研。

2013—2016年，组织开展中华人民共和国档案法、人民调解法、财政预算、道路交通安全法、食品安全法、刑事诉讼法、民事诉讼法、农民专业合作社法、水污染防治法、老年人权益保障法、种子法、内蒙古自治区农作物种子条例、农业技术推广法、档案条例等学习活动，检查了城镇社区建设、公安局基层派出所整体工作情况。对临河东城区污水处理厂，白脑包力诺太阳能电力公司等企业生产建设项目水土保持工作落实情况进行了调研。

二、调研视察

1991—1993 年，临河市人大常委会对临河市人民法院、城建局、教育局、公安局、工商局、建设乡、城关乡、临河市监所、车站农贸市场等进行视察。

1994—1998 年，对干召庙镇、白脑包乡、古城乡、丹达乡供销社、巴彦淖尔盟劳改农场和临河市看守所、临河市监所、教师子女就业前培训、车站农贸市场、甜菜收购站、夏粮收购及种子市场、城区创建星级文明城市、农村工作、黄河友谊险工段治理工程、中小学收费情况等工作进行视察。

1999—2003 年，对临河市"三五"普法和依法治市工作、药品市场管理、农村合作医疗、人才开发战略、人民法院执行工作、政法机关"保外就医、取保候审"收费情况、城区土地闲置情况、个体私营企业发展状况、市人民政府承诺的"10 件实事"落实情况、农业产业结构调整情况、财税工作、医疗市场管理等进行视察、调研。

2004—2007 年，对临河区公安局、区人民政府半年工作情况，各乡镇、办事处、行政执法单位和部分企业"五五"普法，临河区公路建设，乌兰图克镇、狼山镇、新华镇、城关镇、干召庙镇、八一办事处的农村经济工作、新农村建设和人大工作情况进行视察。

2008—2012 年，对临河区外事侨务工作、农村工作、城市建设，车站街道、铁南街道人大代表小组活动情况和人大工作情况，临河区看守所、行政拘留所、扶贫开发工作、新型农村合作医疗、文化市场管理条例落实情况，八一办事处、双河镇、城关镇、干召庙镇农村土地流转、区财政借贷资金管理使用、通道绿化资金使用及工程建设、经济发展环境、设施农业发展、城市建设、区人民法院执行工作、农村养老保险、农业品牌建设、

临河区水利设施建设管理、城区供热情况，工业园区土地使用、城市最低生活保障、中央财政扶持现代肉羊产业项目实施、中小学校舍安全工程建设、宗教活动场所管理、棚户区改造和保障性住房建设、造林绿化、工业企业发展、春季造林绿化、住宅小区物业管理工作进行调研。

2013—2016 年，对全区重点建设项目、河套书苑、富源热力公司、阳光能源公司、林业局住宅楼、北部调峰锅炉厂和团结小区锅炉房各小区供暖、老旧小区管道改造和小锅炉供热、八一中泰科技农业示范园区、社区卫生服务、设施农业、旅游产业发展和农畜产品精深加工、保障性住房建设和管理、节约集约用地、文景国际项目工地、车站街道、"两学一做"学习教育、小区物业管理、小区绿化和社区办公用房、"人大代表之家"建设、街巷硬化和平房区集中供暖建设进行调研。

第七节　自身建设

临河区人民代表大会常务委员会重视加强自身政治、思想、业务、制度建设，坚持集体负责、集体决定问题，实行常委会领导侧重分工和工作委员会分别联系对口单位开展工作制度。领导成员参与全市中心工作，做到在参与中监督，在监督中参与。常委会党组坚持向市委请示和汇报工作制度，自觉接受党委领导。常委会制定《临河市人大常委会行使决定权和人事任免权的暂行办法》《关于自治区各级人大监督工作条例的实施办法》，作出《关于实行审议意见书的决定》和《关于实行法律监督书的决定》，推动工作制度化、规范化。

1991—1993 年，临河市人大常委会制定实施《临河市人大常委会联系代表暂行制度》，确定常委会主任、副主任、委员联系代表点，建立"代表接待日"制度，将人大代表按系统、行业和工作单位分别编成小组，确定小组组长，开展代表

活动。先后组织农村 20 个代表小组分别召开 4 次座谈会，提出的对各方面工作的建议、批评和意见，分类整理印发给市委、政府领导参阅，并及时转交有关部门办理，答复代表。

2004—2007 年，督办代表建议、批评和意见 365 件。

2008—2012 年，以乡镇和街道为单位，把全区人大代表划分编组，设立代表活动室，为代表建立履职档案，规范代表活动。组织开展各项主题活动，推行代表述职制度，制定代表述职实施方案，推行代表向原选区选民述职。加强对代表的培训，依托全国人大培训基地，培训人大代表 1500 人次。

2012—2016 年，加强"人大代表之家"建设，实现全区乡镇、街道"人大代表之家"建设全覆盖。共建成乡镇、街道"人大代表之家"20 个、村"人大代表之家"8 个、社区"人大代表之家"1 个，为基层人大代表密切联系群众、履行监督职能搭建了平台。2015 年 10 月，临河区成功承办内蒙古自治区"人大代表之家"建设现场观摩会。2016 年 5 月，全国人大常委会委员长张德江来临河区检查指导，对"人大代表之家"建设工作给予高度评价。以乡镇、街道（社区）为单位，把

全区人大代表划分为 20 个代表活动小组，依托"人大代表之家"，开展接待选民、听选民说事、代表议事、向选民述职、调处矛盾纠纷。临河区各个"人大代表之家"组织代表走访选民 2292 人次，接待选民 1794 人次，征求收集群众意见建议 485 条，帮助群众解决实际困难和问题 402 个。

第八节　工作交流

2004—2007 年，配合自治区及市人大执法检查组、调研组，完成对临河区的执法检查和调研活动。

2008—2012 年，组织人员参加全国人大常委会在内蒙古自治区乌海市、乌拉特后旗、湖北远安县等地主办的全国部分县级人大工作横向联合会，组团到周边旗县考察学习，交流工作经验，开阔工作思路和视野。

2012—2016 年，组织部分区人大代表、人大干部分批次赴周边旗县、外地学习考察及经验交流。先后接待江苏省、河北省、内蒙古自治区呼伦贝尔市、鄂尔多斯市等 30 余个区内外人大考察团参观考察，交流工作经验。

第六篇
地方人民政府

第一章 机 构

第一节 领导机构

一、临河市第十一至十三届人民政府（1991 年 1 月至 2004 年 1 月）

表 6 - 1 - 1 　　　　　　　　　临河市第十一届人民政府市长、副市长名录

姓名	职务	性别	民族	任职时间
王智德	市长	男	汉族	1991.01—1991.12
赵胜利	市长	男	汉族	1991.12—1994.01
孙文远	副市长	男	汉族	1991.01—1991.06
魏喜才	副市长	男	汉族	1991.01—1992.12
李兴华	副市长	男	汉族	1991.01—1994.01
张悦忠	副市长	男	汉族	1991.01—1994.01
王增华	副市长	男	汉族	1991.01—1994.01
全继民	副市长	男	汉族	1991.01—1994.01
李福元	副市长	男	汉族	1992.10—1994.01
李有旺	副市长	男	汉族	1993.11—1994.01

表 6 - 1 - 2 　　　　　　　　　临河市第十二届人民政府市长、副市长名录

姓名	职务	性别	民族	任职时间	备注
赵胜利	市长	男	汉族	1994.01—1994.08	
高瑞明	市长	男	汉族	1994.08—1998.04	
魏仿志	市长	男	汉族	1998.04—1999.01	

续表

姓名	职务	性别	民族	任职时间	备注
王增华	副市长	男	汉族	1994.01—1995.10	
全继民	副市长	男	汉族	1994.01—1995.04	
李兴华	副市长	男	蒙古族	1994.01—1995.08	
李福元	副市长	男	汉族	1994.01—1998.11	
张克吉	副市长	男	汉族	1994.01—1998.11	
张悦忠	副市长	男	汉族	1994.01—1997.06	
康玉莲	副市长	女	汉族	1994.01—1999.01	
王列	副市长	男	汉族	1995.09—1998.11	
侯风岐	副市长	男	汉族	1995.09—1998.11	
贾英祥	副市长	男	汉族	1995.09—1999.01	
刘耕晓	副市长	男	汉族	1995.09—1999.01	
周玉峰	副市长	男	汉族	1997.06—1999.01	
燕子亮	副市长	男	汉族	1997.06—1999.01	
徐明	副市长	男	汉族	1998.11—1999.01	
尹兆明	副市长	男	汉族	1998.11—1999.01	科技

表6-1-3　　　　　**临河市第十三届人民政府市长、副市长名录**

姓名	职务	性别	民族	任职时间	备注
魏仿志	市长	男	汉族	1999.01—2000.11	
周玉峰	市长	男	汉族	2000.11—2004.01	
周玉峰	副市长	男	汉族	1999.01—2000.11	
康玉莲	副市长	女	汉族	1999.01—2000.11	
刘耕晓	副市长	男	汉族	1999.01—2002.04	
贾英祥	副市长	男	汉族	1999.01—2002.04	
燕子亮	副市长	男	汉族	1999.01—2002.04	
徐明	副市长	男	汉族	1999.01—2002.04	
尹兆明	副市长	男	汉族	1999.01—2002.04	科技
袁海升	副市长	女	汉族	2000.11—2003.12	
王惠忠	副市长	男	汉族	2000.11—2004.01	
张志新	副市长	男	汉族	2002.04—2004.01	
连泽	副市长	男	汉族	2002.04—2004.01	
苏志国	副市长	男	汉族	2002.04—2004.01	

续表

姓名	职务	性别	民族	任职时间	备注
李强	副市长	男	汉族	2002.04—2004.01	
斯庆	副市长	男	蒙古族	2002.04—2004.01	
青格勒图	副市长	男	蒙古族	2003.07—2004.01	挂职

二、临河市（区）第十四至十六届人民政府（2004年1月召开临河市第十四届一次人代会；2004年6月27日，国务院批准临河市改为临河区）

表6-1-4　　　　　　　临河区第十四届人民政府市（区）长、副市（区）长名录

姓名	职务	性别	民族	任职时间	备注
周玉峰	市（区）长	男	汉族	2004.01—2004.08	
邱进宝	市（区）长	男	汉族	2004.08—2007.11	
薛维林	副市（区）长	男	汉族	2004.01—2007.11	
连泽	副市（区）长	男	汉族	2004.01—2004.08	
李强	副市（区）长	男	汉族	2004.01—2005.03	
程志平	副市（区）长	男	汉族	2004.01—2007.11	
张广明	副市（区）长	男	汉族	2004.01—2006.07	
贺志亮	副市（区）长	男	汉族	2004.01—2006.07	
徐睿霞	副市（区）长	女	汉族	2004.01—2007.11	
青格勒图	副市（区）长	男	蒙古族	2004.01—2004.06	挂职
裴子亮	副市（区）长	男	汉族	2004.08—2007.11	
杨文奎	副市（区）长	男	汉族	2005.03—2007.11	
狄瑞珍	副市（区）长	男	汉族	2006.02—2007.01	挂职
王永有	副市（区）长	男	汉族	2006.07—2007.10	
于建光	副市（区）长	男	汉族	2006.07—2007.11	
王智和	副市（区）长	男	汉族	2006.07—2007.11	
尹国惠	副市（区）长	男	汉族	2007.04—2007.11	挂职

表6-1-5　　　　　　　临河区第十五届人民政府区长、副区长名录

姓名	职务	性别	民族	任职时间	备注
邱进宝	区长	男	汉族	2007.11—2008.05	
连泽	区长	男	汉族	2008.05—2010.08	
薛维林	区长	男	汉族	2010.08—2011.01	代区长

续表

姓名	职务	性别	民族	任职时间	备注
薛维林	区长	男	汉族	2011.01—2012.01	
武志杰	区长	男	汉族	2012.01—2012.12	代区长
薛维林	副区长	男	汉族	2007.11—2008.05	
于建光	副区长	男	汉族	2007.11—2010.03	
乌云巴图	副区长	男	蒙古族	2007.11—2012.11	
徐睿霞	副区长	女	汉族	2007.11—2008.05	
王智和	副区长	男	汉族	2007.11—2011.06	
刘向阳	副区长	男	汉族	2007.11—2012.10	
尹国惠	副区长	男	汉族	2007.11—2009.03	挂职
王瑞	副区长	男	汉族	2008.05—2011.06	
辛玉平	副区长	男	汉族	2008.07—2010.12	
韦文英	副区长	男	汉族	2009.12—2010.12	挂职
张文智	副区长	男	汉族	2010.12—2012.12	
李树强	副区长	男	汉族	2011.06—2011.07	
彭玉堂	副区长	男	汉族	2011.06—2012.12	
段建强	副区长	男	汉族	2011.07—2012.10	
高义昌	副区长	男	汉族	2011.07—2012.12	
吴青霞	副区长	女	汉族	2010.03—2011.06	

表6-1-6　　　　　　　　临河区第十六届人民政府区长、副区长名录

姓名	职务	性别	民族	任职时间	备注
武志杰	区长	男	汉族	2012.12—2015.01	
王肇晟	区长	男	汉族	2015.01—2016.12	
杨永雄	副区长	男	汉族	2012.12—2016.07	
彭玉堂	副区长	男	汉族	2012.12—2016.07	
高义昌	副区长	男	汉族	2012.12—2016.12	
张文智	副区长	男	汉族	2012.12—2013.03	
张文智	副区长	男	汉族	2016.07—2016.12	
格日乐	副区长	女	蒙古族	2012.11—2016.12	
王银保	副区长	男	汉族	2012.11—2016.12	

续表

姓名	职务	性别	民族	任职时间	备注
任昱东	副区长	男	汉族	2013.03—2016.07	
杨明	副区长	男	汉族	2013.06—2016.12	
孙锐	副区长	男	汉族	2013.11—2014.11	挂职
李晓蕊	副区长	女	蒙古族	2014.12—2016.12	
陈锐	副区长	男	汉族	2016.07—2016.12	
李志钧	副区长	男	汉族	2016.07—2016.12	
孙飞舟	副区长	男	汉族	2015.12—2016.12	挂职

第二节　工作机构

1997年6月16日，中共临河市委常委会议同意成立临河市政府经济研究室，科级建制，隶属临河市政府办公室

2000年，临河市政府办公室下设信息调研、经济研究、督查、法制、信访、侨务6个职能科室和人民防空办公室、地震站2个二级单位。

2004年，临河区人民防空办公室和巴彦淖尔市人民防空办公室合并，临河区政府办撤销该内设机构。

2007年10月9日，机关事务服务中心成立，隶属于临河区政府办。

2011年5月13日，临河区地震观测站成立，隶属于临河区政府办。

2016年9月，接待办划归临河区政府办管理。

2016年，临河区政府办内设事业单位，有地震办、机关事务中心、接待办。

第二章　重要会议

第一节　区长办公会议

一、2009 年区长办公会议

2009 年 5 月 8 日，临河区政府召开区长办公会议，研究拟建年产 100 万吨水泥粉磨站技改扩建项目土地出让有关事宜。该项目用地位于建材路西侧，开发区国土资源分局已完成实地勘测，政策依据充分，情况核实准确。经聘请内蒙古济丰房地产价格评估有限责任公司对该宗土地进行评估后，做到公开、公正，合法出让。

6 月 19 日，召开区长办公会议，专题研究拟建年产 1000 吨优质无毛绒、150 万件羊绒成衣项目用地招、拍、挂有关事宜。该项目用地位于恒丰街南侧，开发区国土资源分局已完成实地勘测，政策依据充分，情况核实准确。经聘请内蒙古济丰房地产价格评估有限责任公司对该宗土地进行评估后，做到公开、公正，合法出让。

6 月 24 日，召开区长办公会议，专题研究开发区拟建化肥生产线加工项目土地出让有关事宜。该项目用地位于电厂路西侧，开发区国土资源分局已完成实地勘测，政策依据充分，情况核实准确。

7 月 24 日，召开区长办公会议，研究临河区细木工板加工项目土地出让有关事宜。该项目用地位于五原街北侧，开发区国土资源分局已完成实地勘测，做到政策依据充分，情况核实准确。经聘请内蒙古济丰房地产价格评估有限责任公司对该宗土地进行评估后，决定拟建临河区细木工板加工项目。

7 月 25 日，召开区长办公会议，研究拟建保税物流中心项目用地招、拍、挂有关事宜。拟建保税物流园区项目用地位于临河绕城线北侧，开发区国土资源分局已完成实地勘测。经聘请内蒙古济丰房地产价格评估有限责任公司对该宗土地进行评估后，决定拟建保税物流中心。

8 月 18 日，召开区长办公会议，专题研究拟建临河区预拌商品混凝土粉煤灰制砖项目土地出让有关事宜。该项目用地位于建材路东侧，开发区国土资源分局已完成实地勘测，做到政策依据充分，面积核实准确。由于该项目用地未供先用，处罚后以协议供地方式补办用地手续。经聘请内蒙古济丰房地产价格评估有限责任公司对该宗土地进行评估，决定拟建临河区预拌商品混凝土粉煤灰制砖项目。

8 月 28 日，召开区长办公会议，专题研究拟建年产 1000 吨阿莫西林项目土地出让有关事宜。该项目用地位于五原街南侧，开发区国土资源分局已完成实地勘测，做到政策依据充分，情况核实准确。经聘请巴彦淖尔市国地资产评估拍卖有限公司对该宗土地进行评估后，决定拟建年产 1000 吨阿莫西林项目。同日，专题研究拟建年产

3000吨6-氨基青霉烷酸项目土地出让有关事宜。该项目用地位于五原街南侧，开发区国土资源分局已完成实地勘测，已聘请巴彦淖尔市国地资产评估拍卖有限公司进行了评估。

10月13日，召开区长办公会议，专题研究万丰增光二社110千伏变电站建设工程有关事宜。会议决定，成立临河区万丰110千伏变电站建设工程协调领导小组，协调处理各方面矛盾，做到政策依据充分，情况核实准确，补偿分配合理，保证项目顺利进行。

10月11日，召开区长办公会议，专题研究应征义务兵优抚安置政策有关事宜。会议议定，提高农村义务兵优待金标准；高校应届毕业生服役退伍后，给予安置优待；从退伍之日起，三年内参加全区组织开展的人才储备考试，在笔试成绩中，具有本科以上学历的退伍军人加5分，专科学历的退伍军人加3分。

10月14日，召开区长办公会议，专题研究公安民警执勤岗位津贴标准调整有关事宜。会议决定，将临河区公安民警每月执勤时间调整为22天，津贴标准和津贴发放时间不变。

12月2日，召开区长办公会议，专题研究临河热电厂供应华力胜建材公司粉煤灰有关事宜。会议议定，临河热电厂满足供应华力胜建材公司生产所需粉煤灰，价格0.5元/吨保持长期不变；华力胜建材公司与临河热电厂供应粉煤灰协议每两年签订一次；华力胜建材公司生产所需粉煤灰采用全封闭管道方式输送，确保粉煤灰在运输过程中不出现污染问题，管道建设资金由华力胜公司承担。临河区经济局综合协调各企业加快工作进度，各有关单位要密切配合，确保此项工作顺利推进。

二、2010年区长办公会议

2010年4月13日，召开区长办公会议，专题研究2010年中央财政现代农业肉羊生产发展资金项目。会议议定，一要认真抓好杂交肉羊繁育基地和育肥园区建设；二要严格规划设计程序，坚持高起点规划，高标准建设的要求，严把规划设计关；三要加强部门协调配合；四要加强项目资金监管，项目资金管理要严格执行专款专用，封闭运行的原则，同时今年要从项目资金中切出300万元作为储备资金，采取以奖代补的形式扶持重点企业和优秀企业，弥补资金缺口；五要规范育肥小区和散户建设，按照相对集中、科学规划、大小结合、统一建设的原则，选择养殖积极性高、基础条件较好的村组建设育肥小区。要进一步完善工作思路，既要扶持产业化龙头企业，又要加强基地建设和散户建设，进一步牢固产业链条，提高经济效益，实现农企双赢。

4月20日，召开区长办公会议，专题研究公厕"旱改水"工程相关事宜。会议议定，由市、区两级政府投资780万元，采取"旱改水"的方式加快水冲厕所建设步伐，当年改造50座。区发改、供电、执法、建设等相关部门要高度重视公厕"旱改水"工程，做好相关工作，保证工程顺利进行。

7月21日，召开区长办公会议，专题研究远鑫大型综合市场建设有关事宜。会议议定，商务部门要主动加强与各部门之间的协调配合，及时组织召开协调会议，研究解决项目实施中存在的困难和问题；交通部门要加快临白路综合市场道路建设进度，要尽快协调水务局、城关镇和临河供电局等部门，采取有效措施，及时解决，加快工程进度；水务部门要进一步做好张三渠闭渠改渠、项目区打井、输配电线路建设及相关设施配套等工作；城关镇要及时完成新建临白路所需土地的征用及迁坟等前期工作，重点做好涉及群众的思想工作，要按照信访工作属地管理的原则，妥善化解各类社会矛盾，为项目实施提供保障；鄂尔多斯远鑫城市投资有限公司要按照项目实施程序，尽快协调市规划部门出具项目相关实施审批文件，同时要做好项目前期工程建设资金的保障工作；为确保资金安全和高效运行，按照资金管理有关要求，城关镇要设立项目建设资金专户，鄂尔多斯远鑫城市投资有限公司根据工程建设进度将资金划拨到城关镇专户，城关镇根据工程进展情况将资金划拨到具体实施单位。同时审计、监察等部门要建立健全相关制度，全程做好资金监管工作。

7月22日，召开区长办公会议，研究浩澎·班禅召现代农业观光园项目土地使用权转让相关事宜。会议原则同意引入内蒙古浩彭农业开发有限责任公司，在临河区农业局、临河区畜牧局、临河区林业局所属原种场、种猪场、新华林场进行浩彭·班禅召现代农业观光园项目投资开发。

7月23日，召开区长办公会议，专题研究巴彦淖尔电业局和内蒙古黄河西部水业股份有限公司建设生产仓储项目有关事宜。会议议定，同意巴彦淖尔电业局电力设施仓储、机械加工和内蒙古黄河西部水业公司材料仓储项目建设。项目选址于东至电厂路，南至新农农资公司北墙，西至垂直电厂路320米处，北至新农农资北墙沿电厂路方向400米处。

三、2011年区长办公会议

2011年1月26日，召开区长办公会议，专题研究临河区工业项目建设有关事宜。会议议定：一、同意江西麦德风能公司风力发电机总装项目在装备制造业产业区选址建设；二、同意内蒙古万胜国际贸易公司循环经济多晶硅生产项目在装备制造业产业区选址建设；三、同意内蒙古鑫泰物流公司磁管道生产基地和项目研发中心在装备制造业产业区选址建设；四、同意内蒙古巴山玉米淀粉厂扩建项目建设，选址于一期建设项目以东，五原街以南，绒纺路以西，丰收三社村庄以北；五、同意内蒙古正开高科技化工有限责任公司生产液压乳化液、金属切削乳液项目在煤化工产业区选址建设；六、同意内蒙古弘业国际投资集团股份公司CL建筑体系生产线及配套的混凝土搅拌站，聚苯板生产项目建设，选址于海利建材

公司以西，恒丰街以南，自然路以东，海利建材公司扩建项目以北；七、同意巴彦淖尔市卓越建筑材料有限公司生产隔墙板、石切块、中空管、烟道、聚苯板项目建设，选址于东站路以西，恒丰街向北370米处，亿鑫塑业、隆鑫商贸项目用地以东，鲁花街以南；八、同意巴彦淖尔市阳光高科技农业发展有限公司年产1500吨苦参总碱、1万吨植物保护液、15万吨高效包裹生物复肥、3万吨多功能富硒种衣剂项目建设，选址于预留项目用地以西，11万千伏出线走廊以北，电厂路以东，百益粮油南墙及五原街以南；九、同意内蒙古五鑫商贸有限公司添建办公、宿舍、生产车间等项目建设；十、同意巴彦淖尔市永明动物药业有限公司中药材兽药制剂生产线建设项目；十一、同意巴彦淖尔富源建筑集团公司建材生产项目建设。

2月17日，召开区长办公会议，专题研究草原宏宝公司肉羊养殖基地建设相关事宜。为加快推动农牧业产业化进程带来的机遇，保证中央财政现代农业肉羊生产发展资金项目的实施，决定该项目可以边开工边办手续，免于违法用地处罚。

3月2日，召开区长办公会议，专题研究巴彦淖尔市医疗废物集中处置中心区域内部分农户搬迁相关事宜。巴彦淖尔市医疗废物集中处置中心位于临河区城关镇治安村三组原旧生活垃圾场南侧，该项目由巴彦淖尔市振业环卫产业有限责任公司实施。按照环境保护要求，医废项目必需建在远离居民区800米以外、距地表水域大于150米的地方。现巴彦淖尔市医疗废物集中处置中心与居民区相隔800米距离内有12户居民需要搬迁，距永刚分干沟80米需改道。会议决定：对该区域内12户农户实施异地搬迁。所需补偿费用由振业环卫产业有限责任公司按相关标准给予补偿。房屋征收工作及安置所需宅基地由城关镇政府负责，于8月底前完成；对永刚分干沟向南改道，满足150米距离要求，该项工程由区水务局负责。

3月16日，召开区长办公会议，专题研究金川河水系建设征地相关事宜。金川河水系建设工

程是巴彦淖尔市政府城建重点工程之一，2011年要启动解放街北工段，为加快前期准备工作，按照征地与市场清理同步推进的原则，由政府办牵头，各有关单位各司其职、联合执法共同推进。

4月15日，召开区长办公会议，专题研究临狼路出口改造国泰项目区8户肉食品小企业、17户零散性小企业的搬迁问题。会议议定：一、临狼路出口改造国泰项目区企业搬迁征收工作由区经济局牵头负责，区城投公司积极配合。经济局做好企业入驻肉羊循环经济产业园区和开发区东区建设新厂的政策宣传工作，协助企业办理迁址和新建项目的手续。二、按照产业布局划分，8户肉食品企业入驻肉羊循环经济产业园，17户零散性小企业入驻开发区东区建厂，其他区域不再安排该类企业。三、对该类企业搬迁、建厂实行产权置换，由国泰房地产开发公司实行等面积、等平方米在新选地址予以建设，多出或少于原厂占地和厂房面积按工程成本造价互找差价。其他补偿（包括要求货币补偿的）按有关规定由国泰房地产公司予以补偿。四、上述企业新厂建设享受临河区工业项目招商引资和西部大开发优惠政策。区政府负责"五通一平"配套，税收政策享受所得税"两免三减半"等优惠政策。搬迁企业新址占地，区政府按征收土地的费用由国泰房地产公司承担。五、按照开发区东区入园投资限制在3000万元以上的要求，为了加快临河北出口改造步伐，沿临狼路各企业可以不受入园条件的限制，但要本着"产量扩大、技术领先、产品延伸、节能减排、自主创新"的宗旨，提升企业规模和水平。

4月21日，召开区长办公会议，专题研究加快红星美凯龙项目建设有关事宜。会议议定：一、红星美凯龙建设项目选址确定，原则上该项目建设按照区政府和内蒙古闻都置业有限公司于2010年5月13日所签协议执行；二、支持闻都置业有限公司实施城市综合体项目，加快项目整体建设，附属设施、征收安置房和综合配套功能应同步建

设；三、加快项目区的土地房屋征收工作；四、统筹考虑项目区基础设施建设工作；五、按照协议做好资金结算工作；六、各相关单位要全力帮助企业办理各项手续，推进征收工作。

9月15日，召开区长办公会议，专题研究天吉泰至八一110千伏输变电线路建设工程相关事宜。会议指出，天吉泰至八一110千伏输变电线路的建设，对于进一步提升开园区承载能力，保障园区企业用电意义重大。该项目的实施，特别是对于保障临河区重点企业联邦制药（内蒙古）有限公司的正常生产和扩大产能有着至关重要的作用。会议议定，各有关部门要全力支持施工单位和电力部门工作，保障工程建设进度。

四、2012年区长办公会议

2012年2月28日，召开区长办公会议，专题研究扶持肉羊产业发展有关事宜。会议议定：一、优先扶持大企业、大项目发展；二、重点扶持具有示范带动作用的个体养殖户；三、围绕肉羊产业带进行重点布局；四、坚持先建后补的原则，原则上同意《临河区2011年关于加快基础母羊规模养殖补贴办法》。

3月1日，临河区委、政府召开区长办公会议，专题研究临河区2011年电力基建项目建设相关事宜。会议议定：一、成立输变电工程建设工作小组，进一步加强组织领导，确保各项电力工程顺利实施；二、积极解决工程建设中各种问题；三、合理使用征拆补偿资金；四、区直相关部门要密切配合项目建设。

3月2日，召开区长办公会议，专题研究朔方路两侧土地征收相关事宜。会议决定，区园林局、林业局尽快选派干部，入驻项目区，加强对特殊树种的管护工作，提高特殊树种的利用率，避免浪费；城关镇要具体负责该项目区土地征收工作，市土地收储中心要选派专人入驻项目区，配合城关镇共同推进，争取尽快完成土地征收工作。

3月3日，召开区长办公会议，专题研究保税

物流园区基础设施建设有关事宜：一、关于保税物流园北区基础设施建设事宜；二、关于保税物流园区北区城市配套服务功能建设事宜；三、关于保税物流园区建设其他有关事宜。

3月25日，召开区长办公会议，专题研究西区绿化工程相关事宜。按照区政府区长办公会议纪要《研究西区临河项目区绿化相关事宜》（〔2010〕56号）文件精神，由区园林局承建汇丰街、金沙路和西苑路三条道路绿化工程，并同意园林局通过招投标方式向外发包。发包时工程预算和确定拦标价比例不得高于西区另八条道路绿化工程。基于江西省城市园林建设有限公司所承包的另八条道路绿化工程在施工中提出上调苗木综合单价和人工工资问题，根据实际情况由新区办、园林局、正泰监理公司和江西省城市园林建设有限公司四方共同询价后协商解决，协商意见和设计变更要共同签字认可。

4月7日，召开区长办公会议，专题研究双河镇进步村新农村试点建设有关事宜。会议议定，各级各部门要全力支持新农村试点建设，区扶贫办要从今年批复的整村推进项目中确保拿出一个项目，支持双河镇进步村新农村试点建设，并积极争取自治区第七期移民扩镇项目落户，用于新农村试点建设。区建设局要从今年的农村危房改造项目中，切出500户建房指标给双河镇，由双河镇统筹安排，其中用于进步村危旧房改造的要不低于300户。区水务局要依托农村安全饮水工程项目，根据试点建设进度，认真实施好安全饮水工程，及时将农村自来水接入农民住宅小区，解决好试点的生活用水需求。同时将有关农业节水示范项目安排到试点，推进高效节水农业示范区建设。区交通局要按照新农村试点建设的需求，积极配合鸿德农业专业合作社搞好试点范围内道路的规划设计及建设工作，保证试点道路布局有序、交通顺畅。区财政局要积极帮助鸿德农业专业合作社搞好"一事一议"财政奖补项目的策划、申报工作，争取上级的项目和资金支持。同时要根据自治区财政厅的项目指南，做好与试点建设有关联的各类项目的争取立项工作，推进项目的实施。新农办要做好新农村试点建设的协调服务和信息传递工作。区农村经营管理局要帮助鸿德农业专业合作社搞好农村土地流转，完善合作社经营机制，促进农村经济发展。区土地局负责做好试点建设所需用地的组建报批工作。区林业局负责搞好试点绿化的规划设计及技术指导工作，并在种苗等方面给予支持。双河镇负责农户的宅基地置换及搬迁工作。镇政府要抓紧组织当地农民讨论完善农民宅基地置换方案，重点要针对户与户之间的不平衡问题，拿出妥善合理的解决方案，确保农民顺利搬迁。同时，做好征地及相关矛盾处理工作。信用联社要抓紧办理相关申贷手续，如需区直有关部门以项目资金为担保的，由有关单位出具相关担保手续，争取在一周内向鸿德农业专业合作社发放首批贷款资金500万元，用于试点项目建设。

4月8日，召开区长办公会议，专题研究临河区校安工程建设及教育系统稳定有关事宜：一、关于临河区校安工程建设有关事宜；二、关于教师招聘有关事宜；三、关于教育其他资金有关事宜。

4月11日，召开区长办公会议，专题研究加快推进临白路恒远综合市场建设有关事宜。会议指出，临白路恒远综合市场建设项目是今年临河区实施的重点市场建设工程，项目总投资17.8亿元，占地面积约1500亩，建筑面积70万平方米。项目建成后可将建材、五金机电、百货、煤炭、砂石料及废旧品全部规划到专业市场内进行经营，对于拉动地区经济发展，搞活物流业，打造临陕路、临白路出口市场集群及出口改造具有重要意义。市场建设已全面启动，为加快工程建设进度，会议议定继续推进市场征地工作，加快基础配套设施建设。

4月19日，召开区长办公会议，专题研究巴彦淖尔市杰泰房地产开发有限责任公司建设保障性住房事宜。会议原则同意巴彦淖尔市杰泰房地产开发有限责任公司在保税物流园区内建设 11 万平方米保障性住房，包括公共租赁住房 1 万平方米、经济适用住房 8 万平方米、限价商品房 2 万平方米。建设选址位置确定为经九路东、经十路西、纬三街南、纬四街北。会议要求开发区管委会及区发改、房管等有关部门，要尽快帮助企业落实保障性住房建设用地、规划、建设等相关审批手续，推进项目尽早开工。

4 月 27 日，召开区长办公会议，专题研究 B1、B2 地块棚户区改造相关事宜。项目区位于永济渠以东、奋进路以西、庆丰街以北、解放街以南，总占地面积约 711.3 亩，其中房地产开发建设用地 381 亩，永济渠外环河景观带等公建用地 330.3 亩。该项目公建征收占比高，开发改造难度大且事关永济渠外环河景观带建设，同时对于加速推进临河新区开发改造步伐，改善新区居住环境，提升城市品位和形象，迎接全区两个文明现场会的召开都具有重要意义。

4 月 28 日，召开区长办公会议，研究巴彦淖尔市博得商贸有限公司新建高效设施农业园区有关事宜。为扩大临河区设施农业建设规模，进一步拓宽农民增收渠道，抓好市民"菜篮子"工程，会议原则同意巴彦淖尔市博得有限公司在城关镇增光村一、六组建设高效设施农业园区。

5 月 3 日，召开区长办公会议，专题研究开发区中石化加油站项目建设有关事宜。会议议定，为加快中石化加油站项目建设步伐，中石化加油站与联邦制药公司生活区形成的 5.7 亩夹角地带，由内蒙古源昌创业公司投资建设，土地按 8 万元/亩的价格出让，地上附着物由源昌公司处理。中石化巴彦淖尔分公司加油站站址社会矛盾和地上附着物处理仍按原协议执行，加油站建设向南不设围墙，并为源昌公司预留 10 米宽的项目建设专用通道。

5 月 5 日，召开区长办公会议，专题研究新农保养老保险费归集及收缴有关事宜。会议议定，

收缴的新农保养老保险费由区地税局负责归集。区地税局要尽快在区农行、农村信用联社设立新农保养老保险费待结转户，并及时将收缴的新农保养老保险费归集缴入区财政新农保专户。区社保局、农村信用联社、农行要全力配合区地税局完善相关手续，做好保费归集相关工作，力争在 5 月 15 日前完成新农保养老保险费的归集工作，接受自治区人事和社会劳动保障厅组织的新农保个人账户专项检查。按照上级有关要求，原则同意临河区新农保养老保险费由区地税局代区政府收缴，区地税局代政府收缴保费工作试行期为一年。

5 月 6 日，召开区长办公会议，专题研究临河区中心敬老院扩建事宜。会议决定，对新建的中心敬老院进行扩建，将东面一层扩建为二层，增加面积 534 平方米，西面新建一栋二层 680 平方米的住宿办公楼，以进一步增加床位数和附属功能用房，更好地满足五保对象的居住需求。同日，研究甘其毛都口岸至临河一级公路工程可行性报告编制及前期工作有关事宜。会议指出，甘其毛都口岸至临河一级公路工程是巴彦淖尔市公路网规划的重要组成部分，已被国家和自治区列入公路交通发展规划，属国家"十二五"期间新增的"纵九"国道，主要控制点有甘其毛都、临河、陕西榆林，终点到达广西钦州港。该公路建成后，对于临河区依托口岸资源优势，加快工业化、城镇化建设步伐，促进城乡一体化具有重要意义。会议议定，工程要快速推进，各有关部门要立足各自职能，各尽其力，各司其职，全力支持配合项目可研编制单位做好项目可研编制及前期工作，并积极协调市直及相关旗县对口部门为项目可研编制单位提供相关数据资料。

6 月 4 日，召开区长现场办公会议，专题研究黄河堤防公路综合建设工程相关事宜。会议议定，境内堤防迎水侧约 6 公里的路段属软湿路基，必须采取特殊处理措施。鉴于工程时间紧、任务重，为了加快工程进度，堤防公路建设中需要新建的 3 座桥梁，其中跨总干渠第二泄水渠中桥 1 座，二级

公路改线段跨南边渠桥 2 座，由内蒙古奥隆水利水电有限责任公司先行进行施工，内蒙古融力达水利工程监理公司负责监理。由水务局代表区政府委托内蒙古通泰建设工程项目管理公司，对临河区承担的地方公路建设工程（包括堤防公路一级路段 13.5 公里路基工程、二级路段 4 公里路基工程以及 3 座桥梁工程）进行公开招标。

6 月 8 日上午，召开区长办公会议，专题研究中小企业创业园工程建设有关事宜。会议就中小企业创业园工程建设中相关问题进行了讨论研究，要求依法建设项目问题，社会矛盾处理问题，缴纳保证金问题，按要求施工问题。

6 月 18 日，召开区长办公会议，专题研究餐饮服务环节食品安全监管有关事宜。会议议定：一、将现区卫生监督所编制内人员分为两支队伍，一支主要负责公共卫生和医疗卫生监管，另一支主要负责食品卫生监管；二、根据工作需要，区卫生监督所内主要负责食品卫生安全监管的队伍初步确定为 15 人，其中分管领导 1 人；三、在监督管理过程中，涉及餐饮服务环节安全监管方面的执法行为，要全部使用食品药品监督管理局的文书及印鉴；四、属于餐饮服务环节安全监管的收费及处罚要全部上缴区财政，区财政返还的食品卫生收费及罚没款，要全部进入食品药品监督管理局账户，由食品药品监督管理局和卫生监督所根据工作需要进行安排和使用。

7 月 25 日，召开区长办公会议，专题研究扶持社会力量兴办老年福利园区事宜。会议议定，原则同意区民政局提出的由巴彦淖尔市诺亚方舟托老中心有限公司、巴彦淖尔市鸿畅建筑装饰钢构有限公司、星月实业（集团）有限公司、桃园福地老年公寓四家单位分别在城关镇五四村、远景村、治安村、友谊村建设老年人福利园区。会议要求，园区建设要高起点规划、高标准建设，做到集住宿、餐饮、医疗、健身、娱乐为一体。由区民政局牵头，城关镇、土地局等部门配合，尽快做好相关工作。按公益事业建设有关政策对兴办老年福利园区给予扶持。

8 月 21 日，召开圣泉项目现场区长办公会议，专题研究加快推进圣泉公司年处理 50 万吨农作物秸秆项目建设进度有关事宜。会议议定：一、圣泉项目已报批的 135 亩建设用地的招拍挂、规划等手续由区财政局、开发区土地局、园区办负责，在 8 月底前必须完成。剩余土地报批，要加快进度，在 9 月 20 日前办完全部手续；土地总体利用规划调整由开发区土地局负责，派专人跟踪办理，在 8 月底前必须完成。二、全面启动项目区北鲁花街道路建设，由园区办会同交通局尽快出具道路建设方案，报区政府批准，区交通局组织实施。三、圣泉项目的 110KV 并网发电有关事宜由开发区巴彦供电分局配合圣泉公司做好设计、报批等前期工作，尽快形成实施方案。四、圣泉公司的 2 万吨/日供水厂，区发改局、经济局等相关部门要抓紧协助圣泉公司开展项目前期环评、能评、水评、立项等工作，争取早日开工建设。会议要求：各有关部门要各负其责，全力配合，为项目建设搞好全程跟踪服务。

10 月 23 日，召开区长办公会议，专题研究双河镇进步村九庄农民新村及配套设施建设事宜。会议议定：一、九庄农民新村西侧的农家乐项目采取市场化运作的模式，由内蒙古经纬房地产开发有限公司负责开发建设，项目名称暂定为锦华丽水生态观光园；二、从农村危房改造项目中，切出 200 户建房指标用于九庄农民新村建设；三、依托农村安全饮水工程项目，协调市水务局将农村自来水接入农民住宅小区，解决好小区居民生活用水需求；四、实施好农业高科技示范采摘园工程。

五、2013 年区长办公会议

2013 年 1 月 17 日，召开区长办公会，研究接收临河农场、狼山农场等相关事宜。会议对接收环节工作提出具体要求：一要坚决执行市委、市政府的决定，绝不能违反市里的具体要求；二要做好接收前市、区农场的协调和沟通工作；三要将市委、市政府的决定和区委、区政府的工作精神传达到农场的每一个干部职工和群众中，争取他们的理解和支持，稳定人心；四要选择得力工作人员，制定具体工作方案。

5月27日，召开区长办公会议，专题研究了高层次人才公开招考拟录用人员有关事宜。会议议定：一、同意按照公开招考面试成绩择优录用62人，其中博士2人、硕士60人；二、录用人员试用期为6个月，试用期间工资待遇为博士3200元/月、硕士3000元/月；三、录用人员分配单位由区人力资源和社会保障局根据其所学专业，结合区直单位人员需求情况统筹安排。

六、2014年区长办公会议

2014年2月25日，召开区长办公会议，研究临河区1996年至2014年2月的转业士官和5至8级伤残军人安置有关事宜。会议议定：一、继续鼓励自谋职业；二、政府购买社会公益岗位安排工作；三、区民政局要认真做好相关人员档案身份的核对工作，与区人社局共同审核确定符合安置条件的转业士官、伤残军人，并根据实际情况在两年内安置完毕，优先安置在档人员；四、用人单位要参照劳动法的相关规定与被安置人员签订劳动合同；五、此次安置结束后，对无特殊原因不参加安置的，视为自动放弃安置；六、区民政局负责告知所有应安置人员，不准遗漏。

七、2015年区长办公会议

2015年2月9日，召开区长办公会议，研究狼山镇富强村五组综合改造有关事宜。会议议定：一、原则同意区执法局拟定的综合改造设计方案；二、综合改造各项工作由分管副区长牵头，指导、协调和督促各相关单位按照各自分工具体实施；三、狼山镇要把握好春节前后的有利时机，广泛开展宣传动员，组织发动群众，以投工投劳等方式积极参与改造工作，确保改造工作顺利推进。

3月31日，召开区长办公会议，专题研究内蒙古惠农小额担保贷款扶贫项目有关事宜。会议议定，按照1∶3的筹资比例，由区财政出资100万元，内蒙古农嘉信息服务有限公司出资300万元，以定期存款400万元的形式存入中国银行巴彦淖尔市分行营业部。由经办银行按照担保基金的10倍向临河区贫困农牧民、农牧业专业合作社和小微企业发放贷款4000万元。会议要求：在项目实施过程中，区社会扶贫促进会要认真做好担保贷款的放、收和风险防范、化解等工作，确保担保贷款放得出、收得回，既能有效支持地区经济发展和农牧民脱贫致富，又能最大限度地降低贷款风险。

八、2016年区长办公会议

2016年3月24日，召开区长办公会议，研究审定《临河区绿化升级改造工程实施方案》有关事宜。会议议定：一、同意11项绿化升级改造项目实施方案，同意引入内蒙古和信园蒙草抗旱绿化股份有限公司作为社会资本方参与上述绿化升级改造项目；二、区林业局、财政局负责完善工程开工前的报批、报建手续，并按照PPP模式要求，审核完善相关手续，确保所有手续完备合规；三、区林业局要对栽植的苗木进行严格把关；四、由区委常委、政府副区长彭玉堂，政府副区长高义昌共同负责完善相关手续，确保项目尽快纳入自治区PPP项目库，以便争取后续项目资金；五、将创建全国文明城市要求的社会主义核心价值观内容融入公园节点改造当中。

第二节　筹备会议

一、发文收文

1991年，收发文由文书室专人负责。
2014年，成立文电会议科。

二、文件管理

1998 年，临河区政府办建立档案室。

1999 年 12 月 6 日，档案室晋升为自治区一级标准档案室。

2008—2009 年，实现纸质保管和电子版存贮。按档案局要求，政府办 1998—2000 年所发文件移交档案局管理。

2001—2016 年，所发的文件档案室单独管理，档案主要内容有：临政发、临政办发、临政函发、临政报发、临政字、临政办字、会议纪要以及财会档案、协议、合同等。

三、会议筹备

1991 年，会议筹备由综合秘书负责会务工作。

1995 年，改为后勤负责，电话普及后，改为纸质文件和电话通知。

2011 年，由机关事务局会议中心负责。

2014 年，成立文电会议科，政府召开的各类大型会议和领导交办的各种会议，文电会议科只负责通知领导和参会单位参加，纸质性文件、电话和电子政务平台同步进行，会议各项工作，由机关事务局会议中心负责。

四、请示报告

文书室负责临河区人民政府和政府办各类文电、材料的发送、归档、销毁和文件发出工作。临河区人民政府和政府办印发的各类正式文电符合公文处理有关规定。要求发出的文件编号准确、登记无误，送印、校对、分发及时、准确。对于请示报告等正式文件，按照《国家行政机关公文处理办法》和《临河区人民政府办公室公文运转工作制度》，做到登记、承办、转办、催办、反馈、注结等项工作及时、准确、安全、保密。对于向市委、市政府等上级部门上报的请示报告件，严格遵守行文审核、呈签制度，提高文件审核、呈签的速度和质量。凡以区人民政府、区人民政府办公室名义发出的所有正式文件，都认真审核、逐级呈签。对于下级各乡镇、办事处和部门上报的请示报告件，遵守《临河区人民政府及办公室公文形式和适用范围及审批程序》《临河区人民政府办公室审核发文文稿工作规程》和《临河区人民政府办公室公文运转工作制度》，对来电、来文、来人询问事宜，认真负责，文明礼貌，主动热情，耐心细致，服务周到，答复及时。电话接转办理及时迅速，传达准确，有记载依据，有办理结果。

第三章 施政纪略

第一节 经济建设

一、"八五"计划时期（1991—1995 年）

1992 年，临河市委、政府在城建系统进行撤局建委机构改革试点。撤销临河市城建局、建工局、房产局、环卫局、园林科、市容大队、土地局，组建临河市城乡建设管理委员会。临河市转变职能，强化服务，精简消肿，加快城市经济发展，兴办各类服务实体 270 余个，分流人员 2298 人，与财政脱钩 1396 人。

1993—1995 年，临河市委、政府出台《关于进一步完善和深化综合改革的实施意见》，市直党政机关调整为 25 个，其中政府工作部门 20 个。临河市税务局分设为国税局和地税局，实行国家、地方分税财政。1993 年，临河市转换企业经营机制工作全面铺开，物资企业全系统转制，二轻联社完成 10 家企业改组。1994 年，临河市经贸系统 24 家企业完成转制。1995 年，临河市委、政府采取多种形式转换企业经营机制，深化完善企业内部改革，以培育生产要素市场为重点，建立市场体系，加快社会保障制度改革，转变政府职能，改革宏观经济管理体制。

二、"九五"计划时期（1996—2000 年）

1996 年，临河市曙光乡乡镇企业产值突破亿元。成立临河市化肥工业集团总公司，由原来的化肥厂、硫酸厂、磷铵厂联合兼并形成总公司。乡镇企业蓬勃发展，农村各类股份制合作企业发展到 130 家。

三、"十五"计划时期（2001—2005 年）

2003 年，深化粮食流通体制改革，放开粮食购销市场，推进国有粮食购销企业改革，推动国有企业兼并破产和国有企业产权制定，推进国有中小企业民营化进程，做好劣势企业退出和企业上市工作。在深化商贸流通企业改革中，国有资本有序退出，职工随企业改制转换劳动关系，企业的非经营性资产和后勤服务单位完全剥离。2004 年，推进全市（区）经济体制改革。

四、"十一五"计划时期（2006—2010 年）

2007 年，调整国有经济布局，完善国有资产管理体制，深化公共事业改革，发展个体私营等非公经济。2008 年，推进政企分开、政资分开、政事分开、政府与市场中介分开，开展集体林权制度改革。改革行政管理体制，深化财税体制改革，推进国有企业改革、非公经济发展和要素市场改革。

五、"十二五"计划时期（2011—2015年）

2016年，组建临河区市政环境发展有限责任公司，成立国有公交公司，把事关百姓的民生问题作为城市发展的重头戏。

第二节 社会事业

一、"八五"计划时期（1991—1995年）

1991年1月，临河市的"八五"计划总体精神，提出全市要加强基础建设和基本建设，改善经济条件，从总体上提高市场购买力，增强经济的发展后劲。提高人民群众物质文化生活水平，使人民安居乐业。大力发展农业，深化农牧林结合，综合开发农业资源，推动农业登上新台阶。发展地方工业，搞活流通，繁荣市场，不断增强财政实力。加强城市建设，改善城市基础设施，提高城市管理水平。

二、"九五"计划时期（1996—2000年）

1998年，成立临河市招商局、临河市项目开发办公室、临河市对外开发办公室，通过成立这些局室，开创了城市经济服务的局面。

三、"十五"计划时期（2001—2005年）

2003—2004年，临河市（区）农村牧区税费改革试点工作启动，临河市（区）开始落实降低农业税税率政策，对粮农实行直补。同时完成撤销乡镇教育管理机构工作，实施教师资格准入和聘任制度，教师工资由区财政统一发放。2005年，临河区实行农村税费第二步改革，全面取消农业税。开展农村义务教育保障经费机制改革，全部免除农村义务教育阶段学生学杂费，对贫困家庭学生免费提供教科书，补助寄宿生生活费，教师

工资按时发放。

四、"十一五"计划时期（2006—2010年）

2006—2008年，推行村财务管理制度，巩固农村税费改革成果，推进农村卫生改革，建立新型农村合作医疗制度。转变政府职能，减少行政审批事项，规范审批行为。全面推进农村综合改革，完善农村土地经营制度，深化农村金融改革，发展土地市场，推进法制市场建设。巩固乡镇机构改革成果，推进集体林权制度改革，妥善化解乡村债务，加大支农资金支持。2009年，推进农牧业结构战略性调整，推进统筹城乡综合配套改革实验。

五、"十二五"计划时期（2011—2015年）

2011年，集中力量支持重点产业和骨干企业科技创新，推行优惠政策，减轻企业负担，优化发展环境。将中小企业、灵活就业、农牧民纳入社会保障范围，实现城乡低保应保尽保，建立多元化养老服务机构。制定农村产权流转配套政策，激活农村土地、资金等市场要素。2012年，将临河区城市管理行政执法局、临河区环境卫生管理局、临河区市政维护处整建制合并，成立临河区城市管理综合执法局，具有行政执法主体资格，统一管理运行。临河区环境卫生管理局、临河区市政维护处为城市管理综合执法局二级事业单位，更名为环卫中心和市政维护中心。2013年，建立区直管社区的管理体制，推行社区党工委、居民议事会、社区服务中心的管理方式，做到管理直接、服务靠前。将物业、供暖、供气等公共服务管理职能进行整合，成立专门机构，解决一家一户无法独立解决、与居民生活密切相关的公共服务问题。发挥城投公司、土储中心主体作用，运用金融租赁、信托融资、公司发债等新型融资工具，强化政府与各金融机构的合作。2014年，推进土地承包经营权在公开市场向专业大户、家庭农牧场、合作社、龙头企业流转，扶持农村发展

合作经济，引导工商资本到农村发展适合企业化经营的现代种养业。维护农民土地承包经营权，保障农民集体经济组织成员权利，保障农户宅基地用益物权，允许进城落户农民自愿有偿退出承包地和宅基地，推动农民增加财产性收入。鼓励社会资本投向农村建设。鼓励有条件的私营企业建立现代企业制度，释放非公有制经济发展的活力和潜能。推进政府职能转变，落实简政放权、深化行政审批制度改革举措。严格"三公"经费预算管理，压减车辆运行费20%、公务接待费70%、会议费50%。启动行政事业单位"吃空饷"专项治理，配合审计署工作组完成土地出让金和耕地保护审计工作。

2015年，清理公布3902项政府权力清单，梳理确认区本级行政许可事项103项、行政确认58项、行政给付29项，承接上级下放的行政许可事项101项，全部进驻政务中心办理。实行"三证合一""先照后证"登记注册办法，实现异地同城办理。执行公务员职务与职级并行工资制度。创新农业经营主体，发展以专业大户、家庭农场、农民合作社、农业企业为主的多种经营模式。加强农业技术推广体系建设，促进农业科技成果转化应用。允许各类企业和社会组织在农村兴办养老、教育等社会事业，提升农村公共服务水平。深化社区管理服务体制改革，推进殡葬事业改革。

2016年，实施供给侧结构性改革，实施工业企业技改升级60项；为企业降低生产成本3.8亿元；消化市场存量房9240套；实施PPP项目11项，吸纳社会资本4.71亿元。依托城投公司、市政环境发展公司平台，广辟融资渠道，保障了基础设施建设、生态环境保护和棚户区改造工作。推行商事制度改革，新登记各类市场主体7280户。建立新型社区管理体制，推进户籍制度改革，持续深化财税领域改革，社会活力加快释放。落实权力清单和责任清单制度，优化部门职能，明确管理边界，提高服务效率。做好农村土地承包经营权确权登记颁证工作，启动土地经营权证抵押贷款试点工作。促进耕地和宅基地参与市场流动，构建权属清晰、权能完整、流转顺畅的农村产权制度。深化社区管理体制改革，厘清社会组织和居委会的职能边界。

第四章 综合政务

第一节 法制工作

1992年8月,临河市政府法制办成立。12月,首届临河市政府法制工作会议召开。

1993年初,下发《临河市九三年政府法制工作要点》,对政府法制工作的主要任务和实施措施进行安排和部署。临河市法制办多次组织人员参加自治区行政复议法律知识培训学习。利用各种宣传舆论工具,采取灵活多样的形式,向人民群众宣传行政复议法律制度。

2003年,接受临河市法制办行政复议法律制度培训人员4590人次。制定《临河市政府法制工作章程》《行政复议案件办理规则》等规章制度。为社会各界提供法律咨询服务,内容涉及城市建设、劳动保护、房地产管理等领域;参与信访案件处理、行政审批制度改革、各项行政执法检查、推进政务公开和综合行政执法工作,多次被评为市依法治理普法先进集体。

2005年,下发《关于开展全区行政执法机构清理工作的通知》,对现行各类实施行政许可的依据、方式等相关事项逐一审核,解决行政许可机关权限交叉以及多个部门就同一事项实施许可主体数量众多、机构林立、环节复杂等不合理、不合法现象。

2007—2008年,采取行政复议措施,从源头上防止实体越权、程序上违法现象的发生。成立临河区贯彻实施行政许可法和行政审批制度改革领导小组,制定《临河区贯彻实施行政许可法和行政审批制度改革工作实施方案》,加强部门协作,参与处理信访案件。

2009—2011年,推进法治政府建设,建立健全各级依法行政工作领导小组,乡镇、各部门调整充实相应工作机构,形成上下贯通、左右协调的组织体系。将法制宣传教育工作纳入各镇、各部门目标管理责任考核重要内容。

2012—2014年,组织法制干部学习,提高执法人员法律素质。开展行政审批事项清理工作,保留审批事项66项,调整日常管理和公共服务事项47项。

2015年,临河区各部门进行权力清单梳理,清理政府各部门的权力边界。临河区本级行政权力共有3902项,其中行政许可103项,行政处罚3187项,行政强制措施115项,行政强制执行30项,行政征收57项,行政确认58项,行政给付29项,行政奖励16项,行政监督检查148项,其他行政权力58项,承接上级下放101项。全年报送重大行政处罚案件25件,对区直49个行政执法主体进行公告,确定30个行政机关、13个法律法规授权执法单位、6个委托执法机构,具有行政执法主体资格,加强对行政执法证件和执法人员资格管理,对全区办理执法证件的人员逐一清理登记。

2016 年，政府网站公布所有执法人员的姓名、单位、执法证编号、执法类型、执法范围、执法期限，方便群众查询。

第二节　行政审批

2008 年 12 月，临河区政务服务中心成立，前身为临河区行政审批服务中心，区政府办下属机构，市、区两级中心合署办公。

2011 年，更名为临河区政务服务中心。正科级建制，核定编制 10 名，领导职数 1 正 2 副，工资参公管理。内设 4 个股室：办公室、业务股、公共资源交易管理股、网络股。

2014 年 6 月，成立临河区政务服务中心党支部，隶属临河区直属机关工委。

2016 年，临河区政务服务中心内设办公室、业务管理股、公共资源交易股和网络信息监督股。进驻中心的区直部门有 18 个、分大厅 4 个，259 项审批事项全部进驻中心及各分大厅办理。便民服务大厅所办事项承诺件 28 项、即办项 4 项，所占比率由过去的 12% 提高到 31%。编制 102 项审批流程，时限压缩 50% 左右。

行政审批以临河区级权责清单为依据，减少行政审批环节，简化优化审批流程，降低企业制度性交易成本。依托"互联网＋政务服务"，工商企业注册股登记窗口实现"一表申请、一窗受理、核发一照、信息共享"的登记新模式，缩短办理时限。开展人民满意服务窗口"微笑之星"评比活动，推行"五个一"服务标准。在机关及窗口部门开展优化服务环境专项行动，加强人员管理。建立跟踪回访制度，开展效能监督，通过市、区各媒体、中心网站、中心微信公众平台及时公开各类信息，保证群众的知情权。便民服务考核根据区委实绩考核方案，修订街道、乡镇及农场政务服务考核细则，重点对政务服务规范化、公开化、标准化、网络化建设进行考核。

第三节　督查与信息调研

督查室在贯彻党委、政府决策、确保政令畅通、转变干部作风、推动工作落实、提高执行能力等服务中发挥着参谋助手的作用，在重大决策部署重点督查、目标任务安排分解督查、重点分做项目跟踪督查、阶段工作事项专项督查、领导批示要求高效督查中，均取得抓督查、促落实的成效。

第四节　信访工作

一、组织机构

2004 年，临河市人民群众来信来访办公室更名为临河市信访局。

2006 年 11 月，更名为临河区信访局，属正科级建制。

2007 年 8 月，成立临河区信访局矛盾纠纷调处中心，隶属信访局，股级事业单位，核定事业编制 5 名。9 月，经区编制委员会研究，临河区信访局行政编调整为 6 名，工勤编制为 1 名。

2012 年元月，临河区联合接访中心建成并运行。

2014 年，隶属区政府办，属正科级建制，共有编制 17 名，其中行政编制 6 名，事业编制 10 名，工勤编制 1 名，内设 1 个中心和 6 个科室，分别是联合接访中心、接待一科、接待二科、接待三科、综合科、信息科和督查科。

2015 年，组建临河区信访局，为政府工作部门。临河区矛盾纠纷调处中心更名为区委政府联合接访中心，科级事业单位，隶属区信访局。行政编制 6 名，其中局长 1 名，副局长 3 名。另核定工勤编制 1 名。区委政府联合接访中心机构设置、职能和编制事项另行规定。

2016 年，信访局机构人员级别正科，干部职工编制 17 名，设置时间 2014 年 1 月。

二、信访措施

（一）源头治访

2004—2010 年，信访办开通"区长热线电话"，在各类媒体及政府网站设立专栏、开通热线电话、开设区长信箱、网上信访等互动交流平台，搭建政府与公众互动交流平台，倾听民意。

2012 年，联合接访中心投入运行，首批确定 10 个常驻单位入驻，其他部门为机动单位，根据信访形式随时抽调入驻，建立健全"一站式"信访工作机制，实现联合接访的功能。7 月，新建高标准区联合接访中心投入运行，接访中心设有来访登记室、来访接待室、领导接待室、档案资料室、会议室、主控室等 12 间办公室，设置农村农业、城镇建设、土地征收、人劳社保、涉法涉诉、社区民生 6 个接访室和 3 个群体性接访室，选派公安、法院、人劳、建设、农业等重点信访部门入驻联合接访中心，提高来访群众信访接待效率。

2014 年，在"临河区信访局"网站、信访 QQ 号码、信访微博和邮箱等网络信访渠道的基础上，推行网上信访制度，安排专职网络接访员受理、办理、回复、督办网上信访事项。

2015—2016 年，临河区各乡镇、农场、街道、区直单位开通信访事项网上办理系统，进一步缩短转办时间。临河区信访局按期办结率、及时受理率 100%。

（二）领导接访

2007 年，临河区开展"区领导下基层一日接待"活动，每名政府副区长每月安排一个工作日，下到基层亲自接待上访群众，现场处理解决群众反映热点、难点问题。

2008 年 7 月，临河区成立农村土地承包、土地房屋征拆、涉法涉诉、劳动社会保障、城市管理等五个下访专项工作组，到各乡镇、办事处和

涉案科局开展预约接访、带案下访、联合下访、上门回访活动。媒体对领导大接访的时间、地点、接访形式和联系电话等进行公告。

2009 年，临河区形成乡镇、办事处和区直部门主要领导有访必接、区分管领导有案必理、区党政主要领导定期约访、分管领导和部门主要领导带案下访的工作格局。

2011—2013 年，临河区建立四大班子领导到信访局接待上访群众制度，每个工作日安排 1 名区四大班子领导接待上访群众，来访必接。媒体和政府网站公示四大班子领导接访时间、接访地点和职责分工等信息。

2014 年，由一名临河区委常委或政府领导和 1 名人大或政协领导组成，将预约接访、大调研、大走访多种形式融入其中，改进和丰富接访形式。

（三）积案化解

2005—2009 年，临河区对排查出的重点隐患由区分管领导包案，限期解决，推动信访矛盾隐患及时就地解决。临河区对新上项目开展社会稳定风险评估，从源头预防和减少矛盾产生。

2012 年，各乡镇、街道对所属辖区重新进行区域划分，实行网格化管理模式，组建信访网络系统，1563 名信访信息网络联络员的信息登记、信息搜集与报送工作基本准确。建立村组（社区）每天一排查，乡镇、街道每周一排查、每月一排查的矛盾纠纷隐患排查制度，推行"三联六调"工作机制，实行乡镇、村、组"三级联动"与法庭、派出所、司法所、维稳办、综治办、信访办"六方联调"，形成以人民调解为基础，行政调解、司法调解相衔接"大调解"格局。

2013—2014 年，开展"三驻"（驻嘎查村、驻学校、驻企业）活动，开展社会矛盾排查化解工作。实行信访办与综治办、民政办、司法所"三办一所"共同承担矛盾排查化解的工作机制，发挥各乡镇、农场、街道综合服务中心作用，促进基层矛盾纠纷排查化解。

2015—2016 年，临河区推行"三化四全五确

保"工作法，落实社区"网格化"管理、村民代表常设制和"三联六调""三办一所"工作机制，借鉴"宝音德力格尔工作法"，建立乡镇、农场、街道对矛盾纠纷一周一排查长效机制，丰富矛盾纠纷化解形式。信访矛盾隐患排查制度和零报告制度实现常态化，建立多元化解机制，深入开展基层矛盾纠纷化解工作。

（四）督查问责

2006年，落实信访工作"一把手"负总责，分管领导具体抓，一级抓一级，层层抓落实的领导责任制，形成"上下联动、左右互动"的大信访格局。

2009年，临河区提出各乡镇、街道"一把手"为处理信访问题和化解信访积案的第一责任人，对本地区、本部门的信访工作负总责，分管领导为直接责任人，实行包案领导"一岗双责"工作制。将信访工作考核，放在与经济指标同等重要的地位，列入年终实绩考核范畴，实行一票否决制。

2015年，对已排查出来的突出矛盾隐患和交办的信访积案，实行责任倒查。

（五）基层基础

2004—2007年，规范和完善三级信访信息网络，各部门、各单位均设专兼职信息报告员，全区形成上下到边、纵向到底的信访网络。在乡镇、街道中实行信访工作"六联单"制度和干部"陪访、代访"制度，将各种制度、领导接待日、接待电话全部上墙，向社会公开。

2009—2010年，各乡镇、街道有信访信息员54人，各村组和社区居委会均设立信息员2—3人，信访信息网络基本成型。乡镇、街道及区直信访重点单位建立信访接待窗口、便民服务大厅，成立专门的处理信访问题工作机构。

2011—2013年，新华镇、东环街道、解放街道、先锋街道，信访工作室都达到"八有"标准。

（六）推动解决

2004年，因农村农业、企业转制、职工安置

养老、城镇拆迁、涉法涉诉等领域问题突出，信访量上升，越级上访势头迅猛，临河区委政府成立专项工作组，开展信访积案化解专项行动。

2008—2009年，临河区投入资金110万元，22件疑难复杂案件得到化解。开展区领导大下访化解信访积案"百日行动"，组成城市拆迁、企业转制、涉法涉诉、社会保障、农村土地、住宅小区、农民工工资和政策性问题8个专项工作组，投入专项资金6000余万元，了结了25件疑难信访案件案。

2010—2013年，投入化解资金2.2亿元，及时化解信访案件690件。开展信访积案化解"百日攻坚"专项行动，245件重点信访案件纳入专项行动，逐案明确包案领导、主办责任单位、责任人、稳控单位、办结时限和问责要求，限期化解。组建国泰、双河、恒丰、鸿臣、万野等企业专项工作组，帮助企业解决实际问题，使大批信访案件得到解决。

2014年，及时化解回迁户租房补贴、征地拆迁、出嫁女土地承包在内的40余件信访积案。投入8200万元，化解信访案件476件，一大批民生热点、难点问题得到及时妥善解决。

2015年，针对城建、农民工群体欠薪等突出问题，成立国泰公司项目区开复工指挥部，派出4个工作组，分别入驻西苑一区、西苑二区、王府花园、朗润园项目区；成立由政法委牵头的区委、政府驻海贝尔项目区推进工作组，从资金筹集、矛盾协调、组织施工、安抚群众等方面入手，筹集2500万元，解决回迁户临时安置费。同年，各工作组清欠和发放农民工工资2.22亿元，涉及近1.4万人。

2016年，综合运用法律、政策、经济、行政等手段，投入化解资金2230余万元，化解信访积案97件。落实区领导包联棚改项目，成立专项工作组，推动回迁房建设进程，发放棚改贷款15.02亿元，向开发企业发放抵押借款1.25亿元，最大程度化解回迁安置矛盾。

（七）长效机制

2005—2008 年，临河区从制度建设上强化信访工作。印发《临河区信访督查督办工作暂行办法》《临河区委书记大接访工作实施方案》《临河区干部大下访活动实施方案》。

2010—2016 年，印发《党政领导接待群众来访工作制度》《信访三员接访工作制度》《关于加强基层基础建设的实施意见》《关于规范信访工作程序的实施意见》《关于全区重大事项社会稳定风险评估工作的实施意见》《临河区开展党政领导干部大接访、大下访活动安排意见》《临河区预防和处理群体性上访应急工作预案》《关于依法规范信访秩序的实施意见》《关于进一步规范信访事项受理办理程序引导来访人依法逐级走访实施办法》《临河区进京赴呼上访处置工作流程》。

第五节　机关事务

临河区机关事务工作管理局于 2008 年成立，属临河区人民政府直属全额拨款事业单位。局领导班子设 1 正 2 副，单位内设办公室、财务室、会议服务中心、机关用车管理服务中心，物业管理服务中心，有工作人员 10 人。

管理局主要负责区党政办公楼的物业管理、安全保卫、会务服务、通信网络管理、供水供暖（气）消防安全及各类设施设备运行维保、国有资产登记管理，机关用车管理服务，区机关事业单位和各人民团体等公共机构能源资源消耗统计，公共机构节能减排管理和用能系统与设备专业技术培训等工作。

第六节　接待工作

接待处是临河区委政府直属的副科级事业单位，主要承担临河区四大班子的公务接待工作。

为使公务接待工作更为制度化和规范化，制定完善了《关于进一步加强和改进公务接待工作的实施方案》。

在审批制度执行方面，实行公函告知制度，凡属公务接待范围内的接待任务，经分管领导批示，由区四大班子办公室以公函形式通知接待处，方可安排接待。对于重要宾客的接待工作，由接待处拟订接待工作方案，报请分管领导审定批准后，做好接待活动日程安排和其他事宜，并通知相关部门配合。

在公务接待费用管理和支出制度执行方面，加强公务接待经费预算管理，根据上一年度接待经费支出情况，由临河区财政部门核定预算总额，纳入预算管理，单独列支。公务接待活动结束后，由接待处工作人员负责填写接待清单，承担定点接待任务的宾馆、饭店等有关单位凭原始凭据和接待清单报销账务。

在公开公示制度执行方面，每半年向区委政府汇报一次公务接待工作及费用开支情况，并将接待费用开支情况在机关内部公示。

在确定接待场所上，除现有的公务接待场所外，通过调查摸底和政府采购等方式，确定几家卫生条件、服务质量、饭菜品种较好的饭店，作为公务接待指定地点，体现地方特色，节约接待经费。树立过紧日子的思想，修订完善的财务管理制度，严把审批关。办公用品、耗材使用和公务接待费用报销均严格管控，杜绝浪费。

第七节　外事工作

一、侨务机构

临河市侨务办公室，准科级建制，设主任 1 人，副主任 1 人及相关办事人员。

2006 年 8 月，临河区侨务办公室更名为临河区政府外事侨务办公室。

二、法规贯彻

2002—2016 年，落实《归侨侨眷权益保护法》维护归侨、侨眷合法权益。协调解决涉侨纠纷案件 12 起，挽回经济损失 20 万元。

三、侨村建设

1985—1986 年，临河市落实侨务政策，给 67 户归侨、侨眷集中在城区建置住房 5960 平方米，但产权一直不明确。为此临河市采取特事特办原则，多方协调，于 1996 年为 67 户归侨、侨眷无偿办理房屋产权证，解决了归侨、侨眷的后顾之忧。投资 135 万元，硬化侨村道路及铺设雨污水管道，将道路命名为"华侨路"，设立路标，设立邮递站。

四、引资工作

以侨为介，先后引进香港镇太基金会、应善良基金会、慈心慈善事业基金会、喜盈门家私集团、基督教协进会等 8 家慈善机构，向临河市医疗、卫生、教育等机构捐款 150 万元。

五、涉外工作

2005 年，临河区与蒙古国南戈壁省省府达兰扎德盖德市缔结为友好合作城市，之后双方多次展开互访活动。

2006 年 9 月，临河区派出技术人员，维修蒙古国南戈壁省省府达兰扎德盖德市广场喷泉设备，并指导相关市政工程建设。

2009 年 10 月，蒙古国南戈壁省省府达兰扎德盖德市市长波·巴图呼雅格，率团对临河区友好访问，签署 2010—2012 年双方友好合作意向书。

2015 年 7 月，澳大利亚冈尼达郡政府市长欧文·查尔斯·海斯勒带领代表团到临河区进行访问，与临河区缔结为友好城市。

六、出国管理

2009 年 3 月 2—13 日，意大利援助"内蒙古妇幼保健项目"，活动展开，应意方邀请，临河区妇幼保健医院院长张世平赴意大利考察学习，为期 11 天。

2011 年 8 月，根据卫生部国际合作司卫国际出字〔2011〕第 22—238 号出国、赴港澳任务批件，临河区妇幼保健院辛晓岚经埃塞俄比亚前往卢旺达执行援外医疗队任务。

2012 年 4 月 9—15 日，按照《巴彦淖尔市人民政府办公厅关于做好 2012 年内蒙古香港经贸活动周项目对接等工作的通知》，临河区政府副区长刘向阳率团赴香港参加有关经贸活动。

七、外教留学生管理

2014 年 4 月，临河区从正规的官方渠道引进与接收外教或留学生，同时对外教留学生联系方式等信息进行登记。

到 2016 年 12 月，在临河区留学的蒙古国留学生 390 人，英语外教老师 6 人。

八、侨务工作

2008 年，在实施"侨爱工程—万侨助万村活动"中，临河区申请到香港善源基金会捐款 40 万元，在临河区 5 个镇 8 个村建成 8 所高标准卫生室。

2014—2016 年，临河区在对归侨侨眷调查摸底的基础上，明确 13 个区直部门利用 5 年时间对困难归侨、侨眷进行帮扶救助，内容涉及保险、教育、医疗、就业、住房、创业等方面。三年中，临河区合计解决困难归侨、侨眷养老保险 17 人、低保 13 人、农村脱贫 7 人、职业技能培训 60 人次、扶持创业 6 人、免费体检 160 人次、帮助贫困侨生上学 27 人、解决无房侨户公租房 36 户。

2015 年 8 月 12—13 日，由内蒙古自治区外事（侨务）办公室牵头组织，临河区政府外侨办承办实施的 2015 年度"侨爱工程—送温暖医疗队"义诊活动结束。

2016 年 12 月 13 日，国务院侨办副主任郭军、国务院侨办国内司副司长张毅一行到临河区，慰问临河区归侨、侨眷代表，考察部分侨资企业。

第八节　信息化工作

2002年，临河区信息中心成立，由原临河市政府办人员组成，同年划归临河市发改局。

2008年，临河区信息中心归口临河区政府办公室管理，科级建制，加挂临河区信息化建设和电子政府工作领导小组办公室牌子，内设信息推进股、信息产业管理股和信息管理中心。

2012年，调整为临河区经信局的二级事业单位。

2016年，电子政务工作归口临河区政府办管理，成立临河区电子政务管理办公室。

一、基础设施

（一）电子政务外网

2012年，临河区政府与中国电信、中国联通签订三方协议，于2013年开始搭建临河区电子政务平台，经过几年发展，电子政务外网覆盖乡镇、农场、办事处、区直部门等107个单位，实现全区电子政务外网横向互联、纵向互通。

2016年5月，电子政府外网出口由原来300兆赫提升至1000兆赫，大楼外单位的汇聚线路也由原来300兆赫提升至1000兆赫，每个接入点的带宽是10兆赫。依托电子政务外网建设，区政府大楼内已实现互联网出口统一接入，大楼外各单位至少有一台电脑可以连接电子政务外网。

（二）电子政务外网应用

电子政务外网内的所有电脑都可以访问国家公共区资源（以59开头的网址，包括自治区和市级信息系统）。电子政务外网运行系统有临河区电子政务办公系统、自治区信访信息系统、国家投资项目审批平台、自治区司法信息系统、国家铁路护路联防信息系统等，所有系统都可以在电子政务外网正常运行。

（三）办公系统

2014—2016年，电子政务办公系统上线使用。信息中心对各项功能进行完善，开通短信通知平台。在充分利用办公系统基础上，运用电子印章、电子文件紧急标志等技术，推进公文流转、会议通知、信息编报、电子档案等电子文件的上传下达和横向传递，办公系统实现公文处理的网络化、自动化和无纸化。全区使用办公系统的单位107家，分配办公账号1781个、系统管理员账号95个。

二、政府网站

1991年，临河区建立政府门户网站。

2016年，政府网站10次改版，网站代码不断升级，开发设计智能检索功能，完善政府信息公开和政务服务指南模块，页面简洁美观，导航层次清晰，主体信息突出，确保政府信息公开透明，提升了公众服务能力，为临河区对外宣传、信息发布、政务公开、公众服务提供了全面服务支撑。

第九节　地方志工作

一、首轮志《临河市志》编纂出版

（一）出版《临河市志》

1982年春，临河市组建党史资料征集地方志编纂领导小组，由1名副书记兼任组长，借调7名干部组成史志办公室，在县委办公室领导下开始工作。《临河市志》成书大体经历四个阶段。

1982年春至1984年底，市志编修，初见端倪。

1985年至1989年底，志办编纂出《临河市志》（征求意见稿）第一期。

1990年至1992年9月，《临河市志》初稿通过评审。

1992年10月至1997年5月，数易其稿，《临河市志》付梓成书。《临河市志》成书，耗时15

年，前后约有百余人参与了资料征集，翻阅档案资料 20 万卷，摘录资料 8000 万字，专访知情人士万余次。先后有 20 人从事编纂，累计使用稿纸几千斤，刊出专志与市志征求意见稿 300 余万字。

编纂单位：临河市地方志编修办公室

主编：高智常

2010 年 10 月，《临河市志》完成电子光盘核对修改，并刻录成光盘发行。

2017 年 1 月，开始征集、编纂《临河区志（1991—2016 年）》。

编纂单位：临河区地方志编修办公室

主编：李炯

（二）《临河市志》蒙古文翻译出版

开展《临河市志》（一轮志）蒙古文翻译工作，翻译字数 132 万字。于 2019 年出版发行。

编纂单位：临河区地方志编修办公室

主编：李炯

二、年鉴编印

1998 年，开始征集编纂《临河年鉴》（1992—1998 年），全书反映了临河市国民经济和社会发展状况，尝试性地收录了部分行业资料，收录了全国、全区、全盟、全市国民经济相关资料和市场经济、科技动态的最新成果，为各级领导部门进行经济决策和制定发展规划提供依据，为广大科研、教育、经济工作者、各界人士提供工作、生活方面的参考，为国内外人士了解临河、研究临河提供翔实的第一手资料，也为地方文化建设和下届修志积累了宝贵资料。

1999 年 10 月，出版发行《临河年鉴》（1992—1998 年卷）。

2002 年 5 月，出版发行《临河年鉴》（1999—2001 年卷）。

三、专业志编纂

（一）《临河市粮食志》

1991 年 12 月，《临河市粮食志》出版发行。

志书记述了临河市 1910—1990 年粮食工作发展历史与现状，包括粮食的仓储、调运、加工等。

编纂单位：临河市粮食局、临河市粮油公司、临河市地志办

编纂人员：杨枫、李杨

（二）《临河市工商志》

1993 年 6 月，《临河市工商志》出版发行。志书记述了临河市物价与工商行政管理机构以及各项工作发展的历史与现状。

编纂单位：临河市地方志编修办公室

编纂人员：杨勇

（三）《临河市卫生志》

1992 年 1 月出版发行。

编纂单位：临河市卫生局、临河市地方志编修办公室

编纂人员：高志昌

（四）《临河区教育志》

2010 年 12 月出版，志书详细记载了中华人民共和国成立前后临河教育发展历史进程。

编纂单位：临河区教育局

主编：王金山

（五）《临河区人大志》（1945—2012 年）

2015 年 12 月出版发行。志书系统记述了 1945 年 11 月以来临河地区权力机构的建立、发展和变化过程，由民国时期的县参议会议到国民代表会议，特别是 1949 年 10 月中华人民共和国成立到 2012 年 12 月的 65 年间，由各届人民代表会议到人民代表大会，直至人民代表大会设立常务委员会的逐渐发展变化过程；记述了人民代表大会制度在临河区建立并实施，在实践中不断完善发展的史实，是人民代表大会制度在临河地区实施的历史和现状的真实写照。

编纂单位：临河区人大常委会办公室

主编：杨文奎

（六）《临河区军事志》

2009 年 11 月出版发行。志书内容基本涵盖临河区军事环境、有历史记载以来的军事活动、军

事人物等，较全面记述了临河区历代戍边官兵的精神风貌、经验、成绩、教训、与人民群众的血肉联系及部队建设情况；记述了临河区民兵、预备役建设情况及在驻地建设中的重要作用。该书为部队应对多种安全威胁、完成多样化军事任务提供了可靠的综合性基础军事资料。

（七）《临河区统计志》

2010年12月出版发行。主要以中华人民共和国成立后的统计工作为重点，比较系统全面地记述了临河辖区内的统计工作历史和现状。

编纂单位：临河区统计局

主编：李鹏

四、地情资料编纂

（一）《临河概况》

1995年11月出版发行。全书以史志体裁记述临河历史梗概和现状，重点反映了中共十一届三中全会以来，临河在改革开放、发展商品经济、建立社会主义市场经济体制过程中的实践活动，以及经济建设、各项事业中所取得的成就。

（二）《中国国情丛书——百县市经济社会调查·临河卷》

1998年10月出版发行。书中对临河发展历程和现状、基本情况和特点作了较全面的阐述，对临河经济社会发展作了较深入的研究。

（三）《临河办事指南》

2003年9月出版发行。全书以服务地方经济建设和人民生活为宗旨，收录主要内容有急用常用电话、本地招商引资优惠政策、重点项目、办事指南、交通指南、地区名优农畜产品选介等。

（四）《塞外奥区——临河》

2007年12月出版。借鉴河套文化研究成果，立足地方历史文化资源开发，综合反映临河地区历史沿革、地理环境、经济建设与社会发展，是《临河地区基础教育地方课程开发与研究》丛书系列之一。

主编：张志国

（五）《临河风物》

2012年8月出版发行。该书获内蒙古自治区党史类图书优秀奖，编撰历时两年，内容分6编：人物春秋、史海佚事、风土习俗、革命遗址、临河大事记、附录。全书共50余万字。可读性较强，对普及临河党史、地方志知识具有重要史实价值和借鉴作用。该书获自治区社会科学成果三等奖。

主编：李炯

（六）《美丽的嬗变》

2015年10月出版发行。全书以临河区实施社会主义新农村建设前后的鲜明对比，用丰富多彩的文学样式，不同角度、不同题材地反映了河套农村生活的风土习俗、乡土情结、时代变迁。

主编：李炯

（七）《临河大事记》（战国至2016年）

2017年8月出版。全书分三部分内容：战国至清朝、中华民国、中华人民共和国成立后。以临河历史大事为切入点，从政治、经济、社会、文化、军事等方面，概括展示了临河悠久历史文明和传统文化。

主编：李炯

第五章　其他工作区划

第一节　金融办工作

一、机构

2005 年 3 月 25 日，临河区金融办成立。

2006 年 1 月，临河区财政监督检查局从金融办划出，单独设立，隶属临河区财政局二级单位。

2006 年 1 月底，临河区金融办单独设立，划归区政府直属事业单位，内设机构：综合办、金融股。

二、服务

（一）提供信息服务

金融办配合各有关部门，主动联系和服务区内外各金融机构及驻区各中小企业，扩大金融部门信贷规模，改善和优化信贷结构，推动本地区产业发展，促进本地区经济与金融良性互动。

临河地区金融运行始终保持平稳态势，存贷款规模增势强劲，金融对地区经济发展作用凸显。2016 年，临河地区各家金融机构各项存款余额477.89 亿元，贷款余额 443.10 亿元。存款规模显著扩大，为金融支持地方经济发展提供了充足的资金保障。

（二）县域金融工程

2016 年 5 月，临河区成立以政府区长为组长，分管副区长为副组长，各相关单位为成员的县域金融工程建设领导小组，领导小组办公室设在区金融办，负责县域金融工程协调推进。

（三）金融机构

加大金融服务实体经济力度，引导资金流向县域企业及广大农牧民，推动县域经济发展。引进包商银行巴彦淖尔分行、乌拉特村镇银行。支持国有商业银行、股份制商业银行到乡镇增设分支机构、营业网点或布设自助设备，扩大金融服务覆盖面。

（四）资本市场融资

临河区政府出资 2550 万元控股巴彦淖尔市山圣融资担保有限责任公司；出资 1000 万元与市、区及经济技术开发区共同组建巴彦淖尔市小微企业融资担保有限责任公司，为全市中小企业融资进行担保。

2016 年底，4 家融资性担保公司担保余额11.83 亿元，担保户数 482 户，其中为临河地区中小企业融资担保占到 70% 以上。

（五）打击非法集资

成立临河区处置非法集资工作领导小组，领导小组办公室设在临河区金融办，有成员单位 26个，出动执法人员 50 余人次、执法车辆 20 余台次，清理过程未发现涉嫌非法集资广告咨询信息。

（六）深化改革

成立临河区金融办全面深化改革工作领导小组，所属14项经济体制和生态文明体制改革任务全部完成。

第二节　新区办工作

一、新城建设

临河新区东起水源路、西至临策铁路、南起总干渠、北至永刚渠，规划总面积约17.5平方公里。总体定位是市、区两级行政服务中心，文教卫生事业、商业金融和现代化服务业以及大型企业总部服务基地，生态宜居、体现河套文化特色的新市区。实施区直单位西迁工程，1个公建项目建成投用，10个区直行政事业单位入驻办公，行政效率和便民服务水平提升。新建住宅量约1000万平方米，近6万居民落户西区。道路和地下管网工程都已完毕，新建道路50公里，铺设各类管网300公里，形成新区"九横六纵"路网框架。建成黄河湿地公园、黄河大桥、金川大桥等一批重大项目，成为临河新坐标。实施河套文化主题公园、带状公园、道路广场绿化、金川河水系绿化等工程，水系、绿化总面积3300亩。依托金川河水系，打造蒙元文化风情街；依托黄河湿地公园，打造万丰民俗村、酒庄古镇等特色乡村，特色旅游产业在新区焕发生机。

二、区政府建设

2016年，临河城区50平方公里范围内，绿化面积1615万平方米，绿化率32%；绿化覆盖面积1837万平方米，绿化覆盖率36%；公园绿地面积437万平方米，人均公园绿地面积10.66平方米/人。市政环卫工作实现市场化运行，新购置市政环卫车辆机具170台，投放垃圾桶2.8万个，新建垃圾转运站38个，主次干道机扫率、洒水率分别为85%和40%。

第三节　保税物流园区办工作

一、园区规划建设

巴彦淖尔现代农畜产品物流园区是响应国家十大产业振兴规划和扩大内需政策，规划建设集通关、物流、商贸和办公、生活服务等为一体的综合性园区。2008年，自治区发改委批准立项，同年与天津口岸办签订了共同建设内陆无水港合作意向书，该项目定位为中国西部内陆地区最大的极具特色和产业支撑的内陆保税区和综合物流园区。2015年1月，自治区政府批复，成为自治区级物流园区。

在"一市三区"总体规划中，巴彦淖尔现代农畜产品物流园区被规划为未来的产业新城——朔方区的重要组成部分，园区南依包兰铁路，北靠京藏高速，东距巴彦淖尔机场8公里，西距城区15公里，110国道、机场高速穿腹而过，南连鄂尔多斯、北接蒙古国的物流大通道贯穿南北，位置优越，交通发达，且处在包头、乌海、鄂尔多斯、蒙古国等资源富集区包围中，是承接境内外资源的一级区域，具有宽领域、大范围配置资源的独特优势。

园区总控制面积34平方公里，分为南北两区，其中北区总控制面积16平方公里，主要规划建设陆港监管区、商贸、物流配送区、农贸市场区、汽车产业园区及配套商务住宅区、行政办公区等；南区总控制面积18平方公里，主要规划建设农畜产品加工区、铁路货运中心和铁路监管区、仓储物流区、危化品区等。

2016年，受区政府委托，物流园区办推进园区产业规划、总体规划编制工作。通过多方对接筛选并经区法制办把关，分别委托西安中研智业集团公司、内蒙古城市规划设计院编制园区的产业发展规划和总体规划。园区产业发展规划后由西安中研智业集团公司编制完成，区政府上报至自治区发改委组织专家评审后实施。园区总体规划编制的前期资料收集以及初稿编制工作完成。市、区两级编办将成立巴彦淖尔现代农畜产品物流园区管委会的报告上报自治区编办，待自治区编委会审核批准。

园区以北区开发建设为主。按照区政府与兴园公司签订的投资协议，园区北区的土地收储和基础设施建设全部由兴园公司负责，入驻企业由兴园公司供地，并与区政府签订投资协议。兴园公司已完成北区基础设施建设投资13亿元，包括土地收储、报批5.8亿元，完成22条、68公里主次干道建设及管网配套工程，完成部分亮化、通信、电力、供暖等配套设施建设，区政府从2014年开始对联丰路、星光街、物流大道部分路段进行全方位绿化美化，园区北区基本达到"七通一平"。

园区引进项目48个，协议总投资额74.2亿元，其中北区蒙西农机市场、庞大汽贸、巴泰汽车展示中心、巴运物流甩挂项目、汽车检测线、110千伏变电站6个项目和雪弗兰、上海大众、广汽丰田、吉利全球鹰、海马、长城、标致、现代、长安9个汽车4S店，南区中石化10万立方米成品油库及3个加油站、永辉气体、特种设备检验所的气瓶检测站共21个项目建成投运；山东圣泉集团投资23亿元、年处理农作物秸秆50万吨的生物能源和新材料一体化项目、鄂尔多斯骋鑫公司投资3亿元的生物质能热电联产项目、四季青菜市场东迁项目等12个项目正在施工建设，这些已投运和正在建设的项目完成固定资产投资15亿元。

二、陆港通关运营

为使海关国检部门早日入驻园区，2012年底，投资1.2亿元、建筑面积14000平方米的海关大楼装修完毕并投入运营，临河区政府为海关、国检部门配齐全部办公及生活设施，还在三楼为国检部门配备1200平方米的内蒙古西部较为先进的实验室。2015年4月，该实验室取得国家检验检疫总局的认证证书。乌拉特检验检疫局2013年7月入驻园区并开展业务，乌拉特海关也于2014年成立监管二科派驻园区开展业务。临河区政府为海关部门聘用6名、国检部门聘用7名临时工作人员，帮助开展工作。区政府出资22万元租用两辆通勤用车，解决海关国检部门工作人员上下班和外出办事通勤问题，在中心城区为海关、国检工作人员落实53套生活周转房，拨付265万元专款，用于周转房装修、相关生活用具购买和水、电、暖、煤气、网络等费用。

2014年6月，占地103亩，各项功能完备的海关监管场所竣工，12月，正式通过呼和浩特海关验收并取得监管场所正式登记证书。2015年7月，区政府出资3000余万元从园区开发商手中回购海关监管场所，并委托区城投公司以监管场所的使用权为股份，引进从事国际物流多年、具有高端人才和丰富经验的北京嘉友国际物流有限公司与区城投公司合作，区城投公司注资200万元、嘉友公司注资800万元成立了巴彦淖尔市临津物流有限公司，专门承担海关监管场所的运营工作。于2015年7月30日正式签订投资合作协议。8月13日，临津物流公司与天津港（集团）公司签订陆港通关合作协议，12月9日正式通关运营。

临津物流公司的通关运营模式是将远洋海运集装箱经铁路发运到临河火车站，由专用平板汽车拉集装箱到出口企业装货，在陆港海关报关报检后，从临河火车站铁路运抵天津港，在天津港查验放行装船出口。上述全过程由临津物流公司一站式服务，出口企业只需在其企业内装货后即告完成。至2016年12月31日，临津物流公司发送596个集装箱、13782吨农畜产品到天津港，其中籽仁类483箱11109吨，脱水菜47箱891吨，番茄酱66箱1782吨，出口货值1.6亿元。这种运营模式不仅使出口企业从货物出库到装船出海实现了零货损，而且报关报检方便快捷，物流成本大大降低，受到企业界普遍认可。对巴彦淖尔农畜产品出口起到积极拉动作用。

三、园区机构编制沿革情况

2005年，成立临河化学工业高新技术园区管委会等4个园区管委会，每个园区管委会核定事业编制12名，其中主任1名，科级领导职数3名。据此，临河区委、区政府从各（乡）镇、科局遴选3名科级干部、9名工作人员组成化工园区办。

2008年，巴彦淖尔市委、市政府批准乌拉特前旗、乌拉特中旗、杭锦后旗3个工业园区管委会按处级建制，旗（县）长兼管委会主任，只有临河化学工业高新技术园区管委会仍以科级建制设立。

2008年12月，市委、市政府实施现代农畜产品（B型）保税物流园区项目，临河区具体负责园区征地、拆迁、土地报批及基础设施建设。为了加快物流园区建设步伐，临河区于2008年12月成立保税物流中心办公室，将原临河化工园区办及工作人员整建制转到保税物流中心办公室，核定编制8名，内设行政综合股、经济发展股、征拆基建股3个科室。

2014年12月，临河区保税物流中心办公室核定编制增至9名，有工作人员12人，其中领导3人，编外人员2人（2013年引进高层次人才，为国检实验室服务），科级建制，全额拨付事业单位。

第六章　行政监察

第一节　机　构

1992年6月，临河市纪委和监察局合署办公，将原来监察局和市纪委内设9个室，缩减为7个室。

1995年，市纪委成立执法检察室。

1997年9月，政府成立纠风办，与纪委、监察局合署办公，纠风办编制3名。12月，纪检委、监察局有9个科室，即办公室，宣传教育室，信访室，审理室，党风廉政室，案件检查一、二室和执法检察室，纠风办。有人员38人。

1998—2000年，市纪检委和监察局仍合署办公。内设9个科室，即办公室，纠风室，党风廉政室，信访室，宣传教育室，案件审理室，执法监察室，案件检查一、二室。有干部33人。

第二节　政纪教育

1991—1997年，临河市有组织地播放案例教育片768场次，举办党纪教育培训班621场次，党政纪条规知识竞赛11场次，其中副科以上干部培训班19期，党员直接受教育面99%。

1998—2000年，加强党政领导干部廉政监督，加强责任制贯彻落实的监督检查，将党风廉政建设和反腐败工作列入全市总体目标考核之中，贯彻执行中央关于领导干部廉洁自律的有关制度。认真执行领导干部报告个人重大事项制度，下发《关于对领导班子和领导干部重大事项实行申报备案制度的通知》。三年共有4名处级、201名科级干部对婚丧喜庆、建房等事宜进行申报，建立科级领导干部廉政档案1039个，落实中纪委关于领导干部廉洁自律四项重点工作。安排部署党员领导干部廉洁自律专题民主生活会，研究制定提高民主生活会的意见。召开民主生活会做到三个不开：没有开展谈心谈话不开，没有征求群众意见不开，没有撰写发言提纲不开。把坚持民主生活会制度作为考核领导班子和主要领导干部一项重要内容列入实绩考核。临河市委下发《关于进一步健全党风廉政建设和反腐败斗争领导责任制的意见》《关于对违反党风廉政建设责任制实行责任追究的暂行办法》，明确了市委、政府领导在党风廉政建设和反腐败斗争中承担的责任；贯彻落实党中央、国务院关于厉行节约制止奢侈浪费的八条规定。研究下发《关于重申领导干部廉洁自律有关规定的通知》，对各单位购买小汽车、配备移动电话、装修办公楼、各类会议、公款吃喝、公款出国境等重大事项进行重申和强调。

2013年，通过开展党风廉政知识竞答活动、观看廉政教育影片、赠送廉政日志、发送廉政短信、召开案情通报会等方式，重点加强党员领导干部廉政教育和警示教育。强化宣传主阵地建设，加大网络宣传和引导力度。开展廉政文化示范点创建活动。落实党内监督条例和廉洁从政各项规定，对各单位的制度执行情况进行专项督查。

2014年，临河区纪检委新建380平方米警示教育基地，拍摄了巴彦淖尔市首部廉政微电影，推进廉政文化"六进"活动示范点建设，在铁南街道临铁社区建成"怡德廉政文化大院"。严格执行党内监督有关规定，实行"三重一大"月报告制度。建立廉政风险防控倒查制度，对13个单位的廉政风险防控倒查预警，形成一套科学有效的日常监控机制。

2015年，组织学习《习近平关于党风廉政建设和反腐败斗争论述摘编》《中国共产党廉洁自律准则》《中国共产党纪律处分条例》，编印《廉政文化作品选》，制作《提升行政效能优化服务环境警示教育》专题片。组织召开教育系统警示教育大会。邀请自治区纪委宣传部部长郝朝暾作廉政教育专题讲座。组织500名在职副科以上党员干部分期到警示教育基地接受教育，增强党员干部廉洁自律意识和拒腐防变能力。

2016年，新建汇丰办银河社区廉政文化示范点、乌兰图克镇民乐村廉政文化广场，打造各具特色的廉政文化阵地。先后两次邀请自治区纪委室主任为全区党员领导干部作《中国共产党廉洁自律准则》《中国共产党纪律处分条例》专题讲座。创办《清风临河》专刊，编印《廉洁文化宣传手册》，利用手机短信平台为领导干部定期发送廉政短信。会同临河区妇联组织200名领导干部家属开展"树清廉家风、建幸福家庭"专题讲座，与领导家属签订廉洁家庭承诺。组织1800名党员干部到临河区廉政教育基地分批接受警示教育，组织5000名党员干部参与廉政知识测试，构筑拒腐防变第一道屏障。

第三节　纠风和专项治理

1991—1997年，治理国有企业、乡镇企业、个体私营企业吃、拿、卡、要、乱收费、乱摊派、乱罚款现象。在临河市45家国营集体、私营企业中实行挂牌服务，对350家私营企业发放收费登记簿，实行收费罚没款登记管理。全市取消不合理收费25项，降低收费标准7项，改变收费方法2项，共减轻企业负担139.742万元。对10所中学、11所小学的收费情况跟踪检查，对个别学校乱收费行为给予责任人党纪、政纪处分和经济处罚。狠抓预算外资金的清理工作，清理出预算资金共计3539万元，全部纳入预算管理。在临河市窗口服务行业和执法部门中推行"社会承诺服务"和"政务公开"工作，确定9个部门的16个单位为承诺服务对象，发放调查表1万份。开展民主评议纠风工作，召开评议座谈会121场，组织有关部门对群众反映问题较多的重点单位发出征求意见调查表10080份。

1998—2000年，纠正医药购销中的不正之风，临河市纪委、监察局组织力量，对21个重点国营集体医疗单位和个体医疗门点进行专项检查。对100余种常用药品价格进行下调，会同有关部门对无证行医和售药的个体诊所及药店进行集中清理整顿。

2013年，解决一批损害群众利益的突出问题，查处某社区医院医务人员套取医保资金问题1起，涉及金额8.5万元。查处违规处置社保资产问题1起，追缴土地1560亩。加强教育收费、行政执法、公路执法的监督检查，纠正违规问题14个。认真督办"行风热线"反映的问题，答复处理群众问题32件。创新政风行风评议方式，采用扫描二维码，开展政风行风评议活动，参与评议人数10万人次，收集意见和建议105条，下达整改通知书25份。

2014年，组织开展涉及民生资金使用、涉农领域、征地拆迁等10个方面的纠风专项治理工作，纠正问题158个，涉及金额744.2万元，下达监察文书9件，约谈27人。督办"行风热线"反映的问题，协调有关部门答复和处理问题29件。开展民主评议政风行风活动，不断改进扫描二维码民意测评方式，参评人数明显增加。对参评群众提出的280条意见和建议，及时反馈相关单位限期整改。

2015年，落实中央八项规定，紧盯重要时间节点、重点领域和关键岗位，加大明察暗访力度，从严查处不作为、慢作为、乱作为等问题。开通专门投诉电话，在各单位设立监督栏150处，发放监督卡5000份。把临河区96个部门和单位分为区直党政机关、乡镇、农场、行政执法单位和窗口服务部门五大类，从社会各界聘请15名党风政风监督员组成暗访组，组织开展明察暗访62次，发现问题42个、整改42个。对个别单位工作人员无故旷工、带酒上岗、公车私用和吃拿卡要等问题进行了严肃处理，给予党政纪处分33人。开展"企业和服务对象评机关活动"，把话筒交给群众，让社会各界评判服务环境。深化民主评议政风行风，将4大类83家单位纳入政风行风评议范围，采取委托"第三方"评议、网络评议、微信评议、在报纸上刊发问卷表评议、邀请行风监督员集中评议等方式，扩大群众参与范围，力求评实评准。

2016年，组织开展明察暗访28次，给予党政纪处分23人，发出《通报》14期，点名道姓通报曝光66个单位117人，在《临河报》通报典型问题3批次。对64名被通报单位的党政负责人和纪委负责人进行廉政约谈，按照"一案双查"要求，对5人进行诫勉谈话，群众对服务部门的满意度较2015年提高6.7个百分点。

第四节 执法监察

1991—1997年，对各级党政机关和领导干部贯彻民主集中制，以执行政治纪律开展督促检查，维护集中统一，保证政令畅通。对临河市区19项建筑工地和38个单位的55座（职工集资兴建）住宅楼进行专项执法检查。对106家销售化肥大户进行检查，查处有问题的21户，罚款8万元。对种子市场和农药市场进行执法监察，罚款2.9万元。检查非正常亏损企业，清出账外资产5.7万元，没收违纪资金2000元，收回职工承包费及个人借款38.6万元，帮助企业建章立制，改善经营管理。

1998—2000年，开展对粮食流通体制改革的执法监察，对临河市20个乡镇和16个粮库进行监督检查，在粮食收购中，没有出现打白条和挤占挪用粮食收购资金的现象，保护了农民种粮的积极性。对建设工程质量监督管理进行检查，1998年对投资30万元以上的工程建设项目进行监督检查，2000年检查竣工工程8项，回访复查发生过用户投诉工程5项，查处各类违规、违章案件18起。组织力量对国有企业下岗职工基本生活保障金、失业保险基金、基本养老保险基金和城市居民最低生活保障金等进行专项检查。

2013年，临河区纪委、监察局带头改进机关作风，完善调查研究等制度规定，规范会议公文管理。坚持例会学习制度，通过机关干部每周轮流辅导、参加上级纪委业务培训，推进学习型机关建设。完善纪检监察绩效考评办法，执行纪检干部"五条禁令"日常监督，建立机关廉政风险防控长效机制，推动各项工作落实。

2014年，纪检监察机关转职能、转方式、转作风，调整思路，工作重点向办案主业转变，人员配备向办案一线倾斜。针对教育实践活动中查出的问题，认真整改，提高干部履职能力。开展"学习讲坛"活动，组织和派出24名干部参加各类培训，4名干部抽调到自治区纪委以案代训。完善纪检监察系统绩效考评工作，加强纪检监察干部监督管理，制定《临河区纪委监察局加强机关执纪执法内部监督工作的意见》，对执纪执法程序和行为规范进行监督，防止"灯下黑"。

2015年，临河区规范信访举报工作和问题线索管理处置工作，建成"四位一体"信访举报网络平台，在信访接待中心安装音像监控系统，接访过程实行"痕迹化"管理。问题线索实行微机化集中管理、分类处置，2015年处置问题线索116件。召开区委反腐败协调小组会议，建立协作办案联动机制，指导乡镇纪委查办案件，6个乡镇实现自办立案案件"零突破"。强化案件审理工作，编印办案工具书，推行镇案区助审，严把案件证据审核关，提升了案件审理质量。落实纪律审查安全措施，与办案人员签订安全办案责任状，确保依纪依法安全文明办案。

2016年，临河区各级党组织和纪检机关累计约谈766人次，其中，区委、政府主要领导约谈区党政班子成员17人，区纪委常委约谈乡镇、农场、街道党（工）委、纪（工）委和区直部门负责人121人，谈话对象从科级以上干部逐步延伸到村（社区）干部。查处基层侵害群众利益案件21件。组建执纪办案和审理人才库，开展"纪检监察干部岗位大练兵"活动，组织临河区纪检监察干部集中封闭培训，抽调乡镇（街道）纪（工）委书记集中调训。9个乡镇自办立案案件由2015年的12件增加到2016年的24件，6个街道纪工委自立案案件实现"零"突破。加大基层纪（工）委经费投入，调整纪检干部办案补贴，4个乡镇按标准装修执纪办案谈话室，落实纪律审查的各项规定。在临河区划片建立4个协作办案工作区，实行"1+1"业务指导，开展联合办案，消除基层纪检干部办案人情顾虑，解决办案力量薄弱的问题。完善"镇案区审"工作机制，规范纪律审查程序，解决基层查审不分问题。完善纪检监察系统内控机制建设，执行"一案一监督卡"制度，由案管室跟踪回访被调查人，对执纪违纪、以案谋私等行为"零容忍"。

第七章　城市应急机制

第一节　防　洪

黄河临河段有险工险段 7 处，长度 35 公里。

20 世纪八九十年代，友谊乡二万圪旦黄河村河段，河势极不稳定，险象环生。从 1991 年开始，临河市对黄河冲淘严重的友谊乡二万圪旦、黄河村四、五组险段进行连续 6 年的抢险治理，规模最大的两次抢险在 1992 年和 1995 年。1995 年 10 月，友谊乡四社河段主流以每天 10 米的速度向左岸（北岸）冲淘坐弯，到 11 月 6 日，主流距防洪大堤 11 米。11 月 7 日，临河市组织动员 14 个乡镇开始抢险治河会战，到 12 月 2 日，险情得到控制，抢险治河长度 1250 米，高峰期日出动民工 5000 人，抢险总动用土方 19.04 万立方米，投放铅丝石笼 2038 立方米，耗用柴草 690 万公斤，铅丝 195.42 吨，块石 3955 立方米，钢筋 6.6 吨，累计投入人工日 16.88 万个，车辆 1.8 万台（辆）次，耗资 796.83 万元；城乡社会各界捐款 66.9 万元，捐献实物价值 20.8 万元。

1996 年，险情发展严重，临河市再次发动群众进行抢险治理。

1998 年 5 月—1999 年 8 月，内蒙古自治区水利厅三次立项批复，投资建设临河市黄河友谊险工治理工程，实施护岸治理长度 4750 米，建设坝垛 72 处，完成投资 2587 万元，其中国家投资 1549 万元，地方投劳投资 1038 万元。友谊险工得到全面治理。

马场地六八社险工是临河地区出险最频繁的险工之一，位于双河镇马场村境内，距临河城区 4 公里。堤防桩号 61 + 500—66 + 500，该河段从 1988—2002 年向北冲淘伸进 2.5 公里，累计落河耕地 2 万余亩，主流最近处距防洪堤 400 米。

2002—2003 年，内蒙古自治区水利厅三次批复临河市黄河马场地六八社险工治理工程，治理长度 990 米，建设坝垛 12 处，护档 12 处，动用石笼 1.92 万立方米，土枕 4.34 万立方米，土方 12.3 万立方米，完成投资 991 万元，其中国家投资 800 万元，地方投资 191 万元。

2008 年，马场地六八社险工建设丁坝 5 座，完成投资 395 万元，其中国家投资 280 万元，地方投资 115 万元。

2012 年，黄河内蒙古近期防洪工程巴彦淖尔市段临河区工程，实施马场地六八社险工续建长度 1320 米，建设坝垛 15 座。保滩固堤能力明显增强。

第二节　防　震

一、机构

1991 年，临河市地震观测站归临河市人民政府办公室直接领导。

1997 年，地震观测站有干部、职工 18 人；有工程师 1 人、技术员 2 人。

1998 年，有工作人员 11 人。

2001 年，有在岗人员 9 人。

二、设施建设

1991—1995 年，临河—吉兰泰—巴彦浩特始终被列为全国 11 个重点监测防御区之一。临河作为重点监测区，观测站坚持 24 小时值班制，严密监测震情动态。确立了 35 个紧急疏散避难场所。

1995 年 4 月，临河市抗震救灾指挥部召开全市防震救灾领导小组成员会，确保震灾到来时，抗震救灾工作有条不紊。

1997 年，临河市地震观测站有 50 米观测水井 1 口，SW—40 型水位自记仪 1 台，用于地下水位升降变化观测；有无线通信电台 1 部，用于地震台网间震情信息联络；动物宏观试验市场 1 个，饲养动物有猪、狗、鸡等，用于动物震前宏观异常观测。

1998 年，临河市增加设备水位自记仪 1 台，用于 50 米潜水井水位升降观测记录；916—B 型无线电台 1 部，用于业务部门之间的信息联络。

2001 年，震台观测设备无增减。

2006 年，临河区对八一地震台观测环境、观测条件进行改造、扩建、装修，新增水温、水位、气氡、汞等地下流体观测仪器。

三、地震监测

1991 年 4 月 29 日，临河市东北发生 ML3.6 级地震，市区震感不强。

1992—1993 年，临河地区基本无震。

1994 年，临河地区基本无震，但周边区小震极多。

1995 年 2 月 18 日 19 时 25 分，临河市隆胜乡发生 ML4.2 级地震，没有造成破坏，大部分人有感。2 月 23 日发生 ML3.4 级地震。3 月 13 日 10 点 57 分，临河市与杭锦后旗交界处发生 ML4.2 级地震，此前 59 分钟磴口县发生 ML4.8 级地震。两次震感强烈，但没有造成破坏。

1996 年 5 月 3 日上午 11 时 33 分，乌拉特前旗与包头固阳县一带发生 MS6.4 级地震。地震有感范围大震感强烈。前旗部分房屋倒塌，重伤数人，临河有震感。到 3 日晚 9 时 30 分，震区共计录到 2—3 级小余震 106 次。

1997 年，临河地区发生地震，观测站派出工作考察队赶赴震区，进行宏观震中及震中裂度考察，及时做出分析判断。

1999 年 3 月 20 日，乌海市发生 MS4.6 级地震，临河市有震感。

2000 年 4 月 15 日，磴口南发生 ML4.0 级地震，临河市有震感。

2000 年 11 月 1 日 21 点，临河市新丰乡发生 ML3.3 级地震，没有造成任何损失。

2001 年 2 月 6 日，乌海市发生 ML4.0 级地震，临河市有震感。

2001 年 6 月 5 日，乌拉特前旗发生 ML4.8 级地震，临河市有震感。

2001 年 10 月 8 日，磴口县发生 ML4.5 级地震，临河市有震感。

2006 年，按照巴彦淖尔市重大项目追踪，临河区地震办配合市地震办在中兴泰富广场、峻峰华庭、金泰小区完成 3 个项目地震安全性评价。

2007 年，对临河区"三网"工作进行重新整顿、梳理、建档，对不符合要求的网点进行整改，"三网"工作步入正规化管理轨道。

2008 年，巴彦淖尔市地震办为加强防震队伍建设，邀请中国地震局和自治区地震局专家、学者对地震部门全体工作人进行业务培训，临河地震办参训人员通过严格考试，获得执法资格，持证上岗。

2009 年，临河区配合市地震办开展防震行政执法数次。

1991—2016 年，临河市（区）利用广播、电视、报纸、专栏、传单等形式，向社会宣传地震知识，受教育人数 20 万人。

临河区地震短期预报和临震预报由当地地震部门提出，经临河区人民政府批准，适时向社会发布，同时报告国务院。

第七篇
政治协商会议地方委员会

第一章　政协委员与政协工作机构

第一节　政协委员

一、委员产生

（一）推举条件

党内人选主要包括：有突出贡献和成就的代表人士；因工作需要参加政协有关方面工作的现职领导干部；从党政领导岗位退下来后适合做统战工作的领导干部。党外人选主要包括：各民主党派、工商联、有关人民团体的负责人和无党派代表人士，在经济、政治、文化、社会建设中有突出贡献的代表人士，在促进祖国和平统一事业中有影响、有作为的人士，在维护国家统一、民族团结、社会稳定中做出积极贡献的少数民族代表人士和宗教界人士，新的社会阶层中爱国、敬业、诚信、守法、有贡献的优秀代表人士；其他方面对巩固和发展爱国统一战线有突出作用的代表人士。

（二）年龄界限

中共党员委员年满54岁后不再提名，新提名委员人选应在52岁以下；非中共党员委员在56岁以上的不再提名，新提名的委员人选应在54岁以下。个别因工作需要的，经区委批准，年龄可适当放宽。

（三）推举名额

政协委员名额的产生由上届政协常委会协商

决定，推荐的政协委员（不含常委会组成人员）中党员领导干部连任不超过两届，党外人士和党内专家学者连任一般不超过三届，个别代表性强、表现突出、确实需要安排的可适当放宽。区政协委员原则上同各级人大代表不交叉，同上级政协委员不交叉。

二、委员资格审查

对于拟推荐人选中党政领导干部，听取本级纪检监察机关意见；对非公有制经济代表人士，坚持"凡送必评"原则，与履行社会责任、构建和谐劳动关系、参与"同心工程""光彩事业""感恩行动"等全面考察衡量；对新的社会阶层人士，听取行业主管部门和行业协会意见；对异地安排人选，听取人选原来所在地区和单位党委（党组）的意见。经推荐单位领导班子集体讨论，提出推荐人选名单，在一定范围进行公示。对于各单位推荐名单，组织部、统战部、政协党组将根据上级有关文件精神要求的界别组成、党内党外比例等结构进行综合平衡，按比例最终确定委员人选。

三、委员工作

宣传引导政协委员为临河区经济发展、社会稳定、农民增收、树立科学发展观积极建言献策；指导承办有关提案、建议案的准备工作，并督促提案的收集、审查、立案、催办、反馈和重点提案的办理落实；制定委员活动计划，组织落实政协委员开展调研、视察、考察座谈等活动，写好调研报告及有关材料；指导组织政协委员的学习、培训、文史资料（文史资料文稿的收集、整理、出版等）和机关业务学习；负责整理、上报社情民意信息和提案办理的宣传报道；总结交流开展政协委员工作的经验和方法，并做好委员来信来访工作；负责做好与委员的联系和沟通等工作；加强自身学习，不断提高综合素质，适应新形势新任务的要求；完成政协领导交办的其他工作任务。

第二节　政协委员构成

一、临河市第七届委员会（1991年1月至1994年2月）

政协临河市第七届委员会共有委员109名，其中中共党员41人，非中共委员68人。大中专以上学历51人。委员平均年龄46.1岁。少数民族委员21人，妇女委员27人。

政协临河市第七届政协委员由15个界别组成，其中中国共产党17人，占15.6%；工会4人，占3.7%；共青团4人，占3.7%；妇联4人，占3.7%；工交财贸8人，占7.3%；科技界12人，占11%；教育界7人，占6.4%；医药卫生界4人，占3.7%；文化体育界4人，占3.7%；工商界6人，占5.5%；宗教界5人，占4.6%；侨台属界6人，占5.5%；少数民族8人，占7.3%；农牧民界12人，占11%；特邀8人，占7.3%（注：委员结构和比例是以七届政协组成时委员数计算）。

二、临河市第八届委员会（1994年2月至1999年1月）

政协临河市第八届委员会换届初共有委员119

名，届中增补6名委员，共125名委员。换届初，中共党员47人，占39.16%；非中共委员73人，占60.84%。女委员37人，占30.8%；少数民族委员20人，占16.67%。大专以上学历50人，占41.67%；中高级职称29人，占24.17%。

政协临河市第八届政协委员由15个界别组成。其中中国共产党12人，占10%；工会6人，占5%；共青团4人，占3.33%；妇女界6人，占5%；经济界14人，占11.67%；科技界11人，占9.17%；教育界7人，占5.83%；卫生界4人，占3.33；文体界4人，占3.33%；工商界13人，占10.84%；宗教界6人，占5%；侨台属界6人，占5%；少数民族8人，占6.67%；农牧民界10人，占8.33%；特邀代表8人，占7.5%（注：委员结构和比例以换届初委员数计算）。

三、临河市第九届委员会（1999年1月至2004年1月）

政协临河市第九届委员会换届初期委员97名，届中增补23名委员，共120名委员。换届初，中共党员41人，占42%；非中共委员56人，占58%。委员中大专以上学历47人，占48%；中高级以上技术职称27人，占28%。委员平均年龄37.6岁。少数民族15人，占15%；妇女27人，占28%。

政协临河市第九届政协委员会由9个界别组成。其中中国共产党8人，占8.2%；人民团体7人，占7.2%；科教界14人，占14.4%；文体卫生界8人，占8.2%；经济界21人，占21.6%；民主宗教界10人，占10.3%；侨台属界5人，占5.1%；农牧民界15人，占15.5%；特邀代表9人，占9.2%（注：委员结构和比例以换届初委员数计算）。

四、临河区第十届委员会（2004年1月至2007年11月）

政协临河区第十届委员会换届初期有委员139

名，届中增补16名委员，共有155名委员。换届初，中共党员56人，占40.3%；非中共委员83人，占59.7%。十届政协中九届留任委员49人，占36%；新委员90人，占64%。妇女委员36人，占25.5%；少数民族委员18人，占12.9%。委员中大专以上学历95人，占68.3%；中高级以上技术职称51人，占45.3%。委员平均年龄41.5岁。

政协临河市（区）第十届委员会由9个界别组成。其中中国共产党10人，占委员总数7.2%；人民团体界7人，占5%；科教文卫体界28人，占20%；经济界45人，占32%；政法界7人，占5%；民主宗教界9人，占6.5%；侨台属界4人，占2.9%；农牧民界16人，占11.5%；特邀界13人，占9.4%（注：委员结构和比例是以换届初委员数计算）。

五、临河区第十一届委员会（2007年11月至2012年12月）

政协临河区第十一届委员会换届初期共有委员153名，届中增补19名委员，共有172名委员。换届初，中共党员61人，占39.8%；非中共党员60.2%。男104人，占67.9%；女49人，占32.1%。汉族130人，占84.9%；少数民族23人，占15.1%。上届留任委员75人，占49%；新任委员78人，占51%。文化结构：研究生7人，大学本科51人，大学专科64人。大专以上共122人，占79.7%；中高级职称68人，占44.4%。平均年龄40.4岁（注：委员结构和比例是以换届初委员数计算）。

政协临河区第十一届委员会设10个界别，其中中国共产党10人，占6.5%；民主党派和无党派人士5人，占3.2%；群众团体界5人，占3.2%；经济界44人，占28.7%；科教文卫界20人，占13%；农牧业界24人，占15.6%；政法界9人，占5.8%；台侨界4人，占2.6%；民族宗教界9人，占5.8%；特邀界23人，占15%（委员结构和委员比例是以换届初委员计算）。

六、临河区第十二届委员会（2012年12月至2016年12月）

政协临河区第十二届委员会换届初期委员180名，届中增补委员14名，共有委员194名。换届初，中共党员72人，占40%；非中共党员委员108人，占60%。男132人，占73%；女48人，占27%。新任委员121人，占67.3%。文化结构情况：研究生11人，大学本科52人，大学专科49人。大专以上共112人，占62.2%；中高级职称71人，占39.4%。平均年龄41.4岁。

政协临河区第十二届委员会设10个界别，其中中国共产党界12人，占6.7%；民主党派和无党派人士界9人，占5%；群众团体界5人，占2.8%；经济界62人，占34.4%；科教文卫体界18人，占10%；农林牧水界16人，占8.9%；政法界11人，占6.1%；台侨界2人，占1.1%；民族宗教界11人，占6.1%；特邀界34人，占18.9%（委员结构和比例是以第一次全会委员数计算）。

表7-1-1 中国人民政治协商会议临河市第七届委员会主席、副主席、秘书长情况表

姓名	职务	性别	民族	任职时间	备注
赵明	主席	男	汉族	1991.01—1994.02	
左民爱	副主席	女	汉族	1991.01—1994.02	兼任
李步高	副主席	男	汉族	1991.01—1994.02	兼任
白玉玺	副主席	男	汉族	1991.01—1992.08	
白铁峰	副主席	男	汉族	1991.01—1994.02	兼任
尚增富	秘书长	男	汉族	1991.01—1994.02	兼任

表7-1-2　　中国人民政治协商会议临河市第八届委员会主席、副主席、秘书长情况表

姓名	职务	性别	民族	任职时间	备注
白金兰	主席	女	蒙古族	1994.02—1999.01	
马长富	副主席	男	汉族	1994.02—1999.01	
左民爱	副主席	女	汉族	1994.02—1999.01	
孙家林	副主席	男	回族	1994.02—1999.01	兼任
何慕慈	副主席	男	汉族	1994.02—1999.01	兼任
张德荣	副主席	男	汉族	1994.02—1999.01	兼任
安学文	秘书长	男	汉族	1994.02—1999.01	

表7-1-3　　中国人民政治协商会议临河市第九届委员会主席、副主席、秘书长情况表

姓名	职务	性别	民族	任职时间	备注
白金兰	主席	女	蒙古族	1999.01—2002.04	
刘耕晓	主席	男	汉族	2002.04—2004.01	
孙家林	副主席	男	回族	1999.01—2002.04	
张德荣	副主席	男	汉族	1999.01—2003.12	
王桂兰	副主席	女	汉族	1999.01—2002.04	
杨平	副主席	男	汉族	1999.01—2003.12	
马兆虎	副主席	男	回族	2002.04—2004.01	
孟根达来	副主席	男	蒙古族	2002.04—2004.01	
安学文	秘书长	男	汉族	1999.01—2001.04	
辛建军	秘书长	男	汉族	2001.04—2002.07	代理
王勇	秘书长	男	汉族	2002.07—2004.01	代理

表7-1-4　　中国人民政治协商会议临河区第十届委员会主席、副主席、秘书长情况表

姓名	职务	性别	民族	任职时间	备注
刘耕晓	主席	男	汉族	2004.01—2004.11	
常存善	主席	男	汉族	2005.03—2007.11	
张广明	副主席	男	汉族	2006.07—2007.11	
李红明	副主席	男	汉族	2004.01—2007.11	
马兆虎	副主席	男	回族	2004.01—2007.11	
孟根达来	副主席	男	蒙古族	2004.01—2007.11	
兰秀英	副主席	女	汉族	2004.01—2007.11	
王勇	秘书长	男	汉族	2004.01—2007.11	

表7-1-5　　中国人民政治协商会议临河区第十一届委员会主席、副主席、秘书长情况表

姓名	职务	性别	民族	任职时间	备注
张广明	主席	男	汉族	2007.11—2012.01	
李瑞芝	主席	女	汉族	2012.01—2012.12	
李红明	副主席	男	汉族	2007.11—2012.01	
孟根达来	副主席	男	蒙古族	2007.11—2012.12	
兰秀英	副主席	女	汉族	2007.11—2012.12	
贾志峰	副主席	男	汉族	2007.11—2012.12	
刘玉梅	副主席	女	汉族	2009.06—2012.12	兼任
王勇	秘书长	男	汉族	2007.11—2012.08	

表7-1-6　　中国人民政治协商会议临河区第十二届委员会主席、副主席、秘书长情况表

姓名	职务	性别	民族	任职时间	备注
李瑞芝	主席	女	汉族	2012.12—2017.12	
兰秀英	副主席	女	汉族	2012.12—2017.12	
许敬军	副主席	男	汉族	2012.12—2017.12	
斯琴高娃	副主席	女	蒙古族	2012.12—017.12	
王勇	副主席	男	汉族	2012.12—2015.12	
刘浩	副主席	男	汉族	2015.12 补选—2017.12	
任文清	秘书长	男	汉族	2012.12—2017.12	

第三节　工作机构

1991年，临河市政协内设：提案和学习委员会、文史委员会、经济建设委员会、办公室。

1994年，临河市政协提案学习委员会改为提案委员会。

1999年，提案和文史委员会合并为提案文史委员会，调整后为"两委一办"即提案文史委员会、经济建设委员会、综合办公室。

2008年，临河区政协新增设社会法制委员会。

2015年3月，临河区政协增设民族宗教侨务联络委员会。内设机构为"四委一办"：即提案文史委员会、经济建设委员会、社会法制委员会、民族宗教侨务联络委员会和综合办公室。

第二章　重要会议

第一节　历届政协巴彦淖尔盟（市）临河市（区）委员会议

一、临河市第七届委员会历次会议

1991 年 1 月 14 日，七届一次会议召开。会议选举主席 1 名，副主席 4 名，秘书长 1 名，常务委员 17 名。

1992 年 3 月 22 日，七届二次会议召开。

1993 年 3 月 1 日，七届三次会议召开。

二、临河市第八届委员会历次会议

1994 年 1 月 18 日，八届一次会议召开，出席会议委员 120 人。会议选举主席 1 名，副主席 5 名，秘书长 1 名，常务委员 15 名。

1995 年 2 月 22 日，八届二次会议召开。

1996 年 3 月 5 日，八届三次会议召开，为期 4 天。

1997 年 2 月 25 日，八届四次会议召开。

1998 年 3 月 3 日，八届五次会议召开，为期 3 天。

三、临河市第九届委员会历次会议

1999 年 1 月 20—22 日，九届一次会议召开，出席委员 97 人。会议选举主席 1 名，副主席 4 名，秘书长 1 名，常务委员 17 名。

2000 年 4 月 8 日，九届二次会议召开。赵守荣辞去九届政协委员、常务委员职务，补选张和平为政协临河市第九届委员会常务委员。

2001 年 1 月 13 日，九届三次会议召开。会议增选李元真、聂海忠为政协临河市第九届委员会常务委员。因人事变动，2001 年 4 月安学文不再担任秘书长职务，辛建军代理秘书长。

2002 年 4 月 18 日，九届四次会议召开。会议补选刘耕晓为九届政协主席，马兆虎、孟根达来为副主席。接受白金兰辞去主席职务，孙家林、王桂兰辞去副主席职务。

2003 年 2 月 14 日，九届五次会议召开。会议补选王勇为九届政协秘书长。王延锐辞去九届政协常务委员、委员职务。

四、临河市（区）第十届委员会历次会议

2004 年 1 月 2—5 日，十届一次会议召开。会议选举主席 1 名，副主席 4 名，秘书长 1 名，常务委员 29 名。

2005 年 2 月 1 日，十届二次会议召开，会议增选田银光、刘文魁、李荣华为政协临河区第十届委员会常务委员。

2005 年 3 月 25 日，十届三次会议召开，会议补选常存善为政协临河区第十届委员会主席。

2006 年 1 月 12 日，十届四次会议召开。会议增补高娃、杨桂莲、杨凤英、屈亮、李淑梅、石

玉林、丁建龙、杨书香、郝永林、裴承华、莫德格、孙丽萍、邬承云等13人为十届政协委员。

2007年1月30日—2月1日，十届五次会议召开。会议增选张广明为政协临河区第十届委员会副主席。

五、临河区第十一届委员会历次会议

2007年11月28—29日，十一届一次会议召开。会议选举主席1名，副主席5名，秘书长1名，常务委员23名。

2009年2月16—18日，十一届二次会议召开。会议增选任文清、斯琴高娃为政协临河区第十一届委员会常务委员。

2010年3月14—15日，十一届三次会议召开。会议增选刘玉梅为政协临河区第十一届委员会副主席，张文、薛成林为政协临河区第十一届委员会常务委员。

2011年12月25—27日，十一届四次会议召开。

2012年1月6—7日，十一届五次会议召开。会议补选李瑞芝为政协临河区第十一届委员会主席。

六、临河区第十二届委员会历次会议

2012年12月5—6日，十二届一次会议召开。会议选举主席1名，副主席4名，秘书长1名，常务委员25名。

2013年12月25—27日，十二届二次会议召开。会议增选杨书香、王小平、吉广军、张振民4位为政协临河区第十二届委员会常务委员。政协临河区第十二届委员会共有常务委员35名。

2014年12月25—27日，十二届三次会议召开。

2015年12月5—6日，十二届四次会议召开。会议同意王勇同志辞去政协临河区第十二届委员会副主席职务，补选刘浩为政协临河区第十二届委员会副主席。

2016年12月5—6日，十二届五次会议召开。

第二节　政协常委会议

1991年8月27日，召开七届三次常委会议。19名常委参加会议。

1992年1月24日，召开七届四次常委会议。会议协商通过1991年工作总结和1992年工作要点。3月22日，政协七届五次常委会议讨论政府工作报告、政协常委会和提案工作报告；讨论选举办法；审议通过会议各项决议。9月3日，召开七届六次常委会议。

1993年3月2日，召开七届八次常委会议。10月15日，召开七届十一次常委会议。11月27日，召开七届十二次常委会议。

1994年1月20日，召开七届十三次常委会议。2月2日，召开八届一次常委会议。4月14日，召开八届二次常委会议。8月10日，召开八届三次常委会议。

1995年1月20日，召开八届四次常委会议。4月25日，召开八届五次常委会议。7月18日，召开八届七次常委会议。11月，召开八届八次常委会议。

1996年2月1日，召开八届九次常委会议，会议通过《在全体政协委员中开展学习匡宗义同志活动的决定》。11月22日，召开八届十三次常委会议。

1997年1月27日，召开八届十五次常委会议。4月20—21日，召开八届十七次常委会议，组织常委视察城关、干召、小召等乡镇蔬菜大棚并座谈；提案委员会汇报提案办理情况；讨论通过对综治办、教育局、经贸局、文化局等8个部门的评议。7月11日，召开八届十八次常委会议，听取创建星级文明城市情况和庆祝自治区成立50周年筹备工作情况。

1998年2月12日，召开八届十九次常委会

议。5月5日，召开八届二十一次常委会议。9月29日，召开八届二十二次常委会议，讨论通过《政协临河市委员会换届工作方案》；听取关于九届政协委员人数、比例及八届政协委员退留情况说明；传达全区政协工作经验交流会精神；通报本会《关于临河市个体私营经济政策贯彻落实情况的调查报告》以及市委常委（扩大）会议对此报告的意见；听取政协八届五次会议以来提案办理情况说明。12月25日，召开八届二十三次常委会。

1999年1月22日，召开九届一次常委会议。3月11日，召开九届二次常委会议，讨论各委办工作要点和"对开发区等七个单位在政协九届一次会议上专项工作通报的评议"。

7月12—13日，九届三次常委会议召开。赴农村和城区视察；听取经济委员会2次对个体私营经济调查情况的汇报。12月17日，召开九届四次常委会议，听取1999年走访考核委员工作汇报；听取5位农村委员所办企业现场办公的情况汇报；听取各委办负责人赴包头、伊盟、乌海等地政协学习考察情况汇报；听取为偏远贫困学生送温暖活动情况汇报。

2000年3月31日，召开九届五次常委会议。

2001年1月4日，召开九届八次常委会议。1月15日，召开九届九次常委会。4月18日，召开九届十次常委会议。

2002年4月2日，召开九届十一次常委会议。4月10日，召开九届十二次常委会议。4月20日，召开九届十三次常委会议。5月29日，召开九届十四次常委会议，讨论通过《对部分单位治理经济环境工作进行民主评议的试行办法》。11月19日，召开九届十五次常委会议，会议讨论通过关于对检察院、建设局、工商局民主评议情况的通报。

2003年1月21日，召开九届十六次常委会议。2月17日，召开九届十八次常委会议，听取检察院、建设局、工商局对政协民主评议提出问题整改情况的汇报。12月22日，召开九届十九次常委会议，会议讨论优秀政协委员、帮扶养羊工作先进个人、招商引资工作先进个人、优秀提案、优秀调研报告等。

2004年7月19日，召开十届二次常委会。会上，组织部通报全区农村村级党组织建设运行情况；民政局通报村民委员会建设及运行情况。12月24日，召开十届三次常委会议，会议讨论通过《关于表彰优秀政协委员、帮扶养羊工作先进个人、反映社情民意工作先进个人、社会贡献突出先进个人和优秀提案、优秀调研报告的决定》。

2005年1月26日，政协召开十届四次常委会议。2月1日，召开十届五次常委会议。3月21日，召开十届七次常委会议。6月24日，召开十届八次常委会议，会上，卫生局、社保局、民政局、教育局4个部门，围绕城市居民最低生活保障问题、农村低保问题、农村义务教育阶段家庭经济困难学生享有"两免一补"情况、城市贫困家庭子女和进城务工人员子女上学问题、新型农村合作医疗运行情况等分别进行通报；讨论通过《关于城郊失地农民问题的调研报告》。10月19日，召开十届九次常委会，围绕优化环境工作建言献策。常委们视察了富川饲料公司、金川工商所、电力急修中心，听取区优化办、中小企业发展局、工商局、供电局优化环境工作汇报。12月31日，召开十届十次常委会。

2006年1月12日，召开十届十一次常委会议。会议围绕临河区建设社会主义新农村建言献策。

2007年1月22日，召开十届十四次常委会。2月1日，政协召开第十届委员会常务委员会第十五次会议。7月13日，召开十届十六次常委会议，围绕中小企业发展建言献策，听取临河区中小企业发展局局长郭进盈通报工作；听取区工商分局局长高文应通报工作；听取区地税局副局长张印宏通报工作；听取区就业局局长李秀香通报工作；听取区金融办刘鲁明主任通报工作。11月19日，召开十届十七次常委会议。

2008年6月25日，召开十一届二次常委会议。主要议题围绕幼儿教育和慈善事业发展建言献策。听取区教育局关于幼儿教育事业发展情况的通报；听取区民政局、教育局、红十字会慈善事业发展情况的汇报。8月27日，召开十一届三次常委会议，视察上半年工业经济和城市建设发展情况；听取区政府上半年经济发展情况通报。

2009年2月11日，召开十一届五次常委会议。会议审议通过《关于表彰2008年度优秀政协委员、提案工作先进个人、反映社情民意工作先进个人、公益慈善事业先进个人的决定》。2月18日，召开十一届六次常委会议。6月23日，召开十一届七次常委会议，围绕推进临河区设施农业的发展建言献策，听取区农业局任惠礼局长关于临河区2009年上半年种植业情况的汇报；听取果蔬中心关于临河区2009年发展设施农业发展情况的汇报。9月16日，召开十一届八次常委会议，会上，经济局局长许敬军通报工业经济发展情况。12月28日，召开十一届九次常委会议，审议通过《关于表彰优秀政协委员、提案工作先进个人、反映社情民意先进个人、公益慈善事业先进个人及政协提案办理先进单位的决定》。

2010年3月15日，召开十一届十次常委会议。6月4日，召开十一届十一次常委会议，全体常委视察了改造拆迁现场，听取区委常委、政府副区长王智和关于临河区城市建设及"棚户区"改造情况汇报，拆迁局局长徐喜禄解读《临河地区城市房屋拆迁补偿安置办法》，常委们就城市建设和棚户区改造工作提出意见和建议。9月27日，召开十一届十二次常委会议。11月5日，召开十一届十三次常委会议，全体常委视察了黄河大桥引线工程、鼎成日用百货批发市场及通村油路建设情况。

2011年1月19日，十一届十四次常委会议召开。6月24日，十一届十五次常委会议召开，委员们围绕食品安全工作建言献策。实地视察宏昌养殖厂、金河套乳业、四季青菜市场、草原鑫河等4家食品生产、加工、流通、销售企业；召开座谈会，分别由区农业局、畜牧局、质量技术监督局、商务局、工商局、卫生局、食药局就各自食品安全领域工作进行汇报。10月24日，十一届十六次常委会议召开，委员们围绕临河区市场建设情况进行协商议政。组织常委对恒远国际商港、恒丰便民市场、红星美凯龙、鼎程日用品批发市场、保税物流园区、蒙西国际农机市场和长泰汽贸城等7个市场进行视察；政府副区长刘向阳通报临河区各类专业市场总体规划及建设前景；商务局局长高建荣汇报各类专业市场建设情况。12月28日，十一届十七次常委会议召开，审议通过2011年度政协提案办理先进单位、优秀政协委员、提案工作先进个人、反映社情民意先进个人、公益慈善事业先进个人的表彰决定。

2012年1月7日，十一届十八次常委会议召开。11月29日，十一届十九次常委会议召开，审议通过表彰十一届政协提案办理先进单位、优秀政协委员、提案工作先进个人、反映社情民意先进个人、公益慈善先进个人的决定。12月27日，十二届一次常委会议召开。

2013年8月2日，十二届二次常委会议召开。视察临河区2013年重点工作；听取巴彦淖尔市委宣传部"中国梦"相关课题宣讲；审议通过《关于临河区落实民生政策改善贫困群体生活情况的调研报告》《关于临河区设施农业发展情况的调研报告》《关于临河区非公有制经济发展情况的调研报告》。10月29日，十二届三次常委会议召开，视察河套农商行整体运行情况。12月17日，十二届四次常委会议召开，审议通过《关于表彰2013年度政协提案办理先进单位、优秀政协委员、提案工作先进个人、反映社情民意工作先进个人、公益慈善事业先进个人的决定》。12月27日，十二届五次常委会召开。

2014年2月28日，十二届六次常委会召开。

8月14日，十二届七次常委会召开。12月18日，十二届八次常委会召开，审议通过《关于表彰2014年度政协提案办理先进单位、优秀政协委员、提案工作先进个人、反映社情民意工作先进个人、公益慈善事业先进个人的决定》；审议通过《临河区经济金融互促发展情况调研报告》《关于加快推进临河区家庭肉羊养殖发展情况的调研报告》。

2015年3月26日，十二届十次常委会召开。邀请巴彦淖尔市委党校罗晓燕老师围绕"中国经济发展新常态"进行解读；审议通过区政协2015年工作要点及重点工作进度安排、区政协2015年度协商工作计划、区政协十二届委员会委员管理办法、委员分组活动办法；考察干召庙乡村进展情况。6月2日，政协十二届十一次常委会召开。讨论通过《2015年临河区政协"迎七一·展风采"健身运动会实施方案》。12月15日，十二届十二次常委会召开，审议通过《关于表彰2015年度政协工作先进单位和先进个人的决定》《关于临河区教育均衡发展情况的调研报告》《关于临河区电子商务发展情况的调研报告》。12月27日，十二届十三次常委会召开。

2016年3月26日，十二届十四次常委会召开，审议通过《关于在街道社区设立"政协委员之家"的实施方案》《关于成立民族宗教和侨务联络委员会的决定》。9月3日，十二届十五次常委会召开，审议通过《临河区物流业发展情况的调研报告》《关于临河区民族工作会议精神贯彻落实情况的调研报告》《关于临河区物业服务情况的调研报告》；组织常委对弃管小区接管情况、智慧城市管理指挥系统和双河镇乡村建设工程进行视察。12月16日，十二届十六次常委会召开，审议通过《关于表彰2016年度政协工作先进单位和先进个人的决定》。12月28日，十二届十七次常委会召开，审议通过十二届五次会议政治决议、常委会工作报告的决议、提案工作情况报告的决议和提案审查情况的报告。

第三节　政协主席会议

1991年1月19日，召开1991年度第一次主席会议，协商讨论主席、副主席、常委分工情况，讨论通过1991年政协工作要点，协商讨论七届第一次常委会议召开时间、会议议题。2月28日，召开第二次主席（扩大）会议，听取政协各委办1991年工作安排汇报，决定全体政协委员、机关干部贯彻学习好临河市委、市政府工作会议精神要求，讨论通过各专委会组成人员名单。7月28日，召开第三次主席（扩大）会议，传达巴彦淖尔盟政协八届三次会议精神，讨论关于中低产田调研报告，协商讨论农业经管站干部孟昭明借调政协工作事宜，讨论关于文史资料选辑第六辑出版工作事宜。11月1日，召开第四次主席会议，通报全市经济工作运行情况，协商讨论成立政协联谊会相关事宜，研究决定召开城内委员座谈会。

1992年1月18日，召开1992年度第一次主席会议，讨论通过1991年工作总结、1992年工作要点，研究确定召开七届四次常委会议的日程、议程和时间等相关事项。3月14日，召开第二次主席会议，研究确定政协七届二次全委会议日程、议程、时间等相关事项。4月28日，召开第三次主席（扩大）会议，讨论如何贯彻市委、市政府"三引"工作，会议决定政协成立"三引"领导小组；建议在全体委员中发出倡议，发挥政协委员优势，开展咨询牵线搭桥，为临河经济发展献计出力；研究决定召开政协联谊会相关事项。5月16日，召开第四次主席（扩大）会议，学习自治区政协副主席云昭光来临河调研视察工作时重要讲话。8月30日，召开第五次主席（扩大）会议，讨论政协综合改革工作方案，研究召开政协七届六次常委会议相关事项。12月23日，召开第六次主席（扩大）会议，研究走访考核政协委员事项，研究机关分流干部事宜。

1993 年 2 月 24 日，召开 1993 年度第一次主席会议。研究决定召开七届八次常委会议各项议题文件草案。6 月 4 日，召开第二次主席（扩大）会议，学习传达全国政协主席李瑞环讲话精神，研究决定召开七届九次常委会议各项议题，研究决定组织部分政协委员对农村工作运行情况进行视察观摩。10 月 12 日，召开第三次主席（扩大）会议，协商讨论八届换届方案，研究决定召开七届十次常委会议各项议题，研究调整政协委办负责人的建议。12 月 27 日，召开第四次主席（扩大）会议，讨论通过换届方案，协商讨论政协临河市第八届政协委员建议名单，审议召开临河市第八届委员会第一次会议文件。

1994 年 1 月 4 日，召开 1994 年度第五次主席（扩大）会议。听取召开八届一次会议筹备工作进展情况汇报，讨论通过提案审查委员会组成人员建议名单，讨论 1994 年政协工作安排。2 月 26 日，召开第三次主席会议，协商讨论主席分工，研究决定调整政协委办人员，讨论制定机关各项规章制度。4 月 11 日，召开第四次主席办公会议，协商通过《常委会、主席会议工作规则（草案）》，讨论决定召开政协联谊会议事宜，听取提案审查工作、乡镇企业调研情况，协商讨论召开政协第八届二次全委会议事宜。

1995 年 1 月 17 日，召开 1995 年度第一次主席（扩大）会议，讨论通过走访政协委员情况汇报材料，讨论八届二次会议常委会工作报告和提案工作报告，研究决定表彰提案先进承办单位和优秀委员名单。4 月 10 日，召开第七次主席（扩大）会议，学习全国政协主席李瑞环讲话精神，传达关于加强政协工作决定文件，研究召开常委会议相关事宜。

1996 年 1 月 29 日，召开 1996 年度第九次主席会议，审议提案工作报告，审议政协委员大会发言材料。4 月 17 日，召开第十次主席会议，听取提案委员会提案交办情况汇报，讨论通过常委会形成的三个建议案，即《关于发展我市个体私营经济的建议案》《关于加强城市绿化美化工作的建议案》《关于发展农村教育的建议案》。7 月 9 日，召开第十一次主席会议，研究八届第十三次常委会议事宜。11 月 20 日，召开第十二次主席会议，听取政协机关走访委员情况汇报，听取提案委员会工作情况汇报，研究召开政协八届十四次常委会议相关事宜。

1997 年 4 月 15 日，召开 1997 年度第十三次主席会议，讨论通过对临河市直 8 个职能部门通报的评议意见，听取提案委交办情况的汇报，协商召开八届十七次常委会议内容和时间。

1998 年 1 月 20 日，召开 1998 年度第十五次主席会议，审议通过常委会和提案工作报告及确定报告人。4 月 17 日，召开第十六次主席会议，审议全委会上对 7 个部门工作评议的意见。6 月 4 日，召开第十七次主席会议，讨论关于落实临河市委、政府"关于加快个体私营经济发展的决定"的调研报告。9 月 24 日，召开第十八次主席会议，通报临河市委常委会议及巴彦淖尔盟换届工作会议精神，讨论换届方案的修改意见。11 月 24 日，召开第十九次主席会议，讨论九届政协委员人选名单。12 月 11 日，召开第二十次主席会议，讨论常委会工作报告和提案工作报告及报告人。

1999 年 1 月 25 日，召开 1999 年度第一次主席会议，审议政协内部机构设置的决定，审议由秘书长提名任命副秘书长建议名单，通过提案文史委、经济委员会组成人员名单。3 月 9 日，召开第二次主席会议，讨论政协常委会工作要点，讨论通过对 7 个部门的评议意见。7 月 8 日，召开第三次主席会议，听取提案委九届一次会议以来提案办理情况、提案跟踪调查情况汇报。9 月 30 日，召开第四次主席会议，讨论组织机关人员外出学习考察事宜。12 月 15 日，召开第五次主席会议，听取走访政协委员考核情况汇报，听取外出学习考察汇报，讨论《委员分组活动实施办法》，研究九届四次常委会议议题。

2000 年 1 月 25 日，召开 2000 年度第一次主席会议，听取讨论九届二次会议常委会工作报告和提案工作报告，讨论大会发言委员建议名单。3月20日，召开第二次主席（扩大）会议，讨论常委会工作报告及报告人，讨论提案工作报告及报告人，讨论九届二次会议日程、议程，同意赵守荣辞去政协委员、常委职务申请，讨论通过增补委员建议名单，讨论通过选举办法，讨论通过常委会工作规则、委员管理考核办法和机关学习制度。4月30日，召开第三次主席（扩大）会议，听取九届二次会议准备情况汇报。5月29日，召开第六次主席（扩大）会议，传达巴彦淖尔盟政协十届二次全委会议精神，通报第一委员活动小组活动情况，讨论对5个职能部门的评议，讨论各委员活动小组工作安排。12月29日，召开第十四次主席（扩大）会议，审议通过九届八次常委会会议议程，审议通过九届三次全委会议议程、日程，讨论常委会工作报告和提案工作报告。

2002年4月27日，召开2002年度第一次主席（扩大）会议，听取提案委员会关于提案交办情况的汇报，讨论治理经济环境民主评议实施办法，讨论分组活动实施办法，讨论政协委员视察临河市农业产业化发展情况，讨论政协2002年5—12月工作行事历。5月9日，召开第二次主席（扩大）会议，讨论政协各委办工作职责，讨论财务管理制度和车辆管理制度，讨论修订《政协临河市委员会委员分组活动实施办法（试行)》，讨论确定常委会议时间和议程。6月3日，召开第三次主席会议，协商临河市委人事任免征求政协意见的有关事宜。7月25日，召开第四次主席（扩大）会议，听取调研视察工作安排进展情况，听取各副主席督办提案情况汇报，研究民主评议工作相关事宜。8月12日，召开第五次主席（扩大）会议，听取经济委调研农村工作情况汇报，听取办公室对检察院、建设局、工商局民主评议工作情况汇报。8月18日，召开第六次主席（扩大）会议，听取提案委办理提案进展情况汇报，讨论民主评议评分细则和打分标准。8月20日，召开第

七次主席（扩大）会议，讨论民主评议检察院、建设局、工商局治理经济环境问卷内容。

2004年2月20日，召开2004年度第一次主席（扩大）会议，协商政协如何招商引资、外出考察学习事宜。3月15日，召开第二次主席（扩大）会议，学习天津市政协评议政法系统工作经验并进行座谈发言。4月5日，召开第三次主席（扩大）会议，听取提案委提案交办情况汇报。5月10日，召开第五次主席会议，审定十届二次常委会议议程，讨论调研报告。6月2日，召开第六次主席会议，研究机关工作人员调整。6月14日，召开第七次主席（扩大）会议，协商酝酿组织部考察政协干部有关事宜。6月15日，召开第八次主席（扩大）会议，研究包扶养羊有关事宜，研究提案工作、调研视察、民主评议工作等。7月13日，召开第九次主席（扩大）会议，研究十届二次常委会时间和议程，听取提案办理情况，听取4个小组视察调研、民主评议工作。8月4日，召开第十一次主席（扩大）会议，听取各小组视察工作进展情况汇报。8月12日，召开第十二次主席（扩大）会议，讨论《政协委员管理办法》。9月6日，召开第十三次主席（扩大）会议，讨论4个小组视察报告，研究包扶白脑包乡十大股村青贮饲料相关事宜，讨论《关于对部分乡镇新型农村合作医疗试点工作的视察报告》《关于对部分乡镇农业生产结构调整情况的视察报告》。12月15日，召开第十四次主席（扩大）会议，协商讨论十届三次常委会议的内容和时间，讨论政协2004年工作总结。12月20日，召开第十六次主席（扩大）会议，会议协商讨论评选优秀政协委员、先进提案工作者、反映社情民意先进个人、帮扶工作先进个人及做出突出贡献先进个人。12月24日，召开第十七次主席（扩大）会议，协商讨论第十届二次全委会议会前工作安排，研究确定大会委员发言名单及通报单位名单。

2005年2月24日，召开2005年度第一次主席办公（扩大）会议，讨论《政协临河区委员会

2005 年工作要点》；会议研究决定在政协开展老干部送学上门活动。5 月 30 日，召开第二次主席（扩大）会议，协商讨论十届八次常委会议议题，研究决定常委会围绕完善社会保障体系建言献策。6 月 17 日，召开第三次主席（扩大）会议，协商决定召开十届八次常委会议有关事宜，讨论制定反映社情民意工作奖励办法，研究决定编辑出版《临河政协文史资料》第八辑有关事宜。9 月 6 日，召开第四次主席（扩大）会议，征求经济界委员如何围绕临河区经济发展等方面提出好的建议和意见。会议邀请部分经济界委员参加。10 月 26 日，召开第五次主席（扩大）会议，安排年底走访考核政协委员有关事宜，听取出版文史资料工作进展情况汇报，听取提案委提案办理工作进展情况汇报。

2011 年 1 月 6 日，临河区政协召开 2011 年度第一次主席会议，研究召开十一届四次全委会议有关事项。3 月 12 日，召开第二次主席会议，安排部署 2011 年政协有关工作；讨论通过政协工作要点、调研课题；审查及交办提案；组织政协委员开展视察等。4 月 23 日，召开第三次主席会议，研究关于开展包联乡镇、下乡扶贫及组织委员对农资市场流通经营情况开展视察等事宜。7 月 4 日，召开第六次主席会议，研究组织委员对园林工作开展视察和加强委员管理等工作。8 月 20 日，召开第七次主席会议，讨论农村出嫁女土地问题的调研报告和组织委员赴周边旗县学习考察等事宜。10 月 14 日，召开第八次主席会议，研究召开十一届十七次常委会议及组织委员对市场建设和物流业发展进行视察等事宜。11 月 8 日，召开第九次主席会议，安排部署十一届五次全委会议各项准备工作及走访考核委员等事宜。12 月 12 日，召开第十次主席会议，研究开展提案办理视察、十一届十八次常委会议及十一届五次全委会议有关事项。

2012 年 1 月 14 日，召开 2012 年第一次主席会议，研究慰问政协离退休老干部、慰问包联的白脑包镇和解放办贫困户等事宜。3 月 9 日，召开第二次主席会议，研究 2012 年工作要点和调研视察课题等事宜。5 月 5 日，召开第三次主席会议，研究对棚户区改造工程和乡镇卫生院建设开展视察等事宜。6 月 27 日，召开第四次主席会议，讨论召集包联单位对白脑包镇整村推进扶贫项目进行视察；组织委员开展扶贫济困、下乡义诊和"七·一"慰问活动等事宜。8 月 12 日，召开第五次主席会议，讨论组织委员对设施农业发展进行视察调研。9 月 19 日，召开第六次主席会议，讨论《关于进一步加强和改进城区供热工作的建议案》。11 月 8 日，召开第七次主席会议，研究讨论十一届二十次常委会议及十二届一次全委会议会前各项准备工作。12 月 16 日，召开第八次主席会议，研究解放办结链共建工作经费。

2013 年 2 月 25 日，召开 2013 年第一次主席会议。4 月 7 日，召开第二次主席会议，研究包联乡镇办事处、扶贫工作和区委部署的"转作风下基层办实事"等活动事宜。5 月 16 日，召开第三次主席会议，研究开展设施农业调研、组织委员对非公经济和金融业发展进行视察等事宜。6 月 20 日，召开第四次主席会议，研究开展贫困群体生存状况调研、非公经济发展情况调研和文化产业、民族宗教工作视察等事宜。7 月 4 日，召开第五次主席会议，研究"北京知青重返第二故乡临河"相关事宜。7 月 25 日，召开第六次主席会议，研究临河政协文史委与北京知青筹委会共同合作编纂、出版《老插足迹——北京 65 届知青赴内蒙古临河集体插队专辑》相关事宜。7 月 28 日，召开第七次主席会议，对常委进行培训。8 月 3 日，召开第八次主席会议，研究组织政协委员开展对农村工作、园林绿化、迎会创城进行视察；开展提案办理督查；科级干部外出学习培训等事宜。9 月 6 日，召开第九次主席会议，研究开展免费公交调研和在乡镇办事处聘请信息联络员等事宜。10 月 10 日，召开第十次主席会议，研究委员开展年度工作述职、走访考核委员和落实中央八项规定等事宜。10月25日，召开第十一次主席会议。11月10日，召开第十二次主席会议。12月12日，召开第十三次主席会议，讨论提案视察、信息报送工作、慰问老干部和贫困群众工作。

2014年1月13日，召开2014年第一次主席会议。2月17日，召开第二次主席会议。3月21日，召开第三次主席会议。5月8日，召开第四次主席会议，研究结合群众路线教育活动，开展走访委员和组织委员开展视察等有关工作。6月26日，召开第五次主席会议，研究开展家庭肉羊养殖和经济金融互促发展两项调研。8月9日，召开第六次主席会议，研究北京知青重回故里活动的相关事宜。8月9日，召开第七次主席会议，研究组织委员赴周边旗县学习考察旅游产业发展、新农村建设、电子商务园区建设、中小企业发展等事宜。9月15日，召开第八次主席会议。10月14日，召开第九次主席会议，研究讨论家庭肉羊养殖和经济金融互促发展调研报告、委员视察临河区工业经济和城市建设发展等事宜。12月10日，召开第十次主席会议。

2015年2月6日，召开2015年第一次主席会议。3月21日，召开第二次主席会议。4月13日，召开第三次主席会议，讨论开展教育均衡发展、民族工作、电子商务三个调研活动有关事宜。5月9日，召开第四次主席会议，研究组织委员开展乡村道路绿化视察；组织开展冷链物流调研；选聘社情民意信息联络员；协同市政协修建"政协委员爱民路"等工作。5月27日，召开第五次主席会议。6月3日，召开第六次主席会议，研究出版《老插足迹——纪念北京知青插队临河50周年专辑》相关事宜。6月7日，召开第七次主席会议。7月12日，召开2015年第八次主席会议，研究包联解放办事处党建和赴中旗参观学习"1＋N"党

建模式；赴五原学习个私经济和光伏产业发展；开展委员分组视察等事宜。8月2日，召开第九次主席会议，研究组织委员赴乌兰察布、锡林郭勒和兴安盟等地学习考察；提案视察督办；参加北京知青下乡五十周年纪念活动等事宜。9月8日，召开第十次主席会议，研究组织委员对农村工作视察和政协全体机关干部下乡驻村有关事宜。11月6日，召开第十一次主席会议，讨论教育均衡发展、电子商务和民族工作调研报告。12月10日，召开第十二次主席会议。

2016年1月15日，召开2016年第一次主席会议。2月14日，召开第二次主席会议，讨论关于在街道社区设立"政协委员之家"有关事宜。3月9日，召开第三次主席会议，研究进一步加强信息和反映社情民意工作。5月26日，召开第四次主席会议，研究对小区绿化和物业管理工作开展联合调研有关事宜。6月16日，召开第五次主席会议，研究开展精准扶贫有关事项。7月21日，召开第六次主席会议，研究开展物流业专题调研活动；讨论开展创建全国文明城市工作联合调研有关事项。8月16日，召开第七次主席会议，讨论物业服务管理、物流业发展情况两个调研报告；研究接待河北廊坊安次区政协考察交流等事宜。9月1日，召开第八次主席会议，研究机关干部开展创城入户摸底调查工作；迎接自治区政协信息调研处基层调研；做好巴彦淖尔市政协乒乓球、羽毛球运动会承办工作等。10月27日，召开第九次主席会议，研究组织委员赴浙大开展提升素质学习培训；讨论组织委员对电商园区和燕京金川啤酒公司进行视察等事宜。12月13日，召开第十次主席会议，研究对精准扶贫对象做好年底帮扶工作。

第三章 主要工作

第一节 参政议政 民主监督

1991年1月15日，第七届委员会第一次会议召开。6月，政协经济委员会组织委员就临河市中低产田改造进行专题调研，形成《关于改造中低产田的报告》，报送市委、市政府。11月5日，召开城区委员座谈会，市委副书记赵胜利作工作形势报告，副市长王智德通报全市经济工作，副市长张悦忠通报城市经济工作，梁恩惠通报供销系统经济工作情况，政协委员提出意见建议。

1992年3月22日，七届二次会议召开。6月，政协主席赵明带领部分常委和委员到临河一职、五中、六小、蒙小等学校，对临河市教育发展情况进行视察，就教育方面存在的问题提出意见建议。政协组织部分常委和委员就临河市乡镇企业发展情况进行调研，形成《关于探讨发展乡镇企业的调查报告》，报送市委、市政府。

1993年3月2日，七届三次会议召开。评选政协八届一次会议以来做出贡献的委员。

1994年1月18日，第八届委员会第一次会议召开，听取林少卿、刘培荣、贾玉富等11名委员围绕临河市侨务工作、反腐倡廉、办好教育等方面工作建言献策。8月10日，召开八届三次常委会议，听取市政府上半年经济工作通报和政府上半年财政工作通报。

1995年2月22日，第八届委员会第二次会议召开，听取杨存宝、史永莲、赵宏世、杨书香等14名委员围绕加快临河市乡镇企业发展、依靠科技促进农村经济发展、提供优质服务，深化工交改革等方面的工作进行大会发言。5月6日，组织部分委员对社会治安综合治理和私营企业发展现状进行调研视察，征求委员们的意见和建议。

1996年3月5日，第八届委员会第三次会议召开，听取张文敦、付文博、张金生等11位委员围绕转变国有企业经营机制、深化卫生改革、加快发展临河市个体私营经济等方面工作建言献策。7月17日，召开城区委员座谈会，听取政府副市长王列通报临河市"严打"工作情况；纪检委副书记杨文卿通报上半年临河市纪检工作情况。

1997年1月27日，召开全市政协工作会议，印发《中共临河市委关于进一步加强人民政协工作的意见》《临河市人民政府关于支持政协履行政治协商、民主监督、参政议政职能的决定》。听取政府工作报告、法检两院报告；听取并评议综治办、教育局、工商局等8个部门工作情况的通报。

1998年3月3—5日，第八届委员会第五次会议召开，听取法院、卫生局、人劳局等6个职能部门工作情况通报；出台《关于保护环卫职工合法权益提高环卫职工福利待遇的决定》，经临河市人大常委会决定，把每年8月18日定为"临河市环卫工人节"。

1999年1月20—22日，九届委员会第一次会议召开，听取并评议开发区、水利局、交通局、建设局等7个单位专项工作通报并进行评议。8月30日，组织常委视察临河市合作医疗工作开展情况和市、乡、村三级医疗网络建设情况；视察法院"审判质量年""案件执行年""争创人民满意好法院"3项活动开展情况。

2000年4月8—10日，九届二次会议召开，听取法院、土地局、社保局等5个单位专项工作情况通报并进行评议；5名委员围绕强化税收管理、实施科教兴市战略、加快林业发展等方面工作进行大会发言。同月，组织委员就中小学生"减负"和实施素质教育社会热点问题对励业中学、逸夫学校、四中、一完小等学校进行调研视察，向政府提出《关于中小学校"减负"和实施素质教育等有关问题的建议案》。

2001年1月13—15日，九届三次会议召开，听取供电局、公安局、畜牧局、城建委等5个单位的专项工作通报；5名政协委员进行大会发言，围绕羊绒产业发展、农村产业结构调整、街道管理体制改革等方面工作建言献策。10月，通过临河电视台《社会写真》栏目对《加大经济环境治理力度》《根治旧城解放街交通秩序混乱问题》等6件重点提案办理落实情况进行专题报道。

2002年4月18—20日，九届四次会议召开。6—9月，制定《关于对部分单位治理经济环境工作进行民主评议的试行办法》《关于对市检察院等单位进行民主评议的实施方案》，开展对市检察院、建设局、工商局治理经济环境工作的民主评议。

2003年2月15—17日，九届五次会议召开，李元真、李斌、高凤鸣等4名委员，围绕非公有制经济发展、调整农业产业结构、加快城镇化进程等工作建言献策。4月，印发《社情民意》。5月，政协主席刘耕晓带领督查小组对全市8个乡镇工作进行督查。10月16日，组织委员对市商务局、交警大队、个私局、水利局等4个承办单位的重点提案办理落实情况进行跟踪督办。

2004年1月2—5日，第十届委员会第一次会议召开，听取临河市供电局、永济灌域管理局专项工作通报；7名委员进行大会发言，围绕加快临河市工业经济发展、加强职业教育、依法行政等方面工作建言献策。7—8月，组织委员分别对临河区城市建设情况、上半年农业发展情况、上半年工业发展情况、农村新型合作医疗工作开展情况进行调研视察。

2005年2月1日，十届二次会议召开，5名委员围绕工业强区、农村畜牧业发展、街道社区工作建言献策。5月，开设"政协委员建言台"，专题报道政协委员提案办理落实情况和政协委员反映社情民意情况。6月24日，召开十届八次常委会议，围绕构建社会主义和谐社会、完善临河区社会保障体系建言献策。听取社保局、民政局、教育局、卫生局4个部门关于城市居民最低生活保障、农村低保、农村义务教育阶段学生"两免一补"、城市贫困家庭子女和进城务工人员子女上学、新型农村合作医疗情况等工作通报。

2006年1月12日，十届四次会议召开，听取信用联社、交通局等6个单位专项工作通报；8名卫生委员进行大会发言，围绕城乡经济可持续发展、加快第三产业发展、建立完善城市居民自治体系等方面工作建言献策。

2007年1月31—2月1日，十届五次会议召开，听取林业局、农业局等6个单位专项工作通报；8名卫生委员围绕中小企业发展、肉羊产业发展、职业教育发展等方面工作进行大会发言。6月，组织部分委员深入各乡镇对上半年农业、林业、水利、交通工作及工业园区建设情况进行视察，全面了解临河区新农村建设、营林机制改革、农村饮水工程、乡村公路建设等情况，提出意见建议。7月13日，召开十届十六次常委会议，听取中小企业发展局、工商分局、地税局等单位专项工作通报，就支持和扶持中小企业发展提出意见建议。

2007年11月28日，召开十一届一次会议，听取房管局、医保办专项工作通报；7名委员进行大会发言，围绕扶持中小企业发展、加快农村公路发展、加强农业基础设施建设等方面工作建言献策。

2008年7月19日，组织常委对2008年上半年临河区工业运行、农村经济发展和城市建设进展情况进行集中视察，听取政府工作通报。9月2日，召开十一届三次常委会议。10月30日，组织委员视察公路建设情况，就加强农村公路养护管理提出意见建议。

2009年2月17日，十一届二次会议召开，听取金融办、建设局、司法局工作通报；11名委员围绕加强环境保护、加快肉羊产业发展、加快公交事业发展等方面工作建言献策。6月19日，组织委员视察城市管理工作，就进一步加强城市管理工作提出意见建议。11月4日，区政协主席张广明、副主席兰秀英带领部分政协委员视察校园周边餐饮卫生安全情况。

2010年3月14日，听取教育局、房管局、信用联社等6个单位工作通报；16名委员围绕加快中小企业发展、加强专业市场规划建设、加强农畜产品质量安全管理等方面工作建言献策。6月9日，召开创建"劳动关系和谐企业"座谈会。11月9日，组织委员视察临河区政务办公大楼工程、金秋华城建设工程、城市道路绿化工程、廉租房建设项目、临河一职东街景改造和临狼路出口改造等城市建设项目。

2011年1月18日，第十一届三次会议召开，听取交通局、商务局、文体局等6个单位工作通报。10名委员进行大会发言，围绕加强和规范小区物业管理、加快非公经济发展、民营企业的社会责任等工作建言献策。5月，组织常委和食品安全委员会成员单位调研视察食品卫生安全情况。8月，组织政协委员和有关部门成立联合调研组，对农村出嫁女的土地问题进行专题调研，形成《关于临河区农村出嫁女土地问题的调研报告》，供区委、政府决策参考。

2012年1月6日，听取法院、畜牧局等4个单位工作通报；8名委员进行大会发言，围绕加强房地产市场监管、创新社会管理、加强农村集体资产管理等工作建言献策。5月25日，政协主席李瑞芝调研视察棚户区改造工作，就项目区的房屋征收拆迁、回迁安置房建设等工作提出意见建议。6月1日，临河区政协主席李瑞芝带领部分政协委员，对乡镇卫生院建设工作进行视察。委员们先后深入八一、隆胜等乡镇，视察了解卫生院建设情况。10月28日，组织部分政协委员对临磴路出口改造工程、设施农业、保障性住房、社区服务中心建设等提案的办理和落实情况进行实地视察。

2012年12月5日，第十二届一次会议召开。

2013年5月，政协委员们通过对非公经济发展情况进行深入调研，形成《关于临河区非公经济发展情况的调研报告》，提出"进一步完善相关政策措施，为非公经济发展提供优质服务""加快中小企业创业园建设，打造企业发展新平台""拓宽非公企业融资渠道，为中小企业提供资金支持"等7个方面15条意见建议。

2013年6—10月，临河区政协组织调研组深入乡镇办事处、民政部门和相关单位、企业、城乡贫困群体等各个层面，进行3个多月的调查了解，形成《关于落实民生政策，改善贫困群体生活状况的调研报告》，提出"多措并举加大投入力度，让贫困群体分享到更多改革发展成果""健全完善医疗、低保制度，提高救助标准，扩大覆盖范围""多渠道广开就业门路，促进贫困群体实现就业"等9个方面17条意见建议，报送区委、政府。人大代表、政协委员先后对临河城区内交通设施设置情况、交通信号灯配时方案、旧交通标线和新施划的标线、标牌、交通事故残骸展台和交通指挥中心等地进行实地察看。12月26日，第十二届二次会议召开，听取区卫生局、林业局、物业管理局等6个单位工作通报；8名委员进行大会发言，围绕构建民营企业和谐劳动关系、加强社区卫生服务、加强公共文化服务建设等工作建言献策。

2014年3月，组织政协委员、乡镇和畜牧部门负责人组成联合调研组，深入村组、农户、养殖场、屠宰加工企业进行详细调查，形成《关于临河区家庭肉羊养殖业发展情况的调研报告》，就加快家庭肉羊养殖业发展提出"推广四种模式""扩张两个总量""强化五项保障措施"等11条意见建议，报区委、政府。7月，形成《临河区经济与金融互促发展情况调研报告》，提出"加强信息沟通体系建设、建立健全合理授权授信机制、鼓励民间资本和企业多元化投融资、加快建立和完善农村产权认证和抵押质押办法"等意见建议。12月2日，组织提案者和政府办、水务局、交警大队等有关单位负责人就肉羊深加工、设施农业、村组巷道硬化、社区文化建设和主要路段交通标志等提案办理落实情况进行现场视察，并进行座谈交流。12月26日，第十二届三次会议召开，听取区住建局、经信局、教育局等8个单位工作通报。8名委员进行大会发言，围绕加快发展电子商务、创新城市管理、加强动物疫病防治等工作建言献策。

2015年6月，形成《关于临河区城乡义务教育均衡发展情况的调研报告》，提出"加大教育经费投入，努力改善办学条件""强化教师队伍建设，促进师资均衡配备"等13个方面的28条建议，报区委、政府。8—9月，组织政协委员对临河区巷道硬化工程实施情况、老旧小区改造工程实施情况进行视察。10月，通过持续关注电子商务发展情况，向区政府提出"加快完善政策措施、尽快制定电子商务产业发展规划、重视人才培养和物流体系建设"等意见建议。11月3日，先后深入城关镇万丰林场人畜饮水工程、和兴利食品公司、八一乡明诚肉羊养殖场等地实地视察。9名委员围绕加强住宅小区管理、加快旅游业发展、改善律师执业环境等工作建言献策。

2016年6—7月，组织政协委员视察解放办事处巷道硬化，福满园、安居园老旧小区绿化升级改造，城区便民市场建设，北边渠新区段改造工程，北环办福泰社区等重点民生工程建设情况，就民生工程实施情况征求居民群众意见。8—9月，形成《关于老旧小区绿化升级改造工程情况的报告》《临河区创建全国文明城市工作情况调查意见》两份报告。9月，形成《关于临河区贯彻落实民族工作会议精神情况的调研报告》，提出"切实加快民族聚居村组经济发展""努力提高城市少数民族生活水平""促进蒙古语言文字使用规范化和标准化"等8个方面19条意见建议。10月，区政协就群众反映强烈的小区物业管理问题，组织政协委员进行调研，提出20条意见建议。12月27日，第十二届五次会议召开，4名委员围绕精准扶贫、民族宗教、文化产业发展等方面工作建言献策。

第二节　提案办理

1991年1月至1994年2月，政协七届委员会收到委员提案142件，立案116件。其中《关于集中力量办好一所重点高中》的提案，引起临河市委、政府和教育局的重视。这一建议被列入教育局1993年工作计划。《关于尽快铺修市区各街巷下水管道和硬化路面的建议》提案，被临河市建委采纳。《关于加强乡级卫生院医疗力量建设，解决农民看病难问题》提案，卫生局认真采纳并列入工作计划。《关于减轻农民负担建议》提案，引起市委、市政府高度重视，责成有关部门深入调研，制定解决方案。《关于建议市委、市政府领导每人联系一至两户贫困户》提案，市委采纳这一建议，决定从1993年开始，市级六大班子领导按照各自所包乡镇，每人至少联系3—5户贫困户，尽快脱贫致富。《关于进一步搞活流通的建议》提案，市委、市政府研究制定《关于加强市场建设、搞活流通的五十条规定》《关于进一步搞活农产流通的指示》，明确规定不准任何部门、单位和个人对流通市场乱收费、乱罚款，坚决杜绝坑农、卡农现象发生。

1992年2月至1999年1月，政协八届委员会收到委员提案355件，立案336件。被临河市委、政府和有关部门采纳和落实59件，占17.5%。委员满意和比较满意率90%以上。如《关于黄羊渠的规划、扩建和协调灌溉的几点建议》，在市委、市政府重视下，进行申请立项，年末完成黄羊分干渠扩建工程初步设计方案，并报上级部门；还有《加强金川市场街口的秩序管理》《关于北环路的建设》《重视住宅小区售后服务管理工作》《关于加强文化市场的管理》《关于加强对个体私营经济领导和管理的建议》《关于解决市区中小学生入学难》《重视农村文化生活，加强农村精神文明建设》《解决城市中小学班容量过大问题》《关于改善和提高环卫工人的工作条件和生活待遇》《建回族幼儿园，解决回族幼儿园受教育问题》《尽快搬迁七中南墙外屠宰厂》等提案，都引起有关部门重视，被列入工作计划予以解决。

1999年2月至2004年1月，政协九届委员会收到委员提案568件，立案494件。确定重点提案116件，被临河市委、市政府和有关部门采纳并逐步落实109件，占22%。委员满意率93%。

2002年政协提案办理首次推行主席、副主席督办制，督办重点案件36件，其中呈送市委、市政府主要领导阅示12件，如关于《根治旧城解放街交通秩序混乱势在必行》提案，市委联系政协工作的副书记和政府分管领导亲自过问并参与研究办理意见，责成有关部门予以答复。关于《加大经济环境治理力度，努力改善投资环境》《加快农业产业化经营步伐的几点建议》《立草为业应注意区域化布局、规模化发展问题》提案，市委书记要求农、牧、林、水和农业产业化领导小组共同研究、贯彻落实。关于《创建学习型政府，提高领导水平和执政能力》的提案，市委责成宣传部认真落实办理，出台创建学习型政府的具体办

法和方案。关于《加强治理"三乱"力度，推动个体私营经济加快发展》《建议禁止中小学生参加商业性游行庆典活动》《要为农村中小学生发放收费明白卡》《加快实施以节水灌溉为中心的农田基本建设》《农村产业结构调整中的资源再认识问题》《对临河市林果业发展的几点建议》《确立畜牧业主导产业地位，促进全市经济快速发展》《实施科教兴市战略，提高科技人员待遇》《加快非公有制经济发展步伐，培育新的经济增长点》《明确职责，强化监督，加大城市基础设施管护力度》《加快旧城区改造步伐，为低收入阶层实施"安居工程"》《加强对优秀妇女干部、非党干部的培养、选拔任用工作》等提案，都有了明确回复与解决。

2004年1月至2007年11月，政协十届委员会收到委员提案447件，立案338件。主席、副主席督办重点提案46件。被临河市（区）委、政府和有关部门采纳和落实65件，占19%。满意率94%。委员们提出的提案有《加快农业产业结构调整，推进产业化进程》《转变政府职能，优化经济环境，加快工业步伐》《实施科教兴区战略，提高科技人员待遇》《兑现2000年专业技术人员职称工资，稳定科技队伍》《大力扶持民办学校，加快临河区教育事业发展》《强化动物防疫工作，确保畜产业安全》《关于在四个宗教团体中增补人大代表的建议》《加强外出务工人员的技能培训》《关于整顿教育市场，规范教育行业的建议》《政府应加强对住宅小区物业机构实行监督》《关于解决"三农"问题的几点建议》《加快平价医院建设，加大政府投入，解决看病贵、看病难问题》《加快便民市场建设》《加大对农产品深加工企业扶持力度》《加大乡镇卫生院基础建设，提高农村医疗技术水平》《全面提高教学质量，大力推进素质教育》等。

2007年11月至2012年1月，政协第十一届委员会5年收到委员提案850件，立案834件。主席、副主席督办重点提案39件。被区委、政府和有关部门采纳和落实179件，占21.4%。满意率

96%。委员们提出的提案有《大力实施名牌战略，促进临河区经济优化发展》《关于解决城郊部分农民人畜饮水问题的建议》《关于取缔中小学校内小商店的建议》《关于加强临河区劳动力教育培训的建议》《坚决取缔马路市场，营造良好的城市环境》《关于尽快解决科技人员职称聘任兑现工资的建议》《关于尽快治理临河城区污水泵站散发异味的建议》《加快临河区设施农业发展的若干建议》《加强对寄宿学生食宿安全管理的建议》《关于加强食品安全管理的建议》《关于取消向城镇居民收取卫生费的建议》《关于整治四排干周边环境卫生的建议》《关于加强城区市容市貌长效管理的建议》《加快临河区设施农业发展的建议》《关于加强出口型中小企业品牌建设的建议》《关于促进养羊业稳步发展的几点建议》《关于规划建设百货商品集散综合物流园区的建议》《关于实施校园安全计划的建议》《关于尽快建设羊产品交易市场和引进羊皮加工龙头企业的建议》《多部门齐抓共管城市"牛皮癣"》《关于整合临河区中等职业学校，推进职业教育发展的建议》《关于尽快改造北边渠的建议》《关于在临河区修建青少年活动中心的建议》《关于简化优化住房公积金办理程序的建议》《关于盘活存量资产，推进项目建设的建议》《尽快打造临河区沿黄公路绿化新景观的建议》《加快临河区历史资料和文物搜集整理工作的建议》《加快发展和扶持兴办民间老年公寓的建议》《加强城市垃圾分类收集与处理的建议》等。

2012年—2016年，政协十二届委员会5年收到委员提案1000件，立案840件。主席、副主席督办重点提案106件。被区委、政府和有关部门采纳和落实174件，占20.7%。满意率97%。委员们提出的提案有《尽快改变临河区乡村小油路建设不平衡现象》《关于加快老旧小区改造步伐的建议》《关于加大农业基础设施建设力度的建议》《关于进一步完善保障性住房后续管理的建议》《关于学校运动场馆节假日和周末对社会开放的建议》《完善社会救助体系提高民生保障水平的建

议》《关于进一步落实民族政策的有关建议》《加强和规范宗教场所管理的建议》《加快临河区现代物流业发展的若干建议》《关于临河九小扩建和维修加固教学楼的建议》《建议进一步健全完善工伤保障体系》《加快电子商务园区建设》《加快乡村旅游发展》《促进教育均衡发展》《做好旧衣物回收利用的建议》《加强社区医院建设的建议》《关于化解信访矛盾的建议》《关于推广"医养结合"模式的建议》《关于实施好文化惠民工程的建议》《加强和规范家庭教育指导服务的建议》《进一步完善大病救助机制的建议》《加强宗教活动场所安全指导的建议》《加强城区公共图书馆建设的建议》等。

第三节　视察与调研

1991年6月，组织部分政协委员深入白脑包、八岱、小召乡，对中低产田改造进行专题调查，形成《关于改造中低产田的调查报告》。9月，到隆胜、乌兰图克、新华等9个乡镇卫生院进行视察，形成调查报告《改革开放十度春秋医卫事业枝繁叶茂》。

1992年6月，组织部分政协委员到新丰、新华、隆胜等乡镇企业进行调查，形成《关于探讨发展乡镇企业的调查报告》。

1993年8月10日，委员们先后对河套人造板工业总公司、临河市民族服装厂、曙光线材厂和三星时装城进行调研。

1994年6月23—28日，部分委员对干召庙、狼山等四个乡镇15个企业进行调查。7月3日，组织自治区、巴彦淖尔盟、临河市三级政协委员对农村工作及农业生产形势进行走访。

1995年7月18日，部分常委到隆胜乡"万亩开发区"进行调研视察。9月21日，分别开展了关于"中小学收费标准及教育系统人才流动""基层卫生事业发展现状""文化市场管理"等方面的

调研。

1996年3—4月，调研组分别对加快个体私营经济发展、加强农村教育、城市美化绿化、中小学教育、粮食加工企业发展情况进行调研，形成5个调研报告。9月，对临河市工业发展和城市建设情况进行视察调研。

1997年4月9日，政协常委们对临河市创建星级文明城市活动实施情况进行视察。6月、9月，常委们分别对部分社会窗口服务单位和中小学校收费情况进行调查，形成2个调查报告。

1997年8月25日，自治区政协副主席格日勒图、盟市指导委员会处长博彦、盟政协副主席查干楚鲁等一行来临河市调研视察政协工作，先后到干召庙、城关乡蔬菜保护地、吨粮田生产建设基地、双河羊绒、全得妙等私营企业视察。

1998年7月31日，临河市人大办、政协办联合组织部分人大代表、政协委员及离退休干部，视察了黄河友谊险工段一期整治工程、防洪堤拓宽加固工程和黄羊分干渠扩建工程等。

1999年3月25—26日，政协委员们与城区6个工商所90名个体工商户和私营企业业主进行座谈，了解他们经营中存在的问题，就反映的问题提出具体意见和建议。3—6月份，委员们再次对临河市发展个体私营经济政策落实情况及存在问题进行专题调研。就调研中存在的问题，召集物价局、城管大队、计量所、防疫站、工商局、公安局、环卫局等单位领导共同研究核实，采取措施妥善处理。对12位政协委员所办企业存在的资金、房屋产权证办理等问题，商讨解决办法。11月2日，市委副书记张荣、政协副主席王桂兰带领政协各委办负责人、纪检委、土地局、乡企局、村镇站、农行、信用联社等有关部门领导深入企业考察，为委员排忧解难。

2000年4月25—26日，部分政协委员就中小学校学生"减负"和实施素质教育等社会热点问题，对励业中学、逸夫学校、四中、一完小等进行视察调研。6月6日，组织政协委员分别对个体

私营企业、集镇建设和小康村建设、乡镇企业、星月农业高科技示范园、农电网改造建设工程等项工作进行专题视察，提出16条事关全市社会、经济和各项事业发展的合理化意见和建议。11月中旬，配合巴彦淖尔盟政协接待安徽阜阳市政协考察团，并与颍泉区政协结为"友好政协"，共同致力于两地经贸发展与友好往来。双方达成蜜瓜深加工投资等两项合作意向。

2001年3月7日，委员们调研种草养羊情况，就加快养羊业发展提出指导意见。7月10日，对2001年为民办的十件实事进展情况及农业产业结构调整等工作进行调研。

2002年6—11月，部分委员深入乡镇、办事处、有关单位和部门，就检察院、建设局、工商局治理经济环境进行工作评议，形成评议报告。

2003年3月，全体委员和机关干部帮扶白脑包镇十大股村发展壮大养羊业，通过揽储放贷、放牧收羔等措施，支持农民发展养殖，年底该村人均饲养羊18只，使一个盐碱滩上的贫困村走上富裕路。5—8月，由4位政协副主席牵头，围绕工业、农业、个体经济、农村产业结构调整4个课题开展专题调研，形成《关于对农村产业结构调整的视察报告》《关于临河市个体私营经济发展情况的调研报告》《关于工业经济运行情况的调研报告》《关于农业经济运行情况的调研报告》，提出30条具有参考性的意见和建议。

2004年，临河区政协形成4个调研报告：《关于农村基层组织建设的调查与思考》《"三农"问题中影响农民增收的几个因素》《合并村组势在必行》《当前农村依法行政存在的主要矛盾和对策》。

2005年4月—2009年5月，形成《关于城郊失地农民问题的调研报告》《关于临河区新农村建设情况的调研报告》《关于临河区城乡贫困群体"看病贵、上学难"问题的调研报告》《临河区幼儿教育发展情况调研报告》《关于临河区慈善事业发展情况的调研报告》《关于临河区设施农业发展情况的调研报告》。

2010 年 7 月，组织政协委员对临河区商品混凝土市场进行专题调研，提出 6 个方面 11 条建议。11 月，对餐饮市场和食品安全情况进行视察，提出意见和建议。

2011 年 4 月，形成《关于临河区农资市场流通经营情况的调研报告》。5 月，围绕食品生产、加工、流通、销售形成调研报告，提出 12 条改进意见。10 月，围绕临河地区市场建设和物流业发展情况开展专题调研并形成调研报告。12 月，开展提案办理视察活动，对区政协十一届四次会议重点提案和部分重要提案办理工作进行督查。

2012 年 5 月 25 日，临河区政协主席李瑞芝到北边渠、山河湾棚户区改造工程项目区，就加快拆迁进度，推进回迁房建设提出意见建议。

2012 年 7 月 6 日，区政协带领博爱医院业务骨干和部分政协委员，到遭受特大雨灾的白脑包镇联星村开展义诊活动。

2013 年 6 月 7 日，自治区政协办公厅信息调研处对临河区政协信息工作进行调研。6 月 18 日，巴彦淖尔市政协副主席陶淑兰带领由市民政局、财政局、规划局、住建委及部分委员组成的调研组，深入临河区东兴社区、科文社区、解放社区服务中心，就社区管理工作进行调研。8 月，组织政协委员和农业部门负责人，深入乡镇村组、蔬菜协会和企业，对设施农业进行专题调研。6—10 月，临河区政协组织调研组深入乡镇办事处、民政部门和相关单位、企业、城乡贫困群体，进行深入调查，提出 9 个方面 17 条意见建议，并形成调研报告。

2014 年 9 月 19 日，磴口县政协、杭锦后旗政协考察团来临河区参观学习。11 月，临河区政协组织部分政协委员及机关干部赴五原参观学习政协工作。

2015 年 6 月 16 日，举办临河区首届政协委员运动会，倡导全民健身。7 月 1 日，政协第二、第五、第七委员活动小组联合组织政协委员，对干召庙镇进行视察。8 月，组织委员学习考察民族文化传承保护工作。

2016 年 6 月 3 日，组织部分政协委员，深入临河区绿都便民市场、福满园、安居园、北环办福泰社区等地，视察城区新建便民市场、老旧小区绿化升级改造、巷道整治等重点民生工程。6 月 12 日，深入临河区白脑包镇永胜村、胜利村，走访贫困户，开展结对帮扶，落实具体帮扶措施。6 月 13 日，组织部分政协委员深入临河区双拥公园、金川南路、临友路、双河富河二组、朔方路、隆胜集镇、东济小油路、图克新民四五六组、八一乡八一村、联丰小区、章嘉庙苗圃等地视察造林绿化情况。6 月 21 日，巴彦淖尔市政协聂建忠副主席带领调研组来临河区调研《巴彦淖尔市地方文献出版物典藏本缴送办法》执行情况。6 月 24 日，第二、第五、第六、第七委员活动小组联合组织政协委员对临河区现代农业和设施农业进行视察。8 月，对解放办事处巷道硬化、老旧小区改造、回民聚居区巷道硬化、北边渠新区段改造等重点民生工程建设情况进行实地视察。8 月，区政协主席李瑞芝陪同乌兰察布市政协考察组一行，先后到黄河湿地公园、镜湖、富强五组参观考察。10 月，针对小区物业管理不规范、服务不到位问题，组织委员精心调研，精准建言。11 月，组织常委、委员赴浙江大学、温州瓯海区、上海闵行区政协和周边地区学习考察，借鉴先进地区发展理念与发展经验。12 月，开展提案办理视察活动，对区政协十一届四次会议重点提案和部分重要提案办理工作进行督查；组织全体委员视察临河区电子商务园区建设、燕京金川啤酒公司。

第四节　反映社情民意

2006 年 1 月，创办内部刊物《临河政协》，设置"社情民意"栏目，是巴彦淖尔市各旗县区政协创办的第一家机关刊物。

2005—2007 年，编发和上报《社情民意》45

期 127 篇。许多社情民意反映社会经济发展中带有普遍性、倾向性的问题，体现了政协委员来于民众、关注民生、为民谏言的责任感和使命感。被全国政协和自治区政协采用刊发 5 篇，以"议政内参""信息专报"形式报送市委、市政府 145 篇，20 篇被《巴彦淖尔晚报》刊发。2006 年，被确定为自治区政协信息直报点，被评为巴彦淖尔市政协宣传信息和社情民意报送先进单位，被推荐参加自治区政协第三次信息工作联席会议，受到自治区政协表彰奖励。

2008—2012 年，编发上报《社情民意》95 期 644 篇。被全国政协和自治区政协采用刊发 51 篇，以"议政内参""信息专报"形式报送市委、市政府 145 篇，报送数量、采用率均居各旗县区之首，不少问题经领导批示后得到解决。临河区政协被市政协评为全市政协信息宣传工作先进集体。

2013—2016 年，编发和上报《社情民意》545 篇。被全国政协和自治区政协采用刊发 40 篇，以"议政内参""信息专报"形式报送市委、市政府 144 篇。13 篇社情民意被全国政协和自治区政协采用，50 篇信息被市政协和各类媒体采用。

第五节　文史资料征编

1995 年 9 月 21 日，政协临河市第八届委员会文史委员会召开文史资料工作会议，研究审定关于出版《临河文史资料选辑》第七辑有关事宜。

1996 年 2 月，《临河文史资料选辑》第七辑出版，该辑主要以"临河县的'三反'运动""河套人民在抗美援朝运动中""忆傅作义进袭包头之役""临河县接收安置河北移民工作的回忆""大跃进时期临河县各乡成立敬老院""临河的碾磨坊"等为题，共 30 篇，约 16 万字。

2005 年 11 月 11 日，召开文史资料工作征求意见座谈会。参加座谈会的有历届政协老领导李元治、白金兰、黄岱、王建德、马长富、孙家林和政协第八届政协主席、副主席及各委办主任。

2005 年征集文史稿件 21 篇，约 21 万字，主要内容有："临河区（县、市）政协历届委员会议简述和主要工作纪略""佛教圣地甘露寺""临河农业合作化与经营管理""临河城市福利社的建议和撤销""从县卫生院到国家二级甲等医院（临河区中心医院发展回顾）"等。

2006 年 7 月 30 日，《临河文史资料》第八辑出版，7 个栏目、16 篇资料，约 16.8 万字，录入照片 29 帧。史料真实记录临河人民在中国共产党领导下，经过艰苦卓绝奋战取得丰硕成果。

2008 年征集文史稿件 9 篇，约 3 万字。主要内容有："原狼山县剿匪、肃特、镇反追溯""田英杰初到狼山县开展工作二三事回眸""田树梅与《屯垦戍边》""临河县的农业合作社""五六十年代临河妇女工作追忆"等。

2009 年征集文史稿件 13 篇，约 2 万字。主要内容有："临河区（县、市）政协历届委员会议简述和主要工作纪略""临河地区历代土地开发展示""我在临河乌兰牧旗""临河文艺复刊始末""临河水域开发利用简述""临河公交事业发展史"等。

2010 年 12 月 22 日，《临河文史资料》第九辑出版，分为 6 大类 19 篇，约 16 万字，录入照片 20 多帧。该史料对于继承临河历史文化遗产、总结借鉴历史经验，具有重要意义。

2013 年征集知青稿件 10 篇，约 8000 字，主要内容有："老插六载无憾终生""十二朵葵花的足迹""我们回民知青组与内蒙古劳模刘桃花""从知青到国家地震工作者""难忘的疏通总排干大会战""我在后套农村当会计"等。

2014 年征集知青稿件 16 篇，约 1.9 万字，珍贵照片 70 帧。稿件主要内容有："话说当年我和北京知青""在后套艰难创业的岁月""平生难忘的一段老插经历""求索""记忆与珍存""乌加河畔牧马纪事""我在乌兰图克创办幼儿园""触摸临河的印痕""从小黑到四黑的喂养趣事"等。

2015年5月14日，提案文史委召开对口协商座谈和讨论征集《纪念世界反法西斯战争及中国人民抗战胜利70周年》文史资料有关事宜。7月，协助内蒙古自治区政协文史委员会，征集稿件6篇约1万字，主要内容："我当政协委员以来""我当政协委员的感受""我与政协"等。7月25日，协助北京知青赴临河集体插队50周年纪念活动筹委会完成《老插足迹——纪念北京知青插队临河50周年专辑》出版工作。该辑编辑稿件26篇，21万字，珍贵照片32帧。真实再现北京知青在临河上山下乡期间的生产、生活历程及与河套人民结下的深厚情谊，体现了"亲历、亲见、亲闻"的文史特色，发挥了文史资料"存史、资政、团结、育人"的特殊社会作用。8月9日，协助区委、政府完成"65"北京知青插队50周年纪念活动。9月，为纪念世界反法西斯战争及中国人民抗战胜利70周年，协助巴彦淖尔市政协文史委征集稿件7篇，约1.2万字。主要内容："忆傅作义部进袭包头之役""在晋察绥地区挺进军司令部的日子里""百川堡抗战建国讨论会始末""日寇侵入河套的暴行"等。

2016年6月23日，提案文史委召开对口协商座谈会，讨论征集《回族百年实录·内蒙古卷》文史资料有关事宜。参加座谈会的有区统战部、民宗局、伊斯兰协会等负责人。9月，征集稿件5篇，约1万字。主要内容："临河伊斯兰教发展史话""生活在马道桥附近的穆斯林""马道桥清真寺""不尽的追思，深切的怀念——怀念我的父亲王维孝阿訇"等。

2016年11月，协助内蒙古自治区政协文史委员会，征集《蒙古族百年实录·内蒙古卷》稿件4篇，约8000字。主要内容："班禅召——法右寺之简介""临河区历史上的蒙古族""临河区蒙古族居民情况""临河地区的蒙古族教育"等。

第八篇
民主党派　群众团体

第一章　民主党派

第一节　中国民主同盟临河支部

一、机构

2006年9月15日，中国民主同盟巴彦淖尔市总支临河支部召开成立大会。

二、主要活动

（一）参政议政

2006—2011年，民盟临河支部从22位盟员中产生巴彦淖尔市、临河区两级人大代表和政协委员10人，其中人大代表3人、政协委员7人。

2012年，盟员郝力和屈美萍被临河区委组织部、统战部推举提拔为临河一中副校长和八一乡副乡长；盟员王鹏宇被提名选举为临河区政协第十二届政协委员，为临河支部参政、议政增添新鲜血液。支部盟员向市、区两级人代会、政协会议提出提案、议案、建议、意见76件。盟员谭敏在市政协会上5年共提出提案10件，其中有关完善出租车营运的提案被评为优秀提案；盟员屈美萍针对"三农"问题提出7件建议和意见，受到市人大的重视。

2013—2016年，市政协委员、支部盟员郝力、谭敏，市人大代表、支部盟员屈美萍，临河区政协委员、支部盟员王鹏宇等，撰写提案议案25件，

其中郝力、王鹏宇的提案连续两年（2014、2015）被评为优秀提案，王鹏宇连续两年（2015、2016）被评为优秀政协委员。

（二）经济建设

2006—2011年，支部盟员创办各类企业4家，招商引资项目7项。

支部盟员、临河区政协副主席李宏明联系的山西晨辉洗煤集团，投资4亿元的煤化工项目在太阳庙农场落户。由他指挥和组织的、投资12亿元的居然之家项目开工建设。盟员刘涛投资兴建的普兴矿业公司和际誉物流公司，发展固定资产十几亿，利税每年2个亿。盟员宋益仁投资创办的宝尔肥业科技有限公司，销售收入6000万元，吸纳就业人员180人。盟员王鹏宇白手起家，创办的巴彦淖尔市万易投资咨询服务有限公司，为临河市320家中小企业提供投融资咨询服务，帮助企业立项241个，争取国家项目资金3.5亿元。

（三）捐资助学

民盟临河支部组织盟员开展社会捐助活动11次，捐献善款和物资120万元，捐资助学8万元。

2008年汶川大地震，民盟临河支部捐款16.45万元，其中支部盟员、普兴公司董事长刘涛捐款15万元。

2010年，甘肃舟曲发生特大泥石流灾害，民盟临河支部捐款3550元。

2012年夏，巴彦淖尔市发生特大暴雨和洪涝灾害，民盟临河支部盟员捐款4.17万元，支部盟

员、宝尔肥业董事长宋益仁捐献价值 100 万元有机肥 500 吨。民盟临河支部联系的铜陵有色金属有限公司徐五七总经理给灾区捐款 1 万元。盟员宋益任出资 8 万元，捐助 8 户贫困家庭孩子读大学。

2013—2016 年，10 名以上盟员每年五月份参与博爱一日捐活动。支部盟员、宝尔肥业董事长宋益仁，连续 3 年向贫困农户捐助化肥 30 吨。支部盟员、巴彦淖尔市万易投资咨询服务有限公司总经理王鹏宇，向贫困大学生、临河区教育基金会、脑瘫儿童捐资 4 万余元。

2011 年，患尿毒症多年的盟员曹文军，牵头成立巴彦淖尔市第一家肾病康复协会，带动 400 名肾病患者互扶互助，树立战胜疾病的信心。

（四）换届选举

2013 年 1 月 13 日，民盟临河支部举行换届大会，市政协副主席、民盟巴彦淖尔市总支主委王辰起、总支副主委徐康宁、中共临河区委副书记赵锋、临河区统战部部长张建平出席会议。出席大会的盟员 21 人，大会选举产生王振国、王鹏宇、杜福林、谭敏、屈美萍等同志组成的第一届民盟临河支部委员会，支部委员会选举王振国担任临河支部主委，王鹏宇担任副主委，杜福林担任社会活动委员，谭敏担任组织委员，屈美萍担任宣传委员。

第二节　中国农工民主党临河支部

一、机构

2007 年 8 月 28 日，农工党临河区支部成立。

2013 年 1 月 15 日，农工党临河区支部进行支部换届选举。

二、主要活动

2008—2016 年，农工党临河区支部党员裴承华、张永奇、丁爱东为临河区逸夫学校贫困生每人每年捐赠 500 元，持续捐赠 10 年。党员李广元、王知贞从 2013 年开始为逸夫学校贫困生每人每年捐赠 500 元。

2010 年，农工党总支委部分党员在临河区高速路北、飞机场南进行义务植树造林。

2016 年，农工党总支委员党员数次参加社会实践、下乡义诊和调研活动。

第二章　人民团体

第一节　工　会

一、代表大会

1990年10月4—5日，临河市召开第二届工会代表大会，出席大会代表158人。大会通过无记名投票方式选举产生临河市工会第二届委员会和第二届经费审查委员会。委员21名，常务委员9名。

2001年9月27日，临河市第三届工会代表大会召开。出席会议的代表141人。临河市总工会主席高永厚代表第二届委员会作了工作报告，大会选举出临河市总工会第三届委员会委员25人。

二、组织机构

（一）临河区总工会

2003年12月，临河区总工会下设三部一室，分别为组宣部、综合部、保障部、办公室。核定编制6人，其中行政编1人，群团事业编5人。

2012年，编制增为7人，行政编1人，群团事业编6人。

2013年5月，工会主席由区人大常委会副主任兼任。

2014年，建成临河区职工文化活动中心，属临河区总工会二级单位，人员从总工会内部调配。

2016年5月，临河区总工会内设机构调整为：组宣部、综合部、保障部、法工部、女工部、办公室、网络信息办公室。

（二）工会基层组织

1997年，临河市总工会建乡镇工会联合会13个、乡镇企业工会11个、私营企业工会8个。

2002年，14个乡镇工会联合会主席全部由党委分管书记或副书记兼任，4个办事处工会联合会主席由同级党政副职担任。各工会联合会的委员组成中，至少有2—3名辖区企业工会主席或职工代表，通过民主选举产生。

2005年，临河区委按同级党政副职配齐9个办事处专职工会主席。在撤乡并镇中，一批年富力强的科级干部被调整到街道办事处，任专职工会主席，教育、卫生等科局配备副科级专职工会主席，形成区总工会、乡镇办事处工会、社区工会、非公企业工会四级工会组织网络。国有企业工会组建率100%，非公企业组建率85%。

2007年，临河区总工会辖7个镇、11个办事处工会联合会，16个系统工会，224个基层工会，职工3.3万人，会员2.9万人，职工入会率87%。

2012年，临河区有基层工会组织707个，有副科级工会主席35人，职工5.52万人，会员4.7万人，入会率85%。

2016年，临河区有乡镇、农场和办事处工会联合会22个，基层工会组织828个，职工8万人，会员6.9万人，入会率86%。

三、组织建设

1991—1993 年，临河市各级工会开展"骏马杯"社会主义劳动竞赛。临河市总工会对基层工会主席进行系统培训。临河市总工会被自治区总工会授予全区工会工作先进集体。

1994—1997 年，临河市组建巴彦淖尔盟第一家外资企业工会——维信公司工会，组建西部最大私营股份制企业工会——天马公司工会，组建巴彦淖尔市第一家乡镇企业工会。举办各类培训班 837 期，培训人员 12400 人次。开展社会主义劳动竞赛，设置合理化建议和扭亏增盈活动环节。

2002—2007 年，临河市（区）工会工作被列入临河市（区）党建目标管理考核内容。49 名自治区级劳模的待遇问题得到落实。

2008 年，临河区开展"工人先锋号"创建活动，临河区环卫局清掏队受到自治区总工会的命名和表彰，清掏队队长李启旺荣获自治区五一劳动奖章。

2009 年"工人先锋号"颁奖现场

2009 年，内蒙古经纬建设有限公司获自治区"五一劳动奖状"，金川保健啤酒高科技股份有限公司包装二车间洗瓶机班组获得自治区"工人先锋号"荣誉称号，市政维护处被自治区评为先进职工之家。

2008—2010 年，临河区各级工会开展"基层工会组织建设年""企业工会建设年""千名工建指导员下基层""农民工入会百日攻坚"和工会基层组织建设"二次覆盖攻坚行动"活动。

2010—2012 年，张志德、李凤娥等 9 名同志被评为自治区级劳模，张志德被评为全国劳模。临河区环卫局清掏队荣获中华全国总工会授予的"工人先锋号"荣誉称号；经纬建设有限公司获得自治区"五一劳动奖状"；燕京金川啤酒公司企划部"啤酒制造企业管控一体化信息集成系统建设"成果获全国企业管理现代化创新成果二等奖、自治区一等奖；包装车间李美玲验质班被自治区总工会授予"全区五一巾帼标兵岗"；酒精班长韩强被推荐为自治区百名"金牌工人"。

2013 年，联邦制药环保车间生化运行工段二组荣获"全国工人先锋号"称号；临河区综合执法局清扫队清洁工冯福琴荣获"全国五一劳动奖章"；恒丰食品工业（集团）股份有限公司荣获自治区"五一劳动奖章"。

2014—2016 年，临河区开展教职工能手赛、护理技能大赛、动物检疫技能大比武等活动。联邦制药 406 回收车间 FOB 工段、河套农商行营业部荣获"自治区工人先锋号"称号。7 名市级劳模被评为自治区级劳模。新增农民工会员 4235 名，农民工会员数一共 34056 名。

四、主要工作

（一）维权工作

1994 年，临河市各级工会慰问困难户 2078 户，金额 30 万元。

1995 年，建立 315 户特困职工档案卡，慰问困难户 1000 户，金额 20 万元。

1996 年，建立困难职工档案 375 户，为 230 户 846 人发放优惠卡，慰问困难户 1769 户 6174 人，金额 23.41 万元。

1997 年，成立"送温暖工程基金会"，集资 20 余万元。85% 的单位建立储金会。

1998 年，建立困难职工档案 89 户，为 73 户 260 人发放生活保障金。

1999年，走访困难户1045户，为221户特困职工建立困难档案。在有条件的系统和单位建立"困难职工扶困基金户"，为有信心有能力的困难职工提供创富资金，变输血为造血。

2000年，各级工会进行入户调查，为218户特困职工建立困难职工档案。

2004年，临河区成立困难职工帮扶中心，筹集资金6.8万元，帮扶困难职工家庭81户，救助困难职工76人次（其中医疗救助2人次），资助困难职工子女上学15人（义务教育阶段10人），对370名下岗失业职工进行职业技能培训、提供职业介绍服务；帮助223名下岗职工实现再就业。

2005—2007年，各级工会发放会员优惠卡5500个，受益职工8000人，减免费用3.5万元。总工会变年终慰问为终年慰问，慰问困难职工362户，困难劳模25人，困难学生38名，筹措帮扶资金14.6万元，包括基层工会投入帮扶资金30万元。

2010—2014年，总工会开展送清凉、送健康、送法律进建筑工地活动。临河区国有企业集体合同和工资集体合同签订率100%，非公企业工资集体合同签订率90%，覆盖企业650家，覆盖职工3万余人。授权28个基层帮扶工作站，3000户困难职工实行信息化、网络化管理。

2016年，临河区签订集体合同、工资集体合同31份，覆盖企业326家。筹集资金170余万元，慰问困难职工、农民工900余人。

（二）女工工作

1991年，临河市女职工委员会组建。

2004年，临河区帮扶困难单亲女职工48人。

2005—2007年，培训下岗失业女职工682名，帮助605名女职工实现再就业，扶持12名下岗女职工成为创业带头人。2007年，各基层工会在街道社区开展"手拉手"姐妹献爱心活动。

2008年，临河区有女职工12448人，占职工总数的36%，有工会女工组织196家。

2009—2010年，92名女职工实现再就业。总工会帮扶困难女职工56人，其中单亲女职工34人，发放慰问金1.3万元。

2012年，在内蒙古总工会女职工二届一次会议上，临河区3名女职工受到表彰，车站街道办事处女工委代表作了经验介绍。

2014年，组建女职工组织650个，有女职工2.1万人，女会员1.9万人，职代会中女职工代表占27%，执行《女职工劳动保护特别规定》的企业527个，占临河区企业总数73%。

2011—2016年，临河区总工会联合区妇幼保健院，为2000名困难女职工和女农牧民工进行"两癌"（乳腺癌、宫颈癌）检查，建立实名档案，录入工会帮扶管理系统。走访慰问困难女职工、单亲困难女职工2000人次，发放慰问金320万元；为24名单亲困难女职工子女提供助学金6万元。9个乡镇、11个街道社区卫生服务中心为1万名女职工进行免费健康体检，为7000名女职工进行妇科健康知识指导。先后有5个基层女工委被评为工会先进女职工组织，4个基层女工委被自治区工会女工委评为示范化女职工组织，6名职工荣获"工会先进女职工工作者"称号。妇幼保健院妇一科、燕京金川啤酒公司女子质检班等3个岗位，被自治区总工会评为"五一巾帼标兵岗"，2名女职工分别被授予全国和自治区"五一劳动奖章"。燕京金川啤酒公司"爱心妈咪小屋"挂牌成立。

（三）职工之家建设

1998年，临河市重点加强万丰经济开发区和卫生系统的工会组建工作。开发区有11个企业完成建会任务，卫生系统基层单位全部建立工会组织。

1999年，临河市私立学校和八一乡境内的私营企业开展建会工作，组建私营企业工会组织5个。

2000年，临河市新建工会组织16家。

2007年，临河区团结办事处工会被全国总工会确认为"全国百家示范乡镇（街道）工会"，临河三中被自治区总工会评为"模范职工之家"。

2008年，巴彦淖尔市首家街道工会——解放办阳光社区河套文化街工会委员会成立，并在青年路金都花庭建起500平方米帮扶中心。

2010年，金川啤酒公司、新海公司、恒丰集团、京新药业公司、圣绒公司5家企业被评为自治区规范化企业。金川啤酒公司工会被全国总工会授予"全国模范职工之家"称号。

2014年，临河区建成2000平方米集职工文化、体育、科技、教育等功能于一体的职工文化活动中心。临河区人民医院超声科被评为自治区"模范职工之家"。临河区人民医院心内一科主任霍萍荣获"自治区五一劳动奖章"。

2015年，临河区职工文化活动中心承办了首届全区干部职工体育运动会、"人大代表之家杯"全民健身运动会、政协系统趣味运动会等多项体育赛事。

2016年，建立7个环卫工人爱心驿站，成为自治区工会推进困难职工解困脱困工作观摩点。

（四）民主管理

1999年，临河市总工会调解职工上访18起，结案15起，交劳动仲裁2起。

2000年，总工会推行职代会制度，39个单位签订集体合同。

2001—2008年，中粮屯河临河番茄公司开展工会主席直选工作。

2009年，临河区有196家企事业单位建立厂务公开制度。

2009年，面对金融危机，恒丰公司、金川啤酒公司等8家企业率先与职工代表签订"共同约定行动"确认书，承诺按时足额发放职工工资，适当调整工作岗位和工作时间，确保人人有活干，尽量不裁员或少裁员。

2010年，临河区厂务公开工作受到自治区厂务公开领导小组的表彰。

2010—2016年，临河区加强对党政机关和教科文卫等事业单位的民主管理，在推动政务公开、校务公开、院务公开的基础上，推动非公有制企业建立职工代表大会制度，实行厂务公开。

（五）劳动保护

1991—2006年，临河区督促各用工单位提供必要的安全生产设施、劳动保护用品及职业病防治措施。

2007—2009年，临河区砖瓦厂、脱水菜厂、铸造厂、木材加工厂等小作坊接受非法用工专项检查。开展"安康杯"竞赛，参赛企业19家，参赛人数7000人。

2010—2016年，临河区举办《安全生产法》专题讲座、职业病防治知识培训班。

（六）职工代表大会

1991—2005年，临河市（区）企业转制和涉及职工切身利益的劳动用工、工资分配和企事业重大问题，都提交职代会讨论通过；对国有企业和事业单位领导干部进行民主评议、民主测评。

2006年，团结办事处率先召开"首届职工（会员）代表大会"。此后，临河区9个办事处陆续召开区域性职代会。

2016年，临河区规模以上企业全部实行职代会制度，其他非公有制企业也在努力建立多种形式的职工民主管理制度。

第二节　中国共青团地方组织

一、代表大会

2001年9月，共青团临河市十一届团员代表大会召开，各界团员青年代表173人参加。会上选举出共青团临河市第十一次代表大会委员25名、候补委员9名。

二、组织机构

（一）共青团临河委员会

1991年，共青团临河市委有机关工作人员13名，内设办公室、组织部、宣传部、学少部，下设机关团委。

1992—1997年，共青团临河市委有工作人员11名，内设办公室、团务部、学校部、经济实业部。六年来，团市委共表彰红旗团委56个，先进团委65个，红旗团支部68个，优秀共青团员1名。连年被评为巴彦淖尔盟共青团工作先进单位。1992年、1995年分别荣获"全盟希望工程优秀组织奖"和"青年实业工程先进集体"。1997年被临河市委、政府评为"实绩突出单位"。

2000年，临河市有青年9.2万人，团员1.85万人，有63个基础团委，161个团总支，1500个团支部。有少先队员53760人，设少先队总队20个，大队200个。有总辅导员1人，总队辅导员20人，大队辅导员200人。

（二）区少先队工作委员会

团区委和少工委内设机构为：办公室、少工委办公室、组织部、宣传部、青工农牧部、学校部、直属机关团委。2008年，机关人员编制8名，有人员8名，团区委下辖基层团委56个，直属团总支4个，直属团支部9个，少先队大（总）队36个，共有团员2.3万人，少先队员3.6万人，团区委机关设一个党支部，党员7名。

（三）共青团基层各级委员会

到2016年12月，临河区直各科局、乡镇、街道社区等共有基层直属团委115个、学校团支部455个、在校团员14835人、在校少先队员28667人。"两新"（新经济组织、新社会组织）团组织从1997年的60个发展到2016年的309个。

三、组织建设

1994年，临河市各村团总支书记兼任村委会科技副主任一步到位，有76名团干部参加过团中央、内蒙古自治区团委、全国少工委组织的培训班。基层团委由1991年的50个发展到1997年的60个。临河市团员总数由1991年的1.5万人上升到1997年的1.7万人。推荐优秀入党工作成为团员入党的主渠道。1991—1997年，有730名团员经团组织推荐入党，为党组织注入新鲜血液。

1995—1997年，是实施农村基层团组织建设规划的第一个三年，团委以推进基层团组织整体化建设为特点，使乡村两级团组织进一步活跃。

2000年，临河区有63个基层团委。推优入党337人，成为青年入党的主渠道。有共青团员1.85万，团员人数占青年人数的比例为20%。

2009年，推进基层团委书记直选试点工作，完成白脑包镇团委书记直选工作。组织小学辅导员、中学团干部、科局，镇、办事处团干部赴自治区团校进行业务培训。企业在上一年已有团建试点单位13个的基础上，又在鸿臣物业公司、包商银行巴彦淖尔分行等"两新"组织建立团组织。

四、主要工作

（一）青少年工作

1995年5月4日，共青团临河市委举行第一次18岁成人宣誓仪式。

1998—2000年，各级团组织开展不同内容的演讲、征文、座谈、知识竞赛。

1999年，团市委专门编制爱国主义教育系列讲座，对新生进行系列教育。各校都聘请法制副校长和校外法制辅导员，建立校外普法教育基地。

2000—2016年，共青团临河市（区）委开展各类青少年主题教育引导活动，开展系列演讲、主题团会、书画比赛。围绕"我的中国梦"开展"关心帮助残疾人，实现美好中国梦"助残文艺汇演、"共圆中国梦法制进校园"讲座、"与人生对话——我的中国梦"演讲比赛等系列活动。开展"缅怀先烈、报效祖国"主题升旗仪式，"三年跑完长征路"红色体育锻炼系列活动等。评选出全区五四红旗团委（团支部）、优秀共青团员、优秀共青团干部、优秀志愿者、优秀志愿服务队、优秀志愿者之星、优秀创业青年、农牧区青年致富带头人、最美青工等。加强网评员、网宣员、网络志愿者和青年好网名四支队伍建设。

1. 跨世纪青年文明工程

1991—1994年，每年3月5日，共青团临河市委、临河市市少工委组织全市青少年志愿者在盟影剧院广场进行益民便民活动。

1991—1995 年，发动团员青年 1.2 万人植成片林 15.3 万亩，完成黄河防护林二期工程任务。

1991—1997 年，青年团员 4 万人奔赴新丰乡、图克乡、城关乡、马场地乡，完成抢收小麦、挖渠、修路、割草等多项支农突击任务。

1998—2000 年，临河市形成以敬老院和弱势人群为服务对象、以成人预备期志愿服务为主要方式的共青团工作体系。

2000 年，临河市结成"一助一"服务链 730 对。69 个市级青年文明号开展"一个文明号救助一个贫困户"活动。

2. 跨世纪青年人才工程

1996—1998 年，临河市组织实施"一二三九"科技培训计划，青年受训率 90% 以上。培养自治区级青年星火带头人 6 人，市级星火带头人 168 人，乡级星火带头人 1200 多人。共签订导师带徒协议 320 对。对青年星火带头人提供产前、产中、产后服务，帮助他们解决资金、信息、技术等方面的困难。

2000 年，召开科技培训大会 190 次，培训青年 8.7 万人次，发放农业科技资料 7.7 万份。

3. 服务万村

1991—1997 年，临河结成厂村结对单位 5 对，分别是：临河啤酒厂—古城乡红柴村，临河化肥集团公司—新华镇隆强村，临河糖厂—白脑包乡召滩村，临河二中—曙光乡永强村，恒丰集团—城关乡治丰村。结对企业学校为农村提供信息、资金、技术，推动农村工作的开展。

4. 希望工程

1994 年，古城乡创建内蒙古西部地区第一所希望小学。

1998—2000 年，通过服务万村行动，临河市形成乡有科技图书站，村有青年星火带头人服务队，每村有重点推广项目的局面。

（二）青少年权益

2012 年，共青团临河区委申请到"茅台助学"

"加多宝助学""圆梦大学"等助学项目资金 10 万多元，帮扶 30 多名贫困大学生。

2015 年，申请到"希望工程圆梦行动"6 万元的项目资金，帮扶 30 名贫困大学生入学。

2016 年，团区委扩充"青年之声专家库"，从线下转到线上为青少年服务，通过"一万个家庭计划"，为曙光乡学校 30 名青少年找到帮扶对象。

（三）团建工作

2012 年，临河区注册青年志愿者人数 2000 余人，2015 年为 18000 人。志愿者协会由 6 个增长到 35 个。

2014—2016 年，共青团临河区委开展"建设更美家乡、共筑中国梦"活动。青年志愿者活动由过去的被动转变为自发组织。300 家"两新"组织建立团组织，覆盖全区商业、零售、餐饮、旅游、服务等各行业。

五、少先队工作

（一）组织建设

1995—1998 年，临河市启动跨世纪中国少年雏鹰行动。共青团市委开展"面向新世纪、临河少年争先创优戴奖章"为主题的雏鹰行动。

1999—2000 年，完善雏鹰奖章活动运行机制，参与率 100%，获章率城区 90%，农村 75%。自治区团委、教育厅、少工委将临河市定为少先队素质教育实验市。在中小学手拉手活动中，辅导员结成手拉手 703 对，少先队员结成手拉手 7132 对。

2008—2016 年，共青团市委注重运用情感、艺术、时尚元素和新媒体开展少先队工作，提供培训规格和技能技巧大赛平台，加强少先队辅导员队伍建设和农村少先队组织建设，主动跟进义务教育均衡化发展的政策措施，对边远地区少先队工作给予指导帮助。

（二）思想教育

1990—2011 年，共青团临河市（区）委以"雏鹰行动"为重点，抓好学校少年儿童的思想引领工作。

2012—2016 年，共青团临河区委根据少年儿童的年龄特点，突出思想政治引领的灵魂，培育践行社会主义核心价值观。加强分类教育和引导，注重少数民族少年儿童的团结工作，增强少年儿童的思想共识。组织开展主题队会、社会实践活动、系列队日活动等。举办网上祭英烈、清明节祭扫烈士陵园等活动。

（三）服务少年儿童

金川办事处、解放办事处、汇丰办事处、北环办事处、团结办事处 5 家街道社区，建成高标准化的"青年爱里"，设了 12355 青少年心理咨询室。同步建立教育、卫生、环保、交通、网络、公安等 6 支青年志愿服务队伍，服务少年儿童。

（四）少先队自身建设

少先队队室、红领巾广播站、红领巾报等校内阵地，在学校教育教学中发挥了积极作用，凸显了少先队组织的自身特点。队课、班会课不断改革创新，符合少年儿童身心成长，教育意义和吸引力达到平衡状态。每所学校建立 1—3 个校外德育基地，校外活动园地普及率 100%。城镇和农村少先队员的雏鹰行动参与率分别为 100% 和 82%。

第三节 妇女联合会

一、代表大会

2001 年 8 月，临河市第十四次妇女代表大会召开。

二、组织机构

（一）临河市（区）妇联

1991 年，临河市妇女儿童联合会内设办公室、发展部、权益部、儿童部、组宣部。

2001 年，临河市妇女儿童工作委员会办公室设在临河市妇联。

2002 年，临河市妇女儿童联合会内设办公室、发展部、权益部。有行政编制 6 个，工勤编制 1 个。

2004 年，临河区妇女儿童联合会内设机构、人员编制不变。

2016 年，有在职工作人员 10 人，退休人员 3 人，班子职数为一正一副。

（二）基层妇联组织

1991—2016 年，基层妇联工作组织机构健全、工作制度完善、干部队伍壮大、人员素质提高、活动阵地增多，妇女工作充满活力。

2010 年，临河区妇联依托 151 个村级组织和 51 个社区居委会活动场所，建立"妇女之家"。到 2016 年，9 个乡镇、2 个农场、11 个办事处、151 个村和 51 个社区居委会全部建立妇联组织，村妇代会主任进"两委"率 100%。33 个区直单位组建妇委会，符合成立条件的新经济组织和新社会组织中成立妇委会 105 个。

三、组织建设

2003 年 6 月 23 日，临河市第一支巾帼志愿者服务队成立。

2015 年，临河区各乡镇、办事处以及区直单位分别成立巾帼志愿者服务总队，临河区有巾帼志愿者服务总队 30 支，志愿者 550 名。坚持多渠道、多层次培养选拔女干部，妇联班子成员均承担区人大代表、政协委员职责，多年来共提交提案、议案 67 个。区级人大代表中女性比例为 26.67%，人大常委会委员中女性比例 33.33%；政协委员中女性比例 31.9%，政协常委中女性比例 25.7%。公务员中少数民族女干部比例为 3.75%。

四、主要活动

（一）参政议政

2001—2016 年，妇女发挥"半边天"作用，参政议政，建言献策，推动社会性别意识纳入社会发展和决策主流。开展"巾帼建功""双学双比"竞赛活动、"春蕾计划""五好文明家庭""双合格"等活动。

（二）巾帼建功竞赛活动

1991—1997 年，临河市妇联开展建国立业、岗位练兵、技术比武等活动。举办岗位培训 36 场，参加人数 3540 人次。参观学习和经验交流 40 次，参加人数 1200 人次。95% 以上的女职工参与竞赛活动。临河市妇联成立再就业领导小组和巾帼服务中心，举办 4 场妇女再就业报告会，470 人参加。

1998—2000 年，临河市形成以下岗女工再就业、创建"巾帼文明示范岗"为支柱的城镇妇女工作主框架。举办各类岗位培训 40 场，参加人数 3450 人次。组织下岗女工再就业事迹报告会 12 场，听众 1375 人。举办各类岗位培调和技术比武 82 场，参加人员 6000 人次。举办各种专业免费培训班 2 期，培训下岗人员 396 人。协助有关部门为下岗女工牵线搭桥 33 人，建立 2 个下岗人员培训基地。

2001—2016 年，临河市（区）开展"服务创一流、巾帼展风采"活动。

2016 年，临河区创建各级"巾帼文明岗"48 个，其中国家级 6 个，自治区级 1 个，市级 14 个，区级 27 个；选树全国"三八红旗手"3 名，城乡岗位建功标兵 4 名；自治区城乡岗位建功标兵 5 名。

（三）文明家庭评选活动

1991—1999 年，临河市评出"五好文明户"5688 户。

2000—2016 年，临河市（区）开展"改陋习、树新风、美德在家庭""妇女·家园·环境""小公民道德建设""不让毒品进我家""文明楼院""优秀读书家庭""爱我家园，与健康同行""建设绿色家园""重家政、正家风、变家貌"等主题活动。2003 年，新华镇哈达村被确定为"改陋习、树新风、美德在农家"示范点。开展的"健康快车开进村、我陪婆婆做体检"等系列活动，推动了文明村镇建设。2004 年，临河区妇联获自治区妇女联合会"改陋习、树新风、美德在家庭"活动先进集体。

2007 年，临河区获全国"五好文明家庭"荣誉称号 2 户，自治区"五好文明家庭"19 户，市级 38 户，区级 275 户。

2014 年，临河区妇联在全区范围内开展寻找"最美家庭"活动。

2016 年，妇联依托城乡 202 个"妇女之家"，开辟宣传栏、设置推荐站 63 个，发放宣传海报、倡议书 1 万份，晒家庭照片 1100 余幅，举办"最美家庭"故事会、家风家训评议会 76 场（次），收集展示"家风家训"400 余条，评选出"最美家庭"76 户。其中获自治区级"最美家庭"4 户，市级 10 户，区级 30 户。

（四）双学双比竞赛活动

1991—1997 年，临河市开展实用技术培训和新技术推广活动，到 1997 年底，有 95% 的妇女掌握两项以上实用技术，15630 名妇女取得绿色证书。

1998—2000 年，在"学文化、学技术、比成绩、比贡献"为内容的"双学双比"竞赛活动中，一些女农民技术员成为乡、村、社的科技骨干。

2001—2016 年，临河市举办各类实用技术培训班 1200 期，培训妇女 10 万人次，一大批有文化、懂技术、会经营的新型农村妇女茁壮成长。扶持一批科技含量高、经济效益好、竞争能力强、示范带动面广的各类"妇"字号基地。引导农村妇女领办、创办 19 个专业合作组织，覆盖种植、畜牧、流通、蔬菜、农机等 10 多个领域，培养出 13 名"农产品女经纪人"。

2016 年，临河区创建市级"十全美丽庭院"示范点 1 个，区级示范点 5 个，乡镇级示范点 18 个，挂牌示范户 180 户。共创建各级"美丽庭院"示范村 63 个，"美丽庭院"示范户 1000 户，"庭院经济"示范户 33 户。

（五）维权工作

1991—1996 年，临河市举办法律培训会 720 场，培训妇女 6.6 万人次；接待来信来访 750 件，协调配合处理 523 件，转办 192 件，结案率 95.2%。

1997—1998 年，举办法律培训班 160 场，培训妇女 1.6 万人次，接待来信来访 120 件，协调处理 80 件，转办 30 件。

1999 年，举办法律培训 160 场，培训妇女 1.7 万人次，接待来信来访 41 件，协调配合处理 39 件，结案率 95.1%。

2000—2016 年，临河市（区）妇联向人大、政协提交了反家庭暴力、妇女法律援助等多项人大建议和政协提案；成立了由 16 个部门组成的维护妇女儿童权益工作领导小组。法院成立"妇女儿童合议庭"，公安局成立"110 家庭暴力报警中心"，司法局成立"妇女儿童权益保护中心"，法律援助中心在妇联设立"妇女儿童工作站"。将援助工作扩展到基层，聘请妇女维权志愿者，建立区、镇（办事处）、村（社区）三级妇女维权网络。

2016 年，临河区建立 167 个婚姻家庭纠纷调解室。2012 年起，实施"中央彩票公益金法律援助"项目，接受援助案件 104 件，援助资金 12.6 万元；中央专项彩票公益金"两癌"专项救助金项目实施，30 名农村"两癌"贫困妇女获得救助，累计发放救助金 30 万元。

（六）救助工作

1991—1996 年，临河市妇联办好事、实事 600 余件。

1997 年，妇联组织开展的"我为贫困儿童献爱心"活动，有 45 个单位、20 个乡镇，对 117 名贫困儿童进行救助，资助金额 19324 元，资助衣物 170 件。有 23 个单位表示会资助到初中、高中，有 3 个单位表示会资助到大学。

1998 年，45 家单位对 117 名贫困女童进行救助，资助金额 19324 元、衣物 170 件。开展的"春蕾女童"救助活动，基本形成"爱护贫困女童、教育贫困女童、为贫困女童办实事"的良好社会氛围。到 2016 年，累计救助儿童 2337 人次，救助金额 62.94 万元。

1999 年，45 家单位和 19 个乡镇对 171 名贫困户女童进行教助，资助金 353 元、衣物 236 件。

2000 年，有 69 家单位对 182 名贫困女童进行救助，资助金额 67780 元、衣物 442 件、学习用品 350 件。其中 52 个单位救助 56 名贫困女童，有 3 个单位表示会将包扶孩子资助到大学毕业。

2011 年，新华镇成立临河区第一家"留守流动儿童爱心服务站"。区妇联争取自治区项目，在车站办金穗社区建立巴彦淖尔市首家自治区级"关爱留守流动儿童家园"，争取价值 5 万元的设施和活动器材。组织 10 名留守流动儿童免费赴京参加"草原儿童心向党夏令营活动"。开展"周末妈妈"活动，结对 38 对，举办爱心结对仪式 2 次。

2015 年，160 名爱心妈妈为贫困孤残儿童编制爱心毛衣 1000 余件，组织爱心捐赠仪式 3 次。

五、荣誉

1997 年，临河市妇女儿童联合会被内蒙古自治区妇联评为全区"巾帼建功"先进协调组织。

1998—2000 年，被自治区妇女联合会评为先进集体。

2004 年，被评为自治区"改陋习、树新风、美德在家庭"活动先进集体、自治区第四届实施"春蕾计划"先进集体。

2005 年，被确定为全国实施"两纲"示范县、荣获全国"五好文明家庭"地市县级先进协调组织。

2006 年，被评为自治区第五届实施"春蕾计划"先进集体。

2007 年，被评为自治区"双学双比"活动先进集体。

2010 年，被评为全国维护妇女儿童合法权益先进集体、自治区"三八"红旗集体、自治区"双学双比"先进集体、自治区妇联基层组织建设示范旗县（区）。

2011年，被自治区妇儿工委评为实施"两纲"先进集体。

2012年，被评为全国家庭教育工作示范县市区、自治区实施妇女儿童发展纲要先进集体。

2014年，被评为自治区"维护妇女儿童权益贡献奖"先进集体。

第四节　科学技术协会

一、机构

1991—2005年，临河市科学技术协会与临河市科学技术委员会两块牌子，一套人马。1996年，任命副主席2人，主席由科技局局长兼任。

2002年，临河区科学技术协会有事业编制2名，主席1人，副主席1人。

2006年1月，临河区科学技术协会机构单设，新增事业编制3名。

2016年，有事业编制5名，主席1人，副主席1人，工作人员3人。内设两部一室：科普部、青少学会部、办公室。

二、学会工作

（一）学术活动

2009年3月，临河区科学技术协会组织临河区50名科技工作者参加巴彦淖尔首届"金川杯"中青年学术论坛活动，临河区2篇论文获奖。5月18日，组织14名科技人员参加巴彦淖尔市设施农业培训班。

2012年9月4—5日，临河区科学技术协会邀请台湾嘉义市新港乡农会总干事、农业指导员郭家宏专家，就甜瓜种植及市场发展前景等内容，进行学术技术交流。

（二）调研考察

2012年6月5—6日，"台湾"兰阳技术学院健康休闲管理系助理教授陈清渊、"台湾"云林丰荣合作农场理事主席林岵屺在内蒙古科协副主席闫伟、内蒙古科协国际部部长李纯黎等的陪同下，到临河区各现代农业示范园区调研考察。

（三）科普工作

2006年10月，临河区全民科学素质工作领导小组成立。10月20日，全民科学素质工作领导小组召开第一次会议。

2007—2016年，临河区实施青少年科学素质行动、农民科学素质行动、城镇劳动人口科学素质行动、社区居民科学素质行动、领导干部和公务员科学素质行动。

2011—2015年，临河区开展"三下乡"、科技周、全国科普日等大型品牌活动25次。

河套大学学生在科普宣传活动中发放传单

2010—2016年，每年举办全国科技活动周暨科普活动宣传周、全国科普日等大型科普宣传活动4次以上。组织广大科技工作者、科普志愿者及社会力量，深入乡村、社区、企业、机关、学校、公共场所，开展低碳生活科普集中宣传活动。开展"科普进公园""科普进社区""科普进校园""科普进军营"活动。

（四）创建工作

2005年，临河区开展申报创建全国科普示范城区工作。

2006年，成立以政府区长为组长，区委分管副书记、政府分管副区长为副组长，46个部、委、办、局、镇、办事处领导为成员的临河区创建全国科普示范区领导小组。

2010年，临河区重新申报全国科普示范区创建活动。

2011年，临河区协调各部门、乡镇、办事处开展全国科普示范区创建工作，分解细化创建任务。4月，通过自治区科协代表中国科协对临河区创建"全国科普示范区"工作的检查验收。5月，在中国科协八大会议上，临河区被中国科协命名为2011—2015年"全国科普示范县（市、区）"。

（五）社区科普

2012年，临河区实施"社区科普益民计划"，新建一支30人的科普志愿者队伍，75%以上的社区完成"一室一栏一队伍（社区科普志愿者队伍）"建设。

2013—2016年，临河区每年结合特定活动日开展科普进社区、科普进广场等专题宣传活动。

2015—2016年，金川社区、汇丰社区、解放社区、团结社区均建立社区科普大讲堂，开展每月2次的健康保健、公民道德、疾病预防、传统文化等各类科普知识讲座。

三、设施建设与科技培训

（一）科普设施

2006—2007年，临河区有108个村和70个社区建起党建、文化、科普综合活动室，活动室均配备科技书籍、杂志、影碟、科普挂图等。在城区广场、公园、社区、学校等地建设7处10米以上的科普画廊、宣传栏，其中2个被命名为全国科普示范画廊。

2011—2015年，各街道办事处、社区开展"一站一栏一员"建设，新建科普宣传栏25个，喷印系列主题科普宣传挂图108平方米。争取上级投资，资助社区科普设施20套，建设科普画廊2处，发放科普挂图、科普图书1.9万余册。新华镇蔬菜协会新建宣传栏1个，八一乡联丰村配备电脑8台、音响设备1套，重新安装、维护科普画廊1处。

（二）科技培训

2000—2016年，临河市（区）培训农民和镇村组三级技术骨干171.14万人次，80%以上的农村劳动力接受了科技培训，每户有一名科技明白人，掌握2—3项适用增产增收技术，解决了制约农村发展的"瓶颈"问题。

（三）科普项目

2006—2016年，临河区科协申报并获得国家、自治区科技项目情况如下：

表8-2-1　　　**2006—2016年临河区科协申报获得国家、自治区项目**

单位：万元、个

年份	项目名称	受表彰集体（个人）称号	受表彰数	受表彰集体或个人名称	奖补资金	表彰部门
2007年	科普惠农兴村计划	中国科普惠农兴村先进单位	1	临河区新华镇蔬菜协会	20	中国科协财政部
2009年	科普惠农兴村计划	内蒙古自治区科普惠农兴村先进单位	1	临河区渔业协会	5	内蒙古自治区科协财政厅
2010年	科普惠农兴村计划	全国科普惠农兴村先进单位	1	临河区八一联丰科普示范基地	20	中国科协财政部

续表

年份	项目名称	受表彰集体（个人）称号	受表彰数	受表彰集体或个人名称	奖补资金	表彰部门
2011年	科普惠农兴村计划	全国科普惠农兴村带头人	1	张毅敏	5	中国科协财政部
2011年	科普惠农兴村计划	全国科普惠农兴村先进单位	1	临河区渔业协会	20	中国科协财政部
2012年	基层科普行动计划	全国基层科普行动计划先进单位	1	临河区车站办事处金穗社区	20	中国科协财政部
2013年	基层科普行动计划	全国基层科普行动计划先进单位	1	临河区金钥蔬菜产业科普示范基地	20	中国科协财政部
2014年	基层科普行动计划	全国基层科普行动计划先进单位	1	浩彤现代农业科普示范基地	20	中国科协财政部
2015年	基层科普行动计划	全国基层科普行动计划先进单位	1	临河区嘉禾天成农牧业科普示范基地	20	中国科协财政部
2015年	基层科普行动计划	内蒙古自治区基层科普行动计划农村带头人	1	曹瑞峰	4	内蒙古自治区科协、财政厅
2016年	基层科普行动计划	全国基层科普行动计划农村带头人	1	贾俊岐	5	中国科协财政部
2016年	基层科普行动计划	内蒙古自治区基层科普行动计划先进单位	1	临河区金川社区服务中心	8	内蒙古自治区科协、财政厅

（四）科技扶贫

2002年，临河市科学技术协会和临河市科学技术委员会组织包扶养羊户进行科技培训8次，发放科技资料1200册；捐献各类衣物50余件，捐助现金890元；为包扶养羊户无偿投放"兴牧宝"3件，折款900元。

2003年，开展科技培训2次，为草粉微贮户提供"兴牧宝"产品；为新道村、八一村补贴购买草粉机3台。

四、科技工作者

（一）优秀论文征集

2011—2015年，征集优秀论文40篇，参加内蒙古自治区自然科学学术论文征集活动。

（二）举荐科技人才

2010—2011年，培养临河区级学术技术带头人20名，评选中青年科技人才突出贡献奖10名，选拔推荐市级中青年突出贡献奖3名。

2012—2015年，培养中青年学术技术带头人25人，被巴彦淖尔市科学技术协会认定培养对象14名，选拔中青年突出贡献奖15名，被巴彦淖尔市科学技术协会表彰奖励24名，培养科技带头人75人。每年组织科技人员和学术带头人，参加各类技术创新培训班和现代农业研修班150人次。

（三）志愿者工作

2014年2月，临河区12个行业部门的80名科技人员，申报注册成为临河区科普志愿者。4月16日，临河区科普志愿者工作队建立。5月，从中遴选出40名志愿者加入巴彦淖尔市科普志愿者工作队。

2015—2016年，临河区年度科普志愿者工作会议召开，会议制定对科普志愿者志愿服务的日常监管、活动登记、星级认定和表彰奖励制度。科普志愿者深入基层一线和公共场所开展科普讲座、科技培训172次，培训人数2.5万人。开展科技咨询等科普活动1625次，发放宣传资料12.2万份、书籍4.8万本，服务群众18万人次。2016年，临河区科普志愿者人数增加到91人。

五、企业科协

1985年8月，金川保健啤酒高科技股份有限公司科学技术协会成立。

1999年11月，金川保健啤酒高科技股份有限公司"医饮两用矿泉饮品项目"，被国家科技部等五部委批准为国家重点新产品；"年产8万吨功能性矿泉饮品"项目被列入国家火炬计划。

2001年2月，金川保健啤酒高科技股份有限公司被认定为"国家级火炬计划重点高新技术企业"。金川保健纯生啤酒2万吨技改扩建项目被评为二等奖。

2003年，金川保健纯生啤酒新产品开发获巴彦淖尔盟科技进步一等奖，同年获自治区科技进步三等奖。

2005年，内蒙古自治区科技厅招标项目，"金啤高科管控一体化信息集成系统"中标，获内蒙古自治区科技厅10万元资助。

2006年，内蒙古自治区科技厅招标项目，"金川保健啤酒辅助抑制肿瘤的开发研究"立项，于2008年4月28号通过成果鉴定。

2009年12月，金川保健啤酒高科技股份有限公司再次被评为"国家高新技术企业"（2001—2009年连续九年获此殊荣）。是全国所有酿酒行业唯一获此殊荣的企业，为此企业享受五年免征33%的产品所得税优惠政策及相应优惠政策。

六、青少年科技教育

（一）科技创新大赛

在自治区举办的第26—30届青少年科技创新大赛中，临河区有69项作品获得一、二、三等奖，

有4名教师获自治区科技辅导员科技创新成果二、三等奖，有4所学校分别获青少年优秀科技实践活动展集体二、三等奖。

图为临河区青少年机器人竞赛现场

（二）辅导员队伍建设

2011—2016年，临河区科学技术协会培训科技辅导员20次、1050人。推荐上报优秀辅导员论文106篇。2016年，有1名辅导员被评为自治区优秀科技辅导员，有22名教师被评为市级优秀科技辅导员。

（三）示范学校和基地建设

2007—2011年，临河区共有10所中小学校被巴彦淖尔市科协命名为青少年科技教育示范学校。

2012年，有5所中小学校被重新命名为市级青少年科技教育示范学校。

2016年，临河区第五中学、第九小学被评为自治区级优秀科技示范校，临河区六中、临河区八小的科技创新活动形成自己的品牌。

第五节　归国华侨联合会

一、机构

2014年9月，第一次归侨侨眷代表大会召开，临河区归国华侨联合会成立，选举产生首届侨联领导班子。

2016年，临河区侨联有15名委员，9名常委，

下设 5 个居民侨联基层小组及内设秘书处与外宣部 2 个股室。

二、主要活动

2015 年 3 月，开展"侨联服务民生月"活动，解决涉及广大归侨、侨眷的"衣食住行、保教医就"等问题。合计解决困难归侨、侨眷养老保险 17 人，农村脱贫 7 人，职业技能培训 60 人次，扶持创业 6 人，免费体检 160 人次，帮助贫困侨生上学 27 人，解决无房侨户公租房 36 户。8 月，开展"侨法宣传周"活动。9 月，华侨村西片 22 户房屋被征收，归侨、侨眷回迁 30 套楼房。临河区原有华侨村依金川大道分为东西两片，西片拆迁侨民住户 26 户 153 人，拆迁占地面积 7800 平方米，拆迁建筑面积 2860 平方米，回迁楼房 36 套 3573 平方米。9 月 23 日，自治区侨联主席史晴深入临河侨民新村进行调研。

2015 年 9 月 23 日，自治区侨联到临河区侨民新村 5 名困难归侨、侨眷家中慰问

第六节　工商联合会

一、代表大会

2007 年 1 月 5 日，第十四届会员代表大会召开，出席代表大会的代表 117 人。大会审议通过第十四届执委会工作报告，选举产生新一届执行委

员、会长、副会长。

2011 年 12 月 15 日，第十五届会员代表大会召开，出席会议的有临河区四大班子领导及特邀代表 41 人，工商联会员代表 183 人。会议选举产生第十五届临河区工商联主席（会长）1 人，专职副主席（副会长）2 人，秘书长 1 人，兼职副主席 19 人，兼职副会长 17 人，执委 105 人，常委 53 人。

二、组织机构

1998—2000 年，临河市工商联内设办公室、信息咨询办、法律咨询办。在岗人员 16 人。

2016 年，临河区工商联有专职党组书记 1 人，主席 1 人，专职副主席 2 人，主任科员 3 人，秘书长 1 人，不驻会副主席、副会长 25 人，常委 47 人，执委 100 人，有会员 187 人。内设办公室、经济部、会员部 3 个部室。

三、主要工作

（一）服务经济

1995—2000 年，临河市工商联确定每年到会员企业办实事。

1999 年，为会员企业办实事 28 件，提供商品供求信息 700 余条。邀请全国各地 18 个工商社团的 56 位朋友来临河考察投资环境。

2000 年，工商联深入到会员企业 38 次，为会员企业办实事 20 件。深入到各乡镇非公有制经济人士中，为他们提供农副产品供求信息。帮助会员企业在干召庙成立集种植、养殖、加工和销售四位一体的养殖基地；帮助新华分会建立外销服务中心。

2005 年，临河区工商联成立乡镇工商联分会。

2006 年，担任各级人大、政协、工商联领导班子的非公有制经济代表人士 128 人。6 月，成立办事处工商联分会。

2008 年，号召非公有制经济人士为灾区捐款 10.7 万元，向教育基金会捐款 32 万元，捐助 160

名贫困学生。

2009年，工商联通过对接交流，内蒙古交通银行为8家企业授信贷款4000万元。

2012年，工商联与内蒙古交通银行、临河包商银行、内蒙古信达投资、民生银行呼和浩特分行联系，开展银企对接，为恒丰、富川、兴农农资等多家企业协调贷款10亿元。

2013年，工商联组织20多家企业参加银企对接会议，为种子协会和副食百货协会发放贷款1.5亿元。

2014年3月，工商联组织银企对接活动，签约项目3个，合同签约贷款2亿元。

（二）光彩事业

1991—1995年，临河市工商联在光彩事业方面累计引进资金600万元；民营企业在全市黄河抢险、抗震救灾、创文明城市、支持教育事业等方面累计捐款260万元。

从1996年开始，连续三年组织民营企业资助贫困中、小学生。

从1999年开始，工商联组织全市18家民营企业资助贫困大学生。

2000年，成立临河市光彩事业促进委员会。民营企业家捐款资助57名贫困大学生。

2008年，四川汶川地震后，工商联组织企业捐款10.7万元。争取教育基金会捐款32万元，用于捐助160名贫困学生。

2012年，动员企业为抗涝救灾捐款117万元，为300名贫困大学生捐款80万元，为白血病患儿岳奋春捐款10万元。

2013年4月，工商联组织会员企业20余人前往深圳等地考察学习。组织32家企业赴宁夏大武口参加"同心同德进步"家乡企业联谊活动；7月，对包扶贫困户进行走访慰问，为每户送去500元慰问金；9月，组织企业参加2013·中国二连浩特中俄蒙经贸合作洽谈会。

2016年7月，会员企业参加巴彦淖尔市非公经济大讲堂和理想信念活动4次，参加人数680多人。

（三）再就业工作

1997年10月，临河市成立下岗职工再就业服务社。

1998年6月，会员企业联合成立"临河市下岗职工再就业市场"，建立下岗职工再就业档案，建成巴彦淖尔盟首家再就业培训基地。

1997—2000年，临河市有386名下岗职工在临河市总商会帮助下，进入46家民营企业就业。

2000年8月，下岗职工再就业农场兴建彩色水泥方砖厂，安置下岗职工30名。

第三章　社会团体

第一节　文学艺术界联合会

一、机构

1991年8月，临河市文联机构独立后，广泛联系文学、美术、书法、摄影、音乐、舞蹈、戏剧等专业和业余作者，于8月10—11日召开临河市第一届文艺工作代表大会。

2015年3月21日，临河区作家协会成立。

2016年8月8日，临河区美术、书法、摄影家协会成立。

2016年12月9日，临河区音乐舞蹈家协会成立。

二、文学创作

1991—2016年，每年召开一次文艺创作座谈会，作品发表数量与质量不断提升，临河作者创作出版长篇小说、诗集、散文集60部，推荐参加"五个一工程""骏马""索龙嘎"等奖项评选作品80件。

三、艺术创作

1991—2016年，临河区艺术工作者出版美术、书法、摄影、剪纸类作品集22部。创作优秀绘画作品630幅、书法作品3700幅；在各级刊物媒体发表优秀书法、美术、摄影作品1160幅。出版音乐专辑16部、歌曲单曲140首。推荐参加自治区"五个一工程"、艺术"萨日纳"奖等奖项作品75件。

四、民间艺术传承

1991—2016年，临河民间艺术家坚持走访民间艺人，收集民间艺术资料，努力发展民间艺术，民间文学、民间工艺美术、民间戏曲、民间曲艺、民间音乐、民间舞蹈、民间收藏、民俗文化均有所发展。尤为突出的是以白玉山、任继平为代表的民间红色收藏，以刘艳杰、田二其、郭广顺、吕艳玲等为代表的民间工艺美术，以魏智英、白宝玉等为代表的奇石收藏，以王占昕、李发宝、史满栋等为代表的民间曲艺，以张志国、段庆昌等为代表的民俗文化研究，呈现出百花齐放的文艺新态势。

五、刊物创办

1991年6月，创办《临河文艺》。

1992—2001年，《临河文艺》停刊。

2002年，《临河文艺》复刊。

2007年更名《西部风》。

六、文化交流

1991—2016年，临河地区文学、书画、美术、音乐舞蹈等各类艺术工作者，参加市、自治区和外省区各类活动及赴外地学习交流 1650 人次，邀请外地名家来临河参加文化交流研讨等活动 610 人次。1999 年 12 月 1 日，召开文艺工作创作座谈会。

七、协会工作

2015 年，临河区文联按照文学、书法、美术、戏剧、影视、音乐、舞蹈、民间文艺等各艺术门类的发展需要，确立了各文艺协会筹备工作组。

2015 年 3 月 21 日，临河区作家协会成立。

2016 年 12 月，又陆续成立 4 个协会，共 5 个协会组织，会员人数 410 人。

第二节　残疾人联合会

一、代表大会

1991 年 5 月 17 日，临河市残疾人联合会第一次代表大会召开。

1994 年 8 月 16 日，第二次代表大会召开。

1998 年 12 月 27 日，第三次代表大会召开。

2008 年 3 月 13 日，临河区残疾人联合会第一次代表大会召开。

2013 年 4 月，第二次代表大会召开。

二、机构

1992 年，临河市残疾人联合会与临河市民政局合并，两块牌子，一套人员。

1993 年，临河市残联单列分设，编制 7 人，内设办公室、群众工作就业部、宣传教育文体部、康复部。成立残疾人工作领导小组。

1998 年，成立临河市残疾人劳动服务所

三、主要活动

1996 年，临河市残疾人联合会被自治区评为

残疾人事业"八五"工作先进市。

2004 年，临河区 9 个街道办事处组建社区残疾人协会组织，调查摸底、登记造册、建档立卡工作同步展开。

2005 年，成立临河区第二次全国残疾人抽样调查组织机构。

2006 年 2 月，临河区组织参加自治区对抽样调查样本业务骨干的培训。11 月，残疾人示范社区工作通过自治区检查验收，团结办事处新村社区被自治区确定为全区 40 个示范社区之一。

2007 年，自治区残疾人抽样调查办公室对小召镇西乐村委会第二小区、解放办联通社区居民委员会第七小区的 56 户残疾人家庭进行监测。

2008—2013 年，临河区每年开展一次残疾人状况调查。

2009 年 6 月，二代"残疾人证"换发工作启动。

2010 年 6 月，筹备创建残疾人综合服务中心。12 月，临河区白内障无障碍工作顺利通过自治区和国家残联的检查验收，被全国残疾人康复工作办公室授予"全国白内障无障碍县"荣誉称号。

2011 年 12 月，集残疾人康复训练、职业技能培训、文化体育活动、安置残疾人就业为一体的残疾人综合服务中心投入使用。

2014 年，临河区残联建立志愿助残联络点，乡镇办事处残联建立联络站。

2015 年，临河区为 153 名乡镇残协专职委员每人每年 1000 元的工作补贴，合计金额 15.3 万元；为临河农场四分场和先锋办事处新源社区分别购置 1 套残疾人康复训练器材，合计金额 5 万元；团结办事处光宇社区成为残疾人体育示范社区。

2016 年，为车站办事处卫生服务中心和巴彦淖尔市慈善医院分别购买 1 套残疾人康复训练器材，合计金额 89532 元；新建一个残疾人体育示范社区——东环办东旺社区。

（一）康复工作

1991年，临河市开展儿麻矫治、白内障复明、聋儿语训工作。

1993年，临河市康复扶贫领导小组成立，建起9个社区服务站和12个社区康复站，为300名残疾康复对象提供服务。完成小儿麻痹矫治手术4例，白内障复明手术156例，培训聋儿9名，其中3名就读普通小学。

1996年，临河市完成儿麻手术7例，白内障复明手术143例。新建低视力康复站一所，完成低视力康复115例。培训弱智儿童15名。对78名精神病患者进行开放式康复治疗。建起"临河市残疾人康复指导中心"和"残疾人用品用具服务站"。

1997年，临河市29个乡镇街道医院建起社区康复站；157个村建立康复室，康复工作就近就地，经济适用。各康复站直接服务对象1300多人，与950多个家庭建立起联系。被自治区评为"三项康复"先进单位和"八五"工作先进市。

1998年，临河市完成肢体残疾训练227人，培训智残儿童35人，完成聋儿语训12人，培训家长12人，为2名重度肢体残疾人装配了假肢，为3名肢体残疾人装配了矫形器，完成低视力康复28人，完成白内障复明手术150例，为残疾人提供用品用具421件。

1999年，完成肢体残疾训练30人，培训智残儿童14人，完成聋儿语训18人，培训家长18人，为7名肢体残疾人装配矫形器，完成低视力康复81人，完成白内障复明手术187例，提供用品用具389件。

2000年，完成肢体残疾训练306人，培训智残儿童14人，完成聋儿语培训18人，培训家长18人，为7名肢体残疾人装配了矫形器，完成低视力康复61人，完成白内障复明手术430例，为残疾人提供用品用具389件。

2007年，临河区被确定为创建全国白内障无障碍区，确定张利民眼科医院为手术定点医院，确定临河市医院眼科为上级技术指导医院。白内障复明手术纳入城乡医保范围。

2008年6月，临河区新增贫困白内障患者初筛工作完成，对达到贫困标准和手术适应症的67名贫困白内障患者施行完全免费人工晶体植入术。

2007—2008年，临河区两年完成白内障复明手术380例；为17名低视力患者配用助视器并进行了康复训练；培训家长5名；实施盲人定向行走训练5名；两年新收训聋儿8名，其中机构训练7名，家庭训练1名，培训家长8名。其中彩票公益金资助贫困聋儿2名，自筹资金资助贫困聋儿1名；为贫困肢体残疾儿童实施免费矫治手术13例，平均每例手术补贴6600元；两年对318名残疾人进行了肢体康复训练，机构训练肢残儿童5名；两年机构训练智力残疾儿童6名，其中社区和家庭训练4名，机构训练2名，培训家长4名；彩票公益金精神病免费服药医疗救助100名，享受每人每年400元的药品救助；住院医疗救助7名，享受每人每年3600元的住院救助；两年组织供应残疾人辅助器具18种325件；帮助14名贫困残疾人装配了普及型假肢；为2名贫困残疾人装配了矫形器。

2006—2010年，完成白内障复明手术1022例；为71名低视力患者配用助视器并进行了康复训练；培训家长24名；实施盲人定向行走训练13名；新收训聋儿22名，培训家长17名。其中彩票公益金资助贫困聋儿8名，自筹资金资助贫困聋儿5名；对389名肢体残疾人进行了社区家庭康复训练，机构训练肢残儿童14名；训练智力残疾儿童34名，其中社区和家庭训练25名，机构训练9名，培训家长18名；彩票公益金精神病免费服药医疗救助100名，享受连续四年每人每年400元的药品救助；住院医疗救助36名，享受每人每年3600元的住院救助。组织供应辅助器具52种534件，其中为288名贫困残疾人免费配发了辅助器具；帮助47名贫困残疾人装配了普及型假肢；为9名贫困残疾人装配了矫形器。

2016年，对具有临河区户籍、年龄不超过10

周岁、经定点康复机构确诊有康复需求的家庭贫困且未享受过国家和自治区项目的残疾儿童和精神病患者，给予一定程度的救助。临河区残联以残疾人"人人享有康复服务"为目标，0—6岁儿童抢救性康复工程有序运行。

（二）残疾人教育

1996年，临河市有151名残疾儿童随班就读。创办的特教学校招收残疾孩子24名。协助1名符合国家录取标准的残疾考生进入大专院校学习深造。

1997年，临河市三类残疾孩子随班就读427人。特殊教育学校在校学生40名。

2007年，台湾杏林子之友会会员冯雄曦先生，为临河区68名贫困残疾学生提供捐助金额6万元，20名学生被确定为长期资助对象。在扶残助学"春雨行动"中，为20名贫困听力、视力残疾学生每年救助15950元。

2008年，国家彩票公益金助学项目正式启动，为38名义务教育阶段贫困残疾学生发放助学金23750元，平均每人625元；为4名贫困残疾大学生每人资助800元。8月15日，对考上大学的李文杰等5名贫困残疾大学生进行了救助。

2016年，按照每招收1名残疾儿童为机构补贴1000元的标准，为各类教育机构发放资金3.6万元。对考上大学的34名残疾学生和残疾家庭子女发放补贴5.3万元，为4名本科和3名专科残疾大学生发放助学金1.1万元。

（三）残疾人就业

1996年，临河市为120名贫困残疾人办理养老保险。创办各类福利企业12个，集中安置残疾人174名；在党政机关、企事业单位就业的61名。残疾人个体从业500余名，就业率60%。工商、税务、卫生、防疫等有关部门，为186名残疾人减免费用；为500名生活贫困、丧失劳动能力的农村残疾人减免农业税；为1000名残疾人减免外勤工；为800名残疾人减免提留统筹；公安部门为57名残疾人配偶及子女解决农转非户口；教育部门为3名残疾民办教师办理了转正。

2007年，临河区城镇残疾人就业人数有2310人。建立6个"残疾人就业培训服务中心"。免费对159名城镇残疾人进行各类职业技能培训，盲人按摩培训6名，盲人计算机培训3名，对412名农村残疾人开展实用技术培训。

2008年，临河区49名残疾人得到职业指导和就业服务。

2006—2010年，临河区安置城镇残疾人就业2152人。在每个办事处落实1名公益性岗位指标，安排11名残疾人就业。对410名城镇残疾人开展职业技能培训，对1572名农村残疾人开展实用技术培训，投入残疾人就业培训资金73万元，扶持就业投入资金20万元。

2014年，帮助750名贫困残疾人增加收入，建立扶贫基地4个，带动82名残疾人脱贫。

2015—2016年，临河区新增残疾人就业36人。为34家残疾人企业和残疾人就业扶贫基地发放补贴76万元。争取资金26.6万元，扶持3家残疾人企业和3家盲人按摩院。临河区唯一1家残疾人职业能力评估室成立。

（四）残疾人扶贫

1998年，临河市残疾人劳动服务所成立。

1999年，临河市的50万元康复扶贫贷款，重点发放到干召庙镇、城关乡、新华镇的贫困残疾人农户手中。

2000年，临河市把城市人均月收入不足117元、乡村年人均收入低于500元的残疾人特困户列为保障对象。

2007年，临河区将缺乏劳动能力的贫困残疾人优先纳入最低生活保障范围。

2008年，临河区在农村贫困残疾人危房改造项目中，把关怀落实到贫困残疾人家中。

2009年，临河区出台优惠政策，规定"农村三级（包括三级以上）的残疾人参加新型农村合作医疗保险个人不缴费"。到2016年，临河区为3299名符合条件的残疾人缴纳费用36.96万元。

为保障重度残疾人基本生活，为3763名城乡重度残疾人按100元的标准为其代缴养老保险费，参保率90%。

2010年，为3000名16—60周岁的三、四级残疾人按每人80元缴纳意外保险，投入资金24万元。

2012—2016年，实施残疾人家庭无障碍改造，公开、透明地选定残疾人家庭，对符合条件的家庭进行改造。400户残疾人家庭完成无障碍改造。

（五）组织与维权

2005年，临河区法律援助中心残联工作站成立。

2007年，干召庙镇率先召开镇残联第一次代表大会。随后，各乡镇、办事处残联相继完成换届选举任务。

2007—2008年，接待处理残疾人来信来访362人次，处理满意率90%以上。

（六）工作成绩

2000年7月，在自治区第三届残疾人运动会暨第二届特殊奥林匹克运动会上，临河区十完小培智学校选送的智障学生胡存毅，夺得男子垒球金牌和男子跳高铜牌的好成绩，实现了临河残疾人体育赛事上金牌零的突破。

2004年10月，在自治区第二届残疾人运动会上，临河区残疾人运动员取得一银一铜的好成绩。

2010年，在第五届全国特奥会上，临河区选手张克宇代表自治区参加羽毛球比赛，获铜牌。

第三节　红十字会

一、代表大会

（一）会员代表大会

2007年1月23日，临河区红十字会第一次会员代表大会召开。

2012年11月4日，第二次会员代表大会召开。

（二）理事会议

2007年1月23日，临河区红十字会第一届一次理事会召开。

2008年12月25日，第一届二次理事会召开。

2012年11月4日，第二届一次理事会召开。

二、机构

1987年，临河市红十字会成立。

2004年，临河区红十字会实行独立办公，正科建制，为全额拨款的事业单位，直接由区委、政府领导。下设募捐股、赈济股、综合股3个股室。

三、主要工作

（一）博爱一日捐

从2006年开始，在临河区行政、企事业单位及个体工商户中，持续开展"博爱一日捐"活动。经费成为开展社会救助、慰问等各项业务活动的基本资金来源。

（二）备灾救灾

2012年，筹集救灾款、物突破1000万元，按照20%"博爱一日捐"用于备灾救灾的要求，到2016年，提取备灾资金突破100万元。

（三）应急救护培训

从2012年起，临河区红十字会携手多家单位组织举办近100期应急救护培训班，培训对象为交通、电力、公安、消防、危化企业等高危行业，参训人数上万人。派专人赴北京市红十字会进行学习，邀请国家红总会应急救护培训名师李玉珠老师亲临指导。救护培训的人员组织、课堂教学、资料归档，都向标准化、专业化、一流化方向发展。

2015—2016年，完成30万元的生命健康安全教育培训项目，临河区应急救护培训迈上新台阶。

四、表彰奖励

2008年9月20日，临河区红十字会发布《关于表彰抗震救灾先进集体和先进个人的决定》，抗震救灾先进集体有：区教育局、巴汽运输有限责任公司、巴市富源热力有限责任公司、慈云寺、基督教协会、巴彦淖尔宇通商贸有限公司、金川贸易大厦、临河商业大厦、巴市中泰房地产开发有限公司、恒丰公司；抗震救灾先进个人名单有：何三、华嵘、郝忠民、杜洪计、李凤玲。

第四节 慈善协会

一、组织机构

2013 年 9 月 22 日，临河区慈善协会成立。内设募捐部、财务部、办公室。各乡镇、办事处下设慈善分会。

二、主要活动

2013—2016 年，临河区慈善协会对临河地区 148 人重特大疾病患者进行慈善医疗救助，救助金额 247.261 万元。2013 年，第一批符合重特大疾病慈善医疗救助 15 人，救助金额 36.41 万元。2014 年，第二批符合重特大疾病慈善医疗救助 21 人，救助金额 48.81 万元；第三批符合重特大疾病慈善医疗救助 25 人，救助金额 35 万元。2015 年，第四批符合重特大疾病慈善医疗救助 20 人，救助金额 27.041 万元。2016 年，争取自治区大病救助金额 100 万元，对符合条件的 67 名患者实施救助。

2014 年，为临河区古城小学 20 名特困学生，每人救助善款 500 元，共计救助善款 1 万元。捐赠价值 5500 元的学习工具书。为巴彦淖尔市内蒙古艺术学院 17 名大学生，每人资助善款 600 元，合计资助善款 10200 元，同时捐赠 3000 元图书。2015 年，为临河区培智学校学生捐赠善款 2000 元，用于孩子们的日常伙食补贴。组织书画作品义卖捐助，分别为德龙大酒店 20 名贫困学生、书画艺人李有才义卖义捐 10 万元。2016 年，赠送留守儿童及特困儿童 330 个书包。

2015—2016 年，开展"慈善情、暖万家"救助活动，救助贫困家庭 90 户，救助金额 18 万元。2015 年 11 月，与广运家电、海信集团、美的集团联手举办"善行临河慈善爱心惠万家"救助活动，为 200 户贫困家庭赠送价值 10 万元物资。2016 年，与德龙大酒店联手对西环办、团结办、先锋办三个办事处辖区内 30 户困难家庭实施价值 10 万元的物资救助。2016 年，与法兰婚纱摄影合作，举办"青春情暖留守幸福"慈善惠民活动，赠送 1000 套免费全家福，免费赠送 1000 副春联。

在慈善助老方面，临河区慈善协会支出善款 1 万元，帮助祥和泰敬老院解决供暖锅炉 1 台，对 5 位家庭贫困的孤寡老人进行每人 2000 元的救助。

第五节 个体劳动者协会

一、代表大会

2006 年 3 月，第五届第六次会员代表大会召开，参会的会员代表有各基层分会、行业协会、私营企业代表计 120 人，选举产生第六届理事会。

二、组织机构

1999 年 7 月，自治区工商行政管理局实行垂直管理，将原工商局管理的个私协会、消费者协会、金川市场、四季青市场及 475 名干部移交临河市个私局管理。

2004 年，消费者协会挂靠到临河市执法局。

2005 年 4 月，临河区中小企业发展局与个私协会挂两块牌子，一套工作机构。单位编制 19 人。临河区中小企业发展局、个私协会，设局长兼秘书长 1 人，副局长 1 人，副局长兼副秘书长 1 人，内设办公室、企业股、个体股、宣教股。

临河区个私协会下设的私营企业理事会，成员由具有行业代表性的私企法人会员组成，不限名额，名额有增有减。下设的基层分会由划地域的个体工商户会员组成，每年召开一次换届选举会。基层协会有：车站基层分会、解放基层分会、胜利基层分会、临东基层分会、兴隆基层分会、华西基层分会、金川基层分会、红美基层分会、曙光基层分会、城关基层分会、新华基层分会。下设的行业协会由业内经营户会员组成，行业协会有：家具行业协会、汽配行业协会、灯饰灯具行业协会、美容行业协会、美发行业协会、货运信息行业协会、太阳能行业协会、干洗行业协会、皮张行业协会、烟草行业协会、轮胎行业协会。

2016 年 8 月，红美基层党支部成立
图为党支部成员正在学习

2010 年 5 月，皮张行业协会暂停运行。
2014 年 4 月，华西基层分会暂停运行。

三、主要活动

2000 年 3 月，临河市个体劳动者协会组织会员 40 人赴二连浩特、蒙古国进行实地参观考察。

2001 年 3 月，个协与生产企业签订安全生产责任书，落实安全生产责任。

2002 年，个协组织 28 支基层分会、行业协会和私营企业代表队，参加庆"七一"个私经济"双思杯"大型有奖知识竞赛。在第五届"河套蜜瓜节"上，参加了大型名优家具展、服装服饰展和美食大赛项目，14 家大型餐饮企业在现场进行了烹调竞赛。

2003 年 4 月，个协对绒毛加工、食品加工、服装加工、木材加工、塑料加工、生物化工加工、建材加工、其他加工企业进行调研，将汇总形成的调查报告上报临河市政府，为制定地区经济发展政策提供依据。组织专人对生活必需品的进销库存进行调研，摸清市场供需情况，形成专项调研报告。

2004 年，为 4000 名个体户、私营企业会员发放医疗优惠卡。为临河区 1220 家个体户和私营企业提供咨询维权服务。10 月，组织中小企业代表、个体会员 100 人，观摩临河区发展速度快、经济效益好的企业。邀请鄂尔多斯 24 名企业家组成的个私经济考察团，参观临河工业园区 5 家优秀私营企业，与 12 家企业进行交流洽谈合作。

图为临河区个私协会理事参观中小企业创业园区

2005 年 3 月，个协组织 5 家涉农科技企业开展送科技下乡活动。在河套文化艺术节期间，成功举办临河首次"轿车展"。3 月，皮张行业协会重新成立。8 月，把具有示范作用的党员个体经营户挂"共产党员经营户"铜牌。11 月，太阳能热水器协会成立。

2006 年 2 月，举办第五届第六次会员代表大会。5 月，货运信息行业协会召开第一次会员代表大会。6 月，组织召开"财富快车"培训会。

2007 年 1 月，被中国个体劳动者协会授予"全国个私协会先进单位"荣誉称号。

2008 年 4 月，召开第六届二次理事会暨总结表彰会。

2008 年、2009 年，两次邀请北大、清华大学教授为 240 家企业高层和 400 名个私会员进行讲学。

2009 年 4 月，六届三次理事会暨总结表彰大会召开。6 月，组织 135 家私营企业参加就业招聘会，发放各类就业信息及宣传资料 2 万份，有 113 家企业达成意向，招聘 930 人。

2010 年 3 月，个协组织会员参加首届"内蒙古品牌管理高峰论坛"大会。会员为青海玉树地震灾区捐款 44395 元。

2012 年 4 月，灯具灯饰行业协会成立。5 月，解放基层分会党员胡海龙为困难群众捐赠 10 辆自行车，价值 4300 元。胡海龙多次捐款捐物，总价值 9 万元。7 月，会员代表为狼山镇受灾农民捐款 32800 元。

2012 年、2013 年，2 次组织企业负责人、基层分会会长、理事，召开提升企业品牌策划培训会。

2013 年 6 月，在"夏季大型人才招聘会"上，临河区个协组织 200 家企业参加。

2014 年 5 月，临河区轮胎行业协会成立。

2015 年，组织企业和个体会员参加"互联网时期传统企业转型与升级""企业软实力系统建设""中国商道总裁研习会巴彦淖尔高峰论坛"等培训。

2016 年 12 月，组织会员对临河区电商平台、兆丰面粉厂、开发区党群活动中心、临东基层分会党支部进行观摩学习。

第六节 消费者协会

一、代表大会

1997 年 4 月，临河市消费者协会召开第一届理事会。

2010 年 6 月 29 日，召开第二届理事大会。

二、组织机构

1997 年 5 月，临河市消费者协会成立，事业单位，科级建制，挂靠工商局，人员由工商局调配。

1999 年 7 月，临河市消费者协会归口临河市经济贸易委员会，与个体私营经济发展局合署办公。

2003 年 5 月，归口临河市行政执法检查局。

2005 年，隶属临河区委，属区委、区政府直接领导下的党群口单位。内设综合办、投诉室，核定事业编制 6 名，财政在册干部职工 7 人，其中秘书长 1 名，副秘书长 1 名，科员 5 名。

三、维权工作

1991—1998 年，临河市消费者协会处理大量损害消费者合法权益的行为，配备 2 部尾数为 315 的电话。

2000 年，涉及临河市 11 个乡镇和周边 5 个旗县 281 户农民投诉新疆哈密农邦科技种苗公司哈密瓜籽种一案，经调解赔偿农民 16 万元。

2002 年，乌兰乡、干召庙镇 10 个村社的 84 户农民购买 140 头劣质奶牛一案，经调解，140 头劣质奶牛退还售牛者，退款 176 万元。

2016 年，临河区消费者协会在人民广场组织各职能部门设置投诉举报桌，接受消费者咨询 100 人次，受理投诉 35 起，解决率 98%。组织市、区各"诚信单位""著名商标"和"知名品牌"企业展示企业服务和品牌，引导经营者树立"天天 3·15"的意识。和广播电视台联合开展"3·15"行风热线维权互动，接受现场咨询和投诉。在春耕前后深入乡镇，为消费者发放宣传资料，帮助农民消费者增强假冒伪劣农品的鉴定。接受消费者咨询 280 人，受理消费者投诉 135 件，为消费者挽回损失 298520 元。

第七节　关心下一代工作委员会

一、组织机构

1991年，临河市关心下一代工作协会成立。

1996年，更名为临河市关心下一代工作委员会。

2000年，临河市委组织部任命关工委副秘书长为副科级领导职务，秘书长由教育局党委书记兼任。

2004年，更名为临河区关心下一代工作委员会。有名誉主任1人，由临河市（区）委副书记兼任；主任1人，由临河政府副市（区）长兼任；常务副主任3—5人，由临河市（区）委、政府同级领导班子离退休老干部担任；副主任1人，由临河市（区）委宣传部部长兼任；委员由临河市（区）有关科局主要领导兼任；秘书长1人，由临河市（区）教育局党委书记兼任；副秘书长1人，由关工委专职干部担任。

2016年12月31日，建立关工委组织321个，关工委成员2162人。有关工委"五老"骨干人员2064名。

二、主要工作

（一）示范建设

2003年，在临河市各级关工委组织实施"2221"示范工程建设，树立一批基础工作规范、关爱教育活动成效显著的示范单位。

2005年，临河区有3个单位、2个办事处和5所学校被命名为"全区关心下一代工作示范单位"。

2009年，临河区关心下一代工作委员会被自治区评为"先进关工委"。

2010年，临河区关心下一代工作委员会被自治区关工委评为"中华魂"读书教育活动先进集体；临河区教育局关工委、团结办事处关工委、乌兰图克镇关工委被自治区评为"模范基层关工委"；解放办事处、临河区三中、临河区五小等17个单位被巴彦淖尔市命名为"全市关心下一代工作示范单位"。

（二）关工委创建

2010年，临河区关心下一代工作委员会在各级关工委组织开展"五好"关工委创建活动。

2016年，临河区80%的镇、办事处、学校关工委和60%的村、社区关工委都实现"五好"目标。

三、主要活动

（一）网吧义务监督

临河城区有网吧营业点90家，分布在13个办事处辖区。临河区关工委定期开展网吧治理和整顿工作，组织聘请老同志担任网吧义务监督员，对网吧进行监督。到2016年12月31日，有"五老"网吧义务监督员66名。

（二）青少年思想教育

关工委组织老同志经常深入学校、社区开展青少年思想道德教育讲座，巡回举办辅导报告等，抓住各种重大节日、纪念日等有利时机，印发宣传资料，开展形式多样的青少年思想道德教育活动。在学校开展"学党史、颂党恩、跟党走"主题教育活动。开展"颂歌献给党"知识测试和征文比赛。开展图片摄影展览、党史国史知识竞赛、征文比赛、演讲比赛等。组织举办中、小学生国防教育，观看革命战斗影片和抗日战争图片展览，激发青少年的爱国热情。每年组织举办大型学雷锋志愿者活动，开展"低碳生活伴我行"教育活动，带领中小学生参与社区保洁活动和植绿、护绿社会实践体验。聘请法律专家开展法制讲座、法律咨询和法规教育活动。对社区闲散青少年、服刑人员子女、贫困家庭青少年和有不良行为青少年进行调查摸底，建档立案，有针对性地进行跟踪帮教。将城区10所初级中学确定为"青少年维权岗活动基地"，定期开展青少年教育活动。动员社会力量成立基金会，帮扶和救助贫困学生完成学业。邀请知名教育专家进行现代家教知识和家教理念教育讲座，倡导新的家教理念，使家庭教育由粗放"管教式"向科学"引导式"转变。一些学校利用网络，采取远程教育与电化教育相结合的形式，请国内知名家教专家、教授进行讲学。到2016年，45所学校和13个办事处办起家长学校。

第八节　计划生育协会

一、代表大会

2011年，临河区计划生育协会召开第一届会员代表大会。

二、机构

2016年，临河区计划生育协会有常务理事会长1人，常务理事副会长5人，秘书长1人，常务理事9人。机构名称一直未变。

三、主要工作

开展基层群众计划生育自治工作，动员群众实行计划生育，组织群众开展自我教育、自我管理和自我服务活动，发动会员自觉带头实行计划生育。

2009—2015年，开展"一杯奶"生育关怀行动，对临河区现孕已婚妇女每人每月发放一箱牛奶。2014年，在金川办事处开展"5·29"关爱女童活动日。慰问贫困女童、留守儿童，发放慰问金3200元

2012—2016年，每年为符合条件的计划生育家庭每户购买30元意外伤害保险。

第九篇
军　事

第一章　人民武装

第一节　机　构

1986 年 4 月，临河市人武部改为地方建制，隶临河市委和巴彦淖尔军分区双重领导，全称由中国人民解放军临河市人民武装部改为临河市人民武装部。

1996 年 4 月 1 日，临河市人民武装部收归军队建制，称为"中国人民解放军临河市人民武装部"。设军事、政工、后勤 3 个科。

2004 年 8 月 26 日，改称"中国人民解放军临河区人民武装部"。

第二节　兵役工作

临河区人民武装部组织民兵整顿、民兵军事训练、学生军训、国防教育等活动，连同征兵政策一起宣传。每逢春节、元宵节等节日来临之际，都要派出宣传小分队，出动宣传车，到城乡各地巡回流动宣传，做到征兵政策家喻户晓。

临河区人民武装部利用各种宣传工具，向广大青年进行爱国主义、革命英雄主义和依法服兵役的教育，做好应征公民和家长的思想政治工作，鼓励他们为保卫祖国积极报名应征。从 2014 年开始，兵役登记采取网上进行，当年符合应征条件的公民，必须在规定的时间内，自觉参加网上兵役登记，没有进行兵役登记的应征公民，不得参加征兵体检政审。进行体格检查，由区征兵办公室统一组织，临河区卫生局具体负责，统一抽调区医院医务人员组成体检组，安排应征公民体格检查工作。进行政治审查，对体检合格的应征公民进行政治审查，查清他们的现实表现并填写《应征公民入伍登记表》，确保兵员政治质量。进行审批定兵，在体检、政审合格的基础上，进行全面衡量，择优批准思想好、身体好、文化程度高的服现役，并发给《应征公民入伍通知书》。进行交接，起运新兵。

新兵入伍后，及时对当年的征兵工作进行梳理，总结经验，查找问题，认真核实入伍新兵信息后，将名单提供给临河区民政局。选派工作组，赴新兵部队回访，掌握新兵入伍后的思想和现实表现，协助部队做好入伍新兵的思想稳定工作，对家庭困难的新兵家庭进行慰问，协调解决生产生活中的困难，解除新兵的后顾之忧，确保其在部队安心服役。

第三节　民兵工作

一、组织整顿

1996 年 4 月，临河市人民武装部收归军队建制，进一步加强对民兵、预备役工作的领导，完善民兵、预备役相结合的制度，探索新形势下加强民兵预备役建设的新路子，使民兵预备役工作上了一个新层次。

2000—2002年，人武部党委机关对基层组织整顿工作分片定人，责任包干，指导、摸底、验收到位，加大民兵整组力度，保质保量完成年度整组任务。按照中共中央、国务院、中央军委《关于加强和改进城市民兵工作的意见》和内蒙古自治区党委、政府、内蒙古军区《关于加强和改进城市民兵工作的意见》以及巴彦淖尔盟委、行署、军分区《关于加强和改进城市民兵工作的意见》，本着"坚持党管武装、落实民兵制度、注重平战结合、提高质量建设、实行属地管理"的原则，有计划、有重点地抓好后备力量建设。

二、发挥民兵作用

1993—1994年，民兵直接参与抓获各类违法和犯罪分子104人。临河市在编民兵涌现"十星级"户1280户，为特困户做好事1480件。图克乡民乐村民兵连义务帮助贫困户张宝山建起土木结构92平方米住房，投工、投劳、集资，捐款、油、肉、粮等物计6000元。2月，因黄河冰凌堵塞河道，位于黄河北岸马场地乡的6个生产合作社遭受严重水灾。马场地乡武装部组织578名民兵和150台四轮车，经过三天三夜艰苦奋战，搬迁安置群众180户，930人，转移大小畜1000头（只），粮食70万斤，化肥10万斤，收集编织袋2万条，加固拦洪坝2000米，保护了人民生命财产的安全。1994年6月11日，新华渠决口，新华镇武装部组织胜丰村民兵连堵住决口，减少农户10万元的经济损失。

1995年11月中旬，临河市境内黄河友谊险工段出现严重的淘岸险情，直接威胁友谊乡12个村近千家农户2万亩耕地。同时还有殃及总干渠、

110国道、包兰铁路、京呼银兰光缆线路的危险。临河市委、政府和人武部紧急组织8个乡（镇）2000名民兵、民工，1000辆四轮车，实施柴土埽平顺护岸工程。截至11月28日，出动民兵、民工59907人次，四轮车2.2万车次，动用土方16.32万立方米，运到柴草700.9万公斤，耗用柴草605.43万公斤，耗用铅丝158.26吨，耗用塑土袋19.719万条，耗用钢筋6.6吨，耗用燃油29.66吨，施作柴土方4.67万立方米，完成护岸土方19.04万立方米，完成2.5千米的二道防洪大堤。抢险中，民兵队伍人数占到75%。在沿河两公里，纵深500米的抢险战场，14面民兵营大旗和30面民兵连红旗一直高高飘扬。同年，民兵中涌现出"十星级"文明户2300个，为军烈属残疾孤寡老人做好事5895件，为黄河友谊险工段抢险工程捐款5.2万元。

2002—2004年，人武部承包黄河大堤防护林300亩的种植任务，组织机关干部职工和部分民兵奋战15天，平整土地250亩，开挖水渠12条，栽植杨树、柳树等林木2500株。非典期间，干部职工捐款3800元。两次组织机关干部职工和两个民兵应急分队约120人，对承包林地缺树地段进行补种，清理沟渠，平整土地，林木成活率85%以上。

2005年，临河区人武部对过去承包的320亩黄河防护林新种、补种3800株高秆杨树，重新开挖1500米水渠。2003—2005年，组织广大民兵在110国道两侧植树5万株，完成计划造林任务的102%，新增绿地50000平方米。在种植农田防护林中，民兵投入17000个劳动日，完成渠、沟、路、林、田五配套工程12000亩，衬砌渠道36000米，平地缩块1250亩，栽种大白杨、新疆杨41万株。在乌兰布和沙漠防风固沙林工作中，人武部对临河区各乡镇的民兵生态建设基地进行全面考查，选定图克镇民乐村沙窝作为人武部生态建设基地。这片沙地是乌兰图克镇政府规划生态治理

的重点。在此之前，镇民兵营已经担负起治沙绿化任务，与全镇群众一道种植成活 5000 亩植被，5年内完成 12000 亩治沙绿化任务。

第四节 国防教育

一、学校教育

按照国家教委颁布的大中小学国防教育纲要要求，临河地区各大、中、小学全部开设国防教育课。各学校长期坚持举行升国旗、唱国歌仪式，开展以继承革命传统为主题的班会、队会和国防知识、国防历史讲座等活动，使学生在学习科学文化的同时，接受爱国主义、集体主义和革命英雄主义教育，增强国防意识。

二、集中教育

1990—2005 年，临河市（区）各级各类干部职工 11 万人，在各级培训机构集中接受国防教育。民兵预备役组织健全，人员相对稳定，经常开展活动。

三、基地教育

1991—1997 年，临河市通过创办少年军校，加强对小学生进行国防教育和军训，每年接受集中军训和国防教育的学生 4000 人。建成 100 平方米国防教育展厅，展厅以"爱党、爱国、爱军"为国防教育主题，有完善的管理制度，场所固定，交通便利，展厅内教育设施完善，文字图片资料丰富。临河市委政府十分重视全民国防教育事业，每年拨专款进行维护更新。

2005 年，临河区政府拨专款 10 万元，用于国防教育展厅的修缮改造，新添置航天和军事武器的模具，增加图片和音像设备，环境幽雅，教育

功能更完备。展厅设有 25 块展板，每块展板展示一个内容，包括国防历史、国防历程、国防培训、双拥共建、党管武装、国防形势、周边环境、战争启迪、国防政策、国防法规、军事变革、国防战略、国防动员等 25 部分。每年接待参观受教育人员 5000 人次。

四、演讲竞赛

1991 年 7 月，在纪念毛泽东同志关于民兵工作"三落实"指示发表 30 周年系列活动中，巴彦淖尔盟委宣传部、盟广播电视处和巴彦淖尔军分区政治部，联合举办全盟首届民兵国防教育知识演讲比赛，临河市 200 人参加预选赛。

1993—1997 年，50 名人武专职干部参加华北地区"人武杯"国防知识竞赛，多人获奖。巴彦淖尔盟国教办和军分区政治部组织参加全国"强我国防、兴我中华"国防知识竞赛活动，临河市各级党政领导、机关干部和民兵群众 2000 人参加。

2000—2005 年，临河市（区）人武部民兵预备役人员参加了中央人民广播电台举办的"泉州杯"全国国防知识竞赛。在临河区国教办的发动和组织下，1 万人参加《中国国防报》刊登的"爱中华、奔小康、强国防"知识竞赛。在临河区国防教育系列活动中，参加活动的各级干部、民兵预备役人员和各界人士 5 万人，其中有 3 万人参加了自治区"国防知识进万家"活动，临河区国教办被自治区国教办授予优秀组织奖。

五、节日教育

每逢重大节日、纪念日，临河区人武部和宣传、民政、教育、人防等部门，都要组织开展各种活动，进行国防教育，增强干部群众的国防观念，提醒人们居安思危，关心支持国防和军队建设。每年"九·一八"鸣响防空警报，警示人民群众勿忘国耻，居安思危。

六、随机教育

2003—2005 年，临河市国防教育机构通过各种会议、政治教育、新闻宣传等形式，对领导干部、民兵预备役人员和人民群众进行教育。人武部将国防教育挂图制成宣传展板，配上解说词，装在宣传车上，走遍 24 个乡镇、办事处，进行巡回国防教育宣传，观看展览和聆听宣传的群众有 10 万人。

第二章 部队建设

第一节 思想政治建设

针对意识形态领域斗争尖锐复杂、多样化军事任务日益繁重的实际，驻区各部队注重搞好理论武装，打牢思想根基，用党的创新理论武装头脑。采取课堂灌输、理论自学、述学评学、配合活动等方法，扎实抓好中国特色社会主义理论体系武装，真正转化为基层官兵高举旗帜、听党指挥、履行使命的自觉行动。持续有力地用当代革命军人核心价值观强化精神支柱，着力在培育当代革命军人核心价值观上下功夫、使长力，注重将培育践行活动融入官兵日常生活、本职岗位之中。与时俱进地用军队优良传统和先进文化凝魂聚气，通过开展多种活动，帮助官兵了解党团结带领全国人民战胜各种艰难险阻的光辉历程和取得的伟大成就，进一步坚定听党指挥跟党走的信心决心，铸牢党对军队绝对领导的军魂。

第二节 部队基层建设

《军队基层建设纲要》是军队各级抓基层全面建设的基本准则和依据。驻区各部队严格按照上级关于基层建设的指示要求理清按纲抓建思路，按纲筹划部署工作，按纲开展检查评比，按纲解决矛盾问题，按纲推动创新发展，确保基层建设步伐始终沿着《纲要》规定的方向前进。各部队在按纲抓建工作中，注重分析基层全面建设形势，找准薄弱环节，分析问题原因，理清整改思路，搞好重点帮建，制定按纲抓建措施，严格按照《纲要》中规定的工作标准抓落实，做到即使支部班子调整，抓基层建设的思路不变；即使形势再变，抓基层建设的指导思想不偏移；即使任务再多，抓基层建设落实的力度不减弱，真正实现基层建设科学发展、创新发展、持续发展。

第三节 党组织建设

驻区各部队注重从强职能、建班子、练内功入手，努力拓展与时俱进视角，提高科学抓建能力，强化科技信息素养。以建设学习型党组织和创先争优两项党建活动为抓手，通过严格落实组织生活，充分发挥党员大会、支委会、民主生活会、党小组会的教育管理功能，定期组织党员述职述廉和民主评议，强化党管党员党管干部的原则性，着力解决统筹抓建能力偏弱、解决棘手问题能力不强、党员模范作用不好等问题。在基层抓建过程中，按照"构建学习型军营，培育知识型军人"的要求，着力提高科学抓建、依法管兵带兵、带领部队完成任务的能力。

第四节　拥政爱民

临河区驻区各部队认真贯彻党中央、国务院、中央军委关于做好新时期双拥工作的一系列指示精神，从部队的工作性质和临河区的实际出发，紧紧围绕促进国家和军队的改革与建设这一中心，坚持经常对所属干部、职工进行拥政爱民教育，引导干部、职工始终牢记解放军永远是人民的子弟兵，深刻懂得关心群众疾苦，维护群众利益，遵守群众纪律，坚持为群众做好事、办实事，是人民军队本质的具体体现，是做好各项工作、完成各项任务的重要保证，不断增强做好拥政爱民工作的自觉性和主动性。自觉接受地方党委、人民政府领导，主动请示汇报工作，求得地方党委、人民政府对部队建设的关心和支持。人民武装部每年都协调驻区部队和临河区委、政府及相关部门，通过召开党、政、军领导座谈会、茶话会、联谊会、联欢会等形式，增进相互了解，加强军队与地方领导层的沟通和联系。每年"八一"建军节到来之际，临河区委、政府及辖区街道办事处和驻地企业等领导，都深入部队进行慰问，或参加军事日活动，体验军营生活，了解部队官兵工作生活中存在的困难，帮助协调解决，军政关系相处融洽，部队建设不断取得新的进步。各驻区部队经常组织所属官兵到公共场所清除垃圾、打扫卫生，冬季雪天上街清扫街道积雪；通过多种形式，积极开展扶贫帮困活动；发挥职能作用，协助地方公安和维稳部门，维护社会稳定；在重大节日期间，组织民兵配合有关部门处理突发性事件；发动和组织广大官兵，积极投身于驻地经济建设和生态建设中。驻区部队的一系列实实在在的拥政爱民行动，受到地方党政领导和驻地群众的赞扬。

第三章　人民防空

第一节　机　构

1992—1997 年，临河市人民防空办公室综合配套改革后，隶城乡建设管理委员会领导。1995 年 9 月，临河市人民防空办公室归临河市政府办公室领导。到 1997 年，人民防空办公室有干部、职工 35 名，其中在岗 28 名，离退休 7 名。内设组织指挥、工程与平战、资金管理、财务、政秘 5 个科室。

2000—2004 年，临河市人民防空办公室改为科级建置，有干部职工 36 人，在岗 29 人。2004 年 6 月 24 日，为适应撤盟设市工作需要，临河区人民防空办公室撤销，合并到巴彦淖尔市人防办。内设综合科、人防工程科、指挥通信科、账务科。3 个二级事业单位分别为人防通信警报管理站、人防平战结合管理站、人防行政执法监察大队。临河区的人民防空工作，由巴彦淖尔市人防办统一管理。

第二节　指挥通信

1992—1995 年，临河市人民防空办公室送 2 名技工参加自治区人防办组织的"全区人防通信一专多能考核训练"。临河市 7 种人民防空专业队进行整组。临河市人民防空办公室向邮电局申请 4 条中继线，进行防空通信工作。

1996—1997 年，人防办对 7 种专业队伍的正副队长及盟市人防办组织指挥人员进行业务培训。临河市成立修订防空袭预案领导小组，完成《临河市高技术条件下局部战争防空袭预案》编写修订工作。人防办参试警报 3 台，鸣响率 100%。同时对防化、防疫专业人员进行培训，提高防化队员的业务素质。

1998—2000 年，临河市组织编写《临河市人防志》。人防办更新单边带电台 1 部，增设警报点 1 个，对电台天线进行标准化整修和维护。参试警报 4 台，鸣响率 100%。新增警报点 2 个。8 月 15 日依法试鸣，参试警报 6 台，鸣响率 100%。

2001—2005 年，对防化专业队 187 人进行为期 20 天的"三防"器材的性能及使用、侦毒、洗消、防护动作训练。新增警报器 1 台。人防办原有电台升级为自适应电台，新增警报点 1 处，新上警报器 1 台。临河地区已建警报点 7 处，警报器 8 台，警报建设覆盖率 85% 以上。到 2003 年，临河市有警报点 12 处，警报器 13 台。按照《通信训练大纲》，人防办每天对话务和无线电等科目训练 1 小时。完成车载电台组装任务，开通军地光缆通信。新购置 7 台电声警报器，全市警报点 19 处，鸣响率 100%。临河区共建成警报点 29 处，其中电动警报 13 处，电声 16 处。

第三节　人防工事

1991—1998 年，临河市没有安排新的工程，着重对过去一些早期工程进行加固、改造、口部处理和工程的完善配套。改造、加固、续建人防工程，进行口部处理 6 个，维护达标 100%。

1999—2000 年，按照自治区人防工程"九五"计划，经国家人防办、原北京军区人防办、自治区人防办和临河市政府批准，一处新的人防工程开工建设。2000 年 2 月 14 日，该人防工程完工，成为临河地区人防大型骨干工程，平战结合效益显著。

2001—2002 年，超计划完成结建工程任务，受到自治区的通报表扬。2002 年完成结建工程 3 处。11 月，成立人防设计分院和质监分站，实现人防工程规划设计审核统一归口管理。

2003—2005 年，对人防工程和普通地下室进行统一编号、归类、普查建档，将人防工程标志牌挂到每处人防工程，做到规范完善。

第四节　平战结合

1991—1995 年，人防工程利用率比 1990 年提高 34%。平战结合 5 年累计完成产值（营业额）400 万元，上交国家税收 75 万元，平战结合收费 20 万元。

1996 年，平战结合完成产值（营业额）100 万元，上交国家税收 5 万元，实现利润 11 万元，平战结合收入 3.03 万元，超额完成了任务。

1997 年，平战结合完成产值（营业额）81 万元，实现利税 15 万元，平战结合收费 5 万元，超额完成了任务。

1998 年，人防工程的利用率 61.5%，完成产值（营业额）80 万元，实现利税 20 万元，安排就业人员 35 人，平战结合收费 42125 元。

1999 年，产值（营业额）80 万元，实现利税 15 万元，收取使用费 4 万元，安排就业人数 20 人。

2000 年，人防工程利用率 61.5%，完成产值（营业额）80 万元，实现利税 20 万元，人防收取使用费 4 万元，安排就业人数 30 人。

第五节　宣传教育

1991—1996 年，临河市人民防空办公室在宣传周期间，利用宣传车、板报、广播、电视、图片、传单等形式，进行《人民防空条例》宣传。

1991—1997 年，累计在 19 所中学、150 个班开设"三防"知识课，受教育学生 9671 人。

1998—2000 年，人民防空纳入国防教育，实现了人民防空教育的制度化、规范化。三年间，在《人民防空》《华北人防》《内蒙古人民防空》《巴彦淖尔报》等各类刊物投稿 22 篇，开办人防宣传专栏 10 期。

第十篇
公安检察审判司法

第一章 公 安

第一节 机 构

一、公安局机关与直属单位

1991年，临河市公安局设有46个机构：办公室、政工办、刑警大队、预审股、内保股、自行车管理所、看守所、纪检、户政股、治安巡警大队、治安股、监审股、政保股、通信股、法制室、信访办、交警大队、保安公司和28个派出所。

1992—1997年，增设5个派出所：铁南派出所、西环路派出所、北环路派出所、东环路派出所、开发区派出所。设立缉私队、打扒队，股级建制。1997年12月，刑警队、预审股、缉私队、打扒队合并为刑警大队，正科级建制，下设10个责任区中队和5个机动中队，各中队为股级建制。

2000—2006年，撤销政保科、缉私经侦中队、治安科，成立国内安全大队、经济案件侦查大队、缉私大队和治安大队。成立特警队，设立刑事科学技术室和治安拘留所。2006年6月，禁毒科更名为禁毒大队；公共信息网络安全监察信息通信科更名为科技公共信息网络安全监察大队；屠宰治安管理所更名为商务派出所。

2008年，增设干召庙镇第二派出所、白脑包镇第二派出所、新华镇第二派出所、狼山镇第二派出所、乌兰图克镇第二派出所。21团派出所并入乌兰图克镇第二派出所。4月，办公室、110指挥中心、机要通信整合为指挥中心；政工科、纪检监察室、警务督察大队、监审科整合为政工监督室；基层基础科、出入境管理科、科技公共信息网络安全监察大队、治安警察大队整合为治安管理大队；信访科、法制科整合为法制室；刑警大队、警犬基地、刑事科学技术室整合为刑事侦查大队；特警大队、巡防大队整合为巡警大队。

2010年，公安局设40个机构：指挥中心、国内安全保卫大队、治安管理大队、刑事侦查大队、经济犯罪侦查大队、禁毒大队、巡警大队、网络安全保卫大队、法制室、政工监督室、纪检委、警务保障室、情报信息综合中心、拘留所、看守所、非机动车管理所和24个派出所。

2013年7月，法制室更名为法制大队；撤销政工监督室，分设政工科，纪检委（挂监察室、审计室牌子），警务督察大队，信访科，公共关系科；基层基础科、出入境管理科从治安管理大队分设出来，单设基层基础工作科、出入境管理科；警犬基地从刑事侦查大队分设出来单设警犬基地；增设反恐大队、科技信通科、情报大队、犬类留检所、特警大队。9月，成立文职人员管理中心。

2014—2016年，临河区公安局刑事警察大队加挂"巴彦淖尔市临河区公安司法鉴定中心"牌子。商务派出所更名为国土资源派出所。政工科更名为政治处，巡警大队更名为巡逻接处警大队，增设绩效考核工作办公室，成立工会、妇委会、团委。11月，成立勤务一大队、勤务二大队、勤务三大队。增设食品药品与环境侦查大队。市场派出所更名为电力派出所。设置58个机构：政治处、文职人员管理中心、监察室、审计室、警务保障室、信访科、公共关系科、绩效考核工作办公室、团委、工会、妇联、指挥中心、督察大队、国内安全保卫大队、治安管理大队、刑事侦查大队、经济犯罪侦查大队、禁毒大队、巡逻接处警大队、网络安全保卫大队、法制大队、情报大队、出入境管理科、基层基础工作科、科技信通科、警犬基地、勤务一大队、勤务二大队、勤务三大队、反恐大队、食品与药品环境侦查大队、犬类留检所、临河区拘留所、临河区看守所等和24个派出所。

二、基层派出所

（一）团结路派出所

辖区总面积约3.9平方公里，辖区界限东至胜利北路，南至新华西街，西至水源路，北至庆丰街。辖区含四街五路。2016年，辖区总人口15832户44860人，内部单位16家，特种行业32家，三级消防单位163家。

（二）新华街派出所

辖区面积约3.6平方公里，辖区界限东至晏江路，南至新华东街，西至胜利北路，北至五原街。辖区含7街5路53条巷道。2016年，辖区有常住人口19127户56643人，内部单位21家，特种行业91家，三级消防单位234家。

（三）解放街派出所

辖区总面积约8平方公里，辖区界限东至胜利北路，南至庆丰街，西至增光巷，北至塞北街。辖区含12街14路16巷3个社。2016年，辖区总户数13445户36149人，内部单位15家，特种行业16家，三级消防单位350家。

（四）先锋派出所

辖区总面积约14平方公里，辖区界限东至胜

利南路、南至曙光西街、西至水源路、北至新华西街。辖区内含7街5路。2016年，辖区总人口16000户40800人，内部单位49家，特种行业27家，三级消防单位15家。

（五）车站派出所

辖区总面积约3.8平方公里，辖区界限东至建材路、南至曙光东街、西至胜利南路，北至新华东街。辖区内含8街5路。2016年，常住人口12407户35718人，内部单位52家，特种行业30家，三级消防单位212家。

（六）铁南派出所

辖区总面积约10.7平方公里，辖区界限东至东道街东道口、南至总干渠、西至小道口、北至曙光街。辖区内含12街2路29条巷道。2016年，辖区总户数9158户，总人口23493人。内部单位12家，特种行业22家，三级防火单位10家。

（七）东环路派出所

辖区总面积约16平方公里，辖区界限东至朔方路、西至宴江路、南至包兰铁路、北至五原街。辖区含有6街3路53条巷道。2016年，辖区有常住人口19127户56643人，内部单位16家，特种行业14家，三级防火单位105家。

（八）北环路派出所

辖区总面积约7.8平方公里，辖区界限东至临五路宏盛砖厂巷、南临城北街、西至永济渠、北至永刚渠。辖区含3街7路34条巷道。2016年，辖区总人口11031户36272人，内部单位38家，特种行业13家，三级重点消防单位55家，保安45人。

（九）西环路派出所

辖区总面积约4平方公里，辖区界限东至庆丰西街芙蓉小区、南至新华西街、西至金川大道、北至解放西街。辖区含5街9路。2016年，辖区常住人口14918户35749人，内部单位8家，特种行业26家，三级防火单位783家。

（十）开发区派出所

辖区总面积约21.6平方公里，辖区界限东至

金川大道、南至新华西街、西至永济渠、北至解放街。辖区含 11 街 7 路。2016 年，辖区总户数 17085 户，总人口 51255 人，内部单位 44 家、特种行业 18 家，三级消防单位 20 家。

（十一）城关镇派出所

辖区总面积约 96 平方公里，辖区界限东至水源路、南至总干渠、西至黄济渠、北至白脑包丹达 4 公里处。辖区含 5 街 7 路。2016 年，辖区常住户 24201 户 74603 人，内部单位 172 家，特种行业 229 家，三级消防单位 143 家。

（十二）曙光乡派出所

辖区总面积约 16 平方公里，辖区界限东至五原街八一乡张嘉庙村、南至大兰庙桥、西至永济渠、北至临河农场 21 团，辖区含 3 路 4 村 21 社。2016 年，派出所辖区总户数 5335 户 15069 人，内部单位 3 家，特种行业 7 家，三级消防单位 31 家。

（十三）双河镇派出所

辖区总面积约 266 平方公里，辖区界限东至五原县天吉泰镇、南至鄂尔多斯市杭锦旗、西至杭锦后旗头道桥镇、北至二黄河。辖区含 16 个行政村 102 个社。2016 年，辖区总人口 23896 户 48539 人，内部单位 14 家，特种行业 3 家，三级消防单位 110 个。

（十四）干召庙镇派出所

辖区总面积约 330 平方公里，辖区界限东至城关镇，南至黄羊农光村、棋盘村、西至黄济渠与杭后相望，北至白脑包镇。辖区含 18 个行政村 171 个社。2016 年，辖区常住人口数 15125 户 40125 人，内部单位数 45 家，特种行业数 3 家（寄递业），三级消防单位数 26 家。

（十五）干召庙镇第二派出所

派出所辖区面积约 75 平方公里，行政村 9 个，自然社 69 个，2016 年，辖区总户数 5816 户，人口 14447 人，有内部单位 5 家，商业网点 85 家。

（十六）白脑包镇派出所

辖区面积约 212 平方公里，辖区界限东至狼山镇，南至白脑包镇丹达，西至杭锦后旗蛮会镇，北至杭锦后旗团结镇。辖区含 17 个行政村 108 个社。2016 年，辖区内实有 9857 户常住人口 35927 人，内部单位 9 家，商业网点 122 家，三级消防单位 4 家。

（十七）白脑包镇第二派出所

辖区面积约 120 平方公里，派出所辖区界限东至狼山镇富强村、南至临河城关镇、西至干召庙镇、北至白脑包镇。辖区含 6 个行政村 53 个社。2016 年，辖区总户数 5452 户常住人口 22983 人，内部单位 10 家，特种行业 1 家，商业网点 60 家，三级消防单位 7 家。

（十八）狼山镇派出所

辖区面积约 165 平方公里，辖区界限东至新华镇、南至狼山镇、西至白脑包镇小召、北至新华镇古城。辖区含 13 个行政村。2016 年，辖区实有 7587 户常住人口 26555 人，流动人口 1252 人，内部单位 11 家，特种行业 8 家，商业网点 122 家，大型农贸市场 1 家，娱乐场所 2 家，企事业单位 5 家，三级消防单位 6 家。

（十九）狼山镇第二派出所

辖区面积约 128 平方公里，辖区界限东至乌兰图克，南至曙光乡，西至白脑包镇，北至狼山镇。辖区含 7 个行政村。2016 年，辖区总户数 6509 户 16473 人，内部单位 3 家，商业网点 82 家。

（二十）新华镇派出所

辖区面积约 198 平方公里，辖区界限东至五原县银锭图镇、南至临河区乌兰图克镇红旗村、西至临河区狼山镇、北至乌拉特中旗石兰计。辖区含 18 个行政村 1 个场部。2016 年，辖区总户数 13010 户 31390 人。有辖区单位 17 家，三级消防单位 14 家。

（二十一）新华镇第二派出所

辖区总面积约 170 平方公里，东至新华镇新源村、南至狼山镇、西至杭锦后旗、北至乌拉特中旗石兰计。辖区含行政村 11 个，自然村 70 个。2016 年，辖区总户数 6111 户 15401 人，三级消防单位 9 家。

（二十二）乌兰图克镇派出所

辖区总面积约 180.5 平方公里，辖区界限东至五原县、南至八一乡、西至狼山镇、北至新华镇。辖区含行政村 8 个。2016 年，辖区有 21562 人，内部单位 7 家。

（二十三）乌兰图克镇第二派出所

辖区总面积约 16 平方公里，辖区界限东至东济村八社、南至临河农场三分场、西至临河农场九分场、北至光荣村五社。辖区含 14 个村。2016 年，辖区总户数 6563 户 17286 人。其中常住户 6512 户 17181 人。流动人口 51 户 105 人，内部单位 6 家，三级消防单位 6 家。

（二十四）治安派出所

2016 年，临河区公安局治安派出所有：城市派出所、国土资源派出所、电力派出所。

第二节　国内安全保卫

2004 年 6 月 10 日午夜，临河区公安局捣毁八一乡章嘉庙六社一违法培训基地，抓获来自全国 10 个省、市、自治区涉嫌参与活动者 30 人。此后，这里成为巴彦淖尔市反邪教警示教育基地。

2010 年 6 月 29 日，由国保大队牵头，查处城关乡五四村王某某家举行的大型非法聚会，查获来自全国 8 个省、市、自治区非法聚会人员 63 人，收缴违法光盘、书籍资料 1200 余份。

2011 年元旦、春节期间，捣毁东环辖区地下非法印刷窝点一处，头目耿某某被依法判处有期徒刑 4 年，重点人员王某被批准逮捕，另 3 人被依法劳教。

2012 年 4 月 25 日，在临河区丽水新城小区付某某租房处，查获大量违法宣传品，付某某被刑事拘留。国保大队分别于 12 月 12 日、13 日，查处 2 起违法案件，依法刑事拘留 20 人，批评训诫 35 人，教育群众 500 余人。

第三节　特种行业管理

1991 年，临河市公安局印发 1200 份治安管理通知。发现 12 家旅店、4 家废品收购点、3 家刻字社、3 家舞厅和 6 家音像店不按规定经营，均严肃处理。

1993 年，对 52 家刻字印刷业进行 7 次突击大检查，对 2 家刻字业和 5 家印刷厂批评教育、黄牌警告。对 41 个旧货摊点进行为期 20 天的专项治理，查获铁路钢轨等禁收铁器 1000 多公斤。对临河市文化市场进行突击检查，收缴不健康书刊 1200 余册，捣毁 1 个贩卖传播淫秽录像带团伙，收缴黄色录像带 18 盘。对 2 家电子游戏室进行治安处罚，责令限期整改。

1994 年，查封利用电子游戏机进行赌博活动的电子游戏厅 7 家，扣押用于赌博的苹果机、麻将机 70 余台，取缔不法经营的特种行业 4 家。

1996 年，对不按规定进行登记、违章留宿的 6 家旅店，不履行正常手续私自刻章的 1 家刻字印刷业，非法收购废旧物品的 9 家收购业，进行停业整顿和治安处罚；取缔 11 家放映黄色淫秽录像的录像厅；对 3 家存在陪舞现象的舞厅进行了停业整顿；清除 23 个流动算命摊点；关闭 9 家起名社。

1997—1999 年，对临河市特种行业进行重新建档，核发安全合格证，落实管理措施。对旅店、歌舞厅、电子游戏厅下发严禁进行违法犯罪活动的通告 5000 份，查获色情案件 87 起，聚众赌博案件 63 起，出租淫秽光盘案件 5 起，查封 2 家桑拿浴、21 家歌厅，取缔学校附近 18 家游戏厅、3 家放映厅。1999 年开展了 12 次治安大检查。

2000—2009 年，关闭临河市（区）所有电子游戏厅，责令 19 家录像厅、21 家桑拿浴停业整顿。拆除桑拿浴、录像厅、歌厅包厢 57 个。取缔全部黑旅店、黑网吧、黑电子游戏厅。临河区旅馆业治安管理信息系统全面使用。查获、堵截非法收购废旧金属案件 68 起。

2010 年，先后 10 次对河套大学、八中、农机校、一职、三完小等学校周边的出租屋、小旅店、建筑工地等治安复杂场所，进行突击整治，抓获网上逃犯 3 人，抓获违法犯罪嫌疑人 5 人，破获刑事案件 50 余起。

2011、2012 年，对汽车站南北门小旅店、车站劳务市场小旅店、公园北门酒吧一条街等 6 个重点区域进行集中整治。清理整顿废旧金属收购站点 69 家，堵住了"三电"设施的销赃渠道。

2013—2016 年，查处网吧治安案件 108 件，通过网吧管理抓获犯罪嫌疑人 39 名。开展 23 次清查行动，查处行业场所 152 家。2015 年清查行业场所 537 家，整改治安隐患 162 处，查处涉嫌违法违规的行业场所 37 家。通过旅馆业信息管理系统上传、核查住宿人员登记情况，抓获在逃人员 13 人。

第四节 户政管理

一、人口管理

1991 年 9—10 月，临河市公安局在全市开展"单身户、出租户、暂住户、重点人、流动人"摸底调查。

1992—1994 年，临河市换发新常住人口户口簿。为外流人员建档立卡，做到底数清、动向明。对出租房屋实行挂牌管理、签订治安合同书、发函调查、分层次管理。对外来人口居住和落脚的地方，采取清理登记、照相、发证、发函等清查措施，开展重点式清查。

1995 年，聘请专职联防人员 779 人，防范 8719 户，城区防范覆盖面 100%。成立暂住人口管理处，全年登记暂住人口 16383 人，办理暂住证 5190 个，登记租房户 3369 户，打击流窜犯 21 人。

1996—1997 年，在城区 10 个派出所建立常住人口信息管理系统，实现户口微机管理。临河市办理暂住证 3730 个，办理出租房屋许可证 1651 个，签订治安守法合同书 3486 份，清理"三无"人员 575 个，发函 575 份，函调率 100%，破获刑事案件 29 起。

1998—2000 年，在暂住人口专项治理中破获暂住人口犯罪案件 52 起，抓获犯罪嫌疑人 49 人，其中重大逃犯 11 人。责任区民警对常住人口熟悉率为 90%。临河市换发公安部统一制定的新式户口簿 93608 本。

2004—2006 年，民警走进社区开展基础调查，身份证纠错 1067 人，注销户口 626 人，补落人口 848 人，纠正户口差错 5739 人。2006 年，通过户籍清查日常工作，提供破案线索 51 条，抓获逃犯 3 人，注销双重户口 3581 人，补落人口 24181 人，纠正户口主项差错 751 人，非主项错误 1865 人，换发二代证 224069 个。

2008—2011 年，各派出所为群众更换多页装订式居民户口簿，为第六次人口普查做准备。开展了 50 天的基础信息集中采集大会战，全局录入警务平台信息 380374 条，系统化、网络化人口管理模式初步实现，信息资源共享程度全面提升。实行户政服务大厅"一站式"办公模式，接待群众 12 万人次，办理身份证 29164 人，受理户口项目变更 7395 人次。

2012—2014 年，机关民警走进社区，与责任区民警建立社区 AB 岗。在临河区 6 镇 1 乡、12 个办事处设立流动人口服务管理中心，配备 197 名专兼职流动人口协管员。恢复城区派出所户籍业务，取消户口业务工本费，建立城区 12 个"一站式"无假日户籍室，实现城区不分辖区一站式"城区通"。接待群众 11 万人，清理、注销双重户口 11390 人。

2015、2016 年，将 423 名办事处社区网格员聘用为公安机关流动人口协管员。

采集辖区流动人口、寄住人口、从业人员、出租房屋、商业网点等各项社会资源信息，录入内蒙古自治区流动人口与出租房屋信息服务管理系统，定期更新数据，随时掌握人员信息。由被动型向主动型转变、由打击型向防范型转变、由管理型向服务型转变。

表 10－1－1　　　　2006—2016 年临河区常住人口、暂住人口变动情况表　　　　单位：人

年份	常住人口数	常住人口数		暂住人口数	暂住人口数	
		男	女		男	女
2006 年	540363	269900	270463	28287	14405	13882
2007 年	550563	274217	276346	27268	15107	12161
2008 年	557689	277494	280195	27371	16161	11210
2009 年	563784	280336	283448	27872	18065	9807
2010 年	564287	280734	283553	41494	26528	14966
2011 年	565035	281191	283844	62827	39256	23571
2012 年	561660	279645	282015	83945	54773	29172
2013 年	555995	276933	279062	79553	50174	29379
2014 年	533495	266540	266955	68914	39884	29030
2015 年	520388	260538	259850	49016	27694	21322
2016 年	521376	259754	261622	56140	29627	26513

二、居民身份证管理

1999 年，临河市居民身份证号码由 15 位升至 18 位。

2006 年 9 月，临河区公安局团结派出所率先在巴彦淖尔市受理二代身份证业务。

2014 年，居民二代身份证开始采集指纹。

2015 年 6 月 9 日，团结派出所率先受理二代身份证业务，图为民警正在给居民办理身份证

第五节　刑事侦查

一、刑事案件

1991 年，临河市公安局立刑事案件 313 起，破获 265 起。缴获赃款赃物折合人民币 541195 元。打击处理各类人犯 201 名。

1992 年，发各类刑事案件 383 起，破获 275 起，破案绝对数 666 起；依法打击各类人犯 248 名。

1993 年，发各类刑事案件 436 起，破获 290 起，破案绝对数 730 起。摧毁犯罪团伙 37 个，缴获现金 59.88 万元，缴获赃款赃物总计价值 111 万余元。

1994 年，发各类刑事案件 464 起，破获 346 起；发重大刑事案件 228 起，破案 151 起。通过侦查破案缴获赃款赃物折合人民币 149 万余元。

1994 年，侦破临河各大药房及财会室系列被

盗案，破获案件 24 起。

1995 年，立刑事案件 440 起，破获 341 起。其中重大案件 221 起，破获 145 起；特大案件 11 起，破案 10 起，破案绝对数 1020 起。缴获赃款赃物总计价值 84.7 万元。

1996 年，立刑事案件 394 起，破获 347 起。破获 1994—1995 年以来发生在临河、中旗、后旗、五原、磴口等地 7 台变压器被盗案。

1997 年，发刑事案件 369 起，破获 324 起。侦破"8·5"杀人案、"9·11"绑架儿童案、"9·19"残害儿童案、"10·22"绑架杀害人质等大要案件。摧毁一个跨省撬盗保险柜的特大流窜盗窃团伙，破获 43 起保险柜被盗案。

1998 年，发刑事案件 397 起，破 352 起，破案绝对数 1006 起。破获 1995 年以来在册积案 45 起，为群众挽回经济损失 530 万元。

1999 年，立刑事案件 365 起，破 324 起，破案绝对数 912 起。

2000 年，发刑事案件 935 起，破 572 起，破案绝对数 913 起。破获拐卖妇女儿童案件 20 起。摧毁边氏三兄弟特大盗窃牲畜团伙案。

2001 年，破获各类刑事案件 632 起，其中摧毁黑恶势力犯罪团伙 2 个，抢劫犯罪团伙 3 个，特大盗窃团伙 7 个，流氓轮奸团伙 2 个，非法讨债团伙 1 个，打掉村霸 1 人。打掉盗窃自行车团伙 6 个 27 人，破获盗窃自行车案件 360 起，缴获被盗自行车 490 辆。

2004 年，全局破案 1140 起，刑事拘留 416 人。

2005 年，破刑事案件 1177 起，移送起诉 248 人。1 月 23 日，侦破八一热电厂被盗锅炉钢板案。

2006 年，立刑事案件 929 起，破案绝对数 1273 起，刑事拘留 481 人。打掉黑恶势力团伙 7 个，抓获犯罪嫌疑人 25 名。

2007 年，破刑事案件 1774 起，命案立 12 起，破 12 起。八类案件发案 218 起，破 181 起，移送起诉 508 人。

2008 年，立刑事案件 1808 起，破获刑事案件 1717 起，刑事拘留 525 人，提请逮捕 243 件 382 人，移送起诉 263 件 439 人，取保候审 128 人。

2009 年，开展"打黑除恶""侦破命案""两抢一盗""冬季亮剑"等一系列专项行动。发刑事案件 2450 起，破 1367 起，破案绝对数 1927 起。摧毁一个长期盘踞市区、作恶多端、为害一方的恶势力团伙，抓获犯罪嫌疑人 90 名，破获刑事案件 124 起，起诉 457 人。侦破"9·19"抢劫出租车杀人案；侦破"两抢一盗"案件 1544 起，摧毁该类犯罪团伙 14 个。

2010 年，立刑事案件 3685 起，破 1906 起，破案绝对数 3014 起，现案破案率 51.7%。刑事拘留 570 人，起诉 570 人，取保候审 188 人。

2011 年，以公安部提出的"打击具有广泛影响的案件"为指向，刑事案件立案总数 4422 起，破 3359 起，刑事拘留 624 人，移送起诉 697 人，取保候审 204 人，监视居住 19 人，抓获网上逃犯 363 名。

2012 年，保持对刑事犯罪的高压态势，立刑事案件 4650 起，破 4259 起，其中现案 2908 起，外地案件 280 起，打掉团伙 80 个 291 人。刑事拘留 926 人，移送起诉 786 人，取保候审 291 人。

2013 年，刑事案件立案总数 4471 起，破 4877 起，刑事拘留 627 人，起诉 545 人，取保候审 241 人，监视居住 58 人。破获社会影响恶劣的系列"两抢一盗"多发性侵财案件 850 起。

2014 年，开展一系列专项行动，立刑事案件 3306 起，破 1756 起，打掉团伙 22 个，刑事拘留 550 人，移送起诉 454 人，取保候审 224 人，监视居住 77 人，抓获网上逃犯 351 人（其中抓获命案逃犯 7 名）。

2015 年，开展"春雷""亮剑二号"和"破案追逃 60 天"等专项行动，遏制刑事案件的高发势头。立刑事案件 2834 起，破获刑事案件 1802 起，打掉犯罪团伙 14 个，刑事拘留 438 人，移送起诉 477 人，取保候审 192 人、监视居住 60 人。抓获各类网上逃犯 314 人。

2016年，立刑事案件2625起，破获2275起，打掉犯罪团伙41个，刑事拘留491人，移送起诉416人，取保候审201人，监视居住30人。抓获各类网上逃犯146人。

二、刑侦技术

1991年，临河市公安局刑事科学技术室勘验各类现场93起，利用痕检等技术手段破获案件34起。

1992—2001年，9年勘验各类现场4076起，破获一起涉外重大盗窃案件。

2002年，勘验各类现场1368起，制作现场勘验笔录960份，提取痕迹98例，提取现场指纹128枚，掌纹22枚，检验尸体、活体171例，提取物证37起89件。利用技术手段直接破案6起，其中命案1起。

2004年，公安局建成刑侦综合信息系统和指纹自动识别系统，增加现场指纹、十指捺印指纹及综合信息入库数量，建立经常性查询比对工作机制，成为侦查破案新的增长点。勘验各类现场1011起，现场勘验率95%以上；提取痕迹物证910起，提取率90%；现场笔录制作率100%。

2005年，勘验刑事案件现场676起，提取现场痕迹物证547份，现场痕迹物证建档547份，出具各类检验鉴定书394份。

2006年，勘察各类案件现场998起，现场三录制作率100%。串并案件56起。

2007—2009年，勘察各类案件现场2902起，勘验率100%。

2010年，技术室勘验各类案件现场1100起，提取现场指纹208枚，捺印指纹21275人，比中案件21起，侦破案件356起；提取足迹、工具痕迹1051份。

2011年，勘查各类现场1523起，勘查率100%，制作率100%，分析率100%，提取痕迹物证率81.2%，物证保管率100%。

2012年，勘验现场1563起，出具各类鉴定书、检验分析意见、报告781份，提取现场足迹1087枚、工具痕迹912个。8月16日，技术室通过比对指纹，比中犯罪嫌疑人张某某，破获盗窃案件59起，涉案价值10万元。

2013年，勘察各类案件现场1473起，勘验率、录入率100%，提取痕迹物证1665份，其中现场足迹823枚、工具痕迹321个、手印痕迹183枚、特殊痕迹28个、电子物证4例、视频监控8例、DNA物证48份、其他痕迹物证183份。

2014年，勘验检查各类案件现场1061起，出具各类鉴定书、检验分析意见、报告743份。提取现场足迹879枚、工具痕迹433个。

2015年，勘验检查各类案（事）件现场1480起，勘查命案现场9起，非正常死亡现场108起，解剖尸体22具，伤情鉴定156例，痕迹检验鉴定67份，出具各类检验鉴定文书338份。在勘查各类案件现场过程中提取现场指纹786枚、足迹1079枚、工具痕迹467个、生物检材及其他物证900余份，为侦查破案指明方向。

2016年，勘验检查各类案（事）件现场1594起，解剖尸体9具，伤情鉴定90例，痕迹检验鉴定32份，出具各类检验鉴定文书299份。在勘查各类案件现场过程中提取现场指纹355枚、足迹909枚、工具痕迹403个、生物检材及其他物证820余份，串并案件25串、145起。

第六节　经济犯罪侦查

2006年，临河区公安局经济犯罪侦查大队破经济案件10起，为恒丰等企业、单位挽回经济损失400多万元。8月22日，立案侦查了虚开增值税专用发票案件，涉及10个省市120余家企业700余人，涉案金额3.7亿元，抓获犯罪嫌疑人9名。

2007年，破获破坏市场经济秩序案件14起，破案率100%，涉案金额 3 亿 7000 万，挽回经济损失 2300 余万元，追缴非法所得 100 余万元。

2009 年，侦破各类经济犯罪案件 68 起，抓获犯罪嫌疑人 31 人，挽回经济损失 225 万元，收缴假币 82240 元，受到公安厅督导组的表扬。

2011 年，立经济犯罪案件 58 起，破 58 起，抓获涉嫌经济犯罪逃犯 26 人，挽回经济损失 680 余万元。

2012 年，侦破经济案件 217 起，为企业、群众挽回经济损失近 2000 万元，成功侦破了贾某等人特大虚开增值税发票案、组织领导传销案等一批社会影响较大、群众反映强烈的案件。

2013 年，受理各类经济犯罪案件 112 起，立案侦查 103 起，破 92 起，刑拘 32 人，取保候审 24 人，监视居住 21 人，移送起诉 17 起 13 人，抓获网上逃犯 38 人。

2014 年，经济犯罪侦查大队破经济犯罪案件 148 起。破获公安部督办的"4·1"特大虚开增值税专用发票案，抓获犯罪嫌疑人 14 名，挽回经济损失 4000 余万元。在开展"春耕保卫战"中，破获案件 3 起，抓获犯罪嫌疑人 3 名，为群众挽回经济损失 100 余万元。破获涉众型信访案件 3 起，抓获犯罪嫌疑人 6 人，涉案金额 1.6 亿元。

2015 年，受理各类经济犯罪案件 180 起，立案侦查 149 起，破 143 起，其中办理公安厅督办案件 2 起。刑事拘留 66 人，抓获网上逃犯 51 人，移送起诉 20 起 33 人，为国家追回损失 2700 万余元，为群众挽回经济损失 3000 余万元。

2016 年，受理刑事案件 142 起，立案 111 起，不予立案 19 起，破刑事犯罪案件 84 起，刑事拘留 54 人，取保候审 22 人，监视居住 3 人，移送起诉 31 起 35 人，为国家和群众挽回经济损失 2000 余万元。办理行政案件 5 起，强制戒毒、社区戒毒各 1 人。打掉非法经营药品犯罪网络一个，捣毁窝点 3 处，抓获犯罪嫌疑人 3 名，缴获各类中药饮片 1800 余种，涉案价值 150 余万元。

第七节　出入境管理

1992 年，出入境管理科接待外宾 25 人，受理申请出国出境 72 件 110 人。

1993 年，接待外宾 23 人次，受理当地公民出国出境 61 件 96 人。

1994 年，接待外宾 9 人，受理中国公民出国出境 41 件 60 人。

1995—1997 年，三年办理出国出境 175 件 214 人。

1998 年，办理公民因私出国 124 件 144 人，自费旅游 15 件 47 人。

1999 年，办理公民出国 141 件 160 人，自费旅游 71 人，接待外宾 14 人。

2008 年，建档管理常住境外人员 46 人，登记临时入境人员 175 人，登记报备不准出境人员 28 人、撤销报备 6 人，特定人员报备 58 人，核查出国、出境人员 128 人，查处涉外案件 2 起，查获"三非"境外人员 6 人，其中遣送出境 2 人。

2010 年，建档管理常住境外人员 35 人，登记临时入境人员 286 人，建立完整境外人员档案资料 324 份，查处涉外案件 2 起。

2012 年，建档管理常住境外人员 44 人，登记临时入境人员 513 人，建立完整境外人员档案资料 44 份，核查报备法定不准出境人员 165 人，查处涉外案件 2 起，成功遣送越南人 1 人，救助蒙古人 1 人。

2013 年，查处一起尼日利亚人非法入境案。

2014 年，查处新加坡人非法居留案；查处 3 名乌克兰人非法就业案。

2013—2016 年，受理因私出国（境）证照 1.2 万人次，其中护照 5735 人次，往来港澳通行证及签注 5399 人次，大陆居民往来台湾通行证及签注 880 人次；登记法定不批准出境人员通报备案 340 人次；采集国家工作人员因私出国（境）登记备案信息 18329 人次；监控管理境外人员临时住宿 2061 人次，登记管理常住境外人员 234 人次，受理"三非"案事件 13 起。

21 万起，有效警情 4.4 万起。

2015—2016 年，两年接处警 46 万起，有效警情 10.8 万起。

第八节 "110" 接报警服务

1993 年，临河市公安局 110 报警服务中心接报警 1449 起。

1995—1996 年，两年接报警 2383 起。

1997 年，组建 110 指挥中心，以 10 个 110 报警服务岗厅为控制点，以 8 辆 110 报警服务车为机动力量，形成点、线、面结合，多警种配合机制。全年接警 1900 起，有效处警 1800 余起。

1998—1999 年，两年接警 19197 起。

2000 年，将 GPS 卫星定位系统与 110 报警系统联网，对出租车、运钞车等移动目标进行 24 小时昼夜监控。110 报警向村社延伸，每个村社都建立 110 报警点。全年接各类报警 11731 起。

2004—2008 年，临河区公安局 110 报警服务中心与联通公司合作开通短信报警平台，5 年接警 8.6 万起。

2009—2010 年，两年接处警 21.9 万起。

2015 年 3 月 1 日，指挥中心接警员正在分析研判警情

2011—2013 年，三年接处警 65.7 万起，有效警情 13.8 万起。

2014 年，为 15 辆武装巡逻车安装了 GPS 定位系统，指挥中心根据图示就近调警。全年接处警

第九节 禁毒工作

1991—1997 年，临河市公安局发放禁毒宣传材料 1000 份，群众通过举报电话检举揭发毒品违法犯罪和非法种毒线索，收到有价值线索 21 条。破获制贩毒品案件 3 起，在"6·26"禁毒日公开销毁。对 127 名已戒毒实行帮教。

1998、1999 年，成立禁毒领导小组，发放禁毒宣传材料 5.5 万份，宣传册 235 份，张贴和悬挂标语 210 幅，在媒体报道禁毒知识及消息 151 条次，举办为期 2 个月的《全国禁毒挂图》展览，受教育群众 8 万余人。破获贩毒案件 10 起，刑事拘留犯罪嫌疑人 10 人。

2000—2002 年，筹建禁毒教育基地，创建无毒社区 692 个，无毒村社 1088 个。

对在校学生开展禁毒宣传，受教育学生 7000 人。开展集中宣传 123 次，发放宣传资料 5000 多份，举办讲座 32 次，受教育人数 3 万人次。

2003—2006 年，发放《禁毒宣传手册》以及禁毒纪念品等 1 万份，接受群众现场咨询 16 场次，在繁华地段设立禁毒宣传牌 5 块、展板 8 块。开展禁毒宣传活动 400 余场，受教育群众 5 万人。破获毒品案件 8 起，查处毒品违法案件 150 起。

2007 年，巴彦淖尔市缉毒侦查工作现场会在临河区召开。临河区破获涉毒案件 115 起，破获贩卖毒品案件 9 起。

2008—2010 年，查获涉毒行政案件 98 起，破获刑事案件 19 起 19 人，缴获毒资 6.9 万元。对 17 家易制毒化学品经营单位、21 家易涉毒娱乐休闲场所、15 家歌舞娱乐场所，进行禁毒宣传和检查。全年查获涉毒行政案件 145 起，抓获违法人员 154 人，强制隔离戒毒 78 人。破获刑事案件 14 起，逮

捕 9 人。2010 年底，查获涉毒行政案件 117 起，强制隔离戒毒 95 人，社区戒毒 68 人，社区康复 21 人。

2011 年，开展"创无毒、还净土"专项行动，查获涉毒行政案件 115 起，破获贩卖毒品案件 8 起，抓获犯罪嫌疑人 12 人。

2012 年，建立吸毒人员社区戒毒（康复）衔接制度，强化吸毒人员的收戒力度。破获毒品治安案件 88 起，破获刑事案件 38 起。

2013 年，查获涉毒行政案件 253 起 263 人，破获毒品刑事案件 70 起。

2014 年，对患病、吞噬异物的重型吸毒人员移送银川市戒毒所实施强制隔离戒毒。全年做尿液检测 907 人，破获刑事案件 14 起。

2015 年，破获各类涉毒案件 295 起。登记在册易制毒化学品企业 40 家，办理各类易制毒化学品许可、备案证明 410 份。

2016 年破获毒品刑事案件 32 起，办理行政案件 180 起，行政拘留 187 人，强制隔离戒毒 152 人，社区戒毒 39 人。

第十节 情报业务

2013 年 7 月，成立临河区公安局情报大队，开展情报信息的搜集研判、维稳预警，依托情报平台开展重点人员数据分析、服务警种实战。建立警情库、案件库、打处人员库、高危人员库等情报基础数据库。

2015 年 7 月，情报大队通过情报协作成功抓获潜逃 20 多年漂白身份背负 2 条人命的河北籍逃犯高某某。2015 年 12 月，先后被自治区公安厅评为全区旗县级"DQB"建设与应用示范点、预警研判和服务实战"双典型"示范点。10 月，成立由情报大队牵头、各警种参与的合成作战中心，搜集上报维稳情报线索 721 条，被市公安局采用 649 条，被自治区公安厅采用 105 条。

2016 年底，情报大队为各警种提供信息查询 826 人次，协助破案 453 起，抓获犯罪嫌疑人 256 人，抓获网上在逃人员 43 人。

第十一节 预审

一、案件审核

1991 年，临河市公安局审核刑事案件 313 起，审核行政案件 497 起。

1992—1999 年，审核刑事案件 2271 起，审核行政案件 4550 起。

2000—2009 年，审核刑事案件 5873 起，审核治安案件 8949 起，其中 2001、2003 年审核治安案件 2970 起，2007—2009 年审核治安案件 4350 起。

2010—2016 年，审核刑事案件 12648 起，审核行政案件 9708 起。

表 10 - 1 - 2　　**1991—2016 年临河市（区）公安局案件审核情况表**　　单位：件

年份	刑事案件	行政案件	治安案件
1991 年	313	497	
1992 年	267	741	
1993 年	436	573	
1995 年	440	802	
1996 年	394	802	
1997 年	369	920	
1999 年	365	712	

续表

年份	刑事案件	行政案件	治安案件
2000 年	224		1629
2001 年	179		1485
2003 年	263		1485
2004 年			722
2005 年			1227
2007 年	685	1504	
2008 年	1747	1051	
2009 年	2286	1795	
2010 年	1606	1255	
2011 年	1104	923	
2012 年	1892		1259
2013 年	1856	1750	
2014 年	1641	1835	
2015 年	2214	1357	
2016 年	2308	1329	

二、行政复议、诉讼、赔偿

1991 年，临河市公安局办理行政复议案件 7 起。

1995 年，办理行政应诉案件 10 起。

1998—1999 年，办理行政复议案件 18 起，办理行政诉讼案件 5 起。

2006 年，临河区公安局办理行政复议案件 2 起 2 人，办理行政诉讼案件 1 起 1 人。

2007、2008 年，两年办理行政复议案件 9 起 9 人，国家赔偿案 1 起 1 人。

2009、2010 年，两年办理行政复议案件 11 起 11 人，办理行政诉讼案件 4 起 4 人。

2012—2014 年，三年办理行政复议案件 61 起 61 人；办理行政诉讼案件 65 起 65 人。

2015、2016 年，办理行政复议案件 81 起 81 人，办理行政诉讼案件 101 起 101 人，办理国家赔偿案件 3 起 3 人。

三、法律教育

1991—1996 年，临河市公安局举办 2 期"十法一例"培训班，购置业务书籍 1000 册。组织民警学习《人民警察法》《国家赔偿法》《行政诉讼法》《治安管理处罚法》。

2007—2010 年，临河区公安局举办法律、业务学习培训班 4 期 1678 人次。制定《公安机关执法细则》学习培训计划，对 700 名干警进行培训；举办法制监督员认证考试培训班，对 40 余名法制监督员进行培训和认证考试；利用网络平台对干警进行网上培训；在公安信息网开辟公安业务学习专栏、法律法规、案例点评、法制交流等专栏。

2011 年，编印《大练兵法律法规汇编》。收集、汇总"三查"背法条 100 问学习资料，订购"三考基本法律知识考试题集"书籍，对全体干警进行"三查"理论知识学习辅导及考试辅导。

2012 年，加强对兼职法制员的教育培训，对兼职法制员进行业务考试，以点带面，开展岗位自学自练。制定《临河区公安局业务学习月月考制度》，根据不同警种的业务范围及执法活动需要确定学习内容。每月根据学习内容，有重点、针对性地编写试卷，在区局域网发布，对各单位进行评查打分。

2013年，采取集中培训和流动法制大讲堂相结合，对全局执法办案民警进行法律业务培训4次，保证领导班子和全体民警学习培训的常态化。组织党委中心组学习公安业务法律法规12次，在网上分警种组织开展业务学习培训12次，组织考试12次，收回试卷12000余份。

2014年，向案件当事人等特定对象公开治安行政案件1058起、刑事案件3607起，其中通过书面告知450起，电话告知426起，短信告知33起，信函告知6起，其他方式告知2692起。发布执法公开工作通报16次，向群众发放执法公开宣传手册1.2万册。在工作场所设置执法公开宣传栏25个。

2015—2016年，采取多样式培训给办案民警"充电"。组织民警进行为期15日的学习培训。集中对检察院、法院及上级公安机关对执法办案的新规定、公安局自编的《办理行政案件指导手册》《办理刑事案件指导手册》进行培训。开展执法集中培训2次，培训执法办案人员1000余人次。开展针对式教育培训18余次，培训526余人次。开展普及性教育培训9期，组织考试9次。

第十二节 网络治安

2003—2005年，临河市（区）公安局安装了数字程控交换机，开通公安专线。全局配备兼容机进行公安网链接。建成公安信息通信网，建成刑侦综合信息系统和指纹自动识别系统，建立卫星定位系统、地理信息系统，搭建起监控移动目标的平台，开通公安集群对讲系统。临河区公安局电话会议终端投入使用，完成刑侦与巴彦淖尔市公安局的联网。在临河银行储蓄网点安装室内外视频监控，在影剧院广场安装两路视频监控探头，在大型歌舞娱乐场所、网吧安装视频监控设备。

2009—2010年，对24个派出所进行办案区改建、改造，办案区安装音视频监控系统、应急报警系统、门禁系统。安装视频监控摄像机、硬盘录像机、门禁，对进入办案区涉案当事人进行全程音视频监控，将音视频监控系统与市、区、部三级联网。公安四级网全部更换使用移动网络，电视电话会议系统建设扩建至23个所队。

2011年，更换为数字手持终端，与巴彦淖尔市公安局共用一个主基站，实现公安集群系统全市联网，实现了市公安局移动台与省厅移动台之间的单呼、组呼、异地漫游等功能。微机拥有率100%，数字证书发放率100%。20个派出所完成视频会议系统建设工程。公安四级网全部提升。网吧完成二代证刷卡上网系统安装，旅店全部安装上传系统。同时开通网上公安。

2012年，团结路派出所开展"平安城市"视频监控系统试点工程建设。改进互联网情报侦查工作，接处警127起，受理行政案件78起，抓获网上逃犯17人。配合基层抓捕负案在逃犯19人，协助各警种调取作案现场视频监控57次。

2014年7月，临河区开展"平安城市""数字城管"智能视频监控联网系统建设，临河区政府投资9500万元，架设1020个前端监控点位，安装了多个高清监控摄像机、10个治安卡口，建设存储机房、监控分中心，实现万兆网络传输，将公安、交警、执法局视频资源共享，监控存储时间为30天，与自治区公安厅、巴彦淖尔市公安局使用同一管理平台，确保无缝对接。依托视频专网开展"一键报警柱"、人脸识别、制高点高空瞭望系统、社会视频资源接入建设。在办案区域内安装审讯系统，购置联通主动式无线定位设备、电信被动式无线定位设备、手机取证系统、取证塔、便携式高速硬盘复制机、智能手机仿真系统、一体机、猎隼位置平台、采集设备、信息安全等级保护检查工具箱等设备。

2015年，在狼山镇派出所安装一个2信道基站，再次采购数字集群终端，在看守所监所内安装高清音视频监控的基础上，对办公楼一楼审讯室及收押大厅等安装高清摄像机。安装高清音视频监控系统，在所有监所审讯室安装标准审讯系统。

2016年，在巡逻车上安装车载视频指挥调度系统。11月，城区所队公安四级网更换为广电裸纤，搭建万兆公安四级网。建设高清视频指挥调度系统，治安动态视频监控图像全部接入会议系统。建成巴彦淖尔市首家电子数据勘查取证实验室。

第十三节　警务督察

2008年，临河区公安局警务督察大队并入政工监督室。

2013年，撤销区政工监督室，单设区警务督察大队。

2012年12月，出台《计分式督察办法》，将民警的执法、执纪、执勤和日常行为规范以分数的形式进行量化分解，作为单位综合考评依据。

2014年，开展各类督察1035次，当场纠正各种不规范行为355人次，下发督察建议书153份，发督察通报159次。对局属各单位晨会视频督察762次，对功能办案区视频督察229次，受理涉警投诉举报69起，组织处置民警维权案件29起，处理侵犯民警权益的违法人员22人，解答群众反映问题572次。

2015年，查办各类案件8起，廉政谈话20人，和违纪民警分管领导约谈6人，通报批评32人。

2016年，受理群众来信来访381件次，全部办结停访。开展各类督察1241次。对公务用枪管理情况进行督察23次。共受理涉警投诉举报421起，组织处置民警维权案件13起，处理侵犯民警权益的违法人员11人。

第十四节　保安服务

1992—1993年，临河市保安服务公司引进安装了具有"防盗、防抢、防火、防煤气泄漏、疾病抢救"等多功能电子报警系统，并与公安机关并网。公司创立自行车检审、打印速查法，自行车有了自己的身份标签，自行车被盗案由原来的月被盗170余辆降至10余辆。

2013—2016年，临河区保安服务公司安装了宽带和GPS传输声光报警系统，加强了处警及时性。317家内部单位安装了报警装置，并与保安服务公司联网。通过报警手段直接抓获犯罪嫌疑人246人，惊逃697人次，挽回经济损失近千万元。人力防范服务客户55家，派驻保安员315人，服务领域涉及金融、厂矿、企业、商场等行业。

第十五节　交通管理

1991年，临河市交警大队深入车属单位677次，召开车属单位会议124次，去学校讲安全课12次，发放宣传材料38614份，媒体宣传55次，举办驾驶员学习班13期。全年检查车辆103532台次，清理路障15起，纠正违章4.8万人次，吊扣7人。

1992—1994年，受理交通事故81起，纠正违章41万台次。在百货大楼至金川市场路段安装1000米人行护栏和机动车中心护栏。纠正违章12万台次，清理违章占道摊点372处，受理交通事故75起，侦破逃逸案件6起。交警大队检查车辆14.7万辆，纠正违章13万台次，受理交通事故230起。

1995 年，换发摩托车牌照 5762 辆，农运车 1300 辆，平均日检车 252 辆。检查车辆 13 万辆，纠正违章 11 万余次。

1996 年，受理交通事故 99 起，侦破逃逸案件 10 起。举办培训班 6 期，有 2331 人经考试合格领取实习驾驶证，换发新证 3401 人，新车落户 5500 余辆。检查车辆 14 万余辆，暂扣严重违章车辆 13 万余辆次，拆除非法标志牌 25 块，取缔非警车安装警灯、警报器 14 套，收缴 122 公安号牌 28 副，89 式牌照 16 副，拘留违章驾驶人 8 人。

1997 年，受理交通事故 712 起，侦破逃逸案件 3 起。有 2304 人通过考试取得驾驶证，换发新证 1700 人，新车落户 4001 辆，审验驾驶员 1 万余人，检验摩托车 14600 辆。

1997 年建队十周年庆祝大会

1998 年，临河市交警大队改革事故处理办法，成立车物损失鉴定组织。在城区出入口增设 8 面大型夜光指路标志。

1998 年，在临河百货大楼门前执勤的民警

1999 年，开展交通事故处理"阳光作业"74

次，夜间集中行动 36 次，行政拘留酒后驾车司机 336 人，处罚违章 11 万人次。受理交通事故 230 起。有 2065 人取得驾驶证。新安装护栏 148 米、隔离墩 234 延长米，新增标志 38 面。在百货大楼、化肥厂路口、利民西街西口安装了"电子警察"。

2000 年，对临河市区交通标线、交通护栏、隔离墩进行重新刷新，增划道路交通标线 1 万米，增设标志 36 块；百货大楼交通信号灯更新为多相位交通信号灯。

2001 年，拆除影响交通的建筑物 69 处。对原有的交通标志、标线、隔离护栏、隔离墩等安全设施进行刷新，施划了庆丰西街交通标线，新增 3 座铝合金岗亭，购置交通标线施划车 1 辆。

2002 年，临河市交警大队组织统一路查行动 93 次，夜查行动 150 余次，纠正各类交通违法 17 万余起，检查各类机动车 10 万余辆，暂扣无牌、无证、无头盔摩托车 7000 多辆，行政拘留严重交通违法者 23 人。受理交通事故 359 起。

2003 年，抽调 100 多名干警组成防控非典交通堵卡组和应急备勤组，组织路查 50 余次，夜查 30 余次，纠正各类违章 3 万多起，检查各类车辆 2 万余辆，暂扣无证、无牌、酒后驾驶摩托车 724 辆，暂扣违章出租车 2 万余辆次、客运车 121 辆次。

2004 年，临河区交警大队在城区主要道路安装大型指路、禁鸣喇叭和减速让行等交通标志牌 368 块，交通标线 91.3 千米。纠正各类交通违法行为 17 万起。发生交通事故 216 起。发生一般交通逃逸事故 13 起，侦破 12 起。

2005 年，在胜利路百货大楼路口、利民街路口安装了 6 组新式交通指挥信号灯；按照国标重新设置了 93 面交通标志；采用热熔喷涂技术施划胜利路和临五路的交通标线；在胜利路路口及城区各红绿灯路口全部埋设安装交通监控设施地下管线。受理交通事故 176 起，与上年同期相比下降 18.5%。

2006 年，发生交通事故 119 起，与上年同期相比下降 36.8%，死亡人数下降 15%，受伤人数下降 12.8%。在城区街路施划交通标线 4 万平方米，安装交通标志 174 面，安装中心隔离护栏 2227 米，安装多相位信号灯 5 组，在 8 处公路事故多发、易发路段安装减速带、限速标志 50 面，施划减速线 1367 平方米，安装黄闪警示灯 2 组。

2007—2009 年，接警 4500 余起。在城区街路施划交通标线 4.4 万平方米，安装交通标志 104 块，在 4 处公路事故多发、易发路段安装减速、限速标志 24 面，施划减速线 3600 平方米。查纠各类交通违法行为 12 万起。实地进行交通宣传 344 次。发生事故 69 起，与上年同期相比下降 16.96%。办理机动车落户 2336 辆，办理机动车驾驶证 1219 个。

2010 年，建设交通指挥中心 1 处；在路口安装信号灯 51 组，标志牌 1624 块，隔离护栏 52120 米，电子警察 15 处，视频监控 26 处，治安卡口 6 处；施划交通标线 4 万平方米。在市区设立执勤标准示范岗。发生一般以上道路交通事故 33 起。查处无证驾驶 2664 人，饮酒驾驶 374 人，醉酒驾驶 184 人，饮酒无证驾驶 172 人，醉酒无证驾驶 21 人，行政拘留 245 人。建立临河区第一家交通安全警示教育基地。

2011 年，发生一般以上道路交通事故 23 起，死亡 19 人，受伤 21 人，造成直接经济损失 15 万元。开展夜间集体统一行动 96 次。建成颇具现代化水准的指挥中心 1 处，安装视频监控 47 处、治安卡口 21 处，固定测速设备 20 处，"电子警察" 20 处，交通诱导屏 2 处，在 54 个路口安装了交通信号控制机箱。排查治理交通安全隐患 29 处，安装限速标志 160 块，禁行标志 40 块，禁停标志 7 块，减速警示标志 2 块，减速带 2 条，大型指路标志 60 面，渠化路口 19 处，在物流大道与 110 国道平交路口、建材路路口、110 国道西线 936 千米等 61 处路口安装铸钢减速带 380 米、水泥减速带 300 米，安装提示牌 122 块。

2012 年，排查客货运企业 8 家，查出逾期未

报废车辆 13 辆，逾期未年检机动车 10 辆，不符合安全技术性能 5 辆，交通违法未处理机动车 163 辆，逾期未提交身体条件证明 14 人，交通违法未处理驾驶人 114 人，逾期未检验机动车驾驶证 6 人。

2013 年，拆除部分路沿石和绿化带，扩大路口转弯半径，增加右转弯行车道。对乌兰布和路、金川大道、胜利路、团结路、建设路等城区 15 条街路施划交通标线 4 万平方米。对新华街、团结路、胜利路等 11 条主干道交通标志更新覆膜 106 块，新增标志牌 46 块。在 8 处路口（团结路与庆丰街、团结路与曙光街、青年路与庆丰街、金川大道与汇丰街、丰河路与汇丰街、金沙路与汇丰街、金沙路与帅丰街、金川大道与庆丰街）安装信号灯 35 组。在城区电子监控设备上安装了 130 面交通提示标志。采用城市抗污双组分施划标线技术，对新华西街、沃野街、五一街、金川南路等 8 条迎会道路标线进行二次施划，施划交通标线 7660 平方米。设置 2 处交通事故残骸 LED 展台，起到警示作用。

在风雪中执勤的民警

2014 年，完成辖区多处区间测速、固定测速、电子卡口、视频监控建设任务。增设道路交通标志、标牌 240 块，施划标线 3 万平方米，增设减速带 6000 米，增设信号灯 11 组，电子警察 11 组，视频监控 52 处，区间测速卡口 8 处，安装中心隔离护栏 3600 米，改造路口 2 处，修复已有标志 86

块、标牌 18 块。在新汽车站路段安装隔离护栏 400 余米，在金川南路、五原路安装交通指示标志 18 块，安装信号灯 2 处。在临河西区安装 13 处电子警察、13 处视频监控、4 处测速卡口。在长春东街、利民东街单行线安装 6 处电子警察。对新华街、五一街、沃野街、曙光街、永济渠道路等主干道，采用抗污双组分新型环保材料，规划道路交通标线 14916.79 平方米。对汇丰西街、规划支路等城区 18 条道路、22 所中小学校施划标线、黄色网格线 31897 平方米。在金川南路、沿黄公路安装大型交通指路标志牌 11 块、交通信号灯 1 组、电子警察 1 处，查处交通违法行为 21 万起。办理五小车辆注册登记业务 457 笔，办理驾驶员考试 298 人，淘汰老旧车辆 1.8 万辆。

2015 年，发生简易程序处理的交通事故 1213 起，一般程序处理的交通事故 13 起。新增电子警察 6 处，升级改造电子警察 8 处，增设信号灯 18 处，新增交通违法视频抓拍 10 处。在团结路、金川大道、胜利路等 13 处城区主干道施划交通标线 1.8 万平方米。查处交通违法行为 26 万起。

2016 年，临河区交警大队的管辖道路总里程 1028.04 公里，其中城区街路 56 条，全长 140.12 公里；国道 1 条（110 国道），全长 37 公里；省道 1 条（S312 省道），全长 17 公里；县乡公路 6 条（临巴线、乌五线、临乌线、团黄线、临友线、临白线），全长 168.6 公里；农村公路 665.32 公里。

同年，城区 9 条道路实施单向通行。发生简易程序处理的交通事故 1284 起，一般程序处理的交通事故 10 起。查处各类交通违法行为 22.1 万起。对河套大街与团结路、光明街与团结路、胜利路与河套大街 3 处路口的 5 个拐角进行综合改造。施划交通标线 6.8 万平方米，更换大型标志牌 60 块、小型标志牌 98 块；增设出租车停靠点标志牌 90 块；更换人行步道桩 75 处 260 个、护栏端头 40 个、护栏立柱 120 个、护栏底座 120 个；安装减速带 100 米，爆闪灯 10 处，信号灯 2 处，设置单行线、路口禁左标志牌 60 块，排查、调整、修理信

号灯 63 处。在 S312 省道建成卡口 5 处、区间测速卡口 2 处、视频监控 3 处，执法服务站 1 处。在 110 国道建成卡口 12 处，区间测速卡口 6 处、视频监控 6 处，执法服务站 1 处。在城区出入口建成卡口 5 处。进学校宣传 76 次，进农村宣传 15 次，举行大型宣传活动 10 场次，开展体验教育活动 7 场次，组织志愿者开展劝导活动 180 次，发放宣传资料 15 万份。

第十六节　荣誉

1991 年，临河市公安局 1 名民警被评为全国颁发居民身份证工作先进个人。

1992 年，1 人荣立个人二等功。

1993 年，车站派出所被评为自治区派出所消防管理先进集体，1 人获自治区"三八红旗手""警界女十杰"称号。

1995 年，1 人被评为 1994 年度全国优秀人民警察、自治区劳动模范，1 人被评为自治区公安机关破案尖子，1 人被评为自治区刑事犯罪情报资料工作先进个人，1 人荣记个人二等功。

1996 年，新华街派出所、团结路派出所获自治区优秀派出所，临河公安局档案管理工作晋升为自治区一级单位。1 人被评为 1995 年度全国优秀人民警察，1 人被评为自治区公安纪检监察先进个人，10 人次荣立个人二等功。

1997 年，1 人被评为自治区优秀侦查员，3 人被评为自治区 50 周年大庆安保工作先进个人，1 人被评为自治区公安科技工作先进个人，1 人荣记个人二等功。

1998 年，法制科被评为自治区法制工作先进单位，有 2 个单位获集体嘉奖。1 人被评为自治区优秀责任区民警，2 名干警荣立个人二等功。

1999 年，1 个派出所被评为自治区人民满意派出所，团结路派出所被公安厅评为自治区文明户籍室，1 个派出所被评为盟级人民满意派出所。1

名局领导光荣出席了全国英模大会，1人被评为自治区优秀人民警察，1人被评为自治区政法系统优秀民警，1人被评为自治区公安机关治安管理先进个人，1人荣立个人二等功。

2000年，临河市公安局被自治区党委政府办评为全区档案工作先进集体，1人被评为全国优秀人民警察，10人次获得自治区级荣誉。

2001年，11人次获得自治区级荣誉。

2002年，9人次获得自治区级荣誉。

2003年，团结路派出所、先锋派出所被评为公安厅一级达标所。1人被评为全国优秀人民警察，1人被评为全国严打先进个人，13人次获得自治区级荣誉。

2004年，临河区公安局1人荣立二等功，64人荣立三等功，65人荣记个人嘉奖。

2005年，5人获得自治区级先进个人。

2006年，1个单位被评为自治区级先进单位。

2007年，临河区公安局被自治区政法委评为自治区60年大庆安全保卫先进集体，被巴彦淖尔市委办公厅评为河套文化艺术节先进集体，荣立集体二等功，团结路派出所被评为自治区先进公安派出所，有13个单位受到市区级表彰。1人被评为公安部警犬基地培训优秀学员，1人荣立个人一等功，14人次获得自治区级荣誉。

2008年，刑警队技术中队被巴彦淖尔市公安局荣记三等功，1人被评为国家警犬技术先进个人，警犬于威威被评为功勋犬，4人获得自治区级荣誉。

2009年，治安管理大队被公安厅评为先进集体，3人获得自治区级荣誉。

2010年，团结路派出所在2009年全国公安派出所等级评定工作中被公安部评定为一级公安派出所，机要室被自治区公安厅评为县级公安机关一级机要室，法制室被自治区公安厅评为全区劳动教养工作先进集体，巡防大队被自治区公安厅评为2009年度全区公安机关执法质量考评优秀执法部门，经侦大队被自治区公安厅评为全区公安

经侦系统先进集体。1人被评为全国警犬技术先进个人，26人次获得自治区级荣誉。

2011年，拘留所被评为全国拘留所收容教育所教育工作社会化先进单位、全国一级拘留所，刑警大队被公安厅授予集体二等功，经侦大队被评为2010年度自治区公安经侦情报信息工作先进单位，团结路派出所被评为2010年度自治区优秀执法部门，临河区公安局被评为2010年度全区刑侦工作实绩突出单位，治安大队被评为自治区公安机关执法示范单位。1人被评为2010年度公安部沈阳片区警犬技术工作先进个人，1人被评为全国吸毒人员动态管控工作先进个人，17人次获得自治区级荣誉。

2012年，团结路派出所被评为全国"十八大"消防安全保卫战成绩突出集体、"清剿火患"战役成绩突出单位。拘留所被评为全国优秀公安基层单位、一级拘留所、公安监管文化建设示范点。临河区公安局被公安厅授予集体三等功，被评为自治区公安宣传工作先进集体、集中打击整治"夏季攻势"专项行动先进集体。铁南派出所和先锋派出所获2011年度自治区公安厅国保工作突出奖。1人被评为全国公安机关经侦部门"清网行动"成绩突出个人，1人被评为全国警犬技术先进个人，警犬露罗云被评为国家功勋犬，22人次获得自治区级荣誉。

2013年，临河区公安局被评为2012年度全国公安机关追逃工作成绩突出单位。临河区拘留所被评为2011—2012年度全国标兵拘留所、2012年度全国一级拘留所、全国拘留所社会矛盾化解工作先进单位、全国公安监管工作先进集体。拘留所被公安厅授予集体二等功。治安大队被评为全区公安机关"打四黑除四害"专项行动先进集体。禁毒大队被自治区禁毒委员会评为"我们拒绝毒品"2012青少年禁毒宣传教育行动先进集体、被自治区禁毒委员会评为全区公安机关"扫毒害保平安"严打整治行动先进集体。新华街派出所被评为全区公安派出所消防监督工作先进集体。1人

获得公安部破案会战主题征文活动优秀奖，1人被评为2012年度公安部沈阳片区警犬使用先进个人，1人被评为全国公安机关成绩突出法制员，17人次获得自治区级荣誉。

2014年，临河区拘留所被评为全国一级拘留所、全国拘留所"三项重点工作"示范单位。铁南所被评为全国"五十百千"示范单位。临河公安局被公安厅评为全区公安机关打击侵犯知识产权和制售伪劣商品犯罪专项行动成绩突出集体，临河公安局被评为2014年度公安信访"五个一"一级达标窗口单位。临河区公安局被评为自治区政法机关打黑除恶专项工作先进集体，看守所被公安厅授予集体二等功、命名为青少年维权岗，国保大队被评为2013年度自治区国保战略支撑点建设突出单位，铁南派出所被公安厅评为二级公安派出所，拘留所被评为自治区公安监管部门法治文明建设年活动成绩突出单位，被公安厅在关于2014年度自治区公安监管场所等级评定考核暨看守所"五化建设"、拘留所"三项重点工作"考核验收工作情况的通报中通报表扬，拘留所在自治区监管工作现场会（在临河区召开）做典型经验交流发言，禁毒大队被评为自治区公安机关"肃毒害、创平安"禁毒百日攻坚会战先进集体。1人被评为全国拘留所工作业务能手，9人获得自治区级荣誉。

2015年，临河区公安局获中国龙舟公开赛贡献奖，临河区拘留所被评为全国2014年度一级拘留所、2013—2014年度全国标兵拘留所、全国拘留所"三项重点工作"推进落实活动先进单位，临河公安局被评为自治区公安机关"百城禁毒会战"先进集体、自治区公安信访"三项基础建设"示范窗口单位、自治区政法机关打黑除恶专项工作先进集体、自治区公安系统建设与应用旗县级示范点单位，巡逻接处警大队被评为自治区公安机关执法示范单位，拘留所被评为自治区拘留所"三项重点工作"先进单位，看守所被评为自治区看守所"五化建设"工作先进单位，信访科被评为内蒙古自治区公安信访"五个一"达标窗口单位一级窗口、自治区公安信访"四项建设"示范窗口单位。1人被评为2014年度公安监管新闻宣传先进个人，1人获得2012—2013年度全国无偿献血奉献奖铜奖，13人次获得自治区级荣誉。

2016年，临河区看守所被评为全国看守所"五化建设"成绩突出单位，拘留所被评为全国拘留所社会矛盾化解工作成绩突出单位、2015年度一级拘留所，刑事科学技术室被评为全国一级刑事科学技术室，临河公安局被公安厅通报表扬两次、被评为2011—2015年全区普法依法治理先进集体，东环路派出所荣获自治区公安厅举办的"3·8女神节最美警花评选活动"三等奖，审计室被评为自治区公安审计工作先进集体，临河区公安局团委被评为自治区五四红旗团委，警务保障室被评为自治区五四红旗团支部，警务保障室被评为自治区公安机关"210工程"建设成绩突出集体，基层基础工作科被评为自治区第二届"文明服务窗口单位"，网监大队被评为自治区公安网安警务实战化基层示范单位。5人获自治区级荣誉。

第二章 检 察

第一节 机 构

1992—1993 年，临河市人民检察院核定各科、室、厅、局的人员编制，制定《综合改革实施方案》。实行三个层次的招聘制，即由检察长招聘各科室负责人，再由科室负责人招聘副职和干警。

1995—1999 年，落实检察官考试以及培训、考核、辞职辞退、纪律处分等制度，检察官管理走上法制化轨道。首次根据相关法律法规逐级报请自治区检察院对本院检察官进行等级评定。首次推行竞争上岗的人事制度改革，选拔了一批中青年干部。

2001—2005 年，临河市（区）人民检察院主办、主诉检察官制度试行，一批优秀公诉人、主办检察官脱颖而出。内设机构增加到 12 个。渎职侵权侦查科更名为反渎职侵权局，起诉科更名为公诉科。设立法律政策研究室和法警队，形成业务部门、政工人事部门、后勤保障部门机构齐全、配套合理、相互制约的组织机构体系。实行竞争上岗，通过笔试、面试、民主测评、组织考核等严格的选拔环节，发布 9 批公示名单，提拔了一批环节干部正、副职。

2013 年，建立检察人员素质档案，并通过领导推选、民主投票的方式提任 12 名干警担任科室正副职。

2016 年 8 月，成立首批员额内检察官选任工作领导小组，并召开首批员额内检察官选任工作动员暨公告大会，对检察官选任工作进行动员部署。12 月 21 日，临河区人民检察院举行检察员宣誓活动。到 2016 年底，临河区人民检察院有干警 119 人，其中政法专项编制 76 人，事业编 35 人，另列管理 8 人。已评定等级的检察官 53 人。内设反贪污贿赂侦查局、反渎职侵权侦查局、侦查监督科、公诉科、刑事执行检察局（2015 年由原监所科更名）、控告申诉检察科、民事行政检察科、职务犯罪预防科、案件管理办公室、研究室、检察技术科、法警队、政工科、办公室、监察室、计财装备科、信息网络科、巡回检察室。

第二节 队伍建设

2013—2014 年，临河区人民检察院提拔 10 名干警担任科室正副职。选派近 70 名干警参加高检、自治区检察院举办的业务技能培训和竞赛，9 名干警在自治区、市级检察机关技能竞赛中获得优秀个人称号。为 98 名在职干警建立素质档案，对业务岗和综合岗干警的档案内容进行区分，力求全面反映每位检察干警的工作情况，并将此内容作为干警年度评先评优、干部选拔任用的主要依据，打破绩效考核吃"大锅饭"和提拔干部论资排辈的被动局面。

2016 年，临河区人民检察院 95%的干警拥有大专以上法律专业学历，本科学历 93 人，硕士研究生学历 7 人，有 4 名干警通过司法考试，11 人取得司法考试 C 证。通过公务员考试公开招录正式干警 4 人，通过从当地行政、事业单位选调 14 人，其他单位调入 4 人，占比 19%，队伍结构发生明显变化，锻造了业务精通、廉洁高效的检察队伍。同时向上借力，推进办案能手和专门人才培养，通过传帮带方式培养紧缺实用人才、青年检察人才和复合型人才。

第三节　刑事检察

1991—2009 年，临河市（区）人民检察院在刑事检察方面，受理公安机关提请批准逮捕的各类刑事案件 4271 件，受理公安机关和本院自侦部门移送审查公诉的各类案件 3957 件，经审查，提起公诉 3087 件。

2005 年，自治区人民检察院交办的赵某等 7 名被告人滥用职权、玩忽职守、受贿，给国家造成巨大经济损失。检察院经过 6 个月的审查和补充侦查，7 名被告均被判处徒刑，受到法律制裁。

2010—2013 年，受理公安机关移送批捕的各类刑事案件 1192 件，受理公安机关和本院自侦部门移送审查起诉的各类刑事案件 1433 件，经审查，提起公诉 1253 件。

2014—2016 年，三年共受理公安机关提请批准逮捕各类刑事犯罪案件 839 件，受理公安机关和本院自侦部门移送审查起诉案件 1037 件，经审查，提起公诉 972 件。

第四节　自　侦

1991—2009 年，临河市（区）人民检察院立案侦查职务犯罪案件 338 件，移送起诉 125 件。

2010—2013 年，查办贪污贿赂犯罪案件 49 件，渎职侵权案件 31 件，其中涉农惠民职务犯罪案件 30 件。大要案比例从 2008 年的 33%上升到 2013 年的 93%。查处处级干部职务犯罪 1 人，科级干部职务犯罪 29 人，挽回经济损失 1718 余万元。

2014 年，查办贪污贿赂案件 19 件，渎职侵权案件 6 件，其中查处大案 16 件，要案 2 件，与上年同比分别上升 90%和 60%，查处科级干部 4 人，县处级干部 2 人。

2015 年，立案侦查职务犯罪案件 19 件，其中贪污贿赂案件 15 件，渎职侵权案件 4 件。查办大案 14 件，要案 1 件，大要案率 79%；查处科级干部 3 人，县处级干部 1 人。查办贪污贿赂在 100 万元以上的案件 4 件，查办滥用职权造成国家损失 500 万元以上的案件 2 件。通过成功查办呼和浩特市金川开发区工程建设领域职务犯罪系列案件、乌兰图克派出所民警滥用职权案等，为国家和集体挽回经济损失近 2.2 亿元。

2016 年，立案侦查各类职务犯罪案件 18 件，涉案金额 830 万元。其中贪污贿赂案件 16 件，100 万元以上案件 3 件，查处科级干部 3 人。

第五节　民事行政检察

1991—2009 年，临河市（区）人民检察院在民事行政检察方面，受理各类当事人不服法院生效民事行政判决、裁定的申诉案 448 件，经审查提请抗诉的 131 件。

2010—2013 年，受理民事、行政申诉案件 61 件，执行监督 31 件，提请巴彦淖尔市检察院抗诉 1 件，息诉 26 件，发《再审检察建议》36 份，在民行部门主持下促使当事人达成和解（包括执行和解）5 件，办理督促起诉案件 5 件。办理的 1 件公益诉讼案件，开创了自治区此类案件的先河。

2014 年，临河区人民检察院与临河区人民法院协调配合，深入地税局进行税收执法监督专项检查，受理不当履行监督案件20件。

2015年，检察院工作人员通过耐心释法说理，成功息诉5件。对认为确有错误的裁判，发《再审检察建议》1份。对审判程序存在违法情形的，发《检察建议》11份。办理民事执行监督案件15件，对行政机关不依法履职行为发《检察建议》16份。

2016年，办理民事诉讼监督案件31件，其中生效裁判监督案件2件，审判程序违法案件15件，执行监督案件14件，不支持监督申请2件，不符合受理条件终结审查2件。向区法院发出《检察建议》27份，全部被采纳。办理行政执法监督案件17件，向行政执法机关发出《检察建议》17份。

第六节　刑事执行检察

1991—2009年，临河市（区）人民检察院依法准确办理123件服刑人犯脱逃案，维护监管场所的安全和在押人员合法权益。

2010—2013年，临河区人民检察院开展监管场所安全防范检查39次，提出纠正建议12次，发《检察建议》6份，《纠正违法通知书》6份。开展羁押必要性审查4件，办理在押人员的控告、申诉案件9件。

2013年，对临河区缓刑、假释、管制和暂予监外执行四类社区矫正人员进行考察，发现漏管34人，督促相关部门及时纠正。

2014年，开展安全防范检查24次，针对发现的安全隐患发检察建议46份，发《纠正违法通知书》19份，开展羁押必要性审查6件6人，提出变更建议被采纳6件。查办市院监所处交办贪污案1件1人。

2015年，对不具备羁押必要性的案件提出释放或变更强制措施建议22件，监督收监执行罪犯

1人，对社区矫正人员脱管、漏管问题提出纠正意见17件。完成23名符合特赦条件罪犯的审查工作。开展看守所安全防范检查12次，发出《检察建议》32份、《纠正违法通知书》17份。

2016年，针对看守所存在的安全问题和各种违法情形，发《检察建议》6份，《纠正违法通知书》6份。通过检查，向司法局发出《检察建议》6份。对法院近2年"五类罪犯"财产执行案件的41人件案卷进行监督，建立财产刑事执行监督档案。

第七节　控告申诉检察

1991—2009年，临河市（区）人民检察院在控告申诉检察方面，接待群众来信来访2197人次，受理各类控告、申诉案件187件。

2010—2013年，接待群众来访396人次，其中集体访48次195人，受理控告申诉案件88件。有效化解2起进京上访事件，成功终结一起缠访10年的信访案件。

2014—2015年，接待群众来访295次776人，其中检察长接待54次234人。

2016年，接待群众来访168批次533人，其中集体上访10次242人，检察长接待24次117人。对于情绪激动的上访群众，检察干警以真心、诚心、耐心去释法说理，促进息诉息访。成功调解5起社会公共利益危害程度较低、社会负面影响较小的轻微刑事案件，使受损的社会关系及时得到修复。

第八节　检察技术

1991—2009年，临河市（区）人民检察院在检察技术方面，参与公安机关和本院自侦部门的现场勘查115次，活体检验57人次，尸体解剖56

具，文字检验鉴定 24 份，出具各类鉴定书 143 份。

2010—2013 年，临河区人民检察院提供视听资料 291 份，提供技术协助 61 件，出具证据材料 284 份，配合自侦部门讯问犯罪嫌疑人全程同步录音录像 117 次，录制时长 239.4 小时。

2014 年，辅助自侦部门办理案件，在反贪反渎案件办理过程中出具搜查录像 4 份，配合讯问犯罪嫌疑人全程同步录音录像 49 次。

2015 年，为自侦案件提供技术协助 3 件，其中 2 件司法会计技术协助，1 件电子物证数据恢复协助。受理公诉部门技术性证据审查 15 件，出具技术性证据审查意见书 15 份；受理检验鉴定 7 件，出具鉴定报告 7 份。

2016 年，受理公诉部门技术性证据审查 10 件，出具技术性证据审查意见书 10 份；受理司法会计检验鉴定 5 件，出具司法会计检验鉴定报告 5 份；受理文件检验鉴定 3 份，出具文件检验鉴定报告 3 份，为办案提供了技术支持。

第九节　其他工作

一、职务犯罪预防

1991—2009 年，临河市（区）人民检察院把开展预防职务犯罪工作摆到与查办职务犯罪同等重要的位置上，开展个案预防，构建职务犯罪预防网络，开展犯罪宣传、咨询和警示教育，建立依法惩治职务犯罪的综合防线。

2010—2013 年，临河区人民检察院共完成工程招投标行贿犯罪档案查询 32 次，出具行贿犯罪档案结果告知函 143 份，开展预防咨询 205 次，向发案单位发《检察建议》140 份。联合市检察院打造反腐倡廉警示教育基地，开展预防咨询、警示教育、法制讲座 160 次。

2014—2016 年，受理行贿档案录入及查询 648 次，向有关单位发出《检察建议》4 份。发挥反腐倡廉警示教育基地作用，开展警示教育和宣传活动 125 场次，受教育人数 4900 人。成立宣讲团开展预防宣讲，各乡镇的 932 名村镇干部接受教育。全程对高标准农田建设项目的立项审批、勘察设计、招标投标等环节进行跟踪监督，确保 6700 万项目资金安全使用。根据办案中发现的问题，对发案单位开展预防调查 3 次，个案分析 12 件，发出《检察建议》4 份。建成网上警示教育基地。

二、法律政策研究

2005 年，临河区人民检察院研究室开展系统调研活动，通过收集资料，深刻剖析敏感性问题，撰写了一批具有实践指导意义的理论文章。

2016 年，完成各类调研报告、论文、案例分析 480 余篇，其中被国家级刊物采用 39 篇，被内蒙古自治区级刊物采用 67 篇，被《内蒙古检察》采用 22 篇、18 个图片报道。申报内蒙古自治区人民检察院重点调研课题 33 个，被巴彦淖尔市人民检察院选送内蒙古自治区人民检察院 12 个，4 个课题被内蒙古自治区人民检察院批准立项且成功结项，1 个课题荣获内蒙古自治区人民检察院立项课题二等奖。

三、案件管理

2013 年 7 月 1 日，临河区人民检察院案件管理办公室启动。

2014 年，管理办公室受理案件 626 件 912 人，其中受理公诉案件 327 件 512 人，侦监案件 257 件 358 人，民行案件 42 件 42 人，接收送达法律文书 282 份，做出办案期限预警 250 余次。保管涉案物品 302 件。接待辩护人、诉讼代理人 62 次。完成 304 件案件的质量评查工作。

2015 年，受理案件 693 件 975 人，其中受理公诉案件 359 件 529 人，侦监案件 296 件 408 人，民行案件 38 件。接收送达法律文书 690 份，共做出办案期限预警 200 余次。在统一业务应用系统中监管涉案物品 957 件，接待辩护人、诉讼代理人

81 次，完成 140 件案件的质量评查工作。从统一业务应用系统导入案件信息公开网案件程序性信息 728 件，公开法律文书 172 份，发布重要案件信息 5 篇，受理辩护与代理预约信息 3 件。

2016 年，录入新案件 714 件 959 人，其中受理审查起诉案件 363 件 504 人，审查逮捕案件 303 件 407 人，民行案件 48 件。录入退查重报案件 256 件 465 人，不批准逮捕复议案件 1 件 1 人，接收送达外来文书 871 份。发布案件监督管理情况通报 12 期，做到了每案监控、全程监控。入库保管涉案物品 213 件、涉案款 87.5538 万元；涉案款出库 4506.0176 万元，涉案物出库 842 件。接待辩护人、诉讼代理人 78 次。完成 93 件案件的质量评查工作，发布 2 期案件质量评查通报。案件程序性信息公开 504 件，其中刑事案件 497 件、刑事申诉审查案件 10 件、国家司法救助案件 3 件、刑事赔偿案件 1 件、民事诉讼案件 8 件；公开法律文书 197 篇，其中起诉书 186 份、不起诉书 11 份；发布重要案件信息 9 篇，其中职务犯罪案件 4 篇、热点刑事案件 5 篇。

四、信息网络

2013 年，临河区人民检察院信息网络管理科成立。经各业务部门自查报案管审核后，修改文书最低审批权限 267 条；对统一业务应用系统新增功能及相关配置修改维护 1 次，修改案件信息 22 条；处理计算机故障，统一业务系统及网络故障 700 余次。完成分级保护项目建设，顺利通过自治区保密局的测评。完成专线网高清视频会议系统改造和控申远程接访系统安装工作，参加自治区视频会议联调 80 余次。启动"触摸式检务公开查询系统"，发布近 60 项检务公开内容，发布业务科室提供的案件信息公开内容 45 条。与正义网进行签约，开通临河区人民检察院的门户网站，开通腾讯微信、微博、搜狐客户端，建设涵盖检务公开、法律咨询、律师预约、案件办理情况查询、在线举报、申诉等多项功能的检察互联网综合

平台。

五、纪检监察

1991—2004 年，临河市（区）人民检察院完善纪检监察机制，执行重大事项报告、收入申报等制度，为中层干部建立廉政档案。开展检务督察，利用警示训诫室、干警违纪举报电话和举报箱，开展训诫谈话，对工作日中午饮酒、警车管理使用、检容风纪等问题进行常态化监督检查。

2005 年，推行"一案三卡"制度，自侦案件侦查结束后，通过办案告知卡、廉洁自律卡、回访监督卡全程监控，做到工作透明。这一做法在巴彦淖尔市检察系统推行。

2016 年，临河区人民检察院对 167 件职务犯罪案件进行回访，回访表明，干警在执法办案过程中无违法违纪行为。

六、检务保障

2005 年，临河区人民检察院办公综合大楼建成，占地 12 亩，建筑面积 4376 平方米，餐厅、车库、停车棚等附属设施 800 余平方米，硬化院落 3800 平方米，绿化面积 3000 多平方米。

2006 年，投入 50 万元，修建了一个标准篮球场、100 余平方米的羽毛球场、40 余平方米的乒乓球室。投资 4 万元，购置了部分健身器材。在技术装备方面进行网络自动化建设，高标准配置监控系统、局域网、互联网、检察专线网，安装举报受理系统、安防系统、微机 100 台、程控电话机 90 余部和电子显示屏、同步录音录像等技术设备。开通远程会议视频系统和三级密码通道。检务用车增至 13 辆。

2012—2016 年，投入 1000 余万元，建成 3200 平方米的技侦大楼，进行功能区划分，设置办案工作区、警示教育基地等六个功能区。配备侦查指挥中心、电子证据采集室。对旧办公大楼进行功能性改造，建成"两网三厅四系统"（即检察专线网、互联网；控申接待大厅、案件管理大厅、

检务公开大厅；电视电话会议系统、高清数字同步录音录像系统、审讯监控指挥系统和远程视频接访系统），有效搭建起办公办案现代化、自动化的技术平台。三年累计投入230万元。加大侦查指挥、证据收集等科技装备的引进，购置移动同步录音录像设备、手机取证设备和侦查定位等侦查取证装备9台套，配备侦查指挥车各一辆。投入30万元，安装高清视频会议设备、控申大厅接访设备。投资70余万元，在双河镇建成巡回检察室。

七、检察文化建设

2013年，临河区人民检察院组织开展新春笔会，特邀当地有名的书法、绘画名家进行展示和指导。

2016年，组织开展"检察文化随手拍"摄影作品征集评比活动。通过检察宣传进机关、进单位、进企业、进社区、进乡村，以及举办廉政公益海报创作评比活动等，扩大检察机关的影响力。建立和完善活动室、图书室、阅览室、荣誉室，建设廉政警示教育基地，开辟特色文化阵地，组织检察人员在线学习。

第三章　审　判

第一节　机　构

一、内设机构

1991 年，临河市人民法院内设机构 9 个，有政工科、办公室、刑事审判庭、告诉申诉庭、民事审判庭、经济审判庭、行政审判庭、执行庭、调研室，派出法庭 17 个。全院人员 139 人。

1992—1996 年，法院后勤服务与行政管理分开，成立后勤服务经济实体，下设法律咨询、信托拍卖、打字文印和生活服务部，与机关财务脱钩。成立计生执行室、培训部。撤销告诉申诉审判庭，分别设立审判监督庭、立案庭，干警 180 人。

2001—2008 年，临河市（区）人民法院执行庭改为执行局。经济第一审判庭、第二审判庭合并为民事审判第三庭。设立档案科、研究室，增设网络管理宣传科。

2011—2013 年，增设道路交通事故和劳动争议专业审判庭、国有土地上房屋征收与补偿专业审判庭、司法技术管理科。撤销国有土地上房屋征收与补偿专业审判庭、司法技术管理科，增设城市建设专业审判庭，政工科更名为政治处，信访科更名为信访接待中心，研究室更名为审判管理办公室。内设机构 20 个，干警 154 人。

2014—2016 年，临河区人民法院在保留业务庭、局建制的基础上，组建审判、执行团队 31 个。到 2016 年，内设机构 28 个，派出人民法庭 5 个，干警 143 人。

二、人民法庭

1991—1996 年，临河市人民法院成立开发区人民法庭，派出人民法庭 21 个，分布于 20 个乡镇、9 个办事处。从 20 个乡镇择优选调 42 名干部，充实到各基层人民法庭，各基层人民法庭增加到 3 人。

2000 年，21 个人民法庭撤并为 9 个，即狼山、曙光、黄羊、开发区、城关、新华、八一、丹达、马场地人民法庭。

2006 年，派出人民法庭数量撤并为 4 个，即狼山、开发区、新华、干召庙人民法庭。

2011—2016 年，成立双河人民法庭，撤销开发区人民法庭，成立经济技术开发区人民法庭。5 个派出人民法庭共有干警 34 人，其中具有法官职称的 17 人，占法官总数的 18.89%。

三、院长名录（1991—2016 年）

李玉明（1990.11—1998.11）
李文彪（1998.11—2005.03）
王国瑞（2005.03—2011.06）
弓建国（2011.07—）

第二节　体制与机制改革

一、审判方式改革

（一）刑事审判方式改革

1996年，临河市人民法院被内蒙古自治区高院列为刑事诉讼法的试点单位，通过严把公诉案件立案审查关，建立庭前控辩双方证据交换制度，编制庭审提纲，充分发挥审判长的主导作用。

2002—2006年，推行"对被告人认罪案件适用普通程序简化审"，缩短庭审时间，节省司法资源，强化庭审功能。用控辩式的审判方式代替原来的纠问式的审判方式，对被告人自愿认罪案件适用普通程序简化方式审理。

2016年，对于关涉被告人刑事责任的事实认定、证据质证及法律适用，全部严格遵循法定程序，在法庭上通过审判进行裁决，提高刑事审判质量。

（二）民事审判方式改革

1992—1994年，临河市人民法院推出以诉讼费管理为突破口的人民法庭管理制度改革，以行政管理与后勤服务分离、后勤服务社会化为突破口的行政管理制度改革。制定快立、快审、快结、快执和公开举证、公开调查、公开质证、公开认证、公开辩论、公开宣判的"四快六公开"审判制度，使办案周期大幅缩短，案件处理过程公开化。

2009年，临河区人民法院设立自治区首家常驻式交通事故和劳动争议专业法庭，采取诉前指导调解、引导诉讼等一系列措施，为交通肇事纠纷和劳动争议纠纷的解决开辟了绿色通道。

2013—2014年，推出"婚姻考验期"制度，对一时冲动的"非理性离婚"，提出6个月考验期，最大限度挽救和修复面临破裂的家庭。成立内蒙古自治区首家城市建设审判团队，集中受理城市建设方面城市供热、物业案件，审查强制执行违章占道等诉讼和非诉行政案件。建立物业服务企业诚信档案。

2016年，结合《反家暴法》施行，发出巴彦淖尔市第一份人身保护令，受到社会各界热切关注。最高人民法院、自治区高院分别将临河区人民法院列为全国和自治区家事审判方式改革试点。

二、纠纷机制改革

2011年10月，临河区人民法院根据农村、城区和院机关的不同特点，推出"诉调三层对接"机制。即社会矛盾纠纷在进入诉讼程序前先进行调解：在农村，人民法庭与乡镇、村社调解组织对接；在城区，院内业务庭与办事处、行业协会对接；在机关，将人民调委会直接引驻法院。年均诉外化解矛盾2000余件。《人民法院报》《内蒙古日报》在重要位置进行报道，内蒙古高院向全区各级法院发文，供参考和借鉴。

2013—2014年，法院成立交通事故调委会，配合交警大队妥善处理群体性案件和易激化案件。处理交通事故纠纷3600余件，被评为"全国模范人民调解委员会"。在西环办事处成立"夕阳红调解室"，在乌兰图克镇成立"老何调解室"。2015—2016年，在八一乡成立"闫建忠调解室"。3个调解室分别调处纠纷271件、260件、130件。乌兰图克镇调委会被授予"全国模范人民调解委员会"。成立的物业纠纷调委会，被自治区司法厅评为"全区优秀人民调解委员会"。法院与城乡242个人民调委会和行业、专业调委会建立了诉调对接工作关系。其中，城区人民调解委员会84个，行业调委会3个，专业调委会4个，农村人民调委会151个。绘制了临河地区城乡诉调对接网络图，张贴在立案大厅和乡镇、办事处服务大厅，指引群众查找和选择人民调解组织。

（一）民事裁判文书简化改革

2013年，临河区人民法院推行民事裁判文书简化改革，制定了直判式庭审模板10种、要素式庭审模板21种，主要适用于民间借贷、婚姻家庭、人身损害赔偿、买卖合同、居间合同、承揽合同、劳动争议、机动车交通事故责任等类型化案件。改革实施以来，民事案件审理周期从60日缩短到20日，法官月均审理案件从11件增加到20件。12月30日，自治区高院在临河区召开全区民事裁判文书改革现场会，推广这一经验做法。

（二）审判权运行机制改革

2014年4月初，推行以审判长、执行长负责制为核心的审判权运行机制改革，被确定为内蒙古自治区人民法院系统改革的首家试点。7月，改革正式启动，打破原有庭、局限制，全面引入团队运作的模式，将原有18名庭局正职直接转任为审判长、执行长，另13名审判长、执行长经竞职演讲、民主测评后产生。按照双向选择和降幅选择的方式，完成各团队其他人员的组合。31名新任审判长、执行长在国旗下庄严宣誓、就任，并召开新闻发布会。改革实施以来，新机制呈现出边界明晰、权责一致、监督严格、保障有力的良好格局，审判、执行质效大幅度提升。2015年8月，内蒙古自治区高院在临河区召开司法改革推进会，全面推广临河区人民法院改革做法。

（三）人员分类管理改革

2016年8月，法院通过考试、考核，经自治区法官检察官遴选委员会评审，68名同志被确认为首批员额制入额法官。按照自治区高院部署，对其余人员进行分类定岗，其中法官助理38人，书记员108人，司法警察18人，司法行政人员23人，攻克了司法体制改革难点。

第三节　队伍建设

一、党建工作

1992—1998年，临河市人民法院党支部升格为党总支，把支部建在庭上，探索党建工作和审判工作的结合点，使每名共产党员首先成为合格法官，进而发挥先锋模范作用。连续3年被临河市委评为"优秀基层党组织"。对党建工作、作风建设、廉政建设等12项制度进行整合，使党员干部言正行端。

2012—2016年，临河区人民法院开展党的群众路线教育实践活动，落实中央八项规定、自治区28项配套规定和市委26项具体规定，自觉精简会议文件，压缩和规范公务接待；召开在编外流人员谈话会，严格考勤管理，整顿机关工作秩序；公务用车实行GPS定位管理，硬性约束工作人员业外活动。开展"三严三实"专题教育，院领导带头讲党课，党组、支部分阶段进行专题研讨。通过召开改革座谈会、审判执行工作分片调研督查，向社会和干警征求意见建议，查找工作问题。执行"三重一大"党组议事规则和决策程序，开展批评与自我批评，压实"三会一课"制度落实。

二、廉政建设

1991—1995年，临河市人民法院加强党风廉政建设，经常性开展形势教育和政治理论教育。在原制定的十九项制度基础上，建立双向监督制度和对扣押物品实行集中统管、拍卖、变卖的制度。印制双向监督表，随案发送每位当事人，编写6万字《怎样打官司》一书，为当事人提供司法便利，规范法院审判执法工作。成立反腐败斗争协调领导小组，设立纠风办公室。实行双向监督制度，成立案件监督评查室，建立错案追究制度等6项监督制约制度。

2011—2016年，临河区人民法院每天给干警播发一条"法官忠言"廉政短信，加强干警廉政思想教育。邀请法官家属参观廉政教育基地和区看守所，召开助廉恳谈交流会，收到警示效果。推进审务督察，重点督查审判、执行拖延和当事人反映的案件，使专项检查常态化。

三、司法能力建设

1991—1996年，临河市人民法院资助干警报考法律业大，选送干警参加巴彦淖尔盟中院业大培训，成立培训部，为审判工作提供保障。开展司法警察业务能力训练，司法警察业务能力建设由分散管理转为集中管理。

2015—2016 年，临河区人民法院对 102 名书记员、法警进行军事化训练和电脑速录、文书送达培训，提升干警的技能。

第四节　立案

1991—2016 年，临河市（区）人民法院立案 17 万件，立案案件数量总体呈持续攀升趋势〔详见《1991—2016 年临河市（区）人民法院立案情况统计表》〕。

1990—1996 年，临河市人民法院大胆尝试立案与审判案件分离做法，避免过去立案标准不一和审查立案的随意性，堵塞了自立自审时个别审判人员收关系案和人情案的漏洞，并设立立案庭。

2005—2015 年，临河区人民法院所有案件均由立案庭统进统出，从立案审查、登记、流转到结案审查、登记等各个环节，全部录入电子信息系统统一管理。实施立案登记制。凡符合立案登记条件的，一律接收诉状，当场登记立案；当事人提交的诉状、材料不符合要求的，一次性书面告知补正；不属于法院受理范围的，告知当事人反映问题的渠道。

表 10 - 3 - 1　　　　　**1991—2016 年临河市（区）人民法院立案情况统计表**　　　　　单位：件

年份	立案收案	年份	立案收案
1991 年	2623	2005 年	5935
1992 年	2734	2006 年	6065
1993 年	3372	2007 年	6892
1994 年	2873	2008 年	7075
1995 年	3313	2009 年	6904
1996 年	3581	2010 年	8011
1997 年	3891	2011 年	7621
1998 年	4174	2012 年	5702
1999 年	6942	2013 年	10748
2000 年	5165	2014 年	13805
2001 年	8214	2015 年	15776
2002 年	5975	2016 年	16340
2003 年	5795	合计	175983
2004 年	6457		

第五节　刑事审判

1991—2016 年，临河市（区）人民法院共审结各类刑事案件 6471 件〔详见《1991—2016 年临河市（区）人民法院刑事案件收结案统计表》〕。

表 10-3-2　　　　　**1991—2016 年临河市（区）人民法院刑事案件收结案统计表**　　　单位：件

年份	收案			结案		
	旧存	新收	总收案	旧案	新案	总结案
1991 年	0	197	197	0	197	197
1992 年	0	144	144	0	144	144
1993 年	0	147	147	0	147	147
1994 年	0	179	179	0	179	179
1995 年	0	200	200	0	200	200
1996 年	0	215	215	0	215	215
1997 年	0	235	235	0	235	235
1998 年	0	282	282	0	282	282
1999 年	0	268	268	0	267	267
2000 年	0	272	272	0	272	272
2001 年	0	180	180	0	180	180
2002 年	0	196	196	0	196	196
2003 年	0	197	197	0	197	197
2004 年	0	182	182	0	182	182
2005 年	0	206	206	0	205	205
2006 年	0	234	234	0	233	233
2007 年	1	291	292	1	291	292
2008 年	0	226	226	0	226	226
2009 年	0	300	300	0	299	299
2010 年	1	280	281	1	268	269
2011 年	12	318	330	11	286	297
2012 年	33	382	415	33	341	374
2013 年	41	368	409	40	311	351
2014 年	58	315	373	57	296	353
2015 年	20	360	380	17	331	348
2016 年	32	344	376	31	300	331

一、普通刑事案件

1996—1999 年，临河市人民法院受理刑事案件 85 件，审结 85 件，审结率 100%，公诉案件 80% 以上的 10 天内审结，自诉案件 20 天以内的审结占 90% 以上。

召开 4 次公判大会，对一批有影响的案件进行公开宣判，有力地打击震慑了犯罪分子。

2000—2014 年，临河市（区）人民法院对符合缓刑条件并判处缓刑的罪犯，建立缓刑犯档案，跟踪了解改造情况，开展教育挽救工作。随着贪污、受贿、行贿、滥用职权等职务和贿赂犯罪案件数量的上升，法院将审理贪污腐败案件作为工作重点。

二、未成年犯罪

1990 年，临河市人民法院成立少年犯合议庭，用特殊程序教育感化未成年人，并派人员到学校进行专题讲座，以生动的案例，教育学生遵纪守法。

2012—2014 年，临河区人民法院贯彻实施未成年人轻罪记录封存制度，保护未成年人合法权益。推进未成年人司法保护工作，挽救犯罪未成年人，设立未成年人心理辅导室，由心理咨询法官对未成年被告人进行心理辅导。

民商事案件10.9万件［详见《1991—2016年临河市（区）人民法院民商事案件收结案统计表》］。

第六节 民商事案件审判

1991—2016年，临河市（区）人民法院审结

表10-3-3　　**1991—2016年临河市（区）人民法院民商事案件收结案统计表**　　单位：件

年份	收案			结案		
	旧存	新收	总收案	旧案	新案	总结案
1991年	376	1365	1741		1516	1516
1992年	225	1695	1920		1785	1785
1993年	135	1956	2091		1946	1946
1994年	145	1808	1953		1858	1858
1995年	95	2013	2108		2001	2001
1996年	107	2133	2240		2198	2198
1997年	42	2764	2806		2677	2677
1998年	129	2699	2828		2721	2721
1999年	107	2734	2841		2646	2646
2000年	195	2699	2894		2767	2767
2001年	127	2980	3107	184	2858	3042
2002年	65	3856	3921	60	3787	3847
2003年	74	3455	3529	71	3417	3488
2004年	41	3654	3695	42	3603	3645
2005年	50	3933	3983	129	3807	3936
2006年	47	4043	4090	68	3980	4048
2007年	42	4271	4313	33	4236	4269
2008年	44	4496	4540	37	4454	4491
2009年	49	4342	4391	35	4283	4318
2010年	73	5249	5322	52	5068	5120
2011年	202	5050	5252	169	4413	4582
2012年	670	4058	4728	645	3300	3945
2013年	783	7391	8174	777	6352	7129
2014年	1045	10106	11151	1015	9177	10192
2015年	959	10067	11026	900	8967	9867
2016年	1159	10728	11887	1059	9782	10841
合计	6986	109545	116531	5276	103599	108875

一、普通民商事案件

1991—2000 年，临河市（区）人民法院遵循"法为上，理为先、和为贵"的文化观念，及时化解民商事纠纷。

2001—2016 年，临河市（区）人民法院民商事案件呈现新情况、新特点：一是房产、民间借贷、劳动争议等与经济有直接关系的新型案件迅猛增长；二是民事赔偿案件增多，且标的请示赔偿额巨大；三是家事婚姻案所占比例较大。

二、涉农案件

1991—1995 年，临河市人民法院学习"潍坊市寒亭区依法减负"经验，发挥"一乡一庭"优势，选派专人协助落实和签订"三提五统"合同，将减负合同签订到户，成为自治区第一个把减轻农民负担纳入承包合同规范化的法院。临河市 10 多个乡发生群体性土地承包合同纠纷案件，部分农民置原承包合同的效力不顾，不听乡政府工作人员劝阻、制止，擅自抢种，持械闹事，影响稳定和生产。根据事态发展的紧迫性，法院会同公安、土地、农委等有关部门深入乡村，帮助农村集体组织完善承包合同，明确权属不明土地的归属，指导纠纷处理。

2015 年，临河区人民法院化解 300 余农户与收购企业西红柿种植合同纠纷、130 余农户与脱水菜厂贷款纠纷，追回涉农资金 220 余万元。针对水事、土地租赁等群体性纠纷，集中专项处置，依法巡回审判，收到"裁判一件，教育一片"的效果。

第七节　经济审判

1991—2001 年，临河市人民法院审结经济案件 5795 件（包括支付令）。（详见《1991—2001 年临河市人民法院经济案件收结案数据表》）。

表 10－3－4　　1991—2001 年临河市人民法院经济案件收结案数据图

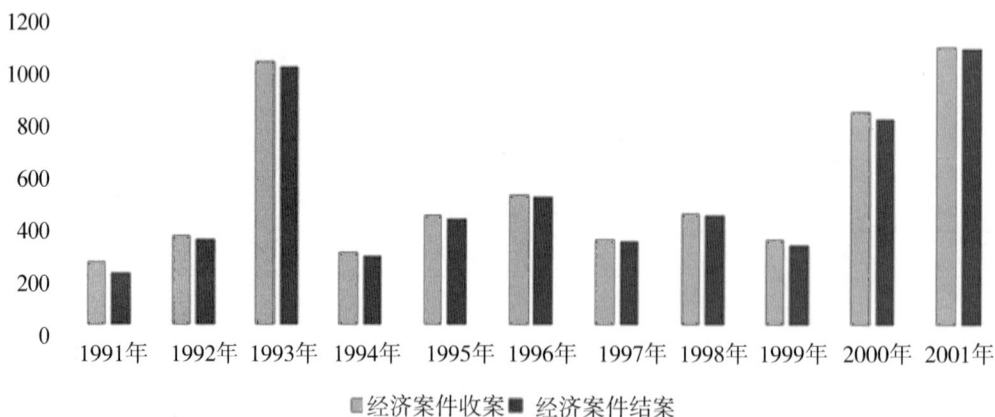

第四章 司 法

第一节 机 构

一、司法局

临河区司法局内设7个股室：办公室、政治部、宣传教育股、基层工作股、社区矫正股、公证律师股、法律援助中心。下设20个基层司法所。有编制74个，其中政法专项编制69个，事业编5个；实有在岗人员62人，政法专项编54人（公务员35人），事业编8人。局机关18人、基层司法所44人；正科3人、副科3人、科员56人。

国正公证处是隶属于司法局的自收自支事业单位，有事业编5名，4名公证员，1名工作人员。注册有金川律师事务所和蒙宁律师事务所2个所，金川律师事务所有律师10名，蒙宁律师事务所有律师19名。法律服务所有12个，有法律服务工作者69名。

二、基层司法机构

（一）基层司法所和法律服务所

1. 基层司法所

1991年，临河市25个乡镇办事处建立了24个司法所。

1993年，又成立4个街道司法所，总计29个司法所。

2001—2003年，司法所又撤并成24个。

2005年，临河区司法所由24个撤并成18个。

2012年，新增设金川、汇丰两个司法所。

2016年，有20个基层司法所。

临河区司法局组织基层司法所
进行经验交流、观摩

2. 法律服务所

1994年，成立临河市法律服务中心。

2000年，司法所与法律服务所完全脱钩，成为法律服务中介机构。

2001年，"临河市法律服务中心"更名为"临河市城郊法律服务所"。

2002年，"临河市城郊法律服务所"更名为"148"协调指挥中心，开通"148"法律服务专线电话，农村保留9个法律服务所。

2015年，将"148"法律服务一所、二所交由临河区司法局管理；将3个法律服务所合并为

"148" 法律服务四所。

2016 年，农村有 9 个法律服务所，城区有 4 个"148"法律服务所、13 个法律服务所。

（二）公证机构

1991—1992 年，临河市公证处设政秘股、经济合同公证一股、二股、民事法律合同公证股、涉外公证股。公证处由行政单位改为事业单位，实行企业化管理，60% 的人员与财政脱钩。

2003—2005 年，临河市（区）公证处有事业编制 5 人，14 人执行《临河市事业单位人员分流实施办法》提前退休或离岗。临河区公证处再次进行改革，成为执行国家公证职能、自主管理、自我发展、自我约束、平等竞争、自担风险、独立承担责任的按市场规律和自律性机制运行的公益性、非盈利性的独立法人单位，其业务收入不再列入财政统筹范围，实行自收自支，自负盈亏，依法纳税。

2011 年，临河区公证处改名为巴彦淖尔市国正公证处。

（三）律师事务所

1991—1994 年，临河市司法局法律顾问处设有 5 个股室，有职员 26 人，有律师资格 13 人，三级律师 1 人。法律顾问处实行企业化管理，人员工资与财政脱钩，更名为临河市律师事务所。成立"临河市第二律师事务所"，原律师事务所为第一律师事务所，2 个律师事务所后又分别更名为"益公律师事务所"和"明兴律师事务所"。

2005 年 5 月 24 日，临河区司法局国资律师事务所脱钩改制，2 个国资律师事务所的 18 名在编人员全部分配到乡镇工作，以加强基层矛盾纠纷调处力量。

2012 年 12 月 7 日，经内蒙古自治区司法厅批准成立蒙宁律师事务所，体制为合伙制律师事务所，由 3 名合伙人发起成立，有执业律师 23 人，实习律师 3 人，律师中有党员 1 名，内勤及辅助人员 3 名，共 29 人。

（四）法律援助中心

2002 年，设立临河市法律援助中心。

2005 年 4 月，法律援助中心建制划归临河区政府法制办。

2006 年 8 月，将法律援助中心归口临河区司法局管理，列司法专项编 3 名。

巴彦淖尔市、临河区司法工作人员
共同开展"法律援助"宣传活动

2012 年，在各乡镇、办事处、工会、团委、妇联、人社局、民政局、残联、信访局等部门设立法律援助工作站。

2016 年，在武警巴彦淖尔市支队、消防支队和临河区看守所、武装部设立法律援助工作站。临河区共建立援助工作站 32 个，198 个联络点，织牢织密了法律援助网络，实现城镇半小时、农村一小时的法律服务圈建设。

第二节　体制与机制改革

1991 年，临河市司法局内设办公室、政工办、宣教股、基层工作股、审计监察股、档案室。

1993 年 2 月 12 日，撤销临河市司法局，职能划归临河市政法委。2 月 24 日，恢复临河市司法局，7 月，组织任命 1 名局长，2 名副局长，局机关干部职工 34 人（包括退休人员）。

1995 年，临河市司法局内撤销审计监察股、档案室，职能归办公室，设立公证律师管理股。

1996 年，领导班子一正四副，内设机构撤销政工办，职能归办公室。

2003 年，宣教股与基层股合并为宣教基层股。

2006年，临河区基层司法所收编上划、垂直管理，将宣教基层股分离成宣传教育股和基层管理股2个股室。

2010年，临河区司法局恢复政治部，增设社区矫正股。

第三节　法制宣传教育

一、普法教育

1991年，临河市实施第二个五年普法教育规划。领导小组组长由市委书记担任，市人大常委会主任、市长、分管政法副书记、副市长任副组长，公、检、法、司、工、青、妇、宣传、教育、文化等部门主要领导为成员。出动宣传车40天，建立各种宣传阵地30处，出宣传专栏360期，发放各类普法学习资料18万册，举办8期培训班，确定城乡10个普法和依法治理试点单位，组织临河市1万名干部、职工、中小学生、城镇居民、农民参加"全国百家法制城市擂台赛"，获全国组织集体奖。

1992—1993年，临河市司法局组织开展"二五"普法和依法治市工作，充分发挥各系统、各专业执法部门的作用和积极性，使专业执法部门走向专业法普及的主战场。司法局派8个督查小组，对29个乡镇、办事处的普法工作进行督查，形成一级对一级负责、层层抓落实的检查监督普法工作新体制。由10个普法和依法治市试点单位发展到165个，起到了典型引路作用。

1994—1995年，临河市司法局采取单位验个人，上级单位验下级单位，乡镇办事处验辖区单位，六大班子领导、普法领导小组验乡镇办事处的方式，对全市普法和依法治理工作进行全面验收。完成"二五"普法和依法治理工作任务，通过了巴彦淖尔盟、自治区两级普法领导小组验收，被评为自治区"普法先进旗、县、市"。

1996—1997年，临河市召开"二五"普法总结表彰及"三五"普法工作动员会议。临河市司法局实施"三五"普法依法治理工作，发放《邓小平民主法制建设》《"三五"普法法律法规汇编》3000册，发放《行政执法人员手册》4000册，发放《社会主义建设基本知识》1000册。举办骨干培训458期参与培训9500人。培植7个行业35个试点，乡镇办事处、市直单位培植106个试点。制定了工作标准和奖励办法。

1998—1999年，发放各种法制宣传资料2.4万册，举办各种法律知识培训班516期，受培人员2.6万人，培训法制宣传（依法治市）骨干9500人。召开全市依法治市经验交流会2次，推广了一批依法治市先进典型。建立市级六大班子中心学习组学法制度。

2000—2002年，临河市司法局通过全盟"三五"普法考核验收，被评为全盟先进。"四五"普法和第三个五年依法治市规划出台。临河市委中心组将学法作为一项重要内容列入学习范围，坚持每季度一次学法活动；市人大常委会把每月15日确定为听法制讲座日；各乡镇、办事处、市直各单位采取多种形式对科级干部进行法律知识培训。

2003—2006年，临河市（区）开展中小学生法制教育工作。通过举办法制报告会、法律知识竞赛、观看法制文艺演出等形式开展普法教育，加大对农民和城镇居民的普法力度。司法局举办3期科级干部培训班、2期农村两委干部培训班、12期公务员学法用法和依法行政培训班。在依法治村活动中，临河区161个行政村设立了"村务公开栏"。

2012—2016年，临河区召开"六五"普法依法治区工作会议。普法期间，编印发放各类知识读本、手册、实用案例5万余册，开展"法律六进"活动548场次。2015年，临河区被自治区普法工作专项组评为首批自治区级"法治旗县（区）创建活动先进单位"，被自治区党委、政府评为

2011—2015 年普法依法治理先进集体，被中央宣传部、国家司法部评为 2011—2015 年全国法治宣传教育先进单位。2 人被自治区党委、政府评为"六五"普法先进个人；7 个单位、10 人分别被评为巴彦淖尔市"六五"普法先进集体、先进个人。

二、干部培训

1991—1999 年，临河市举办副科以上干部培训班 8 期，举办科级干部法制培训班 10 期。

2000—2005 年，每年对公务员进行 1 次法律知识培训和考试。2002 年，对临河市 7800 名公务员（参照公务员管理人员）、事业单位人员进行法律知识培训和考试。2003 年，对 1060 名行政、事业单位股级以上干部进行法律知识培训。

2006—2009 年，举办临河区执法人员法律知识培训班 17 期，培训人员 2000 余名。对临河区领导干部、公务员（参照公务员管理人员）、事业单位工作人员、驻临河区各企事业单位干部职工进行法律知识培训考试，参加人员 6000 人。

2011—2016 年，举办 17 期公务员（参照公务员管理人员）法律知识培训班。组织实施临河区网络在线学法和普法考试工作，117 个单位 3458 人参加。

第四节　公证事务

1991—1992 年，临河市公证处开展经济合同公证、民事公证，开展继承、遗嘱、赠予、收养公证，开展农机赊销公证和房改过程中公价作价卖给个人公证。2 年办理各类公证 4654 件。

1993—1994 年，开展第二轮企业承包公证和企业转制过程中各类公证，2 年办理各类公证事项 4278 件。

1995—1996 年，开展农村家庭联产承包合同和农民负担合同公证，新开展建筑工程招标、招标现场公证，2 年办理各类公证事项 3156 件。

1997—1999 年，开展土地拍卖公证，开展国有企业、集体企业拍卖、租赁、兼并公证，3 年办理各类公证事项 6359 件。

2000—2003 年，临河市公证处办理涉外公证 1079 件。4 年办理国内公证 15984 件（其中收养公证 5 件）。

2004—2007 年，临河区公证处开展证据保全公证，办理涉外公证 1484 件，办理国内公证 5971 件。

2008—2009 年，开展送达公证业务，2 年办理涉外公证 712 件，办理国内公证 3710 件。

1999—2012 年，金川律师事务所办理各类案件 1300 件左右。

2010 年，临河区公证处与区民政局签订协议，为退役士兵安置协议做公证，办理涉外公证 323 件，办理国内公证 2122 件。

2011 年，公证处开展港澳台公证，办理涉港澳台公证 45 件，办理涉外公证 315 件，办理国内公证 2770 件。

2012 年，公证处国内公证分民事号和经济号办理，办理涉港澳台公证 9 件、涉外公证 323 件、国内公证 4003 件。

2013—2016 年，临河区办理涉港澳台公证 3161 件、涉外公证 3610 件、国内公证 7721 件。金川、蒙宁两个律师事务所办理各类案件 1000 余件。

2016 年，临河区法律援助中心办理各类案件 4300 多件，接待群众咨询 1 万人次，为老弱病残提供上门服务 135 人次，代写各类法律文书 6000 余份，发放《法律援助条例》6.2 万余张。

第十一篇
民政　扶贫

第一章 民 政

第一节 机 构

一、行政管理机构

1991—2002 年，称临河市民政局。

2003 年，临河区民政局内设办公室、优抚安置股、救灾救济股、社会事务股、低保办（城镇扶困办）5 个股室，下设殡仪馆、殡葬管理所、西郊陵园、康泰老人乐园 4 个二级单位。

2005 年，临河区民政局设立医疗救助股。

2008 年，设立婚姻登记处。

2010 年，干召庙敬老院收归临河区民政局直接管理。

2011 年，建设开放中心敬老院，同年设立老龄办。

2016 年，临河区民政局内设办公室、优抚安置股、救灾救济股、社会事务股、医疗救助股、低保办、老龄办、财务室、婚姻登记处 9 个股室，下设殡葬管理所、西郊陵园、康泰老人乐园、中心敬老院、干召庙敬老院 5 个二级单位。

二、事业单位

1993 年，临河市西郊陵园建立，占地面积 12 万平方米，烈士陵园占 6670 平方米。

1997 年，建成临河市殡仪馆，建筑面积 1800 平方米。2010 年，国营殡仪馆关闭。

1998 年，殡葬管理所成立，2003 年更名为临河市殡葬管理所。2013 年，殡葬管理所负责全区城乡居民免除基本殡葬服务费的审核和发放工作。

2001 年，临河区康泰老人乐园建成，建筑面积 7500 多平方米，床位 302 张。

2009 年，改建干召庙敬老院，建筑面积 3060 平方米，床位 150 张。

2010 年，干召庙敬老院收归区民政局直接管理。

2011 年，建成中心敬老院，面积 6500 平方米，床位 350 张。

第二节 行政区划和地名管理

一、行政区划与周边旗县界线勘定

1. 行政区域划分

1997 年 4 月，干召庙撤乡建镇。

1999 年 7 月，乌兰图克乡、马场地乡、隆胜乡、小召乡撤乡建镇。

2000 年，临河市总面积 2354 平方公里，市区面积 18.6 平方公里，辖 9 镇 11 乡，9 个办事处。

2001 年 4 月，撤销份子地镇、古城乡，合并建立古城镇。同年，撤销友谊乡、新丰乡、马场地镇，改建双河镇。撤销八岱乡，将原八岱乡管辖的棋盘村、农光村、旭光村划归黄羊镇。同年，撤销城关乡，原城关乡与原八岱乡蓿亥村、远景村合并建城关镇。撤销建设乡、白脑包乡，改建白脑包镇。撤销曙光乡，将原曙光乡所辖村民委员会全部划归临河市市区，曙光乡改为曙光办事处。临河市乡镇行政区划调整后，辖14个乡镇（3个乡、11个镇），分别为：乌兰淖尔乡、八一乡、丹达木头乡、古城镇、干召庙镇、白脑包镇、乌兰图克镇、新华镇、狼山镇、隆胜镇、黄羊木头镇、城关镇、双河镇、小召镇。

2001年，临河市辖办事处10个，分别为：解放办事处、新华办事处、团结办事处、车站办事处、先锋办事处、东环办事处、铁南办事处、西环办事处、北环办事处、曙光办事处。

2006年，临河区将14个乡镇（3个乡、11个镇）调整为7个镇。撤销黄羊木头镇、乌兰淖尔乡，将2个乡镇原管辖的行政区域整建制并入干召庙镇。撤销丹达木头乡，将其原管辖的行政区域整建制并入白脑包镇。撤销隆胜镇、八一乡，将两乡镇原管辖的行政区域整建制并入乌兰图克镇。撤销小召镇，将其原管辖的行政区域整建制并入狼山镇。撤销古城镇，将其原管辖的行政区域整建制并入新华镇。城关镇、双河镇原建制及行政区域管辖范围不变。

临河区乡镇行政区划调整后，辖干召庙镇、白脑包镇、乌兰图克镇、狼山镇、新华镇、城关镇、双河镇，10个办事处。

2012年，恢复2个乡，从乌兰图克镇划出部分区域，设置八一乡；撤销曙光办事处，从城关镇划出部分区域，与原曙光办事处管辖区域合并，设置曙光乡。调整后，临河区辖7个镇、2个乡、9个办事处，分别为：新华镇、干召庙镇、乌兰图克镇、狼山镇、白脑包镇、城关镇、双河镇，八一乡、曙光乡，解放街道办事处、团结街道办事处、先锋街道办事处、车站街道办事处、东环街道办事处、西环路街道办事处、北环路街道办事处、新华街道办事处、铁南街道办事处。

2016年，临河区辖有7个镇，2个乡，11个

办事处（新增金川街道办事处、汇丰街道办事处），2个农场（狼山农场、临河农场），辖151个村民委员会、51个居民委员会、22个分场。

2. 勘界

临河区与鄂尔多斯市隔河相望，北至阴山与乌拉特中旗毗连，西接杭锦后旗，东连五原县。与乌拉特中旗相交27.02公里界线，有界桩25个，与五原县相交84.8公里界线，有界桩5个；与杭锦后旗相交103公里界线，有界桩8个。

2015年，临河区民政局联合乌拉特中旗开展了第四轮界线联合检查工作。通过实地勘测，界线上没有发生矛盾纠纷。

2016年，临河区民政局与杭锦后旗、五原县开展第五轮界线联检工作。通过实地勘测，界线上没有发生矛盾纠纷。

二、地名普查和地名数据库建设

2003年，临河区民政局建立本行政区域地名数据库。

2003—2004年，完成行政区、居民点、建筑物、单位、道路、河流、湖泊、山峰、山脉、旅游景点共10个主要类别地名属性信息入库工作，以及行政区、居民点、各类企事业单位3个类别的地名属性信息录入工作。

2005年，临河区对城镇和农村所有地名，包括行政区、居民点、建筑物、单位、道路、河流、湖泊、山峰、山脉、旅游景点共10类地名，进行普查，完成地名数据库属性信息入库工作。

2007年10月，完成临河区地名数据库建设任务。

2009年6月，对数据进行采集和图书位置核对，将相关信息数据导入《国家地名数据库管理系统》。

2014年，制定《临河区第二次全国地名普查实施方案》，成立第二次地名普查工作领导小组。普查工作从7月1日开始，到2018年6月30日结束。普查期间，制定《临河区第二次全国地名普

查涉密数据安全保密管理制度》，杜绝数据信息丢失、泄密事件及非法使用行为的发生。对有地无名的、有地名作用的地理实体进行命名，对不规范的地名进行标准化处理，对少数民族语言地区译写不准确的重新进行译写。设置标准地名标志，建立、完善国家地名数据库，加强地名信息化服务建设，发挥地名在促进经济社会协调发展、方便人民群众生产生活、加强国防建设和维护国家主权与领土完整等方面的基础作用。

第三节　社会救助

1997—2016 年，临河区民政局累计发放城市低保金 5.08 亿元，农村低保金 2.13 亿元，五保供养金 3733.87 万元，城乡医疗救助金 7095.86 万元，临时救助金 1181 万元，资助困难学生 2271 万元。

一、城区居民最低生活保障

1997—1999 年，临河区启动城镇低保工作，规定城镇居民最低生活保障标准为每人每月 90 元。

1999 年，低保标准由每人每月 90 元提高到 117 元。

2002 年，进行大排查，凡符合条件的全部纳入低保，对已经享受低保待遇的开展重新审核认定。

2004 年，低保标准提高到每人每月 130 元。

2005 年，对城市低保机构的设立和职责、低保待遇的申请和审批程序、低保标准的确定与调整、城市低保对象的确定、家庭收入的计算、分类施保、低保资金筹集、发放和低保办公经费等做出严格规范。2010 年，低保标准首次突破每人每月 300 元。

2015 年，对低保对象的认定做了统一核查、核算。

1997—2016 年，临河区累计发放城市低保金

5.08 亿元。到 2016 年，低保标准提高到每人每月 521 元。

2016 年 9 月 20 日，先锋办事处召开
低保对象现场评分会

金川办事处工作人员
进行新增低保户入户调查

表 11 - 1 - 2

1997—2016 年临河市（区）城市居民最低生活保障情况一览表

单位：人、元/月、万元

年份	保障标准（元/月）	保障对象人数（人）	发放金额（万元）
1997 年	90	778	30.60
1998 年	90	1050	62.60
1999 年	117	1241	73.90
2000 年	117	1696	102.20
2001 年	117	2003	105.80
2002 年	117	9041	418.10

续表

年份	保障标准（元/月）	保障对象人数（人）	发放金额（万元）
2003 年	117	11948	538.00
2004 年	117	12233	864.00
2005 年	130	12536	1234.00
2006 年	150	12901	1483.00
2007 年	170	14096	1941.80
2008 年	190	14130	2898.70
2009 年	240	14283	3821.80
2010 年	300	13989	4146.00
2011 年	330	13739	5052.30
2012 年	370	12558	5315.40
2013 年	421	12753	5810.84
2014 年	441	11504	5877.32
2015 年	483	10634	5659.47
2016 年	521	9695	5413.06

续表

年份	保障标准（元/月）	保障对象人数（人）	发放金额（万元）
2007 年	438	8757	350.10
2008 年	800	12280	809.80
2009 年	1400	13372	1127.70
2010 年	1650	12143	1505.20
2011 年	2050	12120	1955.90
2012 年	2604	12656	2350.20
2013 年	2964	12753	2768.64
2014 年	3144	13521	3179.43
2015 年	3372	13575	3387.72
2016 年	3690	13826	3636.83

二、农牧区居民最低生活保障

2006 年，临河区开展农村居民最低生活保障工作，确定农村居民家庭年人均纯收入低于 625 元的可纳入农村最低生活保障范围，标准为每人每年 360 元。核定 5740 人纳入保障范围，主要是无收入、无生活来源以及因重病、重残、天灾人祸等原因致贫的农村特困群众。2009 年，农村低保保障标准为 1400 元。2011 年，提高到 2050 元。2016 年保障标准提高到 3690 元，较低保发放之初增加 9 倍多。农村最低生活保障对象也由 2006 年的 5740 人增加到 2016 年的 13826 人，农村低保基本实现应保尽保。

表 11-1-2

2006—2016 年临河区农牧区居民

最低生活保障情况统计表

单位：人、万元、元/年

年份	保障标准（元/月）	保障对象人数（人）	发放金额（万元）
2006 年	360	5740	197.60

三、五保供养

1993 年，临河市新建一批敬老院，告别过去土墙、土坑、生火炉子取暖的历史。

2005—2006 年，临河区再次对敬老院进行改扩建和维修。开始实施五保供养政策，审核审批 945 人纳入五保保障范围，其中集中供养 102 人，分散供养 843 人。对 10 所乡镇敬老院进行整合，保留 4 所敬老院，即干召庙、狼山、新华、城关敬老院。4 所敬老院占地面积 21 亩，建筑面积 4885 平方米，床位 120 张，生产用地 226.4 亩，油、肉、菜自给有足，居住环境、生活环境较理想。

临河区中心敬老院的五保老人正在用餐

康泰老人乐园

老人集中供养创造了良好的生活起居环境。

2011年，城关镇治丰一组中心敬老院建成，占地面积17亩，建筑面积6500平方米，拥有床位350张，是临河区政府当年为民办的十件实事之一。

2016年，临河区有五保供养对象1282人，其中集中供养219人，分散供养1063人。五保集中供养标准由2006年的每人每年1500元提高到7405元，增加了5905元；分散供养标准由2006年的每人每年800元提高到4250元，增加了3450元。2006—2016年累计发放五保供养金3733.87万元。

2009年，原干召庙镇敬老院改扩建，为五保

表11-1-3　　　　　　　　2006—2016年临河区五保供养情况统计表

年份	供养标准（元/年）		供养人数（人）		发放金额（万元）
	集中	分散	集中	分散	
2006年	1500	800	102	843	82.74
2007年	1500	800	118	1100	105.70
2008年	1800	1000	124	1097	132.02
2009年	1900	1100	129	1105	146.06
2010年	2800	2000	190	1053	263.80
2011年	3600	2400	194	1045	320.64
2012年	5000	2900	220	1053	455.06
2013年	5900	3400	224	1049	488.41
2014年	6800	3900	227	1056	558.63
2015年	6800	3900	245	1038	567.51
2016年	7405	4250	219	1063	613.30

四、城乡医疗救助

2005年，临河区被确定为自治区开展农村牧区新型合作医疗和医疗救助的7个试点旗县之一，全面启动农村医疗救助工作。同时被巴彦淖尔市确定为城市医疗救助试点地区，启动城市医疗救助工作。是年，区财政筹集农村医疗救助金101万元、城市医疗救助金10万元，救助农村患病群众488人次；支出92.96万元，救助城市患病群众45

人次；支出8.15万元，为3328名困难对象资助参加农村合作医疗费用3.3万元。

2006—2008年，争取到城市医疗救助金45万元，农村医疗救助金16万元，救助城市困难群众38人次，农村患病群众78人次。农村五保户患病医疗救助不设起付线，在封顶线内全额救助。2008年，随着医疗救助资金的增多，城乡低保户、农村五保户都不设起付线。

2011—2012年，城乡低保户医疗救助不设起

付线，在封顶线内按比例救助。城乡困难群众医疗救助比例城市为自付医药费的30%，农村为自付医药费的10%。

2013—2015年，整合城乡医疗救助资金，不再区分农村和城市，统一救助比例为自付医药费的20%，统一起付线、封顶线，从而使城乡患病居民能享有相同权利。将中心医院和妇幼保健医院设为"一站式服务"定点医院，城乡低保对象、农村五保户、城镇"三无"人员、孤儿，都可以按政策直接在定点医院进行救助。救助比例提高到自付医药费的60%。

五、贫困大学生救助

2014年，临河区对所有城乡低保家庭子女参加高考并且考入大学的进行资助，当年资助城乡低保家庭子女242人，发放834万元。

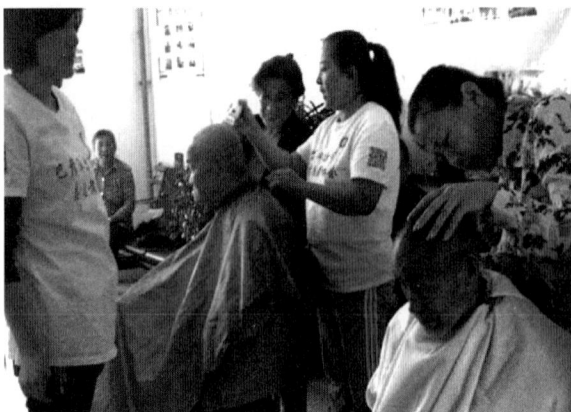

2015年，巴彦淖尔志愿者协会到临河中心敬老院为老人们理发

2015年，资助考入大学的城乡低保家庭子女219人765万元。

2016年，将参加高考的孤儿也纳入资助范围，资助困难学生225人672万元。

六、临时救助

2005年，临河区发放临时救助金1181万元。

2015年，临河区出台《临时救助办法》，规定救助对象范围、救助标准及救助程序。

第四节　灾害救助

一、重大灾害纪实

1991年，是自然灾害最频繁的一年，临河市受灾面积比往年大，程度比往年严重，形成土地潮塌、积水、土壤板积，夏季冰雹、暴风雨、黄河冲淘、小麦全蚀病等6次大的自然灾害袭击，农作物受损严重。20个乡、镇全部受灾。140个村1150个社，4500户19.22万人，11.86万亩农田作物受灾，8.61万亩成灾，0.75万亩绝收，其中粮食作物成灾4.47万亩，经济作物成灾4.14万亩，全市因灾减产损失粮食544.32万公斤，损失折款270.51万元。减产油料127.32万公斤，折款139.69万元。经济作物减产514.29万公斤，折款126.43万元。打死小畜20只，折款0.18万元。损坏民房9间，受伤4人，折款0.35万元。损失林木496棵，折款2.98万元。因灾造成的各项经济损失折款合计54.14万元。

1993年，临河市古城乡、乌兰淖乡、友谊乡、马场地乡等8个乡镇、25个村、94个社、3926户、19200人遭受黄河水淹、黄河冲淘和冰雹袭击。受灾面积9.77万亩，成灾7.26万亩，各项损失合计1694.2万元。其中粮食作物成灾22.16万亩，损失粮食485.5万公斤，折款367.7万元；经济作物成灾2.75万亩，损失1137万元；房屋损坏及倒塌214户640间，损失189.3万元；死亡牲畜3头，损失0.2万元。因灾造成5600人缺口粮、籽种、饲料共计140万公斤，下一年的生产、生活受到威胁，尤为严重的是友谊乡，黄河四社的41户社员举社搬迁。

2010年，临河区先后发生沙尘暴、冰雹、暴风雨、病虫害、火灾等自然灾害，全区15.6万人受灾，受灾面积37670公顷，绝收5766公顷，烧毁房屋22间，烧死大小牲畜176头（只），烧坏大小农用车 11 辆，农机具 17 台，破坏温室大棚 53 座，造成直接经济损失 3530 万元。

2011 年，临河区先后发生沙尘暴、冰雹、暴风雨、低温冷冻、病虫害、火灾等自然灾害，全区 7 个镇、2 个涉农办事处 14.8 万人受灾，受灾面积 33.73 千公顷，绝收面积 2.86 千公顷，烧毁房屋 7 间，烧死大小牲畜 85 头（只），烧坏大小农用车 6 辆，农机具 9 台，烧毁玉米、小麦等粮食作物 1 万多斤，烧毁柴草饲料 156 吨、木头 210 方、羊圈 5 座，造成直接经济损失 15749.85 万元。

2012 年 6 月 25—28 日，临河区持续降雨，这是自 1954 年临河有气象记录以来，同期降雨量最大、范围最广、持续时间最长的一次，降雨量为 160.1 毫米，使临河区范围内全部受灾。降雨、大风使农作物受到严重损失，小麦、玉米、葵花大面积倒伏，造成减产甚至绝收，瓜菜类作物浸泡时间过长导致死苗。部分土房及土建温室大棚坍塌受损，个别村庄被雨水围困，新华镇联荣村、建国村，狼山镇迎丰村、迎胜村、民强村 3.17 万亩土地被雨水及排干溢出的大水淹没。道路、桥涵、堤岸等基础设施遭到严重损坏，城区内涝，农田、村庄大面积积水，给人民群众生产生活造成严重影响。临河区 7 个镇、2 个乡、11 个办事处、151 个行政村、1167 个村民小组、1 个甜菜试验站、61593 户 23.2831 万人不同程度受灾，受灾面积 186.01 万亩；成灾面积 171.2 万亩；绝收面积 94.99 万亩，因灾死亡 1 人（电线短路电击死亡），紧急转移安置 2455 户 8028 人，因灾倒塌房屋 1251 户 3162 间，严重损坏房屋 2278 户 5074 间，一般损坏房屋 2203 户 5640 间。温室坍塌 468 栋，圈舍坍塌 3773 座，因灾死亡牲畜 2997 头（只），其中羊 2940 只。因灾冲毁路面 37931 平方米、491 公里，造成公路塌方 21729 立方米、21763 处，冲毁路基 27833 立方米、491 公里，损毁桥涵 4 座，损坏黄河防洪堤 46.5 千米，山洪沟口 15 千米，渠堤、排干决口 50 处，损坏护岸 7 处，损坏水闸 758 座，损坏灌溉设施 504 处，损坏

水文测站 11 个，损坏机电井 7 眼，损坏机电泵站 6 座；市政设施受到严重损坏，城区街路 2 基路灯杆倾倒，1 基倾斜，4 台控制柜、2 处电缆烧坏，损坏微机终端 2 台、2 处泵站出现裂缝；烧毁 2.5 千瓦潜水泵 3 台、7.5 千瓦应急潜水泵 1 台、90 千瓦水泵 1 台。暴雨导致先锋路、解放西街、团结路、农科路等路面塌陷 528 平方米；街路井塌陷 3 座，收水口塌陷 9 座。据不完全统计，此次洪涝灾害造成直接经济损失 205457.52 万元，其中农业直接经济损失 168110.8 万元，基础设施损失 27541.9 万元，家庭财产损失 9804.82 万元。

二、防灾减灾

1991 年，6 次大的自然灾害后，临河市调拨化肥、籽种和柴油，解决救灾资金。

1993 年，8 个乡镇遭受黄河水淹、黄河冲淘和冰雹袭击后，社会各界捐款捐物、奉献爱心，130 个单位共捐现金 18 万元、化肥 90 吨、小麦 30 万斤，总计价值 38 万元。

2005 年，根据《临河区破坏性地震应急预案》规定，制定《临河区民政局破坏性地震应急预案》。

2009 年，发放《内蒙古自治区防震减灾条例》《临河区城市应急知识手册》。

2010 年，沙尘暴、冰雹、暴风雨、病虫害、火灾等自然灾害后，临河区民政局筹集救济金 407 万元用于灾民救助。同时协调交管部门对有农用车的重灾民减免运管、养路费等，鼓励他们进城搞运输增加收入，弥补损失；鼓励有剩余劳力的受灾家庭进行劳务输出。立足当地搞好生产自救，解决了 4890 人的口粮问题；开展社会捐助，救济人口 1230 人，保证他们有饭吃有衣穿；采取向亲友、邻里转借、开仓借粮，解决 7636 人的口粮；对因灾急需救治，本人又无力支付医药费的重灾户采取医疗救助的办法给予治疗，解决 876 人的急需诊治问题。

2011 年，在自然灾害救助应急工作中，临河

区民政局储备棉被 200 套，投入 345 万元救灾资金，用于紧急转移安置灾民、受灾倒房的重建以及灾民口粮、衣被、伤病等灾害救助。

2012 年，暴雨灾情过后，临河区民政局筹措救灾款 1874.26 万元，全部发放到灾民手中。

第五节　优抚安置

一、优抚

1991—2015 年，临河市（区）重点优抚对象包括：在乡老复员军人（1954 年 10 月 31 日入伍，1954 年后经批准从部队复员的人员）、带病回乡退伍军人、参战参核退役人员，"三属"（包括烈士遗属、因公牺牲军人遗属、病故军人遗属）、残疾军人、伤残人民警察、伤残工作人员、60 周岁农村牧区籍退役士兵及烈士子女，这些人员按照国家标准享受定期定量困难生活补助金和定期定量抚恤金。

2007—2016 年，临河区发放自然增长补助资金 339 万元。开始对 7—10 级无工作单位的残疾军人给予缴纳城镇居民医疗保险和农村合作医疗，医保报销后民政局按 90% 再给予二次报销。同时根据国家相关规定每年为每位优抚对象发放其对应优抚类别的门诊医疗补贴费。

2012—2016 年，临河区累计发放各类重点优抚对象定补资金 2904.86 万元，重点优抚对象的生活水平不断提高。所属对象是：在乡革命伤残军人（包括伤残民兵民工）、"三属"、红军失散人员，在乡老复员军人、带病回乡退伍军人。领取定期定量困难生活补助金和定期抚恤补助的对象人数为 826 人，其中：在乡复员军人 118 人、带病回乡退伍军人 24 人、参战退役人员 23 人、烈士遗属 9 人、因公牺牲军人遗属 6 人、病故军人遗属 18 人、残疾军人 185 人、伤残人民警察 32 人、伤残工作人员 43 人、60 周岁农村牧区籍退役士兵

352 人、烈士子女 14 人。重点优抚对象除给予发放正常的定期定量困难生活补助金和伤残抚恤金外，1—6 级残疾军人享受全免医疗待遇，7—10 级有工作单位的残疾军人参加职工医疗保险。

从 2011 年 7 月 1 起，临河区为居住在农村和城镇无工作单位、18 周岁以前没有享受过定期抚恤金待遇且年满 60 周岁的烈士子女和新中国成立前错杀后被平反人员的子女（简称"60 周岁烈士子女"），个人向户籍所在地村（居）委会提出申请，自治区民政厅审核认定后与其他享受国家定期抚恤补助的优抚对象一样，形成定期动态管理更新机制并每月发放定期定量困难生活补助金。60 周岁烈士子女补助标准为每人每月 60 元。

2011—2016 年，临河区投入资金 100 万元，为 73 户优抚对象解决住房。优抚对象的月补助标准增长到 640 元。对特殊困难优抚对象、重点优抚对象和农村重点优抚对象给予解决"三难"（生活难、医疗难、住房难）问题。为优抚对象报销医疗费 516 万元，为各类优抚对象发放门诊补贴费用 300 万元。

表 11 - 1 - 4

2016 年临河区优抚对象门诊医疗补贴标准表

单位：元/年

优抚对象身份属别	补贴门诊医疗费
伤残军人（1—6 级）	2000
在乡复员军人	500
三属	500
带病回乡退伍军人	400
伤残军人（7—10 级）	400
参战涉核退役人员	400
60 周岁烈士子女	300
60 周岁退役士兵	300

二、安置

1992—2001 年，安置退役士兵 719 人。

2002—2017 年，退役士兵自谋职业人数337 人。

临河市民政局工作人员春节前慰问在乡复员老军人

2011—2014 年，为 578 名自主择业退役士兵发放地方补助金 1684.2 万元。每年组织退役士兵进行一次转变就业观念、择业观念和职业技术指导培训，对 480 名退役士兵进行职业技能培训，发放职业技能培训生活补助费 14.4 万元。

2015—2016 年，安置退役士兵 65 人，符合安置条件自主就业 17 人，合计 1138 人。

表 11－1－5

2001—2006 年临河区 60 周岁烈士子女抚恤金年标准一览表

单位：元/年

年份	60 周岁烈士子女
2011 年	720
2012 年	1440
2013 年	1560
2014 年	1560
2015 年	2400
2016 年	7200
2016 年 10 月	7680

第六节 烈士陵园建设及修缮

1996 年，临河西郊革命烈士陵园建设完成，占地面积 6800 平方米，包含烈士纪念广场 2000 平方米，烈士纪念碑 1 座，群雕 2 座。园内安葬着在抗日战争、解放战争、社会主义建设及改革开放等不同历史时期牺牲的革命烈士。其中有中国共产党成立前积极宣传革命思想的金安喜（恩克巴雅尔）；土地革命时期担任河套地区地下党宣传员及军事委员、因在五原兵运工作中壮烈牺牲的李春秀；抗日战争时期为宣传抗日救国思想而被特务活活打死的高大羽；社会主义建设时期因连续工作积劳成疾、牺牲在工作岗位的郝勤禄等。

2011 年，对临河区及周边旗县零散烈士纪念设施进行抢救保护，将散葬烈士墓进行迁移、整合和修缮。修缮竣工后的西郊革命烈士陵园布局科学，庄严肃穆，苍松翠柏交相辉映。

2013—2016 年，每逢清明节、建党节、建军节等重大节日，有关单位都要组织少先队员、共青团员、共产党员以及部队官兵和社会各界志愿者，到革命烈士陵园举行祭扫献花、入队入团入党宣誓等缅怀先烈活动。《巴彦淖尔市烈士英名录》里记载烈士 113 人，已安葬在西郊烈士陵园的有 28 人，还有一部分烈士散葬在临河地区，其他烈士分别安葬在其牺牲地。

第七节 双拥共建

1992—2016 年，先后制定《临河区双拥工作规划》，出台《临河区拥军优属暂行规定》以及《驻临军（警）部队拥政爱民暂行规定》。在媒体开辟专栏，把双拥宣传和国防教育作为基础工程、固本工程纳入全民教育体系，寓于市民公约、乡规民约和厂规校规之中。在交通要道、广场、主要街道的显要位置，设立多处永久性双拥宣传标牌。每逢重大节日和征兵、民兵整组期间，组织开展军民联欢会、英模事迹报告会、国防教育演讲会、知识竞赛、军事夏令营、军事比武、参观国防教育展厅、缅怀悼念革命先烈等活动。在学校开设国防教育课。2008 年，某部队出资 8 万元，修通营区附近居民区下水道，改善营区周边卫生环境。2012 年，暴雨成灾，直接威胁新华镇份子地人民的生命财产安全，临河区人武部和驻临武警部队官兵日夜奋战，将排干大堤决口堵住，保护了人民的生命财产。

第八节　基层政权和基层组织建设

一、基层政权建设

2001 年，临河市撤乡并镇，基层政权未做变更。2004 年更名为临河区，基层政权未做变更。至 2016 年，临河区基层政权未做变更。

二、基层组织建设

1993—1996 年，临河市民政局选出 2 个乡镇作为村委会选举试点，在试点取得经验的基础上，依法换届选举。临河市人大常委会做出《关于通过第四届村委会嘎查换届选举工作的实施方案报告决议》。

1997 年，临河市开展第四届村委会嘎查换届选举工作。

2003 年，临河市开展第五届村民委员会换届选举工作。

2006 年，临河区依法进行第六次村民委员会换届选举，150 个村完成换届选举工作，

2009 年，临河区进行第七届村民委员会换届选举工作，全区 7 个镇（包括曙光办、八一办），152 个行政村，1168 个村民小组，村民总户数 6.5 万户 26 万人，选民总数 16 万人（占村民总人数的 61%），参加投票选民 15 万人，其中委托投票 4475 人，选民参选率 97%；152 个村依法选举产生新一届村委会班子。新一届村委会班子产生后，健全了村委会下设的民调、治保、计生、妇女、青年等组织机构，依法推选产生 3180 名村民代表

和 1166 名村民小组长。

2012 年，组织开展村级"两委"换届选举工作。临河区辖 9 个乡镇，152 个行政村，村两委换届共选举产生村支部委员 501 人、村民委员会委员 469 人；新当选村党组织书记 25 人、村民委员会主任 36 人，保证每村有一名妇女干部。

2015 年，临河区完成第九届村民委员会换届选举工作，实现村民委员会按期换届选举率 100%、一次性选举成功率 100%。选举产生村民委员会成员 480 人。

三、城区社区建设

1999—2003 年，临河市城区办事处 67 个居委会的办公条件明显改善，以社区服务中心、服务站、定点服务单位、联户服务员和志愿者队伍组成的社区服务网络覆盖全部社区。其中 2002—2003 年，临河市实施"星光计划"。争取"星光计划"项目 19 个，争取专项资金 190 万元，建成 13 个社区老年活动中心，建筑面积均在 200 平方米以上，总投资 570 万元。

2004 年，临河区以解放办、新华办、团结办、车站办 4 个办事处和 35 个社区居委会为示范点，开展社区建设示范活动。采取多元化投资和社区资源共享的方式，加快社区服务站建设和运转，完善多样化社区服务形式。利用已建成的中心、站、家，围绕各类弱势人群和优抚对象开展社会救助和社会福利服务；围绕下岗、失业人员开展社会保障和再就业服务；围绕普通居民群众开展便民利民服务，社区服务不断向纵深发展。科教、文体、法律、卫生、道德、警务"六进社区"活动和老年文体娱乐活动日益深入。结合"星光计划"项目建设，援建 10 个社区图书室，启动"万家社区读书活动"。解放办事处成立"巾帼家政服务站"，一方面解决 30 多名下岗女工的就业问题，另一方面充实社区服务力量，为社区居民提供方便快效的家政服务。

2005—2006 年，确定车站办、解放办和 19 个

社区居委会为示范点。利用 19 个"星光老年之家"平台，提升老年服务。根据上级补贴加新建、购建、共建、改建等多种形式，建成 19 个社区老年活动中心，每个建筑面积均在 200 平方米以上。

2007 年，推广已建成的星光老年活动中心的做法、经验，会同各办事处，协调开发商在新建住宅小区配套设置居委会办公室和老年活动室。民政局帮助购置部分图书和文体健身器材。

2008 年，对原有社区居委会规模及范围进行调整，按照 2000—3000 户左右规模进行整合，重新划分命名社区。城区 9 个街道办事处原有 71 个居委会，调整为 41 个；各社区居委会根据党员分布情况，重新组建总支或支部，健全了社区居民代表大会、社区议事委员会和社区居委会等自治组织。区政府将社区工作运转经费列入财政预算，按每个社区 2—3 万元补贴社区工作经费。是年，东环办事处 1 个社区服务中心、4 个社区居委会服务站建设项目实施，总建筑面积 2000 平方米。

2010 年，城区 11 个街道办事处由原来 83 个居委会，调整为 53 个。通过大中专毕业生人才储备、大学生社区志愿服务者、分流安置农村教师等渠道，加强社区居委会干部队伍建设，每个居委会配备财政供养干部 5—7 人，同时聘用部分"4050"人员协助居委会干部工作，充实了社区工作力量。

2011 年，争取上级资金 265 万元，在河套书苑、水岸华府、临铁社区、明珠城、锦绣花园、四季花城等社区规划建设居委会办公室及社区活动用房，办公用房达到 150 平方米以上，活动用房达到 300 平方米以上。

2012 年，投资 4000 万元，在金川办、汇丰办和解放办建成 3 个高标准社区服务中心，建筑面积分别为 3700 平方米和 2400 平方米。投资 150 万元，建成 150 平方米以上、每个 20 张床位的 7 个社区老年人日间照料室。

2013 年，投资 3000 万元，建设 4 个精品社区服务中心。其中北环办华海尚都社区服务中心建

筑面积 2211 平方米；团结办金帝世纪城社区服务中心共 4 层，总面积 2258 平方米；西环办逸城首郡社区服务中心，总面积 2003 平方米；铁南办阳光春里社区服务中心建筑面积 2700 平方米；社区信息化服务平台建成投入运营。建立了区、街道办事处（社区服务中心）、居委会三级信息化网络平台。整合公安、计生、卫生、民政、人力资源和社会保障等各类数据资源，建立以社区综合数据库为支撑，覆盖社区各类业务的综合信息平台，为开展一站式社区服务奠定基础。在全自治区首家采取政府购买社会工作服务的方式，投资 45 万元，与内蒙古青少年社会工作服务中心合作，在金川社区面向有服务需求的社区居民中开展关爱青少年、老年人和贫困家庭等个性化、多元化的专业社会工作服务。

2014 年，为部分社区网格员配备手机终端，设立开通"12349"便民服务热线，地点设在金川社区服务中心，足额配备工作人员轮班接线。在金川社区开展政府购买养老服务试点工作，根据老人身体情况和经济情况等因素综合评估，发放 3 种不同额度的服务券。

2015—2016 年，为 535 名社区网格员发放手机终端，网格员可随时随地采集录入、传输报送社区工作和服务信息。解放、西环两个街道社区也被纳入居家养老服务试点工作范围。建成 7 个 2000 平方米以上的新型社区服务中心，51 个社区居委会办公服务用房全部达到 300 平方米以上。将城区划分为 424 个社区网格，人员力量全部下沉到社区，工作精力主要用在为居民服务上。

第九节 社会福利

一、慈善和社会捐助

2013 年，临河区慈善协会成立，内设募捐部、财务部、办公室。各乡镇、办事处下设慈善分会。

为古城小学 20 名特困学生，每人资助善款 500 元，捐赠价值 5500 元的学习工具书；为巴彦淖尔市内蒙古艺术学院 17 名大学生每人资助善款 600 元，捐赠 3000 元图书；为临河区培智学校学生捐赠善款 2000 元，款项用于孩子们日常伙食补贴。

2013—2015 年，对临河地区重特大疾病患者实施慈善医疗救助 81 人，发放救助金 147.261 万元。开展"慈善情，暖万家"救助活动，救助贫困家庭 40 户，救助金额 8 万元。

2016 年，争取自治区大病救助资金 100 万元，对符合条件的 67 名患者实施救助。与深圳华迈环保有限公司联手举办"华迈放心饮水工程公益活动走进临河"捐赠活动，为临河区各乡镇、乡镇卫生院、乡镇敬老院捐赠价值 19.5 万元的净水机 50 台。2014—2016 年，救助特困家庭 256 户

168300 元，捐赠价值 5 万元的物资。

二、老年人福利

2012—2016 年，累计发放高龄津贴 3115.26 万元。2012 年，临河区开始为 80 周岁以上老年人发放高龄津贴，发放标准为：80—89 周岁老人，每人每月发放 50 元（无收入的 100 元）；90—99 周岁老人，每人每月发放 100 元；100 周岁以上老人，每人每月发放 300 元。2015 年起，为临河区 60 周岁至 80 周岁身体健康的老年人每人投"老年人意外伤害保险"一份，每份保险费 10 元。当年为 62368 名老人投保 62.368 万元，2016 年为 69353 名老人投保 69.353 万元。2016 年，百岁以上老年人高龄津贴标准提高到 600 元。

表 11-1-6　　　2012—2016 年临河区老年人高龄津贴发放情况统计表　　　单位：人、万元

年份	80—89 周岁人数	90—99 周岁人数	100 周岁以上人数	发放金额
2012 年	4097	272	2	480.80
2013 年	4840	327	7	556.00
2014 年	5834	375	5	631.50
2015 年	6315	506	7	700.47
2016 年	6820	522	9	746.49

三、儿童福利

2007—2008 年，实施"明天计划"，争取上级专项资助 36 万元，为 12 名先天性心脏病儿童免费实施手术。组织实施"爱心 2008——走进内蒙古""爱佑童心"项目及"重生行动"等公益救助活动，通过手术治疗救助 10 名先天性心脏病患儿。

2010 年，临河区首次发放孤儿供养专项资金，当年分散供养孤儿 79 人，按照每人每月 860 元的供养标准，发放孤儿供养资金 85 万元。孤儿供养资金由民政局通过银行打到存折上发放给孤儿的监护人。

2011—2016 年，临河区供养孤儿标准提高到每人每月 1310 元，累计发放供养资金 759.19 万元。

第十节　社会事务管理

一、婚姻登记管理

2008—2009 年，临河区婚姻登记处成立，负责办理 7 个乡镇、11 个办事处的婚姻登记工作。婚姻登记实行集中办理。

2013年1月4日，因谐音"爱你一生一世"，内地青年们"集结"领取结婚证，引爆结婚浪潮。临河区民政局调派所有工作人员协助婚姻登记处办理结婚登记工作，同时协调武警和公安人员帮助维持现场秩序。1991—2016年，临河市（区）办理结婚、离婚和补办登记业务13万对。

二、流浪乞讨救助管理

1991—2011年，临河市（区）由于地处盟市所在地，流浪乞讨救助工作一直由巴彦淖尔盟（市）救助站管理，进行专业救助。临河市（区）没有专职人员管理，只是救助零星主动上门的人员，每年平均救助流浪乞讨人员30余例。

2012—2016年，临河区民政局与多家单位开展"接送流浪孩子回家"专项行动，并制定《临河区流浪乞讨人员救助管理暂行办法》，开展整治城市流浪乞讨人员、儿童、智力残障、精神障碍人员。救助精神病人8人，智力残障人员13人，残疾人员5人，无家流浪人员17人，共计43人。

三、殡葬管理

1992年，为解决殡仪馆寄存祭祀困难，临河市民政局多方筹集资金，在城关镇友谊村五社征集沙丘地200亩建设西郊陵园。

1997—1998年，临河市开展有史以来规模最大、力度最大的一次平迁坟工作，具体范围在三沿六区（沿河、公路、铁路、耕地区、林地区、草场、文物保护区、风景区）。新建3处乡镇公益性公墓，解决当地农民安葬问题，制止乱埋乱葬行径。平迁坟4000余座，清除空地1500多亩。同年，殡葬管理所正式启动，划分以殡仪馆为中心，

半径30公里为火化区，进行土葬改革。取缔非法经营门店14家，关闭棺材一条街7家经营户，动员迁出市区经营3家。

2010年，关闭国营殡仪馆，建立柏树园殡仪馆（私企）。殡葬管理所加强城区殡葬市场管理，严格禁止乱搭灵棚、吹鼓匠的陋习，提高了城市文明程度。

四、收养登记

1998—1999年，临河区建立收养登记制度，进一步健全和完善收养制度，严格履行收养登记手续，杜绝不合法收养。

2000—2016年，临河市（区）依法办理收养登记9例。

五、社会组织登记管理

（一）社会团体

1991年，临河市民政部门对辖区社团进行摸底调查。

2016年，临河区登记注册各类社会团体17个，已年检换证16个，年检率94%。按性质区分，专业性社团2个、行业性社团6个、联合社团9个，有会员579人，其中专职人员87人。

（二）民办非企业

2016年，临河区登记办证民办非企业单位15个，全部通过年检，其中教育类民办非企业单位13个，包括民办幼儿园9个、民办培训学校或培训班4个，另有登记民办敬老院、福利院各1个。民办非企业单位共有从业人员62人，全部为专职工作人员。

第二章 扶 贫

第一节 机 构

1995 年 8 月，临河市委决定成立临河市扶贫工作办公室，隶农委。

1996 年 6 月，临河市扶贫办归临河市政府管理，升格科级建制。

2002 年 7 月，机构改革后，临河市扶贫办是市政府职能部门。

2004 年，临河市扶贫办内设办公室、计财股、社扶股、项目管理股 4 个股室，有干部 5 人。

2016 年 9 月，临河区扶贫开发办公室合并为临河区农牧业局的二级单位，设立临河区扶贫项目服务中心，属于加挂牌子的事业单位。设主任 1 名，副主任 1 名。内设综合股、项目管理股、计划财务股、社会扶贫股 4 个股室。有在职人员 7 人，其中行政编 5 人（不占编 2 人），事业编 1 人，工勤编 1 人。非在职人员 2 人，退休人员 1 人。

第二节 扶贫开发

一、贫困类型

临河区不属于国家和自治区级贫困地区，因病、因学、因残、缺土地、缺资金、住房差是产生贫困的主要原因。按照贫困户属性分类有一般贫困户、低保贫困户和五保贫困户。到 2014 年，临河区识别建档立卡贫困人口 6350 人，分布在 9 个乡镇、2 个农场、100 多个行政村（分场），集中在生产条件相对差的"两带"，即沿总排干两侧贫困带和沿黄河北岸贫困带。

二、扶贫到户与投资

1991—2016 年，临河市（区）投入各类扶贫资金 14237.07 万元，其中自治区财政扶贫资金 10850.45 万元，市本级资金 1089.4 万元，区本级配套 2289.17 万元。1991—2013 年，临河市（区）以"千村扶贫开发"和"整村推进"为主，通过改善村容村貌和生产生活条件带动贫困户脱贫。其中 2014、2015 年，扶贫工作重心转移到了"三到村三到户"工作上来，即扶贫规划到村到户、扶贫项目资金到村到户，帮扶干部到村到户。对列入扶持范围的贫困村、贫困户制定脱贫规划。对建档立卡工作进行"回头看"，确保扶持对象精准，重新识别确认贫困人口 6350 名。

三、扶持项目

1991 年，临河市实施"315"扶贫保底工程、"千村扶贫开发"工程、"整村推进"工程、移民扩镇工程、"雨露计划"工程。实施整村推进扶贫项目 6 个、移民扩镇项目 16 个、产业化扶贫项目 26 个、科技扶贫项目 143 个、千村扶贫项目

46 个。

1992—2000 年，实施"315"扶贫保底工程（贫困户人均种好 1 亩吨粮田、1 亩高效田、改造 1 亩中低产田；户均养好一口猪、5 只基础母羊）。在 9 个乡镇实施 9 个扶贫挂牌工程和 6 个重点项目工程，如份子地养殖小区建设、新丰乡南二分干沟建设项目、白脑包中低产田改造及种草养畜项目、马场地养殖小区建设、新华镇中低产田改造项目、乌兰淖尔乡和友谊乡的枸杞种植项目等。

2001—2013 年，实施"千村扶贫开发""整村推进""移民扩镇"工程。在农村贫困区域实施新建住房、修乡村道路、新打机井、修建水利建筑物、衬砌渠道、改造中低产田、购入种公羊和基础母羊、新建标准化圈舍、青贮窖池、购饲草加工机具等各类扶贫项目。完成文体娱乐活动场所等农村贫困区域公益设施 5890 平方米；有线电视、电话等通信网络设施覆盖面达到 100%。2009 年，乌兰图克镇新民村四六组的 100 户贫困户被列入自治区第六期移民扩镇项目。根据移民的愿望和生产生活习惯，确定以设施养殖和保护地生产为主，以劳务输出为辅，统一建房，新修 5 条小油路共计 2.2 公里；栽植花木 5152 株；新建综合活动室 346 平方米；新建广场 6000 平方米。

2014—2015 年，实施"三到村三到户"扶贫项目，每个村每年投入上级专项扶贫资金 50 万元，共计 400 万元。临河区共有自治区级贫困村 8 个，分别是双河镇新荣村、八一乡农丰村、乌兰图克镇新乐村、新华镇古城村、狼山镇红光村、白脑包镇永清村、干召庙镇新利村、城关镇远景村。扶贫项目将通村道路、养殖棚圈建设、帮助贫困户发展养殖业作为重点。

2016 年，临河区推进实施精准扶贫精准脱贫工程。在发展生产和转移就业脱贫方面，对有劳动能力且有发展生产意愿的贫困户给予扶持，年投入资金 331 万元，实现稳定脱贫 531 人。为贫困户购买羊、牛、猪、禽 3520 头（只），新建 60 平

方米以上养殖棚圈 3013 平方米；在乌兰图克镇建立扶贫产业园，集中为贫困户租种大棚 10 座。通过产业扶持受益贫困户 567 户 1191 人，转移就业 14 户 14 人。在易地搬迁脱贫方面，对现住土危房且住房条件无保障的贫困人口，按规划、分年度、有计划组织实施易地搬迁，确保搬得出、稳得住、能致富。投入资金 1784 万元（易地搬迁 1494 万元，同步搬迁 290 万元），新建房屋 336 户 747 人（均为分散安置），完成搬迁任务 581 人的 129%；实施同步搬迁 290 人，完成任务的 100%。在发展教育脱贫方面，将扶贫与扶智结合起来，投入资金 75 万元，实现教育脱贫 141 人，每人每年给予 1000—10000 元的补贴，确保每一个贫困家庭在校生不因贫失学，从而阻断代际贫困的传递。在社会保障兜底脱贫方面，对完全或部分丧失劳动能力的贫困人口，通过社会保障兜底实现脱贫。年投入资金 357 万元，实现稳定脱贫 424 人。按照每年每人不低于 4000 元的标准，对 1195 名建档立卡贫困人口实施社会保障兜底，不足 4000 元的全部由区财政配套资金补齐。

四、社会扶贫

2016 年，临河区 8 个自治区级"三到村三到户"贫困村，全部成立驻村工作队，驻村工作队由市、区两级部门组成，驻村工作队成员 2—3 名，驻村工作队队长由科级以上干部担任，每月驻村时间不少于 20 天，积极帮助贫困村和贫困户制定增收脱贫致富产业发展规划。

鼓励企业积极吸纳具备一定职业技能的劳动力和贫困大学生就业，引导企业特别是扶贫龙头企业通过订单采购农畜产品、共建生产基地、联办合作社、投资入股等方式，与贫困村开展村企共建，推进集体经济发展和贫困户增收。倡导企业、群团组织、社会组织参与扶贫开发，营造全社会共同参与扶贫开发工作的良好氛围。

第三节　劳动力转移培训

一、转移规划

通过分类培训，从长远和根本上解决贫困问题。对贫困家庭未继续升学的应届初、高中毕业生和进城农民工、计划生育贫困户、职业学校农村贫困生，通过直接补助，引导和鼓励他们继续接受中、高等职业教育或1—12个月的技能培训。对农村留守贫困劳动力开展实用技术培训，对有外出就业意愿的成年劳动力实施转移就业技能培训，同时培训微小型企业经营管理人员、农民专业合作组织带头人和农村经纪人等农牧业产业化发展急需人才。

实施劳务收入倍增计划。根据人力资源市场需求，创新培训模式，提高贫困人口的素质和就业创业能力，推进就地就近转移和转移就业服务，在推进工业化、城镇化和农业现代化进程中促进贫困人口充分就业。建立就业精准扶贫机制，出台一系列政策措施，把劳动力转移培训作为区委、政府重点工作，形成区长亲自抓，分管副区长具体抓，各乡镇一把手负总责的工作格局，确保农村劳动力转移培训健康有序发展。

加强基层服务平台建设，劳动力转移培训服务体系不断完善。在各乡镇、农场建立劳动力转移培训工作站，配备专职工作人员，专门从事劳动力转移培训工作，为所有劳动保障工作站配备了电脑等设备，实现所有乡镇联入自治区就业服务信息系统，直接将就业服务送到群众家门口。临河区9个乡（镇）建成人力资源分市场，每年举办"春风行动""民营企业招聘周"等招聘活动，就近为贫困人口提供人力资源服务。启动区级以下公共就业服务机构职业介绍补贴申领工作，

引导公共服务机构为劳动力转移提供职业介绍服务。做好贫困家庭"零转移就业家庭"援助工作。建立健全贫困家庭基础台账，做到底数清、情况明。制定"一户一策"帮扶措施，安排专人上门推荐岗位3次（含3次）以上。围绕大型商业综合体、酒店、运动养生、休闲娱乐、旅游、商务、物流等服务业，依托工业园区、物流园区，开发挖掘转移培训岗位，提升就业吸纳能力。深入各大企业用工单位，收集用工信息，鼓励区内非公有制企业吸纳贫困劳动力就业。

二、培训工程与投资

1991—2015年，有针对性地对贫困劳动力进行转移就业前职业技能培训，每年培训2000人以上，其中由扶贫部门直接组织培训500人以上，使贫困家庭至少有1名劳动力掌握1门就业（或创业）技能，实现转移就业。

1991—2016年，临河区投入财政劳动力培训转移扶贫资金180万元，举办贫困地区"雨露计划"培训班14期，培训村干部及农村致富带头人600人，培训贫困劳动力5100人，转移就业1995人，就业率95%。

第四节　产业扶贫

一、项目

1991—2005年，从贫困实际出发，培育和扶持具有当地特色的支柱产业。以传统优势产业为基础，以一村一品、一乡一业为模式，推广先进适用技术、发展高产、优质、高效、生态、安全的绿色无公害农畜产品和有机食品生产，创建优质农畜产品品牌。培育和扶持对贫困户带动能力强、辐射面大、扶贫效果好的扶贫龙头企业。加

强农牧业社会化服务体系建设，扶持引导农牧民专业合作组织发展，带动贫困人口发展生产。以市场为导向，完善龙头企业、专业合作组织和贫困户的利益连接机制，推动扶贫支柱产业健康快速发展。承接发达地区产业转移，引进以农畜产品加工为主，无污染的劳动密集型产业。发挥贫困村旅游资源优势，发展乡村旅游扶贫。

2006—2007年，实施产业扶贫项目3个，即城关镇治丰村肉羊养殖项目、狼山镇先锋村肉羊养殖项目、白脑包镇三八村肉羊养殖项目。

2007—2008年，实施产业扶贫项目1个，即干召庙镇肉羊养殖项目。

2008—2009年，实施产业扶贫项目1个，即干召庙镇民主村肉羊养殖项目。

2009—2010年，实施产业扶贫项目1个，即乌兰图克镇新民村肉羊养殖项目。

2010—2011年，实施产业扶贫项目1个，即八一乡联丰村"四位一体"种养模式项目。新建温室30栋、30亩，标准化养殖棚圈110座、6500平方米，青贮池580立方米，购进饲草加工机具50台套，购进种公羊326只、基础母羊2400只。7个项目共涉及贫困人口1128人，贫困户人均增收3617元。通过实施产业扶贫项目，贫困村的产业结构得到调整优化，生产生活条件有了明显改善，贫困人口人均收入大幅度增加。八一乡联丰村生态能源小区2010年被确定为产业化扶贫示范项目，新建30栋温室大棚和30座棚圈，沼气入户工程30户。通过项目实施，村容村貌有了明显改善。

加大对扶贫龙头企业的专项扶持和贷款贴息力度，着力解决贷款难问题。支持扶贫龙头企业进行技术创新，提升产品档次，打造知名品牌。确保龙头企业发展，贫困人口受益。

二、投资与规模

1991—2016年，临河市（区）实施产业化扶贫项目26个。临河区把番茄、肉羊、奶牛、小麦、花油葵、脱水蔬菜等产业作为贫困地区产业化经营的重点，以龙头带基地、基地促龙头、龙头企业和农户签订的订单为抓手，促进贫困区域农牧业产业化发展。发展原料基地，降低种植风险，订单农业覆盖90%以上的贫困村组，保证贫困户收入稳定。在贫困村组发展农村专业合作经济组织77个，服务内容涉及种植、养殖、加工、销售等领域。

第五节　科技扶贫

1991年以来，根据不同区域、不同产业发展实际，选择经济效益好、科技含量高、带动作用强的科技示范典型，在贫困村组打造一批示范户、示范村。通过典型示范、辐射带动，形成不同区域、不同类型的产业发展模式。完善贫困区域科技服务体系，强化科技社会公益性服务功能。每年在贫困地区实施农业科技示范面积1万亩，试验示范新技术40项，引进推广各类农作物新品种500个，新品种推广应用率95%以上，重点推广先进适用技术40项。在贫困地区开展农村户用沼气、标准粮田建设、测土配方施肥、中低产田改造等项目。建成自治区"136工程"农业科技园区1个、巴彦淖尔市级科技示范园区2个。建成以八一联丰"四位一体"生态能源科技园区、四季青高科技生态园区等为代表的一批新型农牧业生产示范基地，为贫困地区发展规模化生产、集约化经营提供了样板，为农村产业化发展起到带头示范作用。

2008年，临河区争取上级科技扶贫项目（优质巴美肉羊繁育推广项目）1个，投入财政扶贫资金50万元。

2009年，为贫困户提供优质巴美种公羊372

只，优质基础母羊248只，人工冷配授精2万例。7个乡镇、40个贫困村的5000农户，每户当年可增加收入890元，经济效益和社会效益明显。

巴彦淖尔市委、市政府先后8次将"三下乡"、科技活动周、全国科普日活动启动仪式安排在临河区贫困人口集中的乡镇开展，科普示范效应凸显。

第十二篇
人力资源与社会保障

第一章 机 构

第一节 行政管理机构

1991年，临河市劳动人事局下设劳务市场、统筹办、技工学校。

1992年10月，劳务市场和统筹办合并，称为社会保险就业服务中心。

1993年8月，撤销"社会保险就业服务中心"，组建"劳动力人才市场管理所"和"社会保险事业管理所"。

1995年3月，劳务市场管理所恢复为劳动就业管理局。社会保险事业管理所恢复为社会保险事业管理局，隶属于人事劳动局，均分设。是年，临河市劳动人事局改称临河市人事劳动局，内设办公室、劳动监察股、劳动安全股、干部调配股、工资股、职改办、编制办7个股室。

1998年，临河市再就业服务中心成立；建立临河市劳动力人才市场。

2002年7月，临河市人事劳动局更名为临河市人事劳动和社会保障局，临河市编制办单独划出。人事劳动局内设办公室、劳动监察股、干部调配股、工资股、职改股、公务员管理股6个股室。

2012年，临河区人事劳动和社会保障局更名为人力资源和社会保障局。

第二节 工资及编制管理

一、工资职称管理

1991年，临河市劳动人事局在临河市属企业中推行工资总额同效益挂钩的办法，促进企业内部分配制度的改革。

1992年，工资总额同效益挂钩的企业总户数14户（国营11户，集体3户），挂钩人数3898人；办理企业1991年节约指标调整2738人；办理企业升级后职工调资435人；办理工资升级4571人；审批知识分子补贴1221人；审批边补567人。办理干部、职工各类转正定级和调动工作工资变更的审批1525人。职改工作转入正常化管理。实行专业技术人员年度考核工作，评出优秀专业技术人员756人、称职4035人、基本称职17人。根据工作实际设置专业技术顾问，按需设岗，按岗聘任，提出设岗意见：事业单位（除教育系统外）高级专业技术岗位116个，中级375个，助理级108个，技术员278个。最后严格审批程序，按照有关职称评定文件要求，把好报送关。

1993—1994年，审批办理调资25723人次。临河市行政事业单位人员工资套改11328人，审批离退休人员增加离退休费1702人。审批机关、事业、企业单位干部职工享受知边补636人，办理干部职工转正定级、职务工资变更、转复军人定级、离退休人员提高一档工资政策1126人，审批技术工人技术等级培训1076人。

1995—1996年，临河市人事劳动局报送、评审高级专业技术人员8人、中级技术人员43人、初级技术人员1363人。为批准的专业技术人员颁发了证书。建立国家工作人员工资基金花名册，对1997年工作基金使用计划进行核实。

1997年，审批18280人调标工作；审批1325人的工作；办理了调动人员工资变动166人；办理了新参加工作转正定级、复转军人定级128人，审批知边补502人。开展企业职工技术等级培训和现行职工新工资标准工作。为机关事业单位工资基金手册发放160户10428人，占应发户数的95%。加强国有企业工资内外收入监督检查工作。组织各种专业技术人员报名考试，建起临河市专业技术人员花名台账，整理历年专业技术人员档案2486份。

1999年，审批机关单位连续五年晋升级别工资3687人，调整工资标准14356人，审批机关连续三年考核为优秀人员晋升级别工资408人，审批事业单位3%升级286人，新参加工作人员转正定级125人，复转军人定级21人，审批知边补663人。

2000年，审批企业职工调资3218人，审批知边补524人，办理提职人员变更工资手续151人，办理事业单位3%奖励升级380人。制定公开招考事业单位工作人员方案，通过发布公告、宣传，相关人员踊跃报名，最终进入笔试人员355人，录取23名。妥善安置4名随军家属。

2002年，临河市人事劳动和社会保障局对临河市1999年底以前未聘任的专业技术人员进行聘任，兑现职务工资1013人，其中高级34人，中级392人，初级587人。对机关单位2002年过渡升级376人的工资进行审批，审批转正定级32人，职务工资晋升230人，技术工资等级证书审发279人。

2003年，临河市人事劳动和社会保障局为行政事业单位在职人员增加岗位补贴100元，审批10396人。对1998—2000年连续五年考核称职以上人员调整级别工资3469人。从12月17日开始，对全区机关单位工作人员调整工作标准和两年称职升级，安置下岗失业人员再就业2751人，城镇登记失业率控制在4.2%，培训下岗失业人员1859人。

2004年，临河区人力资源和社会保障局对在职和离退休人员岗位补贴进行调整，审批调整补贴17981人；审批1999—2003年连续五年考核称职人员工资153人，审批2001—2003年连续三年考核优秀人员工资341人。对580名政法干警调整了警衔津贴，办理办事员晋升科员工资审批242人，办理提前退休手续103人，办理病退87人，离岗121人，办理抚恤54人，提高遗属生活困难补助422人。

2005年，临河区人事劳动和社会保障局评审高级技术职称96人，中级技术职称313人，初级技术职称25人。办理行政事业单位在职人员级别过渡升级389人，办理职务晋升34人，办理转正定级17人。为937名技术人员换发了职业资格证书。办理干部到龄退休31人，办理干部死亡抚恤77人，提高遗属生活困难补助440人。办理2003—2004年度考核称职及以上正常晋升工资11585人，办理离退休增加工资6174人。

2006年，建立指纹识别系统，经测算，为财政节省开支66万元。建立请长假（三个月以上）、不在岗、脱产学习人员申报制度，实行季报表报送制度。加大对乡镇学区不在岗和请长假人员的督查力度，对不安心农村教育工作的教师和以各种名义为借口的不在岗人员进行核实和督查。开展离退休人员年检工作，完成3500人的年检工作。

2011年，事业单位专业技术人员申报高级职称508人，中级职称285人。举办专业技术人员继续教育培训班，培训2312人，考试成绩作为年度考核、职称聘用和职称晋级的依据之一。全年上调机关事业单位工作人员艰苦边远地区津贴和取暖补贴，及时将上涨工资发放下去。提高遗属生活困难补助标准604人，审批行政事业单位退休工作人员53人，死亡抚恤96人。

2012年，临河区人力资源和社会保障局将各级岗位的空缺整理出来，为教育系统1510人、卫生系统80人办理了岗位聘用和晋级审批手续，让岗位和职称、能力和报酬相匹配。完成各乡镇卫生院、社区卫生服务中心岗位设置工作。职称评审方面，审核上报高级技术职称73人，中级技术职称101人，审批初级技术职称72人，完成继续教育1100多人。办理事业单位正常增加薪级工资7964人，办理行政事业单位两年称职、五年称职工资晋级4476人，审批事业单位岗位工资晋级1590人，办理事业单位参照公务员法管理过渡人员工资审批103人，办理公安局警员职务工资套改717人，为2011年72名人才储备人员办理了工资手续。11月，按照上级文件精神，对临河区行政事业单位工作人员津补贴进行调整，调整后人均津补贴2500元。

2014年，办理事业单位正常增加薪级工资7387人、行政单位两年称职工资晋级3806人。办理转正定级96人，审批岗位聘任1500人。

2016年，临河区人力资源和社会保障局进行事业单位岗位聘用和晋级副高级岗位59人，聘用和晋级中级岗位151人，聘用和晋级初级岗位211人，聘用工勤技能人员20人。组织专技人员参加网络继续教育5577人次。落实工资调整政策，办理行政单位正常工资晋升4716人，事业单位正常晋升薪级8311人，审批岗位聘任44人。审批乡镇机关事业单位工作人员工作补贴1712人，审批调整人民警察警衔津贴标准481人，审批调整艰苦边远地区津贴19807人，审批调整退休人员养老金6650人。

二、编制管理

（一）人员编制

1992—1993年，临河市劳动人事局根据巴彦淖尔盟编委《关于临河市党政群机关机构改革方案的批复》精神，结合全市综合改革情况，经过反复调查研究，提出《临河市行政单位定编意见》，为市委制定《临河市一九九三年党政群机关综合改革实施方案》提供可靠依据。临河市出台《临河市事业单位定编方案》。

1994年，临河市核定133个事业单位的编制。关于人员分流，结合各单位实际，提出1994年度行政事业单位与财政脱钩的意见，用5年时间使全市行政事业单位人员总数控制在编制数内。

1996年，临河市人事劳动局完成临河市直党政群机关、乡镇办事处行政编制"三定"（定部门职责、定内设机构、定人员编制）工作。完成20个乡镇农业推广机构"三定"工作，提出事业单位"五定"工作初步意见。

1997年，对人大、政协、公、检、法、司进行机构改革，核定人员编制、领导职数和内设机构，重新核定完成工商所的人员编制。对事业单位进行机构改革和"五定"工作。严肃编制纪律，明确审批权限。建立行政、事业单位机构编制台账。发证工作于年底完成，发放行政单位73个、事业单位125个。

1999年，通过核对在册人员，杜绝一些单位调出或死亡后"吃空饷"的现象。审验行政单位70个、事业单位194个，审验人数15684人。

2000年，临河市对行政、事业单位进行年度审验，审验行政机关73个、事业单位125个，审验工作人员15684人。对乡镇机关事业单位编外人员进行摸底调查。

2003年，临河市人事劳动和社会保障局对离、退、辞等手续的办理，严格按政策程序进行，顺利分流2988人。给区直单位补充了一批知识层次高、专业知识强的工作人员，将1997年以来分回临河市的待编本科生全部录用。与内蒙古农大、师大、财院联系，为政府办、财政局、农业局等单位招录14名本科生，争取到4名自治区优秀大学毕业生到农业、城建等单位工作，选调3名优秀大学生到公安局工作。

2006年，临河区人事劳动和社会保障局将98名乡镇干部安置到各办事处、园林局、畜牧局等单位任职，实现乡镇机构改革平稳过渡。

（二）车辆编制

1997年，临河市人事劳动局加强车辆编制管理，办理各类轿车控购落户41辆，转户5辆；大车落户25辆，转户5辆。查处违纪轿车64辆，会同纪检委等相关部门对15个单位18辆违纪车辆进行处罚。

1998年，会同纪检、监察部门查出未办理控购手续24个单位28辆轿车、28个单位36辆超标车。对15个单位18辆违纪车辆进行处罚。办理各类车辆过户和变更手续52辆，同时办理《车辆登记簿》和《车辆定编证》。

1999年，办理各类车辆过户和变更手续27辆。对"机动车辆定编证"和"车辆登记本"进行年度审作，审验153个单位280辆车。规范和健全小汽车台账，拟报《临河市小汽车定编方案》，参与制定《关于进一步规范党政机关汽车配备标准的意见》

2000年，办理各类车辆落户变更手续56辆，办理《车辆登记簿》《车辆定编证》。

第三节　干部培训与管理

1992年，临河市劳动人事局举办2期公务员培训，培训人数320人。

1994年，举办国家机关工作人员公共课脱产培训班3期，培训550人；特殊岗位工作人员非脱产培训班2期2260人。

1995年，临河市人事劳动局组织劳人系统工作人员开展专业课和办公系统专业课培训，培训学员410人，验印2500人。

1996年5月18日至10月12日，分别组织4场公务员过渡考试，参加考试干部2051人，以工

代干1562人。9月25日，举办临河市推行和参照执行国家公务员制度培训班，市委、人民政府等六大班子主要领导及各党政群机关、乡镇办事处主要负责人及政工人员参加培训。审批下发43个党政群机关、20个乡镇和9个办事处的"三定"（定职能、定机构、定编制）方案。完成1995年度行政事业单位工作人员年度考核。开展股级干部任免前考核，为政府任免干部提供真实情况。

1998年，举办1期公务员初任培训班，培训公务员43人；举办2期公务员更新知识培训班，培训学员180人。依法对公务员实行考录制度，建立公务员年度考核制度。开展"十佳公务员"评选活动，制定评选方案和实施计划。对临河市"十佳"公务员进行评选，评选出"十佳"公务员3名。妥善安置军转干部1人。办理临河市以工代干人员向公务员过渡80人，办理干部到龄退休53人，提前退休258人，辞职24人，干部死亡抚恤45人。对教育局1995—1998年技校毕业的教师子女进行审查、考试，安置175人。完成大中专毕业生报到接收280人。

1999年，对40名报名下基层工作的大中专毕业生，实行公开考试择优录用，录用14名。举办4期公务员更新知识培训班，培训公务员161人。完成1998年临河市行政事业单位年度考核工作。安置军转干部2名。对城建等3个单位184名股级干部进行考核任免。办理干部到龄退休58人，干部死亡抚恤34人，提高遗属生活费90人。

2003年，临河市人事劳动和社会保障局举办2期公务员知识更新培训班，培训公务员333人。机构改革基本完成后，推行竞争上岗制度，人事劳动和社会保障局全程参与各单位的笔试、面试、民主测评、组织考核。举办专业技术人员继续教育培训班，培训1157人。审核上报全市高级专业技术人员94人，申报中级专业技术人员577人。

2005年，临河区人事劳动和社会保障局建立临河区行政、事业单位人员信息及指纹识别数据管理系统。

2006年，举办专业技术人员继续教育培训班，参培人数853人，上报高级技术职称125人、中级技术170人。举办2期公务员法和公务员英语应用能力培训班，参培640人。

2016年，临河区人事劳动和社会保障局组织1200名公务员（参公人员）参加网络在线学习。审核申报教育系统正高级教师4人，农林牧水等系统副高级职称17人，申报卫生系统高级职称73人，申报各系统中级职称30人。按照自治区开展中小学教师职称制度改革指导意见，制定教育系统岗位设置方案。办理到龄退休115人，提前退休10人。审核上报巴彦淖尔市工伤鉴定委员会病退资料61份。办理享受遗属生活苦难补助费，标准提高612人。办理死亡抚恤112人，其中在职死亡16人。印发《临河区机关公务员（参公人员）提前退休和机关事业单位工作人员病退审批办法（试行）》，开展相关申报审批工作。

第四节　劳动仲裁、劳动保护和安全监察

1991—1992年，临河市劳动人事局宣传贯彻《内蒙古自治区劳动保护条例》。组织安全知识培训班3期140人。在临河市开展"安全在我心中"演讲活动，组织各生产单位自查自检。按照国家关于干部、工人退休死亡抚恤有关规定，做好劳动保护工作。办理批复退休111人。批复死亡抚恤20人，其中行政事业单位16人，企业4人。审核享受工伤待遇6人。

1994年，开展执法检查，会同有关部门，深入临河市各国有、集体、私营、股份制企业，开展2次较大规模的安全生产和劳动用工大检查。从1994年开始，劳动争议案件呈上升趋势，到1997年底，受理争议案件47起，其中立案处理36起（调解13起、仲裁13起、撤诉2起、不服上诉8起），案外调解19起，结案率95%。组建企业调解委员会120家，签订劳动合同14214人，签订集体劳动合同10家。

1995年，临河市人事劳动局劳动监察中队对国营、集体企业进行劳动监察工作，检查86个企业，职工1万余人。通过监察，理顺了用工程序，规范了企业用工行为。召开推行劳动合同制动员大会。

1996年，临河市133个国营、集体、私营和股份制企业实行劳动合同制度，覆盖面100%。13496名职工与用人单位签订劳动合同，占应签职工人数的95%。开展集体合同的试点企业有：临河市商业大厦、百货大楼、五金公司、城关造纸厂。临河市人事劳动局劳动监察中队对全市57家企业（其中国有企业20家、城镇集体企业12家、乡镇企业12家、私营企业13户）的招用职工行为、劳动合同签订情况、工资发放情况、女职工及未成年工特殊保护、社会保险基金的交纳情况进行监察。签发指令书127份，整改通知书28份，纠正企业规章制度15个。对13家违反有关规定、经教育不改的企业进行经济处罚。

1998—2000年，临河市政府与各市直主管局签订35份《安全生产目标管理责任状》。在第八次全国"安全生产周"活动到来之际，在巴彦淖尔盟影剧院举办宣传展览，组织企业职工、市直各单位工作人员观看消防安全影片，放映20场，收看人数3000人。开展5次生产安全大检查，拟定《临河市液化石油气安全使用办法》。开展锅炉及压力容器定期检查，检验锅炉62台。临河市人事劳动局会同社保、就业等部门，利用2个月时间进行"两费"征缴扩面检查，检查私营企业123家，涉及职工3728人，收缴养老金56万元，督促收缴失业保险金48万元。会同人大、工会、个私局等部门进行《劳动法》《工会法》执法检查，检查私营企业30家。开展用工年检工作，办理劳动用工年检手续210家，补签劳动合同620份，劳动合同签订349份。劳动安全监测企业148家，下发指令书23份。对临河市345家企业招工用工行为、

工作时间、劳动合同签订、工资发放、休息休假、保险福利等进行常规性专项监察，开出罚款通知书2份，有8家企业清退风险抵押金，补签劳动合同21家。办理劳动工资案件8起，工伤案件5起，为劳动者追回劳动报酬53万余元。

2003年，临河市人事劳动和社会保障局开展3次执法检查，检查各类用工单位224家，下发监察指令书56份，责成整改29家。推行"劳动合同制"工作，签订劳动合同3200份，鉴证3200人，补签劳动合同1250份。办理劳动用工年检单位238家。受理违反《劳动法》案件76起，立案处理71起，追缴劳动报酬126万元，责令追还风险抵押金3.2万元。接待各类政策咨询4800人次。受理劳动争议案件41起，立案处理35起（其中裁决7起，调解20起，不予受理8起）。

2006年，临河区人事劳动和社会保障局开通劳动监察"110"投诉电话，实行24小时便民服务。利用学雷锋宣传日，联合相关部门在影剧院广场举办大型"便民、益民"活动，发放宣传资料100份，接受咨询300人次。检查各类用工单位257家，涉及劳动者19690人，下放劳动监察询问通知书54份，限期整改指令书98份，下发劳动保障监察行政处理决定书4份，补签劳动合同3300多份，接受群众投诉举报案件62起，结案处理58起，为2200名民工追缴拖欠工资185万元。临河区人事劳动和社会保障局被内蒙古自治区劳动保障厅授予"内蒙古自治区劳动保障监察工作达标单位"。

2009年，临河区人事劳动和社会保障局检查各类用人单位216家，对检查中发现问题的单位下发限期指令书149份，补签劳动合同12560份，对招用民工签订的劳动合同、民工工资发放及工作时间等进行执法检查，检查用人单位89家，涉及劳动者18450人。下发劳动监察询问通知书24份、限期整改指令书56份，对6家用工单位给予行政处理和经济处罚，通报批评临河区一家玉米淀粉生产企业。签订劳动合同18560份，鉴证17500人。责令退还风险抵押金1.6万元，追缴拖欠民工工资45万元。办理劳动用工年检单位165家。公布投诉电话，接受群众投诉举报案件104起，结案处理94起。受理和处理各类劳动争议案件59起，立案处理54起（其中裁决17起，调解27起，不予受理10起）。

2011年，接受投诉举报案件138起，结案处理132起；受理各类劳动争议案件105起，立案处理102起。工伤认定148人，进行劳动能力鉴定67人，退还风险抵押金2.6万元。开展以建筑施工企业为主的执法检查和整治非法用工打击违法犯罪专项检查，检查建筑工地68处，检查各类企业301家，涉及劳动者15680人，下发限期整改指令书103份，下发行政处罚决定书6份，给予3家企业经济处罚，督促建筑企业补签劳动合同12480份。

2014年，临河区人力资源和社会保障局受理投诉举报案件266起，办结案件183起；劳动仲裁委员会开庭受理案件91起，其中裁决58起，调解33起。工伤认定98人，进行劳动能力鉴定64人。开展4次整治非法用工清欠农民工工资专项检查，检查建筑工地40处，检查各类企业267家，劳动用工备案197家，涉及劳动者15800余人，补签劳动合同4044份。下发限期整改指令书63份，督促用人单位缴纳社会五大保险费用280万元，涉及506人。为2656名农民工追回工资2125万元。2次开展针对27个砖厂的劳动用工专项检查，建立农民工保障金制度。组建全区"两网化"用工体系，网上备案432户；将40处建筑工地划分为5个区域，配备5名劳动监察协管员进行全方位监察、管理。

第二章　劳动就业

第一节　就业服务

1992年10月，临河市就业服务局与劳务市场、社保局合并为临河市社会保险就业服务中心，内设办公室、就业股、财会股、企业股、待业股、培训中心、职业介绍所、统筹管理所，下设4个直属企业：临河四建公司、河套饭店、临河市钢窗厂、河套贸易公司。

1993年10月，撤销临河市社会保险就业服务中心，成立临河市劳动力人才市场管理所。

1995年8月，在原临河市劳动力人才市场管理所基础上恢复临河市劳动就业局。

1998年，成立"临河市再就业工程服务中心"。投资5万元，建立临河市劳动力人才市场，于8月12日运营。

1999年，临河市出台《临河市人民政府关于加强对外来务工人员管理的通告》。

一、人才市场与劳动服务

1991年，临河市有劳动服务企业31家，经营网点78个，从业人员1247人，年产值1229万元，利税68.9万元。

1994年，临河市劳动力人才市场管理所自筹资金，建立内蒙古西部第一个劳动力人才市场。1991—1997年，跨地区流动到临河市外埠劳动力和农村剩余劳动力5.8万人，流动量平均每年8000人。

1998年8月，投资5万元建起临河地区劳动力人才市场，占地面积380平方米。当年向北京、天津、宝鸡、石狮、呼市等地输出劳务280余人次，成功率60%以上。

1999年，进入市场的劳务人员有5000人次，接待各类用人单位57家，为2000余人提供就业和再就业指导，同时签订劳动合同。

2000年，进入市场流动就业人员1万人，通过职介4000人实现就业，主要分布在建筑公司、砖瓦厂、装卸公司等单位。深入各行业了解和搜集用工信息400余条，建立112个信息网点。

二、提供就业信息与岗位

1991—1997年，举办实用技能培训班11期，招收学员812人，730人领取结业证书，642人被本市和北京、呼市等地用工单位录用上岗。接受培训3875人，有3643人领取结业证书，35000人实现上岗操作。

1992—1997年，通过劳动企业生产扩建新增600个就业岗位。

1998年，收集各类劳务信息200条，接待各类用人单位85家，为2400人提供就业和再就业指导。

1999年，搜集用工信息200条，建立36个信息网点，给巴彦淖尔市硅胶厂招工47人。劳务输出 810 人。

2000 年，向北京、呼市劳务输出 500 人，职业介绍 4000 人。

第二节 就业工作

一、就业

1997 年，临河市劳动人事局接待各类求职人员 4200 余人次，接洽各类用人单位 60 多家，达成用工意向 3600 余人次，介绍和输出劳务人员 50 余人次。收集各类劳务信息 500 条，向社会发布用工信息 5 次，计 300 条。颁发《农村劳动力跨省流动就业管理暂行规定》，对外来人员进行计生证明、务工介绍、《外出人员就业登记卡》等验证检查。

1999 年，收缴失业保险金 48.09 万元。职介所接待务工人员 5000 人次。接待各类用工单位 57 家，为 2000 多人提供就业指导，提供用工信息 200 多条，建立信息网点 36 个，为硅胶厂招工 47 人，劳务输出 810 人。通过开展种养殖业、社区服务、自谋职业等多种形式，使 1200 名失业人员重新走上就业岗位。

2000 年，安置失业人员 1216 人。举办各种培训班 10 期，受训 984 人。

2002 年，临河市人事劳动和社会保障局结转失业人员 1650 人，新增失业人员 1396 人，两项合计 3046 人。失业人员岗前培训 1078 人，劳务输出 128 人。有 1361 名失业人员走上岗位。失业参保人数 10670 人。

2003 年，临河市人事劳动和社会保障局对外劳务输出 9091 人。建立劳动保障平台 24 个，发放下岗优惠证 8500 多人。投入再就业资金 85 万元。

2004 年，临河区新增就业人员 2308 人，安置下岗失业人员 800 人，劳务输出 5000 人。农村富余劳动力转移 13000 人。接待各类求职人员 2581 人。推荐就业 590 人。集中培训下岗工作人员

1000 余人。

2005 年，为外出务工人员提供求职登记、职业介绍、政策咨询、就业培训、组织输出等服务。收集发布区外用工信息 620 条，3 万个工作岗位。向温州、苏州、呼市等地输出劳动力 470 人。农村劳动力转移培训 1202 人，农村富余劳动力引导性培训 8730 人，免费发放《农民进城就业指南》15000 册。转移农村劳动力 31382 人，其中向外输出 8043 人，城区吸纳 1 万人，就地转移 13339 人。临河区新增社区就业 1952 人，安置下岗失业人员再就业 705 人。在 68 个社区建立劳动保障服务站，为下岗失业人员提供就业服务。实行就业管理、失业管理、职业介绍、推荐培训、政策咨询"一站式"服务，收集发布区内用工信息 200 条，近 1 万个工作岗位，求职登记 6645 人，推荐就业 2672 人，提供政策咨询 8648 人，组织召开下岗失业人员招聘现场会 7 次。开展"零就业家庭"就业援助活动，确定 595 户"零就业家庭"，需要就业人数 985 人，对"零就业家庭"实行"一家一策、一人一策"就业服务，使"零就业家庭"就业 230 户 527 人。

2006 年，临河区新增就业人数 1185 人，其中下岗失业人员再就业 405 人。培训城镇登记失业人员 778 人；转移农村劳动力 32295 人，其中向外输出 9574 人；转移培训 3160 人。失业保险参保人数 13681 人，征缴失业保险费 8.13 万元，落实小额担保贷款基金 50 万元。累计发放《再就业优惠证》11382 人，年检《再就业优惠证》10290 人。落实下岗失业人员小额担保贷款 50 万元，发放贷款 200 万元，为 102 名下岗失业人员自谋职业、自主创业解决了资金短缺问题。将农村劳动力、高校毕业生纳入公共就业服务范围，对所有求职者提供免费服务，做到就业管理、失业管理、职业指导、推荐就业、政策咨询、用工信息"一站式"服务。收集发布用工信息 470 条，近 1.95 万个工作岗位，求职登记 3760 人，推荐就业 1485 人，提供政策咨询 9915 人次。

2011 年，编制人才储备招考工作招考计划，解决高校毕业生就业问题。在招考计划中，专门编制了为乡镇招考大学生的计划，录取 72 名优秀大学生，其中研究生 5 人，本科生 41 人，专科生 26 人。整个过程邀请纪检委、人大代表、政协委员全程参与监督。协同教育、卫生部门赴各大院校，择优储备 109 名教师和 60 名医护人员。进行大学生"三支一扶""社区民生志愿者"安置工作，安置"三支一扶"36 人，社区民生志愿者 104 人。加强企业人才储备和高校毕业生创业培训工作，完成企业人才储备计划 30 人，高校毕业生创业培训计划 50 人。

2014 年，临河区人力资源和社会保障局为各乡镇财政所招聘 15 名工作人员，其中为基层服务期满人员提供 6 个定向名额。

2016 年，在临河区事业单位招考和人才储备考试权限上划巴彦淖尔市情况下，协助区公安局、宣传部（创城办）、区旅游局招聘政府购岗人员 105 人，接收市局下派"三支一扶"54 人，社区民生志愿者 88 名，除"三支一扶"人员外全部分往承担重点任务的办事处、科局。

二、再就业

1998 年，临河市劳动就业局举办计算机应用、服装设计、商品营销等专业培训班 5 期，培训学员 924 人。建立下岗职工再就业培训基地和再就业基地，临河市技校、旭日中学建立下岗职工再就业培训基地，开办微机培训班 2 期，免费培训下岗职工 60 人。通过各种形式的培训和安置，先后有 1200 人（上级下达 1020 人）走上就业岗位。在金川市场二楼平台、同心富市场、商业大厦、百货大楼、开发区等处，建起下岗职工再就业基地，安置下岗职工 317 名，再就业率 86.1%。

1999 年，915 名城镇失业人员参加培训，临河市失业人员增至 2750 人，通过开展种养殖业、社区服务、自谋职业等形式，1200 名失业人员重新就业。

2000 年，临河市结转失业人员 1550 人，新增失业人员 1214 人，两项合计 2764 人，安置 1216 人。举办再就业培训班 10 期，培训失业人员 984 人。开展就业咨询、就业训练和就业指导工作，对各类用人单位进行摸底调查，做到失业、用工两清晰。

第三章　社会保障

第一节　社会保障体制改革

1995年，临河市社会保险事业管理局内设8个股室：办公室、业务股、工交股、财贸股、行政事业股、乡镇股、财务股、退管股。定编18人。

1999年，增加股室，增编至24人。

2004年，临河市社会保险事业管理局为全民所有制事业单位，隶属临河市劳动人事局。

2009年，临河区社会保险事业管理局对党委下属的事业单位实行参照公务员管理。

2015年6月，临河区社会保险事业管理局迁至临河区政务中心。有编制46个，在职职工41人，其中借调外单位3人，离岗2人，不在编2人，"三支一扶"服务人员5人，共计48人。内设7个股室：办公室、业务股、农保股、财务股、监审股、退管股、工伤生育股。

第二节　保险工作

一、职工保险

1997年，临河市劳动人事局对23家企业和149个行政事业单位进行摸底调查，重新建立在职职工花名台账，收缴失业保险基金10.8万元。交纳失业保险基金的国有企业达到100%。

1999年，征缴国有集体企业职工养老保险金759万元；征缴个体工商户职工养老保险金4万元；征缴私营企业职工养老保险金28万元。享受养老保险待遇退休职工1697人。与20个乡镇、9个办事处、49个市直主管单位签订养老保险工作责任状。

2000年，建立机关、事业单位离退休养老金档案2008份。收缴失业保险金89.6万元，参加养老保险职工26233人，其中各类企业8879人，个体工商户4150人。征缴养老保险金2557万元，全市滚存结余养老金3540万元。

2002年，临河市人事劳动和社会保障局参加养老保险的职工27692人，其中各类企业参保7600人，个体工商户参保6544人。征缴养老保险金3060万元。全市享受养老保险待遇的退休人员2888人，发放养老金1403万元。全市滚存结余养老保险金5260万元。征缴失业保险金157万元，滚存结余失业保险金350万元。参加医保单位229个，参保人数16887人。收入医疗保险金620万元，总支出599万元。

2003年，临河市人事劳动和社会保障局参加养老保险的职工29125人。征缴养老保险基金3521万元，利息收入103万元，财政补贴400万元。享受养老保险待遇的离退休人员3062人，机关事业单位255人。发放养老金2083万元，其中企业支付1637万元，机关事业单位446万元。个人账户建账完成 2002 年度 29125 人个人账户分配工作。滚存结余养老保险基金 9848 万元。

2004 年，收缴失业保险金 62 万元。参加养老保险人数 29213 人，征缴养老保险金 3413 万元，享受养老保险待遇退休人员 8955 人。征缴工伤保险金 2 万元，工伤保险基金累计结余 44 万元。参加医疗保险职工 18584 人，筹集医疗保险基金 1522.5 万元，医保基金支出 1020 万元。

2005 年，参加养老保险扩面征缴任务 29488 人，其中各类企业（国有、集体企业、私营企业）、行政合同工、个体工商户 18357 人，机关事业单位固定工 11131 人。至 10 月底，企业参保职工 18230 人，完成任务 96.3%；机关事业单位 11099 人，完成任务 99.7%；征缴养老保险金 4233 万元，完成任务 92.5%，其中企业和个体工商户征缴 1814 万元，机关事业单位征缴 576 万元，企业一次性征缴 1843 万元；其他收入 347 万元，其中财政划转 220 万元，利息收入 90 万元，转入 37 万元；享受养老保险待遇退休人员 4035 人，其中各类企业 3589 人，机关事业单位 446 人。1—10 月份应发放养老金 2669 万元，实发养老金 2669 万元，足额发放率 100%；参加工伤保险的职工 2773 人，参加生育保险的职工 1943 人，征缴工伤保险费 12 万元，征缴生育保险费 4 万元，工伤保险基金结余 60 万元，结余生育保险基金 4 万元。10 月底，结余养老保险金 13769 万元，其中企业 6232 万元，机关事业单位 2882 万元，一次性结余 4655 万元。参加医疗保险职工总人数 21718 人，完成市里下达任务 21500 人的 101%。其中财政供养人员 16539 人，非财政供养人员 5179 人（占参保总人数的 23%），退休人员 3028 人（占参保总人数 13%）。预算筹集医疗保险金 1851 万元，其中个人缴纳 505 万元，单位缴纳 396 万元，区财政 920 万元，乡财政 70 万元，到 10 月底实际征缴 1501 万元。预计支出 1766 万元，统筹预计支出 1000 万元，到 10 月底实际支出 1305 万元，个人账户支出 821 万元，统筹账户支出 484 万元。

2006 年，临河区参加养老保险的职工 29551 人，养老保险金收入 2397 万元。享受养老保险待遇退休人员 4569 人，发放养老金 1877 万元。完成 2004 年度 28818 名职工个人账户的分配，完成 2005 年度 29488 名职工个人账户的分配。全区参加医疗保险职工总人数 23436 人，筹集一次性医疗保险金 112 万元。支出医疗保险金 851 万元，其中个人账户支出 322 万元，统筹账户支出 529 万元。参加工伤保险职工 3343 人，参加生育保险职工 2514 人，征缴工伤保险费 6 万元，征缴生育保险费 4 万元，工伤保险基金结余 64 万元，结余生育保险基金 3 万元。

2010 年，参加养老保险扩面任务 42631 人，其中包括各类企业（国有、集体、私营企业）和个体工商户。至 2010 年 11 月 30 日，各类参保人数 44908 人，完成任务的 106%，缴费总额核定 17000 万元。11 月底，征缴养老保险金 25863 万元，完成任务的 153%。享受养老保险待遇的退休人员 9081 人，其中 1—11 月应发放养老金 11508 万元，实发养老金 11508 万元，足额发放率 100%。开展新型农村养老保险，扩面任务 190000 人，到 2010 年 11 月 30 日，临河区 7 个乡镇及 2 个涉农办事处参保登记 115070 人，其中 16 至 44 周岁 55648 人，45 至 59 周岁 34461 人，60 周岁以上 24961 人，综合参保率 46.86%，征缴养老保险费 4408.4 万元。职工医保参保 26182 人，筹集医保基金 1738 万元，其中职工个人缴费 1738 万元。2010 年 1—6 月医保基金支出 2557.89 万元，其中统筹基金支出 1621.81 万元，个人账户支出 936.08 万元。城镇居民医保参保 158846 人，其中城镇居民参保 64993 人，未成年人参保 93853 人。居民医保（未成年人医保除外）筹集医保基金 714.52 万元，其中居民个人缴费 714.52 万元。1—6 月居民医保支出 1812.29 万元，其中统筹基金支出 1709.44 万元，个人账户支出 102.85 万元。2009—2010 年度筹集未成年人医保基金 342.98 万元，到 2010 年 6 月支出 438.04 万元。工伤保险扩面任务 21000 人，其中事业单位 1600 人，农民工 8000 人，其他企业 11400 人，任务要求征缴工伤保险费 200 万元。生育保险扩面 23000 人，任务要求征缴生育保险费 90 万元。至 2010 年 11 月底，参加工伤保险职工 21206 人，完成任务的 101%，参加生育保险职工 23060 人，完成任务的 101%。工伤保险基金结余 364 万元，生育保险基金结余 37 万元。

2011 年，养老保险参保人数 47591 人，其中企业 10137 人，机关事业单位合同工 3409 人，个体工商户及其他人员 34045 人。享受养老保险待遇退休人员 10125 人，应发放养老金 13348 万元，实发养老金 13348 万元。新型农村养老保险至 10 月底，参保登记 157777 人。征缴养老保险金 4639 万元，为 26759 名到龄人员发放养老金 2588 万元。职工医保参保 27342 人，门诊就诊 196114 人次，个人账户支出 1559 万元；住院 5369 人次，统筹账户支出 3207 万元。居民医保参保 166391 人，居民医保门诊就诊 37638 人次，个人账户支出 126 万元；住院 12464 人次，统筹账户支出 3126.2 万元。参加工伤保险职工 23202 人，其中农民工 10106 人。征缴工伤保险费 375 万元，完成任务 99%。核定失业保险参保人数 16022 人；核定征缴失业保险费 408 万元。参加生育保险职工 10727 人，征缴生育保险费 77 万元。

2016 年，企业职工养老保险扩面覆盖 53310 人，征缴 34500 万元，各类参保覆盖人数 54320 人，征缴核定养老金 17000 万元，比上年同期增长 10.9 个百分点。享受养老保险待遇的退休人员 20946 人，调整退休人员养老金 20946 人，月人均养老金 1832.23 元，发放养老金 38378 万元。城乡居民养老保险参保 137045 人，各级财政补贴 3926 万元，为 40276 名到龄人员发放养老金 4254 万元。工伤、生育保险、工伤保险缴费 24180 人，征收金额 508 万元，支付 177 人，支出 540 万元工伤费用。生育保险缴费 20112 人，征收金额 209 万元，支付 202 人 172 万元。城镇职工基本医疗保险参保

36687 人，筹集资金 16225 万元，支出资金 12156 万元。城镇居民基本医疗保险参保 173075 人，筹集基金 9659 万元，支出 9128 万元，结余 531 万元。有 121 人享受离休干部医疗保障待遇，其中离休干部 59 人，高知 21 人，全免 41 人。筹集离休干部医疗保障基金 242 万元，全部为区级财政划拨，支出 426 万元，结余 184 万元。

二、养老保险

1999 年 4 月 30 日，临河市社会保险事业管理局传达机关事业单位职工基本养老保险暂行办法。12 月 13 日，传达贯彻内蒙古自治区城镇职工基本养老保险条例。

2000 年 2 月 22 日，下达各参保单位社会保险登记证核发工作任务。4 月 7 日，下达各参保单位 2000 年基本养老保险任务。12 月 1 日，下达关于停止办理转制企业职工一次性缴纳养老保险费业务的紧急通知。

2001 年 2 月 13 日，对 2001 年基本养老保险基金测算工作进行安排。7 月 30 日，临河市政府下达关于事业单位退休人员养老金发放的通知。12 月 10 日，开展 2002 年基本养老保险基金测算工作。

2002 年 9 月 20 日，组织实施关于调整企业退休人员基本养老保险金实施方案，调整范围为 2000 年 12 月 31 日前办理退休手续的退休（退职）人员。

2003 年 4 月 14 日，与临河市城乡勘察设计院就其在职职工一次性统一参加养老保险的有关问题达成协议。24 日上午，临河市政府对市交通局系统职工入社保问题进行专题研究。

2005—2008 年，临河区召开会议研究关于环卫集体工申请入社保有关事宜，安排年度社会保险费核定工作，研究失地农民缴纳养老保险的有关事宜。

2010 年，各类参保人员 44908 人，完成任务的 106%，实发养老金 12688 万元，足额发放率

100%。开展新型农村养老保险，综合参保率69%。把扩大社会保险覆盖面的重点放在了开展新型农村养老保险，均衡工伤、生育，提升服务质量。

2011—2012年，临河区专题研究新农保养老保险费归集及收缴有关事宜。各类参保人员共58048人，其中企业38911人，个体工商户及失地农民19137人，参保率100%。征缴核定养老保险金32426万元。城乡居民征缴养老保险金6605万元，工伤生育征缴514.54万元。

三、医疗保险

2001年5月24日，临河市委对补发离休干部离休费和医药费的有关问题进行专题研究。

2003年3月11日，临河市社会保险事业管理局召开联席会议，就医疗保险费征缴中存在的问题进行专题研究和协调。

2006年2月23日，临河区社会保险事业管理局下达关于矿山、建筑企业参加工伤保险有关问题的批复。

第十三篇
经济综述

第一章　经济发展综述

第一节　经济计划

一、“十五”计划时期（2001—2005 年）

提高农村经济整体素质和经济效益，增加农产品输出，增加农民收入，壮大农村经济，实现农业现代化。深化农村经济体制改革，扩大对外开放，发挥各种生产要素和自然资源的潜力。改善生态环境，调整优化产业结构，发展“两高一优”（高产、高效、优质）的城郊农业、生态农业、精品农业、规模农业、设施农业和旅游农业。临河农业在规划期末基本实现农业生产技术高科技化、农业生产企业化、农业设施现代化、农产品产销一体化，在中国西部地区率先实现农业现代化，建设经济繁荣、科技进步、生态平衡、文明富裕的社会主义新农村。

二、“十一五”规划时期（2006—2010 年）

深化改革，扩大开放，调整经济结构，转变增长方式。以新型工业化为主攻方向，做强工业，做大城市，做活商贸，做优农业，扩大经济总量。三化互动，整体推进，协调发展。建设文明、富裕、民主、和谐的新临河。

三、“十二五”规划时期（2011—2015 年）

突出科学发展主题，围绕一、三、五发展主线；坚持再创临河科学发展新强势不动摇，继续夯实区域性中心城市、工业园区、交通枢纽三个平台，构建绿色食品、绒纺、生物制药、冶金化工、现代物流五大基地，不断提升市府经济的首位度；坚持富民与强区并重、坚持做大总量与调整结构并举的原则；实现打造市府经济增长极、打造现代产业集聚区、打造绿色特色产品供应区、打造生态宜居区四个目标。

四、“十三五”规划时期（2016—2020 年）

坚持“四个全面”（全面建成小康社会，全面深化改革，全面推进依法治国，全面从严治理）战略布局，坚持创新、协调、绿色、开放、共享五大发展理念，弘扬践行“总干”精神（吃苦、奉献、大无畏、团结、创造、进取），以“迎庆创城”为抓手，加快形成引领经济发展新常态的体制机制和发展方式，统筹推进政治、经济、文化、社会、生态文明和党的建设，确保如期全面建成小康社会，建设富裕、文明、美丽、幸福新临河。

第二节　计划实施

一、“十五”计划时期（2001—2005 年）

深化农村经济体制改革，促进农村市场经济制度建立。继续完善家庭联产承包责任制和统分结合经营体制，探索以农民股份合作制为重点的新的产权制度和经营方式，多种途径培育市场主体。引导农民改变粗放经营形式，土地有效集中，实现规模经营。加大招商引资力度，引进农业推广项目，转变政府职能，改变农村经营管理体制。尊重农民的经营自主权，为农村经济发展创造良好环境。搞好农业发展规划，加强宏观调控，重点抓好农田水利交通、集镇规划、市场建设等，提供信息科技服务和农业项目的招商引资。政府认真执行农业发展政策，及时解决农业发展问题，促进农业生产和农业经济健康稳定发展。增加农业投入，加强农业基础设施建设，农业投资随财政收入的增长而增长。争取国家预算内农业信贷资金，建设农业开发基金，鼓励和引导农民集资入股和增加劳动收入。加大对外开放力度，吸收更多资金。将乡镇企业积累的少部分利润用于"以工补农""以工建农"。试行股份制，发展村镇工业，增加农业投入。实施科教兴农，跟踪最新农业科技成果，把使用生物信息技术、农业机械引入农业领域。抓好新科技的引进推广，重点推广两种节水示范工程，生态农业和创汇农业，集约栽培秸秆等项目。加强农业科技教育体系建设，提高农民专业技术水平和经营素质。深化农村科技教育体制改革，增加农业技术投入，调动广大农业技术工作者的积极性，推进农业技术革命。

二、"十一五"规划时期（2006—2010 年）

（一）农业

深化农村改革，保护和调动农民扩大生产的积极性。落实农村土地承包等项政策，稳定家庭联产责任制，建立和完善土地流转制度，逐步实现土地向种植大户集中，稳步推进农业规模化经营。创新农村经济运行机制，发展股份制、股份合作制等农村混合所有制经济，推进产权制度改革。深化粮食流通体制改革，加快培育和发展适应社会主义市场经济需要的多元化、竞争型粮食流通主体，建立健全统一、开放、竞争、有序的粮食市场体系。深化农村金融改革，加快推进农村信用社改革，完善管理体制，使之成为农民自己的合作金融组织。依托二、三产业发展，实现农村劳动力大规模转移。根据自愿有偿的原则，使土地通过合理流动逐步向农业企业、科技人员或种养大户集中，实现农村土地经营规模化、集约化，提高农业劳动生产率，促进农村剩余劳动力向城市和非农产业有序转移。发展农村第三产业和乡镇企业，加大农村自身吸收和消化农村剩余劳动力的能力。落实劳务输出有关政策，扶持和帮助农村剩余劳动力进入企业务工经商。实施科技创新，加速农业科技进步。实施农业品种、技术、知识更新三项工程，推进农业科技示范园区建设，加快农业科技创新步伐。

（二）工业

向南启动黄河大桥建设工程，打通鄂尔多斯煤、气资源通道；向北实施临河到甘其毛都口岸的公路、铁路建设工程，为引进蒙古国的煤、铜资源创造条件；向西配合完成临哈铁路临河至策克口岸段建设工程，拓宽阿拉善盟、乌海化工资源通道；西出策克口岸，聚集、利用蒙古国资源；向东承接沿海发达地区产业转移，引资、引智、引技术，吸纳先进经营理念，引进现代企业制度，推动临河工业脱胎换骨。盘活存量，扩张增量，加快体制创新，加强银企沟通，推行科学管理，强化政策落实，增强企业成长能力。优化环境，加大招商引资力度，完善和落实招商引资优惠政策，创新招商方式，发挥企业招商、中介招商、产业招商、板块招商、大项目招商、并购招商的作用，引进高新技术项目、创新的传统产业项目、核心竞争力强的大公司和企业集团，推进项目建设，使新上企业尽早产能产效。优化经济发展环境，用足、用活国家、自治区有关政策，改善法制环境。加大对外投资企业的支持力度，兑现政府承诺的各项政策，有效弥补市场缺陷。改善行政环境，坚持市场化原则，完善招商政策，搞好审批制度改革。园区建设以重点项目为依托，以重化工和生物制药等主导产业定位园区特色。发展"区中园、园中区",规划建设临河化学工业高新技术区和生物制药园区,实现落户一个重点项目,形成一个特色园区,构建一个产业群落,形成与经济技术开发区三区互动、产业互补、各具特色的大园区格局。依靠技术引进与创新,推动产业升级。推动高新技术在产业内及产业间的扩散和联结,以技术创新和流动作为推动产业升级的切入点,支持企业利用废弃物、采用新技术、生产新产品、发展循环经济、减少环境污染。实施人才战略,为主导产业升级改造提供人才保障。实施品牌化战略,增强市场竞争能力。鼓励企业开展品牌商标注册、宣传和推广活动,从根本上改变重生产、轻营销,只顾及短期利益而忽视长远利益的观念,保障品牌化战略的实施。

(三) 第三产业

对有发展前景的新兴产业加以扶持,用引进或自我创新的高新技术发展传统产业。加快现代管理技术、通信技术和电子信息技术,特别是计算机在商贸流通、金融保险、交通运输等领域的运用,提高传统行业劳动生产率和技术含量。加快信息咨询、计算机应用服务、科技服务等技术和知识密集型服务业的发展,加速高新技术市场化、产业化进程。改进用人机制,建立有利于科技人员发展的产权制度、分配制度。加快实施城市化战略,拓展"三产"(第三产业,非物质生产部门)服务空间。加快城市化步伐,进行行政区划调整和新城区建设,拓展城市发展空间,创造更多就业岗位。加快小城镇建设,重点加强城区和中心镇建设,在资金、土地方面制定、落实优惠政策,吸引农民发展第三产业。通过建设和繁荣中心城市和重点城镇,增加城镇人口,带动第三产业总量和就业岗位的增加。鼓励各种投融资进入"三产"。放宽市场准入,鼓励各种所有制形式投入第三产业领域。鼓励和引导非国有经济投入房地产、旅游、社区服务、职业培训、文化等第三产业领域。鼓励民间投资,创造多种所有制经济公平竞争的宽松环境。合理有效利用外资发

展第三产业。改善投资环境,拓宽领域,引导投向,优化结构,吸引外商直接投资兴办新型第三产业。

(四) 城镇化

完善公共服务功能,提升中心城市首位度。发展市场、运输、金融、信息等生产服务业;完善商贸、餐饮、娱乐、社区等生活服务业;加快教育、卫生、体育、保险、福利等社会服务建设。培育产业集群,创造就业机会,加快人口集聚。统筹优化产业布局,把工业园区整合为产业集群功能区,进而形成各行业的就业集中区。依托一个大项目,形成一条产业链,并以此为主脉形成产业集群。创新产业集聚机制和环境。培育城市特色,打造城市品牌,树立城市形象。在深入挖掘河套文化的基础上,建立农业生态观光园,利用河套水系和田园风光,开展农村休闲度假旅游。加强对河套文化的宣传、研究,挖掘河套文化丰富的底蕴和内涵,打造全国知名的河套文化品牌;通过设置"羊绒节""生态度假周"等特色节日开展城市形象的宣传活动,提高城市知名度。整合资源,经营城市,建设多元化投融资机制。鼓励和引导民间资金以 BOT(建设—经营—转让)和 TOT(转让—经营—转让)等方式参与城镇建设;开辟城镇建设的股票、债券等直接融资渠道,多层次、多途径运用国内外各种资金,加快城镇建设的进程。健全城管体制,加强城市管理。

三、"十二五"规划时期 (2011—2015 年)

成立领导小组,加强执行监督,开展中期评估,抓好规划宣传,拓宽投融资渠道。

围绕项目带动战略的实施,开展富有生机和活力的项目来带动长效机制,促进产业资本与金融资本结合,保障项目融资需求,拓展融资渠道,为区域经济发展提供充分的资金保障。引进高科技、高附加值、高市场占有率的企业,促成一些大项目、好项目、战略投资项目在当地落户。紧盯国家最新投向,筛选、开发、包装一批产业项

目、基础设施项目和民生工程项目，加大攻关衔接力度，鼓励设立为民间投资服务的信用担保机构和贷款担保基金，扶持担保公司做大做强，积极构建与贷款担保机构合作的桥梁，在巩固传统抵押贷款模式的基础上，探索仓储抵押、企业联保、产业基金担保、专利技术及商标权抵押等模式，扩大贷款，争取各种股份制商业银行、证券公司、保险公司在临河设立分支机构或办事机构，构建金融机构功能互补、充满活力的多层次金融市场体系。在民间融资方面，建立和完善创业投资机制，建立全方位多层次的服务体系；鼓励、支持和引导民营经济发展，激发民营经济发展活力，推动非公有制市场主体准入机制改革，凡法律、法规未禁止或限制的行业，均允许民间资本公平进入，支持民营企业创立品牌、创新技术、提升管理。在城建投融资方面，建立职能清晰、分工明确，以城市资产和资本为融资载体，以城投公司为操作平台的"产业化发展、市场化运作、企业化经营、法制化管理"的新型城市建设投融资体制。建立持续的城建资产与资源注入机制，扩大城市建设投融资主体的资产规模、现金流量，提高资产质量和运营能力，初步实现自然资源资产化、存量资产资本化、行政资源一体化。通过提升政策吸引力、服务亲和力、文化感召力，增强与加速赶超发展相适应的区域软实力，促进引进项目落户临河。营造优惠宽松的政策环境，在税收、用地等方面为经济发展提供优惠政策。对项目落户工业园的企业，视投资和用地规模给予奖励，负责拆迁和"通路、通水、通电、通有线电视、通电话、通宽带网"。对于对社会经济发展起突出作用的重特大项目，通过一事一议确定土地奖励额度。对新获得国家驰名商标、中国名牌产品称号、新获得自治区著名商标或自治区名牌产品称号的分别给予奖励。在金融投贷奖励方面，培育零障碍、低成本、高效率的服务环境，重点为企业提供证照换发、年检年审等服务。新上招商引资项目和重点工程项目，由临河区有关部门全程代办审批立项、工商注册、税务登记、土地红线图、林业许可证、施工许可证、劳动用工、消防、环保与建筑相关的各类证照等，对全程代理服务项目及企业出现的各种问题，及时协调处理，重大问题移交行政效能监察窗口妥善办理。营造良好投资环境，把社会治安作为放心投资的第一环境，构筑覆盖全区的社会安全预警网络和应急反应体系，对涉企"三乱"行为有报必查、有查必果，严厉查处涉企案件。坚决打击地痞地霸，对强行参工参运、索拿卡要、阻工闹事、阻挠重点工程建设的从重、从快处理，对突发性事件，随时排查、随时调处、随时上报，为客商投资、企业经营营造良好的发展环境。建设服务型政府，强化宏观职能，弱化微观管理，建立符合区情的公共服务模式，完善政府公共服务职能体系。加快经济转型升级，调整产业结构，在提升传统优势产业的基础上，大力培育新型产业，形成多元发展、多极支撑的现代产业体系；调整投资结构，引进和建设一批高附加值、高新技术和牵动力强的大项目；调整分配结构，增加对民生建设的投入，提高居民收入，加强社会保障和公共服务，逐步营造"收入跑赢GDP"的局面。调整要素结构，引进人才，合理开发人力资源，引进技术，增强企业创新能力；调整城乡结构，提升小城镇公共服务功能，推进社会主义新农村建设，加快农村人口向城镇、农业劳动力向非农产业的有序转移，稳妥推进城镇化。扩大开放，拓宽资源配置领域。坚持"引进来"与"走出去"相结合，提高统筹利用国际国内两个市场、两种资源的能力，鼓励高新技术产品、农畜产品出口，实施以质取胜战略，提高出口商品质量。扩大煤炭、有色金属等资源性产品进口，加强与蒙古国资源开发合作，扩大资源性产品进口规模，发展煤、铜资源精深加工，提高进口资源加工水平。发展服务贸易、跨境旅游、国际物流等外向型产业。承接发达地区产业转移，利用沿海发达地区人才、高新技术、高端产业优势，以工业园区和产业基地为载体，承接先进生产力转移。在着力引进大型项目的同时，注重引进与大项目配套的中小企业和劳动密集型企业，促进生产要素合理流动和优化配置，实现合理分工和优势互补。牢固树立"不求所有，但求所用"的资源流动观和市场配置观，实施"南联北开、东承西引"资源开发战略：向南打通利用鄂尔多斯煤、气资源通道，进而连接关中成渝直达北部湾；向北引进蒙古国的煤、铜资源；向西利用阿拉善盟、乌海化工资源，连通策克口岸和新疆的铁路公路通道；向东承接环渤海沿海等发达地区的产业转移，引资、引智、引技术，吸纳先进经营理念，通过大范围、宽领域、多层次配置资源，突破资源瓶颈，培育新型产业。充分利用水资源，围绕能源、化工、冶金、生物制药等依水产业，通过减量化、再利用的"水循环"，建设节水型社会，开展权益化、市场化的"水交易"，发展资源化、优势化的"水经济"。统筹发展，推进一体化进程。推进西部经济一体化，抓住新一轮西部大开发战略机遇，发挥交通、区位、水资源、农畜产品及产业优势，主动融入呼包银经济区和以呼包鄂为核心的沿黄产业带，在资源共享、基础设施、产业分工等方面进行对接和互补，承接呼包银、呼包鄂地区产业和资本转移，健全互动合作机制，做精做细合作项目，相互促进，互为支撑，共同发展，在差别竞争、错位竞争中实现新突破。完善功能，强化基础设施建设。围绕打造百万人口区域性中心城市和生态宜居城市的目标，以棚户区改造为突破口，加快新区建设，带动旧区改造，启动双河区建设。

"十二五"期间，临河区城市建设重心向双河镇转移。与城市化同步推进，开发以经济适用住房和廉租住房为主的住宅建设，城镇居民人均住房面积36平方米；加快城镇交通体系建设，新建居住区、工业集中区、大中型公共镇内部道路体系；加强城镇燃气管网建设，完成长庆—乌海—临河集中供气项目，提高管道燃气覆盖率；实施

城镇集中供热，供热管网建筑密集区全部实现集中供热，城镇供热普及率95%以上；改造老城区给排水设施，合理规划、推进城镇水源、水厂和水网等供水设施建设；开展城镇污水处理设施和配套管网建设，按照管网优先、厂网配套的原则，推进雨污合流管网系统改造，提高城市污水收集能力，城市生活污水集中处理率95%。完善生活废弃物收运处理体系，"十二五"末实现垃圾收集容器化、运输密闭化、作业机械化、处理无害化；加大对公园、广场、城市出口、主要街景的绿化，提高道路绿化率，加快城区防护绿带建设，城市绿地覆盖率35%。项目突破，加大固定资产投资。深入研究国家产业政策和国内外大企业的投资热点，围绕临河区重点产业以及生态、交通、水利等基础设施建设，精心论证一批投资规模大、带动能力强的大项目、好项目，不断充实项目库，形成重大项目"策划一批、推进一批、实施一批、建成一批"的梯度推进格局。招商引资依托临河区位、市府、资源、交通、人文、基础设施等优势，创新招商引资政策，改善投资软硬环境，制定和完善有利于承接产业转移的税费政策和项目用地、供水、供电保障政策，吸引一批重大项目落地。创新招商引资方式，全方位、宽领域、多层次地定向招商、中介招商、以商招商、网上招商，引大联强，集中精力引进一批高附加值、高新技术和牵动力强的大项目；加强投资环境建设，完善城市基础设施和生活服务设施建设；落实招商引资优惠政策，简化审批程序，提高工作效率，建立规范透明的法制环境、高效廉洁的政务环境、公平开放的市场环境，吸引人流、物流、资金流、信息流向临河区聚集。

第三节　经济成果

一、"九五"计划经济时期（1996—2000 年）

2000 年，临河市国内生产总值 34.92 亿元，

同比增长 10.2%，其中：第一产业增加值 10.13 亿元，同比增长 3.4%；第二产业增加值 10.19 亿元，同比增长 20.9%；第三产业增加值 14.6 亿元，同比增长 7.9%。人均国内生产总值 7065 元。全年国有单位固定资产投资总额 99602 元，同比增长 2 倍多。财政总收入 16522 万元，其中，地方财政收入 13302 万元，同比增长 6.5%。城镇居民的人均收入 5114 元，同比增长 2%；农民人均纯收入 2590 元，比上年减少 8 元。

二、"十五"计划经济时期（2001—2005 年）

2005 年，临河区完成地区生产总值 71.3 亿元，与上年相比增长 24.5%，其中，第一产业实现增加值 18.5 亿元，同比增长 17%；第二产业实现增加值 23.28 亿元，同比增长 46%；工业实现增加值 17.3 亿元，同比增长 40%；第三产业实现增加值 29.5 亿元，同比增长 15%；财政总收入达到 4.9 亿元，同比增长 26.5%；全社会固定资产投资额 41.3 亿元，同比增长 79%；城镇居民人均可支配收入 8304 元，同比增长 16.1%；农民人均纯收入 4748 元，同比增长 22%；社会消费品零售总额 21.7 亿元，同比增长 18.2%。

三、"十一五"规划经济时期（2006—2010 年）

2010 年，临河区完成地区生产总值 178.9 亿元，年均增长 20.2%。其中，第一产业实现增加值 31.2 亿元，年均增长 11%；第二产业实现增加

值 89.7 亿元，年均增长 31%。其中，工业实现增加值 74.7 亿元，年均增长 23.3%；第三产业实现增加值 58 亿元，年均增长 14.5%；财政总收入 16.1 亿元，年均增长 16%；全社会固定资产投资额 125.6 亿元，年均增长 24.9%，固定资产投资 5 年累计 475 亿元。城镇居民人均可支配收入 15386 元，年均增长 13.1%；农民人均纯收入 8577 元，年均增长 12.6%；社会消费品零售总额 56.2 亿元，年均增长 21%。

四、"十二五"规划经济时期（2011—2015 年）

2015 年，临河区地区生产总值完成 295 亿元，年均增长 9.5%；公共财政预算收入 20.4 亿元，年均增长 16.5%；社会消费品零售总额 110 亿元，年均增长 13.7%；城乡居民可支配收入分别为 25313 元和 14708 元，年均增长分别为 11% 和 12.9%；固定资产投资累计完成 912 亿元，年均增长 13%。

五、"十三五"规划经济时期（2016—2020 年）

2016 年，临河区地区生产总值完成 297.3 亿元，与上年相比增长 7.5%；社会消费品零售总额完成 121.3 亿元，同比增长 10%；公共财政预算收入完成 22.3 亿元，同比增长 8.6%；城乡常住居民人均可支配收入分别达到 27040 元和 15340 元，同比增长 8.4% 和 7.2%。

第二章　经济体制改革

第一节　农村经济改革

从 1995 年开始，临河市率先实行农民负担依法管理。至 1997 年，农业综合开发形势喜人，有 15 个项目实施开发，涉及 9 个乡镇、28 个行政村、119 个生产社、4.7 万农业人口，开发面积 14.27 万亩。发展农业综合项目，兴建大批农业生产设施，有效改善农业生产基本条件。增强项目区抗御自然灾害的能力，形成"田成方、林成网、渠相通、路相连"等建设物配套、布局合理的田园化格局。

2000 年，临河市落实"稳定粮油糖种植面积、提高单产、增加总产、改善品质、发展产业基地和特色经济、优化结构、提高效益"的种植业措施，引导农民发展优势拳头产品，培育主导产业。严格执行农民负担预决算审批制度，减轻农民负担。

第二节　畜牧经济改革

1991 年，临河市畜牧业走"以农养牧、以牧促农、农牧结合"的发展路子。

1994 年，农牧业结合型经济发展战略初步形成，肉食品饱和并大量外销，走上龙头企业带基地农户养、贸、工、牧一体的产业化之路。在畜疫防治方面，推行"行政、技术、农户"三位一体的防疫承包责任制。严格把控屠宰关、检疫关和监督关，有效防止病害畜禽及其产品进入流通环节和私屠乱宰现象发生。

1998 年，建龙头、扩基地、拓市场，畜牧业生产继续保持稳定增长势头。主攻猪、羊等主体产品，发展奶牛、肉鸡等高效养殖，开发特种畜禽生产。畜牧业规模化、专业化、集约化程度日益提高。

2000 年，以推广秸秆养羊和瘦肉型猪饲料技术为主攻方向，进行科学养殖。落实资金，调入疫苗，集中开展春秋两季防疫大会战。

第三节　林业经济改革

1991 年，临河市提出"村建百亩果园、社建 50 亩果园、人均 1 亩果树、全市果树面积 30 万亩"的倡议目标。

1998 年，果树栽培方式推广永久性果粮间作模式，利用果树与矮生农作物的共生互补群体效应，有利果树与粮食生产同步发展，达到既增产也增收的目的。

1999 年，为有效抵制光肩星天牛的危害，在考查、论证、试验的基础上，引进毛白杨、河北杨、国槐等新树种，分别对伐根嫁接、生根粉促进生根和覆膜等技术加以推广。引进常绿针叶树侧柏和花灌木刺梅等，用于高标准农田林网的配套工程，起到绿化环境的效果。

第四节　水利经济改革

水利建设在规模数量上、标准质量上，都有很大进步。灌排水管理、水政水资源管理、人畜饮水、水利经济等各项工作有了长足发展。农田建设采取群众投劳集资办法，以改造中低产田为重点，以"渠沟路林田"五配套为内容，掀起大规模农田基本建设高潮。临河市把发展节水灌溉提到重要议事日程，推广田口建设，强化集中计划用水，保证灌溉秩序和灌溉进度。

1998年，临河市通过农田配套改革，提高灌溉效率。

2000年，临河市农田基本建设以平地缩块和破旧工程为主攻方向。在灌溉过程中，推广群众性测流量水节水措施，推行分级承包制和夏统秋包的灌溉管理措施，强化集中计划用水。推广多种节水措施，开展喷灌、滴灌试验及其他新材料、新技术试验推广，引进土壤固化剂衬砌斗渠。

第五节　乡镇企业改制

1997年，临河市乡镇企业经过十几年滚动发展，初具规模，成为临河市农村经济的主要支柱和国民经济中最具活力的重要增长点，初步形成以建筑业、建材业、农副产品加工业为龙头，种养业为基础，运输商饮服务业等第三产业为两翼、种养加一条龙、贸工农一体化，涉及七大行业、18个工业门类，可生产100余种产品的生产经营格局。通过内联外引，八一乡依靠地理优势，拥有数家绒毛厂。

1998—2000年，介入第一产业、优化提高第二产业、突出发展第三产业，抓龙头、扶骨干，加快产业化进程。招商引资成为发展乡镇企业、解决资金、技术、市场及产品质量问题的一个最有效途径。通过开展网上招商，洽谈了一些项目，增加了财政收入和农民收入。

第六节　工业体制改革

1990年，临河市工交企业进行二轮承包。工交系统按照"分类指导、分步实施、一厂一策、重点突破"的原则，通过调整结构、促、帮、整、改，使企业生产经营有了新转机、新发展。

1993年，临河市企业改革向纵深推进，在严重亏损的情况下，临河市政府实施"以产权明晰化为突破口，以股份合作制为首选机制的转换企业经营机制的改革"。到年底，全市实行股份合作制的企业40家，拍卖企业5家，实行国有民营企业7家，申请破产企业9家。通过转制，企业经营管理水平、产品质量和经济效益都有了显著提高。

1994年，临河市工业企业由重点突破转向全面推进，企业自主逐步落实，市场主体地位得到加强。有86个国有、集体企业实行转制，企业亏损得到遏制。一些资不抵债企业，通过转制得到新的转机。

1996年以来，政府按照抓大放小的原则，组建化肥集团总公司，增强企业适应市场的能力。规范股份合作制企业运作，完善企业章程，强化三企职能。组织实施"三开发"工程，名牌战略有了新进展，扩大了规模，提高了企业竞争能力。

第七节　交通体制改革

1997年，按照临河市交通局制定的整改定岗实施意见，全系统分流人员121人。交管所20人，全部到乡镇落实小四轮养路费包缴任务；8人从事餐饮服务和零售砂石料，31人转为企业化管理，对分流人员停拨工资及其他一切费用。仅此一项，每年减少非生产性支出72.6万元。转制过程中，成立企业转制领导小组，配备专职工作人员，进驻企业开展工作。年底，装卸公司完成转制，实行民有民营股份合作制，工作运转正常，较以往更富活力。

1998年，采取内部消化与自谋职业相结合的办法，开展人员分流工作。年底，全系统分流人员154人（含1997年数），其中公路段下路从事养护生产63人，相应精减同等数量的临时工。交管所开展民航售票分流5人，实行独立核算、自负盈亏。下乡开展养路费包缴26人，精减相应临时工。每年少支付乡站提留20余万元。公路工程队转为企业。全系统自谋职业16人。人员分流后，全年压缩行政事业经费77万元，保证了生产资金足额到位。

1999年，撤销征稽大队。组成专门人员，清理运输公司债务和财产拍卖，加快运输公司破产进程。积极引导、说服教育职工，避免恶性事件发生。

2000年4月，对路政中队进行整顿，改革机构管理体制，将原公路段的股室提升为交通局直属二级单位。对原有交通企业进行深入调查研究，确立了放开放活、走民有民营的改革路子。经过上下通力合作、多方努力，运输公司破产转制加快了步伐。

第八节　邮电体制改革

1997年以前，临河市区邮电局、所共有31个。

1998年，邮电局加大体制改革力度。根据国家信息产业部要求，将巴彦淖尔盟邮电局无线寻呼业务从邮电部门分离单设，成立"国际寻呼巴彦淖尔盟分公司"。10月，撤销"内蒙古自治区巴彦淖尔盟邮电局"，成立"巴彦淖尔盟邮政局"，分别隶属内蒙古邮政局、内蒙古邮电管理局。

1999年，巴盟电信局对局内职能、生产部门进行重新确定。7月19日，根据上级精神，划出移动通信职能，成立"内蒙古移动通信分公司临河公司"，市区有68名电信职工划归移动通信公司。

第九节　商粮体制改革

一、管理体制改革

1991年1月至1997年7月，临河市商业局、临河市粮食局、临河市物资局按照相关职能对商、粮、物进行管理。

1999年7月，按照机构改革要求，临河市商业局、临河市粮食局、临河市物资局改为临河市商业总公司、临河市粮油总公司、临河市物资总公司。

2002年，成立临河市商务局，主要由原临河市粮食局、供销合作社联合社、商业局、物资局、经贸委商贸科的全部职能构成。

2016年9月，临河区经信局、商务局、粮食局、中小企业局、供销社整合为临河区经济商务和信息化局。

二、经营体制改革

（一）商业流通体制

1991至1996年6月，临河市商业局下设百货公司、百货大楼、开源商场、车站商场、商业大厦、临河饭店、蔬菜公司、食品公司、副食品加工厂、糖业烟酒公司、饮食服务公司共11个经营实体。

1997年7月，按照机构改革要求，临河市商业局改为临河市商业总公司，逐步由计划经济转为企业自负盈亏。

1997—1999年，临河市实行企业转制，变卖资产，职工买断工龄。

（二）专营商品体制改革

1998年，成立金叶多种经营公司，后于2000年撤销。

2005年，取消临河区烟草公司法人资格，实行报账制，经营机构更名为"卷烟营销部"。各公司全部资产、负债和所有者权益均划入内蒙古自治区烟草公司巴彦淖尔分公司。

2006年，按照国家烟草专卖局、自治区烟草专卖局（公司）的安排部署，实施公司体制改革，企业名称由原"内蒙古自治区烟草公司巴彦淖尔分公司"变更为"内蒙古自治区烟草公司巴彦淖尔市公司"，是中国烟草总公司内蒙古自治区公司的全资子公司。巴彦淖尔市烟草专卖局的名称、职能不变。

2007年，巴彦淖尔市烟草专卖局设置6个旗县烟草专卖局营销部（五原县、磴口县、乌拉特前旗、乌拉特中旗、乌拉特后旗、杭锦后旗）和1个城区局，即临河区烟草专卖局。

2009年，成立巴彦淖尔市烟草专卖治安办公室，临河区设置烟草专卖治安警务室。

2012年，撤销内部专卖管理监督科，单独设立专卖内管机构，名称为"内蒙古自治区烟草专卖局派驻巴彦淖尔市烟草专卖局内部专卖管理监督办公室"（简称"专卖内管派驻办"）。

（三）粮油管理体制

1999年，粮食体制改革实行政企分开，改变原临河市粮食局、粮油总公司"两块牌子一套人马"既管理又经营的体制，组建临河市粮食管理局和粮油收储公司，二者在人、财、物方面彻底分离，各自独立行使职能，通过出售、拍卖的方式，实行转制，实现产权主体多元化、资产人格化、组织形式多样化。

2000年，企业转制基本完成，通过公开拍卖处置资产品5处。

（四）物资流通体制

1991—1995年，临河市物资总公司对物资进行管理。临河区物资总公司下设12个子公司：钢材公司、机电公司、木材公司、建材公司、生资公司、回收公司、金属公司、轻化公司、承包公司、服务公司、燃料公司、狼山供应站。

1996年至1999年7月，实行企业转制，变卖资产，职工买断工龄。

（五）供销体制改革

1998年以来，临河市供销社坚持"甩一块、保一块、分流人员、消化包袱"的原则，采取"资产一次明晰、债务一次划转、工龄一次买断、转制一步到位"的办法，相继在系统内12个企业全面开展转制工作。清算核资、摸清底数，对企业的商品、物资、财产、人员全部进行清理核实，全面掌握了企业资产、债权债务等情况。将供销社营业大楼一次性抵贷1300万元，按照法律程序对10个企业进行依法破产，为供销社转制工作顺利进行创造了有利条件。

1999年，供销社着手交易中心转制工作。鉴于交易中心是绒毛加工企业，银行贷款数额大的实际情况，采取以资产、商品　次性抵贷、企业向银行部门返租的形式，内部推行股份有限责任的办法，实现民有民营、交易中心的转制。

（六）外贸体制改革

百货大楼改制。临河百货大楼有限责任公司的前身是临河市较大的国有零售企业，始建于1974年。1997年改组设立为国家参股职工全员持股的有限责任公司。1998年实现企业与国有制、职工与国有身份双脱钩。2000年，建立"新三会"，使股代会、董事会和监事会权责明确，各司其职。至此，企业资本属性发生多重变化，企业资金资产既是企业的，又是职工集体的，既是职工个人的，又是社会的，企业真正成为市场主体，职工真正成为企业的主人。在经营机制上，国家、公司、个人三者利益兼顾，调动了职工积极性。

商业大厦改革。大厦经过三年的运行，基本完成职工安置及柜组经营权出售工作。通过改革，打破了铁饭碗。大厦在增加税收的同时，提高了职工收入。同时，采取"放水养鱼"的办法，帮助职工度过经营困难期。

1998 年，继续加大推行双向改革的力度，通过组建行业协会为实行股份制改革做准备。另一方面，通过对大厦的改造，完成了一分店的专业化发展之路。

2000 年，通过对个别类别"化零为整，统一布局"，创造可观效益。这一年是有史以来对职工培训力度最大的一年，通过企业规章制度、职业道德规范，对职工进行全方位立体式教育，转变领导方式，增强服务意识，营造良好的内外部环境。

第三章 经济结构

第一节 生产结构

1991年以来，临河市产业结构不断调整优化。农业比重下降，工业比重没有提高，经济仍以农业为主，三产之间的联系不是很紧密。

2001—2005年，临河市（区）工业以扩张总量为目标，强化园区聚集功能，加快产业结构优化升级，通过技改和扩建，绒纺、食品制造等传统产业规模、质量、效益同步增长；新建一批电力、化工、生物制药等新兴产业骨干项目，培育了一批有竞争力的企业。2005年，工业总资产49.8亿元，全部工业企业实现利税1.96亿元，工业经济效益综合指数143%；临河区规模以上工业企业44家，实现增加值15.8亿元，占工业增加值90%。以工业为主导的经济转型进入快车道。

2006—2010年，临河区政府实施"工业立区、工业强区"战略，工业的主导地位逐渐形成。以工业园区建设搭建发展平台，以项目建设打造支柱产业，工业园区累计投入基础设施建设资金10多亿元，累计完成工业固定资产投资70亿元。2010年末，工业总资产248亿元，工业企业实现利税35亿元，工业经济效益综合指数143%；规模以上工业企业86家，实现增加值67亿元，占全部工业增加值90%。经济实现以农业为主导向以工业为主导的转型。

2011—2015年，三次产业结构演进为16：51：33，产业结构调整稳步推进。现代农牧业快速发展，农业连续五年取得丰收，建成干召浩彤、八一联丰、乌兰图克富川等一批农牧业高科技示范园区，临河区被列为"国家现代农业示范区"，发展成为全国县级最大的"四季出栏、均衡上市"肉羊生产加工、流通集散地；工业现代化加快推进，初步形成绒纺、食品、生物制药等具有地方特色的产业体系；第三产业迅速扩张，现代服务业加速发展，现代物流产业正在兴起。

第二节 固定资产投资结构

2000年，临河市国有固定资产总额99602万元，其中基本建设投资61259万元，更新改造7001万元，商品房投资30110万元，投资结构得到合理调整。固定资产用于基础产业、基础设施、住宅建设的投资加大、比重上升。

2001年，国有固定资产投资总额100119万元，与上年相比下降9.7%。其中基本建设投资58001万元，下降5.6%，更新改造11626万元，增长66.1%，房地产开发投资27019万元，下降3.1%。固定资产用于基础产业、基础设施、住宅建设的投资持续加大。

2002年，临河市固定资产投资完成11.8亿元，与上年同期相比增长18%，其中基本建设投资 66598 万元，与上年相比增长 14.8%；更新改造投资 9549 万元，与上年相比增长 17.9%；房地产开发投资 32873 万元，与上年相比增长 21.7%。投资结构得到调整。固定资产用于基础产业、基础设施、住宅建设的投资力度持续加大，在改善生产、生活条件的同时，有效拉动经济增长。

2003 年，临河市各类投资项目 223 个（包括城镇、农村私人建房和农村其他生产经营用固定资产投资），与上年相比增长 64.2%。

2004 年，临河区完成固定资产投资 23.56 亿元，比上年增长 28.5%，其中基本建设投资 11.93 亿元，比上年增长 45.7%；更新改造投资 2.82 亿元，比上年减少 5.6%；房地产开发投资 2.18 亿元，比上年减少 55.1%；其他投资 1.06 亿元，比上年增长 1.6 倍；农村固定资产投资 3.5 亿元，比上年增长 3.3 倍；城镇私人建房投资 752 万元，比上年减少 52.2%；农村私人建房投资 3718 万元，比上年增长 62%；农村其他生产经营用固定资产投资 1.63 亿元，比上年增长 1.3 倍。投资重点逐步向工业、交通、城市基础设施方面集中。

2005 年，临河区固定资产投资 41.3 亿元，比上年同期增长 79%，比"九五"末增长 2.7 倍，年均递增 30%，其中城市建设投资 15.6 亿元，比上一年同期增长 1.6 倍，占固定资产投资额 37.9%，比"九五"末增长 2.2 倍，年均递增 26%；道路建设投资 3.2 亿元，比上一年同期增长 13.5%，比"九五"末增长 28.5%，年均递增 5.1%，工业投资 20.65 亿元，增长 77.7%，占固定资产投资完成额 50%，比"九五"末增长 21 倍，年均递增 86%；房地产开发投资 7.36 亿元，增长 2.4 倍。"十五"时期，临河区固定资产投资 105 亿元，相当于"九五"时期的 7 倍，五年投资年均增长 30%。

2006 年，临河区固定资产投资 52.2 亿元，比上年同期增长 26.4%。工业投资结构逐步优化。完成工业投资 24.61 亿元，同比增长 19.2%，占全社会固定资产投资的比重为 46.6%；城市建设投资 24.34 亿元，同比增长 55.6%，占全社会固定资产投资的比重为 46.6%，其中房地产开发投资 11.92 亿元，同比增长 62%；道路及建设投资 6749 万元，同比下降 78.6%；农村及其他投资 2.56 亿元，同比增长 40.2%。

2007 年，临河区固定资产投资 65 亿元，比上年增长 27.7%，其中工业投资 20 亿元，下降 18.4%；城市建设投资 30.1 亿元，增长 23.7%；第三产业投资 43.9 亿元，增长 65%。

2008 年，临河区固定资产投资 81.2 亿元，比上年增长 24.9%。其中，城市建设投资 46 亿元，增长 55.1%；农村固定资产投资 3 亿元，比上年增长 1.8 倍。投资结构渐趋优化，重点领域和民生领域投资得到加强。在第三产业投资中，房地产、交通、水利、环境及公共设施管理业、公共管理和社会组织投资占 55%。电力、煤气及水生产和供应业投资增长较快，增长 45.7%，投资结构趋于改善。

2009 年，临河区固定资产投资 111 亿元，比上年增长 37%。基本建设投资成为增长亮点，其中城市建设投资 65.7 亿元，增长 41.8%；房地产开发投资 37.3 亿元，增长 70.9%。房地产施工面积 378 万平方米，增长 48.9%；房屋销售面积 135 万平方米，增长 32.1%；实现商品房销售额 37.3 亿元，增长 1 倍；工业固定资产投资 30.5 亿元，占固定资产投资总额 27.5%；商贸交通投资 13.1 亿元，占投资总额 11.8%；农村固定资产投资 2 亿元。

2010 年，临河区年固定资产投资 125.5 亿元，比上年增长 13%，其中城市建设投资 85 亿元，增长 29.2%，房地产开发投资 35.5 亿元，下降 4.8%。全年房地产施工面积 394.1 万平方米，增长 4.2%；房屋销售面积 108.1 万平方米，下降 20%；工业固定资产投资 30.4 亿元，占投资总额 24.2%；商贸交通投资 8 亿元，占总投资 6.4%；农村固定资产投资 2.1 亿元。

2011 年，临河区固定资产投资 152.1 亿元，比上年增长21.2%。第一产业投资4.7亿元，增长82.8%；第二产业投资31.8亿元，增长4.8%；第三产业投资115.6亿元，增长25%。从城乡看，城市固定资产投资105亿元，增长24.1%；农村固定资产投资4.7亿元，增长82.8%。

2012年，临河区固定资产投资169.5亿元，比上年增长11.5%。从产业结构看，第一产业投资7.5亿元，增长59.6%；第二产业投资38亿元，增长19.5%；第三产业投资124亿元，增长7.3%。从行业结构看，农林牧业投资7.5亿元，同比增长59.6%；工业投资38亿元，同比增长19.5%。城市建设投资97亿元，同比下降7.6%（其中房地产投资完成53.6亿元，同比增长9.4%）。交通、商贸分别投资15亿元和12亿元，分别增长3.2倍、71.4%。

2013年，临河区固定资产投资总额200.3亿元，比上年增长18.2%。从产业结构看，第一产业投资11.1亿元，增长47.5%；第二产业投资46.2亿元，增长21.7%；第三产业投资143亿元，增长15.3%；城市建设投资115亿元，同比增长18.6%（其中房地产投资47.9亿元，同比下降10.7%）。商贸投资28亿元，同比增长3.8%。

2014年，临河区固定资产投资实现232.2亿元，比上年增长15.9%。从产业结构看，第一产业投资12.6亿元，增长13.5%；第二产业投资71.6亿元，增长55%；第三产业投资148亿元，增长3.5%，其中城市建设投资121亿元，同比增长5.2%，包括房地产投资34.2亿元，同比下降28.6%；商贸交通投资27亿元，同比下降3.2%。

2015年，临河区固定资产投资实现158.6亿元，比上年增长13.2%。从产业结构看，第一产业投资10.4亿元，增长8.1%；第二产业投资57亿元，增长76.5%；第三产业投资91.2亿元，下降7.1%，其中城市建设投资77.2亿元，下降9.8%；房地产投资21.2亿元，同比下降38.1%；商贸交通投资14亿元，增长11.1%。

2016年，临河区固定资产完成投资176亿元，比上年增长11%。分行业看，工业投资75亿元，同比增长31.5%；城市建设投资74.8亿元，同比下降3.1%（其中房地产投资23.8亿元，同比增长12.4%）；交通及商贸投资15.7亿元，同比增长7.2%；农林牧水投资10.5亿元，同比增长1.1%。

第四章 经济指标

第一节 地区生产总值

2012年，临河区实现地区生产总值（GDP）238.9亿元，与上年相比增长11.3%。其中第一产业增加值39.5亿元，同比增长4.4%；第二产业增加值124.5亿元，同比增长16.3%；第三产业增加值74.95亿元，同比增长8.1%。第一产业增加值占生产总值的比重为16.5%，第二产业增加值所占比重为52.1%，第三产业增加值所占比重为31.4%。三次产业结构比为17：52：31。人均生产总值43639元。

2015年，临河区实现地区生产总值287.1亿元，与上年相比增长8%。临河区着力优化产业结构，提升第三产业对经济增长的带动作用，经济总量实现新的突破。第一产业增加值43.3亿元，同比增长5.1%；第二产业增加值135.1亿元，同比增长8.5%；第三产业增加值108.7亿元，同比增长8.6%。三次产业结构由上年的16：51：33演变为15：47：38。

第二节 产业发展状况

2012年，临河区五大支柱产业平稳健康发展。绒纺产业生产形势好转，1—6月份实现产值31.5亿元，与上年同期相比增长10%；食品产业受上年同期产值偏高影响，相对发展速度下降，1—6月份实现产值22.6亿元，同比下降4.4%；冶化产业在西部铜材的拉动下，1—6月份实现产值10.9亿元，同比增长1.7倍；制药产业快速健康发展，1—6月份实现产值11.9亿元，同比增长37%；电力产业1—6月份实现产值21.8亿元，同比增长3.5%。

2013年，在宏观经济不景气的大环境下，农畜饲料行业抓住国家、自治区大力支持现代农牧业发展的历史机遇，主动提升工艺水平，扩大生产规模，加快发展速度，从而走上产业化、规模化发展的快车道。拥有规模以上饲料加工企业4家，分别是富川公司、牧泉元兴、飞虹公司、发达公司，综合产能51万吨，产品囊括猪、羊、牛、鸭、鹅、水产饲料等多个品种，畅销内蒙古、宁夏、山西、陕西、甘肃、蒙古国等20多个地区或国家。其中富川饲料公司规模最大，年产能18万吨，产品销量连续6年稳居巴彦淖尔市同行业之首，占全市70%市场份额，在地区农畜饲料行业发展中起着举足轻重的作用。随着国家、自治区大力扶持现代农牧业，与之配套的农畜饲料行业迎来了快速发展的新时期。年内，临河区实施饲料技改扩建项目2个，技改覆盖率50%，总投资5000万元，其中飞虹饲料年产6万吨蒸汽压片玉米饲料项目即将建成投产，市场前景广阔；发达饲料实施年产18万吨精饲料、6万吨TMR全混日粮饲料技改扩建项目，标志着临河区第一条 TMR 全混日粮饲料生产线落地开工。

2014 年，富川公司计划扩建年产 30 万吨饲料生产线，总投资 3000 万元，已完成土地平整等前期工作，建成投产后，年产值 9 亿元，年利税 4500 万元，带动 20 万农户增加养殖收入，每户增加收入 500 元，安排就业 200 人，间接带动就业 1000 人。项目建成投产后，农畜饲料行业综合产能 87 万吨。

第五章　招商引资

1998年7月，成立临河市招商局。

2002年7月，临河市招商局、临河市对外开放办、临河市项目开发办，实行"三块牌子、一套人员"，合署办公。

2002年7月，机构改革后，成立临河市对外经济合作局，同时兼挂临河市招商局、临河市对外开放办公室牌子。

2012年，临河区招商局更名为中国国际贸易促进会巴彦淖尔市临河区委员会，为区直属事业单位。更名后原机构规格、编制、领导职数及经费来源不变。

第一节　项目引进与营商环境

一、项目引进

1998年以来，招商引资工作贯彻执行上级制定的各项产业政策，吃准、吃透区域政策和地区投资政策，实现引资总量攀升，项目质量明显提高，促进临河经济持续健康发展。

2002—2016年，临河市（区）累计引进国内资金527.5267亿元，对于调整和优化产业结构、提升产业层次、促进工业经济快速发展起到重要作用。

（一）项目库前期准备

临河区立足资源、区位、土地、电力、基础设施、人文、政策环境等优势和产业基础，提出重点扶持发展绒纺、食品、冶化、电力、制药、物流六大产业板块，邀请华北制药集团设计院、首钢设计院、中国有色工程设计研究总院等国内一流的设计院，精心编制产业规划。围绕规划筛选、策划一批牵动力较强、吸引力较大的招商引资项目，建立《临河区招商引资项目库》，列入储备的项目涵盖绿色农畜产品加工、旅游、商贸物流、制造加工、能源、服装加工、生物农药、高档彩印包装等8大类，项目总数达到500个以上，重点项目保持在300个以上，做到开发一批、规划一批、储备一批、推出一批，满足不同层次、不同领域的投资需求。

（二）项目引进

临河区贸促会（招商局）作为专业招商部门，围绕区委政府制定的产业规划，紧盯项目不放松，全力以赴抓招商，主要领导多次带队赴京津冀、"长三角""珠三角"等地区开展招商活动，有针对性地带着重点项目与国内五百强企业、上市公司、农业产业化龙头企业等大企业、名企业对接，主动出击，做到大招商、招大商，广交朋友，广为推介，积极引进大项目。

为引进香港联邦制药集团、内蒙古鲁花葵花仁油有限公司、内蒙古娃哈哈食品有限公司、巴彦淖尔西部铜材有限公司、山东力诺太阳能发电项目和光伏产业项目、山东圣泉集团秸秆生物新能源、新材料一体化项目等大企业、大项目来临河区投资，在引资项目建设中，主动与区委、政府和区直各有关部门沟通协调，解决建设中的困难和问题，帮助办理相关手续，保证项目顺利落地。对于投资者，工作人员既谈投资，又重情谊，增加感情投入，以诚招商，以情留商。

（三）环境营造

临河区招商局协调各有关部门做好已引进项目优惠政策和承诺制度的落实，做到言必信、行必果，打造"诚信临河"形象。为投资商提供"保姆式""亲情式""链条式"服务，做到"急事急办、特事特办、难事巧办、事事快办"，保证项目顺利实施。在重大项目建设中，专门派出一名领导长期驻守建设工地，帮助企业协调有关部门办理手续、购置工程物资、解决生活住宿、生产用电等问题，保证项目快速实施。如：娃哈哈集团公司在建成炒货厂的基础上，追加投资，新建了果奶生产线；国际家具建材城的温州投资商请同乡来临河区考察，并投资房地产、有色金属深加工和重化工项目；鲁花集团、四川化工控股集团、联邦制药集团都扩大投资规模，收到了以商招商、以情招商的连锁效应。

（四）承接产业转移

临河区招商局开展承接产业转移的招商引资活动，联系企业和项目，邀请有投资意向的企业来临河区考察洽谈项目，拓宽招商引资范围和方向。2012—2016年，接洽重点企业750个，客商800人（次），在推介行业动态、投资信息、投资环境、招商项目等方面，取得积极成效。西部铜业铜材加工项目的建成投产，就是一个宽领域配置资源思路的典型例证。在引进新企业的同时，注重盘活存量资产，采取挂靠引进、兼并重组、增资扩股等形式，对现有企业进行嫁接改造，如引进的浙江京新药业，整体收购了富方泰药业，公司顺利投产，运行良好；引进的燕京集团，整体收购金川啤酒集团，公司运行良好；恒丰集团通过股权转让，与香港银龙公司完成资产重组，重新启动生产，成功破解困扰临河区多年的国企转制历史难题，取得良好经济效益和社会效益。

（五）项目签约

2014年10月23日，临河区成功举办"首届中国肉羊产业大会"和临河区经贸洽谈暨合作项目签约大会，邀请各地商（协）会代表和企业界人士及拟签约项目企业代表等各界人士1000人参会，就脱水蔬菜加工项目、畜产品精深加工项目、现代农畜产品（B型）保税物流园区项目、农副产品冷链物流项目等农畜产品深加工和仓储物流方面进行经贸洽谈。洽谈会上，推出82个重点招商项目，分别是：绿色农牧业资源开发及农畜产品加工类35个、制造加工类26个、能源资源类3个、商贸物流类7个、旅游类11个。成功签约6个项目，分别是：北京河套商会、中节能绿碳环保有限公司、山东力诺集团、内蒙古悦中投资有限公司、内蒙古大有生物肥业股份有限公司、内蒙古草原鑫河食品有限公司。协议投资额85亿。

（六）对外宣传

临河区招商局围绕临河的区位交通、产业导向、资源、政策等优势，完善编订对外宣传资料，通过国内知名网站和电视报纸等媒体，发布大量招商引资新动态、新成就等新闻报道，介绍临河区对外开放的新举措、新形象、新成就，介绍优惠政策、优势资源、投资环境，介绍落户企业情况，推荐发布招商引资信息，扩大宣传频率和覆盖面，不断给临河形象注入新鲜感和时代感，提高临河的对外影响力和知名度。

二、招商引资

2002—2012年，以结构调整为主线，环境建设为根本，吸引投资为手段，重点项目为切入点，持续扩大对外开放领域，创新招商引资方法，积极引进项目和资金。先后引进山东鲁花葵花油、国际家具建材城、中粮新疆屯河番茄生产、四川化工控股集团煤化工、香港联邦制药集团生物制药、西部矿业铜材加工等项目。共引进国内到位资金295.8069亿元，为临河固定资产投资、工业经济发展及对外开放做出了贡献，推动经济社会快速发展。

图为联邦制药有限公司外景

2012—2016 年，临河区贸促会以园区为载体，以引进大企业、大项目为核心，以国内 500 强企业、上市公司为重点招商对象，以工业、城市建设、商贸流通为重点招商领域，引进山东力诺太阳能发电项目和光伏产业项目、圣泉生物科技等重大项目，引进国内资金 231.7198 亿元。

第二节　成就

2002 年，临河市引进到位资金项目 188 个，总投资 8.9 亿元，到位资金 6.3 亿元。

2003 年，引进到位资金项目 188 项，总投资 89169 万元，到位资金 62919 万元，完成临河市下达目标任务（36000 万元）的 175%，其中引进国内（自治区外）项目 110 项，总投资 62471 万元，到位资金 45773 万元，完成巴彦淖尔盟下达目标任务（18000 万元）的 254%，按引资绝对数排序位居全盟第一；引进自治区内（市外）项目 78 项，总投资 26698 万元，到位资金 16046 万元。引进国（境）外资金 1550 万美元，完成巴彦淖尔盟下达目标任务（1550 万美元）的 100%，按引资绝对数排序位居全盟第一；实现出口创汇 6248 万美元，完成盟里下达目标任务（4141 万美元）的 151%。

2004 年，临河区招商引资和争取国家投资取得重大突破，累计引进国内资金 10.96 亿元，比上年增长 89%。争取到国家、自治区投资项目 20 个，资金 7760 万元。

2005 年，临河区引进国内资金 16.39 亿元，引进资金绝对额位居巴彦淖尔市第一，其中引进国内（自治区外）资金 11.72 亿元；引进自治区内（市外）资金 4.67 亿元。引进娃哈哈、维信、北方电力联合公司投资临河热电厂一期项目等。

2006 年，临河区引进国内资金 17.65 亿元，引资绝对额在巴彦淖尔市排序第一，其中引进国内（自治区外）资金 12.59 亿元；引进自治区内（市外）资金 5.06 亿元。引进鲁花集团 10 万吨葵花精炼油项目等。

2007 年，临河区引进国内资金 20.33 亿元，完成巴彦淖尔市下达目标任务的 101%，其中引进国内（自治区外）资金 14.93 亿元；引进自治区内（市外）资金 5.4 亿元。引进四川化工控股（集团）有限公司内蒙古巴彦淖尔市临河区年产 20 万吨二甲醚项目、联邦制药国际控股有限公司内蒙古巴彦淖尔市临河区年产 5000 吨 6 - APA 项目、中粮屯河日处理 3000 吨番茄生产线等项目。

2008 年，临河区引进国内资金 21.71 亿元，完成巴彦淖尔市下达目标任务的 102%，其中引进国内（自治区外）资金 15.77 亿元，引进自治区内（市外）资金 5.94 亿元。引进西部铜材等项目。

2009 年，临河区引进国内资金 32.425 亿元，完成巴彦淖尔市下达目标任务的 102%，其中引进国内（自治区外）资金 23.725 亿元，完成市里下达目标任务的 103%；引进自治区内（市外）资金 8.7 亿元。引进四川化工 60 万吨甲醇项目、黄河公路大桥建设项目等。

2010 年，临河区引进国内资金 47.9 亿元，完成巴彦淖尔市下达目标任务的 102%，其中引进国内（自治区外）资金 35.3 亿元；引进自治区内（市外）资金 12.6 亿元。引进巴彦淖尔市兆鑫生物质能热电联产项目、燕京啤酒项目等。

2011年，临河区引进国内资金54亿元，完成巴彦淖尔市下达目标任务的100%，其中引进国内（自治区外）资金40亿元；引进自治区内（市外）资金14亿元。引进红星美凯龙全球家具生活广场项目、总投资20亿元的圣泉秸秆生物能源和新材料一体化项目、巴泰国际汽车展示中心和图腾汽车城项目等。

2012年，临河区引进国内资金61.85亿元，完成巴彦淖尔市下达目标任务的106%，其中引进国内（区外）资金46.05亿元，引进自治区内（市外）资金15.8亿元。2012年4月10日，北京燕京啤酒集团公司与巴彦淖尔市政府、临河区人民政府签订20万吨/年啤酒生产项目投资合作补充协议。

2013年，临河区引进国内资金64.0748亿元，其中引进国内（自治区外）资金43.0943亿元，引进自治区内（市外）资金20.9805亿元。完成巴彦淖尔市下达招商引资任务62亿元的103%。

2014年，临河区引进国内到位资金69.5亿元，完成全年目标69亿元的100.73%，在巴彦淖尔市七个旗县区综合排序居第一位，其中引进国内（自治区外）资金29.28亿元，引进自治区内（市外）资金40.22亿元。

2015年，临河区引进国内资金47.6亿元，完成全年目标47亿元的101.3%，其中引进国内（自治区外）资金11.57亿元，引进自治区内（市外）资金36.03亿元。引进年产10万吨氨水生产线项目等。

2016年，临河区引进国内资金50.545亿元，完成全年目标44亿元的114.87%，其中引进国内（自治区外）资金25.44亿元，引进自治区内（市外）资金25.105亿元。引进蒙草抗旱生态绿化项目、润海源实业养鸡项目、奥菲利肉羊项目、恒嘉蓝宝石项目等。

第三节　名优产品

一、中国驰名商标

"河套"（面粉）商标。内蒙古恒丰食品工业（集团）股份有限公司注册商标。该公司总资产3.2亿元，其中固定资产1.7亿元。拥有3条国际领先水平的意大利面粉生产线，日处理小麦850吨，还拥有日处理油葵250吨的植物油生产线，年产2500吨的挂面生产线，年产300吨的面包生产线和年产350万条编织袋生产线。先后被评为"中国行业50家最佳经济效益工业企业第五名""中国食品行业百强企业""自治区'AAA'特级信誉企业""绿色食品优秀企业"和"中国食品工业名企名牌企业"，被中国特产开发办认定为"中国河套优质面粉生产基地"，并通过了ISO9002国际标准质量体系认证。该公司生产的"河套"牌雪花粉系列产品，多次被评为"中国公认名牌产品""中国名牌食品""内蒙古自治区免检产品""消费者信得过产品"和"国家质量达标食品"。

1996年，取得国家绿色食品资格证书。

2001年，被国际田联地区发展中心指定为"专用产品"，被中国粮食行业协会评为"放心面"，被评为"内蒙古自治区消费者协会推荐商品"。

2002年，公司拥有的"河套"商标被国家工商总局认定为"中国驰名商标"。公司开发的高档次、富营养的绿色富硒营养保健面粉，被国家外经贸部、科技部等五部委联合评为"国家级重点新产品"。恒丰集团公司的销售市场已遍及全国26个省、市、自治区的130多个地区，并出口日本、俄罗斯等8个国家，市场规模及占有率均居全国同行业前列。

二、内蒙古自治区名牌产品

（一）河套牌雪花粉

河套牌雪花粉是恒丰食品工业公司的主要产品，也是巴盟的拳头产品。河套牌雪花粉以河套优质小麦为原料，引进意大利进口设备精制而成，年生产能力 10 万吨。雪花粉蛋白质含量 12.2%，面精质含量 31.8%，其粉质细腻，洁白如雪，是制作面包、水饺、稍麦等高档食品的最佳原料。产品畅销国内 18 个省、市、自治区，出口蒙古、越南和俄罗斯等国家。雪花粉先后获"内蒙古自治区优秀新产品""内蒙古自治区优质产品"称号，内蒙古自治区那达慕大会名优新特产品展销会金奖，"七五"全国"星火计划"成果博览会金奖。

1994 年 4 月，经全国社会评价中心调查，河套牌雪花粉被确认为中国公认名牌产品；1994 年 12 月，被授予内蒙古自治区首批免检产品。1995 年，被内蒙古自治区人民政府命名为"内蒙古名牌产品"。1996 年，被自治区消费者协会评为"消费者信得过产品"。1998 年，通过复评。

（二）河套牌河套老窖

河套酒业集团生产的河套老窖以优质高粱为主要原料，将现代技术和传统工艺相结合，博采名家众长，精心酿造而成。其酒液清澈透明，口感绵软柔和，清香纯正，余味爽净，深受消费者喜爱，产品销往全国各地。1991 年，获北京国际诗酒节博览会金爵奖。1992 年，获巴黎国际名优酒展评会金奖。1993 年，在全国优质白酒精品推荐活动中与河套宴酒双双获中国驰名白酒精品称号。1995 年，被自治区人民政府命名为"内蒙古名牌产品"，进入国家名酒行列。全国人大常委会副委员长布赫为之题词："香满长城内外，味溢千里平川"。

（三）河套牌河套宴酒

内蒙古河套酒业集团生产，清香型高档酒。选用优质高粱为原料，酒液清亮晶莹，口味纯正，绵甜柔软，醇厚爽净。

1993 年，河套宴酒被北京扶优限劣农用精品展览委员会评为最畅销产品。1994 年在北京首届中国国际酒类商品博览会上再获金奖。同年被内蒙古自治区技术监督局确定为内蒙古自治区首批免检产品。

（四）金川牌保健啤酒

金川牌保健啤酒采用德国进口设备，选用优质大麦、大米、啤酒花和特有的优质矿泉水精酿而成，由内蒙古金川保健啤酒总厂生产。产品质量稳定，泡沫洁白，清香怡人，色泽透明，挂杯持久，有医疗保健双重功效。1986 年，获全国万吨级啤酒厂家质量评比最高奖。1991 年，获内蒙古一轻产品质量大赛特等奖；是国内唯一经国家最高卫生权威部门鉴定为确有保健功效的保健啤酒，并颁发了保健食品批准证书；是唯一获得中国专利疗效型矿泉保健啤酒；唯一获中国国际、国内两项保健金奖的矿泉啤酒；唯一获世界吉尼斯之最证书的保健啤酒。1995 年，被内蒙古自治区人民政府命名为"内蒙古名牌产品"。时任全国人大常委会副委员长布赫为之题词"临河啤酒香飘塞上，金川饮料誉满北疆"。

（五）得利斯牌低温火腿肠

临河市得利斯食品有限公司生产的得利斯火腿肠，是使用具有世界先进水平的德国肉食品加工设备和意大利食品加工技术，采用国际先进的低温灭菌蒸煮加工工艺，选用河套优质肉食原料生产加工而成。其产品有三文治火腿肠、圆火腿肠、增嫩鸡火腿肠、香辣肠、啤酒肠、大红肠等 10 大类 30 多个品种，企业形成 3000 吨/年生产能力。与国内同类产品相比，得利斯产品既不破坏肉内蛋白结构，又保持鲜嫩口味，具有高蛋白、低脂肪、营养丰富、风味独特、口感鲜美的优点，是佐餐佳品。1996 年被内蒙古自治区人民政府命名为"内蒙古名牌产品"。

（六）维信牌羊绒衫

维信（临河）羊绒实业有限公司是内蒙古自治区最大的外商独资企业。维信牌羊绒衫1998年通过ISO9001系列国际认证，是维信（临河）羊绒实业有限公司的主要产品。连续3年被国家评为"消费者信得过产品"，1998年被内蒙古自治区人民政府命名为"内蒙古名牌产品"。公司年生产能力60万件。

第六章　人民生活

第一节　农牧民收入

1995 年，临河市农牧民人均纯收入 1634 元（现价），比 1990 年人均纯收入 927 元增加 707 元；城市居民人均年收入 2762.3 元，商品零售物价总指数 115.7%。

2007 年，临河区农村居民人均纯收入 5997 元，平均每百户家庭拥有彩色电视机 102 台、固定电话机 28 台、移动电话 132 部，人均住房面积 26.9 平方米。

2011 年，临河区农村居民人均总收入 24144 元，其中工资性收入 2004 元，家庭经营性收入 21552 元。在家庭经营性收入中，第一产业收入 20408 元，农业收入 13927 元，林业收入 174 元，牧业收入 6307 元。

2012 年，农村居民人均总收入 18316 元，其中工资性收入 2472 元，家庭经营性收入 14958 元。在家庭经营性收入中，第一产业收入 13612 元，农业收入 8692 元，林业收入 189 元，牧业收入 4371 元。

第二节　城镇居民可支配收入

2000 年，随着临河区委、政府惠民政策实施力度的加大，城镇居民家庭收入渠道进一步拓宽，临河城镇居民家庭生活质量大幅提升，城镇居民人均可支配收入实现年均 11.4% 的增速。到年底，城镇居民人均可支配收入为 5114 元。

2007 年，临河区城镇居民人均可支配收入 10663 元，平均每百户家庭拥有家用汽车 7 辆，家用电脑 19 台，其中接入互联网 8 台。彩电 110 台，其中接入有线电视 73 台。移动电话 165 部。

2012 年，临河区城镇居民人均可支配收入 18628 元，与 2000 年相比，城镇居民可支配收入增长 3.6 倍。

2013 年上半年，临河地区从业人员和劳动报酬实现双增长，截至 6 月末，城镇单位从业人员 78816 人，比上年同期增加 917 人；其中在岗职工人数 75647 人，比上年同期增加 682 人。从业人员劳动报酬为 145311.1 万元，同比增长 11.2%，其中在岗职工工资为 141211.2 万元，同比增长 12.2%。月平均工资为 3194 元，比上年同期增加 223 元。

2014 年，临河区不断完善价格调控机制，推进价格改革，着力改善民生。与 2010 年相比，居民消费价格总指数上涨了 13.1%。其中生活费用价格总指数上涨了 16.9%，非食品价格指数上涨了 7.9%，服务项目价格指数上涨了 14.7%，工业品价格指数上涨了 3.0%，消费品价格指数上涨了 12.4%。

第十四篇
城乡建设

第一章 机 构

第一节 行政管理机构

1992年，撤销临河市城建局、临河市建设工程局、临河市房产局、临河市环卫局、临河市园林科、临河市市容大队、临河市土地局，组建临河市城乡建设管理委员会，原行政人员由376人减至54人，建委内设5科，下设25个二级单位。

二级单位分为三类。社会公益性事业单位：环卫局、园林局、环保局、房管局、市政管理处、建材管理局、城管大队、房地产开发总公司、村镇站、质监站、规划设计院、建筑勘察设计院、拆迁办、城市派出所。社会公益性企业单位：自来水公司、公共汽车公司、市政工程公司。建工建材企业。这些企业后来相继转制。

2002年，临河市城乡建设管理委员会更名为临河市建设局，下设二级单位：园林局、环卫局、市政维护处、执法局、村镇站、质监站、房管局等。内设机构9个：办公室、建工科、工青妇计生办、法制办、燃气办、审计科、开发办、公共事业管理科、城建科。

2012年，临河区建设局更名为临河区住房和城乡建设局，二级单位园林局并入临河区林业局；环卫局、市政维护处与执法局合并为临河区综合执法局。有二级单位村镇站、质监站、保障房中心。内设机构有综合办公室、城建科、建工科、棚改办、法制信访办、招标办、重点项目办。

第二节 事业单位

临河区住房和城乡建设局有事业单位：临河区保障性住房建设管理中心、临河区建筑工程质量安全监督站、临河区村镇建设管理站。

临河区保障性住房建设管理中心下设5个股室：综合办、项目办、登记审核办、产权交易办、公租办。有17名工作人员，属临河区全额拨款事业单位。

第二章　建设规划

第一节　政府驻地规划

临河市（区）于1991年、2000年、2004年、2010年对城市总体规划进行了重新修编。1990版城市总体规划于1994年编制完成，1996版城市总体规划经自治区政府批准实施。2000版城市总体规划由河北规划设计院于2001年编制完成。2004版城市总体规划由中国城市规划设计院于2005年编制完成，并经自治区政府批准实施。2005年内蒙古自治区人民政府批准实施的《巴彦淖尔市城市总体规划（2004—2020）》，将临河区作为市府所在地，城市规划被纳入巴彦淖尔市城市总体规划中。

在这四个规划的指导下，临河的城市建设得到改观，东、西两区城市面貌和投资环境极大改善。临河区面积由1991年的17.9平方公里发展到2016年的56平方公里。人均道路、绿化、居住面积大幅度提高，"一市三区"（1个市辖区、2个县、4个旗）。即临河区，五原县、磴口县、杭锦后旗、乌拉特前旗、乌拉特中旗、乌拉特后旗）的城市发展框架初步确立。

2012年，临河区围绕"一市三区"的城市框架，坚持"市区共建、以市为主、分级负责、集中力量、突出重点、成片推进"的原则，加强城区基础设施建设，拓展城市规模，提升城市档次，建成布局合理、环境优美、交通便捷、社会文明、商贸发达、设施完善、功能齐全的现代化中等开放城市。城市人口43.7万，城镇化率74%，建成以河套平原为背景的园林城市。

城市布局向东西方向延伸，城市结构为"一一三二三"，即一个中心城市，一条发展轴（新华街），三个片区（西区、旧城区、东区），两条景观轴（金川大道、胜利路）和三条水景廊道（永刚渠、永济渠、北边渠）。三个片区的发展步骤为：启动西区建设，实施5.91平方公里核心区建设，以新区提升城市职能和城市知名度，改善城市投资环境，提高城市就业水平，增加财政收入，奠定城市经济基础，储备各种专业人才；东区建设重点，完善13.4平方公里基础设施和公共设施，以经营城市的理念加强东区建设，适度增加职业教育规模，构建产学研一体化发展模式，推动工业项目的落实并保证其顺利运行，实现城市经济大发展，增加城市就业岗位，加速城镇化进程，改善城市环境，提高城市的生活和生产品质；加速推进旧城区整体改造，使旧城区面积拓展到36平方公里，形成以金川大道为核心的巴彦淖尔市级行政中心，以胜利路、新华街为核心的商贸中心，以朔方路以西、五原路以北为核心的物资集贸中心，以临陕路与绕城线交汇处为核心的商品批发中心，以友谊海子、镜湖和章嘉庙海子为核心的生态旅游区。

表 14 - 2 - 1

表 14 - 2 - 1　　　　　　2008—2012 年临河区城建主要发展指标一览表

年份	总人口（万人）	城镇人口（万人）	城镇化率（％）	污水处理率（％）	绿化覆盖率（％）	给水普及率（％）	人均道路面积（平方米）	城市固定资产投资（亿元）
2008 年	55.2	36.0	65	86	23	91	8	36.0
2009 年	56.0	38.0	68	88	26	92	10	43.2
2010 年	57.0	40.0	70	90	29	93	12	51.8
2011 年	57.9	41.7	72	92	32	94	14	62.2
2012 年	59.0	43.7	74	94	35	95	16	74.6
年均增长（％）	0.95	1.9	2	2	3	1	2	20

第二节　城镇建设

一、"十一五"城建工作

2006—2010 年，城建固定资产投资以年均24.5％的速度增长，五年内完成投资 260 亿元，其中房地产及公建完成投资 179 亿元，市政基础设施完成投资 75 亿元，村镇建设完成投资 6 亿元。

到 2010 年 10 月，临河西区范围内的 12 条主次干道全部完工通车，道路配套的管网随路完成。近 30 个单位入驻西区，11 个单位正在建设施工，30 多个单位在做前期准备工作，绿化及水系建设取得成效。河套公园、金川河水系、交通广场等一批景观工程相继投入使用。房地产开发稳步推进，20 个小区规划建筑面积 500 万平方米，竣工面积 260 万平方米。

临河区市政基础设施建设合计投入 75 亿元，完成新旧城区、东部工业园区及 B 型保税园区合计 6 个方面的建设任务，具体为城镇道路建设、园林绿化建设、污水处理工程、集中供热工程、环卫工程、供水工程等。

房地产业五年完成投资 135 亿元。

随着巴彦淖尔市政府的西迁，一大批公建项目规模约 280 万平方米，总投资 40 亿元。丽水新城、河畔丽景、绿都新村、福满园、祥和家园等一批经济适用房及廉租房相继投入使用。解决了4100 户居民的住房难问题。完成 150 条居民巷道及 3 个老旧小区改造任务，解决居民排污难及出行难问题。

城市出口，完成临陕出口绿化及硬化任务、丹拉高速路临河出口至新华街 10 公里道路两侧绿化工程、一职东平房区建成集水榭、桥梁、雕塑、亭子等休闲广场的改造工程。

建筑市场秩序和工程质量安全水平稳定，五年来未发生大的质量安全事故，拆迁管理工作规范。

二、编制"十二五"城建发展规划

2011—2015 年，是临河区城镇建设事业发展的一个重要时期，在巴彦淖尔市进入"呼包鄂"（呼和浩特市、包头市、鄂尔多斯市）经济圈的形势下，临河区编制了"十二五"（2011—2015）城建发展规划。

（一）机遇和挑战

从宏观政策层面上讲，国家及自治区着力打造沿黄经济带及"呼包鄂"经济圈，巴彦淖尔市开始建设百平方公里、百万人口大都市，未来临河区城建也将是大开发与大建设时期。横向来讲，临河区与自治区其他盟市中心城区相比较，城市建设还存在明显不足。

（二）指导思想与基本原则

1. 指导思想

以科学发展观为指导，坚持五个统筹，即统筹城乡发展、区域发展、经济社会发展、人与自然和谐发展、国内发展与对外开放。遵循循环经济理念，坚持节约与集约利用资源，推进节能减排，保护生态环境，同时以构建社会主义和谐社会为基本目标。

2. 规划编制的基本原则

坚持科学发展的原则；坚持统筹兼顾的原则；坚持因地制宜、节约高效的原则；坚持以人为本、强区富民、适度超前的原则。

（三）奋斗目标与发展任务

1. 奋斗目标

2011—2015 年，临河区的城镇化率为 72.6%；人均住宅建筑面积 30 平方米；人均拥有铺装道路面积 16.3 平方米；供水普及率 96%；污水处理率 89%；集中供热率 85%；生活垃圾无害化处理 97.5%；城镇人均公共绿地面积 9.2 平方米；城区绿化覆盖率 36%。五年城建完成固定资产投资额年平均增长 20%，完成投资总额 750 亿元。

2. 发展任务

2011—2015 年，城建工作的总体部署：紧紧抓住临河区城建固定资产投资目标不放松，集中力量抓好各项工程落实，力争在棚户区改造、城乡一体化建设、基础设施工程建设等方面取得新突破，实现五年固定资产额年均增长 20%，累计完成投资额 750 亿元。狠抓两个重点：一是抓好重点区域建设；二是抓好重点工程建设。

第三章 城区建设

第一节 重点项目建设

2011—2015 年,临河区投资 20 亿元,改善城区道路功能。主要建设西区、东区道路工程,打通改造纵横 13 条主要街路,完善城市道路网络,改造建设城市五大出入口道路,打造城市对外出入口形象。按照城市总体规划要求投资 5 亿元,新建日供水 11 万吨水厂 1 座,配套完善城市供水管网。到 2012 年,城市日供水能力为 20 万吨,建城区给水普及率 95%;投资 10 亿元,新建污水处理厂 1 座,配套东西区排水系统,完善中心区排水管网建设,到 2012 年日处理污水 10 万吨;采取热电厂与富源热源厂为供热源,两种热源形成混合集中供热,严格限制并逐步取缔分散小锅炉供热。2008—2012 年,投资 6 亿元,加大供热管网建设步伐,完成富源热源厂二期工程。2012 年,供热面积 1500 万平方米;以满足居民和公建用气为主,优先气化新建小区,逐步气化老城区,鼓励和发展市区车辆改用天然气。投资 3 亿元,实施城区燃气管网建设和长输管线建设工程。2012 年,日供气规模 7.2 万立方米,年供气规模 2646 万立方米;投资 10 亿元,加强公园综合改造,提高道路绿化率,加快防护绿带建设,启动森林景观带建设。2012 年,城市绿地覆盖率 35%,人均公共绿地 8 平方米,建成自治区级园林城市。投资 1 亿元,建

设西区广场、东区广场。投资 3 亿元,完成北边渠、永刚渠、永济渠改造工程;投资 2 亿元,完成医疗垃圾处置中心及公共环卫设施建设。2012 年基本实现垃圾收集容器化、运输密闭化、作业机械化、处理无害化,城市环卫工程建设适应城市建设;每年投资 3000 万元,对城区巷道及人行步道进行硬化改造,共硬化面积 150 万平方米;每年以 130 万平方米的房地产开发规模建设,年投入资金 29 亿元。到 2012 年,建成 40 个设施配套、功能齐全、环境优雅的高标准住宅小区,供热、供气实现集中连片;每年以 40 万平方米的建设规模,年投入资金 12 亿元,五年建设规模 200 万平方米,投入资金 60 亿元。

第二节 重点区域建设

2011—2015 年,临河区完善西区道路、给排水、供热、供气等市政基础设施,完善园林绿化项目,适当栽植大树以增加绿量。实现水系景观建设,加快政务服务中心、区直部分单位办公楼项目建设,推进行政企事业单位搬迁入驻。加快房地产经营项目建设,推进住宅小区的配套建设。完善西区文化、教育、金融、商贸、休闲娱乐等服务功能,提高承载和吸纳能力,把西区建成行政和金融中心及文化教育和大企业总部基地。

抓好新华西街、金川大道、北边渠两侧等重

点区域棚户区拆迁改造。继续实施优惠政策，加快项目的规划建设，使城市的关键区域得以改观。规范拆迁程序、拆迁行为和评估行为，维护拆迁双方当事人合法权益。加大拆迁力度，推进拆迁进度，为项目开工建设创造条件。

抓好朔方路和临陕路两条主出入通道建设，同时，临狼、临五、临磴、先锋桥等出口区域在综合整治方面有新突破。

第三节　重点工程建设

2011—2015年，临河区构建"一环七横七纵"交通物流通道网络。一环，即将绕城公路向南与滨河大道相通，东与物流大道相接，建成外环路。七横，即滨河大道、新华街、河套大街、庆丰街、解放街、乌拉特大街、北绕城路。七纵，即物流大道、朔方路、建设路、胜利路、团结路、金川大道、西绕城线。

"十二五"期间，临河区实现七横七纵道路与外环路打通，实施河套大街拓宽改造工程、滨河大道建设工程、城区骨架道路与外环路打通连接工程，形成系统健全、四通八达的城市道路交通体系，为未来城市人口增幅奠定基础。

总体建设目标为"一环两带、五横五纵、斑块相接"的绿地系统结构。突出"河套园林"城市特色。"一环"指城市外围沿黄河、临策铁路、京藏高速和五排干，结合外围湖泊湿地、道路防护绿地、郊野公园、水源保护等形成"城市绿环"，同时作为生态安全格局的第一道屏障。"两带"指朔方路东的中央生态景观带和总干渠生态景观带。"五横五纵"："五横"指沿绕城线及永刚渠、乌拉特大街及五原街、河套大街、新华街、怀朔街等主街绿化构筑东西绿轴；"五纵"即沿金川大道、晏江路、朔方路、绒信路、物流大道绿化构筑南北绿轴。"斑块相接"指根据合理服务半径，结合现状规划的一系列公园。

在第一水源地以西、五四海子周围开辟新的水源地，新建水源井20眼，保证一水厂日供水规模达到4.4万吨。保留二水厂水源地，保证二水厂供水规模达到每日5万吨，并将二水厂纳入城市供水系统。辟总干渠为三水厂水源，新建日供水10万吨的水厂。开辟黄河水水源作为市区发展的主要水源。对黄河取水进行勘测、可行性研究。污水厂出水作为城市再生水水源，向市区供应日处理5万吨的中水。新建及改建供水管网200公里，城区供水更趋安全。

改造污水处理厂工艺，使处理规模达到每日10万吨。新建第二污水厂，污水处理规模为10万吨。新建及改建雨污水管网200公里，城区雨污分流体制更趋完善。

在垃圾处理厂北约3公里处新建第二垃圾处理厂，日处理垃圾600吨，采用堆肥处理工艺，变废为宝。完善生活垃圾收运处理体系，"十二五"末基本实现垃圾收集容器化、运输密闭化、作业机械化、处理无害化。

推进燃气入户工程，特别是旧小区燃气入户工程。投资8000万元，新建300公里供气管网，使临河城区供气普及率提高到85%。

启动热电联产二期项目，新增集中供热面积1000万平方米，改造管龄超过15年的供热管道，供热更加合理安全，集中供热率85%。

第四节　旧城区改造

一、道路管网

1991年，临河市加大道路管网建设力度，到2006年共投资14.3亿元，完成45条主次干道的新修改造工程，道路硬化104公里，总铺装面积145万平方米，初步形成四通八达的棋盘式道路格局。

2007年，投资2.3亿元，总铺装面积48万平方米，铺设各类管网25公里。完成幸福路、光明西街、解放街东段、新华东街、新华西街、临五路、鲁花街、联邦路、宾馆街、东区建材小区道路工程建设。投资900万元，建设排污扩网及巷道硬化工程，完成硬化巷道80条，3.4万平方米，建设居民巷道排污工程13公里。

2008年，投资6亿元，完成水源路、利民街、五一街、曙光街、金沙路、金川大道中段、开源路、乌兰布和路、沃野街、新华西街、西苑路11条新修道路及水源路、开源路、金川大道南段、沃野街、新华街、利民街6条续建道路建设，基本形成6横6纵棋盘式道路结构。投资6558万元，完成乌拉特大街、东道街西段、长春西街、陕坝路、五一街、向阳路、东道街、光辉路、永安街、滨河街、东兴路11条机动车道铺设任务，铺设油路11万平方米，铺设污水管道6公里、自来水管道4公里。投资2200万元，完成利民街、光明街、富强路、育红街、曙光街、向阳路、光辉路、万丰街、团结路、建设路、八一街、健康路等人行道铺装工程，完成铺装面积15.9万平方米。

2009年，完成丰河路、景观大道、帅丰街、教育街、汇丰街、西苑路、金沙路、乌兰布和路8条道路建设工程，道路总长度9321米，铺设油路面积22万平方米。旧城区完成利民西街、五一街、塞北街、东兴路、永安街东段、吉祥路道路改造，总长度3900米，铺设面积11.4万平方米，总投资1.2亿元。改造旧城区54条巷道工程，总投资900万元。2010年，投资8800万元完成西区明珠路、五一街、金沙路等10条道路及配套管网。

2011年，完成西区四横七纵7.2公里市政道路、21万平方米油面铺装、配套管网。投资5.6亿元，实施黄河大桥及引线工程；投资1.03亿元，实施新华东街道路延伸工程；投资8763万元，实施河套大街东段工程；投资3776.6万元，实施黄河堤防公路临河段三级公路路面工程；投资6200万元，实施庆丰街、建设北路、团结路、欧式街等8条道路改造工程。

2012年，实施曙光街贯通工程，东起团结路，西至水源路，全长1366米，总投资1600万元。实施红星美凯龙项目区5条道路管网建设工程，道路管网总长度3.4公里，总投资4600万元。

2013年，实施宏丰街、文明路、汇丰街、经纬路、塞北街、永强街、环卫路、同富街、东升路、乌兰布和路、丰和路、银河路、帅丰街、庆丰街14条7公里市政道路的新建、续建和改造工程，累计完成投资3200万元；城区7个交叉路口改造工程全部完工，完成投资300万元；由国家配套支持的临河城区污水管网工程启动，投资6000万元铺设排污管网79公里。

2014—2016年，由临河区住建局负责保税物流园区等5个项目工程建设实施，新建、续建道路2.5公里，总面积5.7万平方米，完成投资2980万元。投资500万元，实施红星美凯龙项目区周边配套东升路（新华街—利民街），道路总长度549米，面积约1.65万平方米。完成朔方南路、明珠南路、红铁街、民主街、东升路、丰州路及北一街、北二街等8条道路及配套管网新建工程，新建道路5369.3米，工程投资额6224.2万元。

二、城市排水

投资1.82亿元，建成日处理6万吨氧化塘污水处理厂1座，铺设污水管网92公里，污水管网增至313公里。投资1.05亿元，建成雨水排水系统，铺设雨水管网62.4公里，雨水管网增至69.5公里，实现雨污分流，城市排水服务面积29.6平方公里，排水受益率84.6%。

2006—2009年，由热电厂投资9100万元建设的中水回用项目，每天净化污水4万吨，直接用于工业生产，实现城市水资源循环利用。投资340万元，建设八一工业园区扩网工程，铺设管网1700米。投资1.04亿元，建设临河区污水处理中水回用及扩网工程，实现水资源循环利用。投资2400万元，实施晏江路排污工程，四排干段排污工程，铺设排污管网0.1公里。

2010、2011 年，西区明珠路、五一街、金沙路等 10 条道路及配套管网完成投资 8800 万元。铺设各类地下管网 300 公里。投资 1826 万元，实施东大坑污水方沟改造工程（东大坑泵站—污水处理厂），解决城市多年排污不畅的问题。

三、城市集中供热

2006 年，投资 2.72 亿元，建成热源厂 1 座，铺设供热主干管道 23 公里，新建改造供热交换站 23 座，供热能力新增加 480 万平方米，城区集中供热普及率 73.3%。

2007 年，投资 9000 万元，实施集中供热工程，建设连接西区供热管网及供热交换站，满足西区供热需求。

2008—2010 年，集中供热工程，完成北边渠底部管道施工 15.7 公里，完成投资 2.8 亿元。西区供热工程完成 1.4 亿元。集中供热完成投资 6800 万元。

四、城市集中供气

2006 年，投资 2.04 亿元，建设门站、压缩天然气母站、分输站及控制中心，铺设主管道 27.2 公里，中低压管道 111 公里，该工程实现集中供气 6—7 万户，年供气 1600 万立方米，城市集中供气普及率 70% 以上。

2007 年，投资 7800 万元，实施集中供气工程，建设门站、压缩天然气母站、分输站及控制中心，铺设主管道 27.2 公里及中低压管道 111 公里。

2008—2010 年，天然气工程完成城区管网工程建设 24.3 公里，其中主管道 8.53 公里，支管道 15.77 公里，完成投资 1 亿元。天然气城网安装及加气站建设完成投资 6800 万元。

五、城市照明

投资 1500 万元，完成团结路、建设路、欧式街景观灯安装，完成胜利南路景观灯改造、树冠亮化及临陕路、临狼路立交桥亮化和建筑物霓虹灯安装。投资 1720 万元，改造新上 42 条主次街路、32 条巷道路灯，安装路灯 2427 基，26300 盏，方便居民出行。

六、城市生活垃圾集中处理

2002—2003 年，临河市投资 6200 万元，完成日处理生活垃圾 450 吨的垃圾无害化处理工程，生活垃圾集中处理率 98%。投资 76 万元，建起占地 2200 平方米的医疗垃圾焚烧站，实现城区各大小医院医疗垃圾集中焚烧，特殊垃圾专项处理。

2009 年，临河区投资 831 万元，实施医疗废弃物处置项目。投资 1388 万元，实施粪便处理项目。

七、广场公园

2006 年，投资 1379 万元，建设 2.73 万平方米星月广场；投资 150 万元，建成 7000 平方米巴彦淖尔市医院游园；投资 1500 万元，对影剧院广场进行改造，安装旱地音乐喷泉，铺装花岗岩 1.34 万平方米；投资 2000 万元，建设 3 万平方米青年广场，内设健身场地、器械和漫步路等；投资 800 万元，改造人民公园，铺设公园道路 2 万平方米，安装路灯 105 盏，添置部分奇石、雕塑等园林小品，改善了市民休闲娱乐环境，提高了居民群众生活环境质量。

2007—2011 年，新建交通广场，续建经纬广场。完成河套公园建设投资 9811 万元；西区金川大道水系景观工程完成投资 1200 万元。建成 11.2 万平方米的政务广场。

八、园林绿化

1991 年，临河市根据本地地理位置和气候特点，制定了"规划科学、设计精心、点线面全面展开，乔灌花草齐头并进，以绿为主，以美取胜，三季有花，四季常青，严格管理，以法治绿"的城市绿化工作思路。到 2006 年，建成大型公共绿地 12 处，街头绿地 58 处，城市各类绿地面积 6030 亩，绿地率 26%，人均公共绿地 8.3 平方米，使临河向着"城在林中，林中有城"的园林城市发展。

2007 年，园林绿化完成投资 5830.2 万元，开展冬季换土和大树移植、全民义务植树活动、春季植树绿化和绿地铺装四项重点工程。改造大兰庙立交桥绿化带，绿化、美化临五、临陕两大出口。新植了 6 条道路，栽植各类乔木 1.84 万株，灌木绿篱 57 万株，草花 14 万株，草坪 1.5 万平方米。通过项目带动，社会绿化，开发带绿，建设西区广场，完成东郊植物园建设，启动永济渠防护林带建设。完成 16 处街头绿地建设，推进 51 处附属绿地建设，栽植各类乔木 12 个品种 4.8 万株，灌木绿篱 8 个品种 80 万株，移植草坪 4 万平方米，移植草花 6 个品种，35 万株，播种各类草花 5 个品种 4 万平方米，苗木成活率 85% 以上。新增绿地面积 580 亩，建成花园式单位 38 个。

2008 年，投资 3700 万元，完成 1 个苗圃、3 个公园、5 个广场、14 处街头绿地、15 条街路和 1 条景观大道的绿化建设任务，栽植杨、柳、槐等乔木 4 万株，花灌木 2.4 万株，移植草花 7800 平方米，14.3 万株。新增绿地 2010 亩，人均公共绿地 5.4 平方米。

2009 年，园林绿化完成投资 1.17 亿元。重点完成金川大道和乌拉特大街绿化工程，金川大道绿化完成投资 226 万元，乌拉特大街绿化完成投资 440 万元。完成永安街、长春街等 14 条道路绿化补植工作，城区各公园增加绿地面积，扩大绿地覆盖率，增加了花草品种。共栽植各类树木 5.4 万株，栽植灌木 36.5 万株，地被植物 12.9 万平方米，苗木成活率 90% 以上。西区的绿化主要完成河套公园、临策铁路防护林、金川河水系绿化等。

2010 年，投资 6500 万元，完成 1 个苗圃、4 个公园、9 个广场、21 处街头绿地、3 条新建道路、49 条街路绿化工程。

2011 年，投资 3000 万元，实施西区 3.1 平方

公里内的 11 条道路、区政府广场绿化工程；完成旧城区新植、补植绿化 298.8 亩，种植乔木 21630 株、灌木 30 万株、地被植物 6300 平方米，土方工程 6 万方，移栽和摆放草花 200 万株，新增绿地 673 亩。

九、环境整治

2006—2009 年，临河区清扫保洁面积 198 万平方米，日清运生活垃圾 400 吨，清淘厕所 412 座，其中水冲厕所增至 26 座，水冲厕所占公厕比重提高 4.6 个百分点。城区 48 条主次干道、5 个广场保持每天普扫、全天保洁，保证 218 万平方米清扫保洁责任区达标。投资 1200 万元，建成压缩式垃圾转运站 15 个，旱改水厕改造 10 座。

2010 年，投资 1000 万元，完成旱改水厕 35 座，建设污水泵站 8 座。

2011—2016 年，投资 1000 万元，建成压缩式垃圾转运站 10 座、水冲式厕所 16 座，改建地坑式垃圾转运站 8 座，改造 3 座生态环保公厕。

十、市政基础设施管理

1994—2016 年，临河城区不断扩展，市政基础设施总量逐年增加，市政设施维护管理各项指标全部达标，排水管网疏通率 99%，泵站正常运转率 98%，污水集中处理率 96%，道路设施完好率 95%，路灯着灯率、设施完好率 98% 以上。

第五节　新城区开发

2009 年 6 月，临河区城市投资公司成立，为临河区属国有独资企业，与临河区新区建设办一套人马、两块牌子。公司设综合办公室、计划财务科、投融资管理科、工程管理科、资产经营科。

2010 年，启动新区"棚改"工作。临河区城投公司承担总占地 1216 亩、总户数 1944 户、总拆迁量 32 万平方米的棚户区拆迁改造任务。累计完

成拆迁投资额近 11 亿元，为新区建设创造了先期条件。投资建设新区内的临河区党政办公大楼南北广场，以党政大楼周边核心区基础设施配套为重点，实施新区市政园林等公共建设工程、区政府广场喷泉建设工程；实施开源路、西苑路、教育街、丰河路、景观大道、汇丰街、乌兰布和路、银河路、帅丰街、庆丰街 10 条市政道路的新建、续建、绿化和改造工程，让新区路通水畅；实施景观大道绿化给水工程、永济渠湿地及绿化工程、河套公园水幕电影土建工程、政府广场照明、西区道路路灯安装工程、蒙元文化街建设工程、清宜林海岸棚户区改造项目、金秋华城项目等 29 个工程项目，总投资近 10 亿元。到 2016 年，为新区发展建设累计投资 30 亿元。

临河区城市投资公司通过银行贷款、发行债券、融资租赁等多种融资方式，多渠道融资 30 亿元，有力支持了城市建设。作为棚户区改造建设项目用款单位，临河区城投公司围绕棚改项目争取融资，加强资金管理和使用，实现棚改项目融资资金效能最大化，保证了资金安全。到 2016 年，47 个棚改项目共获准国家开发银行信贷支持 47.09 亿元；11 个项目获得国开发展基金有限公司 3.33 亿元基金支持，国家对临河区棚改项目政策性贷款及投资累计达 50 亿元以上，其中发放贷款 42.46 亿元，占授信总额 90.16%，实现贷款支付 26.46 亿元，占发放总额 62.32%，企业实际使用贷款资金 24.72 亿元，占贷款支付总额 93.42%；配合临河区国有资产管理局加强棚改资产管理，制定《临河区使用棚户区改造项目融资资金回购资产管理办法》，棚改资产作为企业国有资产的收购、利用和处置步入规范化、制度化轨道。

临河区城市投资公司发展思路深远，视野宽广，彰显了城市棚户区改造、城乡基础设施建设和竞争性领域投资三大主体职能，资产规模迅速扩张，三大产业基本形成，主营业务逐步明晰，重点项目顺利推进，融资能力和信用等级稳步提升，内控和监管体系逐步完善，公司综合实力不断加强。

第四章　村镇建设

第一节　乡镇驻地建设

一、集镇发展现状

2005年12月，临河区进行撤乡并镇改革，乡镇数量由以前的3乡11镇合并为2乡7镇。

2011年，临河区城镇人口32.84万人，乡村人口23.66万人，人口死亡率4.15‰，人口自然增长率3.95‰。

集镇体系特点如下。1. 交通条件对乡镇发展引导作用明显。7个建制镇、2个乡中有6个镇和1个乡依110国道、312省道（临陕路）、京藏高速、110国道、包兰铁路、县道五乌路东西向横穿过境。临策铁路、312省道（临陕路）、三条县级公路由临河区中心向外延伸至周边旗县，区域交通优势明显。2. 多数集镇规模小、性质单一。建成的集镇缺乏产业支撑和区域特色，发展程度不高、总体规模偏小、乡镇企业少且多以农产品加工为主，吸引力、辐射作用较弱。商贸中心多为政府驻地后逐渐形成，门面商铺使用率低造成资源闲置，对转移农村剩余劳动力和提升农村经济没有明显作用。3. 多数集镇基础设施不完善，公共设施配套落后，集镇脏、乱、差现象突出。4. 集镇空间分布较为均匀，发展落后。

二、镇域规划布局

影响临河区区域城镇空间布局的因素主要有三个：一是撤乡并镇；二是区域主要交通轴线的分布和走向；三是区域经济发展轴带的确定。通过沿黄经济发展轴，由临河中心城区向周边发散辐射的主要交通干线上，形成临河中心城区与三个重点镇狼山镇、新华镇、干召庙镇，一区、三镇，规划"一主、三副、四线"的空间结构形态。"一主"为中心城区；"三副"为狼山镇、新华镇、干召庙镇3个重点镇；"四线"分别为沿黄综合发展轴线、沿临陕发展轴线、沿省级物流大道发展轴线和沿五乌路发展轴线。

三、规划编制情况

2013年，临河区乡镇规划编制完成干召庙镇、新华镇、狼山镇、乌兰图克镇、白脑包镇和城关镇6个镇的总体规划编制工作，其余3个乡镇：八一乡、曙光乡和双河镇因包含在城市规划区内，未单独编制总体规划。

2015—2017年，临河区开展临河农场、狼山农场及所辖22个分场的规划编制工作。

四、乡镇规划管理

2012年，临河区各乡镇、村的规划审批、监管及村镇规划技术服务职能由临河区住建部门划入巴彦淖尔市规划局。

2014 年，临河区村镇建设项目规划审批工作由巴彦淖尔市规划局和临河区政府分区域共同负责。

五、镇区、场部建设情况

1996—2009 年，临河区利用"380"（"九五"期间，为基本解决自治区农村牧区 380 万人口、1020 万头（只）牲畜的饮水困难和防氟改水而兴建的各种供水工程，简称人畜饮水"380"）工程，先后实施饮水工程 41 处，解决了 23.95 万人的饮水安全问题。"十一五"期间规划实施了狼山—小召二期、白脑包—丹达、八一—隆胜、干召庙—城关 4 处集中供水工程，解决了 7 个镇、76 个行政村、513 个自然村、13.99 万人的饮水安全问题。

2013 年 9 月，干召庙镇、新华镇、狼山镇被评为自治区级重点镇。临河区境内建成的公路通车总里程 3444 公里，其中乡道 675 公里，村道 2373 公里。

2014 年 7 月，干召庙镇被评为全国重点镇。

2016 年 2 月，临河区狼山镇、新华镇被评为自治区美丽宜居示范小镇。

2014—2016 年，实施"美丽乡村"建设，镇区集中供水率 100%。

2015 年，各中心集镇规划建设 14 座压缩式垃圾转运站，并配备转运车辆、压缩设备及管理人员。

2016 年，临河区每个乡镇至少有 1 所标准卫生院，医疗卫生基础设施和设备配置达到国家基本标准。各乡镇均设有文化站，根据乡镇规模和等级不同，建设有不同规模和内容的文化场地。

第二节　新农村建设

2004 年 2 月 8 日，中央一号文件重新锁定"三农"（农村、农业、农民）问题，临河区调整农业结构，扩大农民就业，加快科技进步，深化农村改革，增加农业收入，强化对农业的支持保护。

2005 年 1 月 30 日，临河区坚持"多予少取放活"（"多予"就是要加大对农业的投入，为农民增收创造条件；"少取"就是减轻农民负担，保护农民合法权益；"放活"就是搞活农村经营机制，消除体制束缚和政策障碍，给予农民更多自主权，激发农民自主创业增收的积极性）方针，提高农业综合生产能力。

2006 年 2 月，临河区强化支农政策，建设现代农业，稳定发展粮食生产，调整农业结构，加强基础设施建设，加强农村民主政治建设和精神文明建设，加强社会事业发展，推进农村综合改革，确保社会主义新农村建设开局良好。

一、村庄规划编制

2014 年，编制临河区行政村规划，共编制 122 个，其中 29 个行政村，有 26 个涵盖在城市规划区内，其他 3 个行政村涵盖在镇总体规划中，未单独编制。

2015 年，临河区按照巴彦淖尔市规划局"A＋B＋C"村庄整治模式，编制 871 个自然村规划。

2016 年，临河区辖 9 个乡镇、151 个行政村、871 个自然村；2 个农场、22 个分场。

二、乡村建设

临河区坚持"工业反哺农业、城市支持农村"和"多予少取放活"方针，以"农业增效、农民富裕、农村繁荣"为目标，以建设小康、文明、生态、和谐村为载体，形成新乡风民俗、新乡村面貌、新管理机制。

临河区制定"一改、二提、三拆、四清、五化、七个一"村庄改造标准：改造危房；提升绿化水平、提升宜居水平；拆除危旧险房、拆除塌墙破院、拆除柴堆烂圈；清垃圾、清杂物、清粪堆、清柴堆；村庄绿化、道路硬化、房屋美化、环境净化、农家文化;建成一个活动室,建设一个小广场,硬化一条村屯路,栽植 1 万株生态树,房屋新建维修统一过,柴草垃圾一次清,建立一套长效管理机制,实现村庄面貌提升。

2009 年,临河区农村危房改造工作开始。

2016 年,临河区 16427 户农村危房、垦区 2023 户危房改造得到分解落实。

在农村基础设施建设方面,通过调整财政支出结构,推动城市公共基础设施建设向农村延伸,改善政府对农村的公共服务,让公共财政的阳光普照农村。消除农村人口饮用高氟水、苦咸水的状况;改善局部农电网,保持农村供电稳定性、可靠性;修建通镇油路 5 条,总里程 198 公里,推进村庄内外道路硬化,农村公共交通覆盖面 95%。推进农村清洁能源建设,扩大沼气覆盖面;加强农村信息网络和邮政设施建设,形成农村邮政普遍服务基础网络和村村能上网、户户通电话的信息服务网络。

在村容村貌方面,加快改水、改厨、改厕、改圈,加强污水、垃圾集中处理;制止工业固废、危险废物、城镇生活垃圾和其他污染物向农村转移。改善农业生态环境,提高农业综合生产能力,以渠、沟、路、林、田为核心,开展秸秆还田、麦后复种、深松深翻、退耕还林还草、节水保墒、平地缩块、测土配方施肥等各项工作,保护和提高农畜产品基地生产能力。

第三节　小康工程

一、易地扶贫搬迁

2016 年,临河区实施易地扶贫搬迁试点工程,

项目分布在临河区八一乡、城关镇、白脑包镇、狼山镇、新华镇、干召庙镇、双河镇、乌兰图克镇、临河农场、狼山农场共 8 个乡镇、2 个农场的 96 个行政村、9 个分场。项目内容主要包括住房建设、基础设施建设、公共服务设施建设、产业发展、就业培训、迁出区生态恢复等。到年底,完成易地搬迁 316 户 702 人,同步搬迁 135 户 290 人。通过搬迁试点工程,贫困户住上宽敞、明亮的新房,人均住房面积 24 平方米,自来水、电力、道路、环卫设施配套,文化室、卫生室、学校、养老等公共服务功能齐全,移民搬迁后生活环境、生活质量得到改善。

二、"土改砖"工程

2016 年,临河区新华镇新设村一组实施"土改砖"试点工程。"土改砖"工程以集中新建为主,维修加固为辅,以消除土房、新建砖房为核心,以建设互助院等形式解决特困户居住问题。配套建设新农村标准的道路、广场、路灯、绿化等基础设施,鼓励推广应用新型节能墙体,推行村庄垃圾污水治理,通过新建、加固、修缮、整容、亮化等方式,使村民住上安全、舒适、节能、美观的住宅。

新设村一组"土改砖"工程采用原址新建模式,拆除原有旧房建设新房。工程于 2016 年 4 月开工建设,共建设 66 户,配套建设有互助用房、村委会、活动广场、道路等基础设施和公共服务设施。10 月底全部完工并通过验收。

第五章 城管监察与综合执法

第一节 机　构

1990年，临河市城市管理监察大队成立，隶属于城工办领导下的股级建制单位。

1997年，城工办撤销，组建城乡建设管理委员会，城市管理监察大队成为城建委二级股级建制单位，城市管理监察大队更名为城建管理监察大队，人员编制108人。

2002年，临河市组建行政执法检查局，城建监察大队划归行政执法检查局，在岗人员119人。

2004年，临河区行政执法检查局更名为临河区城市管理行政执法大队。

2006年，临河区城市管理行政执法大队更名为临河区城市管理行政执法局，在岗人员208人。

2012年，原临河区城市管理行政执法局、临河区市政维护处、临河区环境卫生管理局整建制合并，组建临河区城市管理综合执法局，在岗人员353人，下设综合办公室、财务科、法制科、大型公建管理科、广告管理科、材料采购供应所、稽查考核办（纪检室）、综治信访办公室、智慧城管指挥中心、交通秩序执法大队、机动执法大队、城郊规划执法大队、公用设施管理办公室，湿地公园管理办公室、金川河管理办公室和11个办事处中队，共26个内设机构。

第二节 执法宣传

1991—2003年，临河市开展城市管理宣传工作。临河市行政执法检查局创办《城市管理之窗》小报24期；发放《临河市关于加强非典防控切实搞好城市市容和环境卫生的管理办法》35000余份，发放《公示教育手册》4500多份；配合电视台播出专题节目15次，向巴彦淖尔日报社、晚报社投稿20余篇；利用宣传车辆到市区大街小巷宣传60次；发放便民联系卡4600张。

2004年，临河区行政执法检查局与巴彦淖尔市电视二台联办《城管视线》电视专题节目；与临河晚报社联办《城管之窗》专栏；创办《城市管理之窗》20期，发表各类稿件226篇。

2005年，执法局开展城市管理政策法规宣传周活动，在巴彦淖尔市电视二台播出《城管视线》专题节目31期，在报纸上刊发稿件34篇，在《城管视线》《巴彦淖尔晚报》、城市管理公示栏开辟《不文明现象曝光台》专栏，曝光不文明行为26人次。

2006年，执法局在巴彦淖尔市二台播出《城管视线》42期，印发小报25000份，在《巴彦淖尔日报》《巴彦淖尔晚报》刊发城管稿件47篇，在曝光台播放不文明行为74人次，利用宣传车深入街道、学校、社区发放宣传资料2万份。

2007—2008 年，执法局在广场、小区、人员集中地段发放宣传资料 46000 份。开播《城管视线》节目 38 期，在《城市管理》刊稿 4 篇，在《内蒙古日报》刊稿 11 篇，在《内蒙古晨报》刊稿 68 篇，在《临河周报》刊稿 70 篇，在《巴彦淖尔日报》《巴彦淖尔晚报》刊稿 184 篇，开展各类宣传 35 次。

2009 年，执法局在《巴彦淖尔日报》《巴彦淖尔晚报》《内蒙古日报》刊稿 388 篇，编印《城市管理之窗》小报 13 期 3 万份，开播《城管视线》栏目 27 期，制作宣传展板 16 块，举办执法宣传 18 次。

2010 年，执法局在巴彦淖尔市电视台播出"城管新视窗"栏目 25 期，"民情热线" 3 期，专题新闻 12 条；在内蒙古日报、北方新报、巴彦淖尔日报、巴彦淖尔晚报、内蒙古晨报、临河区报刊登稿件 345 件。

2011 年，执法局针对"种房"（市民、农民在国家建设已圈定的用地上违法建房，突击建房索要拆迁补偿）实际，有针对性地宣传拆除违建人和事及强拆现场案例，起到震慑作用。

2012—2014 年，执法局开播《城管视线》专题 12 期，在《内蒙古日报》《巴彦淖尔日报》《黄河晚报》刊稿 291 篇，编印《城市管理之窗》小报 4 期 12 万份，在电视台曝光不文明行为 55 次；到中心城区大街小巷向市民发放 3 万余份城管宣传单，开展执法宣传活动 5 次。

2015—2016 年，执法局向社会发布宣传社会主义核心价值观和创城内容公益广告 3 万条。发放《关于规范整顿城区非机动车停车秩序的通知》1.5 万份。在报纸、广播、电视、微信等各类媒体宣传城市管理政策、法规。

第三节　城管监察

1991—2003 年，临河市每年开展城市规划管理工作。临河市行政执法检查局查验大型公建项目 60 处（包括跨年度工程），翻添扩建 271 户（包括村镇手续），验证率 100%。

2004 年，临河区行政执法检查局严把公建项目"三证、一书、四图"关（三证：用地规划许可证、规划许可证、施工许可证；一书：建设工程遗址意见书；四图：批准审核后的项目修建性详细规划图、立面造型图、施工图、夜间效果图），查验大型公建项目 44 处（其中跨年度工程 30 处，新开工 14 处），翻添扩建 76 户（包括村镇手续 6 户），验证率 100%。规范建筑工程围栏 38 处，管网开挖围栏 38 处。对无批件的 89 户违法违章建筑实行强制停工，并依法拆除。

2005 年，执法局监督处置基建废土 22.95 万立方米，纠正和查处大型公建违章行为 140 多次。对规划审批的 195 户农民建房项目和 75 户危房翻建项目实施监管，行政处罚 124 户违法偷建住宅，强制停工 110 户无批件违法建筑，依法拆除在建违法建筑 3200 平方米。

2006—2007 年，执法局拆除违法建房 375 户，完成 13 万立方米基建废土的二次利用。

临河区行政执法检查局将大型公建项目和渣土管理职能移交巴彦淖尔市城市管理行政执法局。拆除新华东街、临策铁路两侧房屋 52 户 8900 平方米。配合各办事处清理背街小巷零星废土垃圾 4660 立方米，支持各类建设基建渣土 6 万立方米，对 78 辆未进行苫盖的废土拉运车辆进行处罚。

2008 年，执法局完成新区收储范围的违法建设执法工作，拆除违法建设平房 537 户 37743 平方米，拆除国省干道、水系两侧 12 户 1025 平方米违章建筑。规划管理实行全天候 24 小时监控。

2009 年，执法局对历年形成的 709 户违章建筑，按管区进行摄像取证，定期核查；对有审批手续的 141 户平房建设工程以及翻建、维修的 136 户工程及时进行公示；拆除 399 户 28110 平方米无手续违章建筑；组织 38 次"百人行动"，依法强制拆除违法建筑 46 处 8600 平方米。

2010 年，执法局开展"严管年"活动。按照"零违章""不罚款"工作目标，组织大型拆临拆违 20 多次，出动执法人员 870 人次。拆除违法建筑 564 处、41085 平方米，节约拆迁成本 1 亿元。

2011 年，投资 180 万元，在棚户区安装 48 个高空探头实行 24 小时监控，发现、拆除违章 146 处、24000 平方米，完成 16 个项目区 10112 户的取证工作。

2012 年，临河区行政执法检查局有效监管 98 处大型公建项目，对 8 处未按规划要求建设的督促其变更手续；组织开展大型拆迁行动 35 次，拆除面积 26000 平方米。组织中队拆除违法建筑 491 处、85179 平方米。

2013 年，监管城区 107 处 540 万平方米公建项目，处罚 16 处违反规划管理要求的项目。完成景观实体围栏 40 处 10100 延长米。拆除违法建筑 237 处 3.5 万平方米。

2014 年，监管建设规模 1211.08 万平方米公建建设项目 116 处，立案处罚 11 起，督促项目办理规划调整 8 处，完成景观实体围栏 40 处 12121 延长米，清运清理工地周边堆放的基建废土和生活垃圾 7 万立方米，制止建筑工地夜间施工噪音扰民 52 起，处罚 4 处噪音扰民建筑工地；督促开发项目按标准制作规划公示牌 50 处，资料汇编 62 处。督促 49 处建设项目缴纳农民工工资保障金，督促 51 处建设项目安装出入口摄像；加强城市各类管网、城市公共设施建设、小区管网监管执法力度；在项目区设置 360 度远红外球形旋转摄像头，对监控范围进行全天候监控；拆除违建 259 处 24603 平方米。

2015 年，监管城区建设规模 956.29 万平方米公建项目 118 处，立案 13 件，结案 10 件；拆除违建 35000 余平方米；审批有手续危房翻建 99 户，立案查处违法建筑 9 起，面积 5818 平方米。移送土地局违法建设 22 处，面积 6469 平方米；拆除阻碍乡村道路施工的临时建筑 573 处、9503 平方米；出动 400 余名干部、2000 多名环卫工人，投入清

扫机械 35 辆台、工程机械 40 余辆台，进驻乌兰图克镇 14 个村组，拆除破旧房屋、院墙、猪羊圈，清理院落 111 户，拆除土房 174 间，新砌院墙 3651 米，院落铺砖 2110 平方米，拆除土墙 6251 米，清理"四堆"（柴草堆、土堆、粪堆、垃圾堆）2709 堆，拆除圈舍 2356 个。投入 50 万元，购买大红砖，用于完成清理"四堆"任务。

2016 年，监管城区 81 处开工在建项目，办理建筑垃圾调运手续 103 处。清理建筑垃圾 31.5 万立方米，垃圾处理场处置 6.5 万立方米，二次利用建筑垃圾 25 万立方米。规划管理立案 63 件，结案 42 件。施工现场渣土运输采用密闭运输车辆，防止运输中"抛、洒、滴、漏"影响市容环境。制止噪声扰民 26 起，拆除违建 3.6 万平方米。

第四节　市容市貌整治

1991—2003 年，临河区行政执法检查局开展市容市貌长效管理和集中整治工作。清理临时流动摊点 13199 处，清理店外经营、乱堆乱放 5953 处，清理店外修理、加工 1395 家，清理不规范广告牌匾 1937 块，清洗玻璃、橱窗、窗间墙贴字 4523 处，清洗乱贴乱画、留言、启事 5637 张，清理煤炭市场、废品回收市场 64 家，签订"门前四包"（包卫生、包绿化、包秩序、包设施）责任状 3078 户，拆除主次干道临时建筑 36 户、工程围栏 41 处，清理基建废土 527 车，治理沿街噪声污染 308 家；落实"门前四包"责任制，与沿街商户签订"门前四包"责任状；开展畜力车进城专项治理整顿，规范、疏导进城销售农产品畜力车 9620 多辆次，配带标准粪兜 960 个；抗击非典取得成效，制定严密内控制度和工作方案，购买防护服 72 套、口罩 300 个、手套 150 副、药皂 3 箱、消毒液 200 瓶，为每名队员购置体温计和抗病毒药品，价值 12000 元，确保队员在开展市容市貌和防控工作中做到自身安全与健康。抽调 30 人，参加

城区 5 家大型宾馆监控工作，对外流人员实施 24 小时值班监控；完成"双创"验收工作，为沿街单位及业主下发《关于迎接六星级文明城市检查验收的紧急通知》7000 多份，编制"双创"《简报》4 期；开展包扶养羊、养牛和招商引资工作，副科以上干部落实"放母收羔"资金 3000 元，落实"揽储放贷养奶牛"存款 15 万元，为农户青贮玉米秸秆投资 1000 元，建青贮窖池 59 座，青贮秸秆 639000 公斤，平均每户 1278 公斤。

2004 年，执法局开展户外广告、门牌字号集中清理整顿，拆除无主、破旧大型户外广告牌 12 块，拆除不规范广告牌匾 1244 块，清理玻璃、橱窗、窗间墙贴字 4647 户，整顿更换门牌字号 1014 块，清理占道广告牌匾 1164 块，拆除过街标语、条幅 20 条；开展"乱喷、乱涂、乱贴"广告集中清理整顿，4—7 月，出动巡逻执勤车 4 辆、执法人员 30 人，每日凌晨 2：00—5：00 在城区主次干道巡逻执勤，清理清洗覆盖小广告 33716 条，协助公安机关抓获乱喷小广告违法嫌疑人 27 人；实施"三路两街"（胜利路、团结路、建设路，新华街、解放街）和 4 大出口整容换装和城区拆墙透绿工程，下发整容换装通知 6000 多份，督促 259 家沿街单位、商业门店进行立面装修，督促 939 家单位、门店进行墙体粉刷油饰；实施城区铁塔和大型建筑物亮化工程，城区 23 座铁塔全部进行亮化；"三路两街"完成 67 处建筑亮化；开展早市、夜市和临时市场规范整顿，取缔竞香苑、人民公园西门早市和影剧院、人民公园东门夜市；免费为 354 辆三轮车业主更换营运牌照。

2005 年，执法局新建 4 个封闭化便民市场和近百家便民瓜果蔬菜店，新增自行车定位器 100 个；拆除城区老式公用电话亭 276 个，拆除车站市场两侧违章建筑 2800 平方米；实施出入口畅通工程，拆除"六大出口"（临白路、临磴路、临陕路、临狼路、先锋桥出口、朔方出口）两侧的违章搭建 65 处 900 平方米；开展商住楼下餐饮业、娱乐业油烟、噪声扰民问题专项整治；开展城区

畜禽屠宰点治理整顿，落实集中屠宰、集中检疫 50 家；开展煤炭市场和废品回收市场集中整治。

2006 年，开展废旧回收市场、煤炭市场、砂石料市场、停车场、交通秩序、门牌字号、噪声扰民、拆墙透绿、出口整治、植绿护绿等专项整治工作。取缔中心城区煤炭市场 35 个，废旧回收市场 60 个；取缔砂石料场 10 家；整顿餐饮、娱乐业油烟污染、噪声扰民 318 家；在建设路、临五路、团结路划定停车标线，完成 4 个永久性停车场选址工作，督促城区 19 家大型汽车修配厂、洗车行搬迁到巴运物流园区经营，在胜利路、新华街划定自行车、机动车停车位 91 处，处罚违章自行车 286 辆、小汽车 140 辆，交通秩序明显好转；对城区主街路和五大出口的建筑物进行整容换装、美化亮化，立面粉刷建筑物 147 处 2 万平方米，新上霓虹灯 73 处，在出口两侧设立大型公益广告牌 22 块，拆除出口有碍观瞻建筑物 27 处 1140 平方米，拆除欧式街风雨篷 800 平方米，督促啤酒厂等 7 家单位实行拆墙透绿，拆除城区各街路大型户外广告 58 处，更换到期、破旧门牌字号 1312 块。

2007 年，开展"四项整治"工作，即：户外广告、门牌字号，临时马路市场、早市、夜市，不文明行为，车辆停放秩序整治工作；将 95% 的城市中心区煤炭、废旧回收点搬迁到"三桥一庙"（南面的先锋桥、西面的马道桥、北面的大兰庙桥、东面的章嘉庙）以外；完成自治区 60 周年大庆、八星级文明城市创建验收及临河区第八届消夏文化艺术节的市容环境秩序保障工作；完成 2828 家单位、企业、门店整容换装工程。

2008 年，执法局查处各类违章停车 4200 多辆次，取缔违章占道经营摊点 4310 处。开展洗车、修配、销售点专项整治，对 27 家无沉淀池的洗车行关门整改，说服教育 16 家汽车修理行搬迁至巴运物流中心进行经营。清理取缔城市中心区和五大出口 67 家废旧回收市场和 18 家煤炭市场，与四路三街七条主干道沿街 4300 家单位、商家门点、住户签订"门前四包"责任制。

2009 年，推行"网格管理四包制、建档计分责任制、重点地段严管制"运行机制，查处店外堆放、倚门销售 5860 起，查处流动商贩 1260 起，主干道杜绝流动摊贩叫卖现象。清理春联、玻璃贴字、各类小广告 12126 张。在各街道合理设置公益广告栏 145 处，治理沿街门店乱倒污水、垃圾 143 起，公开曝光 12 起，处理各类扰民事件 76 起。拆除到期、破损大型户外广告 49 处，安装霓虹灯 87 处，关停 37 家煤炭市场。投资 84 万元，完成欧式街改造工程。投资 109 万元，清理整治 1219 块门牌字号，处罚乱停车辆 654 辆次。开通"城管短信息语音警示系统"，处罚张贴广告的违章人员 300 人。清洗、粉刷主次干道 15 万平方米的迎街门面、墙体，清理背街小巷零星基建垃圾 1000 立方米。

2010 年，清理乱贴乱画 5000 余处，追呼非法小广告电话 2013 部，行政处罚 651 人。处理简易案件 3495 起、一般案件 130 起，下发整改通知 4860 份。组织大型市容市貌集中整治 15 次，清理规范各类违法占道经营行为 890 人次。组织对运输流体散装货物造成遗撒的专项整治 5 次，处罚车辆 30 辆。组织大型拆临拆违行动 20 次。

2011 年，进行市容市貌集中整顿 78 次，出动执法人员 4544 人次，处罚教育违法当事人 960 人次，先行登记保存经营车辆 320 辆次。追呼违法小广告电话 3182 部，处罚 1116 人，教育 52 人次，贴单处罚 610 辆，拖扣机动车 15 辆，扣留处罚运输流体、散装货物不苫盖或造成遗撒泄露车辆 271 辆。

2012 年，清理流动商贩 6297 处，行政处罚 4683 人次，先行登记保存各类经营工具 1097 件、车辆 367 辆，非机动车乱停乱放 1129 辆，清理取缔 7 辆报废车，清理覆盖 10520 处，规范门牌字号 1123 处。对早市、夜市 718 户经营商户进行划行归市，拆除 IC 卡电话亭 260 个。开展流浪狗收容专项治理活动，收容流浪狗 6780 条。

2013 年，抓获并拘留乱喷涂小广告人员 15

人，追呼"三乱"（乱写、乱画、乱贴）小广告电话号码 2892 个，处罚乱发广告人员 904 人次，清理覆盖各类小广告 13349 条。施划车辆停放标线 47000 处，贴单 32479 车次，处罚 8275 车次，移交区交警大队 13594 车次。建设 2 个临时便民市场，安置流动商贩 279 户。整治流动商贩 10574 处，查处遗撒道路车辆 1750 辆，清理乱堆乱放 10613 处，教育处罚噪音扰民 394 起。拆除京藏高速临河区出口大型擎天柱广告牌 18 块、户外广告和墙体广告 21 块、楼体破旧广告 10 处、破损公交站牌广告 30 块，拆除、更换破旧门头牌匾 9100 块。收容流浪狗 1.9 万只。

2014 年，抓获并拘留乱喷涂小广告人员 3 人，清理覆盖各类小广告 30686 条，清理对联及橱窗贴字 30646 处。追呼"三乱"小广告电话号码 5933 个，处罚乱发广告人员 2248 人次。纠正车辆违停行为 61288 车次，处罚 13335 车次，移交临河区交警大队 34465 车次。收容流浪狗 4950 只。清理流动商贩 7363 处，先行登记保存各类经营工具 600 件，清理乱堆乱放 10765 处，教育处罚噪声扰民 520 起，查扣各类占道广告灯箱和 LED 显示屏 967 块，查处垃圾污水混倒行为 265 起。

2015 年，市容市貌类案件立案 1423 件，移送法庭 155 件，结案 478 件。建成 9 个便民市场，城区 3000 多个流动摊贩全部入市经营。立案处罚 63 件无审批设置和乱挂户外广告行为，抓获并拘留乱喷涂小广告人员 10 人，清理覆盖各类小广告 7000 余条，清理橱窗贴字 6070 处。追呼"三乱"小广告电话号码 2960 个，处罚乱发广告人员 936 人次；查处蒙文使用错误和不规范门牌 1882 块。不按规定乱停乱放机动车贴单 16694 车次，处罚 3151 车次，移交区交警大队 9217 车次。规范停车秩序 2800 次，拖扣车辆 37 辆，协调交警部门制作通告牌 190 余块。

2016 年，临河区市容市貌案件立案 957 件，移送法庭 642 件，结案 418 件。新建 3 座大型便民市场，引导 3000 个流动摊贩入市场经营；规范门牌字号 2465 处，清理橱窗玻璃贴字 3565 处，查处蒙文使用错误和不规范门牌 1205 块，清理覆盖各类小广告 24000 条，追呼"三乱"小广告电话号码 2960 个，处罚乱发广告人员 1022 人次；增设停车位 1256 个，取缔地桩、地锁 53 个；机动车乱停乱放贴单 87268 车次，移交区交警大队 58395 车次；规范 22000 辆，查扣 13651 辆，处罚 9608 辆；完成全国龙舟赛、沿黄公路自行车赛、世界华人篮球赛、河套文化艺术节、环镜湖自行车赛、国际马拉松赛等大型活动后勤保障服务；筹资 300 余万元，建设智慧城管指挥中心，累计接收信息采集员、群众各类举报信息 2 万条，下派任务 14935 条，95% 以上的举报信息得到及时处理。

第五节 城市环境卫生治理

1991—1992 年，临河市更新 4 辆解放牌 141 自卸车、2 辆粪罐车、2 台 1.5 吨铲车，1 台四轮吸粪车，用于环卫工作。临河市实施综合改革，市环卫局撤局建站，隶属市城市建设委员会。全国卫生检查团来临河市检查。

1993—1997 年，临河市环卫站被自治区建设厅评为环卫系统先进集体。巴彦淖尔盟顺利通过星级文明城市验收，跨入自治区三星级文明城市行列。

1998 年 8 月 18 日，临河市政府决定，将每年的 8 月 18 日定为环卫工人节。全市全年垃圾入场量 15 万吨，粪便入场量 10 万吨。

1999—2001 年，临河市垃圾入场量 45 万吨，粪便入场量 875 万吨。2002 年，国家发改委批准临河市建成总投资 6200 万元的垃圾无害化填埋场，同年垃圾入场量 15 万吨，粪便入场量 8.4 万吨。2003 年，临河市投资建成日处理 1.2 吨的医疗废弃物焚烧站，垃圾入场量 10 万吨，粪便入场量 8.5 万吨。2004 年，临河区建成垃圾无害化处理场，全年垃圾入场量 8.8 万吨，粪便入场量 9.2 万吨。2005 年，全区垃圾入场量 8.3 吨，粪便入场量 7.8 万吨。

2006 年，临河区投资 126 万元，购置大型清扫车 2 台，全年垃圾入场量 147 万吨，粪便入场量 8 万吨。2007 年，临河区投资 206 万元，购置大型清扫车 2 台、多功能清洁车 1 台、多功能除雪车 1 台。全年垃圾入场量 13.7 万吨，粪便入场量 8.3 万吨。2008 年，临河区投资 831 万元的巴彦淖尔市医疗废物集中处置中心立项，2009 年 6 月底完工。2008 年垃圾入场量 9.8 万吨，粪便入场量 7.3 万吨。

2009 年，临河区环卫站接收新区新建道路、旧区原各办事处负责的已硬化居民巷道的清扫保洁任务，新增面积 215 万平方米，清扫保洁总面积 440 万平方米。为缓解清运压力，临河区筹集资金 3400 万元，建成巴彦淖尔市医疗废弃物集中处置中心、粪便无害化处理厂和压缩式垃圾转运站。全年垃圾入场量 11 万吨，粪便入场量 7.8 万吨。

2010 年，临河区 10 座压缩式生活垃圾转运站建成使用，粪便无害化处理厂工程后期建设项目主体竣工。投资 700 万元，建成 35 座旱改水公厕、6 座标准化水厕。购置了清扫三轮保洁车 20 辆、果皮箱 200 个。全年垃圾入场量 12 万吨，粪便入场量 9.8 万吨。

2011 年，巴彦淖尔市医疗废弃物集中处置中心在临河区建成并投入使用，粪便无害化处理厂项目具备生产条件。建设完成转运站 16 座、水厕 20 座，改建地坑式垃圾转运站 8 座，改造 3 座生态环保公厕。购置配备垃圾集装箱 10 个、购置 5 辆清运自卸车、30 辆清扫三轮保洁车。全年垃圾入场量 11 万吨，粪便入场量 4.2 万吨。

2012 年，临河区城市管理行政执法局环卫中心接收新区 100 万平方米清扫保洁任务，接收 11 个办事处环境卫生清扫保洁任务。临河区投资 411 万元，购置后装式垃圾清运车 3 辆、20 型铲车 1 台、摆臂式清运车 2 台、真空吸粪车 1 台、后装式压缩车 1 台、手推清洁车 50 辆、三轮清洁车 100

辆，后装压缩式垃圾车2辆，高空作业车1辆，清掏车、装载车各1辆。全年垃圾入场量12万吨，粪便入场量4万吨。

2013年，全区入场生活垃圾11.6万吨、粪便12万吨，拉运土方1.2万立方米覆盖垃圾堆，垃圾堆消毒7万平方米。临河区75座水厕全天开放，方便了群众。春秋季2次清掏253座旱厕，维护旱厕70座、水厕60座。

2014年，环卫中心在城区道路清扫保洁、垃圾清运、粪便清掏、厕所管理等方面，全部实行市场化运作。同时，临河城区部分街路实行管干分离。投资3亿元，推行垃圾无害化处理；投资2462万元，新建9座、改建1座压缩式垃圾转运站；投资6200万元，进行餐厨垃圾处理工程建设。环卫中心自筹732万元，购置10台洒水车、4台清扫车、2台自卸车、2台后装垃圾清运车、1台高压冲洗车。道路清扫清洗率35%以上；新建1座170平方米粪便车间、240立方米实储粪池，铺设530米污水管道，建30立方米化粪池1个、30立方米提升泵站1个，实现垃圾日产日清。全年生活垃圾入场13万吨，粪便入场1.8万吨，垃圾清运率98%，处理率93%以上。消杀、消毒7万平方米垃圾堆及周边场，用土方1万平方米覆盖垃圾堆。维修平台和设施56处，清理人行道、绿化带内石块垃圾140吨，清理临策铁路沿线垃圾废土8536立方米，清理金川河垃圾300立方米，道路设施完好率97%以上。

2015年，临河区投资3397万元，改造城区旱厕118座；筹集资金1500万元，开工建设城区垃圾转运站一期工程，为集镇、城郊村组建设垂直无压缩转运站14座，安装压缩设备14套；清理包兰铁路沿线的垃圾600车次，清运垃圾3000吨。全年入场生活垃圾12万吨，入场粪便1万吨，垃圾清运率98%，处理率93%以上。

2016年，临河区投资1838万元，配套建成便民厕所50座；投资8000万元，开工建设城乡生活垃圾综合处理工程，为环卫中心购置环卫专用车

辆50辆、垃圾桶2.8万个。从2016年开始，农村生活垃圾实行"户分类、村保洁、镇收集、区转运处理"城乡一体化运行模式。城区各类垃圾进场3.2万车、13.4万吨，清掏队清掏粪便1638车5163吨。临河主城区道路机扫率和洒水率从上年的60%和15%，提升到85%和40%。临河区综合执法局自行维修维护各类车辆300辆，节省开支90万元。

第六节　市政设施建设

2003年，临河市行政执法检查局查处损坏城市道路行为25起，查处损坏城市市政设施行为27人次。

2007年，临河区行政执法检查局查处向检查井、雨水箅、排水设施内乱倒污水杂物的违章行为789起，处理擅自开挖路面的违章行为402起，处理私接管道行为82起，查处各类超载超重车辆435辆次，调整雨污水检查井、收水口204座次，补修破损黑色道路及罩面1.3万平方米，维修人行步道4600平方米，维修路侧石8000延长米，维护土路铺砂2.6万平方米。道路设施完好率98%以上；完成城区307公里排水管网清淤维护，管道疏通率99%以上，泵站正常运转率98%以上；清洗路灯灯罩2遍，每月检修路灯4遍，每月清洁路灯控制箱1遍，维修电缆故障90处，更换路灯电缆600米，更换各类路灯设施零配件1万件，拆除解放街路灯和新华街路灯56基，维修撞坏路灯杆20根，城区路灯着灯率、设施完好率均为98%以上；日处理污水3万余吨。临河区投资900万元，新建污水管网13公里，硬化巷道80条，计3.4万平方米；完成投资9990万元的中水回用工程；实施临狼北路路灯架设工程；清理疏通300公里排水管网和16公里排水明渠。争取上级资金750万元，为新华东街（工业路以东）铺设3公里排水管网。查处擅自破路行为83起，依法规范洗车行180次，

对 24 家排水用户的水质水量跟踪监测。更换井盖、箅子 204 件套，下发道路、排水及路灯设施维修通知单 920 份。投入 130 万元，购买铲车、翻斗车、电缆故障测试仪和沥青储存罐等一批新式维护管理机械设备。

2008 年，清理零星基建废土 7264 立方米，对 68 辆未进行苦盖的废土拉运车辆进行处罚。

2009 年，补修黑色路面 1 万平方米，补修人行道及广场 3.7 万平方米，维修更换路侧石 1.4 万延长米，维修断裂排水管道 158 处。调整雨污水检查井 376 座次、收水口 353 座次，道路设施完好率 98% 以上。完成排水管网二遍清淤维护，维护主次干道 350 条、巷道 373 条，清理疏通雨污水检查井 2532 座次，雨污收水口 4418 座次，清运污泥 700 立方米，检修泵站机电设备 260 台次，清理泵站积水池 18 座次。管道疏通率 99% 以上，泵站正常运转率 98% 以上；路灯维修电缆故障 326 处，更换电缆 2600 余米，更换零配件 8000 余件，维修撞坏灯杆 27 根，路灯着灯率、完好率 98% 以上。临河区投资 600 万元，完成 16 公里集镇管道铺设，建成 6 座小型泵站；投资 290 万元，实施 9 个集镇的路灯工程，架设路灯 386 基，铺设电缆 21 公里；投资 54 万元，安装路灯 160 盏。

2011 年，补修破损黑色路面 1.4 万平方米，油路开槽灌缝 1 万延长米，补修人行道及广场 3400 平方米，维修更换路侧石 1.3 万延长米；维修雨污检查井 163 座，雨污收水口 182 座；维修断裂排水管道 21 处，维修广场喷泉护栏 8 处，维修立交桥护栏 30 余米，补修先锋立交桥混凝土路面 300 平方米，更换管道 30 米。道路设施完好率 98% 以上；清理疏通雨污水检查井 5238 座，疏通收水口 1257 个，清挖收水口 5871 个，清运垃圾污泥 450 余吨，检修泵站机电设备 1462 余台次，管道疏通率 98% 以上，泵站正常运转率 98% 以上；维修路灯 6640 盏，电缆故障 249 处，维修撞坏路灯杆 27 根。路灯着灯率、设施完好率 98% 以上，投资 1800 万元，改造 14 个老旧小区；投资 1826

万元，完成东大坑 2.26 公里方沟建设。临河区投资 1774 万元，实施西区路灯新架工程。

2012 年，临河区投资 4817 万元，实施老旧小区改造、临陕路改造、科文广场改造、火车站广场改造、朔方路改造、东大坑污水方沟工程，完成城区 105 条排水巷道、5 座污水泵站和 15 条街路次干道清淤工作；更换路灯 721 盏次，维修景观灯 865 盏次；维修电缆故障 86 处；更换井圈井盖 526 座；维修更换雨污收水口 168 座；维修人行道砖 4200 平方米；完成油路补修切割 1.3 万平方米。

2013 年，临河区投资 3872 万元，对城区 16 个老旧小区进行综合改造；投资 9306.66 万元，在城区实施街景改造工程；投资 4610 万元，对城区路口、土路、巷道及绿化带进行综合改造；投资 1444 万元，新装路灯 726 基。在 14 条街路、8 个重要节点、5 个广场，安装串灯、流星雨灯、LED 灯、大型节日彩灯；投资 3400 万元，对城郊四排干实施综合改造，新建排水方沟 2.85 公里，对四排干进行彻底清淤、填埋绿化，并配套建设厕所、垃圾池等环卫设施；投资 875 万元，对先锋立交桥进行改造；投资 435 万元，对新农村建设示范点——九庄文化大院进行亮化美化；投资 7362 万元，更新改造供水主管道 46.2 公里、老旧小区供水管道 32.4 公里；下达道路、排水、路灯设施维修通知 8693 次；向电信、网通、自来水及城区各供热单位及时反馈故障信息 1255 条；查处违章破路行为 134 次，查处撞毁路灯杆行为 7 起；维修路灯 4623 盏次、景观灯 1016 件，维修树灯 677 处、路灯电缆故障 389 处，路灯亮灯率 97%；59 条主次干道、300 条巷道排水管网全面清淤 2 次，人工清淤 15 条街路 20.8 公里排水管道；清理疏通雨污水检查井 4430 座，疏通收水口 2126 个，清挖收水口 1 万多座，外运垃圾污泥 1600 立方米，管道疏通率 96% 以上；切割补修油路面 1.2 万平方米，维修人行道面积 0.5 万平方米，维修更换路侧石、平石 1.1 万米，维修更换雨污水检查井 421 座，新增设雨污水口 280 座，城市道路完好率 97%。

2014年，临河区实施湿地公园景区的万丰村村庄整治、八一乡张子高圪旦村容村貌整治、永济渠西岸设置休闲长廊、河套大街配套改造、路灯微控及防盗系统安装、东大坑污水方沟续建、路灯节能改造、老旧小区二期改造、巷道整治、铁路小区污水管道应急改线、大型围挡制作安装工程；维修路灯12326盏次，维修电缆412处，路灯着灯率98%以上；人工完成利民街、光明街、团结南路主管道清掏清理；更换损坏报废的水泵4台，更换泵站主电源电缆3处300米，排除泵站设备故障275台次，泵站停电应急发电抽水15次，应急抽水地势较低的区域和城区积水1万立方米；维修人行道3626平方米；维修桥梁12处；补修油路5590平方米，调整、更换路侧石2000米；维修雨污检查井、雨污收水口366座；新增雨污收水口65座、新做收水口连接管474米，施作湿地公园挡车杆53处，铁艺围栏1700米；集中维修5大广场，更换广场砖150平方米，维修喷泉护栏35次，更换护栏45米。

2015年，临河区投资1.9亿元，对城区760条70万平方米的土巷道进行集中改造，惠及城区3.96万户10.7万人；投资4925万元，按照5A级景区规划打造狼山镇富强村五组；投入970万元，实施老旧小区改造工程；投资1844万，实施东大坑方沟续建工程；维修路灯1万余盏次，维修路灯电缆故障396处，路灯着灯率、设施完好率均在98%以上；清淤维护主次干道45条、巷道614条，清理疏通雨污水检查井4523座，疏通收水口20311个，清挖雨水收水口1.8万座，外运垃圾污泥3700立方米，管道疏通率96%以上，泵站正常运转率98%以上。完成油路灌缝7357米，切割补修黑色路面1.1万平方米；维修破损人行道3626平方米；维修更换雨污水检查井、收水口355座；新增设雨污水收水口65座，新做收水口连接管370米；集中维修5大广场，更换广场砖752平方米，道路设施完好率97%以上。

2016年，临河区投资1.79亿元，实施城区342条土巷道集中改造工程，铺设排水管网45公里，安装路灯1100盏；建成2个占地1万平方米可容纳500个摊位的便民市场；完成火车站广场综合改造，广场占地面积1.9万平方米，外立面建筑面积1.1万平方米，工程造价1898万元；实施民主村四组综合整治工程，完成卫生整治、上下水新建、公厕、垃圾处置、污水处理、景观、监控设备、电缆下地、游客接待中心以及整个村庄的设计和施工，工程概算7000万元；建成1100亩供市民体验的富强村市民开心菜园，完成乌兰图克镇75个自然村施工改造任务；切割补修黑色路面1万平方米；维修破损人行道4600平方米，维修路侧石、树池、花池等3.8公里。集中维修五大广场2遍，更换广场砖150平方米，维修人民广场、星月广场、经纬广场喷泉护栏35米，更换护栏45米；新华街与金川大道新增1.2米雨水管道70米，维修更换雨污水检查井、收水口461座，雨水、污水井盖105块，雨污水箅子142个。新增设雨污水收水口70座，道路设施完好率97%以上；完成城区排水管网全年2遍集中清淤维护，累计清淤维护主次干道160条、巷道723条，清理疏通雨污水检查井6860座，疏通收水口3226个，清挖雨水收水口1.5万座，外运垃圾污泥1600立方米；更换损坏报废水泵4台，更换泵站主电源电缆3处300米，立交桥泵站清理积水池1遍，排除泵站设备故障275台次，泵站停电应急发电抽水15次，管道疏通率96%以上，泵站正常运转率98%以上；实施东门雨水泵站改造工程，更换4台立式泵。对临河区第九中学雨水泵站潜污泵进行维修，保证居民区排水畅通；安装高杆灯组合灯笼60基350串2860盏；星月广场、经纬广场安装灯笼1080个；安装新华街流星雨小灯笼1万个、串灯2万串，维修路灯、中华灯、景观灯1.5万盏次，紧急处理电缆故障300次，维修路灯检修门100个。巡修线路620公里，维修路灯专用变压器50台次，维护控制箱120次，更换老化电缆及配电线4000米，完成主要街路、节点重要路段迎检亮化任务，路灯设施完好率95%以上，着灯率98%。

第七节　园林绿化

2003—2005年，临河市（区）行政执法检查局查处破坏园林设施、绿地行为40人次。

2006年，临河区行政执法检查局查处破坏草坪、绿地、树木案件47起。

2007年，查处损坏草坪、花坛、树木的违章行为197起，处理非法侵占绿地施工作业、停放车辆或设置营业摊点158起，查处损坏园林设施行为27起。

2008—2016年，查处损坏绿地行为38起。由于职能转变，临河区执法局不再承担园林绿化监察执法工作。

第六章　房地产建设与管理

第一节　房地产开发

一、市场发展情况

临河区房地产业发展历程，经历了两个重要阶段。

1998 年房改开始到 2012 年为第一阶段。在巨大的消费需求和投资需求集中释放过程中，在房地产与经济相互助力的进程中，临河区房地产行业快速"奔跑"了 15 年，房地产开发投资年均增速 33%，高出 GDP 平均增速 18.1 个百分点。

2013—2016 年为第二阶段。全国房地产库存增高、投资下滑、区域分化严重。临河区房地产业也面临两个难关：从短期看，存在"高库存关"（剩余房子很多），高库存严重威胁着房企再投资和新开工。2015 年 11 月末，临河区商品房待售面积 51.9 万平方米，按照我国人均住房面积 30 平方米计算，仅"库存"的现房就可供 1.73 万人口居住。而期房库存量更大，建设未竣工、还未开工的潜在库存并未计算在内，如果计入，库存会倍增。从历史走势看，更能说明问题。1998—2011 年，临河区商品房待售面积很小，从 2012 年开始，以年均 29.1% 速度增长，对应商品房销售也由 2011 年的 126.3 万平方米降到 2015 年的 71.2 万平方米。从总体发展看，在 2011 年之前，临河区住宅总体供不应求，房价持续而快速上涨。2011 年，临河区城镇居民的平均住房面积为 25.6 平方米，相比 2001 年住房改革刚开始时的 18.7 平方米，有了大幅增长，相比 1998 年房改之前更是飞跃式进步。我国小康生活的住宅标准是 35 平方米，如果算上城郊区的小产权房，2015 年临河区城镇居民平均住房面积达到 30 平方米，住宅告别短缺时代。

从中长期来看，存在"新动力"不足的难关。近几年房地产库存持续高位和信贷紧缩政策一直未放松，直接影响房地产开发投资。2015 年临河区房地产开发投资仅为 20.1 亿元，增速比上年下降 38%，比 2011 年回落 71.5 个百分点，创历史新低。同时，土地购置面积、房屋新开工面积、商品房销售面积、开发到位资金四个前端指标，首次同时出现负增长，与上年同比分别下降 93.1%、55.0%、14.7% 和 45.3%，呈现出"在建项目"的楼盘不能尽早复工，甚至长期停工无法启动，准现房不能按期交工等现象，"半拉子工程"导致资金回笼缓慢，而刚性消费者观望心理继续加重，开发商也普遍存在坐等经济回暖的心理，对开发、推盘、定价更加谨慎，缺乏新的增长动力，房地产业面临"降温"过程中"降速"的危险，行业转型与升级更加艰难。

二、发展机遇

2015 年，房地产"十三五"规划描绘了临河区经济发展总体蓝图，为房地产行业提供了发展机遇。房地产业"新五年"的大局将由"快"向"稳"转变。具体表现在：经济稳则地产稳。未来五年，"稳增长""调结构""促改革"的政策效应逐步显现，临河区房地产业走上新的良性发展轨道；政策稳则房地产稳。在新五年中，除了常规的货币和信贷支持政策外，户籍改革、人口生育、保障房制度、城镇化建设等领域的各项政策更为积极、长效，不但利于临河区房地产业短期内度过"高库存关"，也利于临河区房地产业发展长期保持供需平衡。需求稳则房地产稳。"房子过剩"本质上是一种结构性"过剩"。2015年末，临河区城镇居民平均住房面积30平方米，与小康目标人均35平方米存在差距。未来百姓仍旧希望大幅改善居住条件。

第二节 保障性安居工程建设

一、经济适用房建设

2006年，临河区开始建设经济适用住房，共建领秀小区、芙蓉二期、尚林丽景、绿都新村、丽水新城、河畔丽景、祥和家园、景辰花园、福满园、祥和家园二期10个项目，建设规模73.02万平方米、8124套。

2010年4月29日临河区召开棚户区改造指挥部第一次会议。临河区首次将农牧民纳入经济适用住房销售对象范围，凡是户口在临河区的农牧民都可申请经济适用房。

2011年7月1日临河区召开棚户区改造推进大会。11月6日，巴彦淖尔市重点棚改项目，北边渠棚改及景观配套项目在临河区开工。

二、廉租房和公租房建设

2008年，临河区开始建设廉租房、公租房。

2016年，临河区建成及在建公共租赁住房项目10个，总建设规模43.7万平方米8187套，总

投资10.79亿元，共争取上级各类资金71613万元，其中建设资金47556万元。建成并交付使用的有：丽水新城、河畔丽景、祥和家园、山河东苑、朗润园、佳洋温馨华庭、泰和园、嘉和园、东兴嘉府一期、惠民雅居一期，总建设规模32.82万平方米6461套，投资7.35亿元，分配入住5312套，达到交付条件的公租房分配入住率82%；在建项目分别是东兴嘉府二期、惠民雅居二期，总建设规模10.88万平方米1726套，总投资3.44亿元。

项目进展情况如下：

丽水新城，东至开源路，南至红铁街，西至乌兰布和路，北至曙光街。配建廉租住房1.4万平方米300套，项目为多层建筑，投资1955万元，2008年10月10日开工，2010年1月26日交付使用。

河畔丽景，东至金川大道，南至红铁街，西至开源路，北至曙光街。配建廉租住房1.06万平方米195套，项目为多层建筑，投资1661万元，2009年4月10日开工，2010年12月交付使用。

祥和家园，北至预留地，东至规划路，南至新华街，西至高压线走廊。配建廉租住房1.91万平方米420套，项目为多层建筑，投资2523万元，2009年4月15日开工，2010年6月1日交付使用。

山河东苑，东至朔方路，北至地质街，西至东升路，南至永安街。配建廉租住房3.61万平方米780套，项目为多层建筑，投资5961万元，2009年10月开工，2011年3月15日交付使用。

尚林丽景、绿都新村、河畔丽景、丽水新城、祥和家园、祥和家园二期、景辰花园、福满园8个经济适用住房小区全部交付使用并入住。

朗润园，北至临狼路，西至胜利路，东至朔方路，南至景观大道。项目总建设规模12.39万平方米2336套，投资27263万元。2011年9月10日开工建设，2014年6月17日交付使用。

佳洋温馨华庭，北至鲁花街，西至经济开发区电厂路，东至规划路，南至八一学校。配建公

共租赁住房 0.95 万平方米 158 套，投资 2093 万元。2012 年 9 月开工建设，2014 年 12 月 30 日交付使用。

泰和园，北至曙光街，西至金川大道，东至规划路，南至红铁街。配建廉租住房 3.57 万平方米 685 套，投资 10707 万元。2012 年 8 月 26 日开工建设，2014 年 12 月 22 日交付使用。

嘉和园，北至曙光街，西至规划支路，东至规划路，南至红铁街。配建廉租住房建筑面积 3.58 万平方米 679 套，投资 10573 万元。2012 年 8 月 26 日开工建设，2015 年 1 月 8 日交付使用。

东兴嘉府，东兴路西，东道街北，北边渠南，铁路货运专线东。项目总建设规模 5.3 万平方米 986 套，投资 14150 万元。2011 年 9 月 10 日开工建设，2015 年 5 月 11 日交付使用 1.9 万平方米 368 套；其余 2017 年 6 月交付使用。

惠民雅居，南至红铁街，北至曙光街，西至金沙路，东至中蒙医院。项目总建设规模 10.11 万平方米 1648 套，投资 31599 万元。2012 年 9 月 27 日开工建设，2014 年 12 月 22 日交付使用 2.63 万平方米 540 套，计划 2017 年 12 月交付使用。

临河区将廉租住房租赁补贴覆盖到人均建筑面积不足 15 平方米的低保、低收入家庭，补贴标准由 8 元/平方米调整为 10 元/平方米。低收入家庭认定标准，提升至家庭人均可支配收入低于当地城市居民最低生活保障标准的 200%（含 200%，临河地区按 600 元计算），人均住房建筑面积低于当地上年度人均住房建筑面积的 80%（含 80%）的家庭，可认定为低收入家庭。

到 2016 年，临河区累计纳入住房保障的家庭 8363 户，累计发放廉租住房补贴 28119 户 7401 万元，实物配售 5096 户，实物配租 216 户。

三、棚户区改造

临河区中心城区总规划面积 60 平方公里，建成区面积 56 平方公里，在规划区范围内有棚户区 695 万平方米。2010 年，临河区棚户区改造起步，先后启动实施 47 个棚户区改造项目，涉及棚户区居民 1.95 万户，计划改造面积 235 万平方米。至 2016 年，完成棚改项目 11 个，完成率 23.4%；累计完成房屋征收 1.66 万户 198 万平方米，涉及回迁安置房 17049 套，实际交付 12149 套，回迁房交付率 71.3%。巴彦淖尔市、临河区两级共落实棚户区改造项目 72 项（其中签订棚户区改造协议 52 项，自治区备案项目 20 项）。实际完成项目 3 项，分别为万景世纪城一期、财富广场、金色花园；正在实施的项目 42 项；未启动项目 27 项（包括解除协议 7 项）。

受各种因素影响，临河区棚户区改造项目产生了许多问题和矛盾，尾留棚户区改造任务也面临许多困难和挑战。一是“半拉子”工程引发的信访矛盾高发多发。至 2016 年仍有 36 个棚改项目未完工，剩余 2900 户尾留拆迁久拖不决，不仅未能按计划完成上级下达的棚户区改造任务，而且小区基础设施配套和物业管理乱象丛生，严重影响居民生活，群众颇多怨声；“半拉子”工程导致近 4900 套回迁安置房逾期多年未能交付使用，其中还有三分之一左右因尾留拆迁无法开工，约 3500 户 1.2 万名棚户区居民居无定所，多家房地产企业累计拖欠居民过渡安置补助费 3 亿元，百姓利益遭受损害。二是棚户区改造项目资金紧张的状况尚未得到根本缓解。“半拉子”工程所涉及的房地产开发企业“高利贷”负担沉重，企业资金链断裂，“一房二卖”、违规销售回迁房等违法违规问题突出；国家棚户区改造项目贷款存在撒“胡椒面”现象（平均分配、平均主义），户均贷款相差悬殊，各项目之间苦乐不均，三分之二以上的存量项目存在信贷缺口，总额在 10 亿元以上；有关金融机构对棚改项目的资本金注入政策做出调整，约 3.5 亿元重点建设基金落空，导致存量项目与增量项目自有资本金来源不足，自有资本金审计事项举步维艰，造成近 20 亿元棚改贷款资金无法到位，资金沉淀与资金短缺的情况并存，矛盾极为突出。三是对落实新三年棚改计划缺乏宏观指导和措施跟进。临河区 460 万平方米尾留棚改任务的改造方式、改造时序、措施办法尚没有明确遵循；受考核问责机制和备案程序、备案方式的束缚，各方面在申报备案过程中心存顾虑；支持棚户区改造所需财政支撑体系和自有资本金筹集渠道还没有落实。

下一步努力的方向：多方筹集资金，集中化解信访矛盾；完善自有资本金审计办法，加快解决贷款资金沉淀问题；加强高层沟通，增加信贷投放；落实棚改政策，回应企业关切；强化征拆司法介入，捍卫社会公平正义；坚持"事要解决"方针，积极化解重点信访矛盾。

四、农牧区危房改造

临河区辖 9 个乡镇 151 个行政村和 2 个农场 22 个分场，共 893 个自然村。

自 2009 年开始实施农村危房改造以来，到 2016 年，上级下达农村危房改造任务 17627 户，下达补助金额 25196.96 万元；节能示范户任务 4520 户，下达金额 1130 万元。

（一）农村危房改造

2009—2011 年，临河区每年都能完成农村危房改造任务。

2012 年，天降大雨，导致多数危房倒塌损毁，上级根据实际情况增加了当年的危房改造指标，但大多数危房户无力承担建户费用，致当年危改指标剩余。

2013 年，推行"整村推进"（以扶贫开发工作为对象，以增加贫困收入为核心，以完善基础设施建设、发展社会公益事业、改善群众生产生活条件为重点，以促进经济社会文化全面发展为目标，融合资源科学规划，集中投入，规范运作，分批实施，逐村验收的扶贫开发工作形式）工程未果，指标于当年 11 月分配至各乡镇，致半数危房改造任务未完成。2012—2013 年危房改造任务剩余 1703 户。2014 年，危房改造任务于当年完成。

2015 年，上级下达临河区农村危房改造任务 4900 户，加上 2012—2013 年剩余危房指标 1703 户，合计 6603 户。

2016 年，上级下达临河区危房改造任务 4000 户，总计 10603 户。2015 年 11 月下达的 1200 户危房改造指标，因冬季无法施工，于 2016 年实施，占用 2016 年完成指标额度，导致 2016 年指标剩余；部分农户因未按标准进行内装修导致验收不合格，不能及时上报；部分农户经济条件差，难以实施危房改造。因此完成改造 15601.5 户，未完成 2025.5 户。

（二）垦区危房改造

垦区危房改造工作自 2013 年由临河区接管以来，上级下达任务 1407 户，下达危房改造补助金额 2110.5 万元，配套设施补助金额 337.68 万元。2013—2015 年，垦区危房改造任务全部于当年完成。2016 年临河区垦区任务 498 户，实际竣工 491 户。未完成 7 户为狼山农场农户，2 户因异地新建住宅宅基地未落实无法动工，5 户因经济条件差无法在当年实施危房改造。2016 年，完成改造 1400 户，7 户未完成。

第三节 综合管理

一、基本情况

1993 年 4 月，临河市成立城市房屋拆迁管理办公室（简称拆迁办），隶属市城乡建设委员会，全额事业单位，股级建制。

2009 年 4 月 22 日，设立临河区拆迁局，科级建制全额事业单位，编制 15 名，9 月人员选调到位。

2011 年 3 月，临河区拆迁局更名为临河区房屋征收和管理局，编委会核定编制 21 人，内设综合科、征收计划科、政策法规科和资金管理科。同时成立临河区房屋征收中心，隶属房屋征收和管理局，股级建制，全额事业单位，核定编制 49 人。

二、房屋拆迁与征收

1991年6月1日，《城市房屋拆迁管理条例》施行，临河市遵照执行。

1994年10月1日，《内蒙古自治区城市房屋拆迁管理条例》开始施行。临河市拆迁办承担临河市的拆迁任务，拆迁量相对较小。

1993—1998年，临河市拆迁办先后拆迁开通临河城区庆丰西街、人民北路、解放东街、建设北路，疏通利民街、西环北路、巴特尔路，拓宽临五路南北两侧和青年路，使临河市的城市道路形成较完整的交通网，缓解了交通矛盾，美化了城市面貌。同时，对团结小区、旧城南区、健康小区、光明小区、向阳小区、利民小区等几个住宅小区进行危旧房拆迁，使部分居民生活条件得到改善。

1998—2003年，拆迁办完成拆迁占地面积274674平方米，建筑面积122458平方米，涉及拆迁户数1279户。临河市开始执行国务院《城市房屋拆迁管理条例》《内蒙古自治区城市房屋拆迁管理条例》。

2003年，临河市新批准拆迁项目14处918户，完成11处908户。临河市长春街赛亨段、胜利路国泰段有3处10户未达成协议，其中5户进入法律程序，拆迁工作任务基本完成。

2008年，临河区有拆迁项目23个，拆迁占地面积250万平方米，拆迁建筑面积35万平方米，拆迁户数2200户。临河区拆迁局完成拆迁1662户，颁发拆迁许可证23个，拆迁许可证发放率100%。面对新的拆迁形势，临河区加强拆迁公司、评估机构的资质管理，严格市场准入制度，加大拆迁补偿安置资金监管力度，保证资金足额到位、专款专用。临河区拆迁局全年下达行政裁决165户，实施行政强迁19户，维护了正常的拆迁市场秩序。

2010年9—11月，临河区人民政府分别制定《临河城区工业企业拆迁安置方案》《临河区房屋拆迁补偿安置办法》，这两部规范性文件为临河区房屋拆迁工作提供了重要依据。

2011年1月21日，《国有土地上房屋征收与补偿条例》公布并施行，临河区拆迁局及时调整工作方式，以严谨的态度进行拆迁工作。

2015年，《内蒙古自治区国有土地上房屋征收与补偿条例》《临河区国有土地上房屋征收安置暂行办法》相继出台，这些规范性文件的出台，标志着临河区房屋征收工作纳入规范化轨道，临河区人民政府的征收工作开启了新模式，拆迁管理转向征收服务。

2010—2016年，临河区完成公建项目21个，涉及被征收户1949户，总建筑面积39.4万平方米。完成房地产开发项目49个，涉及被征收户11115户，总建筑面积160.7万平方米。

三、产权产籍管理

1995—1997年，临河市产权产籍管理资料由临河市城市房屋拆迁管理办公室按9个办事处的街、道、巷全部归档入柜，归档率100%。全市核发产权率为发证任务的75%，收取发证费8万元。

1998年，临河市规范发证程序，严格审批制度，工作过程有负责人审核签字，复审人员在手续齐全、产权明确的情况下才发证。拆迁办强化权属管理，对房屋现状及时登记。健全完善产权产籍微机管理系统，产权产籍资料的归档入卷规范化。从1998年起，拆迁办每年年初制定详细的工作方案，工作人员深入到居民区，一家一户普查丈量，上图编号，一号一证，避免重证。1998年完成房屋勘丈23万平方米，换发新证1256户，发放产权准确率100%。

1999—2000年，临河市换证4万户，外业勘测工作全部完成，发放产权准确率100%。

2003年，发证4232户，其中换验证707户，新登记2091户，乡镇农场发证114户，发证准确率100%，办理交易726户，新征交易594户，办理抵押4418户。

2004年，临河区办理初始登记1559户，办理抵押 2332 户，发证准确率 100%。

2013 年，临河区实现乡镇产权、产籍档案制度化、规范化、科学化管理。全区办理抵押手续 346 户，办理法院查封 17 户。发放产权证 107 户（交易 33 户，集体产权发放 6 户，国有产权证发放 68 户），发证率 100%，产权产籍归档率 100%。

四、房地产交易管理

1996 年，临河市成立房屋交易所，全区各项交易活动纳入正常市场管理。全年办理交易 330 户，收取交易管理费 15 万元。

1997—1998 年，全市办理房屋交易登记 320 户，成交额 7859 万元，收取交易管理费 30 万元。临河市建立正常交易秩序，规范房屋买卖、交换、租赁、继承等交易行为。办理房屋交易 413 宗。

五、住房公积金管理

1997 年 10 月，临河市行政、事业单位开始实施住房公积金管理工作。

2011 年 1 月，按照国务院《住房公积金管理条例》和自治区有关要求，巴彦淖尔市行政事业单位住房公积金缴存比例统一提高到 11%，各级财政把新增公积金补贴资金足额列入年度财政预算，定期拨付。其他驻巴彦淖尔市单位和企业单位参照执行，有条件的可提高到 12%，临河区遵照执行。

2003 年，临河市发放公积金贷款 51 户，金额 150 万元，为工薪阶层购买住房提供了资金保障。

2004 年，临河区归集公积金 112 万元，发放公积金贷款 35 户，总计 176 万元。

六、房屋质量鉴定

2000—2016 年，临河市（区）房屋征收和管理局出具"项目建设条件意见书"，参与开发项目的审批、把关，确保"成片开发"配套建设方针的落实，严格规范开发行为。2000 年，临河市人民政府制定《临河市房地产开发管理办法》，发放

预售许可证 7 个。

第四节　物业管理

一、内设机构

临河区物业管理局下设 4 个股室：综合办、物业办、供热供气供水办、执法监察队。

二、物业服务与管理

2000 年，临河市加强物业管理，采取措施开征物业管理公用设施维修基金，落实物业管理办公用房，签订物业管理合同，使 2000 年以后开工的住宅楼的售后服务工作得到保证。

2003 年，临河市物业管理公司按照"先易后难、逐片推开、就近接收"的原则，对旧住宅小区提供优惠政策，鼓励物业公司和开发企业接收旧小区物业管理。全年组建业主委员会 35 个，物业管理覆盖率 70%。新建住宅小区全部落实物业管理。

2004 年，临河区的旧小区物业管理覆盖率 75%，新建住宅小区物业管理覆盖率 100%。

2006 年，临河区物业管理公司督促金泰园、海天、桃园人居等 10 个新建小区，完成预售前物业管理招标工作，物业管理覆盖率 100%。采取政府投一点、业主集一点、原开发建设单位筹一点的办法，对 25 个无物业管理的旧住宅小区进行整体改造，整体覆盖率 70%。解决物业管理遗留问题、维修基金、物业公司服务质量等投诉 30 起。同时，加大维修基金收缴力度，全年收缴 336.9 万元，追缴历年旧欠 430 万元。

2013 年，物业管理局推行物业管理招投标工作，对闻都新苑小区、碧水源小区、北国华府 3 个项目进行前期物业招标，并按规定向所委托物业服务企业收取物业服务履约保证金，遏制了一些物业企业不按合同服务的现象，有 85% 以上的小

区由办事处具体负责组建业主委员会。同时加强专项维修资金监管，启动维修基金收缴的提标工作，步梯楼从15元/平方米提高到45元/平方米，高层电梯提高到75元/平方米。临河区有88个企业、172个项目建立维修资金账户，总计收取维修基金14578.69万元。推行"物业管理前置工作"，参与房地产开发项目的竣工综合验收，达不到要求不予验收。与新建物业公司签订目标责任状，治理物业服务存在的问题，促进物业服务企业提高管理水平。物业执法监察队加大物业管理纠纷排解，将物业矛盾及时化解在萌芽中。全市31家物业公司创建了物业管理协会，通过相互学习、交流，提高了行业服务水平。在自治区开展的住宅小区"创优达标"活动中，16个小区荣获自治区物业管理优秀小区称号。

2014年，临河区物业管理局开展"物业管理年"活动，即开展物业小区乱摆乱堆杂物集中整治活动，开展乱停车、乱摆自行车集中整治活动，开展卫生清理集中整治活动，实行卫生责任区划片负责制度，促进物业管理行业健康有序发展。建立各小区管理实用台账档案，建立健全企业信用档案制度，对企业经营情况、检查情况登记在册。全年进行物业管理检查3次，对检查中发现的违规问题及时纠正。加强招投标工作监管，督促开发企业完善公共配套设施，明确保修责任，维护物业企业和业主合法权益。成立城建专门法庭，加大物业费收费难案件的审、执力度，打击恶意拖欠、不交物业费现象，共审结物业纠纷案件780多件。要求各物业企业严格按照创建指标进行整改，积极投身创建活动。代表临河区接受参加观摩的6个小区受到好评，有4个物业管理项目申报自治区示范项目和优秀项目的评选。在自治区物业服务技能大比拼活动中，临河区取得好成绩。临河区物业管理局被巴彦淖尔市住建局评为物业服务技能大比拼优秀组织。协调解决临一中、芙蓉小区、中华家园、四季花城、赛亨小区、地税小区、育龙小区的供热遗留问题，通过规划审批，

实现并网。

2015年，临河区物业管理局开展在职党员进社区活动，给教育基金会捐款2000元帮扶贫困大学生，捐款6900元帮扶贫困退休职工，给引领示范联系点和辖区单位、结链单位巷道排污硬化帮扶资金1.8万元。组织物业企业开展下乡帮扶活动，捐款3万元。以创建"国家级文明城市"和"创建园林城市"活动为契机，开展物业小区清理三项集中整治活动。年内有6个物业管理项目申报了自治区优秀项目的评选，5个项目获自治区优秀项目奖。进行物业管理检查14次，对检查中发现的违规问题下达整改通知书。分别对帝景苑、东兴嘉府小区、清宜林海岸3个项目进行前期物业招投标。处理物业纠纷案件1000件，审结600件。利用3·15活动日与物业协会开展物业宣传。28家四级资质企业完成三级资质就位，新建立物业企业10家。累计归集住宅专项维修资金14870.16万元，2015年归集1846.33万元，41个项目使用维修资金567.72万元。协调阳光能源集团公司续建完成北部调峰热源厂设施，推动并网工程实施，协调解决遗留问题，确保供热平稳运行。及时处置供暖矛盾，化解供热信访矛盾46批次，涉及200余户居民。规范供气秩序，加强钢瓶管理，开展天然气行政许可审批管理工作。

2016年，临河区物业管理局帮扶贫困大学生，捐款2900元。给辖区单位、结链单位巷道排污硬化帮扶资金2.3万元。给贫困户送去米、油和慰问金。物业企业共有58家，已建立党组织的企业有17家。在脱贫包扶点新华镇建立6户包扶户档案，制定了包扶措施，有3户脱贫。有9个物业管理项目申报了自治区优秀项目评选。举办巴彦淖尔市第二届物业服务技能大比拼活动。召开临河区第一届物业工作现场会。严格市场准入，新建物业企业6家。累计归集住宅专项维修资金18748万元，2016年归集2902万元，23个项目使用维修资金353万元。定期巡查小区5次，不定期抽查11次，结合物业管理综合考评下发整改通知书70份。

表 14 - 6 - 1　　　　　　　　　　　　临河区公建项目情况统计表　　　　　　　　　单位：户、万平方米

项目	四至界限	已征收户数	已征收占地面积（万平方米）
先锋桥项目	总干渠两侧	61	2.51760
九完小项目	九完小教学楼东，规划路西，改良站北	63	1.26000
河套学院新校区	双河镇永丰村八组	23	0.58230
新体育场项目	东至金沙路，南至五一街，西至西苑路，北至新华街（包括五一街道路工程）	67	0.76100
巴市客运站	西至安北路，北至宏丰街，东至规划新路，南至五原街	227	4.97800
蒙中项目	巴彦淖尔市二中北，利民街南，蒙古族中学北二排	14	0.30000
河套大街	金川大道至明珠路段	24	0.49880
河套大街	明珠路至团结路段	323	3.65000
河套大街	团结路至胜利路段	115	2.44220
河套大街西段	东至胜利路、西至金川大道、河套大街道路红线宽度50米	321	3.70000
曙光街道路改造工程项目	水源路至先锋路	133	7.50000
永济渠景观大道项目	庆丰西街至解放西街（永济渠景观大道）	95	1.12150
市医院新址建设项目	金沙路东、沃野街南、乌兰布和路西、曙光街北（C78）	91	1.90620
临磴线临河西出口道路拓宽改造项目	110国道（西苑路至绕城线）局部地段	53	0.86000
市体育场建设项目	西苑路东、新华街南、金沙路西、五一街北（C64号）	71	1.12000
金川大道北延项目	乌拉特大街—绕城线段	36	0.71000
金川大道南延项目	金川大道南延（金川大桥至沿黄公路）	28	0.60000
黄河湿地公园项目	先锋桥西，总干渠南、北局部地段	150	4.16000
十中项目	北至校园，南至校园，西至校园，东至规划支路	25	0.29630
东洲项目	光辉路东，建设路西，河套大街双边线	13	0.21359
旧体育场改造征收项目	东至胜利路，南至东方珀丽广场，西至老干部活动中心，北至利民街	16	0.19900
合计		1949	39.37649

表 14 - 6 - 2　　　　　　　　　　临河区房地产开发项目情况统计表　　　　　　　　单位：户、万平方米

项目	四至界限	已征收户数	已征收面积（万平方米）
AT创业区	绿都新村西，五一街北，水源路东，光明街南	68	2.7600
清宜林海岸棚户区改造项目	永济渠东，解放街南，奋进路西，庆丰街北	169	2.1480
龙湖湾B地块	金川大道东，河套大街北，水源路西，明珠路南	70	0.9401
龙湖湾A地块	金川大道东，汇丰街南，规划路西（华侨路西），河套大街北	106	3.1738
龙湖湾E地块	东至丰州路中心线，北至庆丰街，南至帅丰街，西至用地界限	94	1.3971

续表1

项目	四至界限	已征收户数	已征收面积（万平方米）
龙湖湾香江苑二区	东至团结路，西至水丰路，北至庆丰街，南至芳和园	112	0.9600
北边渠棚户区改造	胜利路以西，曙光街以北，团结路以东，光明街以南	1339	11.0657
鸿臣·鸥洲假日	东至胜利路，西至人民路，南至北二街，北至乌拉特大街绿化带南界	398	2.7934
华盛园	东至经纬路，两至金川大道，南至庆丰街，北至解放街	331	2.9436
鼎程小商品批发市场	朔方路西，五原街北，东升路东，宏丰街南	1044	7.6687
万锦世纪城	东至二建巷，西至水源路，南至新华街，北至利民街	114	0.5926
凤凰城项目	胜利路西，宏丰街北，祥路东，规划路南	298	3.7250
新城康都三期北区	东至金川大道，西至边防支队，南至汇丰街，北至帅丰街	143	1.7160
领袖理想城	东至开源路，西至银河路，南至帅丰街，北至庆丰街	41	0.8510
中唐创意文化广场	东至丰州路，南至解放街，西至育龙小区，北至临中	156	2.4862
盛源北国花府	农科路西，经纬路东，庆丰街北，解放街南	408	16.6464
华普洲	南至河套大街，北至庆丰街，西至丰洲路，东至团结路	306	4.8459
朗华城市广场	东至胜利路，西至健康路，南至河套大街，北至庆丰街	1154	12.0000
王府花园	金川大道西，开源路东，庆丰街南，帅丰街北	308	2.4671
西苑二区	东至银河路，西至乌兰布和路，南至教育街，北至庆丰街	218	2.3027
恒大文景国际	东至陕坝路，西至丰州路，南至解放街，北至塞北街	249	2.8068
创博项目	陕坝路西，规划支路东，利民街北，长春街南	279	2.8567
虹美嘉园	光辉路东，万丰街南，建设路两，曙光街北	75	0.6000
阳光新都	东至人民路，西至和平路，南至阳光　号园，北至解放街	70	1.1824
纳帕溪谷	东至金川大道，西至开源路，南至规划支路，北至河套大街	225	3.8971
泰城御景	东至水源路，南至光明街，西至金川大道，北至新华街	16	0.1990
旧体育场改造征收项目	东至胜利路，南至东方珀丽广场，西至老干部活动中心，北至利民街	130	1.9500
山河湾二期	新华街南，东兴路东，滨河街北，安北路西	81	1.3119
锦丰山庄	东至晏汀路，西至巴彦淖尔市医院，南至新华东街，北至永安街	184	1.8852
明鼎华都	东至建设路，西至光辉路，南至育红街，北至兴隆街	272	3.5017
今日尚品A区	东至丰州路，两至水源路，南至新华街，北至光明街	81	0.9570
中华家园	幸福路东，规划路南，和平路西，庆丰街北	11	0.3417
国瑞·瑞锦花苑	东至乌兰南路，西至水源路，南至长春街，北至河套大街	156	2.5060
兴盛一期	东至陕坝路，西至丰州路，南至长春街，北至河套大街	81	2.1299
兴盛二期			
美丽园七期	东至健康路，西至美丽园百合D座，南至河套大街，北至美丽园现状建筑	254	4.4687

续表2

项目	四至界限	已征收户数	已征收面积（万平方米）
塞北街道路工程	西至经纬路，北至永强街，东至环卫路，南至塞北街	33	0.5798
居然之家（滨河丽景）	东至金川大道，南至解放街，西至景观大道，北至塞北街	325	5.8250
金域蓝湾区	滨河街南，晏江路西，万丰街北，规划路东	33	0.5536
巴彦淖尔市客运站	西至安北路，北至宏丰街，东至规划新路，南至五原街	227	4.9780
欧晟郡府	塞北街北，环卫巷西，经纬路东，永强街南	36	2.4908
华海尚都二期	东至玫瑰园，西至胜利路，南至现状房，北至临五路	218	2.7250
红美建材广场（闻都名苑）	新华街北，利民街南，朔方路西，学院路东	487	9.5046
华盛商贸中心	爱丽格斯东，胜利路西，新华街南，数码小区北	275	3.3700
河套大学周边	东兴路东，河套大街南，安北路西，利民街北及河套大学校园	177	2.4164
山河国际	新华街南，建设路西	3	0.3400
中远睿城	东至金沙路，南至曙光街，西至西苑路，北至五一街	60	0.9311
惠民雅居	锦沙路东，曙光街南，蒙医院西，红铁街北	21	9.0700
逸城首郡	金川大道东，河套大街南，明珠路西，民主街北	179	3.8579
合计		11115	160.7196

第七章 建筑业

第一节 建筑设计

1997 年 4 月，建筑设计室单设为建筑勘察设计院，属自报自支事业单位，实行企业化管理，资质等级为丙级，隶属于临河市城乡建设管理委员会。有建筑设计、结构设计、暖通设计、电照设计、概预算等专业人才 20 人。

1998 年，先后分 3 批派专业人员赴呼市、北京等地学习。同年，完成 10.02 万平方米的设计任务，超额完成建委下达的目标任务和设计院制定的计划。

1999 年，完成 14.83 万平方米的设计任务，新建工程 34 项，完成设计费收入 30 万元。

第二节 施工管理

一、工程管理

2003 年，落实安全责任制，建施工企业配备安全员，制定安全生产规章制度、操作规程和安全事故应急救援预案，增加安全资金投入，为从业人员提供劳动保护用品和办理工伤意外伤害保险，安全文明工地数量位居自治区第二，被评为年终质量安全检查免检地区。落实项目法人责任制、建设工程监理制和工程质量终身负责制，确保建设工程质量和施工安全。加强对批建项目的跟踪督查，执行工程综合验收制度，保证各项工程按规划要求实施。工程招投标率 100%，工程质监覆盖率 100%，工程优良率 40%，施工报建率 100%，施工图设计审查率 100%，施工许可证发放率 100%。

2004 年，执行"一册三书"制度，加强对开发项目销售管理及房地产中介机构的管理。

2006—2007 年，实施公开招标 12 项，应招率、公开招标率皆为 100%。

2014 年，按照规定程序颁发《建筑工程施工许可证》，做好建设工程竣工验收备案。颁发《建筑工程施工许可证》27 份，建设工程竣工验收备案 1 项。

二、执法检查

2003 年，临河市成立整顿和规范建筑市场秩序领导小组，开展执法检查活动 12 次，纠正查处各类违法违章案件 58 起，解决工程质量投诉问题 16 起 175 户，为用户挽回经济损失 168 万元。通过建立市场监督和监管机制，各参建单位增强了法制意识，提高了质量意识，"一书两证"（一书即《建设项目选址意见书》，两证即《建设用地规划许可证》《建设工程规划许可证》）执行率 100%，监理率 100%，质量监督率 100%，工程合格率 100%，优良率 40%。应该招标的工程项目，全部进入建筑市场进行交易，开展招投标活动。年内，新区新建工程17项，举行招投标17项，招投标率100%。

2004年，对临河区建设单位拖欠工程款、建筑企业拖欠农民工工资问题进行清查，逐单位、逐工地落实清欠工作，明确清欠任务，狠抓任务落实。加强信用体系建设，从源头上防止拖欠行为的发生。对恶意拖欠、克扣民工工资的建筑企业给予年检不合格、降低企业资质标准、撤销企业资质等处罚；对发生拖欠的房地产开发企业年检时降低企业资质或取消资质；信誉不良的施工企业，不准参加下一年度各类工程的招投标；是外地企业的，清除出临河市场，3家外地施工企业（内蒙古承包总公司、内蒙古住友公司、万里川建筑公司）被清除。年内清理拖欠工程项目22个，清理拖欠工程款6895万元，清欠率52%。解决拖欠农民工工资845万元，清欠率96.2%。

2006年，强化开发项目管理，"一册三书"执行率100%。强化房地产销售管理，查处无售房许可证、未使用规范售房合同售房等违法违规行为多起，房地产销售走向规范。强化房地产销售面积管理，查处销售面积短缺和未经测绘部门测算售房等违规行为多起，开展销售放心房活动，维护广大购房者的合法权益。组织7次安全检查，检查12个施工现场，查出安全隐患30件，下达整改通知书20份，整改率100%。在安全文明工程评选中，临河区有31项工程被评为自治区级安全文明工地，61项工程被评为巴彦淖尔市级安全文明工地。

2007年，组织6次安全检查，查出安全隐患25件，下达整改通知书20份，对查出的安全隐患逐条登记和落实整改措施，责令限期整改，整改率100%，未发生重大安全生产事故。

2011年，开展6次执法大检查，检查在建工程30个，下达整改通知书34份，提出整改意见400条，对5个企业进行通报批评，对3个施工企业进行经济处罚。

2014年，开展3次全区工程质量安全大检查，抽查98个项目，下达行政处罚决定书28份，对8项工程下发限期整改通知书，提出整改意见230条。与临河区安监局、临河区质量技术监督局、临河区执法局协作，对临河区管建筑市场进行专项检查，检查工程项目138项次，下达安全限期（停工）整改通知书24份，采取行政罚款13.8万元。

2015年，检查在建工程280次，下发质量问题整改通知单119份，安全隐患整改通知书91份，行政处罚决定书22份，处罚金额8.9万元。发现并处罚6个企业的不良行为。

2016年，临河区具有资质等级的建筑施工企业42个，施工企业房屋建筑施工面积263.8万平方米，比上年下降14.0%，竣工房屋面积113.3万平方米，与上年同比下降5.8%，其中新开工面积102.8万平方米，与上年同比增长21.7%。资质等级的建筑企业实现利润7.7亿元，实现税金2.2亿元。

三、质量监督

2006年，按照《建筑工程质量管理条例》《工程建设标准强制性条文》有关法律法规，对工程的地基基础、主体结构及相关建筑材料进行监督检查，检查覆盖率100%。对建设单位、勘察设计单位、施工单位、监理单位的工程质量文件进行监督检查，检查覆盖率100%。开展工程质量巡查工作，下达监督意见书15份。对质量问题整改过程和结果，随时督查，保证工程结构安全和使用安全。在工程质量评比中，临河区有35项单位工程被评为巴彦淖尔市优质样板工程，38项单位工程被评为巴彦淖尔市优良工程。

2007年，对检查中发现的问题，下达监督意见书5份。落实建筑节能有关政策，检查中全部达到要求。

2011年，对35项工程进行质量监督检查，检查覆盖率100%。创建巴彦淖尔市样板工程5项，优良工程 4 项。

四、知名建筑企业选介

（一）内蒙古春雪建设工程有限公司

公司创建于 2012 年 11 月 20 日，注册资本 2000 万元。公司内设工程部、水电部、安监部、园林绿化部、招投标部、项目部。有职工 65 人，长期合同工 35 人，长期留用临时工 152 人。已建成山河湾小区一期、二期、三期、四期工程，山河墅小区工程，山河森林公园工程，共完成建筑总面积约 20 万平方米。山河墅 A1 号、B2 号、B3 号、B4 号、B5 号楼被评为巴彦淖尔市优质样板工程。

（二）内蒙古精益建筑有限公司

公司成立于 1998 年 8 月 3 日，是一家以建筑业为主的民营企业，注册资本 27026 万元，经营范围有建筑工程、市政工程、园林绿化工程等。现有员工 400 余人，其中大专以上员工占 70%；有中高级专业技术职称和经济职称的 48 人，其中高级工程师 5 人。公司先后开发建设税华家园 1 号园、2 号园，阳光购物广场，太阳城，阳光花园 1 号园、2 号园、3 号园，美丽园、美丽洋房、国税局综合大楼、军供大厦，峻峰华庭一、二、三、四期，河畔丽景、阳光新都等项目。

（三）巴彦淖尔市第二建筑安装有限责任公司

巴彦淖尔市第二建筑安装有限责任公司的前身是成立于 1958 年的河套工程队，后改组为巴彦淖尔盟建筑公司，属巴彦淖尔盟县团级企业，系国家二级建筑施工及大型设备安装企业，承担着巴彦淖尔盟 96% 以上的工业、民用、矿山施工及设备安装工程，曾经为巴彦淖尔盟的经济发展和城镇建设做出过巨大贡献。1988 年，在计划经济体制下，巴彦淖尔盟建筑工程公司分为三家：巴彦淖尔盟第一建筑工程公司、巴彦淖尔盟第二建筑工程公司、巴彦淖尔盟预制构件厂。1998 年国有企业实施转制，成为民营建筑企业，2000 年 3 月更名为巴彦淖尔市第二建筑安装有限责任公司。2000—2016 年，公司创建巴彦淖尔市级优质样板工程 105 项，自治区级优质样板工程 61 项；自治区最高奖"草原杯"工程 3 项，巴彦淖尔市级建筑安全标准化示范工地 229 项，自治区级建筑施工安全标准化示范工地 142 项。企业同时被自治区建设厅评为安全生产先进企业、优秀施工企业。

（四）巴彦淖尔市汇丰建筑有限责任公司

公司成立于 1997 年 3 月，是建筑工程施工总承包三级企业，注册资金 704.56 万元，总资产 2167 万元。公司内设生产部、计划经营部、质量管理部、技术部、安全管理部、财务部、办公室。有各类工程技术人员 58 人，其中工程师 10 人，经济师 3 人，会计师 2 人，统计师 1 人，项目经理 18 人。通过技能培训，持证上岗工人 200 余人。

多年来，公司承接完成数十项政府市政工程、市政管网工程、房屋建筑工程、城市园林绿化工程等，足迹遍布省内外，工程合格率 100%，优良率 50%，所承建的工程受到建设主管部门、质量监督部门及广大用户的好评。部分工程被评为内蒙古自治区优质样板工程，巴彦淖尔市级建筑安全文明工地、市级安全标准化工地、市级优良工程、市级安全标准化示范工程。公司承建了日信华元 D 区建筑面积 11.6 万平方米、日信华元 B 区建筑面积 11.2 万平方米，北边渠棚户区改造项目安置区（万丰家园小区）建筑面积 12 万平方米，临河区清宜林海岸棚户区改造 S2 号楼、S3 号楼及北侧局部地下车库建设项目 990 平方米。

第十五篇
环境保护

第一章　机　构

第一节　行政管理机构

1991年，临河市环保工作由临河市城乡建设环境保护局负责，下设办公室和环境监测站，有工作人员29人。

1992年，临河市城乡建设环境保护局更名为临河市城乡建设管理委员会，环保机构属临河市城乡建设管理委员会下设机构，统称临河市环境保护办公室和临河市环境监测管理站，一个单位两块牌子，股级建制。

1997年，成立临河市环境保护局，隶属临河市城乡建设管理委员会，科级建制，属事业单位，编制36人。内设办公室、管理股、监理站、监测站。

2002年，临河市环境保护局调整为政府直属事业机构，内设办公室、综合业务股、环境监察大队、环境监测站、自然保护股。人员编制为行政编13人，事业编15人，实行招聘上岗，确定28人为环保局在岗在编工作人员。

2003年，临河市环境保护局核定行政编制13人，事业编制17人。

2010年，临河区环保局内设机构调整为办公室、监督管理股、自然保护股、污控股、环境监察股、环境监测股。有行政编制13人，工勤编2人。

2012—2016年，临河区环保局机构、编制及领导班子不变，新增政府购买岗位2人。

第二节　所属事业单位

2006年，临河区环境保护局组建环境监察大队、环境监测站。监察大队有编制11人，监测站有编制6人。

2011年，环境监察大队升格为准科建制，设副科领导职数1人。

第二章 环境质量

第一节 水环境质量

1991—2014 年，临河市（区）城镇人口急剧增加，工业企业兴起，水污染及其他环境污染呈上升趋势。在对临河区域内地表水、地下水、集中式饮用水源及重点污染源进行四个季度监测来看，地表水总干渠、北边渠、永济渠、永刚渠的上下游 8 个断面水质达到Ⅲ类水质标准，五排干 2 个断面为Ⅴ类标准。2005 年前水质恶化，2006 年后逐步好转，集中式饮用水源及地下水全部达到国家标准，重点污染源水污染物排放基本达到国家排放标准。2006 年前废水排放主要以城镇生活污水为主，2006 年后工业废水比重逐年增加。2015 年，废水排放量 3114 万吨，主要污染物化学需氧量排放量 2455 吨。

2005—2015 年临河区城市废水排放量情况如表 15 - 2 - 1 所示。

表 15 - 2 - 1

2005—2015 年临河区城市废水排放量情况统计表

年份	废水排放总量（万吨）	重点污染源废水排放量（万吨）	主要污染物 COD 排放量（吨）
2005 年	630.7200	139.7200	10175.8000

续表

年份	废水排放总量（万吨）	重点污染源废水排放量（万吨）	主要污染物 COD 排放量（吨）
2006 年	1289.7460	658.5860	4308.0809
2007 年	1010.4800	315.2000	9442.6200
2008 年	1119.8200	844.1300	2931.1800
2009 年	1825.0000	787.7300	2963.7900
2010 年	1898.0000	695.4600	1012.2100
2011 年	2023.2439	739.1219	2245.585 +
2012 年	2230.5887	1009.5288	1951.832 +
2013 年	2510.5843	1254.0243	1781.22 +
2014 年	2276.3714	1104.3714	1931.524 +
2015 年	3114.9412	1553.2427	2455.202 +

注：带"＋"的是工业企业排放总量

2016 年，临河区废水排放总量 3114 万吨，经过污水处理后排入五排干。水体污染主要来自工业企业废水、酒店餐饮业废水、城市生活污水、农业生产化肥农药。临河区境内的地表水系黄河水支流，水资源匮乏，持续断流时间较长，自净能力弱，水质较差，污染物以有机物为主，主要污染因子为化学需氧量（COD）、生化需氧量（BOD）、氨氮、悬浮物。地表水污染在枯水期较为严重，丰水期较轻，污染随季节变化较为明显。

第二节　空气质量

2002 年，临河市环保局对境内废气污染进行了统计，估算出当年煤炭使用量 72 万吨。

2016 年，临河区环保局监测出区内工业企业耗煤量 293 万吨，造成烟尘排放量 10059 吨，二氧化硫排放量 9597 吨。大气污染属煤烟型污染，主要污染源来自工业企业生产锅炉和采暖锅炉烟尘排放及城乡居民生活燃煤、汽车尾气排放等。大气污染因子为大气总悬浮微粒、二氧化硫、氮氧化物、烟尘和粉尘，大气污染在清晨和傍晚较为严重。污染物季节变化的规律是：二氧化硫、氮氧化物、总悬浮微粒、烟尘和粉尘冬春季高，夏秋季低，总体大气环境质量达到二级标准，总悬浮微粒偏高与当地自然环境有关。

2005—2015 年临河区城市耗煤量和主要大气污染物排放情况如表 15－2－2 所示；2003—2016 年临河区大气环境质量情况如表 15－2－3 所示。

表 15－2－2

2005—2015 年临河区城市耗煤量和主要大气污染物排放情况统计表

年份	煤炭消耗总量（万吨）	烟尘排放量（吨）	二氧化硫排放量（吨）
2005 年	72.59	3282.86	25914.9
2006 年	229.99	4471.34	34694.08
2007 年	581.74	10955.55	28905
2008 年	435.88	6872	7559
2009 年	229.54	6907	7597
2010 年	233.72	15500	5952
2011 年	216.78 +	2382.43 +	7713.49 +
2012 年	226.78 +	3694.515 +	15852.712 +
2013 年	208 +	3341.6 +	14189.716 +
2014 年	254 +	10962.439 +	13859.44 +
2015 年	293.6947 +	10059.2 +	9597.013 +
2016 年	287 +	7796.8 +	9118.43 +

注：带"＋"的是工业企业排放总量

表 15－2－3　　　　　　　**2003—2016 年临河区大气环境质量情况统计表**　　　　　　　单位：天

年份	I 级优	II 级良	III 级轻度污染	IV 级中度污染	监测天数
2003 年					
2004 年	2（比例1.5%）	61（比例46.2%）	57（比例43.2%）	12（比例9.1%）	132
2005 年	3（比例1.9%）	76（比例48.7%）	70（比例44.9%）	7（比例4.5%）	156
2006 年		182（比例69.2%）	74（比例28.1%）	7（比例2.7%）	263
2007 年	50（比例31.4%）	102（比例64.2%）	7（比例4.4%）		159
2008 年					154
2009 年	149（比例40.8%）	201（比例55.1%）	14（比例3.83%）	1（比例0.55%）	365
2010 年	143（比例39.18%）	202（比例55.34%）	17（比例4.66%）	3（比例0.84%）	365
2011 年	103（比例28.22%）	240（比例65.75%）	22（比例6.03%）		365
2012 年	96（比例26.23%）	249（比例68.03%）	21（比例5.74%）		366
2013 年	105（比例28.8%）	240（比例65.9%）	19（比例5.2%）		364
2014 年	122（比例33.5%）	222（比例61.0%）	20（比例5.5%）		364
2015 年	24（比例6.6%）	265（比例72.6%）	53（比例14.5%）	23（比例6.3%）	365
2016 年	35（比例9.59%）	271（比例74.25%）	42（比例11.50%）	17（比例4.66%）	365

注：2015 年空气质量自动监测设备均进行更新，设备生产厂家与旧设备不同，故监测结果不与 2014 年以前对比

第三节 噪声质量

1991—2003年，影响临河市环境质量的主要因素是交通噪声、社会生活噪声和建筑施工噪声。

2004年，临河区环境噪声平均值在50.3—53.2分贝之间，最高值为2007年的53.2分贝，最低值为2011年的50.3分贝。交通干线噪声在64.8—67.9分贝之间，最高值为2007年的67.9分贝，最低值为2013年的64.8分贝。

2004—2016年临河区声环境质量情况如表15-2-4所示。

表15-2-4　　　　**2004—2016年临河区声环境质量情况统计表**　　　　单位：分贝

年份	区域环境噪声平均值	交通干线噪声平均值	年份	区域环境噪声平均值	交通干线噪声平均值
2004年	51.80	67.70	2011年	50.30	67.50
2005年	51.30	67.80	2012年	51.30	65.20
2006年	52.30	67.50	2013年	51.30	64.80
2007年	53.20	67.90	2014年	51.30	65.00
2008年	51.30	67.60	2015年	50.80	65.00
2009年	50.80	67.50	2016年	50.60	65.20
2010年	51.30	67.60			

第四节 其他环境质量

临河区其他环境污染主要包括：工业固体废弃物、城市生活垃圾、医疗危险废物、采暖锅炉废渣、建筑垃圾以及农村塑料膜、畜禽粪便等。

2016年，工业固体废弃物综合利用率38.6%，城市生活垃圾处理率99%，医疗废弃物处理率100%。

2004—2016年临河市（区）固体废弃物产生量如表15-2-5所示。

表15-2-5　　　　**2004—2016年临河市（区）固体废弃物产生量统计表**

年份	固体废弃物产生量（万吨）	工业固体废弃物产生量（万吨）	医疗废弃物弃产生量（吨）	城市垃圾产生量（万吨）	工业固体废弃物综合利用量（万吨）
2004年				10.1050	
2005年	27.8484	19.5800	55.0600	8.2690	17.2300
2006年	47.6183	32.9300	55.1500	14.6878	30.2600
2007年	78.3092	64.5900	315.6000	13.6876	64.0500
2008年	107.0650	96.9300	291.9300	9.8435	96.5100
2009年	85.0103	74.0000	295.4500	10.9808	73.5800
2010年	101.7100	71.5900	372.7000	12.3000	71.1900
2011年	100.2630	87.0821	407.2900	13.1400	117.5200
2012年	96.1348	81.4732	425.2350	14.6200	33.4659
2013年	89.0893	74.3159	534.3800	14.7200	24.5275
2014年	105.8140	91.1598	545.7820	14.6000	34.9144
2015年	94.5389	80.4356	530.2825	14.0500	30.9311

第三章 污染治理与环境监测

第一节 水污染治理

一、工业污水处理

1991—2002 年，临河市环境保护局对临河糖厂的废水进行三级沉淀净化处理。

为保护周边水域不受污染，临河市关停狼山造纸厂，并建立临河市首家污水处理厂。

2003 年，临河市建成的 3 个污水氧化塘投入使用，日处理能力 5 万吨，对接处理市区 5 大医院的污水。

2004 年，临河区完成临河地区大气环境质量监测优化布点方案，同时关停城关造纸厂。2005年，临河区投资 3000 万元，对污水处理厂进行升级改造，增强污水排放能力。

2006 年，临河区环境保护局对 40 家企业污水进行治理，要求新建企业配套建设生物氧化处理设施，同时加强对老污染源的治理力度。

2008—2009 年，临河区完成饮用水源保护区划分方案，通过自治区环境监测站标准化建设验收。环保局通过全面督查，使临河热电厂实现中水回用，减少了污染面。分散在临河区的绒纺企业陆续迁至巴彦淖尔经济技术开发区，实现了环境治理的统一管理。临河区实施减排工程 50 项，削减污染物 1.7 万吨、氨氮 660.4 吨。

2011—2012 年，临河区投资 1.8 亿元，开始建设临河东城区污水处理厂，日处理能力 4 万吨。于 2016 年投入使用。位居临河区中心的金川啤酒厂迁至巴彦淖尔经济技术开发区。同时，8 家番茄企业和 4 家屠宰企业完成污水处理建设，污水排放达到国家污水综合排放二级标准。

2014 年，临河区第二污水处理厂建成，项目投资 1.5 亿元，占地 321 亩，一期工程日处理废水 10 万吨，再生水回用 6 万吨，污水处理采用 A2O 生物处理技术，工艺先进，排放达一级 A 标准。

2016 年，临河区政府下达污水限期治理项目 19 项，联邦制药位列其中。为配合环境治理，联邦制药先后投资 1.46 亿元，分期对工业废水进行处理，废水处理采用国内最先进的技术，日处理能力 1 万吨。

二、城市生活污水处理

2002—2014 年，临河市（区）连续 12 年，对污水处理厂进行升级改造，增强污水排放能力，后随城市人口的不断增多，原有的污水处理厂不能满足城市生活污水处理的需要，临河区政府投资 1.8 亿元，建成临河东城区污水处理厂，于 2016 年投入使用。

表 15 - 3 - 1　　　　**联邦制药（内蒙古）有限公司环保治理技改工程情况一览表**　　　　单位：万元

年份	名称	内容	投资
2010 年	二期污水处理系统新增 IC 反应器工程	二期污水处理站建设 IC 反应器，用于预处理废水。	4000
2013 年	发酵车间苯乙酸配料岗位异味治理工程	在一、二、四期发酵车间的各苯乙酸配料工段的碱液吸收罐后分别新增一个两级碱液喷淋系统，配料过程挥发的苯乙酸异味得到有效吸收和去除。	300
2013 年	结晶母液氨水回收工程（FOB 脱氨系统）	二期建设结晶母液氨水回收系统——FOB；经脱氨处置后，降低后续污水生化处理负荷，回收的氨水回用于生产。	600
2013 年	苯乙酸回收扩建工程	避免和控制异味进城扰民，苯乙酸回收车间生产调整为白天生产夜间停，公司投资扩建苯乙酸回收系统，白天开车，满足生产需要。	5700
2014 年	配合东城区污水处理技改工程	临河东城区污水厂引进南京神克隆科技有限公司"三相催化氧化技术"，对前端生化处理以后废水进行深度催化氧化处理。该工程投资约四千万元，联邦公司出资一半，运行费用承担一半，东城区污水厂二期技改工程联邦公司投资 2000 万元人民币。	2000
2014 年	苯乙酸回收车间废气治理技改工程	在原有碱液喷淋塔的基础上，新建一套二级碱液喷淋塔，与原有碱喷淋系统并联，形成两套二级碱喷淋，与之配套了三个活性炭罐确保除臭效果。	2000
2014 年	结晶母液氨水回收工程（FOB 脱氨系统）	四期建设了结晶母液氨水回收系统——FOB；经脱氨处置后，降低了后续污水生化处理负荷，回收的氨水回用于生产。	900
2015 年	二期提炼车间有机废气技改工程	公司采用复旦大学与山东派力迪环保有限公司研制的第三代低温等离子技术，对二期提炼车间工艺废气进行治理。	500
2015 年	污水处理站异味综合处置项目	公司对污水处理系统产生异味的综合废水调节池、废酸水调节池、CASS 预曝池等设施采用玻璃钢加盖密封，然后把所有异味引入除臭系统进行处理。在一、二、三、四期污水处理站碱液喷淋塔的基础上各新增加一套臭氧催化氧化除异味装置。	2800
2015 年	PH 自动监控及声光报警系统	针对废气及异味处理操作过程中手动添加液碱环节易出现人为操作误差情况，公司在碱液喷淋系统下增加了 PH 自动监控及声光报警系统，确保及时补充碱液。	100
2015 年	煤灰贮存场项目	建设煤灰贮存场。	3100
2015 年	四期提炼车间有机废气技改工程	公司采用复旦大学与山东派力迪环保有限公司研制的第三代低温等离子技术对四期提炼车间工艺废气进行治理。	800
2016 年	结晶母液 MVR 处理系统	公司采用 MVR 进行超浓缩处理，该项目日处理高浓度结晶母液 4500m³。	6000
2016 年	锅炉综合处置环烟气治理设施技改工程	新建两套脱硫系统和四套布除尘系统。	1780
2016 年	热电车间脱硫系统技改工程	公司供热车间新建两台脱硫塔。	3900
2016 年	结晶母液 MVR 系统除臭工程	处理结晶母液 MVR 系统产生的异味，公司采用两级冷凝＋两级碱喷淋＋催化氧化＋低温等离子技术对此异味进行治理。	250
2016 年	一期提炼车间异味治理技改工程	针对 102 车间丁醇回收气味，公司采用活性炭纤维吸附工艺进行治理。	200

续表

年份	名称	内容	投资
2016 年	废酸水 MVR 处理系统	日产生高浓度废酸水 7500m³，实施 MVR 浓缩技术项目。	7000
2016 年	废酸水 MVR 系统除臭工程	废酸水 MVR 系统生产过程中会产生有机溶煤气味，公司采用两级冷凝＋两级碱喷淋＋低温等离子＋深度吸收塔技术进行治理。	500
合计			42430

表 15－3－2　　**2007—2015 年临河区政府下达限期治理项目（水）情况一览表**

年份	单位名称	治理项目内容	处理能力	建成时间	文号	备注
2007 年	临河污水处理厂	2007 年 7 月底完成中水回用改造工程并正式投入运行，以保证污水处理厂出水水质达到国家排放标准；在污水改造工程建设的同时要配套污水在线监测设备并和污水改造工程同时投入运行。		2007 年 7 月	临政发〔2007〕62 号	
2007 年	巴彦淖尔市兴盛绒毛有限责任公司	建设污水处理设施，建设工程 30 天内完成，在污水工程建设的同时要配套污水在线监测设备。	100 吨/日	2007 年 8 月 30 日	临政发〔2007〕72 号	
2007 年	巴彦淖尔市天马羊绒制品有限公司	建设污水处理设施，建设工程 30 天内完成；在污水工程建设的同时要配套污水在线监测设备。	120 吨/日	2007 年 8 月 30 日	临政发〔2007〕68 号	
2007 年	内蒙古得利斯食品有限公司	建设污水处理设施，建设工程 30 天内完成；在污水工程建设的同时要配套污水在线监测设备。	70 吨/日	2007 年 9 月 30 日	临政发〔2007〕67 号	
2007 年	富源农产品公司	立即进行制糖生产线污水治理工程的建设			临政发〔2007〕34 号	该企业将制糖生产线关停，不再启动生产
2007 年	维信（临河）羊绒实业公司	重新建设与生产规模相匹配的污水处理设施，建设工程 30 天内完成；在污水工程建设的同时要配套污水在线监测设备。	150 吨/日	2007 年 8 月 30 日	临政发〔2007〕35 号	
2009 年	巴彦淖尔市污水处理厂	尽快完成除磷脱氮氧化塘＋氧化沟技术改造工程	3 万吨/日	2009 年 6 月	临政发〔2009〕6 号	
2009 年	临河热电厂	启动中水改造工程	1.6 吨/H	2009 年 12 月	临政发〔2009〕6 号	
2009 年	内蒙古际华森普利服装皮业有限公司	年内完成污水扩建工程		2009 年 12 月	临政发〔2009〕6 号	
2010 年	草原鑫河食品有限公司、宏宝肉联厂	年内完成生化处理设施安装配套并投入使用	100 吨/日	2010 年 6 月	临政发〔2010〕12 号	

续表

年份	单位名称	治理项目内容	处理能力	建成时间	文号	备注
2010 年	内蒙古繁荣磷铵厂	完成生产废水闭路循环改造工程，实现生产废水零排放		2010 年 7 月	临政发〔2010〕12 号	
2010 年	启源药业公司	配套污水处理设施，实现达标排放	150 吨/日	2010 年 8 月	临政发〔2010〕12 号	
2012 年	巴彦淖尔市污水处理厂	开展污水深度治理，实现中水回用	1 万吨/日	2012 年 10 月	临政发〔2012〕6 号	
2012 年	临河东城区污水处理厂	完成工程建设，年底投入使用	4 万吨/日	2012 年 12 月	临政发〔2012〕6 号	
2014 年	临河东城区污水处理厂	一期工程加快调试进度，完成竣工环保验收		2014 年 4 月	临政发〔2014〕4 号	
2014 年	巴彦淖尔市第二污水处理厂	年内完成土建工程	10 万吨/日	2014 年 9 月	临政发〔2014〕4 号	
2014 年	脱水菜企业	配套污水处理设施		2014 年 7 月底	临政发〔2014〕4 号	
2015 年	巴彦淖尔市第二污水处理厂	加快调试进度，5 月底实现污染物达标排放，实现监控设施的安装、联网和传输	10 万吨/日	2015 年 5 月	临政发〔2015〕5 号	
2015 年	联邦制药	实施污水深度治理工程，实现总排口COD、氨氮浓度下降		2015 年 12 月	临政发〔2015〕5 号	

第二节　医用污水治理

2003—2016 年，临河市（区）污水处理厂、临河区第二污水处理厂和临河东城区污水处理厂先后承担对 5 大医院的污水处理工作。

2004 年，临河区投资 3585 万元，在城区北郊建成大型二级垃圾卫生填埋场，占地 557 亩，日处理垃圾 450 吨，使用寿命 10 年，2006 年竣工投入使用。

2009 年，投资 833 万元，建设巴彦淖尔市医疗废弃物集中处置中心，占地 7700 平方米，日处置医疗废弃物 3 吨，项目采用高温蒸汽处理工艺。

2011 年，巴彦淖尔大兴高新建材有限公司投资 8000 万元，建设年产 4.8 亿块粉煤蒸压砖项目，年消耗粉煤灰 20 万吨。

2013 年，投资 8000 万元，建设年产 50 万立方米蒸压粉煤灰加气混凝土砌块厂，年消耗粉煤 20 万吨。项目运行可消耗磷石膏及其他工业废弃物，提高工业废弃物综合利用率。

第三节　空气污染治理

1998 年，临河市建设烟尘控制区，撤并小锅炉 12 台，建成集中供热站 5 个，集中供热面积 200 万平方米，建成烟尘控制区 12 平方公里。

2002 年，临河市环境保护局禁止在居民楼下开办饮食娱乐服务业，已开办的须安装油烟净化器，采取隔音防噪措施。2016 年，安装油烟净化器 300 台。对大气环境质量及锅炉烟尘和二氧化硫进行监测。

2003—2008 年，临河市（区）建成集中供热站 9 个，包括富源热力公司 4 个供热站、铁路防建段 2 个供热站、房地产开发公司 2 个供热站、巴彦淖尔盟盟委供热站等。富源热力公司临河热源厂投入使用，项目投资 2.3 亿元，安装 4 台锅炉并配有高效湿法脱硫除尘器，供热面积 480 万平方米。到 2016 年，临河区集中供热面积累计 321 平方米。北方联合电力热电联产项目建成，供热面积 13000 平方米。

2006—2015 年，临河区下达 15 批 15 项大气污染限期治理任务。阳光能源公司供热站建成，安装 4 台 100 吨供热锅炉。完成大气污染减排工程 61 项，削减二氧化硫 11244.7 吨、氮氧化物 8048 吨。

表 15 - 3 - 3　　**2006—2015 年临河区政府下达限期治理项目（大气）一览表**

年份	单位名称	治理项目内容	建成时间	文号
2006 年	富源热力公司	1. 采取封闭窗口、安装隔音设施，解决噪声扰民；2. 采取加高围墙、安装喷淋设施等手段解决煤场扬尘扰民问题。	2006 年 4 月 15 日	临政发〔2006〕17 号
2007 年	内蒙古昊通水泥责任有限公司	限期 30 日内安装高效静电除尘器或布袋除尘器	2007 年 8 月 10 日	临政发〔2007〕36 号
2007 年	团羊水泥厂	限期 30 日内安装高效静电除尘器或布袋除尘器	2007 年 8 月 10 日	临政发〔2007〕37 号
2009 年	富源热力公司	年内撤并临一中、芙蓉小区两个供热站锅炉	2009 年 10 月	临政发〔2009〕6 号
2009 年	宇阳热力公司、阳光能源公司、广垣热力公司	三家供热公司配套完善采暖锅炉脱硫除尘设施，确保二氧化硫和烟尘达标排放。	2009 年 10 月	临政发〔2009〕6 号
2009 年	联邦制药、巴山淀粉厂	两家企业开展工业废气治理，解决恶臭气体污染扰民问题	2009 年 12 月	临政发〔2009〕6 号
2010 年	内蒙古际华森普利服装有限公司、金川保健啤酒厂	配套完善生产锅炉除尘脱硫设施，实现二氧化硫、烟法达标排放。	2009 年 12 月	临政发〔2010〕12 号
2012 年	临河热电厂	实施脱硫技术改造	2012 年 12 月	临政发〔2012〕6 号
2012 年	联邦制药	完成沼气燃烧利用工程	2012 年 4 月	临政发〔2012〕6 号
2014 年	临河热电厂	7 月底完成 1 号机组的脱硝工程，10 月底完成 1、2 号机组的旁路拆除，实现烟尘、二氧化硫、氮氧化物达标排放。	2014 年 10 月	临政发〔2014〕4 号
2014 年	联邦制药	动力车间完成烟气脱硫、脱硝工程	2014 年 4 月	临政发〔2014〕4 号

续表

年份	单位名称	治理项目内容	建成时间	文号
2014年	巴彦淖尔市亨泰冶金有限公司	淘汰4台6300KVA矿热炉	2014年12月	临政发〔2014〕4号
2015年	富源热力公司	10月底完成脱硫除尘改造工程，污染源自动监控设施与锅炉同步运行。	2015年10月	临政发〔2015〕5号
2015年	阳光能源集团有限公司	10月底完成脱硫除尘改造工程，污染源自动监控设施与锅炉同步运行。	2015年10月	临政发〔2015〕5号
2015年	联邦制药、德源肥业、光大联丰	开展异味治理，解决异味污染扰民	2015年	临政发〔2015〕5号

表15-3-4　　　**2005—2016年临河区锅炉撤并情况统计表**　　　单位：吨、台

年份	序号	单位名称	锅炉吨数	台数
2005年	1	卡迪乐	2	1
	2	康体娱乐城	1	1
	3	齿轮厂	2＋2	2
	4	市房管局	4＋2	2
	5	供销社住宅楼	4	1
	6	马海泉供热站	1	1
	7	林工站小区	2	1
	8	恒丰油厂	6＋6	2
	9	巴彦淖尔市安全局	2＋4	2
	10	恒丰面粉厂	6	1
	11	红旗商场	4	1
	12	军供站	2	1
	13	文化中心	2	1
	14	杨成良贤病医院	1	1
	15	临河区幼儿园	2＋2	2
	16	巴彦淖尔市运货场	2	1
	17	商业大厦	1＋2	2
	18	巴彦淖尔市宾馆	6＋4＋4	3
	19	临河宾馆	6＋2＋2	3
	20	化工小区供热站	4＋6	2
	21	临河晚报社	4	1
	22	五完小	4	1
	23	装卸公司	6	1
	24	农业发展银行	2	1

续表1

年份	序号	单位名称	锅炉吨数	台数
2006 年	1	巴彦淖尔市化工公司住宅楼	4	1
	2	巴彦淖尔盟军干所	2	1
	3	分区边防团住宅楼	2＋1	2
	4	巴彦淖尔军分区	6＋4	2
	5	马海泉	0.5	1
	6	巴彦淖尔市供销社住宅楼	3	1
	7	五金厂	2	1
	8	巴彦淖尔市安全处	4	1
	9	巴彦淖尔市卫校	2＋1	2
	10	巴运公司	4	2
	11	拳伟公司	4＋4	2
	12	水暖厂锅炉房	2	1
	13	塑料厂	4	1
	14	临河区幼儿园	1＋4	2
	15	临河区科委	2	1
	16	纸箱厂	2＋4	2
	17	穆斯林饭店	1	1
	18	市二建	0.5	1
	19	百乐宫	1.5	1
	20	巴彦淖尔工商银行	2	1
	21	临河区民族服装厂	4＋2	2
	22	金龙饭店	2	1
	23	巴彦淖尔市地震办住宅楼	4	1
	24	巴彦淖尔市技校	2	1
	25	巴彦淖尔市农机公司	2	1
	26	巴彦淖尔市运输公司	4＋4	2
	27	临河区技校	2	1
	28	巴彦淖尔市农机公司	2	1
	29	巴彦淖尔市永济管理局	6＋6	2
	30	中国银行	0.75	1
	31	蒙广达邮政局	1	1
	32	巴彦淖尔市地震局	0.5	1
	33	巴彦淖尔市种子公司	1	1
	34	临河区生资	0.5	1
	35	巴彦淖尔市交通局	1.5	1
	36	临河区卫生局	1	1

续表2

年份	序号	单位名称	锅炉吨数	台数
	1	巴彦淖尔市技术监督局	1	1
	2	巴彦淖尔市农机公司	2	1
	3	临河区商业大厦	4＋4	2
	4	二七九留守处	4＋4	2
	5	临河区城关建筑公司	2	1
	6	巴彦淖尔市宾馆	4＋6＋10	3
	7	巴彦淖尔市教委	2	1
	8	人民商场	2.5	1
	9	继洋有限公司	4.6	1
	10	巴彦淖尔市影剧院	3	1
	11	曙光信用社	2.5	1
	12	巴彦淖尔市农机局	1	1
	13	巴彦淖尔市农行培训中心	4＋4	2
	14	巴彦淖尔市粮油公司	4	1
	15	华信康体城	2	1
	16	巴彦淖尔市边防支队	2	1
	17	巴彦淖尔市盐业公司	1	1
	18	总排干管理局	4	1
	19	巴彦淖尔市运管处	4	1
	20	巴彦淖尔市建行（民贸）	4＋6	2
2007 年	21	临河区二完小	4＋1	2
	22	永济家属楼	4	1
	23	巴彦淖尔市兽医站	2	1
	24	巴彦淖尔市电业局	4	1
	25	巴彦淖尔市农行	4	2
	26	消防支队	6	1
	27	巴彦淖尔市锅检所	4＋1	2
	28	路政大队	2	1
	29	某部队	4	1
	30	巴彦淖尔市水保站	2	1
	31	临河区公路公区	2	1
	32	金桥市场	2	1
	33	五完小	0.5	1
	34	巴彦淖尔市烟草公司	2	1
	35	巴彦淖尔市气象处	4	1
	36	明馨农工贸综合市场	1	1
	37	巴彦淖尔市交通征稽分局	2	1
	38	临河区人行支行	1.5	1
	39	工路工程处	2	1
	40	临河区民族市场	1	1
	41	临河区气体公司	1.5	1

续表3

年份	序号	单位名称	锅炉吨数	台数
2008 年	1	曙光乡	1.5	1
	2	巴彦淖尔市土地局	1	1
	3	二狼山羊绒公司	2	1
	4	巴彦淖尔市打井队	2	1
	5	曙光村	4	1
	6	巴彦淖尔市信用联社	2.5	1
	7	巴彦淖尔市民政局	2	1
	8	巴彦淖尔市四建公司	1	1
	9	巴彦淖尔市展览馆	1.5	1
	10	巴彦淖尔市财产保险公司	1	1
	11	临河区水利局住宅楼	2	1
	12	金源市场	2	1
	13	北环办事处	1	1
	14	临河区工业综合贸易	1	1
	15	实验幼儿园	0.75	1
	16	巴彦淖尔市水保站	0.5	1
	17	临河区广大饭店	0.3	1
	18	糖厂住宅楼	4＋4	2
	19	临河区就业局	2	1
	20	先锋税务所	1.5	1
	21	巴彦淖尔市供电局	4＋4	2
	22	巴彦淖尔市改良站	1	1
	23	巴彦淖尔市科委	2	1
	24	巴彦淖尔市兽医站	3	1
	25	歌舞台	2	1
	26	蒙达丽大饭店	3＋3	2
	27	临河区宾馆	6＋6	2
	28	巴彦淖尔市地方税务局	4	1
	29	佳宾羊绒制品公司	4＋4	2
	30	巴彦淖尔市公安局	4＋6	2
	31	巴彦淖尔市石油公司	2＋4	2
	32	城关商场	4	1
	33	永济家属楼	2	1

续表4

年份	序号	单位名称	锅炉吨数	台数
2009 年	1	某部队	2	1
	2	百帮公司	4	1
	3	巴彦淖尔市水科所	4 + 4	2
	4	巴彦淖尔市人行	2	1
	5	六中	2	1
	6	巴彦淖尔市卫校	4 + 2	2
	7	某部队	2	1
	8	巴彦淖尔市物资公司	4	1
	9	临河区水利学校	1	1
	10	巴彦淖尔市油库	2	1
	11	巴彦淖尔军分区	4	1
	12	建筑技校	1	1
	13	巴彦淖尔市饲料公司	2	1
	14	某部队	1 + 1.5	2
	15	巴运临河保修厂	2	1
	16	华裕热力公司开源供热站	6 + 4 + 20	3
	17	华裕热力公司华裕供热站	15 + 10 + 20	3
	18	巴盟军供站	1	1
	19	临河装卸作业所	2	1
	20	巴彦淖尔市热力公司糖厂十五站	4 + 4	2
	21	巴彦淖尔市运输公司	2	1
2010 年	1	巴彦淖尔市土地局	4 + 6	2
	2	巴彦淖尔市国税局	4	1
	3	变电站	2	1
	4	巴彦淖尔市党校	6	1
	5	巴彦淖尔市农机校	4	1
	6	曙光学区	1 + 1	2
	7	巴彦淖尔市农机校	2	1
	8	某部队	1	1
	9	广原热力公司	20 + 20 + 10	3
	10	绿岛热力站	10 + 15 + 20	3
2012 年	1	兴蒙鑫大酒店	2	1
	2	老宋酒楼	2	1
	3	升华酒店	1	1
	4	丫丫烩菜	1	1

续表5

年份	序号	单位名称	锅炉吨数	台数
2012 年	5	红厨房	1	1
	6	蒙鑫大酒店	2	1
	7	富源商贸公司	1	1
	8	蓝宇饭店	1	1
	9	大众浴池（朱明仁）	1	1
	10	金乐羊浴池	1	1
	11	光宇喜宴厅	1	1
	12	自来水公司	1	1
	13	百乐宫	1	1
	14	金水源宾馆	1	1
	15	巴彦淖尔国际饭店	2	1
	16	福满园供热站	6	1
	17	华西医院	1	1
	18	巴彦淖尔市锅炉特种设备检验所	1	1
	19	巴彦淖尔市畜牧疫控中心	4	1
	20	金海岸洗浴中心	1	1
	21	巴运旅行社	1	1
	22	临河区检察院	4	1
	23	巴彦淖尔市党校	6＋6	2
	24	东环办事处	2	1
	25	临一中供热站	10	1
	26	芙蓉小区供热站	10	1
	27	金鑫大众浴池	1	1
	28	竹园宾馆	1	1
	29	佳和宾馆	1	1
	30	二轻宾馆	1	1
2014 年	1	巴彦淖尔市阳光能源集团有限公司（农科供热站）	10＋10＋15＋15	4
	2	巴彦淖尔市阳光能源集团有限公司（南一街供热站）	10＋10	2
	3	巴彦淖尔富源热力有限责任公司第九车间（临一中供热站）	10	1
	4	巴彦淖尔富源热力有限责任公司第九车间（芙蓉小区供热站）	10	1
	5	巴彦淖尔市委党校对外培训综合服务中心	10＋6	2
	6	临河区曙光学校	4	1
	7	临河区八完小	4	1
	8	巴彦淖尔市临河区第八中学	4＋4	2
	9	临河区第六中学	2＋6	2

续表6

年份	序号	单位名称	锅炉吨数	台数
2014 年	10	呼和浩特铁路局包头西机务段	10＋10＋2	3
	11	武警巴彦淖尔支队	10＋10＋2	3
	12	内蒙古巴彦淖尔市临河区第三小学	1	1
	13	内蒙古金川保健啤酒高科技股份有限公司	10＋10＋10＋6＋6	5
2015 年	1	恒诺曙光街供热站	20＋20＋20	3
	2	恒诺道南小区供热站	6＋6＋6	3
	3	原巴彦淖尔市公安局锅炉房	6＋4	2
	4	广运家电锅炉房	2	1
	5	蒙祥大酒店锅炉房	2	1
	6	环卫局家属楼（解放街）锅炉房	4	1
	7	环卫局家属楼（庆丰街）锅炉房	4	1
	8	巴彦淖尔市疾控中心	4	1
	9	巴彦淖尔市交通警察管理支队（车管所）	4	1
	10	城关供热站	6	1
	11	中华家园供热站	4	1
	12	武警巴彦淖尔市支队	4	1
	13	巴彦淖尔市临河区农业机械化管理服务中心	4	1
	14	临河区气象局	4	1
2016 年	1	某部队	2	1
	2	巴彦淖尔市水利科学研究所	2＋4＋4＋4＋4	5
	3	中华人民共和国甘其毛都边防检查站	1	1
	4	巴彦淖尔市临河区广宁禧宴厅	1	1
	5	巴彦淖尔市医院	2＋4＋4＋4＋4	5
	6	巴彦淖尔市医院（南区）	2＋2＋4	3
	7	内蒙古巴运汽车运输有限责任公司	4	1
	8	临河区第二幼儿园（实验幼儿园）	2	1
	9	垃圾处理厂	2	1
	10	临河区水利局家属楼	4＋4	2
	11	永济局家属楼	2	1
	12	临河区王学武胃肠医院	2	1
	13	巴彦淖尔市广源热力有限公司	40	1
	14	临河区雄风宾馆	1	1
	15	巴彦淖尔市民政干休所	2	1
	16	解放派出所	2	1
合计拆除锅炉数				321

第四节　噪声污染治理

1998 年，临河市开始建设噪声达标区，建成 12 平方公里。

2008 年，临河区噪音达标区增加到 20 平方公里。在第一次污染源普查中，普查废水排放企业 170 家，废气排放企业 237 家，生活污染源 1199 个，集中式污染治理设施 2 个。

第五节　环境监测

1991 年，临河区环境监测站有专业技术人员 8 人，仪器设备 16 台套，检测车 1 辆。开展地表水、地下水、锅炉林格曼黑度、固定噪声源的监测，对工业污染源进行监测。

一、大气环境监测

2004 年，在临河区医院、临河五中、逸夫学校设立 3 个采样点，对临河大气环境质量进行监测。

二、水环境监测

1991—2016 年，临河市（区）环境保护局对

临河地区地下 10—80 米水质进行监测，对自来水公司水厂水质进行监测，对工业污染源、污水处理厂和几大医院的废水进行监测，对企业、污水处理厂、医院 86 家新、改、扩建项目进行验收监测。普遍建立污染源档案，实现污染源动态管理。县级及以上水源地 2015 年完成水源地划分并通过自治区人民政府批复，乡镇水源地 2014 年完成划分并通过自治区人民政府批复。

三、噪声监测

1998 年，临河市环境保护局开展区域环境噪声和交通干线噪声监测。

1999—2016 年，按照噪声监测规范每年监测 2 次（每 5 年加测夜间噪声），获取有效数据 202 个（昼夜共 404 个）。

四、重点污染源监测

2010 年，6 家重点污染企业安装在线监测系统，实行 24 小时连续监测。

到 2016 年，临河区的重点污染源监测除国控企业和区控企业外，还有绒纺企业 8 家、屠宰企业 6 家、番茄企业 11 家、供热企业 7 家。

表 15－3－5　　　**2002—2016 年临河区大气环境质量监测情况统计表**　　　单位：毫克每立方米

年份	二氧化硫年日平均值	氮氧化物年日平均值	大气总悬浮微粒年日平均值
2002 年	0.032	0.031	0.254
2003 年	0.024	0.021	0.194
2004 年	0.026	0.025	0.199
2005 年	0.038	0.021	0.174
2006 年	0.0195	0.0183	0.256
2007 年	0.019	0.019	0.09
2008 年	0.021	0.021	0.136
2009 年			

续表

年份	二氧化硫年日平均值	氮氧化物年日平均值	大气总悬浮微粒年日平均值
2010 年			
2011 年	0.034	0.019	0.077
2012 年	0.032	0.016	0.071
2013 年	0.03	0.018	0.078
2014 年	0.027	0.022	0.073
2015 年	SO_2 35ug/m^3	二氧化氮 26 ug/m^3	O_3（8h）138ug/m^3，CO 1.8mg/m^3，PM10 97ug/m^3，PM2.5 46ug/m^3
2016 年	SO_2 30 ug/m^3	二氧化氮 28ug/m^3	O_1（8h）86ug/m^3，CO 0.69lmg/m^3，PM10 98ug/m^3，PM2.5 43ug/m^3

第四章 生态建设与保护

第一节 生态建设

2006—2010 年，临河区完成机场路北侧、京藏高速全线、临磴路与高速公路连接线、临陕公路及分车带绿化工程。2004—2010 年，临河区有脱水菜加工企业 80 家，番茄加工企业 12 家，大型养殖企业 40 家。临河区环境保护局对不具备治理条件的小型脱水菜加工企业进行关停，对具备治理条件的脱水菜加工企业和番茄加工企业进行扶助，争取中央预算内污染治理资金，对污水进行生物氧化处理，对锅炉安装除尘器，对大型养殖业进行粪便无害化处理，到 2016 年，治理企业 72家。2006 年，为保证水源地安全，临河区环境保护局关停富源热力公司总干渠排污口，2008 年关停取缔总干渠两侧 2 家屠宰加工厂，2009 年取缔总干渠北侧 6 家废旧塑料加工厂。2015 年完成城乡集中式饮用水源地保护区划分，组成工作组对居民饮用水厂和城乡饮用水源地进行巡查，采样分析水样，消除水污染隐患。

2011—2015 年，完成精品绿化工程，加快造林绿化步伐，提高生态建设的整体水平。2015 年完成新造林 25 万亩，更新改造林 4.5 万亩，有林面积 85 万亩，森林覆盖率提升。

2006—2016 年，临河区建成以黄河森林景观区、镜湖湿地公园、九庄采摘园区、临河区狼山富强村、浩彤农业观光园为主的特色观光休闲景观示范区以及富川养殖园区林下养殖模式为主的生态示范区。2006—2016 年，临河区建成区域绿化和湿地恢复保护工程及京津风沙源治理等重大生态建设保护工程，新增造林面积 2 万亩。2010年，镜湖湿地公园开始建设，2015 年对游人开放，2016 年举办环镜湖自行车比赛。沿河坝防高等级公路两侧的生态保护工程开始建设。2016 年完成以镜湖和黄河湿地公园为核心的自然保护区。

2014—2016 年，对京新高速、临甘公路和包兰铁路、临哈铁路沿线长 400 公里，1.8 万亩区域实施绿化工程。2014—2016 年，完成垃圾处理和生活污染处理项目 11 项，农村环境明显改善。

第二节 节能减排工程

2006—2015 年，临河区完成减排工程 112 项，削减二氧化硫 11244.7 吨，氮氧化物 8048 吨，化学需氧量 16856.2 吨。

2010—2016 年，建成东城区污水处理厂、第二污水处理厂。全区拆除小锅炉 121 台，全部并入阳光能源和富源热力公司。20 家规模化畜禽养殖场建起粪便干化池。利一泰、宏宝 20 多家企业安装污水处理设施。建立固体废弃物污染防治管理机制，工业固体废弃物处置率 100%，危险废弃物安全处置率 100%。开展工业大气污染综合治理。

2012 年辖区内水泥粉磨站、供热站、商砼企业 30% 原料堆场、渣场、灰场全部封闭，建成符合规范要求的防风抑尘网。富源热力公司封闭煤库建成。联邦制药等企业建成贮灰场。2016 年，36 家加油站安装油气回收装置。

表 15－4－1　　　　**2009—2016 年临河区大气污染物减排工程及减排量统计表**　　　　单位：吨

年份	项目名称	规模及生产工艺	二氧化硫减排量	氮氧化物减排量
2009 年	豪绅热力公司	关闭 2×15 吨锅炉	153.6	
2009 年	舒苑热力公司	关闭 1×10 吨、1×18 吨锅炉	140.0	
2009 年	临河宾馆供热站	关闭 3×10 吨锅炉	256.0	
2009 年	巴彦淖尔市宾馆供热站	关闭 2×10 吨、1×6 吨锅炉	256.0	
2009 年	繁荣磷胺化工公司	关闭 2×6 吨锅炉	144.0	
2009 年	临河区糠醛厂	关闭 1×6 吨、2×4 吨锅炉	35.0	
2009 年	巴彦淖尔市豪江纸业有限公司	关闭 2×6 吨锅炉	576.0	
2009 年	巴彦淖尔市汇丰纸业有限公司	关闭 2×4 吨锅炉	72.0	
2009 年	丹达东方造纸厂	关闭 2×6 吨锅炉	43.2	
2010 年	内蒙古巴山淀粉有限公司	炉外新增 2 台双碱法脱硫设施	103.2	
2010 年	内蒙古巴山淀粉有限公司烘烤炉	关闭 2×20 吨烘烤炉	144.0	
2012 年	联邦制药（内蒙古）有限公司	沼气燃烧系统替代燃煤		11.9
2013 年	北方联合电力临河热电厂	1 号、2 号机组配套脱硝工程，采用 SNCR 脱硝工艺，1 号、2 号机组实施脱硫改造工程	785.0	783.0
2014 年	巴彦淖尔市阳光能源集团有限公司（农科供热站）	关闭 2×10 吨 + 2×15 吨锅炉	49.0	23.5
2014 年	巴彦淖尔市一阳光能源集团有限公司（南一街供热站）	关闭 2×10 吨锅炉	17.8	10.3
2014 年	巴彦淖尔富源热力有限责任公司第九车间（临一中供热站）	关闭 10 吨锅炉	54.4	9.4
2014 年	巴彦淖尔富源热力有限责任公司第九车间（芙蓉小区供热站）	关闭 10 吨锅炉	68.5	11.9
2014 年	巴彦淖尔市委党校对外培训综合服务中心	关闭 1×10 吨 + 1×6 吨锅炉	117.5	25.4
2014 年	临河区曙光学校	关闭 4 吨锅炉	162	2.8
2014 年	临河区八完小	关闭 4 吨锅炉	11.9	2.0
2014 年	巴彦淖尔市临河区第八中学	关闭 2×4 吨锅炉	23.8	4.2
2014 年	临河区第六中学	关闭 1×2 吨 + 1×6 吨锅炉	19.7	3.4
2014 年	呼和浩特铁路局包头西机务段	关闭 2×10 吨 + 1×2 吨锅炉	31.0	53.6
2014 年	武警巴彦淖尔支队	关闭 2×10 吨 + 1×2 吨锅炉	10.2	17.6
2014 年	临河区第三小学	关闭 1 吨锅炉	6.2	10.8

续表

年份	项目名称	规模及生产工艺	二氧化硫减排量	氮氧化物减排量
2014 年	内蒙古金川保健啤酒高科技股份有限公司	关闭 2×6 吨 + 3×10 吨锅炉	84.7	18.1
2014 年	巴彦淖尔市亨泰冶金有限公司	关闭 4×6300KVA 矿热炉	20.0	
2014 年	北方联合电力临河热电厂	1 号、2 号机组拆除旁路	3619.2	3692.5
2015 年	恒诺曙光街供热站	关闭 3×20 吨锅炉	212.7	47.0
2015 年	恒诺道南小区供热站	关闭 3×6 吨锅炉	65.1	14.1
2015 年	原巴彦淖尔市公安局锅炉房	关闭 1×6 吨 + 1×4 吨锅炉	10.4	2.1
2015 年	广运家电锅炉房	关闭 2 吨立式锅炉	6.0	1.0
2015 年	蒙祥大酒店锅炉房	关闭 2 吨立式锅炉	5.8	1.0
2015 年	环卫局家属楼（解放街）锅炉房	关闭 4 吨立式锅炉	23.8	4.1
2015 年	环卫局家属楼（庆丰街）锅炉房	关闭 4 吨立式锅炉	15.3	2.6
2015 年	巴彦淖尔市疾控中心	关闭 4 吨卧式锅炉	14.6	2.5
2015 年	巴彦淖尔市交通警察管理支队（车管所）	关闭 4 吨立式锅炉	8.5	1.5
2015 年	城关供热站	关闭 6 吨卧式锅炉	26.1	4.5
2015 年	中华家园供热站	关闭 4 吨卧式锅炉	15.3	2.6
2015 年	武警巴彦淖尔市支队	关闭 4 吨卧式锅炉	11.6	2.0
2015 年	临河区农业机械化管理服务中心	关闭 4 吨卧式锅炉	2.3	0.4
2015 年	临河区气象局	关闭 4 吨卧式锅炉	2.6	0.4
2015 年	垃圾处理厂	关闭 0.5 吨立式锅炉	3.4	0.6
2015 年	北方联合电力有限责任公司临河热电厂	1 号、2 号机组减少耗煤量	3572.9	3213.6
2016 年	临河城区散烧节能炉改造工程	临河城区平房区更换节能环保炉 3560 户	74.1	12.8
2016 年	某部队	关闭 2 吨立式	3.1	0.5
2016 年	巴彦淖尔市水利科学研究所	关闭 1×2 吨 + 4×4 吨锅炉	9.6	1.7
2016 年	中华人民共和国甘其毛都边防检查站	关闭 1 吨立式	1.8	0.3
2016 年	临河区广宇禧宴厅	1 吨立式	2.8	0.5
2016 年	巴彦淖尔市医院	关闭 1×2 吨 + 4×4 吨锅炉	45.1	7.8
2016 年	巴彦淖尔市医院（南区）	关闭 2×2 吨 + 1×4 吨锅炉	5.4	0.9
2016 年	巴运汽车运输有限责任公司	关闭 4 吨卧式锅炉	1.3	0.2
2016 年	临河区第二幼儿园（实验幼儿园）	关闭 2 吨立式锅炉	4.6	0.8
2016 年	垃圾处理厂	关闭 2 吨立式锅炉	5.4	0.9
2016 年	临河区水利局家属楼	关闭 2×4 吨立式锅炉	3.6	0.6
2016 年	永济局家属楼	关闭 2 吨立式锅炉	4.7	0.8
2016 年	临河区王学武胃肠医院	关闭 2 吨立式锅炉	0.7	0.1
2016 年	巴彦淖尔市广源热力有限公司	关闭 40 蒸吨锅炉	212.4	36.7
2016 年	临河区雄风宾馆	关闭 1 吨立式锅炉	1.5	0.3
2016 年	巴彦淖尔市民政干休所	关闭 2 吨立式锅炉	8.2	1.4
2016 年	解放派出所	关闭 2 吨立式锅炉	6.1	1.1

第五章　环境监督与执法

第一节　环保法制宣传

1991—2016 年，临河市（区）环境保护局每年订阅《中国环境报》，送区领导班子和厂矿企业领导。利用"六·五"世界环境纪念日和"四·二二"世界地球日，组织宣传纪念活动。在人民公园、铁路沿线举行义务清理白色污染行动，进企业社区宣讲国家环境保护法律法规，在广场设立环境保护咨询台，在电视上播放环保法律专题宣传节目。与河套大学合作，举办大型环境保护文艺晚会。

第二节　环境教育

1991—1997 年，临河市环境保护局选送 6 名监测人员到内蒙古大学进修培训。

临河二完小确定为临河市中小学环境教育试点学校。举办厂矿企业负责人环境保护座谈会。

2003—2005 年，临河一中、临河三中、临河五中、临河逸夫学校、临河第一职业中学创建成自治区级绿色学校。美丽园、今日花园、光明小区被评为临河区绿色社区。

第三节　监督检查

2003 年、2004 年，临河市环保局出动环境监察人员 400 人，巡查企业、饮用水源地、污水处理厂等近百家。环保检查重点放在全面清理违法违规建设项目和排污单位的违法排污上。查处未批先建、批建不符、核准和备案滞后、擅自投产、久拖不验等环境违法行为；严查无证排污、超标排污的环境违法行为；对严重违法排污企业给予处罚。

2014—2016 年，对联邦制药、污水处理厂、德源肥业等企业，每年进行严格检查，特别是联邦制药，监察人员对其进行 24 小时驻厂监督，确保污染防治设施正常运行。

2014 年 7 月 15 日，临河区环保局
监察人员到企业进行污染源检查

第十六篇
交通运输

第一章　公路交通

第一节　管理机构

1998 年，临河市交通局在原公路段大院新建三层办公大楼，供交通局机关、交通征稽管理所、机动车辆城市建设增容费征稽大队、交通派出所、停车场管理所、公路段使用。

2002 年 9 月 21 日，成立交通战备办公室。

2008 年，设立临河区地方海事局。

2009 年，燃油税费改革，临河区交通局下属交通征稽管理所、停车场管理所、交通派出所、路政大队等部门 329 名事业编制人员转岗安置。

2010 年，临河区交通局有行政编制 13 人，事业编制 2 人，工勤编制 2 人，不占编 2 人。内设办公室、公路股、质监站、计财股、审计股、法规股、拆迁股、乡村公路考核办公室。

2011 年，顺利完成转岗安置工作，由收费养人变为财政供养。原有所属部门交通征稽管理所、停车场管理所、交通派出所 3 个部门同时撤销，只保留公路段和路政大队 2 个下属职能部门。

第二节　所属事业单位

一、公路段

2000 年，临河市公路建设改由公路工程队建设施工，公路段不再承担境内公路的大中修与改建工程设计与施工，工作职能以县级公路养护和绿化为主。

2012—2016 年，临河区公路段有职工（不含离退休人员）103 人，领导职数 4 人，管理人员 18 人。内设综合办、生产办、工程队。

二、交通征稽管理所

1992 年，临河市交通征稽管理所在黄羊、狼山、新华、马场地、丹达设立中心交管站。

1996—2009 年，内设办公室、乡站办、稽查队 3 个股室。

三、停车场管理所

1989 年，临河市停车场管理所成立。

1989—1991 年，建立 10 处停车场地。

1996 年，临河市停车场管理所定编事业编制 30 人，内设办公室、稽查队、曙光客运中心、人力车管理所。

1999 年，在曙光、胜利 2 个客运站划出部分场地作为停车场地。在胜利路、新华街、解放街两侧设立部分即上即下型停靠点。

2002年12月，将原四季青菜市场建成停车场。将原属城建委管辖的广场管理所29名人员划归交通局停管所，纳入行业管理。

四、路政大队

1991年，临河市路政大队初建时管理市乡公路249公里。

2000年，路政中队不再隶属公路段管理，成为临河市交通局直属二级单位，公开选拔中队工作人员。

2010年，交通系统内部机构撤并，部分工作人员充实到路政大队，路政人员增至71人。

五、交通公安派出所

1991年4月1日，临河市公安局交通派出所成立。

1996年，交通公安派出所工作人员由两部分组成，正式民警3人，由公安局选调委派，非正式民警由组建时5人增加到9人，共12人。所长由公安局任命选调，两名副所长由交通局任命选调。交通局为派出所配备公用轿车1辆，办公费由交通局拨付。交通局委派的工作人员着公安制服，无警衔警号。

六、临巴收费所

2000年，临河市交通局建临巴收费所，在临巴线5公里处，占地面积约1000平方米。

2001年6月16日，临巴公路通行费正式开征，起初出现个别车主拒缴过往通行费的现象，后交通局加大整顿管理力度，收费工作正规化，当年完成收入116万元。

2004年，撤销临巴路收费所。

七、企业单位

（一）运输公司

1996年，临河市交通局运输公司升级为正科级建制。

2003年，因经营不善，运输公司依法实施破产。职工全部交入社保局，发放养老金，破解了转制难题。

（二）装卸公司

1993年，临河市装卸公司升级为正科级建制。

1996年，铁路改革，火车站独家经营，装卸队失去货场业务，经营步履艰难。

1997年，装卸公司转制为民有民营。

第三节　线　路

2016年，临河区公路通车总里程3728公里，等级公路2666公里，等外公路1062公里。

一、国道

2002—2003年，完成G110国道天吉泰桥至翻身圪旦段技术改造工程38.3公里。

2004—2009年，高速公路相继建成，巴彦淖尔市境内基本实现高速公路贯通（临河区过境高速未建成前，利用G110临河绕城汽车专用公路）。临河区过境高速建成后，G110国道天吉泰桥至翻身圪旦段42.3公里降为县道。

2016年，有国道3条，其中京藏高速公路（北京至西藏自治区拉萨高速公路），编号G6。巴彦淖尔市境内里程245公里；G110国道，境内里程280公里。临河区境内通车总里程143.7公里，共3条，包括G6高速（京藏高速）51.1公里、国道G110（北京—银川）57公里、国道G242（甘其毛都—钦州）35.5公里。

二、省道

1991—1997年，临河市境内有省道1条，即：S0528临河至赛乌素，全长99公里。S0529五原至乌力吉线降为县道。

2001—2003年，全国公路普查后将线路起点统一改为由北向南、由东到西排列，S212 临河至赛乌素改为赛乌素—临河。自治区对路网及路线编号进行重新调整，将县道升为省道，即：S312 临河至哈密（查素沟）全长 111 公里（其中陕坝至查素沟原为县道）。

2005 年，国家重点投资国省干线路网改造项目，地方政府和交通部门通过政府收费还贷和 BOT 方式（建设、经营、转让），先后对省道进行改建，提等升级。

2010 年，临河区境内有省道 2 条，省道 S312 线临河—哈密公路，起点巴彦淖尔市临河区，经杭锦后旗陕坝镇、磴口县沙金套海苏木北部、乌拉特后旗、阿拉善盟，终点为新疆哈密。巴彦淖尔市境内里程 111 公里，其中临河区境内 21 公里。省道 S312 线与国道 G6 高速公路、G110 线和省道 S213 线相连接，横贯巴彦淖尔市中西部 4 个旗县，是巴彦淖尔市公路主干线和公路网中重要的"一横"，全部为高级、次高级路面。

2012 年，对沿黄线进行技术改造。沿黄线即黄河岸边公路，原为黄河堤坝，后改造成公路。巴彦淖尔市境内全长 312.9 公里，由东至西穿越乌拉特前旗、五原县、临河区、杭锦后旗、磴口县。

2015 年，根据内蒙古自治区路网规划要求，沿黄线全线升级为省道 S315，路线名称为清水河—民勤。其中临河段长 47.5 公里，包括一级公路 13.9 公里，路基宽 27.5 米，路面宽 21.4 公里；二级公路 3.9 公里，路基宽 12 米，路面宽 10.5 公里；三级公路 29.7 公里，路基宽 8.5 米，路面宽 7 公里。临河境内省道通车总里程 107.6 公里，共 3 条，包括省道 S213（川井—临河）15.5 公里；省道 S311（武川—额济纳旗）44.6 公里；省道 S315（清水河—民勤）47.5 公里。

三、区级公路

1991—2001 年，临河市境内有县道 5 条，其中三级公路 39 公里，占县道总里程 2.9%。从 2001 年开始，采取政府收费还贷和参照 BOT 方式改建公路。

2003—2005 年，国家实施对县际公路建设补贴政策，对通乡油路也逐年加大补贴力度，县道技术等级和路面状况有较大改观。

（一）X703 临河—乌盖公路（简称临乌线）

原为县道，临河—白脑包公路。临乌线南起巴彦淖尔市交通技校，经临河区丹达乡、白脑包镇，杭锦后旗团结镇民先村、联合村，终点乌拉特后旗乌根高勒（乌盖）。线路全长 61 公里，其中临河境内 35 公里。

（二）X713 团结—黄羊公路（简称团黄线）

团黄线起点杭锦后旗团结镇，经红星、陕坝镇等，终点临河区黄羊木头。线路全长 69 公里，其中临河区境内 19 公里。

临河区境内县道通车总里程 263.5 公里，共 8 条，包括县道 X701（临河—西柳树泉）40.6 公里；县道 X702（临河—哈日葫芦）63.5 公里；县道 X703（临河—乌盖）35 公里；县道 X704（临河—太阳庙）15.6 公里；县道 X705（临河八一—头道桥）52.4 公里；县道 X712（团结—黄羊）19.2 公里；县道 X716（乌梁素海—磴口）26.6 公里；县道 X724（五原美林—临河新华）10.6 公里。

第四节　乡镇公路

1991 年，临河市有乡道 150 公里，除四级路外，其余均为等外路，仅有低级路面 85 公里，80% 为无路面里程。

2000—2016 年，临河市（区）加快乡村公路建设进程，建成公路 1259 公里。

一、村社公路

1996 年，临河市农村公路建设速度明显加快。

2006 年以前，村道未正式纳入国家公路统计范围。

2001—2010 年，国家实行通达工程，临时市（区）积极争取项目补贴，加快通村公路建设步伐。

2016 年，临河区有村道 2615 公里，其中等级公路 1682 公里，占总里程的 64.3%。行政村通公路率 100%。

二、旅游公路

2016 年，临河区建成旅游公路 5 条，共计 33.2 公里，其中包括狼山镇富强五社环村路、镜湖环湖路、干召庙镇民主四社环村路、双河镇九庄至总干二闸公路、沿黄线至红柳拐子渡口。

第五节　公路建设

一、建设规划

1991 年，临河市编制《临河市交通道路建设 1991 年—1995 年五年规划》。

2001—2005 年，修订《临河市公路交通发展"十五"计划和二〇一五年规划》，制定《临河市农村公路发展规划》，规划重点是实施村村通油路。编制《临河区公路交通"十一五"发展规划》。为打通南北通道，临河区交通局制作《黄河大桥项目建议书》《临河区古城至甘其毛道口岸项目建议书》。

2011—2015 年，临河区境内建成临哈高速、京藏高速、哈蹬高速 3 条高速公路，临河—策克铁路全线通车，临河—甘其毛道口岸公路通车，临河黄河公路大桥直通鄂尔多斯。临河区形成 2 条出区高速通道、2 个直通对外口岸、六横五纵五大出口公路网，东出京津，西入新疆，南下黄河，北接蒙古国，纵横交错，四通八达。

二、勘测设计

从 1994 年开始，临河市开始建设沥青路面，

最初勘测设计由临河市交通局完成，后根据国家和行业管理要求，公路建设项目的勘测设计由交通局委托符合资质要求的设计公司完成。

三、征地拆迁

1991 年前，临河市公路建设多在原有公路、自然路基础上修建，涉及征地拆迁的情况较少。

从 1997 年开始，新建临河绕城公路 42 公里，全线占用土地 5039.7 亩，其中耕地 2611.8 亩，林地 197.3 亩，宅基地 143.4 亩，荒地 1405.3 亩，弃耕地 197.4 亩，沙丘 484.5 亩。

2010—2016 年，征地拆迁工作由临河区政府协调解决，交通局派人员逐户落实。

四、等级公路建设

1994—1999 年，临河市建成第一条沥青路面的农村公路。实施乡乡通油路工程。

2002—2010 年，建设 365 公里通乡油路。临河区实施通达工程。建设砂石路 1475 公里，实现所有行政村通砂石路。

2014—2016 年，实施村社街巷硬化工程，建设街巷硬化 1788 公里。临河区大部分自然村实现通村硬化路。

五、桥梁涵洞

1991—1998 年，临河市新建桥涵 16 座，投资 10.665 万元。完成桥涵 3321 米，1526 座，投资 1176.90 万元。新建桥涵 496 座。

2003 年，完成临巴线北段和临乌线白脑包镇境内 13 道涵洞改造工程。

2012—2016 年，黄河大桥竣工通车。位于临河区双河镇境内，横跨黄河，是境内第一座特大桥，全长 4208 米。到 2016 年，临河区境内有公路桥梁 585 座（包含境内国省道桥梁），其中特大桥 1 座，大桥 9 座，中桥 75 座，小桥 500 座。

六、施工技术

1997年，临河市组织修建沥青路临哈线（临河—隆胜段），路面结构采用沥青碎石面层、石灰土基层，采用比较落后的路拌方式。

2000—2007年，建设临巴线，路面结构采用沥青上拌下贯面层、石灰土稳定砂砾基层。建设先长线，路面结构采用沥青混凝土面层、水泥稳定砂砾基层，施工工艺和质量控制有了实质性提高。

2008—2016年，路面结构类型和施工工艺一直沿用。

第六节　公路改造

一、省干线公路改造

1997—2016年，建设6条国省干线，包括国道G110、省道S213原临陕线、省道S311原五乌线、省道S315原沿黄线、高速G6、高速G7，共计233公里。

二、危桥险桥改造

1997年4月，临河市对黄桥开工改建。黄桥位于县道X702临巴线临河境内总排干上，始建于1966年，属木筒支梁、木排架桥，桥长28.5米。1996年8月，大桥北侧坍塌断路，工程于1997年7月竣工通车。

2002年2月，黄济渠桥开工建设。黄济渠桥位于乡道Y312干召庙丹达桥—乌兰乡公路黄济渠线，工程于2002年7月竣工通车，为临河市乡乡通油路工程中最大一座桥梁。

2008年，马道桥桥体出现严重裂缝，临河区决定对其进行改建，设计荷载为公路Ⅱ级，桥长55.6米，跨径为3孔17.2米，桥面总宽24米，桥面净宽20.6米，中间分隔带2.4米，防撞墙各

0.5米，桥下净空4米。上部结构为钢筋混凝土T形梁，下部结构为钻孔灌柱桩。工程于2008年4月开工建设，2009年7月竣工通车。

2009年，为缓解交通压力，在国道G110线大兰庙跨线桥处，由西向东方向设下行线，下行线跨越永刚渠建桥。设计荷载为公路Ⅱ级，桥长45.36米，跨径3孔13米，桥面宽7.5米，桥面净宽6.5米，桥面纵坡3.7%。上部结构为钢筋混凝土预应力空心板，下部结构为钻孔灌柱桩。工程于4月开工建设，10月竣工通车。

2000—2016年，临河区对27座桥梁进行改造和维修。2016年，临河区境内有公路桥梁585座，其中国省干线桥梁177座，归属上级交通主管部门建设管理；农村公路桥梁408座，大部分为水利部门建设桥梁，其技术标准不能满足公路通行要求。

三、路网结构改造

1994—2016年，建设路网改造项目629公里，包含所有县道和部分乡道。

第七节　公路养护

一、管养体制

2006—2009年，临河区交通局将管养的222公里黑色路面划分为7个标段，实行内部招投标。通过竞标申请、现场演讲答辩、民主测评及个人素质评分，最后确定养护承包人（道班长）。临河区公路段注册养护公司，公司实行独立法人、独立核算、自负盈亏，逐步向养护市场化迈进。公路段扩大养护道班自主权。

2011—2013年，临河区交通局制定《养护管理考核办法》《机械管理办法》《日常养护巡查制度》等规章制度。《临河区农村公路养护管理实施意见》出台，按照"县道县管、乡道县管、村道乡管"的责任体系，落实了养护管理具体责任主

体——临河区交通局是县乡道路养护和管理的具体责任主体，下设临河区公路段和临河区地方道路路政管理大队，共同开展公路养护和日常管理。

二、管养路段

2007—2010年，临河区222公里县道由临河区公路段负责管理养护。成立农村公路养护道班13个，由临河区交通局乡村道路考核办独立考核。

2011年，农村公路管养里程增加，临河区公路段管养里程由过去222公里增加到县道251公里，乡村道路养护里程为602公里。

2012年，公路段管养里程县道251公里、乡道552公里，50公里村道由所属乡镇人民政府负责养护管理。

2013—2016年，公路养护管理实行有路必养、有路必管、养必优良、管必到位的理念，将养护组合并为6个。将公路划分17个标段（道班），进行精细化管理养护。

三、养护作业

2006年，临河区投入资金120多万元，完成机械作业2172台班，清理边坡塌方10500立方米，抢修涵洞10道。

2008年，完成团黄线段砂石路路基提高改造铺砂工程，将原来次差路改造为良等路；对团黄线两道险涵进行改建；对临巴线圆管涵实施维修；对临巴线破损油面进行全面补修，累计补修30平方米，对临哈线胜丰桥进行维修加固；对临巴线按文明样板路要求进行规范化养护。

2009年，对临巴线、干乌线、新银线破损路面补修，累计补修2500平方米，投入资金23.75万元；投入42.15万元，对临巴线进行整修。

2010年，投入350.09万元，补修破损路面3.2平方米；投入42万元，对临乌线破损路面实行油路砂养，集中上砂8400立方米；投入6.2万元，对临巴线幸福排干桥、五乌线二十五里桥、临乌线兰锁排干桥、临哈线份子地排干桥等9座破损桥梁进行维修。

2014年，投入22.7万元，对管养油路路肩缺土地段上砂3500方；投入资金40.8万元，对损害较为严重的乡村砂石路上路砂5100方；投入39.1万元，对X701、X702、X703进行油路砂养，填垫沙砾9540方，上石粉1081方，填垫里程68公里；投入22.3万元，对五乌线、临巴线实施不间断路面洒水刮路。

2015年，投入86万元，对X701、X702、Y203等油路路肩、路面坑槽、损害较为严重的乡村砂石路上砂填垫整平；对临哈线、新华集镇、干乌线等32条有补修价值的乡村小油路进行补修，补修破损油面15680平方米，更换基层面积7025平方米，沙砾垫层1469平方米，更换路缘石9050块，累计投入176万元。

2016年，投入40万元，对五乌线路面上石粉210方，填垫路面坑槽用砂砾3400方，整治路肩上混合砂1300方。团黄线整治路肩19.4公里、干乌线5公里、临友线7公里、双河管委会上砂2912方；整治召线整治路肩22公里、上砂3520方；补修临哈线、临友线等6条主干线路破损油面18800.25平方米。

四、机械设备

1991年，临河市交通局的公路养护主要依靠自制水罐车、柴油机、水泵、胶轮车等，机械作业水平低。

2000—2005年，为道班购置水罐2台、四轮车1辆、空压机1台、割草机1台、洒水车1辆。投资12万元，购置沥青拌合设备，新装上料斗3个。

2006年，临河区交通局定制水罐3台，购买四轮车2辆，离心泵2个，由人工养护逐渐向机械化养护迈进。

2010—2013年，临河区交通局购置新型设备，提高路面补修效率。购置长城皮卡生产专用车1辆、路面补修吹风机2台、平地机、装载机等筑养路机械、平板车1辆、四轮车1辆、吹风机1台、振动夯1台、半智能沥青洒布车1台、补修沥青路面切割机2台、发电机1台、客货翻斗车5辆、皮卡车1辆、小车2辆、自行式平地机1辆、小型压路机2辆、50型装载机1台、25吨沥青拌合站1处、各种小型养护机械设施5套。

2016年，投入611.2万元，购置稀浆封层车、挖掘机、压路机等13台大型养护机械。

五、大中修工程

临河区农村公路养护大、中修工程，由临河区公路段制定年度计划，编制大、中修工程预决算，上报临河区交通局审批并抓好组织实施。大、中修工程向社会公开招标，择优选定施工单位，工程竣工后由区公路段验收，报备临河区交通局。

六、水毁预防与修复

为做好农村公路水毁防治工作，临河区公路段针对农村公路设计等级低、交通流量大、抵御自然灾害能力差等实际情况，制定《公路水毁应急预案》，成立公路水毁应急抢险小组，储备必要抢险物资，对各种抢险机械进行全面检修，保障农村公路安全畅通。

七、标志设置

2007—2014年，投资30万元，安装、更换安全标志牌26个，发放安全标志服30套，购买安全锥形筒30个，对破损缺失的各类标志牌、里程碑、标线等进行补齐和刷新。粉刷里程碑144块，安装警示标志牌26块。制作设立各种交通标志33块。为新修小油路和部分乡村道路增设标志牌95块，安装减速带9处50米，避免和减少交通事故发生，提高安全通行能力。

2016年，投入资金20万元，安装养护沿线缺失指示标志牌、警示桩、里程碑，更换警示桩24根、里程碑19块。

八、公路绿化

2006年，临河区交通局协调各乡镇在公路两侧宜林路段新植、补植路树73100株，管养路段绿化里程达到应管理的75%。

2008年，完成五新线和临哈线部分段路树补植约4000株，干乌线新植2500余株。定期对路树培土、涂白、打药、剪枝，实现有树必养、有树必管。

2011年，对公路两侧绿化带实施新植和补植，完成县道新植苗木127936株，投资127.93万元；补植1300株，投资1.3万元；乡道新植14731株，投资14.74万元，人力2880人次。

第八节　公路运输

一、客运

（一）长途客运

临河汽车总站是巴运公司下属最大的客运站，属一级客运站。新站于2013年12月20日投入使用。客运班车发至北京、青岛、郑州、石家庄、西安、甘肃、赤峰等省市区及内蒙古所在盟市、巴彦淖尔市所在旗县、临河区各乡镇。

1. 线路

1991年，临河汽车总站有客车119辆1906个座位，经营线路92条，其中跨旗县30条，临河市内62条。经营二级客运站1个。

2000年，有客车275辆5997个座位；经营线路138条，其中跨省5条，跨盟市10条，旗县际45条，临河市内78条。经营客运站2个，其中二级站1个，三级站1个。

2010年，临河客运班车线发展到181条，其中省际客运线路25条，盟市线路22条，跨县线路65条，临河区内线路69条；乡镇通班车率100%，嘎查行政村通班车率100%。

2016年，临河区有客运汽车419辆，客位11607座，跨省市、跨盟市线路61条，跨旗县线路66条，临河区内线路51条。

2. 站点

2009年，客运站场建设成为交通运输建设重要组成部分，临河新汽车站的运行，使客运站场建设进入黄金时期。

2010—2016年，临河区有5个等级客运站，后只有巴运新客站运行，其他全部撤销。

3. 客运工具

2010年，临河区有营运载客汽车3593辆，客位49215个。其中营运班车1251辆，客位37505个；出租车2342辆，客位11710个。安装GPS的客运班车1066辆，3755个客位。其中卧铺班车33辆，客位1221个。安装行车记录仪的客运班车185辆，客位5282个。燃汽油客运班车10辆，燃柴油客运班车1218辆。年内新增客运班车9辆，客位353个；更新班车106辆，客位3480个。

2016年，临河区有客运汽车419辆，客位11607座，跨省市、跨盟市线路61条，跨旗县线路66条，临河区内线路51条。

4. 运量

1994年，临河市新增营运客车48台，807座位。有客运线35路（条），日发班车478班次，村村通车率98%。

1995年，临河市拥有营运客车261台，共9150个座位。

2010年，巴运汽车运输有限责任公司拥有客运营运线路252条，日发班次1852个，中高档客车500多辆，客运网络遍及北京、天津、河北、宁夏、甘肃、陕西、山西及周边盟市。当年完成客运量962万人，旅客周转量10.6亿人公里，分别占全社会公路旅客运输量的43.3%和59%。

5. 运价

1992年，临河市公路客运附加费调整为每公里0.01元，旅游车按基本票价的15%征收。

1993年，汽车客运票价每公里增加0.015元

油料临时补差费。

1996年，道路客运实行淡旺季运价上下浮动。每年1、3、11、12月为客运旺季，运价上浮10%；每年7、8月保持原来运价不变，其余月份为淡季，运价下浮10%。

1997年，公路旅客运输按不同营运方式、不同车辆等级、不同车型、不同路面实行差别运价。黑色路面每人公里运价普客班车的普通大型客车为0.044元，普快班车的普通大型客车为0.051元，直达班车的中级大型客车为0.064元。公路客运附加费按每公里0.01元征收。有过路过桥的路段每公里收取过路过桥费0.005元。

2000年，公路客运票价中增加每公里0.01元的燃油差价，0.01元的客运附加费，0.005元的过路过桥费。

2005年，公路客运基本票价以占比重较大的中级中型客车、黑色路面为标准，每公里由原来0.083元调整为0.115元，公路客运附加费按每人0.01元征收，有过路过桥的路段每公里收取0.01元。

2006年开始，国家财政向农村客运车辆和城市出租车发放石油价格补贴。

2008年，客运价格在基础运价上上调0.0099元。成品油价格下降后，客运价格恢复。农村牧区道路客运价格不变。

（二）公交客运

1. 线路

1995年，临河市开通火车站经临河一职至大兰庙桥的3路公交车，投入车辆2台。政府每年给公司补贴资金30万元。

1997年，开通火车站—章嘉庙4路和先锋桥—临河一职5路公交车。投入车辆各3台。7月，开通农机校—临河水校的6路公交车，投入车辆3台，均为中巴车。

1998—2001年，政府取消财政补贴，公交运营出现亏损，5路公交车停运。公交公司实行转制，组建临河市公共汽车股份有限责任公司。

2002年1月30日，临河市公共汽车股份有限责任公司挂牌，2月24日运营。新公司成立后恢复5路车，1路车延伸到临河一职。线路网总长64公里，公交车辆增加到66台，全部为小型中巴车。站调室增建到5个，乘降点146对。

2003年，开通马道桥—硅铁厂7路、春雪公司—糖厂北门8路和八完小—曙光九队9路公交车线路，线路网总长增加到101公里，运营车辆增加到98台，乘降点增加到236对。

2007—2008年，临河区1、3、6路公交车延伸到巴运物流园区，线路网总长增加到114.5公里。引进CNC天然气公交车2台，城市公交车开始向节能环保方向发展；乘降点调整到249对。所有公交车均安装GPS智能化管理系统。改造站牌风雨候车棚300余处。

2010年，更新5、7、8、9路车辆21台，改变了公交车"小老旧"面貌。4、7、9路车向东至工业园区和向西至新区延伸，日运营里程2.9万公里。到2010年年底，共有公交车辆111台，公交经营线路9条。

2. 运量

1995—1996年，临河市开通3条公交线路，日客运量1万人次，年客运量约360万人次。

1997—2002年，开通6条公交线路，日客运量1.5万人次，年客运量约540万人次。

2003年，开通9条公交线路，日客运量2.7万人次，年客运量约972万人次。

2004—2005年，开通9条公交线路，日客运量3.2万人次，年客运量约1152万人次。

2010年，开通9条公交线路，日客运量6.8万人次，年客运量约1160万人次。

2016年，增加到11条公交线路，拥有公交车辆121台，线路长度199.8公里，全年行驶里程926.3万公里，年客运量约1730.7万人次。

3. 运价

1997年，临河公交汽车公司对票价做了较大调整，原有车辆执行0.5元、1元两个档次票价，新开通的中巴车执行1元、1.5元和2元3个档次票价，月票涨到30元。

2010年，公交车月票停止办理。

（三）出租车客运

1. 运量

1997年，巴运集团总公司创办出租车公司，购进40辆昌河牌红色微型面包车，逐步代替人力和电动三轮车。

1998年，巴彦淖尔盟暂停临河地区出租车手续审批。

2002年，出租汽车第二轮轿车化更新开始，均为夏利以上档的轿车，车身颜色统一为枣红与银白两色。

2003年，临河广大出租车公司、利通达出租车公司、忠华出租车公司、大众出租车公司，共同组建巴彦淖尔盟广利华出租车有限责任公司。

2006年，各旗县全部停止新增客运出租汽车。

2010年12月3日，临河区召开城区新增客运出租车听证会，人大代表、政协委员、专家学者代表和各有关单位、出租车企业、经营业户及市民代表共40多人参加，拟定在临河城区增加出租汽车300辆。

2016年，临河城区拥有出租车1238台，驾驶员2654人，年客运量5024.7万人次，全年行驶里程14698万公里。

2. 运价

1999年前，临河市的客运出租车分为轿车和面的两种，轿车起价为2公里以内4—5元，运价每公里1.2—1.5元。面的起价为2公里以内3元，运价每公里1元。后来，轿车、面的起价统一调整为2公里以内3元，运价每公里1元。

2001年春运期间，客运出租车价格在计价显示金额基础上另加收2元。

2005年，临河区出租车起价由原来2公里以内3元提高到4元。

2010年，出租车起价上调到2公里以内5元。

2014年，出租车起价上调到2公里以内6元。

二、货运

（一）普通货物运输

普通货物分为一等货物、二等货物、三等货物。一等货物为价值较低的堆积货物，二等货物为一般的工业产品，加工过的产品及矿产品，三等货物为价值较高的工业制品、普通鲜活物。

1. 货运工具

1993年，临河市集装箱运输、商贸专运等新型运输方式第一次出现在运输市场。

2010年，临河区道路普通货物运输企业20户，营运货运车辆6690辆/107962吨，低速货车1122辆/1510吨，危货运输车辆148辆/挂48辆，货运从业人员17210人。

2016年，大、重型多轴重型货车占货运工具总数的50%以上。

2. 运量

1994年，临河市拥有营业性货运汽车1405台。临河火车站货运吞吐量约占巴彦淖尔盟铁路货运量70%，临河的公路货运量占巴彦淖尔盟的33%。

1994年，在新华西街征用曙光乡庆丰村2.7万平方米土地，建立一个集轻、重、专用货车运输，货物集散、公铁联运、集装箱运输、起重装卸、货物仓储、理货、信息服务、停车、修车、洗车、加油、吃住一体的综合性、全方位、多功能的公路运输货场物流中心。

1995年，临河市有营运性货运汽车1455台，8609吨位，当年新增185台，9438.9吨位。

2016年，临河区有营运载货汽车9138辆，85216吨位，年货运量1551.1万吨，年货运周转量806587.6万吨公里，货运车辆全部安装GPS和行车记录仪。

3. 运价

1991年，制定汽车货物运价规定，公路汽车4吨及以上，整车普通一等货物在黑色路面长途基本运价每吨公里为0.29元；4吨位以下汽车运价

按同类货物、同等路况运价的180%计价；特种车辆运价按同类货物、同等路况运价的135%计价。大中型胶轮拖拉机执行4吨以上汽车货物运价；小四轮拖拉机（15马力以下）按同类物资、同等路况运价的150%计价。畜力车载重1000公斤每车时3元、载重500公斤小胶车每车时1.5元；人力车载重250公斤每车时0.8元。

1992年，货物零担基本运价：省际普通货物零担运价每吨公里0.38元，特种货物运价每吨公里0.5元；区内普通货物零担运价每吨公里0.44元，特种货物运价每吨公里0.56元。零担快件运价在省际、区内零担运价的基础上分别加成10%。普通货物运价实行分等计价。普通货物分为三等，以一等货物运价为基数，二等货物运价提高10%，三等货物运价提高20%。大型车辆运价：20吨及以上大型汽车和挂车运输货物时，一般按计时运价计费，也可按计程运价计费。40吨位以下汽车运价：应货主要求或因道路、装卸条件限制，需要使用1吨以上4吨以下汽车运输货物时，按4吨位以下汽车运价计费。4吨以下汽车运价按同类货物、同等路况运价的180%计费。

1993年，货运运价全面放开，实行市场调控，由车主、货主自主签订运输合同商定运价。

（二）特种货物运输

1. 货运工具

1991年后，因危险化学品运输，罐车、冷藏车、起重车、加长车等也加入到特种车辆货物运输行列。

2. 运量

由于市场经济的需求，特种货物运输运量呈逐年增长发展的势头，投资大，见效快，成为特种货物运输快速发展的杠杆。

3. 运价

特种货物分长大笨重、危险、贵重、鲜活货物四类。运输实行分类计价，以货物运输基本运价为基数，长大笨重一级货物运价提高41%，二级货物运价提高55%，三级货物运价提高69%；

危险、贵重货物运价不分级，均比基价提高 72%；鲜活一级货物运价提高 86%，鲜活二、三级货物运价提高 93%，鲜活四级货物运价提高 100%。

在特种货物运输过程中，因排除故障、拆除建筑、加固桥涵、整修道路、随车护路、道路超限使用等发生的费用，应由托方支付。

特种车辆运价：各种罐车、冷藏车、散装水泥车以及其他专用车运输专用货物时，按特种车辆运价计费。特种车辆货物运价按同类货物、同等路况运价的 135% 计价。

国际集装箱运价，按交通部、国家物价局《关于调整国际集装箱汽车运输和汽车货运站部管费收项目基本费率的通知》计算执行。

国内集装箱运输，分为普通货物与特种货物运输。以 1 吨箱普通货物运输为基数，特种货物运价比普通货物运价提高 20%；集装箱种类分为 1 吨箱、5 吨箱、6 吨箱、10 吨箱。集装箱运价以 1 吨箱为基价，5 吨箱运价提高 4 倍，6 吨箱运价提高 4.6 倍，10 吨箱运价提高 7 倍。1 吨箱型的运输批量为 4 箱，托运不足 4 箱时，在基价上加成。托运 1 箱加成 50%；托运 2 箱加成 30%；托运 3 箱加成 10%。异地调运空箱，按重箱运价计费。

实行路况分等运价，由于在不同道路条件的运输消耗各不相同。货物运输实行分路况计价。以黑色路面的货物运价为基数，砂石路面运价提高 12.5%，土路和自然路运价提高 25%。货物运输经几个不同路况路线时，应按不同路况运价行驶里程分段计算。

（三）抢险救灾运输

2003 年 4 月，临河市遭遇突如其来的非典疫情，交通行业作为前沿关口迅速构筑起 8 条坚固防线。1. 各客运站车辆防控线。2. 各交通要塞路口防控线。3. 公路运输畅通保障线。4. 应急车辆保障线。5. 公路建设现场疫情防控线。6. 内部职工流调防护线。7. 团结互助群防群治协助线。8. 治理环境卫生，严防疫情反弹控制线。

三、货运物流化

（一）基本情况

1991—1995 年，临河市没有正规的货运站场，只有功能单一、只能停车、修理和提供简单信息服务的私人小货场。

1998 年以后，国家陆续投资 100 万元、内蒙古自治区补助 50 万元，建成集停车、仓储、理货为一体的临河货运停车场。随着市场经济的发展，物流业由过去的末端行业上升为引导生产、促进消费的先导行业。

（二）物流园区建设

巴运临河物流园区 2005 年 5 月开工建设，2006 年 11 月 16 日建成投入使用，总投资 1.3 亿元。园区占地面积 428 亩，建筑面积 40606 平方米，硬化面积 60911 平方米，其中停车场 10 万平方米，可同时停放 2000 辆重型货车；轻钢结构立体仓储、理货库 1.5 万平方米，配备叉车、托盘等装卸设备；修理配件区 5.5 万平方米（其中建筑面积 1.8 万平方米），经销解放、东风、红岩、欧曼等十几个汽车厂家原厂配件，可同时为 200 辆汽车提供修理服务；集餐饮、住宿、洗浴及信息发布为一体的信息大楼 7000 平方米；货运信息部 3400 平方米（95 个单间），经营全国各大中城市物流专线，为进入园区的车辆提供配载服务；有一汽、二汽 4S 专卖店两个。园区具备运输、停车、理货、装卸、存储、配载、信息服务、餐饮住宿等多项功能，是临河乃至内蒙古自治区西部规模最大、设施最先进、管理一流的现代化物流园区。

2010 年，投资 1.4 亿元，建设完成的巴彦淖尔国家公路运输枢纽临河货运站甩挂运输站场，位于巴彦淖尔现代农畜产品（B 型）保税物流园区，占地面积 112785 平方米。园区靠近京藏高速公路和 110 国道，东邻飞机场和城市主要交通干道，公路干线出口，地理位置优越。

四、民营运输

（一）运输单位

2003 年 12 月，广利华出租汽车公司成立，公司有出租车 225 辆，从业人员 495 人。

2010 年，临河区拥有 2 家民营企业。分别是巴运临河客运公司、巴彦淖尔市运通公司。主要从事省际、盟市际、旗县际、旗县内道路旅客运输。年内客运班线 181 条，其中省际班线 25 条，盟市际班线 22 条，旗县际班线 65 条，旗县内班线 69 条。

2011 年 8 月，巴彦淖尔市震通出租车有限公司成立，位于临磴路原农垦局临河农场，有起亚远舰新型出租汽车 100 台，具有巴彦淖尔市交通局颁发的道路运输经营权。按巴彦淖尔市交通局规定，每台车每天上交租金 160 元，按月收取，年总租金收入 576 万元，创造就业岗位 216 人。成立圣绒出租车公司，公司通过竞标获得新增城市出租车经营权，经营期限 8 年，经营模式为公车公营。公司有起亚远舰出租车 100 台，从业人员 200 名。巴彦淖尔市西蒙出租汽车有限公司成立，拥有 100 辆起亚远舰出租车，员工 200 余人。

2016 年，临河城区拥有 6 家正规民营出租运输企业。巴彦淖尔市运通运输服务有限公司成立于 2001 年，注册资金 3420 万元。主营业务为客运、客运出租。拥有客运班车 166 台，营运线路 91 条，日发班车 229 辆，承担临河及周边地区 80% 的客运业务；市内客运出租车现有 338 辆，占当地出租车市场的 38%。

（二）车辆

1992 年，临河市民用汽车 2015 辆，其中货车 1749 辆，客车 246 辆、拖拉机 934 辆、小四轮 8934 台。营运里程 404 公里，行政村通车率 85.5%，日发班车 24 次，年旅客运输量 400 多万人次，实现了村村有路、乡乡通车，四通八达。

2016 年，拥有客运班车 396 辆，其中大型客车 93 辆、中型客车 199 辆、小型客车 104 辆，分别占客运班车总数的 23.5%、50.2%、26.3%，临河区大、中型客运班车所占比重近 7 成。高级客车 131 辆、中级客车 66 辆、普通客车 199 辆，分别占客运班车总数的 33.1%、16.7%、50.2%，临河区高、中级客运班车所占比重近 5 成。

（三）汽车城建设

1992 年，巴彦淖尔市汽车工业贸易总公司（原巴盟汽车配件公司）联合内蒙古西部 6 家汽车配件公司，创建内蒙古西部第一家汽车贸易集团公司。

2008 年 12 月，巴彦淖尔市东信通广汽车销售服务有限公司成立，系广汽本田在临河区设立的集整车销售、售后服务、零部件供应、信息反馈为一体的 4S 专营店。2009 年 1 月 4 日取得运管部门颁发的《道路运输许可证》，开始运营。到 2016 年，销售汽车 2597 辆，售后保有量 4752 辆。

2009 年 11 月 18 日，信得惠丰田巴彦淖尔分公司成立，是一家以开展汽车贸易服务为专项业务的现代化公司，属于包头信得惠丰田汽车销售服务有限公司，归管于内蒙古信得惠集团，是临河唯一一家一汽丰田汽车销售服务 4S 店。

五、运输服务

（一）汽车维修与检测

1991 年，临河市 86 辆不符合营运技术条件的车辆被叫停。运管部门开始执行运输车辆综合性能检测，每年对道路运输车辆状况实施年度技术等级评定 1 次，一年进行两次 2 级维护竣工质量检测。

1993—1999 年，开展汽车检测业务。引导汽修业户向专一型、专项型技术修理转变，建立专业维修体系。1999 年 12 月，成立通政汽车综合性能检测站，是具有第三方公正检测的被授权机构，具有独立法人资格，监测站同巴彦淖尔盟汽车维修质量监督检验所合署办公，一套人员，两块牌子。

2000—2010 年，通过年度审验，取缔不符合开业标准的业户。临河区通政检测站完成检测工作量5.1万辆次,其中维修竣工检测3.1万辆次、等级评定检测2万辆次。

(二)汽车配件与销售

1991—1995年,临河地区汽车配件销售经营单位是巴彦淖尔盟汽车配件公司,国有交通企业,主要营销汽车(摩托车)和汽车配件。后进行个体汽车配件销售。到1995年,临河市有汽车摩托车修理商197家,其中1994年开业69户,装卸业发展到11家,汽车配件业发展到173家,车辆清洗发展到6家。

2016年,临河区有汽车配件销售商260家,汽车清洗商近百家。

第九节 综合管理

一、公路投资管理

临河区农村公路建设资金来源包括上级投资补贴、政府自筹、受益乡镇自筹以及受益农民投工投劳(2007年以前有农民投工投劳)等多种方式。公路建设资金的管理使用,由临河区交通局统一支付管理。

二、公路施工管理

1991—2005年,临河市(区)农村公路建设由区交通局统一组织,统一管理,选择有经验、有实力、管理严格、市场信誉度良好的施工单位负责施工,派人员现场监督。

2006—2016年,所有公路建设项目通过公开招投标确定施工单位;交通局成立建管办,负责工程实施全过程的监督、管理,以及最终的计量、支付。

三、工程质量监理

1994—2007年,临河市(区)农村公路施工监理,由交通局成立的监理小组负责。

2008—2016年,临河区所有公路建设项目的施工监理,由监理企业负责,实行"企业自检、社会监理、法人管理、政府监督"四级质量保证体系。

四、路政管理

临河区地方道路路政管理大队,隶属于临河区交通局的二级单位,2016年,有职工70人,管理辖区公路3566公里,其中省道91.4公里、县道263.7公里,乡道594.6公里,村道2615.5公里,专用道路1.2公里。所辖省道有:S311(五乌公路)、S315(沿黄公路)。所辖县道有:临哈线、临巴线、团黄线、五新线。所辖乡道:临友线、干乌线、治召线。

五、运输管理

(一)市场管理

1992年,临河市运输管理所成立。

2001年,临河市运输管理所制定一系列安全制度。

2010年,县级以上线路客运班车、危货运输车辆都安装了行车记录仪,汽车客运站对进京旅客实行实名制售票,对中转旅客查验身份证。

2016年,临河区客运车辆及出租车辆全部安装GPS定位和行车记录仪。

(二)行业管理

1991年,临河市客运管理旗县公司经营乡镇苏木至旗县政府所在地的线路,个体经营者经营本乡镇苏木始发及国有公司顾及不到的线路。

2002年,临河市严厉打击无证照非法经营的"黑车""黑户"。

2006—2010年,临河区运管业务实现网上办理、查询。开通96155交通服务热线;增加汽车故障救援网络、质量投诉、法规咨询、班次查询、交通导航等行业服务。

（三）出租车管理

1998 年，临河市运管所规范了标志灯、计价器。经常采取便衣查、跟车查、夜间查的方式，查处违章行为。

2016 年，临河区处理各类违章 312 例，查处"黑车"150 辆次，净化运输出租市场。

（四）规费征稽管理

1992 年，临河市在重点乡镇设置交通运输中心管理站，以点带面，逐步发展。乡镇交管站行使《公路运输管理部门工作条例》所赋予的 10 项职责。

（五）运价管理

1991 年前，临河市运价管理以计划管理为主，由交通、物价部门共同管理，根据国家规定和地区经济发展、收入水平、物价水平及政策因素确定运价和调整运价，对运价执行情况进行检查监督。

1992—2010 年，客运运价一直由国家定价，运输业户因特殊情况需要调整运价，须先向当地运管部门提出申请，由运管部门听证、核定后，报同级或上级交通、物价部门审批。

（六）路政执法监查

1991 年，临河市地方道路路政管理大队对管辖路段的违章建筑、公路占地进行清查，对公路两侧的牲畜圈、碳仓等占地者，综合考虑客观因素，对确有困难的占地农户，签订"临时占地协议书"，公路扩建时无偿退还。

2015 年，临河区整治"违法搭建、违法采挖、违法堆放、违法占道经营"，开展公路路域环境综合治理，查处公路控制区违章架线 63500 米，制止违章增设平交道口 28 处，清理杂物垃圾 70 余处，清理非公路标志牌 50 余块，并对公路限高架、警示标志进行整修完善。

第二章 铁路交通

第一节 机 构

2011年9月1日,临策铁路运输管理部成立,是一个集客货、行车为一体的运输单位。

2016年,有6名领导班子成员,内设9个职能科室:劳动人事科、财务科、办公室、安全调度科、客货运管理科、技术教育科、保卫科、信息技术科、党群工作办公室。单位定员508名,现有在岗职工496名(包括集经上水工36人),其中男职工338人,占职工总数73.5%,女职工122人,占职工总数26.5%。临河运转车间130人,临河客运车间125人,临策线158人,设备车间15人,机关52人。

第二节 线 路

巴彦淖尔市和阿拉善盟额济纳旗,管辖运营里程747.236公里。其中临河—额济纳站全长683.818公里,天鹅湖西至策克站全长63.418公里。

临策线夏季地表高温50度,冬季最低气温零下42度,昼夜温差大,春、秋、冬季多风,沙害严重,线内有412公里戈壁滩为无人区。沿线除临河、杭锦后旗、苏宏图、额济纳、策克站外,其他车站所在地无生活用水,均依靠路用列车每周

一次供应食品和生活用水。

第三节 站 点

临策运输部管辖临河站(运转车间、客运车间、设备车间),和临策线20个中间站,其中二等站1个(临河站),三等站6个(杭锦后旗、图克木庙、苏宏图、天鹅湖西、额济纳和策克站)。办理客运业务的车站有临河站和额济纳站,办理货运业务的车站有4个:临河、策克、天鹅湖西、额济纳。

临策线设中心控制站6个,受控站14个,其中杭锦后旗站控制5个站(本站、呼和温都尔、农垦四团、毛德忽热、查干德日斯站);图克木庙站控制5个站(本站、多尔本毛道、莫尔格、格勒、互作不其站);苏宏图站控制3个站(本站、阿达日嘎、塔拉哈尔站);天鹅湖西站控制4个站(本站、沃博尔、辉森乌拉西、天鹅湖站);额济纳站只控本站;策克站控制2个站(本站、居延海站)。

临策铁路运输管理部还承担着临策线每周一趟的路用生活通勤列车57031/57032次的乘务管理工作。2015年12月1日额哈线开通后,为满足中铁电化局额济纳维管段职工通勤和生活补给需要,通勤列车进行扩编,运行交路也由额济纳站延长至马鬃山站,往返里程增加到2180公里,运行时

间由过去 3 天增加至 4 天。

第四节　设施建设

在行车设备方面，临河站采用双线电气化自动闭塞方式、联锁设备为计算机联锁；临策线采用站间自动闭塞方式，由中控站集中控制相邻几个会让站的区域集中计算机联锁，区间检查设备采用计轴设备；临河站供电方式为两路电源供电；临策线供电方式为单电源供电；临策线各站分别配备备用发电机作为信号、通信设备的应急电源。

管内有专用线 7 条，配有固定调车机 1 台，企业租用机车 2 台。

第五节　经营管理

1991—2014 年，临策铁路运输管理部协调临河热电厂合理运用企业自备调车机能力，使集中到达的电煤重车列能够及时对位卸车，卸后空车列及时进行取排作业，缓解了临河站调车作业压力，实现快送、快卸、快装、快排，压缩装卸作业时间和车辆停留时间。策克站加强装车作业组织，额济纳站积极应对九钢电煤卸车，天鹅湖西站发挥较强枢纽作用，保证临策线全线的运输畅通。一年共营销旅客 1734 人，增加客运收入28.74 万元。

2015 年，运输部发送旅客 190.96 万人，超年度计划 21.96 万人；客运收入 17408.83 万元，超年度计划 2868.83 万元；零散快运货物到达、发送共计 6776.7 吨；行包到达、发送共计 8.1 万件。

2016 年，中时和停时较计划各压缩 0.1 小时。装车 44011 车，超年计划 10958 车，货物发送274.8 万吨，超年计划 79.8 万吨。在每年胡杨林旅游旺季，接发旅游列车 9 对，接送旅客 1.488 万人。客车给水工作连续 12 个月受到铁路总公司的

通报表扬。年内发送旅客 212.03 万人，超年计划8.03 万人，完成年计划 103.94%；客运收入16594.5 万元，超年计划 188.45 万元。

第六节　安全保障

一、安全管理

2015 年，运输部实现安全生产 769 天，顺利实现第 2 个安全年。

2016 年，根据运输部生产规律和作业特点，确定关键时间段为节假日时间段；中午（12：00—14：00）时间段；后半夜（1：00—6：00）时间段；交接班时间段。明确货车列尾装置、无线调车灯显设备、防溜器具、便携式作业记录仪、平过道智能语音监控道闸、站场照明设施、安全生产指挥中心、无线调车机车信号和监控系统等 8项关键设备管控措施。明确客车、施工、人身、路外、消防、接发列车、调车作业、防溜、旅客乘降、非正常情况应急处置等 15 个方面管控项目、管控标准和管控措施，实现安全管控最后一公里。临策线点多线长、交通不便、检查指导存在诸多困难，"7U"检查指导方式这里显得尤为重要，收到较好安全管控效果。检查发现问题 181 件，整改176 件，上报集团公司解决问题 5 件。

二、后勤保障

2015 年，为临策线各站伙食团配置微波炉、电磁炉、电炒锅、电饼铛、保鲜柜、洗衣机、电淋浴器、电视机等用具 174 件；整修额济纳、策克和天鹅湖西站行车室的地面、窗户；为临河运转车间 4 个作业岗点配置电暖器 22 组；改造临河运转车号室，新增卫生间、洗浴间。为 158 名助医助困职工及家属救助 17 万元，为 9 名职工子女送去金秋助学金 1.8 万元。改善职工生产生活条件，提高车站值班员收入，做好劳务派遣工思想工作。

第十七篇
邮政　通信产业

第一章 邮 政

第一节 机 构

1991 年，巴彦淖尔盟邮政局下设 13 个职能科室，设 11 个生产科室和公司。

1997 年，邮政局下设职能部门：生产运行部、市场营销部、视察室、电信市场营销部、农话科、电信网管理中心、电信营销开发办、电信生产运行部、科技科、基建科、重点办、行管办、退管会、教育科、总务供应科、计划财务科、劳动人事科、公安科、办公室、监察室、审计科、电信视检室、服务督查室。生产部门有：邮件科、邮运科、储汇科、郊区邮电科、邮政营业科、旧城邮电分局、东环邮电分局、广告公司、邮购公司、邮票公司、速递公司、发行投递科、电信交换维护科、传输电力维护科、数据通信科、无线科、计费中心、市话科、话务科、电信营业科、公用电话公司、邮政维护设备科、车队。党组下设 15 个党支部、25 个党小组，有正式党员 262 人。

1998 年，实行邮电体制改革。6 月，盟邮电局无线寻呼业务从邮电部门分离单设，成立"国际寻呼巴彦淖尔盟分公司"；8 月，巴彦淖尔盟邮电局划归该公司，有正式职工 28 人；10 月，撤销"内蒙古自治区巴彦淖尔盟邮电局"，成立"巴彦淖尔盟邮政局""巴彦淖尔盟电信局"，隶属内蒙古邮政局和内蒙古邮电管理局。巴盟电信局内设：

办公室、计划财务部、人力资源部、市场经营部、运行维护部、通讯建设部、党群工作部。生产部门设：电信营业科、市线科、话务科、移动通信科、数据通信科、计费中心、交换维护中心、传输维护中心、电源空调维护中心、公话公司。

1999 年，对局内职能、生产部门进行重新确定，内设机构有：市场经营部、运行维护部、通信建设部、计划财务部、人力资源部、党群工作部、办公室。市场经营部设：电信营业科、计费中心、数据信息中心、市线科、郊区业务发展办、大客户服务办。运行维护部设：网管中心、交换维护中心、传输维护中心、动力维护中心。通信建设部设：土建办公室、机线办公室、综合服务督查办公室。办公室设：物业办、车队。7 月 19 日，划出移动通信职能，成立"内蒙古移动通信分公司临河公司筹备组"。有 68 名电信职工划归移动电信公司。该年底，巴盟（临河）电信局职工总数为 280 人。

2016 年，巴彦淖尔市邮政分公司有在岗职工 902 人，其中合同工 A 类 568 人，合同工 B 类 141 人，劳务工 198 人。内设 5 个职能部室、下辖 1 个营业局、6 个旗县局。

第二节 邮 路

1991 年，临河地区有邮路 19 条，总长度 440

公里，其中二级邮路 1 条，长 115 公里，为自办汽车邮路；农村邮路 7 条，长 278 公里；市内邮路 11 条，长 47 公里。农村投递路线 2533 公里；城市投递段道 20 个。

1993 年，开辟临河—五原—乌拉特中旗，邮政局自办汽车邮路，全长 160 公里。

1997 年，临河市有邮路 20 条，总长度 600 公里。其中二级邮路 2 条，570 公里，即：临河—杭锦后旗—乌拉特后旗；临河—五原—乌拉特中旗。农村邮路 7 条，市内邮路 11 条，农村投递路线全长 2180 公里，全部为自行车班。

1998 年，在通信冲击下，邮政业务滞后。邮政局大力发展农村潜在市场，用两年的时间，在套内农村基本形成以村社代办点和邮路为载体，以邮购、报刊为主业，以储、汇、函、包业务为补充的城镇第二邮政市场。

到 2016 年，巴彦淖尔市邮政分公司服务面积 6.4 万平方公里，服务人口 150 万人。有邮政局所 147 处，其中城市局所 43 处，农村局所 94 处，邮政储蓄网点 65 处。全市布放信报箱格口 33920 个。有二级干线邮路 4 条，全程 920 公里；旗县至乡镇苏木和边防连队邮路有 4 条，总长度 2030 公里。

临河区邮路总数 9 条，邮路总长度 406 公里；乡镇至村社的投递路线 99 条，总长度 11966 公里。运营车辆 92 辆。

第三节　投　递

1991 年，临河市区邮电局所总数 22 处，其中市局 1 处，支局 4 处，邮电所 14 处，邮电代办所 2 处，邮政代办所 1 处。

1994—1997 年，邮电服务机构不断增加，先后建起金川、西环、东环、北环等一批邮电支局所。到 1997 年，邮电局、所达到 31 个，投递覆盖率明显增大。

2016 年，巴彦淖尔市邮政分公司建成 9 个投递部，盘活现有人员充实到投递队伍。新增包裹投递专段 14 条。利用全名址信息实现 PDA 高效辅助分拣，加快邮件处理速度，配备了调度和生产联络员，实施 24 小时值班制，提升了邮件时限水平和运营质量，避免邮件爆仓情况发生。对临河区投递部实施监控，当日邮件妥投率为 98.87%。

表 17-1-1　　　　　　　　临河区邮政局所分布情况一览表　　　　　　　　单位：个

地址	名称（全称）	邮政支局	自办邮政所	代办邮政所
新华东街建材城楼下	临河东环二支局	1	0	0
解放西街联通营业厅旁边	临河旧城支局	1	0	0
河套大街峻峰华庭北门	临河建设路支局	1	0	0
建设北路爱丽舍楼下	临河曙光支局	1	0	0
临狼路解放医院楼下	临河北环支局	1	0	0
庆丰西街	临河西环支局	1	0	0
永安街蒙中对面	临河华东支局	1	0	0
金川贸易大厦西门	临河金川支局	1	0	0
团结路万客乐超市旁边	临河团结路支局	1	0	0
利民街人民医院北门	临河利民街支局	1	0	0
临陕路四季青市场	临河临陕路支局	1	0	0
四季花城四区	临河先锋支局	1	0	0

续表

地址	名称（全称）	邮政支局	自办邮政所	代办邮政所
新华西街原社保局楼下	临河新区支局	1	0	0
胜利路新华书店楼下	临河胜利路支局	1	0	0
新华镇	临河新华支局	1	0	0
狼山镇	临河狼山支局	1	0	0
八一乡	临河八一邮政所	0	1	0
隆盛乡	临河隆胜邮政所	.0	1	0
乌兰图克镇	临河乌兰图克邮政所	0	1	0
干召镇	临河干召庙邮政所	0	1	0
古城镇	临河古城邮政所	0	1	0
黄羊镇	临河黄羊邮政所	0	1	0
份子地镇	临河份子地邮政所	0	1	0
小召乡	临河小召邮政所	0	1	0
白脑包镇	临河白脑包代办邮政所	0	0	1
丹达乡	临河丹达代办邮政所	0	0	1
乌兰乡	临河乌兰淖代办邮政所	0	0	1
双河镇	临河双河镇邮政所	0	1	0
狼山农场	临河狼农代办邮政所	0	0	1
临河农场	临河临农代办邮政所	0	0	1
大学路河大医学院西500米	临河东环邮政所	0	1	0
胜利路邮政大厦楼下	临河大厦邮政所	0	1	0
胜利南路火车站北500米	临河车站邮政所	0	1	0

第四节 主要业务

一、邮政

1991—1996年，巴彦淖尔盟邮政局开始办理函件、汇兑、发行、集邮、储蓄、特快专递、邮政快件。先后增开速递、广告信函、邮购、礼仪专递等新型业务。

1997年，办理国内函件250.86万件，国际函件1600件；国内包裹2.1万件，国际包裹13件；国内汇票7.3万件，邮政快件8.34万件，国内特快专递2.03万件，国际特快专递506件，订销报纸累计2043.41万份，订销杂志78.26万份，报刊流转额549.26万元，邮政储蓄11166.03万元，集邮业务552.87万枚。

2016年，邮政公司加快包裹快递业务，建成政府服务站7处。开发同城配送项目，日均交寄量46件。增值业务以代收国税地税、体彩等项目为突破口，与政府、企事业单位合作，开发农村电商业务，先锋枸杞、瓜子、苹果梨等产品先后上线销售。巩固现有报刊市场份额，扩大私人订阅市场，完成订阅《生命时报》11068份，《河套农苑》5714份，《大阅兵》画册4400册。函件业务建成"政讯通"723处，落实商演会展、刮刮卡项目，借助集邮签售会、品鉴会等大型活动，拉动集邮业务增长。

二、电信

（一）电报

1991—1993 年，巴彦淖尔盟有线电报电路全部进入全国电报自动交换网后，巴盟局只与呼和浩特市、包头市和盟内 6 个旗县局开设无线电报备用电路。在临河市区保留车站支局、城里支局有线电传报路。全局有载报机 8 部、电传机 19 部、真迹传真机 3 部、150 瓦发讯机 3 部、15 瓦发讯机 31 部。建成开通 32 路电报分集器，临河市内开办电报业务的支局全部实现自动转报。先后增开办国际、国内传真业务、礼仪、请柬电报业务，立等即发业务。电报开具实现自动化。

1998 年，电信局完成国内公众电报 2.36 万份，国内传真电报 8450 份，国际传真电报 163 份。

1999 年，完成国内公众电报 1.95 万份，国际、港澳台公众电报 11 份，国内用户电报 185 次，国内传真电报 9453 份，国际、港澳台传真电报 170 份。

（二）长途电话

1991 年，巴盟（临河）邮电局长途电话业务电路 92 路，其中省际 2 路，省内 90 路，全部为有线架空明线电路，交换机容量共电式 135 门，对端设备 31 路，载波机 28 部，容量 219 路。

1993 年，长途电话业务电路增加到 156 路。其中省际 2 路，为有线架空明线电路。省内 154 路，其中有线架空明线电路 142 路，租用巴盟广播电视局数字微波无线电路 12 路。是年 8 月，投资建成开通长途程控交换设备，总容量 300 线。首次开通电路 60 路。

1994 年，建成开通临河—杭锦后旗通信光缆电路。翌年，北京—呼和浩特—银川—兰州市国家一级通信光缆建成，年末长途模拟终端设备量 318 路，实占 285 路，长途数字终端复用设备容量 4560 路，实占 1110 路，其中光纤数字容量实占 930 路，四次群容量 2 路。临河至 6 个旗县局开通 NO7 号信号系统，长途通信实现数字化。

1997 年，长途交换容量 4000 线，光缆电路 1232 路。本地网光缆电路 925 路。

1998 年，长途电话业务电路全部为二级省内光缆电路。国内长途电话去话 594.56 万次 1762.82 万分钟；国际长途电话 12368 次 51315 分钟；港澳台电话 7291 次 7291 分钟。

1999 年，电路为 1742 路，长途电话三级省内业务电路 1017 路。国内长途电话通话次数 496.97 万次 1631.37 万分钟；互联互通国内长途电话去话 686 次 1822 分钟；国际电话通话次数 20012 次 80340 分钟；港澳台电话通话 5817 次 17710 分钟。

（三）市内电话

1991 年，临河地区市内为步进制自动电话，交换机容量 5400 门，用户单机 4183 部，杆路长 95 公里，电缆长度 44.8 公里。

1993 年，开通万门程控电话，总投资 1606.6 万元，其中外汇美元 202.9 万元。制式 S1240，容量 10240 门。

1995 年，市话程控扩容 8000 门，总容量 18000 门。12 月 17 日，电话号码升为 7 位数，组成市内电话本地网。

1996 年，开通程控交换设备 4000 门，大规模建设临河市地下管道线路，将主要街道杆路和明线拆除，机线比保持 1：1.2，保证用户安装电话的需要。

1997 年，有市话交换设备总容量 3.2 万门，电话单机 22206 部。

1999 年，城市用户电话 32485 部。有线接入新增 15000 线，无线接入新增、扩容 5 个基站共 66 倍道。

（四）农村电话

1991 年，巴彦淖尔盟农村电话交换点 26 个，其中邮电经营 7 个，乡镇经营 19 个。交换机总容量 1370 门，其中邮电经营 340 门，乡镇经营 1030 门。杆路长 361 杆程公里，其中邮电经营 208 杆程公里，乡镇经营 153 杆程公里。明线线路 629 线对公里。邮电经营载波机 20 部，电话单机 270 部，其中邮电经营 103 部, 乡镇经营 167 部。临河农村电话几十年来一直为磁石式、摇把子。

1993—1994 年, 实现程控化后, 集中财力物力加快农村电话建设进程。建成狼山镇 128 门程控电话, 利用临河—杭锦后旗的光缆进行传输, 是临河市第一个实现农话传输数字化的乡镇。

1995—1996 年, 开通小召 128 门、黄羊 128 门、马场地 256 门程控电话。是年 12 月, 新华、图克、隆胜、份子地开通程控电话。利用接线器、光缆等为乡镇和 2 个农场开通程控电话, 原乡镇经营的农村电话点全部交邮电经营。

1997 年, 临河市农村电话交换容量 1856 门, 全部为程控交换设备, 电话机 709 部。

1998 年, 临河市乡村电话 1097 部, 其中住宅 759 部。

1999 年, 临河市乡村用户 1410 部。

（五）寻呼

1992 年 7 月 1 日, 临河地区正式开通数字无线寻呼网, 年内扩建为数汉兼容网, 年末发展寻呼用户 100 户。

1997 年, 投资 60 万元, 在临河市新华镇等地建成开通无线寻呼基站, 巴彦淖尔盟无线寻呼容量 20 万户, 开通 3 个频点, 寻呼基站 12 个, 用户 BP 机 9422 部。无线寻呼 126 人工台, 127 自动台同时运转, 全盟实现与全国漫游。

1998 年, 无线寻呼系统容量 5 万个, 无线寻呼基站 2 个。

（六）移动电话

1993 年 8 月 22 日, 开通万门程控电话, 开通 450 兆集群移动通信网, 建立基站 5 个, 信道 20 个。

1996 年 2 月 12 日, 建成开通 900 兆模拟移动电话, 全盟设基站 5 个, 其中临河 1 个, 全盟信道 84 个, 其中临河 36 个。移动电话 805 部。

1997 年, 移动电话放号 1868 部, 累计 2673 部, 通话 938.27 万次, 2685.96 万分钟。来去话通过乌海移动电话交换网接转。

1998 年, 有移动电话网话路 1549 路, 同步网话路 30 路。

（七）数字数据通信

1995 年, 巴彦淖尔盟数字数据通信网正式建成开通, 有分组交换节点机端 1236 个, 分组交换 PAD 端口 6 个。开通语音信箱系统, 总容量 2 万户。

1996 年, 经过扩容, 分组交换节点机端口 54 个, 分组交换 PAD 端口 12 个, 数字数据网节点端口 50 个, 发展分组交换用户 52 户, 数字数据用户 1 户。

1997 年, 再次扩容, 分组交换节点端口达 141 个, 数字数据端口 218 个, 分组交换用户 42 户, DDN 用户 37 户。临河市区有盟局数字数据科、83 分局、84 分局三处开通数字数据网。是年, 开通计算机互联网, 发展用户 6 户。

1998 年、1999 年, 数字数据网用话路 180 路, 分组交换网用话路 6 路。本地电话网至数字数据网中继电路 180 路。

2016 年, 邮政公司投资 325 万元, 为代金网点配备理财终端、发电机; 投资 189 万, 购置 CRS/ATM 设备; 投资 81 万元, 对 16 处营业网点进行装修改造; 投资 192 万元, 购置网运车辆, 配备 PDA、投递电动车等设备, 加大生产投递环节支撑。

第五节 经济效益

1998 年, 巴彦淖尔盟完成业务总量 6188.34 万元, 其中长途电信业务总量 1746 万元, 本地电话业务总量 1949.25 万元, 移动电话业务总量 2069.93 万元, 无线寻呼业务总量 423.16 万元。

1999—2000 年, 两年完成电信业务总量 1.5 万元。

2016 年, 实现业务收入 1.47 亿元, 全区排位第 5 位。上缴利润 1420 万元。2016 年工资总额、劳务费用完成 6000 万元，较 2014 年增加 1000 万元，实现了员工收益与企业效益的同步提升。

第六节　综合管理

2000 年，电信局采用现场演示、上门服务、免费培训等方式发展数据用户、培育上网市场。丰富"河套信息港"内容，增加带宽，调整资费，主页访问次数突破 170 万次，25 家企业制作了自己的主页。发展政府上网用户 3 家，多媒体网吧 50 家。整顿出版本地电话号簿、内蒙古消费指南的汽车和建筑黄页巴彦淖尔盟分册，整理医疗卫生黄页分册。与农行、工行合作增加收费网点 12 个，发挥 180 用户投诉热线作用，开通 8220000 总经理服务热线。组织多部门对巴彦淖尔盟的资费、营业流程进行核查、纠正问题。聘请 11 位社会义务监督员和 11 位行风评议员，加大社会监督力度和督察力度。

2015 年，上缴利润 485 万元，被巴彦淖尔市委、市政府授予"巴彦淖尔市文明单位标兵"；荣获中国邮政集团空白乡镇邮政局所补建优秀集体。

2016 年，完成巴彦淖尔市审计项目 30 项，工程审计送审额 300.4 万元，审减额 73.55 万元，审减率 24%，临河区在内。2016 年，上缴利润 1420 万元，连续两年实现收入、利润双超；2015 年、2016 年，连续两年在自治区分公司绩效考核中获一等奖，综合评价名列前茅，连续两年获超收超利润奖励；被内蒙古总工会授予"自治区五一劳动奖章"；被评为全国邮政系统党建工作先进集体和全国交通运输文化建设优秀单位；被评为全国先进市县基层协会先进集体；荣获全区"达标争先"劳动竞赛二等奖。

第二章　通信产业

第一节　中国联通巴彦淖尔分公司

2008 年 10 月 15 日，中国网通巴彦淖尔市分公司与中国联通巴彦淖尔市分公司合并，称中国联合网络通信有限公司巴彦淖尔市分公司，隶属于中国联合网络通信有限公司。

2015 年 8 月 20 日，实现全光网络运行，传统程控交换机关闭，成为中国联通第 24 个"全光网络城市"。

2016 年，中国联通巴彦淖尔市分公司精心打造的 4G 网络，已开通基站 1500 个，覆盖率 90%。全光网建设 FTTH 端口 31.3 万个，IP 城域网出口带宽增加 20G，达到 140G；出省带宽增加 20G，达到 100G。所有动力设备选用国际国内知名品牌。

经营管理方面，2016 年，取消 20M/50M 资费，下调 100M 包年宽带资费，下调比例 82.8%。5 月，提供 4K 超清电视服务。网上实名率上升至 99.9%。

第二节　中国移动巴彦淖尔分公司

1999 年，中国移动通信集团内蒙古有限公司巴彦淖尔分公司成立。

2000—2016 年，累计发展 4G 客户 60 余万户。

开展了"订 1GB 以上流量套餐赠 1GB 夜间流量"活动，新增 18 元、28 元飞享套餐，统一套餐门槛下调至 18 元；新增流量快餐产品，包括日套餐及小时套餐，满足客户短时间内大流量使用需求；推出"大包多天""多国包多天"套餐，扩大国际及港澳台漫游地区和修改包天不限量业务开通规则；下调移动数据流量标准资费。开展宽带"全城免费提速"工作，2016 年惠享提速用户 1.8 万户。打造 4G + 手机近 400 款，满足"4G 粉"随时随地的互联生活需求。

与巴彦淖尔市政府、临河区政府及旗县政府合作了"互联网 + 政务"信息化项目；与市财政局合作"财政一卡通"项目；与市住建委合作进行"施工现场远程智能视频监控"建设；与市委组织部党员教育中心合作"党建直通车"项目；与河灌总局合作"节水增效"数据监测、回传信息化解决方案项目。与金融、电力、交通、税务、烟草、旅游、公安等多个行业合作，形成一系列"互联网 + 行业应用"信息化解决方案。

2016 年年底，临河市区、旗县政府所在地和行政村网络覆盖率 100%；国道、省道覆盖率 92%，高速公路覆盖率 94%，铁道覆盖率 98%，自然村覆盖率 90% 以上。公司被中国通信企业协会授予"2016 年全国通信行业用户满意企业"荣誉称号。

第三节 中国电信巴彦淖尔分公司

2003 年 7 月 17 日，中国电信巴彦淖尔分公司成立，是中国电信集团公司在巴彦淖尔市设立的全资国有通信运营企业。

2004—2016 年，临河区宽带速率从 12M、20M 提升至普及百兆，实现 200M、300M、500M 及 1000M 引领。形成承载网、无线网、传输网、数据网、交换网、IDC 数据中心为核心的六大网络，基础网络设施及设备能力得到提升。

2015 年，降低光网区域宽带资费。在规模推进移动、宽带业务的基础上，拓展 ICT 行业应用、固定和移动互联网业务，以及物联网、云计算等新一代信息技术应用，不断丰富综合智能信息服务运营商内涵。基于位置和支付两大能力，推出"通讯＋支付＋理财"相结合的新业务模式。

2016 年，取消 20M/50M 资费。对满足提速条件的宽带用户实行免费提速。从 5 月 20 日起，对手机流量在售套餐中标准资费和套餐外资费高于 0.3 元/MB 的，执行自动升级优惠。到年底，实现 FTTH 光纤到户全覆盖，在 800M 频率和 1800M 频率上建成 2 张 LTE－4G 无线网，打破铜缆技术"最后一百米"的带宽瓶颈。完成 49 个行政村电信普遍服务，完成食品药监局明厨亮灶、平安城市等一批 ICT 项目，为新一代物联网生态圈、富媒体、"互联网＋"、新兴 ICT 业务开创新局面。

第十八篇
农牧业

第一章 农 业

第一节 机 构

一、行政管理机构

1994 年，临河市农业局与临河市农村工作委员会合并，对外称临河市农委。

1996 年，临河市农委改称临河市农业局，内设办公室、业务股、农情股。

1999 年，临河市农业局有干部职工 18 人，内设工程股、财务股、多经股、办公室 4 个股室。

2004 年 8 月，临河区农业局有行政编制 15 人，其中局长 1 名，副局长 3 名。另核定工勤人员事业编 2 名。

2016 年 9 月，整合临河区农业局、畜牧局、扶贫开发办职能，组建临河区农牧业局。内设办公室、业务股、市场信息股、发展规划股、财务股、人事股、农畜产品质量安全监管办、兽医办、扶贫办 9 个机构。核定机关行政编 29 人，核实科级领导职数 6 人（1 正 5 副），其中局长 1 人，副局长 4 人，纪检组长 1 人；工勤事业编 6 人。

二、所属事业单位

临河区农业局有 9 个二级业务单位：临河区农业技术推广中心、临河区种子公司、临河区经营管理站、临河区水产站、临河区农业区划办、临河区果树站、农业广播电视学校临河分校、原种场、果树园。全局有高级农艺师 8 人，农艺师 39 人，助理农艺师和技术员 139 人。

第二节 农业基本情况

1991—1997 年，临河市合理调整农村产业结构，发展两高一优农业，农业生产和农村经济始终保持强劲发展势头。

2000—2003 年，临河市绿色、特色农业兴起，种植格局由粮、经、饲三分天下，形成"南北有林牧业、西部有脱水菜、东部有特色瓜果、城郊有保护地"的产业格局。由于河套地区光、热、水、土资源丰富，种植的小麦蛋白质含量、面筋质含量、粉质指标、拉伸指标、沉降值，五项重要指标卓越，成为全国小麦中的"尖子生"。同时，临河市又是全国重要优质农畜产品生产基地，被誉为"中国苹果梨之乡"。

2004—2006 年，临河区实施对种粮农民的直接补贴、农机购置补贴。在保持原来粮食直补政策稳定的基础上，对种粮农民实行柴油、化肥等农业生产资料综合直补。

2008 年 3 月，首次通过中国农民补贴网络信息系统，完成当年直补资金发放。此后每年对种粮农民进行资金补贴发放。

2000—2016 年，临河区农牧业产业化发展形势喜人。结合国家现代农业示范区建设，将种草与养畜、第一二三产业有机结合起来，构建粮饲兼顾、农牧结合、循环发展的新型种养结构。畜牧业发展加快步伐，形成以牛、羊、猪、牛奶、绒毛为主的特色畜产品生产基地，成为全国绿色农畜产品生产、加工、流通中心。

一、耕地面积

临河区有耕地面积14.53万公顷，占总土地面积的61.7%。

2013年，临河区完成土地流转8.1万亩，历年累计流转土地面积43.6万亩，占全区耕地总面积的20.7%，涉及农户1.5万户。土地流转推动农业规模经营，加快农业规模化、标准化、产业化进程。兴建双河九庄、八一联丰设施农业、干召庙浩彤高科技农业示范园区等规模化生产基地，带动了农业科技水平提高。土地流转将农民从单一的农业生产中解放出来，实现多渠道增收。流转土地的村组，农民人均纯收入增加5000元以上。

2015年，农业保险耕地信息采集项目落户临河。该项目根据卫星遥感技术航拍图对临河地区所有耕地，按村组为单位确认登记，为农业保险精细化管理提供数据。

2016年，临河区国土资源局加大耕地保护力度，全区耕地保有量高于目标责任状12万公顷，基本农田保护面积高于目标责任状9.48万公顷。

二、土壤与肥料

2005年，临河区作为内蒙古自治区首批实施测土配方施肥试点资金补贴项目的8个旗县之一，在"测土、配方、配肥、供肥、施肥指导"5个关键环节严格组织实施。

2013年，合理施肥，优化土壤环境，减少环境污染，促进绿色食品生产，社会经济生态效益明显。

第三节　农田基本建设与保护

一、基础设施建设

2000年，临河市基础设施投资大幅增加，争取到国家和自治区基本建设投资项目18项，1.2亿元。新增农田配套面积20.2万亩，完成四期农业综合开发9.5万亩。

2004—2009年，临河区开展以节水为中心的农田基本建设。财政补贴500万元，新建设施农业6831亩，总面积15200亩。

2012—2016年，城关、干召庙、狼山、八一等乡镇，把设施农业基地建设和新农村建设结合起来，使经济和人文相融合。新建设施农业1.5万亩，推进设施农业连片化、规模化、园区化。到2016年，临河区落实设施农业建设5957亩。

二、农田保护

1992—1998年，临河市平均每年改造中低产田10万亩，累计有31万亩中低产田晋等升级，变为高产稳产田，成为农村经济新的增长点。

1999年，改造中低产田7.2万亩，建成多种经营项目4个。

2000年，改造中低田5.4万亩，营造农田防护林0.28万亩。

2007年，改造中低产15万亩，发展节水灌溉23万亩。

2008年，投资1.48亿元，改造中低产田改造、节水灌溉、饮水安全、土地整理、扶贫开发、乡村道路等基础建设项目23个。

2013年，盘活城关镇土地资源，开展土地治理，使其成为田成方、渠相通、路相连、旱能灌、涝能排、农业机械开到田间地头的高标准农田。建成镜湖湿地生态保护区，对调节和改善城区气候气象条件、增加大气降水、防止沙漠化，起着重要生态屏障作用。

2014—2016 年，临河区执行基本农田保护"五不准"制度：不准非农业建设项目占用基本农田（法律规定的除外）；不准以退耕还林为名违反土地利用总体规划，将基本农田纳入退耕范围（除法律规定的国家重点建设项目除外）；不准占用基本农田进行植树造林，发展林果业和搞林粮间作，以及超标准建设农田林网；不准以农业结构调整为名，在基本农田内挖塘养鱼，建设用于畜禽养殖的建筑物等严重破坏耕作层的生产经营活动；不准占用基本农田进行绿色通道和城市绿化隔离带建设。责任落实到位，实行巡回检查。加大耕地保护力度，临河区耕地保有量高于目标责任状 12 万公顷，基本农田保护面积高于目标责任状 9.48 万公顷。

第四节　种植结构与产量

一、粮食作物种植

1991—1998 年，临河市粮食作物种植主要以小麦、玉米为主，约占播种面积的 60% 左右。

1996 年，小麦平均亩产突破千斤大关，达1062 斤/亩，成为自治区平均亩产超千斤的 4 个旗县市之一。由于气候特殊，昼夜温差大，光照时间长，无霜期长，使得临河小麦籽粒饱满、色泽美观、容重高、品质优良，赢得国内面粉加工企业及粮食经营部门的青睐，畅销国内，远销日本等国。用河套面粉拉出的面条，一个针眼能穿过26 根，创吉尼斯世界纪录。

1999—2011 年，小麦种植面积逐年下降，农民种植积极性不高。

2012 年，临河区小麦种植面积占自治区小麦总播面积的 23.10%，小麦总产量占自治区小麦总产量的 40.23%。

2014 年，小麦种植面积从 2009 年的 64.81 万

亩，减少到 2013 年 25.05 万亩，减少 35.76 万亩。临河区有面粉加工企业 16 家、个体户 81 户，年加工能力达到百万吨以上。小麦种植面积的减少，严重影响下游产业的发展，导致一些面粉加工企业效益下降。为走出困境，一些企业将河南、山东等地的小麦混入河套面粉中，使面粉质量下降，给河套地区培育优势特色产业造成很大影响。为扭转这种局面，临河区政府积极宣传引导、实施土地合理流转，引导农民耕地集中联片，让种粮大户、种粮能手规模化生产，机械化作业，集约化经营，降低生产成本和劳动强度，提高土地生产效率。

2015 年，粮食种植面积呈现小麦增、玉米略减局面。粮食种植面积为 102.58 万亩，比上年增加 0.69 万亩，增幅 0.68%。其中小麦种植面积19.55 万亩，比上年增加 3.6 万亩，增幅 22.34%；玉米种植面积 82.82 万亩，比上年减少 2.27 万亩，减幅 2.67%。小麦种植面积增加的主要原因是上年小麦收购价格较好，收益大幅提高，加之粮食加工签订种植合同，以保护价每斤 1.8 元收购，农民种植小麦积极性高。

2016 年，全年粮食总产量为 77.3 万吨，比上年增加 4.4 万吨，增长 6.1%；葵花产量 15.8 万吨，比上年减少 2.2 万吨，减幅 12.1%；蔬菜总产量为 58.2 万吨，比上年减少 3.7 万吨，减幅 6.0%。

二、经济作物种植

临河区经济作物主要以甜菜、籽瓜、油葵、花葵、西瓜为主，其中甜菜每年种植面积约 10 万亩，年产量约 3 亿公斤；籽瓜种植面积 15 万亩，年产量约 1250 万公斤；油葵花葵种植面积约 40 万亩，年产量约 0.6 亿公斤。农民 70% 的收入来自这四种经济作物。

2015 年，经济作物种植面积比上年减少 3.3 万亩，减幅 3.24%。油料种植面积为 76.22 万亩，比上年减少 1.64 万亩，减幅 2.11%。其中：花葵

种植面积74.21万亩，比上年增加0.31万亩，增长0.42%；油葵种植面积2.01万亩，比上年减少1.95万亩，减幅49.28%。油料种植面积减少的主要原因是上年油料价格下跌，产品积压，农户减少种植面积。瓜类种植面积2.22万亩。白瓜籽种植面积5.44万亩，比上年增加2.57万亩，增长89.62%；黑红瓜籽种植面积1.66万亩，比上年增加0.70万亩，增长73.21%。

三、蔬菜种植

1997年，临河市蔬菜种植面积2.7万亩。蔬菜基地由过去城郊2个乡镇8个村，发展到13个乡镇40个村，120多个社，4600多农户。蔬菜总产量2.1亿斤，外销40%。上市新品种不断增加，上市时间逐渐拉开，基本满足居民不同层次、不同时间的需求。

2012年，蔬菜种植业扩大到果树、工厂化育苗、花卉、食用菌等领域。蔬菜面积大幅下降，蔬菜种植面积17.5万亩，比2011年减少5.1万亩，减幅22.6%。减产的原因是2011年蔬菜加工企业产品销路不畅，价格下降，农民卖菜难。

2013年，临河区建设大型反季节蔬菜供应基地。与中国农科院深化合作，利用中国农科院的政策、科技和资源优势，在瓜果蔬菜、花卉、菌类、养殖、加工等多个领域展开合作，提升农业科技含量，提高农副产品知名度和附加值。

2014年，除西红柿种植面积有较大增加外，蔬菜总面积基本持平。

2015年，蔬菜种植面积12.81万亩，比上年减少3.26万亩，减幅20.27%。减产的原因是上年脱水菜价格大幅下跌，脱水菜产品积压，订单减少。

2016年，蔬菜种植遍布临河区9个乡镇，2个农场，150个村。露地蔬菜种植总面积14.3万亩，其中加工型蔬菜种植面积10.3万亩。设施农业面积4.5万亩，其中日光温室面积2.9万亩，大中棚面积1.6万亩，新增日光温室面积3278亩，大中

棚面积2379亩，合计新增设施农业面积5657亩。主要种植品种有黄瓜、西红柿、芹菜、韭菜、豆角、草莓、茄子和其他小菜等，蔬菜总产量76.5万吨，蔬菜总产值21.5亿元。建成200亩以上设施农业园46个，形成临份线、临陕线、临五线、临磴线4条城区主要出口设施农业示范带。

四、果树种植

2014年之前，临河区在温室蔬菜种植成功的基础上，推广温室种植草莓、葡萄、油桃，成为设施农业的一大亮点。

2015—2016年，随着种植结构调整以及其他经济作物的增多，果树种植面积减少1.144万亩，产量4200万斤，以苹果梨和早酥梨为主。苹果梨1964年从吉林延边引入，由于贮存期较短，种植面积逐年减少。早酥梨逐渐占据主导地位，通过本地风土条件驯化培育，品质优于原产地及其他产区。

五、饲料种植

2011—2013年，国家对农区种植多年生优质牧草实行补贴，当年新种植每亩一次性补贴50元。临河区集中连片种植1000亩以上优质牧草，经验收合格，每亩补贴600元。临河区草原站与有种植意向的各个合作社和养殖场联系，提供种植片区规划、土地选择、种子品种选择及种植后田间管理等各项服务。

2015年，牧草种植面积2.41万亩，比上年增加1.13万亩。牧草种植增加的主要原因是畜牧业发展迅速，对饲草料的需求旺盛，农民种植积极性高涨。

2016年，临河区引进一批苜蓿优良品种如阿尔冈金、中苜1号、中苜2号、FY310、巨人苜蓿、金皇后系列、WL系列等，禾本科牧草主要有湖南稷子，粮草兼用型玉米优良新品种有鲜玉3355、登海605、科河8号、科河10号，青贮专用玉米品种有科多4号、科多8号、兴贮一号、金刚

50、东单606、京科516等得到广泛应用，优质牧草种植面积10万亩，优质粮草兼用型玉米种植面积80万亩。为肉羊养殖提供了充足的饲草料保障。

六、其他作物种植

2017年，临河区首次示范推广麦后复种燕麦，种植面积1000亩，主要分部在干召庙镇、临河农场两个片区，采用"企业＋农户"种植模式。

北纬41°43′是世界公认的燕麦黄金生长纬度带，临河的气候条件非常适宜燕麦种植，麦后7月25—30日播种，10月底收获，生育期90天左右。该技术在临河区的推广种植，不仅有效利用小麦收获后的闲置土地，还为农户带来经济效益。

第五节 良种引进与改良

1991—1994年，临河市原良种生产面积每年在4000—5000亩之间，其中小麦三圃田面积250亩，年生产小麦原良种75—85万公斤；玉米单交种40万公斤；油葵派改一号20万公斤。年平均销售各类原良种106万公斤。1994年开始开展对外制种项目。

1995年、1996年，临河市对外玉米制种生产成为全市种子生产的重点，先后引进中单8号、沈单7号、掖单13号、掖单19号、户单4号、张玉4号、中单306、中单321、郑单14号等。年玉米制种面积发展到5000亩，产玉米单交种150万公斤，除满足本市用种外，产品销往宁夏、陕西、山东、黑龙江等省20多家种子公司。各乡（镇）每年安排小麦一级良繁田1—1.2万亩，产种300—360万公斤。实现全市小麦"三三制"（原种—原种一代—原种二代，三年一贯制）统一供种工程计划，小麦良种普及率90％以上。每年支援兴安盟、呼盟、呼包郊区、宁夏等地小麦种子30—60万公斤。生产杂交油葵常规种派改一号200亩，产种1万公斤，成为搭配品种。

2013年，借助温室大棚引进穴盘培育林木种苗技术，培育国槐种苗1万盘，每盘72株，这是临河区一项最新育苗技术。

2015年，临河区建设蜜蜂授粉绿色防控示范园区1个，向日葵试验示范园区1个。引进各类农作物新品种339个。推广设施农业"五提五增两防控"技术（五提指穴盘基质育苗提高秧苗质量，嫁接育苗技术提高植株抗性，高垄栽培提高地温，熊蜂授粉提高授粉率，水肥一体化提高肥料利用率；五增是指增施二氧化碳气肥，增施有机肥，增施生物菌肥，增加棚内光照强度，增加棚内保温性能；两控是指推广膜下暗灌、滴管控制温室湿度，实施病虫害绿色防控措施）、玉米宽覆膜高密度栽培技术（吨粮田技术）、小麦套晚播杂交向日葵技术（双千田技术）、测土配方施肥技术、麦后复种栽培技术等11项，推广面积180万亩。

2016年，临河区引进农作物新品种281个，其中玉米86个、葵花158个、油葵37个。推广玉米宽覆膜高密度栽培技术、小麦套晚播杂交向日葵技术、设施农业"五提五增两防控"技术、三大作物施肥控量增效技术等12项重大技术，推广面积180万亩。

第六节 种子供应与管理

一、种子更新换代

1991—1998年，临河市引进新品种（组合）30余个，完成品试项目20余项，新品种推广工作一直走在巴彦淖尔盟前列。

1997年，推广美国G101，种植面积3万亩；推广西红柿"白果强丰"、西瓜"西农八号"、甜瓜"新密杂7号"等一批瓜菜名优新品种。

二、种子供应

1991年，临河市新建库房800平方米，晒场

1200 平方米，办公室及门市部 329 平方米，精选加工车间 112 平方米。

1994—1995 年，新上一套电控式种子精选、包衣、包装生产线。干召庙种子中心站购置一台玉米种子脱粒精选机和一台包衣机，种子精选加工率 100%、玉米种子包衣率 100%。

1996—2000 年，临河市率先推广甜菜种子磨光包衣新技术，推广磨光包衣甜菜种子 148 万吨。推广小麦种子包衣 4 万斤。集中 6 个种子中心站和各乡镇农科站的力量，形成供种网络。《种子法》颁布实施，临河区种子企业纷纷成立。临河区整合种子，加快种子化进程。

2001—2016 年，临河区种子供应呈现多元化趋势，国有供应和各类种子公司齐头并进共同发展。

三、种子管理

2014 年，临河区加强市场管理，对没有经营许证书或证书与实际不符的企业进行教育和证件扣押；随机抽样检查，没有包衣或没有经过处理的种子，一旦查出有检疫性病害的，进行严肃处理。

2016 年，临河区种子管理工作进入法治化阶段。

第七节　农艺农技

一、耕作方式

1991—1997 年，临河市小麦、玉米、向日葵等作物采用平条播种方式，蔬菜类作物采用平、条播种或起垄种植方式，其他作物均覆盖地膜。

2013 年、2014 年，临河区为提高土地肥力，改善土壤结构，引导农户细算春耕账，走科技耕作路，施用农家肥，减少土地对化肥、农药的依赖。农户走科技耕作之路，通过秸秆还田，增加

土地有机肥的含有量。

2016 年，临河区实施耕地机械深松作业补助试点面积 1.5 万亩。经机械深松过的耕地，玉米每亩可增产 150 斤左右，小麦每亩可增产 90 斤左右。

二、栽培技术

2012—2014 年，临河区推行番茄标准化栽培技术、绿色防控技术。2013 年 5 月 16 日，现代设施农业与草莓生产技术国际研讨会在临河区召开。举办全区玉米宽覆膜高密度栽培技术培训会。

2015 年，临河区在八一乡举办农技培训，内容是温室大棚病虫害防治、北方温室火龙果栽培技术、北方大棚草莓栽培技术，提高农民的科技种植水平。

三、包衣种子

1991—2016 年，临河区使用的玉米、向日葵、瓜菜种子全部为包衣种子，小麦种子因大部分是农民自留种，包衣种子很少。

四、地膜覆盖

1991—2016 年，临河区地膜覆盖主要模式有：单种玉米覆膜栽培模式、小麦套种覆膜玉米吨粮田栽培模式、向日葵地膜覆盖栽培模式、青椒地膜覆盖栽培模式、瓜类地膜覆盖栽培模式等。地膜覆盖后，玉米增产 20%—25%，向日葵、瓜类增产 20% 左右，蔬菜增产 33%—35%。瓜菜覆膜后产量高，上市早，经济效益明显。

五、合理密植

1991—2016 年，临河区小麦种植密度一般在 50 万株/亩左右，玉米种植密度一般在 4500—5000 株/亩，向日葵种植密度一般在 2400 株/亩左右。

六、肥料运用

1991—2016 年，临河区肥料以施用化肥为主，主要有：磷酸二铵、尿素、氯化钾、硫酸钾、氮

磷钾复合肥、掺混肥等。其中尿素一般做追肥，其他磷、钾肥等做基肥使用。有机肥施用量较少，主要来自牲畜粪肥和作物秸秆。临河区每年有大小牲畜约200万头（只），可积肥140万吨，可为耕地提供纯氮1.2万吨，纯磷0.5万吨。年产各类农作物秸秆约80万吨，除小麦秸秆约有10万吨还田外，其他都被作为牲畜饲草或被燃烧、废弃浪费掉，绿肥种植面积较少。有机肥年施用面积约40万亩，占耕地面积18.4%，施用量3吨/亩。

七、栽培技术推广

1991—2000年，临河市重点推广一批优质高产技术和实用增产技术，引进一大批新农药、新品种。吨粮田立体种植技术，成为内蒙古西部河套地区特色农业的代表。临河区农业科技人员与内蒙古农科院、农牧学院协作攻关，小麦套玉米带田在高投入条件下，突破报酬递减率限制，创造了在北纬40度线上亩产超吨粮的奇迹。

2013年，临河区有留床苗6987.7亩。育苗面积300亩以上的企业及个人5家：内蒙古立亚东农林牧开发有限公司育苗面积500亩，内蒙古万林源科技有限公司育苗面积850亩，巴彦淖尔市滨河新兴商贸有限责任公司育苗面积330亩，巴彦淖尔市兴园农牧园林科技开发有限公司育苗面积480亩，白脑包镇忠义村育苗面积400亩。

第八节 农作物保护

一、病虫害防治

2013—2015年，临河区的小麦蚜虫和玉米红蜘蛛病虫害与同期相比有所减轻，早播向日葵田边杂草灰菜上查到草地螟卵，向日葵田内查到草地螟幼虫。建成农作物绿色防控示范区8个，面积5800亩。临河区对各乡镇进行草地螟和番茄疫病抽样调查。

2016年，临狼路、临陕路、绕城线、临磴路、沿黄公路、包兰铁路、临五路、机场路、临份线、治召线两侧500米范围内受到天牛危害，临河区组织相关部门对病死木、化梢木、枯死木进行截杆清理和喷药防治，各乡镇、办事处在辖区内开展天牛防治，共砍伐截杆41.2万余株，控制了光肩星天牛的发生和蔓延。

二、植物检疫

2014年、2015年，为防止苗木调运过程中植物疫情入侵，临河区森防站在接到投诉电话后立即进行除害处理。临河区对91家木材加工经营场所进行检疫检查，重点清查2014年以来砍伐清理的天牛虫源木，下达除虫处理单90份，除虫合格后办理《植物检疫证书》53份。

2016年6月1日，春季调运苗木时检疫各类苗木1162.79万株，复检外调苗木862.7万株，检疫调出苗木300.09万株。

第九节 生产经营模式

2012年，临河区流转土地42.5万亩，占耕地面积20.7%，催生了一批土地流转大户和新的经营主体，扩大了农业规模。发展各类合作经济组织283个，其中合作社153个，各种协会130个，会员24485人。各类合作组织带动农户4.5万户，占全区农户比重的75%。建成设施农业面积3万亩，增加了农民收入。扩大保险范围和种类，将小麦、玉米、花油葵、奶牛、生猪等主要农畜产品纳入保险范围。

2016年11月28日，启动新型职业农牧民培育工程，培育工程以家庭农场、农民合作社、农业企业及社会化服务组织等新型农业生产经营主体的骨干农民为重点对象。

一、机耕播种

2011年，临河区机耕面积155.0万亩，机械播种面积 149.0 万亩，占农作物总播种面积的 71.2%。

2012 年，机耕面积 165 万亩，机械播种面积 155 万亩，占农作物总播种面积的 74.2%。

2015 年，临河区农作物综合机械化水平 82.8%，比全国平均水平高 20.8 个百分点。

2016 年，农业机械化水平 83.8%，走在全国前列。农业机械总动力为 81.7 万千瓦，各类拖拉机保有量 37781 台，其中大中型拖拉机 21455 台、小型拖拉机 16323 台、联合收割机 295 台（其中玉米联合收获机 190 台），各类配套农机具 63359 台。机耕面积 180 万亩，机械播种面积 170 万亩。

二、测土配方

2013 年，临河区采集化验土壤样品 7437 个，其中大量元素 37148 项次，中微量元素 36640 项次，其他项目 19794 项次；采集植株样品 572 个，测试养分 1922 项次。安排"3414"试验 105 个，三区对比校正试验 272 个，测土配方施肥精品示范展示区 27 个，示范面积 12.05 万亩。实施测土配方施肥面积 395.6 万亩，配方肥施用面积 157.8 万亩，配方肥施用总量 39450 吨，覆盖村 156 个，涉及农户 6 万户，发放施肥建议卡 152120 份，入户率 100%，肥料利用率提高 2—14 个百分点，平均每亩节本增效 50 元以上，总节本增效 19780 万元以上。

2015 年，为新华镇做 27 万亩测土配方施肥，挖掘出了新华镇种植业的"含金量"，指明了种植方向，增加了农民收入。

2016 年，临河区每亩耕地减少化肥投入 10 公斤，每亩节约成本 30 元左右；肥料利用率提高 3 至 14 个百分点，每亩增收 30 元左右；复混肥、专用肥施用面积逐渐增大，占施肥面积的 50% 以上。测土施肥年节约化肥用量 2 万吨，节本增收约 1 亿元，减轻农田污染，生态环境明显改善。

三、覆膜栽培

2013—2014 年，临河区建成 8 个玉米宽覆膜高密度栽培技术示范区，推广面积 4.2 万亩。玉米宽覆膜高密度栽培技术培训会在双河镇富河村五组召开。

四、施肥

2012 年，临河区粮食作物长势良好，原因主要在于合理的施肥结构。

2015 年，乌兰图克镇红旗村因重视培肥地力，全体村民实现增收节支。

五、灌溉

2012 年，临河双河示范区开工建设，该项目是内蒙古自治区新"四个千万亩"和"新增一千万亩大型灌区"节水灌溉工程建设和现代农牧业样板工程。

2013 年，农业引黄灌溉量 10.13 亿立方米，其中永济灌域引水 7.58 亿立方米，解放闸灌域引水 2.44 亿立方米，总干渠灌域 0.11 亿立方米，较正常年份少引水 0.40 亿立方米。

2014 年，临河区节水灌溉工程 4 月 25 日开工，10 月底竣工。项目运行后，项目区内的渠、沟、量水设施以及工程运行管理体制进一步完善。

2015 年，争取农田水利工程项目 4 项，总投资 11370.46 万元，完成投资 11262.48 万元。

2016 年，临河区节水增效工程建设项目获巴彦淖尔市水务局批复，该项目区位于干召庙镇建华村、新华镇电力牧场和八一乡新道村，建设高效节水面积 15227 亩，批复投资 1732.26 万元，其中中央补助资金 1350 万元，地方及受益农民自筹资金 382.26 万元。

六、机收

2013 年，临河区收割玉米 62 万亩，葵花 57 万亩。与往年相比机械化程度明显提高，玉米收割机、打捆机等机械大面积应用，从而减轻了劳动强度，加快了秋收进度。

第十节　农产品质量

一、质量安全管理

2012年，临河区创建标准化农业生产示范基地4个，无公害农产品、绿色食品、有机食品原料标准化基地监控点3个，"三品"原料标准化生产基地面积170万亩，认定无公害水产品基地面积3500亩。70个农畜水产品被认证为无公害产品，24个产品获得国家A级绿色食品标志认证，2个产品被认证为有机食品。

2016年，临河区农畜产品质量安全追溯平台建立。

二、"三品一标"农产品认证

（一）绿色食品及基地认证

1997年，临河市建立固定"绿证"培训场所30个，实习基地6.5万亩，配备电教设备、土壤分析仪、多功能教学仪器等各类教学设备3000台件，选配专兼职教师848人，举办不同行业"绿证"培训班。对"绿证"农民，优先安排农业开发项目贷款、生产贷款、科学技术培训和农牧民技术职称评定。

2007年，临河区100万亩土地获得全国绿色食品原料标准化生产基地认证。其中小麦30万亩，玉米20万亩，食用向日葵20万亩，油用向日葵10万亩，番茄10万亩，青椒10万亩。

2008—2011年，无公害农产品认证78个，产品涉及初级农产品粮食作物、瓜果蔬菜类。

2012年，无公害农产品认证产品锐减。

2014—2015年，通过对多家企业检查发现，产品生产、加工、贮藏等环节均符合相关规程，绿色食品标志使用符合国家各项规定。临河区100万亩土地续展获得认证。

2016年，临河区无公害农产品认证14个，绿色食品认证64个。

（二）有机食品认证

2005年12月，内蒙古云海秋林畜牧有限公司生产的"源真牌"纯牛奶认证为有机食品，产量为6000吨，养殖场面积500亩，4个附属产品被批准为有机产品，分别是玉米秸秆5000亩、干苜蓿3000亩、玉米籽5000亩、麸皮3000亩。

2010年12月，内蒙古草原鑫河食品有限公司生产的羊肉和羊肚获得有机食品认证，羊肉认证产量416吨，羊肚认证产量13吨。

三、农产品质量安全检测

2003年，临河区开始农产品质量检测，因仪器落后，经费缺乏，检测的样品数量较少。

2013年，每周2次对销售市场的农产品进行随机抽样化验。

2016年，农产品质量安全检测站运行，完成农残速测任务3500个，定量检测中自检100个，外检107个。

第十一节　农业规模经营

一、种植基地化

1993—1995年，临河市被确定为"八五"第二批国家糖料商品生产基地，建设期为三年。甜菜平均总产28.22万吨/年，较建设前三年增加1.82万吨；含糖率15.88%，较建设前三年提高1.44%，三年共增原料5.46万吨，为糖厂纯增效益915,7万元，农民年人均甜菜收入215.5元，成为推进临河市国民经济的支柱产业。

1996—2000年，临河市甜菜丰产高糖栽培技术成果荣获农业部"丰收计划"二等奖，30名农业科技人员获得奖项证书。糖料商品生产基地通过内蒙古自治区计委、农业厅验收。临河市推广配方施肥28.1万亩，病虫害防治64.47万亩，种肥分层播种面积提高到100%，精量点播4.98万亩，包衣种子2.2万亩，模式化栽培面积16.5万亩，促进全市的甜菜生产。

2012年，中国农科院临河现代农业高新技术示范基地建在干召庙镇永丰村五组，这是巴彦淖尔市、临河区两级政府重点实施的综合型高科技示范基地。基地占地2135亩，分现代设施农业示范园区1093亩、观光农业旅游区267亩、农产品加工贸易区567亩、新农村住宅新区208亩。基地立足花卉、水果、精品蔬菜等高端种植产业。

2013年，恒丰集团开始建设1000个千亩连片大型机械化优质春小麦保护性开发种植项目，通过加大农户订单种植、租地自建示范基地等多种经营模式，恢复优质小麦的种植面积，保护珍稀河套小麦资源。

2015年，临河区百万亩绿色食品原料标准化生产基地通过中国绿色食品发展中心验收。基地有小麦基地30万亩、玉米基地20万亩、食用向日葵基地20万亩、油用向日葵基地10万亩、番茄基地10万亩、青（红）椒基地10万亩。

2016年，临河区依托新华农业专业合作社，在万亩小麦基地麦后复种西兰花1000余亩，全部为订单种植。通过这种方式，形成合作社带动农户增收致富的新格局。

二、农业示范基地

2012年，临河区在浩彤现代农业科技园区创建首家设施农业博士创新实践基地。通过搭建平台，营造良好政策环境，引进高素质人才，实施一批设施农业重大研究项目。在农业标准化示范县创建过程中，推行番茄标准化栽培技术、绿色防控技术，被农业部授予"全国农业标准化示范县"荣誉称号。

2014—2016年，临河区有5个镇11596户农民参与示范田建设，建成粮食高产创建示范田108818亩。双河镇万亩高产创建示范区小麦长势良好。以粮油高产创建项目为重点，推进10个农业高科技示范园区建设，主推玉米宽覆膜高密度栽培（吨粮田技术）、小麦套晚播杂交向日葵（双千田技术）、测土配方施肥等10项技术。

三、蔬菜种植

2012年，临河区确定5个蔬菜生产乡镇，由区人民政府出资建设道路、机井等配套设施，企业和专业合作人出资建设温室大棚，共同建设绿色蔬菜示范园区。

2015年，临河区推进"千亩温室、万亩菜园"工程，建成高标准日光温室310栋，钢架移动拱棚15栋，露地蔬菜生产基地2500亩。

第十二节　多种经营

1992—1997年，临河市利用天然海子发展养殖业，规模小，技术含量低，经济效益差。鼓励发展水产业，建设高标准鱼池3000亩，水产养殖迅速发展。养殖面积为1万余亩，其中精养池塘650座，鲜鱼总产量1450吨。

2014年，因渔业养殖户卖鱼难、鱼病预防知识薄弱，水产站和渔业协会采取联合促销方式，累计为渔民销售鲤鱼、草鱼、花白鲢等4万斤。培训渔民220人次，提高渔民的养鱼水平和保护渔业资源的意识。渔业协会采取走出去、引进来的办法，为渔业养殖户销售鱼种30万斤，其中鲤鱼15万斤、草鱼4万斤、花白鲢11万斤。水产站和渔业协会统一从湖北、天津等地引进鱼苗700多万尾，解决了一家一户难以调运鱼苗的难题，降低鱼种经济成本，提高渔业经济效益，调动养殖户的积极性。

2015—2016年，内蒙古自治区水产技术推广站刘海涛一行调研临河区水产工作。在白脑包镇生态渔村，刘海涛说"水产业是农业经济建设中的一个重要组成部分，要重视发展"。水产管理站对1个养殖企业、2个养殖户，进行冬季安全检查和水产品质量监管。

第十三节　经营管理

一、土地承包合同管理

2012年，临河区土地整治重大工程二期项目开始实施。临河区农村经营管理局荣获"全国农村土地承包经营纠纷调解仲裁工作先进单位"。临河区自2011年成立农村土地承包仲裁委员会以来，共受理仲裁申请65件，仲裁庭审理结案26件，调解结案39件。

2016年，临河区人民政府下发《临河区农村土地承包经营权抵押贷款试点工作实施细则（试行）的通知》。颁发首批新农村土地承包经营权证。

二、农民负担管理

1995—1998年，临河市压缩不合理农民负担13项，金额1423.6万元，人均减少负担54.8元，"三提五统"（三提指公积金、公益金、管理费；五统指乡村两级办学、计划生育、优抚、民兵训练、修建乡村道路），以1995年人均纯收入为基数，三年不变，总额控制在5%以内，占1995—1997年人均纯收入的4.8%、4%和3.6%，"两工"（农村劳动累积工、义务工）控制在国家规定的范围之内。

2012—2016年，上半年减轻农民负担100多万元，清理整治教育乱收费9万多元，集中公开招标采购1400多万元。临河区为55户农民补贴资金盖新房，每户节省10万元。农机购置补贴工作启动后，农民购买补贴机具1168户，补贴机具1428台套。新农合惠及临河区24万农民。

三、农村财务管理和审计

1994年，临河市所有村社进行财务清理整顿，

审计覆盖面100%，审计资金3.25亿元，查出违纪金额404.2万元，挽回经济损失85.6万元。

2012年10月24日，对基层医疗卫生机构所有会计、出纳进行镇村服务一体化管理财务培训。

2013—2016年，对农村危房改造资金开展全面审计，审计面100%，受益农户的抽查比例60%以上。临河区专项审计农业综合开发资金，摸清农业综合开发资金管理、使用情况及农业综合开发项目实施管理情况。解决资金管理、使用及项目立项、审批、实施中存在的主要问题，查处重大违法违纪案件。

第十四节　农业综合开发

一、项目申报

2014年，临河区农业综合开发产业化经营财政补贴项目初选上报9个，其中种养殖业8个，加工项目1个。属于自治区产业化龙头企业1个，属于巴彦淖尔市级产业化龙头企业3个，属于农民专业合作社的5个。

2015年，为健全农村市场体系，发展适应现代农业要求的流通产业，全国供销合作总社决定实施"新农村现代流通服务网络工程"，简称"新网工程"。临河区积极申请"新网工程"专项资金，同时，农牧民专业合作社公益性服务项目开始逐级申报。

2016年，商品粮大省奖励资金项目启动，凡具备法人资格，有健全的财务、会计核算制度，财务状况良好，运营规范，经济效益和社会效益显著并符合上述条件的企业，均可申请奖励资金。

二、项目资金投入

1992—1997年，临河市有15个项目区立项实施农业开发，涉及9个乡镇、8个行政村、119个生产社、4.7万农业人口。开发面积14.27万亩，

其中改造中低产田 12.4 万亩，开垦宜农荒地 1.87 万亩。累计投资 3801.9 万元，其中中央投资 198.7 万元，自治区投资 471 万元，巴彦淖尔盟投资 213.7 万元，临河市投资 312.7 万元，农行贷款 450 万元，群众集资 1155.8 万元。资金投入水利建设 1803.17 万元、农业建设 38.44 万元、林业建设 161.58 万元、农机建设 325.84 万元、科技建设 91.76 万元、多种经营建设 810.07 万元；完成土方 950 万立方米，开挖疏浚渠沟 1639.45 公里，新建桥、涵、闸等各类建筑物 4255 座，新打机电井 32 眼，架设输电线路 19.7 公里，修筑农田路 1496.9 公里，营造农田防护林 1.26 万亩；建成养殖小区 3 个，新建标准化猪舍 5800 平方米，建饲料加工配置厂房 300 平方米，建氨碱化池 1050 立方米，养猪 6400 头；建成新华镇优质蔬菜生产基地 2000 亩。

2014 年，中央财政支持现代农业肉羊生产发展项目落户临河区。

2016 年 5 月 20 日，临河区现代肉羊生产发展资金项目关于优质肉羊推广项目签约仪式举行。

三、项目工程建设

2012—2013 年，农业水价综合改革暨末级渠系节水改造示范县项目开工，全国新增千亿斤粮食生产能力规划田间工程项目，临河区有 3 个镇、5 个村受益。临河区农业水价综合改革示范项目开工建设，探索出一条适合农村经济社会特点的群管模式，农业生产协调发展。

2014 年，新华镇农业综合开发项目顺利完工。"四个千万亩"节水灌溉工程（1000 万亩大中型灌区节水改造，1000 万亩井灌溉区节水改造，1000 万亩旱改水灌区节水建设，1000 万亩牧区节水灌溉饲草地配套建设）项目开工。该项目区位于新华镇三合村、春和村，批准建设节水灌溉面积 1.2 万亩，批复投资 983.36 万元。通过农田水利基础设施配套完善，地下水位逐渐下降，土壤盐碱化得到有效遏制，农业生产条件得到改善。

2016 年，临河区新建 3000 亩设施农业示范园，温室利用率提高到 92% 以上。采取建设补贴、项目倾斜、示范引领、考核评比、奖惩激励等措施，推进设施农业建设。

四、项目工程验收

2012 年，临河区新华镇农业综合开发通过自治区验收。1.5 万亩耕地全部实现"渠、沟、路、林、田"五配套，有效改善灌溉条件，改变传统粗放农业生产模式，项目区内农民收入增加，促进了产业结构调整，提高土地可持续生产能力，加快全镇新农村建设步伐。

2013 年，双河镇危房改造验收工作坚持"政府主导、分级管理、科学规划、农户自愿"的原则。

五、农业园区、产业化园区、科技园区建设

1991—1998 年，临河市农业综合开发兴建大批农业生产设施，有效改善了农业生产基本条件，项目区增强抗御自然灾害能力，形成良田成方、林成网、渠相通、路相连、桥涵素闸等建筑物配套、布局合理的田园化格局。1995 年 7 月 7 日，临河市二期农业综合项目顺利通过国家验收。1998 年，农业综合项目三期开发接受国家验收。

2014—2016 年，临河区被农业部认定为第三批国家级现代农业示范区。实现各类农作物总播面积 204.8 万亩目标，建成科技示范园区 17 个。加强农业科技示范园建设，新建科技示范园区 12 个。

六、农业科技培训

1996 年，开展冬培训、春现场、夏观摩、秋总结为主要形式的科技培训，年培训农民 10 万多人次，培训农民技术骨干 1 万人。临河市被列为全国 12 个农科教结合示范区之一。

1997 年，临河市各乡镇中学普遍开设四年制渗透式或"3＋1"职业技术教育课，为农村培养

了一批留得住、用得上的技术人才。

2012年，农技人员到基层开展培训，培训内容主要是支农惠农政策、设施农业田间管理、种子农药安全使用、新品种和新技术运用、测土配方施肥等20多项内容。培训农民1.6万人次，发放各类宣传资料、画册8500份。

2013年，城关镇开展科技培训。科技人员向村民讲解玉米、向日葵、大白菜、番茄等蔬菜栽培技术，对育苗、施肥、田间管理等步骤做了详细分析，并就如何防治病虫害进行技术指导。

2014年，临河区培训区、镇两级农业技术骨干100人次，培训村社技术骨干1000人次，累计培训农民6.5万人次，发放技术资料8.1万份，基本实现村村有科技示范户、户户有科技明白人。乌兰图克镇新民村思拜恩农民专业合作社，依托草莓种植特色产业，分期分次组织专业技术人才参加培训。

七、节水灌溉技术推广

2012年，"内蒙古自治区新增四个千万亩节水灌溉工程科技支撑项目"，子课题"大型灌区高效节水灌溉综合技术集成研究与示范项目"临河双河示范区顺利开工。项目区位于临河区双河镇进步村二组。项目区四界南邻分干渠，北至总干渠，东邻进步村一组三斗渠，西至富河村十组直农渠，是巴彦淖尔市鸿德农业专业合作社现代化农业示范园区的核心区，面积2000亩。该示范项目属于自治区水利厅提出的"四个千万亩节水灌溉工程发展规划"前期科研内容，根据内蒙古区域特色及节水灌溉工程建设中存在的关键技术问题组织攻关，注重试验研究、技术集成与不同类型示范区相结合，与国家小型农田水利重点县建设相结合，以水资源高效利用为主线，以试验、引进和筛选为主，运用系统科学思想与经济学原理，把先进的、有效的渠灌区节水改造技术组装集成为严密体系，建立相应的总体集成模式。在示范区开展工程节水、田间节水、农技（农机）节水和

管理节水综合配套技术集成研究与示范，在渠道衬砌新材料、新工艺、作物灌溉制度、地面灌溉新技术、田间土壤墒情与自动化监测、灌区信息化建设等方面进行示范推广，为"四个千万亩"和"新增一千万亩大型灌区"节水灌溉工程建设和现代农牧业发展，提供科技支撑和示范样板。

2014年，临河区节水灌溉工程开工。项目建设地点位于新华镇三合村、春和村，批准建设节水灌溉面积1.2万亩，批复投资983.36万元。主要建设内容：斗、直农（农渠）衬砌总长14.85公里，其中斗渠衬砌3条，长度10.539公里，直农（农渠）衬砌5条，长度4.307公里；毛渠整治158条，长90.26公里；整治排水斗沟8条，全长11.91公里。整治农沟37条，全长20.9公里；整治毛沟117条，长度84.98公里。配套改造各级各类建筑物266座，公示牌1处。项目运行后，项目区的渠、沟、量水设施以及工程运行管理体制进一步完善。

2016年，临河区节水增效工程建设项目获巴彦淖尔市水务局批复。

八、科技人员与科研成果

1991年，临河市农业种子管理局的蔡文斌、王俊德、鲁世英、王争鸣、贾少华、周建民、王元军、王秀花、贾广兴9人的"西瓜红优二号引种与推广"，获巴彦淖尔盟科技进步一等奖；梁志高、蔡文斌、李兴宽、王俊德、高志明、王争鸣、王永平、郭乾谟、周建民9人的"玉米单交种制种试验与推广"，获巴彦淖尔盟科技进步一等奖。

临河市种子管理站的梁志高、韩乾谟、蔡文斌、郑居银、高志明、刘霞、张一民、刘宪文、周建民9人的"油葵派改一号引种试验与推广"，获巴彦淖尔盟科技进步二等奖。

1995年，临河市林业局的魏基深、刘国志、李瑞枝、杨正正、邸全有、何玉清6人的"苗木冬贮技术试验示范及推广应用"，获自治区科技进步三等奖。

1996年，巴彦淖尔盟土地管理局临河分局的刘振河、张玉亮、孙增义、梁志成、邬文彬5人的"临河市城建建成区土地估价"，获巴彦淖尔盟科技进步三等奖。

1998年，临河市人民医院的杨志平、付文搏、杨星海、黄忠驹、张文伟5人的"耻骨后前列腺增生切除术的改进"，获巴彦淖尔盟科技进步二等奖。

2001年，内蒙古河套农牧机制造有限公司的申伟、杨智庭、张占旺、李鹏举、徐海强5人的"2BFQ—4A型气吸式精量播种机研制"，获巴彦淖尔盟科技进步三等奖。

2002年，临河市富田机械制造厂的陈恒、路大波、马永旺、屈桂珍、王建军5人研制的"多功能揉草粉碎机"，获自治区科技进步三等奖、巴彦淖尔盟科技进步二等奖。

内蒙古金川保健啤酒高科技股份有限公司的赵焕然、张培光、姚广德、段普、杨玉林5人的"金川保健纯生啤酒的开发与推广应用"，获自治区科技进步三等奖。

2003—2004年，内蒙古临河繁荣磷铵化工有限公司的郭涛、韩再夫、刘恩厚、霍济平、王忠5人的"料浆法着色57%磷酸二铵生产新工艺"，获巴彦淖尔盟（市）科技进步二等奖。

巴彦淖尔市和乐畜禽高科开发研究所的程建国、李津林、吴明宏、韩文华、程爱国5人研究的"动物轮状病毒分离鉴定"，获巴彦淖尔盟（市）科技进步三等奖。

维信深喜（临河）绒毛纺织有限公司的丁浩、王利中、李红岩3人的"羊绒制品防缩防起球整理"，丁浩、王利中、张振明3人的"纳米羊绒制品"，均获巴彦淖尔盟（市）科技进步三等奖。

2005—2006年，内蒙古巴彦淖尔市富川畜牧兽医实用技术研究所的陈怀森、吕茂、刘建功、刘国平、王海平5人的"富川689增绒保羔催奶浓缩颗粒饲料的研究与推广"，获巴彦淖尔市科技进步二等奖。

内蒙古金川保健啤酒高科技股份有限公司的赵焕然、田银光、杨子龙、张培先、姚广德5人研发的"金川益生啤酒"，获巴彦淖尔市科技进步二等奖。

巴彦淖尔市科技种业有限公司的张常在、张俊杰、吕丽俊、王君、韩成5人的"高产优质玉米新杂交种——科育8号的选育"，获巴彦淖尔市科技进步三等奖。

内蒙古云海秋林畜牧有限公司的董润利、王鹏宇、张永林、张盈科、邬亚青5人的"有机牛奶生产综合技术集成"，获巴彦淖尔市科技进步三等奖。

巴彦淖尔市富田机械制造厂的陈恒、马永旺、李森、王建军、路大波5人的"气吸式精量铺膜播种机（点播机）"，获巴彦淖尔市科技进步三等奖。

巴彦淖尔市富川畜牧兽医实用技术研究所的陈怀森、王海平、刘国平、吕茂、权怀勇5人的"富川689增绒保羔催奶浓缩颗粒饲料的研究与推广"，获自治区科技进步三等奖。

内蒙古鲁花葵花仁油有限公司、山东鲁花集团有限公司的孙孟全、孙东伟、闵承骞、吕兰高、孙爱国5人的"年产10万吨浓香葵花仁油剥壳压榨、无水脱磷新工艺研究"，获自治区科技进步三等奖。

内蒙古农牧科学院园艺研究所、河套大学中等职业技术学校、临河区绿色食品发展中心的王建平、雷志荣、王建民、郭喜平、米志恒5人的"蒙杞1号枸杞新品种的选育及推广"，获自治区科技进步三等奖。

2007—2008年，内蒙古鲁花葵花仁油有限公司的孙孟全、孙东伟、闵承骞、吕兰高、孙爱国、李建华、宫大为、宫玉基、张良东9人的"年产10万吨浓香葵花仁油剥壳压榨、无水脱磷新工艺研究"，获巴彦淖尔市科技进步一等奖。

巴彦淖尔市富川畜牧兽医实用技术研究所的陈怀森、王海平、郑琳、吕茂、刘银德、尚兴武、韩道日那7人的"富川810A肉鸡浓缩料的研究与推广",获巴彦淖尔市科技进步二等奖。

内蒙古绅禾集团草原紫蓝花食品有限公司的王智广、李选铭、张延年、王鹏宇、师雪华、段建军、逯军7人的"有机苦菜茶种植、生产与加工综合技术集成",获巴彦淖尔市科技进步二等奖。

内蒙古京新药业有限公司的徐利平、张廉、拓牡艳、李军、王彦斌、胡万、徐建军7人的"康复新提取工艺技术的改造",获巴彦淖尔市科技进步二等奖。

巴彦淖尔市阳源科技开发有限公司的田光华、刘晨光、王军义、闫素珍、闫树立5人的"那氏778基因诱导剂新技术转化推广",获巴彦淖尔市科技进步三等奖。

临河区林业规划队、临河区林业局、巴彦淖尔市林业局的陈峰、张学钧、赵莲萍、杜俊叶、郭建勇5人的"巴彦淖尔黄灌区杨树产业可持续发展管理模式研究",获巴彦淖尔市科技进步三等奖。

内蒙古金川保健啤酒高科技股份有限公司的杨子龙、张培先、姚广德、郭杰、王君喜5人的"金川益生啤酒的研制与开发",获自治区科技进步三等奖。

内蒙古京新药业有限公司的徐利平、张廉、拓牡艳、李军、王彦斌5人的"康复新提取工艺技术的改进",获自治区科技进步三等奖。

2009—2010年，内蒙古巴彦淖尔市科河种业有限责任公司的张常在、张俊杰、吕利俊、王建明、段如文、张永清、韩成7人的"高产优质玉米新品种科河8号选育与大面积推广",获自治区科技进步二等奖。

巴彦淖尔市富田机械有限责任公司的陈恒研制改进的"气吸式精量铺膜点播机",获自治区科技进步二等奖。

内蒙古金川保健啤酒高科技股份有限公司的杨子龙、王玉宝、韩强、张培先、史诗5人的"金啤高科公司管理、控制一体化信息集成系统",获自治区科技进步三等奖。

内蒙古京新药业有限公司的程曙光、胡万、王雪梅、徐丽萍、拓牡艳5人的"参竹精胶囊的研发和规模化生产",获自治区科技进步三等奖。

内蒙古巴彦淖尔市富川畜牧兽医实用技术研究所的陈怀森、吕茂、马宏、王海平、刘建功、刘庆元、串智惠、特木热、裴毅9人的"反刍动物饲用微生态制剂的研究与推广",获巴彦淖尔市科技进步一等奖。

2011—2012年，临河区瓜果蔬菜服务中心的袁宝玲、孙秀云、全兴、武日华、方峰5人的"河套全日光无内立柱节能温室的研究与推广",获巴彦淖尔市科技进步三等奖。

内蒙古金田正茂农业发展有限公司的许振金、侯建华、宋国升、袁德军、刘庆元5人的"耐密型高产、高淀粉玉米蒙农2133品种选育推广",获巴彦淖尔市科技进步三等奖。

内蒙古自治区水利科学研究院、河套灌区管理总局、内蒙古农业大学、临河区水务局的程满金、史海滨、步丰湖、魏占明、徐宏伟、李锡环、冯婷7人的"北方渠灌区节水改造技术集成与示范",获自治区科技进步二等奖。

联邦制药（内蒙古）公司的刘红池、高占全、李军、胡宪明、李中磊5人的"酶法合成阿莫西林技术的研究与开发应用",获自治区科技进步三等奖。

2013—2014年，内蒙古富川饲料科技股份有限公司的陈怀森、吕茂、马宏、王海平、串智惠、高磊、道日那7人的"富川肉羊福利养殖模式研究与应用",获巴彦淖尔市科技进步二等奖。

第二章 畜牧业

第一节 机 构

一、行政管理机构

1991—1997 年，临河市畜牧局内设办公室、财务室、项目办公室。总职工人数 160 人，其中技术干部 51 人。

1998—2013 年，临河市（区）畜牧业局有干部职工 80 人，实际在岗 78 人。专业技术人员 75 人，占总人数 94%。内设临河市兽医局，下设临河市草原监督管理大队（与草原站、饲料办合署办公）、临河市动物疫病预防控制中心、临河市动物卫生监督所、临河市改良站。

2014 年，与临河区农业局、临河区扶贫开发领导小组办公室职责整合，组建临河区农牧业局。核定行政编制 29 名，工勤人员事业编制 5 名。

2016 年 9 月，临河区农业局与临河区畜牧局合并为临河区农牧业局。

二、所属事业单位

1998—2015 年，临河市（区）畜牧业局下设事业单位有兽医站、草原站、家畜改良站、兽医卫生检疫所、兽医卫生监理所。企业性质的单位有：种猪场、制化站、兽医药械公司。

第二节 饲草料

一、青贮及混合饲料

1991 年，临河市完成人工种草 30.89 万亩，其中专种草 4.96 万亩，间套种 1.7 万亩，复种 14.75 万亩，开发盐荒地种草 9630 亩。加工各类草粉 1.75 亿公斤，转化 4200 万公斤，青贮玉米秸秆 3300 万公斤，蔓菁打浆青贮 1530 万公斤。

1992—1993 年，推广人工种草 30 万亩，其中专种 5 万亩，套种 5 万亩。加工草粉 3.5 亿斤，制作青贮饲料 1.6 亿斤，氨碱化饲料 8000 万斤。配合饲料生产取得突破性进展，临河市有大中小型配合饲料加工厂 30 个，销售点 115 个，销售配合饲料 1.1 万吨，60% 的鸡和 40% 的猪采用配合饲料饲养。

1994 年，建起草粉机、切割机、铡草机"三机"配套的饲草加工点 1025 个，其中年内新建 128 个，转化利用秸秆 2.8 亿公斤，秸秆利用率 61%。巩固新建大中小型配合饲料加工厂 3 个，配合饲料生产量 33 万吨。完成青贮 8000 万公斤，其中蔓茎打浆青贮 5000 万公斤。人工种草 28.9 万亩。

1995 年，建成"三机"配套的饲草料加工服务点，加工草粉 1.5 亿公斤，制作氨碱化饲料 0.8

亿公斤。完成青贮 0.6 亿公斤，其中秆菁打浆青贮 0.3 亿公斤。完成单种草面积 5.4 万亩，间套复种草 17.4 万亩。新建饲料加工厂 7 个。年内生产各类配合饲料 5 万吨。

1996 年，建起饲草料加工配套服务点 1050 个，加工草粉 1.9 亿公斤，制作氨化饲料 7800 万公斤，微贮饲料 800 万公斤。建起配合饲料加工厂 40 家，生产配合饲料 24 万吨。建起氨化、微贮示范点 13 处，完成青贮玉米 0.4 亿公斤，蔓菁打浆青贮 0.3 亿公斤。种植牧草 32.2 万亩。

1997 年，人工种草 32.5 万亩，其中单种 8.5 万亩，间、套种 9 万亩，复种 15 万亩。配合饲料产销量 17.6 万吨，比 1996 年增加 21%。

从 2000 年起，工业副产品如番茄皮、青椒芯、葫芦壳等经过青贮发酵，成为发展肉羊养殖的重要饲料储备。

2007 年，临河区动物"营养工程"建设（就是围绕特定的饲养动物决策目标）取得成效。农户青贮辐射面占总农户数 75%，秸秆草粉加工转化率 80% 以上。饲养方式实现标准化棚圈分群饲养，养殖配套完善。

2008 年，继续抓饲草料体系建设，推广青贮专用玉米、饲用甜菜、紫花苜蓿等优质高产饲草品种，引导鼓励奶牛饲养户、专业育肥羊户、种羊纯繁户和专业养猪户。根据规模种植青贮专用玉米和饲料甜菜，农户青贮辐射面为 75%，秸秆草粉加工转化率为 80%。

2010—2016 年，全株玉米青贮总量 10 万亩 50 万吨以上。临河区所有可以青贮的农副产品全部实现青贮转化。

二、饲草料基地建设

1991—2000 年，临河市仅有 1 家国营配合饲料加工厂——富河饲料公司，年产销饲料 5000 吨左右，主要销往城区及周边。

2004 年，内蒙古富川饲料科技股份有限公司成立，开发生产猪鸡牛羊等 7 大系列 180 个规格的饲料，成为"农业产业化国家重点龙头企业"和中国"驰名商标"单位。

2007 年，推广应用畜禽配合饲草料技术，专业养殖小区和养殖大户实现标准化棚圈分群饲养，配合饲草料饲喂，实现畜、草、圈、窖池、机具五配套。

2008 年，开展农牧交错区奶牛生态型奶业生产模式示范项目，种植中首 1 号紫花苜蓿 8000 亩、WL323 紫花苜蓿 8000 亩、科多 8 号玉米 30000 亩、紫花苜蓿与老芒麦混播 500 亩，项目实施地点确定在八一办事处、乌兰图克镇。在动物"营养工程"方面，种植牧草 3 万多亩，比上年新增 0.8 万亩。

2013 年，临河区农畜饲料行业走上产业化规模化发展快车道，拥有规模以上饲料加工企业 4 家，分别是富川公司、牧泉元兴、飞虹公司、发达公司，综合产能 51 万吨，产品囊括猪、羊、牛、鸭、鹅、水产饲料等多个品种，畅销内蒙古、宁夏、山西、陕西、甘肃、蒙古国等 20 多个地区或国家。

2014—2016 年，富川公司扩建饲料生产线，总投资 3000 万元。到 2016 年，临河区有饲料生产企业 20 家，年生产销售猪、鸡、牛、羊、鱼及特种畜禽饲料 20 万吨，在国内外市场占有一定份额。集中培训基层农技推广项目指导员及示范户。

第三节　禽畜结构与饲养

一、品种结构

（一）畜类

临河区境内的牲畜主要有：绵羊、山羊、牛、猪、驴、马、骡子、骆驼、鹿等，畜种分散存在，存栏量方面主要以绵羊、山羊、猪、牛为主。

（二）禽类

家禽主要有鸡、鸭、鹅、鹌鹑、火鸡等。

二、畜禽饲养

1992—2000 年，临河市的畜类饲养主要以牛、羊、猪为主，养殖模式多以家养为主。

2000 年以后，随着农业机械化程度提高，骡子、驴等农耕大家畜淡出田间地头，逐渐被机械取代，数量零星。

2000 年，临河市委、政府提出建设中国"北方羊城"发展理念，号召广大农户"念羊经，发羊财，壮羊业，建羊城"，把养羊业作为畜牧业主导产业。

2000—2002 年，临河市羊产业的发展以扩张数量为主。从外地购入德国美利奴及少量无角道赛特和萨福克等纯种肉用羊，与小尾寒羊杂交提高肉羊品质。到 2002 年底，有纯种小尾寒羊 31 万只，杂种小尾寒羊 37 万只，羊饲养量 160 万只。

2004—2010 年，临河区养羊业进入稳步发展期，羊产业发展实现数质并进。2010 年养驴业兴起，养驴数量和规模大幅增长和扩大。到 2016 年，规模养驴存栏量为 2000 头左右。

2016 年，临河区成为自治区和全国西部地区最大的肉羊集散地，常驻客商 30 家，产品销往东南亚、俄罗斯、中东、香港、上海、北京等地。

三、特种养殖

1991—2015 年，临河市（区）的特种养殖数量少，规模小，养殖方式零星分布、散户养殖，养殖技术参差不齐。

2016 年，特种养殖主要有禽类：肉鸽、信鸽、珍珠鸡、蓝孔雀、绿孔雀。畜类：肉兔、波尔山羊、藏香猪、肉狗、梅花鹿。

第四节 牲畜改良工程

1991 年，引进良种公羊 59 只，其中澳美种公羊 2 只，新建纯繁点 15 处，建起绵羊人工授精点

118 个，结扎淘汰土杂种公羊 1221 只，完成配种母羊 6.3 万只。年末有良种、改良种畜共 65 万头（只），改良率 83.4%，比 1990 年提高 9%。

1992 年，新建良种繁育点 20 个，引进种羊 460 只、种牛 510 头、种猪 4600 头、种兔 3630 只。开办年生产 30 万只的雏鸡孵化场，建起有 300 只基础母兔的长毛兔种兔场。

1993 年，投入 250 万元，用于种畜禽的引进与繁殖，年内调入良种牛 800 头，良种猪 2600 头，良种兔 600 只，良种鸡 3 万只，有 12 个乡（镇）新建和扩建了种畜（禽）场。

1994 年，投资贷款 400 万元，全部用于肉用种牛的引进，引进自繁肉牛 4000 多头。引进良种肉仔猪 3.4 万头，缓解了肉仔猪不足的矛盾。孵化引进肉雏鸡 58 万只。完成绵羊人工授精 1.23 万只，牛冷配 630 头，受胎率 80%。

1995 年，新建牛冷配点 6 个，配种母牛 1150 头，受胎率 80%；新建羊人工授精点 11 个，猪人工授精点 2 个，良种繁育户 28 个。扩建种猪场和畜禽良种场，向社会提供种猪 1000 多头，雏鸡 18 万只。帮助各乡镇建起种畜禽场 15 个，引进各类良种畜禽 3850 头（只）。

1996 年，新建牛冷配点 6 个，配种母牛 890 头，受胎率 85%。新建绵羊人工授精点 23 个，猪人工授精点 5 个。扩建种猪场、畜禽良种场，向社会提供种猪 680 头，雏鸡 8.3 万只，引进各类良种畜禽 3.6 万头（只）。改良种畜占牲畜总数的 87.6%，生猪全部实现改良化，绵羊的良种改良程度达 92%。能繁母畜比例明显改善，猪、羊母畜比例分别为 3.5% 和 63.2%。

1997 年，落实"临河市牲畜种子工程实施计划"，对优良品种进行建档立卡，以良种引进和配种站点建设为主要内容，引进苏白、大白种公猪 80 头，调入优良仔猪 2.65 万头，缓解了临河市猪源不足的矛盾。引进良种奶牛 360 头，推广良种鸡 124 万只、小尾寒羊 1400 头。加强配种站点的建设，新建猪人工授精点 2 处，牛冷配站 1 处，巩固

已有的几个绵羊人工授精站，完成大小畜改良配种 37.27 万只。

2015 年，存栏牲畜 195.45 万头（只），其中存栏羊 172.3 万只、存栏牛 3.65 万头、存栏猪 19.5 万头。前 9 月出栏牲畜 301.6 万头（只），其中出栏羊 285 万只、出栏猪 15.5 万头、出栏牛 1.1 万头。临河区累计建成存栏母羊 30 只以上的肉羊规模养殖场（户）4054 个，建成年出栏 50 万只的规模养殖场 1 个。

2016 年，全区家畜总数 184.2 万头（只），比上年减少 9.7 万头（只），减幅 5.0%。牛存栏 2.3 万头，同上年持平，其中：奶牛存栏 1.5 万头，比上年增加 0.1 万头，增长 4.6%；羊存栏 170.1 万只，比上年减少 9.9 万只，减幅 5.5%。羊饲养量 494.7 万只，比上年减少 3.3 万只，减幅 0.7%。羊出栏 324.6 万只，比上年增加 6.7 万只，增长 2.1%。生猪存栏 10.1 万头，比上年增加 0.5 万头，增长 5.1%。出栏肉猪 10.4 万头，比上年增加 0.1 万头，增长 1.3%。

第五节　疫病防治

一、各种病害防治

1991 年，临河市推行防、检、消、治相结合的防病灭病措施，猪、鸡、羊的防疫密度分别为 99%、94%、51%，死亡率分别控制在 3%、3.7%、0.7%。检疫各种畜禽 3672 头（只）、肉类 38.8 万公斤、毛绒 41 万公斤、皮张 2.59 万张。查处各类违法违章事件 49 起，染病肉食品 4660 公斤，制化染病畜禽 14986 公斤。对猪、鸡、羊、犬"四舍"进行火碱和火焰消毒，消毒率 80%，有效控制了疫病发生和传染。

1992 年，猪、鸡防疫密度分别为 9.3% 和 96%，死亡率分别控制在 0.4%、1.2% 以下。检疫上市肉类 36.5 万公斤，活畜 30206 头（只），毛绒 30.6 万公斤。

1993 年春季，临河市发生蔓延全国的猪五号病，出现疫情 2 起，政府及时拨出专款控制疫情。处理价值 5 万元的假冒伪劣兽药，查处违法食堂及畜产品经营摊点，检疫上市肉食品 7 万吨，活畜 1.2 万头。

1994 年，在 2 个乡的 5 个村执行防疫保险责任制。利用春秋两季，开展防疫大会战。检疫活畜 82499 头（只），肉类 5996 吨。检出病害肉类 1.2 吨，检疫消毒绒毛 386 吨。

1995—1997 年，建立临河市、乡、村、社 4 级防疫网和兽药器械供应网。完成驱治牲畜寄生虫 55.5 万头（只）、外寄生虫 43.6 万头（只），密度均在 80% 以上。完成圈舍消毒 6.5 万户，控制畜禽疫病的发生和流行。检疫肉类 5649.95 吨，检出病害肉类 0.47 吨，均做无害化处理。临河市兽医站调入猪瘟、猪五号病等 285 万头（份）疫苗，确保防疫需求。

1998—1999 年，发放、审验《肉类卫生合格证》654 份，《兽医卫生合格证》18 份，补检上市肉类 220 吨，处理违法案件 120 起。针对牲畜"五号病"（牲畜口蹄疫）流行，畜牧部门集中会战，完成"五号病"疫苗免疫 24.2 万头次，防疫密度 100%；免疫羊 41.1 万只，密度 100%；免疫牛 0.83 万头，密度 99.8%；预防猪瘟 38.9 万头次，密度 98.8%；预防鸡瘟 164 万只次，密度 98%；预防控牲畜内外寄生虫 101.8 万头（只）次。

2000 年，检疫各种肉类 1046 吨，检疫率 98%。检疫活畜 8.843 万头（只），皮张 9.63 万张，消毒运车辆 2400 辆次。审发《兽医卫生合格证》《肉类卫生合格证》625 份，持证率 100%。查处动物防疫病违法案件 120 起。

2007 年、2008 年，在加强屠宰检疫、启动产地检疫的同时，突出强化运输检疫，凡免疫或出栏的畜禽全部佩带新的畜禽标识，纳入全国畜禽监测网络系统。春秋季开展猪口蹄疫、猪瘟、猪蓝耳病、牛羊口蹄疫、高致病性禽流感、羊痘、羊三联及鸡新城疫的疫苗免疫注射，对屠宰场进行全方位监控。

2015年，临河区成立镇村组三级防疫工作队，以村、逐户、按畜具体落实各项动物防疫措施。

二、兽医药械、药品使用

2015年，自治区动物卫生监督所和兽药监察所相关负责人组成兽医量化考核工作组，对临河区2014年兽医工作进行考核。考核组从屠宰企业、规模养殖场、兽药经营企业、动物诊疗机构、检疫申报点，分别抽查2处实地考核，现场查阅免疫密度、休药期执行情况，养殖档案记录完成、动物屠宰入场查证验物、"瘦肉精"自检等情况。

第六节 规模化养殖

一、科学养殖

1991—1993年，临河市畜牧部门推行科技承包责任制。新建40个畜牧达标社，科技承包重点向基层转移。养殖户和养殖企业引进和运用高新科技，改变饲养管理方式，使出栏比例提高。由草原、兽医、改良三站分别承包建立一个专业化养猪示范村、一个专业化养鸡示范村、一个猪鸡兔综合养殖示范村。年内出售商品猪860头、商品鸡3万只、商品兔8000只，承包户平均收入1600元。

1994—1995年，临河市建起秸秆养牛示范村2个，示范户36个；"四良四改"（养猪的种、料、法、舍的改良；改善土种猪为养杂种猪，单一饲料为配合饲料，阶段性育肥改为快速直线育肥，冬季开放式冷舍改为封闭式塑料暖棚）养猪示范社28个，示范户840个；模式化养羊示范社14个，示范户420个；集约化养鸡示范户18个。举办科技培训班8期，现场会18次，受训人数5万人次。

1996年，建科学养畜示范社72个，示范户2800户，建立农牧结合试点5个，培训养殖能手2万人次，聘请专家举办专题培训12期，培训科技人员1000人次。

1997年，临河市实行"四良四改"，育肥猪18.1万头，快速育肥羊21.3万头（只），配套新建标准化猪舍2100处、羊暖圈1150处、蛋肉鸡专业户，采用全价饲料、按程序免疫、适时开产或出栏等模式化养鸡方式，提高了养殖业生产水平和经济效益。

2016年1月8日，临河区举办肉羊养殖技术培训会。

二、规模化养殖基地

2012年，临河区规模化养殖势头强劲，落实新建和改扩建规模化养殖场（户）47个。以临陕路、临白路、临磴路、临狼路为中轴线，打造了4条肉羊产业带，年出栏羊100—200万只。

2013—2014年，曙光乡坚持引进和繁育相结合发展奶牛养殖和牛羊育肥业。

争取国家投资240万元，用于三个奶牛标准化规模养殖场建设。其中临河区嘉益奶牛养殖专业合作社奶牛标准化规模养殖场（小区）建设项目争取到80万元，临河区盛原养殖场奶牛标准化规模养殖场（小区）建设项目争取到80万元，临河区新华镇新荣养殖场奶牛标准化规模养殖场（小区）建设项目争取到80万元。

2015年，中央投资500万元，助力临河区奶牛标准化规模养殖场建设。其中，内蒙古云海秋林畜牧有限公司第一牧场奶牛标准化养殖场建设项目争取到170万元，内蒙古云海秋林畜牧有限公司第二牧场奶牛标准化养殖场建设项目争取到170万元，临河区狼山镇绿源奶牛养殖专业合作社奶牛标准化养殖场建设项目争取到80万元，巴彦淖尔市团众农牧业开发有限责任公司奶牛标准化养殖场建设项目争取到80万元。

第七节　技术推广

1990—1997年，临河市开展多汁饲料打浆青贮试点，应用草粉机换筛片加工，将鲜蔓菁、萝卜、甜菜等多汁块根、块茎类粉碎成糊状，贮存在青贮窖池发酵，半月后饲喂，既保持原有成分，又节省燃料、人工，为广大农户所接受。打浆青贮量5000公斤，玉米秸秆青贮量600万公斤以上。实行小麦秸、玉米秸、葵花秸秆"两贮、三化"（干贮、青贮，氨化、碱化、糖化）。经技术处理后，饲喂牛、羊等反刍家畜。同年，富河肉联厂建成并投产，使临河市的牲畜屠宰业向现代化迈进一步。

2000—2016年，临河市（区）实施畜牧业改良、营养、安全三大工程、基层动物防疫体系建设、科技示范场建设、新品种新技术示范基地建设、良种补贴等项目。科技人员在肉羊胚胎、肉羊营养、疫病防控等方面积累了一定经验。

第八节　动物及产品检疫

2014年，临河区35家企业实行动物检疫合格证明电子出证。

2015年，临河区暂停征收动物及动物产品检疫费。

2016年，举行畜禽屠宰行业检疫检验人员培训班。由自治区农牧业厅畜禽屠宰管理处、内蒙古农业大学教授，巴彦淖尔市动物疫病预防控制中心高级兽医师共同授课，对畜禽屠宰行业监督管理相关法律法规、屠宰检疫检验要点、牛羊屠宰管理与检疫检验技术、生猪屠宰管理与检疫检验技术、屠宰检疫与肉品品质检验规程、牛羊定点屠宰厂（场）应具备条件等内容进行系统讲解。

第九节　现代农牧业综合基地建设

一、农业项目

2009—2010年，临河区基层农技推广体系改革与建设示范县项目，两年投资200万元。

2011—2012年，临河区基层农技推广服务体系建设项目，总投资165.6万元。

2011—2015年，临河区粮食作物高产创建项目，总投资720万元。在双河镇、干召庙镇、白脑包镇、狼山镇和乌兰图克镇等地建成示范片，实行标准化生产、商品化处理和品牌化销售。

2012—2016年，临河区基层农技推广体系改革与建设补助项目，总投资500万元。2014年，临河区蔬菜标准化创建项目，巴彦淖尔市中泰农业科技有限公司在原有210亩温室的基础上，进行技术提升、设备更新。

二、牧业项目

2013年，临河区京津风沙源二期畜牧业项目投资523万元。

2014年，京津风沙源二期畜牧业项目投资442万元。

2015年，京津风沙源草原生态保护项目中央基本建设补助资金741万元。

三、家畜产品项目

1998—1999年，临河市基层农技推广体系改革与建设补助项目，总投资500万元。建成养猪专业村（组）36个，专业户3760户，形成年产瘦肉型猪20万头的规模。

2000年，建成瘦肉型猪和秸秆养羊小区20个，示范户73户，新建标准化棚圈900处，专种优质牧草4.5万平方米0.23万亩，示范户的养羊数在50只、养猪数量40头以上。

2009—2011 年，临河区为乌兰图克镇王文军生猪养殖场投入标准化建设项目 25 万元，为狼山镇农牧养殖场投入标准化建设项目 25 万元，为八一乡丰收村吉龙生猪养殖场投入建设项目 25 万元。中央投资 75 万元，为临河区每个生猪标准化规模养殖场投资 25 万元。

2012 年，临河区奶牛标准化规模养殖场（小区）建设项目（双河塞源乳业），中央投资 80 万元；临河区生猪标准化规模养殖场（小区）建设项目，中央投资 75 万元；临河区畜牧业良种补贴项目由临河区种羊场承担，项目总补贴 30 万元；菜篮子产品生产（畜牧业）项目总投资 50 万元，建设地点在狼山镇。

2013—2015 年，中央投资 50 万元，用于临河区生猪标准化规模养殖场（小区）建设项目。中央投资 150 万元，用于临河区畜禽标准化养殖项目，项目由 6 个单位实施，每个单位投资 25 万元。

2016 年，内蒙古自治区补贴投资 25 万元，用于临河区狼山农场丽荣养殖专业合作社种羊场建设项目。

四、农畜产品项目

2013 年，临河区加大农畜产品龙头企业扶持全区农畜产品龙头企业发展到 670 户，其中国家级龙头企业 3 家，自治区级 10 家，市级 19 家。上半年独立核算农畜产品龙头企业完成工业总值 66.2 亿元，占全部农产品工业完成产值的 98.0%。

2014—2016 年，首届（2014）中国肉羊产业发展大会圆满闭幕。34 个产品获内蒙古"名优特"农畜产品称号。

五、惠农惠牧政策

2012—2015 年，临河区小麦、玉米良种补贴项目在临河区 7 个镇和 2 个涉农办事处实施，涉及 152 个村，补贴面积 82.661699 万亩

2013 年，临河区实施五项惠农工程。一是对双河、八一、城关、曙光、干召庙 5 个乡镇 2000 户村民房屋进行外立面改造，改造面积 50 万平方米。二是高标准改造干召庙镇两个中心村，打造全区新农村建设示范点。在其他乡镇各选一个村组进行示范性改造。三是实施干召庙集镇规划和建设，完成污水管网配套工程，打造中心集镇样板示范点。四是改造农村危房 1 万户。五是新修惠及 7 个乡镇 23 个行政村通村油路 150 公里。

2014 年，临河区政府门户网站开辟农机购置补贴专栏，向社会公开购机补贴资金使用及申请受理情况，设立咨询监督投诉电话，加强社会对购机补贴政策落实的监督。

2016 年，临河区农业三项补贴在 9 个乡镇 2 个农场实施，涉及农户 66819 户，发放农业"三项补贴"资金 87087769.04 元，补贴面积 1048492.24 亩，每亩补贴 83.06 元。玉米生产者补贴项目在 9 个乡镇 2 个农场实施，涉及 151 个村，补贴面积 377771.16 亩，每亩补贴标准 344.23 元，共补贴 1.3004 亿元。玉米种植大户补助资金在 9 个乡镇 2 个农场实施，涉及 151 个村，补贴面积 113450.78 亩，每亩补贴标准 41.33 元，补贴 469 万元。

第十节　科学养殖

1998 年，临河市建起秸秆养羊示范项目种羊场 1 处、乡镇级种猪场 3 处、种猪专业户 393 户、种鸡场 1 个。引进良种猪 180 头、种羊 210 只、奶牛 360 头。新建牛冷配站 4 处、冷配 1200 头、猪人工授精站 4 处、人工配种 2800 头。

1999 年，畜牧部门推行"四良四改"养猪技术，养猪 2.8 万头，出栏猪 2.8 万头，户均出栏猪 26 头。城关乡增光组户户建起标准化猪舍，养猪 1860 头，户均 44 头，户均纯收入 4000 元。建成规模化奶牛示范村组 5 个，养奶牛 680 头。改良配种各种畜 48 万头（只）。

2000 年，畜牧部门为 1480 个专业户提供科技

服务，完成精秆养羊技术推广 12.06 万只，瘦肉型猪饲养技术推广 19.76 万头。

2010—2012 年，临河区加快肉羊棚圈新建、改扩建步伐。规范畜禽养殖行为，改善农业生态环境，划定畜禽禁养区 64.5723 平方公里，限养区 350.25 平方公里。

2016 年，52 个养殖场建成粪污贮存池或发酵池、氧化塘。用整株玉米青贮和全混日粮饲喂牲畜，保证了营养利用的最大化，提高了养羊科技水平。同时，引进国外优质奶牛，扩大奶牛养殖数量，增加养殖效益。扩大生猪生产，促进猪产业发展。畜牧养殖业机械化，成为临河区养殖业的重要特征。

第三章　农牧业机械化及生产资料管理

第一节　机　构

一、行政管理机构

1995 年，临河市农机局实行机构改革，转为事业单位，职能未变，科级建制，改称临河市农机管理服务中心。

二、所属事业机构

1995 年，临河市农机管理服务中心下设农业推广站和农机化技术学校两个事业单位。

1999 年，下设临河市农机推广站、农机校。

第二节　农牧业机械

一、农牧业机械拥有量

1997 年，临河市农机总动力 24.7 万千瓦，比1991 年增长 24%。综合机械化水平 65%，比 1991年提高 30%。

1999 年，农用拖拉机保有量 14533 台，其中小型 13495 台、大中型 1058 台、拖拉机配套农具27356 台。农机总动力 27 万千瓦，农机总产值 1.8亿元。

2000 年，农用拖拉机保有量 15622 台，其中小型 14233 台、大中型 1389 台、联合收割机保有量 208 台。拖拉机配套农具 28000 台，农机总动力30 万千瓦。

表 18－3－1

2001—2016 年临河市（区）农牧业机械拥有量统计表　　单位：万千瓦

年份	农牧业机械总动力
2001 年	24.10
2002 年	34.49
2003 年	32.56
2004 年	48.50
2005 年	53.90
2006 年	57.04
2007 年	62.00
2008 年	59.00
2009 年	64.45
2010 年	70.10
2011 年	74.70
2012 年	83.80
2013 年	88.10
2014 年	88.10
2015 年	80.40
2016 年	81.70

二、农牧机械供应与修理

1992 年，创办临河市农机物资公司和临河市农机经销公司。

1997 年，农机物资公司转为灵达农机有限公司，农机经销公司转为瑞丰实业有限公司。灵达公司当年完成销售 1000 万元，瑞丰公司当年完成销售 68 万元。20 个乡镇农机站经营总收入 675 万元，经营纯收入 70 万元。

1998 年，销售小四轮和农用车 1288 台，比 1997 年增长 38%。

1999 年，销售小四轮和三轮、四轮农用车 2500 台，完成农机销售额 2200 万元。

2000—2016 年，受市场大气候影响，销售小四轮和三轮、四轮农用车 1600 台，比上年减少 800 台。临河区农机服务中心分赴各经销企业、区域性农机维修服务中心、农机专业合作社等维修业户，监督检查农机具进货渠道、零配件供应保障、技术服务人员到位情况，确保"三夏"（夏收、夏种、夏管）使用机械技术状况良好。

三、农牧机械培训与服务

1991—1997 年，加强农机管理，利用考证、初检上户、年检审等时机，发放安全资料，强化安全意识。临河市审验驾驶员 4976 人，年审率 90%。

1998—1999 年，70 余名农机科技人员深入乡镇、村社、农户和示范点宣传新机具新技术，帮助购进生产机具，提供产前、产中技术服务，组织机具进行适时机械化播种。

2000—2016 年，召开现场会 125 次，发放技术资料 3800 册，培训科技人员 60 人。临河区农机服务中心对机手进行农机作业和农机安全生产培训，提高机手安全生产作业意识。

四、农牧业机械购置补贴

2004 年，临河区首次落实国家农业机械购置补贴政策。

2016 年，临河区共落实国家农业机械购置补贴资金 1.4601 亿元。第一批农牧业机械购置补贴金通过"惠农一卡通"统一发放，发放资金 993.893 万元。农牧业机械购置户 704 户，申请购置补贴资金机具 721 台。

五、机械化作业

2011 年，临河区农业机械总动力 74.7 万千瓦，增长 5.2%。机耕面积 155.0 万亩。机械播种面积 149.0 万亩，占农作物总播种面积 71.2%。机械收获面积 80.3 万亩，占农作物总播种面积 38.4%。

2015 年，临河区农业机械化水平 83.8%，走在全国前列。农业机械总动力 81.7 万千瓦。各类拖拉机保有量 37781 台，其中大中型拖拉机 21455 台、小型拖拉机 16323 台、联合收割机 295 台（其中玉米联合收获机 190 台）、各类配套农机具 63359 台。机耕面积 180 万亩，机械播种面积 170 万亩，机械收获面积 138 万亩。

2016 年，临河区农业机械总动力为 81.7 万千瓦。各类拖拉机保有量 37781 台，其中大中型拖拉机 21455 台，小型拖拉机 16323 台，联合收割机 295 台（其中玉米联合收获机 190 台），各类配套农机具 63359 台。全区主要农作物的综合机械化水平为 83.8%。机耕面积 180 万亩；机械播种面积 170 万亩；机械收获面积 138 万亩。化肥施用量 5.7 万吨。新建规模化肉羊养殖场 66 个。新增农牧业合作经济组织 209 个，累计 968 个，85% 以上农户参与产业化经营。新增设施农业面积 5657 亩，设施农业总面积累计 4.5 万亩，完成土地流转 2.1 万亩，全区累计流转土地面积 58.9 万亩。

六、农机推广

1997 年，临河市推广引进小麦穴播机 212 台，人力小麦穴播机 630 台，机引玉米铺膜点播机 222 台，人力玉米点播机 528 台；推广中小型联合收割机 132 台，全幅分层播种机 125 台，七九行分层播种机 2593 台，切割机 395 台，草粉机 1467 台。借鉴甘肃民勤等地经验，研制推广开沟起垄机具 131 台。

2008—2010 年，临河区引进推广玉米机械化收获技术，推广激光平地机械、大型动力机械、收获后处理机械。

2011—2016 年，临河区农机化新机具、新技术的推广手段是：一、召开机械化作业现场会；二、建设机械化作业示范园区；三、通过农机化专项项目示范带动，推广农机化新机具、新技术。

第四章　农牧业产业化

第一节　农牧业产业发展规划

2011—2015 年，临河区打造文化和优势特色商标品牌，综合运用经济、法律手段，培育、保护、发展临河特色品牌，创建拥有自主知识产权的国内、国际知名品牌，提高企业核心竞争力，促进产业转型升级，推动企业质量效益，推动经济发展。临河区商标注册以年平均 10% 速度增长，到 2015 年，商标注册全部超标。

其他规划有：扶持农牧业、农畜产品加工业发展，扶持冶金及矿山业发展，扶持化学工业发展，扶持新能源产业发展，扶持旅游产业发展，扶持其他产业如建材、餐饮、建筑、物业服务等产业发展。培育服装业"尤龙""森普利""维可欣"争创内蒙古著名商标，培育"团羊"争创中国驰名商标。

2014 年，临河区逐步推进土地承包经营权在公开市场向专业大户、家庭农牧场、合作社、龙头企业流转，扶持农村发展合作经济，引导工商资本到农村发展适合企业化经营的现代种养业，允许农民以土地承包经营权入股发展农牧业产业化经营，推动农牧业经营向集约化、专业化、组织化、社会化相结合方向发展。赋予农民更多财产权利，依法维护农民土地承包经营权，保障农民集体经济组织成员权利，保障农户宅基地用益物权，允许进城落户农民自愿有偿退出承包地和宅基地，推动农民增加财产性收入。鼓励社会资本投向农村建设，配套、落实好健全的农业支持保护体系和农业保险制度等各项改革政策。

临河区按照"强基础、促转型、保增收"思路，以创建国家现代农牧业示范区，争当自治区绿色农畜产品生产加工输出基地排头兵为目标，推动传统农牧业向现代农牧业快速转型升级。加快发展现代养殖业，打造"中国（北方）羊城"。加大科技投入，发挥河套农牧业技术研究院作用，主攻关键技术。加强肉羊繁育体系、饲草料种植加工体系、疫病防控体系、质量可追溯体系四大体系建设。激发企业、市场能量，完善从繁育、加工到品牌、销售的肉羊全产业链模式。打造巴美肉羊名品名牌，加快形成羊产业集群，提升核心竞争力。启动羊畜产品电子交易中心，力促草原宏宝上市。

临河区农牧业产业化发展的目标是：新建肉羊规模化养殖场 30 个，建成 1 个年出栏 50 万只的养殖园区。规划建设活畜、皮张、副产品交易场所。全区羊饲养量 580 万只，出栏羊 380 万只。农民来自畜牧业的收入占到农民人均纯收入 38%。在临河区召开全国羊产业大会。新建设施农业 1 万亩。推进八一中泰、干召浩彤万亩设施农业园区建设，走多元化发展路子，打造集科技示范、休闲观光、特色种植于一体的新农村建设综合体。扩大图克思拜恩草莓种植规模，打造草莓采摘园、示范点。做好设施农牧业发展规划，严格审批新建，无条件拆除违建，杜绝以设施农牧业为名圈地占地、私搭乱建行为。科学编制湖泊水体综合利用专项规划，发展水产养殖。完成中低产田改造8万亩，节水灌溉3万亩，实施土地整治25万亩。推进三年排水清淤改造工程，完成排沟清淤735公里。依法有序流转土地8万亩。推进国有农场乡镇化改革。

第二节　农牧业产业化主导产业

临河区是国家和自治区重要粮、油、糖商品和名、优、特、绿色农畜产品生产基地，也是全国最大肉羊生产交易集散地。农牧业是国民经济基础，也是临河农民收入主要来源。

2013年，临河区新建设施农业6400亩，设施农业总面积3.5万亩，总量位列巴彦淖尔市第一。建成各类高标准生产园区8个，其中干召庙镇浩彤现代农业园区的有机蔬菜、食用菌、花卉等新技术集成应用水平，在国内处于领先地位；八一乡中泰农业示范园区的规模正在稳步扩大；乌兰图克镇的思拜恩草莓基地也投入生产，填补了地区空白。临河区各具特色的农业示范园区，引领高效农业发展的方向，起到示范带动作用。

2016年，临河区的羊产业知名度、美誉度大幅提升。同时，河套农牧业技术研究院挂牌成立，草原宏宝上市前期工作完成，这些都为规模化养殖奠定了坚实基础。

第三节　农牧业产业化龙头企业

2013年，临河区完善农业产业化扶持政策，整合项目资金，加大对龙头企业扶持力度。

2016年，临河区农畜产品龙头企业发展到670户，其中国家级龙头企业3家，自治区级10家，巴彦淖尔市级19家。上半年独立核算农畜产品龙头企业工业总值66.2亿元，占全部农产品工业产值的98.0%。大宗农畜产品如小麦、玉米、番茄、脱水菜、油料、羊绒、羊肉等全部实现就地加工增值。100家脱水菜加工企业，吸纳当地劳动力1万人。

2016年，通过组建品牌运营公司等多种方式，强化畜牧业龙头企业建设，打造河套肉羊地理标识认证，创建"河套肉羊"中国驰名商标，提升品牌在市场中的占有率和竞争力。各龙头企业转变生产方式，由加工分割产品逐步向生产熟食品转变，既体现了羊肉的优质优价，又提高了产品附加值。同时，转变羊肉产品销售方式，由过去的生产企业向中间商批发销售转变为直接配送给消费者，取消了中间环节。临河区人民政府助力推进内蒙古自治区"三五"工程，培育扶持草原宏宝、草原鑫河、美洋洋3个肉羊加工企业，使其发展成为肉羊食品加工业的领军企业。并将富川肉羊养殖园区打造成百万肉羊养殖联合体，通过龙头企业的示范带动作用，实现企业与农民双赢。

第十九篇
水　利

第一章　机　构

第一节　行政管理机构

2017 年，临河区水务局下辖 3 个科级事业单位：临河区防汛抗旱指挥部办公室、临河区排水管理中心、内蒙古临河黄河国家湿地公园管理中心。两个直属企业：内蒙古临河金禹水利工程建设有限公司和巴彦淖尔科新水利水泥制品厂。内设办公室、科教股、水保站、计财股、审计股、工程股、规划设计室、供水站、灌溉管理 9 个股室。

第二节　所属事业单位

一、临河区水务局排水管理中心

临河区水务局排水管理中心成立于 2008 年 12 月，科级建制，是财政拨款的纯公益性事业单位。核定事业编制 26 人，其中行政人员一名，在岗人员 20 名，下设 5 个基层管理段，负责管理临河区内管排水工程分干沟 17 条，全长 324 公里；各类建筑物 439 座；控制农田排水面积 220.7 万亩；城镇污水排放单位 1 个；工业废水排放企业 164 家；负责 6 座分干沟扬水站。

二、内蒙古临河黄河国家湿地公园管理中心

2013 年 12 月 31 日，临河区水务局牵头申报的内蒙古临河黄河国家湿地公园，获国家林业局批准同意，开展国家级湿地公园（试点）建设，规划总面积 4637.6 公顷。

2015 年 6 月 2 日，经巴彦淖尔市编委会批复同意，成立内蒙古临河黄河国家湿地公园管理中心。

2016 年 9 月 26 日，内蒙古临河黄河国家湿地公园管理中心正式成立，科级建制，财政全额拨款事业单位，隶属于临河区水务局。核定事业编制 15 名，行政管理人员编制 5 名，专业技术人员 10 名。内设 4 个股室，负责湿地公园规划、建设、管理工作。

2018 年 12 月 29 日，内蒙古临河黄河国家湿地公园通过国家林业和草原局验收，正式成为国家级湿地公园。

第二章　黄河治理

第一节　河道治理及堤防、
险工加固

黄河横穿临河境内最南端，流经临河区双河镇，全长50公里，占黄河内蒙古河段总长的7.2%，占巴彦淖尔市河段长度的16.7%。该段河道水面比降为1/4400—1/6500，一般河宽在3500—5500米，河道宽浅散乱、汊道纵横，属游荡型河段。

黄河防洪堤西起杭锦后旗高兴兴圪旦，东至临河区米家河头与五原县为界，堤防桩号38+768—85+305，全长46.537公里。黄河堤防修建于20世纪50年代，大部分堤防都进行过多次加高培厚，部分段落实施过改线重建。受当时经济条件及施工条件限制，修筑的堤防标准低、质量差，大部分段落在施工时就近取土，导致堤防两侧形成坑塘壕沟。从1986年黄河上游龙、刘两库蓄水运行以来，改变了水沙条件，河床淤积严重，凌汛水位逐年提高，每到凌汛期临水侧顺堤行洪，背水侧渗漏、管涌严重，随时有决口溃堤的危险，严重威胁着黄河堤防的安全。

1994—1995年，临河市发动全市人民投劳集资对黄河堤防拓宽加固，建设长度48.4公里，堤防顶宽5米，完成土方181.5万立方米，完成投资1219.32万元。

1997年，临河市发动20个乡镇、4个农场再次对黄河堤防拓宽加固，完成土方118.1万立方米，重建穿堤涵洞20座，完成投资1150.68万元，其中国家补助291.4万元。

2000—2003年，内蒙古自治区水利厅四次批复投资临河市黄河堤防及填壕防渗工程，建设堤防戗台19公里，填壕长度21公里。

2010年冬季，临河区开始实施黄河堤防公路综合建设工程，路基工程由水务部门组织实施。工程2012年8月完工，建设堤防公路长度48.835公里，比原堤长2.298公里。公路路基按照三个等级标准实施，即建成顶宽27.5米标准的一级公路13.5公里，顶宽12米标准的二级公路4.0公里，顶宽8米标准的三级公路31.335公里。建设中桥3座，穿堤涵洞26座，累计完成土方430万立方米，块石换填5.9万立方米，钢筋砼5200立方米，完成投资1.083亿元，其中2011—2012年实施的黄河内蒙古近期防洪工程巴彦淖尔市段（临河区）工程，补助资金3300万元。

2012年，随着堤防公路的建成通车，堤防公路升级成省级公路（S315省道），管理模式也发生变化，根据《巴彦淖尔市黄河堤防公路管理办法》的规定，路面由交通部门管理，路基由水务部门管理。

第二节 移民工程

1991—1994 年，因黄河主流向北冲淘，直接威胁滩区住房安全，马场地乡团结村四、六、七、八社57户237人，从黄河滩区搬出，分批搬迁至马场地乡人民政府所在地和临河各个乡镇。

2001 年，时任国务院副总理的温家宝对内蒙古黄河滩区移民搬迁问题做出的重要批示精神，按照上级部门的统一部署，临河市水务局和双河镇人民政府共同组成调查小组，对黄河滩区单位、村庄居民的基本情况，进行逐一调查，到年底，统计出黄河滩区共有村庄16个，住户598户，居民人数2462人，单位、企业3家：黄河河道管理一段、进步砖厂、新丰牛场。2001 年冬，内蒙古自治区计委、水利厅下达了临河市黄河滩区移民搬迁工程任务，此次搬迁10个村庄，273户997人，国家补助498.5万元，于2002年3月20日开始，11月20日结束。

2002 年，再次批复黄河滩区移民搬迁工程，搬迁滩区住户7个村组，一个河道管理段，共247户1063人，其中国家投资531.5万元，于2003年4月开工，陆续实施搬迁。两次批复搬迁滩区住户520户2060人，国家投资1030万元。

2004—2011 年，临河市（区）制定出台《黄河滩区移民搬迁工程建设管理办法》《黄河滩区移民搬迁工程实施方案》。滩区移民搬迁工程履行基本建设程序，临河区委派设计院对搬迁村组的文化活动中心、公厕进行设计，委托监理公司进行监理。农民住房建设以户为营建单位，按照小康村规划建设标准，统一规划、统一标准，由农户自行建设，由双河镇人民政府统一组织实施。道路建设、文化活动中心、公厕等公益性建设，由

双河镇人民政府选择有资质的专业施工队伍实施建设。在搬迁工程实施过程中，双河镇对搬迁对象进行张榜公布，造册登记，建档立卡。同时做到搬迁一户，拆除一户，兑现一户，滩区内不留违章建筑物。

2012 年8月29日，临河黄河大桥建成通车（大桥全长4189米，宽度12米，共29跨），在大桥上游实施跃进二社险工新建护岸长度600米。

第三节 防凌防汛

黄河流经临河区双河镇，自三盛公枢纽闸下至临河，区间无引水工程和大的支流汇入。由于临河段黄河的纬度较高，开河时往往是上游先开，下游后开，较易形成冰坝。冬季流凌开始日期11月11日—12月8日；封河起始日期11月23日—12月25日；开河日期3月9日—30日。特别是自1986年龙、刘两库联合运行以后，黄河过境流量以中小流量居多，造成河道逐年淤积抬高，形成小水漫滩、凌洪出岸、大堤吃水靠流行洪的现象，凌汛险情越来越严重。由于河道缺少造床流量（原为2100立方米/秒，近年很少），河床逐年抬高，滩槽高差变小，河道已逐渐趋向于地上悬河，河滩高于临河城区2—4米。冬季情况更为严重。当凌汛期流量达到700—800立方米/秒洪水时，水位比畅流期高1.0—1.5米以上。

2012 年，受黄河上游降雨影响，黄河流量增加，从8月1日—9月15日，临河区过境流量持续在2000立方米/秒以上，8月30日最大2660立方米/秒（巴彦高勒水文站记录），创1981年以来流量最大、持续时间最长洪峰流量。防洪大堤吃水12公里，河滩耕地淹没近1万亩。

第三章　河套灌排区

临河境内有各级排水沟道 1908 条，长度 2136.13 公里，沟道附属建筑物 3693 座，控制排域面积 220 万亩。按照分级管理的原则，总干沟及其附属建筑物由巴彦淖尔市排水事业管理局管理（1 条，长度 27.84 公里）；干沟及其附属建筑物由河套灌区永济灌域管理局管理（2 条，长度 87.3 公里）；分干沟其附属建筑物由临河区水务局管理（17 条，长度 320.14 公里）；支、斗、农、毛沟及其附属建筑物由乡镇、村、组管理（1888 条，长度 1700.85 公里），临河区水务局负责技术指导，整体规划。

临河灌溉面积 221.4445 万亩，多年平均引黄水量 10.5 亿立方米左右。全区境内共有总干渠 1 条，长度 55.2 公里；干渠 2 条，长度 118.3 公里；分干渠 16 条，长度 393.6 公里；支渠 61 条，长度 456.2 公里，附属建筑物 653 座；斗渠 651 条，长度 1317.12 公里，附属建筑物 3087 座；农渠 2688 条，长度 2140.09 公里，附属建筑物 8473 座；毛渠 27174 条，长度 10866.8 公里，附属建筑物 53321 座。其中 1 立方米/秒流量以上渠道 380 条，长度 1814.9 公里。

第一节　河套灌区水利配套工程

总干渠在临河区境内长度为 55.2 公里，渠道及附属建筑物由河套灌区管理总局的总干渠管理局管理。

总排干沟在临河区镜内长度约 27.84 公里，沟道及附属建筑物由河套灌区管理总局的排水事业管理局管理。

临河境内有干渠 2 条，其中永济干渠长度 49.5 公里，渠道及附属建筑物由永济灌域管理局管理；黄济干渠长度 68.8 公里，渠道及附属建筑物由解放闸灌域管理局管理。

四排干沟长度约 52.7 公里、五排干沟长度约 34.6 公里，其附属建筑物由河套灌区管理总局的永济灌域管理局管理。

临河境内有分干渠 16 条，长度 393.6 公里。其中永济灌域管理局管理 11 条，长度 322.4 公里（合济分干渠长度 36.2 公里、南边分干渠长度 35.6 公里、北边分干渠长度 34.6 公里、永兰分干渠长度 23.8 公里、永刚分干渠长度 28.8 公里、西乐分干渠长度 55 公里、西乐南渠分干渠长度 17 公里、新华分干渠长度 32.2 公里、新华西稍分干渠长度 12.2 公里、大退水分干渠长度 19 公里、永济正稍分干渠长度 28 公里）；解放闸灌域管理局管理 3 条，长度 34.2 公里（清惠分干渠长度 10 公里、民兴分干渠长度 6.6 公里、右三支分干渠长度 17.6 公里）；干召庙镇管理 2 条群管分干渠，长度 37 公里（黄羊分干渠长度 17.4 公里、乌兰分干渠长度 19.6 公里）。

支渠 61 条，长度 456.2 公里及其附属建筑物 653 座，由渠道所在的受益乡镇农场负责管理。

斗渠651条，长度1317.12公里及其附属建筑物3087座，由渠道所在的受益村负责管理。

农渠2688条，长度2140.09公里及其附属建筑物8473座，由渠道所在的受益组负责管理。

毛渠27174条，长度10866.8公里及其附属建筑物53321座，由渠道所在的受益组负责管理。

临河区水务局承担6座扬水站和17条分干沟，长度320.14公里的沟道及其附属建筑物的管理。

支沟扬水站9座、支沟72条、长度364.13公里及其附属建筑物，由沟道所在的受益乡镇负责管理；斗沟230条、长度490.72公里及其附属建筑物，由沟道所在的受益村负责管理；农、毛沟1586条，长度846公里及其附属建筑物由沟道所在的受益社负责管理。

表 19 - 3 - 1　　　　　　　　　　　临河区支渠基本情况统计表

灌域名称	渠道名称	渠道条数（条）	渠道长度（千米）	设计流量（立方米/秒）	建筑物数量（座）	面积（亩）
合济分干渠	新利支渠	1	9.50	2.50	18	17449.6
	新丈支渠	1	9.40	4.50	18	14958.8
	东稍支渠	1	13.90	4.50	13	27534.2
	渡槽下支渠	1	2.10	3.50	10	23965.0
	五四边渠	1	5.00	1.50	14	11824.2
	杜二毛支渠	1	7.60	2.50	8	12609.6
	人民支渠	1	12.00	4.00	17	21876.9
	兰锁支渠	1	8.10	3.00	9	17381.8
	小计	8	67.60		107	147600.1
永兰分干渠	西沟支渠	1	4.50	2.30	10	16098.5
	东叉子支渠	1	5.30	2.00	11	13956.5
	一支渠	1	5.50	1.30	6	13525.3
	三支渠	1	7.90	1.80	11	20329.1
	四支渠	1	3.80	1.70	5	18310.7
	五支渠	1	5.70	1.60	5	14702.9
	小计	6	32.70		48	96923.0
西乐分干渠	邢贵牛支渠	1	3.60	1.20	11	12653.9
	西渠支渠	1	16.40	7.50	1.8	43489.9
	小计	2	20.00		29	56143.8
西乐南渠分干渠	永利一支渠	1	3.90	1.10	2	6888.5
	古城二支渠	1	3.10	1.30	13	11265.6
	小计	2	7.00		15	18154.1
永济正梢分干渠	新济支渠	1	6.00	5.96	18	14560.0
	甜菜支渠	1	17.20	2.50	14	26130.4
	二号支渠	1	1.00	4.70	7	30944.7
	小计	3	24.20		39	71635.1

续表1

灌域名称	渠道名称	渠道条数（条）	渠道长度（千米）	设计流量（立方米/秒）	建筑物数量（座）	面积（亩）
永刚分干渠	西济支渠	1	9.60	9.00	12	45319.0
	东济支渠	1	8.40	4.00	11	24770.9
	东河支渠	1	12.00	6.00	13	26682.8
	右二支渠	1	6.20	5.00	3	26715.1
	东召支渠	1	12.00	3.50	19	14896.2
	小计	5	48.20		58	138384.0
新华分干渠	右二支渠	1	5.20	4.00	8	17542.0
	牛子俊支渠	1	7.50	3.50	14	20384.8
	新华二支渠	1	8.00	7.00	19	46791.4
	七股支渠	1	5.40	2.18	9	13768.2
	小计	4	26.10		50	98486.4
新华西梢分干渠	树渠支渠	1	4.50	1.50	16	10848.3
	隆光支渠	1	5.20	1.50	11	13625.2
	小计	2	9.70		27	24473.5
大退水分干渠	彭贵支渠	1	9.10	4.00	11	15883.4
	新东支渠	1	4.20	4.00	9	11233.3
	小计	2	13.30		20	27116.7
永济正稍分干渠	八大股支渠	1	6.75	1.50	11	10304.0
	旧东支渠	1	15.65	11.00	15	48383.9
	小计	2	22.40		26	58687.9
南边分干渠	德成支渠	1	7.60	2.50	3	12026.1
	先锋支渠	1	6.10	2.50	3	13759.0
	永丰支渠	1	5.20	2.00	14	16053.3
	中支渠	1	7.00	2.00	10	16031.1
	西支渠	1	4.00	2.30	7	12358.3
	小计	5	29.90		37	70227.8
北边分干渠	王贵支渠	1	6.30	1.30	16	8462.0
	小计	1	6.30		16	8462.0
民兴分干渠	民兴两渠	1	9.50	3.50	7	20405.4
	广联支渠	1	5.50	2.60	8	16272.8
	小计	2	15.00		15	36678.2
黄济干渠	东丈渠	1	12.50	5.00	14	34985.4
	三支渠	1	6.50	1.00	10	10695.4
	人民支渠	1	3.50	2.00	11	15912.0
	张五元支渠	1	3.80	2.00	8	15759.0

续表2

灌域名称	渠道名称	渠道条数（条）	渠道长度（千米）	设计流量（立方米/秒）	建筑物数量（座）	面积（亩）
黄济干渠	东方红支渠	1	7.50	4.50	15	20082.0
	小计	5	33.80		58	97433.8
乌兰分干渠	东一支渠	1	10.80	1.20	6	11276.3
	二支渠	1	6.00	2.00	6	8979.4
	三支渠	1	7.80	3.50	7	14026.8
	四支渠	1	2.40	3.00	5	6495.7
	小计	4	27.00		24	40778.2
黄羊分十渠	东二支渠	1	4.60	1.50	8	16395.7
	黄羊西支渠	1	5.00	1.20	6	11185.4
	人民支渠	1	7.90	2.00	9	12334.6
	抗旱支渠	1	8.10	3.00	12	17001.5
	小计	4	25.60		35	56917.2
右三支分干渠	团结支渠	1	8.10	3.00	10	26064.4
	胜利支渠	1	11.00	2.50	12	13193.5
	小计	2	19.10		22	39257.9
总干渠	团结支渠	1	12.70	3.00	14	17177.0
	友谊支渠	1	15.60	3.60	13	3721.0
	小计	2	28.30		27	20898.0
临河区	合计	61	456.20		653	1108257.7

第二节 引黄灌溉的调度管理及运行

按照临河区灌域局、管理所核定的包干水量，计划水量实行量水分配到直口、用水管理到直口、用水计量到直口、水费计收到直口的"四到直口"制度；群管组织按照水文规范要求与供水部门管理人员共同测流量水，提高量水精度；执行测流量水共测互监、量水监测人员委托备案和量水成果签字认可制度，主动接受灌户监督。

第三节 河套衬砌及治理

1999年，内蒙古河套节水灌溉工程示范区（西济灌域）涉及隆胜1个乡镇，配套面积4.2万亩，投资1501.08万元。

2000年，内蒙古河套节水灌溉工程示范区（东济灌域）涉及隆胜1个乡镇，配套面积3.0万亩，投资1080万元。

2005年，临河区小召节水灌溉示范项目总投资138.11万元。

2006年，河套灌区临河黄羊项目区2004年年末及渠系改造项目，工程建设面积0.8万亩，投资188.55万元。

2007年，河套灌区利用政府专项资金节水改造临河项目区总面积8.1万亩，总投资638.34万元，其中典型区面积1.3万亩。

2008年，内蒙古自治区政府专项资金节水改造临河节水示范园区工程，项目建设地点：城关镇治丰村，实施节水灌溉面积0.26万亩，总投资

592.57 万元。

2009 年，临河区 2008 年巩固退耕还林基本口粮田项目，项目建设地点：乌兰图克镇新华林场新胜分场，实施节水灌溉面积 0.25 万亩，总投资 154.2 万元。

2010 年，临河区 2009 年新增农资综合补贴资金项目，项目建设地点：新华红旗村、图克镇前进村、干召庙镇永丰村，实施节水灌溉面积 1.1 万亩，总投资 450.1 万元。

2011—2012 年，全国新增千亿斤粮食生产能力规划田间工程，项目建设地点：乌兰图克镇团结村、干召庙镇建民村和双河镇九庄园区，实施节水灌溉面积 2.67 万亩，总投资 1379 万元。2011 年，临河区 2010 年巩固退耕还林基本口粮田项目，项目建设地点：干召庙镇黄济村，实施节水灌溉面积 0.1 万亩，总投资 51.32 万元。农业综合水价改革暨末级渠系节水改造示范县项目，项目建设地点：白脑包镇西海、公产、永清、永和、水桐树、永胜村，实施节水灌溉面积 2.67 万亩，总投资 2033.43 万元。农业综合水价改革暨末级渠系节水改造示范县项目，项目建设地点：狼山镇爱国、巴音、幸福村，实施节水灌溉面积 2.53 万亩，总投资 2089.77 万元。2012 年，临河区农业综合水价改革暨末级渠系节水改造示范县项目，项目建设地点：干召庙镇永丰村和民主村，实施节水灌溉面积 2.611 万亩，总投资 1715.4 万元。

2013 年，临河区 2012 年全国新增千亿斤粮食生产能力规划田间工程，项目建设地点：白脑包镇太阳村、干召庙镇黄羊村、西渠村、农丰村、乌兰图克镇团结村，实施节水灌溉面积 2.5 万亩，总投资 1250 万元。临河区 2011 年节水增效示范项目，项目建设地点：新华镇隆光村，实施节水灌溉面积 0.2 万亩，总投资 125.61 万元。2012 年农业水价综合改革暨示范项目，项目建设地点：双河镇奋斗村，实施节水灌溉面积 0.6145 万亩，总投资 600.11 万元。2013 年巩固退耕还林成果基本

口粮田建设项目，项目建设地点：新华镇新乐村，实施节水灌溉面积 0.3 万亩，总投资 159.2 万元。

2014 年，临河区 2013 年全国新增千亿斤粮食生产能力规划田间工程，项目建设地点：狼山镇红光村、新华镇建国村，实施节水灌溉面积 2 万亩，总投资 1000 万元。2013 年"四个千万亩"节水灌溉工程（1000 万亩大中型灌区节水改造任务、1000 万亩旱改水节水建设任务、1000 万亩井灌区配套节水改造任务、节水灌溉饲草地达到 1000 万亩），项目建设地点：新华镇春和村、三合村，实施节水灌溉面积 1.2 万亩，总投资 983.86 万元。

2015 年，临河区 2014 年巩固退耕还林成果基本口粮田建设项目，项目建设地点：新华镇胜丰村，实施节水灌溉面积 0.5 万亩，总投资 258.91 万元。2014 年自治区小型农田水利建设重点县项目，项目建设地点：乌兰图克镇红旗村、白脑包镇太阳村，实施节水灌溉面积 1.88 万亩，总投资 1875.12 万元。临河区 2014 年全国新增千亿斤粮食生产能力规划田间工程，项目建设地点：白脑包镇世城西村、永清村、新华镇建国村，实施节水灌溉面积 1.25 万亩，总投资 1875 万元。

2016 年，临河区 2015 年自治区小型农田水利建设重点县项目，项目建设地点：新华镇新丰村、胜丰村，干召庙镇民丰村、新华村，实施节水灌溉面积 2.035 万亩，总投资 1875.19 万元。临河区 2015 年全国新增千亿斤粮食生产能力规划田间工程，项目建设地点：干召庙镇民主村，实施节水灌溉面积 1.3 万亩，总投资 1625 万元。

第四节　节水灌溉及水费调节

临河市（区）水利部门各村组（协会）建立基层灌溉管理工作小组，推行灌溉预收水费票据开票到户工作。

第四章　排水工程及盐碱治理

1995年，临河市的排水工程进行世界银行（以下简称"世行"）配套后，没进行过工程建设。

2012年，"6·25"自然灾害后，临河区财政局每年安排700万元专项资金，用于分干沟、支沟的改造整治工程；从财政"一事一议"奖补资金中，每年安排300万元用于斗沟及以下工程的改造整治；每年安排一定资金用于排水工程的管理维护，确保整治后的工程良好运行，同时把更多项目工程用于排水设施改造上来。

到2016年，临河区凡农田水利、中低产田改造、土地整理、扶贫、粮食增产等项目，必须优先实施排水工程改造。

第一节　排水清淤及设施改造

临河区距"八三规划"的"合理灌溉、保证排水、灌排配套、降低地下水位、改土治碱"的目标还有一定距离，斗农毛沟末级排水沟道沟系较完善的有新华镇南部、乌兰图克镇东部、狼山镇北部、白脑包镇北部。耕地没有盐碱化或盐碱化轻、末级排水沟道沟系没有实施的乡镇有城关镇、双河镇、干召庙镇、八一乡、原小召乡、原隆胜乡、原丹达乡等地。

末级排水沟道整治主要依赖农业综合开发、土地整理、水利部门田间节水工程等个别项目进行施作。

从整体情况看，末级排水沟道的水利基础设施还很薄弱。部分沟道的旱台产生了塌坡，沟道淤积严重，过水断面减少，排水不畅，达不到设计要求，又形成次生盐碱化，塌坡淤积、雨水冲刷边坡淤积、杂草丛生阻水、排退洪水淤积等。

按照分级实施的原则，分干沟、支沟的改造由临河区人民政府组织临河区水务局实施，依托灌区续建配套与节水改造工程、水毁工程修复项目和上级部门支持以及本级财政投资来完成；斗沟及以下沟道的改造和整治，本着谁受益谁承担的原则，水务局统一指导协调，各乡镇组织完成，主要依托农田水利建设、中低产田改造、土地整理、扶贫、粮食增产、造林绿化等项目和财政"一事一议"奖补政策来实施完成。

第二节　排水对盐碱的治理

根据"黄河内蒙古河套灌区排水系统末级沟道改造可行性研究报告"，临河区世行配套程度好的为149.3万亩；无世行配套过、利用其他资金改造过的为111.6万亩；盐碱化耕地面积72万亩。

需在现有沟道上进行提高标准整治的斗沟有230条，长度490.7公里，各类建筑物517座（桥406座、交叉111座、汇入口230座）；农沟547

条，长度 508 公里，各类建筑物 884 座（桥 337 座、汇入口 547 座）；毛沟 623 条，长度 203 公里，各类建筑物 623 座。

根据农田水利建设情况，斗农毛沟末级排水沟道的建设应重点考虑现有的固定规划成型的进行配套、提高标准，主要区域应安排在陕五路以北、总排干、总干渠、永济干渠两岸和海子周围。

第五章 水利设施建设

第一节 灌溉工程

灌水工程总干渠由临河区境内南部穿过，永济、黄济两大输水干渠和 12 条分干渠为国管工程，分别由河套灌区管理总局下辖的总干渠管理局、解放闸灌域管理局和永济灌域管理局负责工程建设和运行管理。临河区群管工程有 61 条支渠、651 条斗渠、2688 条农渠、27174 条毛渠，形成完整的灌水系统，由各乡镇、农场的群管组织负责运行管理。排水工程总排干从区内北部穿过，形成 2 条干沟，由河套灌区管理总局下辖的河套灌区排水事业管理局和永济灌域管理局负责工程建设和运行管理。分干沟 17 条，由临河区水务局下辖的临河区排水管理中心负责运行管理。临河区群管工程是由支沟 78 条、斗沟 226 条、农沟 547 条及毛沟 468 条组成排水系统，由各乡镇、农场的群管组织负责运行管理。从 20 世纪 70 年代开始，河套灌区适量发展井灌区和井渠双灌区，到 2016 年，临河区有机电井 2930 眼，发展井灌区和井渠双灌区面积 32.75 万亩，由各乡镇、农场的群管组织负责运行管理。

第二节 饮水安全工程

临河区辖 9 个乡镇，2 个农场，11 个街道办事处，151 个行政村，22 个农场分场，1166 个村民小组，农区人口 30 万人。农村供水系统覆盖 9 个乡镇的 163 个行政村和农场，延伸供水到杭锦后旗陕坝镇的红星、民乐 2 个村，覆盖 165 个行政村和农场。（曙光乡的 4 个村为城镇供水，新华镇的 5 个村，马场地李玉村仍为村管小集供）各级输配水管网总长 3666 公里，覆盖率为 100%，是自治区覆盖率最高的旗县区。

1996—2006 年，临河市（区）先后实施"380"人畜饮水、人畜饮水解困、防砷改水、饮水安全等工程（是指按照国家解决农村牧区人畜饮水的有关规定，为基本解决内蒙古自治区农村牧区 380 万人口、1020 万头牲畜的饮水困难和防氟改水而兴建的各种供水工程，简称"380"工程），建设人畜饮水小集供工程 43 处。

2007 年，过去的小集供工程并入新建管网，整合为古城、份子地、狼山—小召、丹达—白脑包、隆胜—八一、干召庙—城关、图克—新华和马场地 8 大集中供水工程体系，承担临河区农村人畜安全饮水供水任务，解决农村 28.14 万人和 98 万只牲畜的饮水安全问题。

表 19 - 5 - 1　　　　　　　临河市（区）水利设施建设情况表

项目	地址	投入使用时间	供水方式	设计日供水量（吨）	实际日供水量（万吨）
古城水厂	新华镇桥梁村	2003 年 10 月	农村集中供水	2100	1785.0
小召水厂	狼山巴音村	2005 年 12 月	农村集中供水	3420	2907.0
乌兰图克水厂	乌兰图克镇前进村	2005 年 12 月	农村集中供水	4561	3876.9
份子地水厂	份子地集镇	2004 年 10 月	农村集中供水	1469	1248.7
马场地水厂	双河镇富河村	2012 年	农村集中供水	1261	1071.9
干召庙水厂	干召庙旭光村	2011 年 10 月	农村集中供水	3143	2671.6
丹达—白脑包水厂	白脑包春光村	2007 年 6 月	农村集中供水	5895	5010.8
隆胜—八一水厂	乌兰图克镇隆胜村	2010 年 12 月	农村集中供水	5756	4892.6

第三节　节水改造工程

一、世行项目

1991 年，临河市世行项目田间配套工程涉及黄羊、八岱、乌兰、干召庙、丹达、建设、白脑包、城关、小召、狼山、古城、友谊、马场地、隆胜、乌兰图克、新华、份子地 17 个乡镇，配套面积 22.18 万亩，投资 1373.79 万元。

1992 年，配套工程涉及黄羊、八岱、乌兰、干召庙、丹达、建设、白脑包、城关、小召、狼山、古城、友谊、马场地、八一、隆胜、乌兰图克、新华、份子地 18 个乡镇，配套面积 25.81 万亩，投资 1493.2 万元。

1993 年，配套工程涉及黄羊、八岱、乌兰、干召庙、丹达、建设、白脑包、城关、小召、狼山、古城、友谊、马场地、八一、隆胜、乌兰图克、份子地 17 个乡镇，配套面积 18.29 万亩，投资 955.34 万元。

1994 年，配套工程涉及黄羊、八岱、乌兰、干召庙、丹达、建设、白脑包、城关、小召、狼山、古城 11 个乡镇，配套面积 14.82 万亩，投资 736.57 万元。

1995 年，配套工程涉及八岱、干召庙、丹达、建设、白脑包、城关、小召、狼山、古城 9 个乡镇，配套面积 10.76 万亩，投资 473.87 万元。

1996 年，配套工程涉及丹达、乌兰、建设、小召 4 个乡镇，配套面积 2.8 万亩，投资 119.92 万元。

二、国家"八五"商品粮基地建设工程

1994 年，临河市国家"八五"商品粮基地建设项目涉及隆胜、新华、份子地、八一、乌兰图克 5 个乡镇，配套面积 8.74 万亩，投资 282.54 万元。

三、三年农田大会战工程

1996 年，临河市三年农田大会战工程涉及建设、城关、八岱、八一、友谊、狼山、小召、干召庙、隆胜、马场地、乌兰 11 个乡镇，配套面积 26.96 万亩，投资 566.56 万元。

1997 年，会战工程涉及建设、城关、八岱、八一、新华、乌兰图克、古城、干召庙、丹达、隆胜、乌兰 11 个乡镇，配套面积 29.80 万亩，投资 734.18 万元。

1998 年，会战工程临河市涉及友谊、小召、乌兰图克、份子地、八岱、狼山、丹达、隆胜、干召庙、新丰、黄羊、马场地、新华、古城、乌兰 15 个乡镇，配套面积 28.96 万亩，投资 761.19 万元。

1999年，会战工程涉临河市及城关、友谊、小召、乌兰图克、份子地、八一、八岱、狼山、干召庙、新丰、古城11个乡镇，配套面积12.22万亩，投资29.85万元。

四、隆胜节水工程

1999年，内蒙古河套节水灌溉工程示范区（西济灌域），临河市涉及隆胜1个乡镇，配套面积4.2万亩，投资1501.08万元。

2000年，内蒙古河套节水灌溉工程示范区（东济灌域），临河市涉及隆胜1个乡镇，配套面积3万亩，投资1080万元。

五、永刚水利骨干节水工程

2000年，内蒙古自治区农业综合开发河套灌区永刚水利骨干工程项目工程建设长度17.241公里，投资1550万元。

六、抗旱打井工程

2003年，临河市应急抗旱打井工程涉及黄羊、白脑包、新华、乌兰、丹达、隆胜、乌兰图克、小召、狼山、八一、双河、城关、干召庙13个乡镇，打机电井452眼，组合井3040眼，投资2516.33万元。

2005年，临河区小召节水灌溉示范项目总投资138.11万元。

2006年，河套灌区临河黄羊项目区2004年年末及渠系改造项目工程建设面积0.8万亩，投资188.55万元。

2007年，河套灌区利用政府专项资金节水改造临河项目区总面积8.1万亩，总投资638.34万元，其中典型区面积1.3万亩。

第六章　水务管理

第一节　水务规划

1991—1993 年，国家商品粮建设项目，临河市曙光支沟被列入施工规划。临河市白脑包乡（暗管排水）典型区施工技术形成设计说明书。8 月，丹达乡（竖井排水）典型区施工技术形成设计说明书。1993 年 3 月，总干渠右侧第二截渗沟扩建工程形成初步设计说明书。临河市原种场、种猪场、新华林场农田水利规划进行施工技术设计。是年 9 月，国家商品粮建设项目新道支沟、民益支沟进行施工技术设计。

1996—1999 年，临河市进行农田大会战乡镇施工技术设计。1996 年 9 月，临河市黄羊分干渠扩建工程形成初步设计说明书。1997 年 3 月，国家"八五"第二批商品粮基地建设项目，临河市水利项目区形成设计报告；8 月，临河市黄羊分干渠进水闸扩大进行初步设计。

1998 年 10 月，内蒙古河套灌区永刚分干渠节水改造项目形成可行性研究报告。1999 年 11 月，内蒙古临河市引黄灌区节水续建配套项目形成可行性研究报告；内蒙古河套灌区临河市乌兰分干渠灌域节水续建配套项目形成可行性研究报告。12 月，内蒙古自治区农业综合开发河套灌区永刚水利骨干节水工程项目扩大进行初步设计。

2000—2007 年，临河市（区）形成乡镇供水

2010 年发展规划。12 月，抗旱节水水源工程项目形成建议书。内蒙古人畜饮水工程临河区城关镇治安村集中供水项目形成可行性研究报告。临河区以工代赈项目，乌兰乡节水工程形成初步设计。

2006 年 8 月，利用内蒙古自治区人民政府专项资金实施灌区节水改造工程建设项目，形成可行性研究。临河区形成水资源调查与评价报告。

2008—2010 年，临河区被列入农村饮水安全工程"十一五"规划，形成农村饮水安全工程实施方案。临河区形成农田水利建设规划报告，形成水利发展"十二五"规划报告。

2011—2013 年，自治区新增"四个千万亩"节水灌溉工程，临河区在发展规划内。2013 年 8 月，临河区形成黄河国家湿地公园总体规划。

2014 年 11 月，临河区被列入自治区《小型农田水利建设重点县项目实施方案（2014—2016 年）》。

2015 年 6 月，临河区形成水利发展"十三五"规划报告；形成《节水增效工程总体建设方案（2014—2018 年）》。8 月，形成农村饮水工程现状与需求调查报告。

第二节　水政宣传

"中国水周"近 20 年的活动宣传主题。

1996 年：依法治水，科学管水，强化节水

1997 年：水与发展

1998 年：依法治水——促进水资源可持续利用

1999 年：江河治理是防洪之本

2000 年：加强节约和保护，实现水资源的可持续利用

2001 年：建设节水型社会，实现可持续发展

2002 年：以水资源的可持续利用支持经济社会的可持续发展

2003 年：依法治水，实现水资源可持续利用

2004 年：人水和谐

2005 年：保障饮水安全，维护生命健康

2006 年：转变用水观念，创新发展模式

2007 年：水利发展与和谐社会

2008 年：发展水利，改善民生

2009 年：落实科学发展观，节约保护水资源

2010 年：严格水资源管理，保障可持续发展

2011 年：严格管理水资源，推进水利新跨越

2012 年：大力加强农田水利，保障国家粮食安全

2013 年：节约保护水资源，大力建设生态文明

2014 年：加强河湖管理，建设水生态文明

2015 年：节约水资源，保障水安全

2016 年：落实五大发展理念，推进最严格水资源管理

第三节 防汛抗旱

1995 年，临河市成立临河市防凌防汛指挥部办公室，为临时常设机构。

1998 年 5 月 20 日下午，临河市发生暴雨冰雹灾害，最大降雨 72.1 毫米，风力 9 级，造成 8 个乡镇 50 万亩农田受灾，损失 1.8 亿元，其中农村 1.5 亿元，城区 0.3 亿元。

2012 年 6 月 25—28 日，临河区持续三天降雨，降水量古城 160.1 毫米，白脑包 155.9 毫米，临河城区 80.6 毫米，降水量为建站以来第三高值，临河区 7 个镇、2 个乡、9 个办事处、151 个行政村不同程度受灾，受灾面积 178.2 万亩，其中绝收面积 87.91 万亩，造成经济损失 18.98 亿元。大雨造成田间积水、作物倒伏、城市内涝、危房倒塌、雷电灾害、道路冲毁、供水管网中断的巨大灾情。暴雨引发的总排干洪水倒灌，四排干堤背决口，6 月 29 日，驻巴彦淖尔市乌拉特中旗部队抽调 200 名官兵在建国村抢险堵决口；永大、新春、西乐等分干沟和四排干不能自排，沟满壕平，临河区水务局 70 多名干部职工，30 多辆机械，20 多套大型水泵、发电机投入到抢险救灾中，连续抢险 14 天，险情得到缓解。

2013 年，内蒙古自治区拨付抗旱费 200 万元，临河区水务局采购挖掘机 1 台，洒水车 1 辆，水泵 50 台套，以及配套的水管、电缆线和发电机 14 台（合计 600 千瓦）。建设 906 平方米的防汛抗旱物资机械储备库，对防汛设备、物料进行集中存放，提高防汛抗旱应急处置能力。

第四节 农田水利建设

在农田水利建设方面，临河区发展农民用水自治、专业化服务和用水户参与、协会或村组管理等多种形式的终端用水管理运营模式，对农民用水者协会、农民专业合作社、村、组等群管组织进行管理和指导，将其作为工程建设、管护、用水管理、协商定价、水费计收的责任主体，推动农民用水自治。统筹推进小型水利工程管理体制改革，对完成节水改造和供水计量设施配套的小型农田水利工程，由临河区水务局明晰界定工程产权，临河区人民政府颁发产权证书，将工程所有权、使用权和经营管理权移交给农民用水合作组织、农村集体经济组织、受益农户及新型农业经营主体，明确工程的管护责任单位和责任人，

落实工程的建管责任。

2008 年，临河区在水利排水工程方面的投资情况：国家 110 万元，地方 562.37 万元，群众 97.82 万元，总计 770.19 万元，其中群众投资从 1997 年开始逐年加大。

1991 年，临河市在农田建设方面的投资情况：国家投资 428.24 万元，地方投资 620 万元，共计 1048.24 万元；到 2016 年，国家投资 7048.89 万元，地方投资 3282.42 万元，共计 10806.39 万元。

第五节　水利建设投资监督审计

1999 年 11 月 10 日—12 月 30 日，巴彦淖尔盟审计局对河套灌区隆胜节水示范西济支渠项目竣工进行决算审计。

2000 年 4 月 16 日—5 月 28 日，临河市审计局对临河市水利局 1999—2000 年 1 月份至 3 月份财务收支进行审计。10 月 24 日，市审计局对河套灌区隆胜节水示范东济支渠项目进行竣工决算审计。

2001 年 5 月 1 日—22 日，临河市审计局对内蒙古农业开发河套灌区永刚骨干节水工程竣工决算进行审计。7 月 7 日—10 日，盟审计局对市水利局 1999—2000 年财务收支进行审计。10 月 8 日—11 月 21 日，市审计局对市水利局 2000—2001 年 9 月底财务收支进行审计。

2002 年 9 月 22 日—10 月 22 日，临河市审计局对市水务局局长田茂贵同志进行任期经济责任审计。

2003 年 8 月 26 日—28 日，市审计局对水务局节水示范项目乌兰节水工程进行审计。9 月 9 日—10 月 9 日，市审计局对水务局局长赵贵成进行任期经济责任审计。

2005 年 4 月 7 日—10 日，临河区审计局对临河区沙尔凳图水保项目竣工决算进行审计。11 月 14 日—2 月 10 日，区审计局对 2002 年、2003 年古城、新华、分子地集中供水工程竣工决算进行

审计。

2006 年 6 月 26 日—7 月 9 日，对临河区节水示范项目小召节水工程进行审计。

2007 年 4 月 18 日—28 日，临河区审计局对临河区狼山至小召集中供水一期进行竣工决算审计。4 月 24 日—5 月 18 日，对区水务局局长赵贵成任期经济责任审计。4 月 24 日—5 月 18 日，对区水务局 2006 年财政预算执行情况及其他财政收支进行审计。

2008 年 5 月 5 日—16 日，对河套灌区临河黄羊项目区 2004 年末级渠系改造试点工程竣工决算进行了审计。

2011 年 4 月 23—24 日，区审计局对临河区 2008 年巩固退耕还林成果基本口粮田项目进行审计。10 月 26 日—11 月 10 日，巴彦淖尔市审计局对干召—城关镇饮水安全（二期）进行竣工决算审计。

2012 年 4 月 10—30 日，区审计局对水务局 2011 年财政预算执行情况及其他财政收支情况进行审计。4 月 8 日—6 月 2 日，对临河区 2010 年农村学校饮水安全工程进行审计。2012 年 12 月 20 日—2013 年 2 月 20 日，区审计局对水务局局长杨荐中进行经济责任审计。

2013 年 5 月 14 日—15 日，巴彦淖尔市审计局对市本级 2012 年度预算执行延审，对临河区水务局进行了审计。6 月 20 日—10 月 15 日，内蒙古自治区审计厅责成巴彦淖尔市审计局，对临河区 2011—2012 年度扶贫和水利建设专项资金进行审计。

第六节　节约供水管理

2016 年，临河区采取工程、农艺、技术、管理等综合节水措施，挖掘农业节水潜力。重视田间节水，开展农田水利基本建设，推行平地缩块、覆膜栽培、沟灌、膜上灌等高效节水措施。通过

政策扶持、项目带动，引导农民调整种植结构，压缩高耗水作物种植面积，推广区域化种植和集中连片种植。完善灌溉管理制度，落实配水到灌域、以水定播和"一把锹"浇地等管理措施。强化乡镇水管站建设，发挥农民用水者协会在管水、节水方面的重要作用，提高用水效率，促进农业节水。

第七节 水利市场管理

一、水权制度建设

临河区推进以行政区域用水总量控制指标为依据，以国土资源、农牧业部门土地确权划界核定的实际灌溉面积为基数，结合行政区划，由区水务部门会同管理所站、基层乡镇政府农场将农业用水指标逐步细化分解到群管直口渠。农民用水合作组织、村、组集体（或农场、分场的其他经济组织）等用水主体，条件具备的地方细化农业用水户和土地经营者，对用水主体核发初始水权证书；遇土地流转，用水主体、水量等内容发生变化的，报区水行政主管部门予以变更；因客观原因需要合渠并口或分渠设口、销渠退出灌溉的，初始水权按照灌区水利工程管理权限上报审批，办理变更或销权手续；对于新增的灌溉面积新增的渠道，不予分配初始水权，与其他无法获得初始水权的单位或用水户纳入水权交易市场，通过水权交易获得水资源使用权。

二、供水水价管理

2015 年前，河套灌区农业水价执行 53 厘/立方米，2015 年执行 83 厘/立方米，2016 年夏秋灌执行 83 厘/立方米、秋浇 73 厘/立方米。

巴彦淖尔市政府推行超定额用水累进加价制度。推广计量收费与超定额（计划）用水累进加价相结合的用水制度。具体超定额（计划）用水比例和加价幅度的设置，按照自治区价格主管部门和自治区水利厅规定的标准执行。

临河区于 2009 年推进终端水价制度。按照河套灌区管理总局实行"骨干工程水价 + 末级渠系水价"的终端水价制度，末级渠系群管实行按不超过斗口计价，支渠水价 9.7 厘/立方米，斗渠水价 8.8 厘/立方米执行。

表 19 - 6 - 1　　**2002—2016 年临河市（区）城区用水情况统计表**　　单位：亿立方米

年份	全年用水总量	生活用水	生活用水占总用水量（百分比）
2002 年	11.6020	0.1970	1.60
2003 年	9.9690	0.2120	2.10
2004 年	11.2800	0.2270	2.00
2005 年	11.9210	0.2440	2.00
2006 年	11.2590	0.2390	2.10
2007 年	11.1950	0.2340	2.00
2008 年	11.2620	0.2500	2.20
2009 年	11.9410	0.2480	2.00
2010 年	10.6630	0.1950	1.80
2011 年	11.3710	0.1870	1.60
2012 年	10.2690	0.2160	2.10
2013 年	10.7830	0.1860	1.70

续表

年份	全年用水总量	生活用水	生活用水占总用水量（百分比）
2014 年	10.8550	0.1920	1.70
2015 年	10.7095	0.2133	1.90
2016 年	10.7420	0.1838	1.70

表 19-6-2　　　　　　　2002—2016 年临河市（区）工业用水情况统计表　　　　　　单位：亿立方米

年份	全年用水总量	工业用水量	工业用水占总用水量（百分比）
2002 年	11.6020	0.0970	0.80
2003 年	9.9690	0.0570	0.60
2004 年	11.2800	0.0630	0.60
2005 年	11.9210	0.0770	0.60
2006 年	11.2590	0.1080	1.00
2007 年	11.1950	0.2110	1.90
2008 年	11.2620	0.2320	2.00
2009 年	11.9410	0.2430	2.00
2010 年	10.6630	0.2810	2.60
2011 年	11.3710	0.2840	2.50
2012 年	10.2690	0.2670	2.60
2013 年	10.7830	0.3150	3.00
2014 年	10.8550	0.2930	2.70
2015 年	10.7095	0.2890	2.70
2016 年	10.7420	0.2713	2.50

表 19-6-3　　　　　　　2010—2016 年临河市（区）生态用水情况统计表　　　　　　单位：亿立方米

年份	全年用水总量	生活用水	年份	全年用水总量	生活用水
2010 年	10.6630	0.0050	2014 年	10.8550	0.0390
2011 年	11.3710	0.0080	2015 年	10.7095	0.0424
2012 年	10.2690	0.0140	2016 年	10.7420	0.0244
2013 年	10.7830	0.0290			

第八节　水政监察

临河区水政监察大队对临河城区所有在建、续建、新建建筑业基建项目取水许可审批、非法取水、施工降水方案实施降水等情况，年年进行专项检查，针对检查中发现的问题，采取多项措施督促建筑施工企业进行整改，加大临时取水的管理，严格取水审批程序，对非法取水施工单位下达处罚决定，责令非法取水单位依法办理取水审批手续。对用水量超过1万立方米的施工企业在开工前必须提交用水申请及施工降水方案，得到批复后按照批复期限用（降）排水。新建基建项目的施工单位要合理进行降水井位布排，从技术上解决排水期长的问题，避免不合理超期降排水以及次生问题的发生。推行部门联动执法新格局，协同临河区水务局对农村饮用水浇园子等情况开展专项整治；与区执法局、环保局、区水务局对入河排污口情况进行检查；会同区水务局清理行洪通道违法建筑等多起水事案件；针对村镇春夏打井季节，进行定期和不定期的巡查，责任到人，建立巡查登记制度，加大违法取水案件的查处力度，控制无序打井取水现象。

在资源费征缴工作中，结合"世界水日"和"中国水周"，下乡镇、进企业、到社区开展水法律法规宣传活动。

第九节　水利质量监督

临河区水利工程质量监督工作开展较早，受条件限制，无独立法人机构的质量监督站。1997年巴彦淖尔盟成立水利工程质量监督站，负责全市水利工程质量监督工作。

1998年和2011年中央和自治区两个一号文件之后，巴彦淖尔市水利建设投入大幅度增加，水利质量监督部门贯彻执行国家和自治区有关工程建设质量管理的方针、政策，探索和改革监督方式，强化对工程各方主体质量行为和工程实体质量的监督检查，保证了临河区水利工程建设的顺利实施。

2016年，临河区水利工程质量监督站，在水务局工程股挂牌。

第七章　水库节流及水土保持

第一节　水土流失

一、水土流失状况

临河区土地总面积 2345 平方公里，总人口 55 万人，人口密度 235 人/平方公里，2013 年《巴彦淖尔市临河区第一次水利普查公报》统计，临河区水土流失面积 1381.04 平方公里，占全区总面积的 58.89%，其中：风力侵蚀面积为 1380.68 平方公里，占比 99.97%；水利侵蚀面积为 0.36 平方公里，占比 0.03%。

二、水土流失特点

受地形地貌和气候条件的影响，临河区的土壤侵蚀类型主要表现为水蚀和风蚀，在多数情况下为风水复合侵蚀，冬春两季风蚀较为突出，主要表现为沙砾化面蚀，夏秋季特别是 7—9 月份水蚀较为突出，水蚀与风蚀同时存在，互为主次，形成了临河区特有的风水复合侵蚀形式。

临河区属平原区，地貌类型主要为平原区上分布有零星沙丘。风沙区沙丘形态复杂，流动性较大，土地退化和沙化严重，土地生产力低下。河套灌区水分条件较好，土壤条件较好，农业生产水平较高。

第二节　水土保持中长期规划

一、水土流失的主要危害

表土流失，土壤肥力下降，各业生产受到严重制约；大量泥沙经各级沟道、河流冲刷下泄，抬高河床，直接影响了河套灌区灌溉排水的正常运行；沙丘逐年移动，沙尘暴频繁，侵蚀农田、渠沟和村庄，使沿沙地区农牧业生产的基础设施和人民生活的基本条件遭到破坏，经济发展受到制约，当地群众生活贫困。

二、水土保持工作

临河区水土保持治理工作开展于 20 世纪 60 年代，治理措施主要为集体和群众自发性的"坡面植物防护工程"和"治沙工程"，由于没有统一领导和规划，加之治理技术规范缺乏、设计标准低、管理措施滞后等原因，绝大部分工程已毁坏殆尽，已无水土流失防治功能。实行以小流域为单元的综合治理，以工程措施、生物措施、保土耕作措施相结合，对水田、林、草、路、沙丘进行综合治理，但水土保持工作资金投入少，治理进度缓慢，使水土保持经济、生态效益不能有效发挥。

临河区降雨稀少，生态环境比较脆弱。随着西部大开发进程的加快，经济建设的步伐也逐步加快，人为对水土流失的影响逐步加大，严重水土流失制约经济发展的矛盾逐渐显现出来。在经济发展过程中，过度消耗资源，以破坏生态和牺牲环境为代价发展区域经济的现象时有发生。在新的发展时期，要求水土保持行业加大水土保持治理和执法力度，增加投资力度，坚持开发和水土保持治理同步的原则，把生态、经济、社会的治理与发展作为一项系统工程，进行科学规划，逐步使农、林、牧、副、渔等各业有机结合，形成互补性强，结构相对稳定的高产、优质、高效的产业综合开发格局，把生态型治理和经济型开发结合起来，把短期利益和长远利益结合起来，合理利用资源，实现经济的可持续发展。

根据项目区的水土流失特点、自然条件以及社会经济情况，按照"全面规划、因地制宜、因害设防、集中连片、突出重点、规模治理"的原则，确定项目区各项措施的总体布局。具体做法是在风蚀洼地发展水土保持乔木林，草势好的地方围封，同时对围封的草场进行补植补种草籽，其余土地全部进行人工种草，阻止流沙向农田方向移动。这样可以提高土地利用率，减少风蚀，增加产草量，起到综合治理的作用。

第三节 水土保持综合治理工程

一、项目背景

内蒙古自治区京津风沙源治理一期工程实施十多年来，取得了良好的生态、经济和社会效益。通过工程建设，工程区林草植被覆盖率显著提高，土壤侵蚀强度明显下降，风沙天气减少，生态恶化趋势有效控制，工程的建设也带动区域经济发展，增加了农民收入，改善了工程区农民生活水平，促进了生态、经济、社会良性循环发展。

2013 年，国家发改委对《京津风沙源治理工程二期规划（2013—2022 年）》进行批复，临河区

实施范围由一期的 31 个旗县扩大到 70 个旗县，规划将巴彦淖尔市纳入治理范围内。

根据《内蒙古自治区京津风沙源治理二期工程建设规划（2013—2022）》安排，（内蒙古自治区发展和改革委员会，2013 年 6 月）和《巴彦淖尔市京津风沙源治理二期工程建设规划（2013—2022 年）》（巴彦淖尔市发展和改革委员会，2013 年 12 月）确定了巴彦淖尔市临河区京津风沙源治理二期工程未来十年的建设规模。

二、项目目标

根据国家对京津风沙源治理二期工程的要求，临河区政府以加快水土流失治理、防沙治沙改善生态环境，提高综合生产能力，增加农民收入，实现可持续发展为目标，按照集中连片综合治理和点面结合突出重点、发挥整体效益的原则，确定京津风沙源二期工程水利水保工程项目区。

三、项目概况

京津风沙源治理二期工程临河区（2013 年）水利水保项目中央预算内投资计划于 2013 年 9 月 20 日下达，《初步设计》于 2015 年 6 月 29 日内蒙古自治区水利厅以内水保（2015）140 号文批复。工程于 2015 年 9 月 1 日正式开工，2015 年 12 月 26 日全部完工。2016 年 1 月 7 日通过自治区水保处组织的竣工验收，工程合格。工程建设地点：新华镇、图克镇、干召镇。建设内容：新增小流域综合治理面积 10.50 平方千米，建设水源工程 101 处，节水灌溉工程 18 项（折合 120 处）。总投资 1525 万元。

京津风沙源治理二期工程临河区（2014 年）水利水保项目中央预算内投资计划于 2014 年 9 月 26 日下达，《初步设计》于 2015 年 7 月 2 日由巴彦淖尔市水务局以巴水发（2015）221 号文批复，工程于 2015 年 9 月 10 日开工，2016 年 7 月完工。2016 年 10 月 23 日通过内蒙古水保处组织的竣工验收，工程合格。工程建设地点：双河镇。建设

内容：小流域治理项目水源工程 38 处，节水灌溉工程 39 处，总投资 505 万元。

京津风沙源治理二期工程临河区（2015 年）水利水保项目中央预算内投资计划于 2015 年 9 月 22 日下达，《实施方案》于 2016 年 1 月 15 日由巴彦淖尔市水务局批复，工程于 2016 年 3 月 25 日开工，2016 年 11 月完工。2016 年 7 月 27 日，浙江华东工程咨询有限公司组织通过初步验收，工程合格。工程建设地点：双河镇、城关镇、八一乡。建设内容：小流域治理项目水源工程 55 处，节水灌溉工程 66 处，总投资 725 万元。

京津风沙源治理二期工程临河区（2016 年）水利水保项目中央预算内投资计划于 2016 年 9 月 1 日下达，《实施方案》于 2017 年 2 月 13 日由内蒙古自治区发展和改革委员会、内蒙古自治区水利厅批复，《初步设计》于 2017 年 3 月 22 日由巴彦淖尔市水务局批复。批复工程建设内容：小流域综合治理水源工程 60 处，节水灌溉工程 60 处，发展节水灌溉面积 600 公顷。工程建设地点：图克镇、双河镇。

四、效益分析

项目的实施将水土保持措施、植物措施有机结合起来，形成结构合理、功能齐全的水土流失防治措施体系，对维护当地生态系统平衡、净化空气、涵养水源、改善气候、实现生物的多样性有着巨大的作用。能有效锁住沙头向河套平原推移、防止河套灌区受到侵害、减少进入黄河的泥沙量，控制水土流失，改善生态环境、提高当地农民生产和生活水平。通过节水灌溉，使天然草场得以自然恢复，增加覆盖度，增加草群种类，可对植被恢复、保护和改善生态环境、减少沙尘暴和浮尘天气的发生、缓解京津及周边地区的环境压力、起到重要作用。京津风沙源治理工程的实施，无论经济效益、社会效益和生态效益，都是显著的。

到 2016 年，临河区水土保持工作根据《土壤侵蚀分类分级标准》（SL190—2007）、《内蒙古水科院第二次遥感调查成果》《内蒙古巴彦淖尔盟土壤侵蚀现状图》对现场进行调查。以农田防护林建设为主体的项目区周边，实施的其他水土保持治理项目，现保存的治理措施面积起到了很好的水土保持作用。

第四节　水土保持监督检查

水土保持站隶属于临河区水务局，股级建制、事业单位。机构编制委员会核定人数 5 人，配置专职监督管理人员 5 人，其中高级工程师 2 人，高级技师 2 人，行政人员 1 人。水保站经费纳入临河区财政预算，有行政主管部门列支的年度专项经费，补偿费按《内蒙古自治区水土保持补偿费征收使用实施办法》，主要用于水土流失治理、水保督查的业务经费和能力建设工作。有固定办公场所 2 间，有完善的监督管理数据库，有专用档案室 1 间，配置计算机 4 台，打印机 2 台，传真机 1 台。执法装备有摄像机 1 台，照相机 2 部，录音笔 1 支，GPS 定位器 2 部。数据库形成一企一档，三位一体的信息网络数据库，建立电子文档，纸质档案和墙上挂图，完善全区生产建设项目的基础数据库建设，制定《档案管理制度》《器材管理制度》，建立生产建设项目监督管理档案。落实水土保持监督管理措施，开展水土监督检查。

第八章 渔业

第一节 渔业管护

2014年，随着气温变化，临河区60%的养殖水面不同程度发生水质改变，鱼病频发，部分鱼类发生肠炎、烂鳃、赤皮病等，花白鲢较严重。临河区渔业协会组织经验丰富的土专家为渔户"把脉开方"。邀请内蒙古和宁夏的知名专家会诊，制定治疗方案，为渔业养殖户治疗各种鱼病30多起，涉及水面12000余亩。

2015年，临河区爱卫办将1000余斤鲫鱼苗、泥鳅分别投放到金川水系、河套公园内，以减少夏季蚊虫的滋生。4月末5月初，蚊子进入产卵期，因为蚊子的4个生长期有3个在水里完成，鱼苗可以直接吃掉蚊子产在水面上的卵，阻断蚊虫繁殖环节，降低蚊虫的密度，减少蚊子的危害。同年，临河区农村牧区饮水安全工程水质检测中心建设项目启动，地点在狼山水厂（原小召巴音村）。

第二节 养殖品种和方式

2014年，临河区水产管理站协同渔业协会，为渔业养殖户销售鱼种30万斤，其中鲤鱼15万斤、草鱼4万斤、花白鲢11万斤，主要销往包头、鄂尔多斯等周边地区。水产站和渔业协会统一从湖北、天津等地引进鱼苗700余万尾，为渔业养殖户销售鱼种35万斤，解决了一家一户难以调运鱼苗和销售鱼种的难题。

2015年，全区水面养殖面积20895亩。依托优势资源，以"渔"为媒，集旅游、休闲、娱乐、餐饮、观赏等为一体的休闲渔业发展起来，休闲渔业面积8000余亩，从业人员600余人，比单纯养鱼每亩年增加效益550元。

2016年，白脑包渔场、张连生天然海子、建设呼家海子、黄河渔村4家景区平均日接待游客百人以上。

一、养殖规模

2015年，临河区渔业面积20895亩。水产管理站强化渔业科技指导与服务，注重渔业科技人员队伍建设，通过建立行业协会和渔业专业合作社，培养了一大批渔业科技服务人员。全区落实渔业养殖面积20895亩，养殖产量达4902吨，渔业养殖户76户，从业人员1200余人，渔业总产值5298.5万元，渔民人均收入23200元。建立水产健康养殖示范户35户，指导与服务渔户73户，水面2万多亩，发放张贴宣传资料3000多份。建成白脑包渔业养殖示范园区1个，带动周边渔业养殖户45户，养殖水面5600亩。

二、养殖与捕捞

2015年5月1日—7月31日，黄河内蒙古段进入为期3个月的禁渔期。期间，黄河内蒙古段将禁止任何形式的渔业活动，其中包括垂钓。禁渔期间禁止任何单位和个人在禁渔区进行捕捞或者收购、运输、储藏、销售非法捕捞的渔获物。禁渔期间因繁殖、科研等特殊需要，需在自治区重要渔业水域进行捕捞作业，必须经盟市渔业行政主管部门审核，报经自治区渔政渔港监督管理局审批；在其他渔业水域进行捕捞作业，由盟市渔业主管部门审批，报自治区渔政渔港监督管理局备案。禁渔期间，非法捕捞，或者使用禁用渔具、捕捞方法进行捕捞以及未取得捕捞许可证擅自捕捞，渔政人员将对其使用渔具、渔船给予暂扣。对违反禁渔期规定电鱼、毒鱼、炸鱼，以及私捕滥捞等破坏渔业资源和渔业水域环境的行为，渔政管理部门将配合公安、工商、边防等部门，依法追究其刑事责任。

三、产量与销售

"八五"期间，渔业生产发展较快，养鱼水面26480亩，其中自然水面20500亩，改造水面5980亩，新建池塘3150亩。科研项目有网箱养鱼5个，双千试验40亩，吨亩试验10亩。实现小水面精养为主，精养、半精养和粗养相结合。鱼种生产坚持自繁、自育、自养，以当地鲤鱼为主，南鱼为辅。

1995年，渔业生产总值737.7万元，比1990年268万元增长469.7万元，年产成鱼140万斤左右。

第二十篇
林　业

第一章 机 构

第一节 行政管理机构

1992年，临河市林业局改为临河市林工商服务中心。

1993年，恢复临河市林业局名称，内设政秘股、计财股、林政股、业务股、审计股。

1997年，临河市林业局内设公安股、办公室、林政股。

第二节 所属事业单位

临河区林业局所属事业单位6个，其中全额拨款事业单位4个：园林局、林业工作站、森林病虫害防治检疫站、林业规划设计队。自收自支事业单位2个：国营新华林场、国营狼山苗圃。

第二章 林种树种

第一节 林 种

一、防护林

防护林是防止水土流失、防风固沙、涵养水源、调节气候、减少污染所配置和营造的由天然林和人工林组成的森林。根据防护目的和效能，防护林分为水源涵养林、水土保持林、防风固沙林、农田牧场防护林、护路林、护岸林等。国家实施的大型防护林工程是三北防护林工程建设体系，从1979年开始实施。

二、用材林

用材林是以生产木材为主要目的的林种，分为一般用材林和专用用材林两种。前者指培育大径通用材种（主要是锯材）为主的森林；后者指专门培育某一材种的用材林，包括坑木林、纤维造纸林、胶合板材林等。临河区的主要用材林有杨树林、杨树速生丰产用材林。实施的用材林项目，主要是2002—2003年实施的以107号杨为主要品种的速生丰产林项目。

三、经济林

临河区经济林的主要品种有：枸杞、梨、杏、桃、苹果、枣、李子、葡萄等，近年又引进黑枸杞、火龙果、樱桃、核桃、山药等经济林新品种。

四、薪炭林

薪炭林是一种见效快的再生能源，没有固定的树种，通常多选择耐干旱瘠薄、适应性广、萌芽力强、生长快、再生能力强、耐樵采、燃值高的树种进行营造和培育经营，临河区以红柳为主要薪炭林树种。

第二节 树 种

一、杨树

临河区栽植过的主要杨树品种有：小叶杨、新疆杨、胡杨、河北杨、107号杨。

二、榆树

临河区栽植过的主要榆树品种有：榆、金叶榆、榆树绿篱。

三、柳树

临河区栽植过的主要柳树品种有：垂榆、黑皮柳、馒头柳、旱柳。

第三章　营林生产

第一节　品种引进

1999 年，临河市为抑制光肩星天牛（一种严重危害杨树、柳树的鞘翅目寄生虫），引进了毛白杨、河北杨、国槐等新树种，运用伐根嫁接、生根粉促进生根和覆膜等技术加以推广，还引进常绿针叶树侧柏和花灌木刺梅等，用于高标准农田林网的配套工程。

2000 年，临河市引进经济价值高的新树种、新品种，如宁杞 1 号、李杏、油桃等小杂果，改善了树种结构，加快了林业发展。引进三倍体毛白杨嫁接苗插穗 30 万株，新育苗 100 亩。引进的主要树种有国槐、白腊、花灌木、368 快杨、北京快柳、金丝柳、河北杨等。城关乡在新配套的井灌区内，营造新疆杨 1.87 万株、国槐 2000 株、桧柏 4000 株、花灌 2300 株、嫁接三倍体毛白杨 3000 株，创造出套内井灌林网营造树种的配置新模式。

2012 年，临河区林业局与临河区园林局合并，在城市苗圃上，引进驯化新树种 581.5 亩，引进桧柏 135 亩，成活率不低于 40%；云杉 20 亩，成活率不低于 80%。

2013 年，引进香花槐 11 亩，成活率不低于 85%；国槐 10 亩，成活率不低于 85%；白腊 11 亩，成活率不低于 85%；皂角 11 亩，成活率不低于 40%。

2014 年，引进梓树 11 亩，成活率不低于 50%；北栾 11 亩，成活率不低于 50%。

2015 年，引进丝棉木 10 亩，成活率不低于 50%；复叶槭 12 亩，成活率不低于 50%；临河新华林场引进驯化黑枸杞 100 亩，成活率过 85%，坐果率良好。

2016 年，引进丁香 0.3 亩，成活率不低于 80%，榆叶梅、黄刺玫、珍珠梅、连翘、红瑞木共 1.5 亩，成活率不低于 50%。

第二节　采种育苗

1998 年 11 月 15 日至封冻前，临河市完成冬贮大苗 148 万株，种条 75 万株。

1999 年，完成冬贮杨树大杆苗 212 万株，冬贮育苗种条 142 万株，为 2000 年春天植树造林奠定了基础。

2000 年，临河市有 9.1 万亩的造林任务，1999 年秋天完成冬贮杨树大苗 212 万株，2000 年春又增加杨树大苗 33 万株，购进枸杞苗 323 万株，其中宁杞 1 号 115 万株，大麻叶 208 万株，红柳实生苗 70 万株，紫穗槐 60 万株，杨柴 30 万株，同时自采红柳、河柳等种条 870 万株，2000 年筹备各类苗木 1568 万株。2000 年秋，全市冬贮杨树大苗 180 万株，冬贮育苗种条 500 万株，为 2001 年植树造林做准备。

第三节　育苗基地建设

1991年起，临河市国营狼山苗圃发挥示范带头作用，每年扦插新育苗面积150亩以上，向全市提供合格杨树大苗50多万株，保证了全市扦插育苗的良种穗条供应。苗圃还从中国林科院等科研机构引进杨树新品种102个，开展育苗对比试验，为推广适合本地造林的新品种做好数据积累和技术储备。

1997年，狼山苗圃育苗地面积扩大到800亩，成为内蒙古自治区西部区最主要的杨树苗木生产基地。林业部门在林业生产中对乡镇实行育苗任务一票否决制，采取多种优惠政策鼓励农民进行育苗种植，全市每年新育苗稳定在1300亩以上。

1998年，临河市下达果树栽植任务5000亩，实栽5.592万亩，杜梨播种面积118亩，完成12个百亩果园。在国道和市乡级公路两侧，运用永久性果粮间作模式，利用果树与矮生农作物共生互补的群体效应，集中连片种植果树，形成既增产也增收的绿色走廊。到年底，全市果品产量7.5万吨，比1997年增加5000吨。

1999年，临河市果业生产围绕人均1亩果树的目标，重点抓公路果树带建设，适度发展经济效益好、适销对路的桃、李、杏、葡萄、苹果等品种。引进库尔勒香梨、早美酥、红香酥等品种，改变了长久以来临河市苹果梨品种单一的局面。到年底，全市果树面积发展到18.4万亩，年产果品1.5亿斤。

2000年，临河市建成丰产优质示范果园4个，面积5万亩。

2012年，临河区种苗站开始分管狼山苗圃，狼山苗圃有良好的育苗基础，每年留床苗稳定在700亩左右，树种包括新疆杨、小美旱、垂柳等。在种苗站的管理下，狼山苗圃新育苗278.7亩，其中新疆杨55.6亩，小美旱198.2亩，河北杨20.9亩，垂柳8亩；园林苗圃育苗477亩，其中留床苗387亩，新育苗新疆杨40亩，河北杨50亩；国营新华林场868.4亩，其中留床苗517.9亩，新育苗350.5亩，树种包括小美旱、新疆杨、垂柳、杜梨等。

2013年，临河区种苗站新育苗281.7亩，新疆杨63.6亩，小美旱184.2亩，河北杨21.9亩。

2014年，全区育苗面积在300亩以上的企业或个人有4家：总干管理局绿化公司临河境内2000亩，内蒙古万林源科技有限公司育苗850亩，内蒙古立亚东农林牧开发有限公司育苗500亩，巴彦淖尔市兴园农牧园林科技开发有限公司育苗480亩。

2016年，全区育苗面积在300亩以上的企业或个人又增加4家：巴彦淖尔市造林站基地350亩，巴彦淖尔市滨河新兴商贸有限责任公司育苗330亩，白脑包镇忠义村育苗400亩，新华镇哈达村一组育苗400亩。企业化育苗成为临河区的良种育苗基地。

第四节　林木产品

临河区的主要林产品有苹果梨、苹果、李子、杏、枸杞、草本花卉、新疆杨苗、小美旱苗、国槐、榆树苗、杜梨、海棠、山桃、山杏、胡杨苗、杨木材、杨锯材、胶合板、木皮等。

在果树生产方面，临河市自1964年从吉林延边地区引入苹果梨后，由于气候适宜，以苹果梨为主的果业生产迅速发展起来。

1996年，河套苹果梨被评为内蒙古自治区优质水果。是年，临河市被国务院发展研究中心农村发展研究部、中国农学会特产经济专业委员会、中国特产报社联合组成的"中国特产之乡命名暨宣传活动组织委员会"命名为"中国苹果梨之乡"。

1997年，全市果树面积18.4万亩，产量1.2亿斤。通过本地优越独特的风土条件驯化的培育，苹果梨种植表现出鲜明的地方特色，品质逐渐优于原产地及其他产区。

第四章　植树造林

第一节　造　林

1991 年，临河市完成造林 6.2 万亩，其中农田防护林 1.9 万亩，果树经济林 2 万亩，其他造林 2 万亩，新育苗 1663.1 亩，其中杨柳扦插育苗 1346.4 亩，占 80.9%；杜梨、海棠等播种育苗 316.7 亩，占 19%；零星植树 183.26 万株，义务植树 95.5 万株。

1992 年，全市完成造林 7 万亩，其中工程造林 6 万亩，非工程造林 7565 亩；完成防护林 3 万亩，其中农防林 2 万亩，固沙林 4212 亩，黄河护岸林 6042 亩；完成用材林 2168 亩，经济林 2 万亩，其中果树 2 万亩；完成其他林种的造林 6276 亩；完成育苗 3418.2 亩，其中新育苗 2172.5 亩，扦插育苗 1827.7 亩，播种育苗 344.8 亩；零星植树 190.81 万株，义务植树 103.9 万株，参加义务植树 18.05 万人，人均 5.8 株。

1993 年，全市完成造林 6.06 万亩，按权属分国营造林 1600 亩，占 2.6%；群众造林 5.9 万亩，占 97.4%。按林种分：速生丰产型农防林 2.89 万亩，黄防林 2700 亩，防风固沙林 1400 亩。经济林 2.69 万亩，其中果树 17576 亩，枸杞 9324 亩。特用林 700 亩。新育苗 1647 亩，其中扦插育苗 960 亩，播种育苗 714 亩。零星植树 186.41 万株，义务植树 171.36 万株，其中片林 4385 亩。参加义务

植树人数 25.3 万人，人均 6.5 株。

1994 年，全市完成造林 7 万亩，其中国营造林 951 亩，集体造林 7629 亩，个体造林 5.6 万亩。按林种分：完成防护林 3.4 万田，其中农田防护林 2.7 万亩，防风固沙林 2193 亩，"黄防林" 4565 亩；完成经济林 3 万亩，其中果树 2 万亩，枸杞 9265 亩；新育苗 1560 亩，其中扦插育苗 959 亩，播种育苗 601 亩；零星植树 151 万株；义务植树 160 万株。参加义务植树人数 25 万人，人均 6.4 株。

1995 年，全市完成造林 7.7 万亩。农防林建设方面，隆胜乡万亩开发区新造林为临河市树立了样板。果树经济林建设方面，实施的"公路果树绿色长廊"工程成为亮点。同年，新育苗 1488 亩，其中扦插育苗 604 亩，播种育苗 884 亩。零星植树 193 万株，义务植树 166 万株。参加义务植树人数 25.54 万人，人均 6.5 株。

1996 年，全市完成造林 7 万亩，经济林完成 4.3 万亩，其中公路果树带 2.3 万亩，零星植树 194 万株，新育苗 1381.5 亩。义务植树 189 万株，参加义务植树人数 29 万人，人均 6.2 株。

1997 年，全市完成造林 7.24 万亩，果树经济林 5 万亩，其中公路果树带 4.7 万亩，沿包兰铁路和 110 国道绿色通道工程完成造林 2 万亩。零星植树 194 万株，全民义务植树 126.4 万株。参加义务植树人数 29 万人，人均 4.2 株。

1998 年，全市实际完成造林 6.7 万亩，占计

划任务 6.5 万亩的 103%，其中绿色通道工程 1.4 万亩，占目标任务 1 万亩的 148.5%。新育苗 1605 亩，占计划任务 1300 亩的 123%。

1999 年，全市造林完成 6.63 万亩，占计划任务的 102%，其中乔木造林 6.1 万亩，灌木造林 5300 亩。在造林总面积中，防护林 1.63 万亩，经济林 5000 亩。在防护林面积中，绿色通道工程 1.5 万亩，其中 110 国道通道工程造林 2 万亩。1999 年的造林突出了精品工程，防护林精品工程完成 1.4 万亩，占防护林总面积 87%；经济林精品工程完成 1 万亩，占经济林总面积的 23.7%；新育苗完成 1600 亩，其中扦插育苗 1482 亩，占 92.6%，播种育苗 118 亩，占 7.4%；引进新树种育苗 74 亩，其中河北杨 10 亩，毛白杨 4 亩，国槐 5 亩，其他 55 亩，占计划任务 120 万株的 110.8%。义务植树 97.12 万株，人均植树 3.9 株。

2000 年，全市造林完成 7 万亩，其中包括封育 6000 亩，占计划任务 6.5 万亩的 110.6%。在造林总面积中，按树种分，乔木造林 2.22 万亩，占 34%；灌木造林 4 万亩，占 66%。按林种分，防护林完成 2.22 万亩，占 34%；经济林完成 2.6 万亩，占 40%；薪炭林完成 1.7 万亩，占 26%。新育苗完成 4245 亩，是计划任务 1600 亩的 265%。在新育苗面积中，引进新树种育苗 180 亩，其中毛白杨 74 亩，国槐 12 亩，桃、李、杏等小杂果 84 亩，枸杞 10 亩。植树完成 122.63 万株，占计划任务 120 万株的 102%；义务植树完成 127.6 万株，人均义务植树 5.1 株。

2001 年，全市完成国家重点工程 5.5 万亩，其中防护林工程人工造林 1.5 万亩，"天然林资源保护工程一期"飞播 4 万亩。

2002 年，全市完成国家重点工程 4.6 万亩，其中防护林工程人工造林 6000 亩，"天然林资源保护工程一期"飞播 4 万亩。

2003 年，全市完成国家重点工程 3.8 万亩，其中防护林工程人工造林 8000 亩"天然林资源保护工程一期"飞播 2 万亩、封育 1 万亩。

2004 年，全市临河区完成国家重点工程 9000 亩，其中防护林工程人工造林 7000 亩，"天然林资源保护工程一期"封育 2000 亩。

2005 年，全市完成国家重点工程 1.2 万亩，其中防护林工程人工造林 7000 亩，"天然林资源保护工程一期"封育 5000 亩。

2006 年，全市完成防护林工程人工造林 6000 亩。

2007 年，全市完成防护林工程人工造林 1.5 万亩。

2008 年，全市完成国家重点工程 6.6 万亩，其中防护林工程人工造林 5.6 万亩，"天然林资源保护工程一期"封育 1 万亩。

2009 年，全市完成国家重点工程 3.5 万亩，其中防护林工程人工造林 2.5 万亩，"天然林资源保护工程一期"封育 1 万亩。

2010 年，全市完成防护林工程人工造林 4 万亩。

2011 年，全市完成国家重点工程 6.5 万亩，其中防护林工程人工造林 4 万亩，"天然林资源保护工程二期"人工造林 2.5 万亩。

2012 年，全市完成国家重点工程 5.9 万亩，其中防护林工程人工造林 3.4 万亩，"天然林资源保护工程二期"人工造林 2.5 万亩。

2013 年，全市完成国家重点工程 4.5 万亩，其中"京津风沙源"人工造林 3.6 万亩，"天然林资源保护工程二期"人工造林 9000 亩。

2014 年，全市完成国家重点工程 6.1 万亩，其中"京津风沙源"人工造林 3.1 万亩，"天然林资源保护工程二期"人工造林 3 万亩。

2015 年，全市完成国家重点工程 5 万亩，其中"京津风沙源"工程人工造林 2.6 万亩，"天然林资源保护工程二期"人工造林 2.4 万亩。

2016 年，完成国家重点工程 1.84 万亩，其中"京津风沙源"工程人工造林 1.84 万亩。全年投资 8 亿元，栽植各类苗木 658 万株，完成人工造林 4.8 万亩，全区有林面积为 3.4 万公顷，灌木林地面积 4460 公顷，林网四旁树面积 6202 公顷，森林覆盖率 16.3%，活立木总蓄积量为 342 万立方米。

第二节 退耕还林

2002 年，临河市完成退耕还林工程 4 万亩，其中退耕 1 万亩，还林 3 万亩。

2003 年，完成退耕还林工程 5 万亩，其中退耕 3 万亩，还林 2 万亩。

2004 年，临河区完成退耕还林工程 3.5 万亩，其中退耕 5000 亩，还林 3 万亩。

2005 年，完成退耕还林工程 3 万亩，其中退耕 1 万亩，还林 2 万亩。

2006 年，完成退耕还林工程 1.2 万亩，其中退耕 2000 亩，还林 1 万亩。

2007 年，完成退耕还林工程还林 3 万亩。

2008 年，完成退耕还林工程 1 万亩，其中还林 1 万亩。

第五章　森林保护

第一节　检疫执法

1993 年，临河市林业公安队伍查处各类毁林案件 7 起，办案率 100%。有专、兼职护林员 1452 人。

1995 年，林业公安查处各类林业案件 24 起，其中重特大案件 2 起，依法追缴违法所得 1.4 万元，按规定罚没款 2 万余元。检查调运木材车辆 96 车次，调运木材 372 立方米，其中违章或无证调运的有 39 车次，调运木材 154 立方米，扣缴木材 16 立方米，按规定罚款近万元。

1996 年，临河市核发林木采伐许可证 593 份，采伐林木 7839 立方米，查处各类违反《森林法》的林业案件 17 起，收审 2 人，实行林业行政处罚 32644 元，责令补种树木 7175 株。

1997 年，临河市办理林木采伐许可证 877 份，采伐林木 6820 立方米，是限额采伐 7151 立方米的 95.4%；此外，对新造林进行建档立卡，加强了管理工作。全年查处各类林业案件 21 起，查办率为 100%，责令补种树木 1348 株，实行林业行政处罚 1.5 万元。

1998 年，办理林木采伐许可证 624 份，采伐林木 5412 立方米，是限额采伐 8443 立方米的 65%；加强林木管护，组建了护林队伍，保护林木不受损害。到年底，全市幼林危害率降为 0.2%，查处乱砍滥伐林木 1031 株，查处无证调运木料 44 车 462 立方米，对带有天牛活体的虫害木料就地没收进行除虫处理。查处各类林业案件 73 起，处理 70 起，查办率 96%，责令补种树木 33425 株，收缴各类违法资金 65376 元。

1999 年，检疫检查各类调运木材，检堵无证非法拉运木材车辆 65 车次，没收和强制除虫处理 520 立方米，查禁木材非法加工点 15 处，控制了天牛虫害的扩散蔓延。

2000 年，调运检疫各类苗木 135 万株，检疫各类木材 4021 立方米，检疫果品 8000 公斤，种子 20 斤，开具检疫证书 482 份，收取检疫费 8900 元，查处违章调运 13 起，补证检疫费 600 元。产地检疫现有各类苗木 7885 亩，其中新育苗 1695 亩，检疫各类苗木 1962 万株，产地检疫率 95%。

2001 年，检疫各类苗木 150 万株，检疫各类木材 1021 立方米，检疫果品 0.8 万公斤，检疫各类种子 1.2 万公斤，开具检疫证书 242 份，收取检疫费 9300 元，查验植物检疫证书 83 份，查堵无证调运车辆 6 辆，罚款 300 元。产地检疫 3299 亩留床苗，2756 亩新育苗，共检疫各类苗木 1962 万株，产检率 95%。

2002 年，检疫各类苗木 251.5 万株，检疫各类木材 1415 立方米。产地检疫苗木 4529.5 亩，其中留床苗 2704.6 亩，新育苗 1827.9 亩。检疫各类苗木 1000.13 万株，其中各类杨树育苗 946.93 万株，各类灌木育苗 53.2 万株，产检率 95%。

2003 年，检疫杨柳、沙枣、紫穗槐、红柳等苗木 217 万株，检疫甘草药材 10 万公斤，检疫各类木材 4900 立方米，查堵市内无证调运苗木车辆 2 辆，无证调运木材车辆 4 辆，同时查处天牛虫害木 15 立方米，进行了磷化铝熏蒸除虫处理。

2004 年，临河区检疫各类调运苗木 92 万株，检疫各类木材 4800 立方米，查堵无证调运木材车辆 4 辆，无证调运苗木车辆 5 辆，查处天牛虫害木 300 立方米，全部进行磷化铝熏蒸除虫处理，复检种子 3000 公斤，开具植物检疫证书 390 份。产地检疫各类出圃苗 489.55 万株，产检率 95%。

2005 年，检疫各类苗木 120 多万株，检疫各类木材 3180 立方米，开具植物检疫证书 193 份；产地检疫各类苗木 1097.25 万株，其中各类杨树育苗 946.93 万株，各类灌木育苗 150.32 万株，产检率 100%。

2006 年，检疫各类苗木 120 万株，检疫各类木材 3725 立方米，开具植物检疫证书 220 份；产地检疫各类苗木 1098 万株，产检率 95%。

2007 年，检疫各类苗木 120 万株，检疫各类木材 5880 立方米，开具植物检疫证书 280 份；产地检疫各类苗木 743 万株，产检率 95%。

2008 年，检疫各类木材 2526 立方米，查验天牛虫害木 1040 立方米，下达除虫处理通知单 35 份；检疫各类苗木 321350 株，检疫各类果品 33 吨，复检苗木 1.63 万株，开具植物检疫合格证 138 份；产地检疫苗木 1107.25 万株。

2009 年，检疫各类苗木 32.135 万株，检疫各类木材 2326 立方米，查验植物检疫证书 82 份，查堵无证调运车辆 3 辆，开具植物检疫证书 234 份；产地检疫各类苗木 1107.25 万株，其中各类杨树育苗 916.9 万株，各类灌木育苗 190.35 万株，产地检率 100%。

2010 年，检疫各类苗木 32.15 万株，检疫各类果品 33 吨；复检苗木 9.8 万株，开具植物检疫证书 185 份。产地检疫苗木 865 万株，产地检率 100%。

2011 年，检疫各类木材 5326 立方米，其中天牛虫害木 350 立方米；共复检各类苗木 36.6 万株，查处带疫苗木 8 批次；产地检疫新育苗 5238 亩，留床苗 1878.6 万株，产地检疫率 100%。

2012 年，检疫各类苗木 393.3 万株，检疫各类木材 17540 立方米；查验植物检疫证书 100 余份，查堵无证调运车辆 2 辆；产地检疫留床苗 8169.3 亩，新育苗 1078.4 亩，检疫各类苗木 2788.28 万株，产地检率 100%。

2013 年，检疫各类木材 16130 立方米，其中查验天牛虫害木 410 立方米；检疫复检各类苗木、花卉 1500 万株，查处无证调运及违规调运苗木 16 批次；产地检疫各类苗木 12021.1 亩，约 4100 万株，产地检疫率 100%，带疫率 0.2%，除害处理率 100%。检疫工作中首次发现国家级检疫性林业有害生物——美国白蛾，临河区人民政府成立美国白蛾防控指挥部，制定《临河区美国白蛾防控应急预案》，对美国白蛾实施防控措施。

2014 年，检疫各类木材 1.7 万立方米，其中查验天牛虫害木 300 立方米；检疫复检各类苗木、花卉 263.6 万株，查处无证调运及违规调运苗木 19 批次；产地检疫全区各类苗木 1.3 万亩，约 4200 万株，产地检疫率 99%，带疫率 0.2%，除害处理率 100%。

2015 年，检疫各类苗木 440.1 万株，检疫各类木材 1.6 万立方米，产地检疫新育苗 1167.9 亩，留床苗 1 万亩，检疫各类苗木 3927.5 万株。

2016 年，检疫各类苗木、花卉 1999.36 万株，检疫各类木材 8000.42 立方米，产地检疫各类苗木 1.4 万亩，查处无证调运及违规调运苗木 27 批次。

第二节　森林病虫害防治

1991 年，临河市各类林木病虫害发生率控制在 15% 以内，防治率 95% 以上。

1992 年，全市砍伐、封锁虫害树木 6.74 万株，堆垛840垛，全部熏蒸处理。

1994年，全市加强除治光肩星天牛虫害，砍伐虫害木4400株，全部进行了熏蒸或烧毁处理，涂药防治幼树600株。

1995年3月上旬—5月中旬，全市砍伐虫害木2.7万余株，全部进行了熏蒸处理，杀虫率100%。各类林木病虫害发生率不足16%，防治率95%以上，监测率96.3%，产地检疫率98.8%。

1996年，全市对7.5万亩林木进行防治，防治率100%，其中果树防治面积2.2万亩，杨柳病虫害防治面积5.3万亩。全市完成调运检疫杨树苗木43.8万株，调运检疫各类木材4000立方米，产地检疫各类苗木1383亩，产检率98%。及时砍伐光肩星天牛虫害木1.5万株，进行熏蒸处理和烧毁枝梢。

1997年，全市防治林木病虫害面积8.5万亩，防治率96.5%；检疫各类苗木12.8万株，检疫各类木材4100立方米，检疫果品11万公斤，开具检疫证书858份，收取检疫费1.5万元；产地检疫苗木635.8万株，产检率98%。

1998年，全市完成防治面积12.6万亩，防治率86.3%；检疫各类苗木120万株，检疫各类木材1470立方米；检疫果品8万公斤；开具检疫证536份，收取检疫费4920元；产地检疫苗木1447亩，产检率93%。从春天开始，技术人员在天牛危害较严重地段进行砍伐虫害木和集中熏蒸处理，总计数量在2万株，折合3690立方米。进入秋季，技术人员会同乡镇林工站对20个乡镇及临河境内各单位、住户的林木进行普查，对虫害木统一标记，确定了天牛疫区，制定了《临河市光肩星天牛除治实施细则》，安排了1998—2000年的天牛除治工作。

1999年，全市除治光肩星天牛虫害木102万株。

2000年，全市完成防治面积9.28万亩，其中光肩星天牛虫害木0.17万亩，砍伐虫害木3.47万株、青阳天牛1.52万亩、剪除虫瘿5.1万个、大青叶蝉5.8万亩、果树病虫1.8万亩。

2001年，全市发生各类病虫害10.55万亩，成灾率5.2%。林业部门采取措施完成防治面积10.55万亩，防治率100%。

2002年，全市发生各类病虫害18.81万亩，林业部门与各乡镇林工站完成防治面积18.81万亩，防治率100%。

2003年，临河市完成光肩星天牛打孔注药35万株，防治率85%；完成大青叶蝉涂刷林木保护剂300万株，喷雾防治2万亩，防治率90%；鼠害投药5万亩。

2004年，临河区开展打孔注药和绿色威雷喷雾及捕捉成虫工作，完成打孔注药40万株，捕捉成虫30万只，喷洒绿色威雷喷雾90万株，合1.68万亩。

2005年，全区完成打孔注药防治任务290万株，绿色威雷喷雾防治7510亩，捕捉天牛成虫25万只，布挂鸟巢52个，并且都进行了编号登记造册。

2006年，完成打孔注药防治天牛54万株，是下达任务50万株的109%。完成绿色威雷喷雾7500亩，捕捉成虫25万只，布挂鸟巢200个。

2007年，完成打孔注药60万株，绿色威雷喷雾1万亩，捕捉成虫30万只，布挂鸟巢300个。

2008年，防治天牛打孔注药42.3万株，是下达任务40万株的105.8%。完成绿色威雷喷雾7000亩，捕捉成虫10万只，布挂鸟巢300个。

2009年，防治天牛打孔注药完成40万株，绿色威雷喷雾7000亩，布挂鸟巢200个。

2010年，完成光肩星天牛防治打孔注药41万株，绿色威雷喷雾7000亩，捕捉成虫10万只。

2011年，完成病虫害防治面积17万亩，防治率100%，其中光肩星天牛防治完成打孔注药41万株，绿色威雷喷雾7000亩，布挂鸟巢300个。

2012年，完成病虫害防治面积17万亩，防治率100%，其中光肩星天牛7.2万亩、青杨天牛0.1万亩、大青叶蝉6.9万亩、经济林虫害0.12

万亩、经济林病害 0.12 万亩、白杨透翅蛾 0.1 万亩、蚜科 0.106 万亩、森林鼠兔害 2.4 万亩。

2013 年，临河区有害生物成灾率 5.6‰，无公害防治率 89.24%，测报准确率 100%，种苗产地检疫率 100%。全年防治各类病虫害 5 万亩次，特别是在检疫过程中发现有害生物美国白蛾后，林业部门及时开展预防除治工作，布挂诱捕器 515 个、杀虫灯 25 台，无公害喷药防治 1.6 万亩次，进行 3 次大型网幕排查及剪除工作。

2014 年，全区有害生物成灾率 5.6‰，无公害防治率 90%，测报准确率 100%，种苗产地检疫率 99%。全年防治各类病虫害 14 万亩，其中对主要交通干道和城区公园、街道实施大面积喷药 4.5 万亩次。

2015 年，全区防治光肩星天牛、杨树锈病、大青叶蝉、美国白蛾、红蜘蛛、蚜虫、松针锈病、白粉病等各类病虫害 15 万亩，四率指标完成情况：成灾率 5.4%，无公害防治率 97%，测报准确率 99%，种苗产地检疫率 99%。

2016 年，临河区完成各类林业有害生物防治面积 14.518 万亩，推动全社会开展"天牛防治百日行动大会战"。完成喷药防治天牛 9.1 万亩次，打孔注药防治天牛成虫 27.5 万株，悬挂招引啄木鸟巢木 600 个，铲砸卵痕刻槽 2000 余株，营造混交林 1376 亩，采伐截杆清理枯死化梢木 41 万株。

第三节 森林防火

2012 年，自治区在临河区实施的重点火险区综合治理建设项目，在国营新华林场场部建设防火物资储备库 100 平方米，建设防火瞭望塔 1 座，承担临河区森林防火物资储备及新华林场周边乡镇森林防火监测任务。

2013 年 3 月，临河区森林防火办公室在临河区森林公安局挂牌，实行一套人马、两块牌子，下设五个基层森林防火工作站。有专职防扑火队员 42 名，各乡镇、农场、林场相应组建有半专业扑火队伍 9 支，半专业扑火人员 60 名，主要配备风力灭火机 100 台，其他防扑火器具 200 台套。

第六章　林业管理

第一节　林业规划种植

临河市是内蒙古自治区确定的"三北"防护林体系建设的重点旗县（市）之一，二期建设时间为1991—1995年，三期建设时间为1996—2000年。

在二期工程建设中，临河市平均每年纯增有林面积4万亩，森林覆盖率平均每年增长1.4个百分点，实现高标准农田林网化和平原绿化。经济林建设、防沙治沙、平原绿化和资源林政管理工作跨入内蒙古自治区乃至全国先进行列，多次受到表彰。森林蓄积量由1990年157万立方米增加到1997年的216万立方米。合理地采伐木材，既满足了工农业用材需求，又保护了森林。

1993年，全市92%的农田实现高标准林网化。同年10月，通过内蒙古自治区林业厅验收，实现平原绿化达标。

1996年，以河套苹果梨为主栽品种的果树经济林，成为内蒙古自治区确定的河套苹果梨生产基地，临河市被命名为全国唯一的"苹果梨之乡"。为抓好果树生产，临河市提出"村建百亩果园、社建50亩果园、实现全市人均1亩果树、果树面积到2000年达到30万亩"的奋斗目标和完成"公路果树绿色长廊"工程（在乡以上公路和村主干路两侧留地以外100米范围内的可耕地集中建设

大中型果园），七年累计完成果树保存面积7.5万亩。

1997年，临河市新建100亩以上果园59个，50亩到100亩果园面积15.4万亩。鲜果总产量700万公斤，产值7000万元。农村人均果树收入153元。有林面积50.3万亩，森林覆盖率18.1%。

第二节　林业科技

1991年，临河市林业部门实行技术承包责任制，把业务技术干部的奖金、福利与造林质量好坏、成活率高低挂起钩。推广"冬贮苗、晚栽植、浇渠水、保成活"的造林技术措施。严把苗木质量关，实行苗木不分级不造林，苗木不修枝不平头不造林，苗木不剪除虫瘿不造林，苗木胸径不足1.5厘米不造林措施。

1992年，从国外、区外引进各种优良树种和品种34个，在临河市东部、北部和中部地区开展对比试验。在有关专家、教授的指导下开展苹果梨畸果的防治研究。从美国引进四翅滨藜种子，进行育苗繁殖试验。开展杨树不同品种不同密度的育苗对比试验。

1993年，临河市继续开展农田防护林"全优工程"竞赛，有5个村达到标准。林业主管部门组织62名专业技术干部，深入到17个乡镇的52个重点村，为农民送去技术指导和技术服务。

1994年，临河市在农田林网化建设上，结合农田水利配套工程，以渠、沟、路造林为重点，完成50个行政村的农防林工程，新增防护农田面积近20万亩。

1995年，临河市林业规划设计队完成造林作业设计和森林资源年报，以及"三北"防护林二期工程十年成果普查和三期工程建设规划。林业局被国家六部委授予"全国农业科技推广先进单位"光荣称号。

1996年，临河市林业系统的44名技术承包人员完成速生丰产型林带建设220万株，新植果园8400亩。通过项目承包，使全市的造林标准和质量明显提高。全年培训技术骨干和管理干部184名，培训农牧民5.65万人次，主要讲授冬贮苗渠道丰产林、宽行窄株永久型果粮栽植和新疆杨地膜覆盖育苗等新型林业种植方法。

1997年，技术承包人员配合乡镇完成农防林180万株，新植果树51199亩，新育苗1508亩。林业部门培训技术骨干和管理干部200人，培训农牧民5.85万人次，发放绿色证书142个。新疆杨地膜覆盖扦插育苗、杨树大苗冬贮苗造林技术、杨树新品种引种试验、永久型果粮间作立体种植、防啃剂推广应用、杨树萌芽更新试验等适用技术推广率为80%。

2000年，林业技术推广方面完成：毛白杨嫁接6.7万株，是计划任务1万株的6.7倍。进入8月份后，开展毛白杨育苗扦插穗的嫁接，为毛白杨造林打下了基础。新树种混交完成56万株，其中桧柏4.8万株。盐碱地造林绿化完成47928亩，林业科技培训人数34850人，绿色证书发放人数185人。建成50亩以上果梨集约经营示范园12个，面积1960亩。

2001—2016年，临河市（区）的主要林业成果有：冬贮苗等水造林技术、冬季造林技术和河套平原盐碱地高垄造林技术。其中冬季造林技术和河套平原盐碱地高垄造林技术分别获得内蒙古自治区农牧业丰收奖二等奖和内蒙古自治区农牧业丰收奖三等奖。

2001—2016年，临河市（区）的林业科技推广主要有：冬贮苗等水造林技术、冬季造林技术、盐碱地胡杨造林技术、林木良种推广、经济林集约栽培技术推广、河套灌区"渠林路"造林模式、光肩星天牛综合治理技术示范推广、造林绿化新树种引种试验、"美丽乡村"村庄绿化模式、育苗地化学除草技术、河套柳树选育。

第三节 资金筹集与宣传教育

1991年，临河市筹集造林绿化资金258万元，其中农民筹集造林资金102.1万元，乡财政用于林业建设的补贴43.5万元，银行落实解决的林业贷款90多万元，加上业务部门专款投资，基本满足了全市造林的需要。

1992年，临河市林业局在自治区、巴彦淖尔盟、临河市三级电视台宣传13次，在广播电台播发稿件22篇，在路口树宣传标语牌2个；各乡镇书写大幅标语350条，订阅各种林业报纸杂志123份。

1993年，全市用于造林的资金242.9万元，其中农村每年每亩耕地按筹集1元造林绿化费的标准集资，筹集造林资金106.9万元，农行部门落实贷款100万元。同年，市林业局利用舆论宣传工具，采取联办形式加强林业宣传。

1994年，临河市自筹资金135万元，市政府将每亩耕地集资1元造林绿化费标准纳入农民负担管理办公室，统一审批管理，确保造林资金专款专用。同年，市林业局创办《林业简讯》，及时报道临河市林业生产进展情况。

2000年，临河市将12个乡镇作为重点乡镇，在林业生产的安排布局上，给予种苗、技术资金等方面的倾斜。全年完成造林6.32万亩，是计划任务5.97万亩的106%。

第四节　获奖情况

1991年3月，临河市林业局被全国绿化委、林业部、人事部授予全国造林绿化先进单位。

1992年3月，临河市林业局被林业部授予"三北"二期工程先进单位及林业部"绿色长城奖"。

1993年3月，临河市林业局被林业部评为全国森林资源及林政管理先进单位。

1994年3月12日，临河市林业局被国家林业局命名为全国平原绿化先进单位。3月16日，临河市获自治区政府颁发的"自治区治沙造林绿化"奖。9月，临河市被国家林业局授予"全国经济林建设先进县"。

1995年，临河市被国家林业局授予全国造林绿化"百佳县"光荣称号。3月，临河市荣获自治区颁发的一系列林业生产建设成就奖，包括1个综合奖和6个单项奖。还被国家六部委授予"全国农业科技推广先进单位"。国营狼山苗圃被自治区林业厅评为自治区"苗木质量信得过单位"。

1996年，临河市被评为"三北二期工程建设先进单位"，受到国家林业局的表彰。2月，林业局被自治区人民政府评为"三北二期工程建设先进单位"，奖励吉普车1辆。3月，被自治区林业厅授予"爱林杯"综合奖，同时获得人工造林、义务植树、病虫害防治、育苗4个单项奖。3月12日，临河市被评为全国绿化先进单位，受到全国绿化委员会、人事部、林业部等六部委表彰。10月，临河市狼山苗圃被评为巴彦淖尔盟唯一的国营苗圃先进单位，临河市林工站被评为先进林工站。12月，在自治区评定总结1996年的林业生产中，临河市第四次荣获"爱林杯"奖，同时获林业宣传、林业科技及"创收杯"3个单项奖。

1997年，临河市林业局被自治区林业厅授予"爱林杯""创收杯"奖。

第二十一篇
工　业

第一章 企业类型

第一节 国有及国有控股企业

1996年，临河市有企业166家，比1977年的28家增加138家，增加4.93倍。国有企业28家，占16.87%，工业总产值为69540万元（按1990年不变价），国有企业占37.9%；独立核算工业总产值125866万元（现价），与1994年相比，增长42.10%，年均递增19.21%。国有企业产值增长21.51%。

外商投资企业职工146名，占0.8%；港澳台投资企业职工906人，占5.1%。工业产值外商投资企业占0.3%；港澳台投资企业占22.2%。

港澳台投资企业产值增长47.51%，年均递增21.45%。固定资产净值92886万元，增长19.10%，年递增9.13%。

股份制企业职工2000人，占11.3%。工业产值占23%。

1998年，临河市乡及乡以上企业完成工业增加值4.388亿元。独立核算地方国有企业实际亏损272.7万元。

1999年，临河市地区企业完成工业总产值157500.5万元，完成利税1548.7万元。

2000年，临河市地区企业完成工业总产值138992.9万元，限额以上工业企业实现增加值53398.5万元，地区工业企业经济效益综合指数90.41%。

2011年，临河区规模以上工业企业78家，实现工业产值273亿元，实现增加值80亿元。

2016年，临河区完成工业固定资产投资75亿元，76家规模以上工业企业实现增加值88亿元。

第二节 集体和私营企业

1994—1996年，临河市有集体企业113家，占企业总数的68.07%；其他所有制企业25家，占企业总数的15.06%。集体企业职工4888人，占企业职工总数的27.6%。集体企业产值增长率为95.86%，年均递增39.95%。工业产值占15.3%。有私营企业职工461人，占企业职工总数的2.6%。私营企业产值1996年较1994年增长121倍，年均递增458.57%。

1999年，临河市重视集体企业、私营企业工作实效，帮助企业理顺产权关系，健全管理制度，完善管理体制，克服一味追求股份化单一形式的弊端，因企制宜取得明显实效。

2016年，临河区为37家中小企业争取贷款11.6亿元，帮助20家中小企业在自治区股权交易中心挂牌，60家食品加工单位入住恒远食品加工园。中小企业创建园创建为国家级示范基地。

第二章 产业结构

第一节 各行业产值

1992—1994 年，临河市工商企业实行三项制度改革，商业、供销、物资企业实行"四开放"，基层供销社下放乡镇管理，推行全员商品金额抵押承包制。临河市工业总产值中，全民所有制、集体所有制与其他所有制构成比为 37.9∶15.3∶46.8。

2007 年，临河区有独立核算工业企业 201 户，个体工业 1779 户，全部工业完成总产值 116 亿元，独立核算工业企业完成总产值 110.8 亿元。初步形成以绒纺、食品、冶化、电力、制药等产业为主，涉及 50 余个门类、80 余个行业的工业体系，主要产品 280 余种。以北方联合电力、联邦制药、鲁花、京欣药业、得利斯、娃哈哈、小肥羊等为代表的国内知名企业来临河区投资兴业，一批以热电联产、煤化工、食品加工、肉羊产业化、现代中药等为代表的重点项目相继落户工业园区。全区工业结构轮廓趋于明朗，电力、制药等新兴产业异军突起，初步呈现出以绒纺、食品、电力、冶化、制药 5 大产业为主导的工业发展新框架，工业经济体系日趋完善，产业、产品结构向多元化转变。

2013 年，临河区有规模以上建材企业 8 户，1—6 月累计完成产值 3.3 亿元，与上年同期相比增加 2 倍，实现增加值 6124.1 万元，可比价增速 1.1 倍；当月完成产值 5258.5 万元，与上年同期相比增加 17.7%；实现增加值 1046.5 万元，可比价增速 26.2%。2012 年建成投产的大兴高新建材和万盛隆钢结构两户企业已纳入规模以上工业企业，为建材业的增长注入活力。

2014 年，绒纺、食品、制药、电力、冶化成为临河区 5 大支柱产业。1—3 月 5 大产业累计完成产值 70 亿元，与上年同期相比增加 17.6%，实现工业增加值 22 亿元，可比价增速为 14.7%。绒纺工业完成工业总产值 24.6 亿元，同比增长 19.4%，实现工业增加值 7.4 亿元，可比价增速为 10.8%，占 5 大产业增加值的 33.6%；食品工业完成工业总产值 15.9 亿元，同比增长 8.6%；实现工业增加值 4.6 亿元，可比价增速 10.2%；制药工业完成工业总产值 10.5 亿元，同比增长 63.8%，实现工业增加值 3 亿元，可比价增速为 61.1%，占 5 大产业增加值的 13.6%；电力工业完成工业总产值 13.1 亿元，同比增长 3.6%，实现工业增加值 5.5 亿元，可比价增速为 3.5%，占 5 大产业增加值的 25%；冶化业完成工业总产值 5.8 亿元，同比增长 12.9%，实现工业增加值 1.5 亿元，可比价增速为 13.6%，占 5 大产业增加值的 6.8%；新型建材工业完成工业总产值 1.4 亿元，同比增长 10.9%。

2016 年"十二五"时期，临河区投资结构优化，三次产业投资结构比由 2010 年的 2∶24∶74

演进为 2015 年的 6：36：58，一二产业投资分别提高 4 个和 12 个百分点，第三产业投资下降 16 个百分点，投资结构深度调整，协调性明显增强。

第二节 经济规模

2011 年，临河区规模工业完成产值 234.8 亿元，与上年同期相比增长 25.3%，实现增加值 69.2 亿元，完成全年 80 亿元目标的 86.5%，与上年同期相比增长 18.9%。其中绒纺业实现产值 74.3 亿元，与上年同期相比增长 9.6%；食品加工业实现产值 72.9 亿元，与上年同期相比增长 29.7%；冶化业实现产值 16.5 亿元，与上年同期相比增长 1.8 倍；电力工业实现产值 42.6 亿元，与上年同期相比增长 27.6%；制药业实现产值 16.9 亿元，与上年同期相比增长 13.2%。

2012 年，临河区 78 户规模以上工业企业完成工业总产值 56.6 亿元，与上年同期相比增长 15.5%；实现增加值 16.6 亿元，可比价增速为 8.9%；规模以上工业完成产值 25.6 亿元，与上年同期相比增长 23.9%，环比增长 41.1%；实现增加值 7.3 亿元，可比价增速为 13.7%。

2013 年 1—7 月，临河区规模以上工业企业累计完成产值 168.5 亿元，与上年同期相比增长 13.9%，实现增加值 53 亿元，可比价增速 13.4%。其中 5 大产业累计完成产值 157.5 亿元，同比增长 12.8%；分行业看：绒纺企业累计完成产值 54.3 亿元，同比增长 22.6%；34 户食品加工企业累计完成产值 39.8 亿元，同比增长 9.3%；电力工业累计完成产值 31 亿元，同比增长 4.3%；制药工业累计完成产值 16.7 亿元，同比增长 21.0%；冶化工业累计完成产值 15.7 亿元。

2014 年 1—5 月，临河区规模以上工业完成产值 123.95 亿元，同比增长 16.5%；实现增加值 38.6 亿元，可比价增速 13.5%，增速排名较 4 月份提高 1 个位次，位列巴彦淖尔市第一位。5 大支柱产业中，绒纺产业生产形势较好，增长 19.5%，其中维信羊绒、圣绒羊绒、金天阳纺织等企业实现较快增长。食品产业健康发展，增长 6.2%，其中燕京金川、保牛乳业、蒙福肉业等企业生产形势较好。冶化产业稳中有升，增长 15.4%，西部铜材公司保持稳定生产。制药产业在联邦制药四、五期项目的带动下，实现较快发展，增长 60.5%。电力产业平稳运行，增长 3.8%。计划实施千万元以上工业项目 78 个，其中 10 亿元以上项目 2 个，亿元以上项目 20 个，千万元以上项目 56 个，总投资 134.6 亿元，2014 年计划投资 72.4 亿元。到 2014 年 5 月，已开工项目 52 个，完成投资 31.6 亿元，投资额排名较四月份提高 2 个位次，位列全市第二位。其中 23 个续建项目中，华讯智能、蒙福肉业、宏发油脂等 10 个项目建设进展顺利，北郊、建材城、澳菲利、草原德吉、大兴高新建材二期、隆鑫商贸产业园 6 个项目已建成投产。

第三节 技术改造与产品开发

2016 年，临河区转型升级加快，科技创新成效显著。除浩森、春雪外，原西区的绒纺企业全部搬迁到东区绒纺产业园，借助搬迁和技改扩建，维信、双河、圣绒、春雪、利一泰等 7 户企业完成技改升级，生产工艺提升。开发区规划建设肉羊、冶金化工、制药、建材等产业板块，按照板块具体功能定位摆放企业，推动产业实现集群集聚发展。

"十二五"期间，临河区建成 4 个研究院、3 个研发中心、1 个技术中心、1 个交易中心，筹备了 3 个上市企业。

第四节 资金构成情况

1992 年，临河市工业总产值 1.7 亿元，比上年增长 22.8%；社会商品零售总额达 4.88 亿元，比上年增长 4.8%。

1993 年，临河市社会商品零售总额预计为 5.2 亿元，比 1990 年增长 19.8%。

1994 年，临河市全部独立核算工业企业的资金为 147430 万元。其中，全民所有制独立核算工业企业占 60%，集体所有制独立核算工业企业占 8%。拥有全部固定资产原值 90623 万元。其中，全民所有制工业企业占 70%，集体所有制工业企业占 7.5%，其他占 22.5%。全民所有制独立核算工业企业年末占用流动资金 26253 万元，占全部资金的 44%；集体所有制独立核算工业企业年末占用流动资金 5464 万元，占 9%。

1995 年，由于城市活力增强，临河市社会消费品零售总额 5.5 亿元，比上年增加 7.7%。个体工商业户 11700 户，私营企业 279 家，从业人员 2.9 万人，上缴国家各种税费近 2000 万元。

1996 年，企业深化改革，在继续推行股份制、股份合作制改造的同时，临河市开始实行资产经营承包、租赁经营和年薪制试点工作。一些亏损大户得到有效控制，一些濒临倒闭破产的企业起死回生。全年工业总产值完成 6.82 亿元，销售完成 7.2 亿元，实现利润 6318 万元，分别比上年增长 73.2%、107.2% 和 157.8%。

1997 年，临河市社会消费品零售总额 9.2 亿元，增长 8.76%；零售物价总指数控制在 101.8%，居民消费价格总指数控制在 105%。个体工商户发展到 14148 户，私营企业总数 583 家，上缴税金 2350 万元。

1999 年，社会商品零售总额 108 亿元。

2002 年，消费品零售总额 12.9 亿元，增长 9.2%。

2004 年，临河区社会消费品零售总额增长 12.5%。

2008 年，临河区社会消费品零售总额 44 亿元。

2010 年，临河区社会消费品零售总额 47.5 亿元。

第三章 行业结构

第一节 电力工业

一、管理机构

临河市供电局隶属于巴彦淖尔盟电业局，组建于1976年。1992年，与用电处合并为巴彦淖尔电业局用电处。

1997年，临河市供电局从用电处分离，为电业局下属独立核算的经济实体，挂"临河市农电局"牌子，强化供电管理和农电管理工作。年底，供电局有职工332人，其中多种经营从业人员169人。

1998—2001年，临河市供电局下设综合办、经营办、生产办、稽查科和低压公司。生产办包括生产技术室、用电营业所、农电所、报装所。低压公司包括安装队、钢窗厂、镀锌厂、金具加工厂和节能中心。

二、发电

（一）风力发电

2011年，德源动力风电机总装项目开工建设，标志着临河区在大型装备制造项目的引进与建设方面取得重大突破。该项目也是巴彦淖尔市的重点项目，占地500亩，总投资3.8亿元，建设期限2年，建设规模为年产500台1.5兆瓦直驱永磁变速恒频风力发电机组，项目建成后，实现销售收入40亿元。

（二）太阳能发电

2012年9月10日，临河区首个太阳能光伏发电项目落户。总投资4.5亿元，占地约1300亩，年均发电量约4500万千瓦时。

2013年，山东力诺集团50兆瓦太阳能光伏发电项目在临河区启动。项目总投资5亿元，占地1550亩。投产达效后，年发电量8000万千瓦时，节省标煤4万吨，实现产值8000万元、利税1600万元。

2017年，临河区新华镇20兆瓦渔光一体化光伏发电项目开工，项目位于新华镇哈达村七组，总投资1.85亿元，占地面积700亩，总装机20兆瓦。

（三）热能发电

2012年，临河区垃圾处理发电项目开工，总投资3亿元，位于临河区原垃圾填埋场，用地面积约180亩，采用德国先进技术，对城市生活垃圾进行无害化、减量化和资源化处理并综合利用。2012年7月开工建设，2013年10月底建成，实现销售收入约1亿元，安置100余人就业。

2014年，临河区新建生活垃圾焚烧发电厂，总投资2.53亿元。

三、输变电

（一）电网建设与改造

1998年，临河市配电城镇公用线路发展到12

条，线路总长 269.68 公里，配变 433 台，容量 72568 千伏安。农村配电线路增加到 12 条，线路总长 981.7 公里，配变 869 台，容量为 37483 千伏安。对东郊变 4 条线路和西郊变 5 条线路，进行互联，即 10 千伏互联工程，实现东电西送，西电东送，提高供电可靠性。

（二）农村牧区电网

1. 农网改造

1998 年 11 月 5 日，临河市启动农网改造工程，一期工程投资 627 万元，立项 31 项，历时 7 个半月，于 1999 年 6 月底竣工。二期工程于 1999 年 9 月开始，投资总额 1910 万元。

2008 年，临河区农网改造升级工程投资 18231 万元，新建 0.4 千伏线路 242 千米，10 千伏线路 327.5 千米，35 千伏线路 120 千米；新建 35 千伏工程 6 项，续建 35 千伏工程 1 项，改造 35 千伏工程 6 项，新增配变 284 台、159623 千伏安。

2009 年，农网升级改造工程投资 2.1 万元，新建 0.4 千伏线路 969 千米、10 千伏线路 577 千米、35 千伏线路 71.4 千米；新建 110 千伏工程 1 项、35 千伏工程 3 项，续建 35 千伏工程 1 项，改造 35 千伏工程 2 项，新增配变 1078 台、容量为 165670 千伏安；新建光纤通道 70 千米。

2010 年，农网升级改造工程投资 34202 万元，新建 0.4 千伏线路 307 千米、10 千伏线路 535 千米、110 千伏工程 2 项、扩建 1 项。新建 110 千伏线路 96.8 千米、35 千伏线路 211.5 千米，新建 35 千伏工程 9 项、改造 4 项。新增主变 431 台、容量为 238927 千伏安，新建光纤通道 337.6 千米。

2011 年，内蒙古自治区发展和改革委员会农网改造升级工程拨付资金 4988 万元，建设临河区南郊 110 千伏变电站到联丰 35 千伏变电站 35 千伏输电线路 8 千米，主变 1 台容量 2 万伏安，10 千伏出线 4 回，变电站无功补偿综合自动化系统、通信系统及附属设施。建设改造 10 千伏线路 120 千米，低压线路 112 千米，配变 90 台容量 10605 千伏安，无功补偿 1200 千伏，一户一表改造 5400

户，建设光纤通信线路 160 千米。

2012 年，内蒙古自治区发展和改革委员会农网改造升级工程拨付资金 6583 万元，新建临河区图克 35 千伏输变电工程，改造隆胜 35 千伏变电站和份子地变电站工程，新建 35 千伏输电线路 20 千米，新建 35 千伏变电站 1 座，改造 35 千伏变电站 2 座，新建和改造 10 千伏线路 335 千米，0.4 千伏线路 405 千米，配电变压器 195 台容量 24925 千伏安，一户一表改造 6180 户，变台计量改造 94 台。总投资 8.833 万元，其中中央预算内投资 1.1746 万元。

2013 年，内蒙古自治区发展和改革委员会农网改造升级工程拨付资金 2000 万元，临河区用于八岱 35 千伏变电站增容工程，改造 35 千伏变电站 1 座，主变 1 台容量 10 兆伏安；新建和改造 10 千伏线路 121 千米，0.4 千伏线路 30 千米，配电变压器 36 台容量 72 兆伏安。总投资 2875 万元，其中中央预算内投资 51 万元。

2014 年，农网改造升级工程主要建设：狼山 35 千伏变电站增容工程，改造 35 千伏变电站 1 座，主变 1 台容量 10 兆伏安，新建和改造 10 千伏线路 76 千米，0.4 千伏线路 81 千米，配电变压器 125 台容量 15.28 兆伏安，一户一表 3 万余户，变台集抄 380 台，信息化建设 65 万元。

2015 年，临河区申请生产大修及维护费项目共 5 个批次，批复项目 58 项，批复资金 730 万元。其中大修工程共计批复 27 项，批复资金 230 万元，已经全部完工，完成率 100%；维护费 31 项，批复资金 300 万元。

2. "户户通"工程

2007 年，巴彦淖尔市启动"户户通"工程，工程涉及全市 7 个旗县、42 个乡镇、3 个农场、5 个苏木、5 个连队、446 个自然嘎查、村、分场，总投资 6786.4 万元。工程新建、改造 10 千伏线路 879 千米，新建、改造低压线路 584 千米，新建、改造配电变压器 402 台，容量为 33423 千伏安。总通电户数为 4851 户，其中临河区通电户数 594 户。

（三）城镇电网

2010 年，临河区进行城市 10 千伏线路改造工程，投资 1792 万元，改造 10 千伏线路 868 千米。

2014 年，临河区供电量累计完成 12051935 万千瓦时，与上年同期相比减少 216971 万千瓦时。售电量完成 11403813 万千瓦时，同比减少 289390 万千瓦时，减少率为 16.11%。电费回收率 100%。综合线损率为 538%，同比升高 0.96%。平均电价累计完成 42424 元/千千瓦时，同比增长 801 元/千千瓦时，营业外收入完成 121 万元，超计划完成并全部上缴。

四、供电

（一）供电规模与能力

1991—1996 年，临河市供电局设 5 个营业网点、13 个乡镇电管站，承担 3.4 万多户城乡居民用户及 3200 多户动力用户的供用电管理，担负临河地区 10 千伏输电线路 23 条 1061.56 公里线路施工、维护、运行检修任务。

1997 年，临河市供电量 15706.23 万千瓦时，比 1991 年 7774 万千瓦时增长 7932.23 万千瓦时，年递增率 9.2%。

1998 年，供电量 15168.7 万千瓦时。

1999 年，供电量增加到 20967.8 万千瓦时。增长率为 8.68%。其中年初从用电处接管 4 条专线，增加近 4000 万千瓦时供电量。

（二）电网调度

2004—2006 年，临河区因 35 千伏变电站较少，未成立调度所，由巴彦淖尔电力调度所代行调度。

2007 年，巴彦淖尔电业局调通中心将 110 千伏变电站调度权下放到临河区调度所。

（三）通信设施

1991—1992 年，临河市的电力统一由巴彦淖尔盟电力系统调度，采用电力载波通信方式，也是唯一的调度通信方式。1992 年，乌拉山发电厂

—临河东郊 220 千伏输变电工程投产，同时投入巴彦淖尔电业局调度所至临河东郊 220 千伏变电站光纤通信系统，建起以临河市为中心的无线通信网。

1995 年，临河市实现无线与有线互通。

2002 年，临河市的通信与其他交换设备组成专用网。

2010 年 12 月，由于巴彦淖尔电力通信网由光纤传输网络、电力载波传输网络及音频电缆等多种传输介质组成，实现与 11 座 220 千伏变电站、29 座 110 千伏变电站、临河区与其他旗县级供电部门互联。

（四）继电保护

1995—1998 年，临河市电网从普通电磁型、感应型保护装置和晶体管保护装置向微机保护发展。1998 年 12 月，一座自动化水平高、全站微机保护装置的 110 千伏变电站启动，地址位于临河市新华镇。

2007—2010 年，临河区的自动继电保护装置进一步提高。临河区电力系统投入运行的光纤线路保护装置领先其他旗县。

（五）安全生产管理

1992 年，临河市成立电力安全委员会。

2000—2001 年，巴彦淖尔电业局安监部成立，重新编制 15 种安全管理制度，编成 45 万字的《岗位安全责任制》汇编本供临河市供电局全员学习。巴彦淖尔电业局成立安全教育室，临河市供电局组织参加事故分析会、反事故演习、现场问答、安全培训等。

2004—2010 年，临河区供电局组织参加百日岗位练兵、百日安全知识竞赛、百日安全劳动竞赛和安康杯等活动。供电局每年投入人力物力，印刷生产安全知识材料、张贴用电安全广告、发放安全用电传单，开展安全生产教育。

五、电力企业

（一）临河热电厂

2004 年 8 月，北方联合电力有限责任公司临

河热电厂开工建设。

2006年6月26日，临河热电厂1号机组投入商业运行。

2007年4月24日，热电厂2号机组投产。

2009年，热电厂发电量完成24.59亿千瓦时，完成年度发电量的87.98%；综合厂用电率完成8.94%，超出年度目标0.15个百分点，比上年同期降低0.19个百分点；供电煤耗完成32666克/千瓦时，比年度目标降低0.34克/千瓦时，比上年同期降低6.28克/千瓦时；发电水耗完成2.10千克/千瓦时，与年度目标值持平，比上年同期降低0.09千克/千瓦时。发电平均利用4098.14小时，等效可用系数88.45%。

2015年底，热电厂输送电量2485104万千瓦时，供热面积近750万平方米。

（二）临河供电分局

2010年，临河供电分局完成供电量11.10亿千瓦时，与上年同期相比增长27.72%；售电量累计完成10.47亿万千瓦时，与上年同期相比增长27.29%，线损率完成5.719%，同比降低0.32%；平均电价累计完成408.96元/千千瓦时，与上年度同期相比升高945元/千千瓦时，较年计划提高1.55元/千千瓦时；销售收入累计完成4.21亿元。

六、电力工程与批复

临河区供电局完成曙光220千伏变电站配套10千伏送出工程，是解决新区供电问题重点项目；完成临河区曙光街、乌兰布和路、西苑路排管和过路顶管（共9处），33座电缆检查井制作（共47座）的施工任务；完成临河区3座变电站、7条10千伏线路的施工和投运工作，即中心变961健康线、962中环线、966峻峰Ⅱ回，万丰变964市医线、965万汇线、966帅丰线，西郊变929维多利线；完成临河区西三、隆胜两个C级客户服务中心装修改造任务；完成临河区古城、狼山、图克、白脑包4个农村供电所公专变采控终端718台的新装、改造任务；完成临河城区6个营业站、

114个变台、36098块电能表轮换与改造，更换为智能控费表，实现远程自动抄表、采集。

2004年，临河区供电分局共计批复资金1741万元，其中新建及改造10千伏线路154公里，新建及改造0.4千伏线路158公里。

2005年，批复资金5092万元，其中新建及改造10千伏线路189公里，新建及改造0.4千伏线路87公里，新建及改造配变90台，容量4400千伏安，新建及改造真空断路器7台。

2007年，批复资金380万元，其中新建及改造10千伏线路17公里，新建及改造0.4千伏线路17公里，新建及改造配变5台，容量1575千伏安。

2008年，批复资金799万元，其中新建及改造10千伏线路113公里，新建及改造0.4千伏线路72公里，新建及改造配变40台，容量2000千伏安。

2009年，批复资金2724万元，其中新建及改造10千伏线路159公里，新建及改造0.4千伏线路175公里，新建及改造配变100台，容量10648千伏安。

2010年，批复资金3149万元，其中新建及改造10千伏线路52公里，新建及改造0.4千伏线路92公里，新建及改造配变59台，容量9500千伏安，县调自动化建设投资578万元。

2011年，批复资金4988万元，其中新建及改造10千伏线路125公里，新建及改造0.4千伏线路159公里，新建及改造配变74台，容量8845千伏安，一户一表改造9500户，光纤通道建设150公里。

2012年，批复资金6584万元，其中新建及改造10千伏线路197公里，新建及改造0.4千伏线路299公里，新建及改造配变113台，容量13875千伏安，一户一表改造5680户。

2013年，批复资金2000万元，其中新建及改造10千伏线路121公里，新建及改造0.4千伏线路30公里，新建及改造配变36台，容量7200千

伏安。

2014年，批复资金3690万元，其中新建及改造10千伏线路49公里，新建及改造0.4千伏线路46公里，新建及改造配变107台，容量13390千伏安，一户一表改造25310户。

2015年，批复资金1.584亿元，其中新建及改造10千伏线路84公里，新建及改造0.4千伏线路59公里，新建及改造配变57台，容量9120千伏安；2015年第二批农网改造升级工程，批复资金1.34亿元，其中新建及改造10千伏线路275公里，新建及改造0.4千伏线路529公里，新建及改造配变246台，容量38890千伏安；一户一表改造16106户，无功补偿改造3500千伏，光纤通道改造22公里。

2016年，批复资金1.5704亿元，涉及2016年农网改造升级工程、2016年老旧计量装置改造工程、2016年配网建设改造行动计划工程。

农网改造工程批复资金3331万元，其中新建及改造10千伏线路82公里，新建及改造0.4千伏线路163公里，新建及改造配变48台，容量4800千伏安。

2016年老旧计量装置改造工程批复资金6183万元，改造电能表68334块，采控终端407块。

2016年配网建设改造行动计划工程批复资金6190万元，新建及改造0.4千伏线路6.159公里，新建及改造柱上变压器100台，新建及改造箱变45台，新建及改造环网柜60台，新建及改造术上断路器101台。

第二节 装备制造业

临河区装备制造业的管理机构为临河区经济商务和信息化局。

一、黄河机械厂

1994—1996年，临河市机械工业较大的企业是黄河机械厂。该厂1930年由天津三条石街国民创办，1970年支边迁址临河市团结南路1号，当时企业主要生产粮食加工机械、卫星电视接收系统、仿型刀架和异型仿型刀架、冶金配件、压力容器、小型成套化工炼磺设备、中型轧钢辊、倒锁螺栓、140稻麦收割机，七大类型50余种机械产品，其中液压仿型刀架系国家专利产品，达到国家先进水平，获国家科委、国家工商银行颁发的"金箭奖"；高强度防松倒锁螺栓获国家专利；140稻麦收割机达一级水平；小型机械化炼磺设备一次点火成功，被机械工业部批准为压力容器定点生产厂家。企业在当时那个年代，具有综合机械电子加工能力，是国家二级计量检测手段中型机械加工企业。

二、临河市标准件厂

临河市标准件厂是内蒙古西部地区生产紧固件的专业厂家，建于1976年底，拥有车、铣、刨、磨、冲压等生产加工设备54台件，生产经销各种螺栓、螺母、铆钉、平垫、弹垫、挡圈、五金件等54个品种近1100个规格的产品。对外承揽机械加工钢木家具，金属切削工具，电焊修理和农机具的研制等业务。产品主要销往河北、河南、山东等十几个省市，曾连续五年被临河市政府授予"重合同、守信用"单位，连续三年被巴彦淖尔盟工商处评为"重合同、守信用"单位。1993年6月30日，企业被内蒙古工商行政管理局命名为自治区级"重合同、守信用"单位。

三、临河市农牧业机械总公司

临河市农牧业机械总公司前身是临河县农机公司，建于1970年。经营农牧业机械及配件1万余种，1990年人均创利税0.46万元，企业全员劳动生产率、资金利税率、商品流通费用率等主要经济指标均达到或超过自治级先进企业标准，居全区同行业之首。1984—1990年，连续被临河市委评为先进党支部。

四、巴彦淖尔盟齿轮厂

巴彦淖尔盟齿轮厂始建于1970年，前身是内蒙古生产建设兵团三师大修厂。1975年归属巴彦淖尔盟农牧场管理局，改称巴彦淖尔盟大修厂，1985年开始转产齿轮，改名巴彦淖尔盟齿轮厂，厂址在临河市。

主要产品有出口减速用的齿轮、齿轮轴和汽车差速器直伞齿轮和半轴齿等四大系列100多个品种，销往美国、澳大利亚、意大利等国。有小四轮拖拉机、机动三轮车、旋耕犁、汽车变速箱齿轮等产品，销往北京、天津、山西、山东、江苏等地。1994年产值为670万元，创利税64万元，创汇55万美元。企业连续被临河市、巴彦淖尔盟、内蒙古自治区评为"重合同、守信用"先进单位。

第三节 药品制造业

临河区药品制造业的管理机构为临河区药品监督管理局。

一、内蒙古临河中药厂

临河中药厂是内蒙古西部区唯一的综合性中药制药企业，1970年建厂，固定资产320万元，三条专业生产线，职工120余人。生产丸、散、膏、丹、片、冲剂、糖浆口服液、滴剂等9个剂型、100多个品种的中型制药企业。

二、联邦制药（内蒙古）有限公司

2007年4月，联邦制药（内蒙古）有限公司始建，先后投资86亿元，建成年产2万吨6-APA、2000吨克拉维酸钾、3万吨阿莫西林原料药以及青霉素G钾、D酸、羟邓盐、酶等项目。特别是6-APA和克拉维酸钾产能分别占全球的60%和80%，成为全球最大的6-APA和克拉维酸钾生产基地；阿莫西林原料通过中国、墨西哥和欧盟

GMP认证并取得证书。

2012年6月，巴彦淖尔市发生强降雨灾害后，公司捐款181万多元。

2015年10月，联邦制药青霉素G钾工业盐生产线开始技改。11月，通过ISO9001质量管理体系、ISO14001环境管理体系、ISO18001职业健康安全管理体系认证。

2016年初，青霉素G钾工业盐生产线投产，产能500吨/月，产量的70%用于出口。公司累计投资20亿元，建成集生化、物化、好氧、厌氧等于一体的综合污水处理中心，废水废气排放达到国家相关标准和环保要求。实现销售收入28.9亿元，上缴税金2.7亿元。

三、内蒙古京新药业有限公司

2007年11月，京新药业独资并购临河中药厂。当年销售总额982万元，上缴税金102万元。2008年，公司销售额1750万元，上缴税金248万元。2016年，京新药业实现产值1.8亿元，生产康复新液586吨，上缴税金3000万元。

四、巴彦淖尔市启源药业有限责任公司

巴彦淖尔市启源药业有限责任公司建于1987年，拥有资产5000多万元，是国内最早从事苦参碱、苦参素生产的企业。公司以内蒙古地产绿色野生植物苦豆子为原料，年产苦参总碱60吨、苦参碱5吨、苦参素15吨。

第四节 化学工业

临河区化学工业的管理机构为临河区经济商务和信息化局。

一、临河化肥工业集团总公司

临河化肥工业集团总公司始建于1971年，拥有固定资产2077万元，净值1329万元。主要设备

49 台，全部设备 961 台，主要产品碳酸氢铵。到 20 世纪 90 年代，生产能力由 5000 吨合成氨发展到 1.2 万吨，年产碳铵 6 万吨以上。

二、临河市化工总厂

临河市化工总厂是国家化工部和内蒙古自治区"七·五"重点建设项目，于 1990 年筹建。1992 年 11 月，临河市化工总厂一次化工试车成功，采用国家"七·五"重点科研成果"料浆浓缩法"新工艺，生产出合格产品——磷酸一铵。年产颗粒状磷酸铵 3 万吨，最高日产 152 吨，平均日产 120 吨、年产中间产品磷酸 6 万吨，附产品磷石膏 12 万吨。产品销往黑龙江垦区、河北、河南、山东等地。1994 年上半年，化工总厂完成产值 1228 万元，利润 21.7 万元，产量 9447 吨。

三、临河市硫酸厂

临河市硫酸厂是临河市全民所有制重点企业，始建于 1985 年，1987 年建成投产。主要产品有 92.5% 和 98% 两种规格的工业用浓硫酸、电瓶酸等，产品达到国家一级品标准，合格率 100%。20 世纪 80 年代，硫酸厂产品采用先进的技术进行生产，主要机器设备有焙烧炉，排渣设备文氏管、泡沫塔、间冷器、电除雾、转化器、换热器、干吸塔等。设有专职运输车队和专营酸站，自备铁路槽车 10 辆，形成产、供、销一条龙服务体系，产品销往全国 5 个省市 11 个地区。

1992 年，硫酸厂被列入巴彦淖尔盟 51 家综合经济效益最好企业之一，排名 37 位，荣获临河市"骏马杯"社会主义劳动竞赛铜马奖、合理化建议先进集体等荣誉称号。1994 年，硫酸厂在符合国家产业政策的条件下，利用本地区丰富的有色金属矿产资源，进行技术更新改造，走冶金、制酸之路，主产品为锌焙砂，同时发展锌系列产品。

四、新海公司

2001 年 7 月，甘肃建新实业集团有限公司与

甘肃天水荣昌工贸公司共同出资，对临河硫酸厂进行重组，成立内蒙古临河新海有色金属冶炼有限公司。2004 年 9 月，公司 50kt/a 硫铁矿制酸项目（即前系统）投产，主要扩建 1 条 $5 \times 10^4 kt/a$ 的硫铁矿制酸生产线，生产 92.5% 和 98% 工业硫酸，副产次铁精粉。2005 年 6 月，公司完成技改项目，新增 12kt/a 发烟酸（105 酸）装置。通过多次股权转让，公司由甘肃建新实业集团独家控股。2010 年前后，公司生产能耗、污染物排放等多项指标达国内先进水平。年设计生产能力 10 万吨硫酸。

2016 年，实现产值 4158.5 万元，生产硫酸 1.2 万吨、次铁精粉 1.1 万吨，上缴税金 410 万元。产品主要销往宁夏、呼和浩特、包头、鄂尔多斯、乌海、乌兰察布市等地，产品有化肥、医药加工、食品工业、稀土加工和精细化工等行业。次铁精粉销往周边各炼铁企业。

五、临河市气体制造有限公司

1993 年 10 月，在原临河市氧气厂的基础上改组设立股份制企业，有 KFE300 型制氧设备 1 套，年生产能力为 30 万立方米；有 500 立方米空分输氧式果蔬气调库一座，年贮存水果蔬菜 40 吨。主要产品为氧气，销往巴彦淖尔盟各地区。还生产氮气、液氮、压缩空气，经销电石、乙炔气、电焊条。1993 年生产氧气 17.4 万立方米，完成产值 17.4 万元，完成销售收入 31.4 万元，实现利润 6.8 万元。

六、巴彦淖尔市德源肥业有限公司

2008 年 9 月，巴彦淖尔市德源肥业有限公司成立，固定资产总额 3300 万元，带动就业 100 余人，年设计生产能力 5 万吨。2009 年 8 月，3 条国内先进的喷浆造粒生产线建成投产，通过环保验收。

2016 年，这 3 条生产线实现产值 1 亿元，完成产量 6.2 万吨，上缴税金 157 万元。产品除在内

蒙古、河北、天津、东北三省、山东、河南、浙江、广东等十多个省区销售外，还远销日本。

第五节　建材工业

一、概况

1997 年 4 月，临河市建材管理局组建。同年，临河市有砖瓦生产企业 56 家、水磨石生产企业 30 家、白灰膏加工厂 30 家、大理石加工厂 2 家、专营钢窗厂 3 家、木材加工厂 20 家、铝合金加工厂 15 家、预制厂 7 家、各类建材经销门点 500 多家。同年，临河市依法处理劣质水泥事件 15 起，取缔一批不合格产品和不法生产、经营的企业和门点。

1998 年，临河市有办证建材工业 360 余家，各企业贯彻"推散"和"墙改"政策，不再生产袋装水泥和黏土实心砖，生产散装水泥和空心砖。

1999 年，全市整顿水泥市场及砖瓦反倾销活动，对水泥市场 5 种无证水泥进行查封。加强对建材企业的生产资格及市场的产品质量认证工作，发验证 200 余家。年底，空心砖使用率 50%，生产企业 20%。

2000 年，在临河市物价和技术监督部门配合下，对砖瓦、水泥市场进行质量、价格整顿，销毁一批不合格水泥。同年，临河市有砖瓦生产企业 51 家、水磨石生产企业 20 家、白灰膏厂 20 家、花岗岩厂 6 家、钢窗厂 13 家、木材厂 20 家、铝合金厂 15 家、水泥预制厂 13 家、彩色方砖厂 10 家、灰线条 8 家、玻璃和玻璃制品 2 家、各类建材经销门点 1000 多个，建材产品有 9 大类 560 多个品种。在市场的分布上，曙光装饰材料批发市场分布在胜利北路，三大主材市场集中在原临河市物资局院内，砂石料市场在西门停车场，白灰膏、灰线条、玻璃、木材加工均分布在开发区、解放西街、新华西街、北二街等处。同年，临河区建材工业年成交额 2 亿元，实现利税 2000 余万元。

2016 年，建材工业的管理机构为临河区住房和城乡建设局。

二、生产企业

（一）双峰建材有限责任公司

2006 年 3 月，巴彦淖尔市双峰建材有限责任公司成立，是临河区第一家专门从事商品混凝土搅拌及销售的专业公司，具有国家预拌混凝土试验资质等级的试验室和三级资质的搅拌站。公司有各类机械设备 39 台套、混凝土运输车 24 辆。

2008 年，公司通过 ISO9001：2008 质量管理体系认证。公司建有 2 座年产 20 万立方米的大型碎石场，销售各种规格的花岗岩碎石、铁路道渣及建筑用砂、砾石、片石，生产各种新型墙体砌块。

（二）中联团羊水泥有限公司

2013 年 6 月，中国联合水泥集团有限公司收购了巴彦淖尔市团羊建材有限公司，重组的全资国有子公司。年设计生产能力 60 万吨。

2016 年，中联团羊水泥有限公司实现产值 3000 万元，完成产量 22 万吨，上缴税金 262 万元。

公司先后赢得"自治区消费者信得过产品""自治区用户满意度产品""中国优秀建材产品"等殊荣；被评为"自治区守合同重信用单位""国家二级计量合格单位""采用国际标准认证合格单位"。化验室多次被评为"五星级化验室"。

（三）临河区团羊水泥有限责任公司

2006 年 7 月 12 日，临河区团羊水泥有限责任公司成立，主要从事水泥及建筑材料的生产和销售。公司配套年产 60 万吨水泥粉磨生产线，是集环保、节能、资源综合利用型水泥建材企业。主要产品有"昊通"牌 32.5 等级复合硅酸盐水泥、42.5 等级普通硅酸盐水泥、矿渣水泥。2015 年，公司年产量 15 万吨。

2016 年，年产量 28 万吨，实现产值 3856 万元，上缴税金 486 万元。

（四）博大环保建材有限公司

2010 年 9 月，巴彦淖尔市博大环保建材有限公司成立。公司是专业生产粉煤灰加气混凝土砌块和粉煤灰蒸压砖的自动化环保企业，年可生产粉煤灰加气混凝土砌块 20 万立方米、粉煤灰蒸压砖 6000 万块。2014 年，公司生产的蒸压加气混凝土砌块取得自治区经济和信息化委员会认证的"资源综合利用认定证书"。

2015 年 10 月，公司被中国循环经济协会墙材革新工作委员会评为"全国节能减排示范企业"。

（五）大兴高新建材有限公司

2011 年 5 月，大兴高新建材有限公司成立，主要从事蒸压粉煤灰砖的生产、加工、销售，年设计生产 4.8 亿块标砖。该项目每年可减少毁田 117 亩，节约标煤 11700 吨，消纳 70 万吨固体废弃物。

（六）美厦钢构彩板工程有限公司

巴彦淖尔美厦钢构彩板工程有限公司是临河区首家集设计、生产、安装为一体的大型钢结构建筑企业。主要生产彩钢复合板、彩钢压型板、仿古琉璃瓦，C、Z 型钢檩条，组合楼板；经营各种规格彩涂卷，镀锌卷（板）；承接各类轻钢结构工程。公司拥有国内先进的全自动压型钢板生产流水线 20 条，能满足不同用户需求。公司利用国内先进设备和工艺，遵守钢结构施工作业流程，安全可靠。

（七）建林建材有限公司

2008 年 5 月 5 日，巴彦淖尔市建林建材有限公司成立，主要从事商品混凝土的生产。年生产商品混凝土 40 万立方米。

公司拥有三一重工节能生产线的混凝土搅拌站一座，三一重工牌 37 米、46 米、52 米混凝土泵车各一台，混凝土运输罐车 20 余辆，装载车一辆，散装水泥车一辆，可一次性容纳 100 万吨原材料及物料的骨料场 1 万平方米。公司建有专业检测实验室，拥有先进的实验设备和检测仪器，能够完成生产所需要的全部实验项目及各种原材料的检验工作，并对产品生产质量实行全程控制。

（八）万盛隆彩钢钢结构有限公司

2011 年 3 月 8 日，内蒙古万盛隆彩钢钢结构有限公司成立，是一家大型专业生产彩钢钢构的企业。公司拥有一套国内先进的切割、组装、焊接、校正成一体钢结构自动生产流水线，一套彩钢复合板自动生产流水线和聚苯乙烯泡沫板生产流水线。主要产品有钢构等截面，变截面，箱型号梁柱；H 型钢；C 型钢；钢架结构；彩钢复合板，聚苯乙烯等。

第六节 食品加工业

一、管理机构

食品加工业的管理机构为临河区粮食局。

二、经营企业

1991 年，临河市有粮食加工企业 4 家，完成总产值 3985 万元；有植物油加工企业 10 家，完成总产值 5362 万元；有食品制造企业 23 家，完成工业总产值 17522 万元。

1995 年，粮食加工业发展到 10 家，实现工业总产值 18166.2 万元；植物油加工企业 10 家，完成总产值 2464.5 万元；有食品加工业企业 37 家，完成总产值 31436 万元。

三、企业情况

（一）恒丰食品集团股份有限公司

恒丰食品集团股份有限公司的前身是临河市面粉厂，始建于 1958 年。初时拥有全资子公司：恒丰植物油厂、恒丰面食品厂、恒丰机械厂、恒丰开发研究所；一个集体企业：恒丰粮贸公司。国内有 13 个销售分公司。主要设备有：日处理小麦 300 吨专用粉生产线和 250 吨等级粉生产线各一条；日处理油葵 80 吨的葵油生产线一条；日生产 15 吨挂面生产线一条及面包生产线等。主要产品有：雪花粉系列产品及面包、挂面、方便面、饺子、馒头、糕点等各种食品专用粉。葵油、雪花粉挂面、胚芽、麦胚杏酥片等产品畅销国内外。曾获"中国 500 家最佳经济效益企业""中国同行业 56 家最佳经济效益企业""全国文明经济示范单位"等荣誉称号。

1993 年，企业实现利税 2288 万元。

1994 年，企业销售收入 1.9 亿元，利税 2496 万元。

（二）金河套面粉有限公司

2001 年，临河市金河套面粉有限公司拥有固定资产 800 多万元。制粉工艺由国内外制粉专家根据河套小麦的特性而设计，日处理小麦 100 吨，年产各类面粉 23000 多吨。

（三）曙光葵仁食品总厂

临河市曙光葵仁食品总厂建于 1987 年，属国家科委"星火"项目，是国内最早建立的生产葵花仁系列保健食品的专业厂家。企业年经营总产值 1800 万元，年产葵仁 2500 吨，炒制黑白瓜籽 200 吨，深加工葵仁巧克力、葵仁酥糖、多味葵仁等葵仁产品 100 多吨。

1994 年 1—4 月，葵仁厂出口葵仁产品 300 多吨，创汇 30 多万美元，产品远销欧美及东南亚地区。

（四）车站粮库

临河市车站粮库始建于 1957 年，下设 6 个科室、7 个独立核算经济实体、1 个年生产能力 1.5 万吨的面粉加工厂、1 个年产 4500 吨大米的碾米加工厂、1 个年产 3000 吨油脂加工厂。有两条自备铁路专用线与包兰铁路接轨，专用线两侧有苏式、中式储量 2500 吨的库房 11 座，总仓容量 3.03 万吨；有储粮 60 吨的大型雨棚货位台 68 个；50 吨露天货位台 126 个。自备 50 吨植物油罐车 15

辆、铁路货车 8 辆、各类运输汽车 9 辆。有 150 吨储油立式罐 2 座。年收购各类粮油作物总计 3.25 万吨，年经营量 1.2 亿公斤。是一个集粮油购销、调存、加工于一体，兼营农副、土特产品和包装器材的企业。

（五）全得妙食品有限责任公司

内蒙古全得妙食品有限责任公司建于 1992 年，为股份制企业，下设行政管理部、销售部、生产技术开发部、商贸部、企划部、财务部、采购供应部、运输部、食品研究所等部门。下辖食品加工厂、经贸公司、特禽养殖场三个经济实体。有"中国馍片儿"半自动化流水生产线 1 条，冷库 2 处，商贸交易厅 1 处。主打产品为独创研制开发的"中国馍片儿"系列产品，另外生产袋装大片黑瓜籽及儿童小食品。其中馍片儿以其绿色、天然、保健、包装精美、民族特色浓郁等特点，受到东北、华北、西北广大消费者欢迎。

（六）美仁宝食品有限公司

临河市美仁宝食品有限公司年生产能力 500 万斤，产品主要有：美仁宝牌各类瓜籽，共 8 大类 60 余个品种。

（七）临河市北环炒货厂

临河市北环炒货厂始建于 1998 年，主要生产和注册商标"新高山"牌瓜籽、花生、豆类、干鲜果 4 大类 30 个品种休闲食品，年生产加工能力 400 万公斤。

（八）惠民食品有限责任公司

临河市惠民食品有限责任公司建于 1992 年，厂房占地面积 2400 平方米。主要生产营养馒头片儿，销往国内各地。

（九）东君食品有限公司

内蒙古东君食品有限公司是中日合资企业，下设 4 个子公司和 4 个职能管理部门。公司主要产品有：明太郎一品乳、精品乳、羊胎素活力奶、嘉宾王、东君汽水、东君水饺、汤圆、馄饨、美味羊杂、手扒肉、特色板筋等休闲食品。产品有 4

大类 20 多个品种,畅销华北、西北、东北及长江以南地区。

(十)盐业公司

巴彦淖尔市盐业公司隶属于内蒙古自治区盐业公司垂直管理,实行一套机构、职责分开、合署办公的管理体制。承担巴彦淖尔市各类用盐的批发供应、食盐加碘和消除碘缺乏危害任务。巴彦淖尔市盐业公司下设临河区等 6 个分支机构,内设财务科、盐政营销科、产业科、综合办公室。

2016 年,巴彦淖尔市销售各类盐品 3.15 万吨,实现利润 515 万元,乡镇以上市场盐品配送率 100%,村社市场盐品配送率 85% 以上。

(十一)兆丰河套面业有限公司

兆丰面业是内蒙古星月实业(集团)有限公司的全资子公司,成立于 2006 年 3 月。产品取"昭君出塞"时引种小麦之地"鸡鹿塞"为商标,囊括绿色安全、富硒营养、有机健康、深加工纺面 4 个系列 20 多个品种。产品销往内蒙古、北京、上海等地。2013—2015 年,兆丰面业被评定为内蒙古自治区战略性新兴产业支持项目、国家"十二五""星火计划"重点项目和内蒙古自治区科技重大专项项目实施单位。2015 年底,年生产能力 3 万吨面粉。

2016 年,实现产值 2 亿元,完成产量 5632 吨,上缴税金 43.6 万元。公司与 6600 户农民签订约 10 万亩小麦种植订单,每亩地促进农民直接增收约 850 元。在乌拉特前旗等地完成 2 万亩有机小麦种植基地建设,通过国内和欧盟认证。在临河区等地建立富硒、绿色小麦生产基地 10 万亩。

(十二)鼎业食品有限公司

2013 年 7 月 12 日,内蒙古鼎业食品有限公司成立,是一家专业生产经营各种瓜籽的出口加工企业。通过 ISO9001 质量管理体系认证和 HACCP 食品安全管理体系认证,获出口许可证。产品远销台湾、迪拜、伊拉克、加拿大、伊朗、沙特、土耳其、埃及、马来西亚、希腊、泰国、缅甸、

文莱、不丹等国家,其中迪拜、埃及、伊朗为主要输出国。2015 年,鼎业食品公司收购瓜籽 3.12 万吨,生产成品 2.66 万吨,出口创汇 3705 万美元,实现销售收入 2.4 亿元。

2016 年,收购瓜籽 5.09 万吨,产成品 4.5 万吨,出口创汇 6275 万美元,实现销售收入 4.1 亿元。

(十三)和兴利食品股份有限公司

2010 年 5 月,内蒙古和兴利食品股份有限公司成立。公司主要经营荞麦片、荞麦茶、荞麦糊和其他方便食品。年设计生产能力 5000 吨。

2016 年,公司实现产值 3960 万元,完成产量 2200 吨,上缴税金 68 万元。12 月,公司生产的野山荞牌荞麦米获全国第一家荞麦米绿色食品称号。

(十四)天香食品有限公司

2009 年,内蒙古天香食品有限公司创立,是集种植、加工、销售为一体的现代化食品加工企业。公司拥有大型炒货加工设备,年生产食用葵花籽 25000 吨。

2016 年,公司实现产值 3278 万元,完成产量 3246 吨,上缴税金 36 万元。

(十五)三胖蛋食品有限公司

2010 年,巴彦淖尔市三胖蛋食品有限公司在临河区建立,注册资金 500 万元,是一家以农副产品收购、加工销售为主的民营企业。公司年生产加工熟葵花籽近万吨。公司取得 ISO9000 质量管理体系认证证书、ISO14000 环境管理体系认证证书、ISO22000 食品安全管理体系认证证书及绿色食品称号。产品远销上海、北京、山东等地。2015 年,公司被评为巴彦淖尔市龙头企业。2016 年,公司实现产值 2365 万元,完成产量 4000 吨,上缴税金 72.58 万元。

(十六)巴山淀粉有限公司

2007 年初,内蒙古巴山淀粉有限公司开工建设。2008 年 3 月投产。年生产能力 50 万吨,2016 年,公司实现产值 11.5 亿元,完成产量淀粉 38.4

万吨，上缴税金995万元。

（十七）好人品食品有限责任公司

2006年，巴彦淖尔好人品食品有限责任公司成立，是一家以生产中高档礼品瓜子为主的中小型企业。2008年，公司从日本引进全自动色选设备及全自动生产线，确保产品从原料分选、清洗、盐渍、烘烤到品检、包装等流程符合国家标准，实现产品合格率95%以上，年加工能力260吨。公司生产的"好人品"牌原味葵花子、原味南瓜子、原味黑瓜子及原味健康豆系列礼品瓜子，销售到北京、呼和浩特、包头、鄂尔多斯、阿拉善盟等地。

（十八）亨利食品工业有限责任公司

内蒙古亨利食品工业有限责任公司是一家集面粉研发、生产、销售和蔬菜深加工为一体的民营企业。拥有制粉生产线2条，日处理小麦350吨。2004年，公司投资600万元改进制粉工艺，新上蔬菜深加工项目，加工能力日处理青红椒、番茄60吨以上。产品有6大系列17个品种。2005年，公司被巴彦淖尔市人民政府认定为第一批市级农牧业产业化龙头企业。公司生产的弘盛系列面粉经中国质量检验协会和国家质量检验检疫总局专项抽查，确定为"质量放心健康食品"，被中国食品工业协会评为"全国质量信得过产品"。

2006年，公司"李阳"牌雪花粉被自治区工商局注册为自治区著名商标。同年，"李阳牌雪花粉""李阳牌富强粉、贵族粉""弘盛牌雪花粉"系列，分别被中国绿色食品发展中心认定为绿色食品。2007年，公司被国家民族事务委员会批准为全国民族用品定点生产企业。

二、油脂加工

（一）巴彦淖尔制油厂

巴彦淖尔制油厂建于1982年，1985年1月投产，是巴彦淖尔盟粮食系统骨干企业，固定资产600万元。年产国际一级优质葵花籽油1000吨，优质高蛋白葵粕1500吨。年平均产值2200万元。

1994年，利税总额580万元，是内蒙古自治区先进企业。

（二）民东植物油脂有限责任公司

2000年10月28日，临河市民东植物油脂有限责任公司一次试车成功，月营业额360万元，月创利税20万元。主要生产葵花油、色拉油，年生产油葵2万吨，成品油7500吨，葵粕1.1万吨。2001年，二期投资180万元，新上色拉油车间、脱水菜车间、包装车间。开始以副产品作饲料发展绿色养殖业。

（三）鲁花葵花仁油有限公司

2006年11月，内蒙古鲁花葵花仁油有限公司是山东鲁花集团有限公司和新加坡丰益益海投资私人有限公司合资在临河建立的分厂，年产10万吨葵花仁油。公司以河套油葵为原料，采用的5S纯物理压榨工艺，主要生产葵花籽油、葵花籽调和油及葵花籽粕、葵花籽制品等；年设计生产葵花仁油10万吨，日加工葵花仁800吨，年需原料25万吨。

2016年，鲁花实现产值3亿元，完成产量葵油1.84万吨，上缴税金1952万元。

（四）宏发油脂有限公司

巴彦淖尔市宏发油脂有限公司建于1999年，主要从事食用植物油加工、购销以及粮油原料、农副产品等购销业务。公司拥有日处理300吨油葵原料的初加工生产线1条，日处理220吨大豆初加工生产线1条，日处理150吨五脱全炼油生产线1条，1—25升精包装自动灌装线一条，总容量5000吨的油脂散装贮存罐13座。公司每年与巴彦淖尔市及周边农户签订油葵、大豆、胡麻等油料作物40万亩，产品远销全国各地。

三、饲料加工

（一）临河市饲料公司

1991年，临河市饲料公司被授予巴彦淖尔盟先进企业、精神文明建设先进集体、A级信用企业、产品质量和计量信得过单位。1993 年，公司在白脑包乡兴建临河市富河畜禽繁育示范场，属自治区西部规模较大企业，有北京大白、丹麦长白、加拿大白、内蒙古大白种猪等。1994 年，被巴彦淖尔盟行政公署授予"利税超百万元先进企业"。

1996 年，公司年生产能力达到万头仔猪规模，迪卡蛋鸡、AA 肉鸡大量供应市场。后建立肉联厂，产品有精细分割各类生肉制品和副产品。公司生产的富河牌系列面粉达到国家标准，产品远销全国各地。

（二）昌河饲料发展有限公司

昌河饲料发展有限公司是巴彦淖尔盟粮油集团总公司与香港和昌产务有限公司合资兴建的华北地区大型饲料生产企业，年产优质全价颗粒、粉状料及浓缩料 20 万吨。2000 年之前，公司在兰州、银川、乌海、包头、张家口、北京、天津、唐山等地都设立办事处。

（三）飞虹饲料科技有限公司

巴彦淖尔市飞虹饲料科技有限公司的前身是临河市飞虹饲料厂，2000 年 8 月注册，2001 年投产。公司产品辐射西部区，销售网络 300 个以上。2008 年，公司投资 2000 多万元，扩建年产 10 万吨饲料厂及生物发酵饲料项目。2009 年，被评为巴彦淖尔市农牧业产业化重点龙头企业。2010 年，公司被评为内蒙古自治区饲料行业十佳品牌，被授予巴彦淖尔市知名品牌。2009、2010 年，连续两年被授予优秀私营企业。2012 年，公司被评为内蒙古自治区名牌产品。

2016 年，公司实现产值 2319 万元，生产饲料 1 万吨、蒸汽压片玉米 5000 吨，上缴税金 7 万元。

（四）科河饲料科技有限公司

巴彦淖尔市科河饲料科技有限公司是内蒙古科河种业有限公司的全资子公司，以研发、生产、销售饲料为主，产品惠及周边 15 万农户，每年为养殖户增产增效 6.7 亿元。2007 年 1 月，公司在临河区八一工业园区建成投产，拥有饲料生产线 2 条，主要生产"科河牌"畜禽全价配合饲料、浓缩饲料 2 大系列 60 多个品种，年生产能力 24 万吨。2016 年，公司实现产值 1.1 亿元，完成产量 4.5 万吨，上缴税金 11.47 万元。

（五）富川饲料科技有限公司

内蒙古富川饲料科技有限公司是一家集畜禽饲料研究、开发、生产、销售、养殖技术传播为一体的产、学、研综合型高科技民营企业。公司建于 1999 年，年设计生产能力 30 万吨饲料，产品主要销往宁夏、陕西、甘肃、新疆、河北等地，并出口蒙古国。公司有 500 个畜牧养殖技术服务站点，年生产饲料 18 万吨，上缴税金 215 万元。公司研制生产的"富川"牌、"怀森"牌 2 大品牌、7 大系列、180 多个品种规格的预混合饲料、浓缩料、全价料，其中 689 增绒保羔催奶浓缩颗粒饲料、810A 肉鸡料等 6 项技术申报国家专利。

（六）恒牧饲料有限公司

2000 年，恒牧饲料有限公司建成，有员工 70 多人，其中中高级技术人员 15 人。有年产 10 万吨的粉、粒料生产设备。2012、2013 年产销量达 3 万吨。

四、制糖

（一）临河糖厂

1972 年，由内蒙古生产建设兵团农三师筹建的临河糖厂建成。1974 年 10 月，糖厂投入生产。1980 年，糖厂完成投资 1124.1 万元，建成 31.83 万平方米厂区，形成 1148.2 万元固定资产。拥有大型标准制糖设备 22 台套、10 吨蒸汽锅炉 3 台套，日处理甜菜 1500 吨。1984 年，糖厂以补偿贸易的形式，从日本引进一套日产 60 吨的颗粒粕设备。1985 年，再投技术改造资金 153 万元，使生产规模达 1700 吨。酒精车间生产能力扩大到日产 20 吨。

之后几年，随着国际白糖市场的波动和原料

涨价、生产成本增加，企业出现连年亏损局面。1998 年，运行了 28 年的国有企业转制为民营企业，现阶段的主要产品有：优质白砂糖，单晶冰糖，食用、药用酒精，甜菜颗粒粕，水果糖，番茄酱，碳酸、乳酸、果茶系列饮料，炉渣空心砌块，消泡剂，西式糕点等。其中"黄河"牌优质白砂糖获轻工部、自治区优质产品奖，"临发"牌食用酒精为自治区优质产品，"黄河"牌单晶冰糖获全国行业评比"金晶奖"。

（二）晨光糖果厂

晨光糖果厂建于 1990 年，厂区占地面积 2500 平方米，建筑面积 150 平方米，固定资金 10 万元，流动资金 7 万元，职工 18 人。

五、制酒

（一）临河啤酒厂

1991 年，临河啤酒厂生产的果汁饮料获内蒙古一轻产品质量大赛特等奖。1993 年，临河啤酒厂投资 600 万元，在临河市万丰开发区新建原汁饮料分厂。1994 年 7 月，在北京举办的"首届中国医药保健科技精品博览会"上，金川啤酒荣获金奖。10 月，在卫生部外经贸部、国家科委联合主办的中国国际保健节，金川啤酒、金川矿泉水双双获金奖。1995 年 6 月，美国"中美发展公司"与临河啤酒厂达成议项，投资新建矿泉保健啤酒及矿泉水生产线；香港新中南公司与临河啤酒厂正式签订在香港市场经销协议，8 月正式出口第一批产品。公司负责开辟新加坡、泰国、曼谷等国际市场，形成金川啤酒、金川矿泉水国际营销网络。临河啤酒厂曾在自治区最佳经济效益和最大经营规模"双 300 家企业"中，榜上有名。

2010 年，经过数次改革，加盟燕京啤酒集团。

（二）燕京啤酒内蒙古金川有限公司

2005 年，内蒙古金川保健啤酒总厂完成股份制改造，更名为内蒙古金川保健啤酒高科技股份有限公司，正式实现民营化。2010 年 11 月，内蒙古金川保健啤酒高科技股份有限公司加盟燕京啤酒集团，实现资产重组，同时更名为燕京啤酒内蒙古金川有限公司。主要产品为"金川牌系列啤酒"。品种有：600 毫升金川啤酒、600 毫升金川草原啤酒、500 毫升金川天然源啤酒、600 毫升燕京清爽和雪鹿原生、清爽啤酒、金川扎啤及 330 毫升和 500 毫升易拉罐。产品采用河套优质矿泉水和经获专利的水处理技术及特殊工艺精酿而成，已通过 ISO9001 质量体系和 QS 质量安全认证。2010 年完成啤酒生产 65809.56 吨，销售收入 18381.04 万元，实现税金 2572.69 万元。

2016 年，实现销售收入 1.46 亿元，上缴税金 3206 万元，实现产值 1.46 亿元，完成产量 58465 吨。

（三）河套鑫业集团酒厂

1990 年 8 月 28 日投产，年生产能力 1500 吨。产有五临液、帅丰老窖、临春液、伏特加、二锅头等酒产品，是临河市唯一的白酒生产厂家。1993 年 12 月，酒厂实行股份改组，更名为河套鑫业集团酒厂。

六、屠宰加工

（一）得利斯食品有限公司

内蒙古得利斯食品有限公司成立于 2000 年 4 月，由得利斯集团公司与临河市人民政府合作组建，以带动临河地区肉羊产业和瘦肉型猪产业发展为目标的综合型肉类食品加工企业。公司拥有低温熟肉制品加工、生猪屠宰分割加工、清真羊屠宰分割加工 3 条国外优质生产线，年生产能力为熟肉制品 3000 吨，屠宰生猪 30 万头、分割 10 万头，屠宰羊 200 万只、分割 30 万只。2001 年，公司被内蒙古卫生厅授予"卫生信得过"荣誉称号。2002 年，"得利斯"牌系列火腿、低温肉制品、冷却肉被国家经贸委认定为国家安全食品。2003 年，公司获全国食品安全示范单位称号。2004 年 8 月，得利斯低温肉制品被评为"中国名牌"。

（二）嘉益肉联责任有限公司

嘉益肉联责任有限公司引进国内最先进的屠宰加工流水线生产和制冷设备机组，年加工生产速冻保鲜牛羊肉制品 2000 吨、熟制羊杂 300 吨，速冻水饺、羊肉串、羊排 500 吨。

（三）草原宏宝食品股份有限公司

内蒙古草原宏宝食品股份有限公司开发区分公司建于 1999 年，是一家集羊产业技术研发、饲草料种植、小区农牧户繁育、规模化饲养、屠宰分割加工和贸易进出口为一体的大型羊肉食品龙头企业。公司拥有国际先进的标准流水线，可日加工 3000 只羊，冷储藏能力 1 万吨，日速冻 100 吨。

2010 年，公司被确定为 "2010 京蒙合作投资产业化养羊项目" 实施单位。2016 年，公司销售收入 3.8 亿元，完成产值 5.58 亿元，屠宰 40 万只羊。公司拥有白脑包、临河牧场、狼山和哈腾套海 4 大牧场，年出栏 60 万只优质羔羊。公司在大中城市建立产品冷链配送销售网络，产品远销港澳、中东等国际市场。

（四）正弘屠宰加工有限责任公司

巴彦淖尔市正弘屠宰加工有限责任公司是一家牛、羊肉食品屠宰加工企业，2001 年 6 月注册登记，年生产能力 200 吨。企业有羊肉深加工自动作业流水线 2 条、生猪屠宰加工流水生产线 1 条；储存能力为 500 吨和 800 吨冷鲜库各 1 座；活畜交易市场 1 处；肉牛屠宰车间 700 多平方米；养殖基地 2 处。2008 年，公司生产的 "草原族派" 牌羊肉系列产品上市，销往北京、上海、深圳等地。

2016 年，公司实现产值 3654 万元，完成产量 86 吨，上缴税金 6 万元。

（五）蒙福肉业食品有限公司

巴彦淖尔市蒙福肉业食品有限公司 2002 年成立。

2003—2006 年，生产 "草原兴发" 品牌系列产品。2007 年，在临河区临狼路中段选址建厂，

年设计产能分割 150 万只羊。2010 年，公司在临河区东开发区建设集屠宰加工为一体的分公司，在乌兰图克镇建设肉羊养殖基地。投资 6000 万元，建起一个养殖基地。

2016 年，公司实现产值 1.3 亿元，完成产量 3500 吨（15 万只左右），上缴税金 27 万元。"蒙福" 商标被评为 "知名商标"，产品出口中东国家。

（六）蒙凯路肉食品有限责任公司

内蒙古蒙凯路肉食品有限责任公司建于 2006 年 9 月，是一家以肉羊养殖、屠宰加工、销售为主的民营企业。

2016 年，公司拥有蒙凯路民兴养殖专业合作社、宰屠加工厂、肉食品加工厂、羊脏器分选精加工厂 4 个子公司。有屠宰加工流水线各种生产机械 80 多台套，年屠宰、分割、加工肉羊 30 万只。实现产值 3581 万元，完成产量 797 吨，上缴税金 13 万元。

（七）草原晶鑫食品有限公司

内蒙古草原晶鑫食品有限公司是一家完全采用伊斯兰教屠宰方式进行羊肉分割加工的民营股份制企业。2016 年，实现产值 3500 万元，完成产量 3200 吨，上缴税金 36 万元。

（八）草原鑫河食品有限公司

1999 年，内蒙古草原鑫河食品有限公司成立，先后被授予自治区 "名牌农畜产品" "内蒙古名牌产品" "内蒙古著名商标" "内蒙古自治区十大最具影响力品牌"。公司年屠宰加工牛 10000 头、羊 50 万只，产品 110 多种。产品销往北京、上海、广州、深圳 30 多个大中城市，部分出口阿联酋、伊拉克、伊朗、科威特、约旦等中东国家及香港、台湾等地区。2006 年，企业通过 ISO9001 质量管理体系认证和 HACCP 食品安全管理体系认证，同年取得国家进出口检验检疫局的 "卫生注册证书"，具有自主进出口经营权。2009 年，被内蒙古自治区人民政府评为 "内蒙古自治区农牧业产业化重

点龙头企业"。2010 年，草原鑫河食品公司成为内蒙古西部区第一家通过有机认证的企业。

2016 年实现产值 1.8 亿元，完成出口 1572 万元，产量 5000 吨，上缴税金 91 万元。

（九）蒙得食品有限公司

内蒙古蒙得食品有限公司成立于 2007 年，是一家集肉羊屠宰、分割、羊副产品深加工为一体的股份制大型清真企业。2014 年 6 月，公司投资新建年屠宰 40 万只肉羊深加工项目。

2016 年，实现产值 2.1 亿元，完成产量 6600 吨，上缴税金 44 万元。"蒙得"品牌获得内蒙古自治区著名商标，通过 ISO9001 质量管理体系认证、ISO22000 食品安全管理体系认证。

（十）蒙鑫伊族肉食品有限公司

内蒙古蒙鑫伊族肉食品有限公司成立于 2007 年，是一家集研究、养殖、生产、经营、销售为一体的肉食品深加工企业。公司年设计分割羊肉 3000 吨。生产的"蒙鑫伊族"牌羊肉卷、羊排、羊棒骨、法式羊产品系列在全国占有很大的市场，在全国各大中小城市都设有经销商及专营店。2016 年实现产值 6068 万元，完成产量 1319 吨，上缴税金 23 万元。企业通过食品安全管理体系及质量管理体系认证、全国工业产品生产许可证 QS 认证。

（十一）澳菲利食品有限公司

内蒙古澳菲利食品有限公司是一家集肉羊屠宰分割加工、冷链运输、销售于一体的联合企业。公司建于 2012 年 6 月，年设计生产能力分割 300 万只羊。

2016 年实现产值 6.3 亿元，完成产量分割羊 65.3 万只，上缴税金 256 万元。

公司下辖上海宏宝食品销售有限公司和内蒙古澳菲利肉羊屠宰分割深加工工厂两个独立企业，拥有一条年清真屠宰分割深加工肉羊 50 万只、1.5 万吨羊肉及系列制品的标准化、规范化、现代化生产线。"澳菲利"牌冷鲜羊肉系列制品是公司的拳头产品，产品远销上海、北京、广州等地。闻名全国的"小肥羊""海底捞"等多家连锁餐饮企业将澳菲利公司确定为冷鲜羊肉制品的唯一供货商。

（十二）美洋洋食品有限公司

内蒙古美洋洋食品有限公司建于 2009 年，是一家集肉羊屠宰、分割、羊下货精深加工及产品销售为一体的现代化民营企业。公司拥有 2 条日分割 400 万只流水生产线，主要产品有"美洋洋""牧歌悠扬"2 大品牌 3 大系列（精选羊肉、分割产品、分选羊下货）160 多个品种。产品畅销全国 20 多个省市，出口阿联酋、叙利亚等阿拉伯国家。

2016 年，公司实现产值 4.5 亿元，完成产量 1.9 万吨，上缴税金 299 万元。

（十三）小肥羊食品有限公司

内蒙古小肥羊食品有限公司成立于 2004 年 4 月，是一家集肉羊养殖、屠宰、加工、销售为一体的现代化大型企业，下设锡林郭勒、巴彦淖尔、呼伦贝尔三大生产基地，2010 年在新西兰建立自己的羊源基地。2005 年，公司通过了 HACCP 食品安全管理体系认证、ISO9001：2000 国际质量管理体系认证及国家绿色食品认证，拥有自主进出口权。2010 年，小肥羊肉业成为中国首家通过中国质量认证中心"有机产品"认证的羊肉生产企业。

2016 年，实现产值 9005 万元，完成产量 2862 吨，上缴税金 94.5 万元。

（十四）香也康食品有限公司

巴彦淖尔市香也康食品有限公司 2014 年 11 月成立，是以猪屠宰、生肉冷藏、冷链物流、仓储及农副畜产品购销为主的企业。公司拥有生猪屠宰间 960 平方米，自动屠宰线 2 条，分割线 1 条，年设计屠宰生猪 8 万头。2016 年实现产值 3047.6 万元，完成产量 1500 吨，上缴税金 95 万元。

公司产品直供临河区杨三放心肉店、农村猪羊肉店、巴彦淖尔市绿生园商贸有限责任公司等 70 多家营业网点。年销售猪产品 3600 多吨。

七、乳制品

（一）东治天然饮料食品有限责任公司

内蒙古东治天然饮料食品有限责任公司年生产能力3000吨，主要生产250毫升径、"5133"一缩、直桶等易拉罐包装和150毫升双色塑料奶袋、100毫升小硬型及250毫升玻璃瓶等系列包装。

（二）蒙元宽食品有限公司

内蒙古蒙元宽食品有限公司于1996年3月由内蒙古保牛乳业有限公司和内蒙古协同创新股权投资基金股份有限公司共同投资成立，是一家集种养殖、发酵乳制品、肉制品、固体饮料等系列民族特色食品研发、加工、销售于一体的国家级高新技术企业。公司自主研制生产6大类、12个系列、200多个品种的系列蒙元食品。公司获国家专利26项，其中发明专利5项、实用新型专利18项、外观设计专利3项。公司有3个养殖基地，分别位于临河区城关治安村、小召幸福村和巴彦淖尔市五原县塔尔湖镇。

2014年，公司筹建内蒙古蒙元食品文化博览园，建设内容包括鸿雁故里（文化展厅）、文化长廊（参观走廊）、草原心意（产品展厅）、游客体验区、呼鲁斯太养殖基地服务设施。公司在内蒙古及周边地区建立200多家连锁专卖店，产品远销多个省市。"蒙元宽"牌牛奶黄油获"内蒙古百佳特色农畜产品"荣誉称号，蒙元宽牛肉干、奶制品曾被评为自治区名牌产品。

（三）金河套乳业有限公司

内蒙古金河套乳业有限公司建于1999年，公司拥有奶粉、乳奶、乳酸饮料、奶片生产线各1条，产品有4大系列50多个品种，年设计产能生产奶粉1万吨。产品远销国内20多个省市自治区。2004年，公司通过了ISO9001质量管理体系和HACCP食品安全管理体系双认证，同年经绿色食品发展中心许可使用绿色食品标志，取得全国工业产品生产许可证（QS）。

2016年，公司实现产值1786万元，完成产量763吨，上缴税金33万元。

（四）娃哈哈食品有限公司

内蒙古娃哈哈食品有限公司是杭州娃哈哈集团有限公司的子公司，建于2005年，年设计生产能力10万吨果奶。拥有乳饮料生产线1条、炒货生产线2条，主要从事娃哈哈AD钙奶、爽歪歪等饮料的生产。2009年开始，公司受市场影响产能不断下降。2015年，公司亏损380万元。2016年，实现产值5518万元，完成产量8980万瓶，上缴税金258.5万元。

（五）保牛乳业有限公司

内蒙古保牛乳业有限公司建于1996年3月，是一家集种植业、养殖业、乳制品、固体饮料、民族风味食品、肉制品等系列少数民族特色食品生产销售于一体的民营企业。公司利用自有奶源，采用先进奶处理设备，自主研制生产奶油系列、奶皮系列、干酪系列、奶白金系列、奶贝系列、奶茶系列等50多个品种规格的系列产品。2005年开始，公司陆续在内蒙古地区建了100多家连锁专卖店；销售额连续三年突破1亿元。产品远销到自治区和周边省市30多个市县。保牛乳业被评为"内蒙古农牧业产业化经营重点龙头企业"。

八、番茄及脱水菜加工

（一）丹达乡脱水菜厂

2000年，丹达乡脱水菜厂与江苏连云港口福食品有限公司签订种植日本萝卜180亩、大根1000亩的合同。为加工胡萝卜、大根出口创汇，丹达乡政府引进个人投资300万元，无偿提供土地36亩，由投资商建设脱水菜加工厂。工程建设分三部分：脱水菜加工车间，年加工能力200吨，主要加工青尖椒、豆角、胡萝卜、洋葱、大蒜等；200平方米恒温库，用于各类蔬菜的贮藏保鲜；盐渍车间，主要是对出口大白萝卜进行盐渍处理。

（二）大罗素番茄制品有限公司

内蒙古大罗素番茄制品有限公司成立于2007

年 4 月，注册资本 4500 万元。公司平时有员工 40 余人，生产期间还需招收季节工 200 余人。2009 年，年产万吨的番茄酱直罐酱生产线建成投产。2010 年进行二期扩建改造。

（三）福将食品有限责任公司

巴彦淖尔市福将食品有限责任公司成立于 2006 年，公司设计生产能力为日处理番茄 1500 吨。产品销往中国香港、中国台湾、韩国及东南亚地区。主要产品为大桶番茄酱。年生产各类大桶番茄酱 5500 吨。

（四）福瑞德食品有限公司

内蒙古福瑞德食品有限公司（原建民鲜菜脱水厂）建于 1992 年，公司取得绿色食品证书，具有出入境检验检疫卫生注册资格和自营进出口权。公司主要产品有热风烘干（AD）脱水青椒粒、红椒粒、黄椒粒等几大系列 20 多个品种。年产脱水蔬菜 1200 余吨。产品销往美国、德国、比利时、波兰、俄罗斯等国家。

（五）富源农产品有限公司

内蒙古富源农产品有限公司隶属于巴彦淖尔富源实业集团，公司成立于 2001 年，是富源集团收购原国有企业临河糖厂后重新组建的农产品加工龙头企业。企业在临河厂有 3 条番茄生产线、狼山镇分厂有 2 条生产线，具有日处理甜菜 2200 吨、日产颗粒粕 110 吨、日产糖蜜酒精 30 吨、年加工番茄 30 万吨、年生产番茄酱 4 万吨的生产能力。公司生产的"凯音"牌番茄酱出口欧美、东南亚和日本；"黄河牌"白砂糖被中国绿色食品发展中心认定为绿色食品 A 级产品。公司的番茄酱、白糖和颗粒粕通过 ISO9001 质量管理体系认证和 HACCP 食品安全管理体系认证。

（六）宏睿食品有限公司

内蒙古宏睿食品有限公司建于 1997 年 6 月，是一家以加工出口各种脱水蔬菜为主的私营股份制食品生产企业，公司有生产车间 2 处，配置大吨位蒸汽锅炉 4 台，不锈钢制烘箱 115 台，美式切菜、清洗、消毒设备，金属探测器、静电去杂、真空包装等生产检测机械。日处理鲜菜总量 300 吨，日出成品 15 吨，解决 700 人就业。2001 年，公司取得《出口食品生产企业卫生注册证、ISO9002—1994 质量体系认证》。2004 年，获得 ISO9001：2000 版认证。2008 年，通过 HACCP 食品安全管理体系认证。

（七）幸福食品有限公司

巴彦淖尔市幸福食品有限公司位于临河区狼山镇，主要以本地生产的鲜番茄为原料生产大桶番茄酱。

（八）瑞天园食品加工有限公司

内蒙古瑞天园食品加工有限公司建于 2011 年，是一家专门从事蔬菜脱水、农副产品生产和经营的企业。

（九）闽中食品有限公司

2006 年，内蒙古闽中食品有限公司由福建省闽中有机食品有限公司投资成立，是一家专业的蔬菜制品生产种植加工企业。公司投资 2000 万元，建设烘干、速冻蔬菜生产车间及附属设施，引进技术先进的生产设备，开发冻干、烘干、保鲜蔬菜制品并批量生产，年产烘干蔬菜 2000 吨、速冻蔬菜 1000 吨。

第七节　纺织　服装　皮毛加工业

一、纺织业

（一）维信（临河）羊绒实业有限公司

1993 年，维信（临河）羊绒实业有限公司由香港维信贸易公司于临河市投资创办，是外商独资企业。公司注册资本 980 万美元。年生产能力为无毛绒 200 吨，羊绒纱 150 吨，羊绒衫 20 万件，羊绒围巾 20 万条，羊绒面料 10 万米。形成科研、生产、加工、出口一条龙经营体系。设立二狼山白绒山羊研究中心，在乌拉特草原建立 10 个二狼山白绒山羊种羊基地。

2016 年，历经全国羊绒行业的动荡，维信始终坚持生产。

（二）巴彦淖尔地毯厂

巴彦淖尔地毯厂的前身是内蒙古生产建设兵团三师被服厂，1990 年 7 月，在自治区经委举办的日用工业品、民族用品、出口商品展销会上，巴彦淖尔地毯厂生产的 558 乾隆 120 道、150 道地毯获银杯奖。是年，被巴彦淖尔盟行政公署评为经济效益先进企业，获"自治区级先进企业"称号。1991 年，巴彦淖尔地毯厂产品在北京第二届国际博览会上获金奖。后在数次改革大潮中消失不见。

（三）临河市第三毛纺厂

临河市第三毛纺厂是与北京三星纺织设备销售中心、北京毛线厂合资办的企业，并和江苏省江阴华士羊绒厂、江苏省张家港轻工总公司、河北省蠡县南许毛纺厂联营的一条龙毛纺企业集团。主要生产各类毛条和纯毛、混纺、化纤绒线。年生产洗净羊毛 1200 吨，羊毛条 600 吨，各类中粗绒线 360 吨。

（四）内蒙古秋林羊绒制品有限公司

内蒙古秋林羊绒制品有限公司建于 1998 年，是一家集科、工、贸为一体的综合性民营企业，下设蒙古国绍日开士米公司、临河羊绒分梳厂、临河市羊绒制品针织厂，形成年产 160 吨无毛绒和 15 万件羊绒系列制品的生产规模，在意大利、法国、蒙古、北京、上海、二连浩特等地设有办事处，年产值 1.2 亿元，享有自营进出口经营权。1998 年，公司加入国际互联网，抢注"蒙古羊绒"之国际域名。2000 年，公司收购原巴彦淖尔盟万邦网络技术公司"中国羊绒市场"网站，创立"新世纪信息技术有限公司"。当年实现销售 6189 万元，名列巴彦淖尔盟出口创汇第三名。安排下岗职工 260 余人次。为希望工程、临河市八一乡排污工程、乌拉特后旗畜牧业基地建设等社会事业捐款 8 万余元。

2001 年，公司被自治区列为私营经济跨世纪创亿元工程重点保护单位。

（五）春雪羊绒制品有限公司

1997 年 9 月，内蒙古临河春雪羊绒制品有限公司占地面积 20010 平方米，年生产无毛绒 180 吨，羊绒衫 8 万件，创产值逾亿元。1999 年，"雪候鸟"羊绒衫被国家纤维检验局和内蒙古纤检局评为"信得过合格产品"。2000 年 12 月，通过 ISO9002 国际质量体系认证。

（六）顺祥分梳绒毛有限公司

临河市顺祥分梳绒毛有限公司是一家以加工分梳无毛绒为主、兼营农副产品购销的私营独资企业，创建于 1993 年 8 月，生产设备有分梳车间、安装梳绒机 36 台、联合梳绒机 6 台，洗绒车间安装 100 型设备一套，50 千瓦备用发电机组一套，大小运输车辆 10 部。年生产无毛绒 300 吨。1998 年，投资 180 万元在蒙古国乌兰巴托筹建驻蒙古国德布恒公司，在二连浩特筹建办事处，在阿拉善筹建吉祥公司。

后停产。

（七）力赓企业贸易有限责任公司

1993 年，巴彦淖尔力赓企业贸易有限责任公司成立，是一家集贸、工、商为一体的独资民营企业。占地面积 12000 余平方米，有梳绒机 40 台，年生产无毛绒 180 吨，羊绒衫系列产品 5 万件。

（八）禾力绒毛制品有限公司

禾力绒毛制品有限公司成立于 1995 年底，年生产无毛绒 180 吨，洗（毛）绒 800 吨、纺纱 80 吨，驼羊（绒）制品 3 万件，形成选、洗、纺织、织造一条龙加工，产供销相互衔接的生产流通体系。1997 年初，在原有设备基础上，重新调整生产布局，新建 300 多平方米洗毛车间，安装联合洗毛机一台，保障生产协调发展。购置青岛产联合分梳机 2 台，上海产联合分梳机 2 台，产品质量和产量同步提高。1998 年，引进高新纺纱设备一套，年产绒纱 40 吨。1999 年初，购置西班牙产纺纱设备一套，新上横机 60 台，形成系列化生产，规范化经营。2000 年，取得自营进出口权。

（九）佳兵羊绒制品有限公司

临河市佳兵羊绒制品有限公司组建于 1994 年，是一家集收购、生产、加工、销售于一体的羊绒精品纺织新型企业。产品有白、青、紫无毛线、羊绒衫、羊绒裤、围巾等 8 大系列 80 多个品种。年生产无毛绒 120 吨，羊绒制品 30 多万件。

1998 年，"佳兵"牌系列羊绒制品在市场抽查中被评为一等品，国家纤维检验局认定为"纯天然纤维真品"。

（十）浩森羊绒制品有限责任公司

内蒙古浩森羊绒制品有限责任公司成立于 2000 年，在上海、天津、蒙古设立分公司。年收购能力约 300 吨羊绒，年加工 150 吨无毛绒。

（十一）二狼山绒毛集团公司

二狼山绒毛集团公司由原临河市农畜产品交易中心和光大绒毛制品有限公司联合转制，吸收临河天马纺织总公司、大光绒毛制品有限公司和阿拉善盟、宁夏的 4 个相关单位共 8 家企业组建而成。1996 年 6 月 5 日注册，占地面积 10300 平方米，拥有羊绒精选、分梳、净洗、编织、检测等全套生产线，年产无毛绒 120 吨，绒制品 10 万件，创产值逾亿元。

1997 年，被中国市场抽检为合格产品。被自治区产检所评为自治区五十大庆上榜品牌。

（十二）宇龙羊绒衫有限公司

1996—1998 年，临河市宇龙羊绒衫有限公司在西北、华北、东北、华东等地设立 15 个销售办事处。

2001 年，公司形成年产无毛绒 50 吨、羊绒衫 15 万件的生产能力。产品中纯羊绒制品占 90%，丝绒等其他混纺产品占 10%，有 8 个系列 200 多个花色品种。

（十三）双河羊绒集团有限公司

临河双河羊绒集团有限公司成立于 1993 年，获国家外经贸授予的自营进出口权，下设 5 个分公司，在北京设有办事处。年生产能力为分选原绒 1200 吨，选净绒 800 吨，分梳无毛绒 300 吨。2003 年，公司涉足房地产领域，开发建设商住一体化综合性物业——海天购物广场；同年成立塞原乳业公司，形成农牧"种、养、加""产、供、销"综合性一条龙产业经营模式。2016 年，实现产值 2004 万元，生产无毛绒 163 吨，上缴税金 86 万元。

（十四）大兴羊绒制品有限公司

临河市大兴羊绒制品有限公司创建于 1993 年，是生产加工山羊无毛羊绒及羊绒制品的综合性企业。1998 年，经国家和自治区有关部门批准，企业取得"自营出口权"。1999—2000 年，公司出口创汇 302.2 万美元。

（十五）奥凯羊绒制品有限公司

巴彦淖尔奥凯羊绒制品有限公司建于 1995 年 3 月，为科、工、贸一体化的现代新型股份制绒毛加工企业，主要产品有：羊绒衫、绵羊绒衫、驼绒裤、牦牛绒裤 4 大系列 50 多个品种。

（十六）天马绒毛制品有限公司

1993 年 5 月，巴彦淖尔天马绒毛制品有限公司成立，具备配套完整的选洗、梳纺、织造、染整、毛纺精梳驼绒、羊绒和葵花剥壳等 8 条生产线，设 8 个二级法人单独核算分厂。年生产呢绒 30 万米，各种毯类 63 万条，机织被胎 6 万床，精梳无毛驼绒、羊毛衫 1 万件，主要产品有 8 大类 40 多个品种 100 多个花色。自筹资金上了年产 300 吨食品果仁（葵花籽剥壳）生产线，开发了第三产业兼营生产资料，机电产品和农副土特产品。1997 年 10 月 18 日，在原临河一毛、二毛和天马纺织总公司的基础上改制，形成 1000 锭配套的选洗、梳纺、织造、染整粗纺生产能力。年生产羊绒围巾 60 万条，呢绒 30 万米，绒毯 10 万条，无毛绒 50 吨，高中档绒毛被 10 万床，洗净羊毛 800 吨，绒衫 5 万件。

（十七）迦南羊绒制品有限公司

迦南羊绒制品有限公司前身是巴彦淖尔市迦南阿姆斯生物技术开发有限公司，创建于 1997 年。2013 年 8 月，公司入驻临河区中小企业园区，更名为巴彦淖尔市迦南羊绒制品有限公司。建有选、洗、梳一条龙生产线，年产无毛绒 150 吨。公司与包头鹿王、呼市盈佳、上海真贝等公司签订长期供货协议。

2016 年，公司实现产值 3200 万元，完成产量洗毛 2000 吨、无毛绒 50 吨；完成出口 246 万元，上缴税金 30 万元。

（十八）九士祥羊绒制品有限公司

巴彦淖尔市九士祥羊绒制品有限公司创建于 1997 年 10 月，有羊绒分梳机 30 台，全自动电脑针织横机 23 台，年可分梳无毛绒 300 多吨，纺织羊绒衫、羊绒裤、羊绒围巾和羊绒披肩 30 余万件。公司产品销售到美国、法国、日本、德国、意大利等 30 多个国家。

2016 年，公司实现产值 2611.8 万元；完成产量无毛绒 42.28 吨、羊绒衫 3.6 万件；完成出口 810.8 万元，上缴税金 68 万元。

（十九）明达商贸有限公司

巴彦淖尔市明达商贸有限公司成立于 1998 年 1 月，是一家集农畜产品收购、生产、加工、商贸、销售为一体的综合性民营企业，享有自营进出口经营权。公司有羊绒分梳机 10 台，年设计生产山羊无毛绒 50 吨。

2016 年，公司实现产值 2334.3 万元，完成产量无毛绒 32.9 吨、绵羊绒 13.6 吨，上缴税金 31.19 万元。

（二十）圣绒羊绒制品有限公司

2004 年 10 月，圣绒羊绒制品有限公司成立，由原佳兵羊绒制品有限公司改制组建。年生产无毛绒 200 吨、羊绒衫 30 万件、羊绒围巾 10 万条。

产品远销美国、日本、韩国等国家，在上海、大连、沈阳、包头等地设专卖店。2006 年，"佳兵牌"羊绒衫被内蒙古纤维纺织质量协会评为"质量信得过产品"。2009 年，"佳兵牌"羊绒衫被自治区评为"著名商标"。

2016 年，公司实现产值 5432.7 万元；完成产量羊绒衫 7.8 万件；完成出口 4.6 万元；上缴税金 17 万元。

（二十一）利一泰商贸有限责任公司

内蒙古巴彦淖尔市利一泰商贸有限责任公司成立于 2000 年，是一家以羊绒原料收购、加工和销售为主导产业的民营企业。公司有洗、梳绒设备 103 台套，空调车间 4600 平方米。年设计生产无毛绒 500 吨，羊绒纱 80 吨。2002 年，公司通过 ISO9001：2000 质量体系认证；被巴彦淖尔盟经济技术开发区评为"发展最快的企业"。2004 年以来，连续四年被农行授予 AAA 级信用企业。2006 年，被国税局授予重点纳税户。2007 年，被授予巴彦淖尔市产业化重点龙头企业。

2008 年，被巴彦淖尔市政府列为重点扶持企业。

（二十二）恒升绒毛制品有限公司

内蒙古恒升绒毛制品有限公司成立于 2006 年 7 月，注册资本 100 万元。2006—2016 年，累计缴纳税金 50 余万元。

（二十三）兴盛绒业发展有限公司

巴彦淖尔市兴盛绒业发展有限公司建于 2000 年，公司有分梳车间、绒毛水洗车间、打包车间；拥有梳绒机 21 台，主要生产无毛绒、驼绒、绵羊绒及其制品；洗毛车间年设计洗毛量 1000 吨。公司业务拓展到天津、山东、河北、江苏、新疆、宁夏、包头等地。

二、服装业

1990 年，临河市服装厂完成总产值 545.9 万元，销售收入 483.4 万元，利润 30.7 万元；出口创汇额 72 万美元。服装厂拥有主要设备 410 台，其中进口设备 208 台套，生产实行机械化、半自动化。固定资产原值 311.9 万元，净值 254.6 万元。定额流动资金 237.6 万元。

"七五"期间，累计创汇 171 万美元；晋升盟级先进企业、自治区轻工厅列为服装出口生产定点企业，获自治区进出商品检验"出口产品质量许可证"及国家三级计量认证。

第八节　其他工业

一、造纸业

（一）城关造纸厂

1991 年 5 月，临河市城关造纸厂投产，是内蒙古西部规模较大的乡办纸厂。有专通用设备 360 台，造纸机选用国产先进的 1760 型双缸双元网纸机、1600 型多缸多网造纸机和两台 1092 型纸机。年生产能力 6500 吨。

1994 年，完成产值 1026 万元，实现利税 151 万元。被评为巴彦淖尔盟明星乡镇企业。

（二）狼山造纸厂

1991 年，临河市狼山造纸厂拥有固定资产 510 万元，生产打字纸、薄页包装纸、单面书写纸、书写纸、凸版印刷纸等 14 个品种。年产量 3600 吨，年创产值 1800 万元，创利税 140 万元。

（三）博润贸易公司

临河博润贸易公司是巴彦淖尔地区纸箱行业技术含量较高的企业，有瓦楞纸箱生产线 1 条，恒温保鲜库 3000 平方米。年生产能力 100 万套，恒温贮藏能力 300 吨，兼营农副产品收购。

二、木器加工业

（一）临河市木器厂

临河市木器厂 1954 年建厂，1991 年各种税金上缴 12 万元。新产品产值率 30%，全年新增效益 2.5 万元。主要产品有：办公用具、组合家具、钢木家具、细木工板等 7 大类 80 多个品种。

（二）真优美家具厂

临河市真优美家具厂建于 1992 年 12 月。1995 年，真优美家具获内蒙古家具评选"精品奖"、巴彦淖尔盟青年心中"十大名牌产品奖"。

1996 年，真优美家具厂加入中国家具协会。

（三）河套人造板工业总公司

内蒙古河套人造板工业总公司 1993 年投产，年产 1 万立方米葵花杆普通刨花板、木质或葵花杆防水刨花板；45 万平方米低压三聚氰胺亮光或柔光贴面装饰板；2000 吨脲醛树脂胶和各种胶粘剂、150 吨人造木炭等。

（四）禾源木业有限责任公司

内蒙古禾源木业有限责任公司是一家民营股份制企业，前身为原临河市刨花板厂，2003 年 10 月，重新注册登记为内蒙古禾源木业有限责任公司，注册资金 600 万元。公司拥有刨花板流水线 1 套、多层板流水线 1 套，年可生产各种规格的刨花板 18000 立方米、多层板 7000 立方米。产品远销包头、银川、兰州等地。

三、塑料制品业

（一）天洋塑料制品有限责任公司

临河市天洋塑料制品有限责任公司是巴彦淖尔盟塑料行业骨干企业，是国家计委计划内塑料原料定点专供企业。企业主导产品有工膜、农膜，年生产力 800 吨，兼产药品包装袋、化工包装袋、塑料采印包装袋等。

（二）尚发农业生产资料有限公司

巴彦淖尔市尚发农业生产资料有限公司成立于 2010 年 3 月，前身是临河市百信农资经营部，是一家主要经营农地膜的专业公司。公司有地膜生产设备 12 台，日产农用地膜 20 吨以上，年产 4000 吨左右。

2016 年，公司实现产值 2468 万元，完成产量 3000 吨，上缴税金 600 万元。

四、二轻手工业

1992 年，临河市二轻集体工业联社有下属企业 17 户，其中工业企业 13 户，流通企业 4 户，职工总人数 1890 人。8 月开始转制，采取拍卖、股份合作、破产、兼并、租赁等多种形式转换企业经营机制，在 17 个企业中，实行股份合作制的有 5 户，即木器厂、塑料厂、地毯厂、五金厂、铸造厂；兼并成立总公司的 4 户，即二轻贸易中心、制镜厂、开发公司、供销公司；实行拍卖的 3 户，即新华农具厂、二轻商店、制鬃厂；破产的 3 户，即第二塑料厂、绒布厂、民族制鞋厂；实行集体管理租赁承包经营的 2 户，即民族服装厂、大和制衣有限公司。

1995 年，各企业按照股份合作制的要求运行，建立企业章程。民族服装厂仍实行集体承包经营。将二轻贸易中心、制镜厂、供销公司、轻工开发公司 4 户企业，合并成立二轻工业总公司。大和制衣有限公司实行租赁经营。

到 1997 年末，有企业 8 户，其中流通企业 1 户，生产企业 7 户，职工总人数 1380 人。全系统 1997 年完成产值 1250 万元。

五、冶金业

（一）金鼎冶金炉料有限公司

巴彦淖尔市金鼎冶金炉料有限公司成立于 2002 年，年产铬铁 3 万吨。2016 年，公司实现产值 1.42 亿元，完成产值 2 万吨，上缴税金 25 万元。

（二）西部铜材有限公司

巴彦淖尔西部铜材有限公司由巴彦淖尔西部铜业有限公司与国源中鑫矿业投资发展有限公司共同出资组建，2008 年 8 月注册成立，主要从事铜冶炼和深加工业务。公司产品产能为高纯阴极铜 5 万吨/年，年能源消耗为水 90 万立方米、电 5600 万度、天然气 2500 万立方米。

2016 年，公司完成产量 5.15 万吨，实现产值 23 亿元，上缴税金 470 万元。

六、容器制造

巴彦淖尔市天河工贸有限公司 2006 年 1 月设立，公司专业制造金属包装容器，生产设备采用美国牛拷公司的高频电阻缝焊机，拥有一条自动化钢桶生产线，配备脱脂、喷涂、烘干工艺，可生产多种桶型，满足不同用户需求。公司位于临河区东，年设计生产能力 60 万只钢桶。2016 年，实现产值 2115 万元，完成产量 13.9 万只，上缴税金 91 万元。

七、供热企业

（一）富源热力有限责任公司

巴彦淖尔富源热力有限责任公司建于 1984 年，隶属内蒙古富源集团有限公司，是一家集热源厂、供热管网、换热站为一体的集中供热企业，承担临河区 500 多个单位、5 万多户居民的供热任务。从 2002 年开始，公司先后建设 5 台 558 兆瓦、1 台 116 兆瓦热水循环流化床锅炉，供热能力达到 900 余万平方米；建设热交换站 73 座，建设热力外网长度 46 公里，最大管径 1020 毫米，管网供热能力为 1900 万平方米，实现 24 小时昼夜恒温供热。

2016 年，公司供热 700 万平方米，完成产值 9415.2 万元，上缴税金 124 万元。

（二）阳光能源集团有限公司

巴彦淖尔市阳光能源集团有限公司 1999 年成立，是一家在供热、房地产、商贸、金融及农牧业领域并行发展的综合性现代集团企业。2010 年，阳光能源集团开始实施临河区集中供热二期工程，项目设计总投资 12.78 亿元，先后新建 470 兆瓦热源厂一座，2014 年投入运营；新建换热站 145 座；新建一级供热管网 119 公里；改造更新管网 90 公里；撤并小锅炉 48 座。工程建成后，减少二氧化碳排放量 36 万吨/年、二氧化硫 1.1 万吨/年、灰渣量 4.5 万吨/年、灰尘量 0.68 万吨/年，改善了临河区的空气质量，实现供热面积约 1785 万平方米。

2016 年，公司实现产值 2 个亿，供热 400 万平方米，上缴税金 880 万元。

八、供水企业

（一）临河东城区自来水有限公司

临河东城区自来水有限公司位于巴彦淖尔经济技术开发区，成立于 2012 年 8 月 15 日，2013 年 11 月投产，是巴彦淖尔经济技术开发区管委会下设的公共供水企业。公司经营范围包括：自来水生产与供应，工业供排水，中水回用，节水技术研发、推广和应用，给排水设计、施工，水质监测及仪器仪表检定，自来水销售，自来水安装、维修，水表安装、销售，自来水管材销售。公司供水服务范围西至朔方路、东至保税物流园区东边界、北至京藏高速公路、南至包兰铁路，涵盖开发区和保税物流园区全部规划区域。公司先后完成固定资产投资 3.2 亿元，形成 10 万吨地下水供水能力和 10 万吨地表水取水能力，其中 5 万吨地下水水质符合国家卫生标准。

2016 年，公司完成供水 2234 万吨，最高日供水量 8 万吨，实现产值 3600 万元，上缴税金 156.74 万元。

（二）黄河西部水业股份有限公司

内蒙古黄河西部水业股份有限公司是由河套水务集团公司发起组建成立的水务专业化股份有限责任公司。公司于 2007 年 12 月 26 日注册登记，注册资本 8000 万元，其中巴彦淖尔市河套水务集团公司持股 90%、内蒙古鑫泰投资公司持股 10%。公司主要从事城镇供水、工业供水以及市政、水利工程施工等。公司有固定资产 2.16 亿元，年设计产能供水 2500 万吨。2016 年实现产值 1.53 亿元，完成产量 1173 万吨，上缴税金 231.73 万元。

九、种业

2001 年，巴彦淖尔盟科河种业有限公司成立，是一家集农作物种子和畜禽饲料科研、生产、加工、销售为一体的股份制民营科技型企业。公司拥有 4 个分、子公司；5 个省区办事处和所属农作物研究院以及遍布北方 10 省区的 700 多个营销网点，公司有员工 210 人，大专以上学历占总人数的 60%。公司经营小麦、玉米、向日葵、西甜瓜、籽瓜、葫芦、蔬菜、牧草等 8 大类农作物 200 多个品种。2007 年，科河 8 号被国家科技部确定为"国家级星火计划项目"。2008 年，科河 8 号被自治区科技厅确定为"高新技术产品"。

2012 年，公司研究培育出拥有自主知识产权玉米杂交新品种：科河 8 号、科河 10 号、科河 13 号、科河 16 号、科河 24 号、科河 28 号、科河 88 号、科河 409 号、宁单 14 号、宁单 17 号等系列品种。

第四章　工业园区建设

第一节　巴彦淖尔经济开发区

一、机构

1992 年 8 月 10 日，经内蒙古自治区人民政府批准，临河经济技术开发区成立，为省级开发区。同时建立临河市经济技术开发区管理委员会，下设办事机构——办公室。由万丰、宏兴、章嘉庙三片组成，总面积 8389 亩，其中万丰区位于市区西部，面积 5389 亩；章嘉庙区位于市区东 5 公里处，面积 2000 亩，为高科技、旅游开发区；宏兴区位于市区东南部，面积 1000 亩，为有污染及重工业加工开发区。开发区管委会为准处建制，是代行人民政府管理开发区的职能机构，全权负责开发区内一切管理事宜。实行安全自由经营。

开发区根据不同区域，采取四种开发方式：一是政府先征用土地，进行"六通一平"（道路、供水、供电、通信、排水、排污畅通，场地平整）的基础设施建设，然后吸引投资者办企业；二是由开发商进行基础设施建设，并由开发商向外招商，自行引进项目；三是由政府从事软环境建设和投资者进行硬环境建设的共同开发；四是筹集民间、村镇等多方面资金从事土地开发，自行招商，自谋发展。

1992—1995 年，万丰开发区在基础设施方面，

先后投资 2500 多万元，修筑了汇丰路、开源东路、中路，总长 8530 米，铺设黑色路面 91610 平方米。开发区其他主要干道形成框架，开始营运。其中开源东路、中路直通 110 国道，投资 480 万元，铺设地下雨水管道 4906 米，给水管道 7677 米，排污管道 3395 米；架设高压线路 4130 米；修建中心"日新月异"区标雕塑一座（高 26 米，用特种钢材制作日月雕，重 5 吨），完成中心环岛和非机动车道 3880 米；完成通线管线 5153 米，开通了 200对程控直拨电话。投资 700 万元（包括农民个人集资）兴建 1 公里长农民商品街一条，街两侧建筑两层楼 17680 平方米。

1998—2000 年，临河市经济技术开发区成为巴彦淖尔盟改革开放的窗口和试验区，也是自治区西部唯一的省级开发区。

2001 年 11 月—2004 年 4 月，原临河经济技术开发区上划，隶属原巴彦淖尔盟行署，同时经自治区政府批准"临河经济技术开发区"更名为"巴彦淖尔经济技术开发区"，开发区管委会升为处级建制，属行署派出机构。原盟行署重新调整了开发区的管辖区域，即万丰区归开发区管理，独立行使规划、建设、管理权，实行封闭运行，章嘉庙、宏兴区划归原临河市管理。2004 年 4 月，原盟行署召开会议研究整合巴彦淖尔经济技术开发区和临河工业园区，解决临河地区产业集中度不高、布局分散和重复建设的问题。按照"建设一个园区，发挥两个积极性"的整合思路，开发

区和临河工业园区合二为一统称"巴彦淖尔经济技术开发区"，开发区实行"双重领导、属地管理、封闭运行、财政独立"的管理体制和运行机制。2006年，国家发改委重新核准更名为"巴彦淖尔经济开发区"。

二、招商引资

1991—1996年，临河经济技术开发区动员全社会力量为开发区招商引资献策献力，多渠道、全方位招商引资。为吸引国内外资金、技术、人才、项目，发展三资企业，制定了八条有关免、减税收、土地权有偿出让优惠政策。至1995年底，累计引进项目110个，其中独资、合资企业7家，内联企业33家，私营企业70家，已有63家企业开始运行。共引进资金5亿元，实际到位4.5亿元。开发区自办商业企业6家，工业企业4家。区内企业1995年创产值4.8亿元，实现利税3400万元。在减免税优惠情况下，年上缴税金450万元。1993—1995年三年，累计创产值8.1亿元，上缴税金1000余万元。

1997年，开发区坚持在以工业项目、外资项目及科技含量高的项目为主的前提下，继续推行"大中小企业一齐上，国营、集体、个体、私营、独资、合资共同发展"的方针，面向外资、面向个体、面向国有民营、民有民营企业，同时针对多种经济成分的企业，制定相应的招商引资优惠政策。不断加强招商队伍建设，提高招商队伍的整体素质。在北京、深圳多地发展了多名业余招商员，发挥现有企业的示范效应，进行招商引资宣传。1997年底，超额完成临河市政府下达的引进企业15家，引进资金4000万元的任务，达到引进项目22个，引进资金6200万元，其中引进外资300美元（合人民币2500万元）。

1998—1999年，开发区与全国各大开发区建立招商引资信息网，把开发区的招商信息和项目通过网络传播到世界各地，实现网上招商。引进企业内资8000多万元，引进外资520万美元，签

订合同和意向书24个，企业嫁接有4家。

2000年，引进企业嫁接新项目8个，引进资金10080万元，其中引进外资610多万美元，有12家进区企业打出品牌，走出国门，在蒙古国创办合资企业。同时，开发区管委会主动设计，建立招商项目储备库，使高新园区招商工作由被动转为主动。

2003年，临河市修订完善招商引资优惠政策，治理优化经济环境，落实招商引资责任制，五年引进国内资金18.46亿元，国（境）外资金5223万美元。设立驻京、驻沪等7个驻外办事处，建成政府网站，成功举办五届河套蜜瓜节和首届中国（临河）羊绒博览会。有21家企业取得出口自营权，12家企业在境外投资办厂，累计出口创汇1.2亿美元。

2005年，多个重点项目落户巴彦淖尔经济开发区，实现与大企业、名企业的成功对接。全年开工建设项目269个。2007年，实施新上、扩建千万元以上工业项目68个、亿元以上项目12个。

2010年，巴彦淖尔经济技术开发区被自治区列为以"呼包鄂"为核心打造沿黄沿线西部经济带重点工业集中区（园区）之一。商贸物流取得重大突破，保税物流园区边规划、边建设，当年投资10亿元完成道路、管网等重大基础设施和海关大楼。新建远鑫大型综合市场，其中煤炭市场建成运营。

2012年，提出实现依托丰富的家畜产品资源和绒纺骨干企业技改扩建升级机遇，建设绒纺精深加工基地；以西部铜材、四川化工等项目为抓手，建设冶金化工基地；以北方联合电力为骨干，建设电力产业基地。培育装备制造、新型建材、太阳能光伏、IT产业等新型产业。提高项目准入门槛，引进一批达产见效快、引领带动强、发展前景广、环境污染小、就业岗位多、财政贡献大的好项目。

2012—2015年，开发区分别被自治区列为自治区级承接产业转移示范园区、全区第七批工业

循环经济试点示范园区、自治区农牧业产业化示范园区、国家循环化改造示范试点园区。

2016年，开发区在经济下行压力下逆势而为，11月4日，在中国开发区竞争力研究报告发布暨承接首都产业转移招商引资大会上，巴彦淖尔经济技术开发区荣获"2016中国开发区最佳竞争力奖"。

三、园区管理

1991—1996年，临河经济技术开发区对进区企业实行"三抓、三导"，使许多企业在扩大生产规模方面实现了良性循环，增强了客商来开发区投资的信心。

1997年，根据进区企业的经营管理规模和行业特点，加强企业联合，以联合加速企业组织结构、产品结构的调整、形成以名优产品为龙头、以优秀企业为骨干的名牌战略。造就集团优势，促进技术水平的提高，扩大名优产品覆盖率，增强企业的深加工和综合利用能力，帮助他们进行企业改造，企业的整体实力和经济效益明显提高。

1998—1999年，强化宏观管理和服务功能，为民营、私营经济及其他经济成分营造良好发展环境，把民营、私营作为开发区新一轮经济大发展的重要战略举措来抓。从治三乱、减负担入手，在抓硬件上下力、转制上突破、政策上引导。坚持按照市场经济的要求，探索出一套有利于开发区发展的管理体制和运行机制。实行"封闭式管理、开放区运行"的特区管理模式，总结出一套成功的管理开发区经验。

2000年，临河开发区高新技术园区专家咨询服务委员会成立，为企业提供技术创新信息服务。6月，专家委员会在临河开发区成功地举办了"信息项目发布洽谈会"，共发布各类信息2000多项，达成意向28项，签订协议6项。投资10万元，建立信息网络中心，并加入国际互联网，与北京中关村建立友好协作关系，专家委员会能够通过网络为企业提供服务。2004年，巴彦淖尔经济开发

区以新上项目和技术改造为突破口，引导绒纺、食品、冶化等行业生产要素，向优势企业集中。重点扶持以维信、双河、春雪等为龙头的绒毛纺织业，以恒丰、金川啤酒、得利斯、宏发、富源、日兆、鑫威等为龙头的食品加工业，以新海、繁荣化工、亨泰工业硅等为龙头的冶金化工业，通过龙头骨干企业带动提高行业整体市场竞争水平。启动实施"双十工程"，即两年内引进十个投资超亿元项目，实施十个传统产业升级技术改造工程，促进工业结构优化升级。培植壮大新兴产业。依托富方泰药业高起点发展现代医药产业；依托热电联产项目，发展电力能源工业；利用现代生物技术开发地产植物资源和动物脏器资源，发展生物化工业。大力发展工业，以提供现代化服务和创造就业为重点，加快发展服装、包装印刷、家具装饰等都市型工业。同时拓展工业领域，培植新的经济增长点。

2007年，开发区绒纺、食品、冶化、医药产业中一批经济实力强、投资规模大的企业迅速发展壮大，有维信、鲁花两家国家级农牧业产业化龙头企业；有秋林、浩森、双河、恒丰、全得妙、金雪面粉、万野、科河公司八家自治区农牧业产业化龙头企业；大兴、双河、浩森三家绒纺企业进入自治区百强工业企业行列。先后引进四川天河、香港联邦制药、北方联合电力等大型项目，成为巴彦淖尔市经济跨越式发展的引擎。

有入驻企业168户，其中规模以上企业52户。引进实施项目33个，其中新建项目11个，续建项目14个，洽谈培育项目8个。在新建项目上，围绕自治区秋季重大项目集中开工月，组织投资36亿元的平遥龙海大型肉鸡产业化开发项目；投资1.6亿元的亚成羊肠衣深加工项目；投资1.3亿元的佳洋和投资1.2亿元的金草原牛肉加工等4个项目集中开工奠基；投资5.4亿元的康斯特低脂果胶项目；投资4.2亿元的恒丰集团粮油加工项目；总投资16亿元，一期投资7亿元的恒嘉蓝宝石晶体材料项目；此外，新签约的鑫龙绿士顿投资5亿元

的净菜项目；四通华仪投资 3 亿元的风电机组项目；巴山淀粉投资 2 亿元的玉米仓储项目；庆丰元投资 5000 万元的苦生碱项目。在续建项目上，富康荣盛管业、电力设备制造、昌通盛拌合站、三益农业、通达加油站等项目建成投产；美洋洋和鼎业食品项目建成投产；澳菲利、蒙福、创龙伟业、联邦制药废水处理、尤特制衣、天德水处理、蒙元宽等项目顺利推进。

2016 年，继续实行项目包联责任制，帮助企业办理立项、用地、规划、环评、安评、能评等前期手续，推动项目早落地、早开工、早达产。已申报驰名商标 2 件、著名商标 3 件、知名商标 3 件，维信集团、富川饲料、科河种业、美洋洋食品获得市长质量奖。培育企业技术研发中心，京新药业、维信、蒙元宽 3 家企业，被认定为自治区级企业科技研发中心和技术中心；和兴利和冠生园 2 家企业的研发中心被认定为市级研发中心。与华中农大赵剑博士合作成立河套生物研究院有限公司，为农畜产品加工产业向"高、精、尖"发展提供强大的科研支撑。中小企业创业园众创空间被认定为国家第三批众创空间。和兴利食品股份有限公司有望进入上海股交所。向上争取项目资金 6000 余万元，为企业争取专项资金近 4000 万元，帮助恒嘉、美洋洋等企业争取产业基金 1.25 亿元，缓解企业项目建设的资金压力。

第二节　双河区开发建设管理委员会

一、管理机构

巴彦淖尔市双河区位于临河区南部双河镇，西起规划的通宁路，东至朔方路，南起沿黄堤防公路，北至总干渠，东西长约 9 公里，南北宽约 4 公里，规划区总面积 35.7 平方公里。区域内有 14 个行政企事业单位，双河镇 8 个行政村、39 个村民小组，共有农户 2317 户，人口 8516 人。土地总面积 5.43 万亩，其中建设用地 1.26 万亩、农用地 4.17 万亩，共有各类房屋 53.84 万平方米。

2014 年，巴彦淖尔市国土资源双河区分局、临河区执法局双河分局、临河区房屋征收局双河分局及临河区公安局双河分局筹备小组成立。

2015 年，双河区管委会党工委成立，书记 1 人、副书记 1 人、委员 3 人。管委会核定编制 20 人，在岗在编 18 人，领导职数 1 正 4 副，科级领导职数 4 正 4 副，党员 16 人。

二、工程建设

先锋南路、云中大街、河套学院新校区、内蒙古美术职业学院新校区、市委党校新校区、电力综合服务中心职工体能训练馆、市老年综合养护院、植物园 8 个项目全部完工；敕勒大街、河套学院南出口道路、"一校两基地"、五条高压线路整合搬迁工程进展顺利。5 个新建项目中高阙路、三封路、万佳城规划支路全部完工；西贝街、西贝中国菜研究院前期手续全部办理并开工；河套学院新校区搬迁入住。

金川大桥，跨越包兰铁路和总干渠，下穿临策铁路，北起沃野街，南至九原街，全长 1600 米，桥梁全长 932.2 米，桥面宽度 35 米。2011 年 9 月 9 日开工奠基，2013 年 8 月建成通车。

金川大桥

先锋桥及引线工程是继金川大桥建成通车后，加快推进双河区开发建设的又一项重点工程，也是双河区连接临河主城区的又一重要通道。全长 752 米，其中桥梁长 193.42 米，桥梁共 5 跨，主桥 3 跨，结构为中承式系杆拱桥，主桥宽 45.1 米，引桥宽 38.1 米。2014 年 10 月启动，2017 年 9 月通车。

河套学院新校区

河套学院新校区坐落于黄河北岸，总干渠南侧，毗邻黄河湿地公园、多蓝湖，设计为低密度、花园式学校，以汉唐风格为建筑基调，突出绿色生态校区，体现恢宏、凝重、大气的学校氛围。从2013年起，启动河套学院新校区建设项目。新校区总占地面积约1146亩，规划设计建筑面积约25.9万平方米，项目涵盖单体建筑31栋：1栋行政楼、1栋图书馆、1栋学术交流中心、1栋科研楼、8栋学院楼、15栋宿舍楼、1栋学生后勤服务中心、1栋体育馆、1栋艺术中心、1栋体育训练中心及附属设施组成。

2016年，重点建设工程累计总投资约19.05亿元，先锋新桥及引线工程，工程概算总投资2.1亿元，累计完成投资1.7亿元；河套学院新校区工程，工程总投资10.2亿元，建筑面积25.9万平方米，累计完成投资3.6亿元；内蒙古美术学院新校区，总建筑面积9.9万平方米，概算投资2.98亿元，完成投资1000万元；电力设施项目，其中总投资1.14亿元的马场地新建110千伏变电站项目全部完工，并通过验收开始送电运营；总投资1.43亿元的电力线路搬迁改造工程已完成工程量的70%，约1亿元。建设市综合老年养护院，完成投资8000万元。

三、管理工作

双河开发区严格规范征收程序，依法依规开展先锋新桥、先锋南路、敕勒大街、河套学院新校区及南门景观大道五个项目的土地房屋征收工作，征收土地712亩；征收房屋78户（包括鸡场），计3万平方米，完成任务的75%，支付补偿资金近1.6亿元。以建设低密度、高绿量的教育、旅游、养老基地的发展思路，对部分项目适时进行调整和修改，并列入新增建设用地计划；完成美术学院、"一校两基地"项目土地报批，黄河防洪工程组件上报，临河城区周边永久性基本农田划定和土地卫片执法检查等工作；加大执法和宣传力度，综合运用航拍实录、影像监控等科技手段，坚持24小时巡查，对规划范围内建筑物及土地实行全方位、立体式管控，私搭滥建、抢栽抢种得到根本遏制；对美丽乡村建设中的危房翻建，逐户照相、测量、归档管理，对沿黄沿线"四堆"、规划区内废土废渣倾倒、道路工程损坏路面、绿化等行为，进行全程监督管理和综合整治。

四、项目融资

双河开发区落实项目资金3.2亿元，其中内蒙古自治区电力总公司电力项目投资2.6亿元、棚改资金5000万元、农发行雨水管网信贷基金1000万元；与恒大集团、嘉里集团、碧桂园、鸿达实业、北京建工集团、太平洋建设集团等20余家企业招商洽谈，采用政府购买服务模式或者PPP模式筹措建设资金；完成国开行、农行贷款项目十五条道路所需的立项、规划、土地等前期手续，并配合市城投公司，完成项目的承接方招标工作；配合滨河公司、畅通公司推进银行贷款13.26亿元。

第二十二篇
乡镇企业与非公有制经济

第一章 乡镇企业

第一节 基本情况

一、发展情况

临河市乡镇企业是在原社队企业的基础上发展起来的，由于底子薄、基础差，一度陷入举步维艰的境地。改革开放以后，乡镇企业逐步走上协调运行的良性发展轨道。

1997年，临河市乡镇企业总量跃居自治区87个旗县（市）的第三位，保持巴彦淖尔盟第一，成为临河市农村经济的主要支柱和国民经济的重要增长点，形成以建筑、建材业、农副畜产品加工业为龙头，种养业为基础，运输商饮服务业等第三产业为两翼，种养加一条龙，贸工农一体化，涉及7大行业18个工业门类，可生产100余种产品的生产经营格局。到1997年底，全市乡镇企业发展到14260个，从业人员52465人，完成现价总产值43.1亿元，实现利税60750万元，完成实入库地方工商税5102万元，产值超亿元乡镇、办事处11个，产值超亿元村6个，产值超千万元企业30个，全市农牧民从乡镇企业人均获得纯收入756元。

1998年12月底，临河市乡镇企业总数16013个，比上年增加1807个，增长12.7%，其中集体企业332个，个体私营企业15681个。从业人员67282人，新增就业人员14817人。完成现价总产值51.7亿元，比上年增加8.6亿元，增长19.8%，其中工业完成现价总产值24亿元，比上年增加3.3亿元，增长15.8%。完成营业收入50.3亿元，比上年增加10.3亿元，增长25.6%。完成现价增加值12亿元，比上年增加3.9亿元，增长48%，其中完成现价工业增加值5.5亿元，比上年增加1.4亿元，增长35%。实现利润6亿元，比上年增加0.52亿元，增长9.3%；完成国家税金9605万元，比上年增加1100万元，增长11.7%，其中完成实入库税金5703万元，比上年增加601万元，增长6.7%。

1998年，临河市乡镇企业产值超亿元的乡镇、办事处13个，产值超亿元的村8个，产值超千万元的企业34个；乡镇企业实入库税金超50万元的乡镇、办事处21个，超百万元的乡镇、办事处14个；乡镇企业人均为农牧民提供纯收入1017元。全市筹集乡镇企业发展资金3亿元，其中自筹1.6亿元，引进8048万元，银行贷款4958万元，上级扶持资金366万元；新上、技改（扩建）项目62项，其中投资100万元以上22项，200万元以上1项。

1999年12月底，全市乡镇企业总数16118个，从业人数70412人。全市乡镇企业完成现价总产值57.5亿元，比上年同期增长11%，其中工业企业完成产值27亿元，比上年同期增长12%；完成增加值15.6亿元，比上年同期增长25%；完成工业增加值 6.6 亿元，比上年同期增长 18%；完成营业收入 56.9 亿元，比上年同期增长 13%；实现利润 7.3 亿元，比上年同期增长 20%；完成实入库税金 6551 万元，比上年同期增长 14%；农民人均从乡镇企业获得纯收入 1080 元。全市筹集乡镇企业发展资金 47351 万元，其中自筹 27018 万元，引进 13289 万元，银行贷款 6703 万元。全年技改（扩建）项目 19 项，新上项目 151 项，其中投资 200 万元以上 8 项，100 万元—200 万元的 9 项，50 万元—100 万元的 16 项。

2000 年，全市乡镇企业总数发展到 16120 个，从业人员 73847 人，完成现价总产值 68.5 亿元，占年计划的 101%，其中工业总产值 33.1 亿元，占年计划的 107%；完成增加值 18.1 亿元，占年计划的 101%，其中完成工业增加值 8.3 亿元，占年计划的 107%；完成营业收入 67.1 亿元，占年计划的 100%；完成实入库税金 6951 万元，占年计划的 100%；农民人均从多镇企业获得纯收入 1140 元。全市筹集乡镇企业发展资金 50444 万元，其中自筹 27894 万元，引进 14528 万元，贷款 7670 万元，其他 352 万元；新上、技改（扩建）项目 162 个，其中新建 106 个，技改扩建 56 个。

二、成绩与荣誉

1991 年，隆胜乡瓜籽厂的"话梅瓜籽"、马场地果脯厂的"黄太平"果脯，获得自治区那达慕大会铜奖。临河市蜡光纸厂"宽达牌"蜡光纸、曙光乡临津日化厂的"拦河牌"洗衣粉、曙光乡挂帘厂的"福光牌"铁芯珠式挂帘，分获自治区优秀新产品奖，又被国家名优特新产品精神评审委员会选为名优特新产品。临河市乡镇企业局被评为"质量品种效益"先进单位。

1992 年 3 月，"曙光"牌葵仁、"阿里山"牌瓜籽、"拦河"牌洗衣粉、"话梅"牌瓜籽、"二狼山"牌黄太平果脯、"宽达"牌蜡光纸，获全国中小企业成果展览会奖。6 月，"二狼山"牌黄太平果脯、"宽达"牌腊光纸、"福光"牌铁芯珠式挂

帘，在全国星火项目向西部转移会上获金奖。

1993 年，"曙光"牌葵仁、"阿里山"牌瓜籽、"拦河"牌洗衣粉获全国中小企业成果展览奖。1993 年底，临河市曙光乡乡镇企业总产值 10180 万元，成为巴彦淖尔盟第一个乡镇企业总产值突破亿元的乡镇。

1994 年，城关乡建筑公司总经理张清河、城关乡造纸厂厂长白存久被评为自治区乡镇企业优秀企业家。1994 年 11 月底，城关乡乡镇企业产值突破亿元，成为临河市第二个乡镇企业产值突破亿元的乡镇。

1995 年，临河市被评为发展乡镇企业先进旗县市，临河市乡镇企业局被评为发展乡镇企业先进单位。

1996 年，临河市被评为自治区发展乡镇企业先进旗县市，市乡镇企业局、曙光乡曙光村被评为自治区发展乡镇企业先进单位，白存久被评为自治区优秀企业家，高建荣、刘贵成被评为企业家。

1995—1997 年，狼山、小召、马场地、八一、乌兰、新丰、隆胜、车站办事处 8 个乡镇办事处产值突破亿元。临河市经济开发区产值也突破亿元。

1997 年，临河市获自治区发展乡镇企业总量第三名；临河市乡镇企业局被评为自治区发展乡镇企业先进单位；曙光乡曙光村获自治区发展乡镇企业行政村总量奖。高建荣、刘贵成被评为自治区优秀企业家；张加明、马宇龙、杨永亮被评为自治区企业家。临河市经济开发区申报国家级乡镇企业工贸小区获得成功。

1998 年，临河市乡企局组织参加在集宁和大连市举行的全国 8 省区和北方地区乡镇企业产品展示、展销及经贸洽谈会，扩大临河市乡镇企业产品的知名度，到 12 月底，全市乡镇企业引进项目 19 项，引进资金 8048 万元。同时，通过给企业挂牌和建立包扶联系制度，为企业解决流动资金 90 多万元，介绍和引进客户 15 家，帮助推销价值 1400 多万元的产品。临河市绒毛产业协会正式成

立，解决了绒毛企业之间各自为政、抢购原料、哄抬价格的矛盾，推动临河市绒毛加工企业进一步发展壮大。

1999年，全市引进项目发展资金7090万元。引进项目25项，与外地客商签订各类意向、协议8项，引进协议资金5029万元。

2000年，网上招商捷报频传，美国、加拿大、河北、上海、黑龙江等（国）地多家企业发来合作意向，洽谈合作项目。在中国东西部合作与投资贸易洽谈会上，临河市与9家企业达成合作意向，协议资金3.4亿元；在山东寿光蔬菜博览会上，临河市就蔬菜生产、加工、销售达成一系列协议；邀请北京农业大学、清华大学、北京化工学院、北京食品研究所等9所大专院校及科研院所专家、教授来临河市召开信息发布会；8月，在自治区首届绿色产品交易会上，临河市引进项目25个，引进项目发展资金8769万元。到年底，丹达乡从湖北、北京等地引进资金3900万元，一个大型植物厂、新上一个大型蔬菜保鲜、脱水菜加工企业和一个鸵鸟养殖场；宇龙羊绒制品有限公司引进美国泰诺福玛公司资金470万美元，新上一条羊绒针织品生产线；八一乡引进700万元，启动两家绒毛加工企业；隆胜引进资金69万元，新上一家网袋厂；小召引进200万元，新上了种养及综合开发为一体的较大型企业。

第二节　内引外联

1992年6月，临河市组织13名乡镇企业办主任和重点企业厂长（经理），到山东潍坊市乡镇企业挂职学习。曙光乡与山东潍坊寒亭区寒亭镇结为友好乡镇、马场地乡与韩国合资创办马隆实业公司、隆胜瓜籽厂与台湾雅兴实业有限公司合资兴建隆兴实业公司。

1994—1996年，曙光、城关、马场地、古城等乡镇企业干部赴山东、河南等地考察学习。1995

年8月8日，巴彦淖尔盟委、行署邀请包头后营子乡党委书记李润生来巴彦淖尔盟做发展乡镇企业的经验报告。小召乡引进河南庆阳县的资金、设备、技术，把原玉米液糖厂技改为玉米淀粉厂。1996年5月中旬—6月中旬，临河市委、政府组织各乡镇党委书记、乡镇长赴北京、天津、河北、山东、河南等地，就乡镇企业专题进行考察学习，与山东、河南等地签订各类意向性协议21项，引进项目5项，引进资金800万元。

1997年，临河市引进项目42项，引进资金6484万元。曙光乡引进银川惠农县资金135万元，对停产多年的乳品厂进行技术改造。引进乌海水泥厂资金258万元，办起年产万吨的水泥厂。八岱乡引进铁路房建段资金，联合兴办大型养殖场。友谊乡引进外地资金办起3个小型企业。八一乡发挥靠110国道的地域优势，引进2家绒毛厂，形成区域内拥有6家绒毛厂的章嘉庙绒毛分梳小区雏形。

第三节　村级集体经济和
个体私营经济

到1998年底，临河市村办企业总数154个，村办企业完成现价总产值3.2亿元，创利税3100万元；新建村社集体果园40个；为20个行政村争取上级专项扶持资金；全市个体私营企业发展到15681个，比1997年增加1925个，成为安置下岗职工和待业人员的重要渠道，完成现价总产值43.1亿元，创利税5.17亿元。

1999年，临河市利用自治区、巴彦淖尔盟、临河市三级专项资金，扶持发展集体经济薄弱村9个，新建村社集体果园16个。全市个体私营企业发展到15834户，新增425户。全市个体私营企业完成产值49亿元，税金6061万元，分别占全市乡镇企业产值和税金的85%和90%，仍然是乡镇企业的主要经济增长点。

第四节 产业结构调整

改造传统产业，积极介入第一产业，优化提高第二产业，突出发展第三产业，抓龙头，扶骨干，加快产业化进程。2000年，新上脱水菜加工企业9家，年加工能力1500吨，可转化各类鲜菜2.3万吨；新上冷藏保鲜气调库1个、冷库3个，开辟农产品增值的新路子；金河套乳品厂、宏宝肉联厂等一批畜产品加工龙头企业，带动畜牧业快速发展；曙光乡花卉种植、丹达乡鸵鸟养殖等特色种养业发展前景良好。2000年底，临河市特种养殖有螃蟹、长毛兔、七彩山鸡、珍珠鸡、宫廷鸡、鹌鹑、肉狗、肉鸽、牛蛙、鸵鸟等十几个种类，填补了市场空白，为加快种、养业结构调整奠定良好基础。

第五节 市场建设

1998年，开发区被国家命名为全国乡镇企业示范小区；八一乡又引进2家绒毛企业，形成绒毛洗、分梳加工的企业小区；曙光乡启动一条商业街，培植个体工商企业256个，为520人提供就业机会，总产值2800万元，创利税674万元。12月，3个乡镇的工贸小区申报自治区级工贸小区。建成曙光建筑装潢材料市场、八一蜜瓜批发市场、新华韭菜批发市场、狼山农贸交易市场等几个大型市场。

1999年，临河市配套设施和相关政策完善合理，生产要素合理流动、优化配置，为商业、饮食业、服务业、运输业等第二产业开辟了广阔天地，推动产业化进程，增加了财政收入和农民收入。

2000年，各乡镇制定出台相应配套政策，鼓励农民进入集镇务工经商，完善小区内各项设施，引导企业向小区集中。4月，份子地农牧业开发小区被评为高科技示范小区，其他乡镇的小区建设也有新进展。在市场建设上，引导城区市场由过去的小而全向大而专方向发展，农村市场由单一型向综合型转变。对八一蜜瓜、丹达番茄等原有的6个专业批发市场，进行相关设施配套完善；小召乡投资15万元，新上瓜果蔬菜批发市场；新华镇投资780万元，兴建半封闭农贸综合市场；曙光乡出资为原有的3个市场和4个行政村配备电脑，开展网上营销；八一乡为200人颁发农民经纪人证书。

第二章　非公有制经济管理

　　临河区非公有制工业企业发展迅速，在活跃市场、增加就业、促进经济发展等方面起到国有企业无法替代的作用，成为推动临河经济增长及构建和谐社会的重要力量。非公有制工业企业大多是中小型企业，创业及管理成本低，市场应变能力强，就业弹性大，在缓解就业压力、保持社会稳定方面发挥了重要作用。2011年，临河区规模以上工业实现增加值80亿元。

第一节　经营情况

　　2002年，临河区37户规模以上工业企业中，有食品工业11户、绒纺工业12户、服装加工2户、非金属矿物制品加工2户、其他行业10户。工业行业较少，主要集中在食品和绒纺两大类，均以当地优质农畜产品原料加工为主，产业结构单一，粗放经营的农耕经济特征明显。

　　临河区非公有制工业企业具有较强地域特色和竞争优势，在金融危机中，非公企业船小好掉头，通过招商引资、开拓市场、开发新产品等灵活手段，多措并举，变压力为动力，将冲击减到最低程度。春雪、浩森等绒纺企业，困难时期不裁员、不减薪，保证职工收入。

　　绒纺工业是临河区的支柱产业之一，全部为非公有制企业，最初以加工无毛绒为主，通过技术改造，逐渐实现分梳、印染、针织一条龙生产，

涌现出如春雪、双河、大兴、浩森、维信等绒纺龙头企业。这些企业成为鄂尔多斯、鹿王等全国著名绒纺企业的重要供货商，维信牌羊绒衫和雪候鸟羊绒衫在全国享有盛誉，临河区因此成为全国著名的绒毛集散地之一。

　　非公有制企业主要集中在肉食品加工、小麦粉、植物油、脱水菜、番茄酱的加工上。恒丰食品公司借助河套地区独一无二的优质富硒小麦，创建著名品牌"恒丰雪花粉"，产品有25种，实现由原材料的初级加工到多元化产业体系的跨越。

　　万野、富源公司是本土最早生产番茄酱的企业，有优质番茄原料做后盾，加上企业不断成长，番茄酱品质大幅提高，产品全部出口销售。产品由最初的大罐包装转变成小包装，更有利于产品的销售和保存。可以说，绒纺和食品工业占据临河地区规模工业的半壁江山，支柱产业优势明显。

　　2007年，临河区建设以利用粉煤灰为主的建材小区，主要生产水泥、粉煤灰制砖、商品混凝土、其他墙体轻型材料。华盛建材、团羊水泥、大兴粉煤灰、博大建材、清河源建材等一大批企业相继建成投产，建材工业成为新型支柱产业，工业经济实现由五大产业向六大产业的转变。到2013年，有规模以上工业中六大支柱产业企业71户，实现增加值82.2亿元。

　　临河区工业经济由单纯的传统产业向六大支柱产业转变，用了12年时间，结构调整成效明显，非资源型优势产业经历从无到有、从小到大的发

展历程，工业行业趋向多元化。

2011年，临河区有规模以上工业企业78户，其中非公有制企业75户，占规模以上工业企业户数的96.1%。非公有制工业企业采取有效措施，通过强化内部管理、调整产品结构和拓展稳固营销市场，克服"后金融危机"对企业的影响，在逆境中稳步增长。

联邦制药有限公司抓住南方同行企业因环境关停倒闭的有利时机，拓展初级产品6-APA生产和销售，投资开辟粉剂、胶囊等产品的深加工项目，延长生产链，提高盈利空间。

富川科技有限公司2009年新建生产线，实现当年建设当年投产目标。

草原宏宝、草原鑫河、小肥羊、美洋洋等肉食品加工企业突出特色清真食品，在全国各地建立销售网络。

2011年，大部分工业产品价格回升，但占据临河区工业经济30%份额的绒纺业，受原绒价格大涨的影响，企业利润空间缩小。针对这种情况，绒纺企业抓内部管理，节能降耗，降低产品成本，提高运营质量，企业整体经济效益稳步回升。

2012年，临河区3户饲料生产企业实现营业收入2.6亿元，比上年增长13.7%；实现利润363万元，比上年增长1.1倍。保牛乳业生产的产品因具有蒙古特色，产品已发展到十几种，其中8项申请专利。2012年2户乳制品企业实现营业收入9688万元，实现利润489万元。因羊肉价格上涨，调动了养殖户积极性，肉食品企业的产品增至几十种，实现产销两旺，产品远销国外，出口量增长，在全国的竞争力也迅速增长。2012年9户规模以上肉食品企业实现营业收入15.2亿元，实现利润1575万元。

2013年，临河绒纺企业发展到43户，其中资产上5亿元的有：春雪、维信、大兴、双治、利一泰5家，占据全国五分之一绒纺加工量，但存在羊绒产量少、收储市场混乱、融资难等问题。

第二节　存在问题

临河区规模以上34户食品工业中，有小麦加工企业2户，植物油加工2户，玉米淀粉加工1户，饲料加工企业3户、乳制品生产企业2户、肉食品生产企业9户、番茄企业8户、脱水菜企业3户，还有金川啤酒、全得妙馍片、娃哈哈和华龙种苗等企业。

主要问题有：一、整体发展水平低，除恒丰、鲁花、巴山淀粉等几户重点企业外，大部分企业规模小，工艺技术装备水平低，创新能力弱，粗加工产品多，深加工产品少，产业链条短，如临河地区的番茄、脱水菜加工企业，属季节性生产企业，生产时间短，产品单一，只有天利食品一家公司生产周期稍长，小包装番茄酱也只在一定程度上提高了产品的附加值；二、市场开拓乏力；三、原料基地建设滞后。

电力、制药工业方面。制药工业在电业局、联邦制药公司两大企业的带领下，对工业经济贡献较大，电业局、联邦制药公司是临河区资产规模最大的工业企业，处于稳步发展阶段。

冶金工业方面。临河有6户冶化工业，4户重工业，对改善临河地区轻重工业结构具有重要意义，特别是西部铜材因生产的阴极铜产量大、价格高，对临河区冶化工业的拉动较明显；亨泰和亨泰一分厂生产的铬铁和硅铁属于有色金属，属于增加值率高的行业，但也是高耗能企业。

第二十三篇
商业贸易

第一章　商　业

第一节　机　构

临河市商业总公司是临河市主管国有商业企业的直属公司，于 1992 年退出政府行政序列，由商业局改组为商业总公司。总公司下辖 11 个分公司，有干部、职工 3200 余名，其中离退休人员 552 人（离休人员 26 人）。

2001 年 4 月，临河商业总公司并入临河市经济贸易委员会，经贸委 1992 年以前称临河市经济委员会，下属第一、第二、第三毛纺厂、丝钉厂、水暖厂、印刷厂、电机厂、果胶厂、国营砖瓦厂、临河市砖厂 10 个企业。后将临河市化工局并入，称临河市经济贸易委员会，下属企业增加了化工局下属的化工厂、元明粉厂、氧气厂、糠醛厂、化肥厂、磷铵厂、硫酸厂和草酸厂。

2002 年 7 月，组建临河市商务局，行使临河市原市粮食局、临河市供销合作社联社、临河市商业局、临河市物资局的全部职能和临河市经济贸易委员会的部分职能。

2005 年 3 月，成立临河区粮食局，在粮食局挂供销社牌子。从此商务局不再行使粮食、供销社的职能。

2016 年 9 月，临河区经信局、商务局、粮食局、供销社、中小企业局、安监局合并成临河区经商信局。

第二节　体制改革

1991、1992 年，临河市重点完善企业承包责任制，对第一轮企业承包工作进行总结，调整产业结构，大胆探索，实施配套改革。

1993 年后，按照企业转换经营机制条例，临河市先后对原临河第一、二、三毛纺厂、氧气厂、电机厂等 8 家企业实行转制。对扭亏无望、资不抵债的原化工厂、元明粉厂、地贸公司依法破产，通过转制重新走向市场。

1998、1999 年，临河市对商业总公司所属企业的改革进行分类指导，并区别不同类型，分批转换企业经营机制。推行了国有民营、民有民营、股份制等改革举措，使国有企业的经营机制发生了根本性的变化，职工得到妥善安置。截至 1998 年 10 月，全商业系统 2602 人签订了买断公职协议书，占应签职工总数的 98.3%，552 名离退休职工全部安置，安置率 100%。为了妥善安置好职工，总公司先后组织 10 次资产转让会，研究解决职工流转问题。根据企业实际，采取不同方式对在职职工进行了安置。与此同时，同银行协商，划出 4 块资产抵还银行贷款。通过各种方式的改革，商业企业实现国有企业与国有机制脱钩，国有职工与国有身份脱钩，加速了国有商业企业进入市场的步伐。

2004 年，临河区粮食流通体制改革完成，按照经济区域重新组建的三个企业业务正常，粮油收购运行良好。

2016 年，经过数年改革构建起来的各行各业在市场中发挥巨大作用，其中与人民生活息息相关的电业企业、装备制造业、药业、化学工业、建材工业、食品加工业、番茄脱水菜加工、纺织服装皮毛加工，供热以及其他工业，不仅全面满足了人民的需求，也成为支撑临河区经济发展的杠杆。

第三节　商业结构

1991 年，临河市筹集 96 万元，完善车站、金川市场配套工程；新建 5160 平方米四季青批发市场，硬化面积 1.67 万平方米。相继扩建百货大楼、供销商场、新建长春蔬菜市场、长青菜市场、民族集贸市场、民族小吃一条街、农畜产品交易市场等大型商贸市场。在各乡镇的交通要道建起十几个区域性专业批发市场。

1992 年，临河市投资 80 万元，完善四季青蔬菜批发市场设施，吸引外地客商来市场批发经营。蔬菜批发旺季，四季青市场日人流量 5000 人，日成交额 3.2 万元，上市蔬菜品种 16 种，日批发量 35 万公斤，促进了全市的菜篮子工程建设。是年，投资 25 万元，改造金川市场通风设备，解决夏季温度过高问题。年底，集市贸易成交额 1.5 亿元，占全市社会商品零售总额的 25%，与上年相比，增加 5%。集贸市场回收各种费用 302 万元，税收 1500 万元。有外地客商 2132 人。随着经济的发展，临河市的商业网点形成以百货大楼、商业大厦、河港商城三家老商场为主，以金川市场（集贸市场）、两条批发街（八一街、农垦街）、两条专卖街（新华街、欧式街）为辅的态势。

1993 年，临河市有集贸市场 19 处，总面积 13 万平方米，总投资 2000 万元，形成区域集贸市场

和镇集贸市场相呼应、综合集贸市场和专业集贸市场相协调、工业品市场和农产品市场相补充、批发市场与零售市场相配备、大中小型集贸市场相结合的市场格局。

1997 年，临河市对金川市场进行改造，架起 2 座人行天桥，打通连接大厦的 7 个通道，使金川市场与商业大厦融为一体，方便消费者购物。与曙光乡联合，在曙光娱乐中心建起室内外建筑装饰材料市场。到 1997 年底，全市有各类市场 37 处，永久型全封闭型或半封闭型综合市场有：金川、车站、民族、新华镇等 9 处；专业市场有：四季青蔬菜瓜果批发市场，农副畜产品市场 6 处；露天市场 19 处。

1998、1999 年，临河市以零售为主的商场形成网络，生产要素市场形成框架，综合性市场初具规模，农副产品、工业产品成交额大幅增长。商业系统配合市场主办单位做好临陕立交桥大型无公害农产品批发市场和四季青批发市场的规划建设和改造工作，协助有关乡镇规范专业市场和特色市场，为全市农产品流通构筑了良好的流通体系，并在长春菜市场二楼建成巴彦淖尔盟首家现代化电子市场。

2016 年，临河区有大型综合零售商业企业：蓝宇商贸大厦、河港商城、商业大厦、国泰超市、富源商厦、百货大楼、国泰大厦、金川购物广场、数码广场、百花商贸、维多利商厦等。胜利路、利民街、八一街、新华街是小商业集中地，所有楼盘周边形成方便快捷的特色商业区，临河区商业一派繁荣。全区共有 9 家便民农贸市场，依据兼顾城区市民的原则，分布在东西南北 4 个方位：四季青蔬菜瓜果批发市场（位于临陕路出入口）、绿都便民市场（位于五一街）、庆丰街便民市场（位于河套大街）、佳和便民市场（位于河套书苑负一层）、车站便民市场（位于胜利路育红街路口）、物华便民农贸市场（位于胜利北路）、铭泽便民市场（位于解放街一中西）、昌盛农贸便民市场（位于巴彦淖尔市党校附近）、锦丰农贸便民市场（位

于新华东街)。

五金机电方面,截至 2016 年,临河区的五金机电商店主要集中在东门原曙光建材城、汽车站南门附近、新华西街和解放西街一带。其中东门原曙光建材城已经形成临河城区五金机电专业市场。从分布情况看,除东门原曙光建材城外,其他商店集中连片后形成小市场氛围的较少,零星分散的商店较多。从经营方式看,纯批发商店约占 10%,纯零售商店约占 30%,批零兼营商店约占 60%。从商店的产权看,产权自主的商店约占 10%,租赁商店的约占 90%。

建材方面,截至 2016 年,临河区有 5 个家居建材市场,分别为国际建材城、红星美凯龙家居生活广场、西部建材城、恒远建材市场、居然之家。

第二章　供销合作社

第一节　机　构

1991年，临河市供销系统有独立核算企业29个，其中基层社19个，市直公司8个，批零商场2个，各类营业网点303个。

1992年，临河市政府下放基层社，至1993年8月，全市共下放17个基层社，市供销社所辖乌兰、干召庙2个基层社，市直公司11个。

1998、1999年，市供销社有企业13个，其中市直公司11个，基层供销社2个。职工总数1483名。1999年底，除交易中心外，系统内还有84名职工没有安置。

第二节　供销改革

临河市供销社是一个以供应农业生产资料、收购农副产品、保障农民日常生产生活的合作制支农服务组织，有健全的组织机构，遍布城乡的服务网络，有完善的营业设施。它以经济活力为纽带，上连市场，下连农民，为繁荣城乡经济，促进农村经济发展起着重要作用，在当时的年代，是临河市农业生产的"后勤部"。

后来，随着国家经济体制由计划经济向市场经济过渡，供销社传统的经营项目受到冲击，供销社在竞争中处于非常不行的境地，出现连年亏损局面，到1991年，累计亏损3983.2万元。

从1997年开始，供销社实行"资产一次处置，债务一次偿清，工龄一次买断，离退休一次安置"的减债卸负办法，到年底，供销社大部分企业资产拍卖完毕，债务基本清偿，离退休人员全部移交社保局，职工大部分得到安置。生产资料公司职工全部买断工龄，交易中心也在转制，供销大楼实行抵贷返租，转制工作取得成效。农业生产资料公司在由计划经济向市场经济转制过程中，及时甩掉包袱，挣脱计划经济束缚，主动参与市场竞争，建立了稳固的购销渠道，1994—1996年，在巴彦淖尔盟生产资料不景气的情况下，连续三年利润超百万元，创造了生产资料史上的奇迹，为保证临河市农业生产起到重要作用。

农副土畜产品是供销社的又一传统经营项目，1991年以前，供销社经营的葵花籽、黑瓜籽占全市总产量一半以上。从1992年开始，由于基层社下放，供销社"分购联销"经营局面被打破，加上个体私营经销的冲击，供销社农副产品的经营额下降。

工业品也是供销社的传统项目，它的服务对象主要在农村，从1991年开始，由于市场放开，个体私营经济的迅猛发展，供销社经营工业品的门点受到冲击。1992年，供销社实行"经营、人员、分配、用工"全部放开的原则，所属门市部租给供销社职工经营，商品一次性卖给职工。从

1995 年开始，供销社开始拍卖门市部、分销店。到 1997 年底，供销社门点基本拍卖完毕，体制实行民有民营。

1998 年，供销社继续进行转制。按照"甩一块，保一块，分流人员，消化包袱"的原则，相继在系统内的 12 个企业开展转制工作，为此成立了转制领导小组，组织实施供销社转制工作，保证工作顺利进行。

1999 年初，供销社又着手对交易中心进行转制工作，鉴于交易中心是绒毛加工企业，银行借贷数额大的实际情况，采取以资产、商品一次性抵贷，企业向银行部门返租的形式，内部推行股份有限责任公司的办法，实现民有民营、交易中心的转制。

生产资料公司的转制工作先走一步，在减员增效的原则下，公司内 390 名职工一次性买断工龄，为了业务需要，公司又返聘了 36 名职工上岗，开展化肥、地膜、农药等农业生产资料组织、供应、服务工作。

在大势所趋的改革条件下，供销合作社既保证农业物资供应，又完成改革目标，为临河市的进一步发展做出了贡献。

第三章 粮油购销

第一节 机 构

1991 年，临河市粮食局改为企业性质，称粮油公司。

1993 年 5 月，新成立多种经营公司，并将议价粮油公司并入，称临河市粮油总公司。公司内设政秘股、农村粮油咨询信息股、审计股、业务股、物价股，增设议价科。

1994、1995 年，成立粮油购销公司，隶属粮油总公司管理。1995 年 4 月 11 日，临河市粮油总公司实行条管，行政业务划归巴盟粮油总公司。

1997 年，粮油总公司下设二级单位有 16 个粮库、供应公司、贸易公司、服务公司、饲料公司、1 个粮油批发市场。内设办公室、行政办公室、政秘科、工作、储运科、统计科、财务科 8 个科室。全系统总人数为 1732 人，其中公司内干部职工30 人。

1999—2001 年，撤销原临河市粮食管理局、临河市粮油总公司，成立临河市粮食管理局、临河市粮油收储公司两个单位。10 月底，粮油系统有在岗人员 15 人。

第二节 收购与销售

收购是粮食部门的基础工作，没有收购就谈不上经济效益的提高，因此，临河市历来把粮食收购工作放在首位，树立长期的收购思想，做到一切工作服从和服务于收购。1991 年，临河市严格收购制度，在职工中开展"假如我是卖粮农"活动，建立健全文明服务设施，增强工作透明度，提高收购效率。

1992 年 8 月 1 日，巴彦淖尔盟放开粮食销售价，取消平价供应。1993 年，临河市 16 个收购库点，15 个单位被评为市计量先进单位，是历年收购工作搞得最好的一年，居全盟首位。

1997 年，根据国家购销政策，为保护农民生产积极性，出台保护价，敞开收购农民手中的余粮，杜绝打白条现象，未发生一起坑农事件。

2000 年，粮油收储公司 16 个粮库全部敞开大门，坚持常年收购，不停收，不拒收，不限收。收购采取集中收购和经常性收购相结合的措施，所收粮油的数量、质量标准比往年增长和提高，为顺价销售提供充足粮源。各粮库在小麦、玉米、油葵等收购工作中，抓质量标准，坚持按标准收购，按标准入库。同时鼓励粮库延伸业务，到外旗县、外盟市开展收购工作，开辟新的收购市场。

粮油销售方面，由于临河市镇供应人口呈现

猛增势头，1991 年供应人口 136824 人，销售 7284 万斤，比巴盟下达计划 5900 万斤超销 1384 万斤，但比 1990 年压销 376 万斤。根据国务院 1991 年 2 月 3 日通知"稳购、压销、调价、包干"八字方针，结合临河市实际，总公司严格控制处地粮票购粮，城镇居民只供应当季口粮，存粮原则不供。粮供站还在平价门市部收购市民节余粮，改变门市部外"交易市场"的混乱局面，增加议价粮源和利润，并在各门市部增加小品种、豆类和粗粮供应，受到群众欢迎。

1992 年 8 月 1 日，巴彦淖尔盟放开粮食销售价，取消平价供应，实行市场调节后，对粮食销售工作是一大冲击。

1993—1997 年，临河市粮油总公司不断探索粮油供应工作的新思路，在做好 20 多个国有民营粮店各项工作的基础上，增设 8 家便民连锁经营店，方便了广大居民，保障了驻军部队的粮油供应。

在 2000 年后粮油销售持续疲软的情况下，总公司采取了统一销售和各粮库自行销售两条腿走路的方法，使粮油销售工作在 2000 年最后 3 个月走出了困境，取得了新的进展和突破。与此同时，为提高河套小麦在全国粮食市场的竞争力，春播季节，公司呼吁并倡导全市小麦品质改良工作，并由公司批发市场承办这项业务。好种出好粮，在后期的多次改良中，河套小麦成为今天的精品。

第四章　物　资

第一节　机　构

1991 年，临河市物资局为物资系统主管局，下设 11 个二级企业：金属公司、木材公司、轻化公司、机电公司、生资公司、建材公司、再生公司、承包公司、狼山物资公司、燃料公司和劳动服务公司。

1992 年，物资局改为物资总公司，保留原物资局牌子。

1993 年，精简行政人员 6 人，撤销审计股等股室，保留、组建财务审计科、办公室、保卫科、工作、团总支。精简下来的人员新组建起物资贸易中心。总公司下属 12 个企业。

1997 年，成立经营部。全公司设有办公室、财务科、市场管理保卫科 3 个科室。

1998、1999 年，临河市物资总公司内设 3 个部门：人事部、财务部、资产部。到 1999 年底，公司留有领导 3 人，工作人员 3 人。

第二节　企业改革

临河市物资局是在销售滑坡、差价减少、效益下降、竞争加剧等诸多现实困难的困扰下进行的企业改革。1996 年，物资公司为了避免企业持续亏损和国有资产流失，按照盟、市两级的企业改革精神，制定出了改革方案。一是调整内部结构，工作人员全部实行聘用制；二是解决人员的分流和债务问题；三是拓宽经营领域，安置下岗职工，投资组建煤建开发公司；四是建立和完善各项规章制度，加强企业内部管理。

为了发挥物资流通主渠道功能，安置下岗职工，物资总公司组建物资市场，截至 1997 年，物资市场运行良好，进场经营的私营、集体企业有 17 家，经营三大类、100 多个品种的物资，受到消费者的好评。后在大环境的影响下，物资经营市场销售冷清，差价减少，竞争加剧。经过数年发展，物资行业逐步融入市场，在市场中发挥作用。

第五章　对外贸易

第一节　机　构

2002—2003年，临河市商务局内设行业管理股，外贸工作归行业管理股负责。

2016年，临河区经商信局设立外贸股，外贸工作归外贸股负责。

第二节　外贸管理

1991—2016年，临河市（区）出口业绩的外贸备案企业商品出口的贸易方式主要有两种：自营出口和代理出口。进出口商品主要以羊绒、番茄、籽仁、脱水蔬菜、肉食品、制药为主。截至2016年底，临河区有外贸备案企业128户，其中绒纺企业28户，脱水菜企业8户，番茄企业有7户，籽仁企业29户，肉食品企业9户，制药、建材、化工等其他企业47户。商品交易方面，2014—2016年，临河区完成进出口总额6.23亿美元，出口产品涉及30个国家和地区，出口市场呈多元化。

临河区的产品认证主要有：ISO09001和HAC-CP食品安全体系认证、ISO22000食品安全管理体系认证、ISO14000环境管理体系认证、国际清真食品马来西亚ARAHALA认证、犹太认证（KO-SHER认证）、有机产品认证、生态纺织品认证。

出口品牌产品有："维信"牌羊绒制品、"雪候鸟"羊绒产品、"佳兵"牌羊绒制品、"三胖蛋"瓜子产品、"李牛牛"和"蒙呱呱"瓜子产品、"万弘"牌脱水菜、"草原鑫河"品牌羊肉产品、"草原宏宝"牌羊肉产品等。

第六章　服务业

第一节　个体私营与社会消费品

1991年，临河市城镇个体劳动者有3500人，1996年为19500人。

从1992年开始，临河市的个体工商户呈稳步发展之势，特别是：一、个体工商业者发展迅速，1987—1996年的9年间，增加了14322人。1992年以来，平均每年增加1450人。二、从事商品流通服务性行业的占主导地位。在全市城镇个体工商户中，从事工业生产的个体户占个体工商业者总户数的12.55%，交通运输业的占4.62%，修理业的占8.95%，其他的占5.52%。由此可见，商品流通、服务性行业占主导地位，生产性行业所占比重不多。三、在城镇个体工商业者中，商业个体劳动者最多，其次为工业、饮食业、服务业、修理业和交通运输业。四、城镇个体工商业者的迅速增加，缓解了城镇青年就业的问题，扩大了就业渠道。五、个体工商业者的收入差距较大。1990年，个体工商业者的年均收入为3633元，其中建筑业个体劳动者收入最高，为6900元。其次是商业、修理业效益较差，少数从事钟表自行车修理的个体户仅能维持温饱。六、临河市城镇个体工商业户的经营规模较小，以个人独立经营和家庭经营为主，个别行业有请帮工带学徒的情况，户均从业人员1.26人。

第二节　私营企业

到1994年，全市私营企业有262户，成为临河市经济发展中的一支重要力量，其特点为：一、发展迅猛。1990—1994年的4年间，私营企业增加了169家，平均每年新增私营企业12家。二、雇工比例不大。私营企业户均雇工8.69人。三、私营企业与个体经营者相比收入高6000—10000元；工业和商业次之，年收入4000—8000元；服务业、修理业和其他行业收入不稳定。私营企业雇工的收入差别不大，年收入基本为800—1200元；建筑业收入较高，每人每月收入为150—300元。

第三节　流通服务

截至2007年，随着临河区流通业产业化程度的不断提高，带动批发零售业发展加快，行业规模日益扩大，行业优势日渐显现。从行业结构看，1998年的批零贸易业零售额是4.42亿元，2007年为22.06亿元。从增量上看，批发和零售业与零售总额同步增长，对社会消费品零售总额增长的贡献率从1998年的44%增加到2007年的70%，成为市场商品销售的主体。另外在几年的市场竞争中，涌现出一批规模大、市场竞争能力强的骨干企业，它们充分发挥规模大、环境优、信誉好的优势，成为城乡居民的首选消费场所，在竞争中领跑消费品市场。

随着生活水平的提高、生活节奏的加快、生活方式的创新、居民外出就餐频率的提高，加之各种公务、商务活动频繁，餐饮业零售额一路走高，保持持续快速增长的态势，在零售总额中的市场份额不断扩大。住宿和餐饮业零售额1998年为2.98亿元，到2007年实现零售额6.7亿元，年均增长25.2%，成为拉动消费市场快速增长的生力军。

第四节　社会消费

1991—2015年，临河市（区）社会消费零售

总额合计7997022.5万元。

2007年，随着市场经济体制的确立，多种经济成分、多条流通渠道、多种经营形式并存的消费市场体系日渐形成。在国家一系列扩大内需、活跃经济的宏观调控政策的持续作用下，临河区消费品市场规模不断扩大，批发零售和住宿餐饮业法人单位有300户，从事批发零售和住宿餐饮个体经营户有1.15万户，社会消费品零售总额30.6亿元。随着金川贸易大厦、蓝宇大厦、国泰大厦、国际建材城、巴运物流中心等重点项目的建成，客商云集临河，城乡市场活跃，商品货源充足，城乡居民收入稳步提高，购买力明显增强。

表23-6-1　　　**1991—2015年临河市（区）社会消费零售情况表**　　　单位：万元

年份	社会消费零售总额	年份	社会消费零售总额
1991年	36972	2004年	183586
1992年	41057	2005年	216999
1993年	5.2	2006年	257004
1994年	51581	2007年	305807
1995年	74036	2008年	382912
1996年	4944	2009年	475006
1997年	92388	2010年	62104
1998年	101331	2011年	687821
1999年	107723	2012年	793075
2000年	117575	2013年	893718
2001年	128387	2014年	996049
2002年	144417	2015年	1102098.3
2003年	160427		

第二十四篇
旅　游

第一章　景区级别

第一节　机　构

2006 年 11 月，临河区旅游局成立，正科建制，内设办公室、旅游促进股、质量管理股和旅游质量监督管理大队。核定编制 5 名，实有工作人员 8 人，其中局长 1 人、副局长 1 人、工作人员 6 人，其中局长、副局长从临河区行政单位在编在岗人员选调，2008 年全部选调到位，工作人员从人才储备中分配，2008 年分配 1 人，2009 年分配 2 人，2011 年分配 1 人，社区民生志愿者 1 人。

2016 年机构改革，临河区旅游局与临河区文化体育局合并，成立临河区文化旅游局，旅游局成为区文化旅游局的二级单位，更名为临河区旅游服务中心，编制 4 人。

第二节　景区级别

临河区的 A 级景区数量由 2008 年旅游局刚成立时的 1 家（AA 级景区），发展到 2016 年 10 家（AAAA 级 1 家、AAA 级 3 家、AA 级 6 家）。

2016 年，临河区有旅行社 21 家，星级饭店 6 家，国家 AAAA 级景区 1 家，国家 AAA 级景区 3 家，国家 AA 级景区 6 家，自治区休闲农牧业示范点 1 家，五星级乡村旅游接待户 2 家，四星级乡村旅游接待户 3 家，指定旅游产品销售企业 3 家。每年举办国际马拉松、河套猪宴节、冰雪旅游节、冬捕节、河套文化节、河套灯会、全国奇石节、全国保健啤酒节等大型节庆活动，成为内蒙古西部较大的旅游集散地。

打造新华镇养心小镇、万丰村、富强村、民主村四组、酒庄老镇等一批特色旅游村镇。富强村 2016 年被 CCTV7 农业频道评选为全国十大最美乡村。建设蒙元文化风情街、七彩文化街等一批特色街区，推进总干渠风景带、永济渠风景带、临份线风景带和环主城区乡村旅游黄金线"三带一环"建设，打造沿黄公路滨水体验、沿二黄河运动休闲等主题游览廊道，推动不同风格、不同特色的片区组团发展，构建"水、陆、空"立体观光、"环境、景观、文化"深度交融的大美临河旅游画卷。

2016 年，临河区接待游客 131 万人次，旅游收入 13.8 亿元。

第二章 自然景区

第一节 青春湖旅游景区

青春湖旅游景区位于临河城郊，占地面积40公顷，湖水面积25公顷，陆地面积15公顷，湖水深度1—2.5米。有游泳场、茶吧、冷饮烧烤场、餐厅等场所，餐厅可容纳500人就餐，景区可接待游客2000人。景区主要有餐饮住宿区、休闲娱乐区、林果采摘园、休闲垂钓区4个旅游功能区域，是集观光农业、农家体验、休闲娱乐、住宿餐饮、养殖采摘为一体的旅游休闲去处。2012年12月被评定为国家AA级旅游景区。

第二节 镜湖景区

镜湖景区位于临河区北郊，是城市水源地项目，经过改造，成为集旅游、观光、休闲、度假、娱乐为一体的综合型生态旅游区，占地面积755公顷。分为水源地建设与保护和湿地治理两大工程，对于调节和改善临河城区气候、气象条件，保护城市水源地，保障城市供水和饮水安全，具有十分重要的意义。2005年12月，被评为国家AA级景区。

第三节 海德堡金马旅游度假村

海德堡金马旅游度假村位于临河区白脑包镇公产村，度假村以沙幽水静景秀、乡土风情浓郁为特色、以中国传统吉祥文化为文脉的城郊型生态旅游区，集水上娱乐、沙滩健身、静心垂钓、农家菜肴、休闲度假等功能于一体，可满足游客回归乡村自然风光，感受河套地方文化，享受水上休闲度假的目标。重点开发水上游园、沙滩健身、田园观光、餐饮等项目。占地300公顷，水域100公顷（天然淡水湖）。

第四节 昭君湖旅游景区

昭君湖旅游景区（原张连生海子）位于干召庙镇民丰村。景区四周均为农田和村庄，无厂矿企业污染。昭君湖由大、小两个海子组成，大海子水面面积46.6公顷，小海子水面面积6.66公顷。

第五节　章嘉庙海子

章嘉庙海子湿地恢复生态旅游项目，是临河区确定的 2017 年 12 项城建和民生重点工程项目之一，2017 年 6 月底完工。项目规划总面积 56.7 公顷，总投资 3 亿元，项目建设包括湖面改造、景观绿化、园路广场铺装、园林给排水、景观照明、休闲设施等。结合当地历史文化，高起点、高标准规划，使章嘉庙海子湿地生态旅游区成为巴彦淖尔市的综合型生态旅游观光区。

第三章　人文景区

第一节　黄河河套文化旅游区

黄河河套文化旅游区面积 35.2 平方千米，是巴彦淖尔市最大的开放性湿地旅游区、国家级龙舟赛赛点、国家级水利风景。2014 年被评为国家 AAAA 级旅游景区，是自治区重点创建的 14 个品牌景区之一。景区以"总干渠"为轴心，按照"三带五区"的总体布局，打造集观光休闲、文化体验、湿地度假于一体的综合性旅游景区。"三带"即黄河生态景观带、总干渠休闲观光带、永济渠生态景观带；"五区"即河套文化观光区、河套文化体验区、河套文化度假区、河套文化养生区、河套湿地运动区。

景区包括湿地公园、黄河水利文化博物馆、黄河观凌塔、酒庄老镇等主要景点，全方位、多角度展示几千年来黄河文化、草原文化、农耕文化和移民文化在河套地区聚集、融合、传承、积淀的历程，充分展现了河套文化兼容并蓄的独特魅力。景区成功举办多次全国性的龙舟赛、公路自行车赛等赛事，成为巴彦淖尔旅游业的名片。

第二节　巴彦淖尔市地质博物馆

巴彦淖尔市地质博物馆位于临河区新华西街

南、河套公园西侧，是巴彦淖尔市第一个面向公众开放的自然科学博物馆。博物馆于 2011 年 6 月底完成全部布展工作，博物馆建筑面积 300 平方米，布展面积为 4100 平方米。巴彦淖尔市财政投入博物馆基础建设资金 1500 万元，博物馆内部布展资金 900 万元，地方配套资金合计 2400 万元。矿物标本专项补助资金 90 万元。2011 年 7 月 3 日博物馆对外免费开放。根据国土资源部《关于开展第六批国家地质公园申报审批工作的公告》，国家地质公园评审委员会于 2011 年 11 月 11 日—14 日，组织召开了第 6 批国家地质公园资格评审会。根据评审结果，2012 年 4 月 23 日国土资源部授予巴彦淖尔地质公园建设国家级地质公园资格。博物馆于 2012 年 12 月被自治区旅游局评定为 AAA 级旅游景区。开放期间接待游客近 20 万人，其中包括社会群众、单位团体、中小学生、儿童、留学生、国外友人等。博物馆共分 3 层 3 个展厅，一楼恐龙王国展厅主要介绍巴音满都呼地区的恐龙和恐龙足迹，二楼地质展厅主要介绍地质特征和河套文化，三楼矿产资源展厅展示巴彦淖尔市矿产资源。

第三节　浩彤现代农业示范观光园区

浩彤现代农业示范观光园区位于临河区干召庙镇永丰村五组，总占地 1733.3 公顷，其中现代设施旅游观光集中展示区占地 142.3 公顷，是集旅游观光、生活购物、休闲娱乐、科普教育、餐饮娱乐、现代农业科技示范、农产品加工储藏交易物流配送功能于一体的农业生态旅游观光园区。

浩彤现代农业示范园区被国家农科院确定并挂牌为中国农科院巴彦淖尔农业高新技术示范基地，被巴彦淖尔市和临河区确定为现代设施农业观光示范区，2012 年 12 月被评定为国家 AA 级旅游景区，2016 年 12 月被评定为国家 AAA 级旅游景区。

第四节　甘露寺

甘露寺位于临河区新华镇哈达淖尔村，占地东西 163.5 米、南北 217 米、面积 35479.5 平方米，合 3.55 公顷，是内蒙古西部较大的汉传佛教寺庙。原名观音茅蓬寺，俗称常素庙。1926 年，由冯家圪旦农民裴三之子裴金锥所建，寺庙后遭破坏。1996 年，经临河市人民政府批准恢复正常活动，更名为"甘露寺"，并逐步重建，初具规模。寺庙建筑布局严谨，组合别致。遵循唐、宋佛教规范，融合明、清皇宫群体建筑风格，坐北朝南，轴线南北正殿三重，最前有山门殿 5 间，单层翘角，雕梁画栋。两边配有库房、流通处等 14 间。山门前两侧，雕有 2.5 米高的石狮 1 对，山门门楣上镌有"甘露寺"匾额，为著名书法家、中国佛教协会副会长刘炳森书写。进入山门，两边是仿天坛式钟鼓楼两个，房檐斗拱，建造别致。中轴线第二重建有圆通宝殿，单层翘角，仿明代建筑。内供千手千眼大悲观世音菩萨，工艺精湛，法相庄严。第三重是大雄宝殿，为双层翘角，歇山式屋顶，檐下斗拱密致，翘角悬铃，随风作响。重檐中间悬挂贴金"大雄宝殿"匾额，出自全国政协原副主席、中国佛教协会会长赵朴初之手，字体刚劲秀美，古朴典雅。殿内中央供奉华严三圣，中为释迦牟尼佛，东为文殊菩萨，西为普贤菩萨。释迦牟尼佛身高 4.5 米，佛座高 4 米，背光高 8 米，用香樟木精雕细刻而成，工艺精湛，法相庄严。殿内两侧雕有 2.5 米高的十八罗汉站像，神态各异，活灵活现。佛像背后为海岛观音，慈祥端正，栩栩如生；两侧协侍善财、龙女；墙壁上雕塑着财童子，纯真活泼，神态逼真。正殿两侧建有厢房配殿，自北而南，东有斋堂、伽蓝殿，西有学堂、祖师殿、功德殿。殿堂外环，东有讲经堂，堂内供缅甸玉佛一尊，精雕细刻，法相庄严；堂内置藏经柜四个，收藏《大藏经》一部 48 函，各种经卷千册，壁上挂有名家字画数十幅。西边建念佛堂 5 间，佛堂供阿弥陀佛，佛前置禅凳、拜垫、香案、法具，乃僧人念佛清修之处。

第五节　慈云寺

慈云寺位于临河区新华镇，创建于民国 26 年（1938 年），当时是一位张姓的善人变卖家财建起的 2 座土房。张善人预言，寺院以后将得逢大德高僧，在该寺广传圣教，绍隆佛祖家业，当时为汉传佛教寺院。1945 年曾增修大雄宝殿等 3 座佛殿，后由于年久失修，遭遇破坏，3 间佛殿也几近破败。1982 年改革开放以后，由妙金老和尚在原址上建起 1 座 430 平方米的观音殿和 1 座 88 平方米的山门。2001 年，应广大汉信众虔诚祈请，具德金刚上师玖美俄萨活佛远从藏地来坐床慈云寺。

寺院由山门、观音殿、龙树殿、地藏殿、米拉塔、密宗院、财神殿、二僧院和在建的本尊殿、三身殿组成。山门为秘檐式建筑，山门正中塑大肚弥勒佛像。

第六节　四季青农业高科技生态园区

四季青农业高科技生态园区是内蒙古财政厅支农重点项目，项目建设总规模 133.3 公顷，其中果园面积66.6公顷，挂果面积33.3公顷，保护地20公顷，畜牧养殖地、小海子、小沙丘13.4公顷。生态园是以生产绿色无公害农畜产品为主，以绿色理念精准农业为主线，坚持绿色标准、建设绿色基地、发展绿色产业、培育绿色市场、打造绿色品牌，通过标准化生产项目，辐射带动临河区绿色无公害农畜产品基地建设。集种植业、养殖业、林果业、水产业、观光旅游业、休闲度假、餐饮住宿、文化娱乐为一体的生态园区。内蒙古四季青农业高科技有限公司于2007年4月注册，注册资金520万元，是独立的农业高科技企业，主要以设施农业、林果、蔬菜、瓜类、花卉、渔业和畜禽养殖为庄。

第七节　河套文化博物院

河套文化博物院位于巴彦淖尔市文博中心，建筑面积6.4万平方米，其中河套文化博物院建筑面积2.9万平方米，是一座极具特色的大型历史文化博物院。河套文化博物院陈列分文化生态篇、先人演进篇、岩刻春秋篇、青铜铸史篇、长城嬗替篇、水利开拓篇、文化升华篇7个单元，展出文物5000余件套，图片523幅，制作景观54处，集中展示了河套文化萌生、发展、成熟、兴盛的历史全貌。

第八节　浩澎现代农业观光园

浩澎现代农业观光园位于乌兰图克镇，占地面积1905亩。建设接待服务区、滨水景观区、商务度假区、和谐生态体验区、设施农业示范区、高新技术产业示范区，是一个集观光、休闲、餐饮、住宿、娱乐、度假为主题，文化性、互动性、参与性、体验性于一体的农业生态观光区。2012年12月，被评定为国家AA级旅游景区。

第九节　巴彦淖尔市青少年科技馆

巴彦淖尔市青少年科技馆于2011年8月18日成立，位于巴彦淖尔市文博中心，2012年11月23日正式向公众开放。建筑面积约5000平方米。设有3厅2院1室，分别为序厅、儿童科技乐园展厅、科技智慧园展厅、科普剧院、4D科普影院和青少年科技创新活动室，可同时容纳500人参观。2013年12月，被评定为国家AA级旅游景区。

第十节　古城遗址

临河古城，建于汉武帝元朔三年（公元前126年），位于新华镇（曾名古城镇古城村）古城疙旦。汉朝时为匈奴首领头曼单于的都城；西汉王朝代恭王刘登之子刘贤的侯邑，为西汉王朝400个侯国之一，唐朝曾一度为西受降城。古城近方形，东西850米，南北800米，为土质版筑。古城南北墙中部有门，门有瓮城门向东开。古城四角有观烽火的角楼遗迹。曾出土银瓮一口，内盛金银首饰、珠宝、金质沙冠等，还发现大量的汉砖、陶瓷、铁线。城内东北角曾出现很多铁块，铁块上有圆形硬币样，上有"乾祐通宝"字样，疑为一造币场所。

第十一节　八一乡古城遗址

八一乡东3千米处公路北侧，有一座汉代古城遗址。此城南北长约450米，东西宽210米，平面呈"目"字形。城内东北部和中部有两处台地，为古城的建筑区，出土大量砖瓦和陶器残片。城正北2千米处有汉代砖石墓葬群。

第十二节 临河烈士陵园

为祭奠巴彦淖尔地区革命斗争中牺牲的革命烈士，1993年，在临河城西郊陵园占地10.5公顷，建临河烈士陵园。烈士陵园占地5000平方米，是市区两级爱国主义教育基地。

第十三节 临河烈士纪念塔

为纪念1928—1951年在巴彦淖尔地区革命斗争中牺牲的革命烈士，和在中国人民解放事业和抗美援朝保家卫国战争中献身、而未能留下姓名的河套儿女，1984年开始在临河城内人民公园内建立临河人民公园烈士纪念塔，1985年7月1日建成。

第四章　旅游公共设施

第一节　旅游饭店

2010年，临河区发动和鼓励旅游饭店争创星级饭店，把创建中高星级旅游饭店作为打响旅游品牌、提升旅游服务的一项重要任务，提高宾馆饭店行业的星级品牌意识和打造品牌饭店的积极性和主动性。坚持"高标准、高水平"原则，按照"量上有突破、质上有提高""创星标准就高不就低、创星饭店能多就不少"的创建思路，提高城市的综合素质和城市品位。

2012年，临河区旅游局在临河区公安局、临河区卫生监督所等部门的配合下，完成临河区住宿设施情况普查，登记各类宾馆旅店301家，其中星级饭店7家，大型宾馆、经济型酒店121家，快捷酒店3家，培训中心1家，招待所、旅店140家，会所及洗浴中心19家，景区及农牧渔家乐10家，登记客房数8567间，床位数15574张。

2016年，临河区有星级饭店6家，其中四星级饭店1家，三星级饭店3家，二星级饭店2家。6家星级饭店有客房738间，床位数931个。年底撤销1家饭店的星级饭店称号。

第二节　旅行社

2016年，临河区有旅行社21家（国际旅行社3家、国际旅行社分社7家、国内旅行社及分社11家），旅游集散中心1家，旅行社门市部11家。

临河区旅行社设立的初审、旅行社分社备案登记、旅行社服务网点备案登记、旅行社年度考核、二三星级饭店的初审及年度复核5项非行政许可事项，由临河区旅游服务中心承担。

第三节　旅游购物

2016年，临河区旅游商品市场采取"小商品、大产业"的发展方式，利用丰富的农畜产品资源，重点开发和生产体现临河区特色，具有纪念性、艺术性、珍藏性、便携带的商品。临河百货大楼、河港商城、国泰大厦、蓝宇大厦、维多利等购物广场，购物环境优美，规模较大。七彩文化街和蒙元宽旅游商品旗舰店、游牧一族购物店、三胖蛋瓜子、维信羊绒制品等特色旅游商品购物店，更是游客购物的好去处。特色旅游产品有：

一、肉苁蓉

肉苁蓉被誉为"沙漠人参"，独特的地理环境和气候条件，使生长在这里的肉苁蓉个大、肉厚、味甜，肉苁蓉干燥后的肉质茎的药用价值很高，味甜、性温，有补肾阴益精血、润肠通便之功能，对治疗妇女不孕、腰膝发软等症有良好的功效。

游牧一族是临河区肉苁蓉生产销售的代表性企业，是巴彦淖尔市旅游局定点旅游商品销售单位，经销部位于新华东街，主要经营：原生态礼盒、肉苁蓉黄精茶、苁蓉果糕、活体肉苁蓉礼盒。还经营牛肉干、奶制品、手延面、奶酒、瓜子、杂粮等系列特产。

二、河套蜜瓜

河套蜜瓜又称华莱士瓜。正宗的河套蜜瓜外形溜圆，标准瓜重0.5千克左右。色泽黄，集梨、苹果、蜜桃、香蕉的味道于一身，醇香甘甜，为瓜中珍品。河套得天独厚的沙土、光照、温差等自然条件，使蜜瓜色、香、味俱全，久负盛名，远销北京、天津、上海、广州、深圳等地。

三、番茄制品

因巴彦淖尔土地资源丰富，日照时间长，光照充足，降水少，空气相对湿度低，雨热同季，昼夜温差大，有利于番茄生长，所以本地番茄的番茄红素含量高达10毫克/100克以上，高于国内其他产地；番茄可溶性固形物含量达到6%以上，番茄酱酸甜适度、口感好，主要销往国外市场。

四、黑瓜籽

临河区的籽瓜（黑瓜籽）每年种植面积30万亩左右，占总播种面积的5.9%，占经济作物面积的18%。

五、苹果梨

苹果梨系北方寒温带地区名贵果品之一，在临河区种植已有30多年历史，因其外形丑又称"丑梨"。临河区的苹果梨品质好、长势旺，平均单果重204克，最大果重850克。果皮呈黄绿色，肉质细嫩清脆，果汁含量多，糖分高，有香味，且皮质好，耐贮藏，贮后风味更佳。

六、羊绒制品

二狼山白绒山羊是绒肉兼用的优良地方品种，主要产地为阴山山脉一带。二狼山白绒山羊的绒毛洁白光亮，柔软整齐。所产羊绒具有轻、暖、软等特点，是毛纺工业的上等原料，在国际市场上享有较高声誉，也是临河区打入国内外市场的拳头产品。绒纺产业是临河区重要的优势特色产业，主要集中在临河经济技术开发区，有绒毛加工企业53家，规模以上30家，取得进出口自营权的12家。其中国家级龙头企业1家（维信），自治区级龙头企业4家（双河、浩森、春雪、大兴）。2016年底，绒纺企业固定资产25.3亿元，无毛绒加工量在全国旗县区中占第一位。临河区是全国最大的无毛绒生产基地。

七、枸杞

枸杞是河套地区药材栽培中面积最广、产量最大的药材品种，性平味甘，具有滋补肝肾、益精明目的作用。枸杞生长三年即可结果采摘，果质呈鲜红或紫红色，以颗粒大、果肉厚、肉质柔软、滋润、多糖质而闻名。

八、金川保健啤酒

内蒙古金川保健啤酒高科技股份有限公司生产的金川系列保健啤酒采用河套优质矿泉水和经获专利的水处理技术及特殊工艺精酿而成，具有健胃、抗疲劳、延缓衰老等多种保健功能。金川保健啤酒获得了国家卫生部颁发的《保健食品批准证书》，金川牌益生啤酒的"延缓衰老"功能获得国家食品药品监督管理总局认准。

九、向日葵

向日葵在临河区种植面积大，种植范围广。

向日葵有食用和油用两种制品，食用的为花

葵，油用的为油葵。油葵皮薄、籽粒饱满，含油量高，是制油的主要原料。

第四节　旅游交通

临河区交通便利，连接大西北的铁路动脉（京兰铁路）跨越境内，110 国道横穿市区，京藏高速从临河区穿过。巴彦淖尔机场、金川大桥、黄河大桥和沿黄公路的建成，以及临河出入城道路的改造，改善了临河区的交通条件。新农村建设使各旅游景区的交通环境得到改善，推动临河区旅游资源的进一步开发和利用。

2016 年，永济渠旅游观光通道建设完成，临友线拓宽改造完工，沿黄公路观凌塔道路完工，黄河河套文化旅游区步行道的修缮和拓宽工程完工，酒庄旅游观光通道前期土地和规划等手续审批完成。

临河区有 2 家旅游包车公司，分别是巴运旅游包车公司和广运旅游包车公司，为游客提供旅游包车服务。

第五节　旅游线路

临河区旅游资源独具特色，开发价值大，宏观上讲有三大资源：黄河、阴山和黄河冲积平原。

2016 年，全区有 10 家 A 级景区以及湿地公园、人民公园、花都公园、竟香园、休闲农家乐、渔家乐等，旅游功能完善，接待水平较高，是广大市民群众理想的休闲旅游好去处。围绕 A 级景区，以乡村旅游为载体，结合本地旅游资源，打造以富强村为核心的河套田园风光、美丽乡村旅游片区和 3 条特色旅游线路。

一、河套田园风光、乡村旅游片区

酒庄老镇→金榕现代农业观光园→民主村四组→四季青高科技农业生态园区→浩彤现代农业观光园→富强村→乌兰图克万亩现代农业观光园→浩澎现代农业观光园→草莓小镇→富川养殖园区→联丰小镇。

二、特色旅游线路

1. 宗教朝拜线路：大光明寺→富川养殖→草莓小镇→班禅召→慈云寺→甘露寺→吉祥寺。

2. 黄河风情线路：黄河大桥→多蓝湖→黄河渔村→水利文化博物馆→二黄河黄金水道→酒庄老镇→二闸水电站→永济渠风景带→镜湖→富强村。

3. 农业观光线路：联丰小镇→富川养殖→草莓小镇→浩澎现代农业观光园→乌兰图克万亩农业观光园→富强村→浩彤现代农业观光园→四季青高科技农业生态园区→民主村四组→金榕农业→酒庄老镇。

第五章 旅游规划

第一节 旅游区域规划建设

2015 年，临河区通过政府采购，与北京巅峰智业旅游文化创意股份有限公司签订制作规划的合同，制定《临河区旅游总体规划及临河区旅游十三五规划》和《临河区乡村旅游发展规划》，2016 年完成两个规划论证稿的修改、制作。

2016 年，临河区人民政府向自治区旅游局提出创建全国全域旅游示范区的申请。中共临河区委员会、临河区人民政府提出在"十三五"期间全力打造"四城四区"（北方羊城、草原水城、塞上绿城、河套文化名城，现代农业示范区、绿色特色食品供应区、现代物流产业聚集区、特色旅游休闲区），编制《临河区全域旅游发展规划》，做到规划先行、示范引领。

第二节 旅游资源规划开发

在全国旅游资源单体类型分布中，主类分 8 种，临河区有 8 种，占 100%，亚类分 31 种，临河区有 27 种，占 87.2%，基本类型分 155 种，临河区有 77 种，占 49.7%。旅游资源大致可概括为绿（田园和次生林）、蓝（湖泊和海子）、情（少数民族风情和边疆情趣）、史（历史遗存）。临河

区旅游资源比较丰富，地处草原至荒漠的过渡带，景观类型丰富，具有发展旅游业的资源优势。

以绿为代表的田园现代农业，是临河区重点开发的旅游资源。已经开发的农业观光景区已经被评定为内蒙古自治区休闲农牧业旅游示范点，还有中泰高科技设施农业园区、图克思拜恩草莓庄园、八一联丰设施农业园区、鸿德设施农业园区、金榕现代农业园区，未来将依托设施农业发展平台和田园景观优势，大力发展观光旅游与农事体验为一体的田园旅游。

以蓝为代表的湖泊和海子，开发的有 AA 级景区青春湖和镜湖景区，还有未评定 A 级景区的海德堡金马旅游度假区和昭君湖旅游景区。

以突出少数民族和边疆风情特点，开发了河套文化博物院和乌拉特风情街。河套文化博物院集中展示了河套文化萌生、发展、成熟、兴盛的历史全貌，全方位、立体化展示博大精深的河套文化，是一部浓缩了河套及其"泛河套文化圈"亿万年来生态变迁史、草原文明与农耕文明碰撞交融发展史的立体"大百科全书"，也是巴彦淖尔市经济、社会发展水平和文明程度的标志。乌拉特风情街是巴彦淖尔市首个民族文化浓郁，人居环境优美，民族关系和谐，具有浓郁的蒙古族文化的风情街，是集休闲、娱乐、餐饮、观光、度假、购物和传媒为一体，满足顾客及游客一站式消费需求的民族风情街，基本改造完工。

以史为代表的历史遗存，已经开发的有 AAA

级景区甘露寺和 AA 级景区慈云寺，未开发的旅游资源有临河古城遗址、八一乡古城遗址和中共临河党支部旧址等。

第三节　景区规划建设

为实施全域旅游、四季旅游的发展战略，临河区推进总干渠风景带、永济渠风景带、临份线风景带和环主城区乡村旅游黄金线"三带一环"的旅游项目建设，把黄河河套文化旅游区建设成国家 AAAAA 级旅游景区，通过发展黄河、湖泊、农家林家渔家乐、休闲互动等旅游项目，打造周边一日游、两日游精品线路。

围绕旅游精品线路，提档升级，完成浩彤现代农业观光园 AAAA 级旅游景区的创建，打造自驾游基地。金榕现代农业观光等景区要完善餐饮住宿功能，增加游乐项目。新华镇养心小镇发展军旅文化、佛文化、佛产业、沙漠、探险、放生、水上娱乐等旅游项目。维信、蒙元宽、游牧一族、草原宏宝、富川肉羊基地、小肥羊、秋林等企业发展工业牧业旅游。古城遗址，打造影视城。

自然景区开发方面，青春湖旅游区、镜湖旅游区、章嘉庙海子湿地旅游区已经初具规模。海德堡金马旅游度假区还未进行开发，只是在夏季利用湖面开展水上旅游活动。昭君湖旅游景区是自然状态，还没有开发商进行投资，周边村民在湖边建设了农家乐，夏季开展水上旅游活动。镜湖从 2012 年被确定为巴彦淖尔市水源地湿地生态保护工程，经过几年的建设，旅游功能已经形成。章嘉庙海子湿地恢复生态旅游项目，已完成湖面改造、景观绿化、园路广场铺装、园林给排水、景观照明建设。临河区结合当地历史文化，把章嘉庙海子湿地恢复生态旅游项目区打造成临河区乃至巴彦淖尔市一流的综合型生态旅游观光区。青春湖湿地恢复与保护工程项目，借助区位、自然条件等优势，通过疏通湿地水循环通道、水系连通补水、恢复湿地植被、整治湿地环境等综合措施，2016 年已形成 8 个功能区。

为助力临河区的黄金线旅游项目，临河区将以公路交通基础设施建设为重点，加强旅游交通网络建设，完善通达主要景区和景点的交通网络体系，推进客运交通网络和客流空间组织建设。

完善各景区通信、住宿、餐饮、购物、娱乐等旅游配套设施建设，形成"吃、住、行、游、购、娱"相配套的旅游服务体系。

以开发生产自然风光、人文古迹、民俗文化旅游纪念品为方向，开发临河工艺毡、河套蜜瓜、肉苁蓉、奶制品、番茄制品等旅游商品和纪念品。

建立面向市场、提高效率的管理体制，加强旅游市场秩序的综合治理，规范旅游景点、旅游饭店、旅行社的经营范围，提高服务质量，营造良好的旅游发展环境。按照政府主导、企业主体、市场运作的原则，培育和壮大旅游市场主体。加大旅游市场宣传力度，构建旅游网络平台，建立旅游信息资源共享和服务体系。

第四节　新兴旅游产业

一、会展旅游

临河区有文博中心、地质博物馆、科技馆、体育馆（汇丰小学）、影剧院等会展基础设施，招揽国际、国内会议，发展会展旅游。2012 年内蒙古自治区农牧林家庭旅游现场会、2014 年内蒙古自治区旅游工作现场交流会、2016 年内蒙古自治区服务业现场会相继在临河区召开。

二、城市旅游

临河区作为巴彦淖尔市政府所在地，对于周边旗县来说具有发展城市旅游的优势条件，临河区的城市建设都是可以利用的资源，通过整合城市公园、绿地、影院、文化娱乐等场所和产业，进行合理规划，使城市旅游业得到快速发展。

三、体育旅游

临河区开展了巴彦淖尔沿黄公路自行车锦标赛、黄河河套文化旅游区端午节龙舟赛、巴彦淖尔市国际马拉松、环镜湖自行车赛、河套文化艺术节、黄河河套文化旅游区梦幻灯光节、全球华人篮球邀请赛、群星演唱会等赛事，吸引国内外众多选手和游客来临河区参赛和观光游览。

四、低空旅游

租用飞行器，开展空中广告和空中游览项目，为开展项目考察、飞行体验等提供便利。2016 年，临河区政府购买 300 小时低空游览，开展空中游览及飞行宣传工作。

五、自驾游

旅游业正在由组团游向自驾游发展，自驾游将成为未来旅游业的发展主流，自驾游基地将成为自驾游的补给和休息场所，承担着重要的旅游接待功能。临河区酒庄河套驿站、中国河套国家度假公园等都是规划建设的自驾游基地。

六、宗教旅游

临河区有甘露寺、慈云寺、班禅召、大光明寺等寺庙，寺庙旅游资源丰富，甘露寺每年举办观音消灾祈福大法会，慈云寺每年举行各类佛事活动。在法会期间，有道高僧云集，善男信女进香拜佛，经商者数以万计，每日游客 5 万人左右。

第二十五篇
金　融

第一章　银行业

第一节　中国农业发展银行
临河支行

一、机构

1996 年 12 月 15 日，中国农业发展银行临河支行（以下简称临河农发行）成立。1997 年 1 月 3 日，临河农发行正式对外营业。内设办公室、业务科、会计出纳科、营业厅，有干部职工 32 人。1999 年底，有干部职工 27 人。

2005 年，临河农发行内设机构办公室（党委办公室）、资金计划科、客户科、信贷管理科、财务会计科、信息技术科、人力资源科（党委组织部）、监察保卫科 8 个科室。2006 年，内设机构的名称一律规范为"部（室）"，部（室）负责人的称谓一律为经理（主任）。2008 年 6 月 23 日，内设部门管理岗位名称由原来的经理（主任）、副经理（副主任）改为高级主管（主任）、高级副主管（副主任）。

2010 年 8 月 19 日，临河农发行财务会计部和信息技术部整合为财会信息部，监察保卫部和内部审计部整合为监审保卫部，增设风险管理部。

二、各项指标

1998 年 11 月底，临河农发行库贷比例 75%，比年初增加 5 个百分点，直接库贷比例 73.6%，比年初增加 4.6 个百分点；新发放贷款与新形成库存值比例 100%；销售贷款归还率 100%，收贷收息率 100%，实收利息 1089 万元，比上年同期多收回 321 万元，利息收回率 92.6%；收回不合理资金占用 845 万元；各项贷款纯收回 3200 万元，比上年同期多收回 786 万元，归还系统内借款 9266 万元。

1999 年，临河农发行当期粮油新收购（含调入）价值与新放收购（含调销）贷款比例 100%；销售贷款回笼率 100%；回笼销售贷款收贷率 100%；贷款利息收回率 92.4%；信贷资金运用率完成 99.8%；财政补贴资金归行率 100%。

2000 年，当年新发放贷款与新形成的粮油库存值 100%，企业销售贷款回笼率达 100%，企业销售回笼贷款归行率 100%，回笼销售贷款收贷收息率 100%，财政补贴资金到位归行分配率 100%，信贷资金运用率 98%，贷款利息收回率 58.4%。会计工作达到二级行标准。

三、信贷

1998 年，临河农发行成立信贷资产管理委员会，对收购资金贷款实行集体审批制度、存贷抵押担保制度。夏收开始后，支行抽调人员下库站核对收购小票，保证 16 个有收储任务基层库站的收储工作。1999 年，对所辖 19 个粮食收储库站的粮食进行清查核实，对库存粮食的品种、数量、质量、耗损进行详细摸底。发放粮油收购贷款9512万元，收购粮食9877万斤，其中定购粮7802万斤，保护价粮2075万斤，收购油脂817万斤，实现收购值9273万元。收购小麦9728万斤，玉米149万斤，节余货币资金239万元，销售粮食8766万斤，其中销售小麦8609万斤，玉米157万斤；销售油脂61万斤，实现销售价值7509万元，货款回笼73万元。收回贷款6830万元，收回利息40万元，转入财务资金账户363万元，贷款归还率100%。

2000年，临河农发行各项指标完成良好。当年新发放贷款与新形成的粮油库存值比例100%，企业销售贷款回笼率100%，企业销售回笼贷款归行率100%，回笼销售贷款收贷收息率100%，财政补贴资金到位归行分配率100%，信贷资金运用率98%，贷款利息回收率58.4%。

第二节　中国工商银行临河支行

一、机构

1991—1997年，中国工商银行临河支行（以下简称临河工行）管辖临河市新华街以北的17个储蓄所、3个办事处，拥有员工271人。支行内设6个职能科室。1998—2000年，临河工行有员工233人，内设管理科、业务科、营业科、储蓄科、保卫科5个科室。辖3个办事处、15个储蓄所。

2010年，工商银行在临河区的营业机构有10个：中国工商银行股份有限公司车站支行、中国工商银行股份有限公司临河支行营业室、中国工商银行股份有限公司胜利路支行营业室、中国工商银行股份有限公司胜利南路支行、中国工商银行股份有限公司团结路支行、中国工商银行股份有限公司团结南路支行、中国工商银行股份有限公司新华东街支行、中国工商银行股份有限公司新华街支行、中国工商银行股份有限公司新华西街支行、中国工商银行股份有限公司新区支行。

二、服务

1998年，工行临河市支行各项存款余额40271万元，各项贷款余额21460万元。

1999年，工行临河市支行各项存款余额45266万元，各项贷款余额21085.55万元。

2000年，工行临河市支行，面对市场激烈竞争的形势，完善员工考核办法，明确奖罚额度，合理调整存款任务；发挥整体优势，把存款任务层层分解，完成各项存款余额52903万元。支行把信贷工作作为各项工作的重点，在全行范围内招聘信贷员，加强信贷工作考核奖惩，完成各项贷款19305万元。

2010年，在临河城区安装8台存取款一体机、7台网银自助机、5台ATM、19台自助终端。

2015年，辖内物理网点20个，附行式自助银行20个，离行式自助银行31个，物理网点与自助银行比例为1∶2.55；投入自助设备502台，新增211台，其中自动柜员机149台（存取款一体机114台、取款机35台），较上年减少7台；自助终端217台，网银服务机33台，快捷发卡机28台，回单打印机15台，智能终端46台，产品领取机9台，智能打印机5台。自动柜员机总业务量1212万笔，较上年减少48万笔（因减少7台自动柜员机），台日均业务量216笔，较自治区平均水平多2笔。自动柜员机总交易额184亿元，较上年增加16亿元，台日均交易额32.7万元，较自治区平均水平多2.7万元。按照柜员每人每日110笔业务量计算（剔除查询业务），相当于替代290名柜员的工作量。实现个人理财产品销售额441938万元，其中基金销售33464万元；代理保险业务销售1314万元；保本理财销售169989万元；结构性存款销售9759万元；非保本浮动收益产品销售223898万元；现金类产品日均余额达3107万元；代理销售国债407万元。理财产品日均余额74671万元。实现中间业务收入566万元，较上年同期增加 228 万元。有代发工资单位 363 户，累计代发工资 25.8 亿元，代发额净增 2.04 亿元。

2016 年底，完成利率参数设置，维护质量准确，全行账户利率执行标准同步更新。

第三节　中国农业银行临河支行

一、机构

1991 年，中国农业银行临河支行（以下简称临河农行），内设审计稽核科、人秘科、保卫科、工会、行政科、会计科、计划科、工商信贷科、农牧信贷科、资金科、2 个办事处、1 个营业部、15 个储蓄所、8 个营业所，职工 208 人。1992—1994 年，临河农行储蓄所增至 21 个，增加纪检监察办公室、人事和办公室分设，人数增至 221 人。

1998 年，内设资金科、计财科、信贷科、保卫科、综合办公室 5 个科室。下设 33 个机构，其中支行 1 个，营业部 1 个，营业所 7 个，分理处 10 个，储蓄所 14 个。全行工作人员 140 人。1999 年，增设零售业务科。下设机构 28 个。取消营业所 2 个，储蓄所 3 个。工作人员 136 人。

2000 年，内设 5 个科室，下设营业所 5 个，分理处 10 个，储蓄所 11 个，营业所 1 个。全行工作人员 278 人。

2008 年，临河农行成立三农业务部、风险管理部、资产处置部、委托资产处置经营部、会计结算部和事后监督中心。

二、储蓄与信贷

1991 年，临河农行各项存款 15086 万元，其中单位存款 7935 万元，个人储蓄 7151 万元；各项贷款 26825 万元。到 2016 年，临河农行各项存款 173341 万元，其中单位存款 58295 万元，个人储蓄 115046 万元；各项贷款 80074 万元。

2000 年，临河农行信贷管理工作坚持"防范

和化解金融风险，努力追求自身效益，支持地方经济发展，加强信贷结构的优化调整"为中心，实施生命工程，促使信贷工作走向良性循环的轨道。重点开展以下几方面工作：一是调整信贷结构，实施"扶优工程"，发挥信贷资金的效益性。重点支持有活力的优势企业，向高效产业化龙头企业以及有特色的高科技开发基地实行信贷倾斜，扩大第三产业前景看好的企业和具备还款条件的高中收入阶层的消费贷款。按照政策规定做好专项贷款投放工作，开办小额质押贷款业务；二是加强信贷基础工作，规范贷款管理行为。完善信贷管理规章制度，使全行信贷工作有章可循，增强信贷管理制约效果。推行贷款规范化管理体制，使用信贷规范化用纸和统一合同文本，使信贷资料内容完整，要素齐全，整齐划一，贷款手续合规合法。实行审贷分离，四岗分设，以岗定责。发挥审查委员会职能，使每笔贷款责任明确，追查有据，杜绝乱放贷款现象。实行信贷资产五级清分，完成资产剥离任务。组建客户经理部，制定工作细则，明确职责任务，严格考核奖惩，形成以客户经理为主体，把推销金融产品、传递市场信息、发展客户、管理存贷款客户融为一体，为客户提供全方位金融服务，适应社会日益发展的需求。

第四节　中国银行临河支行

一、机构

中国银行临河分行（以下简称临河分行）是隶属中国银行内蒙古自治区分行的二级分行。1994 年末，为国有外汇外贸专业银行时期；1995—2004 年，为国有商业银行时期；2005 年后是国有股份制上市银行。

1998 年 5 月 10 日，临河分行正式成为全民所有制金融机构，分行的人事、行政、各项业务均

受中国银行内蒙古分行领导，同时受当地人民银行的监督和指导。内设12个职能科室，全行有职工244人。1999年，临河分行辖内机构是：行长办公室、人事教育部、风险管理部、公司业务部、零售业务部、结算业务部、财会清算部、信息科技部、监察保卫部、总稽核办公室、工会、营业部共12个职能部门。临河分行有车站分理处、新华东街分理处、新华西街分理处、胜利路分理处、胜利北路分理处、解放东街分理处、解放西街分理处、团结南路分理处、团结北路分理处、建设北路分理处、金川分理处。有在职职工244人。

2000年，调整为11个科室：行长办公室、人事教育部、工会群工部、风险管理部、公司业务部、零售业务部、结算业务部、财会清算部、总稽核办公室、信息科技部、监察保卫部。2001年，撤销总稽核办公室，新增资产保全部、业务辅导中心。

2005年，临河分行内设机构精简至8个：人力资源部、综合管理部、公司业务部、个人金融部、信息科技部、计划财会部、监察保卫部、风险管理部。

2012年6月，新增财富管理中心。内设14个职能部室：人力资源部、综合管理部、监察部、信息科技部、风险管理部、公司业务部、个人金融部、银行卡部、中心企业部、国际结算部、电子银行部、财富管理中心、财务管理部、运营部。

2016年，全行有干部职工407人。

二、存款与信贷

1991—1993年，临河分行信贷业务快速发展，信贷带动各项存款增长。分行开始办理存单抵押贷款，统一由分行进行审批。

1994—2000年，分行推出新储蓄种类和服务项目，开办人民币自动转存业务、不定金额零存整取储蓄业务和企业代理收费等服务项目。创建多功能储蓄网点，满足客户需求。到2000年，营业网点由建行初的1个增加至14个。

2006年末，分行人民币各项存款余额207351万元，其中人民币储蓄存款余额114892万元。企业存款余额85698万元，金融机构存款余额6755万元。外币各项存款余额659万美元，外币存款份额81.36%。全行本外币授信余额135435万元，其中人民币公司贷款余额115872万元，零售贷款余额17092万元。外币贷款余额135万美元，中间业务快速发展，收入结构呈多元化趋势。

2007—2014年，分行成功营销西部铜业、河套灌区水务局等客户存款。为西部铜业、天河化工、临河热电等新增贷款，储备双利铁矿、联邦制药、紫金矿业等一批优质客户。加大零售贷款营销力度，拓展新品种，跟进楼盘项目，抢占零售贷款市场。制定分条线中间业务考核奖励办法，发展国际结算、代销基金、银行卡、代理保险等业务，为富源集团、天河化工等办理人民币结构性理财产品。

三、服务

1994年，分行安装各网点储蓄业务电脑设备。1995年3月，正式在临河市开办储蓄通存通兑业务，各分理处开通终端机、辖内异地储蓄业务和通存通兑工作，并对公信用卡业务综合换算系统进行安调运行。辖内异地电脑储蓄通存通兑系统投入试运行。1999年，分行完成PC电脑系统向PACI电脑系统的切换，完成信贷清分系统、信贷登记查询、电子联行、信用卡系统及PACI系统汇总和会计总账数据程序开发。

2002年，实现办公网与业务网分离，新装电子信箱，提升办公自动化水平，完成新一代信贷系统上机、重要空白凭证管理系统、新一代电子联行集中升级、银行卡系统升级。翌年，完成营业厅搬迁布线、新一代综合系统升级上收、旧系统整合、零售业务部NAS机的上收、移动POS机的推广、代收电费的上收、消费信贷系统的上机、完成大客户网上银行汇划即时通产品、星级柜员的安调、办公自动化的推广等。2010年6月17

日，IT 蓝图完成并投产。

2011—2014 年，分行完成辖内 16 个网点的硬件转型，为各网点配置了平板电脑，开通免费无线网络，完善 ATM 机、电子银行录像监控。

第五节　中国建设银行临河支行

一、机构

1991—1994 年，中国建设银行临河支行（以下简称临河建行）内设人保科、办公室、会计科、出纳科、储蓄科、房地产信贷部、工会、纪检室、稽核室。下设庆丰街分理处、临五路分理处、团结路分理处、铁路分理处 4 个分理处。设有 4 个储蓄所：朝阳储蓄所、110 线储蓄所、永经储蓄所、胜利储蓄所。1 个储蓄专柜。有工作人员 75 人。1992 年有工作人员 89 人，1993 年 101 人，1994 年有 104 人。

1996 年，新增建设储蓄所、育红街储蓄所，有工作人员 107 人。1997 年，内设业务管理部、营业部、办公室，新增长春街储蓄所、永安街储蓄所、团结南路储蓄所、金川储蓄所、解放街分理处、金原分理处。共设 8 个分理处、8 个储蓄所、1 个专柜。1998 年，临河支行改为巴彦淖尔盟建设银行第二营业部。管辖 9 个分理处和 9 个储蓄所，在职人员 92 人。

2004 年，第二营业部成为巴彦淖尔建行管理的一个单点型支行，名称是中国建设银行临河支行。人员保持在 15 人左右。

2016 年，中国建设银行巴彦淖尔分行相关部室经过调整，内设 15 个部室，下辖机构不断增设、升格，临河区保留 11 个支行。

二、存款与贷款

1991 年末，临河建行一般存款 2176.5 万元，其中储蓄存款 1733.1 万元。

1992 年，临河建行完成一般性存款 3514 万元，其中储蓄存款余额 2969 万元，全年纯增储额 1236 万元。

1999 年，临河建行营业部全口径存款余额 25272 万元，其中储蓄存款余额 21170 万元。

2010 年，临河建行国际业务量达 1.26 亿美元。

2015 年，基金销售 10 亿元、贵金属销售 1.4 亿元、理财产品销售 4.6 亿元、国债销售 4100 万元、保险销售 5250 万元。

2016 年，基金销售 3.5 亿元、贵金属销售 2 亿元、理财产品销售 3.4 亿元、国债销售 6500 万元、保险销售 28000 万元。

三、服务

1995 年，临河建行首先在临河城区开办信用卡业务，发卡 442 张，完成交易额 890 万元，发展特约商户 17 户。1999 年开始办理储蓄卡业务，到 2005 年，储蓄卡存量达 67781 张。

2007 年，临河建行开始办理购车分期业务；2008 年，开始办理安居分期和商户分期贷款业务；2009 年，开始办理消费分期和装修分期、现金分期等分期业务。这些分期业务的还款期限为 1—3 年，银行按年或按月收取 5% 左右的手续费。

2015 年，临河建行有效信用卡存量 101323 张，完成交易额 23 亿元，特约商户发展到 606 户。到 2016 年底，储蓄卡存量 685682 张，有效信用卡存量 122349 张，完成交易额 50 亿元，特约商户发展到 1148 户。

四、设备

临河建行金融机具主要有 POS 机（消费刷卡器）、ATM 机（自动取款机）和 CRS 机（自动存取款一体机）三种。安装了智慧柜员机。

1997 年，安装了巴彦淖尔盟首台 POS 机，年末，在临河城区共安装 POS 机 40 台。到 2016 年，发展到 542 台。

1999 年，在临河安装 3 台自动取款机。到 2010 年，建行柜员机总量为 32 台，其中取款机 24 台，存取款一体机 8 台；附行式机 25 台，离行式机 7 台。到 2016 年，柜员机总量为 65 台，其中取款机 4 台，存取款一体机 61 台，附行式机 35 台，离行式机 30 台。

第六节　河套农村商业银行股份公司

一、机构

1996 年 7 月，临河市农村信用合作社（临河市农村信用社）与中国农业银行脱离行政隶属关系，由人民银行承担监管职能。共有机构 102 个，其中信用社 27 个、营业部 1 个、储蓄所 33 个、信用分社 41 个。设立在城区或城郊接合部的机构有：信用社 10 个、营业部 1 个、储蓄所 33 个，信用分社 26 个。设立在各农区乡镇的机构 31 个，其中信用社 17 个、信用分社 14 个。全社共有职工 1139 人。

2005 年 8 月 20 日，内蒙古自治区成立农村信用合作社联合社，临河农村信用合作联社纳入自治区联社管理。

2011 年，信用合作联社转制为河套农村商业银行股份有限公司。

二、存款与贷款

2006 年，临河区农村信用社各项存款余额 181591 万元，各项贷款余额 134763 万元。通过实行以地权、林权、农牧业资产、经营权等抵押、质押的新形式，到 2009 年 12 月底，各项贷款余额 265075 万元。

2010 年各项存款余额 409524 万元。2011 年末，河套农商银行各项存款余额 533285 万元。

2013 年，推出"商户联盟贷款"，以联保、"抵押 + 联保""抵押 + 联保 + 担保公司""公司 + 农户""商会 + 小微企业""基地 + 农户"的形式，设立商户联盟贷款小组，制定授信额度。

三、服务

1997—2011 年，临河区农村信用社保管箱有 A、B、C、D、E 五种箱型，2000 多门。2011 年，河套农商银行更新为指纹电脑保管箱系统。

2008 年，金牛卡开始发行。设立了 150 个助农金融服务点，布设金牛卡转账 POS 机 81 台。到 2012 年底，河套农商银行共发行金牛卡 36.04 万张，其中普通金牛卡 30.31 万张，惠农一卡通 5.73 万张。

2009 年 3 月，首台 ATM 机投入运行。到 2014 年底，累计布设 ATM 机具 71 台，其中乡镇 16 台，发生业务 2330541 笔，金额 465192 万元。

2012 年 8 月，网上银行开始试运行。到 2012 年底，完成金牛卡系统、信息管理系统、办公自动化系统等 31 个系统上线工作。推广网上银行、电话银行、手机银行、手机支付、支付宝快捷支付、银联在线支付等现代支付工具。

第七节　邮政储蓄银行临河支行

一、机构

2008 年 3 月 27 日，中国邮政储蓄银行临河支行（以下简称临河邮政储蓄银行）成立，有自营及代理网点 77 个。6 月，成立 3 个一级支行，4 个二级支行。

2011 年初，临河邮政储蓄银行内设机构 10 个，分别为办公室、人力资源部、计划财务部、会计结算部、渠道科技部、审计部、风险合规部、个人业务部、公司业务部及信贷业务部。成立二级支行分行营业部，新华西街支行更名为新区支行。

2011 年，增设监察部。内设 11 个一级部门，

4 个二级部门。

2016 年 12 月，三农金融事业部挂牌，设立小额贷款中心（扶贫业务中心）、农业产业化中心、审查审批中心。

二、服务

2008—2016 年，开展了普及金融知识万里行、防电信诈骗宣传、金融知识普及月、《反洗钱法》主题宣传等活动。活动中，为客户提供反假币、反洗钱、防诈骗、投资理财等金融知识。在各营业部为客户提供兑换零钞、残币等服务。2016 年，与人民银行巴彦淖尔市中心支行、巴彦淖尔市职业技术学校共建征信教育基地、校园金融服务助学点，助力提升学校的金融教育水平和学生的金融知识认知度。

第八节　临河黄河村镇银行

一、机构

2010 年 9 月 17 日，临河黄河村镇银行股份有限公司成立。

2013 年 7 月 12 日，临河黄河村镇银行富民支行成立。

2016 年 12 月，临河黄河村镇银行股份有限公司有员工 72 人。内设 5 个部门：市场营销部、营业部、信贷风险部、财务会计部、综合管理部。设营业网点 2 家，包括总行营业部和富民支行。

二、存款与信贷

（一）存款

2010 年，临河区黄河村镇银行存款余额 6072 万元，其中单位存款 327 万元，储蓄存款 5745 万元。2012 年，存款 22349 万元，其中单位存款 11716 万元，储蓄存款 10633 万元。2013 年，存款 40941 万元，其中单位存款 7184 万元，储蓄存款

33758 万元。2014 年，存款 59384 万元，其中单位存款 10925 万元，储蓄存款 48458 万元。2015 年，存款 63572 万元，其中单位存款 16170 万元，储蓄存款 47401 万元。

2016 年，存款 70593 万元，其中单位存款 16906 万元，储蓄存款 53688 万元。

临河黄河村镇银行富民支行开业庆典

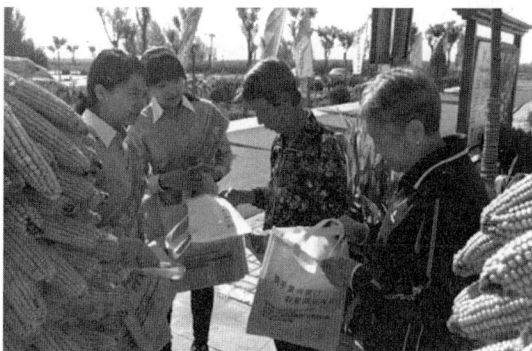

金融知识下乡活动

（二）贷款

2010 年，临河区黄河村镇银行贷款余额 2540 万元，其中涉农贷款 2540 万元。2011 年，贷款 8131 万元，其中涉农贷款 6268 万元。2012 年，贷款 14378 万元，其中涉农贷款 11767 万元。2013 年，贷款 28804 万元，其中涉农贷款 23214 万元。2014 年，贷款 31882 万元，其中涉农贷款 23673 万元。2015 年，贷款 44707 万元，其中涉农贷款 32474 万元。

2016 年，贷款 55351 万元，其中涉农贷款 38926 万元。

第九节 包商银行巴彦淖尔分行

一、机构

2007年8月29日，包商银行巴彦淖尔分行开业，分行综合业务部成立。2009年9月8日，巴彦淖尔分行利民支行开业，同日，成立公司金融部。

2013年8月，公司金融事业部改革，分行组建公司金融事业部巴彦淖尔分部。

二、服务

2009—2013年，包商银行巴彦淖尔分行发放信用卡25741张，其中分行渠道11345张，直销渠道14396张。

2011年，销售自主理财产品5476万元，销售信托类理财产品1800万元，销售国债870万元。开办网上银行业务，办理个人网银488户，办理企业网银43户。2012年，各类理财产品总销量7.74亿元，办理一笔3亿元信托计划，代理发售国债300万元。办理个人网银776个，企业网银40个。2013年，各类理财产品总销量103982万元，销售信托理财产品13亿元，售出国债430.13万元。营销重点客户数4054户，维护有效客户数13801户。办理个人网银3270个，企业网银108个。2014年，各类理财产品总销量370418万元，销售信托理财产品16亿元。销售国债601.35万元，其中销售凭证式国债401.75万元，销售电子式国债199.6万元。维护有效客户7424户，大有财富客户1322户。开办手机银行客户端业务，办理个人网银11243个，企业网银149个，手机银行16384个。

2015年，各类理财产品总销量530568万元，销售信托理财产品9400万元。销售国债555.94万元，其中销售凭证式国债164.58万元，销售电子式国债391.36万元。维护有效客户11242户，大有财富客户1942户。办理个人网银11400个，企业网银102个，手机银行31018个。

2016年，各类理财产品总销量661936万元，销售信托理财产品19940万元。维护有效客户17705户，大有财富客户3385户。销售国债1110.96万元，其中，销售凭证式国债233.6万元，销售电子式国债877.36万元。办理个人网银25984个，企业网银98个，手机银行59232个。

第十节 小额贷款公司

2007年起，临河区的小额贷款公司如雨后春笋般成立。

内蒙古德鑫融小贷公司于2007年12月开业，巴彦淖尔市巴运小贷公司于2009年3月18日开业，巴彦淖尔市金原小贷公司于2009年4月开业，巴彦淖尔市黄河小贷公司于2009年4月开业，巴彦淖尔市金桥小贷公司于2009年7月开业，巴彦淖尔市方融小贷公司于2010年3月开业，巴彦淖尔市宝丰源小贷公司于2010年4月开业，巴彦淖尔市民昌小贷公司于2010年11月18日开业，巴彦淖尔市三鑫小贷公司于2010年10月28日开业，巴彦淖尔市国泰小贷公司于2010年11月29日开业，巴彦淖尔市瑞祥小贷公司于2010年9月26日开业，巴彦淖尔市阳光小贷公司于2011年2月12日开业，巴彦淖尔市昌融小贷公司于2011年12月1日开业。

第十一节 担保公司

巴彦淖尔市担保中心成立时间为2011年3月10日，营业地址是：临河区新华东街。内蒙古京致亨担保有限公司成立时间为2011年3月10日，营业地址是：临河区金川大道四季花城。巴彦淖尔市吉泰担保有限责任公司成立时间为 2011 年 3 月 31 日，营业地址是：临河区新华西街。巴彦淖尔市正信融资担保有限责任公司成立时间为 2011 年 9 月 30 日，营业地址是：临河区军供大厦。巴彦淖尔市山圣融资担保有限责任公司成立时间为 2011 年 6 月 14 日，营业地址是：临河区庆丰西街阳光 1 号园。内蒙古恒誉担保有限责任公司巴彦淖尔分公司成立时间为 2011 年 8 月 12 日，营业地址为是：临河区西环办金川大道东侧四季华城。

第二章　金融监管

第一节　机　构

2003 年，中国银行业监督管理委员会成立，是国务院直属正部级事业单位。巴彦淖尔银行业监督管理分局（简称"银监分局"）是中国银行业监督管理委员会（简称"银监会"）在巴彦淖尔市的派出机构，成立于 2004 年 6 月 18 日。

第二节　监　管

到 2016 年，巴彦淖尔市辖银行业机构有 6 大类 9 家银行业机构，包括政策性银行 1 家（农发行）、国有大型银行 4 家（工、农、中、建）、邮政储蓄银行 1 家、城市商业银行 1 家（包商银行）、农村合作金融机构 1 家（河套农商银行）、村镇银行 2 家（临河黄河村镇银行、乌拉特村镇银行）。有各类机构网点 141 个，自助服务机具 378 台。2016 年，银行业机构各项存款规模 370.52 亿元，贷款规模 402.82 亿元。

2004—2016 年，巴彦淖尔市银监分局组织开展现场检查 421 项，查出违规问题 1328 个，提出整改建议 1570 条。到 2016 年，银监分局查出辖区

银行业机构不良贷款余额 41.91 亿元，不良率 5.51%，较年初下降 1.12 个百分点。受理处置各类信访件 15 件、消费者投诉 106 件，均依法依规办结。银行业机构涉农贷款余额 468.95 亿元，同比增长 8.89%，占各项贷款余额的 61.66%。2005—2010 年，银行业机构发案 15 起，涉案金额 1201.06 万元。通过治理，从 2011 年起，已实现连续 6 年零案件目标。2004—2016 年，银监分局对 25 家银行业机构给予行政处罚，计罚款 858 万元，取消 7 名高管人员任职资格，对 8 名违规人员给予纪律处分。到 2016 年，3 家联社的改制工作进入操作阶段。引入包商银行在辖区设立分支机构，于 2007 年 8 月 29 日挂牌开业。2016 年，有 7 家村镇银行开业。农村信用社票据置换全部通过，贷款五级分类工作结束。2013 年，4 家农信联社转制为农商银行。2015 年，银监分局主要领导到 3 家未改制联社，与当地政府、信用联社三方座谈，共同推动改革。

到 2016 年，巴彦淖尔银监分局获全国金融系统荣誉 1 次，获银监会荣誉 4 次，获内蒙古银监局、省级荣誉 8 次，获巴彦淖尔市荣誉 4 次。3 人被授予银监会荣誉称号，47 人被内蒙古银监局、省级单位授予荣誉称号，3 人获市级荣誉。3 个科室、支部获内蒙古银监局荣誉称号。

第二十六篇
综合经济管理

第一章　计划管理

第一节　机　构

1991年，临河市计划委员会实有人数25人，内设办公室、计划股、基建股、经济信息中心、矿管站5个职能股室。1992年，计划委员会与经济协作委员会和统计局合并，成立临河市计划统计委员会，工作人员90人。增设综合科、工交科、农牧科、协作办、计算站5个科室。撤销计划股，全局内设9个科室。1993年，临河市计划统计委员会与统计局分设，更名为临河市计划委员会，实有人数24人，撤销综合科，内设工交科、农牧科、计算站、协作办、矿管站5个股室。

2002年12月，临河市计划委员会改为临河市发展计划局，核定行政编制12人，事业编制10人，工勤事业编制2人，实有人员23人。内设重点项目办公室、西部开发办公室、信息中心3个准科级建制机构和4个股级职能股室。

2008年12月，临河区发展计划局改设为发展和改革局（简称发改局），实有人数23人，行政编制12人，事业编制10人，工勤事业编制2人。2010年，临河区物价局职责划入临河区发展和改革局，临河区发改局实有人数70人，行政编制21人，事业编制32人。内设重点项目办公室、西部开发办公室2个准科级建制机构。有13个内设机构：办公室、农村经济股、国民经济综合股、产业协调股、固定资产投资股、社会事业股、经济贸易股、价格股、价格认证中心、收费管理股、成本调查队、案审督查室、检查所（检查一所、检查二所、农村所）。

第二节　国民经济发展规划

1991—2009年，临河市（区）计划委员会组织编制临河市（区）国民经济和社会发展中长期规划、年度计划，提出实现计划的调控措施，检查指导计划执行情况。组织制定临河市（区）土地利用计划，搞好国土开发、整治保护、总体规划，促进生产力合理布局。确定固定资产投资总规模及资金来源、资金方向，加强基本建设投资管理，安排基本项目、建设计划、审查审批和转拨基建项目。会同有关部门做好基本建设项目年度计划实施和前期调研论证、竣工验收。开展宏观经济预测、监测和分析研究，对经济中的重大问题，提出相应对策建议；综合运用宏观经济政策和经济杠杆，通过地方性法规、信息指导和咨询服务等途径，保证规划、计划和生产政策实施。研究提出市（区）科技、教育、卫生、文化、人口等社会事业发展重大问题和政策措施。编制工交、农牧、林水等生产及建设计划，制定和协调农业开发、商品粮、糖、油料等生产基地、扶贫和"以工代赈"计划，对工农牧业生产、乡镇企业条件比较成熟的项目，积极申请立项，争取资金。编制下达大中专毕业生分配计划和"农转非"计划，并监督管理。

一、国民经济发展规划

2000年，编制《临河市国民经济发展第十个五年计划》。到2005年，临河区计划成为西北地区羊绒和农副产品生产、加工、流通中心。第一步，在河套经济圈层内，以临河为中心，构筑经济发展区域，带动河套周边地区经济发展和小城市扩容；第二步，构筑内蒙古西部地区发展经济带，形成东胜、乌海、临河、包头开发的联动之势，以临河的农畜产品及加工优势向这些城市供应，满足这些城市由于工业发展所产生的大量需求，拉动临河经济发展；第三步，使临河融入中国西部地区的经济发展循环圈，真正成为西北地区的农产品生产、加工、流通中心。

到2005年，临河区财政收入应达2.5亿元，力争接近全国县级市平均水平。通过发挥羊绒产地和加工优势、扩大白山羊绒的品牌知名度，将临河建设成为世界羊绒产品生产基地，从而实现临河区"十五"规划中的两个主要目标——提高财政收入与提高人民生活水平。临河在洗绒、梳绒、纺织、印染和成衣制作上，具有规模生产能力，品牌知名度也高，应重点扶持发展。

开发绿色食品，使临河成为西北地区绿色食品生产加工基地。临河在农副产品的产量、质量上都占优势，绿色食品加工市场前景广阔，"十五"要大力发展交通信息、扩大边境贸易，拉动绿色食品贸易。

到2005年，临河将与一些城市形成联动效应，促进信息、交通、通信等产业的发展，在提高城市辐射带动能力的基础上，建设信息交易中心。

树立"经营城市"观念，树立临河品牌，提高临河知名度和含金量，拉动经济发展。

结合"国际羊绒城"和"绿色食品城"的城市定位，筹办"国际羊绒节"和"绿色商品交易会"，待时机成熟，作为临河的节日。

进一步发展小城镇，构建合理的城镇体系，提高临河区城市功能与城市化水平。

发展小城镇，促进城市工业的发展和农村农业的提高。小城镇发展立足当地资源，发挥各地优势，突出一镇一特色，一镇一品牌。小城镇建设与农业产业化和乡镇企业的发展同步进行。小城镇采取谁投资谁受益的原则，用"放水养鱼"的办法搞建设，用优惠政策吸引和鼓励各方面投资。

2005年，编制《临河区国民经济社会发展第十一个五年规划》。"十一五"的发展重点是：改造提升传统服务业，重点发展商贸流通、餐饮和运输物流业。临河区将在110绕城公路建一条起点高、辐射广、功能强的市场长廊；在胜利路和迎宾路规划建设两条综合性批零贸易功能区，依托巴彦淖尔市国际装饰建材城、巴运物流中心、肉羊产业园区规划建设三大物流市场集群；以日用品、农业生产资料和绿色农产品为主导，构建城乡日用品物流连锁配送体系、农资连锁体系、社区便民体系、绿色农产品物流体系四大体系；以特色化、风味小吃、电子商务、精品专卖、旅游休闲为主体，规划建设10条特色街市；以方便社区居民为主题，规划建设25个社区便民市场。

2010年，力争使传统服务业实现增加值30亿元，年均增长21%，占第三产业增加值的48%；商贸流通餐饮业，实现增加值18.5亿元，年均增长23%，占第三产业增加值的30%。

通过整合运输物流资源，大力发展第三方物流，2010年实现增加值11亿元，年均增长18%，占第三产业增加值的18%。重点发展房地产及社区服务业，使新兴服务业产值2010年达到10亿元，年均增长22%，占服务业的16%。其中，房地产通过一级市场调控，开拓二级市场，推动住宅管理向社会化、专业化、物业管理转变。2010年达到6亿元，年均增长20%，服务业比重达到10%；社区服务业2010年达到4亿元，年均增长

25%，占第三产业的 6%。

教育事业以培育满足经济社会发展所需人才为立足点，加强农业生产技术培训和职工职业技能培育，改革职业教育体制，鼓励引导民营资本投入职业教育，以形成新的经济增长点。

现代服务业方面，重点发展金融保险、信息中介业，2010 年达到 12 亿元，年均增长 18%，占第三产业的 20%。金融保险业 2010 年达到 5 亿元，年均增长 16%，占第三产业的 8%。保险业保险深度达到 4%，保险密度达到 440 元/人。证券业通过培育和推进企业上市，搭建企业与中介机构的合作平台，推进有实力、有条件的大企业通过多种形式上市融资，促进中小企业间的联合重组，提高中小企业直接融资比重。争取在 2010 年使企业上市实现零的突破。信息中介邮电业，要继续加快基础设施建设，推进电子商务和政府、企业、社会的信息化进程。引进国内外软件企业，培育一批营业收入超亿元的龙头企业。中介服务业要按照市场经济要求和国际惯例，引进国内外知名机构，完善服务体系，提高服务水平，到 2010 年达到 7 亿元，年均增长 19%，占第三产业的 12%。信息服务业以电子商务、网上招商等为重点，增加硬件投入，完善服务功能，实现信息共享，拓宽信息服务领域。做好大型专业市场的信息网络、重要服务窗口和部门、重点企业的信息网络建设。重点建设电子政务网络工程和电信、电视、计算机三网融合联网工程、远程教育网建设工程、城市及农村应急联动社会综合服务系统工程、电子商务网络工程等项目。中介服务业要积极发展会计、法律、咨询业等。培养高素质的咨询人才，培育壮大咨询企业。扩大咨询范围，重点发展租赁、典当、拍卖、公证、评估、职介、会计、审计、律师事务等中介服务，规范政府与中介企业行为，提高投资论证、资产评估、市场调研、企业诊断、创新开发、决策咨询以及经营管理、市场营销等各类咨询服务水平和质量。强化行业协会建设、扩充经纪人队伍，逐步建立和完善中介服务自律机制。

2010 年，编制《临河区国民经济和社会发展第十二个五年规划纲要》。临河区将在农业基础设施方面主要开展 8 项重点工作：（1）农业综合开发。大规模实施土地整治，统筹安排，连片推进，加快中低产田改造。"十二五"期间共改造中低产田 50 万亩，总投资 4.85 亿元，土地整理 40 万亩，总投资 4.8 亿元。主要建设内容是开挖改造渠道、修建道路、植树造林等农田基本改造。（2）基本农田标准化改造。按照"路相通、果相连、林成网，田成方、涝能排、旱能灌、地力高"的标准，建立基本农田标准化示范区，建设稳产高产农田，大幅度增加高产稳产农田比重，提高耕地质量和产出能力。"十二五"期间稳产高产农田比重达到 60%。（3）粮食生产能力建设。"十二五"期间要实施国家新增千亿斤粮食产能项目，采取以节水灌溉为主的农业机械化、农业科技服务和防灾减灾等综合措施，转变耕作和生产方式，提高土地生产能力。五年累计项目总投资 4.88 亿元，配套并完善 27.74 万亩渠道衬砌、桥、涵、口闸等农田基础设施建设，配套增产技术措施，提高粮食产量 1.67 亿斤。（4）农业机械化推进。实施农机补贴项目，推进农业机械化，以玉米、小麦全程机械化为重点，提升商品粮生产机械化水平。积极培育和扶持发展农机大户、农机专业服务组织，建设农机服务机构，加强先进适用农业机械的引进、推广、应用。到"十二五"末，全区新增农业动力机械 7100 台辆，配套机械 6500 辆，农业综合机械化水平达到 80%。（5）畜牧业基础设施建设。重点加强肉羊、奶牛、生猪等标准化规模养殖场（小区）建设，在优势畜牧业重点区，建设生猪标准化养殖场（小区）20 个，改扩建圈舍 2 万平方米，饲养生猪 2 万头；肉羊标准化养殖场（小区）40 个，改扩建圈舍 7.5 万平方米，养羊 40 万只；奶牛标准化养殖场（小区）20 个，改扩建圈舍 10 万平方米，养奶牛 1 万头。（6）设施农业生产基地建设。开展设施农业建设，按照"围城沿路、靠近村庄"的要求，以110国道、临陕线、临狼线、临白线、临份线为轴线，优化区域布局，推进优势主导产业向优势区域集中，形成高效农业的产业带。根据市场需求组织生产，引入现代企业的管理理念和营销策略，鼓励和引导工商企业、农民合作经济组织投资开发高效设施农业。加快设施农业新品种、新技术、新材料、新装备的研发与推广普及，实现资源的高效利用和经济、社会、生态效益的有机统一。"十二五"期间新增设施农业基地5万亩，其中大棚3万亩，温室2万亩，包括瓜菜育苗基地20亩。建设2个设施农业示范园区，每个市级示范园区占地1000亩，建设日光温室400栋、塑料大棚400栋以及其他配套设施。到2015年，全区设施蔬菜面积达到67200亩，年产量达50万吨，实现设施有配套、生产有标准、产品有品牌、检测有设备、服务有组织、销售有市场的格局。(7)农村户用沼气建设。继续推广以户用沼气池为核心的"四位一体"生态农业模式，"十二五"期间，在全区7个镇、2个涉农办事处每年新增沼气用户3000户，5年新增15000户，投入资金9000万元；加强农村户用沼气的运行维护和管理，建设沼气物业服务站35处，配备相应的设施设备和人员，切实保证农村户用沼气工程的投资效果。(8)农村扶贫开发项目。完成16项重点贫困村的整村推进项目，总投资6263万元；实施5项产业化扶贫项目，总投资520万元；建设5项科技扶贫项目，总投资560万元；培训贫困农民2250人，输出2115人，总投资225万元；完成4个村的移民扩镇项目，总投资3147万元；到2015年底，扶贫开发项目总投资达到10715万元，累计解决贫困人口25000人。

2015年，编制《临河区国民经济和社会发展第十三个五年规划纲要》。"十三五"的时间是2016—2020年。临河区将本着"坚持绿色发展、优化生态环境"的理念，把生态文明放在更加突出的战略位置，坚定不移地走绿色富区、绿色惠民的文明发展道路，推动形成绿色发展方式和生活方式，加快形成人与自然和谐发展的现代化建设新格局、切实筑牢我国北方重要生态安全屏障，把祖国北部边疆这道风景线打造得更加亮丽，营造天蓝、地绿、水清的生态环境。

强化生态环境建设。"十三五"期间，完成造林20.3万亩，实施全部乡镇农场集镇绿化和893个村屯绿化，2020年全区有林面积达到55.3万亩，灌木林面积达到6.5万亩，森林覆盖率达到17.7%，实现高标准农田林网化和平原绿化目标，按照"扩量增绿、提档升级、园艺造景"的绿化思路，围绕城区、城郊七大出口，保护绿地，保护绿化成果，完善绿化功能，加大养护力度，抓好黄河湿地公园园林景观绿化工程和镜湖湿地绿化升级改造工程，完成78个老旧小区、40处街景游园绿化，城市绿地率达到36%，人均公园绿地达到9平方米。积极争取京津风沙源治理二期工程、天然林保护二期工程、植被恢复、湿地保护、重点区域绿化等项目资金，吸纳社会资金，围绕国省干道、区乡通道，实施重点区域绿化，发展经济林和林产业，拓展造林空间，提升造林水平，推进城乡一体化森林生态体系建设。

推动低碳循环发展。按照减量化、再利用、资源化原则，加快建立循环型工业、农牧业、服务业体系，提高全社会资源利用率、加强高能耗行业节能改造和能耗管控，严格控制主要污染物排放。实施循环发展引领计划，开展循环经济示范行动，推行企业循环式生产、产业循环式组合、园区循环式改造，减少单位产出物质能耗，创建环境友好型社会。加强生活垃圾分类回收和再生资源回收利用，实现中水回用。

加强环境综合整治。以提高环境质量为核心，实行最严格的环境保护制度，形成政府、企业、公众共治的环境治理体系，实现环境质量总体改善。打好大气、水、土壤污染防治三大环保战役，实施好以治理工业污染、防治道路建筑扬尘、继续推进集中供热、拆除城区燃煤零星分散小锅炉为重点的"蓝天工程"。

高效节约利用资源。加强能源资源节约利用，执行能源消费总量与能耗下降强度双控制，实施重点用能设备能效提升计划，推进工业企业余热余压利用。围绕化工、建材、有色、电力等高耗能行业、实施能效提升计划，深入开展"万家企业节能低碳行动"。加快绿色建筑建设和既有建筑改造，推行居住建筑、集体宿舍、托幼建筑、医院住院部病房、宾馆等建筑65%的节能标准和其他公共建筑50%的节能标准，鼓励建筑领域采用节能型建筑结构、材料和产品。大力推广应用清洁能源和新能源交通运输装备，加快液化天然气加气站建设。推广节能电器和绿色照明，打造低碳社区。开展低碳试点城市建设，鼓励绿色出行，完善城市步行与自行车交通系统，提高公共交通出行和非机动车出行比例。对能耗大户进行能源审计，推广合同能源管理。优先发展公共交通，落实国家新能源公交车推广利用指导意见，加快新能源公交车替换燃油公交车步伐，加大对城市公共交通新能源公交车推广利用的政策和财政扶持力度，降低能耗，减少环境污染，逐步发展新能源公交车。加强土地资源集约利用，严格土地用途管制，落实耕地保护责任制，确保耕地红线，切实保护基本农田，保护粮食安全。坚持开源与节流并重，保障经济社会发展与生态建设对土地资源的需求，积极推行城乡用地增减挂钩，加大对搬迁后村庄土地的复垦利用，清理整顿盘活闲置土地资源，控制建设用地总量。

二、商标发展规划

为全面落实科学发展观，培育名优品牌，推进商标品牌战略，提高企业和临河经济竞争能力，服务临河产品走向世界，通过"商标兴农、商标兴企、商标兴区"活动实现富民强区的目标，根据《临河区国民经济和社会发展第十二个五年规划纲要》，制定《临河区2011－2015年商标发展规划》。

按照临河区委十二届二次全委（扩大）会议、区十五届六次人代会精神，打造临河地区文化和优势特色商标品牌，综合运用经济、法律手段，培育、保护和发展一批临河特色品牌，创建拥有自主知识产权的国内、国际知名品牌，提高企业的核心竞争力，促进临河区产业转型升级，促进企业技术创新，推动企业质量效益、管理水平全面提升，确保临河经济又好又快发展，推动临河区经济社会发展跨上新台阶。

计划用5年的时间，建立起较为完善的商标注册、使用以及商标培育、发展、保护的工作机制，形成一批有自主知识产权的、具有较强国内国际市场竞争力和影响力的临河商标品牌。充分发挥商标在市场中的引领作用，建立起品牌主导经济增长的模式，推出具有强势竞争能力的临河品牌，使之成为临河区经济发展的重要支柱。全区商标注册要以年平均10%的速度增长，到2015年，商标注册达到1440件，产地证明商标达到2件，集体商标达到1件。全区驰名商标发展到6件，全区著名商标发展到28件，全区知名商标发展到40件。

商标发展要结合临河区实际，突出重点领域。扶持农牧业、农畜产品加工业的发展。保税物流园区（B型）是临河区政府为实现农牧业产业转型升级，提高企业经济效益，实施"走出去"战略，直接对接参与国际市场竞争搭建的一个良好平台，有利于打造临河品牌集群区。商标品牌战略要服务园区建设，依托园区建设推进商标品牌战略实施。扶持保护规范使用"巴彦淖尔小麦"证明商标（地理标志），扶持企业做大做强。依托地缘优势，扶持注册苹果梨证明商标。扶持鼓励企业注册脱水菜、瓜果蔬菜等产品注册集体商标。对番茄产业、肉羊产业、葵仁产业、脱水菜产业加强商标资源整合利用，使用集体商标，形成产业化经营，提高竞争能力。培育扶持番茄产业"万野"商标争创驰名商标。保护规范使用"河套"面粉驰名商标的同时，扶持其他面粉加工、油脂加工、炒货业、食品行业，如"硕丰园"等商标争创内蒙古著名商标工作。培育扶持"全得妙""宏发素康"等商标争创驰名商标。扶持保护规范使用绒纺业"维信"驰名商标，扶持"维可欣""柔丽雅""一信绒"争创内蒙古著名商标，"雪候鸟""双河""佳兵"等争创驰名商标工作。培育扶持肉类加工业"晶鑫""草原族派"商标争创内蒙古著名商标，"草原宏宝""草原鑫河"争创驰名商标。扶持保护规范使用饲料产业"富川"的同时，培育扶持饲料"飞虹"争创内蒙古著名商标、"恒牧"饲料争创驰名商标。

扶持保护制种产业的发展，培育扶持种业"金田正茂""科河"争创驰名商标。扶持鼓励番茄、肉类、脱水菜、苁蓉、葵仁、面粉、各种食品、羊绒等产业在境外注册国际商标，提高其国际竞争力。鼓励、扶持农牧业特色产品的注册商标工作。

扶持冶金及矿山业发展。做好宣传工作，鼓励扶持铜、锌、铅、钢铁冶炼及深加工产品、黑色金属冶炼加工业、非金属矿山工业品，注册有自主知识产权的商标，培育扶持其争创知名、著名、驰名商标。

扶持化学工业的发展，引导扶持化学工业企业新产品开发，注册有自主知识产权商标。建设大型煤焦化、新型煤化工基地，培育氯碱化工产业集群，培育扶持如洗煤化工、甲醇、二甲醚化工、硫化工、煤化工、氯碱化工、铬盐化工、生物制药等产业商标争创知名品牌。同时扶持"昆龙屋"商标争创中国驰名商标。在新上项目煤制气、煤制烯烃、煤制乙二醇和煤—电石—聚氯乙烯—塑料型材循环产业上，培育自主知识产权商标，扶持培育其争创知名、著名、驰名商标。

扶持新能源产业的发展，扶持风电、太阳能发电、甜高粱秸秆制燃料乙醇、生物质能发电、煤矸石发电产业的发展，鼓励注册有自主知识产权商标，争创知名品牌。

扶持旅游产业发展，打造河套田园风光旅游线指导帮扶服务，宣传七彩文化街文化产业，培育旅游文化特色商标品牌，争创知名品牌。

其他产业发展。培育扶持建材、餐饮、建筑、物业服务等产业注册有自主知识产权商标，争创知名品牌。培育服装业"尤龙""森普利""维可欣"商标争创内蒙古著名商标。培育扶持建材"团羊"商标争创中国驰名商标。鼓励餐饮业、建筑业、物业等服务行业注册商标，做大做强，争创知名品牌。

为实现商标发展规划，临河区政府建立组织机构，加强统一领导，指导、协调、督促区直有关部门具体实施商标发展战略，协调解决实施商标战略工作中存在的问题，组织宣传商标法律和商标知识，指导、培育、推荐巴彦淖尔市知名商标、内蒙古著名商标和中国驰名商标工作，总结推广全区驰名、著名商标企业的发展、保护经验。

各乡镇及区直有关部门也成立相应机构，明确责任，抓好落实。各乡镇及相关职能部门、行业主管部门、行业协会、商标服务机构采取措施，加强对市场主体实施商标战略的指导和服务，健全商标档案，指导帮助市场主体制定商标战略实施规划，解决实际问题，共同完成商标发展规划的目标。

各乡镇及工商、新闻出版、报社、广电等职能部门，要加大对商标法律、商标知识的宣传和培训力度。特别是广播、电视等新闻媒体，发挥舆论宣传优势，在全社会形成重视商标、宣传商标、发展商标、保护商标的氛围。

对被认定为驰名商标、著名商标、取得产地证明商标的组织要根据财力给予一定的物质奖励。对驰名、著名商标企业，在有关资源要素保障方面给予倾斜，在技术改造、技术引进、科研立项、财政贴息等方面优先扶持。

加大打击商标侵权力度，保护商标专用权。加强理论研究，扩大对外交流。要采取多种渠道，加强对商标发展过程中出现的新情况新问题的理论研究，积极参与国际和国内的学术和经验交流，组织商标管理人员到发达地区学习，在全区推广商标战略先进经验，邀请知名专家进行指导。通过各种形式的学习交流，不断推动临河区商标战略向深度和广度发展。

第三节　固定资产投资管理

1991—2014 年，按计划总投资 50 万元固定资产项目统计，24 年间共完成固定资产投资 1319 亿元。

1991—1995 年（"八五"期间），临河市全社会固定资产投资 3.3 亿元。

1996—2000 年（"九五"期间），临河市社会固定资产投资 21.48 亿元。

2001—2005 年（"十五"期间），临河市（区）社会固定资产投资 104.86 亿元。

2006—2010 年（"十一五"期间），临河区社会固定资产投资 435.3 亿元。

2011—2014 年，临河区固定资产投资分别是 152.1 亿元、169.5 亿元、200.3 亿元、232.2 亿元。

2015—2016 年，国家、自治区统计局将统计制度中固定资产投资项目统计起点，由计划总投资 50 万元及以上调整到计划总投资 500 万元及以上。临河区固定资产投资按新口径核定完成投资额，2 年投资 500 万元以上固定资产，完成投资额 334.6 亿元，其中 2016 年临河区固定资产投资 158.6 亿元。

第四节　项目申报与实施

2006 年，临河区发展和改革局争取项目 32 个，争取国家、自治区投资 4558 万元，其中农林牧水方面资金 292 万元，城市建设方面资金 4266 万元。2007 年，争取项目数 30 个，争取国家、自治区投资 2889.4 万元，其中农林牧水资金 456 万元，交通资金 210 万元，城市建设资金 110 万元，社会事业资金 2113.4 万元。

2008 年，争取项目数 24 个，争取国家、自治区投资 4454 万元，其中农林牧水方面资金 967 万元，城市建设方面资金 606 万元，社会事业方面资金 305 万元，服务业方面资金 720 万元，高技术方面资金 500 万元，电网方面资金 1356 万元。2009 年，争取项目数 60 个，争取国家、自治区投资 1.3 亿元，其中农林牧水方面资金 2580.5 万元，工业方面资金 2401 万元，城市建设方面资金 4528.4 万元，社会事业方面资金 2630 万元，服务业方面资金 790 万元。

2010 年，争取中央预算内投资和自治区预算内投资项目 104 个，争取资金 2.46 亿元，其中农牧林水方面投资 6973.46 万元，基础设施建设方面投资 3926 万元，工业方面投资 1545 万元，社会事业方面投资 8097.65 万元，服务业方面投资 1590 万元，电网改造投资 1901 万元，高技术产业方面投资 500 万元，交通方面投资 60 万元。2011 年，争取到国家、自治区投资 33 个，争取投资 1.57 亿元。其中农牧林水方面投资 6714 万元，社会事业方面投资 8578.8 万元，工业方面投资 320 万元。

2012 年，争取中央、自治区预算内投资项目 55 个，争取投资 1.94 亿元。其中，农牧林水方面投资 3276 万元，工业方面投资 1239 万元，社会事业方面投资 1.47 亿元，服务业方面投资 210 万元。2013 年，争取项目数 57 个，争取国家、自治区资金 2.22 亿元。其中农林牧水方面资金 5286 万元，社会事业方面资金 5295 万元，新兴产业方面资金 2100 万元，基础设施建设方面资金 7040 万元，工业方面资金 490 万元，其他方面资金 1990 万元。

2014 年，争取到项目数 51 个，争取国家、自治区资金 22008.8 万元，其中农林牧水方面资金 4054.6 万元，社会事业方面资金 2284.2 万元，新兴产业方面资金 1250 万元，城市建设方面资金 7045 万元，交通方面资金 225 万元，其他方面资金 7150 万元。2015 年，发改渠道，争取项目数 68

个，争取国家、自治区资金4.79亿元，其中农林牧水方面资金8885.41万元，社会事业方面资金7985.25万元，新兴产业方面资金1719万元，城市建设方面资金25154万元，其他方面资金4210.3万元。

2016年，争取项目数36项，争取国家、自治区资金2.16亿元，其中农林牧水方面资金7226.52万元，社会事业方面资金865万元，城市建设方面资金11987万元，新兴产业资金615万元，其他方面资金930万元。

第五节　节能减排

2011—2015年，临河区下达节能目标，五年累计 – 15.5%，年均 – 3.31%。2011年，临河区的污染减排任务是：5家屠宰加工企业7月底完成污水处理设施安装调试，确保污水处理设施正常运行，年底完成相应的减排任务。2家羊绒企业8月底前完成污水处理设施安装调试，年底完成相应的减排任务。北方联合电力临河热电厂、污水处理厂要确保各项环保设施正常稳定运行，提高处理效率。京新药业等5家企业要在年内完成清洁生产审核工作，以先进的管理措施来提高节能减排和生产效益。

2010—2016年，临河区将节能降耗工作纳入经济社会发展全局，建立健全节能降耗工作责任制和问责制，统筹安排，重点突破。2010年10月，临河区万元GDP综合能耗下降率为5.65%，完成全年目标的104%。2013年，煤炭市场发生波动，按照严格的SO_2排放要求，临河热电厂脱硫装置已经无法满足国家环保要求，为控制排放量，热电厂投资6336万元实施脱硫增容改造，1号机组2013年4月6日开工，7月22日正常运行。2号机组2013年7月22日开工，10月21日正常运行。改造完成后形成SO_2减排能力约73836吨，达到临河区节能减排要求。从2014年9月20日起，临河城区路灯节能改造工程全面启动，共改造20条街路的1840盏路灯。主要对解放街、乌拉特大街、利民街、长春街、乌兰布和路等照明亮度不够、路灯质量不够好的20条街路1840盏路灯实施节能改造，将上述街路的1840盏路灯由过去的钠灯更新为节能灯，节能率达50%以上。

2016年，临河区下达GDP能耗目标为增长 – 3.0%，完成 – 4.2%，超额完成目标任务。

第二章 财政管理

第一节 机 构

一、行政管理机构

1991年，临河市财政局内设国有资产管理科、政秘股、预算股、行政股、农财股、农税股、综合股、企财股、收费股、会计股、大检办。工作人员81人。

1995年1月5日，财政局将农税股及8名员工移交给市地税局。

1996年5月4日，国有资产管理局、收费管理局经市委、市政府批准正式成立，隶属市财政局。同年，市财政局增设机关服务中心和农业综合开发办。

1997年，市财政局下设国有资产管理局、收费管理局及政秘、预算、行政、农财、基建、乡财、企财、大检查办公室、机关服务中心9个股室，总计85人。

1999年，新增政府采购办、会计管理培训中心2个单位，内设股室新增社保股。工作人员84人。

2002年9月，临河市收费管理局更名为临河市预算外资金管理局。

二、事业单位

2002年，临河市农业综合开发办公室隶属临河市财政局。设立政府采购办，后改为政府采购中心。

2006年，成立农村综合改革办公室。

2007年，成立财政局政策研究中心。

2016年，临河区财政局二级单位有临河区预算外管理局、农业综合开发办、国有资产管理局、政府采购中心。

第二节 财政体制改革

1997年，临河市对转移支付方案做出调整，将财政供养人员划分为：全额在职、差额在职、集体人员、离退休人员四类。人均工资额在职人员按每年3600元计算，集体人员按每年1200元计算，离退休人员按每年4800元计算；公用经费人均每年650元（1999年临河市财政供养人数核定为15075人，补助868万元）。

1998年，巴彦淖尔盟粮食收储企业及附营企业划归旗县市管理，各项税收由旗县市征收，原盟级征收的94户企业税收划到临河市。

从1999年起，临河市上划两税基数104万元，税返基数64万元，核减巴彦淖尔盟对临河补助122万元。临河糖厂的收入由盟级征收，收入归临河市。

2002年，临河市经济技术开发区各种税收全部缴入巴彦淖尔盟国库，年终计算收入时统计在临河市财政局，收入分配从可支配收入中减去上划经费，通过年终结算补助临河市，执行年限为2002—2003年。临河市财政固定收入为：农业税、农业特产税、物业税、耕地占用税、契税；属于地方非税收入有固定资产经营效益、行政事业性收费、罚没款、专项经费、专项基金和其他收入。盟与旗县市财政共享收入为：增值税25%，营业税、企业所得税、个人所得税、资源税、城市维护建设税、土地附增值税、车船使用税和牌照税、房产税、印花税、城镇土地使用税、固定资产投资方向调节税、宴席税、契税、屠宰税、上划中央税收返还部分。

2004年，临河区财政管理体制的主要内容是：将巴彦淖尔市属企业税收，全部划归属地征收，构成区级财政收入，市级仅保留原有市财政部门组织的非税收入。采取"一个基数、三个共享"的办法："一个基数"——以市级下划的工商税收三年（2000—2002年）平均数作为上划财力基数。"三个共享"——区级一般预算收入中的工商税收，市与区共享；上划中央税收返还部分市与区共享；与上划中央税收增量部分挂钩的转移支付，市与区共享。上划综合比例确定：按市级下划的税收占下划税收融入区级税收总量后的比例来计算上划综合比例，临河区为27.73%。年终结算办法：按照"核定基数、环比增长、综合比例、超收分成"的结算办法。上划市级财力实行：基数增长15%以内部分，按上划27.73%的比例计算；增长超过15%以上部分，按10%的比例计算。

2006年，自治区对临河区下划的地方税收主要是烟草企业所得税、铁道三产企业所得税、个人储蓄存款利息所得税、信用联社税收。自治区按照下划税收融入临河区的五种地方税收为：营业税、增值税（25%部分）、企业所得税（40%部分）、个人所得税（40%部分）、资源税。以2005

年为基数（核定办法：前三个季度的收入是按这五种税收实际完成数计算，第四季度的收入是按2004年第四季度这五种税收实际完成数，以2005年前三个季度这五种税收的增幅来计算，作为后一个季度的收入），实行增量部分比例分享（即2006年自治区分享比例为20%，从2007年起自治区每年增加一个百分点，到2011年分享比例固定为25%）。

从2006年起，巴彦淖尔市政府完善与旗县区财政收入管理体制，主要内容是：在上划中央和自治区税收的基础上，对属于临河区地方收入的营业税、增值税、企业所得税和个人所得税、资源税五项税收，税收部门实行基数加环比增量分成的办法，市级分成比例20%。对2006年起投产的应缴税金在2000万元以上（含2000万元）的新企业，按上述分成办法，市级再增加15%的分成。对现应缴税金在2000万元以上（含2000万元）的老企业，经扩建当年税收增幅超过20%的部分，按上述分成办法，市级再增加15%的分成。每年定额上解市级财政。税收征管体制不变，地方税收入库预算级次不变。原财政体制补助和转移支付补助不做调整。其他地方税收和非税收入仍按原体制规定，划分范围不变，分别为市级和旗县区级收入。

2011年，巴彦淖尔市政府进一步调整和完善市与旗县区财政管理体制，将市级企业全部下划旗县区实行属地征管，市级再没有企业税收，因此对原体制从旗县区上划的增量财力，这次完善体制作为旗县区上划市级财力的定额上解基数。将全市一般预算收入划分为市级固定收入、旗县区固定收入和市与旗县区共享收入。

市级固定收入是属于市本级的专项收入（排污费收入、水资源收入、矿产资源补偿费收入、探矿采矿权使用费及价款收入等）、国有资本经营收入、国有资源（资产）有偿使用收入、行政事业性收费收入、罚没收入、其他收入等。

旗县区固定收入是实行属地征管的增值税

18.75%、营业税75%、企业所得税30%、个人所得税30%、资源税75%、城市维护建设税、房产税、印花税、城镇土地使用税、土地增值税、车船税、耕地占用税、契税、其他税收、专项收入（排污费收入、水资源收入、矿产资源补偿费收入、探矿采矿权使用费及价款收入等）、国有资本经营收入、国有资源（资产）有偿使用收入、行政事业性收费收入、罚没收入、其他收入等。

市与旗县区共享地方税收。对留在地方的全部税收实行与旗县区分成，并按不同税种确定不同的上划市级财力比例。共享税收具体比例如下：4个主体税种与旗县区共享，主要包括：增值税18.75%、营业税75%、企业所得税30%、个人所得税30%；以上4个税种按照当年实际完成数与上年环比增量的分成办法，按25%的比例上划市级财力，并作为下年度上划市级财力基数。资源税与旗县区共享，按当年实际完成数的30%上划市级财力，年终单独结算上解，一年一算上划财力基数。地方小税种与旗县区共享，主要包括：城市维护建设税、房产税、印花税、城镇土地使用税、土地增值税、车船税、耕地占用税、契税、其他税收；以上小税种按当年实际完成总量上划市级15%的财力，年终单独结算上解。

对跨旗县区经营及主体税收难以按地区划分的部分企业税收，对烟草企业税收进行调整，并作为市本级财力统一上划市级统筹使用，并以三年平均数确定固定额度，实行定额上解。对电力等企业集中纳税，待自治区有新规定后，予以解决。

教育费附加市与旗县区共享。按当年实际入库教育费附加上划20%，统筹用于全市重点教育事业。按照自治区政府文件，对地方教育附加费调整征收率后，地方留用的30%部分，这次调整完善体制继续由市级征管。

市本级对旗县区的原体制补助、两税返还、所得税基数返还、自治区税收返还、专项上解等继续执行；自治区核定市出口退税基数不变，各旗县区出口退税超基数部分的退税额，按照中央与地方92.5∶7.5的比例分担，年终单独办理专项上解。

四税环比增量的基数原则上按2010年4个税种实际完成数作为计算增量的基数，如果当年实际完成数比2010年出现负数，将按当年税收平均增长计算增量。

税收征管体制不变，各旗县区仍按税收征管区域征缴入库，税收入库级次不变。

2012年，按照内蒙古自治区人民政府《关于进一步完善自治区以下财政管理体制的通知》精神，增值税（25%部分）、营业税、企业所得税（40%部分）、个人所得税（40%部分）、资源税为自治区与盟市共享收入。按规定比例分别上缴自治区财政和市财政。市留成比例：增值税地方留成17.5%，比2006体制18.75%减少1.25个百分点；营业税地方留成90%，比2006体制75%增加15%；企业所得税地方留成30%，与2006体制一致；个人所得税地方留成30%，与2006体制一致；资源税地方留成35%，比2006体制75%减少40%。

第三节 财政收入

一、财政收入总量

1995年，即国民经济第八个五年计划末，临河市财政收入9295万元，较"七五"期末增长92.42%。

2000年，即国民经济第九个五年计划末，临河市财政收入16522万元，较"八五"期末增长77.75%。

2005年，即国民经济第十个五年计划末，临河区财政收入49020万元，较"九五"期末增长196.70%。

2010年，即国民经济第十一个五年规划末，临河区财政收入 160784 万元，较"十五"期末增长 228.00%。

2015 年，即国民经济第十二个五年规划末，临河区财政收入 20.52 亿元。

二、收入结构分析

1995 年，临河市财政收入 9295 万元，地方财政收入完成 5703 万元，其中工商税收 3016 万元，农牧业五税 1229 万元，其他收入 1232 万元，企业收入 75 万元，国家预算调节基金 17 万元，专款收入 134 万元。

2000 年，财政总收入 16522 万元。地方财政收入完成 13303 万元。其中工商各税完成 6826 万元，农牧业五税完成 2957 万元，行政性收费与罚没收入 2509 万元，专款收入 402 万元，国有资产经营收入 250 万元，基金收入 359 万元。

2005 年，财政总收入 49020 万元，地方收入完成 33194 万元。地方收入中，工商税收完成 27044 万元，契税和耕地占用税完成 1900 万元，国有资产经营收益 100 万元，行政性收费和罚没收入 2492 万元，专款收入 978 万元，其他收入 36 万元，基金收入 644 万元。

2010 年，全区地方财政收入完成 160784 万元，其中上划中央收入 56232 万元，上划自治区收入 14937 万元，一般预算收入完成 89615 万元。全年各种税收完成 150166 万元。其中营业税完成 38253 万元，增消两税完成 44122 万元，所得税完成 36086 万元，其他税种收入 31705 万元。

2012 年，全区财政收入完成 222914 万元，其中一产耕地占用税完成 3427 万元，占 1.5%；二产税收完成 72924 万元，占 32.7%，包括制造加工业入库 23773 万元，电力、煤气等入库 21463 万元，建筑业入库 27688 万元；三产税收完成 133232 万元，占财政总收入的 59.8%，包括交通运输邮政及仓储入库 5073 万元，批发零售入库 34672 万元，金融保险业入库 23674 万元，信息化产业入库 4463 万元，住宿餐饮业入库 4243 万元，

文化娱乐业入库 608 万元，租赁商务服务业入库 11447 万元，房地产业入库 40272 万元，公共管理业入库 8807 万元；非税收入完成 13337 万元，包括行政事业费收入 3768 万元，罚没款收入 4205 万元，专项收入 3209 万元，其他收入 2149 万元。

2016 年，临河区财政收入完成 22.28 亿元（含开发区收入 2.4 亿元），同上年比增加 1.76 亿元，增长 8.6%。

第四节 财政支出

一、支出情况

1991 年，临河市财政支出包括企业挖潜改造、简易建筑、科技 3 项费用；支援农村生产（具体有小型农田水利和水土保持、支援农村合作生产组织资金、农村农技推广和植保补助、农村草场和畜禽保护补助、造林与林木保护、农村水产补助、农村发展专项资金、发展粮食生产专项资金）；农林水利气象部门事业费（具体有农垦事业费、农场事业费、农业事业费、畜牧事业费、农机事业费、林业事业费、水利事业费、水产事业费、气象事业费、乡镇企业事业费、农业资源调查和区划费、土地管理事业费、其他农林水事业费）。工业交通部门事业费；商业部门事业费；城市维护费；城镇青年就业费；文教卫生事业费（具体有文化事业费、教育事业费、党政群干部训练事业费、卫生事业费、公费医疗经费、体育事业费、单干事业费、地震事业费、广播电视事业费、计划生育事业费、其他文教事业费）。科学事业费；其他部门事业费；抚恤和社会救济事业费；国防事业费；行政管理费；公检法事业费、价格补贴支出；支援不发达地区支出；其他支出；总预备费；专项支出；社会保险基金支出。在上述众多支出中，增长幅度较大的项目主要有支援农村生产和农牧林水事业费支出、教育卫生事业支

出和行政管理费支出。

1995—1998年，增加农业综合开发支出200万元。取消城镇青年就业支出，卫生事业费单列。教育、科技事业费分别单列，增加社会保障支出。

2000年，基本建设支出58160万元，占财政总支出25%；支援农业8700万元，占3.7%；农林水利气象事业费10020万元，占4.3%；城市维护费19660万元，占8.5%；行政管理支出33370万元，占14%；公检法支出17410万元，占7.6%；教育事业费42850万元，占18.6%。其他包括工业交通、其他部门事业费、抚恤救济、支援不发达地区、国防、科学、社会保障等支出占19%。

2002年，增加流通部门事业费、行政事业单位离退休费支出、债务利息支出。2005年的财政支出：基本建设支出3717万元，企业挖潜改造支出1143万元，科技三项费用96万元，农业支出（包括农业综合开发）2199万元，林业支出1126万元，水利和气象支出686万元，工业交通支出1276万元，文体广播事业支出608万元，科学、教育支出8700万元，医疗卫生支出2638万元，其他部门事业费支出2456万元，抚恤福利救济支出1988万元，行政事业单位离退休支出6512万元，社会保障补助1726万元，行政管理费6855万元，武警支出51万元，公检法司支出2632万元，城市维护支出2674万元，政策性补贴318万元，支援不发达地区156万元，专项支出1153万元，其他支出1187万元，基金支出289万元。

2007年，财政支出结构调整为：一般公共服务、公共安全、教育、科技、文体、社会保障与就业、医疗卫生、环境保护、城乡社区事务、农林水事务、交通运输、工业商业金融、其他计13个项目。

2010年，临河区一般公共服务支出16699万元，公共安全支出14390万元，教育支出36314万元，科技支出111万元，文体与传媒支出364万元，社会保障与就业支出37437万元，医疗卫生支出14185万元，环境保护支出2879万元，城乡社区事务支出27603万元，农林水事务支出21323万元，交通运输支出4105万元，资源勘探电力信息支出1106万元，商业服务业支出1686万元，国土资源气象事业支出160万元，住房保障支出8454万元，粮油物资储备等事务支出34万元，国债事务支出165万元，其他支出293万元。

2008—2012年，财政支出累计完成108.9亿元，比前五年增加8.7亿元，增长2.83倍。五年来，投入工业园区和物流园区建设基金14亿元，投入城市建设资金29亿元，拨付支农资金9.9亿元，投入社会民生事业资金45.2亿元，其中教育事业投入19.2亿元，社会保障和就业投入8.7亿元，医疗卫生投入8亿元，保障性住房支出9.3亿元。

2016年，临河区公共财政一般预算支出42.1亿元，比上年增长1.7%，其中一般公共服务支出3.3亿元，增长6.6%；八项民生合计支出31.1亿元，占公共财政预算支出的73.9%。

二、支出类别

临河区财政支出类别情况，可以从不同年度财政支出列表中反映。

表26-2-1

2005年临河区财政支出项目表

单位：万元

财政支出项目	金额
基金	3717
企业挖潜改造	1143
科技三项	96
农业支出	2199
林业	1126
水利和气象	686
工业交通	1276

续表

财政支出项目	金额
文体广播事业	608
科学、教育	8700
医疗卫生	2638
其他部门事业费	2456
抚恤福利救济	1988
行政事业单位离退休	6512
社会保障救助	1726
行政管理费	6855
武警	51
公检法司	2632
城市维护	2674
政策性补发	318
支援不发达地区	156
专项	1153
其他	1187
基金	289

表 26 - 2 - 2

2010 年临河区财政支出项目表

单位：万元

财政支出项目	金额
一般公共安全	16699
公共安全	14390
教育	36314
科技支出	111
文体与传媒	364
社会保障与就业	37437
医疗卫生	14185
环境保护	2879
城乡社区事务	27603
农林水事务	21323
交通运输	4105
资源勘探电力信息	1106
商业服务	1686
国土资源气象事业	160
住房保障	8454
粮油物资储备等事务	34
国债事务	165
其他	293

表 26 - 2 - 3

1996—2000 年临河市财政支出表

单位：千元

财政支出项目	1996 年	1997 年	1998 年	1999 年	2000 年
基本建设	2660	1300	12860	76410	58160
企业挖潜改造	1560	2470	1880	220	
简易建筑	230	50	1780		
科技三项费			1000	1500	1250
支援农业	3460	9910	8900	5070	8700
农林水利气象事业	9390	6190	11680	16950	10020
工业交通	880	1230	2000	7690	3220
城市维护费	14110	16150	12720	13550	19660
城镇青年就业					

续表

财政支出项目	1996 年	1997 年	1998 年	1999 年	2000 年
文教科学事业	31590	34290			
其他部门事业	6060	8990	12030	10060	10430
抚恤福利救济	1610	3040	1980	2900	3250
行政管理	18380	27140	32300	31010	33370
价格补贴	1790				
其他支出类	11400	1010	1010	2260	710
专款支出	2330		4260	2000	4370
公检法	6270	12440	14790	15810	17410
支援不发达地区	200		320	70	120
国防支出			190	80	290
社会保险基金	2560	5510			
农业综合开发	460	480	90	3660	2390
武警支出	30	240	340	110	530
卫生事业费	8970	11150	12830	10990	11810
政策性补贴		1100	1150	1030	180
教育事业费			32850	42130	42850
科学事业费			420	240	110
社会保障			3030	2220	1560
本年支出合计	121380	13718	170470	245960	230390
上解支出	3680	4220			22590
年终结余	7170	8440			38650
总计	138470	16108			295630

表 26 - 2 - 4　　　　　　　　**2001—2005 年临河区（市）财政支出表**　　　　　　单位：万元

财政支出项目	2001 年	2002 年	2003 年	2004 年	2005 年
基本建设	6148	5162	2771	1765	3717
企业挖潜技改	31	939	432	1545	1143
科技三项	190	200	219	135	96
支援农村生产	1217	792	978	1254	2199
农业综合开发	646	288			
农林水利气象	1394	1685	1827	3161	4011
工业交通	1046	1258	1575	1368	1276
文体广播	409	639	444	516	608
教育事业	5753	9219	6813	8269	8691
科学事业	33	12	7	6	9

续表

财政支出项目	2001 年	2002 年	2003 年	2004 年	2005 年
卫生经费	1320	1677	2188	2143	2638
税务等部门	739	1287	2246	2545	2456
抚恤福利救济	403	799	1152	1270	1988
社会保障补助	346	705	644	1003	1726
国防支出	14	3	1	21	7
行政管理	4830	6007	5409	4910	6848
武警部队	156	24	48	76	51
公检法	1886	2649	2313	2382	2632
城市维护	1909	1902	1917	3349	2674
政策性补贴	25	39	10		318
支援不发达地区	94	141	320	70	156
专项支出	483	203	223	391	1153
其他支出	85	1018	882	1368	1187
流通部门事业费	30	15	4	110	530
行政事业单位离退休费	8970	11150	5449	6018	6512
本年支出合计	29157	36663	36574	42241	49897
上解支出	2254	1662	1966	2347	2798
年终结余	4676	2431	439	2013	5995
总计	36087	40756	40579	47523	59912

表 26-2-5　　　　　　　　　　**2006—2010 年临河区财政支出表**　　　　　　　　单位：万元

财政支出项目	2006 年	2007 年	2008 年	2009 年	2010 年
基本建设	7607			75	
企业挖潜技改	872				
科技三项	117		227		
支援农村生产					
农业综合开发					
农林水利气象	6184	9200	11278	11570	
工业交通	3311	3031	4306	3256	
文体广播	601	600	390	550	364
教育事业	10845	15634	22837	30015	36314
科学事业	23	301	239	359	111
卫生经费	3106	4760	7802	11247	14185
税务等部门	1852		1137	1917	
抚恤福利救济	3087		1142	1370	

续表

财政支出项目	2006 年	2007 年	2008 年	2009 年	2010 年
社会保障补助	2054	13374	3910	28733	37437
国防支出	20		6677	7588	
行政管理	8487		144	83	
武警部队	169		227	448	
公检法	3779		6450	7140	
城市维护	3778				
政策性补贴	283				
支援不发达地区	258				
专项支出	1081				
其他支出	1395		208	230	
流通部门事业费	7443		10307	11635	
行政事业单位离退休费	1406			1815	
债务利息					
本年支出合计	67758	92471	119430	143136	187308
上解支出	302				
年终结余	5603				
总计	74470				

三、财政结余

1991 年，临河市财政年终结余 296.4 万元。1992 年年终结余 582 万元，1993 年年终结余 721 万元，1994 年年终结余 422 万元，1995 年年终结余 162 万元。

1996 年，年终结余 717 万元。年内新增财政支出项目 6 项：武警支出、卫生事业费、政策性补贴费、教育事业费、科学事业费、社会保障。1997 年年终结余 844 万元，2000 年年终结余 3865 万元。

2001 年年终结余 4676 万元，2002 年年终结余 2431 万元，2003 年年终结余 439 万元，2004 年年终结余 2013 万元，2005 年年终结余 5995 万元。

2006 年年终结余 5603 万元。2007—2010 年，无结余。

第五节　财政监督管理

一、基本情况

1991 年，临河市成立财务大检查办公室，同时设国有资产管理科。1995 年，国有资产管理科改为国有资产管理局。1996 年，设立农业综合开发办公室，专门管理农业综合开发专项资金。

2001 年，成立政府采购中心，加强控购管理。2002 年，设立监督检查股，加强财政内外部财务检查。2004 年，监督检查股升格为临河市财税监督检查局。

2012 年，临河区财政局内设各股室达到 18 个，二级科局达到 6 个，分工更加细致，管理与监督得到进一步加强。

2013 年，实现财政资金事前、事中监控和事后绩效评价相结合的监督机制，监督关口前移。

2016 年，财政系统将强化财政资金监管作为关键环节紧抓不放，对教育、社会保障、医疗卫生等民生领域开展了支出绩效评价，积极探索建立科学、规范的财政支出绩效评价体系，提高财政资金使用效益。

二、财政管理

（一）预算管理

2011—2016 年，临河区财政局在预算内资金管理方面，认真执行《预算法》，严格遵循"保工资、保运转"的原则，积极优化支出结构，对专项资金实行专户管理，效益跟踪反馈等办法，既保证了党政机关正常运转和干部职工工资发放，也提高了专项资金的使用效益，在控制支出方面是按"零星预算"管理办法编制年度预算。2014 年，进一步深化部门预算改革，细化预算科目，夯实预算编制基础，强化政府公共预算编制管理，逐步实施财政信息公开，扩大公众知情权。

"八五"（1991—1995 年）期间，临河市将财政收支情况列入目标管理责任制中予以考核；积极扶持生产，培植财源，增强财政后劲；税务部门将征收任务落实到股、所、队的每个征管人员头上，把工资、奖金与征收任务挂钩，明确责任，实行激励机制；经常开展"双增双节"运动和税务、财政、物价大检查。

"九五"（1996—2000 年）期间，临河市坚持依法征管，确保财政收入任务的完成；贯彻财政政策，促进基础设施较快发展。抓住国家西部大开发的机遇，论证筛选项目，争取上级资金；调整优化支出结构，保证机关事业单位工资发放，刺激消费，扩大内需。积极支持农业发展和经济结构调整，重点保证农业与畜牧业发展；积极推进财政体制改革，开展政府采购，节约资金。

"十五"（2001—2005 年）期间，临河财政预算执行的保证措施有：加快产业结构调整，培植壮大工业主导财源，巩固提高农牧业基础地位，

促进第三产业快速发展，积极向上争取资金和政策支持，加强财源建设；继续加强收入征管，确保收入稳定增长；推进改革，推行罚缴分离和票款分离，设立收费专柜，防止坐支挪用；加强财政监督职能，贯彻《财政违法行为处罚处分条例》，将非税收入纳入规范化、制度化管理轨道。

"十一五"（2006—2010 年）期间，临河将发展工业作为增加财政收入的战略性措施，优先保证项目建设投资，实现亿元以上项目 86 个，10 亿元以上项目 7 个。工业园区东区累计投入基础建设资金 10.3 亿元，完成高标准配套面积 18 平方千米，基本形成以绒纺、食品、电力、制药、冶金化工、建材为主的工业体系；深化财政管理体制改革，提高科学化精细化理财水平，主动接受人大监督，完善国库管理制度改革，深化政府采购制度改革；严格预算刚性约束，加大财政支农力度，发展现代农牧业。优先保障民生，确保人民群众安居乐业。加大社会保障投入，支持地方社会事业发展；优化政府投融资体系，拓宽投融资渠道，盘活政府资源，提高资产运作能力，灵活运用贴息、担保、补贴、奖励等手段，带动吸引银行、企业、社会投资，达到少花钱多办事的目的；抢抓机遇争取上级资金，确保各项支出增加资金的调度使用。

（二）预算外管理

1991—2016 年，临河市（区）财政局在预算外资金管理方面，实现"治乱、反腐、保收"的目的，不断完善收费管理职能，提高整体素质的措施，使预算外资金管理逐步纳入法制化、制度化轨道。在此基础上，集中人力集中时间对有收费的行政事业单位进行认真的清理检查，严肃查处各种违法乱纪行为，加大监督力度，达到"科学管理集聚财力、平衡分配、促进事业"的目的。

（三）政府采购预算管理

临河市政府采购工作从 2003 年起步，经过 4 年的探索和实践，《政府采购法》规定的货物、工程、服务三大采购种类，全部纳入政府采购范围。

2006年，临河区修订完善了2006年度政府采购目录，并下发各行政事业单位执行。按照《政府采购法》规定，进行公开招标11次，竞争性谈判21次，单一来源采购6次，询价334次。截至12月31日，全区累计执行政府采购预算7002万元，实际采购资金6632.5万元，较上一年的4800万元增加36.3%；节约资金1033.1万元，节约率13.48%。各项指标均超额完成市里下的任务，从采购项目的构成来看，货物、工程、服务分别占采购总金额的26%、68%、6%。

2007年6月，临河区累计执行政府采购预算3211.2万元，采购金额2829.1万元。

2008年12月，累计执行政府采购预算11210万元，落实采购资金9848.2万元。

2009年，累计执行政府采购预算16070万元，落实采购资金14174万元。

2011年，完成政府采购预算16464.82亿元，实际完成政府采购14585.79亿元。

2012年，完成政府采购预算18580.9万元，实际完成政府采购16881.6万元。

（四）会计管理

2002年7月22日，在临河市财政会计培训中心基础上，成立临河市会计管理局，隶属临河市财政局，内设办公室、财政集中支付核算中心、会计培训中心、会计管理中心、业务稽查股。8月，临河市人民政府办公室转发《临河市会计核算管理体制改革实施方案》，提出实行会计核算制和会计委派制，在行政事业单位资金所有权、使用权、财务自主权、债权债务回收、偿还权不变的前提下，取消单位银行账户、会计、出纳，由会计核算中心代理记账，对单位集中办理会计核算和实行会计监督。实行会计委派制，由政府派出会计人员到各单位，委派会计受会计管理部门和受派单位的双重管理。对企事业单位实行"零户统管"，即乡镇把各站、办的账户统一到财税所，统一管理核算，变多家开户为一家开户，变多家分管为一家统管。同时建立综合预算制度、

支出项目审批制度、备用金制度、监督检查制度以及考核奖罚制度。分8组对所属单位进行集中核算。10月，从行政事业单位招考会计人员，第一批正式录用会计25人；从社会公开招考会计、审计人员正式录用5人。12月16日，临河市人民政府第十二次常务会议决定，同意任用单位报账会计126人，代理报账会计11人。同意任用会计局招考录用的会计人员。

2003年，在部分单位实行会计委派试点工作，针对单位会计业务不规范问题进行纠正，贯彻收支两条线的财务管理制度。实行专项工程会计委派，围绕节约建设资金、提高投资效益进行监督管理。会计核算中心实行单一账户专款专用，开展了统一发放工资、福利，统一办理资金支付，集中管理会计档案等业务。有147个单位纳入集中核算，设置各类账套194个，拒付各类不合理支出1696笔，金额1554.45万元；督促审计决算工程项目6项，节约资金148万元，识别拒付假支出69万元。代扣代缴各类税费508.53万元。查出自立项目及搭车收费245.5万元、截留挪用预算外资金40.8万元，各单位主动上交未缴收入138.12万元。开办会计类培训班9期，培训人员300多人。

2004年，会计管理局采取"走出去，请进来"的办法，为单位提供优质高效的会计服务。实行定时报账，使报账工作有序进行。规范会计基础工作，提高会计信息质量。实行督查制，每月进行检查，每季公布检查结果，及时发现纠正问题。加强会计人员的培训管理，树立诚信意识。开展对有违规嫌疑单位的重点检查、对纳入集中核算单位的常规检查。开展执法检查，解决财务不规范问题。规范单位内部会计监督制度建设，克服集中核算后单位内部财务工作出现的薄弱环节。

2006年，在上年国库集中收付与会计集中核算有机融合的基础上，制定了《临河区财政局集中收付制度的实施方案》，完善《临河区会计集中核算管理办法》和《关于规范报账程序的具体规定》，将会计局下设的核算中心更名为"临河区国

库集中核算中心"，完善财政直接支付项目入账的程序，实现一个机构两种职能。开办中级会计职称考前培训班2期，培训人员120人；开办电算化培训班3期，培训学员90多人；举办从业资格证考试培训班1期，培训人员125人。采取"内外结合、加强常规、突出重点、强化专项"的检查方式，加强监督管理，调度资金3258万元，缓解财政压力。拒付不合规开支16笔，金额20万元；制止偷税漏税3起，金额79万元。

2008年，切实履行"国库集中收付"与"会计集中核算"双重职能，提高资金使用效益，初步构建起了国库集中支付制度体系。做好政府收支分类改革工作。利用现有会计核算网络系统，自行设计与政府收支分类改革相适应的核算运行系统，在核算中严格按照政府收支分类改革所设定的"双重复式支出核算"功能，对每一笔支出进行"多维定位"，清楚地说明政府的钱用在什么地方，怎么用的，为预算管理、统计分析和财政监督提供全面准确的信息。

2009年，全区纳入会计集中核算的单位167个，规范设置核算账户341套，核算资金27.5亿元，拒付各种不合理支出58笔，涉及金额320万元。筹集资金16.5万元购置新服务器，采用双机热备技术，提高核算工作的质量效益。代扣税款436万元，清理债权债务，建立专项资金专户36个，实行"专户储存、专户管理、专款专用"。举办城镇失业人员再就业会计电算化培训班，培训人员180人。开办电算化培训班1期，人员51人；开办会计从业资格证考前培训班1期，人员76人。举办地区会计人才交流会，达成就业意向70多人。审验会计从业人员资格证869本。

2010年，设置国库集中支付授权支付专柜，支付财政资金1.9亿元。纳入会计集中核算单位达到170个，规范设置核算账户347套，调配财政资金19000万元，核算资金34.3亿元，拒付各种不合理支出1016万元。代扣税款998万元。举办农村财务人员支农支牧财政政策培训班1期，人员

197人。举办行政事业单位财务人员培训231人。审验会计从业人员资格证2586本，登记财会人员信息1000余人。

2011年，新增核算单位21个，累计纳入国库集中收付的预算单位31个，授权支付财政资金8385万元，规范设置核算账户420套。核算资金40.8亿元，拒付不合理支出金额687万元。财政调配资金12400万元，代扣税费1188万元。检查会计凭证2836本，完成从业人员基本信息采集1200人次，并对6600多会计从业人员进行网上后台审核。组织了4期会计人员继续教育培训，参加人员达到2850人。局里有高级会计师2人，中级会计师21人。

2012年，稳步推进国库集中支付工作，继续扩大国库集中支付范围。以资金安全监管为重点，规范集中核算单位财务管理，确保资金全额纳入会计核算中心的统一账户。继续规范支出管理，从原始凭证把关入手，做好源头管理。规范备用金管理，一千元以上的现金支出实行银行转账支付。规范财政专项资金管理，确保各类支出原始凭证的规范、合理和专项资金的使用效益。

临河市会计核算中心于2002年12月1日挂牌运行，到2011年12月，纳入集中核算的单位175个，规范设置核算账户420套，10年累计代扣代缴各类税费4529万元，2011年核算资金量达50亿元。对临河区中心医院、保健医院、临河二中及保税物流园区实行会计委派制。同年，按照《内蒙古自治区财政厅关于推行会计集中核算向国库集中收付制度转轨的通知》（内财库2011第1313号）要求，会计核算中心整建制撤销。

三、检查监督

（一）预算执行监督检查

临河区财政局从2005年3月4—10日，对全区使用财政专项资金的14个单位（包括3个乡镇）2003—2005年专项资金使用情况进行抽查。财政局对全区10个新农村示范点建设项目工程进

展情况及补贴资金的使用情况进行跟踪监督检查。对全区 14 个农村总校和 13 个城区中小学校公用经费和寄宿生补助金的发放情况进行检查。

2006 年 4 月 25—30 日，对全区农村中小学"拖欠教师工资发放情况"进行检查。开展了房地产企业税收执法检查。2008 年 9 月 1 日—10 月 30 日，对全区 200 个行政事业单位（包括二级单位和乡镇卫生院）退休和提前退休人员共计 4985 人进行指纹采集。

2008 年，对临河区检察院、教育局、计生局 2007 年预算执行情况进行监督检查，根据年初预算情况，分项目、用途对各项资金的使用进行检查。

2010 年，对专项资金及涉及民生的热点、难点资金进行监督检查。2011 年，开展基层医疗机构改革摸底调查。开展义务教育保障经费使用情况检查。开展全区土地收储情况调查。

（二）"小金库"专项治理

2009—2011 年，临河区财政局从纪检、财政、审计等部门抽调业务骨干 20 余人，组成检查组，对有代表性、针对性的 73 个区直单位、2 个乡镇、9 个社会团体和 1 个国有企业进行重点检查，检查面达 36%。通过自查和重点检查，查出各类违规使用资金 918.08 万元，其中"小金库"金额 164.95 万元。纠正处理涉及"小金库"的 16 个单位，撤销"小金库"账户 7 个。

（三）会计信息质量检查

2007—2012 年，临河区财政局对临河区交警大队、临河区水务局 2006 年会计信息质量进行检查；对临河区环保局、经济局、农机局、灵达农机公司、万利餐饮广场有限责任公司 2007 年会计信息质量进行检查；对临河区就业局、农业技术推广中心 2008 年会计信息质量进行检查；对临河区能源站、五完小 2 个事业单位 2009 年会计信息质量进行检查；对临河区疾控中心、区妇幼保健院、区医疗废物处置中心 3 个单位 2010 年会计信息质量进行检查；对临河区房管局、区爱卫办、

区能源站、巴彦淖尔市临河粮食储备库和区卫生局及下属的 13 个基层医疗卫生单位 2011—2012 年上半年会计信息质量进行检查。

（四）专项资金监督检查

根据巴彦淖尔市纪检委专项资金检查组对临河区专项资金检查情况及处理建议精神，临河区纪检委、发改委、审计局、财政监督检查局组成联合检查组，于 2006 年 4 月 26 日开始，历时近 2 个月，对 2003—2005 年涉及相关专项资金的 52 个项目、31 个单位进行检查。检查组通过查看工程资料、审核资金使用情况、现场勘查的方法，共查出违纪金额 1569 万元，其中大额提现 288 万元、票据不合规 19.5 万元、账务处理不规范 4 万元、工程未招投标 2663761 元、挪用专项资金 9911292 元。

对 15 个预算单位财务收支及专项资金的使用情况进行监督检查，共查出违纪金额 14793837 元，其中大额提现 1213299 元、坐支 1402463 元、票据使用不合规 5057326 元、账务处理不规范 6648316 元、收入不入账 14665 元、挪用资金 126926 元、固定资产不入账 330842 元。

对 18 个单位 2006 年财务收支及专项资金进行检查，共查出违规金额 16741375 元，其中大额提现 772819 元、坐支 452711 元、票据使用不合规 1144438 元、账务处理不规范 12877131 元、不招投标 984394 元、挪用资金 25232 元、固定资产不入账 156357 元、违规收费 311320 元、漏缴税金 25232 元。

（五）内部监督检查

2007 年，参与政府采购招标、谈判等活动 35 次，并对临河区 2007—2008 年定点供应商竞标活动进行监督，经过竞标，共有 61 家供应商被确定为中标候选人。

2008 年，参与政府采购中心的招投标等活动，全年参与政府采购招标、谈判等共计 80 次，并对临河区 2009 年度定点供应商竞标活动进行监督，经过竞标，共有 51 家供应商被确定为中标候选人。

2011 年，为保证采购工作的公开、透明，打造阳光采购，按照《政府采购法》等法律、法规，联合纪检监察、财政、审计等部门对作为采购业主的行政事业单位、采购代理机构及供应商从采购范围、采购方式、采购程序、评审专家的抽选、政府采购人员的职业素质及专业技能等方面进行全方位的监督。全年共执行政府采购监督 30 项，监督采购金额达 4411.44 万元。

2012 年，联合区纪检监察部门，对区政府采购业务进行全方位的监督。1—11 月，监督采购资金 4109.6 万元，成交额为 3782.46 万元，较采购预算节约资金 327.14 万元。

每年度对财政系统内部各业务股室全年目标任务完成情况开展监督检查，为年终目标考核提供依据。

第六节　财源建设

1991—1997 年，临河市财政局筹集各类生产资金、周转金 5508 万元，加上自治区、盟、市三级支工周转金 2148 万元，共计 7656 万元，帮助企业提高经济效益、促进经济发展。1991 年，新建磷酸一铵、酒厂刨花板厂等 3 个项目，利用间隙资金对商业、二轻、乡镇等 13 户企业给予扶持。1991—1995 年，投放生产资金 4334 万元，补充第三毛纺厂、油厂、硫酸厂、百货大楼、商业大厦、啤酒厂、糖厂、兆丰面粉厂等十几户企业的技术改造资金，使企业正常生产和经营。1996—1997 年，投放生产资金 3322 万元，支持外经委、得利斯、天马纺织公司等农畜产品深加工项目；支持古城等 9 个乡镇农业开发和扶贫开发项目；支持 20 个乡的乡镇企业和种、养、加生产项目。1997 年，筹集城市建设资金 800 万元，用于星级文明城市建设基本开支。

1998 年，通过向上争取和活化沉淀"两条腿走路"办法，筹集各类支农支工资金 2250 万元，支持乡镇农业综合开发、保护地建设、隆胜节水灌溉等项目，加快农村产业化建设发展步伐，扶持得利斯等农畜产品深加工企业技改和优质名牌产品开发。为扶持个体私营经济和第三产业发展，按照集体、联户、个体、私营"四个轮子"一起转的办法，融资 99 万元，对一些投资小、风险小、见效快、市场应变能力强的项目进行扶持。个体私营企业上缴税金 2011 万元，占财政总收入 14.3%。

1999 年，向上级争取国债转贷资金和补助 7552 万元，投入城市基础设施建设，完成东门休闲广场、城市污水处理及给水扩建等工程。争取国家投资，用于隆胜节水示范工程。筹措建设资金，用于 110 国道绕城公路补偿和乡镇油路建设。

2000 年，支持农业发展和农村经济调整，把财源建设和促进产业结构调整结合起来，形成第一产业和第三产业协调推进，依托一产发展三产，促进第二产业发展的新型财源体系。完善财源建设管理机制，建立管理制度，实行项目审查制，克服和杜绝低层次、低水平重复建设，保障财源建设全过程规范运行。拓宽财源建设投入渠道，把财政扶持和引导社会资金投入有机结合，培植更多财源增长点。

2016 年，临河区引进国内资金 50.5 亿元，增长 6.2%，其中引进国内（区外）资金 25.4 亿元，增长 119.9%；引进区内（市外）资金 25.1 亿元，下降 30.3%。

第三章　税务管理

第一节　机　构

1994年8月29日，根据国务院关于国税、地税机构分设的精神，临河市国家税务局正式成立。

1996年6月前，临河市国税局及派出机构有26个，6月后机构设置为：办公室、人事教育科、税政科、税源管理科、票证管理科、监察室、稽查分局（内设选案队、稽查一队、审理队、执行队、举报中心、农村稽查队）。征收单位有：征收所（原计划会计股与征收厅合并后，1997年7月改为企业征收管理所）、个体征股管理所（个体办税服务厅1997年7月成立），新华税务所、金川税务所、先锋税务所、车站税务所、解放税务所、东环税务所、开发区税务所、郊区中心税务所、狼山中心税务所、新华中心税务所、干召中心税务所。

1997年底，全局有人员275人，其中正式职工211人，助征员64人。1998年，市国税局内设6个股室，下设5个分局。有工作人员216人。1999年，增设党务办公室、督查室、计算信息室工作站。

2000年，临河市国家税务局会计征收股一分为二为税收会计股、企业税所2个股室。

2016年，临河区国家税务局内设机构11个：办公室、机关党委办公室、人事教育股、监察室、财务室、政策法规股、税政管理股、征收管理股、税源管理一股、税源管理二股、税源管理三股；事业单位1个：信息中心；直属机构1个：稽查局，正股级。

第二节　税制改革

1993年12月15日，临河市贯彻落实国务院《关于实行分税制财政管理体制的决定》。1994年，实行分税制财政管理体制。同年，工商税制改革确定了市场经济条件下税收制度基本格局，此后十几年里，推行以取消农业税、内外资企业所得税合并、增值税的转型为主要内容的补充和完善。

2000年10月22日，贯彻《中华人民共和国车辆购置税暂行条例》。2001年1月1日起征收车辆购置税，取消车辆购置附加费。

2006年3月14日，临河区国家税务局依据国家政策取消农业税。2008年1月1日，税务局组织实施《中华人民共和国企业所得税法》。

2014年，临河区国家税务局正式实行营改增（营业税改增值税，简称营改增，是指以前缴纳营业税的应税项目改成缴纳增值税）。

2016年5月1日，营改增试点范围扩大到建筑业、房地产业、金融业、生活服务业，并将所有企业新增不动产所含增值税纳入抵扣范围，所有行业税负只减不增。

第三节 税种税率

一、增值税

1994 年 1 月 1 日，临河市国家税务局实施国务院发布的《增值税暂行条例》，增值税由各级国税局征收管理，税款 75% 作为中央财政收入，25% 作为地方财政收入。增值税基本税率拟定 17%（相当于价内税率 14.5%）；低税率拟定为 13%（相当于价内税率 11%）；外资企业废除工商统一税，统一实行增值税、消费税、营业税，凡按改革后税制计算缴纳的税款比改革前增加的部分，经主管税务机关审核后，采取年终一次或全年分次返还的办法。照顾时间以合同期为限，最长不超过 1998 年。1994 年 1 月 1 日后，新批准的外资企业，一律按新税法规定的税率纳税。

2014 年 2 月，财政部和国家税务总局下发《关于应税服务适用增值税零税率和免税政策的通知》，提出有形动产租赁服务，税率 17%；提供交通运输业服务，税率 11%；对远洋运输企业、航空运输企业从事程租、期租业务取得的收入，按照交通运输业服务征税，适用税率 11%；提供现代服务业服务（有形动产租赁服务除外），税率 6%；财政部和国家税务总局规定的应税服务，税率为零。临河区国家税务局遵照执行。

二、消费税

1994 年，临河市增值税征税范围扩大到全部工业品和商品流通领域，取消产品税和特别消费税后，选择部分消费品征收消费税。从 1994 年 1 月 1 日起，甲类卷烟减按 40% 的税率征收消费税；香皂暂时减按 5% 的税率征收消费税；金银首饰消费税由 10% 减按 5% 的税率征收消费税。

1996 年 1 月 1 日—1997 年 12 月 31 日，对摩托车轮胎消费税减按 5% 的税率征收消费税。从 1999 年 1 月 1 日起，对汽车轮胎税目中的子午线轮胎免征消费税，对翻新轮胎停止征收消费税。

2008 年，调整乘用车消费税政策。2009 年，实施成品油税费改革，调整烟产品消费税政策。

2016 年，根据经济社会发展需要，以及国家产业政策要求，对消费税征税范围、税率结构和征收环节进行调整和完善。

三、所得税

从 1994 年 1 月 1 日起，"八五"计划后两年内，中国工商银行、中国农业银行、中国建设银行、中国投资银行、中国银行、国家开发银行、中国农业发展银行、中国进出口银行、中国人民保险公司所得税税率 55%，其他金融保险企业所得税税率 33%。

从 1996 年 1 月 1 日起，农村信用社享受低税率照顾；中国人民保险（集团）公司所得税税率为 33%，再按应纳所得税额上缴财政 22% 的利润。

从 1997 年起，对执行 55% 所得税税率的金融、保险行业，其所得税税率统一降为 33%。

2000 年，除金融保险企业（不包括农村信用社）和汇总（合并）企业以及国家有特殊规定之外，其他企业均可执行优惠税率。

从 2008 年 1 月 1 日到 2016 年，现行税制中企业所得税基本税率 25%；非居民企业适用税率 20%；符合条件的小型微利企业适用税率 20%；国家重点扶持高新技术企业适用税率 15%。

四、车辆购置税

从 1994 年 1 月 1 日起，车辆购置附加费由车辆落籍地交通征管部门负责征收与管理，统一征费标准，车辆购置费费率统一为 10%。

从 2001 年 1 月 1 日起，车辆购置附加费改为车辆购置税，由交通部门负责代征，所征税款归中央财政收入。

2005 年 1 月 1 日，车辆购置税正式由国税部门负责征收。

期限前到指定银行任意一个网点存足应纳税款。

第四节 税收征管

一、纳税申报

1991—1995 年，临河市纳税申报方式是直接申报、邮寄申报、委托申报、电子申报。直接申报是主要申报方式。少部分纳税人采用邮寄申报方式。

1996—2003 年，临河市组建办税厅，纳税人到办税厅直接申报。2004—2006 年，纳税人进行电子申报。2007—2016 年，纳税人进行网络申报。

二、税款征收

1991—2000 年，税款征收方式有三自纳税、查账征收、查定征收、查验征收、定期定额征收、代收代缴、代扣代缴和委托代征。

2001—2016 年，在个体"申报完税一体化"基础上，在城镇实行定期定额征收方式的个体工商户中，推行委托银行划转税款，即"税银一体化申报纳税"方式。税银一体化申报纳税是以税务机关与银行等金融部门计算机联网运行为依托，纳税人与指定银行签订有关划缴税款协议，利用银行计算机网络提供通存通兑功能，在申报纳税

第五节 税务执法检查

1994—1999 年，临河市国家税务局开展执法检查，检查的重点是征管法的执行、增值税、消费税暂行条例的贯彻执行、增值税专用发票管理和使用及各类税款入库级次情况。执法检查主要以稽查案件复审和内部审计为主。税务局以干部竞争上岗与内部审计为切入点，开展执法监察。1999 年，强化执法检查，复审稽查案件 48 起，查补税款和罚款 7140 元，复审面 12%。

2002—2012 年，临河市（区）执法检查的内容主要有：增值税专用发票管理使用情况，增值税一般纳税人认定情况，税务稽查行为，税款入库情况，财务经费管理情况。2012 年，临河区国税局落实日常执法检查。

2014—2015 年，抽查一定数量的企业和个体纳税户，检查是否按要求办理开业、变更、注销税务登记，有无不征、少征、漏征税款、少计滞纳金的问题。深入开展税收执法检查及税收执法督察工作，对税收规范性文件的合法性和增值税企业所得税等涉及税收政策执行情况、组织收入原则落实情况进行检查。

第四章　统计管理

第一节　机　构

1992年6月4日，按照临河市综合体制改革意见，将原临河市计划委员会、临河市统计局、临河市经济技术协作委员会三个单位合并为临河市计划统计委员会。1993年2月23日，重新恢复临河市统计局。机构单设后，内设办公室、法制办、综合股、工交股、农牧股、财劳股、农调队、城市调查大队、计算中心。在岗职工32人，其中统计师13人。行政编制18人，事业编制14人。1994年，临河市城市调查大队从统计局分离出来单设，由自治区统计局条管。

1997年，临河市统计局有干部职工32人，其中统计师14人，助理统计师2人，统计员16人。1998年，内设办公室、法制办、综合股、工交股、农牧股、财劳股、农调队和计算中心。有干部职工32人，有统计师14人，助理统计师3人，统计员15人。

2006年，临河区统计执法大队建立。2007年10月9日，临河区统计局事业单位人员编制为18人，其中城调队6人，统计执法大队6人，农调队6人。2009年6月，城调队、执法大队、农调队成为参照公务员管理单位。12月，3支调查队有在职正式干部职工30人。

2016年，3支调查队成为从事公益一类事业单位。

第二节　统计调查

一、农牧业统计

2000—2016年，不断完善农牧业统计调查体系，从单一的农牧业生产统计发展到农村社会经济统计，调查内容延伸到农村各个产业，内容包括：农牧业增加值、农牧业总产值、农村商品产值、农村固定资产结构、农村经济收入分配、社会经济卡片、农牧业生产情况等。同时增加农业总产值季报、牲畜头数季报、农业生态建设半年报和年报、非农住户牲畜头数季报、半年报和年报、绿色特色蔬菜经济作物半年报和年报以及特种作物养殖等。

二、工业统计

1995年，组织开展第三次工业普查。

1995—1996年，内蒙古自治区统计局将全国第三次工业普查自治区试点设在巴彦淖尔市，临河区统一部署，历经准备、普查、登记阶段，进行工业普查资料的审核、数据处理和分析研究。

1998年，临河市对规模以上工业企业（全部国有企业和年销售收入500万元及以上的非国有企业）开始进行超级汇总，不再采用以前逐级汇总上报的办法。改进工业经济评价考核体系，将资金利税率改为总资产贡献率，取消工业增加值率，增补资本保值增值率、资产负债率。计算工业综合经济效益指数，由七项指标组成，即总资产贡献率、资本保值增值率、资产负债率、流动资产周转率、成本费用利润率、全员劳动生产率、产品销售率。

2000年，小型工业企业及个体工业抽样调查工作改为规模以下工业抽样调查。规模以下工业企业为目录抽样，个体工业为整群抽样。临河市建立统一的工业企业台账、乡镇（办事处）个体工业台账、个体建筑业台账、个体交通运输业台账、农村私人建房台账、农村其他投资台账。

2001年，临河市实行工业统计年、定报合一制度。2004年，临河市（区）规模以上工业企业建立台账登统制度。同年，开展了全国第一次经济普查工作，工交股全体人员参与了普查。

2005年，采用工业品出厂价格指数行业中类缩减法计算工业发展速度。2006年，为全面反映临河区工业经济的发展状况，统计局对规模以上工业企业进行调研，形成《临河区规模以上工业企业调研报告》，提出工业发展中存在的问题和建议。

2012—2016年，实行规模以上工业企业联网直报，数据直接上报国家库。

三、第三产业统计

1990年，临河市统计局建立社会商品零售额预测统计报表制度，开展对商业统计抽样调查的试点。

商贸在1993年之前是由商业、供销、外贸、经委等部门按系统上报。

1993年，临河市建立以新国民经济核算体系为统率的适应社会主义市场经济需要的新的统计报表制度，开展第三产业普查，对工业财务报表实行按月报送，实行"7＋1"一套表制度（7是：农业、工业、建筑业、批零贸易业、交通运输业、服务业、劳动工资专业；1是：固定资产投资专

业）。临河市开展第一次全国第三产业普查，普查范围是临河市所有第三产业企业、事业、行政单位和社会团体。调查年度为1991—1992年。普查结果显示，1992年底临河市第三产业单位651个，其中全额预算单位327个，差额预算单位60个，自收自支预算单位32个，单位从业人数3万人。

2002年，临河市在自治区率先开展第三产业个体经营户分专业、分行业抽样调查。

2005年，全面推行《第三产业个体经营户抽样调查方案》。在所有综合经营性商贸企业建立统计台账。

2005年，在临河区大中型综合零售贸易企业建立统计台账，进行抽样调查。

2007年，由手工汇总报表改为计算机程序录入汇总。

四、固定资产投资统计

1993年，固定资产投资统计中增加房地产开发的统计分组，临河市实行国家"7＋1"套表改革，工业、建筑业、交通运输邮电业和固定资产投资报表各为一套表，进行调查统计。

1999年，固定资产投资统计将城镇私营、个体投资纳入全社会投资统计范围。

从2012年起，临河区资质以上建筑企业实施一套表制度，实现统计业务调查一体化。2016年，资质以上建筑业42家，调查内容主要包括：单位基本情况、生产经营情况、财务表情况、房屋竣工价值及面积、从业人员及工资总额、能源和水消费情况、信息化情况、固定资产支出情况。

五、从业人员统计

1991年，劳动工资的统计范围为辖区内全部独立核算的企业、事业和国家机关，实行按月、按季、按年进行统计。1994年，劳动工资统计取消按月、按季、按年统计制度。

2015年，城镇非私营单位劳动工资统计取消按季统计，实行按年统计的统计制度。

六、基本单位统计

2004年，临河市（区）建立基本单位名录库，在各专业年报工作中实行逐一核对。2009年，基本单位报表制度由年报制度修订为半年报上报制度。

2011年，基本单位名录更新与维护报表期别由半年上报修订为季度上报，实行单位维护即时入库原则。2012年，企业端联网直报端口开通，由企业登录端口自行上报报表。2013年，重点服务业开通企业端联网直报端口。2015年，根据基本单位名录现状，提升名录更新与维护的质量，国家实行"四级联网"，把"四下"企业和非企业单位名录维护工作延伸到乡镇、办事处统计工作站。

2016年，基本单位名录库内新增国家部门数据处理入口，名录维护、更新、处理更加细化。

第三节　专项普查

一、人口普查

1991年，临河市统计局进行了全国第四次人口普查的数据处理和分析研究。

1995年，组织开展1%人口抽样调查。

1999年，临河市统计局完成儿童妇女状况监测统计调查；全国第五次人口普查城镇住户总人口、出生、死亡、人户分离人口的专项试点调查等。

2000年11月1日，开展全国第五次人口普查入户登记。普查登记标准时间为2000年11月1日零时。此次人口普查第一次将居民住房情况纳入普查内容，首次采用长、短表的方法（长、短表分别有49个和17个指标），采用了光电录入技术。普查结果显示，临河市总户数为154142户，总人口为520334人，其中蒙古族人口14972人。

二、农业普查

1994年，临河市开展周期性普查制度，农业普查每十年进行一次。

1997年1月，临河市开始第一次农牧业普查。普查标准时点为1997年1月1日，调查时期标准为1996年1月1日—12月31日；普查对象是临河市各种类型的农业生产单位、农村住户、乡镇企业、行政村和乡镇；普查内容有38个项目，687个指标。对临河市20个乡镇、160个行政村、1161个生产合作社进行现场调查登记。普查结果显示，1996年末临河市从事生产经营活动的农村牧区住户为5.75万户，人口23.52万人，从业人员16.05万人；临河市实有耕地面积192.1万亩（包括宽度小于2米的渠路坝和面积小于3亩的零星荒地及小于4行的渠路田防护林带的面积），园地0.99万亩，林地8.88万亩，牧草地65.3万亩，渔业养殖1.5万亩。通电的村159个，占99.4%；通公路的村139个，占86.9%；能接收电视的村159个，占99.4%；饮水不困难的村151个，占94.4%。

2006年6月22日，自治区农牧业普查办公室在临河区八一乡组织实施自治区第二次农牧业普查第一次综合试点工作。临河区开始第二次全国农业普查。普查的标准时点是2006年12月31日，时期资料为2006年度。

2007年1月，第二次农牧业普查登记工作开始，临河区统计局普查人员深入农村每家每户，进行普查登记。

2016年，第三次农牧业普查开始，此次普查首次采用手持移动终端进行数据采集。临河区动员1418名普查员和普查指导员，对173个普查区的983个普查小区进行普查，登记普查对象5.7万普通农户，其中规模农业生产经营户0.31万户。农业生产经营单位0.03万户，组织50多名普查人员对粮食、油料等大宗农作物播种面积进行卫星遥感测量。实地调查16个样本村80个样本点。

三、经济普查

1996年1月，第三次全国工业普查开始。这次普查的调查年度为1995年，1996年1月实施普查登记。普查的对象为全部工业企业和生产单位。1997 年，临河市统计局开展企业经济调查，在 8 大行业（工业、建筑业、房地产业、交通运输邮电仓储业、批零贸易业、住宿餐饮业、计算机软件业和社会服务业）、41 户样本的基础上，增加 39 户企业，对企业进行监控，了解临河市宏观经济运行和企业经营状况，预测经济发展趋势。

2000 年，确立以 GDP（国内生产总值）为龙头指标的指标体系。2003 年，《全国经济普查条例》出台，将工业普查、基本单位普查、第三产业普查综合为经济普查。按规定，每五年开展一次经济普查。

2004 年，临河市（区）统计局开展全国第一次经济普查。标准时间为 2004 年 12 月 31 日，时期资料为 2004 年度。普查目的是掌握临河市（区）第二产业、第三产业的发展规模、结构和效益情况，建立健全基本单位名录库及其数据库系统。经济普查的对象是从事第二产业、第三产业活动的全部法人单位、产业活动单位和个体经营户。行业范围包括：采矿业、制造业、电力、燃气及水的生产和供应业、建筑业、交通运输、仓储和邮政业、信息传输、计算机服务和软件业、批发和零售业、住宿和餐饮业、金融业、房地产业、租赁和商务服务业、科学研究、技术服务和地质勘查业、水利、环境和公共设施管理业、居民服务和其他服务业、教育、卫生、社会保障和社会福利业、文化、体育和娱乐业、公共管理和社会组织。

2005 年 1 月，临河区第一次经济普查工作开始，所有从事第二和第三产业的法人单位、产业活动单位和个体工商户都在调查登记之列。普查结果显示，2004 年临河区有法人单位 1583 个，从业人员 7.5 万人，其中单产业法人单位 1487 个，多产业法人单位 96 个。产业单位 2327 个。有个体经营户 18628 户，占巴彦淖尔市个体经营户的 32.1%。2007—2008 年，临河区统计局专业人员深入企业，帮助企业培训统计人员，建立企业基

础台账，将规模以上企业纳入统计范畴，真实地反映临河区工业经济发展情况。

第四节　经济调查

一、农村社会经济调查

2006 年底，临河区有农牧业生产经营户 58935 户，农牧业生产经营单位 135 个，农牧业从业人员 139953 人，农牧业技术人员 1208 人。

有大中型拖拉机 1493 台，小型拖拉机 31713 台，大中型拖拉机配套农具 1506 台，小型拖拉机配套农具 30979 台，联合收割机 42 台。

临河区 4 个镇地域内有二级以上公路通过，占镇总数的 57.1%。所有镇有邮电所、储蓄所，28.6% 的镇有综合市场，42.8% 的乡镇有农畜产品专业市场。3 个镇实现集中供水，占镇总数的 42.9%；所有的村通电，99.41% 的村通电话，95.9% 的村能接收有线电视节目。15.9% 的村饮用水经过集中净化处理，0.6% 的村实施垃圾集中处理，8.8% 的村有沼气池，70% 的村有综合商店或超市。7 个镇拥有医院、卫生院 17 所，敬老院 4 座。45.9% 的村有小学，15.9% 的村有中学，17.7% 的村有幼儿园、托儿所，1.8% 的村有体育健身场所，4.1% 的村有图书室、文化站，4.7% 的村有农民业余文化组织，82.9% 的村有卫生室（站、所），84.7% 的村有行医资格证书的医生，12.9% 的村有行医资格证书的接生员。

农村劳动力资源总量 160444 人，其中男劳动力占 51.9%。农业从业人员 139953 人，占农村牧区劳动力资源总量的 87.2%。农村牧区外出从业劳动力 14552 人，其中男劳动力 61.2%。农村牧区劳动力资源中，文盲 16649 人，占 10.4%；小学文化程度 42160 人，占 26.3%；初中文化程度 82564 人，占 51.5%；高中文化程度 17354 人，占 10.8%；大专及以上文化程度 1717 人，占 1%。

农村从业人员148707人，占农村劳动力资源总量的92.7%。其中，在第一产业就业的占92.2%；在第二产业就业的占1.4%；在第三产业就业的占6.4%。外出从业劳动力中，文盲占0.7%；小学文化程度占5.9%；初中文化程度占69.7%；高中文化程度占16.9%；大专及以上文化程度占6.8%。外出从业劳动力中，在乡外县内从业的劳动力占51.5%，在县外市内从业的劳动力占16.7%，在市外省内从业的劳动力占20.8%，去省外从业的劳动力占11%。

农村居民人均拥有住宅面积25.6平方米，99.1%的住户有自己的住宅，16.1%的住户使用管道水，91.7%的住户炊事能源以柴草为主。平均每百户拥有彩电102台、固定电话30.7部、手机87.6部、电脑0.7台、摩托车63.8辆、汽车2.4辆。

农村牧区炊事能源主要是柴草，其中使用柴草56820户，用煤4496户，使用煤气或天然气44户，使用电172户，使用沼气61户。

农村牧区使用水冲式厕所193户，占0.31%；使用旱厕569户，占0.92%；使用简易厕所或无厕所61202户，占98.77%。

临河区有耕地面积190.7万亩。从耕地类别看：水浇地面积比重最大，占99.98%。

2008年，临河区农村自来水受益村87个，通汽车村152个，通电话村152个。在自来水受益村数中，双河镇4个，八一乡3个，乌兰图克乡15个，新华镇21个，狼山镇14个，白脑包乡22个，城关镇4个，曙光乡4个。在通汽车村数中，双河镇16个，八一乡9个，乌兰图克乡15个，新华镇29个，狼山镇19个，白脑包乡22个，干召庙27个，城关镇10个，曙光乡5个。在通电话村数中，双河镇16个，八一乡9个，乌兰图克乡15个，新华镇29个，狼山镇19个，白脑包乡22个，干召庙27个，城关镇10个，曙光乡5个。在乡村人口与从业人员中，工业从业人员共有3858人，其中双河镇236人，八一乡322人，乌兰图克乡449人，新华镇116人，白脑包乡430人，干召庙镇

269人，城关镇460人，曙光乡270人。农作物种植面积1553152亩，其中双河镇141111亩，八一乡60368亩，乌兰图克乡188928亩，新华镇335200亩，狼山镇181508亩，干召庙245974亩，城关镇86080亩，曙光乡4147亩，临河农场20600亩，狼山农场70140亩，白脑包乡219096亩。

2009年，临河区农村自来水受益村100个，通汽车村151个，通电话村151个。在自来水受益村数中，双河镇4个，八一乡9个，乌兰图克乡15个，新华镇21个，狼山镇15个，白脑包乡21个，城关镇4个，曙光乡5个，干召庙6个。在通汽车村数中，双河镇16个，八一乡9个，乌兰图克乡15个，新华镇29个，狼山镇19个，白脑包乡21个，干召庙27个，城关镇10个，曙光乡5个。在通电话村数中，双河镇16个，八一乡9个，乌兰图克乡15个，新华镇29个，狼山镇19个，白脑包乡21个，干召庙27个，城关镇10个，曙光乡5个。在乡村人口与从业人员中，工业从业人员共有3938人，其中双河镇165人，八一乡444人，乌兰图克乡566人，新华镇459人，狼山镇272人，白脑包乡433人，干召庙镇824人，城关镇511人，曙光乡264人。农作物种植面积2094642亩，其中双河镇201670亩，八一乡64627亩，乌兰图克乡268000亩，新华镇449080亩，狼山镇272800亩，干召庙306550亩，城关镇126000亩，曙光乡6516亩，临河农场20600亩，狼山农场70140亩，白脑包乡308659亩。

林业生产方面，2008年造林面积2303公顷，2009年6036公顷。水果生产方面，2008年园林水果达35150吨，果园面积35900亩；2009年园林水果达31646吨，果园面积26937亩。

农业主机能源及物资消耗情况，2008年农村用电量达8285.23万千瓦时，农用化肥施用量达104484吨，农药使用量265吨；2009年农村用电量达8987.00万千瓦时，农用化肥施用量达127051吨，农药使用量358吨。

表 26 - 4 - 1　　　**2011—2013 年临河区部分乡镇农民家庭人均纯收入情况表**　　　单位：元

地区	2011 年	2012 年	2013 年
临河区	9864	11148	11705
干召庙镇	10734	12172	11650
城关镇	11004	12539	11877
白脑包镇	10218	11374	10752
狼山镇	11052	12395	11813
新华镇	10853	12154	11552
乌兰图克镇	12049	10622	11537
八一办事处	12019	10633	11542
曙光办事处	11256	12761	11929
双河镇	10554	11933	11441

表 26 - 4 - 2　　　**2006 年临河区农牧业生产经营户和农牧业生产经营单位数量及构成表**　　　单位：户、个

产业	农牧业生产经营户		农牧业生产经营单位	
	数量（户）	比重（%）	数量（个）	比重（%）
农作物种植业	57447	97.50	10	7.40
林业	112	0.20	2	1.50
畜牧业	1312	2.20	8	5.90
渔业	8	0.01	2	1.50
农林牧渔服务业	56	0.09	113	83.70
合计	58935	100	135	100

表 26 - 4 - 3　　　**2011—2013 年临河区农民家庭人均生活费支出表**　　　单位：元

人均生活费支出项目	2011 年	2012 年	2013 年
一、人均生活费用支出	8044	7933	12272
其中：食品消费支出	1634	1579	
1. 食品费用支出	1237	3022	3579
A. 食品消费品支出	3053	2506	2646
谷物	598	473	737
豆类	4	16	24
食用油	63	75	99
蔬菜及制品	114	120	326
肉、禽、蛋、奶及制品	1455	768	844
水产品及制品	43	48	62
烟、酒	453	613	703

续表1

人均生活费支出项目	2011 年	2012 年	2013 年
茶叶、饮料	29	46	31
其他类食品	275	316	174
B. 食品消费服务性支出	219	516	230
在外饮食	202	458	136
食品加工费	16	57	94
2. 衣着消费支出	819	1003	808
A. 衣着消费品支出	819	1001	808
服装	606	787	573
服装材料	3	4	1
鞋类	173	162	196
其他	36	46	38
B. 衣着消费服务性支出	1	1	
3. 居住消费支出	1378	658	2590
A. 居住消费品支出	1147	585	726
建筑生活用品房材料	399	113	214
维修生活用房材料	123	168	171
装修生活用房材料	204	26	38
生活用房			
B. 居住消费服务性支出	231	72	736
生活用水	11	18	19
生活用电	63	48	53
清洁费、卫生费		1	1
4. 家庭设备用品消费支出	507	1310	697
A. 家庭设备用品消费品支出	498	1305	662
日用品	242	1159	54
床上用品	15	19	40
室内装饰品	10	7	174
家具类	68	50	30
机电设备	164	69	213
B. 家庭设备用品服务性消费	9	6	23
家庭设备修理费	2	4	3
5. 交通和通信消费品支出	662	818	818
A. 交通和通信用品支出	378	541	541
交通工具	178	265	265
通信工具	70	62	62

续表2

人均生活费支出项目	2011 年	2012 年	2013 年
B. 交通和通信服务消费支出	283	277	277
交通消费服务支出	134	130	130
交通客运费	112	115	115
通信消费服务支出	149	147	147
通信费	148	145	145
6. 文化教育、娱乐性消费支出	570	424	424
A. 文化教育、娱乐用品消费支出	256	230	230
文教、娱乐用机电消费品	232	172	172
书、报纸、杂志	10	6	6
纸张、文具	8	9	9
音像制品	1	1	1
娱乐用品			
二、财产性支出	262	82	82
三、转移性支出	370	269	269

表26-4-4　**2011—2013 年临河区农民家庭主要耐用消费品及生产性固定资产拥有量统计表**　　单位：元

拥有项目	单位	2011 年	2012 年	2013 年
一、主要生产性固定资产拥有量				
1. 房屋及建筑物	平方米	78	84	82
2. 汽车	辆	1	1	1
3. 大中型拖拉机	台	19	19	19
4. 小型和手扶拖拉机	台	81	82	82
5. 动力二轮车	辆	2	2	1
6. 机动脱粒机	台	73	73	53
7. 农用动力机械	台	16	16	18
8. 胶轮大车	架	15	15	5
9. 水泵	台	4	14	18
10. 役畜	头	34	36	16
11. 产品畜	头	132	197	213
二、主要耐用消费品拥有量				
1. 洗衣机	台	109	103	104
2. 电冰箱	台	96	96	98
3. 抽油烟机	台	12	12	18
4. 微波炉	台	4	4	11
5. 热水器	台	28	32	37

续表

拥有项目	单位	2011 年	2012 年	2013 年
6. 自行车	辆	164	175	121
7. 摩托车	台	83	81	61
8. 汽车（生活用）	台	3	4	6
9. 固定电话	部	1	1	1
10. 移动电话	部	152	175	168
11. 彩色电视机	台	113	113	116
12. 黑白电视机	台			
13. 影碟机	台	5	5	5
14. 照相机	架	7	7	12
15. 家用计算器	台	10	10	14
16. 中高档乐器	件	1	1	1

表 26 - 4 - 5

2006 年临河区有交通设施的村的比重表

单位：百分比

指标	比重
通公路的村	97.65
通公路的自然村	87.94
按村到最近的在站、码头的距离分	
村内有车站、码头	
1—3 公里	52.35
4—5 公里	2.35
6—10 公里	5.88
11—20 公里	0.59
20 公里以上	1.18
按进村公路路面类型分的村	
水泥路面	0.59
柏油路面	38.24
沙石路面	44.12
砖、石板路面	
其他路面	17.06
村内主要道路路面类型分的村	
水泥路面	
柏油路面	5.88
沙石路面	48.82
砖、石板路面	
其他路面	45.29
村内主要通道有路灯的村	2.94

表 26 - 4 - 6

2006 年临河区有医疗和社会福利机构及人员的镇或村的比重表

单位：百分比

指标	比重
有医院、卫生院的乡镇	100.00
有敬老院的乡镇	57.10
按村到医院、卫生院的距离分	
村内有医院、卫生院	7.65
1 - 3 公里	32.35
4 - 5 公里	24.71
6 - 10 公里	24.71
11 - 20 公里	9.41
20 公里以上	1.18
有卫生室的村	82.94
有行医资格证书医生的村	84.71
有行医资格证书接生员的村	12.94

表 26-4-7

2006 年临河区有文化教育设施的
镇或村的比重表

单位：百分比

指标	比重
按村离小学的距离分	
村内有小学	13.53
1—3 公里	45.88
4—5 公里	17.06
6—10 公里	18.24
11—20 公里	5.29
20 公里以上	
按村离中学的距离分	
村内有中学	1.76
13 公里	18.24
4—5 公里	15.88
6—10 公里	28.24
11—20 公里	21.18
20 公里以上	14.71
能接收电视节目的村	100.00
安装了有线电视的村	95.88
有幼儿园、托儿所的村	17.65
有体育健身场所的村	1.76
有图书室、文化站的村	4.12
有农民业余文化组织的村	4.71
能接收电视节目的自然村	99.78
安装了有线电视的自然村	84.07

二、工业企业经济调查

2008 年，临河区全部工业企业有 2027 家，独立核算工业 229 人，规模以上工业 80 家，个体工业 1798 人；其中全部工业中有从业人员 37652 人，独立核算工业中有从业人员 16847 人，规模以上工业中有从业人员 14423 人，个体工业中有从业人员 6382 人。规模以上工业企业中，制造业企业 75 家；独立核算工业企业中，制造业企业 221 家。

表 26-4-8

2006 年临河区有金融商业机构的
镇或村的比重表

单位：百分比

指标	比重
有综合市场的乡镇	28.57
其中：有年交易额超过 1000 万元以上综合市场的乡镇	14.28
有专业市场的乡镇	42.86
其中：有年交易额超过 1000 万元以上专业市场的乡镇	
有农产品专业市场的乡镇	42.86
其中：有年交易额超过 1000 万元以上农产品专业市场的乡镇	
有储蓄所的乡镇	100.00
有 50 平方米以上的综合商店或超市的村	70.00
在村内就可以买到化肥的村	52.35
在村内可以买到彩电的商店的距离分	
在村内可以买到彩电	2.94
1—3 公里	12.35
4—5 公里	12.35
6—10 公里	28.24
11—20 公里	31.76
20 公里以上	12.35

2009 年，临河区工业企业有 1856 家，独立核算工业 229 人，规模以上工业 80 家，个体工业 1627 人，其中全部工业中有从业人员 46638 人，独立核算工业中有从业人员 21386 人，规模以上工业中有从业人员 18931 人，个体工业中有从业人员 6321 人。2009 年，规模以上分行业工业主要经济指标，按工业行业大中小类分组，制造业企业 74 家；独立核算工业企业主要经济指标中，制造业企业 229 家。

三、基本单位普查

临河市开展第一次全国基本单位普查。普查时点为 1996 年 12 月 31 日，范围是临河市所有从事社会经济活动的法人单位和产业活动单位，主要属性和经济指标共 20 个项目。普查结果显示，临河市有法人单位 1525 个，产业活动单位 769 个。

临河市开展第二次全国基本单位普查。普查时点为 2001 年 12 月 31 日，范围是法人单位及其所属的产业活动单位、个体户。普查结果显示，临河市 2001 年有法人单位 1245 个，产业活动单位 198 个。

第五节　统计网络

1991 年，临河市统计局用微机处理 4 个专业的报表。1992 年，临河市统计局与巴彦淖尔盟统计局实现点对点传输，改变上报方式。

1996 年，临河市统计局完成工业普查和第一次基本单位普查的数据录入和数据处理。微机数量达 4 台以上，开始使用 WINDOW95 操作系统，DOS 系统被淘汰。1997 年，第一次农业普查首次采用光电录入扫描报表，改变手工键盘录入的传统模式。1998 年，传输速率提高，线路改为 ISDN 线通。1999 年，软件环境和应用程序发生变化，避免过去频繁操作和记忆各种命令的缺陷。

2001 年，第五次全国人口普查数据处理采用光电录入，这是继农业普查光电扫描后又一次采用机器扫描录入，提高了录入的速度和准确性。2003 年，各乡镇、办事处的基层台账都实行微机录入，网络传输。2004 年，临河市统计局第一次经济普查数据处理完成，实现全局网络化。

2005 年，临河区统计局大部分乡镇统计站用电子邮件传输报表数据，进行人口抽样调查数据处理和劳动力调查数据处理。2009 年，临河区统计局给每个乡镇、办事处配备电脑，安装 WPN 客户端，使基层工作人员随时了解全国统计信息和工作动态。

2016 年，在全国第三次农业普查中，自治区统一给每个乡镇安装了统计专网，实现四级联网。

第六节　执法检查

1993 年，临河市统计局法制办成立。

1995 年 5 月，法制办配合各专业开展统计执法，每年进行 2 次常规性统计执法检查。1999 年，统计局成立"普法依法治理工作领导小组"，制定《1999 年临河市统计局"三五"普法工作学习安排》《1999 年临河市统计法制工作要点》。开展统计法规宣传日活动，发送《统计法》《内蒙古自治区统计管理条例》1000 份，散发宣传单 2000 份，接待统计咨询和解答群众的提问上百人次。立案查处各类统计违法案件 15 起。

2003 年，开展全员执法活动，每个专业人员配合法制办人员开展执法工作。

2005 年，临河区统计局制定出台统计行政执法六项制度，即《统计行政执法人员行为准则》《统计行政执法工作责任制》《统计违法大案要案报告备案制度》《统计行政执法公示制度》《统计行政执法错案责任追究制度》《统计行政执法赔偿制度》。2009 年，临河区统计局与临河区监察局共同开展统计法制大检查，各乡镇、办事处、农场和有关部门的统计机构进行二次自查自纠活动，对查出的问题和违法行为及时纠正，自查结果以书面形式上报法制办。12 月 4 日，开展宣传新《统计法》活动，在城乡主要街道悬挂宣传标语 24 条，散发宣传资料 3000 份。

2001—2010 年，临河市（区）查处各类统计违法案件 260 起，没有一起行政复议和行政诉讼案件。

2016 年，开展统计"双随机"（随机抽取检查对象，随机选派执法检查人员）执法检查，在全国第二次农业普查中加强统计执法工作，提高统计法律权威。

第五章　审计管理

第一节　机构与队伍

1991 年，临河市审计局为科级建制，内设政秘股、行政事业审计股、企业审计股、基本建设审计股、财政金融股 5 个股室。定编 33 人，实有 34 人。3 月，成立临河市审计事务所，属社会中介机构，业务受审计局指导、管理和监督。1992 年增设综合指导股，1993 年综合指导股撤并。

1997 年有干部职工 34 人，其中会计师、审计师、工程师 14 人，初级职称 13 人。1998 年内设政秘股、行政事业审计股、企业审计股、基本建设审计股、财政金融审计股、综合股。1999 年，审计事务所转制改革，成为独立的社会中介机构。2000 年 1 月，临河市审计局有工作人员 35 名。

2001 年，调整后的审计局内设机构为 7 个：办公室、审理综合指导股、经济责任审计股、财金股、行政事业股、固定资产投资股、企业审计股。2002 年审理综合股更名为法制股，2004 年内设 7 个机构。2008 年，有在岗职工 42 人，编制 41 人，其中审计师及会计师 16 人，工程师 1 人，初级职称 5 人。

2010 年，临河区审计局内设 8 个行政机构和经济责任审计分局。2011 年 3 月，固定资产投资审计股的职能一分为二，设立固定资产投资股和政府项目审计股。经济责任审计分局新设立 2 个股室。

2012 年，临河区会计管理局撤销转入审计局人员和事业编 6 人。2015 年编制 49 人，其中行政编 30 人，事业编 15 人，超编 4 人。2016 年内设 8 个股室、1 个管理机构。

获得的荣誉成绩：

1993、1994 年，连续 2 年被中华人民共和国审计署和中华人民共和国人事部评为"全国审计机关先进集体"。

1997 年，临河市审计局被内蒙古自治区档案局评为自治区机关档案工作目标管理特级先进单位。

2003 年，同级预算执行审计被内蒙古自治区审计厅评为全区优秀审计项目。2005 年，被内蒙古自治区评为经济责任审计工作先进地区。2006 年，被评为"内蒙古自治区审计机关先进集体"，经济责任审计工作受到内蒙古自治区五部门联席会议的表彰。

2010—2016 年，退耕还林审计项目、林业生态建设资金审计项目分别被审计署和内蒙古自治区审计厅评为国家级、自治区级优秀审计项目。

第二节　财政金融审计

1991 年，临河市审计局对干召信用社假借干召供销社综合加工厂名义向临河市第一毛纺厂借贷 15 万元的问题进行专项审计，及时收回 15.5 万元（含利息）的违法贷款。查处 17 个信用社、营业所违反粮油贷款利率政策向粮油系统多计贷款利息 27.8 万元。对工商银行全系统 1990 年度财务收支和工商企业流动资金贷款投向与利率政策执行情况进行审计，查出违纪违规金额 392 万元，全部收缴入库。对乌兰图克、隆胜两个乡 1990 年财政决算的真实性、合规性进行审计，查出违纪违规金额 28.4 万元。1992 年，对干召、丹达、八一、马场地四个乡镇财政 1991 年预算执行和决算情况进行审计。同时对乡镇政府及学区财务收支进行延审，审计金额 1378 万元，查出违纪违规金额 256 万元。

1996 年，对金融系统进行审计，延审到 15 个信用合作社。1997 年，对临河市政府一级预算单位银行开户情况进行审计调查；对四个乡镇财政 1996 年度进行决算审计。1998 年，对临河市大宗资金进行跟踪审计，查出和纠正预算执行 737 万元的违规问题，上缴财政 53 万元，归还原资金渠道 77 万元。1999 年，临河市审计局对同级财政 1998 年预算执行情况进行审计，抽审了市人劳局、畜牧局和农委系统等 10 个单位的执行预算结果。

2001 年，对 20 个乡镇 2000 年度财政决算及调任的 12 个乡镇党政负责人任期经济责任进行审计，查出违纪金额 2350 万元。2002 年，对地税部门代征代扣手续费进行专项审计调查。

2005 年，对 2004 年度临河区财政局同级预算执行情况、地税局税收征管情况、国库预算资金收纳拨付情况和 35 个预算执行单位、2 个学校教学楼建设项目的竣工决算进行审计，查处和揭露预算执行单位大量违规违纪问题。2006 年，对重点建设项目进行审计监督，为国家和建设单位节约建设资金 1537 万元。2007 年，审计临河区同级财政预算执行情况、地税局税收征管情况，国家金库临河支库办理预算资金的收纳拨付情况。2009 年，对临河区财政局、临河区地税局、临河区预外局和临河区国资局专户以及国库进行审计。

2010 年，对临河区环保局、临河区畜牧局等 11 个单位的预算执行情况进行延伸审计，查出违规管理资金 13468.4 万元。2011 年，抽审 13 个主管部门及其所属二级预算单位。2012 年，查处违规资金 22337 万元，管理不规范资金 18807 万元。2013 年，完成同级财政、地税、金库等 11 个单位、部门预算审计工作，发现 8 类问题。2014 年，对临河区财政局、地税局、农业局、林业局、经信局、妇幼保健院等 11 个部门和单位（包括二级单位）的预算执行情况进行审计，查出违规资金 28635.8 万元。

2015 年，安排财政预算执行审计单位 9 个，通过审计发现财政部门应缴未缴预算收入 100 万元，未从土地出让收入中计提各类专项资金 7685.15 万元；企业漏缴税金及附加 251.67 万元；预算单位应扣缴未扣缴建设工程社会保障费 1633.66 万元，挤占挪用专项资金 85.81 万元，超限额使用现金及不合规票据列支 127.91 万元。2016 年，对临河区财政局、地税局、新华镇、干召庙镇、汇丰办事处、文体局、经信局进行财政预算执行审计。

第三节 行政事业单位审计

1991 年，临河市审计局对教育、卫生、广播、农林等主管部门及其下属 32 个单位 1990 年度财务收支情况进行审计，查出用白条和不合规发票报支等违纪违规金额 16.9 万元，处以罚款 7700 元。对临河市土地局土地征用费的征收和管理问题进行审计调查，查出欠交土地管理费 4.4 万元，欠交"两金"及罚没款等 9.1 万元，处以罚款 4795 元，全部收缴入库。对市政公司 1990 年度城市建设、维护资金使用管理进行专项审计，抽查 2 个排水项目工程决算，审计金额 383 万元，查处违纪违规金额 15.8 万元。对临河市公安、物价、交警、计量、防疫 5 个执法和经济管理监督部门的罚没款及收费情况进行审计调查，查出违纪违规金额 12 万元，应上缴财政 1.8 万元，处以罚款 7543 元。1992 年，对 4 个基本项目决算审计，为国家和建设单位节约基建投资 45.6 万元。1993 年，对有罚没收入的 6 个执法单位 1992 年度财务收支和罚没收入、收费管理情况进行审计；对 9 个行政单位 1992 年度预算内外收支进行审计；对经费较多的 4 个主管部门和下属 7 个单位 1992 年度财务收支进行审计。

1997 年，对临河市医院、妇幼保健院开展专项审计，查处 2 所医院超标准收费、重复收费和自立项目收费 43.3 万元；城建委挪用增容费、统筹费 39.7 万元，坐支排污费 8.1 万元用于行政支出。

2001 年，对临河市普教经费、拖欠教师工资、学校收费情况进行审计调查，查出 31 所中、小学挤占挪用专项资金 73 万元，截留坐支预算外资金 203 万元，偷漏各种税金 18.44 万元，自定收费项目收费 567.4 万元，资金未入账 23.21 万元，白条抵库 42.6 万元，使用不合规票据列支 18.53 万元，搭车收费 1.9 万元。2002 年，对临河市同级财政 2001 年度预算执行情况进行审计，并对临河市财政局、地税局、人行金库、教委、交通局等 9 个单位预算执行结果进行审计。2003 年，对巴彦淖尔盟土地管理局临河分局、盟公路管理局临河工区 2002 年财务收支和临河市 18 个基层信用社 2001、2002 年度资产负债损益情况进行审计。

2006 年，对临河区一职等 10 个基本建设项目实施竣工决算审计，为国家和建设单位节约建设资金 885 万元。2007 年，对临河区交通局实施的 6 条小油路和 3 条道路等 18 个基本建设项目的竣工决算审计，核减工程决算 960 万元。对临河区 2004—2007 年所有国债、转移支付、上级专项资金的管理使用情况进行审计调查，涉及全区 80 个行政事业单位和企业，涉及资金 9.2 亿元，查出 1 亿元违规使用资金。对临河区 2005、2006 年度农村义务教育形成的债务进行调查和清理核实，核定义务教育债务 1.9 亿元。

2014 年，完成生态保护与建设资金、杭锦后旗农网升级改造工程审计和巴彦淖尔市一幼、市交警高速公路一大队、临河区工商、质监分局财政财务收支审计等 19 个统审项目和上级授权项目的审计任务。

2015 年，完成对棚户区改造、重大水利工程建设、精准扶贫、取消下发行政审批事项、城市污水和垃圾处理实施建设、财政资金支付进度 6 项稳增长审计项目的审计工作，发现部分工程六方签证不全、工程量不实等问题。完成临陕公路绿化项目、老旧小区排水、硬化改造、景观墙工程等 18 项投资审计，核减 2600 万元，核减率 7.49%。对各类城镇保障性安居工程的投资、建设、分配、运营等情况进行审计。延伸调查 16 个保障性安居工程项目情况，查出滞留棚改资金 2024.26 万元，年底 2024.26 万元滞留棚改资金和 987 万元公租房项目配套资金全部拨付到位。21 户不符合条件领取廉租房补贴 8.04 万元的居民全部退回。对临河区医疗保险（含城镇职工基本医疗保险、城镇居民基本医疗保险、新型农村合作医疗、城乡大病保险）政策制度落实和改革措施推进情况，基金筹集管理使用情况进行审计。

第四节　企业审计

1991 年，临河市审计局对第二毛纺厂的承包经营情况进行审计，查出违纪违规金额 211.4 万元。对第一毛纺厂、硫酸厂两个企业进行审计，查出违纪违规金额 456 万元，应上缴财政 2.6 万元，全部收缴入库。对临河市百货、五金公司、百货大楼及其下属共 11 个商业企业进行审计；对临河市供销系统生资、土产、畜产 3 大公司和白脑包、丹达、八一 3 个基层供销社及其下属 10 个独立核算单位进行审计。对白脑包供销社试行效益进行审计，完成审计单位 23 个，发现违纪违规金额 311 万元，应上缴财政 1 万元，处以罚款 23329 元，全部收缴入库。对物资局及所属公司 7 个单位进行全行业审计，查出违纪违规金额 19.4 万元，应上缴财政 2.2 万元，罚款 3423 元。

1992 年，对第二建筑工程公司进行审计，查出多反映利润 3.2 万元，纠正错账金额 49.1 万元。对临河市公路段、巴彦淖尔盟公路总段临河工区进行审计，查出违纪违规金额 25.3 万元，应上缴财政 2.1 万元，处以罚款 12669 元。对临河市国营砖瓦厂进行审计，查出违纪违规金额 60.4 万元。对临河市供销系统狼山、小召、城关 3 个基层供销社和供销大楼进行重点审计，发现虚增挂账损失等违纪违规金额 143.5 万元。对临河市二轻系统 14 个企业进行全面审计，查出违纪违规金额 65 万元，应上缴财政 4 万元，全部收缴入库。

2000 年，对 179 个单位（包括盟以上驻临河市的 53 个企业）进行审计，查出各类有问题金额 834.98 万元。

2001—2009 年，对临河市（区）百货大楼、商业大厦 2 个重点企业进行审计，查出违纪金额 95 万元。对金川保健啤酒厂和其他重点企业进行延伸审计，查补漏缴税款 689 万元。

2015 年，完成红星美凯龙征地拆迁资金、浩彤公司征地资金、保税物流园区海关监管仓库工程、国泰集团工程项目资金监管等 8 个临时交办的审计任务。

2016 年，完成临河区委政府临时交办的审计任务 6 项，主要包括：政府与国泰公司往来清算、清宜林海岸项目开发成本清算、浩彤公司与区政府资金往来清算、城北客运站征地资金调查、金秋华城与相关部门财务往来调查、棚改贷款自有资金审核等。

第五节　固定资产投资审计

1998 年，临河市审计局对新开工的 5 个固定资产投资项目资金来源进行事前审计；对万丰经济开发区招商中心楼等 5 个固定资产投资项目进行

竣工决算审计。

2001 年，对农村电网改造项目和 13 个固定资产投资项目竣工决算进行审计，共核减工程决算、节约资金支出 889 万元，核减率 13.87%。

2010 年，完成 35 项工程竣工决算审计，查出超计划、超标准资金 3394 万元，审减工程造价 2925 万元，核减率 9.97%。

2016 年，完成开发区公安局新建业务技术用房、林业局绿化工程、经济开发区中小企业孵化中心工程等 16 项投资审计项目，核减 2700 万元。

1991—2016 年，审计 379 个投资项目，核减工程决算、节约基建投资 37423.5 万元。

第六节　经济责任审计

1992 年，临河市审计局对临河市百货公司、糖业公司、食品公司、蔬菜公司、第一毛纺厂负责人离任进行经济责任审计。

1998 年，开展对市财政局、地税局、工商局、教育局、水利局 5 个单位负责人向临河市人大述职评议前的审计。

2001 年，对临河市 62 个单位（包括 12 个乡镇 14 名领导、7 个办事处及市直科局）负责人任期经济责任进行审计，客观真实地反映 35 个单位、37 名离任者和 27 名任期者的经济责任，为组织部门考核使用干部提供可靠依据。

2003 年，对 24 个乡镇、办事处，58 个委、办、局科级领导干部进行任期经济责任审计。

2009 年，对临河区农业局等 13 个单位主要负责人进行任期经济责任审计；对临河三中等 10 个单位的原主要负责人开展离任审计。查出违规和管理不规范金额 5548 万元。

2012 年，接受领导干部任期经济责任审计单位有 33 个，完成 29 个单位领导干部任期经济责任审计。

2015 年，对 17 名党政领导干部进行经济责任

审计，查出不合规使用资金7186.91万元，管理不规范资金6407.66万元。

2016年，完成对临河区文体局、汇丰办事处等20个单位的主要领导干部经济责任审计。

第七节　农林水专项审计

1991年，对临河市丹达粮库等5个单位进行后续审计，查出扩大费用开支3.1万元，多转少转成本4万元，乱列营业外支出0.7万元，应上缴财政0.3万元，处以罚款9999元，全部收缴入库。

2001年，对临河市第四期农业综合开发资金进行审计，查出违规金额182万元。

2015年，对临河区农业综合开发项目进行审计，实地抽查6个乡镇、9个项目作业区，发现巴彦淖尔市级配套资金不到位407万元，滞留农业综合开发资金2385.97万元，未按设计要求在项目区植树三个方面的问题，拨付项目滞留资金790.79万元。

2016年，对9个乡镇2个农场进行专项跟踪审计。

1997年5月，临河市审计局工作人员进行业务讨论

第八节　社保资金审计

1992年，对临河市固定职工退休养老金、职工待业保险金收缴、使用、管理情况进行审计调查。

2001—2003年，对企业职工养老保险基金进行审计，查出违规金额27万元。

对临河市养老保险专项资金进行审计和审计调查。对城市最低生活保障资金进行审计。

2004—2005年，对临河市（区）8所中小学校下岗职工基本生活保障及失业保险基金管理情况进行审计。对临河区养老保障基金、失业保险基金、医疗保险基金进行审计。

2006年，对临河区新型农村合作医疗基金、失业保险基金和再就业资金、社保资金、医疗保险资金、低保资金、抚恤救济资金和军转安置资金等专项资金管理使用情况进行审计和审计调查。

2008—2012年，对城镇医保资金、农村合作医疗保险资金、农机补贴资金、就业与再就业资金、失业保险资金、社保资金、生育保险等8项专项资金进行审计和审计调查。对临河区社保5项基金等进行专项审计和审计调查。

第九节　协会与学会审计

1991年，对临河市工商局个体协会财务收支进行审计，查出重复收取技考费、违规购买商品金额4.8万元，处以罚款5557元，全部收缴入库。

2008年，会同相关部门，对农村各中小学财务情况进行审计清查，对汶川地震临河区捐助资金进行跟踪审计。2012年，对抗洪救灾资金进行审计。

第六章　市场监督管理

第一节　机　构

一、行政管理机构

1991年，临河市工商行政管理局内设办公室、人事教育股、党务办公室、团委、工会、计生办、稽审股、纪检室、政策研究室、法制股、市场管理股、商标广告股、合同股、经济检查股、个体股、企业股、信息股、消费者协会办公室。1992年，临河市物价局、工商局合并，称临河市物价工商行政管理局，成立"临河市信息服务中心"和"金川市场综合服务部"。

1995年，物价、工商重新分设，称临河市工商行政管理局。1996年，临河市工商行政管理局增设摩托车交易所、个体私营经济发展管理局、河港工商管理所、纠查室。1997年，有干部职工852人。1999年，临河市工商行政管理局将金川市场、四季青市场及剩余人员划归地方政府管理。改革后全局有干部职工350人。

2004年，改称巴彦淖尔市工商行政管理局临河区分局，内设办公室、财务装备股、机关党委、人教股、法制股、市场规范管理股、商广合同股、公平交易消保股、注册登记股、运输市场管理办公室、专业市场管理办公室、信息中心。2008年，成立12315申诉举报中心。

2016年6月，组建临河区市场监督管理局。

二、基层工商所

1991年，临河市工商行政管理局有行业协会：个体劳动者协会、私营企业协会。下设城区工商所10个：胜利工商所、金川工商所、利民工商所、车站工商所、解放工商所、兴隆工商所、临东工商所、临西工商所、市场治安派出所、大世界管理所。城郊工商所3个：马场地工商所、城关工商所、曙光工商所。农村工商所6个：新华工商所、八一工商所、干召工商所、狼山工商所、黄羊工商所、建设工商所。1992年，合并个体劳动者协会和私营企业协会，成立临河市私营企业个体劳动者协会。下设城区工商所：胜利工商所、金川工商所、车站工商所、解放工商所、兴隆工商所、华西工商所、临东工商所、临西工商所、市场治安派出所。

1995年，行业协会有：个体私营经济发展管理局、消费者协会办公室、个体协会。服务中心有：金川购物中心、四季青批发市场。城区工商所新增摩托车交易所和河港工商所。1997年，根据市场和区域布局情况，城区分设19个工商所：解放所、车站所、河港所、开发区所、金川所、华西所、兴隆所、胜利所、临东所、临西所、新华所、狼山所、干召所、八一所、建设所、黄羊所、城关所、曙光所、马场地所。

2004年，城区减为5个工商所：胜利工商所、金川工商所、车站工商所、解放工商所、曙光工商所。农村减为5个工商所：新华工商所、狼山工商所、黄羊工商所、丹达工商所、双河工商所。2016年，城区新增先锋工商所。

第二节 体制改革

1991年，伴随着改革开放的大潮，临河市工商局以集贸市场和各类市场为重点，承担市场管理、企业管理、个体管理、广告管理、商标管理、合同管理以及打击投机倒把"六管一打"工作职责，管理对象、管理体制、管理方式、管理手段都发生转变。

1992—1999年，随着临河地区初级市场体系逐步完善，对外开放不断深入，工商工作发生一系列重大变化。在管理体制上，逐步从"条块结合、以块为主"向"条条管理"转变。

1999—2008年，随着市场经济体制的不断转变，工商部门先后增加打击传销、流通领域商品质量监测职责和直销监管职责。加大一线执法力度，推进职能到位、提升队伍社会公信力。增加网络商品交易及有关服务行为监管职责，强化反垄断与反不正当竞争执法、对流通环节食品安全的监管职责。停止征收个体工商户管理费和集贸市场管理费，营造宽松的就业环境，工作重心向促进经济社会协调发展转移。有计划推进企业信用分类监管、个体工商户分层分类登记监管、流通领域商品准入制度、12315行政执法体系建设、信息化建设、网络化监管等。

2009—2010年，实现基层工商所规范统一、功能齐全、设施完善的目标。自治区工商局为每个工商所统一配备食品检测箱等监管设备，使基层监管执法基础明显加强。巴彦淖尔市工商局投入500万元用于临河区工商信息化建设，安装运行OA办公自动化系统和工商业务软件，实现四级联网办公。

2011年10月，工商省级以下垂直管理改为地方政府分级管理体制。2013年3月14日，组建国家食品药品监督管理总局，整合接收原属国家工商总局的流通环节食品安全监督管理职责。逐步改革工商登记制度，将"先证后照"改为"先照后证"，并将注册资本实缴登记制改为认缴登记制，放宽工商登记其他条件。2014年2月7日，自治区工商局新增5项改革创新措施，丰富和完善注册资本登记制度改革内容。加强市场主体信用信息公示平台建设，实现外网公示、受理工商系统内网推送、发布和监管。

第三节 市场监督与管理

一、注册登记

1992年，临河市有国营集体企业803家，分支机构959家，乡镇企业125家。1994年，临河市工商局推进企业登记注册制度改革，拓宽企业登记管理范围，除国家规定特许和专项审批的行业、产品外，减少审批环节和办事程序，支持企业转换经营机制，调整组织结构，将企业推向市场。

1998年，登记注册大厅首次实行"一条龙服务"模式。2005年7月1日，临河区工商局在巴彦淖尔市行政审批服务中心设立工商"窗口"2009年，临河地区共有企业1590户。

1999年，临河市工商局新登记国有集体企业148家，个体工商户4218户，私营企业226家。

2014年1月1日，临河区工商分局暂停个体工商户验照，5年验照制度被年报制度取代，体现了政府管理由形式上的监管转为事中事后监管的改革方向。

2015年，开展注册资本登记制度改革，除国务院明确规定的27个行业外，其他行业一律实行注册资本由实缴改为认缴登记制。简化经营场所登记手续，在登记注册窗口实行"一审一核"和"AB 岗"制度。落实减免行政性收费的相关政策，减轻小微企业负担。8 月 10 日，经营者王海军到临河区工商分局胜利工商所领到了营业执照，这是临河区第一个通过"同城通办"办理营业执照的个体工商户。

2016 年，临河区各类市场主体总量达到 45329 户，注册资金 4059106 万元，从业人数 177338 人，分布在工业、建筑业、采矿业等 20 多个行业。

二、合同管理

1993—1995 年，临河市工商局鉴证经济合同 62 份，调解处理经济合同纠纷案件 16 起，价值 164 万元，协助企业查询经济合同 75 份，为企业挽回经济损失 293 万元。

2004 年，工商局通过多种形式宣传讲解"订单农业"，保护合同双方合法权益。

2007 年 5 月，内蒙古自治区工商局在临河区举办全区工商系统服务新农村新牧区建设经验交流会，临河区工商局在大会上介绍工作经验。

2016 年，临河区工商局引导农民签订"订单农业"3 万多份，为 50 户企业办理动产抵押物登记手续，抵押物价值 9 亿元，为企业融资 7 亿元。培育国家级"守重"企业 4 户，自治区级"守重"企业 6 户，巴彦淖尔市级"守重"企业 23 户。

三、个体私营经济

1993 年，临河市有个体工商户 13000 户，其中长期工商户 11700 户，从业人员 24370 人，注册资金 6049 万元，营业额 26531 万元；私营企业 193 家，从业人员 2625 人，注册资金 4662 万元，长途贩运户 1450 户；个体工商业户和私营企业共上缴国家税金 1700 万元，占全市财政总收入的 30%，分布在商、饮、服、修、理等 8 大行业。

1998 年，在金川市场二楼和同心富市场开辟下岗职工再就业市场；在长春菜市场二楼建成巴彦淖尔盟首家现代电子市场；建成东门至大兰庙桥以南、临五路转盘以西的建材市场；将原曙光娱乐中心后院建成曙光装饰材料市场；在原物资局大院建成钢材、水泥、木材三大主材批发市场。这些市场的建成，以及金川、四季青、车站等市场的扩建，吸纳大量下岗职工从事商贸经营。

2004 年，减免行政性收费 30 万元，促进了第三产业的发展。

2016 年，临河区有个体工商户 30512 户，从业人员 215482 人，注册资金 671089 万元。

四、监督检查

1991 年，临河市工商局对专营渠道进行清理整顿；对临河市建筑市场、文化市场和医院市场进行整顿；参与监督管理钢材市场、房地产市场和劳务市场。1992 年，查获假冒伪劣商品 104 个品种，价值 74 万元。1993 年，查获各类伪劣商品近百个，价值 78 万元。1994—1997 年，立案查处违法案料 243 起。

1998 年，查出未经批准的企业直接到农村收购粮食者 120 余户，对 5 户非法收购的 39000 斤小麦扣缴国家粮库，罚款 15000 元，维护了粮食收购秩序。2011 年 8 月，对超市不按规定使用食品标签行为进行专项治理。2014 年 6 月 25 日，涉嫌销售假冒注册商标商品罪的汪某归案，60 万元的假酒被及时查扣。

2016 年，临河区工商局对辖区交通干线和城乡接合部加油站成品油进行取样抽检。抽查成品油 17 个批次，检查加油站 12 家，对油品不合格的加油站进行严肃查处。加强春节期间市场监管，维护市场秩序和消费安全，重点检查与人民群众生活密切相关的肉制品、豆制品、乳制品、饮料、糖果、酒类、冷冻食品、散装食品等。出动执法人员 431 人次，执法车辆 107 台次，检查食品经营户 2426 户，抽检 49 个食品批次，下达责令改正通知书 29 份，没收过期食品 21 千克。

第四节 商标与广告管理

1993年，在实施"品牌兴企，名牌强市"战略中，临河市工商局为企业注册商标出谋划策。

1998年，立案查处商标20起，检查广告经营单位170家，检查各类广告1700条，清理户外广告41起。1999年，对4个专业市场实行封闭式管理。

2004年，临河区工商局加大品牌培育力度，使商标注册进入快车道。保护驰名商标、涉外商标、奥林匹克专有权、农产品商标，打击商标侵权行为。

2005年，临河区工商局开展"红盾为民维权广告百日执法大行动"，集中整治保健食品、药品、医疗、农资商品违章违法行为。

2008年，对临河区体育用品生产企业和专卖店进行3次大规模检查，查处3起侵犯奥林匹克标志的案件。累计注册商标968件，中国驰名商标总数5件，著名商标总数29件，知名商标总数46件，驰名、著名商标数量位居巴彦淖尔市前列。

2009年，投资3万元，购进广告监测设备，对广告经营单位发布的广告实施全天候监测。

2010年，发挥商标监管职能，商标业务从生产经营企业向农村田间地头拓展和延伸。

第五节 消费者权益保护

2004—2015年，临河区工商局受理消费者申诉、举报9795件，为消费者挽回经济损失2669.5万元。

2012年，成功调解一起农机消费投诉案件，为消费者挽回经济损失3000元。

2013年，开展"3·15"宣传活动，集中销毁24万元假劣药品。

2014年3月15日，工商部门现场解答消费者咨询，受理消费投诉，面对面为消费者服务。黄羊、丹达、狼山镇、双河镇工商所都设立分会场。当日，巴彦淖尔广播电台行风热线直播了工商部门"2013年巴彦淖尔市消费投诉热点和查处的侵权、制假售假案件"。

2015年，建成"12315"消费维权服务站31个，"一会两站"91个，学雷锋维权示范岗12个。

2016年3月15日，受理各类投诉举报190多件，反映的问题集中在电信诈骗、食品药品质量、虚假宣传、预付卡消费、数码产品、房屋质量等方面。

第六节 工商执法检查

1993—1999年，临河市工商局出动执法人员2591人次，车辆843台次，检查市场经营主体2983户次，查办行政处罚案件9139件，端掉黑窝点75个。

2000年，临河市重点查处电信、邮政、保险、供电、供水、旅游等社会反映强烈的问题。

2012年9月，临河区制定实施《临河区整顿和规范广告市场秩序联合执法检查的实施方案》。

2016年，临河区工商局对城市社区非法传销活动进行专项检查，自治区工商部门给予高度评价。

第七节 荣誉

一、集体荣誉

1991—1997年，金川工商所被自治区工商局评为先进工商所，被国家工商总局评为全国文明集贸市场，被自治区工商局评为文明集贸市场，被自治区工商局评为先进工商所，被国家工商总局授予"全国工商行政管理系统先进工商所"，被自治区工商局评为执法先进工商所，被自治区工商局、自治区消费者协会评为消费者信得过市场，被自治区人事厅、工商局评为先进集体。临河市工商局四季青市场被自治区人民政府评为文明集贸市场。

2000—2007年，金川工商所被国家工商总局授予"全国工商行政管理系统先进工商所"。临河市工商局曙光建材市场被自治区人民政府评为文明集贸市场。临河市工商局2001年被国家工商总局评为打假维权消费者满意街，被自治区工商局评为先进旗县工商局。

2002年，曙光工商所被自治区工商局评为五好工商所。2004年，丹达工商所被自治区工商局评为五好工商所。2005年，临河区工商所被自治区工商局评为自治区级先进旗县工商局。胜利工商所被自治区工商局评为五好工商所。2006年，临河区工商分局登记注册股被自治区工商局评为文明服务示范窗口。解放工商所被自治区工商局评为五好工商所。2007年，车站工商所被自治区工商局评为五好工商所。

2013年，胜利工商所被国家工商总局评为"全国工商行政管理系统先进工商所"。

二、个人荣誉

1992—2007年，临河市工商局张彦、马生俊、张庆生、李俊峰被自治区工商局评为全区经济检查办案有功人员。韩海成被国家工商总局评为全国粮食市场监督管理先进个人。马建军被自治区杰出（优秀）青年评选活动委员会评为优秀青年卫士。高文应被自治区工商局评为全区工商系统优秀局长，赵春被自治区工商局评为计算机操作能手，靳彪被自治区工商局评为全区工商系统先进工作者，段如林被自治区工商局评为文明服务示范标兵，王玉龙、赵小兵被自治区工商局评为全区工商系统先进工作者。

第七章　物价管理

第一节　机构与体制

一、机构

1992年5月，临河市物价局合并至临河市工商局，称临河市物价工商局。

1995年4月，物价、工商分离，临河市物价局定编为45人。

1998年8月，临河市物价局增编至79人，内设办公室、人教股、价格股、价格成本调查队、非商品收费管理股、价格事务所、副食品价格调节基金征收所、物价警务室8个业务股所。下设7个农村基层所：新华、狼山、黄羊木头、丹达木头、马场地、曙光、八一物价所。城区设物价检查总所和胜利、先锋、车站、解放4个检查分所、职工物价监督检查站1个。

2002年，实施机构改革，42人办理提前退休、离岗、一次性买断工龄等相关手续，原财政不在册34人，由财政发部分工资。核定编制37人。

2011年11月12日，机构合并，临河区物价局划入临河区发展和改革局。

二、管理体制改革

临河市（区）物价工作经历了三个阶段：

1988—1992年，价格管理的主要任务是控制物价上涨，正确处理改革、发展、稳定三者关系。

1992—2010年，这一时期价格改革的主要任务是：根据各方的承受力，积极理顺价格，加快改革步伐，建立以市场形成价格为主的价格机制。

2010—2016年，价格管理由下游产品转向上游产品的资源、能源等生产要素，确保价格总水平基本稳定。

第二节　价格制定与监控

一、价格制定

（一）农副产品价格

1991—1997年，临河市物价局按照国家粮食价格政策取消统购统销，实行计划购销和市场购销并存"双轨制"。1994年，对城镇居民给予提价补贴。临河地区四种粮食定购价格比上年度平均提高44.4%。

1996年，再次提高粮食购销价格，提幅在40%以上，仍执行政策性供应和经营性销售分开的粮价购销政策。实行季节差价，鼓励农民多存余粮。

2004—2016年，临河区种粮农民全面享受执行国家惠农直接补贴政策。

（二）轻纺工业产品价格

1991年，临河地区轻工产品出厂价格放开，食糖、卷烟等轻工业产品零售价格实行市场调节价。社会商品零售总额中政府定价、政府指导价、市场调节价三种价格形式的比重分别为 20.9%、10.3%、68.8%。

1993 年，除课本、食盐外，所有轻工业产品价格全部放开，由生产企业自主制定价格。

2001 年，临河市社会商品零售总额中政府定价、政府指导价和市场调节价的比重分别为 2.7%、1.3%、96%。

（三）生产资料价格

1992—1998 年，临河市对化肥逐步放宽经营，放松价格管控。

2003 年，临河市部分化肥品种供应趋紧，价格大幅上升，国家出台一系列政策措施，稳定化肥价格。

2006 年以后，化肥价格市场化程度进一步提高，列入中央定价目录的继续实行政府指导价，未列入定价目录的采取最高限价，化肥实行提价申报和调价备案等管理方式。

（四）公用事业价格

1. 公交

2002 年，临河地区公交公司改制，城市公交车价格调整为 1 路车票价 1 元，2—9 路居中票价 1 元，全程价 1.5 元。

2014 年，4 路空调公交车票价 2 元。

2016 年 5 月，开通 10 路、11 路、12 路电动公交车，票价 2 元。

2. 天然气

1996、1997 年，从严控制各项服务性收费价格的提高，尤其是城市天然气，严格按规定程序和权限办理，制止乱涨价、乱收费行为。

2008 年，临河区居民住宅小区管道天然气投入使用，价格 2.18 元/立方米。

3. 电力

1996、1997 年，加强对农电价格的管理，坚决制止乱涨价、乱收费行为。

2012 年 7 月 1 日，临河区推行城乡用电同网同价，实行差别电价政策。

（五）房地产价格

1996、1997 年，临河市物价局加强房地产价格管理、商品住宅价格列入价格管理范围，实行一报一批。

1998 年，开展商品住宅评估定价工作，对 7 家建设单位的商品住宅进行成本核算，制定了价格。

2000 年，临河市物价局狠抓商品房价格管理，对工作人员进行业务培训，组织学习国家有关政策法规、商品房成品价格构成、计算办法等知识，提高工作人员自身素质。对临河市商品开发企业进行调查摸底，督促房地产开发商按规定申报价格。

二、价格监控

（一）价格监测

1992 年，临河市物价局建立价格监测体系，组织价格听证，进行价格咨询、价格鉴定和价值评估，最后发布价格结果。

2006 年，在临河区确定 77 个价格监测点，对粮、油、肉、蛋、菜、奶制品等价格进行监测和分析。

（二）价格成本调查

1992 年，临河市物价局开始开展价格成本调查。

1992—1997 年，农产品成本调查的品种和类别不断调整和完善。

2013—2015 年，临河区物价局对 22 项农产品成本调查中，种植业 13 项、养殖业 9 项，涉及 20 户调查户，分布在 9 个乡镇 11 个自然村、社。

（三）价格认证

1996 年，临河市物价局接受司法机关、行政机关、仲裁机构委托，对刑事、民事、经济、行政案件所涉及的财产物品，开展价格鉴定、价格认证、价格评估。

1996—2016 年，受理各类价格鉴证案件 2865

起，鉴证标的值5817万元。

第三节　价格监督检查

一、违法查处

1996年，开展医疗及医疗收费专项检查3次，没收非法所得罚款37800元。检查石油市场4次，查处价格违法行为26起，实行经济制裁金额1.5万元。

2000年，检查商业零售网点2350个，行政事业单位103个，查出各类价格违法行为785件，实行经济制裁85万元，收缴入库47万元，退还用户3900元。

1991—2016年，临河市（区）物价局查处各类违纪违法案件36648起，行政处罚上缴国库金额1581.12万元，其中退还企业、消费者300万元。

二、治理乱收费

1996—1997年，临河市物价局狠抓物价涨幅高、群众反映强烈、乱收费问题和与城乡居民密切相关的生活必需品价格，按照国务院关于《居民生活必需品和服务价格监审的通知》，对35种人民生活必需品价格实行分类监控、严格管理。凡列入监审的品种，必须执行提价备案申报制度，定期公布监审执行情况。

1998年，加大物价执法力度，重点监督检查与居民生活关系密切的"米袋子""菜篮子""肉案子"和服务项目价格，对乱加价、乱收费、垄断价格、哄抬物价、价格欺诈、牟取暴利等行为进行严厉查处。

1999年，加强对工农生产资料价格、农电价格、石油价格、药品价格管理，坚决制止乱涨价、乱收费行为。

2000年，有计划、有组织地开展药品、医疗收费、学校收费检查，实行专项治理。

第四节　收费管理

一、行政事业收费

临河市（区）行政事业性收费管理工作，严格管理权限、管理范围，认真审核各行政事业性单位的收费项目、收费标准、收费依据，建立收费管理工作台账，落实收费管理工作责任制，加强收费年检工作。全面规范收费管理工作制度，实行"五有三上墙""二证""一票""三卡""一册"和收费项目"公示"制度。

二、经营服务性收费

1995—2008年，对个体诊所、私立幼儿园实行收费许可证制度，持证收费，执行政府指导价。

2009—2016年，私立幼儿园、个体诊所实行市场调节价、自主定价。

三、收费许可证制度

1991—2014年，分别发放行政事业性收费许可证80个、经营性收费许可证100个，行政事业性收费许可证年检率100%，经营性收费许可证年检率达85%以上。

2015年1月1日起，临河区物价局按照全国统一要求，取消收费许可证年度审验。

2016年1月1日起，临河区物价局对临河区59个行政事业单位的2582项收费项目进行年度收支情况审核。

第五节　物价服务管理

1996、1997年，临河市物价局加强物价工作领导，坚持和完善控价目标管理责任制一票否决制。将临河市主要商品及收费价格指数进行分解，按类别落实到有关部门，签订目标管理责任状。签订单位21个。要求有关单位建立健全组织机构和管理制度，将目标任务层层分解，落实到位。定期考核，奖罚兑现。加强和充实控价领导小组，小组定期召开会议，研究分析物价走势，提出对策。协调各部门工作。建立物价月初有预告，月中有考核，月末有通报的制度。对完不成控价目标的单位，取消评选先进资格，由单位向政府写书面报告，讲明原因，并对单位进行罚款处理。

第八章　质量技术监督管理

第一节　机　构

1991年5月，临河市标准计量管理所机构向乡镇延伸，新华镇、狼山镇、黄羊镇设临河市标准计量管理所中心管理站。

1994年4月，增设稽查大队。

1999年，临河市标准计量管理所更名为临河市质量技术监督局，内设计量所、产检所、稽查大队、办公室。

2000年4月，撤销计量所和产检所2个内设机构。

2003年，临河市质量技术监督局完成垂直管理上划工作，隶属于巴彦淖尔盟质量监督局领导。2003年3月，临河市质量技术监督局内设办公室、综合业务股、执法稽查股。

2004年，临河区质量技术监督局成立党组，科级建制。

2016年5月，食品药品监督管理局、工商行政管理局、质量技术监督管理局职责整合，组建区市场监督管理局，为区人民政府工作部门。挂区食品药品监督管理局、区食品安全委员会办公室牌子。不再保留区工商行政管理局和区质量技术监督局。内设19个机构，包括办公室、人事教育股、财务装备股、政策法规股、公平交易和消费者权益保护股、市场规范管理股、行政许可服务股、综合监督股（企业监督管理股）、网络商品交易监督管理股、商标广告监管股、基层工作股、食品流通监管股、食品生产监管股、餐饮服务监管股、药品医疗器械监管股、保健食品化妆品监管股、质量标准化计量管理股、特种设备安全监察股、工业品稽查股。派出机构有11个：车站管理所、金川管理所、解放管理所、胜利管理所、曙光管理所、丹达管理所、黄羊管理所、双河管理所、新华管理所、狼山管理所、先锋管理所。同年，事业单位整合后，临河区市场监督管理局设5个事业单位：临河区市场监督管理局信息中心（股级）、临河区消费者协会（股级）、临河区药品监督管理所（股级）、临河区市场监督稽查大队（副科）、临河区食品药品安全委员会办公室（股级）。

第二节　计量监督管理

1991年，临河市标准计量管理所开展计量核定项目8项：衡器、压力表、量具、竹木尺、量提、血压计、汽车里程表、容重器。核定商业、粮食、农副产品收购使用的计量器具，派人定期到使用计量器具单位进行检定，或单位按使用周期送检。检修各种在用计量器具6862台件，受检率96%以上，检修正常合格率97%。举办企业管理人员计量函授班1期，招收学员51名，给15家企业做计量定级，会同临河市物价局对过去命名的20家"物价计量信得过单位"进行复查考核。

1992年，新增电三表核定（电流表、电压表、功率表）项目，临河市在用计量器具数量急剧上升。

1993年，在用计量器具数量达到高峰，检修各种在用计量器具10112台件，受检率98%，检修质量合格率98%。

1995年，巴彦淖尔盟技术监督局举行全盟衡器比武大赛，临河市计量管理所取得好成绩，被巴彦淖尔盟计量监督局评为先进集体，个人荣获第一名和第四名。

1997年，开展衡量、压力表、电三表、量提、容物容重器、汽车车速里程表、木直尺7项检测项目，计量检验工作逐步实现有计划、按进度开展，目标任务分解落实到各组室，采取定任务、定目标、定时间、定奖罚的办法，调动职工的积极性。检定收入由1991年的4万元增加到1997年的12万元。检修各种在用计量器具9694台件，受检率和检修合格率98%。

1998年，临河市标准计量管理所根据商品房面积计量不足的问题，成立临河市商品房面积计量公证站。接待消费者关于商品房面积计量不足的投诉，举办临河区加油站计量员上岗培训班，培训人员70名。同年，检修各种在用计量器具8181台件，其中地秤30台，台秤2235台，案秤833台、杆秤200杆、戳秤36杆、邮政秤23台、容重器16台，受检率96%；检修压力表700块，电三表300块，汽车里程表受检率80%；计量检修收入达到18万元。会同临河市国税局对临河区加油站进行检查，检查55个加油站，174台加油机，合格率98.8%。

1999年，完成计量器具检修8296台件，汽车里程表1940块，谷物容重器26台，电三表340块；企业自检各种在用计量器具2355台件；检修合格率98.5%。

2000年，临河市质量技术监督局加强对定量包装商品的监督管理，对案秤、压力表等工作计量器具的检查鉴定。宣传有关计量方面的法律法规，规范测量工作，受理消费者投诉咨询。加强对定量包装商品的监督管理，对案秤、压力表等工作计量器具的检查鉴定。同年，完成计量器具检修6280台件，其中地秤28台、地上衡46台、台秤445台、案秤428台、杆秤1200杆、压力表190块、汽车里程表2600块、谷物容重器31台、电三表490块，企业自检各种计量器具830台件，检修合格率97%，同时加强国家机关、企事业单位的公文、公报、统计报表和新闻、出版、广告、餐饮等行业法定计量单位的贯彻实施和淘汰杆秤工作，禁止生产修理和销售杆秤。开展"质量计量信得过单位"评审活动，评出"质量计量信得过单位"12家，对15家"质量计量信得过单位"进行复查。

第三节　标准化监督管理

1991年，临河市政府承担自治区农委、自治区技术监督局下达的"建设农业标准化示范市"项目，项目涉及农、牧、林、水、农机、乡镇企业。临河市标准计量管理所制定19项农业技术标准，年产值在10万元以上的乡镇企业主产品全部实现有标生产。同时制定和推行饭菜标准，填补全国技术监督行业制定该标准的空白，属全国首例。吉林、山东、河北、河南等地的技术监督部门，来信来函求购饭菜标准文本。临河市标准计量所还帮助企业审查办理食品标签标准160种，帮助副食品加工厂制定企业标准7项，举办商业企业标准化函授培训班，51名学员领到结业证。

1994年，临河市的标准化工作普遍开展，产品标准覆盖率98%。

1995年，临河市标准计量管理所印制食品标签通用标准500份，发放食品生产和经营企业，确定临河化肥厂等3家企业为采用国际标准和国外先进标准重点企业。

1997 年，办理企业产品标准注册登记 48 家，完成临河市化肥厂、民族服装厂的采标工作，为企业无偿提供标准化信息 60 种。

1998 年，临河市强化企业产品标准的注册登记和备案工作，审查办理企业产品标准备案登记 73 家，办理企业产品标准注册登记 72 种。同年，加大对企业产品标准实施监督力度，产品标准覆盖率 95% 以上。组织临河区有关企业，参加上级技术监督部门举办的培训班，帮助企业建立健全标准化综合体系。完成国家技术监督局春小麦标准化示范区建设的各项任务，获"自治区农业标准化市"荣誉称号。

1999 年，临河市标准计量管理所帮助企业收集、选择，制订、修订标准，为企业提供标准化信息。鼓励企业采用国际标准标志产品，办理产品标准注册登记 64 份，审查办理食品标签 192 份，完成企业产品标准备案 30 份，为企业提供标准化信息 128 种。完成企业产品标准备案 30 份。

2000 年，国家质量技术监督局授予临河市"全国农业标准化示范区"荣誉称号。是年，被自治区质量技术监督局列为消灭无标生产的旗县（市）。办理产品标准注册登记 139 份，审查办理食品标签 136 种，完成企业产品标准案 36 种。通过自治区质量技术监督局"消灭无标生产旗（县）市"的验收。同年，办理产品标准注册登记 139 份。

第四节　产品质量监督管理

1991 年，临河市标准计量管理所针对食品市场混乱、生产企业偷工减料、掺杂弄虚作假的现状，对临河市食品生产企业采取抽样检验，合格者发给"产品质量合格证"。对临河市 47 家水磨石生产企业、55 家钢窗厂、17 家饲料厂、32 家冷饮、40 家木质家具生产企业产品，进行产品质量监督检验。

1993 年。新增醋酱油质量检验，对临河市 25 家生产企业和 15 家经销批发点进行质量检验，检验结果为醋质量合格率 25%，酱油质量合格率 11%。针对这种情况，临河市标准计量管理所向市政府汇报，召开醋酱油企业负责人会议，提出具体要求，狠抓醋酱油质量。

1995 年，新开展面粉和糖果检验项目，检验面粉 59 份，糖果 7 份。临河市标准计量管理所巩固原有检验项目，探索、提高新的检测领域。

1998 年，监督检查商品批次 1210 个，监管检查商业企业 451 户，查处违法案件 996 起，涉及计量方面 326 起，质量方面 670 起；查处大要案件 3 起，追缴罚没款 40 万元，端掉制售假窝点 2 个，查处假冒伪劣商品标值金额 60 万元，为企业和消费者挽回经济损失 50 万元，结案率 98% 以上。对种子、化肥、地膜、农药、农机具等农业生产资料进行专项查处，重点检查 16 家经销企业，查获假冒伪劣农资产品标值 4 万元。对临河市 16 个粮库监督检查 62 次，处罚 14 个。对 20 个甜菜收购站检查 88 次，处罚 17 个，督促 10 个改电子秤。举办农资、食品、低压电器、化妆品鉴别伪劣产品培训班 4 期，培训人员 160 名。抽样检验砖瓦质量样品 40 份，合格率 82%。抽检糕点、醋酱油、面粉、饮料、糖果等食品样品 19 份，合格率 687%。抽检种子、化肥、地膜等农用物资样品 21 份，合格率 95% 以上。抽检眼镜经销和配镜样品 22 份，合格率 63.6%。

1999 年，临河市质量技术监督局抽检食品样品 60 份，醋、酱、油 125 份，面粉 23 份，砖瓦 28 份，钢材 19 份，地板砖 11 份，油品 15 份，排水管 7 家，三角带 13 家，胶合板企业 9 家，检验样品合计 210 份。对 35 家产品质量不合格企业进行处罚。按照"查市场、保两节，查农资、保春耕，查建材、保建设"三大战役和"五个一批"的安排部署，对烟、酒、熟肉制品，毛棉制品，小家电，啤酒饮料，醋酱油，儿童食品，粮油制品，汽车配件，农资产品，建材产品等进行质量、计量、产品标识执法检查，查处违法案件1009起，其中质量违法案件69起，计量违法案件340起，接待各类举报投诉案件28起，查处大要案件26起，端掉制假售假窝点8个；检查商业企业580家，检查商品批次1200个，没收假冒伪劣商品标值2.8万元，销毁假冒伪劣商品标值5.2万元。

2000年，临河市质量技术监督局查办10起大案要案：查获假喔喔奶糖216件，标值5万元；查获加工病死猪肉窝点，有病死猪6头，约600千克；查获4台假冒中国一拖集团有限公司生产的"东方红"700型推土机，属以旧充新；查获制造假食盐窝点，制假者将工业盐粉碎，不加碘，冒用巴彦淖尔盟盐业公司包装；查获一车劣质柴油12吨；查获两个非法生产人造肉窝点，没收2475千克人造肉和8015千克原材料，标值3万元；查获假冒"霞飞草莓洗发膏"案，查扣360桶假冒产品；查获一批伪造吉林通化市野山葡萄酒1823件，标值11万元；查获假冒"嘉宝莉"系列产品764件，标值11万元；查获假冒"劲力牌"天那水酯漆稀释剂144桶，标值4608元；其他品牌的假冒产品标值454元。查获制售假冒"咪咪"洗衣粉8000袋，包装袋1200个，散装洗衣粉2200公斤，标值1.6万元。对临河市678家生产和经销商的1250个批次产（商）品进行监督检查，查处各类违法案件567起，其中大要案件15起，端掉制假售假窝点6个，没收假冒伪劣产（商）品和超期变质的化妆品、食品、酒类标值13.8万元。销毁假冒伪劣、超期变质的化妆品、食品、酒类、调味品等30种商品，包装物标值达16.2万元。

2014年，临河区质量技术监督局出动执法人员150余人次，车辆50台次，开展酒类、豆制品、饮用水等食品专项整治活动8次，对59个重点食品生产加工企业（小作坊）进行专项检查。对5家食用油获证企业开展专项检查，发现3家正常生产，生产环境较好，能够保持获证后审查标准和要求；1家迁出管辖区，1家生产不达标。对13家

肉制品获证生产企业、4家小作坊、10家家庭作坊进行检查，对2家黑窝点进行查封。检查饮用水生产企业和经销点15家，销毁PET水桶50个，依法端掉2个隐藏居民区内的黑窝点。对临河区豆芽协会的9家豆芽生产作坊进行详细检查，重点检查超范围添加剂使用情况，出动执法人员50人次，集中检查2次，确保添加剂使用安全。开展粉条专项整治行动，查处1家使用明矾生产粉条的黑作坊。开展质监利剑行动，出动执法人员160人次，监督抽查化肥生产企业、地膜经销企业8家，查处违法案件3起（按规定全部移送工商部门处理），查处假冒伪劣产品货值3.8万元。受理投诉举报案件23起（含食品）。在燃油专项检查中，抽取检验样品7个批次。

2015年，出动执法人员33人，检查3家羊绒羊毛制品企业、1家食品塑料包装材料企业、2家认证产品生产企业、5家强制性标准产品生产企业，未发现违法案件。在农资打假中，对1家滴灌带生产企业进行检查。对临河区内的黏土、砖瓦生产企业进行摸排，结果表明，全区17家获证企业生产有序进行。进行食品加工小作坊摸底调查，摸清生产规模、区域分布等情况。对酿皮、粉条、豆腐黑作坊全面清理整顿。联合工商、药监部门对四季青菜市场的粉条经销摊点进行突击检查，当场查获无厂名、厂址等标识的粉条150千克，干粉条20千克。组织开展食品生产企业、小作坊质量安全排查，出动执法人员190人次，出动车次40台次，巡查食品生产企业35家，食品生产相关企业（塑料包装）2家，食品加工小作坊50家，发出整改意见书20份，取缔无证黑作坊16家。

第五节　代码标识管理

1993年，临河市标准计量管理所颁发国家机关、企事业单位和社会团体统一代码证书。

1999年，颁发统代码证书270家。

2000 年，国家质量技术监督局为 212 家企业办理代码年检或换证工作。

第六节　特种设备监督管理

2014 年，对临河区 1283 部电梯进行巡查，对存在重大安全隐患的 75 部电梯进行查封。开展压力容器、压力管道专项整治。对 18 家冷库制冷设备检验、作业人员持证上岗、应急专项预案制定演练等情况进行摸排，对存在问题的企业下达《特种设备安全监察指令书》，检验 16 家冷库压力容器，对 2 家不达标冷库压力容器进行查封。在气瓶专项整治中，督促 2 家气瓶经营企业 297 只气瓶进行送检。在游乐设施专项整治中，检查游乐设施 59 台，对存在安全隐患的游乐设施进行查封。

2015 年，电梯、锅炉、压力容器等专项检查，出动执法人员 210 人次，发现安全隐患 95 处，下达特种设备安全监察指令书 95 份。在电梯专项检查中，下达《特种设备安全监察指令书》82 份，对存在重大安全隐患的 67 部电梯进行查封。在压力容器专项整治中，发出《特种设备安全监察指令书》3 份。在气瓶专项整治中，督促液化气充装企业回收报废螺丝瓶 5000 余只。

2016 年，出动检查人员 199 人次，检查特种设备 659 台件，其中电梯 534 台、压力容器 110 台件及压力管道、锅炉 11 台、起重机 3 台，涉及特种设备使用单位 53 家，排查特种设备安全隐患 232 起，下达特种设备安全监察指令 46 份。

第九章　食品药品监督管理

第一节　机　构

2010年8月，临河区食品药品监督管理局成立。12月29日，巴彦淖尔市食品药品监督管理局下划行政编制人员7名，同时将药品医疗器械监管工作划转临河区食品药品监督管理局。

2013年，餐饮服务环节监管工作由原卫生监督管理所划转临河区食品药品监督管理局。临河区食品药品监督管理所成立，隶属临河区食品药品监督管理局，股级建制，经费形式为全额事业拨款。人员共计31名。

第二节　食品药品安全管理

2014年，临河区食品药品监督管理局对78家流动餐厅业主及厨师进行集中培训，验收35家流动餐厅进行备案。全程监管餐饮单位、小作坊、小餐桌等，实现"食药监督公示牌"全覆盖，接受社会监督。深入学校食堂、工地食堂进行专项治理。

2015年5月，临河区餐饮服务行政许可全面实行网上审批。

加强涉药单位销售出库清单的监督管理，打击挂靠经营、过票走票，销售使用假劣药品等违法行为。所销售药品附销售出库单，包括通用名称、剂型、规格、批号、有效期、生产厂商、购货单位、出库数量、销售日期、出库日期和销售金额等内容，税票与销售出库单相关内容对应，金额相符。通过每年不间断的检查，肃清临河区药品市场购销票据不规范的情形，确保涉药单位购进药品渠道的合法性。开展跟踪检查，加大基本药物质量检查力度和驻店药师的管理；执行处方药的销售管理，强化含麻药品的登记销售管理工作；完善不良反应检测网络，提升药品质量监控能力；推进企业诚信体系建设，评选诚信药店，加大诚信药店公示力度，企业诚信和质量安全意识提升。妥善处置涉及临河区的药品突发事件。同年，临河区食品药品监督管理局监管公立医疗机构31家，村镇卫生院160家，私立医疗机构317家，涉药涉械经营企业295家，保健品经营企业114家。

第十章　资源管理

第一节　国土资源管理

一、机构

1988年，临河市人民政府成立国有临河市资产管理科。

1992年，临河市资产管理科更名为临河市国有资产管理委员会。

1995年10月，临河市国有资产管理委员会更名为临河市国有资产管理局，隶属于临河市财政局，准科级建制，编制10人，内设工交商贸管理股、农文行财事业管理股。

1998年1月，临河市国有资产管理局科级建制。

2004年8月，临河区国有资产管理局有编制13人，内设办公室、行政事业股、科教文卫股、农林牧水股、镇企股。

2006年，核准临河区国有资产管理局为科级事业单位，增加编制7名至13名。内设办公室、行政事业股、科教文卫股、农林牧水股、镇企股5个股室。

2016年，巴彦淖尔市国土资源局临河区分局内设办公室、信访法规室、规划测绘股、耕地保护股、土地利用股、地籍管理科、矿管股、整治中心、国土资源中心所。

二、土地规划

临河区国土资源管理局根据《中华人民共和国土地管理法》《基本农田保护条例》《巴彦淖尔市土地利用总体规划（2006—2020年）》和国家有关土地利用的方针、政策，按照内蒙古自治区统一部署和要求，修编《临河区土地利用总体规划（2009—2020年）》。临河区实行最严格的土地管理制度，加强土地宏观调控，严格土地用途管制，规划城乡建设和各项建设用地。规划范围为临河区行政管辖范围内的全部土地，包括城关镇、干召庙镇、双河镇、白脑包镇、狼山镇、新华镇、乌兰图克镇，总面积233321.28公顷。

规划期限为2009—2020年，规划基期年为2014年，规划目标年为2020年。

（一）耕地和基本农田

规划到2020年，临河区耕地保有量不低于134617.67公顷。规划期间进一步加强基本农田建设，确保粮食产量不减少，质量有提高。规划到2020年，新增建设占用耕地不突破2930.39公顷。

（二）建设用地规模

规划到2020年，临河区建设用地总规模不高于28449.78公顷；城乡建设用地规模不突破24488.44公顷；城镇工矿建设用地总规模预期达到8183.36公顷；交通水利及其他建设用地累计预期达到3961.34公顷。

（三）生态用地

规划到 2020 年，临河区园地面积达到 1004.91 公顷；林地面积达到 3911.52 公顷；牧草地面积稳定在 27.78 公顷；新增建设占用农用地控制在 3564.20 公顷以内。

（四）节约集约用地

规划到 2020 年，临河区城镇人口达到 521700 人，人均城镇工矿用地指标控制在 122.52 平方米以内。盘活利用农村集体建设用地，支持鼓励新农村建设，加强农村用地规划和管理，调整村镇体系结构，合理归并村镇居民点。按规划稳妥开展农村集体建设用地整理，整治"空心村"，退宅还田，改善农民生产生活条件，改变村镇建设用地利用率低和重复建设、重复投资现象。规划期间严格控制人均农村居民点用地面积，通过新农村建设和增减挂钩项目累计减少农村居民点用地 172.14 公顷，使人均农村居民点用地面积有效下降。

（五）土地整治

规划期内，加大土地整治力度，实现工矿废弃地全面复垦，后备耕地资源适度开发。到 2020 年，通过土地整治补充耕地面积不低于 2927.99 公顷。

（六）土地资源

规划到 2020 年，临河区其他土地预计达到 21882.92 公顷，比 2008 年减少 16192.84 公顷。主要用于种树种草、各类建设占用和开发补充耕地等。

三、土地详查

开展临河区范围内各类土地资源数量、分布和权属调查，统一土地利用分类标准，查清临河区土地利用现状，尤其是建设用地、耕地和基本农田数量、分布和权属状况，建立临河区土地利用现状调查数据库，实现土地数字化、信息化管理。在第二次土地调查成果基础上，及时进行土地利用现状变更调查，建立土地调查成果及时更新机制，实现土地资源数据快速更新，保证调查数据的现实性和准确性。完成临河区城镇地籍调查工作。

四、地籍管理

2008 年 2 月 1 日施行《土地登记办法》，加强土地登记工作，规范土地登记行为，努力实现土地登记法制化、规范化和制度化。

结合全国第二次土地调查，以加强地籍成果应用为重点，大力推进管理机制创新。按照保护资源、保障发展、维护权益、服务社会的要求，将地籍管理成果广泛应用于经济社会发展规划制定、城乡建设、国土资源管理等公共管理领域，为政府管理全面服务，发挥地籍基础和依据作用。

2016 年 9 月 30 日，成立巴彦淖尔市不动产登记局临河分局。

五、建设用地管理

2016 年，临河区国土资源管理局对辖区建设用地实行统一管理，规划总体控制，农业用地优先保护，有偿使用土地的原则。

六、征迁安置

1991—2010 年，临河区人民政府依照有关法律法规，审批征收农村集体所有土地。

2011 年 12 月 31 日，自治区人民政府办公厅下发《关于公布实施自治区征地统一年产值标准和征地区片综合地价的通知》，临河区于 2012 年 1 月 1 日执行。

第二节 国有资产管理

一、资产核资

1991 年，核实临河市固定资产总额 121213523 元。

1994 年，核实行政事业单位 365 户，国有资产总额 13608 万元。

1995 年，完成临河市 51 户国有企业清产核资工作，其中商业企业 12 户，工业企业 8 户，农机企业 1 户，物资企业 4 户，供销企业 5 户，粮食企业 20 户，建筑企业 1 户。清查资产总值 44993 万元，负值 40400 万元，所有者权益 4593 万元，国家资本 2766 万元，51 户国有企业实现利润 –1599 万元。

1996 年，核实行政事业单位 77 户，全民所有制事业单位 119 户，集体所有国家投资建设的事业单位 15 户。行政事业单位资产总额 28507 万元，负债总额 1977 万元，非经营性资产转经营性资产 320 万元，其中行政部门 162 万元，事业部门 158 万元。

1997 年，核实临河市行政事业单位 212 户，固定资产总额 24044 万元。

2006—2009 年，核实临河区行政事业单位总计 844 个，固定资产总额总计 342943 万元。

2010—2015 年，核实临河区行政事业单位总计 1319 个，固定资产总额总计 902732 万元。

2016 年，开展资产报表工作的行政事业单位 219 个，固定资产账面总值 251857 万元。

表 26 – 10 – 1

1997—2016 年临河市（区）固定资产情况表

单位：个、万元

年份	行政事业单位	固定资产总额
1997 年	212	24044
2006 年	209	62121
2007 年	211	77066
2008 年	210	99413
2009 年	214	104342
2010 年	220	128353
2011 年	219	145353
2012 年	223	117109
2013 年	219	175925
2014 年	219	167996
2015 年	219	167996
2016 年	219	251857

二、产权登记

1991 年，临河市预算内全民所有制企业包括：国营工业企业 9 户，商业企业 18 户。国营企业固定资产年初 3652 万元。

1994 年，国有企业资产总额 4106 万元，其中工业部门 915 万元，商粮贸金融部门 283 万元，文教卫生部门 117 万元，城市公用部门 123 万元，房地产开发企业 120 万元。

1995 年，国有工商企业汇编 31 户企业（其中工业 13 户，贸易、餐饮 15 户，房地产 1 户，社会服务 1 户，卫生、体育、教育科研 1 户）；预算内企业 22 户，预算外 9 户；国有独资企业 26 户，股份有限责任公司 5 户。安排就业 3929 人，退休 802 人，资产总计 28996 万元（其中流动资产 110263 万元，固定资产 14150 万元）。负债总计 20239 万元，所有者权益 8757 万元。

1996 年，临河市参加产权登记的国有企业 97 户，其中工业企业 9 户，商业企业 32 户，餐饮企业 15 户，粮食企业 20 户，其他企业 21 户。企业资产总额 13465 万元，资产总值 57113 万元，负债总额 42989 万元，利润总额 926 万元。

1997 年，临河市有产权登记国有企业 17 户，较上年减少 18 户，主要原因是商贸企业实行民营，职工一次性买断，资产划拨或变现后安置职工。商贸企业减少 11 户，工业企业减少 6 户，社会服务企业减少 1 户。

1999 年，临河市汇总企业总额 31133 万元，较上年减少 15999 万元。17 户国有企业占用固定资产总额 13951 万元。17 户企业完成销售收入 16826 万元。11 户企业盈利，实现利润 226 万元。亏损企业 6 户，亏损额 579 万元，盈亏扣抵净亏损 353 万元，实现税金 249 万元。

2014 年，临河区有国有企业 13 个，资产总额 771739 万元，负债 534795 万元，所有者权益 236943 万元，固定资产 7535 万元，盈利企业 4 个。

2015年，临河区有国有企业17个，资产总额948518万元，负债637139万元，所有者权益311379万元，固定资产27446万元，盈利企业4个。

2016年，临河区有国有企业23个，资产总额1735568万元，负债1264252万元，所有者权益471316万元，固定资产127788万元，盈利企业4个。

三、资产评估

1998年，临河市确认评估立项34项，资产评估确认额11834.98万元，未发生争议。

1999年，确认评估立项29项，资产评估确认资产总额22389.2万元，未发生争议。

2000年，临河市国资局根据《关于开展事业单位资产评估的通知》精神，开展专项评估，临河市125个事业单位除15个执行行政职能的事业单位外，110个事业单位评估前账面资产2120万元，净资产1721万元；评估后资产为36739万元，净资产32419万元，土地使用面积15385平方米。确认评估立项21项，资产评估值4280.8万元。未发生争议。

四、国有资产处置

2010年，临河区处置资产104宗，价值1904万元；实现处置收入319万元。其中：出售资产32宗，价值599万元（其中房屋建筑物6207平方米，价值193万元；交通设备44辆，价值404万元；通用设备2台，价值2万元）；报废资产72宗，价值1305万元（其中房屋建筑物24064平方米，价值1054万元；交通设备3辆，价值19万元；通用设备477台，价值232万元）。

2011年，处置资产41宗，价值966万元；实现处置收入52万元。其中：出售资产22宗，价值365万元（其中交通设备30辆，价值299万元）；报废资产19宗，价值601万元（其中房屋建筑物6629平方米，价值237万元；通用设备4803台，

价值364万元）。

2012年，处置资产679宗，价值62万元；实现处置收入43万元。其中：出售资产10宗，价值27万元；报废资产669宗，价值16万元。被征拆国有资产一宗，征拆补偿费770万元。同时加大对参股企业国有股息清算收缴力度，按时足额收取国有参股企业股息、股利，并上缴国库。

2013年，处置资产8809台件，价值1477万元；实现处置收入34万元。其中：出售资产48台件，价值195万元；报废资产8761台件，价值1282万元。

2014年，处置资产138宗，价值6170万元；实现处置收入1985万元。其中：出售资产13宗，价值1085万元；报废资产125宗，价值5084万元。

2015年，处置资产135宗，价值7169万元；实现处置收入4824万元。其中：出售资产10宗，价值2085万元；报废资产125宗，价值5084万元。

2016年，临河区资产减少22364台件，价值3545.68万元，其中：公开处置资产5台件，账面价值117.8万元；实现处置收入95.36万元；报废资产22359台件，价值3427.88万元。

五、常规监管

2006年，临河区产权年检的单位209个，年检登记完成率100%。资产总额79419万元，负债总额14931万元，净资总额64488万元，固定资产总额62121万元。

2007年，产权年检的单位211个，年检登记完成率100%。资产总额209133万元，负债总额130152万元，净资总额78981万元，固定资产总额77066万元。

2008年，产权年检的单位210个，年检登记完成率100%。资产总额228353万元，负债总额123431万元，净资总额104922万元，固定资产总额99413万元。

2009 年，产权年检的单位 214 个，年检登记完成率 100%。资产总额 144182 万元，负债总额 50567 万元，净资产总额 93615 万元，固定资产总额 104342 万元。

2010 年，产权年检的单位 220 个，年检登记完成率 100%。资产总额 159253 万元，负债总额 48713 万元，净资产总额 110540 万元，固定资产总额 128353 万元。

2011 年，产权年检的单位 219 个，换证及年检登记完成率 100%。

2012 年，产权年检的行政事业单位 223 个，年检登记完成率 100%。行政事业单位固定资产总额 117109 万元，其中：土地占地面积 1251388 平方米，价值 1062 万元；房屋建筑物 239863 平方米，价值 31065 万元；通用设备 5248297 台件，价值 75061 万元；专用设备 2892 台件，价值 1026 万元；交通设备 1289 辆，价值 8895 万元。

2013 年，产权年检的行政事业单位 219 个，年检登记完成率达 100%。截至 2012 年 12 月 31 日，全区行政事业单位资产总额 286711 万元，负债总额 78166 万元，净资产总额 208545 万元。固定资产总额 175925 万元，其中：土地占地面积 3962344 平方米，价值 4183 万元；房屋建筑物 692460 平方米，价值 69707 万元；通用设备 1147246 台件，价值 54609 万元；专用设备 149571 台件，价值 26642 万元；交通设备 910 辆，价值 9412 万元；其他设备价值 11372 万元。

2014 年，产权年检的行政事业单位 219 个，年检登记完成率 100%。截至 2013 年 12 月 31 日，行政事业单位资产总额 526901 万元，负债总额 231250 万元，净资产总额 295651 万元。固定资产总额 167996 万元，其中：土地占地面积 4301328 平方米，价值 1658 万元；房屋建筑物 1738460 平方米，价值 77431 万元；通用设备 1721978 台件，价值 45813 万元；专用设备 38466 台件，价值 20418 万元；交通设备 1126 辆，价值 11886 万元。其他设备价值 10790 万元。

2015 年，产权年检的行政事业单位 219 个，年检登记完成率 100%。截至 2014 年 12 月 31 日，行政事业单位资产总额 526901 万元，负债总额 231250 万元，净资产总额 295651 万元。固定资产总额 167996 万元，其中：土地占地面积 4301328 平方米，价值 1658 万元；房屋建筑物 1738460 平方米，价值 77431 万元；通用设备 1721978 台件，价值 45813 万元；专用设备 38466 台件，价值 20418 万元；交通设备 1126 辆，价值 11886 万元；其他设备价值 10790 万元。

2016 年，临河区开展资产报表工作的行政事业单位 219 个。资产账面总值 1007423 万元，负债账面总值 343957 万元，净资产账面总值 663466 万元。固定资产账面总值 251857 万元，其中：房屋建筑物 1256595 平方米，价值 166571 万元；通用设备 57841 台，价值 42342 万元（包括汽车 1115 辆，16510 万元）；专用设备 32008 台，价值 31464 万元；家具用具 241416 件，价值 10129 万元；图书 403962 册，价值 965 万元；文物 371 件，价值 386 万元。

第十一章　安全生产监督管理

第一节　机　构

2005年3月，临河区安全生产监督管理局成立。

2010年12月29日，设立临河区经济和信息化局（挂临河区安全生产监督管理局牌子），将原临河区安全生产监督管理局的职责划入临河区经济和信息化局。

2012年，组建科级建制的安全生产监察大队，为临河区经济和信息局二级事业单位。

第二节　安全生产宣传与监管

一、安全生产宣传

2005年，开展宣传活动三次，分别是安全生产月、平安建设集中宣传、全国科普日活动，活动现场接受咨询180次，免费发放安全生产宣传手册8000余册、宣传用品2000余份。

2006年，开展宣传活动4次，免费发放安全生产宣传手册7800余册、宣传用品2400余份。

2007年，开展宣传活动5次，活动现场接受咨询205次，免费发放安全生产宣传手册8200余册、宣传用品4400份。

2008年，开展宣传活动5次，活动现场接受咨询221次、免费发放安全生产宣传手册8800余册、宣传用品3400余份。

2009年，开展宣传活动4次，活动现场接受咨询156次、免费发放安全生产宣传手册6900余册、宣传用品2000余份。

2010年，开展宣传活动5次，免费发放安全生产宣传手册7100册、宣传用品2100余份。

2011年，开展宣传活动4次，免费发放安全生产宣传手册7200册、宣传用品2900份。

2012年，开展宣传活动5次，活动现场接受咨询235次、免费发放安全生产宣传手册5100册、宣传用品3200份。

2013年，开展宣传活动6次，免费发放安全生产宣传手册7600册、宣传用品3800份。

2014年，开展宣传活动5次，活动现场接受咨询268次、免费发放安全生产宣传手册7100册、宣传用品2200份。

2015年，开展宣传活动6次，免费发放安全生产宣传手册8000余册、宣传用品2800份。

2016年，开展宣传活动7次，发放宣传用品3200份。

二、重大危险源管理

2005—2016年，监督管理中石化内蒙古临河油库、联邦制药、内蒙古临河繁荣磷铵化工有限公司、巴彦淖尔金聚源酒业有限责任公司乙醇经营存储 4 处。

三、安全专项整治

2005—2016 年，每年进行危险化学品安全专项整治活动 5 至 8 次、非煤矿山安全专项整治 5 次、烟花爆竹安全专项整治 5 至 7 次。

四、事故查处

2009 年，临河区发生各类生产安全事故 340 起，死亡 27 人。

2010—2014 年，发生各类生产安全事故 1340 起，死亡 87 人，受伤 6 人。

2015、2016 年，两年发生各类生产安全事故 449 起，死亡 12 人，受伤 6 人。

五、应急管理

2005 年，临河区开展企业应急预案备案工作，形成覆盖临河区的安全生产应急救援体系。开展应急演练 3 次。

2006—2010 年，开展应急演练 33 次。

2011—2016 年，开展应急演练 45 次，共有 203 户备案。

六、高危行业安全生产监督管理

（一）危险化学品安全生产监管

2005—2016 年，临河区监管危险化学品企业 54 处。

（二）烟花爆竹管理

2005—2016 年，临河区监管烟花爆竹企业 6 处。

第三节 安全生产许可及培训发证情况

一、安全设施"三同时"

2014 年，临河区安监局开展"三同时"（主体工程同时设计、同时施工、同时投产）设施企业有 5 家：巴彦淖尔市临河昌盛养殖场、内蒙古富川饲料科技有限公司、内蒙古娃哈哈食品有限公司、内蒙古临河恒丰食品集团股份有限公司等。

2015 年，新增 4 家：临河区团羊水泥有限责任公司、中粮屯河临河番茄制品有限责任公司、内蒙古际华森普利服装皮业有限公司、内蒙古鲁花葵花仁油有限公司。

2016 年，新增 2 家：内蒙古草原宏宝食品股份有限公司、内蒙古美羊羊食品有限公司。共计 10 家企业做到"三同时"设施。

二、安全生产培训教育、考核发证

2005—2009 年，临河区培训新办生产经营单位主要负责人、安全生产管理人员 185 人，培训特种作业人员（电工、焊工）1119 人，复训主要负责人及安全生产管理人员 242 人。

2010—2016 年，全区培训新办生产经营单位主要负责人、安全生产管理人员 268 人，培训特种作业人员（电工、焊工）1596 人，复训主要负责人及安全生产管理人员 446 人。

第四节 安全生产责任制落实

一、安全生产控制指标考核

2005—2016 年，临河区未发生重特大事故，未超出安全生产控制指标考核数。

二、执法检查行动力

2005—2010 年，临河区安监局五年下达文书 180 份，整改事项 533 项，整改任务全部完成

2011—2016 年，临河区安监局六年内下达文书 196 份，整改事项 562 项，整改任务全部完成。

三、"三同时"制度

安全设施"三同时"（建设项目安全措施必须

与主体工程同时设计、同时施工、同时投入生产和使用）工作是巴彦淖尔市安监局承接下放旗县区的其他行政权力，临河区安监局承担非煤矿山（冶金等）建设项目安全设施"三同时"审查、危险化学品建设项目安全设施"三同时"审查工作。

表 26 - 11 - 1　　　　　　　　**2005—2016 年临河区安全生产培训教育情况表**　　　　　　单位：人

年份	新办生产经营单位主要负责人和安全生产管理人员	特种作业人员（电工、焊工）	复训主要负责人及安全生产管理人员
2005 年	72	171	
2006 年	22	203	62
2007 年	31	211	60
2008 年	29	252	62
2009 年	31	282	58
2010 年	38	158	82
2011 年	42	171	72
2012 年	48	275	74
2013 年	32	292	74
2014 年	36	251	68
2015 年	28	199	66
2016 年	44	250	80

表 26 - 11 - 2　　　　　　　　**2005—2016 年临河区执法检查行动力情况表**　　　　　　单位：项、户

年份	下达文书	整改事项	整改	未整改	处罚（户）
2005 年	25	80	80		
2006 年	28	87	87		
2007 年	30	90	90		
2008 年	34	98	98		
2009 年	32	93	93		
2010 年	31	85	85		
2011 年	30	96	96		
2012 年	31	90	90		
2013 年	30	86	86		
2014 年	35	97	97		
2015 年	34	95	95		
2016 年	36	98	95	2	2

第二十七篇
教　育

第一章 机 构

第一节 行政管理机构

1997年，临河市教育局更名临河市教育委员会。

2002年8月，临河市教育委员会更名临河市教育局。

2004年7月，临河市教育局更名临河区教育局。

2012年，临河区教育局增设党委办、监审股、德育体卫艺股。

2016年，临河区教育局更名临河区教育和科学技术局，设置8个职能股室：办公室、人事股、计财股、普教股、职成教股、幼教股、勤俭办、安全办。

第二节 事业单位

一、临河区教师进修学校

1991年，临河市教师进修中等专业学校更名临河市师资培训中心。

2000年，临河市师资培训中心并入临河市教育科研管理服务中心。

2004年，恢复临河区教师进修学校。

二、临河区电教中心

1991年，临河市电教站更名临河市电化教育中心，隶属教育局科级事业单位，在编人数16人，内设实验教研部、网络运维部、信息技术部、办公室、财务室。

1993年8月，临河市电化教育中心服务公司成立。

1996年12月19日，临河市电化教育中心服务公司升为科级建制。

三、临河区考试中心

1994年，临河市考试中心有工作人员4人。

1997年12月，临河市招生考试中心成立，是临河市教育局二级单位，在编工作人员4人。前身是临河县大中专招生委员会办公室。

1998年，临河市招生考试中心工作人员增为6人。

2001年，工作人员增为7人。

2005年，临河区招生考试中心与临河区大中专招生委员会办公室实行两块牌子、一套班子的管理模式。

2009年，工作人员增为9人。

四、教育基金会办公室

2006年，临河区教育基金会办公室成立，隶属临河区教育局，核定编制7人。

2008年12月，临河区学生资助管理中心成立，与教育基金会办公室整合，两块牌子，一套人马。

2013年，临河区成立新一届教育督导委员会，核定编制15人。

五、教育督导委员会办公室

2002年，临河市教育督导委员会办公室成立。

第二章 体制改革

第一节 机构改革

1996年，临河市根据《临河市教育委员会职能配置、内设机构和人员编制方案》，确定临河市教育委员会的职能配置、内设机构和人员编制方案。对职能转变、主要职责、内设机构、人员编制和领导职数作出规定。

1997年，临河市教育委员会出台《临河市教育局机关内部管理改革试行方案》，提出《工作目标》《教育局机关干部、工作人员岗位责任要求和岗位定性量化要求》《教育局机关常规管理考评细则》《教育局机关个人岗位考评方案》《教育局机关工作制度》《教育局机关内部各种收费的管理规定》《临河市教育局财务后勤管理制度和财会人员工作职责条例》等制度要求，推行国家公务员制度，引入竞争机制，转变工作作风，提高工作效率。

1997年，临河市根据《关于实行教育局领导分片包乡的通知》精神，实行领导分片包乡抓教育制度。

1998年，根据临河市教师超编，财政核减超编人员经费的实际，临河市教育委员会出台《临河市教育系统一九九八年市直学校、二级单位实行教师聘任制、结构工资制的暂行意见》，实行教师聘任制和结构工资制。聘任原则是：以班定编、以编设岗、以岗定责、竞争上岗、择优聘任。三年内逐步分流超编人员，农村学区暂不分流，市直学校分流520人。

第二节 教学改革

1991—1996年，临河市教研中心开展学科教研活动1045场次，参加人数6000人；按片组建专业课校际教研组；组织教师进行"课堂教学竞赛"。教研中心改进教学方法，提高课堂教学效率，提高学生素质，探索素质教育新途径。组织开展"目标教学法""整体优化教学法""三位一体教学法""小学语文整体改革试验"等课题的实验与研究。

1997年，临河市被确定为国家教育综合改革试验区，被内蒙古师范大学确定为"基础教育研究基地"，教研员编写了适合本地教学实际的小学、初中各学科"目标教学法"实验辅助教材，教师形成学大纲、用大纲、研究大纲的良好风气，推进了义务教育课程计划的落实。

1998年，临河市教委组织4000多名中小学教师，开展"三笔一话"基本功竞赛、课堂教学竞赛和岗位练兵活动；"目标教学法""三位一体教学法""整体优化教学法"等课题研究，合作领域不断拓宽，实验进一步推开。邀请区内外著名教育专家、学者进行素质教育讲座。出台《临河市开展素质教育区域实验工作方案》《临河市中小学素质教育实施意见》。引进现代化教学设施设备，加大课堂教学密度，动用"备、讲、辅、批、考、阅览、实验、活动、科研"九个环节进行一体化教学。

1999年3月，教研室编印了《1999年临河市优秀论文集》《临河市德育优秀论文选》《临河市优秀教育论文选》第10集，3本书；制定出台《临河市教育科研课题实验五年规划》，确定14个包括国家级、自治区级、盟级和市级的科研课题。赵守义、刘翠鸥研究的"青岛架豆制种试验"，李永明、程浩敏研究的"仔猪大肠杆菌病综合防治试验"，受到专家好评，认为这两项研究科技含量高，经济效益好，具有普遍推广的价值。10月，自治区教育厅专家组对临河市第一小学承担的"小语整改"实验进行终结性验收；引进江苏省洋思中学"先学后教，当堂练习"的课堂教学改革经验展开实验，一些实验学校组织骨干教师观摩学习，加快课堂教学改革进程。11月，临河市召开全市素质教育研讨会。教研室对全市4000名教师进行基本功考试；进行班级学生素质发展综合评估实验，开展课堂教学改革，涌现出一批教改实验教师。如一小马明星老师的数学课注重对学生动脑、动手、动口能力的培养；五小高文英老师的语文课教学注重学生整体素质的提高，收效明显。

2000年，实施教科研"1234"工程（即每个教研员确定1个研究课题，选定2个试验点，培养3名课堂教学骨干，展示4节优质实验课），加强教法研究，提高课堂教学效率。全体教研员深入实验点蹲点指导，与实验教师共同研究课堂教学改革，推动科研课题研究进程。全市评出高素质班56个。组织小学教师参加巴彦淖尔盟教师基本功竞赛；组织2000名教师参加全盟普通话过关考试；举办音、体、美教师基本功大赛；举办第二届"教坛新秀"竞赛、小学英语教师课堂教学基本功竞赛活动。3月，召开第十五届教学年会，评

选出560篇获奖论文，精选58篇编印成册。5月，聘请呼市12名优秀教师进行示范教学。6月，举办内蒙古特级教师讲师团示范课教学活动，6名特级教师和20多名中小学优秀教师作了示范课。

2001年4月，教研室举办"中小学德育学术报告会"，邀请北京教科研中心徐安德、闵乐夫、关鸿羽三位专家，就在教学中如何渗透德育，德育与创新的问题作专题报告；组织语、数、英三科联赛，评出优胜集体22个，优秀指导教师34名，优秀学生250名。5月，举办小学自然课教师实验操作竞赛、小学教学能手赛；组织活动课交流会、新课标新教材培训和钱梦龙学术报告会。6月，教研员分4个小组，深入100多个申报高素质班的班级，通过听课、测试、观察、调查、询问等方式，进行验收评比。举行临河市第六届小学教师教学能手赛活动，参赛者125人。11月27日，临河市教委召开全市教育科研工作会议，对在科研工作中取得突出成绩的一中等7个单位，和于跃东等53名先进个人，67个高素质班及班主任进行表彰；开展城乡支教活动，各学校组织骨干教师下乡到结对学校讲示范课、观摩课，传递信息，指导教学，帮助乡村教师提高课堂教学能力。

2002年始，新课程改革实验启动，临河市的教研教改工作步入以课程改革为核心的新阶段。

2002年1月，临河市被确定为自治区级首批基础教育新课程改革实验区。2月，临河市教委出台《临河市基础教育课程改革实施方案》《临河市基础教育课程改革培训方案》，方案要求新课改实验9月份开始启动，逐年推进。同月，临河市进行中小学教师全员岗位"大练兵"，启动"三课"教研活动。3月，临河市组成"临河市基础教育课程改革领导小组"，临河市教委成立"临河市基础教育改革实验组织机构"，全市小学、初中，各乡镇总校，相应成立课改领导小组和实验组织机构。4月，一小、四小、九小联合召开"小学语文整体改革"现场观摩推广会，参加人员有全市各中小学校长、教师代表1000余人次。月底，三中、四

中、四小召开"整体优化教学法"现场观摩推广会，园丁学校召开"小学语文课内外结合型教学"课题研究成果推广会。5月，临河市组织小学教师创新课评比活动和初中教师教学能手竞赛活动。邀请乌海市海勃湾区教研室主任李玉平、海勃湾区第五小学副校长郭彩霞等课改实验专家，作专题讲座和课改经验介绍。6月，特邀北师大卢咏莉博士、海勃湾区教研室主任李玉平，作课程改革报告。7月，临河市派出教研员和骨干教师49人，参加自治区教育厅举办的"新课程改革实验通识培训、学科培训"。8月，教研室按照《关于对中小学教师实施基础教育新课程培训的通知》《基础教育课程改革纲要（试行）》文件精神，组织起始年级的各科实验教师进行培训，培训内容有：新课标解读，学科评价，新教材介绍与分析，课堂实例观摩与研讨。

2003年，在小学、初中、高中学校开展的"三课"活动中，任课教师全员参与。临河市教育局确定逸夫、四中、五中、丹达、新华、隆胜6个试验点，展开"中学语文整体改革"试验。3月，召开全市中小学新课程课堂教学观摩研讨会。月底，分别在一小、九小、逸夫学校召开"小学语文整体改革"实验成果经验交流会。4月，组织教研员、骨干教师到内师大参加自治区级各学科新课标、新教材培训。组织教研员和部分实验校领导、教师赴国家级课改实验区宁夏灵武、乌海市海勃湾区听课学习。新课程标准解读，实验教材分析，新教材教法探讨及示范，校本课程开发。5月，邀请内蒙古师范大学、内蒙古教研室、内蒙古教科所、巴彦淖尔盟教研室的领导和专家进行课改中期培训。

2004年，组织开展校际教研活动，将全区小学、初中分为九大片，教研员和专家组成员不定期到各片参与教研活动。4月，组织召开巴彦淖尔市新课改实验现场会，四中、五中、四小、五小展示课改实验成果。5—6月，邀请教育部原副部长王文湛，著名教育家魏书生、钱梦龙，上海市

建平中学校长冯恩洪，内蒙古教科所研究员王嵘等学者、专家作专题讲座。举行新课程改革培训会，来自城乡实验学校的领导、起始年级的实验教师，学习课程标准、新教材。国家级新课改实验区宁夏灵武市教育局局长马彦平，来临河市进行培训。7月23—26日，临河三中承办全国"英语二十四字整体教学模式研究与实验"研讨会；9月4—5日，承办"2005年高考科学备考研讨会内蒙古分会"，来自北师大附中等校的11位专家、教授讲学，参会代表1200人。11月29—30日，临河六中、四中承办临河首届初中教育教学管理研究会议，四中、五中、六中作经验介绍，与会代表观摩了四中、六中的课堂教学。12月，在回校召开综合实践活动课优秀课例展示及成果推广会。

2005年6月，自治区教研室在临河区组织召开自治区综合实践活动课经验交流现场会，回校展示优质课并向与会者介绍开展综合实践活动课的先进经验。回校刘昱瑛等三名教师，受中央教科所的邀请，赴山东参加全国综合实践活动课颁奖大会，为临河区赢得荣誉。月底，巴彦淖尔市基础教育课程改革现场会在临河区召开。10月28日，召开临河区新课程改革实验表彰大会，逸夫学校等17所首批新课程改革先进集体和临河七中白晓刚等76名首批新课程改革先进个人受到表彰。组织开发了体现各校特色的校本课程；组织临河区"名教师"和骨干教师到农村学校支教。

2006年3月，邀请内师大教授陶·哈斯巴根和陕西师范大学教授张熊飞来临河讲学。4—6月，建立学科教师电子档案，聘请111名骨干教师为兼职教研员，协助教研室开展课堂教学改革工作。开展送教下乡活动50人次，开展城乡"结对子"、校际"手拉手"帮扶活动。出台《临河区中小学教学质量评估方案》《临河区中小学目标管理考核方案》，建立科学、多元化的教育评价机制。对三年级、六年级、八年级进行水平测试，加强教育教学质量的评估和管理。

2007 年 3 月，临河区开展"一堂好课"教学研究活动；临河区教研室组织中语整改实验校部分领导、教师参加全市中语整改现场会。4—5 月，组织讲师团"送教下乡"，把优质课带到薄弱学校巡回展示。9 月，征集新课程教学案例 500 篇，经过评审，遴选出 100 篇编辑成《临河区新课程教学案例集》。10 月 12 日，在临河十中召开全区校本教研经验交流现场会。11 月，推广"整体优化教学法"和陕西师大张熊飞教授"诱思探究学科教学论"，整理出版《新课程与课堂内外》论文集。推进"小语整改""中语整改"实验；发展创新"洋思经验""衡水经验"，拓宽初、高中课堂教学改革领域。

2008 年，召开临河区"十一五"教科研会议，表彰教学工作先进集体和个人。一小、二小、九小、三中等 7 所学校承担国家级"十一五"教育科学规划课题"信息化环境下多元学与教有效融入课堂教学"，取得成果。成立临河区教育学会，组织召开区教育学会第一次会员代表大会暨第一届理事会。组织全区中小学教师第十届能手赛，培养选拔教学能手 121 名。深入推广"小语整改"、"中语整改"、初中数学"题组教学法"。四中、五中、园丁学校的"中语整改"，通过巴彦淖尔市教育局验收。临河一中学习衡水"以考代练、以考促学"经验，教学质量有所提高。

2009 年，临河区教育局选定二中、九中作为实验点，展开杜郎口课堂教学模式的实验。4 月，教研室 5 人赴山东省聊城市荏平县杜郎口镇中学考察学习。5 月 17—18 日，在临河职中举办学习杜郎口中学教学模式观摩研讨会。杜郎口中学校长崔其升作教改经验介绍报告，两位骨干教师分别作了初中语文、数学现场示范课。9 月，开始在高一年级推行普通高中新课程教改实验。教师自觉以新课程标准为指导，转变思想观念，促进学生发展，课堂教学讲、学、练相结合。10 月，临河十中举办校本教研研讨观摩会。11 月，临河二中召开推进杜郎口模式观摩研讨会。健全完善以校

为本的教研机制，组织教研员深入中小学教学一线指导教学，组织开展校际教研交流活动 10 次，召开科研课题现场观摩研讨会 4 次，教研员下校参与教师集体备课 1200 次。临河十中等学校推行"学案导学"教学法，培养学生自主学习的习惯，让学生在自主学习中发现并提出问题，教师做到"精讲"。

2010 年 4 月，召开第 26 届教育教学年会；在临河二中组织召开推进学习杜郎口教学模式经验交流现场会；27 日—28 日，举办临河区初中教师教坛新秀竞赛课活动。9 月 27—29 日，举办临河区第十四届初中教学能手竞赛活动。

2013 年，开展专职教研员培训，落实教研员"五个一"活动。共组织 25 期 40 所学校的连片教研活动。加强对教科研课题的立项、中期检查、结题等环节的管理指导。规范中小学生汉字书写教育，顺利通过自治区语言文字示范校验收工作。

2016 年，在 16 所学校建成"梦想中心"，推进课堂教学改革。开展课堂教学竞赛、教学研讨、听评课、精品课展示活动。教研员到基层听评课 2500 节，跟踪指导青年教师 100 余人次。共申报自治区级大课题 2 个，巴彦淖尔市级大课题 6 个。

第三节　校长竞聘改革

90 年代，临河市对校长实行以政绩为主的考核任用制，建立校长实绩档案。

2000 年，临河市内巴彦淖尔盟级以上重点高中、职业学校校长，由巴彦淖尔盟教育局提名并参与考核；巴彦淖尔盟级以上重点高中、职业学校副校长，盟直及旗县市直属中小学、幼儿园的正、副职由所属教育主管部门提名并参与考核；乡镇及以下小学校长的选拔任用以聘任制为主，由学校党组织或校委会提名，由所属教育主管部门按照聘用程序考核聘任。

2003 年，临河市直属中小学、幼儿园和事业

单位正、副职由教育局提名并参与考核。

2005 年，临河区实行校长公开选任。

2009 年，临河区采取定性与定量相结合，校长自评与教育局考核组评议、教职工、家长、社区评议相结合，对校长的规范办学、内部管理、队伍建设、办学成效等方面进行考核，最终确定优秀、合格、基本合格与不合格四个等次。

第三章 学前教育

第一节 国办幼儿园

一、基本情况

1993年，内蒙古自治区幼儿教育经验交流会在临河市召开，临河市幼儿学前教育经验在全区推广。

1994年，临河市教育局拨款70万元，为实验幼儿园建起教学楼。入园幼儿240名，班数增加为6个。

1995年，临河市第一幼儿园拆旧建新，办园条件得到改善。

1996年，临河市校办幼儿园的改革成果在全国推广。

1997年，临河市有国办幼儿园2所，乡镇幼儿园16所，村办幼儿园20所，在园幼儿17513名。幼儿入园率城镇为95%，农村为64%。

1998年5月，临河第一幼儿园被巴彦淖尔盟教育局命名为巴彦淖尔盟示范幼儿园；临河新华镇幼儿园被命名为盟级一类甲级幼儿园；临河第九小学、第一小学、第四小学、回族小学、曙光小学幼儿园被命名为盟级一类乙级幼儿园。

1999年，临河市有托幼机构120个，入托、入园儿童2万名。

2000年，新华镇幼儿园被评为自治区示范幼儿园。

2001年，临河市有各类幼儿园164所，其中市直幼儿园2所，校办幼儿园14所，乡镇中心幼儿园19所，村办幼儿园76所，个体幼儿园53所，在园幼儿14016名，入园率城区为95.7%，农村为64%。形成国办、学校办、乡镇办、村社办、民办并存的幼教格局。

2001年，临河市贯彻国办、集体办、民办、个体办一齐上的方针，形成以集体、民办、个体为主，国办为龙头的办园体系，在办园形式上不求统一，因地制宜。市区有周托、日托、半日托；乡镇有日托、半日托；村社有托、幼班，实行季节制，农忙时全日制，农闲时半日制，冬天提前放假。

2002年，临河市幼儿入园率，城区为97.86%，农村为69.54%。农村学前一年入园率为89.1%，适龄儿童入园率为100%。

2003年，临河市鼓励社会力量办幼儿园，促进幼儿教育发展。入园率城区为97.86%，乡镇为70%以上。实验幼儿园新建二层教学楼1920平方米，厨房库室360平方米，铺设橡胶活动场地700平方米。幼儿园班数增加到15个，有幼儿550名，教师67人，教师合格率100%。

2004年，临河市教育局印发《关于幼儿教育改革与发展的指导意见》，要求全市幼儿园规范管理，提高国办园水平，推进素质教育。是年，第一幼儿园拆旧建新，实验幼儿园硬化了园门口道路，完成大门及东墙改造。

2006年，临河区被列为自治区"以园为本教研制度建设"项目实验基地。临河区教育局确定第一幼儿园、实验幼儿园、新华镇幼儿园、二小幼儿园、九小幼儿园、蒙特梭利幼儿园等六所幼儿园为实验基地。临河区幼儿园65所，其中国办园2所、校办园13所、乡镇园14所、民办园36所。国办幼儿园有幼儿718人，城市户口545人，农村户口173人；校办幼儿园有幼儿3121人，其中城市户口1679人，农村户口1296人，外地户口146人；乡镇幼儿园有幼儿1621人。城区民办幼儿园有幼儿2415人，城市户口788人，农村户口1548人，外地户口79人；乡镇民办幼儿园有幼儿567人。共计有幼儿总数8442人。

2007年，临河区教育局制定《临河区幼儿教育2007—2010年发展规划》。

2008年，临河区有幼儿园61所，在园幼儿10340人，其中，国、校办幼儿园29所，在园幼儿6755人，分别占全区幼儿园和在园幼儿人数的47.5%和65.4%；民办幼儿园32所，在园幼儿3585人，分别占幼儿园和在园幼儿人数的52.5%和34.6%。全区适龄幼儿入园率96.1%。实验幼儿园装修改造北教学楼，园长参加全国蒙特梭利研究中心在青岛召开的蒙氏教育教学研讨会。第一幼儿园被评为"内蒙古自治区示范性幼儿园"。

2009年，实验幼儿园晋升为"内蒙古自治区示范性幼儿园"。第一幼儿园在临河开发区万丰新村明珠城开办分园"万丰新村幼儿园"。

2010年，临河区教育局对各乡镇闲置校舍及幼儿园进行摸排调查。临河区政府投资875万元，在八中新建5713平方米幼儿园教学大楼；投资150万元，为古城学校建起建筑面积320平方米的幼儿园；投资30万元，在黄羊学校建起270平方米的幼儿园；为小召学校投资100万元，建起建筑面积516平方米的中心幼儿园；在实验幼儿园建起3460平方米高标准教学楼，扩大办园规模。

2012年，制定《临河区幼儿教育十二五规划》

《临河区学前三年教育行动计划》。与北京"乐嘟嘟"幼教科技发展投资集团达成协议，投入资金300万元，先期对区二中、新华、隆胜等6所幼儿园进行环境改造和设施设备投入，加快临河区学前教育改革和发展的步伐。

2016年，临河区有各级各类幼儿园69所，其中公办园5所，校办园27所，民办园37所。在园幼儿16666人，其中公办园占21.2%，校办园占43.4%，民办园占34.8%。全区有幼儿教师1253人，其中公、校办在编教师186人，聘用教师1067人（含民办），专任教师学历合格率为100%。全区有自治区示范性幼儿园5所，市级示范性幼儿园25所（民办4所），一级园17所（民办8所），二级园23所（民办18所），三级以下（民办）园5所。学前三年入园率96.3%，学前一年入园率100%。

二、教育与管理

临河市从1985年开始，成立由市长任主任，分管副书记，副市长任副主任，宣传、计委、财政、妇联、教育文化、卫生等单位主要领导组成幼儿教育委员会。各学校、乡镇成立由分管领导、学区校长、妇联主任组成的幼教领导小组，自上而下形成幼教领导网络。每年召开两次幼教例会，年初定目标任务、经费预算、物资供应、年终总结、评比奖励。

2004年3月，临河市实验幼儿园接纳回族幼儿30名，开设清真灶。

2005年7月，临河区教育局成立以教育局副局长潘建民为主任的幼儿园审批定级委员会，对二类及二类以下幼儿园进行检查，对各幼儿园进行定级审批。通过对55所幼儿园评估验收，新华幼儿园被定为特级甲类（自治区级示范园）；第一幼儿园等6所幼儿园被定为特级乙类（市级示范园）；实验幼儿园等11所幼儿园被定为一类甲级幼儿园；三小幼儿园等6所幼儿园被定为一类乙级幼儿园；双河等10所幼儿园被定为二类甲级幼儿园；城关等 3 所幼儿园被定为二类乙级幼儿园；八一幼儿园被定为三类幼儿园。55 所幼儿园符合评审定级条件，经教育局审批备案，签发办园许可证。

2006 年，临河区教育局对婴幼儿保健作了详尽规定，提出具体要求。针对幼儿园存在隐患，调整了幼儿园安全管理工作领导小组人员。

2007 年 11 月，巴彦淖尔市教育局对第二轮申报市级示范性幼儿园的校办、民办幼儿园进行评估验收，临河区有 4 所幼儿园（其中民办园 1 所）被命名为巴彦淖尔市示范性幼儿园（校办、民办园类），示范期为三年：2008 年 1 月—2011 年 1 月。

2008 年，临河区 3 所国办幼儿园被命名为巴彦淖尔市示范性幼儿园（公办园类）。8 月，在国办、校办幼儿园举行互观互查活动，组织幼儿园长到九小幼儿园、六小幼儿园、园丁幼儿园、乌兰幼儿园、干召幼儿园、隆胜幼儿园、实验幼儿园、第一幼儿园等 8 个幼儿园进行参观学习。年底，在教育局组织的校办幼儿园检查中，一小幼儿园、四小幼儿园、五小幼儿园、九小幼儿园、六小幼儿园、八中幼儿园获城区优胜单位；新华幼儿园、城关幼儿园、小召幼儿园、干召幼儿园、黄羊幼儿园、丹达幼儿园获乡镇优胜单位。

2009 年，临河区教育局和临河区城镇医疗保险管理中心下发《关于临河区全日制学校、幼儿园加入临河区未成年人医疗保险的通知》，要求幼儿参加未成年人医疗保险，普通幼儿每人每年缴费 40 元，困难、残病、低保家庭每人每年缴费 20 元。

2010 年 2 月，通过评估验收，干召幼儿园、隆胜幼儿园升为一类乙级幼儿园。

2014 年，巴彦淖尔市幼儿园、巴彦淖尔市第二幼儿园归口临河区管理。

2016 年，落实第二期学前教育三年行动计划，新建乌兰图克、双河幼儿园 2 所。组织开展学前教育宣传月主题活动、幼儿园"区域联运互助"活动，举办公校办幼儿园教师社会领域活动竞赛，做好自治区级示范园的复检和晋级验收工作。组织安排 200 名幼儿园骨干教师参加幼儿教师专业能力提升班培训，提高幼儿教师的专业水平和园长的管理能力。制定《临河区城乡幼儿园捆绑式发展实施方案》，实现城乡幼儿园捆绑发展，加强对公办、民办幼儿园的检查和指导，严格规范幼儿园办学行为，提升幼儿园办园质量和管理水平。评估认定纳帕溪谷、河套书苑等 10 所民办幼儿园为普惠性民办幼儿园。

三、公办幼儿园选介

（一）第一幼儿园

临河区第一幼儿园 1978 年建园，总园位于临河区团结路西美丽园小区内，占地面积 2669.72 平方米，建筑面积 3150 平方米。分园位于临河西区万丰新村北区内，2009 年 8 月开始招生，占地面积 1400 平方米，建筑面积 1700 平方米。总园、分园均属全日制幼儿园。总园有大、中、小 14 个班。分园有大、中、小 7 个班，每学期幼儿总数 755 人，有教职工 91 名，教师合格率 100%，其中大专以上学历占 10%。有自治区基本功竞赛一等奖获得者 3 名、巴彦淖尔市教学能手 10 名、巴彦淖尔市学科带头人 3 名、临河区教学能手 21 名。是内蒙古自治区级示范性示范园。

幼儿园先后获"国际亲子园实验基地""中小学幼儿园安全教育活动先进集体""全国家园共育实验基地""中国教育学会'十一五'科研规划课题'安全教育基地校'"称号，"全国幼儿绘画优胜集体奖""巴彦淖尔市'幼儿综合素质测评一等奖'"奖项。

（二）实验幼儿园

临河区实验幼儿园创建于 1986 年，是内蒙古自治区示范性幼儿园，位于临河区庆丰西街巴特巷。总占地面积 7986 平方米，建筑面积 6535 平方米。园内配有多媒体综合活动室、幼儿淋浴室、图书阅览室、档案资料室、电脑备课室等。硬件达到标准化、规范化、现代化的要求。绿化区树木种类有 17 种；活动室富有儿童特点，每班的墙壁布置体现出创造性、参与性、开放性、延伸性与示范性的特点。幼儿园收集编写了《幼儿园手指游戏》《幼儿园教师论文集》《幼儿园自制体育玩具与游戏》，创办了《腾飞报》。在搞好常规教学及幼儿园快乐与发展课程、蒙特梭利教育、早期阅读的实践与研究中，还开设英语、美术、舞蹈、手指算、珠心算等兴趣班，为有特长、兴趣广的孩子提供开发潜能、培养兴趣、展示自我的机会和平台，丰富幼儿生活，促进幼儿全面、主动、富有个性的发展。

2001 年，被确立为自治区课改试点实验园；2003 年，被确立为自治区"大陆和香港幼儿园综合课程比较研究"课题实验园；2009 年 3 月，被评为国家级"礼仪、品格、素质教育示范园"，同年，"自治区妇女儿童工作现场会"和"巴彦淖尔市幼儿教育管理现场会"，在实验幼儿园召开。

第二节　民办幼儿园

一、基本情况

1996 年，临河市的简易幼儿园、幼儿班、学前班以全日制、半日制、季节制和寄宿制的形式办学。

1998 年，临河市宏胜幼儿园园长贾玉平，投资 28 万元购买曙光乡幼儿园，占地面积 1350 平方米，建筑面积 580 平方米，招收幼儿 200 人，开设 6 个班。同年，建设路幼儿园、希望幼儿园、宏胜幼儿园被评为一类幼儿园，成为临河地区民办幼儿园的排头兵。

1999 年，根据国务院《社会力量办学条例》，巴彦淖尔盟教育局成立"临河地区社会力量办学管理委员会"。

2000 年，临河市教育委员会对全市 52 所民办幼儿园进行检查，对不符合条件的 26 所勒令停办，制止不讲质量、不讲效益的"民办热"。恒鑫公司投资 100 万元，创建恒鑫蒙特梭利幼儿园。招收幼儿 230 人，开设 8 个教学班。

2002 年 11 月，临河市加大幼儿园周边治安环境治理整顿。

2003 年，临河市教育局对 26 所民办幼儿园进行综合评估，对不具备办园条件的予以取缔，对办园有特色的给予奖励。

2005 年，临河区教育局制定《临河区民办学校（园）教育规范化管理实施意见》。

2006 年，临河区有民办幼儿园 38 所（含分园），春季在园幼儿 4698 人，秋季在园幼儿 2980 人。

2007 年，临河区取消 34 所不合格民办幼儿园办园资格。

2008 年，临河区教育局对 11 所民办幼儿园进行复检，评出"合格单位"8 个，"继续整改单位"3 个。

2009 年，临河区为民办幼儿园核发"办学许可证"。对 33 所民办幼儿园进行年检，优秀单位奖励人民币 1000 元。在巴彦淖尔市教育局的评估验收中，认定临河区建设路幼儿园、宏胜幼儿园为巴彦淖尔市级一类甲级民办幼儿园；认定小龙人幼儿园、希望幼儿园为巴彦淖尔市级一类乙级民办幼儿园。

2010 年，《临河区民办幼儿园管理办法补充规定》，任何民办幼儿园不得开设英语课，不得在指定教材征订范围之外征订其他教材，不得以开设实验班、实验课为名收费。

表 27 - 3 - 1

2005 年临河区民办幼儿园定级名单统计表

单位名称	类别
蒙特梭利幼儿园	特类乙类
蒙特梭利幼儿园	一类甲级
建设路幼儿园	一类乙级
朝滋幼儿园	一类乙级

续表

单位名称	类别
狼山新星幼儿园	二类甲级
宏胜幼儿园	二类甲级
育红幼儿园	二类甲级
红蕾幼儿园	二类甲级
铁南艺术幼儿园	二类甲级
希望幼儿园	二类甲级
蓝天幼儿园	二类甲级
童星幼儿园	二类甲级
小龙人双语艺术幼儿园	二类乙级
公园幼儿园	二类乙级
明星幼儿园	二类乙级
娃哈哈幼儿园	二类乙级
小天使幼儿园	二类乙级
胜利幼儿园	二类乙级
小黄帽幼儿园	二类乙级
宝康幼儿园	二类乙级
智成幼儿园	二类乙级
乐满城幼儿园	二类乙级
育宏幼儿园	二类园
育苗幼儿园	三类园

二、民办幼儿园选介

（一）宏胜幼儿园

临河区宏胜幼儿园位于胜利北环办福泰社区，创建于1985年，是一所具有25年园史的民办幼儿园。占地面积1320平方米，建筑面积890平方米，有幼儿210名，8个教学班，每班配有2名教师，全园配有2名专职保育员，教师中大专学历8人，中专学历12人。园内有多媒体活动室、图书室、晨检室、综合活动室等，设施设备齐全，是一所全日制一类甲级幼儿园。

幼儿园把加强幼儿健康教育放在第一位，注重改善饮食营养结构，开展多种形式的户外活动，把节日教育、社会与科学教育相结合开发幼儿的想象力、创造力；引进蒙特梭利教育法，提升幼儿完美人格，养成独立自主的好习惯；开设早期阅读和水粉画、剪纸、自制玩具等兴趣活动，培养幼儿的广泛兴趣，激发幼儿的好奇心，使幼儿能想会说，心灵手巧，为终身学习奠定基础。

幼儿园1999年被巴彦淖尔盟教育局评为"优胜单位"。

（二）恒鑫蒙特梭利幼儿园

恒鑫蒙特梭利幼儿园是一所企业办幼儿园，隶属恒鑫公司，位于临河区兴隆街向阳小区内，占地面积4500平方米，建筑面积1500平方米。幼儿园2002年3月开园，2002年9月晋升为一类甲级幼儿园，2004年11月晋升为市级示范园。2005年4月，被巴彦淖尔市妇联确立为"家庭教育示范基地"。2005—2008年，连续4年被临河区教育局评为"目标管理考核"优胜单位。

第四章　中小学教育

第一节　小学教育

一、基本情况

1989年，在临河城西北角建第八小学。1991年，在市中心建第九小学。1994年，在一中西侧建园丁小学。园丁小学建成后一中撤初中班，升级为完全高中学校。1995年在城区东南建逸夫小学。1986—1995年间，相继建起5所完全小学，班容量超过50人。1990年，教育经费为1031.1万元，用于改善办学条件资金592.84万元。实现校校无危房，班班有教室，人人有桌凳，有厕所、院墙、大门，小学教师合格率上升到74.33%，全市165所小学入学率为98.8%，巩固率和普及率为98%。到1995年，全市有小学175所，学生49435人，教工3721人，入学率100%。

1999年起，临河市陆续投入资金扩建教学楼，添置教学设备、图书，加大校园环境建设力度，加强绿化、硬化、美化，改善办学条件。农村学校实施"减班缩编"，乡乡联合办中学，村村合并办小学。

2000年，临河市教育委员会巩固"两基"工作成果，出台《临河市教育科研五年规划》，加强校园文化建设，要求各校有校徽、校旗、校训、校风、校纪、校歌。改造薄弱学校，提出整改措施，实施城乡手拉手活动。

2001年，争取外援增加教学设备，引进现代教育技术，创建花园式学校、义务教育示范校和"园丁杯"学校。调整学校结构布局，撤并友谊、建设、八岱、小召、狼山5所乡镇中学；将回小、曙光学校改为九年一贯制，增设初中班。

2002年，临河市中小学学制由"五·四制"改为"六·三制"，2006年改制完成。为防止某年无毕业生，提前预设分批改制、过渡，落实"以县为主"的农村义务教育管理新体制，教育投入由群众投入转到政府投入上来。临河市被确定为自治区基础教育课程改革试点市。

2004年，各校积极筹措资金进行基础设施改造，提高"两基"实施水平，先后改造建设17所学校，总建筑面积65929.23平方米。为72所学校安装远程教育网，5所学校建成校园网。签订控辍责任状，城区控辍在2%以内，农村控辍在3%以内。加快"绿色学校"建设速度，有11所学校建成市级花园校，39所建成市级"绿色学校"。撤并农村14所小学、1所中学。

2005年，临河区投资3780万元，建成"绿色学校"18所（区级10所、市级5所、自治区级3所），建成巴彦淖尔市级花园式学校62所。整合教育资源，撤并双河镇临铁小学、干召庙镇民主二校等19所村小学。安排农村817名小学毕业生到城区就读，缩小城乡差距。进行乡镇学校管理体制改革，撤销学区、中学、小学、村小四级体制，成立乡镇学校一体化管理。加快义务教育阶段教育资源整合步伐，推动农村义务教育改革进程，形成区办中学、乡办寄宿制小学、村办学前幼儿园的格局。

2006年，加强农村教育，推进教育均衡发展，出台《临河农村义务教育经费保障新机制实施方案》。免除农村义务教育阶段学生杂费。临河区教育局争取项目资金2027万元，改善办学条件，建设6所农村寄宿制学校，安排1645名农村小学毕业生到城区指定学校就读初中。调配100名农村初中教师到城区学校任教。

2006年，临河区有小学8所，农场小学3所，九年一贯制学校5所，乡镇小学84所，民办学校中有小学2所。小学教师合格率100%，中小学校长本科率70%，比2000年提高10个百分点。

2007年，临河区教育局落实农村义务教育保障金、免费教科书、寄宿生生活补助费。争取资金7000万元，弥补教育经费不足的问题。建成第一批塑胶操场，一中、三中、四小总面积51461平方米，改善了学校办学条件。完成10所农村初中学校的整合工作，实现"乡不办中学"的规划目标。将临河区义务教育6.3万名学生纳入经费保障范围，发放免杂费和公用经费1668万元。学生生均生活补助标准为小学300元、初中450元。

2008年，巩固提高"两基"成果，推动教育事业内涵发展、主动发展，指导学校制定"三年发展规划"，完善学校短期和长期奋斗目标，引领教育可持续发展，贯彻实施《义务教育法》，推进依法治教，依法治校。

2009年，临河区实施中小学校舍安全工程，争取各级各类资金13208万元，拨给各学校，各学校校园基础设施向标准化迈进。因城市办公区、居民区向西发展，西区仅有万丰小学一所学校，又被新区建设迁移。临河区适时投资2.14亿元，在新区中心位置筹建高档次、高质量的金川学校。

2010年，重点推进西区及八一工业园区学校建设，新建金川学校、一小幼儿园。投资3.6亿元

实施校安工程，完成金川、八中、九中、回中、二中塑胶操场，一小、回校、五小综合楼建设。

2014年，巴彦淖尔市二中、巴彦淖尔市田家炳外校、巴彦淖尔市实验小学、实验二小划归临河区管理。

二、课程设置

2001年，教育部调整和改革基础教育课程体系、结构、内容，构建符合素质教育要求的课程体系。与以往课程相比，课改具有以下特征：改变课程过于注重知识传授的倾向，强调形成积极主动的学习态度，使获得基础知识与基本技能的过程同时成为学会学习和形成正确价值观的过程；改变课程结构过于强调学科本位、科目过多和缺乏整合的现状，整体设置九年一贯的课程门类和课时比例，设置综合课程，适应不同地区和学生发展需求，体现课程结构的均衡性、综合性和选择性；改变课程内容"难、繁、偏、旧"和过于注重书本知识的现状，加强课程内容与学生生活以及现代社会和科技发展的联系，关注学生学习兴趣和经验，精选终身学习必备的基础知识和技能；改变课程死记硬背、机械训练的现状，倡导学生主动参与、乐于探究、勤于动手，培养学生搜集和处理信息的能力、获取新知识的能力、分析和解决问题的能力以及交流与合作的能力；改变课程评价过分强调甄别与选拔的功能，发挥评价促进学生发展、教师提高和教学实践改进的功能；改变课程管理过于集中的状况，实行国家、地方、学校三级课程管理，增强课程对地方、学校及学生的适应性。

2003年，教育课程设置品德教育，一、二年级为"品德与生活"，三至六年级为"品德与社会"。

2006年，为减轻学生过重课业负担，中小学开足开齐课程，推进课程改革，临河区基础教育课程开设如下：

小学（一至六年级）开设的课程：品德与生

活（一、二年级）、品德与社会（三至六年级）、语文、数学、外语、科学、体育、音乐、美术、综合实践活动、地方课程和校本课程。地方课程开设手工制作、阅览（一至三年级）、科技小制作（四至六年级）。校本课程开设心理健康教育（一至六年级）、巴彦淖尔人文教育（四年级）、学校自主开发或选修的校本课程（也可与心理健康教育或巴彦淖尔人文教育合并开设）。

综合实践活动是国家规定必修课，义务教育阶段包括信息技术教育（高中阶段课程另设）、研究性学习、社区服务与社会实践、劳动与技术教育四部分。各地各校要保证信息技术教育、研究性学习有教育计划、有课时、有教材；积极创造条件，落实社区服务与社会实践，劳动与技术教育场地和课时。

地方和学校课程在教师指导下学生自主学习。"阅览"课利用学校图书室和有关资料进行学习，不得征订阅览读物。工艺品制作和科技制作课时集中使用。各地各校根据实际，挖掘教材资源，协调发展。强化新课程理念，丰富、创新教育教学形式，加强学生实践能力和创新精神的培养，形成地方或学校课程建设特色。

各门课结合本学科特点，进行思想道德教育。环境、健康、国防、安全等教育渗透在相应课程中进行。

三、公办重点小学选介

（一）临河区直小学

1. 第一小学

临河一小建于1927年，是河套地区第一个中共地下党支部的诞生地。

临河一小是全国红领巾读书读报先进集体、全国爱国基础教育示范学校、全国青少年科技创新示范学校、全国青少年文明礼仪教育示范基地、国家教育质量管理示范基地、自治区贯彻学校体育卫生工作条例优秀学校、自治区现代教育技术优秀学校。

2. 第二小学

临河二小创建于1964年，学校占地面积30147平方米，建筑面积16000平方米，其中新建大楼12000平方米，幼儿园大楼2400平方米，学生公寓、食堂1300平方米。有教职工118人，学历合格率100%，专任教师达标率100%。拥有自治区教学能手、骨干教师、优秀教师5名；巴彦淖尔市优秀骨干教师、优秀教学能手28名；临河区级骨干教师，教学能手，研究型、专家型教师45名。学校少先队被授予"全国红旗大队"。

3. 第五小学

临河区第五小学始建于1971年，是自治区义务教育示范校、实验校。学校占地18490平方米，校舍建筑面积12329平方米。学校环境优雅，拥有先进的教育教学设施设备，各类功能库室配备完善。校园实现网络化办公和教学。是花园式学校。2016年，学校有36个教学班，109名教职工。具有大专以上学历教师92人，65人获巴彦淖尔市课堂教学能手、学科带头人、骨干教师称号，教师合格率100%。学校先后荣获自治区级文明礼仪示范校、现代教育技术优秀学校、小学语文整体改革实验先进学校等荣誉。

4. 园丁学校

学校始建于1994年，是一所九年一贯制学校，附设幼儿班。校园占地面积22890平方米，建筑面积10526平方米。学校有教职工182人。教师中本科学历78人，约占教师总数44%；专科学历92人，约占教师总数52%；教师学历达标率100%。具有高级职称教师26人，约占15%；中级职称教师114人，约占66%；初级职称教师34人，约占19%。学校2016年有教学班73个，其中初中教学班24个，学生1480人；小学教学班35个，学生2088人；幼儿班13个，幼儿583人；培智班1个，智障学生12人；在校学生共4163人。学校被内蒙古教育厅认定为"现代教育技术优秀学校"、国家级"青少年科技教育示范学校"；被中国青少年安全教育中心评为"中小学幼儿园安全教育活动先进集体"。

5. 中山学校

学校始建于1998年，有教职工38人，专任教师24人，专科以上学历37人，教职工学历合格率100%。2016年有教学班9个，在校学生382人；校办幼儿园1所，学生62人。学校占地27亩，建筑面积10000平方米。学校设教学区、生活区、活动区三大部分，教学区有3000平方米教学大楼，生活区有公寓楼、餐厅、医务室、淋浴室，实行公寓化管理。学校环境优美，食宿方便，管理严格，交通便利。

（二）农村学校选介

1. 古城学校

2001年4月，份子地镇、古城乡合并为古城镇，份子地完小归口份子地学区管理，古城完小归口古城学区管理。8月，随着撤点并校步伐的加快，份子地学区和古城学区合并成立古城学区。2005年，古城学区改为古城总校。2007年，古城总校改为古城学校，下辖古城完小、份子地完小和份子地、古城两所幼儿园。份子地完小位于新元村（九份子），始建于民国35年（1946年）。2005—2008年，原五星、红旗、联合、联荣、和平、新设等6所村小学和份子地中学相继并入古城学校。学校占地面积12500平方米，建筑面积2240.7平方米。2010年9月，古城学校有一至六年级10个教学班，在校生213人，其中住校生105人。有教职工41人，其中小学高级教师35人，小学一级教师6人，临河区级优秀教师18人，有各级各类教学能手、学科带头人、骨干教师15人。古城学校是一所全日制寄宿制完全小学。学校设有电脑室、多媒体室、图书阅览室、自然实验室、体育活动室、少先队活动室、美术室、音乐室等专业和混配教室。学校2005年被评为巴彦淖尔市级"花园式"学校；2009年被临河区教育局确认为"学习推广杜郎口教学模式"示范学校。

2. 乌兰图克学校

学校创办于1947年，有农村寄宿制完全小学1所、幼儿园1所。学校坐落在镇政府东500米，环境优美，树木葱郁。学校占地面积38702平方米，建筑面积4689平方米。1995年，学校被评为巴彦淖尔盟"两基"验收先进单位，2004、2009年被评为巴彦淖尔市级花园式学校，2007、2009年被评为巴彦淖尔市级文明单位。

3. 黄羊学校

黄羊学校创办于1950年。2016年，学校有7个教学班，教职工66人，学生210人。学校占地面积9880平方米，建筑面积3880平方米。有多媒体教室、微机室、图书阅览室、实验仪器室、少先队活动室等配套设施；有200米环形跑道，篮球场等学生活动区。

学校先后被内蒙古自治区教育厅命名为"现代教育技术优秀学校"，被巴彦淖尔市教育局命名为"花园式学校""绿色学校"，被临河区教育局命名为"教科研工作先进单位""综治安全工作先进单位""平安校园""校园网络建设优秀学校""目标管理超标单位"，学校"新课标下'平等师生关系'的研究"被列入国家级"十一五"德育研究实验课题，"小学生自评互改作文教学法"被列入临河区教科研实验课题，学校多次承担巴彦淖尔市、临河区召开的学校管理现场会、电教工作现场会及新课程改革现场会等。

第二节　中学教育

一、基本情况

1990年，临河市有中学26所，其中完全中学3所；在校生19540人，其中初中生17521人，高中生2019人。

1997年，建成临河八中。

1998年，临河市被评为"两基"达标先进市。

1999年，实行重点高中与初中分离办学体制改革，进行九年一贯制办学实验。临河一中停招初中班，开始逐年扩大高中招生量。招新生 1140 人，缓解了普高中入学难的矛盾。一中 4 个初中班并入园丁学校，逸夫学校增设 4 个初中班，2 所学校的一贯制办学体制正式形成。临河区政府投资 800 万元，为临河一中新建 9500 平方米教学大楼。临河七中和园丁学校被评为盟级义务教育示范校；临河五中被评为自治区义务教育示范校；临河三中被评为自治区高中管理先进校。临河市职业中专在校生达 2502 人。临河一职以总分第二名的成绩顺利通过全国重点职业高中复检，被评为自治区先进教育集体；临河市被评为自治区职教工作先进集体。

2000 年，临河市兴建临河一中公寓楼和三中、四中教学楼；一中、五中被评为巴彦淖尔市教师基本功训练优胜集体。

2001 年，临河市建成临河九中；扩建四中教学楼和实验楼。临河一中、临河三中建成花园式学校、绿色学校。

2002 年，临河一中、临河一职、临河三中、临河五中等学校新建教学楼、公寓楼、实验楼、学生食堂；14 位教师通过各种形式参加研究生学历学习。

2003 年，临河三中撤销初中，在原临河技校办起临河十中。高中办学规模由原来每年招收 6 个高中班，发展到每年招收 30 个班。第一职业中学规模不断扩大，由 2000 年的 1000 多名学生，发展到 4800 多名。临河一中扩建校园，新建图书大楼；临河三中新建实验楼、图书楼；临河一职新建二号教学楼和二号公寓楼；园丁学校新建教学大楼。

2004 年，所有区直中学安装远程教育网络接收系统。临河二中修建 14000 平方米游园，建有花园、绿地、凉亭、喷泉，将东院墙改成钢化网栏，拆墙透绿。

2005 年，临河一职、临河十中新建教学楼；临河二中硬化校园 10597.2 平方米，被评为巴彦淖尔市级花园式学校。

2007 年，临河六中、临河八中新建教学楼；

临河一中、临河三中新建塑胶操场。

2009 年，临河区城域网改建为临河教育信息网。新建临河八中教学楼、临河二中塑胶操场及教学楼；临河一中安装校园监控系统。

2010 年，临河区各中学基本建成"花园式学校"，校舍全部更新为楼房，各学校绿树成荫，环境宜人。临河区政府每年出资，奖励为临河教育发展作出贡献的骨干教师。

二、课程设置

1990 年，执行国家教委《现行普通高中教学计划调整意见》。

1991 年，对普通高中教学计划进行调整。

2001 年，调整和改革基础教育的课程体系、结构、内容，构建符合素质教育要求的新的基础教育课程体系。印发《义务教育课程设置实验方案》，从秋季起进行实验。

2002 年，执行《内蒙古自治区义务教育课程计划（实验）》。同年，临河市率先进行九年义务教育新课程改革。

2003 年秋季，临河市高中开始使用新教学大纲和依据新大纲修订的 7 科教材。

2010 年秋季开学，正式实行自治区下发修订后的课程计划，新的课程计划包括培养目标与课程设置，其中课程设置由国家课程、自治区课程和学校课程三部分组成。除国家课程外，自治区开设的课程有实践能力、地方特色、专题教育三类。

2010 年 5 月，临河区执行自治区教育厅下发的《关于执行义务教育课程计划的补充通知》，减轻学生课业负担，不增减课时，不提高教学难度，不延长在校时间，将课程计划中八、九年级的体育课课时调整为每周 3 课时。

三、高考情况

2002 年，临河市高考上线 2900 人，上线率 98.3%。

2005 年，临河区高考上线总人数 3214 人，6 名学生进入巴彦淖尔市文科前 10 名，4 名学生进入理科前 10 名，3 名学生考入清华大学、北京大学，其中 2 名学生是巴彦淖尔市的文理科状元。临河区的高考上线率和重点本科上线率连续 15 年蝉联全市"双第一"。

2006 年，临河区取得巴彦淖尔市本科上线总人数第一的好成绩，除艺术类考生外，仅普通文理科本科上线人数 1200 名，有 3 名学生成绩列全市文理科前五名。

2007 年，临河区本科升学总人数 4373 人，创历年高考录取人数新高。

2008 年，临河区上线 6114 人，升学率 75.74%。

2009 年，本科上线 3668 人，高考本科升学率 70.54%，文理科一本、二本升学率比同类学校高 10～20 个百分点，高分段学生数进一步提升。

2010 年，本科上线 4759 人，本科升学率 80.6%，居巴彦淖尔市首位。

2011 年，本科上线 3392 人，本科上线率 81.3%。在重点名牌大学上线人数上有新突破，总分 600 分以上人数、一本上线人数、本科上线人数等多项高考数据位居巴彦淖尔市首位。临河一中高考各科均分均排巴彦淖尔市第一。

2012 年，本科上线 1782 人，重点名牌大学上线人数有新突破，总分 600 分以上人数、一本上线人数、本科上线人数等多项高考数据再次位居巴彦淖尔市首位。全市理科前三名都在临河一中，临河三中宏志班本科升学率 100%。临河一职有 46 名学生考取上海理工大学、西南交通大学等国家"211 工程"院校和中央美院、四川美院、天津美院等国家重点院校。

2013 年，本科上线 1662 人，重点名牌大学上线人数有新突破，一本上线人数、本科上线人数等多项高考数据仍居全市首位。一中一本上线率增长 7.5 个百分点，临河一中学生张欣洁被北京大学录取，卜乐被香港城市大学录取；临河三中艺

术类考生杜帅被中央美院录取，张超、丁浩被北京体育大学录取。

2015 年，本科上线 1940 人，高考数据位居全市首位。

2016 年，本科上线 2676 人，有 2 名学生分别被北京大学、清华大学录取，1 名学生被中央戏剧学院录取。临河三中一本升学率 40%，二本升学率 100%；董江红以 688 分被清华大学录取，张之维以 648 分成绩被北京理工大学录取。

2006—2016 年，临河一中一本、本科上线率及各批次上线人数均居全市前列，其中理科的一本上线率由 10.6% 上升至 53%，增加 42.4 个百分点，文科的一本升学率由 6.7% 上升至 36.8%。2016 年理科本科升学率提升至 93.1%，文科本科升学率提升至 86.1%。在自治区高考中，2014 届 8 科次、2015 届 9 科次、2016 届 9 科次共 26 科次成绩，在自治区的排名不断上升。

四、中学选介

（一）第一中学

临河区第一中学始建于 1956 年，是自治区示范性普通高级中学，是巴彦淖尔市重点中学。学校荣获全国学校艺术教育工作先进单位、自治区普通高中管理先进学校等 60 余项荣誉称号。

至 2016 年，学校建有教学大楼，一号、二号公寓楼，综合实验大楼和师生餐厅；有单体建筑 7 座，总建筑面积 4.5 万平方米。有改造的田径运动场、室内体育馆、校园广场、新建的游园。投资 600 万元，建有 internet 网、远程宽带网、双向闭路电视网三网合一的校园计算机网络系统；有设备一流的实验室、语音室、微机室、多媒体教室和档案室。

学校有专任教师 330 名，其中特级教师 2 名，高级教师 114 名，一级教师 121 名；全国优秀教师 2 名，自治区优秀教师 2 名；自治区学科带头人 3 名，国家级和省级骨干教师 4 名，自治区级教学能手 12 名，市级学科带头人 11 名，市级优秀骨干教

师 9 名，市级教学能手 48 名，临河区"名教师" 33 名；有 23 名教师完成或正在接受教育硕士研究生学历教育，具有本科以上学历 297 人；享受自治区、巴彦淖尔市、临河区政府津贴的专家型教师 53 名。学校成功申报并承担国家级、自治区级和市级教科研课题 6 个。2001 年，学校被授予"全国电影课实验学校""自治区教科研实验基地学校"称号。学校成立文学社，篮、排、足球队，管乐队等 20 个课外活动小组。

高考升学总人数获巴彦淖尔市 20 连冠，有 1 万余名学生考入各类大学，王黎明、史云斐、张万利、黄云峰等 20 名学生考入清华和北大。2001 年高考上线总人数 937 人，取得升学总人数和应届生升学率巴彦淖尔盟"双第一"的成绩；2002 年，上重点线、本科线和 600 分以上人数全盟第一；2004 年本科上线 837 人，专科上线 1163 人，高考上线率超过 87%，武丹琛、徐静、叶涛三位学生分别考入清华、北大和浙大；2007 年本科上线 1093 人，比 2006 年增加 196 人；2008 年本科上线 1313 人，学生张守生和冯亮被清华、北大录取；2009 年本科上线 1455 人，本科上线率 73.7%，比 2008 年增加 11.1%，李秉璋被清华大学录取；2010 年本科上线 1629 人，本科升学率达 80.5%，霍心愿被清华大学录取，王嘉钰获巴彦淖尔市文科第一名。

（二）第二中学

临河二中创建于 1961 年，是临河地区保留在农村的唯一一所完全中学。2016 年，有 40 个教学班，1600 名在校生，其中寄宿学生 1156 名。116 名专任教师中，有本科学历 89 人，专科学历 27 人，教师合格率 100%。有全国优秀教师 1 人，自治区优秀班主任 3 人，市级优秀教师 2 人，市、区级骨干教师 22 人。专任教师中有高级职称 32 人，中级职称 64 人。

学校占地面积 168 亩，校舍建筑面积 2 万平方米。学校有仪器室、实验室、电教室、计算机室、多媒体教室、科技培训室、党政工团活动室、图书阅览室；有远程教育网站、多媒体设备；有生态园、校园广场、综合教学楼、餐厅综合楼。

学校先后被评为全国群众体育活动项目先进集体、自治区电化教育先进学校、全盟农科教结合实验示范校、"33211"工程试点学校、市级花园式学校、园丁杯金杯奖学校。

（三）第三中学

临河区第三中学是巴彦淖尔市级重点中学。学校创建于 1970 年，占地面积 6 万平方米，建筑面积 3 万平方米。2003 年实现初高中分离办学，有 63 个高中教学班，在校学生 3214 余人，有教职工 294 人，其中高级教师 52 人，一级教师 128 人；国家级骨干教师 2 人，自治区骨干教师 6 人；自治区教学能手 12 人，巴彦淖尔市级教学能手 95 人。

学校创办的宏志班，帮助品学兼优的贫困学生圆了大学梦。在巴彦淖尔市率先改革高中办学模式，实行普教、职教相互融通，创办综合性高中，拓宽升学就业渠道，变"独木桥"为"立交桥"。学校 2004 年本科上线 258 人，专科上线 297 人，有 35 人考入中央美院、吉林大学、北师大、北京理工大学、四川大学、西安科技大学等重点院校。2005 年，宏志班 50 余名学生全部上本科录取分数线。2009 年，本科升学率 98%。2010 年，《光明日报》以《把独木桥变成立交桥》为题，介绍临河三中普职并举的办学特色，自治区副主席连辑在视察临河三中时，对学校办学模式给予高度评价，亲笔题词"苦寒之秀"。

临河三中被自治区评为"高中管理先进学校"、"自治区文明学校"、自治区现代教育技术优秀学校、自治区级"绿色学校"；2003 年被中央教科所授予"中学外语教学实验基地"称号，被国家基础教育研究中心确立为实验学校。

（四）第四中学

临河区第四中学始建于 1973 年，学校占地面积 43200 平方米，校舍建筑面积 16000 平方米。有多媒体教室 2 间，学生计算机室 3 间，教师电子备课室 1 间，计算机 199 台，班班配有投影仪、29

英寸彩电。安装国内较先进的多媒体智能双向教学系统，整个系统由一个主控室和40个教室终端组成，建成巴彦淖尔市规模较大的校园网。学校有图书2万册，电子图书20万册。有语音室1间（81个座位），生、理、化学实验室4间。有教学班40个，学生3100名。教职工176名，其中高级教师35人，中级教师67人；本科学历49人，研究生学历7人。专任教师学历合格率100%。有自治区级教学能手13人，巴彦淖尔市级教学能手、学科带头人39人，临河区级"名教师"13名。学校先后被评为自治区级"义务教育示范学校""现代教育技术优秀学校""贯彻体育卫生工作条例优秀学校"；巴彦淖尔市级"电化教育优秀学校""家长学校名校""关心下一代示范学校""教科研先进单位""学校管理示范学校"。被确定为"千所电教实验学校"，内师大"基础教育实习基地"，巴彦淖尔市"教科研实验基地""新课程改革实验基地"。

2003年9月，四中代表临河市接受自治区关工委检查验收。2005年11月，与北师大附中联合办学，建成极速英语基地。2007年，在全国化学奥赛中，四中3名学生获自治区一等奖，16名学生获自治区二等奖；在全国数学奥赛中，2名学生获国家级二等奖，3名学生获自治区一等奖，5名学生获自治区二等奖；在全国中学数学、物理、化学、英语奥林匹克竞赛中，有230名学生获国家、自治区、巴彦淖尔市级奖励；有28人获国际、国内中学美术、书法作品竞赛金奖，49人获银奖，96人获铜奖。在全国英语奥赛中，38名学生获自治区三等奖。2009—2010年，四中中考满分人数居临河区第一；全国数、理、化、英语竞赛中，38名学生获国家级奖励，119名学生获自治区奖励；在全区第十届、第十一届艺术节、科技创新节获优胜单位，中小学田径运动会获总分第一。2010年高考，黄博等3名同学考入清华大学。

（五）第五中学

临河区第五中学始建于1978年。学校占地面积24642平方米，校舍建筑面积12774平方米，运动场地15740平方米，绿化面积3250平方米。学校有学术报告厅、多媒体教室、教师电子备课室、学生计算机室、生理化实验室等。有计算机136台，建立10兆校园宽带网。藏书13万册，各类报刊65种。教育教学仪器设备达到自治区义务教育示范学校标准。

有教学班48个，在校学生3188名，教职工193名，其中高级职称64人，中级职称82人；研究生学历3人，本科学历143人，专科学历35人。专任教师144人，学历合格率100%；有全国优秀校长1人，优秀班主任3人，优秀体育教师1人；自治区劳动模范1人，优秀教师、优秀班主任、教学能手15人；巴彦淖尔市级优秀骨干教师、学科带头人、优秀教学能手48人；临河区"名校长""十佳校长"、巴彦淖尔市级优秀骨干教师、临河区级"百佳教师"、师德先进标兵、园丁奖获得者86人。

学校先后荣获国家级优秀示范家长学校、全国中小学思想道德建设活动先进单位、全国家庭教育实验研究基地、全国青少年文明礼仪教育示范基地、第二届中国教育教学创新成果一等奖、全国青少年文明礼仪普及活动优秀组织奖，自治区义务教育示范学校、现代教育技术优秀学校、绿色学校、巴彦淖尔市文明单位标兵、科技先进集体、一类甲级花园式学校、"十五"期间环境保护工作先进集体、关心下一代工作示范单位，巴彦淖尔市教育局"网络资源应用及实验教学优秀学校"、汉语言文字规范化示范校、先进教育集体荣誉。

（六）旭日中学

旭日中学成立于1993年，是临河区一所民办学校。2000年，被评为自治区民办示范学校、巴彦淖尔盟教育先进集体；2001、2004年，被评为巴彦淖尔盟先进学校；2005年，获全国民办教育创新与发展贡献奖；2006年，被评为全国先进民办学校（2006年）、巴彦淖尔市教育工作先进集体；2007 年，被评为中国公众满意十大民办学校。

旭日中学是一所完全中学，鼎盛时期在校生 1356 人，教师 108 人。学校占地 39960 平方米。有教学楼、公寓楼、综合楼 5 座，建筑面积 32000 平方米。有 56 间标准化教室、图书室、阅览室、实验室、电脑室、多媒体厅等教学设备配套。

学校教学工作突出，高中已形成教学核心竞争力，每年有一大批中考线下生在旭日就读后考入重点大学、本科大学，曾经创造巴彦淖尔市教育界的奇迹。

2009 年，停止办学。

第五章　民族教育

第一节　蒙古族学校

1986年，巴彦淖尔盟蒙古族幼儿园设大、中、小班，学制三年；蒙古族小学学制为6年；蒙古族初中、高中学制各为3年。

1990年，临河市蒙古族小学拥有小学教学班6个（含1个学前班），在校蒙古族学生236人，学生以临河市为主，部分来自乌拉特中旗、乌拉特后旗；教职工33人，其中蒙古族教师18人；小学升学率93%以上。蒙小占地面积1万平方米，有校舍8栋，占1304平方米，有图书室、阅览室、少先队活动室各1间，体育、音乐室各1间，和临河七完小共用一个操场，库室和图书资料的生均数超过普通小学标准。学校收取少量学杂费，教育局每年拨款3600元供学校日常开支。蒙古族小学学制五年，执行自治区教育厅颁发的自治区蒙古族小学蒙语授课班教学计划。由于学生人数逐年减少，到1997年9月，临河市蒙古族小学并入巴彦淖尔盟蒙古族小学。

1997年起，巴彦淖尔盟蒙古族中学开设英语课。

1999年开始，蒙古族小学、初中实行"五四"学制，即小学学制为5年，初中学制为4年。

2006年，小学、初中学制重新分别恢复为6年和3年。高中学制仍为3年。

蒙古族中小学、幼儿园课程设置与汉语授课的中小学、幼儿园基本相同。学校在蒙语授课的同时增设汉语文，其中小学从三年级开始每周增加汉语文5节。2002年起，汉语文课从小学二年级开始开设，部分学校从一年级开设。初中汉语文课每周4节，高中一年级汉语文课每周5节，高中二、三年级每周各6节。针对河套地区少数民族学校语言环境差，学生蒙语基础较差的状况，蒙古族学校每天专门安排一节蒙语会话课。

少数民族学校以"五讲、四美、三热爱"和《中小学学生守则》为准则，将行为规范与道德品质教育作为学校德育工作的主要内容，培养学生的道德修养与文明习惯。

民族小学在提倡首先学好民族语文，发展民族文化自觉性的同时，通过举办钢笔字竞赛，作文、演讲、书法、朗诵比赛等活动和"三算结合，速算教学"实验，以提高学生素质。

民族中学通过开展研究教材、交流教学经验、改进教学方法等教学研究活动，提高教师的业务能力和教学水平。

2000年，巴彦淖尔盟蒙古族中学办学条件改善，教学质量提高。2004年，学校更名为巴彦淖尔市蒙古族中学。2005年，学校与包头轻工职业技术学院合作，联合举办民族职业中等专业班。2010年，巴彦淖尔市蒙古族中学成为蒙、汉语授课综合性完全中学，被自治区确定为示范性高级中学和自治区重点中学。有教学班28个，在校生

522 人；有专职教师 112 名，其中研究生学历 9 人，特级教师 2 人，高级教师 49 人。学校先后荣获自治区民族教育先进集体、体育传统项目先进学校、标准化民族学校和巴彦淖尔市一类甲级花园式学校等荣誉称号。

2000 年后，临河市教育局制定《民族学校规范化管理的基本要求》《蒙语授课学校教学评估标准》，各少数民族学校在强化学校管理和德育工作同时，探索适应素质教育与新课程的教育教学方式。小学的"双语（蒙、汉语）"和中学的"三语（蒙、汉、英语）"教学改革不断深入。民族小学"以阅读为支柱，提高学生写作、口语表达能力"的课堂教学改革；国家级实验课题"民族贫困地区新课改及教师校本培训"、自治区级实验课题"初中蒙语文学生阅读能力发展相关研究""加强阅读教学提高学生读写能力相关研究"等通过验收并逐步推广。同时，各民族学校重视民族文化传承教育，积极创造条件，开设马头琴、射箭、博克等独具民族特色的课程，以培养学生热爱民俗、热爱民族文化的情趣。

第二节　回族学校

1992 年，临河市回族小学新建一栋 1600 平方米教学楼，办公条件进一步改善。辖区入学率 98% 以上，学校实行一对一家访，很多适龄回族学生重返课堂。

1995 年，有 20 个教学班，学生增加到 951 名，教职工 115 人，创办了回族小学幼儿园，汉族学生占学校总人数的 70%，回族小学成为一所多民族融合学校。

1997—2000 年，由于事业单位精简机构、体制改革，教师的工资学校承担 30%，国家财政承担 70%，学校有限的办学经费无法保障学校正常

教学开支，学校只得分流教职工，教职工由原来的 100 人缩减到 54 人，学生不足 500 人。

2000 年 9 月，临河市教育局任命新领导班子，调整学校布局，进行基础教育改革，将回族小学改办成九年一贯制学校，更名为临河回族学校，增设三个初中班，当年招收初一新生 240 名。教育局先后抽调 9 名教师任回族小学初中主课教师；争取回 5000 平方米校园用地，建设了初中部教学楼 3850 平方米，建成了 200 平方米的简易操场。学校将校内平房改成宿舍，租用附近民房解决 300 多名初中生的住宿问题。

2004 年，学校通过西部教育顾问委员会，与上海南汇区复旦附中、康桥学校和广东新星学校结成手拉手帮扶对子，先后有 500 名上海、广东的学生与回族学校 1000 名学生进行过面对面交流，不少学生结成友好对子，至今保持联系。学校有 50 名教师到这几所学校进行过学习培训。从 2004 年开始，学校每年的中考成绩名列临河区前列。

2006 年，六年级水平测试成绩名列临河区第二名，三年级水平测试成绩名列自治区第二名。

2009 年，学校新上沼气水冲厕所，寄宿制学生餐厅、综合宿舍楼，使师生住宿、就餐条件得到改善。

2010 年，校安工程启动，临河区教育局拆除回校 1600 平方米的旧教学楼，新建一栋双体四层框架结构教学楼，建筑面积 3896 平方米，建成 200 米塑胶操场，更新 760 套学生课桌凳、135 位教师的办公桌，添置电脑 50 台，全面开通校园网，硬化了校园，更新了大门，更换校园栅栏 130 个延长米，维修了下水排污管道，硬化、美化、绿化了校园，注重在校园内渗透人文教育因素，学校办学条件全面改善。

2015—2016 年，共筹集民族教育基金资金 78630.2 元，向 300 余名少数民族学生发放"兴华"奖学金。

第六章　职业教育

第一节　中等专业学校

一、临河水利学校

1990年，临河水利学校招收高中中专班、职业中专班和电大班。

2003年，先后培养各类专业技术人才2000人。

2004年，临河水利学校并入河套大学。

二、临河区第一职业中等专业学校

1982年，临河市职业学校创建。

1989年，临河市职业学校更名为临河市第一职业高级中学。

1993—1995年，临河第一职业学校先后被确定为盟级重点职业学校、自治区重点职业学校和首批国家重点职业学校。

1996年，临河市第一职业高级中学改为中等专业学校。开设美术、音乐、幼师、服装、计算机、机电数控、建筑路桥、民航、金融物流、化工等38个专业。

2003年，国家对重点职业学校重新认定，临河第一职业学校再次被确定为国家级重点职业学校。学校先后开设美术、音乐、幼师、服装、计算机、环艺设计、汽车运用与维修、机电数控、

建筑路桥、民航、金融物流、化工等38个专业。其中美术、汽修为自治区骨干示范专业；环艺、服装为巴彦淖尔市精品专业。同时，学校被确定为市、区两级剩余劳动力转移培训和城市就业再就业培训基地，年均培训转移3400余人。临河一职坚持以服务为宗旨，以就业为导向的办学方向，为区内外培养大批各类人才，其中3000余名毕业生考入各类高等院校，200余名被清华大学、南开大学、中国人大、中央美院等全国名牌大学录取。另有近万名学生被推荐至北京、广州、深圳等大城市就业发展，其中多人成为具有相当声誉的企业家与艺术家。

2005年，临河区有中等专业学校1所（临河一职），民办职业高中2所（桃李多职业高中、巴彦淖尔市艺苑职业学校）；普职融通学校2所（临河一中、临河三中）。开设有美术、幼师、服装、汽车运用维修、建筑路桥、机电数控、环境艺术、计算机、旅游财会、食品艺术裱花、医疗保健、经济警察、日语、韩语等31个专业。在发展中等职业教育方面，临河区坚持"普教与职教融通，中职与高职连通，职教与市场接通，进口与出口疏通"的办学方针，给予政策引导、经费投入。临河一职被巴彦淖尔市确定为就业、再就业培训基地和农村剩余劳动力培训基地，利用职教资源，实施"两后双百"（两后指初中后、高中后，双百指100%培训、100%就业）工程，对856名高中毕业后、2000名初中毕业后的学生免费进行职业

培训，实现100％就业，培训、转移农村剩余劳动力和城市待业人员。有400人考入美术、音乐、体育等高等院校。

通过对民办学校调研、年检和业务指导，临河市（区）扶持2所民办职业学校从小到大，由弱变强，其中：桃李多职业技术学校在临河区建设局、个私局、就业局、城关镇党委政府等单位的帮助下，从1993年租用一名教师、两间办公室起家，发展到2005年有一栋3600平方米的教学大楼、600平方米的办公楼、3800平方米的宿舍、商店、校医室等附属设施的学校。从1993年办学初的一个烹饪专业，发展到2005年的食品艺术裱花、医疗保健、经济警察等14个专业。2007年停办。

2010年，临河区第一职业中等专业学校为国家级重点职业学校，学校占地173160平方米，建筑面积79620平方米，固定资产近10亿元。学校有教学楼、宿舍楼、图书馆、多媒体教室、电子阅览室及各专业实习实训基地等教学设施设备。在校生6879人，教职工313名，专任教师296名，教师合格率为96％，高、中级职称教师占教师总数的85％。学校有特级教师1名，自治区级学科带头人2名，自治区级教学能手7名。同年，在第七届全国中等职业学校"文明风采"竞赛中，临河一职有8名学生和7名教师获奖。在教育部、财政部开展的首批300所国家中等职业教育改革发展示范学校建设计划项目评审中，临河一职名列自治区第一。被中国教育协会、中国教育发展促进会、中国教育论坛组委会评为"2010年中国职业教育十大就业典范学校"，校长孟保和被授予"中国职业教育2010年最具影响力人物"。

2014年，划归市直管理。

学校先后获自治区职业教育先进集体、自治区德育先进集体、自治区绿色学校、自治区现代教育技术先进学校、巴彦淖尔市职业教育先进集体等多项表彰奖励。

三、临河区第二职业中专

1987年，临河市第二职业中专成立。

1991年，升级为省级重点职业高级中学。

1996年，改办为职业中专。

1998年，学校有教学班24个，在校学生千余人，教职工113人，专任教师合格率78％；开设园艺（农学）、牧医（畜牧）、木工工艺装潢、财会电算4个专业。校园总面积70000平方米，其中建筑面积13000平方米，教室28间，师生宿舍76间，文化实验室4间；电教室、微机室、阅览室、礼堂、展厅等教学设施齐全。农场种植面积180亩，果园70亩，综合养殖场养猪百余口，养鸡4000只，饲料、粮食加工厂1个，温室330平方米，年创收10.5万元。

到1998年，学校为临河市的村、社培养出396名初中级农业技术人才，为高一级学校输送118名学生继续深造。学校先后获"自治区先进体育传统项目学校""自治区电化教育一类学校"荣誉称号。

2001年，职业课停办，更名为临河第九中学，改为普通初级中学。

第二节　职业中学

1975年，狼山初级职业中学建成。

1983年，狼山初级职业中学开始创办职业教育，是自治区职业教育起步较早的学校之一。

1990年，临河市教育局集中精力抓狼山农牧职业中学和乌兰图克二中两个学校的教育教学工作。将图克乡职业中学定为临河市农村初级职业教育试点。农村初级职业中学与农业、林业、畜牧、水利等科局开展联合办学，根据第三产业和农村经济发展需要，职业学校课程设置坚持实际、实用、实教原则，开展一技一教、一学一用教学，收效显著。如：狼山中学"3＋1"班开设摄影、编织、刺绣等课程，学生兴趣极浓，职业技术知识掌握迅速；乌兰图克中学根据农作物病虫害发生的实际，及时讲授这类内容，并实地应用，学生学得活，记得牢。1990 年底，临河市拥有校办农场 4 个，耕地计 16.67 公顷；林场 1 个，有林面积 4 公顷；果园 3 个，面积 7 公顷；饲养场 4 个。

1997 年，临河市在政策和措施上对职业教育予以保障，为农村职业教师增加一级工资，提高农村补贴，选聘专业课教师；加强教材建设，组织有关技术人员，改编外地通用教材，自编乡土教材。满足教学、实验、操作、生产需要，职业学校利用实验场地优势，开展勤工俭学活动，兴办工厂、农场、林场，开展以职养职，形成教学、科研、生产、经营、服务一体化的职教模式。临河市有 2 所巴彦淖尔盟级重点初级职业中学（狼山、图克），21 所乡镇中学逐步向四年制职业初中过渡，全市职业初中学校共 2 个专业，78 个教学班，3785 名在校生。绝大部分毕业生成为农业科技普及应用的骨干力量。由于临河二职的生源不断减少，造成设备闲置，而同校办学的临河八中因经费紧张，办学条件没有改善，临河市教育局将临河二职、临河八中合并，临河八中改为临河二职的初中部，举办四年制职业初中，调整临河二职领导班子。同年，临河第二职业高中在农学、牧医两个长线专业基础上，新设蔬菜栽培、庭院经济、村社财会等专业。临河市扶持私营企业和个人兴办职业教育，西贝餐饮、正大电脑、西北时装、二其装潢、港森美容、古艺雕刻、西北俄语、饮食服务等 11 所私立职业学校或职业培训班发展起来，每年培训各类技术人才 1200 人，形成全社会办学的氛围。临河市国办职业学校为各行各业培养初、中级适用人才 3200 人，有 525 人升入对口院校。农牧林水专业的毕业生，大部分成为农业科技推广、普及、应用的骨干力量，有的成为专业户和科技示范户。二职的林果、养殖专业毕业生被外旗县聘请为技术骨干。

1998 年，开设职业课程的乡镇中学有 18 所，设两个专业 143 个教学班，7253 名在校生。各职业学校积极开展农牧业新科技科研试验、示范及推广活动，上报巴彦淖尔盟教育处的 6 个项目全部获奖，临河市教委进行匹配奖励。在巴彦淖尔盟初级职业中学课堂教学能手竞赛中，临河市有 5 名教师获优秀能手奖，5 名获能手奖。

1999 年，临河市农村职业初中最后一批四年改制任务完成，狼山职中规划实验田 7 亩，养猪 80 头，在校园建起大棚、豆腐坊等，既方便学生的实验、实习，又为学校增加收入。同年，专业课教研员赵守义与二职教师刘翠欧共同研究的"青岛架豆制种试验"，专业课教研员李永明与二职教师程效星共同研究的"仔猪大肠杆菌病综合防治实验"，专业课教研员杨松云与二职专业课教师王中山共同研究实验的"仔猪黄白痢防治试验"，得到专家好评，认为这三项研究科技含量高，经济效益好，具有普遍推广价值。同年，狼山职业中学学校有 16 个教学班（其中 8 个农学班、8 个畜牧班），在校学生 768 人（其中住校生 518 人），教职工 68 名，90% 以上为大专学历；专业开设农学、畜牧两个主体专业，以及美术、缝纫、摄影、果树栽培等短线专业。学校有配套的电教室、理化实验室、仪器室、标本室、计算机室、语音室、图书阅览室、农牧民培训室。有实习实验基地 107 亩，养猪场 650 平方米，养猪 100 多头。同时创办食品加工场、饲料加工厂、面粉加工厂、豆腐坊、澡堂等 10 个小型校办产业。

在发展职业教育的初期，受传统观念及师资、资金、实验实习场地、实验仪器、管理体制等因素制约，起步艰难。后通过互补的合力和齐抓共管的格局，为学校办学注入生机和活力。1999 年，学校被评为临河市"名学校"。

2000 年，临河图克职业中学合并到图克中学。

2001 年，加强农村职业教育基地建设，坚持教学与实践相结合，实行初中毕业生"双证"制度，完善"三教统筹"教育模式。同年，狼山职中学校并入临河二中。

1997—2004 年，加强专业技能考核，落实"绿色证书"制度。为检测农村中学毕业生职业课掌握水平，每年组织毕业生进行专业理论知识和专业技能考核鉴定。加强实习基地建设。按照"班均5亩，土质优良，方便就近"的标准，为各校落实试验实习基地，把实验实习基地办成学生的实训场所、农户的科技示范窗口，引进新项目、新品种，开展科技试验、示范项目评选活动，为农民科学致富起到引领作用。

2005年，临河区初级职业学校有15所（13所乡镇中学、二中、九中）。

2006年，临河区教育局完成最后一批初等职业学校毕业生专业技术等级评定，3517名毕业生取得双证。从2006年秋季，结合城市初中劳技课的教学内容，开设职业教育课，教材选用巴彦淖尔市初级中学《职业教育读本》，在七年级、八年级两个年级开设，共64课时，临河区将《职业教育读本》内容列入每年生物、地理会考。职业教育开始在城区中学普及。

第三节　技工学校

临河市技工学校位于巴彦淖尔盟临河市新华西街。1991年，临河市技工学校有10个班，在校学生610余人，教职员工24人。学校专业设置有财会、统计、幼师、毛纺、化工、电工、锅炉、烹饪等。学制为3年。

第七章　成人教育

第一节　扫盲与职工教育

一、扫盲教育

20 世纪 90 年代，临河市开展扫除文盲工作，采取市、乡、村、学员和政府、教委、学区、包教教师双向承包责任制。

1990 年，开展全国第四次人口普查，临河市非文盲率 92.5%，1997 年非文盲率 97.2%，1998 年非文盲率 97.6%。

1999 年非文盲率 97.8%；脱盲 1543 人，脱盲巩固率 97.9%。临河市有市级农民文化技术学校 1 所，乡级学校 20 所，村级学校 158 所。投入扫盲及成人教育经费 30.5 万元。

2000 年，临河市举办普教、扫盲干部培训班 4 期；抽调普教、扫盲干部到校指导 5 次；有 4750 名半文盲参加学习，科技培训 10.5 万人次，脱盲人员巩固率 98%。

2001 年，有 4030 名半文盲参加了学习，建成巴彦淖尔盟示范乡农牧民文化技术学校 2 所，巴彦淖尔盟示范村农牧民文化技术学校 1 所。2001 年 10 月，八一乡通过"自治区示范乡农牧民文化技术学校"验收。

2002 年，非文盲率 98.2%，脱盲人员巩固率 99.4%。

2003 年，设立扫盲奖，完成扫盲任务 220 人，脱盲巩固率 99.4%。

2004 年，非文盲率保持在 98% 以上，脱盲人员巩固率 98%。

2005 年，临河区组织 300 名半文盲培训学习，建成无盲乡镇 6 个，脱盲人员巩固率 98%。自治区"两基"复查验收排名第一。

2006 年，建成八一、城关 2 个无盲乡镇，临河区 400 人脱盲，非文盲率 99%，巩固率 99.2%。

二、职工教育

1990 年后，职工业余教育采取脱产培训、岗位提高、自修等办法进行。

到 1996 年，临河市 45 岁以下干部都达到高中以上文化程度，占干部总数 95%。在抓干部职工学历培训的同时，注重企业工人技术培训，有 98% 的工人领取岗位培训合格证书。

第二节　其他培训教育

1990 年，临河市农牧民科技培训由各级政府、科技、教育等各部门负责，即科技部门负责考核、发放农牧民助理技术员、农牧民技术员、农牧民助理技师和农牧民技师 4 个等级的绿色证书；教育部门负责发放、管理培训证书和结业证书；绿色证书办公室负责绿色证书的统一编号、注册等管理工作；各乡镇对取得结业证书的农民，在生产资料供应、贷款、土地承包等方面给予优惠。培训农民92000人次，培训骨干2220人。建成马场地、干召庙、狼山、乌兰图克4个"燎原计划"示范乡。

1992年，临河市人民政府下发《临河市农村教育综合改革实施意见》，确定农村教育基本目标和任务：一是未升入高一级学校的初高中毕业生，回乡参加生产前，必须接受一至两个月的短期实用技术培训，掌握一两项农业生产技术或致富本领。二是把职业教育的注意力集中到农村急需的职业上。三是与高等院校、科研单位挂钩，让人才辐射各乡镇。四是完善市、乡、村三级农民科技培训网络，把精力放在脱盲后的农技培训上。到年底，临河市乡镇农民文化技术培训总校发展到20所，村级农技培训分校发展到151所；建成自治区级"燎原计划"示范乡12个。

1993—1995年，实现每户家庭有一名技术员，持有绿色证书的家庭技术员可承包土地。每村有一至两名农民助理技师。

1996年，实施"五二一〇"工程，即按每班5亩标准划拨优良校田作为实验实习基地，每校进行两项；每个学生掌握10项基本劳动技能技术，使职业中学成为农业新技术的辐射基地和推广中心。

1998年，临河市建起市、乡、村农民文化技术学校178所，年培训农民11万人次，乡镇村都有农牧民文化技术学校，全市50663名农民取得"绿色证书"或家庭技术员证书。21所乡镇中学有4所改为职业初中，职业初中有2个专业，78个教学班，3785名在校生。引进农技试验示范推广项目42项，建成自治区级"燎原计划"示范乡5个，巴彦淖尔盟示范乡4个，临河市级示范乡3个；建成示范基地12个，项目有蔬菜脱水处理，淡水养鱼，家庭养殖，小麦穴播，林果、饲料加工等。

2000年，临河市政府制定《临河市成人文化技术学校管理办法》，各乡镇按要求配备教学设施设备，乡、村全部办学，成人文化技术学校的标准化建设明显提高。临河市参加各级各类培训的人数4.0468万人次，主要内容有：喷雾器械类型及原理，西瓜增甜增产十法，平菇三次出菇高产法，防奶牛乳房炎，蓄电池爆炸的原因及预防，小麦的叶面喷肥，留意身边的致癌物，小麦田间管理，养鸡省料20法，汽油机常见的不正常燃烧，肉猪饲养22查22要，解救塘鱼浮头土法，亟待开发的十种土产资源，猪传染病的几种防治法，冬季提高犊牛的成活率，怎样自配电解液，塑料袋贮种新技术，手提水泵的使用。通过培训，80%的农民掌握一至两门实用技术，85%的农民走上科技致富道路。

第八章 其他教育

第一节 特殊教育

1990 年，临河市有残疾人 79500 人，其中智残人员 14700 人，占残疾人总数 18.5%，适龄智残儿童 300 人。

1996 年 5 月，临河园丁学校创办校中校——培智学校。招收 31 名学生，设置 3 个教学班，其中培智班 7 人，聋哑班 24 人。安排 8 名教职工，雇用 2 名生活指导老师。培智学校的建立，填补了临河基础教育的空白，使广大智残儿童走进学校，接受教育。

1997 年，培智学校争取自治区教育厅支持，获得投资 2.6 万余元，购置电教器材和家政设施。

1998—1999 年，自治区教育厅又为学校拨款 11 万元，用于学校建设。学校改建校舍，硬化美化校园环境，采取兼、共用原则，建立医疗保健室、游艺室、美术鉴赏室等。兴建科技艺术长廊和爱国主义教育长廊，改善办学条件，优化育人环境，为教育教学提供了方便。学校老师利用寒暑假，走访 20 个乡镇，30 户智残儿童家庭，发放招生简章 1000 份。

2005 年，为适应残疾学生教育教学需要，学校订购了上海市九年义务教育辅读学校教材。建立以生活适应为核心的课程目标，符合中轻度智障儿童特点，强化个别教育和实际训练。

2007 年，学校组队参加自治区第二届残疾人运动会，1 人夺得垒球第一名，1 人夺得跳高亚军，1 人夺得铅球第五名，1 人夺得垒球第六名，学校代表队荣获团体总分第六名的成绩。

第二节 电化教育

1989—1991 年，随着电化教育试点增加，电化教育从单一为学校服务，为教学所用，开始扩展到社会，服务于农业、牧业、林业和乡镇企业。临河市掀起大办电教的高潮。

1991 年底，临河城乡有电视卫星地面接收站 4 座，语言实验室一座，录放相机 83 台，电视机 133 台，收录机 439 台，发电机 20 台，电影机 13 台，单管录像机 2 部，投影器 439 台，教学录像带 14174 小时，乡电教站 20 个，校电教组 21 个，乡小及村电教点 155 个，形成市、乡、村、社四级电教网络。全市电教普及率 95%。先后举办电教教员培训班 4 期，加上去外地进修的共 200 余人。有专职电教人员 44 名，兼职电教人员 198 名。9 月，自治区电教现场会在临河市召开。

1992 年 5 月，临河市完成师资培训 300 小时，农牧民成人教育 100 小时，职业教育 100 小时的放像任务，普及了其他部门的放像工作。

1993 年，各乡镇完成建立卫星地面接收站的建站任务。

1994—1997 年，临河市被自治区政府批准为电化教育综合实验县（市）。被国家教委确定为"全国电化教育实验县"。

1998 年，临河市直中小学全部完成计算机配备，开设计算机课程；干召中心小学、新利小学被评为巴彦淖尔盟"实验室建设与管理先进学校""自治区电化教育优秀学校"。

1999 年，临河市电化设备总造价 1000 万元，乡镇中学、中心小学完成计算机配备。

2000 年，临河市 20 个乡镇建成卫星地面接收站；包括村小学在内的所有学校完成计算机配备，统一使用中小学计算机教材。一中、四中、五中、一小、二小、五小、逸夫、隆胜中学、新华中学被自治区教育厅命名为自治区现代教育技术优秀学校。临河市教委集中财力物力，为电教中心投资 215 万元，建成教育城域网；投资 80 万元，建成标准化演播室，成为巴彦淖尔市录制节目规格最高的音像制作室，有 100 余节录像课受到国家和自治区嘉奖。11 月 17 日，临河市承担自治区现代远程教育现场会，三中、九中、干召中学、干召中心小学、新华中学、新华中心小学被确定为自治区现代远程教育试点校。

2003 年，"非典"期间，临河市利用演播系统开辟"空中课堂"，服务中小学生。

2005 年 1 月，临河区制定《临河区农村中小学现代远程教育工程管理办法》《临河区关于中小学电脑课教学的实施规范意见》，确保远程教育设备和资源发挥效益。

2006 年，电教中心人员对城乡中小学远程教育设备巡回检修、养护 37 人次。安排录制临河区骨干教师、名教师优质课 53 节，全国著名专家讲座 18 小时，学生可随时上网浏览，实现优质教育资源共享。

2007 年，临河区中小学远程教育覆盖面 95%以上，覆盖学生 98%以上，实现"校校通"工程，促进了教育资源共享。

2008 年，自治区远程教育现场会在临河区召开；逸夫等学校被评为巴彦淖尔市级教育网络建设优秀学校。

2008—2010 年，电教中心对全区中小学教师进行课件制作、网络应用培训，三年培训教师 3000 人，培训率 60%。

第三节 信息教育

临河市（区）的信息技术教育工作始于 1993 年。

1998 年，临河市直所有中小学开设信息技术课程。

2000 年，临河市制定《临河市实施教育信息化工程五年规划》。

2004 年，建成现代教育优秀学校 87 所。

2005 年，临河区投资 200 多万元，完成信息化建设，为中小学配置远程教育设备。

2006 年，投资 20 万元，建成临河区教育资源管理中心，建成临河教育网，实现教育资源网上共享，公文传输与数据报送电子化的目标。

2007 年，投资 848 万元，购置配备远程教育设备，增强了中小学远程教育网络。

2010 年，临河区中小学计算机总数 5520 台。

第九章 教师队伍

第一节 教师结构

一、幼儿园

1991年，临河市政府将10名临时幼儿教师转为合同制幼师。

1993年，临河市幼儿教师合格率75%。

1994年，实验幼儿园教职工36人，教师合格90%以上。

1995年，临河市有幼儿教师855人，其中民办教师749人，高中以上文化程度教师占79%。

1998年，有专职幼儿教师236人。其中专科34人，中师175人，技校14人，高中12人，初中及以下1人。

2003年，有专职幼儿教师471人，其中专任教师386人，代课教师17人，保育员68人。

2004年，有专职幼儿教师209人。其中本科5人，专科92人，中师85人，中专11人，技校6人，高中7人，初中3人。

2005年，临河区幼儿园教职工总数为574人。

2006年，有专职幼儿教师186人。其中硕士1人，本科7人，专科99人，中师65人，中专7人，技校3人，高中4人。

2007年，有专职幼儿教师75人（不含校办园）。其中本科4人，专科55人，中师10人，中专1人，技校1人，高中4人。

2010年，临河区有专职幼儿教师65人（不含校办园）。其中本科10人，专科45人，中师9人，中专1人。

二、小学

1992年，临河市小学教师队伍中，民办教师893人，占小学教师总数34.7%。

1993年，有小学教师3704人，通过培训、自学、函授的办法，合格率为87%。

1995年，有教职工3721人，其中民办转正115人。

1998年，专任教师的文化构成：本科35人，专科603人，中师2048人，技校59人，高中168人，初中及以下131人。专任教师合格率99.5%，参加继续教育人数61.97%。

2003年，教职工2698人，其中，专任教师2386人，行政人员128人，教辅人员54人，工勤95人，代课教师35人。

2004年，专任教师合格率97.19%，专科率51.49%。学历：本科130人，专科1012人，中师993人，中专38人，技校15人，高中26人，初中及以下4人。专业技术职务：中高26人，小高1087人，小一896人，小二209人。年龄结构：35岁及以下1343人，36至45岁702人，46到50岁140人，50岁以上33人。

2006年，临河区有教职工2452人，专任教师合格率 99.7%，专科率 66.03%。学历：硕士 2 人，本科 282 人，专科 1335 人，中师 768 人，中专 25 人，技校 6 人，高中 34 人。专业技术职务：中高 52 人，小高 1647 人，小一 610 人，小二 143 人。是年，妥善安置 2003 年毕业的 27 名师范毕业生。

2008 年，有教职工 2563 人，专任教师合格率 100%，专科率 84.39%。学历：本科 484 人，专科 1679 人，中师 379 人，中专 17 人，技校 4 人。专业技术职务：中高 333 人，小高 1688 人，小一 523 人，小二 19 人。年龄结构：30 岁及以下 335 人，31 至 35 岁 818 人，36 到 40 岁 638 人，41 至 45 岁 448 人，46 至 50 岁 210 人，50 岁以上 114 人。

三、初高中

1993 年，临河市经过在职学历达标培训，教师合格率上升，初中教师合格率为 44.5%，高中教师合格率 43.2%。

1995 年，初中教师合格率为 67.8%，高中教师合格率为 80.6%。

1997 年，有教职工 1939 人，初中专任教师合格率达 88.4%，高中达 38.1%。初中专任教师不合格者 147 人，高中 117 人。

1999 年，教职工总数 2056 人，专任教师合格率：初中 92.87%，高中 54.87%。初中教师学历：本科 144 人，专科 1215 人，中师 200 人，技校 10 人，高中 69 人，初中及以下 60 人。高中：本科 143 人，专科 163 人，中师 15 人，高中 28 人，初中及以下 9 人。

2000 年，临河市教委从外地选拔 13 名优秀高中教师、48 名高等师范院校优秀毕业生，充实到一中、三中、一职任教。

2004 年，有教职工 2382 人，专任教师合格率：初中 91.36%，高中 77.44%。初中教师学历：本科 414 人，专科 965 人，中师 159 人，中专 20 人，技校 9 人，高中 30 人，初中 7 人。高中：本

科 521 人，专科 203 人，中师 20 人，中专 16 人，技校 1 人，高中 14 人，初中 3 人。专业技术职务：中高 130 人，中一 890 人，中二 678 人，中三 165 人，小高 143 人，小一 102 人，小二 27 人，未评 247 人。年龄结构：35 岁以下 1513 人，36 到 45 岁 696 人，46 至 50 岁 138 人，50 岁以上 10 人。

2005 年，临河区初中专任教师合格率 92.99%，高中 81.89%。录用 65 名初中教师到高中学校任教。

2006 年，有教职工 2193 人，专任教师合格率：初中 98.71%，高中 82.30%。初中教师学历：硕士 1 人，本科 689 人，专科 569 人，中师 54 人，中专 10 人，技校 2 人，高中 19 人。高中：硕士 24 人，本科 614 人，专科 168 人，中师 18 人，中专 15 人，技校 3 人，高中 7 人。专业技术职务：中高 226 人，中一 1153 人，中二 691 人，中三 74 人，未评 49 人。年龄结构：30 岁以下 475 人，31 至 35 岁 668 人，36 到 40 岁 559 人，41 到 45 岁 322 人，46 到 50 岁 151 人，50 岁以上 18 人。落实 2004 年选拔的 90 名优秀本科毕业生的编制问题。

2008 年，有教职工 2168 人，专任教师合格率：初中 99.40%，高中 91.27%。初中教师学历：硕士 3 人，本科 742 人，专科 426 人，中师 21 人，中专 5 人，技校 4 人，高中 8 人。高中：硕士 29 人，本科 801 人，专科 103 人，中师 19 人，高中 7 人。专业技术职务：中高 430 人，中一 1189 人，中二 480 人，中三 34 人，未评 35 人。年龄结构：30 岁以下 355 人，31 至 35 岁 663 人，36 到 40 岁 598 人，41 到 45 岁 330 人，46 到 50 岁 143 人，50 岁以上 79 人。

到 2010 年，临时区有中学高级教师 1060 人，中学一级教师 845 人，中学二级教师 489 人，中学三级教师 60 人；小学高级教师 1786 人，小学一级教师 427 人，小学二级教师 24 人。

县（市、区）委和县（市、区）人民政府每年都拨出一定数额的经费，专门用于奖励教书育人、尊师重教的先进集体和先进个人。临河区教

育局分阶段拨出经费，用于德育、教学改革专项奖励。制定了先进工作者、优秀教师、模范班主任、师德标兵、园丁奖、名教师、十佳校长、百佳教师等评选办法。

第二节 队伍建设

1992年1月—1993年8月，临河市对现任小学校长、副校长进行培训，开办第一、二期校长培训班，培训180人。1992年2月，临河市政府出台《临河市小学新任教师继续教育实施意见》，规定培训的对象为中师毕业分配到小学任教的新任教师，及具有合格学历，由其他途径（或工作）安排（或改任）到小学任教的新任教师。

1993年3月，临河市教师进修学校招收653名教师进行培训，函授站采取分片设点，举办专业合格助考班的办法，对教师进行学历达标培训。

1994年，临河市分期分批地组织中小学教师参加继续教育培训。

1995年，临河市举办各种短训班15期，培训教师500人。在岗小学校长189人，培训185人；在岗中学校长103人，培训98人。

1996年，临河市将继续教育证书作为中小学教师职评、聘任、晋级和新教师转正的必要条件。在出台的《临河市小学幼儿教师培训"九五规划"》中，要求对男55岁、女50岁以下具备中师（含教育学、心理学考试合格的高中和非师范类其他专业毕业生）学历的幼儿教师进行培训。9月，经考核符合教师资格认定条件的教师，被授予各类教师资格。

1999年8月，教师队伍实行全员聘任制，营造中青年优秀教师脱颖而出的良好环境。

1997—2006年，开展"名校长""十佳校长"评选活动，教职工有参与学校重大事项权。1997年，临河市教委与黑龙江教育学院联合举办教育管理后期本科班，培训教育管理干部60人；与内蒙古师范大学联合举办教育管理硕士学位课程研修班，培训教育管理干部15人。全市校长培训率、持证上岗率为100%。

1998年，举办校长培训班2期，培训校长76人；举办计算机培训班3期，培训管理干部109人；举办在职教师继续教育培训班3期，816名教师参加了学习；选送15名校长参加内师大硕士学位研修班；举办小学、幼儿园教师学历提高培训班1期；举办小学自然、美术教师教学研究培训班1期，98人参加学习。举办教育科研培训班，接受培训的有中小学分管教学校长、教导主任，乡镇学区区长、教导主任，学校（学区）教育科研课题管理人员、指导人员和操作人员，计102人。

1999年，举办小学教师提高班3期，计419人；选送100名中小学教师在巴彦淖尔盟教育学院学习提高；举办农牧业专业课教师培训班1期，培训教师41名；各学校组织教师开展计算机培训，782人取得合格证书。举办了幼儿教师学历提高培训班。

2000年，举办小学校长提高培训班1期，培训校长43人；举办小学教师提高班1期，培训教师36人；教师继续教育班8个，培训教师560名。组织教师开展计算机基础知识及操作培训，有2700名教师接受培训，1600人取得合格证书。举办普教、扫盲干部培训班4期。推进教师学历提升的学习培训。通过函授、电大等形式，推动中小学教师学历层次的提高。临河市教委与内师大联合举办自考助学班4个，322人参加学习；与北师大联合举办教师硕士研修班。开展了幼儿教师继续教育培训和全市幼儿教师素质教育演讲竞赛活动，25名幼儿教师受到奖励。

表 27 - 9 - 1　**1993—2010 年临河市（区）教育系统获自治区厅级以上表彰奖励教职工一览表**

年份	获奖人	工作单位	获奖名称	获奖单位	职务
1993 年	王胤雄	临河二职	自治区电教先进工作者	自治区教育厅	中学教师
1993 年	兰明	临河三中	自治区优秀教师	自治区教育厅	中学教师
1994 年	白永飞	临河园丁学校	自治区优秀少先队辅导员	自治区教育厅、团委	小学教师
1994 年	吕静	临河一中	自治区优秀青年教师	自治区政府	中学教师
1994 年	白松华	进修学校	自治区优秀青年教师	自治区教育厅、人事厅	进修教师
1994 年	李建光	临河一中	自治区优秀青年教师	自治区政府	中学教师
1994 年	叶丽岗	临河三中	自治区先进班主任	自治区教育厅	中学教师
1995 年	王振恩	临河古城	自治区"十佳少先队辅导员"	自治区教育厅、团委	小学教师
1996 年	周淑琴	临河六中	自治区优秀教育外语教师	自治区教委	中学教师
1996 年	刘秀花	临河四中	自治区"三育人"先进个人	自治区工委	中学教师
1997 年	贺来虎	临河二中	自治区优秀班主任	自治区教委	中学教师
1998 年	张美兰	临河回校	自治区优秀少先队辅导员	自治区教育厅、团委	小学教师
1998 年	刘秀花	临河四中	自治区优秀教师	自治区教育委、人事厅	中学教师
1998 年	李慧	临河三小	自治区优秀教师	自治区教委、人事厅	小学教师
1998 年	武建生	份子地中学	自治区优秀教师	自治区教委、人事厅	中学教师
1999 年	周淑琴	临河六中	自治区模范教师	自治区政府	中学教师
1999 年	贺来虎	临河二中	自治区优秀班主任	自治区教委	中学教师
2002 年	温耀林	临河三中	自治区先进教育工作者	自治区教委	中学教导主任
2005 年	孟保和	临河一职	自治区职业教育"十佳校长"	自治区教育厅	职中校长
2005 年	李凤娥	临河五中	自治区师德先进个人	自治区教育厅	中学教导主任
2006 年	贾小琴	临河八小	自治区十佳辅导员	自治区教育厅	小学教师
2007 年	李凤娥	临河五中	自治区优秀班主任	自治区教育厅	中学副教导主任
2007 年	贾怀忠	临河教研室	自治区优秀教研员	自治区教育厅	中学教研员
2007 年	张一兵	临河教研室	自治区优秀教研员	自治区教育厅	中学教研员
2009 年	李凤娥	临河五中	自治区优秀教师	自治区教育厅	中学教导主任
2009 年	孟保和	临河一职	优秀教育工作者	自治区教育厅	职中校长
2009 年	王良举	临河八小	自治区优秀教师	自治区教育厅	小学副校长
2010 年	李凤娥	临河五中	自治区劳动模范	自治区政府	中学教导主任
2010 年	姬新明	临河二中	自治区德育先进个人	自治区教育厅	中学副校长
2010 年	李勇	临河一职	自治区优秀共青团干部	自治区团委	团委书记

2001 年，举办校长培训班 2 期，培训校长 66 人；举办教师继续教育班 4 个，有 160 名教师参加学习；骨干教师培训班 1 期，51 人参加学习；与内师大联合举办自考助学班 3 个，有 215 名教师参加学习。参加内师大第二期硕士学位课程研修班学习的 28 名校长结业。

2002 年，举办各类培训班 10 期，3000 名教师参加学习。

2003 年，完善教研、科研、电教、培训四位一体培训模式。培训骨干教师 272 人次；举办 13 期信息技术培训，培训教师 429 人，361 人合格，合格率 84%；举办 10 期普通话培训，参培教师 1082 人，其中 909 人合格，合格率 84%；举行各种形式的新课改培训 310 次，培训教师 4152 人次。

2004 年，举办远程教育培训班 4 期，培训 152 人次；教学资源应用培训班 2 期，培训教师 36 人；普通话培训班 9 期，培训教师 983 名，合格率 94%；信息技术培训班 12 期，培训教师 966 人，合格率 84%。6 月 2—3 日、10 月 2—3 日，邀请国家副总督学王文湛、著名教育专家魏书生等人进行新课程培训，培训教师 2000 多人次。开展新课程师资培训工作，加强以新课程和信息技术为重点的教师培训工作，提高各科教师驾驭新课程和运用现代教育技术的能力，培训教师 1100 人次，课改教师培训率 100%。

2005 年，临河区启动新一轮中小学教师培训工作；对分管教学工作的校长、教导主任、教研员进行新课程等理论业务知识培训及考试。邀请教育部和中国德育研究会周长祜、张靖宇等 5 位专家，举办德育工作讲座 2 场，培训教师 1397 人次；投资 35 万元，派出中小学书记 28 人到南京参加培训学习，中小学校长 32 人到上海参加基础教育论坛，2 名干部到上海进行挂职学习锻炼；各学校投入资金共 120 万元，组织干部和教师外出学习。

2006 年，与北京师范大学举办校长及优秀后备干部硕士学位研修班，支持 43 名校长和优秀后备干部参加硕士研究生进修学习。与内师大继续教育学院联合举办"343"（30 名高中教师、40 名初中教师、30 名小学教师）百名专家型教师培训工程，促进教师不断向专业化水平迈进。开展新一轮中小学教师继续教育全员培训。举办小学数学、语文、体育教师培训班 10 期，培训教师 404 名；信息技术初级培训 2 期，培训教师 152 人；普通话培训 1 期，培训 114 人。完成临河区 4800 名教师普通话培训任务，合格率 90%；完成 2200 名

小学教师的信息技术培训，合格率 85%。

2007 年，与内师大合作举办"442"百名研究型教师培训（40 名初中教师、40 名小学教师、20 名幼儿教师）工程。实施教师队伍培训工程计划，培训校长、幼儿园园长 77 名，骨干教师 154 名。落实"2007 万名中小学班主任国家远程教育培训"工程，培训中小学班主任 100 名。举办语、数、音、美教师继续教育全员培训 4 期，培训教师 110 人。完成农村教师指导培训 123 人，幼儿骨干教师培训 73 人，市级骨干教师培训班跟踪指导培训 160 人，小学班主任培训 212 人。临河区出台《临河区幼儿教师培训实施方案》《临河区幼儿教师培训管理意见》，临河区举办第一期幼儿骨干教师培训班，参加培训的有公办幼儿园教师 45 人、民办幼儿园教师 30 人。

2008 年，完善校长和教师培训计划。完成了百名研究型教师培训；派遣干部到上海挂职学习；组织部分校长到衡水中学、杜郎口中学学习；邀请徐长青、赵景瑞、魏书生、周弘等全国著名教育专家来临河讲学，培训小学教师 1200 名；利用远程网络，完成 839 名教师的教育培训；培训幼儿园园长、骨干教师 115 人；培训"英特尔"未来教育教师 20 人，中小学幼儿园英语教师 51 名；组织第三期骨干教师培训，70 名教师参加学习；"国家远程培训"，培训班主任 100 名。与内师大合作举办小学骨干教师培训班，培训教师 100 人。与北师大合作举办理化教师实践指导培训班，培训教师 60 名。临河区教育局分两个学段培训幼儿园教师。

2009 年，完善教师培训和继续教育制度。派遣干部到上海挂职学习；组织 34 名义务教育阶段学校校长参加农村义务教育中小学校长预算管理国家级专题培训；选派 20 名进修学校教师赴北京、呼市等地学习，加强师训队伍建设；完成第三期幼儿教师继续教育培训，培训幼儿园园长 40 人，幼儿教师 140 人；完成小学教师教育技术能力培训，培训教师 2100 人；培训少先队辅导员 168 人；

英语教师 42 人，初中班主任 132 人；高中教育技术能力培训，培训高中教师 300 人；培训小学教师心理咨询师 7 人。培训教师 3000 人。2009 年 3 月，临河区教育局举行"儿童经典诵读报告会暨幼儿经典国学师资培训"，由著名儿童经典教育专家刘斌对幼儿园园长、家长、教师培进行训。在"华育杯"幼儿教师优质课竞赛活动中，临河区 29 所国办、校办园的 44 名教师参加。

2010 年 4 月，临河区教育局举办国办、校办幼儿教师课堂教学大比武竞赛活动。6 月，在巴彦淖尔市举办的第一届幼儿教师课堂教学大比武活动中，临河区教育局获集体一等奖；实验幼儿园教师脑高花语言《棒棒糖》、第一幼儿园李建语言《小鸭找朋友》获一等奖；二小幼儿园张巧红音乐《快乐的面条》获二等奖。临河区举办第五期小学骨干教师研修班。6 月 28 日—7 月 5 日，8 月 2 日—11 日，临河区 52 名小学、初中语、数、英三科教师接受暑期集中培训。

临河区被评为自治区级学科带头人名单
（2001—2007 年）

白　晔（一职）	富利华（回校）
邱晓云（回校）	田力勤（一职）
郝　力（一中）	于　忠（一中）
李　君（一中）	杨立泳（一中）
马　宽（七小）	郭凤荣（中山）
兰　明（三中）	刘慧莉（一中）
蒋鹏飞（一中）	胡爱红（进修）
郭　艳（一职）	

临河区被评为自治区级教学能手名单
（1989—2008 年）

郝秀清（五小）	汪双继（三小）
韩秀梅（二小）	段凤英（五小）
苏溢茹（乌兰）	王建荣（三小）
刘宏斌（六小）	李慧萍（三小）
刘海翠（回小）	敖春丽（园丁）
张美珍（五中）	兰　明（三中）
贺明月（园丁）	李凤娥（五中）

宗兰芝（九小）	惠玉凤（九小）
贾小琴（八小）	刘秀花（四中）
焦美萍（教研）	杨美凤（四小）
贺仙琳（五小）	刘占廷（五小）
王　珍（实幼）	刘慧莉（一中）
李　莉（三中）	王延林（三中）
李淑荣（五中）	杨　丽（五中）
王　力（九小）	杨百灵（九小）
阎美仙（八小）	郭　艳（一职）
王国权（一职）	李冬梅（五中）
张营成（五中）	苏　琴（一职）
魏长有（一中）	贾怀忠（教研）
刘　霞（逸夫）	赵慧莹（九小）
刘　瑞（九小）	高红霞（九小）
王　静（九小）	乔　钧（一职）
王丽萍（隆胜）	李建英（逸夫）
杨美丽（逸夫）	王志勇（九小）
陈宝仙（八小）	李世俊（逸夫）
朱　杰（逸夫）	李　玲（九小）

巴彦淖尔市级优秀骨干教师名单

郝　力（一中）	蒋鹏飞（一中）
李建光（一中）	张娘军（一中）
赵雅琴（一中）	魏常有（一中）
于跃东（一中）	王凤莲（一中）
弓耀辉（一中）	梁　斌（一中）
于　中（一中）	白　晔（一职）
郭　艳（一职）	李大雅（一职）
陈桂莲（一职）	闫　霞（二小）
韩　洁（四小）	高文英（五小）
王　瑶（五小）	高宏霞（九小）
贺来虎（二中）	付桂花（三中）
田　园（三中）	兰　明（三中）
裴爱萍（三中）	彭玉兰（三中）
李文科（三中）	丁保忠（三中）
刘秀华（四中）	张翠兰（四中）
马　姝（四中）	鲍雅琴（四中）
李凤娥（五中）	菅　琳（五中）

左建新（八中）　　王淑萍（十中）

任晓玲（十中）　　朱　宇（园丁）

郭永利（双河）　　唐　卉（八一）

郝丽荣（城关）　　刘永清（古城）

孙正萍（黄羊）　　李凤梅（狼山）

第三节　教师待遇

1995 年，为提高民办教师工资待遇，临河市给 1985 年底前参加教育工作的民办教师每人每月增加 30 元，另从教育附加费中每人每月增加 5 元，两项增加 35 元。

1996 年，临河市教育局每年为评优秀教职工晋升一个工资档次。为干召、八一、友谊、小召四个乡开通教师通勤车。

1997 年，临河市教委对 1985 年底前录用并参加工作的 582 名民办教师，提高国拨补助费标准：小学教师每人每年补助费由 760 元提高到 1120 元，中学教师每人每年补助费由 800 元提高到 1160 元。

1998 年，采取集资共建的办法，新建教职工住宅楼两座 9803 平方米，新建平房住宅 2300 平方米；安排教师子女（技校毕业生）175 人就业；为 163 名民办教师办理转正手续；为 100 名教师家属、子女解决"农转非"户口问题。

1999 年，为 1628 名教师兑现职称工资；为 328 名民办转正教师重新套改工资；争取优惠政策，为 384 名年老体弱的教职工办理提前退休手续；为 313 名因病不能坚持工作的教职工办理病退手续；为 90 户农村教师新建住房 5850 平方米。落实农村教师评优、评职称、3% 调资等方面的优惠政策。

2000 年，临河市委、政府决定，农村教师工资由财政直接拨入学区账户，1—3 月拖欠的工资由市、乡财政补足。

2002 年，为困难教师发放扶贫解困基金 2.5 万元；开通二中、九中教师通勤车；实现城乡教师同工同酬。

2004 年，临河市出台《临河市教育系统教师专业技术职务聘任实施办法》，对 2000 年前取得专业技术职务的专业技术人员全部聘任并兑现职务工资；2001—2003 年评审的专业技术人员，按高级 50%，中、初级 20% 的比例进行聘任，并兑现职务工资；对 2001 年以前取得技术等级证书的技术工人，全部兑现技术等级工资。

2005 年 2 月，临河区教育局争取资金 4.8 万元，为 40 名优秀骨干教师每人每月发放 100 元的政府特殊津贴补助。

2008 年，发放"十佳校长"和"百佳教师"特殊津贴 30 万元，激励校长和教师创新工作；农村班主任津贴由过去 18 元和 21 元，提高到每人每月 100 元，发放津贴 30 万元；为 1548 名农村教师每人发放 400～600 元交通补贴，提高农村教师午餐补贴标准。

2009 年，临河区开始在义务教育学校实行绩效工资，从事义务教育工作的教师，特别是有突出贡献的教师，工资大幅度提高。为农村教师发放交通补贴 85 万元，为"十佳校长""百佳教师"发放特殊津贴 30 万元。

2010 年，临河区教育局为部分农村学校购置通勤车；拿出 300 万元奖励优秀骨干教师，稳定农村教师队伍。

第十章 教育经费与设施

第一节 经 费

1995 年，临河市财政局投资 500 万元改善乡镇幼儿园的办园（班）条件。

2008 年，临河区争取义务教育保障资金 2386 万元，校舍维修改造资金 536 万元，国家助学金 558.4 万元，自治区及市化解债务资金 3941 万元，新农村卫生新校园建设资金 485 万元，特殊教育专项资金 380 万元，自治区取暖费补助 536 万元等。累计筹资 11651.91 万元。

2010 年，争取各级各类专项资金 3.4 亿元，其中：校舍安全工程专项资金 2.467 亿元；学校公用经费 2434 万元；职业学校专项资金 1500 万元，职业学校能力建设专项资金 300 万元；职业学校国家助学金 307.8 万元，职业学校学生免学费补助资金 389.8 万元；贫困寄宿生生活补助资金 759 万元；中小学取暖费 846 万元；提高公用经费资金 610 万元；城市教育费附加 1992 万元；农村教育转移支付资金 585 万元。同年 10 月，临河区教育局启动幼儿教育发展基金，基金来源主要是由临河区国办和校办幼儿园，从保育管理费中每生每学期拿出 3 元，由教育局集中管理，统筹使用，用于帮助农村和薄弱幼儿园改善环境，添置设备等。

2011 年，临河区接受中央、自治区专项资金 1563 万元，义务教育保障金 3966 万元。

2012 年，学前教育校舍改建项目专项资金 964 万元，义务教育保障金 3440 万元。

2013 年，临河区优化支出结构，加强经费监管，在经费安排使用上突出四个重点：一是用于教育教学；二是加强薄弱环节；三是促进平等教育；四是提升教育质量。同年，义务教育保障金 3180 万元。

2014 年，义务教育保障金 3574 万元。

2015 年，临河区接受国家义务教育保障金 3873 万元。争取各级各类资金 2.89 亿元，其中：支持学前教育发展资金 1428 万元，中小学生校舍维修资金 1332 万元，校舍项目建设资金 6343 万元，进城务工子女公用经费补助 503 万元，中职学校寄宿生免住宿费资金 211.9 万元，普通高中"两免"资金 1631.6 万元、助学金 153.98 万元，职高"两免"资金 1668.05 万元、职高助学金 678.18 万元，职高质量提升专项资金 100 万元，中行融资解决校安工程欠款 4765 万元，社会主义新农村建设项目资金 5260 万元，九小改扩建项目资金 700 万元，校园足球经费 46.9 万元，足球场地建设资金 100 万元。

2016 年，义务教育保障金 3550 万元。争取各级各类资金 19317.83 万元，其中：支持学前教育发展资金 986 万元，中小学校舍维修资金 714 万元，贫困寄宿生生活补助金 245.5 万元，普通高中"两免"资金 1512.58 万元、助学金 380.8 万元，职高"两免"资金 1619.55 万元、职高助学金

897.2 万元，民族教育专项资金 30 万元，治安小学建设资金 1953.2 万元，九小项目建设资金 1000 万元，足球馆建设资金 500 万元，足球学校支持资金 254 万元，教育费附加 3304 万元，教育转移支付资金 585 万元，市级教育附加支持资金 1000 万元，低保家庭大学生资助金 786 万元。

表 27 - 10 - 1

1992—2016 年临河市（区）教育经费支出一览表

单位：万元

年份	支出金额
1992 年	2152
1993 年	2266
1994 年	3275
1995 年	4332
1996 年	5277
1997 年	5427
1998 年	5337
1999 年	6962
2000 年	7442
2001 年	8554
2002 年	13841
2003 年	15097
2004 年	17756
2005 年	14361
2006 年	16714
2007 年	18793
2008 年	22836
2009 年	32749
2010 年	43849
2011 年	51894
2012 年	54311.5
2013 年	63648
2014 年	61322
2015 年	79290
2016 年	86921

第二节　学校收费

一、"一费制"

2002 年秋季，临河市所有农村学校实行"一费制"。

2005 年春季，临河区中小学实行"一费制"，取消借读费。

农村小学"一费制"前总计收费 163.2144 万元，"一费制"后收取 121.3120 万元，减轻学生经济负担总计 41.9024 万元，年生均减少 55.30 元；初中"一费制"前总计 302.9040 万元，"一费制"后收取 190.6840 万元，减轻学生经济负担 112.22 万元，年生均减少 153 元。"一费制"收费标准为：小学每人 80 元，初中每人 130 元，含书费、杂费。

城区小学"一费制"前总计收费 648.4762 万元，"一费制"后收取 251.6906 万元，年生均减少 143.6 元；初中实行"一费制"前总计收费 1230.8062 万元，"一费制"后收取 664.6870 万元，减轻学生经济负担总计 586.1192 万元，年生均 310.5 元。

二、两免一补

2005 年，临河区对农村牧区义务教育阶段实行"两免一补"，落实"两免一补"资金 435.6 万元，惠及 2 万名农村中小学生和 4000 名城市低保户家庭学生。

2007 年，全部义务教育阶段实行"两免一补"。城镇低保家庭学生免费教科书费 28 万元，寄宿生生活费补助 206.9 万元，必设科目免费教科书资金 57.27 万元，免费提供教科书费 231.49 万元，2007 年秋季城市县镇免除教科书专款 214 万元。发放必设科目免费教科书资金 57.27 万元，惠及学生 18647 人。发放城镇低保家庭义务教育阶段免教科书费资金 28 万元，惠及学生 2410 人。

2011 年，对中等职业学校所有学生及普通高中汉语授课家庭经济困难学生，实行"两免"政策。

2012 年，高中阶段学生实现全免费教育。免除职业高中和普通高中学费、书费 2614.72 万元。高中阶段免学费标准为每生每年 2000 元。免教科书费标准为普通高中学生高一、高二年级每生每年 550 元，高三年级每生每年 100 元。共拨付职高、普高"两免"资金 3258.24 万元，其中本级财政共投入高中阶段"两免"资金 1439.24 万元。

2016 年，义务教育阶段不收取任何费用，幼儿园保育费严格执行财政、物价部门核定的收费项目和收费标准。

第三节 助学助教

2006 年，临河区人民教育基金会成立，7000 名贫困学生建立电子档案。筹集资金 65.8 万元，资助贫困家庭大学生 344 名；为 112 名贫困家庭学生办理贴息贷款 224 万元；为三中两个"宏志班"学生争取到每年 30 万元的资助；争取树华基金累计 16 万元；资助 26 名品学兼优的贫困初、高中学生；实施"春蕾计划"，配合区妇联资助贫困女童 70 多名，资助金额达 6 万多元。

2008 年，提高扶困标准，使贫困大学生和中小学生都能顺利入学。向社会发出助学倡议书 1 万份，走访 3000 多户贫困家庭，确定特困资助对象 445 名，筹集助学资金 200 万元，其中，争取福利彩票公益金 30.1 万元，资助 301 名在校贫困高中生；争取爱德基金会"贫困女子班"资金 18 万元，连续三年资助一职、二中 240 名贫困学生；争取中国少年儿童发展基金会 6.6 万元，资助 220 名义务阶段贫困中小学生；争取乌海三金集团 15 万元、金川保健集团 5 万元，资助贫困大学生。召开临河区人民教育基金会第二届理事会暨扶困助学

大会，资助 341 名贫困大学生；信用联社为 353 名贫困大学生发放生源地贴息贷款 176 万元，每人每年 5000 元，连续资助四年。

2009 年，筹集助学资金 146 万元，资助 524 名贫困大学生、263 名高中在校生和 224 名义务教育阶段学生；信用联社为 320 名贫困家庭大学生发放生源地信用助学贷款 166 万元；争取国家福利彩票公益金 35.4 万元，资助 354 名贫困高中生；广东侨联资助丹达学校价值 20 万元的体育器械和图书。被授予自治区"公益之星"。

2000 年，杨有成为临河市建设乡投资 35 万元，建成有成小学一所；佳兵羊绒公司王过兵捐资 10 万元，在隆胜建成佳兵小学一所。

2004 年，双河羊绒集团为双河学校捐资 15 万元，建成永亮小学一所；内蒙古侨办分别投资 25 万元和 20 万元，为新华建教学楼、干召建教学楼。

2006 年，争取逸夫项目资金 60 万元，广东侨联 20 万元，田家炳基金会、明德基金会等各级各类基金和个人捐款 380 万元。

2007 年，临河八中争取逸夫项目资金 60 万元。

2011 年，筹集助学资金 320 万元，资助 1560 名贫困学生；为 1030 名贫困大学生办理生源地助学贷款 515 万元。同年，临河二中争取民生银行 100 万元；争取内蒙古青少年发展基金会为白脑包学校资助 36 万元，为八一学校资助 27 万元。争取广东侨联为城关、丹达两所学校资助 30 万元。

2012 年，筹集助学资金 410 万元，其中包括价值 160 万元的实物捐赠（图书 150 万元、电脑 11 万元），资助了 650 名贫困家庭学生；争取国家开发银行生源地助学贷款项目，为 1400 名贫困家庭学生发放助学贷款 800 万元。

2016 年，筹集助学资金 116 万元，资助贫困大学生 460 名，资助义务教育阶段家庭经济困难中小学生 567 人。为 2189 名家庭经济困难大学生发放生源地信用助学贷款 1415 万元；为 225 名享受低保家庭子女新生入学资助项目的大学生发放助学金 786 万元；为 6 名享受国家彩票公益金资助孤

儿大学生发放助学金 18 万元。发放学前教育幼儿资助奖补资金 80 万元，惠及幼儿 800 人；发放中央财政扩大学前教育发展幼儿资助奖补资金 34 万元，惠及幼儿 340 人。中央专项彩票公益金——"励耕计划"，资助义务教育阶段和普高、职高家庭经济困难在职教师 16 人，发放资助金 16 万元；"润雨计划"资助家庭经济困难幼儿教师 5 人，发放资助金 5 万元；"滋蕙计划"资助普通高中家庭经济困难学生 95 人，发放助学金 19 万元。

第四节　勤工俭学

1992 年，临河市在各学校学区开始提取勤工俭学统筹基金，比例以 1991 年报表为依据，从勤工俭学纯收入总额中提取 5% 作为统筹基金。

1994 年，勤工俭学收入 314 万元。

1995 年，勤工俭学创收 417 万元。

1998 年，各学校积极探索勤工俭学渠道，提高创收能力，创收 750 万元。

1999 年，临河市将原教育勤工俭学公司的食品厂、养殖场、面粉加工厂，分别转让给一职中、二职中和八完小经营，方便学生的实习。狼山职中规划实验田 7 亩，养猪 80 头，建起蔬菜大棚和豆腐坊，弥补经费不足，改善学生伙食，开辟学生实验基地。

2000 年，勤工俭学工作主要是对临河市中小学作业本实行统一管理，划片服务。

2001 年，规范学校购置学生作业本、校服、学校办公用品行为。

2005 年，临河区勤工俭学收入 50 万元。从 2005 年开始，临河区进入一个免费读书的时代。

2006 年，成立临河华育利生连锁超市子公司，规范服务收费行为，提高服务质量，增强勤工俭学创收能力。

2007 年，临河区义务教育阶段学生不再收取学费。

2008 年，新建干召温室大棚和白脑包养殖基地；规范学生着装市场；召开勤工俭学现场会；参观一中、一职中、黄羊学校食堂和宿舍管理；规范学校食堂和超市经营行为。

2009 年，干召学校劳动实践基地通过巴彦淖尔市教育局验收。

2012 年，临河区高中阶段学生实现全免费教育。

第五节　设施设备

1991 年，临河市建成地面接收站 2 座，配备投影器 100 台，全市三分之一的班级有投影器。

1992 年，为 13 个村小学配备普教仪器；建成分米波 3 千瓦 41 频道教育电视收转台 1 座；协助丹达乡、新华镇建立教育电视收转台各 1 座；帮助乌兰图克建成 2.2 米卫星地面接收站（建乡教育电视台，丹达筹集资金 56 万元）；为全市 656 所村小学配备价值 136000 元的教学仪器，为市直中小学配备 68345 元的教学仪器。

1993 年，全市建成丹达和新华两个教育电视台，乡级电教站 20 个，乡级卫星地面接收站 8 个，配备投影器 110 台。

1994—1996 年，临河市直小学数学、科学、体育、音乐、美术、卫生、少先队、劳技各科配件率 95% 以上，配项率 100%。乡镇中小学各科的配件率 93%，配项率 100%。九年一贯制学校各科配件率 91.5%，配项率 100%。中学理科实验配件率 100%，配项率 100%。由于实验器材配备标准，学校演示实验、学生实验开出率 100%。

1997 年，临河市直中小学筹集资金 14 万元，填补购置生、理、化、自然实验仪器。四完小、干召新利小学等学校新建实验室。通过补充配备各类学校教学仪器，全市各级各类学校基本能够按照《大纲》要求开齐开足各类实验课，达到义务教育规定的标准，演示实验开出率 100%，学生实验开出率95%。全市有实验室239个，仪器库239个，准备室39个，仪器橱1816个，各类仪器总价值108万元。

1998年，临河市购置教学实施器材、图书资料151万元，引进现代化教学实施设备210万元；新建语言实验室9个，配备语言实验设备580座，新建微机室20个，引进微机554台。

1999年，又有7所学校购置200台计算机；有5所学校安装语言实验室，计300座；有2所学校安装闭路监控系统，90%以上的小学安装有线电视，可以收看教育教学节目。按照国家九年义务教育标准要求，配齐30万元的生物、理化、自然、地理等各科教学仪器，给22所乡镇村小学配齐了"两机一幕"，为城乡18所学校配备投影教材。全市购置教学仪器总价值29.6万元，图书资料价值15.4万元，引进现代化教学设施、设备价值71.3万元。年底，全市建起计算机室27个，语言实验室19个，购进投影仪1334台。

2000年，临河市投资100万元，购置现代化教学设备和图书资料。实验室配备标准不断提高，原来8人一台的实验桌，被两人一台玻璃钢实验桌所取代，化学实验配备有吸风功能的实验台，各类实验装置科学、人性化。

2002年，投资215万元，建成教育城域网，通过MMDS无线传输设备发射到农村学校，完成巴彦淖尔盟局下达的学校上网工程。各学校引进现代化教学设施价值500万元，四小、六小、八小、一职、九小、城关等学校更新了电脑，添置了液晶投影设备，建成了多媒体教育。

2003年，实现城乡校校开设信息课的目标，不少学校建起电子备课室，安装教学辅助系统，113所学校安装远程教育网络接收系统。投资215万元，建成临河市教育城域网，一中投资300万元安装校园网，九中以宽带光缆的形式开通城域网。

2004年，临河区高中学校建起电子备课室；投资215万元建成城域网，投资600万元为113所中小学安装"百年树人"远程教育网接收系统。

2005年，争取164万元电教设备，为狼山、古城等农村学校安装模式二14套、模式三5套，发放远程教育光盘30套，远程教育覆盖率100%。各学校充实教学设施，实验开出率95%以上，演示实验开出率100%，教学仪器、器材配项和配件率均98%以上。

2006年，融资800万元，新购计算机1000台，安装多媒体教室20间，在20所学校建立市、区、学校教育信息资源共享平台，实现校际资源优势互补。

2007年，投入1000万元，为中小学校购置教育技术设施。电教中心通过网上下载、自己录制、向学校征集和出资购买等多种渠道储存教育教学资源1000G，基本满足全区中小学校教师教学需要。

2008年，投入105万元，改造双河、狼山、八一等九所学校模式二工程，配置计算机236台，安装多媒体教室9套；为白脑包、小召、新华、隆胜、古城5所学校开通"班班通"。

2009年，临河区教育信息网完成设备改造和软件安装、栏目内容添加和电子政务程序设置。新建成的临河区教育信息网以100兆光纤，实现21所区直学校的互访。

2010年，内蒙古自治区教育装备技术中心为临河区投入价值80万元的教学仪器器材，为临河十中捐赠20万元的图书。

2010年10月，临河区教育技术设施投入达5000万元。

第十一章　教研教改

第一节　教研项目

1997—2001 年，临河市教委在中小学推行美国教育心理学家布鲁姆的"目标教学"实验。

1997 年，自治区级课题"建立中小学教师继续教育'四位一体'培训机制实验"立项，2004 年 3 月结题，由临河市（区）教育局长张永胜主持实验。历时 7 年，自治区教育科学规划办专家验收组认为：其成果将对涉及的教育科学领域发展有一定推动和借鉴作用。

1998—2010 年，临时市（区）有 100 个教改实验项目结题，其中国家级 25 项，自治区级 25 项，市级 30 项，区级 20 项。

整体优化教学法由内蒙古师范大学李龙和林晨教授主持实验，属国家"十一五"科研规划课题，1998 年，临河市教委确定三中、四中、回校为实验校。2005 年取得国家级科研成果认定后，2007 年展开新一轮实验，六中、八中等 7 所学校申报实验被批准。实验数据表明，实验班学生的学科平均成绩与巴彦淖尔盟、临河市两级的平行班比较，有明显提高。实验校三中、四中，两所原来的薄弱校，教学质量明显提高，高考、中考连年创造佳绩。

2002 年 9 月，临河市实验校先后被评为自治区和巴彦淖尔市新课程改革先进实验区。

2009 年，临河区选定二中、九中为实验点，展开杜郎口课堂教学模式实验。

2013 年，临河区组织 40 所学校举行连片教研活动，两次邀请山东昌乐二中的专家、学者进行示范教学，使薄弱学校青年教师提高教学水平。同年，临河四小通过自治区语言文字示范校验收。

2016 年，临河区在 16 所学校建成"梦想课堂"，开展课堂教学竞赛、教学研讨、听评课、精品课展示等，推进课堂教学改革。推进课堂教学改革。

第二节　教学成果

1995 年，自治区教委颁发《关于小学语文整体改革的若干意见》，临河市教委以临河一小为实验点，展开小语整改实验。

1998 年 6 月 25 日—27 日，自治区教委对临河一小进行检查验收，得出的结论是：三年来，临河一小的语文教学整体改革实验是成功的，阶段性实验效果是显著的，具有在较大范围推广的价值。

1999 年 10 月，临河一小被评为"自治区小学语文整体改革试验优秀学校"。

1997 年 9 月，临河逸夫、九小被确定为自治区第二批小语整改学校。

2003 年，小语整改经验在临河市小学中推广，成为临河义务教育阶段语文教学改革的亮点工程。

2004年，临河市一小、五小、九小、逸夫、隆胜等学校分别通过自治区、巴彦淖尔市验收。

1998—2010年，临河市（区）有100个教改实验项目结题，其中国家级25项，自治区级25项，市级30项，区级20项。

第三节　成果管理与推广

1991—1996年，临河市开展学科教研活动1045场次，参加人数6000人；按片组建专业课校际教研组，组织教师进行"课堂教学竞赛"。有390名教师获市级教学能手和学科带头人称号，212名教师获巴彦淖尔盟级教学能手和学科带头人称号，15名教师获自治区级以上（包括自治区级）教学能手和学科带头人称号；有1844篇论文获巴彦淖尔市级奖励，68篇论文获自治区级以上奖励。

1997年，临河市全体教师形成学大纲、用大纲、研究大纲的良好风气，推进义务教育课程计划的落实。10月，进行小学、初中义务教育教学大纲过关考试，有小学教师3679人，初中教师1471人。

1998年，有计划地进行课堂教学方法、教材编写，实验操作等科研课题研究，使"目标教学法""三位一体教学法""整体优化教学法"等课题，拓宽合作领域，使实验进一步推开。引进现代化教学设施设备，加大课堂教学密度，动用"备、讲、辅、批、考、阅览、实验、活动、科研"九个环节一体化教学。

1999年，临河市教委对4000名教师进行基本功考试，涌现出一批教改实验教师，如临河一小马明星老师的数学课注重对学生动脑、动手、动口能力的培养；五小高文英老师的语文课教学思路开阔，方法新颖，注重学生整体素质的提高，她所带的四（5）班，受到自治区专家的好评。

2000年，临河市评出高素质班56个，树立一批素质教育典型班。

2001年4月，临河市教委责成教研室举办"中小学德育学术报告会"，邀请北京教科研中心徐安德、闵乐夫、关鸿羽三位专家，就在教学中如何渗透德育，以及德育与创新的问题作专题报告，与会者近1000人。

2002年1月，临河市教育局组织各学科教研员进行培训，培训内容有：新课标解读，学科评价，新教材介绍与分析，课堂实例观摩与研讨。参加培训的教师结合自己平时教学，反思教学行为，撰写心得体会。组织各学校领导、课改实验骨干教师和教研员，三次到国家级课改实验区海勃湾区进行实地听课；聘请全国著名教育专家程宏兵、冯恩鸿作具有前沿性教育思想的专题讲座。

2003年，各学科实验教师进行培训，内容是：新课程标准解读，实验教材分析，新教材教法探讨及示范，校本课程开发。5月，邀请内蒙古师范大学、内蒙教研室、内蒙教科所专家进行课改中期培训。在临河中山学校召开"洋思中学经验交流与推广"，提出"先学后教，当堂练习"的课堂教学改革经验。

2004年，开展校际教研活动，临河区小学、初中分为9大片，教研员和专家组成员不定期到各片参与教研活动，课改实验教师参与率100%。4月，组织召开巴彦淖尔市新课改实验现场会，四中、五中、四小、五小展示了课改实验成果。国家级新课改实验区宁夏灵武市教育局局长马彦平带队，一行7人，来临河指导培训。7月23—26日，临河三中承办全国"英语二十四字整体教学模式研究与实验"研讨会；9月4—5日，承办"2005年高考科学备考研讨会内蒙古分会"，来自北师大附中等校的11位专家、教授讲学，参会代表1200人。

2005年6月，自治区教研室在临河区组织召开自治区综合实践活动课经验交流现场会，临河回校展示了优质课，介绍了开展综合实践活动课的先进经验。回校刘昱瑛等三名教师，受中央教科所邀请，赴山东参加全国综合实践活动课颁奖大会并作经验介绍。组织开发体现各校特色的校本课程。

2007年11月，推广"整体优化教学法"和陕西师大张熊飞教授"诱思探究学科教学论"思想；推进"小语整改"和"中语整改"实验；创新"洋思经验""衡水经验"，拓宽初高中课堂教学改革领域。

2008年，临河四中、五中、园丁学校的"中语整改"通过巴彦淖尔市教育局阶段性验收。临河一中学习衡水"以考代练、以考促学"经验，教学质量有所提高。

2009年4月，临河区教研室书记王志和等一行5人，赴山东省聊城市茌平县杜郎口镇中学考察学习，推进课程改革进程。5月17—18日，临河区举办学习杜郎口中学教学模式观摩研讨会，杜郎口中学校长崔其升作了教改经验介绍，两位骨干教师，分别作了初中语文、数学现场示范课，临河区实验校二中、九中的教师作了观摩课。9月，推行高一年级普通高中新课程教改实验。11月，临河二中召开推进杜郎口模式观摩研讨会。到年底，组织开展校际教研交流活动10次，召开科研课题现场观摩研讨会4次，教研员下校参与教师集体备课1200次。临河十中等学校推行的"学案导学"教学法，以培养学生自主学习为主，让学生发现并提出问题，让教师做到精讲。

2010年4月初，临河二中组织召开推进学习杜郎口教学模式经验交流现场会。

第十二章　教育管理

第一节　行政管理

1991 年，临河市教育局出台《临河市小学教师学历补偿教育五年规划》，对小学教师文化业务素质提出要求。《关于调整全市小学学制的安排意见》提出，全市小学学制一律调整为五年，分三年三批调整完毕。

1992 年，临河市 18 个乡镇完成普及初等教育任务，办学条件上实现"一无两有"（校校无危房，班班有教室，人人有课桌凳），教师队伍齐备，符合国家规定的学历要求，宣布实施初等义务教育。

1995 年，加强教师继续教育，继续教育证书作为中小学教师职评、聘任、晋级和新教师转正的必要条件。

1996 年，教育局出台《校长任期目标管理考核评估方案》，对校长任期内的德、能、勤、绩进行全面考核。在教师管理方面开展"讲师德、铸师魂、树形象、作表率"系列活动。

1997 年，出台《名教师、名校长、名学校认定办法》，从此"三名"工程成为临河市教育管理的一项重要措施。

1999 年，临河市调整农村中小学布局，农村学校缩减教学班 54 个。出台《临河市教职工聘任暂行办法》《临河市教育系统干部任免办法》《临河市关于鼓励城镇教师下乡，提高农村教师待遇的暂行办法》等配套改革文件。

1999 年 8 月底，全市 5081 名教师被聘任上岗。对待聘人员，按"以内部消化为主，争取上级优惠政策和寻找出路，不断后路"的原则，将 1158 名待聘教职工进行了分流，当年减轻市乡财政负担 432 万元。

2000 年，临河市合理调整学校布局，撤并农村小学 20 所、中学 2 所。同时，农管局中小学移交至临河市。

2001 年，教研室、电教站、图书资料室、教师进修学校合并为临河市教育科研管理服务中心。四个单位人员共用，资源共享，内部一体运作，对外相对独立工作。继续深化教师聘任制度改革，出台《关于教职工第三轮聘任的有关规定》，将各学校在编教师的 5% 进行系统内交流或待岗，共有 232 名教师参与交流，172 名教师被重新聘任上岗，60 名教师参加培训，清退了临时工。

2003 年，临河市技校改建为临河市第十中学，临河三中办成完全高中。完善了收费制度，坚决执行中小学"一费制"制度，公办高中招收择校生的"三限政策"（限分数，限人数，限钱数）。

2004 年，撤并农村小学 14 所，中学 1 所。制定《临河区义务教育阶段教育资源整合五年规划》，确定今后五年的发展方向是区办中学、乡镇暂保留初中部分年级作为过渡，到 2008 年实现集中优势资源办寄宿制中心小学的目标，形成城乡一体化办学格局。

2005 年，临河区教育局与内师大继续教育学院合作，在临河区范围内培养 30 名高中、40 名初中、30 名小学专家型教师，简称"343 百名专家型教师"工程。将双河、临铁小学并入临河区第三小学。

2006 年，临河教育初步形成"区办中学（初中、高中、职中），镇所在地办小学，乡镇、村办幼儿园"的新格局。

2007 年，实行"阳光招生"和"阳光收费"政策，按照"控制规模，科学管理，强化科研，提升质量"的思路，促进高中教育均衡、内涵、多样化发展。实现了 92.1% 的普及高中目标。

2008 年，完善学校量化考核指标体系，强化督导统一评比制度，开展了创建特色学校，学校优势项目评选竞赛活动，开展了学校管理先进校，校园文化实验校评选活动。健全了素质教育综合评价体系，增加了"测评性考核指标"（指当年的各类考试、学校自评和各种民意测评构成的指标，成绩以现场测评分数为主）。建立了非统考科目质量检测标准和办法，推进素质教育的力度。制定了《2008 年临河地区初中毕业班优秀素质生推荐工作和定向指标分配工作方案》，完善了"多元化评价、多样化

录取"的初中毕业和高中考试招生办法，建立了学生综合素质评价与高中招生改革相结合机制，提高了农村学校和城区薄弱学校定向指标分配名额，让农村学校和城区薄弱学校的学生能够进得来、留得住、学得好。制定了《中小学校长（园长）登讲台活动实施方案》，以校长登讲台或办讲座，师生读书为重点内容，开展了"书香校园"创建活动。制定了《课程建设，教师专业发展，学生创新和实践 2009—2011 三年发展规划》，促进学校主动发展、内涵发展。学校内部管理水平全面提升，建成了自治区学校管理先进区。

2009 年，制定《关于进一步加强师德师风建设的实施意见》，弘扬高尚师德。实施义务教育学校绩效工资，出台奖励骨干教师政策。制定《临河区教育系统财务管理实施办法》《临河区教育系统关于对重大事项实行民主议事、民主决策、民主监督的实施办法》等制度，健全学校精细化管理模式，提高管理水平。下发《临河区教育系统内部审计实施办法》《临河区学校幼儿园伙食财务管理实施意见》，加大教育"三乱"治理力度。各高中学校严格控制学校规模和班容量。

表 27 - 12 - 1　　　　　　临河市（区）教育工作者当选人大代表一览表

年份	姓名	性别	民族	届次	单位
1991 年	康玉莲	女	汉族	第十一届市人民代表	临河市教育局局长
1996 年	张永胜	男	汉族	第十二届市人民代表	临河市教育局局长
1996 年	郝巴楞	男	蒙古族	第十二届市人民代表	临河市教育局
1999 年	张永胜	男	汉族	第十三届市人大代表	临河市教育局局长
1999 年	王宗京	男	汉族	第十三届市人大代表	临河一中副校长
1999 年	刘秀花	女	汉族	第十三届市人大代表	临河四中教师
2004 年	武石平	男	汉族	第十四届市人大代表	临河区教育局局长
2004 年	屈强军	男	汉族	第十四届市人大代表	临河三中校长
2004 年	杨葡萄	女	汉族	第十四届市人大代表	临河六小教师
2009 年	屈强军	男	汉族	第十五届市人大代表	临河区教育局局长
2009 年	王宗京	男	汉族	第十五届市人大代表	临河三中校长
2009 年	张锦平	男	汉族	第十五届市人大代表	临河一中校长
2009 年	兰明	女	汉族	第十五届市人大代表	临河二中教导主任

表 27 - 12 - 2　　　　　　　　　　临河市（区）教育工作者当选政协委员一览表

年份	姓名	性别	民族	届次	单位
1991 年	左民爱	女	汉族	第七届市政协副主席	临河三中教师
1991 年	马长富	男	汉族	第七届市政协委员	临河教育局副局长
1991 年	左民爱	女	汉族	第七届市政协委员	临河三中教师
1991 年	白玉梅	女	蒙古族	第七届市政协委员	临河蒙小教师
1991 年	李师文	男	汉族	第七届市政协委员	临河隆盛学区
1991 年	李海燕	女	汉族	第七届市政协委员	临河私立幼儿园
1991 年	武敦裕	男	汉族	第七届市政协委员	临河七小校长
1991 年	贾玉福	男	汉族	第七届市政协委员	临河一中教师
1991 年	康玉莲	女	汉族	第七届市政协委员	临河市教育局局长
1994 年	马长富	男	汉族	第八届市政协副主席	临河市教育局副局长
1994 年	左民爱	女	汉族	第八届市政协副主席	临河三中教师
1994 年	贾玉福	男	汉族	第八届市政协常委	临河一中教师
1994 年	马长富	男	汉族	第八届市政协委员	临河教育局副局长
1994 年	左民爱	女	汉族	第八届市政协委员	临河三中教师
1994 年	王向峰	男	汉族	第八届市政协委员	临河逸夫学校校长
1994 年	吴广勤	男	汉族	第八届市政协委员	临河市教育局副局长
1994 年	陈世举	男	汉族	第八届市政协委员	临河市教育局
1994 年	李海燕	女	汉族	第八届市政协委员	临河私立幼儿园
1994 年	赵守荣	男	汉族	第八届市政协委员	临河市教研室
1994 年	贾玉福	男	汉族	第八届市政协委员	临河一中教师
1999 年	赵守荣	男	汉族	第九届市政协常委	临河市教研室
1999 年	王向峰	男	汉族	第九届市政协委员	临河逸夫学校校长
1999 年	刘秀花	女	汉族	第九届市政协委员	临河四中教师
1999 年	陈世举	男	汉族	第九届市政协委员	临河市教育局
1999 年	范瀛	男	汉族	第九届市政协委员	临河一中教师
1999 年	赵守荣	男	汉族	第九届市政协委员	临河市教研室
2004 年	刘秀花	女	汉族	第十届区政协常委	临河四中教师
2004 年	郝力	女	汉族	第十届区政协常委	临河一中教导副主任
2004 年	王向峰	男	汉族	第十届区政协委员	临河逸夫学校校长
2004 年	陈世举	男	汉族	第十届区政协委员	临河市教育局
2004 年	孟保和	男	汉族	第十届区政协委员	临河一职校长
2004 年	郝力	女	汉族	第十届区政协委员	临河一中教师
2009 年	郝力	女	汉族	第十一届区政协常委	临河一中教导主任
2009 年	孟保和	男	汉族	第十一届区政协委员	临河一职校长

续表

年份	姓名	性别	民族	届次	单位
2009 年	郝力	女	汉族	第十一届区政协委员	临河一中教导主任
2009 年	赵慧芳	女	汉族	第十一届区政协委员	临河十中教师
2009 年	马海毓	女	汉族	第十一届区政协委员	临河招办
2009 年	邬桂	女	汉族	第十一届区政协委员	临河四小

第二节　教学管理

1991 年，根据《巴彦淖尔盟中小学常规管理意见》和《巴彦淖尔盟中小学教学常规的若干要求》，临河市对教学中备、讲、辅、批，改等几个环节提出具体要求，教研室每年定期组织教学工作检查，促进《常规》落实。

1993 年，临河市教委主抓教师基本功训练、师资培训、教研教改，提升教学质量。

1997 年，临河市教育局发布《临河市初中教育面向二十一世纪综合改革试验研究课题实施方案》，涉及初中教育的各个方面。

1998 年，临河市取消中小学各种形式的统考。

1999 年，临河教育运用"备、讲、辅、批、考、阅览、实验、活动、科研"九环一体化教学常规管理新模式进行教学管理。

2000 年，临河市出台对口支教活动实施办法。根据《临河市教科研五年规划》开展"三自多样化"（自主学习、自动学习、自觉学习，多规格、多特长成长）教学实验，实施教科研"1234 工程"，对首批 56 个高素质教学班进行了表彰。

2002 年，临河市成立基础教育课程改革实验组织机构，开展基础教育新课程改革师资培调工作。秋季开始小学起始年级实行"六·三"学制，到 2006 年完成。

2003 年，临河市开通"空中课堂"，保证了安全、教育两不误，新课程改革进入实验阶段，培训实验教师 4152 人次。

2004 年，邀请王文湛、魏书生、冯恩洪、李嘉俊等专家进行新课程改革培训，培训教师 3100 名。

2005 年，临河区中小学展开以校为本教科研制度建设工作。

2007—2008 年，临河区创建"平安校园、和谐校园"活动。成立临河区教育学会。

第三节　学籍管理

1990—2003 年，临河市的学籍管理以纸质档案为主，学籍卡由各校、旗县区教育局管理。

1991 年，《关于加强中小学学籍管理的意见》中，对入学、转学、借读、休学与复学、留级与退学、毕业等学籍管理方面的事务，作出明确要求。

2004 年，学籍信息实行学籍卡（纸质）和电子信息双重管理。义务教育阶段学生学籍信息由学校、区教育局管理；普通高中学籍信息由学校、区教育局、市教育局三级管理。

2007 年，对中小学生学籍进行电子化管理。

2013 年，临河区中小学生学籍管理并入全国中小学生学籍信息管理系统。

第四节　安全管理

90 年代，临河市教育、交警共同合作，每年举办"大手拉小手，交通安全齐步走"活动，严格小学生放学戴小黄帽制度。

2000年，拆除学校周边危房，保证学生行走安全；教师不得擅自组织学生外出旅游；经常教育学生假期不玩水，外出注意安全等。

2002年，临河市组成联合检查组，对全市学校、幼儿园、小卖部的食品卫生进行检查。对不符合卫生标准的食堂和具有安全隐患的宿舍，要求立即关停或限期整改。

2007年，临河区对校外租房学生的住房状况及周边环境进行安全检查，对房主提出保障学生多方面安全的要求。

2008年，与校车和运送学生车辆的责任人达成安全共识，消除学生上下学途中的交通安全隐患。

2010年，各校、幼儿园聘请专业保安员担任门卫，加大校园安全保卫经费，增强学校"人防""技防""物防"的力度。

2013年，临河区教育局获全国校园安全管理先进集体，校园安全防范工作经验在全国推广。

2016年，临河区各部门对学校安全进行拉网式排查，净化校园及周边环境。

第十三章　"两基"达标

第一节　主要措施

1995—1997 年，临河市为巩固提高"两基"实施水平作了规划和部署，组织有关部门对自治区人民政府未抽查的学校、学区进行普查，及时解决问题；组织临河市教委部分干部和学校、学区负责人到乌海、包头等地学习先进经验，找差距和不足，找薄弱环节和突破口，为赶超先进奠定基础；加强学校财会人员、档案管理人员和库室管理人员的培训，使学校管理工作趋于规范、科学。

2000 年，为切实制止学生辍学，提高义务教育普及程度，在第九个义务教育宣传月期间，临河市教委会同团委、妇联、工会等 10 多个部门，和乡镇领导干部深入街道、村社向群众发放普法宣传材料，出动宣传车 8 辆，3 万人次，散发宣传材料 4 万份，张贴标语 2500 条，接待现场咨询 5000 人次。及时推广白脑包、丹达等乡镇制止辍学，动员复学经验，动员领导、教师及乡镇干部、司法人员进村入户，说服动员辍学生复学，初中辍学问题得到控制。先后召开"两基"工作会议 4 次，帮助学校充实规范"两基"档案。

2001 年，扩建四中教学楼 1600 平方米、实验楼 2500 平方米。曙光建 2200 平方米教学楼，改善办学条件；二中投资 40 万元，图克投资 30 万元，八一投资 10 万元，争取外援，古城争取港商投资 19 万元，图克争取 3 万元，隆胜争取 2 万元翻新教室，购置电脑，全市学校引进现代教育技术设施价值 200 万元。被命名为自治区现代技术优秀校的有：六小、七小、四小、三中、七中、园丁 6 所学校。教育图书馆被国家图书馆协会吸收为会员单位。一中、三中、隆胜佳兵、城关增光等 19 所学校建成巴彦淖尔盟花园校，二小、七小等 6 所学校被评为临河市绿色校。有 5 所学校被评为临河市义务教育示范校。

2002 年初，临河市教育局与各学校签订《控辍责任状》，4 月 13 日在双河镇召开临河区联动控辍现场，推广双河总校、干召总校依法控辍、教改控辍、扶贫控辍、管理控辍的先进经验；向上级争取贫困生补助 30 万元，从爱德基金、河套酒业集团、巴盟热力公司募集资金 28300 元，市教育基金会匹配 8000 元，资助贫困学生 114 名；为三中宏志班 56 名学生减免费用；双河学区面向社会开展捐资助学活动，募集资金 13000 元，为 28 名贫困学生解决入学难问题。一年来，共为 1200 名贫困生减免杂费、伙食费 10 万元。全市有 221 名辍学生经动员返校复读。

2003 年，临河市教育局与大中城市院校和东部区 10 所学校建立援助关系；争取世行投资意向 8600 万元，自筹资金 2704 万元，为一中扩建校园，新建图书大楼；为三中新建实验室、图书馆；为一职中新建 2 号教学楼、2 号公寓楼。争取日本政府无偿援助1300万元，用于园丁学校、古城东方红小学、狼山中心小学、三小等学校的校园建设。花园式学校成为城乡一大景观。不少学校建起了教师电子备课室，安装了教学辅助系统，113所学校安装了远程教育网络接收系统，投资215万元建成了临河市教育城域网，一中投资300万元安装校园网，九中以宽带光缆的形式开通城域网，电教中心教学资源存储量日渐扩大，为全市实现教育现代化发挥了不可替代的作用。

2004年，先后改造建设17所学校。加大花园式学校和"绿色学校"创建力度。

2005年，争取上级危改资金410万元，职业教育和外商资金156万元，累计投入资金3780万元，改造校舍40457.54平方米。加强现代化网络建设，提高设施设备使用率。

2006年，推进农村义务教育经费保障新机制改革；落实城镇低保家庭子女接受义务教育免杂费和免费提供教科书政策；落实进城务工农民工子女入学政策和城市新区建设失地农民子女就学政策。

2007年，临河区义务教育阶段中小学6万多名学生，全部纳入义务教育经费保障机制范围，教育阶段免收杂费并核拨公用经费，为农村和城镇低保家庭子女提供免费教科书，为农村贫困寄宿学生补助生活费。发放免学杂费和公用经费保障资金834万元，惠及学生61567人。发放2007年春季学期必设科目免费教科书资金33.9万元，发放农村中小学贫困寄宿制学生生活费补助资金157.2万元。建设六中公寓综合楼、八中教学楼、八小教学楼19642.39平方米；建设四小塑胶操场6616平方米。缩小边缘学校和中心学校的差距，推进教育均衡发展。投入资金352.31万元，改造建设黄羊、干召、新华、古城、白脑包、城关等7所学校餐厅和宿舍，改善农村学校生活服务设施，提高农村学生寄宿率和巩固率。投入160万元购进教学仪器设备，改善学校办学条件，巩固提高"两基"成果。

2009年，拓宽资金筹集渠道，争取各级各类专项资金13207.8万元，各类经费及时分配，拨付各学校，保障学校各项工作顺利开展，全区校园基础设施建设向标准化道路迈进。

第二节　达标情况

1995、1996、1997年，临河市财政对教育的拨款分别比上一年增长12.1%、14.63%、7.35%；财政对教育的拨款（事业费）占财政总支出的比例分别为25.66%、23.88%、22.07%，财政对教育的拨款占教育总支出的比例分别达到58.38%、54.94%、57.34%，公用经费占当年教育事业费的比例分别达到13.88%、11.56%、11.28%，生均教育事业费小学分别为299元、384元、356元，初中分别为339元、382元、351元，生均事业费支出中的公用经费小学分别为26元、35元、46元，初中分别为40元、52元、58元，生均公用经费的实际支出数小学分别为288元、376元、385元，初中分别为342元、460元、467元；城镇教育费附加实征92.2万元、155万元、196万元，征收率分别达到83.6%、100%、100%（1995年欠征18.1万元，1996年补征了7.2万元，1997年补征了29.5万元）；农村教育费附加实征506.8万元、563.4万元、543.3万元，征收率分别达到95.8%、93.6%、93%。地方教育附加费1996年征收97万元，1997年征收154万元。此外，鼓励社会各界和广大群众集资、捐资156.01万元，学校开展勤工俭学创收1575万元，缓解教育经费的不足。

1998年，临河市城乡适龄儿童入学率100%，适龄少年入学率城区100%，农村97.8%；残疾儿童少年入学率城区98%，农村76.9%；全市小学毕业率100%；初中毕业率城镇100%，农村98.1%。辍学率城镇小学、初中均为0，农村小学为0，初中控制在2.2%以内；全市15周岁人口初等教育完成率100%，17周岁人口初级中等教育完成率城镇100%，农村99.2%；15周岁人口中无文盲。

1999年，抓"两基"巩固提高工作，多方筹措资金，改善办学条件；加大薄弱学校改造力度，推进农村学校减班并校进程；强化义务教育管理措施，健全完善学籍档案。全市适龄儿童入学率100%，按时毕业率小学100%，初中98.6%，分别比全盟的平均水平高2.42、1.38个百分点；巩固率小学100%，初中99.3%，分别比全盟的平均水平高0.36、0.06个百分点；辍学率小学为0，初中为0.7%，分别比全盟的平均水平低0.36、0.06个百分点。

2000年，巩固"两基"成果，提高实施水平，一中、四中、五中、一小、二小、五小、逸夫、隆胜中学、新华中学被自治区教育厅命名为全区现代教育技术优秀学校，占巴彦淖尔盟被命名学校总数的30%。完成八中、回小、三小改薄任务。临河市花园式学校建设初具规模，临河一中等14所学校被评为花园式学校，黄羊学区获得校园建设特别奖。八中等5所学校被验收为临河市级示范校，逸夫学校被评为自治区级实验校，新华镇幼儿园被评为自治区级示范园。

2001年，临河市被命名为自治区现代技术优秀校的有：六小、七小、四小、三中、七中、园丁6所学校。教育图书馆被国家图书馆协会吸收为会员单位。一中、三中、隆胜佳兵、城关增光等19所学校建成巴彦淖尔盟花园校，二小、七小等6所学校被评为临河市绿色校。有5所学校被评为临河市义务教育示范校。

2002年，临河市幼儿入园率城区97.86%，农村69.54%，农村学前一年入班率89.1%；适龄儿童入学率100%；初中生辍学率城区控制在0.35%，乡镇控制在1.26%。实施"金钥匙工程"，提高视障儿童随班就读率，视残儿童少年入学率100%。

2003年，临河市又建成盟级花园式学校24所，建成巴彦淖尔盟级花园式学校55所，居全盟首位。

2004年，建成11所市级花园式学校；在创建"绿色学校"活动中，临河区有12所学校被认定为"绿色学校"。

2005年，临河区本年度自治区"两基"复查验收排名第一。

2006年，提高"两基"实施水平，农村教育城镇化，城乡义务教育均衡发展。中小学生入学率100%，辍学率控制在1%以下。适龄残疾儿童入学率95%以上。

2008年，在巴彦淖尔市农村教育工作现场会上，临河区就优化资源配置、教育均衡发展、农村寄宿制学校改造、师资队伍建设、学校管理等方面作了经验介绍，受到好评。

2009年，贫困寄宿生生活补助费的发放实施"一卡通"工程，补助资金直接发放到贫困寄宿生手中。临河区中小学校舍安全工程，全年共加固项目学校25所，加固面积6.06万平方米；重建项目14个，重建总面积9.01万平方米，完成全区校安工程建筑任务的30%。

第二十八篇
科技　气象

第一章 科学技术

第一节 机 构

一、行政管理机构

1991年，临河市科委经过两次大的机构改革，3个二级单位相继撤销、转制和上划。同年，临河市科委（科协）有干部职工29人，因机构改革，人员通过调离、买断工龄、退休等方式精减分流。

1995年，临河市建立乡镇科学技术委员会20个、政府其他部门科技科、股室15个、科技工作站96个。

1998年5月，科学技术试验站撤销，新能源利用研究所继续保留，成为自收自支、自负盈亏的企业化管理事业单位。

2001年3月，临河市标准计量所上划，升格成为巴彦淖尔盟临河市质量技术监督分局。

2002年，临河市科学技术局内设办公室、科技管理业务股、科技项目办公室、技术市场管理办公室。编制11人。同年7月，科协设立专职科协主席，科委主任不再兼任。

2004年，临河区科技局有干部职工13人。同年6月，科协从科技局剥离，成为独立的群团组织。

2015年4月，科技局撤销，职能职责与教育局整合，组建临河区教育和科学技术局。

2016年9月，临河区教育和科学技术局机构正式合并，有干部职工13人，行政编制10人，工勤编1人，事业编制2人。

二、事业单位

1991年，临河市科学技术委员会有3个二级事业单位：标准计量所、科学技术试验站、新能源利用研究所。科学技术试验站和新能源利用研究所属两块牌子，一套人马。

1996年，科学技术试验站有职工32人，1998年5月撤销。

2001年，标准计量所由上级业务部门直管，并升为科级建制单位，更名为巴彦淖尔盟质量技术监督局临河市分局。

2007年10月，临河区科技服务中心成立，编制2人，事业性质，属于科技局股级建制二级单位。

2013年8月，科技局科技服务中心更名为临河区科技局生产力促进中心，原隶属关系、机构规格、人员编制不变。

第二节 体制改革

一、科研体制改革

由于科学技术试验站、新能源利用研究所与

农机局职能重叠，1998 年被撤销，科研与推广任务自然取消。进入新世纪，民营科技企业发展迅速。

2006 年，临河区科技局引导企业建立研发机构，提升自主创新研发能力。

2016 年，临河区有国家级企业研究中心 1 家、国家级工程研究中心 1 家，自治区级院士专家工作站 2 家，巴彦淖尔市级博士工作站 3 家，自治区级企业技术研究开发中心 18 家，自治区级民办研究院 1 家，巴彦淖尔市级研究院 3 家、企业技术研究中心 10 家。

二、科技培训服务

1991 年，临河市 20 个乡镇、151 个行政村建立农民科技培训中心或培训站。

1991—1997 年，培训农民 105.2 万人次，技术骨干 3.3 万人次，农民助理技术员 504 人，绿色证书技术人员 2062 人，三级干部 2905 人次，科技示范户 7500 多户。印发培训教材 510 万册。

2005 年 4 月 12 日，临河区科技局开通"96048"农牧业科技服务热线，启动科技特派员创业行动。

2007 年，在八一办事处联丰村生态能源小区建立农民科技培训学校和农牧民远程教育示范基地，当年开展各种培训 8 场，培训农民 1200 多人次。

2008 年 7 月，"96048"农牧业科技服务热线升级为星火科技"12396"服务热线。

2012 年 6 月，京蒙科技合作启动，实施"信服通"工程，5 家科技型企业作为试点联入北京信服通网络平台。开展技术咨询、产品推销、信息收集服务，解决企业生产中的技术问题和技术需求，促进产品销售。

2014 年，通过智能手机利用 3G 网络技术，向农民传送科技服务信息。

2016 年，临河区有科技信息员 29 人，手机 App 用户 8000 人，服务热线接听咨询电话 781 个，解决问题 759 个，挽回经济损失 175 万元。开展宣传活动 4 次，发放宣传资料 5200 余份。2000—2016 年，培训农民和镇村组三级技术骨干 171.14 万人次，80% 以上的农村劳动力接受了科技培训，每户有一个科技明白人，掌握 2～3 项适用增产增收技术，解决了制约农村发展的科技"瓶颈"。临河涌现出一批服务优秀、创业成功的科技特派员典型，6 名科技特派员分别荣获全国优秀、自治区优秀和巴彦淖尔市十佳优秀科技特派员称号。

三、经营管理改革

1991—2001 年，临河市科技局的经费类别主要是行政经费。

2002—2006 年，经费全部为财政拨款，主要包括：行政经费；科技三项费用—产业技术研究与开发、事业经费，专款专用；项目经费，由科技局负责审批立项使用。

2007 年，上级对基层科技项目的投入逐年加大。

2007—2016 年，科技项目经费主要用于技术研究与开发、科技条件与服务、科技重大专项和其他科学技术支出。

2013 年，临河区科技局获得上三级科技项目经费 3690 万元，超过 1991 至 2012 年项目经费的总和。

2014—2016 年，年均争取上级科技项目经费都在 1000 万元以上。

科技局的会计核算形式为：1991—2003 年单位独立核算；2003—2012 年由临河区会计局集中核算；2012—2016 年是临河区财政国库集中支付。

第三节　科技队伍

1991 年，临河市成立 10 人组成的科技顾问团。

1995 年，临河市有科技工作者 7351 人，其中社会科学工作者 4136 人，自然科学工作者 3215

人；获得专业技术职称 4453 人，其中高级职称 73 人、中级 855 人、初级 3525 人。

2002 年，临河市有科技人员 7979 名。

2003 年，临河市有在岗科技人员 6717 人，其中男 2839 人，女 3878 人。职称分布：高级职称 283 人，其中男 161 人，女 122 人；中级职称 2643 人，其中男 1173 人，女 1470 人；初级职称 3791 人，其中男 1505 人，女 2286 人。有 22 项成果通过各级鉴定，其中国家级 2 项、自治区级 17 项、盟级 3 项。获国家专利 5 项。

2011 年，临河区有在职科技人员 7009 人，其中行政事业单位 6413 人，规模以上企业 596 人。学历层次：硕士及以上 94 人，本科学历 2966 人，大专学历 2408 人，中专及中技 1541 人。职称情况：高级职称 1175 人，中级职称 3230 人，初级职称 1122 人。

2016 年，临河区有专业技术人员 6638 人，其中高级职称 2018 人，中级职称 2990 人，初级职称 1630 人。

第四节　科技规划与项目实施

1991—2016 年，临河市（区）科技局编制 6 部科学技术发展五年规划，制定和完善《临河区市关于实施"科教兴市"战略加速科学技术进步的决定》《临河市工业企业技术进步管理办法》《临河市科技经费管理办法》等一系列政策性文件。"十五"至"十三五"期间，相继制定《临河区人民政府关于深入实施创新驱动发展战略的意见》《临河区关于发展众创空间建设创新创业试点基地实施方案》等文件。至 2016 年，临河区先后争取到国家科技富民强县专项行动计划、科技创新基金、自治区科技重大专项、成果转化、应用技术研究与开发、知识产权等项目 132 个，其中国家级 9 个、自治区级 45 个、市级 69 个、区本级 9 个，项目资金 9211 万元。

表 28－1－1　　　　　　**1991—2016 年临河市（区）各级科技项目立项统计表**　　　　　单位：年、万元

项目名称	项目经费来源	承担单位	立项时间	资金
吨粮田综合栽培技术推广	临河市财政局	临河市科委	1991	3
永良 4 号小麦新品种引进与推广	临河市财政局	临河市科委	1992	2
星月高科技示范园区建设	内蒙古科技厅	星月科技有限公司	1999	50
秸秆高效转化利用技术推广	内蒙古科技厅	临河市科委	2002	5
临河市农业科技园区	内蒙古科技厅	临河市科技局	2003	5
甜瓜裂果现象综合防治技术研究	临河市财政局	临河市农业推广中心	2003	1.5
梨类及小杂果引种试验	临河市财政局	临河市林业局	2003	1.8
牧草及例料作物引种试验	临河市财政局	临河市草原站	2003	1.6
牧草及饲料作物品质评定及饲喂效果试验	临河市财政局	临河市草原站	2003	1.6
黄羊井灌区地下水位水质耕层土壤结构盐分动态定位定项监测	临河市财政局	临河市水利局	2003	2
农药残留速测监测项目	临河市财政局	临河市绿办	2003	1.5
城郊区高效绿色奶业集约化生产技术集成与产业化示范	内蒙古科技厅	内蒙古秋林公司	2004	15

续表1

项目名称	项目经费来源	承担单位	立项时间	资金
临河市农业科技园区	内蒙古科技厅	临河市农业科技园区建设管委会	2004	5
自治区星火示范学校（星火项目）	内蒙古科技厅	临河区一职	2005	
基层能力建设	内蒙古科技厅	临河区科技局	2005	2
城郊奶牛集约化生产技术	内蒙古科技厅	内蒙古秋林公司	2005	10
牛奶生产技术集成及牧场循环经济模式示范（星火项目）	科技部	内蒙古秋林公司	2006	
奶牛性别控制技术研究示范基地建设	内蒙古科技厅	临河区家畜改良站	2006	3
生物质能研究与开发利用	内蒙古科技厅	内蒙古秋林公司	2006	3
临河区八一联丰农业科技示范园区建设	巴彦淖尔市科技局	临河区科技局	2006	2
原料奶及乳制品生产全过程质量与安全控制	内蒙古科技厅	临河区科技服务中心	2007	3
农村牧区适用技术集成模式示范	内蒙古科技厅	临河区家畜改良站	2007	10
城郊型特色科技园区建设	巴彦淖尔市科技局	临河区科技服务中心	2007	5
临河区农村科技服务体系建设科技特派员创业行动	巴彦淖尔市科技局	临河区科技局	2007	3
临河地区麦后复植穴盘育苗向日葵、那氏778基因诱导剂、新兴除草剂适用技术示范	巴彦淖尔市科技局	临河区科技服务中心	2008	3
河套地区穴盘育苗基质选配研究	巴彦淖尔市科技局	临河区科技服务中心	2008	5
科技110服务体系建设	巴彦淖尔市科技局	临河区科技服务中心	2008	3
城郊型特色科技示范园区建设	巴彦淖尔市科技局	临河区科技服务中心	2008	2
鱼类新品种引进试验	巴彦淖尔市科技局	临河区渔业协会	2008	5
专利成果转化秸秆气化炉开发	巴彦淖尔市科技局	临河区职业学校	2008	5
专利成果转化多功能教学仪开发	巴彦淖尔市科技局	临河区渔业协会	2008	3
新品种推广	巴彦淖尔市科技局	临河区科技服务中心	2008	3
1500亩优质高产池塘精养技术集成示范	内蒙古科技厅	恒丰公司	2009	10
绿色优质富硒小麦技术成果产业化	内蒙古科技厅	金川高科股份有限公司	2009	40
金川啤酒糖化动态低压煮沸自动控制系统在金川啤酒生产中的应用	内蒙古科技厅	内蒙古富川饲料有限责任公司	2009	40
巴美肉羊绿色专用饲料研究与推广	内蒙古科技厅	临河区渔业协会	2009	40
鱼类新品种引种试验	巴彦淖尔市科技局	临河区科技服务中心	2009	5
科技园区建设	巴彦淖尔市科技局	河套大学生物中心	2009	1.5
科技园区建设	巴彦淖尔市科技局	科河种业有限公司	2009	1.5
科河8号玉米新品种推广	巴彦淖尔市科技局	内蒙古京新药业公司	2009	12
京新药业新产品开发	巴彦淖尔市科技局	华龙种业公司	2009	10
华龙种苗青红椒新品种推广	巴彦淖尔市科技局	内蒙古精益建筑有限公司	2009	2

续表2

项目名称	项目经费来源	承担单位	立项时间	资金
建筑新材料推广	巴彦淖尔市科技局	临河区科技服务中心	2009	2
新农村新牧区科技服务体系12396服务热线建设	巴彦淖尔市科技局	八一联丰	2009	5
现代高效设施农业园区技术集成示范	内蒙古科技厅	临河区科技服务中心	2010	40
临河区科技特派员创业行动	巴彦淖尔市科技局	临河区科技服务中心	2010	8
农作物穴盘育苗基质选配与应用推广	临河区农业开发办		2010	45
北方地区环保节能型真空超导复合型管采暖技术推广应用研究	巴彦淖尔市科技局		2010	10
1991－2010年共47个项目，其中国家级1个，自治区17个，市级20个，区本级9个				437
肉羊绿色养殖技术集成及其产业化建（富民强县）	科技部内蒙古科技厅市科技局	临河区科技服务中心	2011	282
河套地区穴盘育苗向日葵"三植"技术示范推广（星火项目）	科技部	临河区科技服务中心	2011	
八一联丰新农村建设重点技术集成	内蒙古科技厅	临河区科技服务中心	2011	20
河套地区优质蓖麻制种基地建设	巴彦淖尔市科技局	双荣商贸专业合作社	2011	5
临河区科技局能力建设	巴彦淖尔市科技局	临河区科技局	2011	5
育苗移栽机械化技术集成组装示范推广	巴彦淖尔市科技局	临河区科技服务中心	2011	5
2011年共6个项目，其中国家2个，自治区2个，市级3个				317
河套地区麦后移栽向日葵技术集成组装与推广示范	内蒙古科技厅	临河区科技服务中心	2012	15
2BDGP－2D型气吸式精量铺膜播种机研究	内蒙古科技厅	富田机械有限责任公司	2012	50
临河区设施农业博士工作站建设	巴彦淖尔市科技局	临河区科技服务中心	2012	20
临河区科技特派员农村科技创新创业行动	巴彦淖尔市科技局	临河区科技服务中心	2012	8
肉羊标准化养殖技术	巴彦淖尔市科技局	内蒙古富川饲料有限责任公司	2012	15
临河区新华镇新丰村韭菜生产科技示范基地	巴彦淖尔市科技局	临河区新华镇韭菜专业合作社	2012	20
鱼类新品种引进推广试验示范	巴彦淖尔市科技局	巴彦淖尔市临河区渔业协会	2012	15
向日葵病虫害防治技术研究与示范	巴彦淖尔市科技局	内蒙古金田正茂	2012	10
2012年共8个项目，其中自治区2个，市级6个				153
玉米生物育种技术研究与应用	科技部	科河种业有限公司	2013	50
全封闭气吸式精量铺膜点播机的应用推广	科技部	富田机械有限责任公司	2013	60
玉米育繁推一体化（星火项目）	科技部	金田正茂农业有限公司	2013	
巴美肉羊产业化技术研究集成与应用（重大专项）	内蒙古科技厅	内蒙古草原宏宝食品有限公司	2013	3000

续表3

项目名称	项目经费来源	承担单位	立项时间	资金
巴美肉羊高品质标准化规模养殖研究与示范（重大专项）	内蒙古科技厅	内蒙古富川饲料有限责任公司	2013	500
临河区科技局能力建设	巴彦淖尔市科技局	临河区科技局	2013	8
临河区浩彤设施农业博士创新实践基地建设	巴彦淖尔市科技局	临河区科技服务中心	2013	20
110万把肠衣制品及提取肝素钠工艺研究及应用	巴彦淖尔市科技局	内蒙古泰亨肠衣制品有限公司	2013	10
临河区优质高产草莓栽培产业化建设项目	巴彦淖尔市科技局	内蒙古思拜恩农业	2013	10
临河区优质高产草莓栽培产业化建设项目	巴彦淖尔市科技局	科技有限公司	2013	10
富川巴美肉羊繁育技术研究中心建设	巴彦淖尔市科技局	内蒙古富川饲料股份有限公司	2013	10
金田正茂玉米生物育种技术研究中心建设	巴彦淖尔市科技局	内蒙古金田正茂农业发展有限公司	2013	10
无痛微针阵列给药技术用于运动系统慢性损伤性疼痛治疗研究	巴彦淖尔市科技局	临河区中心医院骨科	2013	2
2013年共12个项目，其中国家级3个，自治区2个，市7个				3690
新型高效气化节能炉头的研发	科技部		2014	60
羊小肠黏膜制取肝素钠技术研发与示范	科技部		2014	120
玉米生物育种技术研究与应用	内蒙古科技厅		2014	100
肉羊多胎系提纯扩群与产业化利用	内蒙古科技厅		2014	15
新型高效气化节能炉头的研发	内蒙古科技厅		2014	15
临河区浩彤设施农业创新实践基地建设	内蒙古科技厅		2014	20
临河区优质高产草莓栽培产业化建设	内蒙古财政厅		2014	20
巴美肉羊产业化技术研究集成与应用（自治区重大专项市级配套资金）	巴彦淖尔市科技局		2014	1500
草莓新品种引进、试验、示范与推广	巴彦淖尔市科技局		2014	50
临河区高效设施蔬菜产业化建设	巴彦淖尔市科技局		2014	30
日光温室草莓立体栽培技术研究与示范	巴彦淖尔市科技局		2014	20
临河区现代农业科技园区建设	巴彦淖尔市科技局		2014	10
临河地区农牧业生产废弃物有效化及穴盘育苗基质选配技术集成与应用	巴彦淖尔市科技局		2014	10
蔬菜工厂化育苗技术集成示范科技特派员创业	巴彦淖尔市科技局		2014	5
玉米商业化育种	巴彦淖尔市科技局		2014	20
2014年共15个项目，其中国家级2个，自治区5个，市级8个				1995
河套优质春小麦全产业链关键技术研究与产业化开发（重大专项）	自治区科技厅		2015	800

续表4

项目名称	项目经费来源	承担单位	立项时间	资金
内蒙古现代肉羊产业科技特派员创业链建设	自治区科技厅		2015	20
草莓全年生产技术集成与产业化	自治区科技厅		2015	60
河套灌区化肥农药对农田土壤污染防控技术研究及草莓高效栽培技术集成与产业化	自治区科技厅		2015	20
巴彦淖尔市特色产业共性技术分析和科技特派员创业链建设	自治区科技厅		2015	15
内蒙古羊畜产品电子交易平台建设	自治区科技厅		2015	20
固态高端奶制品制取工艺技术研究与开发	自治区科技厅		2015	50
非金属资源制备无机高效吸附剂技术应用	自治区科技厅		2015	50
同态奶制品制取系列专利技术转化	自治区科技厅		2015	15
节能环保牧区新型炊事供暖系统的开发与专利转化应用	自治区科技厅		2015	10
高原优质小麦有机栽培技术集成与产业化示范	自治区科技厅		2015	15
科技示范园区及成果转化推广	巴彦淖尔市科技局		2015	10
新型农村科技服务模式的建设与示范	巴彦淖尔市科技局		2015	20
生物有机肥用于盐碱地改良的研究与应用	巴彦淖尔市科技局		2015	10
废弃油脂提取生物柴油的研究与示范	巴彦淖尔市科技局		2015	10
漂浮式渠道水表的研制	巴彦淖尔市科技局		2015	10
河套小麦延面加工技术的研究与示范	巴彦淖尔市科技局		2015	20
河套地区设施蔬菜工厂化育苗及黄瓜嫁接育苗关键技术集成与应用	巴彦淖尔市科技局		2015	10
食用向日葵杂交新品种选育与研究	巴彦淖尔市科技局		2015	10
2015 年共 19 个项目，其中自治区 11 个，市级 8 个				1175
巴彦淖尔市国家农业科技园区临河核心区建设	科技部		2016	60
巴美肉羊繁殖技术应用与推广建设	自治区科技厅		2016	55
兆丰院士专家工作站建设	自治区科技厅		2016	20
环境友好型微生物菌肥的研发及产业化	自治区科技厅		2016	200
蒙式干酪和发酵关键技术研究与产业化开发（重大专项）	自治区科技厅		2016	500
无机高效吸附剂及设备的研发及成果转化应用	自治区科技厅		2016	30
可视物联网应用系统开发	自治区科技厅		2016	220
基于物联网的食品安全可追溯系统研究与示范	内蒙古科技厅		2016	50
玉米新品种选育及重大技术集成研究与应用	巴彦淖尔市科技局		2016	30
肉羊三元配套系杂交技术研究及产业化集成示范	巴彦淖尔市科技局		2016	30
河套地区工厂化育苗技术集成组装及产业化	巴彦淖尔市科技局		2016	20

续表5

项目名称	项目经费来源	承担单位	立项时间	资金
利用复合酵素（酶制剂）—"EMBC 工法"处理垃圾污水成果转化	巴彦淖尔市科技局		2016	20
河套小麦品种改良院士专家工作站	巴彦淖尔市科技局		2016	10
绿隆甜椒新品种栽培与推广技术集成	巴彦淖尔市科技局		2016	10
设施蔬菜新品种引育及配套技术集成与示范	巴彦淖尔市科技局		2016	10
科技企业孵化器及众创空间建设	巴彦淖尔市科技局		2016	30
肉羊高效养殖技术集成示范	巴彦淖尔市科技局		2016	5
博士工作站	巴彦淖尔市科技局		2016	4
腔镜技术治疗甲状腺恶性肿瘤的临床综合研究	巴彦淖尔市科技局		2016	2
农业物联网智能控制 CO_2 气肥施放系统研究示范	巴彦淖尔市科技局		2016	20
基于云计算平台的项目申报与管理系统开发	巴彦淖尔市科技局		2016	15
科技企业孵化器及众创空间建设	巴彦淖尔市科技局		2016	30
企业研究开发中心建设	巴彦淖尔市科技局		2016	40
荞麦的营养保健价值研究开发及精深加工技术	巴彦淖尔市科技局		2016	15
博士工作站建设	巴彦淖尔市科技局		2016	8
2016 年 25 个项目，其中国家级 1 个，自治区 7 个，市级 17 个				1444
总计 132 项，其中国家级 9 个、自治区 45 个、市级 69 个、区本级 9 个				9211

第五节 科技活动

1996 年 1 月，临河市召开科学技术大会，表彰奖励 14 个科技工作先进集体和 20 名先进个人。

2003 年，在秸秆加工转化配套技术
推广会现场，乌兰图克镇农民操作示范

2003 年，开展重点科技项目招投标工作，6 个项目公开招标成功。同年，临河承担自治区"秸秆加工转化配套技术推广"项目，在乌兰图克镇秋林养殖基地举办"自治区秸秆转化配套技术推广现场会"。

2004 年 4 月 12 日，在临河区举办的自治区第二届农牧业科技成果博览会上，有 10 个省区的 8 所高校和 25 家企业、自治区 15 个研究院所、周边 6 个盟市 34 家企业参展，共展示农牧业科技新成果、新技术、新品种 2000 多项，交易成果 128 项，交易额 2.63 亿元。

2012 年，在浩彤农业科技示范园区建成设施农业博士创新实践基地，从内蒙古农业大学、内蒙古科技大学、内蒙古农牧科学院等院校引进高层次科技人才 9 位，开展了 7 个试验和示范项目，引进新技术、新品种 30 多个，提升了园区支撑和引领本地设施农业发展的能力。

2013年9月，临河区组建以草原宏宝公司为主体的内蒙古河套农牧业技术研究院，这是巴彦淖尔市首家科技新型研究机构。引进中国农科院刁其玉、屠焰、张乃锋3位研究员，其中刁其玉任院长，引进内蒙古农牧科学院研究员2名，河北农业大学教授1名，整合巴彦淖尔市农科院、河套学院、畜牧局专家教授和科研人员15人。

2014年8月，自治区科技创新驱动现代农牧业发展现场会在巴彦淖尔市举办，临河区承担6个观摩点的接待工作，展示了临河区在农牧业科技创新、现代物流与电子商务、科技与金融结合发展、标准化生产与品牌培育等方面的成绩。

2016年1月，被科技部批准建设的巴彦淖尔市国家农业科技园区临河核心区，成为自治区第七个国家农业科技园区核心区之一，获得科技部中央引导地方科技发展专项资金60万元。10月，在全国"大众创业万众创新"活动周期间，临河区16家企业参加巴彦淖尔市"双创"活动周启动仪式及系列活动。2001—2016年，临河区15次承办巴彦淖尔市"三下乡"、科技活动周启动仪式等大型科普活动。

第六节 科技合作与交流

2003—2016年，临河区科技局组织140多家企业，参加中国北方农牧业科技成果交易博览会、内蒙古国际能源产业及节能减排技术博览会、中国杨凌农高会、北京国际科技产业博览会、中国新丝绸之路畜牧业创新品牌展示交易会等国内知名展会56次，与中国农大、中国农牧科学院、沈阳农大、云南农大、内蒙古各所高校都建立技术合作关系。

一、技术推广

2000—2016年，临河市（区）主推反刍家畜

VM营养缓释丸生产、秸秆青微贮技术、那氏778农业新技术转化、奶牛增产增效养殖技术、玉米地膜茬免耕栽培技术、粮饲兼用玉米综合配套栽培、农村户用沼气建设、农作物富硒增产技术应用、育苗移栽技术、肉羊改良技术、玉米宽覆膜高密度栽培技术、番茄梯次种植均衡上市模式、开沟起垄覆膜增效综合栽培技术、向日葵基质穴盘育苗技术、测土配方施肥、设施农业可视物联网等，先进适用技术得到推广和应用。

表28-1-2

1997年临河市科技进步工程情况表

单位：万亩、万头

项目名称	完成数
中低产田改造	81
吨粮田建设	22.4
保护地蔬菜生产	0.8
高效优质果树种植	18.3
池塘及小水面养鱼	1.07
良种奶牛养殖	0.232
家禽饲养	451
农区家畜养殖	32.1

表28-1-3

2006年临河区重点推广农牧业先进适用技术情况表

项目名称	完成数
"反刍家畜VM营养缓释丸"生产推广项目	2.5万丸
家畜饲草料高效利用及营养平衡技术示范推广	8个点
奶牛增产增效养殖技术推广	500头（只）
巴彦淖尔肉羊品种选育及肉羊舍饲育肥配套技术	1800只
标准化防疫技术推广	100%
优质春小麦套晚向日葵栽培技术	10万亩
向日葵提质增效综合配套栽培技术推广	35万亩
粮饲兼用玉米综合配套栽培推广	33万亩
玉米地膜茬免耕栽培技术推广	2万亩
农村户用沼气建设	1230户

续表

项目名称	完成数
国家级绿色食品原料标准化生产基地建设	番茄 10 万亩
国家级绿色食品原料标准化生产基地建设	青椒 10 万亩
测土配方施肥技术推广	100 万亩
农作物富硒增产技术应用开发	8 万亩
农牧业信息、技术、农资配送"三链合一"服务体系建设	9 个点
打孔注药防治光肩星天牛	53 万株
中小型渠道电子流量计推广	50 台
除砷降氟引水装置	20 台
那氏 778 农业新技术转化推广	8 万亩
膨润毯防渗衬砌推广	3.82 公里

二、技术品种引进推广

2002 年，临河市科技局从云南生态研究所引进新产品那氏 778 基因诱导剂，示范面积 80000 多亩。

2009 年，临河区科技局与河套大学生物中心合作开展向日葵基质穴盘育苗技术试验研究。

2010 年，临河区科技局承担"河套地区向日葵穴盘育苗三植技术应用推广"项目，喜获成功。

2011 年，"河套地区向日葵穴盘育苗三植技术示范推广"项目得到国家星火计划立项支持。

2014 年，临河区开展蔬菜新品种和超高产玉米新品种引进试验示范。在八一中泰高科技园区引进青尖椒、黄瓜和西红柿 30 多个新品种，通过试验选出适合临河推广种植的黄瓜新品种中荷 10 号和西红柿 CM78 和 160。在狼山、图克、白脑包等 7 个乡镇开展了超高产玉米新品种"单玉 405"推广种植面积 4 万亩，亩产 2300 斤左右。

2015 年，科技局与瑞安公司合作，在设施农业生产中引进物联网技术，使农产品生产源头可追溯，手机 App 精准控制温室生产管理。到 2016 年底，有 300 栋温室安装该系统。

2014 年，农民在八一乡中泰园区采摘新品种黄瓜

2016 年，临河区科技局与内蒙古蒙巴禾农业科技发展有限公司合作实施"矿物质叶面有机碳肥——禾百润"试验示范，当年示范面积 1000 亩。同年，河套地区向日葵穴盘育苗三植技术示范面积 5000 多亩，从品种选育、育苗移栽、田间管理等方面，形成一套完整的规范技术，具备推广条件。

第七节　科学研究

一、科研项目

1991—1999 年，临河市科研项目涉及农牧业、工业、节能环保、医疗、食品加工、生物肥等行业。全年共有科研项目 23 项。

2000—2016 年，共有科研项目 48 项，其中河套农牧业技术研究院、富川、兆丰等企业得到科技系统重大专项立项支持，河套农牧业技术研究院与中国农科院开展肉羊营养与养殖、疫病防控、肉羊分子育种技术研发与应用等 6 个科研课题；富川开展巴美肉羊高繁品系标准化规模化养殖和肉羊三元配套系杂交技术研究；兆丰面业公司小麦新品种选育及中国小麦品质质量体系和面粉品质质量体系标准研发；科河种业开展玉米、向日葵品种选育研究。

二、科研经费

2016年，临河区科研经费来源主要依靠区本级财政投入、上三级科技项目经费和企业自有资金等。在《临河区人民政府关于深入实施创新驱动发展战略的意见》中，确定每年投入200万元作为科技创新专项资金，列入财政预算，用于技术创新与应用研究。

临河区科技经费投入呈逐年递增的趋势。

表28-1-4　　　　　　**1998—2016年临河市（区）地方财政科学技术支出统计表**　　　　　　单位：万元

年份	地方财政支出合计决算数	科技三项费	地方财政科学技术支出	科技支出占财政支出的比例（%）
1998年		87		
1999年		100		
2004年	43208	135		0.0031
2006年	67758	117		0.0017
2008年	123986		239	0.0019
2014年	397275		417	0.0010
2015年	446305		404	0.0009
2016年	420969		1107	0.0026

三、科技成果

20世纪90年代，临河市主要有吨粮田综合栽培、河套优质小麦系列开发推广、保护地蔬菜种植、油葵提质精深加工等成果的转化推广。

1991—1995年，临河市取得科技成果131项，其中国家级6项，自治区级23项，巴彦淖尔盟级25项，临河市级77项。

1991—2016年，临河市（区）获科技奖励53项，其中国家级1项，自治区级18项，盟（市）级28项。其中，1996年，农业技术推广中心承担的"吨粮田基础理论与模式化栽培技术"获国家科技进步三等奖。1996—2016年，临河市（区）有58项重大科技成果得到转化应用，主要包括玉米宽覆膜高密度栽培技术、巴美肉羊繁殖技术、秸秆高效转化利用技术、奶牛性控技术与胚胎移植技术、绵羊人工授精和胚胎移植技术、测土配方施肥技术、复合酵素（酶制剂）—"EMBC工法"处理垃圾污水等。

表28-1-5

1991—2016年获自治区、巴彦淖尔盟（市）科技进步奖单位统计表

成果名称	获奖单位
春小麦套种覆膜玉米高产栽培技术	临河市农业技术推广中心
吨粮田基础理论与模式化栽培技术研究	临河市农业技术推广中心
农用稀土在甜菜生产上大面积开发	临河糖厂
苗木冬贮技术试验示范及推广应用	临河市林业局
多功能揉草粉碎机的研制	临河市富田机械制造厂
金川保健纯生啤酒的开发与推广应用	内蒙古金川保健啤酒高科技股份有限公司

续表1

成果名称	获奖单位
BIMS 啤酒行业信息化管理系统	内蒙古计算机应用研究院（有限责任公司）、内蒙古工业大学、内蒙古金川保健啤酒高科技股份有限公司
富川 689 增绒保羔催奶浓缩颗粒饲料的研究与推广	巴彦淖尔市富川畜牧兽医实用技术研究所
年产 10 万吨浓香葵花仁油剥壳压榨、无水脱磷新工艺研究	内蒙古鲁花葵花仁油有限公司、山东鲁花集团有限公司
蒙杞 1 号枸杞新品种的选育及推广	内蒙古农牧科学院园艺研究所、河套大学中等职业技术学校、临河区绿色食品发展中心
金川益生啤酒的研制与开发	内蒙古金川保健啤酒高科技股份有限公司
康复新提取工艺技术的改进	内蒙古京新药业有限公司
高产优质玉米新品种科河 8 号选育与大面积推广	内蒙古巴彦淖尔市科河种业有限责任公司
气吸式精量铺膜点播机	巴彦淖尔市富田机械有限责任公司
金啤高科公司管理、控制一体化信息集成系统	内蒙古金川保健啤酒高科技股份有限公司
参竹精胶囊的研发和规模化生产	内蒙古京新药业有限公司
北方渠灌区节水改造技术集成与示范	内蒙古自治区水利科学研究院、河套灌区管理总局、内蒙古农业大学、临河区水务局
酶法合成阿莫西林技术的研究与开发应用	联邦制药（内蒙古）公司
西瓜红优二号引种与推广	临河市农业种子管理局
玉米单交种制种试验与推广	临河市农业种子管理站
油葵派改一号引种试验与推广	临河市农业种子管理站
临河市城建建成区土地估价	巴彦淖尔盟土地管理局临河分局

续表2

成果名称	获奖单位
耻骨后前列腺增生切除术的改进	临河市人民医院
2BFQ－4A 型气吸式精量播种机研制	内蒙古河套农牧机制造有限公司
多功能揉草粉碎机	临河富田机械制造厂
优质强筋小麦品种研究选育（临优 1 号）	临河市种子管理站
瓜、葵、菜立体高效种植技术	临河市农业推广中心
料浆法着色 57% 磷酸二铵生产新工艺	内蒙古临河繁荣磷铵化工有限公司
羊绒制品防缩防起球整理	维信深喜（临河）绒毛纺织有限公司
动物轮状病毒分离鉴定	巴彦淖尔市和乐畜禽高科开发研究所
纳米羊绒制品	维信深喜（临河）绒毛纺织有限公司
富川 689 增绒保羔催奶浓缩颗粒饲料的研究与推广	内蒙古巴彦淖尔市富川畜牧兽医实用技术研究所
金川益生啤酒	内蒙古金川保健啤酒高科技股份有限公司
高产优质玉米新杂交种——科育 8 号的选育	巴彦淖尔市科技种业有限公司
有机牛奶生产综合技术集成	内蒙古云海秋林畜牧有限公司
气吸式精量铺膜播种机（点播机）	巴彦淖尔市富田机械制造厂
年产 10 万吨浓香葵花仁油剥壳压榨、无水脱磷新工艺研究	内蒙古鲁花葵花仁油有限公司
富川 810A 肉鸡浓缩料的研究与推广	巴彦淖尔市富川畜牧兽医实用技术研究所
有机苦菜茶种植、生产与加工综合技术集成	内蒙古绅禾集团草原紫蓝花食品有限公司
康复新提取工艺技术的改造	内蒙古京新药业有限公司

续表3

成果名称	获奖单位
那氏778基因诱导剂新技术转化推广	巴彦淖尔市阳源科技开发有限公司
巴彦淖尔黄灌区杨树产业可持续发展管理模式研究	临河区林业规划队
巴彦淖尔黄灌区杨树产业可持续发展管理模式研究	临河区林业局
巴彦淖尔黄灌区杨树产业可持续发展管理模式研究	巴彦淖尔市林业局
反刍动物饲用微生态制剂的研究与推广	内蒙古巴彦淖尔市富川畜牧兽医实用技术研究所
河套伞同光无内立柱节能温室的研究与推广	临河区瓜果蔬菜服务中心
耐密型高产、高淀粉玉米蒙农2133品种选育推广	内蒙古金田正茂农业发展有限公司
富川肉羊养殖模式研究与应用	内蒙古富川饲料科技股份有限公司

四、知识产权与专利

1991—2016年，临河市（区）专利授权总量为962件，其中发明专利295件，实用新型专利497件，外观设计专利170件，授权专利总量和发明专利居巴彦淖尔市首位；有44项科技成果通过各级鉴定；认定国家级知识产权保护规范化市场1家；认定内蒙古自治区科技名牌产品3个，科技名牌企业2家。

表28-1-6

1991—2016年临河市（区）授权专利情况统计表

单位：件

年份	发明专利	实用新型	外观设计	合计
1991年	1	10	0	11
1992年	4	8	2	14
1993年	0	6	3	9
1994年	2	5	0	7

续表

年份	发明专利	实用新型	外观设计	合计
1995年	4	9	3	16
1996年	2	6	1	9
1997年	2	9	1	12
1998年	12	12	1	25
1999年	9	15	6	30
2000年	9	22	4	35
2001年	13	30	15	58
2002年	7	21	4	32
2003年	4	18	12	34
2004年	3	12	11	26
2005年	8	11	1	20
2006年	5	21	5	31
2007年	1	11	16	28
2008年	6	17	9	32
2009年	5	19	8	32
2010年	7	24	7	38
2011年	19	18	5	42
2012年	17	16	8	41
2013年	23	31	8	62
2014年	20	34	9	63
2015年	57	69	16	142
2016年	55	43	15	113
合计	295	497	170	962

第八节 科技信息与创新

一、引进与推介

临河信息中心每日可接收到全国各地经济政策、新产品、新技术发布，市场动态分析预测，批发市场信息，各地物资、农副产品报价等。

2016 年 7 月 13 日，兆丰河套面业河套
小麦品种改良院士专家工作站揭牌仪式

到 1997 年，临河市科技局信息中心发行信息刊物 3 种 19000 份，其中《临河信息报》17 期，8500 份；《领导参阅》6 期，240 份；《信息快讯》43 期，10430 份。

二、科技创新平台载体建设

2016 年，临河区有国家高新技术企业 4 家，自治区民营科技企业 18 家；国家级企业研发中心 1 家，工程研究中心 1 家；自治区级院士专家工作站 2 家，自治区级新型科技研究院 1 家；自治区级企业研究开发中心 18 家，巴彦淖尔市级 7 家；市级博士工作站 2 家。建成国家级众创空间 2 家，自治区级 3 家；国家级星创天地 1 家，自治区级 2 家。

第九节　科技管理

一、队伍管理

1996 年，临河市委制定出台《关于实施"科教兴市"战略加速科学技术进步的决定》。

2007 年，出台《临河区关于开展科技特派员创业行动计划实施方案》《临河区科技特派员管理办法》。

2016 年，转发《巴彦淖尔市深化事业单位科技成果使用处置和收益管理的规定》，促进科技成果转化，保障科技成果持有单位和个人的合法权益。

二、项目管理

2015 年，临河区科技局制定《临河区科技计划项目管理办法》。

2016 年，《临河区科技计划绩效评估动态调整和终止实施办法（试行）》，加强对科技计划项目的管理，包括项目的前期调研、技术需求征集、论证筛选、编报立项、组织实施及验收全过程。

第十节　荣　誉

1994 年，临河市科委获国家科委颁发的"全国农村青年星火带头人活动组织奖"。

1995 年，临河市荣获全国农业科技推广先进单位。

1999 年，临河市荣获全国科技工作先进县（市）、自治区科技工作先进县（市）。

2000 年，临河市科技局获自治区科技文化卫生"三下乡"活动先进集体。

2002—2006 年，临河市（区）科技局连续五年被评为巴彦淖尔盟（市）科技工作先进单位。

2003 年，临河市科技局获全市青少年科技教育先进集体。

2007 年，临河区获全市科技进步先进旗县称号。

2008 年，临河区荣获全国科技进步工作先进县称号。

2011 年，临河区科技局获中国技术市场协会金桥奖。

2012 年，临河区科技局获自治区"十一五"基层科技工作先进集体。

2003、2007、2010、2011、2015 年，临河区科技局五次获自治区科技活动周暨科普活动宣传周先进集体。

2013 年，临河区获巴彦淖尔市科技工作先进旗县（区）。

第二章 气象测报

第一节 机 构

1994 年 10 月，临河市气象局成立，与巴彦淖尔盟农业气象试验站同为一个单位，挂两个牌子。

2009 年，巴彦淖尔市气象局探测科地面及高空测报业务划归临河区气象局。

2013 年，气象局改为参公事业单位，下设综合管理科、防灾减灾科两个管理科室和气象台、农业气象试验站、气象灾害防御中心 3 个直属事业单位，其中农业气象试验站和气象台为副科级事业单位。

2016 年，临河区气象局有在职职工 31 人，其中参公人员 4 人，事业单位人员 27 人。有高级工程师 5 人，工程师 19 人，助理工程师 7 人；在职人员平均年龄 45 岁，50 岁以上 19 人，30 岁以下 3 人；学历结构，研究生 5 人，本科 14 人；专业结构，气象专业 4 人，生态与农学类 4 人，其他类 23 人。

第二节 设施建设

1995 年 9 月，临河市气象局建起砖石院墙 135 米。

1999 年，新建砖混结构车库、炮库 3 间。

2003 年 5 月，进行台站综合改造。

2005 年，临河区气象局办公楼扩建，配备防盗、消防等防护设备。

2010 年，整体搬迁，有地面观测场，水电解制氢房，固定地段自动土壤水分检测仪，农气固定观测项目用地，3 栋温室，1 个土壤水分控制试验场，2 个农业气象实验室。

2016 年，气象设施又增加 1 套新型自动观测系统，12 个区域自动站，3 套农田小气候观测站，3 套土壤水分自动观测站，1 套地温观测系统。配有农业环境检测仪、大型蒸渗仪、人工模拟降水系统、地物光谱仪和霜箱等试验仪器设备。

第三节 气象观测

一、地面气象观测

临河地面气象观测站为国家基本气象站，位于临河城区西，观测项目包括：云、能见度、天气现象、气温、气压、湿度、风、降水、蒸发、日照、雪深、雪压、冻土、电线积冰、浅层地温（5、10、15、20 厘米）、深层地温（40、80、160 厘米）。除云、天气现象、蒸发、日照、雪深、雪压、冻土、电线积冰为人工观测项目外，其余项目均实现 24 小时自动观测。

在乡镇建有 12 个区域自动气象站，属于内蒙古自治区级的地面气象观测站，观测项目均为自动观测。包括 5 个"六要素"（雨量、气温、风向、风速、湿度、气压）区域自动气象站，即白脑包中心村区域自动气象站、干召庙镇农科院区域自动气象站、狼山镇红光村区域自动气象站、双河镇进步村区域自动气象站、乌兰图克镇区域自动气象站；3 个四要素（雨量、气温、风向、风速）区域自动气象站，即八一星光村区域自动气象站、城关镇区域自动气象站，新华镇区域自动气象站；4 个两要素（雨量、气温）区域自动气象站，即新华镇古城区域自动气象站、干召庙黄羊区域自动气象站、双河镇永丰区域自动站、车站办金泰园区域自动站。

二、高空气象探测

临河探空站属于国家级探空站，与临河地面气象观测站在同一地点。探测项目包括气压、温度、湿度、风速、风向，每天 07 时 15 分、19 时 15 分各探测一次。用气球携带探空仪进行高空气象要素的测量，获取从地面到 30 千米左右高空大气温度场、湿度场、风场的三维空间分布资料。

三、农业气象观测

临河区农业气象试验站为国家二级农业气象试验站、一级观测站。开展的观测项目有：小麦、玉米、向日葵全生育期监测、土壤湿度测定、土壤物理性质测定。有两个自动土壤水分观测站。

四、生态观测

临河区生态观测项目有：小麦生育期监测、土壤水分（10 厘米、20 厘米、30 厘米、40 厘米、50 厘米）、土壤盐碱度监测、地下水位、干土层、降水渗透深度、土壤冻结和解冻、气象灾害及衍生灾害。

五、物候观测

临河区物候观测内容有：草本、木本、天气水文现象及动物观测。

第四节　气象预报

临河区气象台发布的天气预报分为：短期天气预报，中期天气预报，短时临近预报。

一、短期天气预报

短期预报对象主要是临河区各乡镇气象站点 24 小时天气预报，主要内容有降水、气温、风向风力、天气状况及天气现象。

制作短期天气预报是依托上级和国外的数值天气分析预报产品、应用各种气象信息产品和实时气象探测资料、结合本地天气气候特点和通过其他预报方法获得的结果进行综合归纳得出的。

二、中期天气预报

中期天气预报对象主要是：临河区 3～10 天的天气过程预报，旬平均气温、旬降水量趋势预报等。内容主要有降水、气温、风向风力、天气过程强度及出现时间。

中期天气预报是依托上级和国外的中期数值天气分析预报产品，其中数值预报对未来 3～6 天的形势预报是主要参考依据，其他辅助方法如数理统计方法，以分析环流形势演变过程为基础的天气学预报方法，在制作中期天气预报中普遍使用。

三、短时临近天气预报

临河区气象台制作 9 个乡镇短期预报，即：白脑包镇、新华镇、狼山镇、乌兰图克镇、干召庙镇、双河镇、八一乡、城关镇、临河本站（新区）。预报时效为 24 小时，预报要素包括天气现象、风向、风速、最高温度、最低温度。预报制作流程为实况查询、背景分析、预报订正、上报结论、发布预报、检验工作。

临河区短时临近预报的基础是基于探空、地

面观测、卫星云图、天气雷达、风廓线仪等探测系统的实时监测和高效的信息传输系统；是依赖数值天气预报模式，特别是本地化、高分辨率的中尺度数值预报模式的运行；是具备高性能的计算机系统和具备高速处理各种综合信息能力的业务平台。

第五节 服务和管理

临河区的灾害性天气警报，包括寒潮、暴雨、雪灾、大风、沙尘暴、霜冻、高温、大雾、冰雹、道路积冰、雷雨大风等。预警信号总体上分为四级（Ⅳ，Ⅲ，Ⅱ，Ⅰ级），按照灾害的严重性和紧急程度，颜色依次为蓝色、黄色、橙色和红色，同时以中英文标识，分别代表一般、较重、严重和特别严重。根据不同的灾种特征、预警能力等，确定不同灾种的预警分级及标准。

临河区通过各种媒体为社会公众提供气象服务。2008 年，形成由电视、广播、报刊、电话、短信、手机、网络、显示屏等多种气象信息服务方式。发布的气象服务产品有 24 小时、48 小时天气预报以及灾害预警信息。

提前两天制作发布专项服务，中、高考专项服务，"五一""国庆""中秋"等节假日专项气象预报。

在关键期按需求适时提供防雹、防凌防汛气象服务等，服务内容包括定点地区天气实况、预报、建议。

为各类专项社会活动、体育活动、旅游节等大型活动提供专项天气预报，提出服务建议。

在春耕春播、夏收夏种、秋收秋种等关键农时，向农区、乡政府及村委会提供滚动专题气象服务，发布灾害预警信息、重要天气等信息；针对当地主要农作物播种、施肥、喷药、灌溉、收获、晾晒等重要农事活动，发布气象信息，科学指导农民安排农事活动。

决策气象服务产品主要有：预报类、分析类、监测类，主要以气象信息专报、专项气象服务、重要天气报告、气象预报信息、气象专题分析报告、雨（雪）情公报多种形式报送相关决策部门。

临河区重点加强雷电灾害防御、施放气球、气象信息发布、气象探测环境保护的依法管理。临河区气象局有 2 人取得气象行政执法证。

2015—2016 年，完成权利和责任清单编制，建立随机抽取检查对象。

临河区气象局通过印发《临河区气象局和临河区安全生产监督管理局关于建立防雷安全联合执法工作机制的通知》，与临河区安全生产监督管理局联合，开展对社会安全生产敏感企业等进行防雷防静电安全生产检查；与巴彦淖尔市气象局执法队联合开展气象行政执法工作。

通过各类宣传栏、电子显示屏、移动电视等公共设施及报刊、广播、电视等媒体，在相关法律法规颁布日、活动日，结合"法律六进"活动，面向机关、乡村、社区、学校、企业、单位，开展气象法律宣传活动。

第二十九篇
文化　档案

第一章 文 化

第一节 机 构

一、行政管理机构

1992年，临河市文化局与临河市体委合并为"临河市文体委"。2003年，临河市歌舞剧团进行改制。

2016年6月，临河区文化体育局与临河区旅游局合并为临河区文化旅游局，同时挂"临河区体育局"牌子，实行一套人马两块牌子。

临河区文化旅游局（体育局）主管临河区文化、体育、旅游工作，为正科级单位。党组由局长任党组书记，党组成员6名，党组下设机关支部、文化馆支部、旅游服务中心支部和退休支部。全局有干部职工13人，离退休40人，正副职领导6名。内设办公室、旅游股、文化艺术股、体育股、市场股5个职能股室，下设文化馆、图书馆、青少年业余体校、旅游服务中心4个二级股级单位。

二、事业单位

（一）文化馆

2016年，临河区文化馆隶属于临河区文化旅游局（体育局），事业单位，股级建制。有人员编制5人，实有在岗人员8名。

临河区文化馆建筑面积1000平方米，属三级文化馆。内设多功能活动室、书法培训室、小型活动室、声乐室等。

2012—2015年，前来文化馆学习、培训和自娱自乐的市民有3000人次，举办文艺骨干培训班30次，近500人参加。文化馆还承担送文化下乡演出任务。

2016年，临河城区有文化艺术馆2座。

临河区文物管理所属于文化馆内设机构，工作人员1名，没有专门编制，由文化馆工作人员兼任。

（二）图书馆

临河区图书馆隶属于临河区文化旅游局（体育局），事业单位，股级建制。有人员编制6人，实有在岗人员8名。

临河区图书馆是一座综合性公共图书馆，属三级图书馆，2011年实现全面免费开放。全馆面积1500平方米左右，设有电子阅览室、文化资源共享工程机房、成人书刊阅览室、少儿阅览室、书库和资料室等，配有电脑、服务器、阅览桌椅、打字复印机等设备。图书馆藏书5万余册，报刊合订本1440册，声像资料40种。

2016年，临河区有2座图书馆：巴彦淖尔市图书馆（位于临河西区文博中心）、临河区图书馆（位于七彩文化街）。

（三）青少年业余体校

临河区青少年业余体校隶属于临河区文化旅

游局（体育局），事业单位，2005 年之前为科级事业单位，2005 年后为股级建制。有人员编制 2 人，实有在岗人员 3 名。

（四）歌舞剧团

1992 年冬，临河市歌舞剧团和临河市晋剧团走市场化道路，实行团长负责制。

2005、2006 年，临河区歌舞剧团解聘所有临时工。到 2006 年，实行一年一聘，8 人应聘上岗，未参与竞聘人员视为自动放弃岗位。从当年起，财政除负担这 8 人单位部分和财政部分的医保、社保外，每年拨付歌舞剧团 6 万元经费，作为演出补贴。2006 年 11 月，区政府从财政拨付 6 万元经费中切出一部分，作为 8 人固定工资，领取标准按当时在职职工工资的 40% 进行每月发放。

2009 年，临河区歌舞剧团工资标准由每月40% 调整到每月 70% 的标准，医保、社保也按工资增长幅度由财政按年缴纳，直至退休。歌舞剧团改制工作基本完成。到 2015 年，每年区内的大型文艺表演、文艺下乡等任务，均采取政府购买服务的方式完成。

2016 年，因人员分流，歌舞剧团已不具备演出能力。

（五）文化市场执法大队

临河区文化市场执法大队隶属于临河区文化旅游局（体育局）二级单位，2014 年设为正科级建制。设 1 名大队长，2 名副大队长，13 名在册执法人员。2017 年 4 月底，临河区文化市场执法大队整建制上划到巴彦淖尔市文化旅游综合行政执法局，临河区本级不再保留文化旅游市场执法职能。

三、文化娱乐场所

（一）博物馆

到 2016 年，临河区有博物馆 3 座：河套文化博物院、巴彦淖尔地质博物馆、巴彦淖尔水利博物馆。

（二）影院

1992 年，临河市电影公司改革，组织片源，

发展第三产业，增加演出场次，提高业务质量，全年两家影院放映 1600 余场。

1993 年，新落成的临河市文化活动中心投入使用。

1994 年，临河市的电影放映业不景气。

1995 年，临河市电影公司实行内部管理体制改革，经济效益提高，电影收入增加 5%，临河市文化活动中心收入 20 万元，扭转了亏损局面。

1996 年，在电影主业方面，受大气候影响，困难较大。临河市电影公司采取找米下锅的办法，将磴口县的镭射放映机租回来，补电影片源之不足，还到其他旗县放映。年底，共放映电影 80 多场，优秀影片占演出总比率 50%。

1997 年，购买 10 部电影机，调拨给空白乡镇。购买 10 部拷贝，解决片源问题。实现 17 个乡镇成立电影队，派齐放映员，开展放映工作。共放映电影 1980 场，解决了农民看电影难的问题。

1998 年，临河市文体局加强片源组织、制度建设、队伍建设、技术培训，对放映员实行定人员、定任务、定职责、定放映点、定工资、定奖惩的管理制度，全市 19 个电影队、20 台放映机经常性开展放映工作。共放映电影 2012 场，古城、丹达、马场地等乡镇超额完成放映任务。为弥补资金不足，临河市政府拨款 2 万元，购买回 18 部电影拷贝，重点关照电影放映薄弱的乡镇。

1999 年，临河市 21 个电影队全年放映电影1865 场。

2000 年后，随着电视网络盛行，电影院无人光顾，直到 2008 年中影国际入驻巴彦淖尔市国泰时尚广场，才再次掀起临河人民走进影院看电影的热情。

2016 年，临河区有规模影院 6 家：巴彦淖尔影剧院（位于临河区胜利路永安街）、中影国际影院（位于临河区胜利南路国泰时尚广场）、奥际国际电影院（位于新华街维多利）、阳光国际电影院（位于解放街与人民路交会处）、子辰国际影院（位于新华东街天正欢乐城）、财富民族电影院

（位于财富广场负一层）。

（三）临河区职工健身中心体育馆

建于 2014 年，面积 2000 平方米，室内设棋牌室、舞蹈厅、篮球场和乒乓球场地。有篮球架 4 副，乒乓球案 10 台，棋牌桌椅 10 套，室内铺设人工塑胶地面。活动室由临河区总工会管理，向社会免费开放。

（四）群众文化站、室

2016 年，临河区有乡镇（街道）综合文化站 20 个，超过 300 平方米的乡镇综合文化站 9 个，超过 300 平方米的街道社区文化站 11 个。通过政府购买，每个乡镇、街道综合文化站均配有图书、乐器、健身器材、电脑等设备。

2009 年，临河区投资 200 万元建成 7 个乡镇综合文化站，基层文化基础设施的文体辐射带动功能凸显。在不增加农民负担的前提下，基层文化站、村组文化活动室和文化大院利用现有文化资源，在农闲时间和春节等重大节日，开展歌咏比赛、秧歌大赛、文艺演出、广场舞和群众性体育比赛等文体活动。在文艺惠民工作中，政府采取购买服务的方式进行，邀请民间文艺团体、巴彦淖尔市歌舞剧院和兄弟旗县的专业剧团，开展送文化进村组、进景区、进社区、进企业、进工地等送文化活动，举办地方特色二人台展演展示、赠送图书春联、书画摄影展、灯谜游园等文化活动。民间自发组建的秧歌队、健身队、业余文艺演出队等能坚持常年活动，有的节目参加了全国性比赛和展演。

2011 年 8 月，临河区文化馆突出公益性服务主题特色，免费开放馆内所有活动场所，配有音响、乐器、书画器材、投影、电脑、摄影摄像机等活动设备和桌椅，开设 4 个免费辅导班。

2016 年 12 月，临河区共建成村组、分场和社区文化活动室 353 个，其中 120 平方米以下 162 个，120 平方米以上 191 个。各乡镇农场建成文化广场 320 个，总面积 312861 平方米。文化部门为各文化活动室配送图书、乐器、音箱、演出服装

和室内外体育健身器材等，先后采购配送文体器材 1417 件套。

（五）网吧游戏厅

2005 年以前，临河区为了净化文化市场和网络文化环境，遏制政治性非法出版物和清除网上有害信息，开展"秋风""固边""护苗""清源""净网"专项行动，销毁违法出版物 1200 册，盗版和淫秽色情光碟 900 张。临河 9 个乡镇、11 个涉农办事处全部成立"扫黄打非"领导小组，下设"扫黄打非"工作站，由镇（街道）文化服务中心主任担任站长，负责日常工作的组织协调。农村 153 个行政村分别设立"扫黄打非"工作点，由村党组织负责人和综治专干为义务监督员，区、镇（街道）、村（社区）三级管理机构统一制作和悬挂标牌标识。

2016 年，临河区原有网吧 127 家，通过转型升级，有 82 家正常营业。从经营情况看，网吧＋咖啡、网吧＋台球、网吧＋电竞的经营模式受欢迎。有游艺场所 110 多家，通过转型升级，实现内容与场所阳光化，消费人群多样化。阳光化就是内容健康，场所敞亮，不踩红线，不打擦边球；消费人群多样化就是覆盖各年龄层次，不仅为青少年服务，也为中老年人服务。游戏游艺内容和设备研发益智化、健身化、技能化。同年，临河区文化市场经营业户由原来 20 多家发展到 240 多家。文化管理部门一直通过展板、发放宣传资料、法规宣讲、现场问答、征求意见等互动交流形式，扩大文化市场综合执法的社会影响面。动员社会力量，发挥文化市场监督举报电话 12318 的作用，接受社会举报，联合工商、公安部门共同取缔城乡接合部"黑网吧"21 家，净化了文化环境。

第二节　民间文化

一、民间传说

作为非物质文化遗产，由临河区新华镇甘露

寺主持妙闻编写的《甘露寺传说》已录入巴彦淖尔市非物质文化遗产名录。《甘露寺传说》是表述临河地区佛教文化起源、发展和传承的民间传说，反映了新华镇甘露寺在不同的时代背景下，从衰败到兴起的历史沿革。

二、民间文学

2009年，临河区诗人何立亭、牧子、于彦华、李炯、付志勇创办了民刊《北方诗歌》。

诗刊面向全国诗友征稿，创办两年，因经费紧张停刊。

三、民间艺术

（一）民歌

临河地区流传的民间艺术有山曲儿、爬山调、漫瀚调等。歌词是随时代或有关情景由歌唱者随心编来，并在劳动人民中间流行、传播、发展。

（二）二人台

二人台这种文艺形式在清乾隆年间产生于晋北一带，后流传至河套地区。二人台伴奏乐器有笛子、扬琴、四胡、"四块瓦"等；服装、化妆效仿晋剧；道具有扇子、手绢、霸王鞭等。二人台艺术受到群众普遍喜爱，二人台主要在乡村为农民演唱。临河区二人台传统剧目有：《走西口》《打连城》《光棍哭妻》《小寡妇上坟》《抓壮丁》《打后套》《探病》《揽长工》《报花名》等。二人台的道白，多为后套广为流行的幽默、诙谐、生动、风趣的串话、谚语和歇后语。

进入21世纪，临河区二人台传统剧目得到挖掘、整理、加工和改造，剧本内容、表演、伴奏、服装、化妆、道具等都有新的突破，并以多人台形式上演，偶也以喜剧一人台形式出现在舞台。临河区民间老艺人通过多年的整理和收集，编写的《民歌、山曲、二人台集锦》正式出版。

四、民间工艺美术

临河区保留的传统民间工艺美术主要包括剪纸、烙画、陶艺、绒线编织、石画根雕、书法装裱等。

五、民间社火

传承至今的临河区民间社火活动主要有秧歌高跷、舞龙舞狮、挠阁、跑旱船、安代舞、腰鼓舞、鼓乐、筷子舞等。每到逢年过节，各乡镇农场、街道办事处都组织中老年人参加各种表演活动，或在广场、或在院落、或在田间地头，都能看到他们自娱自乐的身影，为节日增添欢乐祥和的气氛。

第三节　图书音像

1992年，临河市电影公司组织片源，发展第三产业，市区2家电影院年内放映电影1600多场。

1994年，电影放映市场不景气，职工发不开工资，电影公司亏损6万元。

1995年，临河市电影公司实行内部管理体制改革，经济效益明显提高，放映电影收入比上年增加50%，扭转了亏损局面。

1996年8月，临河市影剧院开展为期40天"三优教育"和"性健康知识图片展"。"七·一"期间，组织全市干部党员观看大型纪实影片《孔繁森》，组织市直中小学观看爱国主义教育影片。全年放映电影80场，优秀影片占50%。

1997年，临河市电影公司购买10部电影机，调拨给电影放映空白乡镇，17个乡镇成立了电影队，配齐放映人员，全年放映电影1980场。

1998年，临河市所有乡镇都配齐图书室、阅览室、录像室、放映室。全市有19个电影队、20台放映机，年内放映电影2012场。

1999年，临河市文体局会同办事处，组织文化站干部，开展捐书"献爱心"活动。同时，为乡文化站捐书7000余册，为各办事处文化室捐书4500余册。同年，临河市21个电影放映队放映电影 1865 场。

2014 年，临河区文化旅游局承接巴彦淖尔市文化旅游局下放图书出版的日常监管。各种所有制企业竞相发展，品种增加，辐射能力增强，市场繁荣。临河区出版物（零售）经营单位，由 162 家整合为 76 家。整合后的印刷企业加大科技投入，规模扩大，产品质量提高，设备更新和技术改造步伐加快，行业整体水平有较大提高。

2016 年，按照文化市场管理职能，共销毁违法出版物 1200 余册。年底，临河区查处盗版和淫秽色情光碟 900 余张。

第四节 文 物

一、化石

巴彦淖尔市文博中心展出有恐龙化石。

二、古遗址

临河区有 2 处古遗址，分别是位于八一乡联丰三社的"古城"和新华镇古城村的"高油房古城遗址"。

（一）八一古城遗址

八一古城遗址是一座汉代古城遗址，城址平面呈"目"字形，土夯筑，东西长 222 米，南北宽 516 米，城墙高度南墙现有部分一至二米，城内东城北部地表散见大量灰陶片，汉砖等。2009 年立牌公示为国家级文物单位，城墙遗址保存甚少，"城池"内已成为良田。

（二）高油坊古城址

高油坊城址是西汉的临河县城遗址，建于公元前 126 年（汉武帝元朔三年），建朔方郡，置临河县。城郭近方形，墙体土夯实筑，东西 850 米，南北 800 米，基宽 8 米，东墙残高 0.5～3 米，北墙残高 1～3 米，基宽 8 米，北墙中部有门，似瓮城遗迹。东北角、西北角、西南角有台基，似角楼遗迹。

据考古学家考证：根据城址内发现的大量古钱币和出土金器物推断，这座古城也被北魏、西夏及元、明、清等朝代沿用过，从地下文化层看，深达 3.5 米，分 3 层，底层为汉前文化层，中为汉文化层，上为唐代以后的文化层。2014 年 10 月，自治区第 31 次政府常务会议审议为第五批自治区级重点文物保护单位，已立碑保护。

三、古墓葬

黄羊古墓葬群是临河地区发现的唯一一座汉代古墓葬，位于 110 国道 1106 公里处。据 1981 年文物普查考证：古墓葬群分布面积 10000 平方米，墓穴均为长方形单室汉砖圈墓，个别地表留有封土，墓室长 3 米、宽 2 米或长 5 米、宽 2.5 米。排列整齐，东西为行，间距 15～20 米，出土有陶罐、铜碗、铜盅，采集标本有汉砖、陶片、绳纹砖。古墓葬群地处农耕区，包产到户以来，周边农民在耕作过程中不断开垦荒地，导致墓葬群早在 20 世纪 90 年代被人为破坏，加之墓葬群长期受到自然侵蚀，到 2009 年立牌公示为国家级文物单位时，大部分墓葬群已成为耕地，墓葬群原貌很难辨认。

四、古建筑

2016 年，临河区现存古建筑分别位于解放街道办事处的清真北寺、新华镇哈达村境内的甘露寺、乌兰图克镇境内的班禅召等。

（一）清真北寺

清真北寺（前身为清真寺）位于临河区解放街和平路。始建于 1908 年，寺内大殿为石条基础，青砖包外墙，门窗为雕花木棂格。抗日战争初期，遭日寇放火烧毁。1993 年，在原基础上扩建到 320 平方米后，相继在境内建起清真南寺、清真西寺、马道桥清真寺。2003 年 4 月，新建清真北寺前门面楼，整修了男女大殿和沐浴室，占地面积 2462 平方米，建筑面积 1600 平方米，大殿雄伟壮观，体现了阿拉伯建筑风格，突出了现代建筑特点，集实用与观赏为一体，成为临河地区别具一格的宗教活动场所。现已列为巴彦淖尔市重点文物保护单位，并挂牌。

（二）甘露寺

甘露寺位于临河区新华镇哈达村东1.5公里处。甘露寺初名观音茅蓬，又名常素庙。此寺建于民国年间，后经几次重建、扩建，现庙宇修建一新，坐北朝南，建有天王殿、大雄宝殿、钟鼓二楼、僧房、斋堂、碾房等。主殿坐落在正北，左右为对称性建筑。殿宇高大，气势宏伟，雕梁画栋，富丽堂皇，金身庄严，环境清幽。寺内一直有僧人管理，香火旺盛。甘露寺已成为内蒙古西部地区一座雄伟壮观、景色秀丽的汉传佛教圣地。建筑均系砖木结构，歇山式屋顶，黄琉璃瓦覆盖。建筑保留了古建筑方式结构，又结合现代技术，富有中国特色的宗教建筑。甘露寺对研究宗教文化及寺庙建筑历史具有极高保护价值。已列为巴彦淖尔市重点文物保护单位，并挂牌。

（三）班禅召

班禅召又叫法佑寺，位于乌兰图克镇政府南3公里。始建于1648年，由西藏来的高僧纳旺班禅（班禅：大学者之意）喇嘛主持建庙而得名。班禅召原占地面积1000余亩，设有财神殿、帝落巴大殿、那落巴大殿、大佛殿、大雄宝殿、五护法殿、文书殿、大经殿、108座塔。现占地面积300平方米，为藏式建筑，主要有大雄宝殿、居士林6间厨房、库房等。正在新建财神殿，该寺庙对研究临河的古建筑历史、艺术历史、宗教及文化交流具有重要的价值。现已列为巴彦淖尔市重点文物保护单位，并挂牌。

五、文物普查

临河文物发掘工作起步较晚，多处古迹在发现之前均已遭到不同程度的破坏和盗掘，出土的文物较少，部分出土的文物现均收藏在内蒙古博物馆。

2008年，按照国家第三次文物普查统一部署，临河区启动文物普查工作。共普查出国家级重点文物保护单位2个，巴彦淖尔市级重点文物保护单位4个。

2015年，根据"三普"成果，又有总干渠第二节分水枢纽、永济渠第一节制闸2处建筑物被列为自治区级重点文物保护单位，市级重点文物保护单位高油坊城址被列为自治区级文物保护单位。

截至2016年，临河区的民俗文物均由个人收藏，狼山镇富强村设置展厅，展出部分民俗文物，供游客免费参观。

六、文物管理与保护

2008年，临河区文物管理机构（文物所）正式组建，同区文化馆一套人马、两块牌子，工作人员从区文化馆调剂，为文化馆兼职人员。文物所隶属于区文体局。结合各文物保护单位实际情况，分别在乡镇、街道确定一名专兼职文化站长负责联系协调辖区范围内文物保护管理工作事宜，并在每个文物点配设了文物保护义务员，把文物保护责任落实到人。建立文物管理"四有"保护网络体系。临河区的各级文物保护单位都已进行立碑或挂牌保护，划定了保护范围和建设控制地段。

临河区境内重点文物保护单位：有2处国家级文保单位：沃野县古墓葬区黄羊古墓葬群、八一古城遗址；3处自治区级文保单位：高油房古城址、总干渠第二分水纽枢、永济渠第一节制闸。3处巴彦淖尔市级文物保护单位：甘露寺、班禅召、清真北寺。

临河区境内已建成地质博物馆、文博中心博物院、水利博物馆和阴山岩刻博物馆，均为巴彦淖尔市管辖。各类工程建设在开工之前均履行文物前置审批制度。要求施工单位在工程开工前要到文物部门办理文物勘察审批手续，对在施工过程发现的各类地下文物，及时进行上报并做好现场保护，经文物部门专家现场发掘后继续施工。

至 2016 年，临河区在各类文物保护范围和各大施工现场均未发现有价值的文物遗迹。

第五节 革命遗址

一、中共临河党支部旧址

中共临河党支部，旧址位于临河区解放街原"三八"门市部后院，现解放街万客乐超市后面民居区。

1927 年（民国十六年）6 月，中共绥远特别区工委组织部部长路作霖派刘进仁回临河开辟党的工作，刘进仁曾任国民党绥远特别区党部执行委员身份，谋到临河县教育局督导员一职。刘进仁等 4 名党员于 7 月底召开党员会议，建立中国共产党临河支部。

二、祥泰裕起义旧址

1933 年（民国二十二年）9 月 6 日，驻祥泰裕（今临河区狼山镇）福增村骆缸房圪旦的中共临河县委所属屯垦军 410 团 11 连党支部，发动士兵武装起义，史称"祥泰裕"起义。

屯垦军 11 连班长李占海（党支部宣传委员）被排长张功出卖，代理党支部书记王奇山觉得党组织已经暴露，事态严重，决定立即起义，由李占海任起义部队总指挥。李占海到达祥泰裕，以起义部队的名义收缴了武器库士兵枪械，后向狼山进发，于次日到达大发公（今杭锦后旗团结镇民先村）。经过一夜行军，人困马乏，不料被混进队伍的奸细引到乌加河一带的芦苇滩，遭到民团和屯垦军刘良湘骑兵营阻击，起义军深陷泥潭，战斗力减弱，虽英勇反击，终因寡不敌众，起义者大部分牺牲，史称"祥泰裕"起义。

三、临河人民公园烈士纪念塔

位于临河人民公园内，于 1984 年开工建设，

1985 年 7 月 1 日建成。

烈士纪念塔占地面积 2285 平方米（包括绿化、道路面积），塔基占地面积 250 平方米。主材料为钢筋、水泥、机砖、人造石、天然大理石、汉白玉等。纪念塔由塔基、须弥座、塔座、塔身、塔帽 5 部分构成。塔高 15 米，塔体为 1.84 米～1.84 米。塔基深 1.3 米；须弥座高 1.35 米，四面有座口，各宽 3.6 米，有 9 步台阶；塔座高 1.6 米，宽 1 米；塔身高 8.3 米，塔帽高 2.05 米。塔型参照北方地区碑、塔形式，按当地传统民族建筑风格设计。

塔身四个正面均用天然大理石贴面，镶有突出 3 厘米的雪花大理石板，书刻碑文。塔的正面（东面）刻有仿毛体：烈士们永垂不朽，背面（西面）是七个汉字的蒙文译文。塔的南面刻有汉字碑文：在反对内外敌人争取民族独立和人民自由幸福的斗争中牺牲的烈士们永垂不朽、在中国共产党领导下的新民主主义革命斗争中牺牲的烈士们永垂不朽、在社会主义革命和建设中牺牲的烈士们永垂不朽。塔的北面是汉字碑文的蒙文译文。塔座四周均有浮雕和文字。南面的一幅是土地革命时期，中共后套地下党组织秘密召开会议的图案；东面的 1 幅是抗日战争时期中共后套地下党组织组建"抗日民族先锋队"图案。北面的 1 幅是新中国成立初期，人民武装部队在河套地区开展剿匪肃特战斗的图案；西面是以蒙汉 2 种文字刻的建造"烈士纪念塔"的单位名称、年号。

纪念塔后面的大理石墙面上刻有 1928 年至 1951 年，在巴彦淖尔地区革命斗争中牺牲、有较大影响的 26 名革命烈士名录，他们是：恩克巴雅尔、李春秀、霍世杰、杜三柱、吕六、班三、陈四、吕自拨、刘红生、黄汉卿、郭俊卿、高大羽、赵面焕、李正忠、王锦云、吴海、郝瑞云、田桂生、武建民、霍二官、宁银定、杜银锁、达楞太、孔繁田、朱银柱、段有恒。

烈士名录后面还刻有附记，内容是：一九二八年内蒙古人民革命军在乌拉特中公旗索伦山南

麓被王爷武装围攻的战斗中，一九三三年屯垦军四一〇团十一连在临河县祥泰裕起义后晋军的血腥镇压时，一九四〇年在反击日本帝国主义侵占五原的战役及乌不浪口子乌镇战斗中，是年以后我地下党在同国民党反动派的反共屠杀斗争中，中华人民共和国成立初绥西生产建政工作团及有关人员在开辟巴盟地区的工作中，在中国人民解放事业和抗美援朝保家卫国战争中献身，而未能留下姓名的巴盟儿女在此一同垂念。

四、中共临河党支部地下联络站（兵运工作据点）—光化药房旧址

中共临河党支部地下联络站（兵运工作据点）——光化药房于1932年4月成立，位于临河区解放街原医药门市部处，后因城市建设被拆除，今位于解放街五洲大酒店北面路边。

1932年，党组织的主要力量集中在屯垦军的兵运工作，屯垦军有2000多人，是阎锡山在河套地区以垦荒为由霸占河套地盘的武装力量。为了党组织活动安全，房鲁泉与许大可在原鲁大药房基础上友善分伙，是年4月，在临河另开"光化药房"，作为中共临河特支的办公地点。

特支为了宣传和联系群众，在光化药房设置报纸订阅点，报纸有天津《益世报》《大公报》等，除50多个订户外，驻守临河屯垦军中的一些官兵也常来光化药房看报。11连3排排长徐政权十分关心红军的消息，向往革命根据地，经常来看报。经过一段时间的考验，由王森、房鲁泉介绍，特支吸收徐政权入党。徐入党后，积极为党工作，在410团发展了几十名党员，他所在的11连首先建立党支部。后在王森、房鲁泉的教育引导下，409、410团秘密发展党员100多人，成立5个党支部。从此，光化药房为党开展兵运工作打开门户，成为开展兵运工作的秘密联络点。临河特支根据需要建立了三人兵运小组，王森任组长，房鲁泉、徐政权为小组成员。兵运工作的开展推进了祥泰裕起义。

五、临河烈士陵园

临河烈士陵园位于西郊陵园内，始建于1993年，占地5000平方米，是巴彦淖尔市、临河区两级爱国主义教育基地。2004年3月，被批准为市级重点烈士纪念建筑物保护单位。园内共安葬高大羽等革命烈士15位。市、区两级每年组织扫墓、入队、入团、入党宣誓等主题活动，开展革命传统教育。

2016年，临河区实施"公墓变公园、陵园园林化"工程，加大投入，进行硬化、绿化、美化、香化建设，建成布局合理、设计科学、规划有序、分区治理、四季常青、三季有花、亭台楼榭、小桥流水、环境优雅、项目齐全、管理严密的公园式陵园。

六、亚马赖会议旧址

1940年（民国29年）2月初，日伪军退到五原一带，傅作义的指挥部也由什纳格尔庙移至临河的亚马赖村（今乌兰图克镇团结村团结一队）。2月26日夜，傅作义在亚马赖村召开会议，制订了3月20日反攻五原的计划。

2016年拍摄的亚马赖村会议旧址

五原战役从3月20日午夜打响，激战三昼夜，收复五原。

第二章 文艺创作

第一节 机 构

1991年8月，临河市文学艺术界联合会机构重新独立，核准为科级建制，属党委直属单位。

2004年8月，临河市文学艺术界联合会更名为临河区文学艺术界联合会。

2007年9月，单位核定编制人员变更为4人，科级领导职数1正1副，内设办公室、创研室。

2015年3月21日，临河区作家协会成立，召开第一次会员代表大会，选举产生首届班子成员，李炯任作协主席。

2016年，美术家协会、书法家协会、摄影家协会、音乐舞蹈家协会相继成立。美术家协会主席杨文艺、书法家协会主席潘曜先、摄影家协会主席吕炳良、音乐舞蹈家协会主席王忠义。

到2016年，临河区各类文艺创作会员为190人，具有高级职称20人，中级职称35人。

第二节 文学创作

20世纪90年代，临河市小说、诗歌、散文创作成果颇丰，尤其是诗歌创作在全国引起反响。1995年5月，孙世平创作的诗歌《离太阳最近的人》在《人民日报》发表。6月，在中央电视台"纪念孔繁森专场晚会"上，由全国著名表演艺术家李默然先生朗诵。

1991—2016年，临河区部分作者创作出版的小说、诗歌、散文情况如下。

一、小说

1995年8月，戴志明长篇小说《绿色的情绪》由中国环境科学出版社出版。1999年12月，孙世平中短篇小说集《白狼》由远方出版社出版。

2002年3月，陈慧明长篇小说《尘飞雨落》由远方出版社出版。2002年10月，马晓帆中长篇小说集《走出漩涡》由内蒙古文学家促进会出版。2003年4月，徐静小说《阳光下的陷阱》由华艺出版社出版。2003年6月，李荣光长篇小说《天才少年》由远方出版社出版。2005年3月，张志国、田建成合著长篇小说《扒子补隆》由远方出版社出版。2006年3月，陈慧明长篇小说《第二次还是你》由远方出版社出版。2006年5月，康丽长篇小说《红玛瑙》由远方出版社出版。2009年10月，陈志国长篇小说《河套沧桑》由国际炎黄文化出版社出版。

2010年2月，陈慧明长篇小说《人非草木》由远方出版社出版。2012年11月，刘秉忠短篇小说集《河套故事》由内蒙古人民出版社出版。2013 年 10 月，陈志国长篇小说《河套回眸》由中国文化出版社出版。2014 年 12 月，李平长篇小说《生来彷徨》由中国美术学院出版社出版。2015 年 5 月，陈慧明长篇小说《人字架》由山东画报出版社出版。2015 年 12 月，张志国长篇小说《河套荡寇记》由山东画报出版社出版。

二、诗歌

1994 年 3 月，星宇《彼岸》由内蒙古人民出版社出版。1996 年 5 月，李心宇《天涯》由内蒙古人民出版社出版。1998 年 9 月，李心宇《五月思维》由内蒙古人民出版社出版。

2001 年 8 月，李心宇《北方牧歌》由内蒙古人民出版社出版。2002 年 10 月，王珂《教师诗窗》（上下集）由内蒙古文学家企业家促进会出版。2003 年 10 月，一夫、段祥武编辑的《北方诗文集》由中国科学教育文化国际交流促进会出版社出版。2004 年 6 月，何立亭《含露的山花》由中华文献出版社出版。2007 年 9 月，邢俊文《片断上的擦痕》由海南出版社出版。2007 年 12 月，李炯《爱的色放》由远方出版社出版。2008 年 8 月，何立亭《随意而行》由中国文联出版社出版。

2012 年 2 月，李炯《叫醒春天的耳朵》由线装书局出版社出版。2012 年 7 月，张桂莲《以心写歌以情画像》由内蒙古教育出版社出版。2012 年 2 月，于彦华《真水无香》由线装书局出版。2012 年 2 月，付志勇《为你写诗》由线装书局出版。2013 年 9 月，付志勇《火焰》由线装书局出版。2013 年 9 月，诗集合集《雁过无声》由线装书局出版。2014 年 12 月，付志勇《戈壁·戈壁》由中国美术学院出版社出版。2014 年 11 月，张桂莲《心灵的歌唱》由中国文史出版社出版。2014 年 10 月，高广才《苍榆集》由中国国际文艺出版社出版。2015 年 5 月，付志勇《一剪梅》由内蒙古人民出版社出版。

三、散文

1993 年 6 月，临河市作者散文集《春潮曲》由内蒙古人民出版社出版。1993 年 7 月，李荣光散文集《绿叶风姿》由内蒙古人民出版社出版。1993 年 9 月，临河市作者纪实文集《河套农民小康路》由内蒙古人民出版社出版。

2002 年 10 月，杨浦散文集《校园散章》由内蒙古文学家企业家促进会编印出版。2003 年 9 月，孟保和主编的《拓展生活空间》由内蒙古人民出版社出版。2005 年 7 月，赵焕然、倪玉明编辑《名人笔下的巴彦淖尔》由远方出版社出版。2006 年 3 月，陈慧明《陈慧明短文集》由内蒙古人民出版社出版。2007 年 9 月，张志国《阴山归来不见山》由远方出版社出版。2007 年 12 月，赵焕然、倪玉明合著《图说巴彦淖尔》由远方出版社出版。2007 年 12 月，张志国散文集《塞外奥区——临河》由内蒙古教育出版社出版。2009 年 10 月，张建忠主编的《涛声》由文联编印出版。

2010 年 8 月，鄂晓玲散文集《又是桂花飘香时》由远方出版社出版。2010 年 11 月，张铁良散文集《书包的记忆》由内蒙古人民出版社出版。2011 年 6 月，刘光明《河套叶子散文选》由远方出版社出版。2012 年 2 月，李炯《思想的雨》由线装书局出版。2012 年 8 月，李炯主编的《临河风物》由远方出版社出版。2012 年 12 月，马宇龙散文集《飞向撒哈拉》由世界机械出版社出版。2014 年 7 月，吕成玉散文集《情满故乡》由中国国际文艺出版社出版。

2015 年 10 月，李炯主编的《美丽的嬗变》出版。2015 年 12 月，付志勇散文集《满庭芳》由远方出版社出版。2015 年 12 月，陈慧明散文集《一千里水路云和月》由远方出版社出版。

2016 年 4 月，倪玉明散文集《巴彦淖尔游记》由中国文化出版社出版。2016 年 3 月，马献明散文集《漫漫巴彦淖尔——岁月留声》由华夏文艺出版社出版。2016 年 12 月，李炯《简约地活着》

由团结出版社出版。

第三节　艺术创作

1991—2016 年，临河艺术创作人才辈出。在美术界，油画创作代表有孟保和、孙庆忠、赵芹、潘伟政等；国画创作代表有李继荣、李志远、于忠、张学兵、杨文艺、刘敬忠等。工艺美术代表有刘艳杰、田二其、郭广顺等。书法篆刻界代表人物有杨海涛、董尚义、冯肇之、周进兴、赵欣业、高华中、段庆昌、郭永旺；篆刻代表有书石、唐安明、高生、段庆昌等。摄影界代表有朱越海、李臣、彭凤英、刘翠娥、段忆河等。曲艺界代表有刘先普、王占昕、李发宝、史满栋等。音乐舞蹈界代表有王珂、田玉梅、其木格等。

一、美术

（一）美术活动

1990 年，河套地区第一家书画院由段庆昌创立。

1991 年，段庆昌书画院命名为段六书画院，画院团结凝聚一批本土书画艺术家，对本地区整体书画艺术发展起到推进作用。

2006 年，高华中创建河套书画院，集临河区书画名家作品于一体，创建了一个展示平台。

2013 年，书法家付国强创立金川书画院，聚集了王福忠、王志忠、范之良等一大批书画名家。

2014 年，凌锋装饰公司负责人高谅创立中山书画院，书画院加强本土书画家的艺术创作，北京、天津、西安、呼和浩特、包头、乌海等地邀请名家举办笔会、讲座等。

（二）美术作品

2001 年 10 月，孟保和《孟保和画集》由内蒙古人民出版社出版。

2006 年 10 月，杨文艺《文艺书画》出版。

2010 年 9 月，李志远《李志远画集》编印

出版。

2011 年 12 月，杨文艺《杨文艺书画精品集》出版。

2013 年 5 月，孟保和《孟保和油画集》由人民美术出版社出版。

2014 年 8 月，孙庆忠《孙庆忠风景油画集》由天津出版传媒集团出版。

2014 年 12 月，临河区老年书画爱好者《书画摄影作品集》出版。

2015 年 8 月，于忠《于忠画集》出版。

2016 年 6 月，白钰山《白钰山国画集》出版。

2016 年 6 月，段庆昌《墨韵——段庆昌书画印艺术》由华夏文化艺术出版社出版。

（三）作品选介

孟保和：倾诉

国画：杨文艺

油画：于忠

国画：白钰山

《少年·中国梦》赵青画

二、书法

（一）书法作品

2007年6月，杨海涛《醉丐墨痕》（杨文奎主编）由远方出版社出版。

2009年9月，高健《仿毛泽东手书》由中国时代出版社出版。

2012年9月，郭永旺《书法学习教程》由远方出版社出版。

2012年12月，冯肇之《冯肇之书法集》由中国书画艺术出版社出版。

2013年1月，陈志国《陈志国毛体书法集》由中国书画艺术出版社出版。

2015年12月，董占纲《翰墨怡情——行草书古今诗词60首》由中国宗教出版社出版。

2016年7月，杨文艺《楷书心经》由北京华翰昌鑫文化发展有限公司出版。

（二）作品选介

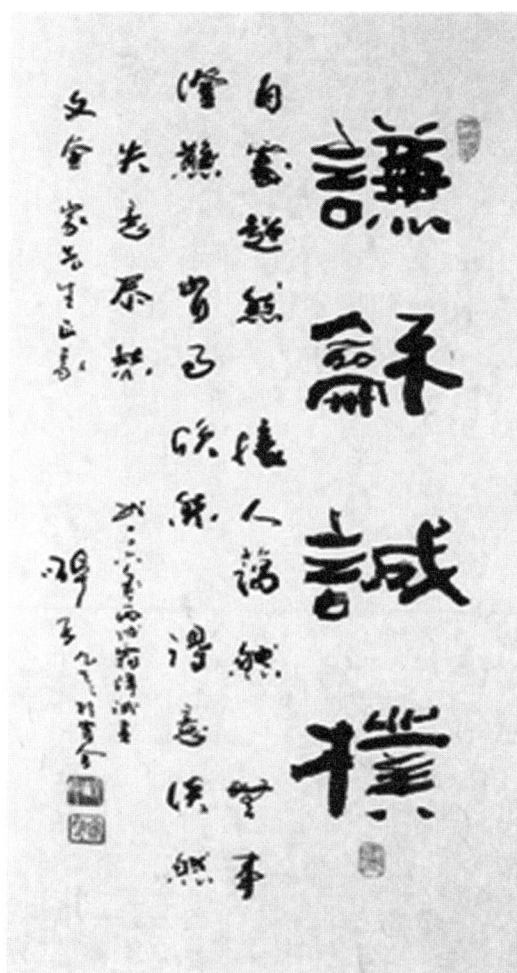

书法：杨海涛

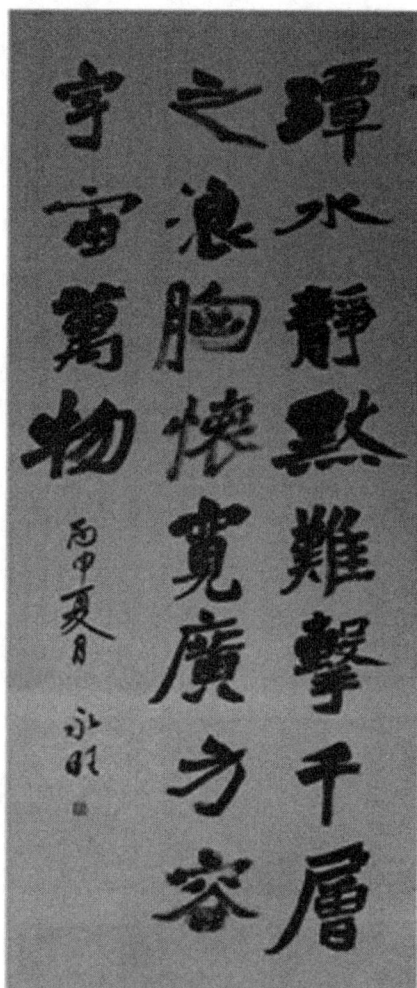

书法式：郭永旺

《物华天宝》段庆昌书

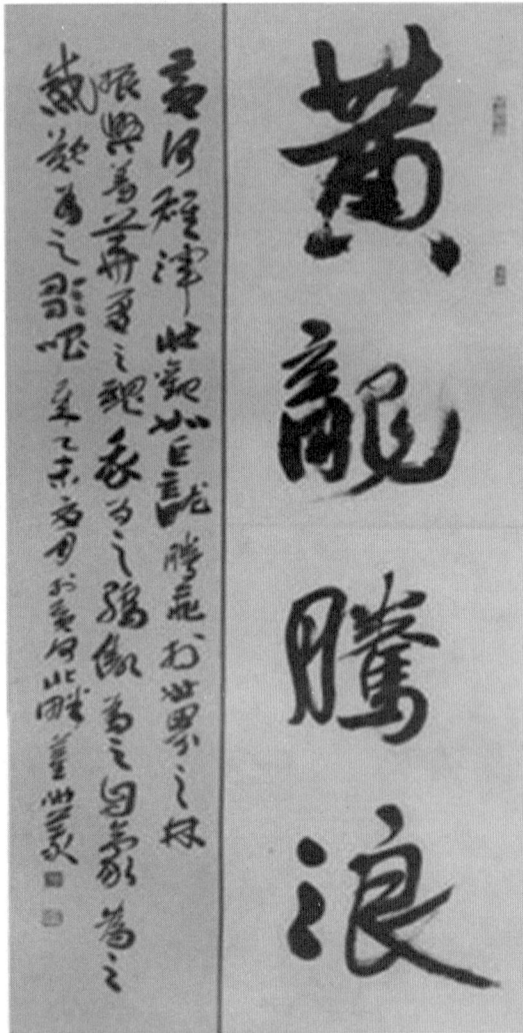

《黄龙腾浪》董尚义书

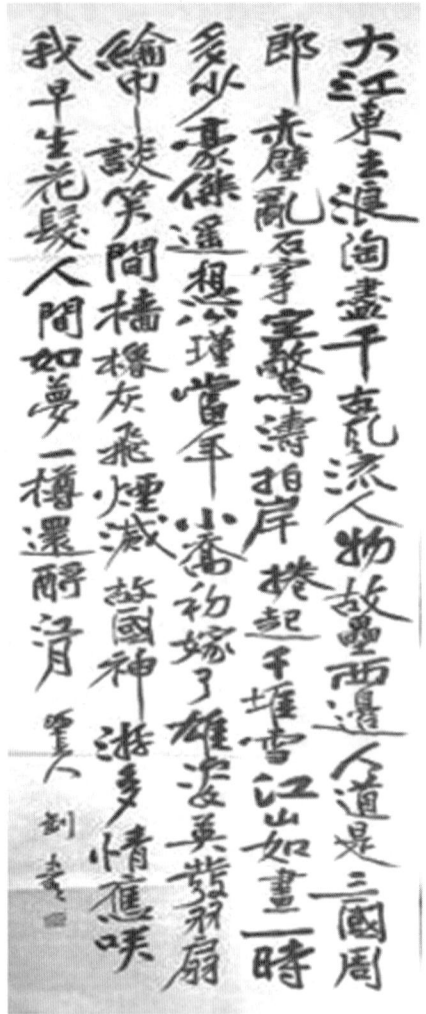

《念奴娇·赤壁怀古》

三、音乐

（一）音乐作品

1991 年 12 月，邢俊文编辑的《歌唱临河百首歌词选》出版。

1992 年 12 月，内蒙古《草原歌声》杂志歌唱临河专号出版。

1996 年 2 月，孙德明《我要一片雨》歌词集，由广西民族出版社出版。

1997 年 7 月，音乐专辑《临河之歌—献给内蒙古自治区成立 50 周年》（音乐磁带）出版。

1998 年 8 月，王珂《爬山曲选》（歌曲集上集）由文联编辑出版。

2002 年 9 月，王珂《大西北山歌》歌曲集由内蒙古文学家企业家促进会编印出版。

2007 年 3 月，王珂歌曲集《血战五原》由巴彦淖尔市民俗文学家学会出版。2011 年 12 月，王珂《爬山曲选》（下集）由内蒙古通志馆编辑出版。

2011 年 12 月，王珂《西口外山曲》由巴彦淖尔市民俗文学家学会出版。

2012 年 12 月，临河区歌曲集《阴山日记——献给临河的歌》（12 首歌曲）音乐专辑 DVD 光盘由内蒙石文化音像出版社出版。

2015 年 2 月，孙德明歌词集《我在纳林湖等着你》由中国文联出版社出版。

2016 年 2 月，孙德明《我像一朵云》歌词集，由中国文联出版社出版。

（二）作品选介

孙德明，中国音乐家协会会员，国家一级词曲作家。出版歌词集《我要一片雨》《我像一朵云》，歌曲集《爱是一首歌》，歌曲专辑《我在纳林湖等着你》。

我在纳林湖等着你

（燕尾蝶演唱）

孙德明词曲

1=A 4/4 2/4
中速稍慢，抒情地

丽英，蒙古族，临河区第四中学音乐教师。主要作品《想去的地方是草原》，获内蒙古自治区第13届精神文明建设"五个一工程奖"。

想去的地方是草原

（反复时省略第一段歌词）

四、戏剧曲艺

2002年8月，王珂、冯胜利合著《对联全书》（上下集）由内蒙古民俗学会、民间文艺家协会编印出版。

2002年9月，杨浦《河套歇后语》由内蒙古文学家企业家促进会编印。

2009年7月，李发宝《河套顺口溜》由远方出版社出版。

2011年11月，刘先普《放歌大河套》戏剧小品专辑由远方出版社出版。

2013年6月，李发宝《河套顺口溜之二》由远方出版社出版。

2014年7月，李秉忠、邱爱荣主编的《二人台民歌汇集》由临河文化馆出版。

2016年5月，李发宝《河套顺口溜之三》由远方出版社出版。

五、摄影

（一）摄影作品

2001年6月，为庆祝建党80周年，由临河市档案局编辑的《临河市改革开放辉煌成就画册汇集》摄影画册出版。

2005年12月，孟保和《沃野》摄影作品集由内蒙古人民出版社出版。

2006年10月，孟保和《孟保和摄影集》由内蒙古人民出版社出版。

2012年6月，张少甫摄影作品集《逐光掠影》由内蒙古人民出版社出版。

2014年2月尚永强、朱越海摄影作品集《沃土巴彦淖尔》（著作：姜苇、石玉平）由内蒙古人民出版社出版。

（二）作品选介

冬忙《摄影》：朱越海

六、剪纸

1998 年 7 月，王珂《剪纸画集》由文联编辑出版。

耗子娶媳妇（剪纸）：王珂

七、雕塑

1993 年，开发区雕塑《日新月异》为改革开放后第一个大型街头雕塑。随后，临五路与胜利北路街口《葵花女》、建设北路与临五路街口《腾飞》成为临河地标性雕塑（后因城市道路改造拆除）各中小学校园雕塑逐年增多，临河市第一职业中学校园内《拓荒牛》《奔马》两尊雕塑憨态可掬，有特点。

雕塑：乌拉特部落西迁

2010 年，东开发区朔方路口的《乌拉特部落西迁》雕塑，成为新的城市标志性亮点。

2013 年，黄河湿地公园系列主题雕塑成为点睛之作。

2016 年，庆丰西街打造蒙元文化街，增设许多现代化创意雕塑，成为文化主题街新景观。

八、获奖情况

1991 年，由临河市政府和内蒙古电视台联合摄制的、展现河套普通百姓生活的 6 集电视连续剧《老冒小传》，在央视播出。

1996 年，由唐韬作曲、薄剑峰作词的歌曲《夕阳》，在"全国助老工程老年题材"歌曲类评比中喜获三等奖。

1997 年，临河市被自治区人民政府评为"文化先进市"，多个单位和个人受到国家、自治区表彰奖励。

1998 年，原歌舞剧团演员王占昕开始在全国崭露头角，相声《家乡好》获全国曲艺调演表演奖。

2001 年，王占昕表演的二人台快板《王婆卖瓜》，在全国第十届"群星奖"曲艺比赛中获银奖。

2006 年 9 月，王占昕的呱嘴"王婆系列"受到业界关注，获全国第四届曲艺节最高奖项"牡丹奖"。

第三章 档案管理

第一节 机 构

1991年，体制改革撤销临河市档案局，行政职能由临河市档案馆行使，牌子保留。

1992年8月，撤销临河市档案局，保留临河市档案馆。

1993年3月25日，临河市委办授权档案馆履行档案局职能，主管全市档案行政管理工作。档案馆内设办公室、业务指导股、馆务股。

1994年，临河市档案馆定编为14人，财政划拨经费1万元，自治区档案局下拨专项资金5000元。

1996年，恢复档案局。档案局、档案馆为两块牌子、一套人马。档案馆隶属档案局管辖，人员编制13人，其中4人取得大专学历，1人取得中专学历。

1997年，临河市档案局成立，档案局与档案馆实行两块牌子、一套人马，科级建制，隶属临河市委办公室领导。

1998—2000年，档案局内设办公室、业务指导室、馆务股。人员编制13人。

2004年，临河区档案局有工作人员12人，馆藏档案5万卷，是巴彦淖尔市馆藏量最大的旗县区档案馆。

2008年，临河区档案局工作人员参照公务员法及其配套政策法规进行管理。机构设置延续至2016年未变。

第二节 档案管理

一、馆藏档案

1991年，临河市档案局下发《关于接收征集历史档案和著名人物档案资料的办法（试行）的通知》，当年馆藏卷宗84个，案卷23559卷，录音录像等5盒，照片档案162张，资料10710册。1991年11月27日，临河市档案馆晋升为自治区二级档案馆。

1992年，加强档案资料收集和抢救工作，收集接受档案1021卷，整理资料226册，报刊142册，登记字迹不清褪色档案1533卷。

1994年，档案局接收临河市委、政府、组织部核心档案218卷，资料198册，清理落办档案970袋（1406人次），普办档案41卷。

1995年，接收临河市委、政府、组织部档案126卷，门类和结构有新变化。接收临河市交易所文书档案16卷，当年馆藏总量36300卷册。加强编制检索工具，完善检索体系402卷，34542人次。完成小召、马场地、黄羊、八岱、丹达、建设、白脑包、八一、新丰、图克、城关、曙光、十召庙 13 个乡镇的清理建档工作，共清理归档 15302 卷，投入人力 1000 人次，投入资金 3000 元。

1997 年底，档案局馆藏达 36896 卷，资料 9519 册本。

1999 年底，临河市档案局馆藏档案通过自治区一级馆认定。馆藏档案 27576 卷，图书资料 9682 册，完成馆藏剩余 42 个全宗介绍的编写，全宗介绍编写达到 100%。

2000 年，重新编制各库档案存放位置、索引图，调整各库档案柜与查阅室。加强卫生、安全与查阅制度、核心档案接收、立卷、归档工作。接收临河市委大院 10 个单位近千卷档案，归档图书资料 200 余册。征集回临河地区著名商标与企业简介 5 套，接收临河市名、优、特产品资料 2 种 4 册。

2003 年，档案局开展电子录入工作。接收征集名人、名产档案、特色档案 26 盒，近 300 件。接收到期入馆机关档案 18 家。接收干部死亡档案 168 袋。

2004 年，档案局接收内蒙古自治区第二届农牧业科技成果博览会邀请函、会刊等 6 件重要材料和 8 张相关照片。接收临河区体改委转制档案 154 件，会计档案 51 卷册。接收、整理组织部文书档案 19 卷。接收审计局文书档案、审计档案 155 卷。征集临河区级以上劳模、先进工作者、名人档案 30 人 100 余件。

2008 年，接收并整理临河区委办 2005—2006 年文书档案。

2015 年，收藏各门类档案近 5 万卷、册、盒，图书报刊资料 1 万多册。其中收藏民国时期档案 4 个全宗 1191 卷盒。

2016 年，由于馆库不足，没有新接收档案。

二、馆库建设

1992 年，分别向临河市政府、市财政局请示解决微机、控调机、档案用具、史料征集等款项 37000 元。

1994 年，更换破烂库房门窗玻璃，维修房顶，配备消防设施。

1995 年，遵照档案保护原理和保护技术，严格控制和调节库房温湿度，三天一登记两天一调节，使库房干湿适度，冷热均匀。配备门帘窗帘，定期放灭虫药。新增灭火器 2 台。在档案库房周围种植花草，使库房空气保持清新。

1996 年，临河市委投资 50 万元，自治区档案划拨 8 万元，建起总面积 780 平方米的三层楼档案馆。

2000 年，配备微机一台、30 套窗帘，解决报刊经费。

2008 年，进行楼顶防水、上下水、供暖、供电等维修，购置电脑等办公用品，改善办公条件。

2009—2015 年，由于档案局办公楼属租借性质，未进行馆库建设。

2016 年，临河区有档案馆 2 座。

三、档案编研

研究制订《临河市档案局业务技术、学术研究工作计划》。李玉山、刘琦二人撰写了"临河市档案馆工作发展引发的思考"一文。

1994 年，撰写小召乡《加强档案管理，发挥档案效益》一文，受到自治区档案局好评。

1995 年，编写 1991—1994 年《临河市档案工作年鉴》。

2000 年，为武汉市党史办、内蒙古党委编写《王群回忆录》提供资料。配合临河市委办督查室汇编了市委、市政府 1998—2000 年重要文件汇编 2 册。

2003 年，配合临河市党史办编写《1997—1999 年临河年鉴》和《临河办事指南》。

2004 年，编研续写了临河区《档案志》2000—2003 年部分。

2008 年，参与编撰 1994—2004 年《临河区组织史》。

档案开发工作编写的资料还有：《中共临河县历届代表会简介》《建国后临河县级职官录》《临河史料》《临河县农业表》（该志书获内蒙古自治区档案局编研成果三等奖）。编辑《中共临河县委重要文件选编》（第一辑），参与《中共临河组织史》的撰写，为《临河市志》《临河年鉴》的撰写提供重要资料，编辑《临河市档案志》十几种编研资料。

2009—2016年，为《临河区人大志》《临河区统计志》《临河年鉴》提供重要资料。

四、利用服务

1991年，临河档案局利用档案人次721人次。到2016年，接待查阅利用档案人员1000人次，查阅档案资料2500万卷次。

1993年，提供利用档案1281卷，资料97本，利用291人次。

1995年，向社会提供档案347卷。

1999年，临河市档案局依法实施第四批档案开放工作，开放21个全宗、1100卷档案、80余件。全部编制了文件级开放目录，计20本，应开放档案开放率达100%。共接待利用档案者80余人次，为《临河年鉴》的编写，工商局、计量局的查询领导、人员交接及企业转制提供了相关依据。

2000年，临河市档案局接待档案利用者124人次，提供档案529卷。为工商局、广电局人员合并交接、企业转制、市委换届等，提供了翔实而重要的资料。编写利用效果实例26例。配合市委办督查室汇编了市委、市政府1998—2000年重要文件汇编2册。

2016年，临河区档案局接待档案利用者1000余人，提供利用服务2500万卷次。

表29－3－1

**1991—2016年临河市（区）
档案资源利用服务情况表**

单位：人、卷次

年份	接待利用者	提供利用服务
1991年	721	
1992年	1432	4996
1994年	320	950
1995年	57	
1997年	3000	9107
2000年	124	529
2003年	158	321
2004年	210	420
2008年	480	860
2009年	520	1100
2010年	701	2100
2016年	1000	25000000

第三节　档案业务指导

1991年，临河市档案局举办档案专（兼）职人员培训班，参加人员120余人。1991年开始，临河市档案局开展定升级工作，到1997年底，步入自治区特级管理2家，一级管理10家，二级管理23家。企业科研部门有6家被评为自治区先进，2家晋升为自治区级先进。

1993年6月9—15日，由于乡镇档案工作严重滞后于经济建设，为扭转被动局面，档案局领导带队深入乡镇，进行清理整顿与科学化管理。1993—1997年，档案局（馆）李玉山被河套大学聘为代课老师，主讲《档案管理学》，并于1993年10月出席全区档案馆（室）工作为经济建设服务研讨会。

1994年，落实《苏木乡镇档案管理办法》，深入干召、新华、狼山、小召等地，开展乡镇档案综合管理，督促建档。深入曙光轧管厂、临河市化工总厂，清理、整理归档九大门类企业档案1000多卷盒。

1995年，把乡镇档案清理整顿作为主攻目标，到年底，13家乡镇完成清理整顿工作，清理档案15302卷。同年，派专人深入刨花板厂，系统整理文书档案130卷，科技档案70卷，图书资料200册，编写各种簿册6本。

1996年8月，巴彦淖尔盟档案工作会议即乡镇档案经验交流会，在临河市小召乡设立分会场，与会者进行实地参观交流。年底，乡镇档案清理完毕。马场地乡、小召乡达到自治区一级和二级管理水平。

1997年，曙光乡、份子地乡晋升为自治区二级管理水平。

1998年，临河市实现23家机关单位达标工作，完成当年目标任务的140%。其中进入自治区特级的2家，一级的8家，二级的13家。

1999年，31个机关达标，其中特级4个，一级17个，二级10个。隆胜乡、友谊乡、古城乡、丹达木头乡、建设乡、白脑包乡、黄羊木头乡、八岱乡、乌兰淖尔乡、新丰乡10个乡镇档案管理，晋升为自治区二级管理水平。

2000年，临河市一级科局档案管理达标率95%。科研单位、乡镇村以及私营企业，档案管理都有突破，全得妙有限责任公司档案工作达标。

2003年，建立信用档案专卷。对小城镇建设和重点建设项目的档案工作进行监督指导，推进机关档案升级达标，树立现代化档案管理样板。通过持续对基层单位的专项检查，强化基层单位档案业务工作。

2004—2016年，对社保、安全、环保、健康、教育等涉及民生领域的业务档案，进行重点指导。

2016年，临河区有16个机关单位达到内蒙古自治区特级，68个单位达到自治区一级，1个企业达到省部级档案管理标准。

第四节　宣传执法

1991年，在电台、电视台举办为期4个月的《档案法》专题讲座。4月8日，通过张贴标语、出动宣传车，举办街头咨询等形式宣传《档案法》，接待咨询人数300人次。7月，举办《档案法》图板展览。

1993年8月，临河市档案局（馆）举办由人大、政府、司法局有关人员参加的纪念《档案法》颁布6周年座谈会。

1996年8月，组织临河市机关单位70余人参加《档案法》知识竞赛。10月16日至19日，检查各机关、乡镇档案工作执行情况，通报检查情况。

1997年，档案法被临河市委列入"三五普法规划"。2月，制定印发《临河市1997年档案工作要点》。9月，在电视台播放临河市档案工作电视专集，在《巴彦淖尔日报》《临河晚报》、电台刊登、播放。同年，临河市档案局全体人员参加巴彦淖尔盟档案局举办的专业培训班，全市各机关单位、乡镇兼职档案人员近百人也参加了这次培训。

1998年，在《巴彦淖尔日报》《临河晚报》刊登稿件25篇，在盟市电视台、电台报道20余次；与市电视台合办滚动字幕5条，播放3天，悬挂宣传横幅4条。制作了10集（约70分钟）专题系列片《临河地区重大交通事故反思录》。

1999年，在临河市电视台"广播纵横"栏目播出《档案法》《内蒙古档案条例》。分别在市教委、信用联社、公安局等单位，举办档案法规及档案知识培训，指导档案人员撰写稿件。

2000年，临河市档案局与有关部门组成档案执法检查组，检查近60个单位的档案管理工作，对20多个私营企业档案工作进行摸底调查。对乡镇办事处档案工作进行挖掘与提高，3个办事处档案管理工作有了进展。3月2日，对市直机关企事业单位、人民团体、办事处、部分乡镇，进行执法检查。6月初，在临河市教育局举办短期普法培训班。8月中旬，对全市有一定规模的20多个私营企业档案工作进行摸底调查。11月下句，在电视台"为您服务专栏"开辟"一法一例"宣传节目。从百例档案实例中筛选上报巴彦淖尔盟档案局27例。

2003年，对临河市直属局、重点工程承办单位、办事处、部分乡镇等50个单位，进行执法监督检查，建立信用档案专卷。

2004—2016年，每年利用广播、电视、报刊、网络等媒体，开展形式多样的档案宣传活动。

2016年，开展各种特色主题宣讲活动，用"讲党课、比党性、亮身份、比贡献"来推动档案工作发展。

第三十篇
广电 报刊

第一章 广播电视

第一节 机 构

一、行政管理机构

1991年，临河市广播电视局科级建制，内设电视台、人民广播电台、事业股、政秘股、服务公司。

1993年3月，临河市广播电视局改为临河市广播电视新闻中心，归口临河市委宣传部，事业建制，内设电视台、人民广播电台、有线电视台、管理办公室、行政办公室、服务公司。

1996年，临河市广播电视新闻中心实行招聘组合制。中心主任聘用各台正副台长。

1997年，临河市广播电视新闻中心成立广播电视管理办公室，形成三台二办，即广播电台、电视台、有线电视台、广播电视管理办公室和中心内部办公室。

1998年，临河市广播电视新闻中心改称临河市广播电视管理局，实行局台合一、三台合一。

1999年，临河市广播电视局下设广播电台、电视台、有线电视台和管理办4个准科级单位和局办公室、总编办公室。

2001年5月，临河市广电局整建制上划巴彦淖尔盟广电局。

二、事业单位

（一）广播电台

1985年5月，成立临河人民广播电台，内设新闻部、节目部、广告部、制作部、播出部。

2001年5月，临河人民广播电台并入巴彦淖尔人民广播电台。

（二）电视台

1986年，临河电视台成立。内设新闻部、专题部、广告部、制作部、播出部、文艺部。

2001年10月，临河电视台并入巴彦淖尔电视台。

（三）有线电视台

1992年11月，临河有线电视台成立。

1998—1999年，临河市有线电视台投资18万元购买监视器、测试仪，用于有线电视指标测试。

2001年5月，巴彦淖尔有线台与临河有线台合并后划归内蒙古广播电视信息网络巴盟分公司。

第二节 广 播

一、节目设置

1991年，临河广播电台播出蒙汉语新闻3671

条，其中反映农村工作的 37%，平均每次播出 9 条以上。

1992 年，临河广播电台制作"马林模式""一优两高"等农村致富能手十星户专题报道；开辟经济信息、科技致富等固定栏目。

1993 年，集中开展推动综合改革和深化企业内部改革两个宣传战役。

1994 年，开辟创建自治区级文明城市、迎接建市十周年专栏，集中报道反映临河市建市十年的变化、成果、创建工作动态。

1995 年，开辟市场经济纵横谈、党委书记话市场经济、市场经济专讯等专栏专题，指导临河市社会主义市场经济理论大学习、大讨论活动；针对临河市黄河友谊险工段发生淘岸塌陷险情，开设专题专讯，在黄金时段或醒目位置播发抢险动态新闻和典型人物及事迹，并以评论、访谈等形式报道抢险、募捐工作。

1996 年，完善栏目承包责任制，临河新闻由每周 3 次增改为每周 4 次。开辟"八五"成就回顾、"九五"展望、党建工作巡礼等专栏专题。

1997 年，对邓小平治丧活动进行隆重庄严、深情有序地报道；完成香港政权交接仪式系列活动实况转播；开辟自治区成立 50 周年倒计时栏目，宣传党的民族政策和民族自治制度的伟大胜利，宣传和展现临河市各族人民为建设临河艰苦创业、无私奉献、团结拼搏的精神风貌。

1998 年，全天分 3 次播出。自办节目有新闻、专题、文艺 3 大类，栏目有临河新闻、广播纵横、少儿节目、农牧民之友、空中大舞台、百业信息、双休乐园、每周一歌等。制作"二十年巨变"专栏节目，纪念十一届三中全会召开二十周年。收到通讯员来稿 3000 条，播出新闻稿件 2500 条。在内蒙古电台发稿 42 篇，在巴彦淖尔盟电台发稿 342 篇。

2001 年 10 月 6 日，临河人民广播电台与巴彦淖尔人民广播电台合并，停办原临河电台节目，开办两套节目，第一套是新闻综合节目，第二套是文艺生活节目。

二、设施设备

1992 年，临河广播电台购进 IKW 发射机，发射半径 50 千米。

1994 年，购进西湖牌十六路调音台 1 部。

1995 年，临河市广电中心新建广播电台办公楼，更新编录设备。

1996 年，临河广播电台购进 637 录音机 3 台。

1997 年，安装和整修农村广播调频设备，有 10 个乡镇开通调频广播。

1998 年，购进马兰式背包现场采访机 1 台和全套配电盘。设备指标达国家乙级。

三、获奖情况

1991 年，临河广播电台记者王延锐采写的新闻专题《农业与科技》获自治区好新闻一等奖。

1992 年，记者王延锐、高俊峰采写的消息《农民付立国闯荡北京城》获自治区好新闻二等奖。

1993 年，记者刘文华采制的《致富链链起一大片》获全国好新闻二等奖、全区一等奖、第二届内蒙古新闻奖一等奖、中国广播新闻奖二等奖。

1998 年，记者邢建丽采写的《河套农民网上卖瓜》获自治区好新闻三等奖、巴彦淖尔盟好新闻一等奖；记者贾俊龙采制的《建丰脱水菜打入欧美市场》获全国广播消息类新闻三等奖；记者其其格采写的《临河市三百名干部为农副产品打入市场牵线搭桥》获巴彦淖尔盟广播新闻一等奖；《河套蜜瓜香飘万里》获巴彦淖尔盟新闻三等奖；记者邢建丽、李文亮采写的《农牧民之友》获巴彦淖尔盟新闻二等奖；记者沈瑞军采写的《农家盛开广播花》获巴彦淖尔盟新闻三等奖。电台记者其其格获巴彦淖尔盟"金川杯"首届十佳记者称号。

1999 年，临河广播电台新闻作品《广播纵横》获巴彦淖尔盟第二届新闻一等奖，《乡间牧歌》

《快乐的暑假》获二等奖，《赌博村吹进了文明风》《王猴小笑了》《不能让老丑的大棚塌下来》《农牧民之友》获三等奖。

2000年，临河广播电台在巴彦淖尔盟第二届好新闻评比中，获一等奖1个、二等奖3个、三等奖4个。记者其其格采制的专题《阳光下的希望》获全国广播蒙语节目二等奖；通信《修路愚公李方狗》获全国广播蒙语节目二等奖。

第三节 电 视

一、节目设置

1991年，临河电视台在当地新闻、专题等原有节目基础上，新开办"故乡风""经济信息"等栏目。播出新闻1414条，其中反映农村工作的40%以上，每次播出9条以上。向上级台投稿200篇。通讯员来稿1953条，占总播出的20%。

1994年，临河电视台编制大型电视政论片《潮涌临河》、专题片《力的效应》《河套亿元乡系列报道》《蓬勃发展的工业企业》。

1995年，临河电视台联合市委宣传部摄制电视专题片《在黄河险情面前》。

1996年，临河电视台《临河新闻》由每周三次增改为每周四次。集中开展严打斗争、城市经济、星级文明城市创建、大学习大讨论四项新闻宣传战役；制作外宣电视专题片《塞外明珠——临河市》；开展全国第一次农业普查宣传。

1997年，临河电视台编制专题节目"喜爱临河五十年"，引起较大反响。

1998年，临河电视台自办临河新闻、致富路、社会写真、荧屏传情、少儿乐园、周末文化、城乡文明风、质量纵横谈、文明城市大家谈等新闻专题和社教节目。

1999年，完成专题片《拥抱新世纪》《订单农业使河套农民尝到甜头》的拍摄。

2000年，自办栏目有临河新闻、阳光之旅、大视野、致富路、社会写真、七色花、动画城、天气预报、文艺节目、广告等。每年来稿1500多条，播出1400多条。在国家级新闻媒体发稿5篇，在内蒙古电视台发稿28篇，在巴彦淖尔盟电视台发稿153篇。

2001年10月，临河电视台、巴盟有线电视台与巴彦淖尔电视台合并，办三套节目，即巴彦淖尔电视台第一套节目（巴—1原巴盟台）、巴彦淖尔电视台第二套节目（巴—2原临河台）、巴彦淖尔电视台第三套节目（巴—3原盟有线台）。

二、设施设备

1991年，临河电视台设备器材达到专业级标准。有MC—1406广播及彩监机，各种型号录放像机，SONYDVGAM摄像机，DXC—3000PX摄像机，各式麦克风，台标及多功能字幕机，TVC—X2、JVC—X3摄像机3台，DVCAM—DSR—200AT摄像机3台，大式编辑机，VCD机，IKM发射机。

1995年，临河电视台新建办公楼；更新编录设备；翻建电视台机房、演播室。

1997年，重新装饰演播室，更符合专业标准要求。

1998年，拥有各种类型摄像机10余部，包括300APK1部，普通三管机3部、M—3三管机2部及M800、M350、M3000等小型摄像机。演播室装备提词器。

1999年，临河电视台筹资80万元，将70米高的拉线型发射铁塔改造成100米高自立型铁塔，发射天线更新为12.5DB天线。购买数字编辑机、放像机各一套，改造电视台演播室灯光设备及全景扫频图示仪。

临河电视台每天播出8小时，设10频道、分两次播出。

2016年，临河区拥有电视台1座，电视人口覆盖率100%。

三、获奖情况

1991年，临河电视台专题节目《农业与科技》获内蒙古广播电视学会全区好新闻电视专题一等奖。

1995年，电视纪实片《在黄河险情面前》获自治区精神文明"五个一工程"入选作品奖。

1996年，专题片《奉献》《力的效应》获自治区党建电教片二等奖。

1997年，电视纪实片《乌兰图克的故事》获巴彦淖尔盟"五个一工程"入选作品奖。

1998年，记者李文亮采写的《河套五月不见锄》《老楼头退休》获自治区新闻二等奖、巴彦淖尔盟一等奖；记者宫娜、杨敬东、王延锐采写的电视专题片《下岗女工公冶君》获"内蒙古电视奖"社教二等奖、巴彦淖尔盟"五个一工程"优秀奖。电视台记者王延锐获巴彦淖尔盟"金川杯"首届十佳记者称号。

1999年，大型专题片《拥抱新世纪》《订单农业使河套农民尝到甜头》获巴彦淖尔盟好新闻一等奖；《农艺师进村来》《楼长"志向"》《致富路》获巴盟新闻二等奖；《小麦降价忧思录》《临河新闻编排》《闯市场的庄户人》获三等奖。

2000年，在巴彦淖尔盟第二届好新闻评比中，临河电视台获一等奖1个、二等奖3个、三等奖4个。

第四节　有线电视

1992年，临河市广播电视局作为巴彦淖尔盟发展有线电视的试点，采取联办方式，由海南飞洋实业有限公司投入价值140万元设备，自筹90万元，筹建临河有线电视台，经内蒙古广电厅专家论证符合设计安装要求。

1993年8月，临河有线电视台开通，播出20套有线电视节目。城区入网用户5000户。

1994年，入网用户为7000多户。

1995年，临河有线电视台翻建机房、演播室。有线电视用户23000户。12月26日开始，巴彦淖尔有线电视台向临河有线电视台（网）传送中央台5套加密电视节目和巴彦淖尔电视台及电视台自办节目。

1996年，新增用户2500户。

1997年，临河有线电视台投资5万元，更换整修有线设备，引进数字压缩处理设备技术。主干线网络覆盖市区及近郊达23千米，支干线达270千米，用户34000余户。同年，有线电视台新增卫星电视节目5套。有企业专辑、有线连万家、屏幕导游、天天影院、下周屏幕、临河新闻、社会写真等自办节目，能传送25套各省、市电视节目。

1998年，临河市有农村有线电视用户4631户。

1999年，临河市有16个乡镇广播电视站。有线电视网络遍布临河市城区及近郊，用户达36500余户，其中农村用户4700余户。

2000年，临河市开通10个有线电视网点，临河北部边远乡镇8万多农村人口可收看到12套电视节目、收听到5套广播节目。有线台网络工程新安用户2176户，改造1369户。

2002年5月1日，临河有线电视台、巴彦淖尔有线电视台组建内蒙古广播电视信息网络有限公司巴彦淖尔分公司。由内蒙古广电局管理，入股资产价值1170多万元，大都是临河有线电视台设施。

临河有线电视台负责临河市广播电视网络的总体规划建设、运营维护和管理，以及临河市广播电视网络的信息化建设。全天播出9小时。

2016年，临河区有线电视用户达8万户。

第二章 报 刊

第一节 机 构

1993 年 10 月 30 日，《临河晚报》试刊。

1994 年 1 月 1 日，《临河晚报》创刊。晚报社科级建制，为临河市直事业单位，实行总编负责制，隶属宣传部，编制 10 人。

1995 年 3 月，晚报社配齐办公室、发行部、广告部等内设机构及负责人。

1998 年 11 月，晚报社内设办公室、编辑部、记者部、发行部、广告部、印刷厂。

2005 年 2 月 25 日，《临河晚报》划转巴彦淖尔日报社主管主办。

2006 年 11 月 23 日，《临河周报》创刊，由临河区委宣传部主办。

2010 年 1 月 1 日，《临河周报》改名《临河区报》。临河区委宣传部新闻中心随之成立，专门负责《临河区报》的采编、发行。

2011 年 4 月 13 日，《临河区报》改名《临河报》，由临河区委宣传部新闻中心主办，实行总编负责制，分设编辑部和记者部。

2016 年 10 月 17 日，临河区委宣传部新闻中心改为临河区融媒体中心，实行主任负责制，分设编辑部、记者部、网络部。

第二节 报纸种类

一、临河晚报

1994 年 1 月 1 日，《临河晚报》创刊，出版周一刊。

1995 年，临河晚报社创办《巴盟文苑报》月刊。

1997 年，《临河晚报》增至周三刊，四开四版，一版为要闻版，围绕市委中心工作开展宣传；二版为经济生活版，选登社会经济生活中各类新闻事实，转播经济信息，开展生活服务；三版为文艺副刊，以介绍盟内各类文学作品为主；四版为时事文苑版，介绍国内外大事，评说各类热点问题，报道科技、教育、文化动态，选登中小学优秀作文。

1998 年 9 月，《巴盟文苑报》更名为《临河晚报·文苑》。

二、临河报

2006 年 11 月 23 日，《临河周报》创刊。以信息新闻为主，兼顾社会、生活等内容。

2010 年 1 月 1 日，《临河周报》改名为《临河区报》，从内容到形式以全新面貌与读者见面。

2011 年 4 月 13 日，《临河区报》改名为《临河报》。改版后的《临河报》更加突出区委机关报权威性和准确性的主题定位，版面在原有基础上新增项目建设、部门直通、招商引资、致富信息等内容。

2013 年 10 月 9 日，《临河报》由四开四版改为对开四版，每周三期，容量较改扩版前增加一倍。

2016 年 9 月 19 日，《临河报》由每周三期改为每周一期，同时新增《黄河金岸·魅力临河》官方微信公众号、临河新闻网。至此，构建起了由《临河报》《黄河金岸·魅力临河》微信公众号、临河新闻网、《巴彦淖尔日报·直通临河》共同组成的传统媒体和新媒体融合发展的宣传平台。

《黄河金岸·魅力临河》微信公众号设置 6 个栏目：头条，主要发布区委、政府主要领导活动；看点，宣传临河区经济、社会发展成就，亮点工作，创新性工作；聚焦（关注），发布医疗、卫生、扶贫、教育、交通、环保等大众关注的民生新闻；身边，宣传各行各业涌现出的先进典型；微评，发布人们对当前社会热点问题的观点和看法；健康，发布大众关心的健康知识。

临河新闻网（www.linhexww.com）2016 年 12 月 21 日上线运行，以"多元信息的发布平台、河套文化的展示平台和大众受益的服务平台"为目标定位，设有临河要闻、民生社会、经济建设、文化旅游、基层动态、人物风采、便民服务、迎庆创城等 15 个栏目。2017 年 3 月 28 日临河新闻网安卓版 App 上线运行，网站内容可同时在电脑和手机端更新。

第三节　刊　物

1991 年 6 月，《临河文艺》刊出 1 期庆祝中国共产党成立七十周年专刊，由临河市委宣传部、市文化局主办。

1991 年 8 月，临河市文联独立，《临河文艺》杂志编辑出版由文联负责。

1992—2001 年，《临河文艺》停刊。

2002 年，《临河文艺》复刊。11 月刊出 1 期，4.5 万字，刊载小说、诗歌、散文，设"庆祝十六大赞美新生活有奖征文"专栏，印 1000 册。

2007 年，《临河文艺》更名为《西部风》，刊出 3 期，每期约 4.8 万字，每期印 1000 册。

2008 年—2014 年，《西部风》刊出 7 期。

2016 年，《西部风》改版为套彩印刷，刊出 1 期，8 万字，印 1000 册。

第四节　采　编

一、临河晚报

1994 年，《临河晚报》实行总编负责制。

1997 年，晚报选用稿件以本地区为主，兼顾其他，有 24 个省区的通信员供稿。

1998 年，报社形成采编印发体系。

1999 年，完成编辑、记者及微机工作人员培训任务。改革编辑、记者工资制度，组织开展稿件版面评优工作，降低文字差错率。

2000 年，全国有 26 个省区的通信员为《临河晚报》供稿。

二、临河报

创新机制。实施扁平化编辑负责制，减少管理层次。版面定位明确，赋予编辑全权处理选题、策划、组稿、版式的职权。

实施专业化考评机制。首先是充分体现定位要求，其次是处理稿件质量及版面设计。考核以奖优罚劣、多劳多得、优劳优酬为原则，加大质量考核力度，鼓励创新创优、自行选题、深入一线采访报道。

实施评报监测制。聘请专业老师，每周开例会进行集体点评。

第五节　宣传报道

2013 年 10 月 9 日，改版后的《临河报》开辟"图说我们的价值观公益广告系列图片""讲文明树新风"等专栏和公益广告，每周一期。

报纸开辟《学习三中全会精神》《学习贯彻落实十八届四中全会精神》《临河区政府报告系列解读》《临河区政府工作报告解读系列报道》《学习贯彻自治区经济会议精神》《基层聚焦村两委班子换届选举》《迎庆创城进行时打造北疆亮丽风景线建设美丽乡村》《加快建设富裕文明和谐美丽新临河推进重点工作重点项目》《基层工作看亮点建设富裕文明和谐美丽新临河》《创建全国文明城市我们怎么做向不文明行为说不》《安全生产 365》等栏目。《河套明珠展新颜》《让乡亲们过上好日子》两篇文章在人民日报整版刊发，《扬起肉羊产业龙头实现转型跨越发展—内蒙古临河区打造"中国北方羊城"》在中国青年报整版刊发，《临河区：

干部待在办公室的时间越来越少了》《28 万农民喝上自来水》《热炕头生出好豆芽坐在家里就挣钱》等文章在内蒙古日报发表。

报社坚持"三贴近",关注人民群众关心的话题和遇到的难题,报纸内容接地气,新增加"自由谈、微调查、街谈、我说个事儿、现场聚焦、民生视点、焦点话题、工作日记"等栏目,为政府了解民情搭建渠道。"乡风乡韵""魅力临河""文苑"等栏目,展示临河新风貌及独具特色的河套文化,扩大临河对外影响力和美誉度。

2013—2015 年,围绕经济建设、社会发展、党建工作等方面,开辟专栏 200 多个,刊发稿件 12765 篇,在市级以上媒体刊发稿件 1000 篇。

第六节 印刷发行

一、临河晚报

1998 年,《临河晚报》是经内蒙古自治区新闻出版局审核批准的、区内公开发行的四开四版周报。发行 5000 份。

1995 年,《临河晚报》发行 7500 份。3 月初,临河晚报社创办《巴盟文苑报》月刊,当年发行 2800 份。

1996 年,发行 43000 份。年末购进微机制版设备,配备发行车,交巴彦淖尔盟邮电局发行。

1997 年,发行 7500 份,《巴盟文苑报》发行 62000 份。年末增至周三刊。

1998 年 9 月,《巴盟文苑报》更名《临河晚报·文苑》,在内蒙古西部 5 个盟市发行,在前旗、五原、杭后建发行站。11 月,临河晚报社办起印刷厂。12 月 8 日,办理国家正式出版物印刷许可证,承印《临河晚报》、区内出版物及经批准的区外出版物。

二、临河报

2006 年 11 月 23 日至 2009 年 12 月 31 日,《临河周报》为四开四版,每版 4000 字,总容量为 1.6 万字(含图片),每周一期,每期印刷 1000 份,全年出 50 期。发行范围:市区两级四大班子领导及办公室,市区两级党代表、人大代表、政协委员、离退休老干部,各方面人士代表,区直各部门、各单位,镇村街道办事处,驻市新闻单位,由邮政局统一发行。

2010 年 1 月 1 日至 2011 年 4 月 12 日,《临河报》四开四版,彩色印刷,每周三期(周一、三、五),邮政发投,每期数量 5000 份。

2011 年 4 月 13 日至 2013 年 10 月 8 日,《临河报》四开四版,彩色印刷,每周三期,邮政发投,每期数量 5000 份。

2013 年 10 月 9 日至 2016 年 9 月 18 日,《临河报》对开四版,彩色印刷,每周三期,每年共发行 142 期,每期数量 5000 份。

2016 年 9 月 19 日至 2016 年 12 月 31 日,《临河报》对开四版,彩色印刷,每周一期,每期数量 5000 份。

第三十一篇
体　育

第一章 管理体制改革

第一节 行政机构改革

1991 年，临河市体育工作由临河市体育运动委员会（简称"体委"）主管，下设二级事业单位青少年业余体校。

1992 年 5 月，临河市体委与文化局、文联合并，成立临河市文化体育管理委员会。机关体育机构设置群体科、竞训科，下设二级单位青少年业余体校。1992—1995 年，临河市体育工作由临河市文化体育管理委员会主管（简称"文体委"）。

1994 年，设立体育筹备处，隶属临河市文体委。

1995 年 3 月，成立体育中心，隶属临河市文体委。

1996 年 9 月，临河市文体委改称临河市文化体育管理局，内设办公室、文艺股、文化市场管理股、体育股。1996—2003 年，临河市体育工作由临河市文化体育管理局主管（简称"文体局"）。

2000 年，临河市全民健身领导小组成立，成员单位有临河市文体局、教育局、总工会、妇联、团委、财政局、民政局、人社局、公安局、残联等，负责临河区全民健身工作，履行宣传贯彻国家体育政策法规、落实体育重大决策部署、实施全民健身计划、制订实施地方全民健身办法工作职责。体育部门配置体育股、体育总会等机构，负责制订地方全民健身计划、落实上级体育工作任务、宣传体育政策法规、倡导不同人群全民健身、提高地区竞技体育水平、培养体育后备人才、培训群众体育骨干、开展国民体质监测等行政工作。乡镇、农场、街道办事处设置体育分管领导，设立文体站并配备置专兼职干部开展体育工作。

2004—2015 年，临河区体育工作由临河区文化体育管理局主管。

2005 年，临河区体育中心撤销，整体建制划入临河区文体局。

2016 年，临河区文化体育局和临河区旅游局合并为临河区文化旅游局（体育局），内设办公室、文化股（广播电视股）、旅游股、体育股、市场管理股（行政审批服务股），下设二级事业单位旅游服务中心（科级建制）、文化市场稽查队、图书馆、文化馆和青少年业余体校。

第二节 事业单位改革

1991 年，临河市青少年业余体校科级建制，财务独立核算，编制 16 人。

1994 年，青少年业余体校定编 12 人，逐步成立男子篮球队、女子篮球队、武术队、乒乓球队、男子足球队、田径短距离项目队、田径中长距离项目队、田径投掷项目队、古典式摔跤队等青少年业余训练队。与文体委合署办公，大多数训练队集中在文体委管理的临河体育场内开展训练。

1995年，成立于临河市体育中心，2005年体育中心撤销后整建制划入临河区文体局。

1996年，临河市文化体育管理局下设二级事业单位9个：临河市歌舞剧团、临河市晋剧团、临河市文化中心、临河市文化馆、临河市图书馆、临河市体育中心、临河市电影宫、临河市电影公司、临河市文化市场稽查队。

2003年，临河市青少年业余体校由科级建制降格为股级建制，仍隶属于临河市文化体育局，核定编制6名。训练队伍缩减到4支，即青少年女子篮球队、少儿男子足球队、田径投掷项目队、古典式摔跤队。

2007年，核定临河区青少年业余体校编制为2名，训练队伍仅剩青少年女子篮球队、少儿男子足球队、古典式摔跤队。

2016年，临河区在贯彻中央决策、创建公共服务体系工作中，整合城乡体育资源，建立完善公共体育服务体系，构建以区级为主导，镇、村、街道、社区为主体，各级文体站为重点，体育协会和体育俱乐部等群团组织为补充的四级群众体育服务网络体系。成立临河区体育总会1个、基层协会22个（乡镇、农场体育协会11个，办事处体育协会11个）。基层协会受乡镇办事处文体站和体育总会双重管理，负责加强体育群团组织和体育指导员队伍建设，先后指导群众性体育社会团体成立乒乓球、羽毛球、篮球、足球、健身操、太极拳、武术、跆拳道、佳木斯、信鸽、踢毽子、钓鱼、汽车摩托车、健身气功、自行车等体育单项协会，定期不定期开展各类全民健身竞赛、表演、展示活动。成立临河区社会体育指导员协会，组织参加国家一二三级和国家级社会体育指导员培训班，现有各级社会体育指导员1200人，每千人公益社会体育指导员比例为2.22个。各体育协会体育骨干和社会体育指导员活跃在城乡各个健身点，引导群众参与全民健身。

第三节　训练体制改革

1991—1999年，青少年业余体校面向临河中小学校招生，在临河市体育场集中开展田径、武术、篮球、足球、摔跤、乒乓球等体育项目训练，培养竞技体育后备人才。临河市中小学校开展田径、篮球、足球、排球、乒乓球等体育项目训练。

2000—2007年，临河区体育场馆拆迁后未能新建，体育主管部门无体育场地、设施，临河青少年业余体校人员编制减少，体育工作受到影响。

2008年，临河区青少年业余体校与临河第十中学完成"体教结合"，体校人员整体进驻十中，形成主管部门不变、两块牌子、财务独立、统一发展的格局。体校篮球队、田径投掷项目队在十中开展招生训练工作，协助学校开展学生素质教育课、运动会等群体性体育工作；十中负责在训学生文化课教育，并从体校招生、班级安排、体育器材使用等方面为体校提供帮助，两支队伍既可代表十中参加教育系统比赛，也可参加体育系统比赛，实现既互相配合、互相促进又资源共享、共同进步。临河区其他中小学校内部正常开展田径、篮球、足球、排球、乒乓球等体育项目训练工作。青少年业余体校实行校长聘任负责和教练员聘任制，校长由文体行政主管部门聘任，教练员由校长聘任。

第二章 设施 经费

第一节 场馆与设施

1991—1997 年，临河市体育健身场地设施改善，健身器材覆盖面增加。

1998 年，临河城区有体育活动场地 29 个，所有乡镇都有体育场所。

2000 年，临河市投资 1000 多万元，新建星月世纪广场，建成全民健身路径 1 条。

2002 年，临河市列入自治区"健身乐园工程"建设计划。

2003 年，临河市各办事处建有 200 平方米以上的室外活动场所、60 平方米以上室内活动室，辖区单位经常开展体育健身活动。

2005 年，巴彦淖尔市开展"体育三下乡"，向临河区赠送全民健身路径。

2006 年，临河区青少年业余体校没有固定场地和校址，有 3 名专职教练员分别在 3 所学校进行摔跤、篮球、田径项目训练，训练人数近 50 人。

2014 年，临河区有各级各类运动场地 480 个，每 1 万人体育场地数为 9 个；体育场地 610666.7 平方米，人均体育场地 1.16 平方米。其中临河区辖区有全民健身活动中心 2 个，即巴彦淖尔市级全民健身活动中心和临河区全民健身活动中心，全天对外开放。市级全民健身活动中心占地 5000 平方米，建筑面积 2000 平方米，主要开展足球、篮球、羽毛球、乒乓球、气排球、广场舞、健步走等运动项目，配备室内标准篮球场 1 个、综合健身房 1 个、羽毛球场地 6 个、乒乓球场地 6 个；室外标准篮球场 1 个、健身路径 4 条。临河区全民健身活动中心占地 6600 平方米，建筑面积 1897 平方米，内部配置和市级标准基本相同，外部预留 5000 平方米网球场。临河区有笼式足球场 8 个，其中金川办事处辖区金川大桥底下 2 个、明珠城东南角 1 个，汇丰办事处辖区永济渠景观带 1 个，狼山镇富强村五组 1 个，干召庙镇民主村四组 1 个，人民公园 1 个，国泰集团在巴彦淖尔市宾馆院内改建笼式足球场 1 个。

2015 年，临河区各乡镇行政村、农场分场健身广场覆盖率 100%。

到 2016 年，临河区建成的巴彦淖尔市全民健身中心、临河区全民健身中心体育场馆设施分别由巴彦淖尔市级体育部门和临河区总工会管理、维护；市区学校的体育设施由学校管理和维护；乡镇、农场、办事处的健身路径、篮球架、笼式足球场、棋牌桌等体育场馆设施，按照"谁受益、谁管理、谁负责"的原则，实行属地管理。针对群众反映的体育设施维护难、管理难等问题，体育部门制定体育设施维护管理制度，有专人对体育设施定期巡查。临河区街道办事处有室内综合健身设施 11 个，占街道办事处总数 100%；居委会健身点覆盖率 100%。每个办事处健身场所都配备室内跑步机、动感单车、乒乓球案、台球案、综合训练器、棋牌桌椅等健身器材。办事处辖区的公园、广场、居民小区开辟的健身点配备安装全民健身路径和音响等器材、设施。临河区40所各级各类学校有各类运动场地205个，其中8所学校的运动场地在节假日和课余时间向学生和社区居民开放。

临河区体育部门联合工商、税务、统计部门开展体育产业培育和调研，规范本地区体育市场，开展体育市场执法检查；引导房地产开发商、大型商场、社会组织、个人兴办公共体育场馆，先后建成临河区华海尚都健身会所、蓝宇健身俱乐部、圣仕堡健身会所、铁路工人乒乓球健身俱乐部等健身场馆。

第二节　体育经费

临河区体育经费主要来源于上级拨付、区财政支持和社会力量赞助。1994—2016年，全民健身设施总投入2500万元；全民健身活动经费总投入1160万元，其中社会力量赞助和资助全民健身事业资金约100万元。

第三章　群众体育

第一节　学校体育

1994年，临河市举办中小学生春季运动会和冬季环城越野赛。

1995年，临河市抽调体育专业人员，对城区和农村43所中小学进行体育达标验收。

1997年，临河市学校体育达标率为80%以上。

1998年，临河市文体局和巴彦淖尔盟教育局、临河市教委共同举办临河地区中学生篮球赛。临河市对乡镇以上学校进行体育达标验收，达标率84.3%以上，优秀率11.3%。

1999年，临河市各学校重点抓"两课""两操"和三级训练队。临河市文体局与临河市教委共同承办巴彦淖尔盟中小学生田径运动会、临河市第28届西贝杯冬季环城越野赛。市文体局对辖区学校进行体育达标检查，达标率84.6%。

2000—2013年，临河区有各类中小学校40所，所有学校均设体育课，做大课间操，开展课外活动，学生在校期间每天至少参加1小时体育锻炼。

2014年，临河区各中小学校开设足球课，组织开展各类足球培训、比赛。

第二节　职工体育

1991—1993年，临河市连续举办职工广播体操比赛。广播体操在各单位推广。

1994年，临河市举办职工篮球、乒乓球比赛；协助巴彦淖尔盟文体处举办篮球赛。

1998年，临河市恢复举办职工体育比赛，组织开展篮球、乒乓球、排球、拔河、跳绳、踢毽子、广播操、象棋、太极拳等比赛。

1999年，临河市组织不同形式的运动会，部分单位做到坚持体育锻炼经常化。

2000年，全民健身宣传周期间，临河市直单位开展各类职工体育活动。

2001—2013年，临河区文体局会同工会、教育局、团委、妇联等部门每年组织乒乓球、篮球、排球、拔河等比赛，参与人数有所增加。

2014—2016年，临河区的体育场地、设施改善，篮球、乒乓球、羽毛球、拔河、跳绳、自行车慢赛等项目，以及干部职工运动会，定期举办。

第三节　农村体育

1991—1993年，临河市各乡镇每年都开展形式多样、规模不同的农民运动会、村社运动会，项目有篮球、拔河、象棋、趣味跳绳、自行车慢赛、滚轮胎、背媳妇、两人三足跑等。

1991—1997年，临河市各乡镇开展体育活动达2000余项，参加人数45万人次。

1994年，临河市举办农牧民运动会，庆祝建市10周年。

1996年，举办农运会35次，参加人数6万人。

1997年，临河市各乡镇围绕重大节日组织单项比赛。乌兰图克乡被评为"全国亿万农民健身先进单位"；古城乡被评为全国群众体育工作先进单位。

1998年，临河市20个乡镇成立农牧民体协。

1999年，在农牧民运动会上，18个乡镇代表队，500多名农民运动员，参加4个项目的比赛。

2000年，全民健身宣传周期间，临河市各乡镇举办农牧民运动会。

2009年开始，自治区农牧民体育健身工程落户全区旗县农村。临河区文体局争取上级项目，分批分期为临河区乡镇、农场拨付体育设施建设经费；配备篮球架、乒乓球案、台球案、羽毛球架网、棋牌桌椅、健身路径；修建笼式足球场、全民健身广场，改善农村体育硬件设施条件，激发农民群众参与健身的热情，乡村妇女广场舞跳得红红火火。

第四节　老年体育

1992年，临河市举办老年门球邀请赛。

1994年，举办老年门球邀请赛。解放办事处成立老年人体育协会。

1998年，临河市出台《关于加强全市老年人体育工作的意见》，9个办事处成立老年体育协会，每个办事处都搞联合比赛和体育活动。5月28日—6月2日，举办临河地区老年门球大赛。

1999年，临河市举办老年门球邀请赛和老年秧歌大赛。

2000年，全民健身宣传周期间，临河市举办老年门球邀请赛。

2016年，临河区有老年人体育协会1个，22个乡镇、农场、办事处都成立老年人体育管理机构（主要由文体站负责），市、区共有老年人健身队200支。各老年人健身队充分利用广场、公园等场地，坚持开展广场舞、太极拳、健步走、抖空竹、踢毽子等健身活动。

第五节　残疾人体育

2012年，临河区文体局联合临河区残联，开展临河区残疾人运动员；组织参加巴彦淖尔市第一届残疾人运动会。

2016年，临河区残疾人数据库中已办理二代残疾人证的15416人，其中城镇8534人、农村6882人。经常参加锻炼的残疾人为3000人，占全区残疾人总数的20%。

第六节　全民健身

1992年，临河市举办第六套广播体操汇操比赛。

1994年，临河地区气功协会成立，设气功辅导站3处，参加人数3000余人。

1995年7月，临河市举办"全民健身宣传周"活动，万人参加长跑。

1997年，临河市20个乡镇、9个办事处成立体育协会，并制定章程；城区有老年体协及信鸽、钓鱼、气功、武术等单项协会；临河市成立成年人体质测定站，测试1500余人。参加体育锻炼人数占比达34%以上。

1998年5月28日至6月2日，临河市开展全民健身宣传周活动，组织第八套广播体操表演。

组织临河地区纪念党的十一届三中全会 20 周年环城长跑。参加体育锻炼人数达 38.4%，新增台球、门球等单项协会。

1999 年，临河市下发《关于贯彻全民健身计划纲要的规划实施细则》《关于做好 99 年全民健身试点工作的通知》，实行领导包单位责任制，每个社区确定一处以上群众体育活动场所，每年组织 2 次以上社区范围的体育比赛或健身活动。5 月，开展全民健身宣传月和宣传周活动，举办万人长跑比赛。

2000 年 5 月，临河市下发《关于开展 2000 年全民健身宣传周活动的安排意见》；6 月 8 日，举行全民健身宣传周开幕式；500 名中学生表演大型广播体操；各机关、学校、企事业单位 10000 多人组成长跑队，进行绕城长跑。

2008 年 8 月 8 日，临河举行全民健身宣传日启动仪式暨全市奥运火炬手授牌仪式，开展国民体质测定、全民健身传单发放、体育健身表演、趣味体育竞赛等活动，当地 10000 名干部群众参加。

2016 年，2—3 月举办临河区"迎春杯"干部职工运动会；3 月，临河区文化旅游局（体育局）与临河区妇联举办庆三八妇女健身操比赛；4 月，临河区在金川学校举办巴彦淖尔市卫生系统运动会；5 月，临河区文化旅游局（体育局）与内蒙古晨报联合举办千人亲子风筝放飞踏青活动。举办临河区首届少儿轮滑大赛；组织佳木斯广场舞和安代舞团体健身操队伍，完成世界华人篮球邀请赛开幕式大型团体操表演；临河区选拔 16 人参加巴彦淖尔市端午节龙舟比赛，获第七名和优秀组织奖；举办临河区第四届广场健身操比赛；举办巴彦淖尔市首届网球俱乐部公开赛；临河区政府承办首届巴彦淖尔国际马拉松比赛。

第四章　竞技体育

第一节　运动会

1991 年，临河市教育局定期举办中小学生田径运动会、越野赛、乒乓球赛、足球赛、篮球赛、排球赛；教职工乒乓球赛、排球赛、篮球赛。临河市体育主管部门定期举办全民健身运动会。

从 1992 年开始，临河市每年举办农牧民职工运动会。

2000 年，临河市全民健身月（周、日）系列体育活动开展起来，各类运动会应运而生。

2011 年 8 月 8 日，举办临河区第一届职工运动会，设置篮球、乒乓球等 6 个大项及自行车慢赛、跳绳等 5 个趣味体育项目，参与人数 1200人次。

2012 年 8 月，举办临河区农民运动会，设置篮球、乒乓球、拔河、象棋等 4 个大项及滚轮胎等4 个趣味体育项目，参赛人数达 1000 人次。

2013—2016 年，临河区文体部门每年举办"迎春杯"系列比赛，庆三八妇女乒乓球比赛，庆五一职工乒乓球邀请赛，迎国庆网球、羽毛球、乒乓球小球系列比赛，沿黄河公路自行车邀请赛，端午节龙舟大赛等各类体育竞赛活动；与相关部门共同制定计划，按片划分，联合办事处定期举办大型社区全民健身运动会，联合乡镇定期举办农民健身运动会。

2016 年，临河区形成规模的运动会和赛事有临河区农民运动会、临河区干部职工运动会、临河区老年人运动会、临河区中小学生田径运动会、临河区社区运动会、临河区广场舞大赛、临河区区长杯校园足球联赛。

第二节　各项竞赛

1991—2016 年，临河市（区）举办的常规体育比赛有：乒乓球比赛、羽毛球比赛、网球比赛、篮球比赛、足球比赛、排球比赛、游泳比赛、滑雪滑冰比赛、广场舞比赛、自行车比赛、公路越野赛、武术比赛、广播操比赛、健身操比赛、太极拳（剑扇）比赛、信鸽比赛、钓鱼比赛等。趣味性体育比赛有：拔河、滚轮胎、踢毽子、自行车慢赛、两人三足跑、钓啤酒瓶、托乒乓球跑、背媳妇、趣味足球射门、兔子跳、跳绳、放风筝、滑冰车、冰上自行车、冰上保龄球、冰上龙舟、雪地拔河、抢粮食、水塘摸鱼等。群众性大型展示竞赛活动有：千人佳木斯广场舞、千人健身安代舞、千人健身气功展示、千人太极拳展示、千人排舞展示、千人自行车骑游、千人中小学生团体操表演、万人城市公路健步行、万人中小学生徒步远足、万人老年公园健步行等。

第三节　比赛成绩

临河青少年业余体校最多时成立有 9 支训练队，各支训练队在参加国家级、自治区级、巴彦淖尔市级和临河区举办的各级各类比赛中，取得一系列优异成绩，多次受到各级部门的表彰和奖励。

一、临河区青少年女子篮球队

1980 年，临河市青少年女子篮球队成立。

1991 年，获巴彦淖尔盟中学生篮球比赛亚军。

1995 年，临河市青少年女子篮球队代表西贝餐饮集团参赛，获内蒙古自治区"三好杯"中学生篮球比赛第四名。

1998 年开始，多次获巴彦淖尔市中学生篮球赛前三名的好成绩。

2008 年 6 月，原体校青少年女子篮球队老队员，代表临河区体育代表团参加巴彦淖尔市第一届运动会女子甲组篮球比赛，获亚军。

二、临河区青少年男子足球队

1981 年，临河市青少年男子足球队成立。

2016—2017 年，两次获巴彦淖尔市"市长杯"足球赛小学生男子组冠军。

三、临河区青少年田径队

1980 年，临河市青少年田径队成立。田径队包括田径短距离项目队、田径中长距离项目队、田径投掷项目队，3 个队的主力队员均是临河区和巴彦淖尔市田径代表团收获积分、取得名次的核心力量，先后有 50 人次获自治区级、（盟）市级田径比赛前八名的好成绩。

四、临河区青少年摔跤队

1990 年，临河市青少年摔跤队成立。

2008 年，在巴彦淖尔市第一届运动会上，队员为临河区体育代表团赢得 3 枚金牌，6 人次进入前八名。在内蒙古自治区第 12 届运动会古典式摔跤比赛中，运动员特格希获男子甲组 84 公斤级第一名（双积分制、相当于 2 枚金牌），安达获男子甲组 96 公斤级第三名，阿伊拉贡获男子甲组 60 公斤级第六名，苏乐德获男子乙组 76 公斤级第四名。在自治区第十一、十二、十三届全运会上，该队获得金牌 2 枚、银牌 4 枚，15 人次获得前八名。

2010 年，在自治区第十二届运动会古典式摔跤项目上，临河代表队夺取 2 枚金牌、1 枚铜牌、1 个第四名和 1 个第六名的好成绩。

1991—2016 年，摔跤队中尖子队员获国家级摔跤比赛冠军 1 人，5 人获前八名；先后有 10 余人获自治区级摔跤比赛甲乙两个组别前八名。在自治区第 11 届运动会上，为巴彦淖尔市夺得唯一一枚摔跤金牌。

五、临河区青少年武术队

1976 年，临河市青少年武术队成立。教练员是临河老武术家嫡传弟子，率队获 1978 年在临河县举办的国家级武术邀请赛"最佳表演团队"称号；20 人获巴彦淖尔盟武术比赛前八名。

1991—2016 年，临河区体育代表团参加巴彦淖尔市第一届和第二届运动会，取得甲类项目团体总分第一名、总成绩第二名的优异成绩；组织选拔临河区龙舟代表队、自行车代表队参加巴彦淖尔市端午龙舟比赛和沿黄自行车比赛，取得前八名的成绩和优秀组织奖。

第四节　重大体育活动

2008 年 8 月 8 日，全国首个"全民健身日"。当天，临河区组织举行自治区 12 盟市分会场全民健身日启动仪式暨巴彦淖尔市奥运火炬手授牌仪式，奥运冠军马艳红与社会各界人士参加了万人健步行活动。

2015年6月25—27日，临河区委组织部、区委宣传部、区机关工委、区总工会、区文体局联合举行临河区庆祝建党94周年干部职工运动会暨全民健身活动周启动仪式。

2016年10月6日，临河区承办由国家体育总局田径管理中心、自治区体育局、巴彦淖尔市政府联合主办的"2016巴彦淖尔国际马拉松比赛"。比赛设全程马拉松、半程马拉松、迷你马拉松3个项目，来自16个国家和地区的10000多名专业和业余选手参加。在巴彦淖尔市龙舟赛中，临河区获得第七名；在全市五人制足球赛中，临河区获得第一名；在全市首届少数民族运动会中，临河区获得第三名。

第五节　人才培养

临河区以青少年业余体校为龙头，带动14个学校业余训练点，致力于选拔和培养竞技体育后备人才，向自治区专业队和全国高等院校输送了大量体育后备人才。1984年临河籍女运动员高凤莲入选国家柔道队，曾多次摘取国际柔道金牌。向自治区体工队输送运动员70多名。摔跤队为自治区摔跤专业队输送近20名优秀古典式摔跤后备人才，100名运动员考入体校或体院。

临河一中、三中等高中学校培养的田径、篮球、足球、排球、乒乓球等体育人才，多名考入北京体育大学、天津体育大学、沈阳体育大学等体育高等院校。

第三十二篇
医疗卫生

第一章　机　构

第一节　行政管理机构

一、卫生局

1991—1993年，临河市卫生局内设办公室、医政股、防保股，下设二级单位有市防疫站。

1994年，增设个体股。

1997年，卫生局内设股室增至8个：医政、药政、个体、办公室、防疫、妇幼、合作医疗和计财。

2004年，临河市卫生局更名为临河区卫生局，成立新农合管理办公室。

2008年，临河区卫生局增设食品安全管理办公室。

2009年，增设农村孕产妇住院分娩补助管理办公室。

2011年，临河区卫生局食品安全管理办公室撤销，将食品安全监管职能划归临河区食品药品监督管理局。

2012年，爱卫办、红十字会与临河区卫生局分设，成立临河区健康教育所，核定编制6名，股级建制，与爱卫办合署办公；临河区卫生局增设药物政策管理股，单设蒙中医药管理股（增挂蒙中医药管理局牌子）。

2013年，增设卫生应急办公室。

2014年，增设干部保健股。

2016年，临河区卫生局和计划生育局完成机构整合，组建临河区卫生和计划生育局，内设办公室、规划财务与监审股、基层指导股、宣传科教信息股、行政执法与监督股、卫生应急办公室、疾病预防控制股、医政医管股（区深化医药卫生体制改革工作领导小组办公室）、药物政策与基本药物制度管理股、妇幼健康与干部保健股（孕产妇住院分娩补助办公室）、蒙中医药管理股（挂蒙中医药管理局牌子）、计划生育家庭发展股、流动人口管理办公室13个股室，核定行政编制31名（含爱卫办3名）。整合后，区卫生和计划生育局下设35个事业单位：疾病预防控制中心（科级）、卫生监督局（副科级）、妇幼保健计划生育服务中心（副科级）、计划生育协会（股级，计生信息服务中心并入计划生育协会）、区人民医院（副处级）、区妇幼保健院（科级）及11个社区卫生服务中心、18个乡镇卫生院。同年，临河区有卫生机构639个，其中医院30所，卫生院18所，社区卫生服务中心（站）12所，妇幼保健院（所、站）2所，疾病预防控制中心2所，村卫生室177所，诊所368所。其他卫生机构2所。拥有床位4626个，拥有卫生技术人员5675人，其中执业医师2023人，药剂师327人，检验师195人。其他卫生技术人员472人。共有卫生事业人员6717人。

辖区有民营医院30所、社区卫生服务站2所、村卫生室177所、门诊部9所、医务室11个、个体诊所 368 所、乡镇计生指导站 8 个。

二、爱国卫生办

1993 年，临河市爱国卫生运动委员会主任由市长兼任，副主任由副市长兼任；爱卫办设在卫生局，一套人员，两块牌子，工作人员由卫生局内部分解。办公室设在卫生局。

1996 年，爱卫办升格为科级建制，主任由卫生局长兼任。

2012 年，爱卫办与临河区卫生局分设。

三、卫生监督机构

1991—1996 年，临河市卫生监督执法职能由临河市防疫站承担，防疫站设置卫生监督科，负责全市食品卫生、公共场所卫生、学校卫生、职业卫生、放射卫生和医疗机构监管。

1997 年，临河市卫生局公共卫生监督所成立。

2000 年，在卫生局下组建临河市卫生监督所。

2004 年 8 月，临河市卫生监督所更名为临河区卫生局卫生监督所，隶属卫生局，副科级建制。

2006 年，卫生监督与防疫站机构分离，单独设立临河区卫生局卫生监督所，隶属卫生局，监督员抽调防疫站监督科人员组成。

2011 年，临河区卫生局卫生监督所更名为临河区卫生局卫生监督局，隶属卫生局，副科级建制。临河区食品药品监督管理局成立后，餐饮环节食品安全监管职能由卫生局划归食品药品监督管理局，卫生局将卫生监督局 12 名工作人员调整到区食品药品监督管理局工作。

四、农村合作医疗办

1997 年 4 月，临河市启动农村合作医疗工作，主要职能由卫生局承担。

2004 年，临河区被自治区确定为第一批启动新型农村合作医疗的 7 个试点地区之一，临河区新型农村合作医疗管理委员会、监督委员会成立，设立办公室，核定全额事业编制 7 名。临河区 28

所公立医疗机构纳入新农合定点范围。

2016 年，新农合划入人社部门管理。

五、疾病预防控制机构

1991 年，临河市政府实施疾病预防控制与公共卫生技术管理和服务的公益事业单位是临河市卫生防疫站，隶属卫生局领导，科级建制。

2005 年，临河区卫生防疫站内设计免、防疫、地方病、鼠防、食品卫生、劳动卫生、学校卫生、检验、门诊、宣教、办公室、总务后勤、财务、监察、政秘等 16 个股室。

2006 年，临河区防疫站更名为临河区疾病预防控制中心，至 2016 年隶属关系和建制不变，核定全额事业编制 60 人，内设 15 个职能科室，为全额拨款事业单位。

第二节　医疗、卫生机构

一、临河区人民医院

1991 年，临河市医院开设科室 30 个。

1992 年，临河市医院成立传染科、医务信息办、改革办公室、咨询导诊处。

1994 年，成立神经内科、影像中心（B 超和 CT 放射）。

1997 年，成立放化疗中心。新增泌尿科、胸外科、肿瘤科、心血管内科、神经内科等 11 个专业科室。医院建制升格为准处级。

1998 年，在原内设科室 45 个（职能科室 13 个、医技科室 12 个、临床科室 20 个）基础上，成立脑外科、物价科。老干科晋升为老干所。

2000 年 7 月，临河市医院被内蒙古红十字会批准为"临河市红十字医疗急救中心"。

2004 年，临河市医院更名为临河区中心医院。

2005 年，医院门诊设有内科、外科、儿科、妇科等临床科室 18 个，医技、附属科室 10 个，包括预防保健科、设备科、保卫科等。

2009年，临河区中心医院更名为临河区人民医院。

2014年，临河区人民医院建设临河区人民医院康复医院。

2016年，临河区人民医院拥有23个临床科室、13个医技科室，心血管内科、神经内科、微创外科、肿瘤外科、骨科等为医院重点专科。

二、临河区妇幼保健医院

1991年，临河市妇幼保健院临床科室设有内儿科、外妇科和中医科，医技科室开设化验、心电、放射等科室，妇幼工作由妇幼科独立承担，职能科室有办公室。

1995年，保健院调整妇幼保健科室及相关科室，将外妇科分为外科、妇科；将内儿科分为内科、儿科；新增皮肤科、美容科；开设一级科室5个，有妇女保健科、儿童保健科、健教信息科、妇产科、儿科，下设妇女病检查、婚前医学检查、乳腺保健、儿童眼保健、儿童口腔保健等二级专业分组14个；开设中医、急诊、肛肠、五官、皮肤、泌尿、骨科、男性等临床科室；筹建临河市产科急救中心。

2016年，临河区保健院设孕产、妇女、儿童保健部和计生服务部4个部及保健、临床、医技、特色专科、行政管理等52个科室。

三、临河区人民医院康复医院

2015年8月11日，临河区人民医院康复医院建成并运营。

2016年，临河区人民医院康复医院拥有心内科、神经内科、呼吸消化内科、中医科、普外科、妇产科、儿科、皮肤科及临床、医技、康复、体检、行政管理等18个科室。

四、乡镇卫生院

1991年，临河市设置19所乡镇卫生院。

2000年12月，临河市第二人民医院在狼山医院挂牌成立。

2005年12月，临河区撤销友谊乡卫生院；曙光、八一卫生院改名为社区卫生服务中心。全区设乡镇卫生院16所。

2012年5月，临河区曙光、八一社区卫生服务中心撤销，设置为乡卫生院。临河区乡镇卫生院达到18所。乡镇卫生院名称统一按照"某某某乡镇""某某（中心）卫生院"进行命名，如"白脑包镇中心卫生院""白脑包镇建设卫生院"，并按照自治区乡镇卫生院设置标准，根据距离城区远近程度，确定在狼山镇、新华镇、新华镇份子地、白脑包镇4个乡镇卫生院为中心卫生院，乌兰图克镇、双河镇、干召庙镇中心卫生院名称被取消，为一般卫生院，卫生院名称中不加"中心"两字。

五、村卫生室

1991—2003年，因地方财政吃紧，无力投入，临河市的各乡镇村卫生室变成乡村医生的私人诊所。

2004—2005年，国家新型农村合作医疗启动实施，村卫生室纳入新农合门诊报销范围，临河区各级政府、民间慈善组织开始对村卫生室进行投资建设。临河区争取中央投资60万元，对15所村卫生室进行改扩建。

2008—2010年，临河区争取"侨爱工程——万侨助万村活动"项目，华侨朱恩馀先生捐资20万元，对乌兰图克新义村等5所卫生室进行建设。临河区争取中央投资40万元，对干召庙镇10所村卫生室进行标准化建设。

2011年，临河区卫生局实施镇村卫生服务一体化管理，由乡镇卫生院对村卫生室实行统一机构设置、统一人员管理、统一药械管理、统一业务管理、统一财务管理。争取中央投资40万元，对新华镇10所村卫生室进行标准化建设。

2013—2014年，临河区投资25万元，建成狼山镇 5 所标准化村卫生室；投资 545 万元，对全区 109 所村卫生室进行标准化建设。

2016 年，临河区村卫生室达 177 所，其中甲级村卫生室 154 所，甲级率 87%。

六、社区卫生服务所

1991—2004 年，临河尚未开展社区管理，也没有正式的社区卫生服务机构。

2005 年，临河区曙光乡、八一乡卫生院改为曙光、八一社区卫生服务中心（2012 年 5 月，曙光、八一社区卫生服务中心撤销，设置为乡卫生院）。

2006 年，临河区将解放、西郊、城关、胜利、西环、华西 6 所街道医院整体转型为社区卫生服务中心，实施社区卫生服务管理，为居民建立健康档案，开展健康教育和慢病随访等公共卫生服务。

至 2009 年，临河区又先后成立东环办、车站办、解放办社区卫生服务中心；投资 700 万元，完成新华办、先锋办社区卫生服务中心建设。

2010—2011 年，临河区投资 940 万元，建成东环办、解放办、铁南办社区卫生服务中心。投资 100 万元，新建金川办社区卫生服务中心，建筑面积 560 平方米，人员由博爱医院（原城关街道医院）划转。11 月，成立临河区新华办社区卫生服务中心，隶属于人民医院。

2012 年，临河区按照每个办事处设置 1 所社区卫生服务中心的标准，设置西环办、东环办、北环办、铁南办、汇丰办、先锋办、团结办、金川办、车站办、解放办、新华办 11 个社区卫生服务中心，均为独立的一类公益性事业单位。临河区政府为 11 个社区卫生服务中心核定事业编制 290 名，给予全额拨款。8 月，成立临河区车站办社区卫生服务中心，前身是华西医院设在车站办事处的社区卫生服务站，原铁路医院设立的车站办社区卫生服务中心撤销，人员由原华西医院划转。

2015—2016 年，临河区投资 500 万元，建成车站办社区卫生服务中心；投资 720 万元，建成汇丰办社区卫生服务中心。有 10 个社区卫生服务中心和 2 个社区卫生服务站，实现每个办事处设置 1 所社区卫生服务机构的目标。建成"全国示范社区卫生服务中心"1 个。有 7 所社区卫生服务中心通过自治区等级评审，其中 2 所被评为"甲级社区卫生服务中心"、2 所被评为乙级、3 所被评为丙级。

七、民营、个体医疗机构

2009 年，临河区卫生局整合 6 所民营医院资金 1 亿多元，启动建设民医大厦，实行联合体经营。在联合体内，各民营医院日常业务既相对独立又相互补充，内部设施共享，辅助检查设备集中共同使用，检查结果内部互认。

2016 年，临河区民医大厦建成并投入使用，成立理事会，确立管理团队成员及职责。当年，临河区有民营医院 34 所、个体诊所 368 所，其中精神病医院 2 所、医养结合医院 1 所。

第二章 体制改革

第一节 人事制度改革

1991年，医疗卫生应届毕业生由临河市政府负责在一定范围内安排就业；并轨毕业生在国家有关政策指导下，在一定范围内采取自主择业的办法就业；应届定向毕业生实行定向就业；委托培养的毕业生按合同就业；国家计划内的自费毕业生自主择业。对自谋职业、从事个体经营的毕业生，两年内保留派遣毕业生身份，在自谋职业和从事经营期间，连续计算工龄，享受档案工资规定。

1995年，临河市实行乡镇卫生院长末位淘汰制，没有完成指标的免去领导职务。

1998年，卫生系统实行院、站、校长负责制，各单位根据自身实际，在内部实行两级聘任制，即院、站、校长聘用科室主任，科室主任聘用科室工作人员。对未聘任的职工实行培训、轮岗和待岗的管理办法。

1999年12月和2000年6月，临河市人事部门对1998年和1999年毕业的29名医学生进行分配。此后全面取消分配制度。临河市1999年以前毕业的医学类毕业生，凡没经过人事部门分配的，全部成为"双向选择"人员。

2000年，卫生系统采取考试录用、竞争上岗和公开选拔等方式进行职务晋升。

2001年，临河市引进本科以上医学专业人才11名，12名优秀人才通过副高职称评审。

2003年6月，16名业务骨干通过竞聘考试走上乡镇卫生院领导岗位。

2004年，临河区一级医疗机构实行人事制度改革，分流人员164人，其中提前退休68人、离岗96人。

2006年，卫生系统51%的事业单位59%的工作人员签订聘用合同。卫生局机关30人按照公务员管理；卫生监督局40人参照公务员管理。

2009年，临河区乡镇卫生院推行聘用制度和岗位管理制度，形成院长能上能下、职工能进能出、待遇能高能低的用人机制。

2010年，卫生局按照自治区要求实施免费培养农村订单定向医学生项目，先后有6名本科毕业生充实到基层。

2012年，自治区为临河区28所乡镇卫生院核定352名全额拨款事业编制，实行定编定岗不定人管理。同年，临河区为10所社区卫生服务中心核定290名全额拨款事业编制，实行与乡镇卫生院同样的政策。

2012—2016年，临河区卫生局组织临河区人民医院和临河区妇幼保健院在各大医学院校举办"高校毕业生就业服务周"活动，引进本科以上学历医学毕业生120名；实施"三支一扶"计划，先后为卫生系统选派10名高校毕业生到农村基层服务。

第二节 分配制度改革

1991年，临河市卫生局对下属单位的考核由千分制改为百分制，将服务、效益、精神文明建设等指标分解、量化，签订合同，完成受奖，完不成受罚。

1994年，卫生系统多数单位实行以科室收入定支出的结算办法，即以科室或个人为单位，用收入减支出（含水、电、材料、工资、补贴）等于利润，如收大于支，不仅可以拿够工资和补贴，还可以从利润中提取一定比例的奖金；如收等于支，则光拿工资和补贴；如收小于支，则按比例扣发工资或补贴，压缩支出，把支出降到等于收入。

1996年，临河市各医院形成以科学管理促医疗质量提高、以医疗质量促经济效益增长、以纪律制度约束劳动分配的科学化管理格局，完善岗位责任制，分配机制向一线人员倾斜。

1998年，医疗系统实行浮动工资和效益工资等分配形式。

2001年，医疗系统各单位扩大科室分配自主权，按照专业技能和贡献大小拉开分配档次，向优秀人才和关键岗位技术骨干倾斜。推行全员聘任制，对专业技术人员按实绩评聘，对聘用人员进行考核，把考核结果作为续聘、晋级、分配、奖励和解聘的主要依据。

2009年，临河区乡镇卫生院实行岗位绩效工资制度，在绩效工资总量内采取多种分配形式和分配办法自主分配。

2010年，临河区推行基层医疗机构绩效考核制度，将人员收入划分为基础性绩效和奖励性绩效两部分，基础性绩效按照当年事业单位平均工资的70%给予发放，并设定相应的考核评价标准；奖励性绩效由财政补助工资的30%、基本公共卫生服务项目补助的60%和自有医疗收入的30%组成。

2012年，临河区将177所村卫生室纳入一体化管理，将基本公共卫生服务任务和补助经费的40%下放到村卫生室。

2016年，临河区村医补助标准提高到每室1.8～2万元/年。

第三节 医疗保障制度改革

1997年，临河市卫生局在行政事业单位实行个人账户与财政统筹相结合的医疗保险制度，杜绝不合理经费开支，减少盲目就医和不必要的卫生资源浪费。在农村，以乌兰图克乡、小召乡、马场地乡、份子地乡为试点，实行合医不合药的农村合作医疗制度。农民自筹10～15元，国家集体补贴2元，用于挂号费、诊断费、检查费、护理费、注射费、输液费、接生费（材料费除外，其他全部免去），手术费、B超、X光拍片免50%。

2004年，临河区在全自治区率先推开新型农村合作医疗试点工作，组织召开新型农村合作医疗启动动员大会，制定下发《临河区新型农村合作医疗实施方案》《临河区新型农村合作医疗章程》，将全区28所公立医疗机构全部纳入新农合定点范围。4月1日，临河区新型农村合作医疗制度全面启动运行，中央、自治区、巴彦淖尔市财政当年每人补助30元，农民每人交纳10元。

2005年，临河区对新农合补偿方案进行第一次调整，将封顶线由5000元提高到8000元；将二级医疗机构起付线由500元降低为300元；三级医疗机构起付线由1000元降低为800元。并实行慢性疾病管理制度，让更多参合农民享受新农合优惠政策。

2006年，中央及地方各级财政为每位参合农民的补助经费增加20元，临河区依据前两年运行数据精确测算，对补偿方案进行第二次调整，在完善慢病管理基础上，实行健康体检制度，扩大参合农民受益面。率先实施社区卫生服务改革，将6所街道医院整体转型为社区卫生服务中心，开始实施社区卫生服务项目，实现基层医疗机构公益性的初步转型。

2007年，临河区将参合农民补助标准增加到每人每年15元，引导农民个人缴费标准由原来的每人每年10元增加到15元，并对补偿方案进行第三次调整，实行一级医疗机构零起付，引导参合农民在基层医疗机构就医。

2009年，临河区制定下发《临河区关于进一步深化医药卫生体制改革的实施意见》和9个配套文件。

2010年，临河区在28所一级医疗机构和176个村卫生室实施国家基本药物制度和零差价率销售，基本药物实行网上集中采购，卫生局成立药品集中收付核算中心，对各基层医疗机构所有的药品采购款进行统一支付，规定所有的一级医疗机构必须从巴彦淖尔市确定的5家配送企业购进药品，不允许从其他渠道购进药品及私自支付任何购药款项。当年临河区医疗机构整体药品价格下降30%。将布鲁氏杆菌病和儿童（1～14岁）白血病纳入新农合特殊重大疾病管理，报销比例提高10个百分点，门诊治疗纳入慢性病管理，年人均累计报销金额布鲁氏杆菌病不低于500元、儿童白血病不低于3000元。

2011年，临河区在乡镇、村两级医疗机构和社区服务中心开展门诊统筹，将国家基本药物全部纳入报销范围，报销比例比非基本药物提高10个百分点。

2012年，新农合实行市级统筹，采用统一的门诊统筹＋住院统筹（含重大疾病）补偿模式，住院封顶线提高到10万元；推广新农合就医"一卡通"，新农合患者在自治区确定的10个定点医疗机构住院能够通过省级平台即时结报。临河区110所村卫生室开通门诊统筹。

临河区160所政府办村卫生室全部纳入镇村卫生一体化管理，签订协议书，按照服务人口每千人补助8000元/年；将部分公共卫生服务职能下放到村卫生室，并按照人均7.5元给予补助；实行基本药物零差率销售，药品全部由卫生院网上集中采购，补偿资金74万元；同步实施一般诊疗费收取政策，每人次3元，由新农合予以报销。

2013年，临河区新农合筹资标准提高到360元/人，其中个人缴费80元/人、中央财政匹配188元、自治区46元、巴彦淖尔市23元、临河区23元。引入大病商业保险，将12种重大疾病和无责任方意外伤害纳入新农合大病商业补充保险范围，意外伤害补偿封顶线10万元。临河区村卫生室一体化管理补助提标为服务人口每千人1～1.2万元/年；药品零差价率销售按照4000元/室/年给予补助；将居民建档管理等八项公共卫生服务职能下放到村卫生室，并按照人均经费40%给予补助。在村卫生室开通新农合门诊报销系统，门诊报销比例提高到50%；执行一般诊疗费收取政策，一次收取7元（新农合报销5元，个人支付2元）。

2014年，临河区修订《临河区新农合就诊及转、住院制度》《临河区新农合慢性病补偿管理办法》等10余个相关配套文件，确保新农合工作规范运作、平稳运行。将国家基本药物、中蒙医药技术服务及药品全部纳入三项基本医疗保险报销范围，报销比例提高10%～15%；为基层医疗机构增加50种非基本药物并录入信息系统；将国家和自治区规定的710个品规的日均费用在3～5元的常用低价药品全部列入基层药品使用范围；在"无假日医院"基础上，开展电话、书面预约挂号，开通护士工作站、医生工作站、门诊医生工作站和电子病历；实施中医"治未病"健康工程，在一、二级医疗机构设置中医科，配备至少1名中医医师。

2016年，临河区新农合筹资标准提高到每人每年555元，最高报销比例提高到95%，封顶线提高到 20 万元。临河区家庭医生签约服务全面推开，全区 28 所基层医疗机构为执行单位；将 176 所政府办村卫生室全部纳入镇村卫生一体化管理，将村医补助标准提高到每室 1.8~2 万元/年；在乌兰图克、份子地、曙光等卫生院建成"中医馆" 3 个；启动健康扶贫工作，将全区识别鉴定的 3095 名贫困人员纳入卫生精准扶贫信息库，下发全区 30 所公立医疗机构，实现全区"因病致贫、因病返贫"人员精准定位。

第三章　医疗卫生队伍

第一节　人员构成及分布

1991 年，临河市卫生系统有职工 1180 人，卫生专业技术人员 718 人，平均每千人口卫生技术人员 1.6 人。卫生人员结构比例为副高职称 10 人、中级职称 76 人、初级职称 234 人；文化程度为本科学历 6 人、专科学历 87 人、中专学历 277 人、高中学历 14 人、初中学历 12 人。全市有乡村医生 112 人。

2016 年，临河区医疗卫生事业单位人员总数 4414 人，其中社区卫生服务机构 337 人、卫生院 423 人、村卫生室 285 人、民营个体医疗机构 1356 人、人民医院 1178 人、保健院 735 人、疾控中心 60 人、卫生监督局 40 人。各类卫生技术人员 3751 人，占人员总数的 85%，较 1991 年提高 25 个百分点；每千人口拥有卫生技术人员 6 人，较 1991 年增长 3.75 倍。执业（助理）医师 2214 人、注册护士 1150 人，平均每千人口执业（助理）医师 3.8 人、注册护士 2 人。正高级职称 120 人，副高级职称 356 人，中级职称 1040 人。硕士研究生及以上学历 60 人，本科学历 1145 人，大专学历 1963 人。

第二节　医护人员培训

1991—1995 年，临河市各基层医疗机构分配医学中专毕业生 92 名。

1997—1999 年，各基层医疗机构分配医学大专毕业生 36 名。组织临床"三基"考核、"三严"训练 12 场次，播放教学录像 20 场次，组织专题讲座 3 次，并组织骨科、外科、妇科、手术等科的主任赴北京、天津大医院进行为期两周的观摩学习。实施执业医师、护士考试和注册。

2000 年，临河市医院被包头医学院确定为教学医院，包头医学院投资 10 万元在市医院新建学生宿舍，将市医院作为永久教学实习基地，定期派专家讲学出诊。临河市医院有 54 名医务人员参加本科自考，7 人考研，引进本科生 6 名。

2002 年 9 月，临河市卫校招收 2 个中专班新生 102 人，临床医学后期本科班学生 85 人，该批毕业生全部充实到基层。保健院投入 10 万元，选派 91 名技术骨干到外地三级医院进修学习。

2003 年，市医院引进本科毕业生 6 人、专科生 2 名；外聘专家 20 人次；派出进修 32 人；159 人参加自学考试，其中 3 人通过研究生考试。

2004 年，临河区引进医学本科生 29 名；派出 30 名骨干医师到市外三级医院进修学习。

2009 年，临河区健全农村和城市社区医疗卫生人员在岗培训制度，鼓励通过参加学历教育、到大医院进修、参加住院医师规范化培训等方式，提高医疗技术水平；实施启动以全科医生为重点的基层医疗卫生队伍建设规划。

2011年，临河区开始实施农村订单定向免费医学生培养计划。到2016年，有4名定向本科毕业生分配到基层。

2012年，临河区通过"三支一扶"和人才储备政策引进大学毕业生58名；区政府为人才引进开辟绿色通道，将二级医疗机构新引进的硕士研究生和副高以上职称人才全部纳入财政编制管理。

2014年，临河区培养全科医师30名，转岗培训8名；安排二级医院19名专科骨干医师到上级医院进修学习；完成了78名镇卫生人员、31名社区卫生服务人员和193名村卫生人员的业务培训。

2016年，临河区人民医院先后选派神经内科、急诊科、外科、肾内科等16名医务人员前往北京安贞医院进修学习；康复医院成功举办"首届巴彦淖尔市康复治疗技术学习班"。

第四章 医疗与护理

第一节 医疗设施

1991年，临河市乡镇卫生院和街道医院开始购进单道心电图机、便携式黑白B超、200毫安X光机和常规化验设备，改变基层医疗机构主要设备只有"老三样"（体温计、血压计、听诊器）的历史。临河市建起防疫检验办公大楼3028平方米，拥有气相色谱仪等万元以上设备11台件、千元以上仪器设备40台件。临河市医院购进尿液分析仪、风湿治疗仪、胆结石治疗仪、光固化仪、止痛仪、中医电脑专家系统；购进美国产GE—8000型"二手"CT扫描机1台，价值158万元。拥有病床300张、固定资产270万元。

1992年，临河市医院购进配液过滤机、蒸馏器、输液生产线、血球计数仪、自动生化分析仪、M—1000颈颅多普勒；新建510平方米制剂室；购买医用车1辆、电脑程控附机1台。拥有固定资产612万元、建筑面积1.2万平方米。

1993年，临河市医院购进同觉路显微镜、FA—18听力计、东芝500mA电视遥控X光机、甩干机、101牙科综合治疗台、暗盒托架、春兰空调。拥有固定资产773万元。

1994年，临河市医院购进同步四床位监护仪、牙科治疗台、血液流便仪器、光热治疗仪、微波治疗仪、波谱治疗仪、肝病治疗仪。拥有固定资产973万元。

1995年，临河市医院新购进尿道膀胱镜、氦氖激光机2台、电子血压计、血氧饱和仪。拥有固定资产1050万元。临河市妇幼保健院建成病房楼。

1996年，临河市完成保健院、防疫站和20个乡镇卫生院的匹配建设，经自治区卫生三项建设领导小组确认达到国家规定建设标准。临河市医院购进日本产尿液分析仪、德国产多功能麻醉机、动态血压仪、纤维结肠镜、纤维气管镜、扁桃体摘除仪、无影灯。投资13万元，对财务、总务、药品、卫生材料实行网络化危机管理；将程控交换机由70门扩容到256门。引进韩国产多功能救护车1台。新建直线加速器机房140平方米，行政办公楼715平方米。拥有固定资产1135万元。

1997年，临河市医院投资550万元，购进美国产低压滑环螺旋CT；投资220万元，引进医用电子直线加速器；购进无笔描记脑电图仪、血球计数仪、床边监护仪、500mAX光机、立式摄影架、剂量仪、PCR基因扩增仪、骨折愈合治疗机、德力洗片机、遥测除颤监护仪、卧式高压消毒柜等设备。拥有床位355张，固定资产1659万元。建立ICU病房1个、CCU病房1个。妇幼保健院拥有彩色CT、B超、300毫安X光机、纤维胃镜、近弱视治疗仪、红外乳腺诊断治疗仪等保健、医疗设备120余台件。

1998年，临河市医院筹资104.83万元，购进运动平板心脏测验仪、美国产中央监护＋床傍机、手术室多参数监护仪、电解质分解仪、气囊助产仪、日产电子胃镜、肺功能仪、福田 B 超、R 免疫计数器、微波治疗仪、切片机等 11 台件；投资 15.08 万元为科室更换 20 张摇床，补充新被褥近 300 套。妇幼保健院开设正规病床 100 张、门诊输液观察床 20 张；拥有彩色 B 超、脑彩超、妇科多功能射频治疗仪、黑白 B 超、300 毫安 X 光机、纤维胃镜、血球计数仪、心电监护仪、电脑自动分析心电图机、婴儿高压氧舱、气囊助产仪、电脑胎心监护仪、经皮测胆仪、辐射式新生儿抢救台、多功能男性病综合治疗仪、多功能电离子治疗仪、近弱视治疗仪、红外乳腺诊断治疗仪等保健、医疗设备 170 台件，其中万元以上设备 32 台件。

1999 年，临河市医院投资 150 多万元，购进美国 HP 尖端影像彩超、双人医用高压氧舱，更新颈颅多普勒、纤维喉镜、洗板机、动态血沉仪、核医学治疗仪、多参数监护仪 10 台件。

2000—2001 年，临河市投入 480 万元，为基层医疗机构购进心电图机、B 超、血球计数仪等医疗设备 101 台件。临河市医院投入 250 万元，购入先进医疗设备 24 台件；投资 1000 余万元建成 6500 平方米外科综合大楼。妇幼保健院投资近 1000 万元，新建 6500 平方米外科病房大楼。

2002—2003 年，临河市妇幼保健院投资 150 万元，购置宫腔镜、数字阴道镜、全自动生化仪、光疗婴儿培养箱等设备 20 台件；引进资金 500 万元，扩建母婴保健大楼 6540 平方米；投入 171.7 万元，购置生化分析仪、500 毫安 X 光机、宫腔镜等设备 10 台件。临河市医院投资 217 万元，购进万元以上设备 23 台、万元以下设备 72 台件。

2004—2005 年，临河区中心医院投入 700 万元，购置光子刀、L7 彩超、尿沉渣、肾透析仪、高压氧舱、心电监护、眼底造影机、神经外科手术显微镜、病床、微机等设备。妇幼保健院投资 300 万元，购置三维彩超、血球计数仪、尿沉渣、胎心监护、除颤仪、心电监护等设备；投资 1200 余万元，建成 6216 平方米内科病房大楼。医院总

建筑面积达 2.5 万平方米。

2010 年，临河区为 18 个镇卫生院配置医疗设备 16 类 145 台件，计 100 余万元。

2011 年，临河区为临河区人民医院配置大型心血管病介入治疗系统，落实配套资金 900 万元；为 18 个镇卫生院配置电脑和打印机 18 套，计 8.28 万元；为镇卫生院配置 17 台彩超、10 台全自动生化分析仪和 10 台尿液分析仪，计 320 万元；为 155 个村卫生室配置医疗设备 10 类 552 台件、计算机及打印机 155 套件，计 169.35 万元。

2012—2014 年，临河区争取到卫生监督监测设备配置项目投资 200 万元，为 18 个镇卫生院配置医疗设备 19 类 205 台件，计 820 余万元。临河区妇幼保健院投资 15730 万元，建成 14 层母婴保健大楼，建筑面积 29000 平方米。

2015 年，临河区开展基层医疗机构系统建设。投资 1800 万元，在临河新区建成疾控中心大楼，建筑面积 3700 平方米，拥有 500 毫安 X 光机、超净工作台、微波消解器、荧光分光光度计、气相色谱仪、离子色谱仪、连续流动分析仪、全套超纯水设备、彩超等大型检测设备。

2016 年，临河区医疗机构房屋总建筑面积 24.43 万平方米，固定资产总值 13.46 亿元，其中万元以上医疗设备 1000 余台套，设备总值 5.5 亿元；100 万元以上大型医疗设备有德国西门子 3.0T 磁共振、螺旋 CT、DR 机，数字减影机，准分子激光治疗仪，彩色 B 超、血液透析机，全自动生化分析仪等。

第二节　医疗技术

一、西医

1992—1997 年，临河市医院引进新技术、开展新项目 90 项，其中有些项目属巴彦淖尔盟首创；有 215 篇医学论文在各类杂志上发表，有的被翻译

成外文发表在外国杂志上。

1998 年，市医院开展早期冠心病诊断活动平板试验，肝癌酒精硬化治疗，脾肿瘤巨脾切除术，肝癌部分切除术，电镜下行食道、十二指肠息肉姑息治疗，肝癌埋泵化疗及其护理，吻合器在低位直肠癌保肛术中的应用，桥小脑角巨大脑膜瘤切除术，嗅沟肿瘤切除术，胸部穿刺，头颅分段薄层扫描，尿道下裂 I 期成形术后护理术中快速切染病理诊断等新技术、新项目 37 项。

1999 年，临河市医院开展右半结肠癌门静脉埋泵灌注疗法、先天性膈疝开胸复位修补术、降纤酶溶栓治疗脑梗死、肋横突切口胸椎 TB 病灶清除术、胺碘酮（口服）治疗房颤等新技术、新项目 18 项，其中高压氧治疗和核医学治疗甲状腺疾病填补了地区空白。

2002 年 2 月，巴彦淖尔盟残联脑瘫康复中心在临河市妇幼保健院挂牌成立。保健院与北京中日友好医院协作开展小儿脑瘫手术治疗，完成 15 例，填补了地区脑瘫治疗技术空白。

2010 年，临河区人民医院与北京安贞医院建立对口支援关系，安贞医院先后派出 100 余名专业技术人员来院查房、出诊、手术；与北医三院、天津肿瘤医院、内蒙古医学院附属医院等医院建立技术协作关系，邀请知名专家来院出诊、手术；外科大部分手术都能在腹腔镜下完成。临河区妇幼保健院与北大妇儿、海淀妇幼、天津肿瘤等医院开展技术协作，使病理产科、妇科肿瘤、微创、头颈和乳腺诊疗水平迅速提升；多次成功抢救死亡率极高的羊水栓塞和重度子痫并发 HELLP 综合征患者；强化新概念孕妇学校、孕妇营养门诊、分娩镇痛等工作，使剖宫产率降至 30% 左右，低于全国平均水平，居巴彦淖尔市地区最低；将新生儿科作为重点建设专科，引进各种抢救和治疗新方法、新手段，成功救治早产儿肺出血等重症新生儿 100 余例，其中最低出生体重仅为 800 克。

2016 年，临河区人民医院开展腹腔镜手术 30 余种，完成 1 万余例，腹腔镜下乳腺、甲状腺、胃、疝、结直肠技术在当地处领先水平。人民医院相继成功承办全国腔镜会议（三次）、自治区眼科年会和自治区超声年会和三届全市超声学术会。在第 16 届腔镜会议期间，暨南大学微创研究中心临河基地在人民医院落成，并与暨南大学第一附属医院共同建立腹腔镜下胃旁路手术治疗糖尿病基地、腹腔镜下甲状腺手术基地。人民医院与北京阜外医院、北京 301 医院、北京积水潭医院、江苏省人民医院等医院的知名专家建立协作关系，开展冠脉造影、支架植入、起搏器植入等心脏介入手术，完成心脏介入手术 4000 余例。人民医院腔镜、心脏介入、骨科椎体成形术、周围血管介入、超声介入诊疗、内窥镜诊疗等微创技术有了一定影响力；单孔腹腔镜手术、腔镜技术、腹腔镜联合胆道镜胆总管结石探查取石术、后腹腔镜下肾切除术、静脉曲张激光灼闭术、主动脉瘤的介入治疗手术、腹腔镜疝修补术、断肢断指再植术、脑血管瘤介入治疗等一系列新项目、新技术相继成功实施，并在临床得到推广应用。

二、中医

2009—2015 年，临河区各社区卫生服务中心、乡镇卫生院、村卫生室推广一般针法、灸法、推拿、刮痧、拔罐、敷熨、熏洗、放血、针刀、电针、温针、耳诊及"穴位贴敷疗法、推拿疗法、穴位埋线"等中医药适宜技术。基层医疗卫生机构开展中医健康教育，在印刷资料种类、数量、宣教栏更新次数以及讲座、咨询次数等方面，有 40% 以上中医内容。卫生局制定《临河区中医"治未病"健康工程实施方案》，各乡镇卫生院及社区服务中心都设立中医"治未病"科，开展中医"治未病"工作，基层医疗卫生机构对 0~3 岁儿童、65 岁老年人开展中医药健康管理服务率达 40% 以上。

1999 年，临河市医院与 301 医院合作，用本草九代对肝炎综合免疫治疗取得良好效果。

2016 年，临河区 30 所政府办医疗机构设置中医科，配备中医药技术人员，其中人民医院和妇幼保健院单独设置中药房；22所民营医院能够提供中医药服务；设立中医诊所154个；106所村卫生室可以开展中医药服务。村卫生室及社会办医疗机构中医药技术人员达30%以上。全区从事中医药相关技术人员743人，其中中医执业（助理）医师268人，占中医技术人员的36%。陆续在乌兰图克、份子地、曙光卫生院和东环、车站、汇丰社区卫生服务中心开展"中医馆"建设，配置适宜设备。

临河区人民医院康复医院儿科在巴彦淖尔市地区独家采用医师临床用药＋药师中药穴位贴敷＋护师小儿推拿的三位一体疗法，治疗各类儿科疾病。

第五章　卫生防疫与疾病防控

第一节　免疫接种

1991 年，临河市建立儿童计划免疫保赔制，规范儿童计划免疫管理，当年入保率 95%、麻苗接种率 96%、卡介苗接种率 97%、糖丸服苗率 95%、糖丸强化率 93%、百白破接种率 97%，12 月龄"四苗"全程接种覆盖率 96%，并将乙肝疫苗纳入计免程序。

1993 年，临河市儿童建卡、建证率均为 100%，卡证符合率 98%，"四苗"单苗接种率 99%，乙肝疫苗接种率 70.9%。

1994 年，临河市开展产房新生儿乙肝接种，"四苗"覆盖率 93.27%。进行"五苗"常规接种，重点进行糖丸强化。全市 43808 名 0～7 岁儿童，"五苗"接种全部达标，麻苗接种率 96%，小儿麻痹糖丸接种率 99%，乙肝接种率 81%（2 岁内），其中临河市医院、临河市妇幼保健院、铁路医院新生儿乙肝接种率 97%、糖丸强化接种率 99.8%。1996 年底，完成第 4 次糖丸强化工作。

1997 年，临河市加强常规免疫接种，农村按月、城市 2 次/周冷链运转。经自治区抽查，临河市城镇儿童基免组（29 名）麻苗、卡介苗全部合格，接种率 90%；加强组（29 名）卡介苗、麻苗、糖丸全部合格。巴彦淖尔盟防疫站抽查临河市农村 4 个乡各 29 名儿童，"四苗"均达到 85%。

当年，临河市防疫站获评"全国计划免疫工作先进集体"。

1998 年，临河市防疫站举办 2 期计免培训班。部分乡将计免工作纳入合作医疗。巴彦淖尔盟计划免疫考核组抽查城区 2 个办事处，查基免儿童 116 人，"五苗"实种 116 人，加强免疫检查 116 人，实种 116 人，按批质量抽查的评价标准，接种率均达 90%；抽查临河市医院住院分娩新生儿乙肝首针接种，接种率达 100%。临河市防疫站对基层 302 名儿童抽查结果显示，基免"五苗"接种率达 98.3% 以上，加强免疫接种率麻苗为 90%、糖丸 94.2%、百白破 98.1%、白破二联 65.3%。

1999 年，临河市 0～7 岁儿童 43585 人，卡介苗应种 3813 人次，实种 3774 人次，接种率 99%；脊灰苗应种 11721 人次，实种 11603 人次，接种率 99%；百白破应种 11694 人次，实种 11577 人次，接种率 99%；麻苗应种 3627 人次，实种 3591 人次，接种率 99%；乙肝应种 10639 人次，实种 10213 人次，接种率 96%。

2000 年，临河市防疫站更新冷链背包 88 个。自治区计免综合考核，抽查临河市新华办事处 29 名儿童（1998 年 4 月 1 日至 1999 年 9 月 30 日出生），建卡建证率、"五苗"（卡介苗、乙肝疫苗、脊髓灰质炎疫苗、白百破疫苗、麻疹疫苗）合格接种率均为 100%。临河市计免调查考核适龄儿童 231 名，建卡建证率 100%，卡证符合率 92.6%。"五苗"基础免疫合格率均为 99.6%，成为全国计划免疫先进单位。

2006年2月1日起，临河区对适龄儿童实行全额免费接种国家免费疫苗规划项目。"四苗六病"接种合格率达98%以上。

2008—2010年，临河区基础疫苗全部免费接种。10月，临河区代表自治区通过中国政府与全球疫苗免疫联盟/儿童疫苗基金会合作项目（简称GAVI项目）终期评估验收，评估验收组对临河区疾控中心乙肝疫苗GAVI项目执行情况给予高度评价。

2009年，临河区为13517名15岁以下人群规范补种了乙肝疫苗；为487名农村白内障患者实施免费复明手术，落实补助资金38.96万元；为准备怀孕的农村妇女孕前和孕早期免费增补叶酸预防神经管缺陷，叶酸服用率达到90%，依存率达74.7%；完成农村育龄妇女宫颈癌、乳腺癌筛查8000人；在砷病区累计完成改水工程6个，改水率为100%，解决了约4.65万户19万人的安全饮水问题。

2012年，临河区建成规范化预防接种门诊29个，一类疫苗接种率达98%以上，加强免疫接种率达99.8%；完成麻疹疫苗查漏补种5286人次，接种率98.7%。

2013年，临河区为预防接种门诊配置冰箱29台、冰柜8台，104名预防接种人员取得资格证，免费疫苗增加到14种，完成儿童预防接种信息系统建设，免疫规划一类疫苗接种率以镇为单位达98%以上、"五苗"接种率99%、乙肝母婴阻断首针及时接种率达99.5%以上、加强免疫接种率达95%以上。免疫规划工作在巴彦淖尔市领先。20年未发生一例脊髓灰质炎病人。

2016年，建成35个规范化预防接种门诊，核发《预防接种门诊资质认证书》；对预防接种人员全部进行资质认定，核发《预防接种资格证书》；对预防接种门诊和接种人员实行建档管理；定期开展儿童入学、入托查验接种证，对漏种儿童及时开展补种；建立儿童定期接种制度，儿童六苗

接种率达98%以上、加强免疫接种率达98%以上，预防接种实现信息化管理。

第二节　传染病防控

1991年，临河市发生法定传染病8种697例，发病率169.3/10万，较1990年下降11.62%。其中肝炎425例，发病率103.29/10万，较1990年上升0.47%；痢疾231例，发病率56.14/10万，较1990年下降30.83%；猩红热16例，发病率3.88/10万；百日咳6例，发病率1.45/10万；淋病15例，较1990年上升150%；伤寒1例；流脑1例；麻疹2例。

1992年，发生法定传染病6种902例，发病率215.14/10万。其中肝炎434例，发病率103.53/10万；菌痢133例，发病率31.72/10万；百日咳3例，发病率0.71/10万；猩红热8例，发病率1.90/10万；性病10例，发病率2.38/10万；麻疹213例，发病率50.81/10万；结核101例，发病率24.09/10万。除麻疹外都达到控制指标。

1993年，发生法定传染病603例，发病率142.08/10万。其中病毒性肝炎448例，发病率105.57/10万；菌痢98例，发病率23.09/10万；麻疹41例，发病率9.66/10万；猩红热、淋病各6例，发病率1.41/10万；伤寒、百日咳各2例，发病率0.47/10万。除肝炎为上升趋势，其他均在下降。临河市防疫站被国家卫生部评为全国先进防疫站。

1994年，临河市传染病发病率控制在119.91/10万，对286例肝炎病案进行疫点处理。

1995年，临河市制定《传染病管理办法》，开展以肝炎为重点的肠道传染病防治，针对传染病报告中的薄弱环节制订奖罚措施和奖惩办法。传染病发病844例，发病率191.2/10万。小儿麻痹未发生，六病发病率控制在标准之内；发放消毒卫生许可证153家；对26个医疗单位的紫外线消

毒、高压灭菌、空气等进行监督、监测，销毁不合格产品。

1996年，临河市防疫站被评审为自治区首家县级一等防疫站。对27所乡镇以上医院建立卫生档案；对乡镇以上医院年监督2次以上，覆盖率100%；对280家个体诊所实施监督、监测，覆盖率90%。

1997年，临河市传染病发病率和儿童6种传染病均控制在国家规定范围之内，未发生疫病流行。

1998年，1—11月发生各类传染病969例，发病率206/10万，其中病毒性肝炎571例，占58.93%；肺结核188例，占19.40%；菌痢153例，占15.79%；猩红热23例，占23%；麻疹18例，占1.86%；性病14例，占1.44%；伤寒2例，占0.21%。根据疫情分析，临河市重点传染病首推肝炎，其次为结核病，性病存在蔓延趋势。

1999年，1—11月发生传染病两类6种1029例，发病率212.28/10万，其中病毒性肝炎737例，占71.62%；菌痢133例，占12.93%；肺TB126例，占12.24%；性病31例，占3.02%；猩红热、伤寒各1例，占0.02%。统计分析认为，痢疾、肺TB、性病均显著上升，特别是性病已呈现出蔓延趋势。

2000年，1—11月发生传染病两类7种1135例，发病率229.50/10万，其中病毒性肝炎752例，占66.2%；肺结核148例，占13.04%；菌痢139例，占12.25%；麻疹65例，占5.73%；性病25例，占2.2%；猩红热5例，占0.44%；新生儿破伤风1例，占0.01%。收到传染病报告卡1471份，及时调查处理，访视率80%以上。对城区医院和农村医院分别进行传染病漏报调查，漏报率3.18%。开展托幼机构传染病管理，保育员体检136人，检出乙肝表面抗原阳性1人，调离岗位。对医疗机构和个体诊所进行两次监督检查，指导其规范消毒，控制医源性感染，开展消毒卫生监测160户次，查处一批不合格消毒剂。

2004年，临河市（区）传染病发病率500.95/10万。

2007年，临河区开展艾滋病自愿咨询检测及高危人群筛查、高危人群行为干预、公共娱乐场所100%安全套工程、"四免一关怀"等工作，对艾滋病患者免费治疗，遏制艾滋病传播蔓延。

2008年，临河区防疫站中心检验室通过内蒙古质量技术监督局质量认证。

2011年，临河区医疗机构全部安装网络直报信息系统，二级以上医疗机构网络直报率100%，镇卫生院网络直报率达88%。全区上报传染病16种2179例，发病率498.12/10万，其中乙肝738例，占发病总数的33.87%，居首位；检出HIV阳性4例，全部免费治疗。

2012年，传染病发病率控制在428.13/10万，检出HIV感染阳性病例5例。传染病防控工作在巴彦淖尔市保持领先。

2016年，临河区开展慢性病综合防治示范区建设；医疗机构疫情网络直报系统实现全覆盖；传染病发病率控制在368.9/10万以内；无脊髓灰质炎、白喉病例。

第三节 地方病防控

一、地方性碘缺乏病防治

1995年，临河市实施全民食盐加碘防治碘缺乏病措施。

1997年，临河市碘盐监测625份，全部合格。

2000年，临河市实现消除碘缺乏病阶段性目标。

2004年，临河区出台《巴彦淖尔市临河区2004—2007年地方病防治工作方案》，做好地方病防治、监测、科研、宣传、培训等工作。

2008年，临河区地方病防治工作领导小组对做好碘缺乏病进行部署督导。

2010 年，临河区实现消除碘缺乏病目标。

2012 年，临河区调整碘盐浓度，确定食用盐碘含量平均水平为 25 毫克/千克，同时为孕妇、哺乳期妇女等特殊人群提供 30 毫克/千克碘盐。

2016 年，临河区按照新的碘缺乏病监测方案开展监测，检测食盐 48582 份，合格碘盐 42906 份，非碘盐 2983 份，碘盐覆盖率为 93.86%，达到国家消除碘缺乏病标准要求；检查 11437 名 8~10 岁儿童，尿碘中位数为 193.57ug/L，B 超检查儿童甲状腺肿大率为 2.82%，显示儿童碘营养状况良好；检测孕妇尿样 5638 份，尿碘中位数为 161.8ug/L，表明 2012 年碘盐浓度下调后，重点人群碘营养总体处于适宜水平。

二、地方性砷中毒防治

1991 年 7 月，临河市狼山镇先锋七社发现病人有不同程度的掌跖角化、皮肤色素沉着和色素脱失等地砷病的特征性改变，经专家确诊，临河地区是全国少见地方性砷中毒重病区之一。对此，政府拨专款开展饮用水水砷普查及地砷病流行病学调查，超标水样主要集中在狼山镇、白脑包镇、新华镇、隆胜镇，最高水砷含量为 0.86 毫克/升，超过国家标准 17 倍。

1992 年，国家将临河市确定为地方性砷中毒病区。临河市饮用水水砷普查及地砷病流行病学调查共采集水样 2143 份，超标水样 331 份（>0.1 毫克/升的 116 份、>0.2 毫克/升的 40 份、>0.3 毫克/升的 65 份）。普查发现病区 6 处，包括狼山镇先锋村七社；狼山镇民强村一社、六社；脑包镇中心村五社；新华镇五星村三社；新华镇联荣村一社、二社；新华镇东方红村一社、二社，确诊病人 165 例。

2004 年，临河区对狼山镇、白脑包镇进行地砷病病人普查及饮用水水砷化验，调查 850 户（狼山镇 324 户、白脑包镇 526 户）2773 人（狼山镇 1088 人、白脑包镇 1685 人），经普查确诊患者 2 例（白脑包镇召滩村一社 2 例）、疑似患者 21 例

（狼山镇 7 例、白脑包镇 14 例），地砷病病人累计达 288 例、疑似病人 21 例；采集水样 648 份，超标水样 295 份，水砷浓度最高达 0.78 毫克/升，远超国家标准。

2005 年，临河区继续开展对狼山镇、白脑包镇高砷水自然村的饮用水普查及砷中毒病情调查，采水样 589 份，超标水样 119 份；调查 3924 例（狼山镇 1123 人、白脑包镇 1801 人），疑似砷中毒病人 7 人（白脑包镇新兴村一社 6 例、白脑包镇中心村四社 1 例），疑似病人 28 例。

2006—2009 年，临河区安排配套资金 500 万元，用于防砷改水应急工程和集中供水工程等饮水安全工程建设，先后实施饮水工程 44 处，解决 23.95 万人的饮水安全问题，其中砷超标人口 17.74 万人、苦咸水人口 5.64 万人、其他水质问题人口 0.57 万人。

2010 年 9 月，临河区疾病预防控制中心完成为期 4 个月的饮水型地方性砷中毒病情调查及改水情况监测，在新华镇隆胜村和狼山镇先锋村的 4 个自然村，对 403 名调查对象进行体检，检出砷中毒 17 例，全部为新发病例，其中轻度砷中毒病例 11 例、中度砷中毒病例 6 例。水砷含量高区域地方性砷中毒病情检出率为 4.2%。上述地区已经完成防砷改水工程，水质监测结果表明：丰水期和枯水期的水质均符合国家生活饮用水标准，防砷改水工程水质全部达标。

2016 年，临河区所有乡镇完成改水任务，水砷含量全部符合国家标准，居民全部用上安全卫生的饮用水。

三、人间布病防治

1992 年，临河市出现 1 个人间布病暴发点。

1997 年，临河市布病疫情波及全市。

2004 年，布病在临河区北部乡镇形成暴发流行，发病率创历史新高。发病人群向非职业人群扩散。区委、政府将布病防治工作纳入发展地方经济议事日程，开展以"检、免、杀"为主要措

施的布病综合防治。

2005—2010 年，临河区有布病病例 250 例。

2011 年，根据《临河区 2011—2013 年人间布鲁氏菌病防控实施方案》要求，临河区将布病作为特殊重大疾病管理，对在定点医疗卫生机构就诊治疗及居家治疗的急、慢性布病患者，纳入新农合、城镇职工和居民医疗保障报销范围，住院治疗费用及门诊治疗费用均按 85% 的比例报销，个人支付 10%，其余 5% 通过医疗救助给予报销，门诊治疗费用年人均累计报销金额不超过 800 元。凡是参加新农合、城镇职工或居民医保的从事兽医工作的布病感染者，治疗费用先在新农合、城镇职工和居民医疗保障范围报销，剩余部分由政府负担。未参加新农合、城镇职工或居民医保的从事兽医工作的布病感染者，其治疗费用全部由政府负担。当年，临河区政府匹配资金 20 万元，巴彦淖尔市匹配 41 万元。临河区全年共检出布病感染者 252 人，其中从事养殖的农户和养殖户 169 人，从事畜产品加工、屠宰、贩运的人员 63 人，从事兽医工作的 20 人。

2014 年，巴彦淖尔市财政下拨经费 12.8 万元，临河区财政安排 20 万元，用于布病防控。根据《临河区 2014 年人间布鲁氏菌病防治实施方案》，在 152 个行政村 1000 多个自然村集中开展布病防治知识宣教，入户 49600 户，入户率 87.8%；发放干预包 1800 余套，宣传册、画 5 万多份。完成 7279 户养殖户的干预工作。对 18 个基层卫生院检验人员进行布病血清虎红平板初筛试验培训，全部能开展布病可疑患者虎红平板筛查。对 11 家肉食品加工及养殖企业进行布病主动监测，完成血清学监测 1106 人，检出阳性病例 22 例，其中 18 例无症状为隐性感染者、4 人有临床症状及体征，都及时转诊并进行规范治疗，同时发放干预包 50 套、宣传册 1000 册。当年，临河区新增人间布病病例 101 例；登记布病确诊病例 727 例，治愈 409 例，占感染人数的 56.3%，处于急性期感染 256 例，占感染人数的 35.2%；慢化病例 128 例，

占感染人数的 17.6%；经确诊未进行治疗的 66 例，占感染人数的 9.1%。

2015 年 1 月 1 日—3 月 31 日，临河区布病新发病例 193 例，主要分布在新华镇、双河镇、城关镇、白脑包镇、狼山镇、干召庙镇、曙光乡等几个乡镇。4 月 20 日，区卫生局召开人间布病防治工作会议，下发《临河区卫生局关于进一步加强人间布鲁氏菌病防控工作制度建设的意见》《关于成立临河区人间布鲁氏菌病防控评估专家组的通知》，与各乡镇卫生院签订防控工作责任状。对 18 个乡镇卫生院院长、防保站长及 176 所村卫生室的乡村医生开展布病防控知识和防控措施培训，培训 245 人，考核合格率 92%。区疾控中心到 18 个乡镇，对 809 名布病防控人员开展布病防控知识宣传培训，发放防护包 160 套、干预包 4000 套、宣传画 3000 张、布病防治知识磁带和光碟 1000 个，覆盖临河区 1127 个自然村，入户 50648 户，入户率达农村实有户数的 96%，农民布病防治知识知晓率为 92%；对 16 家养殖加工企业重点人群开展布病防治知识宣传，重点人群知晓率 96% 以上。

2016 年，临河区报告人间布病病例 163 例，流行病学调查 158 例，急性期病例发现率 96.9%，按医嘱进行规范治疗的 157 例，规范治疗率 96.3%。1—9 月份治愈 102 例，治愈率 90.2%。

第四节 结核病防控

2003 年，临河市启动实施结核病防治项目。在临河市防疫站成立结核病防治科，抽调 7 名专业人员（本科学历 2 人、大专 3 人、中专 2 人），多次接受内蒙古自治区、巴彦淖尔盟结核病防治培训。

2007 年，临河区被内蒙古自治区卫生厅授予"结核病防治工作先进县"称号。

2008 年，临河区卫生局成立结核病涂阳病人诊断小组。

2009 年，临河区确诊结核病人 569 例，完成初治 215 人，对重症涂阴及初治涂阴病人实行免费治疗和督导管理。

2010 年，临河区卫生局印发《临河区结核病转诊与归口管理办法》。接诊病人 549 人，确诊肺结核病人 496 人，完成初治 195 人，涂阳病人全部免费治疗，签订免费治疗协议 372 份。建立病例档案 372 份。病人发现率 80.4%，治愈率 90.4%，患者转诊率 100%，防治机构追踪到位率 100%。各项指标均高于国家标准，结核病发病上升趋势得到遏制。

2011 年，临河区接诊可疑结核病人 603 例，确诊结核病人 342 例，其中初治涂阳 158 例，涂阳病人治愈率 92%，病人家属筛查率 91.2%；涂阳病人、重症涂阴及初治涂阴病人全部免费治疗。建立完整病历 342 份。结核病防治工作受到自治区专家组好评。

2012 年 6 月 13 日，临河区启动"百千万志愿者结核病防治知识传播行动"，卫生局、教育局联合印发《关于开展"百千万志愿者结核病防治知识传播行动"的通知》。启动对涂阴肺结核病人和抗结核药物的患者免费治疗。医疗机构安装网络直报信息系统，接诊可疑结核病人 603 例，涂阳病人、重症涂阴及初治涂阴病人免费治疗。

2016 年，临河区将结核病防控项目纳入卫生事业"十三五"规划，继续实施现代结核病控制策略，覆盖率 100%。

第六章　突发性疾病防治

第一节　非典型肺炎

2003 年 4 月 2 日，临河市发现首例传染性非典型肺炎病例。

4 月 18 日，临床诊断非典病例 11 例，死亡 2 例；疑似非典型肺炎 6 例，死亡 1 例；留观病例 11 例，监控 2 例。

4 月 20 日，临床诊断非典型肺炎 11 例中，明显好转 2 例，病情稳定 6 例，死亡 3 例；疑似非典型肺炎的 10 例中，病情稳定 5 例，比较稳定 1 例，病情较重 3 例，死亡 1 例；留观 17 例，新入院 9 例，病情较入院时加重 5 例，入院后病情变化不大 3 例。

4 月中旬—5 月上旬，临河地区各类学校相继停课放假。

4 月 21—25 日，由于非典疫情，临河地区出现抢购、存储粮食等现象，物价、药价等翻倍涨价，政府有关部门迅速控制。

6 月 26 日，内蒙古自治区党委书记储波来临河考察，对临河市"非典"防治取得的成绩给予高度评价。

非典期间，临河市累计流行病学调查 1950 人；实施隔离监控 942 人；在城市 5 个出入口和火车站、汽车站测量体温 26 万人次；收治临床诊断病例 18 例，死亡 3 例，医务人员"零感染"。

第二节　禽流感

2013 年，临河区针对人感染 H7N9 禽流感疫情，结合动物防疫大会战，开展防控 H7N9 禽流感科普知识宣讲培训，发放预防控制 H7N9 禽流感宣传资料 1 万份；对辖区内规模养鸡场、散养户全面摸底排查；抽查 11 个乡镇农场部分规模鸡场，进行 H7N9 非免疫抗体检测；指导各家禽规模养殖场、定点屠宰场和肉食品交易市场健全定期消毒制度；组织养鸡协会和信鸽协会开展消毒灭源工作，发放消毒药品 40 件，实行"一日一清洗，一周一消毒"。严格执行 24 小时值班和领导带班制度，做到责任明确、人员到位、联络畅通；严格按照规定做好动物 H7N9 禽流感疫病应急准备工作，完善应急预案，补充更新应急物资，确保科学有效处置。

2013—2016 年，临河区未发现禽流感本土和输入病例。

第七章 卫生保健

第一节 妇幼保健

1993年，临河市妇幼保健院被内蒙古自治区评为"文明保健院"。

1995年，临河市完成妇女病普查普治29275人，儿童体检24531人次；开办孕妇电教培训班3期；开展托幼卫生宣传2次，接受咨询700人次，发放宣传材料近万份；孕妇建卡率98%；产前检查和产后访视达到国家标准；高危妊娠建卡率99%；住院分娩率72.9%，其中城镇99.8%、农村55.9%；新法接生率达98.5%，孕产妇死亡率在4.9/万以下，婴儿死亡率12.9‰，新生儿死亡率12.1‰。临河市妇幼保健院被卫生部评为爱婴医院。

1996年，临河市妇幼保健院被卫生部评为全国先进保健院。

1997年，临河市建孕卡5821人，建卡率99.98%，新法接生率100%，城市住院分娩率99.9%，农村住院分娩率为43%。婴儿死亡75人，死亡率15.9‰。产前检查平均4.8次，产后访视平均2.8次。对5318名散居儿童进行4：2：1体检。对98所托幼机构的1960名入托儿童、3619名入园儿童、360名保育员进行体检。临河市妇幼保健院被评为自治区首家"二甲"保健院。

1998年，临河市推行孕卡孕证制和妇产临床

与妇幼保健二者合一的模式；加强市、乡、村三级妇保人员培训，组织实施"卫6"项目；开展爱婴医院创建活动，在原12所"爱婴医院"基础上，有9所乡镇医院通过上级评审。当年，临河市有孕产妇5424人，分娩4507人，活产4504人，住院分娩率农村为62.9%、城镇为98%，新法接生率99%，孕产妇系统管理率91%，高危妊娠管理率100%，孕产妇死亡率22/10万；婴儿死亡率10.9‰，5岁以下儿童死亡率12.6‰；完成妇女普查13618人次，婚检1872人对，婚检率58%。

1999年，临河市儿童系统管理率94%，住院分娩率农村达68.2%、城镇达99.5%，高危妊娠管理率100%，体弱儿童管理率100%，孕产妇和婴幼儿死亡率均控制在国家标准之内。

2000年，临河市初级卫生保健项目启动实施，6所乡镇及街道医院创建成"爱婴医院"，住院分娩率提高到82.2%，孕产妇死亡率降低到49.7/10万，婴儿死亡率11.2‰，婚检率72.3%。

2001年，临河市妇幼保健院建立分片包乡、责任到人管理机制，基层妇幼保健纳入一体化管理，壮大了服务网络。

2002年，临河市城区住院分娩率达99.9%、农村97.3%，婚检率达85.1%，第一次实现孕产妇零死亡，婴儿死亡率下降到11.6‰。

2004年，临河区2/3的孕产妇和儿童建立健康档案，孕产妇系统管理率达95%，高位妊娠管理率达100%，孕产妇死亡率27.7/10万，婴儿死

亡率11.2‰，出生缺陷率6.1‰。临河区妇幼保健院被自治区评为"全区妇幼工作先进集体"，1人被评为先进个人。

2005年，临河区按照服务人口1∶5000～1∶1000配备妇幼保健员，实行定编、定岗、定责、不定人，基层妇幼保健员全部达到中专以上学历，50%达到大专以上学历。

2006年，临河区实施《出生医学证明》信息化管理。

2007年，临河区实施降低孕产妇死亡率和消除新生儿破伤风项目、"母婴安全工程"。

2009年，被自治区卫生厅列为"降低孕产妇死亡率和消除新生儿破伤风"项目县（区），实现新生儿破伤风零发病，基本消除新生儿破伤风。

2010年，临河区为2714名农村住院分娩孕产妇补助102.61万元；为2834名待孕和孕早期妇女免费发放叶酸片3709瓶，并进行指导和随访；完成15岁以下人群乙肝疫苗查漏补种13140人次；完成487名贫困白内障患者复明手术，每例补助800元，共计补助38.96万元。同年，临河区推行农村孕产妇在市、区、乡医疗卫生机构住院分娩补助政策。

2011年，实现辖区医疗卫生机构住院分娩现场直补。妇幼保健工作通过中意合作援助内蒙古自治区妇幼保健项目终期评估。新生儿访视率98.6%，3岁以下儿童系统管理率达98.2%以上，体弱儿管理率达100%，7岁以下儿童管理率97%。婴儿死亡率控制在4.5‰以内，5岁以下儿童死亡率控制在4.5‰以下。同年，为6140名住院分娩孕产妇补助245.6万元；免费增补叶酸4543人，叶酸服用依存率74.7%；为贫困白内障患者实施免费复明手术487例，补助38.96万元，完成率100%。

2012年，临河区实现市域内医疗机构住院分娩现场直补，实施贫困危重孕产妇救助项目。15岁以下人群乙肝疫苗查漏补种项目结束；完成农村育龄妇女宫颈癌、乳腺癌筛查9500人；农村孕产妇住院分娩补助3088例132.5万元。

2013—2016年，临河区完成白内障手术2865人，农村孕产妇补助12564人，宫颈癌筛查45000多人，乳腺癌筛查12450人，免费发放叶酸5万多瓶。

2015年，临河区实现连续4年孕产妇零死亡，妇幼卫生信息实现信息化管理。

2016年，临河区实施农村孕产妇住院分娩补助项目，新法接生率100%，住院分娩率100%，孕产妇健康管理率98.55%，产妇系统管理率98.35%，早孕建册率98.78%，高危孕产妇管理率100%，产后访视率98.73%，孕期免费各项检查率80%以上，孕产妇死亡1例，孕产妇死亡率19/10万，控制在指标范围内；0～6岁儿童系统管理率98%，5岁以下儿童死亡率4.52‰，婴儿死亡率3.98‰，新生儿死亡率3.26‰，基本消除新生儿破伤风。在内蒙古自治区妇幼绩效考核中，临河区获旗县区第一名。

第二节　初级卫生保健

1991年，内蒙古自治区初级卫生保健经验交流会在临河召开。临河市为基层配备基本医疗设备，重点针对孕产妇、儿童等重点人群开展免费服务项目。

1999年，临河市充分利用广播、电视、宣传栏和市民学校，开展健康教育；中小学健康教育开课率达100%。

2000年，临河市接受巴彦淖尔盟初级卫生保健评审验收，获全盟第一。临河市设置9个社区卫生服务部、29个社区卫生服务站，在社区开展集医疗、保健、预防、计生、健教与康复"六位一体"的社区卫生服务，服务范围覆盖了60%的居民。

2003年，临河市城关医院率先开展农村社区卫生服务试点，使社区卫生服务的"六位一体"

功能延伸到农村；解放医院将社区卫生服务与合同医疗模式相结合，受到社区居民欢迎。

2005年，临河区深入实施卫生部—联合国儿童基金会"母亲安全、关爱儿童"的初级卫生保健项目；10月和11月分别接受自治区和国家级监督指导，临河区被评为初保项目先进旗县，并获得卫生部—联合国儿童基金会奖励的皮卡车1辆。

2008年，临河区卫生部门督促学校把健康教育纳入教学计划，普通中小学必须开设健康教育课，开展学生健康咨询活动和多种形式的健康教育宣传，做到有课时、有师资、有教材、有教案、有考评与分析、有健康行为检查。

2009年，临河区配置健康教育专业技术人员5名，安排健康教育经费15.6万元，配备适应工作需要的设备，包括照相机、投影仪、VCD、电脑等设备。

2010年，临河区各乡镇、农场、街道（社区）、区直单位组建健康教育组织机构、设立专（兼）职工作人员，制订健康教育工作计划和实施方案。启动基本公共卫生项目。各基层医疗机构向城乡居民免费发放健康教育资料369种。临河区81个机关、企事业单位全部落实工间操制度，城区85%以上社区配备有体育健身设施，35%以上居民经常参加体育锻炼。制作禁烟标志25000份，公共场所禁烟标志张贴率达到100%。

第三节　学生健康体检

1991年，临河市卫生防疫部门为62493名学生进行健康检查，体检率89.4%。

1992年，临河市直中小学完成学生体检16977人。

1995年，22所城镇中小学校学生体检建卡23197人，体检率99.3%，建档率100%。

1997年，开展市直20所学校及狼山、新华中小学学生体检工作。

1998年，临河市卫生防疫站对直管学校28251名学生进行健康检查，建立健康卡，体检率达99.3%，其中城乡监测点学校学生的健康监测率100%。

2000年，市防疫站对城区197名中小学生进行贫血调查，发病率17.76%，较1999年略有下降；对城区19所、农村2所中小学19731名学生进行常规体检，做出发育和营养评价。

2008年，临河区完成中小学36618名学生的成长发育指标监测体检任务，查出视力低下、沙眼、龋齿、心脏疾病、结核菌素、血红蛋白指标低下、谷丙转氨酶等学生常见病、多发病10种4661人，检出率12.73%，其中视力低下者1713人，检出率4.68%；龋齿183人，检出率0.51%；心脏疾病32人，检出率0.09%；沙眼102人，检出率0.28%；鼻炎1215人，检出率3.32%；血红蛋白指标低下183人，检出率0.50%；结核菌素试验初一、高一学生4262名，其中强阳性770名，检出率18.09%；谷丙转氨酶监测高中2所、高一学生2401名，其中谷丙转氨酶异常8名，检出率0.34%。

第八章 公共卫生

第一节 食品卫生

1991年，临河市有饮食单位（包括摊贩）2511个，从业人员5932人，体检5932人；发放许可证2511个，健康证5913人；检出乙肝携带者19人，检出率0.32%，全部调离。建档1285户，建卡1266户。

1992年，临河市监督监测饮食品单位14270次，查出腐败变质食品872千克，全部处理。

1993年，临河市食品卫生监测率100%，平均月监测1.5次，食品卫生合格率89%；表彰奖励在执行食品卫生法工作中做出成绩的25个"先进单位"和38个"达标单位"；查出腐败变质食品600千克，全部销毁；查出违反《食品卫生法》事件12起，根据情节轻重分别给予批评教育、停业整顿和罚款处理。

1995年，临河市有食品经营单位及摊点2263个，从业人员4275人，完成从业人员体检4275人，查出乙肝表面抗原阳性3人、甲型肝炎1人，全部调离工作岗位；办理卫生许可证2263家、健康证4271人；所有饮食单位全部建档、建卡，实行档案化管理；实施监督检查40734次，年户均18次以上；指导企业改进卫生设施102处。

1996年，市防疫站公开销毁价值2.73万元超期变质食品和价值3.4万元需索证食品；在管区食品行业开展"食品卫生信得过单位"创建活动，有两家食品单位分别被授予自治区和盟级"食品卫生信得过单位"。

1997年，有饮食品单位2076个，从业人员4998人，全部完成体检，检出5病34人，全部调离饮食业工作岗位。发放健康证4964个、卫生许可证2076个，体检率和两证发放率达100%；对2076个单位实施卫生监督12556次，户均6.02次。

1998年，发放食品加工行业卫生许可证2426个，发证率100%；体检5602人，发放健康证5582个，查出5病20人，全部调离饮食行业。从业单位建档、建卡率100%，监督覆盖率100%。监测各类食品1079份，合格982份，合格率91%。查处各类违法案件436件次，其中警告326户、责令整顿75户次。查收销毁不符合卫生要求食品2260公斤，罚款10800元。未发生食物中毒和严重食品污染事故。

1999年，有食品经营单位2254户，其中摊点265户，全部建档；体检5530人，检出乙肝阳性者16人，全部调离饮食品单位。发放卫生许可证2254户、健康证5514人，两证发放率100%；卫生知识培训率98.8%，考核和培训合格率95.4%；监督覆盖率100%，户年均监督次数68次。

2000年，临河市有食品从业单位2082个，其中生产加工359个、饮食服务业550个、批发零售746个、食品摊贩427个。发放卫生许可证2082

个。监督覆盖率 100%，户均监督 18.3 次。食品从业 5023 人，体检合格 5001 人，发放健康证 5001 个；查出乙肝表面抗原阳性 22 人，全部监督调离。监测各类食品 672 件，合格 611 件，合格率 91%。监测餐茶具 384 件，合格 350 件，合格率 91.2%。对城市自来水每半年全分析监测一次，末梢水 5 点，每点 17 次/年，均符合国家饮用水标准。为 448 个各类公共场所发放卫生许可证，体检合格从业人员 746 人并发放健康证。分批培训从业人员卫生知识，发放培训合格证达 100%。

2008 年，"三鹿牌婴幼儿配方奶粉"事件发生后，临河区卫生局紧急查封"三鹿牌婴幼儿配方奶粉"和开展婴幼儿医疗救治工作，成立卫生系统专家救治组，组成独立医疗队接诊前来筛查的婴幼儿。临河区各医疗机构排查 3 周岁以下婴幼儿 11220 人，查出食用含三聚氰胺奶粉婴幼儿 2731 人，免费 B 超及化验筛查 1795 人，诊断病例 5 例，均为轻型病例，无须治疗。

2009 年，成立食品安全委员会，下设食品安全监管办公室，成员单位有工商、质检、畜牧、农业、卫生、教育、公安等部门，卫生局负责食品安全监管综合协调；取消《卫生许可证》和《健康证》工本费。开展食品安全专项整顿 30 次。同年，临河区卫生监督协管被纳入基本公共卫生服务项目，在自治区范围内率先推行餐饮业食品卫生"脸谱"公示制度和餐饮住宿业卫生监督量化分级管理制度，创建"食品示范街"，树立临河区餐饮食品生产经营单位样板店。在全区学校、医院食堂及其他餐饮单位建立餐饮业食品及原料定点采购、索证、验收、台账制度和餐饮食品卫生安全信息公示制度。建立健全接尘接毒企业卫生监督档案，完善医疗机构基础档案，严厉打击非法行医，净化医疗市场秩序。卫生监督所被自治区卫生厅评为"全区卫生监督工作先进集体"。

2011 年，临河区创建标准化农业生产示范基地 4 个，绿色食品、无公害农产品、有机食品原料标准化生产基地监控点 3 个，无公害渔场 1 个。绿色食品原料标准化生产基地面积达到 150 万亩，"三品"用标总数 104 个。有饲料生产经销企业 24 家、饲料经营门点及经销商 146 家、畜禽规模养殖场（户）325 家、生鲜乳收购站 28 个、屠宰场加工厂 25 家、肉食品经营店 251 家、兽药经营（动物诊疗）门点 28 家。有生猪定点屠宰企业 3 家，年屠宰加工量 5 万头；肉羊定点屠宰企业 16 家，年屠宰加工量 300 万只；肉鸡定点屠宰企业 1 家，年屠宰加工量 73 万只。有获得食品生产许可的企业 88 家（规模以上食品企业 16 家），获得 ISO 管理体系认证企业 20 家、HACCP 认证企业 10 家、内蒙古名牌产品企业 6 家。流通环节已发放食品流通许可证 3375 份，其中企业 111 家、个体工商户 3264 户，变更企业 5 家、个体工商户 58 家。获餐饮服务许可企业 812 家、小作坊 409 家、学校及托幼机构食堂 45 家。检查餐饮单位 19847 户次、食品小作坊 8387 户次，下达卫生监督意见书 832 份，查处收售"烤鸭油"的食品小作坊 2 家；发现非法添加剂的 4 家，未按规定生产、经营、使用添加剂的 8 家，立案查处 3 起，涉及总货值 13.1 万元；销毁使用药水的豆芽约 5000 千克，没收所用无根剂和漂白剂；对 6 家非法添加明矾的粉丝厂给予停业整顿处罚；查处采购使用未经检验的"煮肉提炼油脂"的麻辣烫店 1 家。未发现使用"地沟油"情况。未发现问题乳粉。未发生一例群体性食物中毒事件。同年，临河区在 7 个中心镇设立 4 个农村卫生监督站，点面结合，实现专项整治集中查、日常监管全覆盖的农村卫生监督新格局。

2012 年，发放《食品安全知识手册》等宣传材料 2 万份，开展专题讲座 20 场次。对辖区监管对象实行网格化管理，制作"监管公示卡"824 个，悬挂在监管对象的醒目位置。出动执法人员 825 人次，检查食品经营户 2692 家，检查批发市场、集贸市场等各类市场 38 次，取缔无证经营 90 家，捣毁制售假冒伪劣食品黑窝点 20 处，查处各类食品案件 173 件，收缴、销毁假冒伪劣、"三无"食品 890 千克，下架退市不合格食品 850 千克。受理消费者咨询、举报、投诉 150 起，为消费者挽回经济损失 98.6 万元。抽检流通环节各类食品 400 个批次 50 个品种，抽检合格率为 90%；开展食品快速检测 450 个批次 50 个品种，抽检合格率为 90%。依法报请区政府取缔 2 个生产桶装饮用水的黑窝点、查封 6 家羊下水加工点，集中销毁 PET 水桶 400 个、问题羊蹄子 550 千克。出动执法人员 180 人次、执法车辆 9 辆次，监督检查农贸市场 23 个次、经营生鲜肉超市 24 家次、肉食品经营户 415 户次、定点屠宰场 41 家次、加工企业 34 家次、养殖场（户）88 户次，无害化处理猪、羊肉 1415 千克。开展"瘦肉精"集中清查，对各环节利用试剂条进行抽样检测，出动 103 人次，抽样 300 批次，其中盐酸克伦特罗 150 批次、莱克多巴胺和沙丁胺醇各 75 批次，未发生"瘦肉精"事件。无食物中毒和食源性疾病报告。

2014 年，临河区将卫生部门大部分食品安全监管职能划归食品药品监督管理局，卫生部门只保留食品安全标准制定、重大食品安全事故查处、食品安全风险评估、食品安全检验机构资质认定四项职能。

2015 年，临河区卫生监督部门配置现场快速检测设备、执法终端和执法车辆。在 18 个乡镇卫生院设立监督分所，在 28 个基层医疗机构聘用 56 名卫生监督协管员。

2015—2016 年，临河区未发生食品安全事故。

2016 年，临河区印发《2016 年卫生计生执法监督工作目标考核细则》，要求各基层卫生、医疗单位建立健全相应领导机构，落实专兼职工作人员，保障工作经费，将该项工作纳入年终综合目标考核体系。

第二节　学校卫生

1991 年，临河市防疫站选择 24 所有代表性的学校进行卫生监测，监测率 11.5%；完成对 8426 名中小学生体质健康监测；对 48766 名小学生进行投药治疗蛔虫，投药率 85.8%，排虫率 34.6%。在各中、小学开展学生常见病和卫生知识宣传，提高学生自我保健能力。

1992 年，对 9 所监测点（城区 4 所、农村 5 所）的 7625 名学生实施生长发育监测。

1995 年，对城镇中小学 2 次驱虫投药 46554 人次，投药率 99.6%；完成临一中、二完小、四完小、蒙小共 5621 人的体质监测和视力监测。

1997 年，开展学生驱虫工作；学生"六病"防治工作代表自治区接受国家级检查。

1998 年，临河市防疫站对 6 所城镇中小学、农村 5 所乡镇所在地学校进行卫生监测，监测覆盖率分别达 24% 和 12%；开展以肠道蠕虫感染为重点的"六病"防治，对所有在校学生进行驱虫投药，投服 53435 人份，投服率 96.7%。

1999 年，对市直 7 所、乡镇 6 所中小学进行卫生监督监测，覆盖率分别为 35% 和 30%，并留有详细监督记录和监督意见书。

2000 年，对城乡 368 名中小学生进行肠道蠕虫感染率调查，阳性 61 人，阳性率 16.5%；对城区 6 所、农村 5 所中小学进行教学环卫常规监督、监测，监督覆盖率分别达 30% 和 25%，监测项次合格率仅为 35.3%，引起有关部门重视。

第三节　爱国卫生运动

1992 年，临河市贯彻落实国务院《关于加强爱国卫生工作的决定》，各职能部门协调配合，以创建三星级文明城市和自治区卫生城市为目标，动员广大群众开展爱国卫生运动。

1993 年，临河市爱卫会进行 10 次大检查；集中人力、车辆开展第五个"爱卫月"活动；表彰奖励在"爱卫月"活动中表现突出的先进单位；接受巴彦淖尔盟春秋季爱卫"银鱼"奖检查，并获全盟"爱卫月"活动优胜奖。

1994 年，在市区及城郊 3 个乡部分地段开展巩固性灭鼠工作，使鼠密度控制在国家标准之内；对市区所有厕所、垃圾点进行两次消杀，控制了蚊蝇的滋生；加强食品卫生、公共场所管理，并开展达标创优活动。

1996 年，临河市组织开展第八个"爱卫月"活动，对马路修理厂、马路食品摊点、马路市场进行专项治理；在市区和城郊三乡开展巩固性灭鼠工作，鼠密度控制在 0.27%，被自治区评为"巩固性灭鼠先进地区"；组织机关单位工作人员、学校学生义务劳动，清除卫生死角，维修疏通道路，城区环境卫生明显改观。

1997 年，临河市在"爱卫月"活动中，组织 300 多个单位近 6 万人开展 4 次大规模环境卫生集中整治义务劳动，对城区 100 余条街路、340 余个区段、200 多处垃圾死角和 100 多户的临时建筑拆迁废料进行彻底清理。累计出动车辆 2100 多台辆，清理垃圾 16000 吨、拆迁废料 10000 吨，投工投劳折合资金 50 余万元。

1998 年，临河市开展创建自治区卫生城市活动。围绕城市管理，采取定期检查和随时抽查相结合的方式，组织卫生大检查 50 余次，整治马路市场等不规范行为，垃圾做到日产日清；完成城区除"四害"工作和城市道路"四化"建设目标管理任务，获巴彦淖尔盟爱国卫生"银鱼"奖。

1999 年，临河市通过自治区级卫生城市验收，被评为自治区级卫生城市，并被自治区爱卫会推荐参加 2000 年全国卫生城市评选。

2000 年，临河市各部门协调配合，开展除"四害"工作，坚持爱国卫生文明月活动，为临河市经济建设和招商引资创造了良好外部环境。

2009 年，临河区建成农村无害化卫生厕所 4758 座，落实改厕建厕配套资金 385.7 万元。

2011 年，临河区建成无害化卫生户厕 5000 座，落实配套资金 385.7 万元。

2016 年，临河区通过环境治理和药物灭杀，蚊、蝇、鼠、蟑螂密度均控制在国家要求标准之内。

第四节　基本公共卫生

2006 年，临河区率先将 5 所街道医院、3 所城郊卫生院整体转型为社区卫生服务中心，在保健院增挂社区卫生服务中心牌子，共设立 9 所社区卫生服务中心；开展涵盖孕产妇、儿童、糖尿病、高血压、重性精神病、65 岁以上老年人等重点人群的免费服务项目；为 12 万居民建立健康档案；筛查出高血压 3663 例、糖尿病 760 例、其他各类慢性病患者 6800 余人，对筛查出的患者开展入户随访，指导健康生活方式，对人群健康状况进行全面管理和干预。

2009 年，临河区政府为基本公共卫生服务对象每人每年补助 15 元，用于提供免费服务机构的补偿。

2010 年，临河区成功举办巴彦淖尔市促进基本公共卫生服务逐步均等化现场观摩会；临河区基本公共卫生服务逐步均等化工作代表巴彦淖尔市接受自治区考核评估。

2011 年，成立基本公共卫生服务项目领导小组和相应的办事机构，在城区 10 所社区卫生服务中心和农村 18 所乡镇卫生院同步推开。

2012 年，临河区将 160 所村卫生室纳入基本公共卫生服务项目范围，实施镇村卫生服务一体化管理，将卫生院部分基本公共卫生服务职能下沉，并相应配套部分经费，调动村医积极性。

2013 年，基本公共卫生服务基本实现全覆盖。

2016 年，临河区人均基本公共卫生服务项目补助增加到 45 元；建立规范化居民电子健康档案 571880 人，档案合格率 95.27%；开展家庭医生签约服务 57611 户，签约总人数 151439 人，覆盖全区 27.5% 的人口，其中高血压、糖尿病、精神病、65 岁以上老年人等重点人群签约 71678 人，签约率 51.4%。

第五节 公共场所卫生

1998 年，临河市对公共场所卫生、化妆品卫生、生活饮用水卫生、放射卫生等进行监督监测，对新建的公共场所进行卫生学评价。

2000 年，临河市管理各类公共场所 448 个，接尘接毒企业 16 家。对化妆品经营单位监督率为 100%，从业人员体检率 100%；对自来水厂监督 17 次、监测 17 次，合格 17 次，合格率 100%；对 74 户公共场所监督 66 户，监督率 89%，530 名从业人员参加健康体检 495 人，体检率 93%。

2009 年，临河区开始对申请、告知、受理、现场审查、审批、出证、责任追究等公共卫生行政许可内部运行的各个程序，采取领导、环节干部和管片监督员三级审查验收制度和证件审核科独立审查等方式，杜绝"一言堂"；现场审查严格按照量化积分管理的要求，对照"量化评分表"逐项打分，对关键项目实行一票否决制和分级审批制，严格按照审批权限发证，杜绝超越职权现象发生。对涉及食品卫生、生活饮用水、公共场所、医疗机构、职业卫生、传染病防治、消毒管理、执业医师等 9 个方面的卫生行政处罚的幅度和种类，针对不同案由，明确具体适用的处罚条款，并根据违法事实情节轻重细化处罚幅度。同时，在案件查处上实行合理分工，避免权力过分集中。

率先试行餐饮食品卫生公示制，对日常卫生监督的项目进行量化评分，根据得分评定等级，按照等级高低采取相应整改措施，改变过去只要有问题（无论大小）就进入处罚程序的做法。

2011 年，对水源水及末梢水抽样检验 6 次。

2016 年，对辖区 863 户公共场所进行经常性卫生监督检查，监督覆盖率 100%；新建公共场所卫生许可档案 839 户，建档率 97%。对 314 家公共场所进行卫生信誉度量化分级，其中住宿业 54 户，信誉度量化评定等级 54 户，量化率 100%；沐浴场所 58 户，量化评定等级 30 户，未评级 28 户，卫生信誉度量化率 51.7%；美容美发场所 348 户，量化评定等级 230 户，未评级 118 户，卫生信誉度量化率为 66.1%。对辖区就餐、美容美发、住宿、洗浴、商场及娱乐场所等公共场所开展现场卫生检测 2107 户次，对不符合卫生要求的 176 家公共场所提出书面意见，责令限期改正；对 31 家违法经营的就餐、美容美发、住宿等场所立案查处。监督检查市政供水单位 2 家、二次集中式供水单位 4 家、农村集中式供水单位 10 家，重点检查水源水、出厂水等供水操作规程和涉水产品是否符合卫生要求，不定期核查卫生许可证和从业人员健康证持证情况，对供水单位均建立卫生档案。同时，抽检上述供水单位生活饮用水，其中城区检验出厂水 8 份、水源水 8 份、末梢水 80 份；农村抽检出厂水 20 份、末梢水 20 份；抽检二次供水 16 份，依法查处农村集中式供水单位 2 家。

第九章 卫生事业管理

第一节 医政管理

1992 年，临河市检查个体诊所及医疗机构 290 家，对不符合条件的 108 家个体开业医疗诊所给予停业处理。

1995 年，检查市区、郊区厂矿校卫生所、村卫生室 310 家，乡镇所在地个体医疗机构 23 家，取缔 56 家；发放临时执业许可证 208 家。

1996 年，临河市建立个体医疗管理档案；举办个体医生学习培训班；与符合个体开业条件的个体医生签订目标管理责任状，规范个体行医行为。

1997 年，对已批准的市区个体医疗机构 85 家、镶牙所 18 家、厂矿医务室 31 家全部签订合同、发证、挂牌营业；取缔非法行医 71 家；整顿 30 多家美容诊所。

1998 年，整顿个体医疗机构，为城区 85 家符合行医标准的个体医疗机构颁发行医许可证；依法取缔无证行医个体诊所 101 家。

1999 年，依法没收医疗器械 27 台件，价值 0.4 万元。

2000 年，临河市取缔非法行医个体医疗机构 71 家；考核验收 30 所美容诊所，为符合标准的 6 家发放《医疗执业许可证》；严肃处理不规范行医行为。

2011 年，临河区查处、取缔辖区黑诊所、药店"坐堂医"等 11 起；专项检查医疗美容单位 9 家，对个别医疗美容机构使用非卫生技术人员从事诊疗活动的违法行为立案查处。

第二节 药政管理

1992 年，临河市检查个体诊所及医疗机构 290 家，对 10 家药店给予停业处理，查出三无、伪劣、过期失效西药 87 批次，价值 3700 余元；中草药 12 种 1447 公斤，价值 2 万余元。

1995 年，利用宣传车和过 17 条街标语，宣传有关药品管理法规。与巴彦淖尔盟卫生处药政科、盟药检所、工商局等配合，检查临河市医疗机构和个体诊所，查出假药 39 个品种，价值 4000 余元。

1997 年，临河市区有药店 69 家，其中国营 13 家、集体 4 家、个体 52 家，对符合条件的发证，依法取缔无证药店 5 家。

1998 年，依法取缔无证药店 25 家，没收销毁假劣药品 129 种，标值 3 万元，罚款 84130 元。

1999 年，依法扣留、没收药品价值 1.6 万元，没收假劣药品标值 9400 元。城区药品监督覆盖率 100%，基层药品监督率 80% 以上。

2000 年，依法取缔无证药店 5 家，重拳处理兜售伪劣假药行为。

2009年，临河区执行国家基本药物制度改革，从28所一级医疗机构入手，取消药品加成。

2012年，176所村卫生室纳入药品零差率销售范围。

2016年，临河区卫生系统所有公立医疗机构（包括2所县级医疗机构、18所乡镇卫生院、10所社区卫生服务中心、177所村级卫生室）均实行基本药物制度，实施率为100%。乡村药品供应实行统一招标、统一价格、统一配送。区卫生局筹建药品采购集中收付中心，确定9家药品配送企业，实行网上集中采购，统一配送。对目录内药品实行零差价，盘点库存，压缩采购数量，优先采购使用基本药物目录内药品。176家村卫生室将新农合村级门诊统筹、公共卫生服务项目、村卫生室药品、人员、资产"五统一"，捆绑实施。由区卫生局考核检查乡镇卫生院，按考核成绩兑现基本药物补助；各乡镇卫生院考核村卫生室，将结果报区卫生局，卫生局督导抽查审核后按考核成绩兑现卫生室药品零差率补助。专项检查各医疗机构合理用药以及"大处方"情况，对不合理用药情况现场反馈，限期整改，督促各单位按照《处方管理办法》《基本药物临床应用指南》《基本药物处方集》要求，合理规范使用基本药物。

第三十三篇
精神文明建设

第一章 机构与管理机制

第一节 机 构

1991年，临河市精神文明办公室属政府职能部门。

1992年，临河市精神文明办公室归属宣传部，科级建制。

2016年，临河区精神文明办公室内设综合股、创建股、未成年人思想道德建设股。领导干部由临河区委组织部管理。

第二节 管理机制

2016年，临河区将精神文明建设列入乡镇、农场、街道、区直单位党的建设和领导班子建设年度考核范围。

临河区委宣传部根据《临河区2015年乡镇、农场、街道党（工）委、区直单位领导班子和领导干部年度考核工作实施意见》有关要求，分三个组，通过听取2015年工作情况及特色亮点工作简要汇报，查看相关档案资料，座谈了解工作存在的难点、热点问题、下一步工作思路以及对考核各部门工作的建议、意见等三种方式，对各乡镇、农场、街道、区直单位的精神文明建设工作进行年终考核，考核结果为一类25个、二类30个、三类8个。

第二章　思想道德建设

第一节　公民道德教育

1991 年，临河市精神文明办公室组织开展"做文明市民，建文明城市"系列活动。

1992 年，组织推广"千人执法，万人治脏"专项活动。

1993 年，临河市文明办与团市委、市妇联等单位组织"千万青少年，讲文明树新风""洁净家园"等活动。

1994 年，临河市党员干部通过岗位自学和专题报告、讲座，实施"双学"（学《党章》、学理论）三年规划。

1995 年，文明办利用市民学校、村民夜校、职工学校等学习阵地，组织群众学习道德知识、法律法规。

1996 年，组织邓小平理论宣讲团巡回宣讲 40 多期。

1997 年，文明办和临河市机关工委、团市委联合开展"不随地吐痰、不乱扔垃圾、不讲粗话、不酗酒、不损坏公物、不在公共场所吸烟、不违反交通规则、不破坏绿化"为内容的"八不"公德意识教育。

2001 年，文明办组织创作一批切合本地实际、宣传《公民道德建设实施纲要》的剧目，编写了一首《公民道德歌》。

2002 年 3 月 5 日，在巴彦淖尔影剧院广场开展"学雷锋·讲文明树新风"公民道德宣传月活动中，临河市的自行车运动协会、爱心出租车队、雷锋出租车队、巾帼出租车队积极参加。

2003 年，临河市文明委制定《临河市关于贯彻落实公民道德建设纲要的安排意见》，围绕"三讲一改一树"主题，开展防非典、除陋习、树新风系列活动，做出爱国卫生运动月具体安排。

2004 年，临河区文明办深入开展精神文明创建活动，抓重点领域，抓思想道德教育的薄弱环节，抓好主题教育。

2005 年，文明办把"道德讲堂"作为公民道德教育的重要平台，突出唱歌曲、学模范、学礼仪、诵经典、发善心、送吉祥等环节，开展各种活动多场次。

2006 年，文明办分宣传发动、贯彻落实、查摆问题、集中整改、总结表彰 4 个阶段，贯彻《公民道德建设实施纲要》，推动公民道德建设向纵深发展。

2007 年，文明办组织开展"新消法、新权益、新责任"主题宣传活动。

2008 年，组织开展"和谐家庭"创建活动，以发展和谐文化、倡导和谐理念、培养和谐精神、勇于和谐实践为核心，调动妇女的积极性，增加和谐因素。切实做好联系妇女、服务妇女、教育妇女，引领妇女做到"以德治家、文明立家、平安保家、节约持家、和谐兴家"。

2009 年，开展"争当人民满意公务员""讲文明树新风，做文明富强的临河人""文明从我做起"等系列活动。

2010 年，文明办在 10 万多户居民中开展"文化特色家庭"活动，涌现出一批具有浓厚文化特色的家庭。

2011 年 3 月 11 日，临河区教育局在临河三小召开临河区德育工作现场经验交流会。5 月，临河五中被定为"全国青少年道德培养实验基地"。

2012 年 3 月 22 日，临河区文明办、民政局、公安局等 10 个部门联合发出《关于开展"倡导文明新风，共建美好家园"活动的实施意见》。

2013 年，文明办规范市民言行，使广大干部群众参与到"不随地吐痰、不乱扔垃圾、不损坏公物、不破坏绿化、不乱穿马路、不在公共场所吸烟、不讲脏话粗话"的精神文明创建中来。组织开展了"振兴中华读书活动"，培养市民积极进取精神。结合经济发展需求和生产经营活动特点，组织了突出岗位规范、技术等级、新技术新知识培训。通过广泛开展志愿者活动，鼓励成立志愿者协会。

2014 年，临河区围绕美德进农家活动，采取有奖征文、知识竞赛、读书演讲、座谈讨论、专题报告等形式，组织农民学习 24 字公民基本道德规范和家庭美德内容，指导农民提高依靠科技增收致富的能力。

2015 年，组织开展全国第五届"道德模范"评选推荐活动；组织召开道德模范和身边好人现场交流会及基层巡讲活动；春节期间对 15 名道德模范及身边好人进行慰问。各社区成立道德评议会，由社区支部书记任会长，召开评议会 43 场，参加评议居民 1200 多人次。

2016 年 3 月，临河区制定下发《2016 年临河区未成年人思想道德建设工作检查考评的安排意见》《关于组织实施 2016 年"临河区未成年人思想道德建设工作检查考评"的通知》。4 月，组织召开临河区未成年人思想道德建设工作会议，将未成年人思想道德建设工作纳入精神文明责任书中量化考核。组织建成乡村学校少年宫 8 个、培育和践行社会主义核心价值观示范点 2 个、示范家长学校 1 所、"学会感恩尊敬师长"示范学校 2 所、心理健康咨询示范点 2 个、爱国主义教育基地 1 个。组织协调《临河报》每周固定刊登公益广告 1 次，每次最少 1/2 版，连续刊登 43 期。组织网络文明传播志愿者利用微信、微博等新兴媒体进行网上公益广告宣传 100 条；组织各乡镇、农场、办事处和区直单位制作"讲文明树新风"公益广告 16253 条，利用宣传栏、LED 显示屏、展板等开展社会主义核心价值观和"讲文明树新风"公益广告宣传。推荐上报自治区第五届道德模范候选人 5 人。启动第二届临河区道德模范推荐评选工作。在《临河报》开设"身边好人、传递正能量""身边人、身边事—践行社会主义核心价值观"等栏目，刊登道德模范及身边好人相关稿件 28 篇。组织乡镇、办事处、区直单位开展道德实践活动 20 次，引导各办事处开展"善行义举榜"宣传教育活动 30 次，下发各类宣传材料 1 万份，各办事处的善行义举榜张榜率 95% 以上。

第二节　爱国主义教育

1994 年，临河市开展观看百部爱国主义影片月活动。组织中小学生"学英雄、见行动、争做跨世纪新人"主题演讲会 2 次。

1995 年，选定人民公园烈士纪念碑、高大羽烈士墓为教育基地。会同临河市教育局、文体委联合举办"中共党史、爱国主义、国情教育"展览；与盟文明办联合举办爱国主义文艺演唱会。

1996 年，组织开展"迎接香港回归祖国"读书活动。

1997 年，临河市将人民公园烈士纪念碑建成自治区级爱国主义教育基地。

1998 年，从党校抽调骨干教师，深入学校、企业和办事处进行爱国主义教育宣传；组织家长师生聆听法制报告会。

1999年，组织开展"弘扬培育民族精神月"活动。组织开展"爱祖国、爱家乡、爱学校"主题教育活动，通过主题演讲、知识竞赛、歌咏比赛、文艺演出、成果展示等形式，使学生受到深刻的民族精神教育。

2000年，临河市组织人力物力，对爱国主义教育基地——人民公园革命烈士纪念碑进行维修。

2001年，临河市文明办开展"爱国歌曲大家唱"群众性歌咏活动。

2003年，组织开展"热爱临河、建设临河""弘扬民族精神"主题演讲活动。

2004年，临河区文明办组织开展"爱国歌曲大家唱"和"放歌黄河口"群众性广场文艺演出。

2005年，围绕纪念中国人民抗日战争暨反法西斯胜利60周年，组织中小学生及各有关单位开展知识竞赛、爱国主义教育主题演讲等。

2006年，继续组织开展"爱国歌曲大家唱"歌咏比赛。

2008年，临河区九庄新村居民经常自发组织演唱《没有共产党就没有新中国》《唱支山歌给党听》《歌唱祖国》等经典红歌。

2009年，组织开展"爱国歌曲大家唱"群众性歌咏活动。

2010年，在"九·一八"事变79周年纪念日当天，临河区举行全民国防教育暨征兵宣传万人爱国大签名活动，来自临河区党、政、军及各乡镇、办事处、区直单位人员，学生代表及市民在条幅上签下自己的名字，表达对国防事业的支持。

2011年，在春节、元宵节、清明节期间，临河区文明办协调各镇、办事处及相关部门结合传统节日特点和地域特色，开展形式多样的"我们的节日"系列主题活动。

2012年，组织开展"我们的节日"主题活动。各个传统节日期间，全区参与人数达2万人，尤其是在清明节期间，文明办组织各中小学开展缅怀

革命先烈，开展爱国主义教育。各社区通过不同形式，组织居民开展"爱国歌曲大家唱"活动。

2013年，在中华人民共和国成立64周年之际，组织各中小学开展"祖国在我心中"主题班队活动及"祖国在我心中"合唱比赛。组织发动学生通过动手设计爱国手抄报，感受中华传统文化精髓。

2014年，各乡镇、办事处组建24支合唱队，开展"爱国歌曲大家唱"活动41场次，参与人数2690人次。同年，确定临河一职内蒙古河套民俗博物馆、临河人民公园烈士纪念碑、临河区西郊陵园为革命传统教育基地。

2015年，组织各中小学开展"中国梦——祖国在我心中"手抄报评比活动。

2016年，在中小学生中开展"祖国在我心中"主题教育活动；区组织部、人武部、教育局等单位牵头，在9月30日全国烈士纪念日这天举行升国旗仪式和烈士公祭活动；国庆前夕，开展"向国旗敬礼"系列爱国主义主题教育活动；以"我的梦中国梦""社会主义核心价值观"等为重点，组织设计制作未成年人公益广告。

第三节　公仆意识教育

1994年，临河市文明办组织各行业、部门开展"公仆杯"竞赛评选。

2013年，临河区制定出台《区文明办"强化宗旨意识，做人民满意公仆"活动方案》；组织广大干部观看专题片《人民的好儿女》。

2014年9月2日，临河区部署"公仆意识"专题教育活动；开展诚心教育、爱心教育、责任心教育、宽容心教育、平常心教育、戒备心教育。

2016年，临河区以发生在当地的违纪违法典型案例为切入点，有针对性地教育广大干部职工特别是中层以上党员领导干部要牢固树立宗旨意识、廉政意识和从政道德意识，坚定理想信念，

要在纪律建设、作风建设、反腐倡廉建设等方面做表率，为临河各项事业健康持续发展提供政治纪律保障。

第四节　"四有"教育

2000年，临河市以提高全社会思想道德素质和科学文化素质、培育"四有"公民为目标，利用市民学校、家长学校、文化活动室等学习阵地，开展党的基本理论、基本路线等一系列专题教育。

2004—2016年，临河区深入开展心中有党、心中有民、心中有责、心中有戒"四有"主题教育活动，要求全体党员干部以身作则、率先垂范，做忠诚干净有担当的好干部。

第五节　"三爱"教育

2007年，临河区文明办组织开展中小学"三爱"教育，增强学生的自觉性和坚定性，树立良好的道德风尚。

2008年，各中小学校将"三爱"教育纳入课堂教学，通过主题班会、主题团队日、升国旗仪式、运动会、艺术节、读书读报、征文演讲等活动形式及载体，使其真正进教材、进课堂、进头脑；文明办组织学生走出校园、走向田间地头，参与文明城（市）区创建，参加志愿者服务活动，推动学雷锋活动常态化。

2009年，中小学校通过思想品德课灌输、学科教学渗透、校本课程引导，教育学生在校做个好学生、在家做个好儿女、在社会做个好少年。

2010年，临河区创办"三爱"教育基地。文明办组织发动各学校设计制作公益广告152幅、主题标语380条、宣传橱窗38个、黑板报17期、文化墙95面，组织主题宣讲12场次，受教育青少年19180人次。

2011年，各中小学校开展"童心向党"歌咏活动，临河三小歌咏比赛录制完毕，报送市文明办；按照第二届全国优秀童谣评选活动要求，文明办组织征集童谣50首，择优上报3首，其中临河八小一四班杨扬的《守纪歌》入围全国百首优秀童谣。同年，临河区"热爱学习、热爱劳动、热爱祖国"主题报告会在临河四小举行。

2012年5月13日，组织开展"传唱优秀童谣、做有道德的人"网上签名寄语和"童心向党"歌咏活动，按照评选标准向自治区推荐美德少年4人。第九小学关工委、大队部组织300名小学生走出校园，提小水桶、拿小铁铲、拎垃圾袋，铲除墙壁、电线杆上的小广告，清理街道社区的白色垃圾，让学生在义务奉献活动中增强社会实践能力，提升社会道德素养。

2013年4月17日，由临河市文明办、关工委、教育局联合举办的"临河青少年'爱学习、爱劳动、爱中国'主题教育活动启动仪式"在临河第五中学举行。

2014年，临河区组织青少年学生上街道、进社区清理环境卫生，美化家园，接受社会实践锻炼；清明节期间组织2万多名中小学生参加"中国文明网"开展的网上祭英烈活动；评选出美德少年5名、优秀童谣10首。

2015年5月26日，临河区一小举办红领巾相约中国梦"三爱"主题教育活动；临河区文明办组织中小学校开展中华经典诵读比赛、优秀童谣征集传唱和"做一个有道德的人"等主题教育活动；有3名学生获巴彦淖尔市级"最美美德少年"；组织临河五小和六小学生参与巴彦淖尔市"童心向党歌咏比赛"节目录制。

2016年，临河区各学校组织学生开展社区义务劳动、郊区义务植树、市面街道小广告清理、孤寡老人家庭卫生清理、玩具物品集中义卖等社会实践和体验活动，培养青少年学生热爱劳动、积极奉献、独立自强的品格；在五一、十一等重大纪念日和春节、端午节、中秋节、重阳节等民族传统节日，组织开展各类纪念活动；设计制作"爱学习、爱劳动、爱祖国"未成年人公益广告；将未成年人思想道德建设工作纳入临河区精神文明建设责任书中进行量化考核；建成乡村学校少年宫8个、培育和践行社会主义核心价值观示范点2个、"学会感恩、尊敬师长"示范学校2所、爱国主义教育基地1个；开展临河区2016年度"美德少年"评选活动，收到候选人推荐材料30份；以"我的中国梦"为主题，举办"德润草原·苏敦娜荷芽"——全区第三届中小学校园文化艺术大赛暨乡村学校少年宫成果展演，收到参赛作品109份。

2016年5月14日，临河区精神文明办公室组织召开纪念焦裕禄同志逝世52周年大会，提倡学习弘扬焦裕禄精神。

第三章　文明创建活动

第一节　文明城区创建

1994年，临河市被评为内蒙古自治区级文明城市。

1996年，临河市在自治区精神文明建设经验交流会上做典型发言，介绍以张家港为榜样，争创星级文明城市的成功经验；由巴彦淖尔盟文明办牵头，在临河地区组织创星级文明城镇万人签名仪式和"向不文明言行告别"万人签名活动。

1997年，临河市启动以创建文明城市、文明村镇、文明行业"三大创建"活动为主体，以军民共建、城乡共建为补充的群众性精神文明创建活动。8月，临河市被内蒙古自治区精神文明建设委员会命名为三星级文明城市。11月5—7日，自治区农村牧区精神文明建设经验交流会在临河市召开。

1998年，临河市成立"创城"指挥部，提出"强教、严管、勤查、重罚"的"创城"八字方针，推进星级文明城市创建。4月2日，在巴彦淖尔盟影剧院召开临河地区创建星级文明城市动员会及表彰奖励大会；在内蒙古自治区精神文明建设经验交流会上，临河市做创建文明街路典型发言；临河市文明办组成1998年盟级文明单位初验领导小组，推荐上报盟文明办30个单位申请验收；完成对71个申报市级文明单位的验收。

1999年，临河市建成内蒙古自治区四星级文明城市，建成市级文明小区2个（绿岛小区和团结小区）、文明街路1条（利民西街）、无假货示范街1条（光明街）。3月，组织召开临河城区创建星级文明城市及全民义务植树千人动员大会。

2001年，临河市建成内蒙古自治区五星级文明城市。

2003年，临河市建成内蒙古自治区六星级文明城市。各新闻媒体在黄金时间和重要版面开设"城市文明风""社会写真""广而告之""文明城市大家谈""督查聚焦"等栏目，扩大文明城市创建宣传面。

2005年，临河区建成内蒙古自治区七星级文明城市。8月7日，被评为内蒙古自治区创建十星级文明城市（区）工作先进单位。

2007年，临河区晋升为内蒙古自治区（城市组）八星级文明城区；被内蒙古党委、政府、军区授予第六届创建十星级文明城市（区）工作先进单位；被评为内蒙古自治区创建文明城市先进旗县区。

2008年，临河区入选"十佳文明城市（区）"。

2011年，临河区第二次接受内蒙古自治区公共文明指数测评，临河区委、政府制定下发《临河区迎接2011年全区城市（区）公共文明指数测评工作实施方案》，文明办对辖区进行拉网式摸查，进一步细化了《实地考察任务分解表》《材料审核任务分解表》。

2012年，临河区制定《关于迎接全区2012年城市（区）、旗县城文明程度指数测评工作的实施方案》《2012年全区城市（区）、旗县城文明程度指数测评体系任务分解索引表》，把内蒙古自治区文明委关于迎评的项目细化，分解给辖区各相关部门，定时间、定人员、定责任，顺利完成测评工作。

2013年，临河区从关注民生、打造宜居城市、提高市民幸福指数出发，组织实施一大批民生工程：黄河湿地公园、镜湖、人民公园游乐场、河套公园、黄河大桥、金川大桥先后建成并投入使用，城市道路主体框架和南联北通基本成型；职工医保、居民医保、新农合实现全覆盖；成功参与举办中国沿黄河公路自行车邀请赛、巴彦淖尔市首届龙舟赛等；新建西环、团结、铁南、北环7个新型社区服务中心；组织开展废水、大气、噪音、固废等一系列环保执法行动。同年，临河区被评为内蒙古自治区文明城区。

2014年9月20—21日，圆满接受自治区城市文明程度指数测评组对临河区的测评，测评成绩位居第七。

2015年，临河区成立由区委书记任总指挥的"创城"指挥部，下设办公室及10个专项工作组，建立完善联席会议、督查考评、责任追究、信息报送等工作制度。开展街巷硬化、旱厕改水厕、便民市场、交通秩序和市容市貌专项整治；设计印制《创建全国文明城市共建幸福美好家园》宣传折页10万份，创建全国文明城市、社会主义核心价值观张贴画6万份，社会主义核心价值观和"优秀家风家训"餐巾纸盒1万个；开展创建全国文明城市有奖问答活动。在内蒙古自治区文明城市测评中名列第三。

2016年，临河区制定《临河区2015—2017年全国文明城市创建三年行动计划》《临河区创建全国文明城市工作实施方案》，明确创城的长远规划和短期行动目标；下发《临河区创建全国文明城

市实地考察项目督查考核细则》《临河区创建全国文明城市责任状》《临河区文明城市创建工作督查考核办法（试行）》等文件；开展抓拍不文明现象行动，在《临河报》开设《创建全国文明城市，我们怎么做》《文明随手拍》专栏，曝光不文明行为；实行区领导及区直单位包联社区责任制，抽调4682名干部到办事处开展创城宣传、动员和培训工作，指导居民填写《文明城市创建社情民意调查表》《临河区文明城市创建志愿服务登记表》；组织干部开展"文明交通志愿服务活动月"活动，协助交警劝导机动车、非机动车驾驶人闯红灯等不文明行为，并在公交站牌周边对乘客进行引导服务。

第二节　文明村镇创建

1993年，临河市复查整顿1987年、1988年127个市级文明单位、村、社。

1995年，临河市督查落实"十星级小康文明户"、文明片区、集镇、村（社）等创建竞赛活动。

1997年，临河市开展"文明集镇""文明村社"和"十星级小康户"创建活动，推进"三结合致富链"活动深入开展。临河市文明集镇有新华镇、乌兰图克乡红旗村、干召庙镇新立村、曙光乡曙光村等。

2000年，临河市在创建星级文明集镇中，狼山、新华等6个乡镇的创建工作全部通过巴彦淖尔盟文明办验收。

2007年，临河区新华镇、乌兰图克镇被评为全国重点镇、文明镇；狼山、干召庙等5个镇进入内蒙古自治区星级文明镇行列；乌兰图克镇红旗村入选内蒙古自治区"十佳文明生态村"。

2013年，白脑包镇西海村、城关镇增光村被评为内蒙古自治区文明村镇；八一乡联丰村和狼山镇光明村七、九组分别被评为内蒙古自治区级

文明村镇和文明村镇创建先进集体。

2015年，临河区狼山镇富强村、干召庙镇民主村、曙光乡永强村被评为2015年度巴彦淖尔市级文明村镇；新华镇隆胜村被复查认定为2015年度市级文明村镇。

2016年，临河区干召庙镇旭光村、狼山镇爱国村、乌兰图克镇新民村、新华镇永红村、白脑包镇永胜村被评为2016年度巴彦淖尔市级文明村镇；狼山镇、双河镇九庄新村被复查认定为2016年度市级文明村镇；狼山镇富强村、干召庙镇民主村、曙光乡永强村、新华镇隆胜村被评为第五届内蒙古自治区文明村镇。

第三节　文明行业创建

1991年，临河市有文明单位38个，其中盟级9个、自治区级2个。

1992年，临河市创建文明班组100多个；建成市级文明单位13个、盟级文明单位9个、盟级文明先进集体2个。对1984年至1986年命名的212个市级文明单位重新检验。

1993年，临河市对1984年至1986年评出的212个文明单位的复查结果进行通报；评出盟级文明优秀服务单位7个。

1994年，临河市有70个单位递交创建文明单位申请；文明办对各办事处申报的68个单位依据文明单位标准逐一验收；建成市级文明单位、村、社344个，盟级39个，自治区级10个；建成盟级文明系统2个。

1995年，临河市对1991年、1992年命名的50个市级文明单位进行复查整顿和重新命名；指导帮助4个盟级文明单位跨入自治区级文明单位行列。9月，召开临河地区文明单位、先进个人表彰大会。

1996年，临河市建成市级文明单位31个、盟级文明单位33个；对1984年至1986年命名的124

个市级文明单位进行复查验收，撤销6个文明单位称号，警告和限期整改11个单位。

1999年，临河市开展"树机关良好形象工程"、创建文明单位等活动。

2000年，临河市对由各乡镇办事处推荐申报盟级文明单位的43个单位进行初验，通过明察暗访、查阅档案、知识测试，逐项评分、征求有关部门意见，经文明委全体委员会议审定，有31个单位通过初验上报盟文明办。

2003年，临河市推荐上报13个自治区级文明单位和26个盟级文明单位，均顺利通过验收。

2004年，临河区把诚信建设要求纳入到各行业的服务标准和行业规范中，区文明办与纠纷办等部门协同开展诚信行业评议活动，并在临河城区开展"百城万店无假货"活动。

2006年，临河区对文明单位实行动态化管理。

2010年，临河区创建国家级精神文明建设先进集体1个、自治区级文明单位25个、市级文明单位69个。临河区被评为"中国西部最具投资潜力百强县（市区）"，排名第28位。

2011年，临河区完成2个国家级文明单位、22个自治区级文明单位初验工作；组织市级以上文明单位参加为期两天的巴彦淖尔市精神文明建设培训；临河区人民医院被评为2011年度市级文明单位标兵；临河区河套灌区排水事业管理局、黄河西部水业股份有限公司、永济管理局正稍渠管理所、永济管理局干渠管理所、永济管理局西乐渠管理所、巴彦淖尔市鼎泰电力投资有限责任公司、巴彦淖尔银监分局、中国农业银行股份有限公司巴彦淖尔新华街支行、临河区消防大队、临河区市政设施维护管理处、临河区曙光学校、临河区疾病预防控制中心、临河区第一幼儿园13个单位被复查认定为2011年度市级文明单位；临河区第五小学、临河区第五中学、临河区国土资源局、永济局新华渠管理所、临河区气象局被复查认定为2011年度市级文明单位标兵。

2013年，临河区第五中学被评为内蒙古自治区文明单位。

2015年，临河区对2015年度到届的23个原市级文明单位和1个新申报单位进行检查验收。临河区第一中学被评为全国文明单位。

2016年，临河区对2016年度到届的30个自治区级文明单位和新申报的5个单位进行验收。中共临河区纪律检查委员会被评为2016年度市级文明单位；临河区武装部等16个单位被复查认定为2016年度市级文明单位。

第四节　文明社区创建

1997年，临河市建成文明示范街2条、文明片区2个。

1998年，临河市开展文明街路和文明示范小区创建工作，规范、完善示范点档案管理和记录。7月，胜利路、新华街、健康小区、解放一居委顺利通过内蒙古自治区文明委验收。

2003年，临河市文明办、科协、文体、综治、司法、卫生等9部门联合在绿岛新村开展"科教、文体、法律、卫生、警务、道德"六进社区主题活动。随后，全市10个办事处也分别组织开展六进社区活动；建成绿岛、健康、税花等10个内蒙古自治区、巴彦淖尔盟级文明示范小区；8月中旬，新华办事处代表临河市在内蒙古自治区社区建设经验交流会上做典型发言。

2015年，临河区金川办事处江林社区、团结办事处光宇社区、北环办事处春和社区、解放办事处联通社区被评为2015年度市级文明社区；临河区光明小区被复查认定为2015年度市级文明小区。

2016年，临河区团结办事处庆丰社区、东环办事处东兴社区、先锋办事处新顺社区、金川办事处泰欧社区、北环办事处春和社区被评为2016年度市级文明社区。

第五节　文明家庭创建

1991年，临河市各乡镇（村、社）开展一乡、两村、十户创建十星级文明户、五好家庭、双文明户等多种形式的创建活动，评出科技户、教子有方户、遵纪守法户、双文明户1550户，卫生之家4500户，五好家庭210户。

1992年，临河市创建文明家庭2100户。

1993年，临河市评出五好家庭4800户、遵纪守法户32000户。

1994年，临河市开展十星级小康文明户创建评选，评出五星级以上文明户13800户。

1995年，临河市18600户星级文明户挂匾。

1996年，临河市评出五星级以上文明户27470户，100%挂匾。

1997年，临河市建成十星级文明户1600户，全部挂匾。

2013年，临河区开展寻找"最美家庭"活动，通过家庭自荐、互荐和妇联组织推选等形式，涌现出在家庭和美、夫妻恩爱、孝老爱亲、科学教子、热心公益、守望相助等方面事迹突出、感人至深的先进家庭典型54户，从中推选出5户"最美家庭"，又将其中3户作为候选家庭上报巴彦淖尔市妇联。

2014年，临河区开展"德润草原·美在家庭"寻找"最美家庭"活动，制作倡议书2000份，下发至辖区202个"妇女之家"；开设活动宣传栏，晒出家庭照片70幅；举办家风家训评议会、故事会8场次。

2015年，临河区继续开展"美在家庭"创建活动。

2016年5月10日，临河区对获得金川办联合包商银行在辖区范围内开展的"包商情"寻找"最美家庭""社区好人""最美社区书记"进行表彰。

第四章　文明共建

第一节　军警民共建

1992年，临河市开展创建"双拥模范市"活动，使军、警、民共建文明单位活动向高标准迈进。

1993年，临河市结成军警民共建对子40对。

1994年，临河市新增军警民共建对子15对，军地互帮、共同解决热点难点问题，被自治区命名为双拥模范市。

2015年，临河区驻军部队帮助社区建设投资投劳折合人民币46.4万元，为街道社区硬化修补巷道52条，修建公厕21座、新建10座。

2016年6月27日，临河区供电局负责人走进临河区消防大队，就部队用电问题进行探讨，提出解决方案，把优质服务送进军营。9月4日，临河区百利佳食品厂将一批月饼送到临河武警中队，慰问驻地官兵。临河区公安局以"关爱外来工子女"为主题与临河四中50名外来工子女开展手拉手活动，鼓励他们积极向上、勇于面对困难。

第二节　乡镇企共建

2016年，兆丰河套面业公司与临河区狼山镇爱国村签订2000亩小麦订单，保证每公斤小麦比市场价高2角。兆丰河套面业公司每年资助村里5万元帮扶款。

第五章 社会新风

第一节 敬老爱幼

2008 年，由巴彦淖尔市文明办、临河区政府主办，金川啤酒厂承办了巴彦淖尔市"十大孝星"评选活动。评选出的"十大孝星"由啤酒厂出资赴新马泰旅游，并举行欢送仪式。

2015 年，临河区王金花被评为第二届巴彦淖尔市"孝老爱亲道德模范"。

第二节 勤俭创业

2012 年，市民毕玉华被评为首届临河区诚实守信道德模范。

2013 年，"请节约用水""请随手关灯""请尽量双面打印"……这样的标语口号在临河区人武部随处可见。人武部注重从点滴入手，厉行勤俭节约，反对铺张浪费，研究制订六项措施，要求干部职工在日常工作、生活中从经费开支、用电、用水、用纸、就餐等点滴小事做起，养成节约习惯。

2014 年，国土资源临河区分局从公务接待、车辆使用、文件简报、财务支出、会议安排、评比表彰等方面入手，立行立改、狠抓落实，转变文风会风，开短会、说短话，压缩文件数量和篇幅；外出轻车简从；严格执行接待规定，勤俭节约，廉洁勤政。

2015 年，临河区市民苏巧云被评为第二届巴彦淖尔市诚实守信道德模范。

2016 年，临河区创新机制、优化措施，组织草根创业者参加创业培训班，帮扶解决创业项目、市场经验、创业资金等问题，引导帮助草根创业人员实现成功创业。当年培训 566 人，培训后成功创业 327 人，带动社会就业 1308 人；投入创业贷款担保基金 772 万元，为城镇登记失业人员、大学毕业生、就业困难人员、返乡创业人员等 208 名草根创业者、6 户小微企业发放创业担保贷款 1359 万元，带动就业 374 人；组织联丰生态专业合作社、鲜农农业科技示范园、临河区电子商务产业园和物华便民市场申报创业园（孵化基地）"以奖代补"项目，助力企业发展，引导更多草根创业者入园创业，为大众创业创造条件。马炳贵被评为 2016 年第三届巴彦淖尔市诚实守信道德模范。

第三节 助人为乐

2011 年，临河区王忠平、王建国成功入选 2010 年"感动巴彦淖尔"人物，受到巴彦淖尔市委宣传部等部门表彰。

2012 年，陈文敏荣获第三届自治区助人为乐道德模范提名奖；高步增、李贵军被评为 2012 年临河区助人为乐道德模范。

2014年，临河区敖其尔、陈文敏被评为第四届内蒙古自治区助人为乐道德模范。

2015年，临河区袁继海、张银娥被评为第二届巴彦淖尔市助人为乐道德模范；敖其尔荣获第五届全国道德模范提名奖。

第四节　见义勇为

1992年5月27日，临河市政公司排水维护队工人、共青团员杨军，因抢救3名在井下作业遇险工人不幸牺牲，年仅25岁。1993年10月20日，国家民政部追认杨军为烈士。

2003年，临河市组织收听收看宣传12·4英雄群体舍己救人、无私奉献先进事迹报告会；组织收听闫文军老师舍己救人英模宣讲团报告会。

2011年，临河区李鹿强成功入选2010年"感动巴彦淖尔"人物，受到巴彦淖尔市委宣传部等部门表彰。

2012年，临河区市民康富被巴彦淖尔市文明办命名为见义勇为道德模范，刘根泉被评为临河区见义勇为道德模范。

康富。2011年4月11日中午，冯某的妻子提着从银行取出来的8万元现金刚到家，就有一个陌生人敲门问话，并实施抢劫。冯某刚好回来，听见妻子大叫，急忙追赶，歹徒挥刀将冯某脸部刺伤。这时，正在向阳南路扫街的清扫工康富，扔下手中的扫帚冲向歹徒，将其制服，夺回被抢现金。

刘根泉。1991年6月1日，刘根泉不顾个人安危，勇救溺水小孩；2004年11月26日凌晨，他看到骑摩托车摔昏的王科，将其送到医院救治；2011年，他发现路边有人受伤，及时将其送到医院。刘根泉做过的好事数不胜数。

2016年，艾华炜、裴雅鑫、马扬荣获第三届巴彦淖尔市见义勇为道德模范。

第五节　拾金不昧

2016年，任子恒获"美德少年"称号。

任子恒，男，汉族，2005年1月生，临河回族学校六（3）班学生。2013年4月的一天，他在放学路上捡到一个钱包，里面装着3000元钱和一部手机。他通过手机通信录联系到失主，失主用500元钱作为酬谢，任子恒婉拒。学校对任子恒拾金不昧的精神通报表扬，号召全校师生以他为榜样。

第六节　扶贫济困

1998年，临河市北部乡镇遭受冰雹、冰冻、沙尘暴、洪涝等自然灾害袭击，致使部分贫困家庭孩子出现上学难的问题。临河市委宣传部、市文明办、团市委等单位组成送温暖小组分赴这些乡镇，送去救济款、生活用品和学习用品，让孩子们安心学习。

2004年，临河区组织开展"西部开发助学工程""百县千乡宣传文化工程"，认真落实受助人员审核、把关和推荐、上报工作，使3名大学生得到资助、2名中学生进入"宏志班"学习。

2016年，临河区办理收养登记1例；为考上大学的5名孤儿按照专科3万元、本科4万元的标准一次性发放助学金；按每人每月1310元的标准，为79名分散供养孤儿发放939270元孤儿供养资金；对事实无人抚养儿童，参照当地散居孤儿生活保障标准执行；为0～18周岁孤儿赠送重大疾病公益保险；将困难家庭子女纳入城乡低保范围；对患病孤残儿童、生活困难家庭儿童，在新农合报销基础上，临河区民政局通过大病医疗救助再为其解决一部分医疗费用。

第七节　爱岗敬业

1993 年，临河市评出盟级文明优秀服务最佳个人 10 人、优秀个人 15 人；评出十佳交通民警 1 人、内蒙古自治区百优交通民警 3 人、受巴彦淖尔盟文明办、盟公安处表彰 2 人。

郝美光，临河区第五小学教师。德育课题"五个好"德育教育在郝美先的引导下，在校园、社区蔓延。2010—2012 年，她组织为重病儿童捐款 5637 元、为四川玉树地震灾区捐款 5.3 万元，开展"手拉手心连心"活动 17 次、"爱心助老显真情"活动 11 次。她还在校园内组织开展了"八荣八耻记心间""拒绝圆生，过有意义生日""拒进网吧，健康上网"等有意义的活动。2006 年 11 月，她代表临河区教育局向各旗、县教育同仁作了德育教育经验交流典型发言。郝美先曾获内蒙古自治区优秀教育工作者、优秀辅导员，巴彦淖尔市德育先进工作者、十佳辅导员、优秀教学能手、骨干教师，临河区名教师等荣誉。

任敬权，临河区市政设施维护中心排水维护所所长。任敬权每当遇到降雨尤其是特大暴雨天气，他总是第一时间赶到单位，紧急动员全体排水工人连夜奋战，紧急抢修排水设施，保证降雨期间及雨后市区交通顺畅和城市安全。任敬权曾获得巴彦淖尔市"劳动模范"、临河区"城市建设先进个人"等荣誉。

钱文化，女，蒙古族，临河区公安局户政大厅内勤。她每天接待 600 多名办事群众，但终微笑服务。曾获巴彦淖尔盟人民满意优秀政法民警、临河区"双创"活动优秀政法民警、临河区公安局先进个人等荣誉。

夏晓娜，女，临河区统计局调查队队长。全国第一次经济普查时，临河区有独立核算工业企业 197 户、个体工业 1835 户，所有工业企业报表她都一一审核，做到准确无误。她撰写统计分析、信息 160 多篇，并多次获奖。由她编写的《临河统计志》填补了临河统计史上的空白，该书是反映解放初期至 2009 年底临河区统计事业发展历程的专业志，时间跨度近 60 个春秋，回顾了统计事业的风雨历程。夏晓娜曾获得全国第二次经济普查国家级先进个人、全国投入产出调查国家级先进个人、内蒙古自治区级先进个人等荣誉。

2014 年，临河区总工会以开展"爱岗敬业·实干圆梦"主题实践活动为抓手，组织职工群众参加自治区及市总工会举办的职工"中国梦·劳动美·我与改革创新"主题演讲活动；开展"金牌工人"推荐评选活动，选树"金牌工人"5 人；开展"当好主力军、建功'十二五'、奋力促发展"主题劳动竞赛、安康杯竞赛活动，引导广大职工争当技术标兵和创新能手；加大对职工技能大赛的支持力度，鼓励和引导广大职工岗位成才，动员职工学技术、比技能、争先创优比贡献，不断提升业务技能、水平和素质；开展劳动模范等先进典型评选，选树和宣传更多来自基层一线的知识型、技能型、创新型先进模范，营造尊重劳模、关爱劳模、争当劳模的社会氛围。

2015 年，钱文化被评为第二届巴彦淖尔市敬业奉献道德模范。

2016 年，郝素文入选敬业奉献"内蒙古好人"。

第八节　移风易俗

1994 年，临河市整顿文化市场，"扫黄、打非"，查封不健康、反动淫秽书刊 9654 册，取缔无证录像点 27 家、书摊 13 家。

2000 年，临河市以"告别陋习文明祭奠"为主题，在元旦、春节、清明节期间，开展以破除封建迷信、摒弃陈规陋习、倡导文明祭奠、树立社会新风为主要内容的宣传教育活动，宣传厚养薄葬、丧事简办、文明祭奠的现实意义，引导居民群众讲文明、讲科学、讲卫生、树新风，培养科学、文明、健康的生活习惯。

2003年，临河市文明办会同团委、教育局联合举办除陋习、树新风漫画摄影展，在影剧院广场展览图片3000幅，近万名学生及市民参加活动。

2009年，临河区在清明节及农历七月十五、十月初一，集中开展"告别陋习、文明祭奠"大型宣传教育和文明倡导活动；发动市民共同开展"让家庭单位门前净起来"等活动，市区居住环境、道路环境和集贸市场环境卫生得到改善；农村基本解决垃圾乱倒、污水乱泼、柴草乱堆、粪土乱堆、禽畜乱跑等"五乱"问题。

2011年，临河区开展移风易俗上墙工作，将"弘扬孝道、厚养薄葬"等倡议通过漫画直观展现出来，让群众更好地接受落实；开展"好媳妇""好婆婆"等文明创建活动，倡文明树榜样。

2012年，临河区组织人员到乌海、东胜、包头等地学习考察，从白事简办、殡葬改革、公墓建设、红白理事会建设等方面进行调研、学习，了解工作落后的原因，探讨如何更好地推动工作。

2013年，临河区出台《关于减免城乡群众基本殡葬服务费用和整顿殡葬秩序的公告》，制作移风易俗动漫宣传片，在媒体传播。临河区文体局以移风易俗为主题，聘请专业文艺骨干制作舞蹈、小品、快板等15件作品，在村镇巡演30多场。通过村村响、标语横幅、宣传栏、墙体涂绘、宣传画、宣传车等，深入宣传文明婚丧的新理念及大操大办的危害，让"移风易俗好，红事白事花费少"理念走进千家万户，越来越多人采用敬献鲜花、植树、网络祭奠、撰写回忆文章等方式进行祭祀活动。

2014年，临河区公安局组织开展扫黄打赌、"打黄赌·铲源头"等专项行动，打击处理了一批涉黄涉赌违法犯罪人员。临河区开展乡风文明大行动，解决农村大操大办、封建迷信、酗酒赌博、薄养厚葬等不良风气。9月，临河区召开乡村文明行动移风易俗工作现场推进会；开展"讲文明、

树新风"公益广告宣传活动。

2015年，临河区针对开展社区戒毒（康复）工作中遇到的困难和存在的不足，学习和借鉴外省市社区戒毒社区康复工作先进经验，强力推进临河区社区戒毒创新工作。同年，临河区出台《关于加强农村红白理事会建设进一步促进移风易俗的实施意见》明确规定，村居（社区）红白理事会协助事主举办文明节俭的丧葬活动，禁止办理丧事活动时妨害公共秩序、危害公共安全、侵害他人合法权益和污染环境的行为。

2016年，临河区实现红白理事会、村规民约行政村全覆盖，移风易俗工作取得初步成效，婚丧嫁娶新风尚基本形成。2月14—18日，临河区公安局出动警力300人，清查娱乐场所100家、宾馆和旅店210家、酒吧82家、足浴和按摩店50家、游戏厅65家，行政拘留并处罚款54人；查获涉黄涉赌案件13起，其中卖淫嫖娼案件6起。同年，对涉及"黄赌"等违法犯罪活动的高危人员、前科人员和嫌疑人员进行彻底梳理，掌握其活动情况，加强动态管控。发放宣传单18000余份。查处赌博治安案件41起，处理229名违法人员，罚款33.48万元，收缴赌资28.5125万元；查处涉黄治安案件14起，处理39名违法人员，罚款11.8万元；查处涉黄刑事案件3起，处理16名违法人员，罚款48000元。

第九节　"学雷锋"活动

1991年，临河市结合行业特点，开展"岗位学雷锋、行业树新风"活动。

1993年3月，临河地区13000多人次参加学雷锋益民活动。

1994年，临河市有学雷锋小组100多个。

2006年，临河区西环办在花都社区开展以"弘扬雷锋精神、共建和谐社区"为主题的学雷锋做好事志愿服务活动，社区相关工作人员、社区

工作者、医院医务人员、志愿者等参加。

2007年，临河区将学雷锋、益民便民活动同迎接党的十七大和自治区成立60周年有机结合起来，同实践"三个代表"思想、贯彻十六届六中全会精神和区十一届二次全委（扩大）会议精神结合起来，同爱国卫生运动"三讲一改一树"活动结合起来，赋予学雷锋活动新的内涵。

2008年，临河区组织48个单位在影剧院广场开展保健义诊、法律咨询、计生服务、环保宣传等便民益民服务活动。

2009年，临河区开展了一系列形式多样的"弘扬雷锋精神，参与志愿服务、树立文明新风"志愿服务活动。

2010年，临河区组织开展"德润草原·文明之行——学习雷锋少年志愿服务在行动"主题实践活动。活动范围包括临河区中小学校，并延伸到家庭、社会。

2011年，在第52个学雷锋纪念日之际，巴彦淖尔市、临河区两级团委开展了关爱农民工子女、"阳光助残"、关爱老年人等一系列学雷锋志愿活动。

2015年，临河区组织志愿者深入社区、公园、广场，开展创城、绿色节能环保宣传、法律咨询、义诊、关爱弱势群体等志愿服务活动200多次，服务群众达2万多人次。区公安局民警袁继海、五小学生马扬、环保局干部张维维荣获自治区"岗位学雷锋标兵"称号。袁继海是新华派出所普通民警，常年帮扶两位孤寡老人，用真心感化刑满释放人员，被人民群众誉为"贴心警察"；临河五小六年级1班的马扬，冒着生命危险跳入湖中勇救落水女童的事迹，被传为佳话；环保局工作人员张维维，多年来忘我工作，不计名利、无私奉献，在平凡的工作岗位上做出了不平凡的业绩。

第十节　文明公约

2003年，临河市文明办向全市各族干部群众发放《市民文明公约》《致全市人民的一封信》，教育引导广大市民自觉养成良好卫生习惯，争做文明市民。

2011年，开展《争创文明城市、争做文明市民》《牢固树立社会主义核心价值体系》文明礼仪宣讲，提高干部群众文明素质。

2015年，临河区开展文明餐桌、文明交通、文明旅游三大专项行动。

临河区市民文明公约"三字经"：

市府地，是脸面，爱护她，齐夸赞；
讲卫生，成习惯，丢垃圾，有地点；
小广告，惹人烦，牛皮癣，大家铲；
讲文明，懂礼貌，粗鲁话，靠边站；
路边树，很美观，送绿荫，莫折断；
做生意，讲诚信，莫占道，不乱摆；
搞建设，守规范，重质量，讲安全；
爱生命，勤锻炼，上街转，靠路边；
邻里间，要互助，和睦处，讲友善；
临河人，爱临河，齐努力，建家园。

第十一节　乡规民约

一、综合篇

我们村，是宝地；将你我，来养育。
建设好，新农村；本条约，要牢记。
爱国家，爱集体；跟党走，志不移。
抓发展，强根基；抓产业，促提升。
爱环境，美家园；人人抓，常态化。

二、发展篇

务正业，谋生计；勤劳作，同富裕。
欲增收，靠科技；善动脑，增效益。
迎市场，常学习；开眼界，思路畅。
致富户，带好头；心胸阔，多扶持。
好政策，善运用；抓机遇，莫迟疑。
己若富，要帮穷；施仁爱，主人翁。

三、生活篇

讲勤俭，是美德；传帮带，善教育。
盘中餐，皆辛苦；要珍惜，不浪费。
弃懒逸，勤劳动；靠双手，得幸福。
等靠要，是恶习；好生活，自己造。
婚丧事，新简办；不铺张，不攀比。
凡公益，积极去；行善举，留美誉。

四、文明篇

讲文明，懂礼仪；守诚信，美名扬。
家风好，最重要；上尊老，下爱幼。
乐助人，睦友邻；鳏寡孤，常帮助。
崇科学，不迷信；黄赌毒，要摒弃。
生孩子，一个好；有奖励，待遇高。
立家业，教学先；育后人，树高风。

五、卫生篇

讲卫生，好习惯；村庄美，有秩序。
身上衣，勤换洗；柴草炭，摆整齐。
倒垃圾，不随意；种花草，庭院美。
屋前后，各自搞；环境优，心情好。
主干道，专人包；齐爱护，方洁净。
村设施，常维护；真爱惜，不损坏。

六、管理篇

村干部，作风好；一碗水，要端平。
集体事，民主议；广纳谏，好决策。
好村民，觉悟高；少挑刺，多建言。
知情权，不能缺；监督权，要保证。
村代表，少不了；勤沟通，善管理。
村和谐，齐奋进；绘蓝图，美明天。

七、法纪篇

好村民，守法纪；行为正，不偷盗。
邻里间，讲团结；有纠纷，互让步。
重合同，守诚信；维权利，求法援。
宅基地，依法批；守规划，不占道。
盖房舍，先申报；批准后，再建造。

第六章 文明服务

第一节 "五个一"工程

1994年，临河市设立"五个一"工程评奖制度，完成"五个一"工程创作任务。

1999年，临河市完成4项9个作品的创作制作，并选送参加巴彦淖尔盟"五个一"工程评选。

2001—2003年，临河市"五个一"工程参赛作品9件，其中电视剧两部、歌曲1首、图书1部、舞蹈1个、理论文章4篇。

2004年，临河区"五个一"工程重点作品《乌兰图克》大型现代戏搬上舞台。

2016年，临河区开展以"践行基本原则——纪念红十字和红新月运动基本原则通过50周年"为主题的"五个一"系列活动，即一次文化宣传、一次救护体验活动、一场逃生演练、一次义诊活动、一次技能竞赛。

第二节 "三下乡"活动

2012年，临河区组织文艺、医务及科技工作者到农村为农民演出、送医送药、传授科技知识，其中组织200个专业文艺演出团下乡巡回演出150余场；组织500多名农牧业科技人员深入田间地头为农民服务并发放科技资料30万份；举办各类农牧业培训班200多期；卫生系统举办农村义务培训50次。

2013年，文化、科技、卫生"三下乡"活动在新华镇学校启动。市、区两级环保局通过发放环保宣传资料、环保购物袋，向群众宣传环保知识。科普志愿者就农民关注的肉羊养殖、番茄栽培及病害防治、常见病预防、食品药品用法、农机具更新等内容为广大农民提供现场咨询、义诊、送医送药活动，并举办专题科技讲座2场。

2014年，临河区残联在干召庙镇永丰村五组浩彤现代农业科技示范园广场开展科技、文化、卫生"三下乡"活动。

2015年，临河区科技、文化、卫生"三下乡"活动启动仪式在浩彤现代农业科技示范园区举行。

2016年，临河区总工会以文化、科技、卫生"三下乡"活动为契机，到浩彤现代农业示范园广场开展了农民工法治宣传教育。4月14日上午，区卫生局组织相关专业人员在干召庙镇永丰村五组开展卫生下乡义诊活动。

第三节 义务宣传日活动

2013年，临河区贯彻实施"社区科普益民计划"，100%街道（社区）完成"一室、一栏、一队伍（社区科普志愿者队伍）"建设，社区科普工作体系日趋完善；开展各类科普培训、讲座、展览等活动 12 次，发放各类科普宣传手册 2.5 万份（册）。

2014 年，临河区农牧、科委、司法等部门的青年志愿者开展了"科技大赶集——志愿服务奉献月"活动。在狼山镇，以科技咨询、专题指导为重点，解决农牧民在青贮、家畜饲养等方面遇到的难题；在白脑包镇开展农业机械知识培训，实地进行维修讲解。

2015 年，临河区重点打造河套公园、人民公园两处社会主义核心价值观主题公园和广场。在城区主干道制作悬挂路灯道旗 1026 杆，擎天柱、建筑围挡等喷绘 2000 平方米；在城区大小型电子宣传屏全天候滚动播放"讲文明树新风"及核心价值观宣传标语，以及其他音频；各办事处在背街小巷制作遵德守礼提示牌 800 多块；制作 5500 个核心价值观温馨提示牌，在城区各大中型宾馆房间摆放；印发文明餐桌行动张贴画 5000 张，餐巾盒即时贴 2.5 万个，使城区饭店餐馆覆盖率达 90% 以上；印制文明出境及国内外旅游行为规范宣传海报 1200 份，在出入境大厅、火车站、旅行社、星级饭店、旅游集散中心等地张贴宣传；制作 7 块文明旅游公约和十大提醒语的宣传栏；在黄河河套文化旅游区、镜湖、旅游集散中心等地设立 200 个文明旅游提示牌；号召各学校以组织开展各类生动有趣的创建活动和印刷简便易懂的宣传卡片等方式，开展社会主义核心价值观和创建全国文明城市宣传教育；组织开展六进社区、节假日有奖问答等各类社区创建活动；设计制作图文并茂的创建全国文明城市、社会主义核心价值观张贴画 50000 份，张贴在住宅小区居民楼单元门口；在《临河报》、电视台《临河新闻》、临河政府网站和"黄河金岸魅力临河"微信公众平台等媒体，开辟专栏"迎庆创城进行时打造北疆亮丽风景线""文明习惯大家谈"等专题专栏，并刊（播）发大幅"讲文明树新风"公益广告，提高公众对创建全国文明城市的知晓率和参与率。

2016 年，在临河区安全月活动中，交警大队民警走进学校为学生们上交通安全课，组织干召、黄羊、乌兰等学校学生开展交通安全体验活动；向市民发放《争做文明市民共创文明城市—致广大市民朋友们的一封信》及《社会主义核心价值观》手扇、餐巾纸盒等宣传品。

人　物

一、传略

郝勤禄（1948～2001.05.17）

男，汉族，1948年生，祖籍山西省平定县。一级警督，正科级侦查员。1965年10月入伍；1967年7月加入中国共产党；1970年2月从部队转业，先后任临河县公安局解放派出所指导员、所长，公安局110报警中心主任，临河市看守所所长、党支部书记；1988年率先在解放街派出所实行目标化管理，落实岗位责任制；1990年参与并制定临河市公安局"三加一"工作式，为公安基层基础工作做出贡献；1994年被公安部授予首届"全国优秀人民警察"；1995年调入临河市看守所，研究制定了20项规章制度，使看守所成为自治区公安厅达标看守所，4次被评为巴彦淖尔盟级以上先进单位；1996年他本人被评为临河市"十佳"政法标兵；2001年4月全国"严打整治"专项斗争中，因连续加班，疲劳过度，于5月17日18时许突发脑出血，倒在工作岗位上，经抢救无效殉职，终年53岁。

郝勤禄一生爱岗敬业，他工作过的解放街派出所连续23年保持市局先进集体称号，12次被评为盟级先进集体；他本人23次被临河市公安局评为先进工作者和优秀共产党员，荣立个人三等功1次，荣记个人嘉奖2次，被评为临河市"十佳卫士"。2001年12月，公安部追授郝勤禄二级英雄模范荣誉称号。2002年6月，内蒙古自治区人民政府批准郝勤禄为革命烈士。

郝成龙（1950～1996.11.22）

男，汉族，1950年生，陕西省府谷县人，中共党员。1969年入伍，先后被评为五好战士、受到三次师团嘉奖。转业后，在临河市财政局、八一乡、小召乡工作。1990年任临河市公安局党委书记兼局长，任职六年，没在家过一次除夕夜，拒礼拒贿8万元。1996年11月，在临河市冬季严打斗争中，身患重感冒的郝成龙连续工作两天两夜，22日早晨拖着疲惫的身子回到办公室，在法医为他打点滴的间隙，还与战友讨论工作的事，后经战友再三劝说才回家休息。下午4点20分左右，临河小召乡农民陈军手持凶器闯入郝成龙家，对其爱人一顿猛刺。郝成龙听到呼救，光脚冲向外屋，被扑上来的陈军刺中胸部。他随手抓起身边的物品与歹徒搏斗。歹徒在他身上连刺8刀，郝成龙因失血过多，体力不支，倒在血泊中，医治无效，当晚去世。

罪犯陈军曾因横行乡里、伤害他人被公安机关拘留，故一直怀恨在心，伺机报复。22日，陈军怀揣凶器闯入郝成龙家。

郝成龙牺牲后，巴彦淖尔盟、临河市两级党委政府授予他党的好干部、人民的好儿子、优秀的公安战士光荣称号。1997年2月28日，公安部追授全国公安战线二级英雄模范。11月27日，自治区政府追认他为革命烈士。12月4日，临河市委、政府号召全市上下向郝成龙烈士学习。

杨军（1967～1992.05.27）

男，1967年生人。1986年7月，在临河市政公司当锅炉工，两年中只休息过3天。1988年5月，调到维护队当维护工。1989年5月，成为维护队的一名四轮车司机。1992年4月，污水泵站出现故障，污水管道发生爆炸，水池水位不断上升，他下井维修两个多小时，使管道排污正常。一次清淤中，他抢先穿上水裤，下到6米多深的集水池，踩着齐腰深的污水，将淤泥一桶一桶提出来。有一次，他路过车站看见一个满脸是血的老人，立即将老人送到医院，垫付200元押金办理住院手续。老人的儿子赶来后，他悄然离去。

1992年5月27日下午，市政公司排水维护队两名工人在东门污水泵站井内清淤，不料中毒昏倒，另两名工人下井救援时也昏迷过去，剩下的工人慌了手脚。恰巧杨军路过，他拨开人群，跨到井边，连保险绳也没来得及系就下到5米多深的井底救援。10分钟后，杨军在井口工人的配合下，将一个昏迷的同事拉上去。当他为第二个同事系绳锁时，有些站立不稳。有人劝他先上来，但他坚持把最后一位同事救出，自己却因长时间缺氧，倒在井底。上面的人还没来得及救他，过多的积水产生的压力使管道突然爆裂，长时间蓄积的污水变成一股凶猛的洪流将杨军冲入污水管道。等到他被打捞上来，已面目全非，浑身被污泥包裹，心脏停止了跳动。那一年，他才25岁。

1993年10月20日，国家民政部追认杨军为烈士。

王廷英（1918.04.28～2000.03.27）

山西晋城山耳东村人，1918年4月28日生，2000年3月27日病逝。

青年时期在太原读书，受进步思想影响，参加"牺盟会"和"中华民族解放先锋队"，因搞学潮被校方除名。后返回晋城从事抗日救亡工作，动员青年参军抗日。后因日军和国民党兵到处抓捕，化装成商人辗转来到后套，先在临河、米仓任乡干事、指导员，又在陕坝税务局、粮食局任职。1949年参加"九一九"绥远和平起义。1961年国家遭遇经济困难，被精简下放。后自备驴车加入陕坝小车队，维持一家人生活，年过花甲才安居临河。

王廷英是位见多识广的"后套通"。他的文章内容涉猎广泛，史料叙述翔实，对于研究后套历史特别是现代史具有很高的借鉴参考价值。到1995年，他共撰写23篇10万多字。2013年，后人整理编印出《王廷英先生文集》。

杨海涛（1912～2011）

又名杨涛，别号"醉丐""墨奴""我侯山人""四知堂后人""杨七郎""了一上人""岭南佛子""小一"等。

1912年，生于广东大埔县一书香世家，家族曾出过3个翰林、47个进士、70多个举人。他18岁考入北京大学中文系，毕业后参加燕塘军政学校深造班学习军事政治。1952年，因政治事件受牵连，从广州发配到内蒙古修建包兰铁路。1958年被分配到临河农场任教。1968年，被打成走资派、叛徒、特务，下放到乌兰图克公社隆强村种地。1984年，政府落实侨务政策，定居临河。

杨海涛的字画流传很广，作品被多家文博单位和友人收藏。

2007年出版书法集《醉丐墨痕》，收录他近百幅书法作品。2008年，杨海涛捐赠的3幅作品，被北京奥委会组委会珍藏。他还为中国教育基金会捐赠30幅作品，帮助建设希望小学。汶川地震后捐赠书画作品多幅，支援灾区。

2011年在临河去世，享年100岁。

尹庚（1918～1997）

原名楼曦，又名楼宪，1918年生于浙江义乌，青年时留学日本。1932年，在上海参加"国际反帝大同盟"，同时加入"中国左翼作家联盟"，曾任"左联"闸北区支部组织委员。其间，由作家、文学评论家叶以群引荐与鲁迅先生结识，被鲁迅先生视为"有希望的青年作家之一"，与陈望道、冯雪峰、吴晗、艾青、何家槐、王西彦并称"义乌七才子"。

20世纪30年代，尹庚在上海曾有翻译作品与报告文学作品出版。1947—1949年，著有少儿读物《鲁迅的故事》。在临河农村劳动期间，写有"墙头诗"若干，以《农村墙头诗词录》为题油印成册。

1937年，参加"上海职业青年战时服务团"，奔赴抗日前线，曾任《杭州市报》编辑、上海《群众新闻》总编辑，曾在桂林同巴金先生一起从事出版工作。抗战胜利后辗转到台湾任《和平日报》副总编辑，参加反内战宣传。中华人民共和国成立后在上海参加中国人民解放军，曾任第三野战军台湾干部训练团教员及中央军委外国语学校教员、教研室副主任。1954 年转业到内蒙古，任陕坝中学教师。

1955 年"反胡风"运动中，尹庚被逮捕押回北京，经过 22 个月审查，认为"不是胡风反革命集团成员"，释放后调到临河中学当教师。1957 年"反右"运动中，又被打成"胡风分子""右派分子"，劳动教养 3 年。此后，在临河建筑队做泥工。"文化大革命"中被赶到农村务农、放牧，曾被县"群众专政指挥部"抓回来关押批斗。

1979 年得到平反，作为特邀代表出席全国第四次文学艺术界代表大会，后在巴彦淖尔盟文联工作。

1980 年后，年逾古稀的尹庚除在报刊上发表诗词，又请李廷舫参与补写，于 1983 年出版《鲁迅故事新编》。

1997 年病逝。女儿将骨灰送回临河，安放在黄河岸边永济渠畔公墓。

杨若飞（1931 ~ 2006.02.16）

男，1931 年出生，笔名石没羽、雪雁翎。2006 年 2 月 16 日在临河去世，享年 75 岁。

杨若飞于抗战期间举家迁徙河套，就读于国立绥远中学。曾从事编辑、记者等工作。后调入文化部门，曾任内蒙古作家协会理事、巴彦淖尔盟文联副主席、《花雨》文学杂志主编。作品除诗歌外，在短篇小说、报告文学、散文及文学评论诸多领域成就卓然。他与许琪、张长弓就许琪小说《疯了的太阳》所写的"三地函书"在《草原》登载后，成为内蒙古自治区文学史上一段佳话。有诗文集《情海荡舟》存世。组诗《白云的故乡》获自治区文学创作奖，叙事诗《马兰屹人歌传》获自治区首届"索龙嘎"奖，叙事长诗《珍珠谣》获自治区"索龙嘎"奖。74 岁时，写出傅作义河套抗战叙事长诗《将军进行曲》，获抗战胜利 60 周年"人防杯"征文一等奖，转载于《内蒙古作家报》《草原》。

杨介中（1951.07.17 ~ 2015.10.06）

又名仓基夫（锁子），笔名秋水，蒙古族。1951 年 7 月 17 日出生，2015 年 10 月 6 日病逝。

1970 年 6 月加入中国共产党，曾任巴彦淖尔盟团委副书记、黄灌总局副局长、巴彦淖尔市环保局局长、市人大常委等职。曾是中华诗词学会、中华辞赋家联合会、内蒙古作家协会、内蒙古诗词学会会员，内蒙古诗词学会常务理事，巴彦淖尔市作协副主席，巴彦淖尔诗词学会会长、主编，中华辞赋报特邀编委。

1967 年开始文学创作，以古体诗词成就最高。出版古体诗词集《醉情集》《照心集》《放思集》《秋水长吟》，《巴彦淖尔赋》《乌拉山颂》《五原抗战赋》等骈体文为其代表作。

2007 年，随身患多发性骨髓癌，仍拄着拐杖四处奔波，多方筹集资金，组织诗友，购置办公设施和场地。于 2008 年与同仁发起成立内蒙古巴彦淖尔诗词学会，创办会刊《巴彦淖尔诗词》。2010 年 10 月，他代表内蒙古巴彦淖尔诗词学会赴北京参加全国诗词表彰大会。在首届全国诗词创作与发展论坛会上，巴彦淖尔诗词学会荣获"全国诗词工作先进单位"，杨介中荣获"全国诗词工作先进工作者"。在纪念中华人民共和国成立六十五周年《中国梦·全国书画摄影诗文艺术大赛》中，荣获诗词作品金奖，并被授予"中国梦文化强国时代先锋人物"荣誉称号。2013 年，杨介中辞赋作品《五原赋》《五原河神赋》刊登在《中华辞赋》第五期。

任义光（1947.12 ~ 1997.06）

国家二级作曲。1947 年 12 月出生，1997 年 6 月去世。先后在巴彦淖尔盟师范附属小学、体育学校、文联工作。曾任巴彦淖尔盟音乐舞蹈家协会副主席、主席，内蒙古音乐家协会理事。

任义光从事音乐创作 20 余年，创作歌曲 400 多首，发表 100 多首，5 次在全国获奖，11 次在自治区获奖。他的《草原啊，幸福的海》《彩色的生活》《三月里桃花水灵灵开》《满渠渠流水满渠渠话》等歌曲在电台、电视台播放；《家乡的小河》在河套大地传唱，1982 年获全国"八十年代新一辈"歌曲奖；《夸河套》歌词被改编成几十个版本，到处传唱。

祁玉梅（1972.07.28～2017.05.22）

女，巴彦淖尔市民族歌舞院副院长、市音乐家协会副主席，市政协委员，国家二级演员。1972 年 7 月 28 日出生，2017 年 5 月 22 日病逝。

曾获 1996 年全国青年歌手电视大奖赛内蒙古赛区专业组民族唱法二等奖；1997 年临河市专业歌手大奖赛一等奖；1998 年"大红鹰杯"全国青年歌手电视大奖赛内蒙古赛区专业组民族唱法三等奖；1998 年文化部举办的全国新人新作声乐大赛民族唱法优秀奖；2000 年"步步高"杯全国青年歌手电视大奖赛内蒙古赛区专业组民族唱法二等奖；2000 年内蒙古自治区第三届"草原金秋"声乐大赛民族唱法二等奖；2000 年首届全国"民族之春"中国民族歌曲演唱大赛"中国民族十佳演唱家"最高奖；2002 年自治区大中专（系）院校文艺调演一等奖；2004 年第十一届全国青年歌手电视大奖赛内蒙古赛区专业组民族唱法二等奖，并代表内蒙古进京参赛，11 月自治区专业文艺团体调演单项节目银奖；2006 年"金号奖"全国听众最喜爱的歌手内蒙古十佳歌手奖；第七届"世界之春"中国民族民间歌曲演唱高端选粹"中国民歌十佳演唱家"金奖。

2007 年，中国音乐家音像出版社出版祁玉梅专辑《忘不了这一天》，收入 11 首歌，大都是巴彦淖尔市词曲作家的原创作品。

周经洛

男，汉族，生于江苏徐州。曾任内蒙古美术家协会理事、巴彦淖尔盟美术书法摄影家协会主席。

1962 年参加工作。1974 年调入乌拉特前旗电影院，画了 10 年广告画。后回到前旗文化馆任馆长。1991 年调任巴盟群艺馆馆长，艺术创作进入黄金期。

2002 年，由自治区文化厅、巴盟行署、自治区美协共同组织个人画展，并由内蒙古人民出版社出版《周经洛画集》，作品为自治区文化厅及国内外知名人士收藏。

赵久青

男，汉族，1937 年 3 月出生。中国戏剧家协会会员、电视艺术家协会会员，内蒙古戏剧家协会理事、二人台学会副会长。

1981 年任巴彦淖尔盟歌舞团团长。新创剧目《乌林图亚》在全国少数民族戏剧题材评奖中获银奖。1983 年调入盟文联，编印《巴彦淖尔剧选》《文艺通讯》。作品在省地级报刊发表和搬上舞台荧屏的有 36 部（集），其中话剧《戈壁清泉》、歌剧《战斗的年夜》在自治区会演中荣获优秀创作奖和优秀演出奖；二人台《怪胎》获自治区优秀剧本奖；歌剧《田寡妇养鸡》刊发在《北国影剧》并选入《中国戏剧志》；歌剧《骨肉情》刊发在《内蒙古日报》；小话剧《情与法》在自治区会演中获创作一等奖；现代戏曲《排练场上的婚案》、二人台《红请帖》被内蒙古电视台拍摄成戏曲电视播放；电视剧《背街小巷》《铤而走险》（与人合作）由内蒙古电视台摄制，全国播出。大型现代晋剧《魂系大漠》荣获自治区"五个一"工程奖。现代剧《乌兰图克》荣获 2005 年自治区"五个一"工程奖和艺术创作"萨日纳"奖。其业绩被载入《中国当代文艺家辞典》《中国当代文艺界名人录》《中国辞海》等。

1997 年，与人合力组建《巴彦淖尔民族民间歌星学会》，同时参加《走向新世纪》《沸腾的内蒙古》《春雨润田》等书的编审。2006 年《赵久青剧作选》由中国文联出版社出版。2009 年大型二人台现代剧《真情》列为国庆 60 周年献礼剧目，荣获自治区第十届"五个一"工程奖，被推荐参赛自治区二人台优秀剧目艺术节并获银奖。

王治国（1963.09～2011.09.11）

男，1936年9月出生，2011年9月11日去世。

在巴彦淖尔盟地志办工作期间，审定7部旗县市志约700万字；帮助盟直56个单位编写部门专业志书1000余万字；主编《巴彦淖尔盟志》约300万字。工作业绩载入《中国当代地方志学者辞典》《中共巴彦淖尔党史人物资料》等历史典籍。1997年，盟地志办被自治区地方志编纂委员会评为自治区修志工作先进集体，他本人被自治区人民政府办公厅、自治区地方志编纂委员会、自治区劳人厅荣记二等功。1998年，《巴彦淖尔盟志》获自治区志书评比一等奖。

1981年，主编《中共河套革命斗争简编》约10万字；为《河套川》和盟文联编辑《革命回忆录》和革命斗争故事。1982年编写《巴彦淖尔疆域沿革考略》约3万字。1983年至1987年，主持编辑了8辑《巴彦淖尔史料》约160万字；主编《巴彦淖尔疆域志》约20万字。1986年主持编写《巴彦淖尔在前进》约22万字；撰写游记《巴彦淖尔访古》，在内蒙古电台播放，并载入《话说内蒙古》；受巴盟行署委托，审定、修改《巴盟地名志》的历史、区划等专篇；撰写论文《关于志书体例与篇目的探讨》《试论新编地方志的政治标准》《修志要略》等，在《内蒙古地方志通讯》发表；《阴山岩画》等文章散见于《河套文学》《河套文化》等刊物。1998年受聘编修《海勃湾区志》约90万字、《黄河三盛公枢纽工程志》约40万字。2001年受聘编修《河套灌区水利志》《永济灌域水利志》。2005年，被聘为内蒙古河套文化研究会常务理事和内蒙古岩画保护与研究学会常务理事，参与编写《河套文化丛书》，撰写50余万字文稿。2009年，受聘编撰《巴彦淖尔统一战线人士》，30余万字。

2005年至2009年，撰写《从河套地区的建制演变寻找古代文化的渊源》《河套水利开发溯源》《河套—民族融合的友好走廊》《阴山岩画是草原游牧文化的历史见证》《浅谈河套地域文化的特色》《河套是古代各民族军事争夺的焦点地区》《王同春开发河套水利纪略》等10万多字的论文，分别载于《河套文化论文集》《河套文化》。

业余创作歌曲50余首，《英雄的边防战士》《我家住在黄河边》《八百里河套米粮川》等歌曲在《群众歌声》《草原歌声》发表，并在内蒙古广播电台播放。

曾先后被央视频道聘请参与"天赐河套""千古河套""绥远抗战""河套长烟""五原战役"等电视记录专题片中的历史事件介绍，为专题片提供了不少珍贵素材。

崔吉先（1918～1991）

艺名"草上飞"，中共党员，1918年生于陕西省榆林市府谷县，10岁开始学习晋剧表演，师从张胜林。1982年退休，1991年病逝于临河，享年73岁。

1952年至1956年，在内蒙古包头市赛风晋剧团任团长；1957年调入杭锦后旗红星晋剧团任团长。所演代表剧目有：《明公断》《凤仪亭》《劈殿》《打金枝》等。他表演细腻，刻画的人物性格鲜明，表演技术高超，被称为"活包公"。1979年后调入巴彦淖尔盟晋剧团任团长。

赵德荣（1928.02～1998.09）

男，汉族，艺名"玉眼黑"，山西省河曲县人，生于1928年2月，逝于1998年9月，享年71岁。

赵德荣出身贫苦，4岁时一只眼睛失明，12岁父母双亡，被军阀抓童工进入部队兵工厂做鞋。14岁逃离工厂，乞讨流浪。他天生一副好嗓子，常跟随戏班打杂、学戏，行当花脸，后拜贾长福为武功老师，刻苦练功，19 岁正式登台。为了舞台形象，他装了一只假眼，被誉为"玉眼黑"。1949 年，赵德荣来到五原县晋剧团，1951 年五原县晋剧团解散，师兄弟 4 人来到杭锦后旗陕坝红星晋剧团。1968 年下放到杭锦后旗南渠林场，1969 年在陕坝工人装卸队改造，1978 年杭锦后旗红星陕坝晋剧团成立，他开始参与演出。1979 年平反落实政策。

赵德荣一生编写了大型历史古装戏《蒙冤归锦》等多部传统剧，并担任导演。参演的历史古装戏有《打金枝》《算粮登殿》《鸡架山》《火焰驹》《反徐州》《凤仪亭》等，扮演了许多历史人物。1979 年，在内蒙古自治区晋剧会演中，他在《明公断》中扮演包拯，获优秀演员奖。

满达 （1933.02～1965.05）

男，蒙古族，笔名波·满都呼。1933 年 2 月出生，1996 年 5 月去世。长篇小说《呼伦湖畔》获内蒙古文学创作奖。从事蒙文创作，发表作品多篇。曾在内蒙古人民广播电台、呼伦贝尔报社编辑部、内蒙古党委《牧区队报》、巴彦淖尔盟文教局、巴彦淖尔盟文联工作。曾任巴彦淖尔盟作家协会副主席、名誉主席。

贾承荫

笔名西贝，男，1936 年生。国家二级编剧，中国戏剧家协会会员。曾任巴彦淖尔盟文联副主席。创作有二人台小戏、歌剧、电视剧等，并多次获奖。代表作有中央电视台播映的农村改革题材二人台电视系列剧《二板头招工》《二板头进城》《二孔明赔情》《二倔头趣事》和二人台对唱《你就把心放宽哇》《你跑到我家做甚来》等。1993 年入编《中国艺术家专集》。

二、简介

（一）文学

玛格斯尔扎布

男，蒙古族，1938 年出生。1981 年，入中国鲁迅文学院学习。出版小说散文集《呼日勒巴托》，单行本《血源》，小说选集《玛格斯尔扎布小说选》，长篇小说《长长的乌盖河》《白马战士》《风》。小说《膘红驼》《牛肉馅饼》曾获内蒙古文学创作"索龙嘎"奖，小说《戈壁其其格》《血肉相连》曾被编入中小学课本。曾在内蒙古日报社、巴彦淖尔盟文联工作。中国作家协会会员、内蒙古作协会员。

冯苓植

男，1939 年出生。曾在巴彦淖尔盟担任教师、歌舞团编剧、文联创作员等。著有长篇小说《阿力玛斯之歌》《出浴》《狐说》等多部；中篇小说集《冯苓植小说精品选》《沉默的荒原》《落草》等 15 部；散文随笔集《神聊》《巴基斯坦游记》等。中篇小说《驼峰上的爱》获全国优秀中篇小说奖，《出浴》获第六届上海长中篇小说优秀作品奖；长篇小说《神秘的松布尔》《虬龙爪》获内蒙古中长篇小说一等奖，《妈妈啊妈妈》经改编获全国"五个一"工程奖；《女王之死》获全国金盾小说奖；《大漠金钱豹》获《人民文学》中篇小说奖等。《狐说》被译为英、法、日等多种文字。他本人曾被邀请参加内罗毕世界笔会及伦敦世界名人大会，并赴日本和巴基斯坦等国访问或讲学。个人条目被列入英国剑桥《世界名人录》《国际作家辞典》，美国国际传记中心《第三世界名人丛书》，以及国内所编《世界名人录》《当代作家百人传》《文学家辞典》等多部辞书。中国作家协会全国委员会委员，曾任内蒙古作家协会副主席，享受国务院特殊津贴。

汪浙成

男，1936 年生人。出版长篇纪实文学《女儿，爸爸要救你》、剧本《大兴安岭人》、散文集《人生如瀑》《中华传统美德故事精编》，与温小钰合著中篇小说集《土壤》《别了，蒺藜》《心的奏鸣曲》《小太阳的烦恼》《第三碗奶酒》《草原蜜》《人生伴侣》《汪浙成温小钰小说选》等。《土壤》《苦夏》分别获全国第一届、第二届优秀中篇小说奖。部分作品被翻译成英、俄、法文。散文《竹山门》入选北京、上海中学语文课本。1958 年北京大学中文系毕业后，1960 年调入内蒙古文联，任《草原》文学月刊社编辑、编辑组长、编委。1963—1964 年 5 月，在临河县白脑包公社参加"四清"，后任该地驻社干部至 1965 年 2 月。1982 年调内蒙古作协从事专业文学创作，1986 年调任浙江省作协副主席，《江南》杂志社社长兼主编，第五届全国作家协会全委会委员，当代文学研究会常务理事。国家一级作家，全国作家协会名誉委员。

温　源

男，1938 年出生。笔名塞鸿、柳波、岢岚、丁卯、星河等。20 世纪 80 年代至 90 年代先后出版《双星集》《鹰的高度》《冰魂雪梦》《那紫红色的草》《芳草如云》《寂寞的涛声》《微笑的风》及旧体诗集《风柳斜斜》。先后在《草原》《丑小鸭》《鹿鸣》《鸭绿江》《延河》《边疆文艺》《上海文学》《萌芽》《诗刊》发表作品。作品以新诗为主，间有散文、小小说、散文诗、古体诗词。巴彦淖尔诗词学会顾问、副主编，内蒙古作协、内蒙古诗词学会、中华诗词学会会员。

李廷舫

男，1942 年出生，2019 年 10 月 2 日去世。先后在《内蒙古日报·副刊》《草原》发表作品，创作剧本《清妖记》《新风赞》等，其中《新风赞》曾参加内蒙古自治区会演。后致力于小说、散文及影视文学、纪实文学创作，主要作品有中篇小说《美妙的旅行》《降伏恶魔的人》，短篇小说集《风流儿女》，中篇小说集《命运女神》，散文集《昨日情缘》《今天情致》，故事集《鲁迅故事新编》（合作）、《王逸伦的故事》；已经拍摄播出的电视连续剧本《黄敬斋》（合作）、《老冒小传》（合作）、《无名的功勋》（合作），电影剧本《草原的思念》等。2012 年出版《李廷舫文集》6 卷，2015 年 6 月出版长篇小说《河套母亲》。作品曾获内蒙古自治区文学创作"索龙嘎"奖、艺术创作"萨日娜"奖、全国少数民族题材电视剧本"骏马"奖。

1964 年 12 月到临河县丹达木头公社参加社会主义教育运动（亦称"四清"运动），1965 年 7 月参加工作。系一级作家，中国作家协会、中国电视艺术家协会、中国散文学会会员。曾任内蒙古戏剧家协会秘书长、临河市挂职副市长、临河市文联名誉主席、内蒙古作家协会秘书长。

刘先普

男，1947 年 12 月 10 日出生。创作有《河套的水》《满渠渠流水满渠渠话》等百首歌词，《刘干妈二眊干闺女》《王猴猴出国》等 50 余个方言小品，《家乡好》《饭盒小姐》等 30 余个相声段子，《王婆卖瓜》等系列二人台快板，《群英谱》等 30 余个快板书、数来宝小段，《生来就爱争第一》等数十个表演唱、三句半、哑剧、舞台串场词、舞台主持词、电视专题片、文艺片脚本等。1999 年 6 月，出版评书体中篇小说《老石爷传奇》，中篇小说《老石爷后传》获首届花雨文学奖。1994 年歌曲《临河之歌》（作词）获中国首届"黄河口杯"金曲展评大赛银奖，1999 年歌曲《爬山调声声唱河套》（作词）获自治区"五个一"工程奖，2001 年歌曲《临河，可爱的家乡》（作词）获"全国城市歌曲评选"金奖，相声《夸河套》获全国第十一届"群星奖"优秀奖，二人台呱嘴《王婆卖瓜》获全国第十一届"群星奖"银奖，2005年二人台呱嘴《王婆骂假》在第五届中国曲艺节获奖。2007年《王婆骂假》获自治区艺术创作"萨日娜"奖，在中央电视台"曲苑杂坛"播出。被授予自治区"德艺双馨"文艺家称号；系中国曲艺家协会、内蒙古作家协会、内蒙古戏剧家协会、内蒙古诗词学会会员，河套文化研究会常务理事。国家一级编剧，享受政府特殊津贴。

刘正华

男，1946年7月4日生人。在国家、自治区、巴彦淖尔市、临河区等多家文学刊物和报纸上发表小说、诗歌、歌词、散文、剧本200余万字。已出版作品《战争、女人和喇嘛》《重新上任的刑警队长》《月亮山》《智夺扎嘎岭》等。歌词《草原的月亮》获1991年中央人民广播电台歌词评比活动银奖，《我的大河套》获2007年中国第四届歌曲大赛金奖。中篇小说《娘舅家》荣获1986年铁道部中篇小说一等奖，同年获"索龙嘎"奖；小说集《月亮山》（合作）获1999年内蒙古党委宣传部"五个一"工程入选作品奖；电视剧《铤而走险》（合作）于1991年在内蒙古电视台、中央电视台播出。曾任巴彦淖尔市文联副主席、调研员。系中国作家协会内蒙古分会、中国铁路文协、中国音乐文协、内蒙古民间文协、内蒙古音协会员，内蒙古音乐文学协会理事。

李子恩

男，1943年9月20日生人。在《鹿鸣》《山丹》《花雨》《内蒙古日报》《草原》上发表作品。2010年出版诗集《哎，我心中的桃花树》，组诗《哎，我心中的鲜桃树》。继1984年创作的组诗《草原行》之后，再次获得自治区"索龙嘎"文学奖。系中国散文协会、内蒙古作家协会会员。

段祥武

男，1943年出生。16岁播发第一篇作品《一双新鞋的故事》。工作后，时有小说、散文、报告文学、诗歌、歌词、电影脚本、电视剧本等在省市级报刊发表。继1990年中央电视台《旋转舞台》征集主题歌获奖之后，《绿衣使者之歌》《海的情怀海的爱》等作品获全国大奖；《圆一个金色的梦》获全国第五届"群星奖"；《梦在西部》获自治区"五个一"工程奖；电视剧《旋转舞台》主题歌被中央台选中获奖。高级编辑。历任巴彦淖尔盟社科联副主席，巴彦淖尔电视台副台长、总编辑。

苏荣巴图

男，1944年生人。1979年发表蒙文短篇小说《除夕的饺子》，被编入内蒙古中专、中学的文学课本和一些大学阅读讲义，并被译成汉文选入《中国少数民族儿童文学选集》。为乌兰牧骑创作的女声表演唱《红姑娘突击队》（汉文）获得内蒙古全区调演优秀奖；男声独唱《英雄的边防战士》（汉文）（王飞作曲）获自治区群众演唱调演优秀奖。国家一级作家、副编审。曾在巴彦淖尔盟革委会、巴盟文联工作。系中国少数民族作家协会、中国蒙语学会、内蒙古作家协会、内蒙古电视家协会、内蒙古戏剧家协会会员。

于志翔

男，蒙古族，1948年出生。创作发表戏剧、电影、电视剧及报告文学作品100余万字。代表作《乌林托亚》1985年获文化部、国家民委、中国剧协、中国民族戏剧家协会联合颁发的优秀剧本银奖。1994—2000年，电视连续剧本《公主—王子与侍女》、广播剧《金川情缘》、戏曲《外母娘赔情》获巴彦淖尔盟"五个一"工程奖。电视片《温暖的冬天》获北京地区优秀奖。戏曲《外母娘赔情》在自治区成立50周年调演中获7个奖项。

1999 年出版文集《金川情愫》；2001 年《于志翔作品集》由中国文联出版。曾在巴彦淖尔盟文联工作。国家二级编剧，内蒙古戏剧家协会、中国少数民族戏剧协会会员。

闫纪文

男，1946 年 3 月出生。出版散文集《跌宕人生》《我的河套》《内蒙古散文选》、纪实作品集《绿色的浪漫》、音乐光盘《内蒙古民歌精粹作品选辑》等。歌曲《草原》（闫纪文作词、韩永亮作曲）先后获得内蒙古建设文化大区征歌大赛二等奖、全区"五个一"工程奖等，并被选入教育重点工程《中国少数民族声乐教材曲目》。曾在巴彦淖尔报社、巴彦淖尔盟文联任职。系中国散文学会、内蒙古作家协会会员。

齐·恩和

男，蒙古族，1954 年 12 月出生。主要作品有《齐·恩和报告文学集》（汉文）、《管见篇》（文学评论集，蒙文）、《乌拉特文学史纲》（文学理论，蒙文）、《文论选》（蒙文）。翻译作品有《蒙汉合璧乌拉特民歌精选》（上下集，蒙译汉，曾获内蒙古自治区"五个一"工程奖）、《阿拉善和硕特》（与人合译，上下集蒙译汉）、《漠南修行寺—广觉寺》（蒙译汉，与人合译）等。曾任巴彦淖尔市文联《萨茹娜》杂志编辑、《百合》杂志总编，巴彦淖市作家协会秘书长、副主席，巴彦淖尔市民间文艺家协会主席，巴彦淖尔市文联副主席等职。系中国作家协会、中国当代文学研究会、中国少数民族作家协会会员。

阿·陶格涛夫

男，蒙古族，1954 年生人。1999 年出版第一部诗集《世约》；2003 年出版第二部诗集《故乡的月亮》、小说集《梦的戈壁》、综合文集《绿野诗韵》。作品《草原飞出的天鹅》《阳光下的花蕾》获全国蒙报文艺副刊文学奖；《蒙古包》《黄河绿

洲》《我的嘎鲁特湖》《额吉淖尔》获自治区文学奖。曾任《巴彦淖尔报》主任编辑。系中国记者新闻协会内蒙古分会、内蒙古作家协会会员。

布仁吉日嘎拉

男，蒙古族，1955 年 2 月 29 日出生。独幕话剧《人啊，人》选入《1947—1985 年蒙古族当代剧本选》；《有知识的女婿》（与达林太合作）获内蒙古 1962—1980 年文学戏剧电影创作三等奖，并选入中等师范学校文学课本；电视剧《遥远的特尔戈勒》（与斯楞合作）由内蒙古电视台拍摄，中央电视台播出，获内蒙古第三届"萨日纳"一等奖。诗歌《我的时代我的歌》选入初中文学课本。出版诗集《牧羊小径》。先后在巴彦淖尔人民广播电台、巴彦淖尔盟教育学院、巴彦淖尔文联工作。曾任《青年作家》《百合》杂志副主编、主编，巴彦淖尔市文联副主席、主席。系内蒙古作家协会、内蒙古戏剧家协会、内蒙古电视艺术家协会会员。

陈慧明

女，1952 年生人，出版长篇小说《尘飞雨落》《第二次还是你》《人字架》，《陈慧明短文集》，长篇散文《人非草木》，纪实文学集《一千里水路云和月》。2012 年，在《人民文学》发表散文《春风已在广场西》。歌曲《华友之歌》（作词）获中央人民广播电台优秀奖；歌曲《八百里美丽的河套川》（作词）获内蒙古"五个一"工程奖；《人非草木》获内蒙古"五个一"工程奖；《春风已在广场西》获内蒙古"索龙嘎"文学奖，2017 年被翻译成蒙文收入《民族文学》庆祝自治区成立七十周年专号。内蒙古自治区首批签约作家。内蒙古作协会员、内蒙古音乐家协会会员，巴彦淖尔市作家协会副主席。

祁牧多

男，1952 年生人。作品散见《中国诗词选刊》《中华诗词》《诗刊》《诗国》《内蒙古日报》《内

蒙古诗词》等。著有《桐花集》《桑叶集》《云泉集》，共收古典诗词1100余首。累计发表作品120余万字。中学高级教师，中华诗词学会会员，内蒙古诗词学会常务理事、学术部部长，内蒙古河套文化研究会常务理事。

李荣光

男，1955年生人，出版新闻纪实文学集《绿叶风姿》，新闻理论文集《跬步集》，儿童文学作品集《彩色的翅膀》《天才少年》，长篇儿童小说《蓝蓝的天白白的云》。《彩色的翅膀》《天才少年》分别获内蒙古自治区1997年度和2003—2004年度"五个一"工程奖。创办《临河晚报》，任总编辑。后划转调入巴彦淖尔日报社，主编《巴彦淖尔晚报》，随后在巴彦淖尔市委宣传部、巴彦淖尔市文联工作。曾兼任内蒙古河套文化研究会副秘书长、中国岩画网副总编辑、中国岩画学会理事。内蒙作协会员。

邢俊文

男，1956年生人。出版诗集《片断上的擦痕》。1980年调入临河文化馆任创作员，1982年调入临河市文联工作，后在西贝餐饮管理有限公司文化部供职。

李明升

男，1957年生人。出版短篇小说集《李明升麻辣小说》、散文集《草根集》。先后在杭锦后旗师范学校、临河三中、巴彦淖尔日报社工作。1996—1998年，主编巴彦淖尔日报周末版时，曾以鲁丁为笔名和编辑名，在《周末》版开辟编读互动栏目"鲁老编邮递快车"，出版《鲁老编邮递快车》。

刘福东

男，1957年生人。在国家、省市自治区及地市报纸杂志发表文章30余万字，荣获《中国人口

报》头版头条奖。2014年出版散文集《河套情怀》。曾在巴彦淖尔盟师范学校、巴彦淖尔市卫计委工作。巴彦淖尔市作家协会、全国口语研究会会员。

刘秉忠

男，1958年生人。出版小说散文集《河套故事》。中篇小说《系在牛角上的童话》获内蒙古自治区成立40周年征文一等奖；报告文学《农民住小楼，是喜还是愁》获2004"内蒙古好新闻"一等奖；短篇小说《二毛驴》获2014年《小说选刊》征文二等奖。先后在杭锦后旗宣传部、巴彦淖尔日报社、巴彦淖尔市旅游局工作。内蒙古作家协会会员。

高莉芹

女，1959年生人，出版散文集《美的教育》《幸福人生》，诗集《边塞秋月》《又闻茉莉香》。内蒙古作家协会会员。

孙世平

男，1959年生人。先后在《草原》《北京文学》《人民日报》《中流》《诗刊》发表小说、诗歌多篇。诗作《离太阳最近的人》由著名艺术家李默然在中南海怀仁堂朗诵。1999年文集《白狼》编入金骆驼文丛出版。中国诗词学会会员、内蒙古作家协会会员。

张铁良

男，1960年生人，出版散文集《书包的记忆》《阴山如画》。内蒙古作协会员、内蒙古藏书家协会理事。先后在巴彦淖尔市中学、巴彦淖尔市教育信息中心等单位供职。

周正祥

男，1962年生人。在国家及地方报刊发表作品数百篇，出版诗集《天堂里飞来的鸟》《阴山

魂》《空灵的驿站》《荒原雨虹》，散文集《河畔牧吟》《星巴克里的菩提》，赏石系列《戈壁丹青》《天匠拙石》《天赐灵石》。中国作家协会会员，巴彦淖尔市作协主席。

李　炯

男，1966 年生人。出版诗文集《爱的色放》，诗集《叫醒春天的耳朵》《敖包上的肉》，散文集《思想的雨》《简约地活着》《河套风物》。主编《美丽的嬗变》《临河市志》（蒙文版）、《临河区志（1991—2016）》《临河大事记》《临河年鉴》等。中华诗词学会会员、内蒙古作家协会会员、内蒙古诗词学会会员，巴彦淖尔文艺评论家协会副主席、临河区作家协会主席。

何立亭

男，1967 年生人。诗歌、中篇小说、散文、评论等在《诗刊》《星星》《草原》《朔方》《散文选刊》《延安文学》等报刊发表。出版个人诗集《含露的山花》，文集《随意而行》。有诗歌入选多种选本，有剧本被拍成微电影。中国邮政作家协会理事、内蒙古作家协会会员、巴彦淖尔市作家协会副主席。供职于巴彦淖尔市邮政公司。

于彦华

女，1967 年生人。2012 年出版散文集《真水无香》。民刊《北方诗歌》创始人之一。有诗文刊发于《诗刊》《朔方》《草原》《河套文学》《巴彦淖尔日报》等。供职于巴彦淖尔市人民防空办公室。

李心宇

男，满族，笔名星宇，1972 年生人。曾担任内蒙古临河市文联创作员。在《草原》《鹿鸣》《民族文学》《人民文学》《诗刊》上发表作品。先后出版诗集《彼岸》《天涯》《五月思维》《北方牧歌》《世纪海岸》。作品曾获内蒙古自治区文

学创作"索龙嘎"奖和全国少数民族文学"骏马"奖。系中国作家协会、中国诗歌学会会员，内蒙古作家协会驻会作家。

赵春秀

女，1974 年 2 月 3 日生人。2015 年创办《王的宫殿》公益微刊，后更名为《诗人类》。出版诗集《时光草》。作品散见《草原》《延河》《作家天地》等刊物。先后担任《中国诗》《美丽的嬗变》编辑，风起中文网常委总编并负责省级分站开发，《中国微信诗歌年鉴》《中国女诗人》编委。

余翠荣

女，1975 年生人。笔名羊儿·英吉嘎。出版随笔集《今夕何夕》。2011 年 5 月，内蒙古自治区文联、《草原》杂志社、巴彦淖尔市党委宣传部联合举办"余翠荣散文作品研讨会"。2011 年，入选首批自治区"草原文学重点作品创作扶持工程"。2013 年，《如此而已》由作家出版社出版发行。作品获内蒙古自治区 2010、2011 年度《草原》文学奖。就职于内蒙古河套灌区管理总局科技文化处。

付志勇

男，1975 年生人，出版诗集《一剪梅》《满庭芳》《为你写诗》《火焰》《戈壁，戈壁》。先后在国内外几十家刊物发表诗歌、散文、小小说近 900 篇（首）。出生于内蒙古乌兰察布市察右中旗，居住在临河，就职于内蒙古科日达路桥设计公司。

李玉宁

男，1978 年生人，笔名牧子，出版诗集《雾中的一棵树》。先后在《青春诗刊》《诗歌报月刊》《诗选刊》《中国诗歌》《诗歌月刊》《草原》等刊物发表作品。2007 年获内蒙古文联主办的《草原》杂志年度文学奖，2008 年创办民间诗报《在场诗歌》，2009 年发起并与一众诗友编辑诗歌报《北方

诗歌》。主编年度诗歌选本《圣殿里的舞蹈—2008年经典诗选》。中国诗歌学会、内蒙古自治区作协会员，巴彦淖尔市作家协会副主席。

（二）书画

李 诤

男，1947 年生人。在区内外报纸杂志上发表作品 500 余篇（首、幅），著有诗集《岁月情诗》，出版个人书法作品专集 1 部。曾获"圣中杯"全国老年书画艺术大赛书法银龄奖；纪念孔子诞辰 2560 周年全国政协系统书画作品邀请展参展奖；"第二届中日议员公务员书法展"入选奖；"王屋山杯中国名人书画大展"佳作奖；"北京奥运会倒计时一周年"大型书法展入选奖；"当代诗联书法大展赛"优秀奖；"纪念中国改革开放 35 周年"文化活动书法作品金奖；第三届中国书画艺术"华表奖"大赛精品奖；第三届当代中国文人书画艺术北京邀请展金奖；"桔子洲"杯全国书画大赛三等奖；首届"国艺书画缘"全国名家书画交流展书法铜奖；"三清山杯"中国书画名家大展优秀奖；全国书法大赛铜奖；洞庭风光全国书画大赛优秀奖；首届国际草原文化节暨第五届昭君文化节全国书画家作品邀请展优秀奖；"纳林湖杯"内蒙古首届诗词大赛二等奖；"富德生命人寿杯"迎接自治区成立七十周年诗书画联评展三等奖。作品入编全国 20 多部典籍。曾任巴彦淖尔盟政协党组成员、秘书长。系中华诗词学会会员，文化部中国文化遗产保护研究院书画委员会创作员，中国书法研究院艺委会委员，内蒙古政协书画院院士、诗词学会会员、书法家协会会员，巴彦淖尔市政协书画院执行副院长、市老年书画协会副会长、市诗词学会副会长。

高华中

男，号"瞅石斋主"，1947 年 9 月 8 日出生。出版的《戈壁石造型艺术》一书曾获"五个一工程"奖，在中华人民共和国 60 年大阅兵全国题贺艺术大赛中获创作一等奖，入编《新中国大阅兵题贺艺术大典》，并被授予"新中国德艺双臻艺术家"。中央电视台《神州风采》栏目称其独特的戈壁石造型艺术为"大漠石魂"，《人民日报》《内蒙古画报》等作专版介绍。本人被收录于《中国当代艺术界名人录》《中国当代文艺家辞典》《中国摄影家大辞典》等。他培养学生 2000 余名，先后组织和创办了"巴盟职工书法美术摄影协会""河套书画艺术沙龙""内蒙古巴彦淖尔盟青少年传统文化、书法、美术、摄影协会"，并成功举办"全盟首届书画大展""巴盟第一、二、三届腾龙展""全盟妇女展""全盟中青展""全盟大中专院校展"等。

系中国当代实力派书法家。河套书画院院长，"戈壁石点化艺术"创始人。

张建国

男，别名中一，1952 年出生，擅长油画和美术教育。作品有《有志少年》《过去的年代》《童年趣事》《古原之光》《高原牧童》《唤起记忆的歌》《牧人与狗》等。他的油画作品参加过国内外大型美展并获奖，有的被美国、日本、澳大利亚、新加坡等国和香港、台湾等地区的美术馆或个人收藏。油画作品《有志少年》参加全国第二届体育美展，为国际奥委会主席萨马兰奇亲自选定收藏，陈列在瑞士洛桑国际奥委会总部的奥林匹克博物馆。先后在五原县美林学区、巴盟师范、内蒙古河套大学、巴彦淖尔市政协工作。

董尚义

男，1950 年 2 月 16 日出生。作品多次参加区内外展览和中国书协主办的全国性大展，并获奖。曾赴澳大利亚、俄罗斯、法国、意大利等国展出和交流。2005 年获"当代杰出功勋艺术家称号"。作品入选《全国第三届书法作品集》《全国第三届中青年书法作品集》《中国当代书法名家墨迹》

等。艺术传略编入《世界艺术家名人录》《中国当代书法界大辞典》等多部典籍。中国书法家协会会员，内蒙古书法家协会、中韩书画家联谊会理事，巴彦淖尔市书法家协会副主席、市书画研究会会长，中国书画家杂志社艺委会委员，中国书画艺术城特聘高级书法师。

邢 秀

男，斋号漠南春舍。1953 年 12 月 16 日出生。诗文书画同步，书法兼工各体，以行草见长。作品、传略入编《世界名人录》《二十世纪著名书画家》等 80 余部典籍。2000 年在中国美术馆参加全国优秀书画作品联展；2001 年赴法国参加由文化部组团的"巴黎—中国书画摄影艺术展"；2003 年应邀赴日本展出，同年又赴韩国参加 2003（汉城）国际书法名人大展；2004 年参加中国书法艺术研究院 11 人全国书法提名展；2005 年赴河内参加中越第二届书画展。《中国书法》《中国书画报》《美术报》《书法导报》《书法报》专版介绍其书法成就。入编出版全国书画百杰系列邮政明信片和二十一世纪书画名家精品系列《书法家邢秀专辑》。出版书法作品集《邢秀书法集》《邢秀书法艺术》《邢秀书法作品》，诗文集《北方诗文集》，诗集《雪泥鸿爪》。国家一级美术师。中国书法家协会、中国收藏家协会会员，中国书法研究院特聘书画师，内蒙古书法家协会副主席，内蒙古作家协会会员，巴彦淖尔市书协主席，河套文化研究会副会长。曾任河套大学党委书记。

孙庆忠

男，1953 年 7 月 2 日出生。1990 年，油画《静物》入选十一届亚运会艺术节中国少数民族文化艺术展，在北京民族文化宫展出；《夕阳》赴苏联布里亚特自治共和国展出。

1991 年油画《农家》在内蒙古西部区六盟市美展中获奖；《草原晨曲》参加北京国际艺苑第五届油画展。1992 年油画《春》《夏》《秋》参加广州首届艺术节双年展；《流动的地平线》赴雅加达展出。1993 年油画《秋实》参加深圳博雅油画大赛，作品赴纽约、多伦多、香港等地巡回展出。1994 年油画《漠》参加国庆 45 周年内蒙古自治区美术作品展。1997 年油画《高墙下的马》参加内蒙古自治区成立五十周年美术作品展。2000 年油画《祭》参加内蒙古小油画展；美术作品《童趣》《草原情》及个人业绩入编《中华翰墨名家作品博览》。2001 年油画《高秋》参加自治区庆祝建党 80 周年美展；《秋实》入编《当代绘画艺术》大型专业画册，他本人获"当代绘画艺术优秀艺术家"荣誉称号。2002 年油画《岁月》入编《中国美术 500 强》大型画册，由"中国艺术网"颁发"中国美术 500 强提名奖"；《静物》入选《全国美术教师优秀作品选》。2004 年油画《阳光》入选庆祝中华人民共和国成立 55 周年内蒙古自治区美术作品展览；《萨克斯》在内蒙古"绿洲杯"庆祝七一书画大赛及全国绘画、书法、设计、摄影大赛中获一等奖。2005 年油画《红色乐章》《来自远古的文明》入编《中国中青年教师优秀美术·设计作品集》。

2006 年油画《秋实》入编《中国美术选集》。2007 年油画《黄苹果》入选回望草原——内蒙古写生作品展。2008 年油画《戈壁幽魂一、二》入编《巴彦淖尔书画作品集》；《往事》入选内蒙古油画作品展。2009 年油画《往事三》入选内蒙古写生作品展。2010 年至 2011 年，油画《戈壁魂》《戈壁幽魂三》分别入选内蒙古小幅美术作品展。2012 年油画《沧桑》入选"纪念毛泽东同志《在延安文艺座谈会上的讲话》发表 70 周年，内蒙古自治区第三届写生作品展"；在第 13 届"启明星"全国青少年书画大展赛中获"辅导教师一等奖"；出版画集《孙庆忠—油画风景》。2014 年出版《孙庆忠风景油画集》；油画《冬尽》入选"庆祝中华人民共和国成立 65 周年内蒙古自治区美术作品展"，《早春》入选"内蒙古自治区第四届写生作品展"。2015 年在呼和浩特成吉思汗美术馆举办

"梦回草原"苗玉福、孙庆忠油画作品联展；油画《牧歌》入选"美丽新丝路·翰墨定西行"全国中国画、油画作品展，作品被组委会收藏；油画《印痕》入选内蒙古自治区草原文化节美术作品展。多幅美术作品发表在《美术大观》《内蒙古教育》等刊物。个人词条入编《世界艺术家名人录》等30多部典籍。系中国美术家协会内蒙古分会会员。

孟保和

男，1955年出生。美术作品在国内外多次展出。曾应邀在乌海市、鄂尔多斯市，内蒙古美术馆、陕西省美术博物馆举办个人油画展。2014年、2015年参加中、蒙、俄画展及四所大学联展。由内蒙古人民出版社出版《孟保和画集》《沃野——孟保和摄影集》《拓展生存空间》，人民美术出版社出版《孟保和油画集》及其他出版社出版十几部专著与画集。1989年毕业于中央民族大学，后进修于中央美术学院。1999年内蒙古师范大学硕士毕业。2015年获北京师范大学教育管理、美国加利福尼亚大学工商管理双博士学位。中国国学学会、中国校长协会理事，中国岩画学会会员。中国百杰校长、特级教师、教授、享受政府津贴专家。内蒙古临河第一职业中专、巴市艺苑学校、内蒙古美术职业学院创始人。

傅国强

男，1956年出生，字润堂。书法作品在国庆60周年全国书画大赛中获金奖，本人被授予共和国实力派书法家称号；2010年书法作品《毛泽东·沁园春雪》通过朝鲜驻华大使崔庆、李宗植转送金正日主席；2014年11月作品《中国梦》在中国亚太经合组织APEC峰会书展中获金奖，本人被授予"2014北京APEC峰会最有影响力的书法名家"荣誉称号。系中宣部求是书画院、中国书画艺术协会理事，中国国际书画研究院副院长，赞比亚驻华大使特聘书法师，沿黄九省区书画家联谊会副会长兼秘书长，内蒙古金川书画院院长，内蒙古巴彦淖尔市书画研究会会长。

段庆昌

男，1965年出生，别名段六。书画作品多次参加全国、国际大型展览并获奖。本人被授予"中外书画名人""艺坛奇才""中国书画百杰"等荣誉称号。《中国收藏》《书法报》《中国书画报》《中国书画市场报》《中国书法》等十几家报纸、杂志做过专题报道。出版《禅人段庆昌诗联书画作品选》《中国书画名家丛书——段庆昌卷》。作品、简历入编《当代著名书画家润格》《世界华人文学艺术名人录》《著名书法家楹联墨迹》《中华书法家精品集》《中日书法家作品集》《中国书法集》等20余部大型辞书。主编《书画艺术》报。应邀参加中日书法展；出访泰国、越南、韩国及东南亚国家进行书画交流及楹联文化研究；多次参加北京、天津、上海、西安等地的书画创作、研讨、博览；参加中国文联、中国书法家协会、天津市政府举办的中国天津第三届书法艺术节，被誉为金奖艺术家。获中华人民共和国文化部、中国中外文化交流中心联合授予的双项"最佳创作奖"；纪念辛亥革命中国书画百年回顾展金奖；"全国中华名人书法美术大展"二等奖。向东盟十国和其他国家赠送过国礼。数百幅书画作品被美国、日本、韩国、泰国、越南等国家和香港、台湾等地区的书画院、博物馆、寺院收藏。毕业于中央民族学院美术系中国画专业，职业书画家。国家一级美术师。系中国书画家学会副主席，中国书法美术家协会、中国画家协会、中国民族艺术家协会、中国文艺家协会理事，内蒙古政协书画院院士，中国书法家协会、中国楹联学会、内蒙古书法家协会会员，北京荣宝斋惟林书画院、内蒙古段六书画院院长，韩国研墨书道会、日本国艺书道会顾问。

姜春水

男，1978年3月出生。2010年中国书协培训中心教学成果展优秀学员作品评选获一等奖。2011年作品入"中国第三届西部书法篆刻展"。2012年作品入中国·贵州"百里杜鹃"全国书法作品展。2013年作品分别入首届书法临帖展，纪念铁人王进喜九十周年诞辰全国铁人杯书法作品展，"孝行天下·埇桥杯"全国书法篆刻作品展；荣获首届"农行杯"中国电视书法大赛三等奖，第二届全国篆书作品展最高奖。2014年获北京书画电视大赛一等奖；作品入首届《刘禹锡杯》全国书法篆刻作品展。2015年作品入展"魏碑圣地"全国魏碑书法大赛。2013年古体诗荣获第三届中华诗人踏春行诗词大赛一等奖，第二届"二安杯"诗词大赛最高奖二安诗词奖，全国"牡丹奖"诗词大赛《国花大典》牡丹奖；2014年古体诗荣获第四届中华诗人踏春行一等奖。系中国书法家协会、内蒙古书法家协会、中华诗词学会、中国散文学会会员，中国书法家协会西部书界书社社员。

杨文艺

男，1953年出生，艺名文艺。1990年毕业于中国书画函授大学，又在天津茂林书法学院和天津神州书画学院进修结业。2004年参加中国书法家协会书法培训中心两年制研修班结业，参加西部书法高研班共四期结业。书法宗二王，国画山水受黄宾虹影响，花鸟得意于张世简，贾宝珉门下，受益颇深。作品多次参加国内外展览并获奖，在全国多地开展讲学交流创作活动。曾任古雕艺校校长，旭日艺校校长等职。先后编辑《老年大学书画集》《文艺书画集》《文艺书画精选集》。著写《书法简史》等。现为中国教育学会书法教育专业委员会会员，内蒙古美协、书协会员，政协巴彦淖尔书画院院士，巴彦淖尔老年大学教授，河套学院特聘专家教授，巴市鸿雁教育讲师团讲师，临河区美协主席，国家一级美术师。

白钰山

男，又名白其石，号塞上野人，1957年11月

12日出生，艺名石舟。在全国书画大赛中，屡获将项，频入典籍。在1997年迎香港回归名家邀请展获一等奖；迎澳门回归邀请展获银奖，书法入编《中华当代艺术大观》《中国当代书画名家名作选粹》《艺术收藏》《庆祝中华人民共和国建国五十周年书画集》。被授予中国当代书画艺术杰出成就奖、"德艺双馨"书画艺术家光荣称号，获"首届中国名家世博艺术杰出成就奖""世博杰出成就人物"等。现为中国国家书法院高级书法师，香港中国国家画院高级美术师，北京京华兰亭书画院院士，中国国画院院士，内蒙古诗词学会会员，内蒙古书法家协会会员，巴彦淖尔市美协会员，"共和国实力派艺术家"知名国画家，内蒙古作家协会会员，内蒙古诗书画研究会会员，湄洲妈祖书画院常务理事。

王福忠

男，1954年3月15日出生。书法作品在国内外展评中多次获奖，并被收录于30多部书法典籍。2011年获"纪念毛泽东逝世35周年全国书法大赛"金奖，并授予"毛泽东思想艺术化百强书画家"称号。2012年参加中国、日本议员、公务员书法展，获优秀作品奖，并随"中国书法代表团"赴日本交流访问。2013年获内蒙古自治区职工书画展评一等奖，作品在呼和浩特、香港、澳门展出。同年应香港书画界之邀，赴香港参加书画交流活动，作品传入香港、澳门及新加坡、菲律宾等地区和国家，其中一幅作品被美国一家刊物登载。2014年，获内蒙古自治区"质量杯"书法大赛一等奖，作品在呼和浩特展出。同年参加中国公务员、韩国议员书画展获佳作奖，作品在北京、韩国首尔展出。中国书法研究院研究员，中国书画艺术协会、内蒙古书法家协会会员，巴彦淖尔市书画研究会秘书长，内蒙古金川书画院副院长。

杨文奎

男，1956年7月生。在当地报刊发表诗歌散

文百余篇，并与本地诗人杨介中、段祥武、一夫等人出版《北方诗文集》。系内蒙古巴彦淖尔诗词学会、巴彦淖尔书法协会副会长，巴彦淖尔政协书画院院士，中华诗词学会、中国岩画学会会员。

于 中

男，1982年，作品《虾》获自治区首届水彩画展一等奖。1990年，个人简历被收入中国文艺家大辞典。1991年，作品《草原月色》被北京艺术博物馆永久收藏。2000年，作品《爽秋图》收入《中国艺术博览与收藏指南》。2003年，作品《大吉图》《香九月》在全国教师美术书法大赛中分获一、二等奖。2009年，作品《百灵鸟的故乡》被作为国礼赠送蒙古国南戈壁省。2014年，7月在内蒙古美术馆举办"鸿雁的故乡——翰墨情缘"巴彦淖尔五人书画展；8月在巴市文博中心举办"水墨丹青伴我行"——于中国画作品展；作品《回声》入选"马背上的信仰、通灵者的艺术"——2014中蒙同根同源阴山岩刻主题艺术作品展。2015年，作品《勿忘国耻》参加内蒙古博物馆举办的中蒙俄共同的胜利艺术作品展；《远古的回声》参加北京蒙古国大使馆举办的中蒙俄共同的胜利艺术作品展；个人简历及作品多幅被专业艺术刊物《中国百老汇》刊登并点评。壁画《巴彦淖尔之秋》获自治区成立四十周年文艺评奖一等奖。中国画家协会会员、理事，内蒙古美术家协会会员，巴彦淖尔市美术家协会副主席，巴彦淖尔市书画研究会副会长。

张志坚

男，1960年出生。2013年荣获山东书画市场"最具收藏潜力奖"，全国美术作品展览入选并获奖。先后在北京、天津、内蒙古、广东、山东等地举办个展及联展20余场，被全国数字电视收藏天下频道、山东电视齐鲁台、泰山电视台国际频道、内蒙古电视台以及《艺术市场》《中国艺术文

化杂志》《画界》《美术报》等海内外媒体专题报道100余期次。国家一级美术师。巴彦淖尔市美术馆馆长。中国美术家协会、中国建筑学会会员，壁画艺术专业委员会委员，内蒙古美术家协会、内蒙古中国画学会理事，巴彦淖尔市美术家协会主席，文化部艺术市场画院签约画家。

郭永旺

男，1972年6月13日出生。书法作品入选"上海、天津、内蒙古美术摄影书法优秀作品展""庆祝内蒙古文联成立50周年"美术书法作品展、"内蒙古、湖北书法交流展""第五届内蒙古自治区书法篆刻作品展"、中国书协教学成果展、"全区中华情·中国梦"书法篆刻展。获内蒙古美术职业学院贡献奖。魏碑书法获自治区社会书画学会第二届画展铜奖，书法小品入展中书协举办的"全国书画小品展"，楷书作品在中国文化部主办的"群星璀璨·全国群众书画展"中荣获优秀奖。2012年，被临河区解放街道评为优秀社区文化工作志愿者。2018年，为内蒙古美术职业学院校园建设捐资（字画、装饰折合30000元）。帮助远方出版社编著《书法学习教程》。举办个人展览：晋魏探寻、核心价值观小作品展览等。为金川学校义务培训书法专业师生10名。巴彦淖尔市书法家协会副秘书长、巴彦淖尔市青年书协主席、内蒙古美术职业学院教授。2014年，在中国书法家协会内蒙古书法研修班、中国书法家协会西部书届新秀系列书法研修班进修。

（三）音 乐

杨有成

1954年生人，曾在河套学院艺术系任教。内蒙古自治区音乐家协会会员，内蒙古自治区键盘乐学会副会长，巴彦淖尔市音乐家协会名誉主席，巴彦淖尔市键盘乐学会会长，中国音乐家协会钢琴考级评委，内蒙古最高奖"三琴大赛"钢琴专

业评委。撰写的《音乐教学与爱国主义教育》《怎样学好钢琴演奏》等数十篇论文，发表在国家级刊物《中国音乐教育》《内蒙古教育》《草原艺坛》，并荣获"中国理论创新优秀成果"一等奖。创作有《双手托起明天的太阳》（前旗四完小校歌）、《向着明天奔跑》（前旗二完小校歌）、临河七完小校歌及店歌、厂歌等数十首。培养的学生有《家乡的小河》作曲家任义光，《牵手草原》的作曲家齐峰、草原情歌王子朱永飞、潘皓东等。

朱文成

1955 年生人，河套大学音乐研究室主任，副教授，中国音乐研究会会员。发表论文、歌曲 60 多篇（首）。出版专辑《黄河魂—草原情—河套人》。歌曲代表作有《我的大后套》《八百里河套八百里歌》《河套的妹子河套的情》《红杨柳情话》《姑娘与白骆驼》等。

韩永亮

1957 年生人，国家一级作曲。先后在巴彦淖尔盟临河县份子地和平中学、巴盟师范附小、巴盟歌舞团、巴盟文体局、巴彦淖尔市博物馆工作。系中国音乐家协会会员、内蒙古自治区音乐家协会理事、巴彦淖尔市艺术创作研究中心主任、巴彦淖尔市音乐家协会主席。

1995 年，《圆一个金色的梦》（韩永亮、薛香娥作曲）在国家文化部举办的第五届"群星奖"评选中获优秀创作奖；1998 年、1999 年，由他作曲的《八百里美丽的河套川》《爬山调声声唱河套》先后荣获自治区"五个一"工程奖，《祖国处处歌如海》（韩永亮作曲）在内蒙古校外教育 50 年成果展评中获歌曲创作金奖；2000 年，《临河可爱的家乡》（韩永亮、韩杰作曲）在全国城市歌曲评选活动中获创作金奖；2001 年，二人台小戏音乐《王婆卖瓜》（韩永亮作曲）在全国第十一届群星奖评选中获银奖；2005 年，《巴彦淖尔密的故乡》（永亮作曲）在全国第六届民族民间歌曲演创

大赛中获精品金奖；2006 年，《草原》（韩永亮作曲）自治区"五个一"工程奖；2009 年，《长安风塞上情》（韩永亮作曲）被确定为"奏响 2009 全国二胡古筝群英会"主题歌并获一等奖，参与编著巴彦淖尔市老年大学教材《基础乐理与视唱》《基础乐理与歌曲》；2010 年，《放歌河套川》（韩永亮作曲）获全国首届"水歌曲"演唱大赛原创作品银奖；2011 年，《草原》荣获"旗帜飘扬"——庆祝中国共产党成立九十周年全国歌曲征集评选二等奖，被收入《中国少数民族声乐教材曲选》；2013 年，论文《从河套民歌中探寻河套文化的丰富内涵》（第一作者）荣获内蒙古首届中西部民歌学术研讨会论文三等奖。

2001 年，荣获国家文化部"群星奖"先进个人。2006 年入编人民出版社出版的《中国音乐家词典》；2007 年入编《中国当代文博专家志》；2009 年入编由邓小平亲自题写书名的《中国音乐家名录》。

赵海远

1956 年 1 月出生。国家一级作曲，中国音乐家协会会员。任巴彦淖尔市文体局副调研员兼创研室主任、市文联副主席，传略入编《中国音乐家辞典》《中国知名专家学者辞典》《世界优秀专家人才名典》《中华名人铭鉴》。所创作的声乐、器乐、舞蹈音乐、戏剧电视音乐，获市、自治区、国家级奖项 50 多项，其中国家级金奖、银奖多项，自治区"五个一"工程奖和"萨日纳"奖 7 项。

1976 年第一首歌曲《戈壁盛开大寨花》在《乌兰牧骑演唱》上发表。1977 年蒙语歌曲《我的巴彦淖尔》被内蒙古人民广播电台选中录制并播放。搜集整理 500 多首蒙古族民歌被收录在《内蒙古西部民歌集》，100 多首选入《中国民间歌曲集成·内蒙古卷》。代表作有《美丽的蒙古包》《草原的月亮》《甜蜜的巴彦淖尔》《大路朝天自己闯》《八百里河套是我家》《我的父亲》《沙窝窝》（与陈惠婷合作）、《草原月光曲》（与陈惠婷合

作），其中《八百里河套是我家》2008年在内蒙古电视台春晚上演唱。2004年，由中国音乐家音像出版社出版专辑《草原的月亮》，销量达2万余张，于2006年再版。曾承担撒盟设市庆典晚会、市电视台春晚、首届中国·河套文化艺术节开幕式大型文艺晚会等16场重要演出的音乐总监或音乐主创。新华网"草原金曲"栏目所列6名内蒙古作曲家之一。

齐　峰

1957年生人，系中国广播电视学会受众研究会理事，中国广播电视学会、内蒙古广播电视艺术协会、内蒙古音乐家协会会员。在巴彦淖尔市河套大学任教期间，编写《手风琴教材》《五指练习法》《手风琴练习曲》《手风琴曲集》。1989年调入巴彦淖尔电视台，先后任音乐编辑、总编室主任、副台长。发表论文《音乐在电视艺术中的作用》《怎样为电视专题片配乐》《音乐艺术和社会理想》《浅谈牵手草原的创作》等。曾为《阴山岩画》《乌梁素海》《中国白驼》《玛瑙湖》《金色的诱惑》《黄河流凌》《戈壁石魂》《河套蜜瓜甜》等专题风光片配乐，均在中央电视台、内蒙古电视台播出。创作歌曲《党指引我们胜利向前》《草原歌如海》《梦回草原》《醉人的草原》《唱首情歌给草原》《黄河母亲》《心中的五星红旗》《边关杜鹃红》等，先后在中央、内蒙古电视台、电台举办的电视晚会中演唱并播出。《草原河啊，母亲河》2007年获内蒙古自治区第八届"萨日娜"奖；《迎着黄河向西部走》被内蒙古电视台拍成MTV，获内蒙古建设民族文化大区征歌优秀歌曲MTV最佳创作奖；《牵手草原》荣获全区蒙汉文歌曲评选一等奖。2007年本人传略入选《中国音乐家辞典》。2014年7月创作的军旅歌曲《主席来到我身旁》进入中国复兴论坛，在中国网络电视台、央视网、人民网、光明网、凤凰网等转播。

王　璐

女，中央音乐学院声乐硕士，河套学院艺术

系声乐讲师。系中国声乐家协会、中国合唱协会、内蒙古音乐家协会会员。曾多次代表内蒙古参加全国各类重要声乐赛事和内蒙古自治区及巴彦淖尔市春节联欢晚会、艺术节等大型文艺演出。2012年成功举办个人独唱音乐会，并赴意大利罗马音乐学院进修，同年荣获Tuscia歌剧节国际声乐大赛三等奖以及Tuscia国际声乐比赛最佳表演奖。2014年10月获得美国门徒国际音乐天才选拔赛声乐一等奖。2015年7月获第三届中国民族歌唱家比赛优秀歌唱家奖。

朱永飞

男，1975年生人，任巴彦淖尔市音乐家协会副主席、内蒙古音乐家协会会员、河套大学音乐教师。1993年开始，先后组建北斗星乐队、黑蝙蝠摇滚乐队，任鼓手兼主唱。1999年开始，举办个人演唱会5次。2003年开始，发行个人演唱专辑《冲出包围》《一生守候》《雪候鸟》《天堂草原》《唱首情歌给草原》。1995年获巴彦淖尔市歌手大奖赛通俗第一名，被授予歌星称号。2006年以通俗第一名的成绩获金号奖内蒙赛区十佳。由他演唱的歌曲《党啊赛百努》《草原》获内蒙古自治区"五个一"工程奖；《草原》《党啊赛百努》分别获庆七一中国音协征歌二等奖和三等奖。

魏巧燕

女，国家一级演员、青年歌唱家、声乐教授、巴彦淖尔市音乐家协会会员。毕业于中国音乐学院，进修于中央音乐学院。先后任河套大学声乐教师，巴彦淖尔市民族歌舞剧院声乐队队长、独唱演员。2004年参加全国"阿诗玛杯"歌唱比赛获职业组三等奖第一名；2006年参演舞剧《乌兰图克》获自治区"萨日娜"奖；2009年参加中央电视台"五天乐"大合唱获一等奖；2010年参加全国水歌曲大赛获原创歌曲优秀奖；2012年饰演《月照金河套》获自治区二人台会演比赛一等奖。演唱过的原创作品有《地球村》《欢迎你到巴彦淖尔来》《巴彦淖尔可爱的家乡》《大地丰碑》《相聚河套源》等。

扎木苏

马头琴演奏家，国家一级演员。1983年，师从马头琴演奏家齐·宝力高先生，加入马头琴乐队的鼻祖—野马队。1990年在巴彦淖尔盟开办第一家马头琴培训班，后担任巴彦淖尔市协会会长。1996年7月参加色·拉西杯马头琴大赛全国三等奖；1996年8月，获全区少数民族器乐大赛全区第三名；1997年，在迎香港回归独立演奏中获优秀表演奖；2001年，与演奏的齐、宝力高千人马头琴合奏获吉尼斯世界纪录；2002年，参加文化部举办的中央电视台春节晚会；2003年，撰写论文《浅谈马头琴演奏技巧》获全国二等奖。2006—2008年，分别与西安交响乐团、河北交响乐团、天津交响乐团同台演奏、配乐、独奏马头琴；2008年8月8日，参加北京奥运会开幕式齐·宝力高"野马"马头琴乐团演奏《万马奔腾》，圆满完成演出任务；2010年，举办《雪候鸟、草原之声》扎木苏马头琴专场音乐会；2014年，参加蒙古国文化交流演出活动；2015年，举办《纪念中国人民抗日战争暨世界反法西斯战争胜利70周年》马头琴专场音乐会；2016年4月，参加台湾文化交流演出活动；6月，获全国马头琴贡献奖。

丽 英

女，蒙古族，1980年1月19日出生。就职于临河区第四中学，音乐教师。作词作曲的《想去的地方是草原》获2017年度内蒙古自治区第13届精神文明建设"五个一"工程奖；2017年度被巴彦淖尔市委宣传部评为文艺创作特殊贡献奖。由她作曲的《马头琴的爱恋》获科尔沁文艺政府奖；《鹿城之恋》获包头旅游歌曲征集优秀歌曲奖；《驼声阵阵的戈壁》获巴彦淖尔日报社《美丽的故乡》文艺有奖征歌赛歌曲类二等奖；《顺着天路到

此游》获青海省格尔木市旅游歌曲征集一等奖。代表作有《想去的地方是草原》《草原的味道》《喝一杯草原酒》《驼声萦绕的戈壁》（蒙古语）、《我们俩》（蒙古语）、《上马石》《当你陶醉我的目光》《鹿城之恋》《草原的夜》《跨上骏马追月亮》《天赐乌拉特》《北国江南巴彦淖尔》《苍天吻过的地方》《千古哈民》《马头琴我的爱恋》等。

（四）摄影

张念祖

1942年出生。中国摄影家协会、中国老摄影家协会、中国摄影艺术家协会、内蒙古摄影家协会会员，巴彦淖尔市摄影家协会名誉主席。曾被自治区摄影家协会授予"从事摄影工作30年的老摄影工作者"荣誉称号；被自治区文化厅授予"资深摄影家"荣誉称号。

作品《晚霞》获巴彦淖尔盟建党八十周年摄影比赛铜奖；《大自然的图案》获《人像摄影》杂志2002年"夕阳红"风光摄影大赛优秀奖；《销毁假冒伪劣药品》获自治区"众志成城战胜非典"摄影优秀奖。作品《碧江红叶》《雪山青松》入选自治区第九届摄影展；《戏水》入选自治区第十五届摄影展；《农具现场会》《手工选种》入选《全国第二届建设社会主义新农村摄影大展》；《农具修造》《打井扶贫》入选全国《当代中国农业、农村、农民摄影大展》。2006年在巴彦淖尔市举办《张念祖纪实摄影展》。2008年7月，作品《儿童团的衣着》《河套的土房》入编由《大众摄影》杂志社编辑、《中国摄影出版社》出版的《我们的生活记忆—半个世纪百姓生活图志》。

朱越海

男，1955年3月出生。担任过巴彦淖尔市展览馆馆长、副研究馆员。系中国摄影家协会会员、巴彦淖尔市政协书画院副院长、河套摄影家协会主席。

作品《狂吻》等被内蒙古摄影家协会评为全区摄影艺术创作"十佳"；《人体摄影组照》《自然与生命》《河套秋韵》等连续三届获得全区摄影艺术"百花奖"；《归途》获国际最高摄影奖项—土耳其第四届国际摄影联合会"特别奖"；《归程》获香港第三十四届国际摄影沙龙铜章奖；《回家》获乌克兰敖德萨第四届国际摄影艺术沙龙铜奖；《电码深情》获全国邮电摄影大赛三等奖；《心有余》获《中国日报》入选奖。作品《摇篮》入选日本第五十八届国际摄影沙龙；《牧女归营》入选澳门第十四届国际摄影沙龙；《向日葵》入选卡塔尔第四届国际摄影沙龙；《归程》入选马来西亚第二十五届国际摄影沙龙；《追捕》入选葡萄牙阿力加维第三十一届国际摄影沙龙；《风韵》入选印度第三届焦特布尔jps国际摄影沙龙；《卖红薯的小男孩》入选第三届阿联酋迪拜哈姆丹国际摄影沙龙。作品《静物》入选中国第九届国际摄影艺术展；《双管齐下》入选奥地利第十三届国际超级摄影巡回展；《凝思》入选希腊克里特岛四地国际摄影巡回展；

史学军

男，1956年11月出生。中国摄影家协会会员，内蒙古艺术摄影学会副会长，内蒙古摄影家协会理事，巴彦淖尔市摄影家协会主席，巴彦淖尔市展览馆副研究馆员。

2005年获自治区艺术摄影创作"十佳"；2006年获自治区摄影创作"金鹰奖"。2008年由内蒙古人民出版社编辑出版《魅力河套——史学军摄影作品集》。作品《神雕》获1988年内蒙古进京影展优秀奖；《阳光》获文化部第八届群星奖；《塞上明珠》获"湿地的魅力"全国摄影大赛优秀奖；《乌拉特服饰》获2006年"中华百姓衣锦"全国摄影大展收藏奖；《大漠驼铃》获2007年"中国秘境—阿拉善全国摄影大赛"三等奖；《番茄红了》获纪念中蒙建交60周年摄影艺术展金奖，并被蒙古国美术馆收藏；《神根峰》获2014年苍天

圣地——阿拉善全国摄影大展佳作奖；《林场素描》获中国·阿尔山冰雪摄影全国大展优秀奖。《出牧》入选中国第十一届国际摄影艺术展；《戈壁之光》入选香港第三十八届国际摄影沙龙；《马兰花香》入选2013年欧洲摄影学会举办的"风从草原来"内蒙古摄影艺术展，在匈牙利首都布达佩斯展出。

陈强

笔名一禅。就职于巴彦淖尔市中级人民法院。系内蒙古摄影家协会、内蒙古政协摄影家协会、央视数字电影电视频道摄影圈会员，新华社大美内蒙古摄影网、内蒙古天堂摄影网签约摄影师。

2009年，作品《彩韵长风》入选内蒙古美术馆"庆祝中华人民共和国成立60周年全区书画摄影邀请展"，同年获中国摄影艺术家协会"光影中国"全国摄影大赛三等奖；2010年，作品《风电机塔与马群》入选"低碳发展、低碳生活全国大型公益摄影展"，并于同年编入联合国墨西哥坎昆气候大会中国代表团国礼画册；2015年，作品《套马》获《大众摄影》全国俱乐部联赛第一期一级佳作。此外，在区内外各类刊物上发表作品近百幅。

（五）收藏

魏智英

男，1954年10月28日出生，巴彦淖尔市文联民间文艺家协会主席。工作之余捡石藏石，积之有年，乐此不疲。所到之处，尽是人迹罕至的荒漠戈壁。捡来的每块石头，他都亲自刷洗，反复鉴赏，为其命名配诗。他藏石撷英纳萃，集塞上石种之大全，包括了造型石、图案石、纹理石、化石、矿物晶体等，集中体现了石质坚硬细腻、石肤润而不燥、石体稳定而敦实的塞上奇石特点。同时，不加斧凿，保持奇石天然形态，可供观赏，可资研究品评。他的藏石深厚凝重，体态大方，

美轮美奂，神形兼备，大小适宜，具有独特的石形、石色、石纹，不易被雕琢仿造。其中有晶莹玉润、秀色可餐的葡萄玛瑙和风姿绰约、神形兼备的沙漠玫瑰等具象石，更多的是似与不似之间含蓄朦胧的抽象石。

（六）剧作

刘炳池

男，1929年生，汉族，山东省宁津县人，大学学历。1949年3月参加工作，先后在绥远省凉城县人民政府、绥西专署、临河县委宣传部、巴彦淖尔盟文化系统工作。系中国戏剧家协会、内蒙古作家协会会员，内蒙古文联第四届委员。

曾登台演奏口琴《月光曲》；演出话剧《原野》和反映戒赌主题的小戏《王二宝卖妻》；组织演出大型歌剧《白毛女》《赤业河》《刘胡兰》《瞎老妈》等；与冯苓植、李广文创作小戏《迎亲》《礼物》《夜哨》等；与叶祖训编写以后套剿匪肃特为题材的剧本《和平后的战斗》；组织编写《戏剧集》《歌曲集》《诗集》等。主要作品有歌（话）剧《二宝卖妻》《农家乐》《学习之前》《劳模之家》等，其中《乌兰布和之春》《聘闺女》《卖面》获自治区优秀作品奖。

叶祖训

笔名叶舟。男，1936年生，祖籍福建省建瓯县。1952年8月参加工作，先后供职于临河县文化馆、巴彦淖尔盟电影公司、巴盟群艺馆、巴盟文联。系中国戏剧家协会、内蒙古戏剧家协会、内蒙古电视艺术家协会、内蒙古电影家协会会员，巴盟剧协理事。

20世纪50年代开始文学创作，代表作有《花开满树红》《开会路上》《五斗麦子》《合家》《娘舅家》，电影剧本《神猫与铁蜘蛛》（与刘正华合作），其中二人台剧本《五斗麦子》获内蒙古自治区剧本奖，剧本《聘闺女》曾参加华北戏剧调演。

1980年，为中央电视台拍摄风光音乐片《巴彦淖尔，蜜的故乡》，任撰稿。其后与人合作在内蒙古台拍摄电视剧《背街小巷》，在徐州台拍摄电视剧《围猪》等。自传体纪实文学作品《怪味人生》在《巴彦淖尔报》连载。生平业绩编入《中国文艺家传集》《中国当代艺术名人大辞典》《中国当代艺术家大辞典》。

傅　伟

男，1933年生，汉族，祖籍山西。1950年参加工作，曾任巴彦淖尔盟展览馆馆长、群艺馆馆长、歌舞团团长、精神文明建设办公室主任及党委宣传部副部长。1981年当选巴彦淖尔盟文联第三届委员会常委、盟戏剧工作者协会副主席。

1964年开始文学创作。剧作《秀梅办学》《瓜园新歌》《晨光曲》《北疆红鹰》等参加地区文艺汇演并获奖。1973年创作二人台《送金瓜》，参加自治区专业文艺汇演获优秀节目奖；二人台《春播曲》参加全盟文艺汇演，剧本收入内蒙古人民出版社编辑的《瓜园新歌演唱集》。1976年创作的《大渠欢歌》参加全盟业余文艺汇演。爱好书法，其作品曾参加自治区"松鹤杯"老年书法展；获全国"欧阳询杯"书法大赛三等奖。入选书法专著《中国当代书画名人墨迹大观》。

杜　祥

男，汉族，中共党员。先后在巴彦淖尔盟晋剧团、内蒙古艺术学校巴盟分校任职。

1971年为革命现代样板戏《龙江颂》谱曲并设计音乐、唱腔，以晋剧形式呈现舞台。1973年《龙江颂》由内蒙古人民广播电台录制并在全区播放。1974年为样板戏《杜鹃山》设计音乐唱腔，由内蒙古人民广播电台录制并在全区播放，并在自治区组织的现代样板戏学习班上被评为全区第一。1978年创作《北疆红鹰》音乐唱腔，参加自治区会演。1979年创作《海瑞罢官》音乐唱腔，参加全区晋剧会演获一等奖。1995年为大型现代晋剧《魂系大漠》作曲，设计音乐、唱腔，获内蒙古自治区党委宣传部"五个一工程"奖。1997年被内蒙古教育厅、内蒙古文化厅评为"自治区艺术教育全区优秀教务工作者"。

鲁子荣

出生于五原县沙河乡。系中国影视家协会、中国戏剧文学协会、中国少数民族戏剧家协会会员，《文艺人才》杂志特邀编委、记者、研究员。

文艺创作涉及电影文学剧本、电视剧文学剧本、歌剧、歌舞剧、话剧、地方戏、儿童剧、小说、散文、报告文学、诗词、曲艺、评论、杂文等多个领域，总计300多万字，其中4部作品荣获国家级奖、7部作品获省市级奖。2010年出版《鲁子荣文集》四卷。被载入《中国当代文艺家辞典》《中国当代文艺名人辞典》。

白　洁

编导。女，1958年生，汉族，中共党员。国家一级编导，中国舞蹈家协会会员。任巴彦淖尔市文化体育局副调研员、市文联舞蹈家协会主席、市民族艺术学校校长。

2004年，担任巴彦淖尔盟撤盟建市庆典大会开幕式表演执行导演。2009年担任首届巴彦淖尔市运动会开幕式表演总策划、总导演。先后获自治区"五一"劳动奖章，自治区百名优秀草原儿女，自治区文化系统先进个人，全国女职工建功立业标兵等殊荣。舞蹈《瓜妞》获全区首届中等专业学校汇演四项一等奖，自治区精神文明建设"五个一"工程奖，全区第四届舞蹈比赛两项一等奖，深圳市第四届"鹏城金秋"艺术节文艺汇演金奖；作品《河套娃》获内蒙古首届少年儿童艺术节少儿舞蹈大赛创作一等奖；作品《葵韵》获自治区精神文明建设"五个一"工程奖，全区大中专艺术院校（系）文艺调演创作一等奖；舞蹈《葵韵》《银芦》分获2004年全区专业文艺团体汇演创作银奖、铜奖，《葵韵》另获广东省少儿花卉

大赛文艺调演金奖；舞蹈《河柳》获自治区精神文明建设"五个一工程"奖。

2010年，导演大型舞剧《阴山·古歌》。2015年7月，带团赴中央民族歌舞团民族大剧院为"亘古天书·2015中国岩画展"暨中国岩画研究保护一百周年纪念活动演出两场《阴山·古歌》，得到中国岩画学会，世界岩画学会阿纳蒂先生，著名影视表演艺术家斯琴高娃，著名舞蹈家陈爱莲、敖登格日勒及首都各界观众的广泛赞誉。

杨秉志

男，1942年生，汉族。1955年参加工作。系巴彦淖尔盟戏剧家协会、巴彦淖尔盟舞蹈家协会、内蒙古戏剧家协会会员。

主要作品有《如此婚礼》《两亲家》《死老汉种瓜》《刘富根买牛》《包二奶传》《啊，特区，可爱的深圳》等。《前进吧，巴盟农垦》获全国奖；《春风春雨里看家乡》《我爱你，龙岗区》《保安队员之歌》获省外征文奖。

（七）表演艺术

宋素卿

艺名"鱼儿生"，汉族，1932年生于内蒙古托克托县。9岁学艺，主攻小生。1952年—1956年在包头塞风晋剧团工作，活跃于内蒙古晋剧舞台，享有很高的艺术口碑。1957年调入杭锦后旗红星晋剧团，曾出演《白毛女》《野火春风斗古城》等现代剧。1958年，在内蒙古全区戏剧会演中参演的折子戏《别母》获优秀表演奖。"文化大革命"期间受迫害改行，到杭锦后旗农具厂工作。1978年调入巴盟晋剧团，代表剧目有《黄鹤楼》《回荆州》《打金枝》《小宴》等。

曹菊梅

女，晋剧演员，国家二级演员。祖籍山西，1930年生。6岁学艺，在大同城乡逐渐成名，16

岁来河套随团演出。曹菊梅的舞台表演细腻严谨、技艺娴熟，刻画人物深刻准确、形象鲜明，唱腔深沉婉转、悦耳动听。她舞台经验丰富，戏路很宽，不但精通须生行当，而且在青衣、花旦、小旦等行当戏中同样受到好评。她在《九件衣》中扮演李子奇、《困雪山》中扮演韩效忠、《打金枝》中扮演唐王、《三关点师》中扮演杨六郎、《十五贯》中扮演况钟，每一个角色都演得惟妙惟肖、真切感人。1977年巴彦淖尔盟庆祝内蒙古自治区成立三十周年，曹菊梅与郭兰英同台演出，受到乌兰夫主席的当面表扬。1987年庆祝自治区成立四十周年，与山西省名演员郭爱爱合作演出《打金枝》，由巴盟电视台录制播放。

刘子英

女，1932年生，山西省郭县人。20世纪50年代巴盟晋剧团七大主演之一，艺名小桃花。刘子英生于梨园世家，父亲是山西省晋剧名艺人，受家庭影响自幼酷爱戏剧，14岁拜师学艺，主攻闺门小旦，兼演花旦、马刀旦。1947年受聘来后套，演出足迹遍布多个省区，誉满区内外。其表演细腻自如、做派大方、舞台形象俊美、功底深厚，在表现人物心理活动方面尤为生动准确、细腻深刻。她深通晋剧节奏，演唱抑扬有致、强弱分明，而且嗓音醇厚、底气十足、吐字清晰、委婉动听。1954年内蒙古自治区首届戏剧演出大会上，她扮演《王虎杀船》中的小旦，获三等奖。1957年自治区戏剧会演，她扮演《一场梦》中的周桂英，获二等奖。1980年巴盟戏曲会演，她扮演《捡柴》中的小旦，获一等奖。

刘少楼

晋剧演员，武生名角，表演艺术家。男，1937年生，内蒙古乌兰察布盟武川县四子王旗人。1945年在河套地方戏曲戏班学徒，后加入内蒙古青山剧团、内蒙古漠南（实验）剧团。1951年受聘来到后套，在《周瑜之死》中扮演周瑜、《长坂坡》中扮演赵云、《三盗九龙杯》中扮演杨香武、《大闹天宫》中扮演美猴王。他的"猴戏"武打娴熟、功底深厚，"上纱棍""打旋子"被同行誉为绝技。1954年以后，在巴彦淖尔盟杭锦后旗红星晋剧团、巴盟晋剧团工作，担任演员、导演、业务团长。主要演出作品有《花蝴蝶》《青风寨》《红孩儿》《武松打虎》《长坂坡》《伐子都》《闹天空》《逼上梁山》《万劫寨》《芦荡火种》《智取威虎山》《杜鹃山》《八一风暴》等。主要执导剧目有《万劫寨》《杨金华夺印》《劈山救母》《杨排风》《白蛇传》《穆桂英挂帅》《孟姜女》《泪洒相思地》《哑女告状》《芦荡火种》《铁流战士》《智取威虎山》《龙江颂》《杜鹃山》《八一风暴》等。1992年，创办晋剧艺校，成立"少楼剧社"，招收学员传承技艺，演出剧目有《明公断》《金水桥》《算粮登殿》《金沙滩》《窦娥冤》《穆桂英挂帅》《杨八姐游春》等。刘少楼的舞台表演，注重人物气质形象塑造，曾因执导样板戏《智取威虎山》，人物"座山雕"刻画精湛、演技超群，被称"老雕"。

刘灵芝

艺名大灵灵，1954年2月加入五原晋剧团，12岁师从恒长，主攻小旦。演出的第一场戏是《赐环》，又名《连环计》，出演貂蝉。接着演出《捡柴》（小旦）、《杀府》（旦角）。1955年调入合并后的陕坝晋剧团，1957年在内蒙古艺术学校学习，1959年分配到陕坝红星剧团。相继演出大型传统古装晋剧《打金枝》（金枝女）、《玉虎坠》《蝴蝶杯》《算粮登殿》《铡赵王》（包夫人）、《追鱼》（小旦）、《金水桥》（西宫）、《富贵图》（小旦）、《劈山救母》（王母与三圣母）等剧目。

王成美

艺名王桂玲，女，1938年出生。1951年参加工作，1952年调入红星剧团，拜师于史俊卿（艺名猩猩血）。曾在内蒙古自治区首届传统戏会演中获优秀演员奖。演出的晋剧剧目代表有：《打金枝》（小旦）、《富贵图》（小旦）、《九件衣》（姜巧云）。16岁在晋剧《茶瓶记》中扮演丫鬟春红，17岁在《劈山救母》中扮演灵芝，18岁在《画皮》中扮演化身。1958年调入伊盟达拉特旗晋剧团主攻青衣，主要剧目有：《秦香莲》《杀楼》《王宝钏》《贺后骂殿》《汾河湾》等，1960年任达拉特晋剧团团长，是第四届、五届旗人民代表。1978年回到杭锦后旗晋剧团。1982年因病退休。

彭　勃

男，汉族，1934年生。1951年到巴彦淖尔盟歌舞团工作。1953年饰演《打金钱》，1954年饰演《夫妻观灯》《柜中缘》，分别获临河县汇演一等奖。1958年饰演《老少换妻》，获河套行政区、内蒙古自治区汇演特等奖。1963年饰演《楼小利》，进京为中央首长演出被评为优秀节目。1974年饰演《乌兰嘎鲁》，进京会演，剧情在解放军画报上登载。1978年导演《双喜临门》，获内蒙古自治区会演优秀节目奖。1983年执导《真正的亲家》《接新车》在自治区获奖。

业绩被编入《中国当代艺术家名人大辞典》。

李占龙

男，艺名六指红，生于1938年，现年79岁，籍贯山西省代县。

1954年，16岁开始在代县晋剧团学艺，行当须生，学艺四年。1959年，加入杭锦后旗红星晋剧团当演员，后拜康培元为师，学习演出了多部大型历史古装戏，如《薛刚反唐》《坐楼杀院》。他和赵德荣（玉眼黑）搭档演出，一红一黑，为巴彦淖尔河套大地的文化繁荣发展做出了贡献。

1961年担任杭锦后旗红星晋剧团剧务主任；1964年任剧团工会主席和行政副团长；1985年红星晋剧团解散，分配到杭锦后旗红星乡文化站工作；1999年按照上级文件精神提前退休。退休后个人投资办起杭锦后旗红星剧团，投资30多万元，

培养新一代晋剧爱好者，传承民族地方文化。

李占龙演出的节目有《打金枝》（唐代宗）、《明公断》（包公）、《算粮登殿》（薛平贵），《风仪亭》（王允）等。在《斩黄袍》《斩子》《三娘教子》《忠孝牌》《薛刚反唐》《九件衣》等剧中担任领衔主演。

吉梅兰

女，汉族，1940年生，中共党员，原中国戏剧家协会会员。6岁随母（晋剧名角，艺名"两朵云"）学艺。10岁考入张家口晋剧团。12岁考入张家口艺校，毕业后在张家口晋剧团工作，先后演出《打金枝》《算粮》《明公断》《哭殿》《祭桩》等古装戏，扮演过歌剧《白毛女》中的喜儿。1972年调入巴彦淖尔盟晋剧团，饰演《龙江颂》中的江水英、《杜鹃山》中的柯湘、《孟姜女》中的孟姜女等。大型现代晋剧《北疆红鹰》《乌兰嘎噜》、历史古装戏《孟姜女》赴内蒙古广播电台全剧录音，全区播放。1973年随巴盟晋剧团赴内蒙古自治区为全区党政军专场展演《龙江颂》《杜鹃山》。1979年全盟文艺汇演，在大型历史古装戏《秦香莲》中扮演秦香莲，获优秀表演奖。2016年中国戏剧家协会赠送她全国戏剧工作者从艺十六年纪念品。个人曾当选巴盟文联常委委员，多次出席内蒙古文代会，收入《中国名人大典》。

刘丽杰

男，1958年出生。1974年在临河县乌兰牧骑从事舞蹈专业；1979年学习戏剧表演；1984年任乌兰牧骑队长；1989年任乌兰牧骑指导员；1986年7月1日入党；1996年任临河市歌舞剧团团长，2005年离团；2006年任内蒙古西贝总店艺术团团长；2014年被巴彦淖尔市民族歌舞剧院聘为院长助理，从事戏剧表演，分管戏剧队；2011年分管舞蹈队兼演出中心主任；2016年当选巴彦淖尔市戏剧曲艺家协会主席。代表作有：古装戏《巧县官》《梅玉配》《借女冲喜》等。小品《考演员》

《神医华蛇》等。相声《夸亲家》《病从口入》等。舞蹈双人舞《奔向延安》，三人舞《金色的种子》，群舞《套马杆》等。曾参演电影《劳模邵大车》《如此英雄》《心结》《全二平马拉松》的拍摄，扮演不同角色。

2001年，和国家一级演员、牡丹奖获得者王占昕参加在广州举办的全国第十一届"群星奖"，获银奖；2009年，和王占昕参加了第六届中国曲艺节；2011年，参加第七届中国曲艺节，获优秀伴奏奖；在第十届草原艺术节上，他参演的小品《划拳》获优秀表演奖；在内蒙古电视台"春晚有你"中，小品《划拳》再获金奖；相声《不可救药》获银奖；在首届"四省区"二人台电视大奖赛中荣获突出贡献奖；在首届"晋蒙陕"二人台电视"山丹杯"大奖赛中，他参演的传统戏《卖碗》获优秀表演奖；在巴彦淖尔市二人台"十佳大奖赛"中荣获优秀表演奖；2016年小戏《孝心》荣获优秀表演奖，2017年获表演金奖；2018年由他导演并表演的小品《年年有鱼》荣获第十五届草原文化节导演奖。多年来一直参加巴彦淖尔市春晚的排练和演出，被评为自治区送文化下乡先进个人。

李赛男

女，1941年生于杭锦后旗，汉族。1957年参加工作，曾任河套巡回演出队演员，巴彦淖尔盟歌舞团演员、副团长，是内蒙古戏剧家协会会员。曾在传统剧目《走西口》《刘三姐》《江姐》《槐树庄》《恩仇记》《梅玉配》《泪洒相思地》《老少换妻》《苦菜花》中扮演主角。1959年饰演《老少换妻》在内蒙古自治区会演获特等奖；1964年饰演《鄂伦春人》在首都演出受到好评；1978年表演民族歌剧《红泉》在自治区调演中获奖；1978年全自治区专业团体汇演《双喜临门》获优秀节目奖；1983年饰演《接新车》在自治区民族团结表彰大会上获优秀节目奖。

赵生田

男，汉族，1942年生。1956年参加工作，1958年进入巴彦淖尔盟歌舞剧团。国家三级演员。中国戏剧家协会、内蒙古戏剧家协会会员。表演剧目有二人台小戏《卖菜》《走西口》《打金钱》《卖吗》等，古装戏《卷席筒》《王老虎抢亲》《恩仇记》等，现代歌剧《三里湾》《上排干》《江姐》《红灯记》《枫叶红了》《儿子啊儿子》等，电视剧《背街小巷》《红请帖》等。1956年获河套行政区会演一等奖；1958年获全盟会演一等奖；1978年在自治区会演中饰演《喜看巴盟新气象》获优秀表演奖；1988年获评全区二人台表演艺术"十佳演员"；1997年获全盟会演优秀节目奖。

纪秉忠

女，汉族，1943年生，1956年参加工作。1958年进入巴彦淖尔盟歌舞剧团。扮演大型歌剧《江姐》中的江姐、《刘四姐》中的婆婆、《一双绣花鞋》中的三姨太，京剧《沙家浜》中的沙老太太，歌舞剧《阿力斯玛之歌》中的老额吉。此外，还在大型歌舞剧《花鼓灯》、话剧《于无声处》等剧中扮演重要角色，并多次获奖。1956年获河套行政专区汇演一等奖；1958年获全盟会演一等奖；1978年获内蒙古自治区会演一等奖，话剧《枫叶红了》获自治区二等奖。

任继元

男，汉族，1944年生，1974年参加工作。1979年入巴彦淖尔盟歌舞剧团，主要饰演节目有《打樱桃》《王婆卖鸡》《这样的女人》《倒霉大叔的婚事》《喜接新车》等。1983年，在自治区民族团结表彰大会文艺会演中，饰演《喜接新车》获优秀节目奖，在内蒙古电视台播出。塑造舞台形象《这样的女人》中的周军、《倒霉大叔的婚事》中的大叔，生动鲜活，为观众喜爱。

赵瑞新

国家一级演员，巴彦淖尔市民族歌舞剧院副院长。女，汉族，1964 年 8 月生。原籍巴彦淖尔市杭锦后旗。中共党员。河套著名老艺人"玉眼黑"长女。先后在巴彦淖尔盟晋剧团、巴彦淖尔市民族歌舞剧院工作。系内蒙古自治区戏剧家协会副秘书长、理事，内蒙古自治区作家协会、评论家协会会员，巴彦淖尔市戏剧曲艺家协会副主席。

在大型历史剧目《下河东》中扮演赵匡胤，《算粮登殿》中扮演薛平贵，《打金枝》中扮演唐代宗，《三关点帅》《辕门斩子》中扮演杨六郎等。2008 年 9 月，在"中国滨州"博兴国际小戏艺术节上，参演剧目《称婆婆》获优秀剧目和优秀演员奖。2008 年，《下河东》选段获内蒙古第一届戏剧"娜仁花"奖大赛优秀表演奖。2009 年内蒙古首届二人台优秀剧目展演中，扮演大型二人台现代戏《真情》主要角色佟奶奶，获自治区第十届精神文明建设"五个一"工程奖和个人优秀表演奖。2011 年 9 月，在内蒙古第二届戏剧"娜仁花"奖大赛上演唱晋剧戏歌《千秋梨园情》获铜奖。2012 年 12 月，获"喜庆十八大、欢笑在草原"内蒙古自治区第二届相声、小品、曲艺大赛个人特殊贡献殊荣奖，参演小品《美丽心灵》获优秀奖。2014 年 6 月，内蒙古西部盟市小戏、小品大赛，参演小戏《称婆婆》获二等奖；参演小品《自作自受》获三等奖，《美丽心灵》获优秀奖。2012 年开始艺术创作，小品《和谐饭馆》获巴彦淖尔市第十二届精神文明建设"五个一"工程优秀作品奖，自治区西部小戏、小品大赛二等奖和个人编剧奖，自治区第十一届曲艺创作"萨日纳"奖，中国曲协第九届"牡丹"奖入围奖，内蒙古第十一届中国草原文化节编剧奖及优秀剧目奖，并在内蒙古电视台 2015 年元宵晚会播出；小品《河套老夫妻》在第二届全区汉语曲艺作品征集活动中被评为优秀作品。2015 年内蒙古自治区小戏、小品大赛，创作、参演的小戏《孝心》获小戏编剧一等奖和剧目三等奖。2016 年创作、参演小戏《孝心》获内蒙古自治区第四届二人台艺术节创作一等奖，剧目一等奖。2017 年获内蒙古自治区首届"娜仁花"艺术节小戏小品优秀编剧奖。2018 年创作二人台小戏《真情》获内蒙古自治区第五届二人台艺术节小戏剧目二等奖。2015 年被评为巴彦淖尔市文新广局系统优秀共产党员。2018 年被评为巴彦淖尔市文新广局系统优秀共产党员。2018 年获巴彦淖尔市宣传部全市第四届"道德模范"提名奖。2019 年《真情》获国家艺术基金全自治区小戏唯一扶持项目，为巴彦淖尔市填补了国家艺术基金的空白。

司成良

艺名司红鹏，男，1942 年出生。13 岁学习晋剧表演，1950 年加入张家口宣化晋剧团，1957 年考入内蒙古艺术学校戏剧班，后师从著名晋剧表演艺术家王治安（艺名凤凰旦），毕业后分配到陕西红星晋剧团工作，曾得到老艺人张孝义、冉进才的精心指教。他嗓音洪亮，扮相俊美，功底扎实，在晋剧花脸行当成绩显著。在传统剧目中饰演的角色有：《打金枝》中扮演"郭子仪"、《明公断》中饰演"包公"，《二进宫》中饰演"徐延昭"等。在现代戏中饰演的角色有：《沙家浜》中的"郭建光"，《智取威虎山》中的"少剑波"，《杜鹃山》中的"雷刚"，《龙江颂》中的"阿坚伯"，《八一风景》中的"杜振山"等。他除演好本行当角色外，早在 60 年代就涉足编导行列，为团内导演了许多剧目：《三关点帅》《春江月》等。他参演的现代戏《杜鹃山》《龙江颂》由内蒙古广播电台录制并向全国播出。1978 年，在巴彦淖尔盟晋剧会演中获优秀表演奖；1986 年，在首届巴彦淖尔盟戏剧节上获优秀表演奖。曾任内蒙古戏剧家协会会员、巴彦淖尔盟戏剧家协会理事、国家三级戏剧导演。

王占昕

男，1970年出生，1986年入临河曲艺团，18岁担任临河曲艺团副团长，随团到陕、甘、宁、晋、鲁、豫、冀演出近千场。1995年入临河歌舞团，在表演曲艺的同时，转攻二人台。

1998，相声《饭盒小姐》获全区环保调演二等奖。2001年，相声《夸河套》获全国第十二届"群星奖"大赛优秀奖；二人台数板《王婆卖瓜》获银奖。2004年，二人台《王婆骂鸡》获内蒙古首届二人台电视大赛和晋、蒙、陕、冀二人台艺术电视大奖赛二等奖；呱嘴《王婆骂假》获自治区专业团体文艺调演银奖。2006年，二人台抹帽戏《王婆骂假》获全区二人台调演一等奖；呱嘴"王婆系列"获中国第四届曲艺节最高奖"牡丹奖"。2007年应中央电视台"曲苑杂坛"栏目邀请，录制二人台呱嘴《王婆骂假》《王婆夸二人台》《王婆夸灯》，并在中央一套播出，被中国二人台表演艺术家武利平赞为"河套第一嘴"；中国曲协主席刘兰芳、副主席姜昆评价说："占昕拿牡丹奖，当之无愧！"王占昕表演的曲艺节目有数来宝《十八愁》《绕口令》《玲珑塔》；快板书《孙悟空三打白骨精》《两头忙》《酒迷》《傻小子拜年》等；相声《学四相》《恋爱漫谈》等；原创作品二人台呱嘴《王婆骂鸡》《王婆骂假》《王婆说乱》《王婆卖瓜》《王婆巧夸二人台》《王婆观灯》《王婆进城》《王婆搭礼》《王婆喜表十七大》；传统二人台呱嘴《懒大嫂》《捉跳蚤》等。

王占昕把相声"贯口"的童子功巧妙地运用在二人台呱嘴的表演中，又创造性地把蒙古族舞蹈"抖肩"的技巧融合进去，增强了二人台艺术的表现力。

郝兰英

女，汉族，中共党员，1944年3月生，祖籍山西大同。先后在巴彦淖尔盟杭锦后旗红星晋剧团、巴盟晋剧团工作。在历史古装戏《打金枝》中扮演郭暧；《劈山救母》中扮演刘彦昌；《蝴蝶杯》中扮演田玉川；《破洪州》中扮演杨宗保等。进入样板戏年代，在《沙家浜》中扮演阿庆嫂；《红嫂》中扮演红嫂等。参演过现代戏《好媳妇》《审椅子》《洪湖赤卫队》《社长女儿》等，是当时晋剧团最年轻的领衔主演。

陈银花

女，汉族，1940年生。1951年参加工作。曾在晋剧团工作。1984年调入巴彦淖尔盟艺校任教。曾在《万花船》《打金枝》《十二寡妇征西》《冯婉贞》《智取威虎山》《三打陶三春》《白蛇传》中扮演主要角色。1956年参加河套行政区会演获二等奖；1965年参加自治区文艺汇演受到乌兰夫接见；1979年主演《风台关》获巴盟晋剧表演二等奖；1985年参加全国第一届北京艺术节。

花秀英

女，1939年生。12岁随私人戏班到四子王旗唱晋剧。后回到杭锦后旗陕坝镇，参加民间剧团，学唱二人台。1956年在河套行政区会演中，花秀英以《走西口》获得一等奖。她唱腔圆润、表演声情并茂，1958年被选进巴彦淖尔盟歌舞团。1959年参加全盟会演唱《好亲家》，获优秀奖。1964年、1965年获内蒙古自治区汇演优秀奖。花秀英没上过学，但特别刻苦。每天起早贪黑练功，排练室没有镜子，就照着月光看着自己的影子反复琢磨。不认识剧本上的字，就一个个问，直到自己能看懂剧本。练习走场时，手里端着一碗水，大腿夹着扫帚，走小碎步。她的表演入戏、有真情，在表演《小寡妇上坟》时，以艺术之"哭"感动无数观众。曾是巴盟歌舞团和杭后乌兰牧骑的台柱子。60岁后，仍活跃在社区、乡村，指导二人台表演。

（八）民间艺术

王 珂

男，1933年出生。曾任《巴彦淖尔报》编辑，内蒙古儿童文艺创研会、内蒙古民间文艺家协会会员，内蒙古二人台学会理事，巴彦淖尔市民间文艺家协会名誉主席，巴彦淖尔市民俗学会副会长，《民俗文化》执行主编。

曾深入基层收集爬山曲唱句，用50多年时间创新爬山调，增加新的比兴16000多例句。创作出长篇叙事爬山曲《连根草》《金马驹的故事》《瓜园春秋》《死刑唱成没有罪》《日本鬼子进后套》《血战五原》《烽火大青山》等；中篇叙事曲14篇。出版有《教师诗窗》《对联全书》《爬山曲选》《大西北山歌》《西口外山曲》《剪纸画集》等。曾获内蒙古自治区"阿尔丁"民间文学杰出贡献奖，他的家庭被评为"民间文艺之家"；获中国报纸副刊研究会和大众文学学会优胜奖及华夏诗词研究会和新乐府诗词研究会2007年中国诗人节东方诗学诗歌创作金奖。

作品《大青山里八路军（爬山歌)》入选《中国共产党之歌》《光辉的旗帜》《甲午战争120周年爱国诗词选》《抗战诗钞》等全国大型文献书籍。

创作儿童诗600多首，入选人民文学出版社《我们是革命的好后代》儿歌选集13首；入选江西人民出版社《儿歌向着太阳唱》8首；入选内蒙古人民出版社儿歌选集7首。童谣作品被内蒙古宣传部等单位举办的有关联合赛评为二等奖。《北方新报》《内蒙古日报》《实践》、内蒙古电视台等媒体多次报道其创作事迹，被称为"爬山曲大师""民间艺术家""儿童诗人"等。

李发宝

民间艺人。1966年生，临河丹达人，土生土长的河套农民。

被评为"顺口溜达人""内蒙古民间说唱艺术师""河套顺口溜第一传承人"。出版艺术碟《李发宝与王占昕大拼比》《河套顺口溜》，编辑出版《河套顺口溜》《河套顺口溜之二》等专集，部分作品被《自治区小戏小品曲艺新作集》收录。

2010年、2011年连续在河套文化艺术节上表演并获优秀奖，2012年获内蒙古中西部方言大赛第二名、内蒙古自治区相声小品曲艺大赛三等奖，2015年夺得"三瑞杯"巴彦淖尔首届戏曲大赛银牌。系内蒙古曲艺家协会理事、巴彦淖尔市非遗艺术团副团长、巴彦淖尔市二人台学会副秘书长、巴彦淖尔市书画研究会副会长。

三、名录

（一）人大代表名录

1. 临河区人大代表名录

临河市第十一届人民代表大会代表（1991年）

刘玉亭	齐国栋	刘巍	包金花	叶青元
倪翼强	邬金铺	班志成	马景山	李秋平
姬建忠	贾洪祥	吴寿山	张锦珍	郝成龙
秦靖民	李兴华	王增华	赵明	祁素梅
张斯琴	张志伟	任之祥	李瑞枝	李玉明
秦惠民	张荣	张树恒	魏喜才	张悦忠
孙文远	边致洁	全淑兰	李玉兰	张美连
张德周	王秀花	何文秀	王彩凤	李满贵
高玉莲	康玉莲	郝巴楞	王月娥	王三录
刘杰	常建军	全继民	邬玲	刘润花
全凤花	杨建明	马秀兰	邢国俊	陈兰英
杨惠	田福晓	张振林	智金保	赵胜利
赵有龙	张秀花	王秉荣	张存柱	李连柱
斯琴	王继民	郭玉成	李桂贤	张海兵
聂永胜	云付和	高玉梅	贾文亭	陶发录
徐振强	岳九昌	刘建玉	刘海忠	闫兴武
张伯仁	苏美玲	魏有红	刘成功	侯孝
霍常富	苏福之	陈金增	陈国美	郝俊才
桂志军	马黑眼	王志云	乔振国	贾英祥
李文跃	杨喜贤	高万荣	周贵祥	刘建华
郭美荣	武梅竹	张生福	薛永明	张元胜

李树民	任秀珍	史乃斌	色 令	赵秀兰
杨志光	陈树根	张俊义	孙有仁	任利林
张 荣	张贵明	解玉明	温乐鹏	陈羊换
贺玉连	王凤娥	王兆之	张立忠	王福光
徐建国	王常在	李明义	张润莲	王贵昌
李东仁	陈秀珍	刘志远	刘德明	甄作金
王志成	刘有歧	李润智	张 锁	郑秀连
张振乐	高富元	杨 柱	刘 五	樊有亮
王德义	高子华	王智德	贾 旺	张民义
李玉根	高秀连	金 光	李秀兰	雷德明
蒋安治	王子华	王占海	王德俊	曹振兴
王兰英	岳成才	王润留	郝计儿	赵占贤
闫二宽	尚增义	张世杰	张录文	高 华
马春良	汪秀娥	杨翠花	郭永录	田茂贵
张广义	白金兰	杜振华	马金福	徐兰忠
丁桂梅	赵文忠	纪仁勇	乔景明	路志国
张宏计	刘尚玉	徐爱琴	王瑞玲	石银罗
陶百万	王建设	马维清	魏志成	李存义
马立新	李志明	赵喜亮	马兆虎	曹振亭
赵金厚	许秀娥	梁恩杰	王泽云	金二民
詹乃梅	杨元荣	任王保	刘国忠	李永华
刘桂兰	李长义	郭文贵	马春青	刘和平
高凤连	周 勇	刘耕晓	郭章岱	吴润孝
兴连学	王建君	柴守信	吴玉茂	刘志成
闫忠孝	杨淑芳	王长成	郝贵成	

临河市第十二届人民代表大会代表（1993 年）

朝格图	齐国栋	吴凤岭	苏解放	王立英
周志勤	贾 林	段玉明	王建明	谢 彬
裴金山	包光林	吴寿山	李玉明	郝成龙
史永莲	张克吉	王德义	刘云林	刘文义
王增华	慕新胜	郝新友	张悦忠	朱建英
张 荣	吕发芝	李福元	张斯琴	钱玉兰
高秀英	于志兰	王秀花	王忠光	谢文华
张志刚	路世英	康玉莲	张永胜	郝巴楞
郭秀珍	王 忠	常占玉	常建军	李兴华
李瑞芝	高翠兰	何惠民	刘玉明	魏增厚

葛振彬	王静媛	陈秀英	郭 俊	刘海胜
杨占清	张振林	王秉荣	赵胜利	张秀花
牛文兵	张存柱	赵玉柱	李连柱	斯 琴
王继民	高玉梅	云富和	郝建业	柴国亮
刘改苹	武宗义	李怀存	李广荣	戈志文
李占红	刘建玉	高瑞明	刘海忠	王海文
王兴华	陈建明	贺巧兰	侯 孝	霍常富
高子华	李开封	张 平	李有旺	那庆花
屠国明	桂志军	王土生	郝俊才	杨秀兰
贾英祥	李文耀	任占忠	王守志	崔和平
李师文	高美花	沈桂莲	宋保明	骆水生
牛德奎	李花女	赵爱兰	赵永光	孙有仁
色 令	韩志金	陈树根	任亚平	任秀珍
杨志光	邢国俊	解玉明	杨海山	张立忠
倪玉英	刘五仁	张毅敏	王可成	苗威荣
贺玉英	王凤娥	王常在	李子明	刘德明
刘志远	刘玉虎	辛翠莲	孟花拉	马治国
甄作金	王志成	白兰香	刘仁义	秦金殿
刘振飞	赵振河	张凤莲	王同亮	任一明
张锦珍	苏福元	魏 培	薛安治	张德荣
刘保华	王云娥	全 光	王子华	高秀莲
付立国	吕先飞	李桂英	陈宝生	王德俊
全继民	高志国	张林忠	秦凤莲	田建国
郭晓春	于二亮	杨文卿	张永福	王 平
张录文	王召其	衡玉明	赵文斌	潘桂英
田茂贵	白金兰	张伯林	郭建喜	艾秀英
白义昌	李 栓	刘志强	倪仲枝	纪仁勇
魏仿志	马维清	石银罗	沈玉其	王建设
吴满栋	杨增荣	张月华	张海亮	王瑞玲
陶百万	马立新	李志明	赵喜亮	赵金厚
王俊梅	贾金武	丁跃山	陈学平	杨凤英
曾兰香	朱进昌	燕子亮	刘国忠	石增荣
许忠和	牛凤英	乌力花	马春青	李永花
乔如意	杨志忠	王桂才	刘耕晓	吴润孝
王瑞苹	杨志忠	杨万荣	柴保安	白铁峰
刘世林	王建君	刘文亮	张建军	朱素珍

临河市第十三届人民代表大会代表（1999 年）

王建国	魏光荣	康志学	刘玉明	韦亚力
郭 卫	李金娥	李卫忠	李 伟	燕子飞
李秀清	高 辅	邢树倩	朱世文	田树朴
骆水生	王秀丽	马福山	李利增	王志荣
李文彪	邢国俊	王德义	刘睿平	尚增义
张可珍	周志华	张占甫	黄永旺	刘振河
郭文祥	王德俊	刘灵枝	张秀峰	王 忠
田茂贵	付文军	张永胜	董尚义	赵 江
吕继荣	王 评	白治国	陈国旗	周喜旺
路世英	马宇龙	杨永亮	张 钧	魏建功
李秀香	燕巨云	杨继平	王宗京	刘秀花
杨兴海	郭秀珍	郭 俊	何惠民	王金光
张国华	杨玉英	王永华	常占玉	丁秀珍
陈跃新	袁海升	杨白林	祁瑞卿	王秀兰
马金芳	黄永杰	杨建民	朝鲁门	柴胜歧
陈秀英	买永革	曹文军	张 英	杨文奎
李金才	李秀兰	贾满红	赵宝林	赵如海
倪玉英	苏福元	梁永杰	杨兆霖	李怀珠
付立国	赵 莲	高秀莲	杨志荣	杜振山
张 荣	高翠兰	刘 义	王福荣	杨保计
杨中朝	杨增荣	王瑞玲	张月花	李凤鸣
刘云林	周尚文	吴全英	黄喜润	魏民主
郭玉根	李秉义	刘文亮	王建君	刘世林
朱素珍	雷存明	周建功	魏仿志	王世杰
郝俊才	乌云其木格		贾少良	沈桂莲
李有势	郝建业	刘玉清	宋保明	王孝民
李文华	胡匡敬	史永莲	郭振华	王翠红
沙 仁	高美生	徐志国	周建营	常有光
霍常富	高永厚	刘志远	刘德明	赵改梅
乔振兴	杜海清	李若锦	张斯琴	蔺永德
石增荣	张高智	那仁其木格		高海才
刘 杪	张锦珍	刘仁义	石秀玲	刘 柱
张国文	白铁峰	杨秀兰	冯小平	白福成
全忠良	李金莲	杜忠诚	杜秀云	王 列
郭建喜	蔡月兰	党智慧	张振林	李文良

郭志峰	高 华	孙强德	刘银裕	张广明
龚福凯	全继民	马永福	高志国	马秀花
闫喜生	刘海胜	徐智敏	李德荣	李 军
王秉荣	张存柱	康守礼	张秀花	
萨仁格日乐		张金海	冯玉明	杨永占
白金兰	王建华	刘海忠	王治和	李文魁
祁树枝	郭继荣	吕志明	程志平	郝伟才
魏 培	武惠卿	安 亮	武宗义	闫荣香
陈淑枝				

临河市第十四届人民代表大会代表（2002 年）

燕贵枫	张 旭	张绥昌	丁伯绥	韦亚力
高 辅	田 钧	齐秀花	杨永亮	王 泉
王秀丽	李文彪	白巨伟	王永有	杨文奎
白建军	王秀成	贾少良	石建军	王 忠
赵贵成	李奋林	李 军	郭增强	李瑞枝
孙振业	张晓丽	苏福元	雷存明	赵继云
张永兴	叶枝祥	刘 勇	赵 平	刘文奇
李套江	魏建功	王巧云	武石平	屈强军
周秀娟	付文博	周 利	杨葡萄	邬文娟
王习忠	李永坪	张 杰	李文魁	王金刚
白志灵	聂丙士	杨玉英	陈海荣	樊红林
李兴业	张斯琴	王永华	张爱萍	郭志峰
郝 频	李满林	赵宇华	许振金	杨应仁
刘登华	陈 恒	李国当	李国民	苏巧云
王 欧	刘鲁明	潘曜先	张树林	孔祥龙
李 燕	黄永杰	贺文军	布仁图雅	
孙占林	聂海忠	冯和平	其其格	孙建春
邬永贵	李 皓	李国民	王宗京	陈跃新
林玉棋	徐寿平	杨敬泽	王永厚	张爱军
杨宝贤	王占忠	王 勇	史永莲	王建君
黄金城	张常在	刘文亮	杨三靠	柴胜歧
龚志良	张喜兰	马建山	李德荣	张 严
马赤东	杨兆霖	张存柱	张先明	吕奋林
布丽君	訾月明	冷丽萍	吴锦光	郭 平
周玉峰	李维平	李常在	孙取小	王顺槐
赵改梅	王 伟	韩艳花	高建荣	孙会国

袁海升	马永福	张枝芳	高　华	孙强德
邢彩琴	闫永胜	张根虎	马春良	闫永生
李广文	常存善	于建光	王福荣	沈玉其
吴满栋	屈建忠	温瑞峰	贾志峰	马建平
刘耕晓	牛万忠	李宽云	朱世昌	尤占禄
韩建英	王志和	张　新	弓占维	乌云巴图
孙有仁	马玉清	张锦升	阿腾花	王志强
徐国庆	王桂兰	霍常富	张　斗	陈羊换
李　泉	韩　静	宋保明	李喜来	韩维坊
沈桂莲	高义昌	王　斌	全继民	王惠忠
杜振山	梁烘炜	赵建国	亢金莲	李树平
刘和平	吴青霞	杨志忠	温存河	杨成明
张凤莲	郭介中	王振国	任存虎	安　亮
尚奋平	付　枝	赵殿云	吕志明	赵玉仁
吴全英	曹　平	杨荐中	李文良	谢建华
张永君	李润明	马爱民	杜秀云	王世杰
王　忠	席凤花	宋存香		

临河区第十五届人民代表大会代表（2007 年）

魏智英	王国瑞	于淳厚	哈登照日格
李登云	武永刚	李玉清	杨子山	杨文逸
王艳琴	肖国才	陈　雍	郑云生	高玉良
邬子林	王秀成	丁宝兰	杨大千	林玉平
李奋林	张凤莲	石占忠	苏平静	张有平
张建新	王志强	许敬军	刘海胜	徐　亮
杨荐中	王　胜	郑奎新	辛玉平	王湘玲
刘建光	苏晓龙	刘玉梅	周　利	魏　林
柴建军	兰　明	张锦平	屈强军	付文博
高建荣	高　捷	王　海	任惠礼	闫永生
李德荣	董瑞卿	王　勇	白利军	王宗京
张　杰	侯乌川	李　勇	张秀英	张　蓉
张利亚	马　杰	马兆奋	黄金成	魏生德
张喜兰	李保军	郭志峰	葛　鹰	连　泽
常存善	王振国	李　皓	李满林	王文清
尚　玮	杨　兴	杨应仁	李国当	苏巧云
杨玉兰	韩　续	格日勒马		王公社
王玉莲	王桂兰	李维平	康贵平	王　萍

王文光	徐寿凯	丁　刃	杨贵荣	郑忠平
孙占林	王春亮	刘广才	聂海忠	刘建忠
俞志高	李志钧	杨文奎	杜振山	张斯琴
李国民	李瑞芳	马海敏	曲永明	杜红计
贾慧芬	丁建龙	蔡　冰	杨　爱	赵　勇
马永军	王少雄	郝　频	于建光	布仁图雅
赵宇华	李　燕	陈文敏	陈海荣	王宝鸿
卢　俊	杨子龙	刘鹏云	杨三靠	冯刚刚
吕兰高	杨　军	何玉清	刘进荣	李瑞芝
冯黎彬	魏连叶	张存柱	訾月明	斯　琴
朱永平	王　利	郭玉清	尹国惠	霍常富
刘伍仁	朱秀花	王　霞	任一民	张龙梅
乌兰图娅		范树山	李　斌	刘海福
张广明	宋存香	马春良	路明泉	马爱民
王银山	王秀琴	王成君	赵殿云	王志云
韩利军	王福荣	张月华	岳九昌	吕志明
苏美荣	高培清	刘晓义	苏建平	苏连生
李　彬	白建军	贾瑞莲	马　军	鲁　印
丁红山	牛万忠	刘永贤	王俊梅	张建平
张永君	吴青霞	谢建华	闫建忠	杨晓红
席奋花	李光伟	郭　平	陈永刚	王永有
马玉清	宋保明	常贵增	邬国胜	黄瑞雪
刘　祯	余埃荣	金　宝	高义昌	袁海升
温存和	杨润霞	石增荣	李玉柱	裴和平
亢金莲	王勇宏			

临河区第十六届人民代表大会代表（2012 年）

弓建国	田文化	郭　平	雷振华	王永有
贾中山	王志强	刘玉梅	李贵军	郭志东
张文博	徐　亮	李占林	方　敏	童雪涛
杨　兴	王建宇	王润福	王　彬	步桂新
李永胜	席俊枝	史耀胜	张永兴	郭彩凤
何海勇	贺　平	杨成明	秦兆仪	任惠礼
高建荣	周建良	李艳卿	张有平	王向明
李砚如	屈强军	高淑英	彭玉兰	郝永林
李　红	董瑞卿	王月林	杜凤玲	刘　宜
陈　锐	温　涌	于建光	李瑞芝	候继华

杨永雄	杨文奎	王跟翔	闫广文	刘志
林柏英	张喜胜	徐艳梅	贾国誉	金贵平
尚振福	陈文敏	卢俊	张棋恩	麻利
赵富元	贺长青	韩志莹	杨军	韩茂光
赵新华	李文林	房灵霞	巴惠	潘兴
尹春宝	杨慧仙	潘银平	张正煜	李彦明
王文光	张瑞根	余埃荣	黄勇	贾建冈
王玉莲	乌云巴图		张建平	刘海胜
布仁图雅		郝丽丽	赵勇	张树泉
许兵	阿拉格	张晓波	杜洪计	徐寿田
包芙蓉	张杰	冀胜利	韩建飞	高俊先
苏巧云	李强	全美霞	张爱萍	刘鹏程
柴二春	康俊	李槁	丁惠君	郑中平
银致钦	王彩萍	刘广才	刘建忠	张新
张严	耿卫兵	龚明珠	裴子亮	王振国
李燕	李志文	马玉清	宋保明	张兆林
娜仁高娃		张新峰	王建平	马杰
苗峻青	王鹏	张喜儿	任玉光	李明君
乌兰图雅		赵国栋	高龙祥	高步增
闫建忠	黄瑞雪	杨晓红	尚永亮	秦勇
吕东生	马建平	李志钧	郭玉清	赵锋
彭玉堂	李晓蕊	石钧	陈艳平	李保军
张喜兰	黄金成	张利雅	刘永贤	赵剑侠
张金海	王健	温存和	吕凤芹	王常胜
李金荣	田慧	裴和平	刘志强	田海鹰
安相东	尹文忠	柴明	杨根虎	黄海霞
孙强德	马秀霞	张树林	刘浩	马建国
武志杰	樊文	孙国昌	侯俊玺	苏秉元
斯琴	王海宽	訾月明	沈树桐	张玉英
杨大千	温顺斌	王福荣	杨丽	燕海军
刘志英	高培清	马奋平	徐创军	吕志明
李浩	史霖涌	韩瑞萍	马军	鲁印
王金龙	李永红	马桂芳	冯小平	

临河区第十六届人民代表大会第二次会议代表（2013）

弓建国	田文化	郭平	雷振华	王永有
王志强	刘玉梅	郭忠东	徐亮	方敏

杨兴	王润福	步桂新	席俊枝	张永兴
何海勇	杨成明	贾中山	周鹏程	李贵军
张文博	李占林	童雪涛	王建宇	王彬
李永胜	史耀胜	郭彩凤	贺平	秦兆仪
任惠礼	周建良	张有平	李砚如	高淑英
郝永林	高建荣	李艳卿	王向明	屈强军
彭玉兰	李红	董瑞卿	王月林	刘宜
杨慧仙	杜凤玲	温涌	李瑞芝	侯继华
杨文奎	苑雪君	闫广文	林柏英	徐艳梅
金贵平	陈文敏	张棋恩	赵富元	李志文
于建光	杨永雄	王跟翔	陈锐	刘志
张喜胜	贾国誉	尚振福	卢俊	麻利
贺长青	韩志莹	杨军	赵新华	房灵霞
潘兴	潘银平	李彦明	韩茂光	李文林
巴惠	尹春宝	张正煜	王文光	余埃荣
黄勇	贾建冈	王玉莲	郝丽丽	乌云巴图
张建平	布仁图雅		刘海胜	张瑞根
赵勇	张树泉	许兵	阿拉格	张晓波
杜洪计	徐寿田	包芙蓉	张杰	冀胜利
韩建飞	高俊先	苏巧云	李强	全美霞
张爱萍	刘鹏程	柴二春	康俊	李槁
丁惠君	郑中平	银致钦	王彩萍	刘广才
刘建忠	张新	张严	龚明珠	王振国
马玉清	张兆林	张新峰	马杰	王鹏
任玉光	乌兰图雅		高龙翔	闫建忠
杨晓红	秦勇	耿卫兵	裴子亮	李燕
宋保明	那仁高娃		王建平	苗峻青
张喜儿	李明君	赵国栋	高步增	黄瑞雪
尚永亮	吕冬生	李志均	郭玉清	赵锋
李晓蕊	马建平	陈艳平	张利亚	赵剑侠
王健	吕凤芹	李金荣	裴和平	田海鹰
尹文忠	杨根虎	孙强德	黄金成	彭玉堂
石钧	李保军	张喜兰	张永贤	张金海
温存和	王长胜	田慧	刘志强	安相东
柴明	黄海霞	马秀霞	张树林	刘浩
马建国	武志杰	王智和	孙国昌	侯俊玺
斯琴	訾月明	张玉英	温顺斌	杨丽

刘志英　马奋平　吕志明　史霖涌　马　军

王金龙　马桂芳　王海宽　沈树桐　杨大千

王福荣　燕海军　高培清　徐创军　李　浩

韩瑞萍　鲁印　李永红　冯小平

临河区第十六届人民代表大会第三次会议代表（2014）

弓建国　田文化　雷振华　张永兴　王永有

贾中山　王志强　周鹏程　刘玉梅　李贵军

郭忠东　张文博　徐　亮　李占林　方　敏

童雪涛　陈　锐　杨　兴　王建宇　王润福

王　彬　步桂新　李永胜　席俊枝　史耀胜

郭彩凤　何海勇　贺　平　杨成明　秦兆仪

任惠礼　高建荣　周建良　李艳卿　张有平

王向明　李砚如　屈强军　高淑英　彭玉兰

郝永林　李　红　董瑞卿　王月林　杜凤玲

刘　宜　温　涌　李文林　李瑞芝　于建光

侯继华　杨永雄　杨文奎　王跟翔　苑雪君

闫广文　刘　志　林柏英　张喜胜　徐艳梅

渠广义　金贵平　尚振福　陈文敏　卢　俊

张棋恩　麻　利　赵富元　贺长青　李志文

韩志莹　杨　军　韩茂光　赵新华　房灵霞

巴　惠　潘　兴　杨慧仙　尹春宝　潘银平

张正煜　李彦明　王文光　余挨荣　黄　勇

贾建冈　王玉莲　郝丽丽　乌云巴图

张建平　布仁图雅　　刘海胜　张瑞根

赵　勇　张树泉　许　兵　阿拉格　张晓波

杜洪计　徐寿田　包芙蓉　张　杰　冀胜利

韩建飞　高俊先　苏巧云　李　强　全美霞

张爱萍　刘鹏程　柴二春　康　俊　李　樯

丁惠君　郑中平　银致钦　王彩萍　刘广才

刘建忠　张　新　张　严　耿卫兵　李　理

裴子亮　王振国　李　燕　马玉清　宋保明

张兆林　那仁高娃　　张新峰　王建平

马　杰　苗峻青　王　鹏　张喜儿　任玉光

李明君　乌兰图雅　　赵国栋　高龙祥

高步增　闫建忠　黄瑞雪　杨晓红　尚永亮

秦　勇　吕冬生　李志钧　郭玉清　黄金成

赵　锋　彭玉堂　李晓蕊　石　钧　马建平

李保军　陈艳平　张喜兰　张利亚　刘永贤

赵剑侠　张金海　王　健　温存和　吕凤芩

王长胜　李金荣　田　慧　裴和平　刘志强

田海鹰　安相东　尹文忠　柴　明　杨根虎

黄海霞　孙强德　马秀霞　张树林　刘　浩

马建国　武志杰　王智和　张雅东　侯俊玺

李　洁　斯琴　王海宽　訾月明　沈树桐

张玉英　杨大千　温顺斌　王福荣　杨　丽

燕海军　刘志英　高培清　马奋平　徐创军

吕志明　李　浩　史霖涌　韩瑞萍　马　军

鲁印　王金龙　李永红　马桂芳　冯小平

临河区第十六届人民代表大会第四次会议代表（2015）

杨成明　田文化　雷振华　张永兴　王永有

贾中山　王志强　周鹏程　刘玉梅　弓建国

张文博　屈强军　李永胜　李贵军　郭忠东

徐　亮　李占林　童雪涛　杨　兴　王建宇

王润福　王　彬　步桂新　席俊枝　史耀胜

郭彩凤　何海勇　贺　平　秦兆仪　任惠礼

高建荣　周建良　李艳卿　王向明　李砚如

高淑英　彭玉兰　郝永林　李　红　董瑞卿

杜凤玲　刘　宜　温　涌　尚振福　李文林

李瑞芝　侯继华　赵　敏　杨永雄　王跟翔

于建光　杨文奎　陈　锐　苑雪君　闫广文

刘　志　林柏英　张喜胜　徐艳梅　渠广义

金贵平　王月林　陈文敏　卢　俊　张棋恩

麻　利　赵富元　贺长青　李志文　韩志莹

杨　军　韩茂光　赵新华　巴　惠　房灵霞

潘　兴　杨慧仙　尹春宝　潘银平　张正煜

李彦明　王文光　余挨荣　黄　勇　贾建冈

王玉莲　郝丽丽　张建平　乌云巴图

布仁图雅　　刘海胜　张瑞根　赵　勇

张树泉　许　兵　阿拉格　张晓波　杜洪计

徐寿田　包芙蓉　张　杰　韩建飞　高俊先

全美霞　苏巧云　李　强　张爱萍　刘鹏程

柴二春　康　俊　李　樯　丁惠君　郑忠平

银致钦　王彩萍　刘广才　刘建忠　耿卫兵　　　苑雪君　全美霞　房灵霞　潘　兴　巴　惠

赵国栋　尚永亮　李　理　裴子亮　王振国　　　李彦明　王文光　余挨荣　贾建冈　王玉莲

张　新　李　燕　马玉清　宋保明　张兆林　　　郝丽丽　温顺斌　李瑞芝　乌云巴图

那仁高娃　　　张新峰　王建平　马　杰　　　　张建平　布仁图雅　　　刘海胜　陈　锐

苗峻青　张　严　王　鹏　张喜儿　任玉光　　　张晓波　张　杰　杜洪计　韩建飞　包芙蓉

李明君　乌兰图雅　　　高步增　高龙祥　　　　柴二春　康　俊　丁惠君　李　槒　银致钦

王金龙　吕冬生　秦　勇　闫建忠　黄瑞雪　　　郑忠平　王彩萍　刘广才　许　兵　刘建忠

杨晓红　李志钧　郭玉清　马建平　彭玉堂　　　张瑞根　赵　勇　张树泉　阿拉格　刘　宜

李晓蕊　王　勇　石　钧　黄金成　陈艳平　　　杨慧仙　尹春宝　潘银平　温　涌　徐创军

李保军　张喜兰　张利亚　刘永贤　赵剑侠　　　尚永亮　李　理　裴子亮　王振国　张　新

张金海　王　健　温存和　王长胜　李金荣　　　耿卫兵　马　杰　苗峻青　张　严　王　鹏

田　慧　裴和平　刘志强　田海鹰　安相东　　　张喜儿　任玉光　李明君　乌兰图雅

尹文忠　柴　明　杨根虎　黄海霞　孙强德　　　高步增　高龙祥　李　燕　马玉清　宋保明

马秀霞　马建国　徐创军　沈树桐　武志杰　　　张兆林　张新峰　娜仁高娃　　　王建平

王肇晟　赵　锋　张雅东　张树林　刘　浩　　　王金龙　吕冬生　秦　勇　杨晓红　闫建忠

王智和　侯俊玺　李　洁　斯　琴　王海宽　　　黄瑞雪　杨根虎　王　健　马建平　彭玉堂

訾月明　张玉英　杨大千　温顺斌　王福荣　　　赵　锋　李晓蕊　王　勇　李志钧　石　钧

燕海军　杨　丽　高培清　刘志英　马奋平　　　郭玉清　田海鹰　赵剑侠　安相东　孙强德

吕志明　李　浩　史霖涌　马　军　李永红　　　尹文忠　黄海霞　柴　明　马秀霞　张金海

韩瑞萍　马桂芳　鲁　印　冯小平　　　　　　王长胜　温存和　李金荣　田　慧　裴和平

临河区第十六届人民代表大会第五次会议代　　黄金成　陈艳平　刘永贤　李保军　张喜兰

表（2016）　　　　　　　　　　　　　　　张利亚　马建国　李志文　赵国栋　武志杰

杨成明　田文化　雷振华　任惠礼　王永有　　　王肇晟　张雅东　张文智　刘　浩　张树林

贾中山　王志强　周鹏程　刘玉梅　弓建国　　　王智和　李　浩　史霖涌　马　军　李永红

李贵军　郭忠东　张文博　徐　亮　李占林　　　韩瑞萍　马桂芳　鲁　印　冯小平　侯俊玺

童雪涛　杨　兴　王建宇　王润福　王　彬　　　李　洁　斯　琴　王海宽　訾月明　张玉英

步桂新　李永胜　席俊枝　史耀胜　张永兴　　　沈树桐　杨大千　王福荣　吕志明　马奋平

贺　平　郭彩凤　何海勇　秦兆仪　李砚如　　　燕海军　杨　丽　高培清　刘志英

高建荣　屈强军　周建良　李艳卿　王向明　　　**2. 自治区人大代表名录**

高淑英　彭玉兰　李　红　黄　勇　董瑞卿　　　出席自治区第一、四、六届人民代表大会代

尚振福　杜凤玲　李文林　张正煜　于建光　　表名单均无资料记载

侯继华　杨永雄　赵　敏　任昱东　杨文奎　　　第二届：王思萌　连文章　韩廷林

王跟翔　高俊先　刘志强　苏巧云　李　强　　　第三届：武达平　刘进仁　刘　健　翟荣光

张爱萍　刘鹏程　渠广义　闫广文　徐艳梅　　　　　　　王德义　韩廷林

金贵平　林柏英　刘　志　张喜胜　王月林　　　第五届：马炳和　邓秀英　陈全胜　赵喜子

陈文敏　卢　俊　张棋恩　麻　利　赵富元　　　　　　　王凤娥　关秦生　魏文革　白　三

贺长青　韩茂光　韩志莹　杨　军　赵新华　　　　　　　李振凤　马秀兰　梁志高

第七届：杜凤华　傅守正　马祖融　赵秀峰
　　　　陈玉峰　陈连峰　吉木彦　董连胜
　　　　孙家林　梁恩杰
第八届：许长青　郭凯宁　任亚平　白金兰
　　　　张德云　衡满同
第九届：王国良　白铁峰　刘凤兰　倪玉明
　　　　高瑞明
第十届：白铁峰　朱　勇　串智慧　周玉峰
　　　　赵焕然
3. 全国人大代表
出席全国第八届人民代表大会代表　马　林
出席全国第九届人民代表大会代表　马　林
出席全国第十届人民代表大会代表　徐睿霞
　　　　　　　　　　　　　　　　郝续宽

（二）政协委员名录

中国人民政治协商会议临河县第一届委员会
(1956 年 11 月—1958 年 9 月)

王凤英（女）　　王和平　王永昌　王富生
王建义　王建功　巴　胡　毛明章（回族）
布发祥　田云明　田丰喜　田玉明　仝发启
白生华（蒙古族）白书芳（女）　　乔玉春
孙　联　刘正兴　刘惠民　刘应锦　齐子正
那娃掌素（蒙古族）　　杨　超　吴少林
吴启昌　吴子荣　张镇九　张艮山　苗瑞凤
赵振铎　赵子义　哈立珍（蒙古族）
钟关银锁　段万科　耿振富　席　凯（女）
徐文惠　徐世和　徐世奎　黄宝成　康七信保
闫德泉　韩廷林　董树勋　腾仁山

（注：委员 45 名，按姓氏笔画排序，档案中
委员名单未按界别划分，故缺。）

中国人民政治协商会议临河县第二届委员会
(1959 年 9 月—1962 年 3 月)

王　荣　王少刚　王月庭　王和平　王乐山
王锡生　王富生　王建义　毛明章（回族）
巴　胡　布发祥　石　岳　田丰喜　仝发启
白凤鸣（蒙古族）白兰芝（女）　　师本立

吕秉瑞　乔玉春　刘生荣　刘　铭　刘福年
齐子正　米　和（蒙古族）
那娃掌木（蒙古族）　孙红汝　杨　超
杨庆元　李文林　李洪臣　李子仁　吴子荣
何增华　何建业　张玉汉　张秀娥（女）
武振国　庞新民　南瑞林（女）　赵子义
哈立珍（蒙古族）郭德明　韩延林
董树勋　冀　四

（注：委员 45 名，按姓氏笔画排序，档案中
委员名单未按界别划分，故缺。）

中国人民政治协商会议临河县第三届委员会
(1962 年 3 月—1964 年 3 月)

王　荣　王月庭　王和平　王乐山　王锡生
王富生　王建义　毛明章（回族）　布发祥
石　岳　田丰喜　白凤鸣（蒙古族）
白兰芝（女）　　乔玉春　刘生荣　刘　铭
刘德乡　刘尚俭　齐子正　孙占林　杨自力
杨金山（蒙古族）　　李子仁　吴启昌
何建业　邱志林　张玉权　张全顺　武根厚
武耀国　罗布生（蒙古族）周良义
郝色令（蒙古族）　南瑞林（女）　赵　明
哈立珍（蒙古族）　贺增华　袁建国
倪凤英（女）　郭生华　郭德明　韩振林
韩桂珍（女）　韩延林　董树勋　樊永华
冀　四

（注：委员 47 名，按姓氏笔画排序，档案中
委员名单未按界别划分，故缺。）

中国人民政治协商会议临河县第四届委员会
(1980 年 6 月—1984 年 8 月)

王云亮　王志忠　王　明　王和平　王文华
王兰英（女）　王德义　王德刚
王建忠（1982 年 1 月增补）
牛增禄（1982 年 1 月增补）
叶舒标　方翠兰（女）　　毛明章（回族）
石海成　白云山（蒙古族）田计群
乔玉春　邬　四　刘生荣　刘培荣　刘佩珍
齐子正　池仁义　米　和（蒙古族）

武敦裕　杨存古　杨进宝　杨文义　杨海涛

李琴堂　李　忠　李顺河　吴少林

吴秀兰（女）　张美欣　陈长生　邹国华

辛曙光　武再考　武耀国　郝色令（蒙古族）

南瑞林（女）　　赵玉娥（女）

哈立珍（蒙古族，1982 年 1 月增补）

柴如斌　郭素珍（女）　郭生华　高士信

黄　岱（蒙古族）　梁　杰　温万忠

韩　斌（1983 年 1 月增补）　慕新胜

蔺　八　樊永华

（注：委员 55 名，按姓氏笔划排序。四届一次会议共有委员 51 名，第二次会议增补 3 名，三次会议增补 1 名。档案中委员名单未按界别划分，故缺。）

中国人民政治协商会议临河市第五届委员会

（1984 年 8 月—1987 年 6 月）

丁国华　弓　弘　马玉成　马荣林　牛增录

毛明章（回族）　王志中　王桂兰（女）

王　明　王和平　王　海　王银富　王德刚

王建国　王建忠　王建德　邓平小　石海成

左力干斤（蒙古族）　田计群　左民爱（女）

方翠兰（女）　　包兴文　吉木彦（女）

闫登义　兰金成　许高升　兴连学　刘牛荣

刘有华　徐有利　刘进保　刘培荣　刘利杰

刘秀珍（女）　　刘福元　刘　澍　刘展影

杨存古　杨自力（满族）　杨金山（蒙古族）

杨海涛　李万枝　李元治　李长胜

李海燕（女）　李步高　吴树梓

吴秀兰（女）　吴少林　吴金忠　张志强

张小军　张德周　张尚英　陈玉衍

陈联峰（女，蒙古族）　陈长生　邹国华

林少卿（女）　武可夫　武再考　武敦裕

赵　明　赵永林　赵鸿业　郝色令（蒙古族）

郝建业（蒙古族）南瑞林（女）

哈风娥（女）　　贾　富　郭五清　郭增强

高士信　黄板定　黄　岱　黄永石　韩　斌

梁根发　薄恩涛　戴立惠（女）　　魏有元

魏淑珍（女，蒙古族）

（注：委员 83 名，按姓氏笔画排序，档案中委员名单未按界别划分，故缺。）

中国人民政治协商会议临河市第六届委员会

（1987 年 6 月—1991 年 1 月）

丁二旦　弓　弘　马　丁　马荣林

马福山（回族）　王志忠　王爱平

王桂兰（女）　　王恩林（女）　王银富

王德刚　王建忠　牛增录　毛明章（回族）

孔瑞英（女）　　巴拉曾（蒙古族）

左明爱（女）　　田计群　冉运生

白玉梅（女）　　白福祥　包兴文　邢俊文

乔　健　任立业　兴连学　闫登义　刘友华

刘玉山　刘玉成　刘培荣　刘生荣

刘秀珍（女）　　刘福元　刘根蛇　安学文

杜生生　杨元清　杨存保　杨占武

杨自力（满族）　　杨金山（蒙古族）

杨书香　李元治　李忠文　李步高

李贵俊（蒙古族）　　李毛桃（蒙古族）

李海燕（女）　　吴志华　吴秀兰（女）

吴锦忠　张平孙　张东浩　张志强

张志维　张和平　张德周

陈联峰（女，蒙古族）　　陈长生

陈　强　武再考　武敦裕　林少卿（女）

林　健（蒙古族）　范国友　尚增富

周广明　孟昭明　孟瑞英（女）

郝色令（蒙古族）　　郝建业（蒙古族）

南瑞林（女）　　赵　明　赵永林　赵淑连

哈保子（蒙古族）　　哈风娥（女，蒙古族）

贾　富　郭五清　郭增强　郭爱珍（女）

高士信　高振华　唐振乾黄板定（蒙古族）

常占玉　崔国栋　康玉莲（女）

谢月梅（女）　　鲁金良　戴立惠（女）

魏有元　魏方治　魏淑珍（女，蒙古族）

（注：委员 95 名，按姓氏笔画排序，档案中委员名单未按界别划分，故缺。）

中国人民政治协商会议临河市第七届委员会

（1991 年 1 月—1994 年 2 月）

任继高　任莲芳　刘玉山　刘玉成　刘友华

刘生荣　刘根蛇　刘培荣　刘秀珍（女）

刘福元　安学文　孙家林（回族）　孙运生

杨元清　杨自立（满族）　杨书香（女）

杨存保　杨秀花（女）　杨金山（蒙古族）

苏锦莲（女）　李毛桃（蒙古族）　李步高

李连芳　李师文　李忠文　李贵俊（蒙古族）

李海燕（女）　吴秀兰（女）　吴志华

何慕慈　张　平　张和平　张东浩　张　华

张利珍（女）　张志伟　张志强　张学江

张弼仁　陈长生　陈　强　武子光　武再考

武敦裕　林少卿（女）　林　健（蒙古族）

尚增富　罗兆吉　孟昭明　郝凤兰（女）

郝色令（蒙古族）　郝建业（蒙古族）

南瑞林（女）　赵　午　赵　明　赵金厚

哈风娥（女，蒙古族）　秦换新　贾玉福

贾　富　郭增强　郭爱珍（女）　郭武清

高士信　高凤鸣　常占玉　常志勇

黄板定（蒙古族）　崔凤霞（女）　崔国栋

康玉莲（女）　康　庄　闫登义

韩巧珍（女）　路明泉　谭启兴

戴立惠（女）　魏方治

魏淑珍（女，蒙古族）

（注：委员 109 名，按姓氏笔画排序，档案中委员名单未按界别划分，故缺。）

中国人民政治协商会议临河市第八届委员会

（1994 年 2 月—1999 年 1 月）

中国共产党（13 人）：

马长富　王胜利（蒙古族）

白金兰（女，蒙古族）　田超（女）

孙家林（回族）　安学文　刘根蛇

吴秀兰（女）　尚增富　张文敦

张建明（1996 年 3 月增选）　耿德清

黄文辉（蒙古族）

工会（6 人）：

付联世　邬存贵　陈　强　郝凤兰（女）

高风鸣　高永厚

共产主义青年团（4 人）：

乔　玫（女）　李　斌

曹春阳（女，蒙古族）　薛秀莲（女）

妇女联合会（6 人）：

史永莲（女）　杨秀花（女）

杨书香（女）　张丽珍（女）

韩巧珍（女）　崔风霞（女）

经济界（14 人）：

弓　弘　王玉良　田计群　史志忠　杨存保

李　燕（女）　李美云（女）　赵丛林

张志伟　张和平　张文秀　郭宝山

董丽霞（女）　崔建英（女）

科技界（11 人）：

王少彬　田喜明　许艳霞（女）　刘玉山

苏培文　赵红世　胡贵林　庞玉武

郭爱珍（女）　张德荣　梁恩杰（女）

教育界（7 人）：

左明爱（女）　王向峰　吴广勤　陈世举

李海燕（女）　赵守荣　贾玉福

医疗卫生界、文化体育界（8 人）：

王志忠　付文博　何慕慈

魏淑珍（女，蒙古族）

乌　云（女，蒙古族）

任连方　邢俊文　魏永军

工商业界（18 人）：

丁二旦　马云峰（1996 年辞职）　王学军

乔志军　刘三维　刘　涛（1996 年辞职）

任蒙恩　张二宝　张贵林　张金生

张金枝（女）

高士信杨小平（1996 年增补）

李政达（1996 年增补）

郝续宽（1996 年增补）

杨永亮（1996 年增补）

郭　碧（1996 年增补）

李建明（1996 年增补）

民族宗教界（6人）：

马兆云　巴拉僧（蒙古族）　毛明章（回族）

陆文平　武再考　张雪江

台侨界（6人）：

孙运生　杨文清　李莲芳　陈慧生（女）

张宁祥　林少卿（女）

少数民族（8人）：

马福山（回族）　扑拉岱（蒙古族）

白玉梅（女，蒙古族）　白秀丽

李毛桃（蒙古族）　郝色令（蒙古族）

哈风娥（女，蒙古族）　罗兆吉

农牧界（10人）：

王大吉　白雪飞　赵　午　张永义　张弼仁

武子光　贾　富　高瑞林　黄板定（蒙古族）

路明泉

特邀界（9人）：

王习忠　王延锐　史春生　田灵恩（蒙古族）

刘培荣　杨俊生　徐睿霞（蒙古族）

海　波（蒙古族）　潘多智

（注：126名，按姓氏笔画排列，含届中增补委员人数）

中国人民政治协商会议临河市第九届委员会

（1999年1月—2004年1月）

中国共产党（13人）：

马兆虎（回族，2002年增补）

王桂兰（女）　王胜利（蒙古族）

王　勇（2003年增补）　石占忠

白金兰（女，蒙古族）　孙家林（回族）

刘根蛇　刘鲁明　刘耕晓（2002年增补）

安学文　辛建军（2001年增补）

孟根达来（蒙古族，2002年增补）

人民团体（9人）：

王习忠　史永莲（女）

布仁图雅（女，蒙古族，2002年增补）

乔治军　乔　辉　邢俊文　杨　平

李　斌　高永厚

科技教育界（14人）：

王向峰　刘秀花（女）　串志惠（女，满族）

孙相春（女）　杨雅英（女）　张　忠

张德荣　陈世举　范　瀛　胡贵林

赵守荣（2000年辞职）　侯俊玺　高风鸣

虢培生

文体卫生界（9人）：

乔素荣（女）　赵玉秀（女）　赵白晓

侯晓军（女）　贺玉柱　崔风英（女）

傅文博　魏永军　李荣华（2002年增补）

经济界（30人）：

王桂兰（女）　王　兵　尹宝堂　刘维勇

闫宵明　任笑良　邬存贵　杨敬东　杨占清

杨书香（女）　李建民　李　燕（女）

李晓枫（女）　张和平　张金枝（女）

陈万林　武丽鹤（女）　郝续宽　贾光明

康贞萍（女）　傅文君

王　明（2000年增补）

聂海忠（2000年增补）

罗建平（2000年增补）

李元真（2000年增补）

杜永祥（2000年增补）

宋义仁（2002年增补）

王殿君（2002年增补）

刘文魁（2002年增补）

任志忠（2002年增补）

民族宗教界（10人）：

巴拉僧（蒙古族）　白秀丽（女）

吴玉龙（回族）　杨连生（回族）　妙　闻

哈风娥（女，蒙古族）　周学清

哈宝子（蒙古族）　黄文辉（蒙古族）

葛占海（蒙古族）

侨台界（5人）：

丁秀兰（女）　杨文清　张宁祥

陈慧生（女）　郭效录

农牧民界（15人）：

马春良　王培英（女）　王振国　白雪飞

刘永刚　祁文贵（蒙古族）　辛义勤

李培爱　李作方　何跃武　张永义　高瑞林
韩巧珍（女）　梁恩杰（女）　路明泉

特邀界（15 人）：

王延锐（2003 年辞职）　王羽南　史春生

刘振河　刘红光　赵桂芬（女）

徐睿霞（女）　白志刚（2002 年增补）

付来云（2002 年增补）　海　波（蒙古族）

温志明　刘月明（2000 年增补）

王汉清（2000 年增补）

王学东（2000 年增补）

薛索艺（2000 年增补）

（注：委员 120 名，按姓氏笔画排序，含届中增补委员人数）

中国人民政治协商会议临河市（区）第十届委员会（2004 年 1 月—2007 年 11 月）

中国共产党（14 人）：

马兆虎　王少雄　王　勇　王胜利（蒙古族）

刘耕晓　刘根蛇　杨德明（满族）

李　斌　张广明（2006 年 7 月增补）

孟根达来（蒙古族）

徐建峰（2005 年 3 月增补）

高娃（女，蒙古族，2005 年 12 月增补）

常存善（2005 年 3 月增补）　董瑞卿（女）

人民团体（8 人）：

王振彦（女）　乔　辉　邬二平

杨荣华（女）　李　艳（女）

赵剑侠（女）

莫德格（女，蒙古族，2005 年 12 月增补）

斯琴高娃（女，蒙古族）

科教文卫体界（33 人）：

王桂贞（女）　王慧荣（女）　王向峰

兰秀英（女）　乔建军

乔金梅（女，2005 年辞职）　刘秀花（女）

刘　涛　孙相春（女）　杨茂林　苏　庚

李荣华　李淑梅（女，2005 年 12 月增补）

陈世举　杨桂莲（女，2005 年 12 月增补）

串志惠（女，满族）　邸小军

邬承云（2005 年 12 月增补）　孟保和

郝　力（女）　胡贵林

郝永林（2005 年 12 月增补）　贺玉柱

侯晓军（女）　侯俊玺　唐　韬

黄金莲（女，蒙古族）　傅文博

谭　敏（女）　霍照兴　魏永军

裴　学（女）

裴承华（女，2005 年 12 月增补）

农牧民界（16 人）：

王　五　王永明　刘永刚　孙忠宪

李玉琴（女）　李培爱　李作方　宋文化

辛玉勤　张学强　张建忠　梁恩杰（女）

陈金平　焦　平　路明泉　谢忠正

经济界（48 人）：

丁建龙（2005 年 12 月增补）　于　清

马永军　王占全　王　明　王志康　王利东

王金义　王美丽（女）　王殿君　田银光

卢　平（女）　闫春香（女）

乔　玫（女）　朱忠群（2006 年 5 月辞职）

刘文魁　刘永明　刘茂林　刘建义　刘俊义

杨书香（女，2005 年 12 月增补）　李元真

李吉林　李红明　李向东　李爱梅（女）

李建国　李建明　邱进文　邱旭东　宋义仁

张和平　张碧涛（女）　陈万林

武丽鹤（女）　罗建平

屈　亮（2005 年 12 月增补）　赵秀军

段如林（女）　姚建明　高瑞林

徐　晔（女）　钱玉兰（女）　唐　文

常　宏　韩茂光（2006 年 7 月增补）

傅文君　谭　军

民族宗教界（9 人）：

马　丽（女，回族）　马建林（回族）

巴云铎（蒙古族）　妙　闻　陆文平

周学清　哈宝子（蒙古族）

贺文华（蒙古族）　葛占海（蒙古族）

政法界（8 人）：

王　玲（女）　史春生　付来云

杨凤英（女，蒙古族，2005年12月增补）

苏平静　　李　军　赵桂珍（女）

昂沁夫（蒙古族）

侨台界（4人）：

邓广权　杨文清　李伟雄　吴寒雁

特邀界（15人）：

王礼康　王　君　王羽南

石玉林（蒙古族，2005年12月增补）

宁建国　杨贵荣（2006年7月增补）

李　欣　辛建军　张　蓉（女）　张建新

岳喜明　韩世芳　海　波（蒙古族）

康　玲（女）　雷存明

（注：委员155名，按姓氏笔画排序，含届中增补委员人数。）

中国人民政治协商会议临河区第十一届委员会（2007年11月—2012年12月）

中国共产党（12人）：

张广明　孟根达来（蒙古族）　贾志峰

刘玉梅（女，2009年12月增选）

马兆虎（回族）　王　勇　徐建峰

高　娃（女，蒙古族）

任文清（2009年2月增选）

杨德明（满族）　张树林　陈　瑞

民主党派和无党派人士（5人）：

李红明　兰秀英　闫春香　张永旗　陈怀森

群众团体界（4人）：

莫德格（女，蒙古族）　乔　辉

王振彦（女）　王　立（女）

经济界（58人）：

刘文魁　王占全　谭　军　邱进文

钱玉兰（女）　王金义

宁建国（2009年辞职）　田银光

杨书香（女）　王　明　张建滨

白　钰（2009年辞职）　郭永文　吉广军

罗建平　刘俊义　赵秀军　唐　文　许金亮

赵　鹏　陈玉河　刘淑花（女）　王文岗

常　宏　鲍　强　屈　亮　韩茂光　王利东

赵富元　周文俊　刘　奇（女）　岳永亮

高永亮　丁惠君（女）　王永华（女）

宋益仁　苏贵臣　刘玉柱　邹建军

孙丽萍（女）　赵海生

杨多舜（2010年辞职）　薛成林

张　雄（2009年辞职）

郝旭东（2009年增补）

刘宪敏（2009年2月增补）

何玉清（2009年2月增补）

张　文（2009年2月增补）

李向东（2009年2月增补）

杨永光（2009年2月增补）

赵　霞（2009年2月增补）

刘　衡（2009年2月增补）

李家纬（2009年2月增补）

杨永红（2009年2月增补）

张满仓（2009年12月增补）

张建国（2009年12月增补）

宫振喜（2009年12月增补）

袁世英（2009年12月增补）

科教文卫界（21人）：

刘树民　侯俊玺　李贵凯　郝　力（女）

赵慧芬（女）　邬谡桂（女）　孟保和

马海毓（女）　王春叶　段庆昌　张关全

郝永林　李荣华　杨桂莲（女）　王学武

王桂贞（女）　苏　根　杨建标　马惠军

李　欣　曹　虎（2009年增补）

农牧业界（24人）：

张　旺　裴　学（女）　马　丽（女）

王慧荣（女）　杨荣华（女）李海军

张学强　孙忠宪　王永明　姚明亮　杨　虎

邬承云　宋文化　李荣华　马　军　孙德强

李子荣（2009年辞职）

何忠萍（女，回族）　石　超（女）

李晓阳　刘永兴　王有才　李玉琴（女）

张锦升　邢万富（2009年增补）

政法界（10人）：

王　玲（女）　付来云　赵桂珍（女）

吴浩波　梁任贵　李　娜（女）

杨凤英（女，蒙古族，2009 年辞职）

郝雅军　昂沁夫（蒙古族）

孙风雷（2009 年增补）

台侨界（4 人）：

陈　琳（女，蒙古族）　周增强　叶盛文

吴寒雁

民族宗教界（12 人）：

贺文华（蒙古族）　妙　闻　周学清

陆文平　其木格（蒙古族）

马　溧（女，回族）　葛占海（蒙古族）

巴音德力格尔（蒙古族）　巴云铎（蒙古族）

斯琴高娃（女，蒙古族，2009 年增补）

马成军（2009 年增补）

王福忠（2009 年增补，2010 年辞职）

特邀界（25 人）：

靳学卿　邬二平　岳喜明　辛建军　贾永亮

韩世芳　康　玲（女）　段如林（女）

高瑞萍（女）　冯智慧（女）

张雪荣（女）　窦灵燕（女）　王增禄

张　忠　郭庆宏　杨茂林　韩　丽（女）

张瑞琴（女）　潘　琴（女）

周　晔（女）　王羽南　马小燕（女，回族）

王　兵（女）　张晓华（女）　崔建峰

（注：委员 175 名，含届中增补委员人数）

中国人民政治协商会议临河区第十二届委员
会（2012 年 12 月－2017 年 12 月）

中国共产党（15 人）：

李瑞芝　许敬军　王　勇

刘　浩（2015 年 12 月增补）

张建平（回族，2016 年 12 月增补）

张锦平　贾志峰　孟根达来（蒙古族）

张广明（2014 年 8 月增补）　任文清

高　娃（女，蒙古族）　吴小顺　张宝玉

刘进荣　王　溧（女）

民主党派和无党派人士界（9 人）：

兰秀英（女）　斯琴高娃（女，蒙古族）

李红明　史文英（蒙古族）　王鹏宇

李　娜（女）　韩　丽（女）　宋益仁

张永旗

群众团体届（5 人）：

秀　兰（女，蒙古族）　高　娟（女）

屈呼钢（2015 年 12 月辞职）

张晓华（女，蒙古族）

崔建峰（2014 年 12 月辞职）

经济界（70 人）：

马　玉（回族）　闫　兵　苏小平　郑文广

王文岗　李　勇　张　柱　张　钧（蒙古族）

李　洋（2014 年 12 月增补）　曲永刚

付　辉　崔　军（2015 年 6 月辞职）

杨永光　杨永红　王文海　尚小豆　王荣华

刘杰龙　陈　锐（2014 年 12 月增补）

刘玉柱　任玉亮

孙学刚（2014 年 12 月增补）　邹招本

谷　源　梁　栋（蒙古族）　康　荣

李　睿　王喜军　白金贵　张文清　陈世海

吴润田（2014 年 8 月辞职）　王宏雄

王海荣（女）　杨志勇　张晨东　袁世英

韩　续　马海敏

王俊清（2014 年 12 月增补）

刘瑞民（2014 年 12 月辞职）　李家纬

周鹏飞　赵海生

胡　澎（2014 年 12 月辞职）　韩世芳

谢　强（女）　王　斌（2014 年 8 月增补）

任健行　武永斌

金学峰（回族，2014 年 8 月增补）

赵　霞（女）　高海军（2014 年 8 月增补）

王振鹏（2017 年 3 月辞职）　王倩源

郝启斐　聂海忠

尚建新（2014 年 12 月增补）

徐锦伟（2014 年 12 月辞职）　李德荣

段君毅　高海燕（女）　杨书香（女）

吉广军　赵秀军　李海豹　张振民　高永亮

唐　文　姚占和

科教文卫界（18人）：

白永飞　王金山　邬牡丹（女）　杨　润

林玉平（蒙古族）　阿庆阳（满族）

张关全　王学武　刘树民　问建军

马海毓（女）　刘慧芳（女）　彭俊峰

杨嫦娥（女）　郝　力（女）

杨桂莲（女）　董金港　赵晓红（女）

农林牧水界（17人）：

宋文化　张　旺　石　强　王继伟　王海军

乔建军　邢万富

刘　慧（女，2014年12月增补）　张建国

王贵喜　刘还喜　吴美莲（女）

李晓玲（女）　张智丽（女）　李建成

李海军　李晓阳

政法界（11人）：

付来云　杨凤义　张万芳（女）

孙风雷（2016年9月辞职）　张建国

丁智萍（女）　吴浩波　赵桂珍（女）

王慧博（女）　贾琪祥（女）　王小平

台侨界（2人）：

吴寒雁　周增强

民族宗教界（11人）：

马　溧（女，回族）　马贵平（回族）

闫桂香（女，蒙古族）　妙　闻　陆文平

海　波（蒙古族）　鲍　强（蒙古族）

贾志福　郭耀华（蒙古族）

乌斯哈勒（女，蒙古族）

陈　琳（女，蒙古族2014年8月增补）

特邀界（38人）：

潘　琴（女）　马　彪　王金义

王　婧（女）　朱立平　秦　伟　丁江临

苏　敏（女）　徐小平

贾　咏（2014年12月增补）

徐　苑（女）　王果芳（女）　蔚　冬

杨　蒙　张少清（女）　王瑞刚　何玉清

李江涛（女）　段如林（女）　郭庆宏

贾永亮　李彩芬（女）　李耀庭　杨喜臣

林国俊　徐向荣　刘宪敏　张雪荣（女）

张瑞琴（女）　张　文　王改霞（女）

黄相武（2014年12月增补）

乔舒嵘（女）

王增禄　彭家宾

斯庆高娃（女，蒙古族2014年12月增补）

孟玲凤（女）　刘建明

（注：委员196名，含历次会议增补委员人数）

（三）离休干部名录

临河区2005年、2016年离休干部名单如下：

2005年临河区离休干部名录表

姓名	性别	民族
乔鹏舞	男	汉族
张文斌	男	汉族
贾　斌	男	汉族
周岐山	男	汉族
张玉荣	女	汉族
王建德	男	汉族
黄　岱	男	蒙古族
武根厚	男	汉族
王　海	男	汉族
左启河	男	汉族
李宝成	男	汉族
冀荣亭	男	汉族
杨树林	男	汉族
刘林刚	男	汉族
曹国民	男	汉族
吕炳瑞	男	汉族
王二海	男	汉族
于庭发	男	汉族
张德周	男	汉族
张秀山	男	汉族

续表1

姓名	性别	民族
李贵荣	男	汉族
贾常晓	男	汉族
高有福	男	汉族
陈义	男	汉族
张纯和	男	汉族
李学吉	男	汉族
苗森	男	汉族
冯振家	男	汉族
白云山	男	蒙古族
刘瑞符	男	汉族
姜占元	男	汉族
王建国	男	汉族
段富山	男	汉族
吴振祥	男	蒙古族
张文宗	男	汉族
王枫桐	男	汉族
池仁义	男	汉族
孔令行	男	汉族
王相文	男	汉族
韩秉然	男	汉族
李萍	女	汉族
王少刚	男	汉族
张醒龙	男	汉族
庞相莲	女	汉族
魏忠襄	男	汉族
祁发才	男	汉族
霍世亮	男	汉族
张宣	男	汉族
潘太森	男	汉族
马福喜	男	汉族
潘文斌	男	汉族
李有福	男	汉族
跃东	男	汉族
吕振华	男	汉族
康熙珍	男	汉族

续表2

姓名	性别	民族
张玉文	男	汉族
马里存	男	汉族
柳宝珍	男	汉族
段二富	男	汉族
沈万福	男	汉族
李银山	男	汉族
孙广田	男	汉族
王占魁	男	汉族
苗向顺	男	汉族
李芳远	男	汉族
陈金柱	男	汉族
马明星	男	汉族
贺国宝	男	汉族
李桂英	女	汉族
张忠	男	汉族
石成胜	男	汉族
李永德	男	汉族
贺咸尊	女	汉族
张凤山	男	汉族
张仁虎	男	汉族
刘林斋	男	汉族
陈永富	男	汉族
王敬	男	汉族
刘才	男	汉族
赵连奎	男	汉族
刘板仁	男	汉族
李国栋	男	汉族
屈培荣	男	汉族
魏忠仁	男	汉族
杜一匡	男	汉族
赵广福	男	汉族
贾致忠	男	汉族
武建勋	男	汉族
赵铎	男	汉族
闻宏寿	男	汉族

续表3

姓名	性别	民族
吴达瑞	男	汉族
安慧生	男	汉族
付治和	男	汉族
许伟	女	汉族
陈平芝	男	汉族
雍志善	男	汉族
韩志忠	男	汉族
金祥	女	蒙古族
居永	男	汉族
杜长命	男	汉族
屈二羊	男	汉族
高日升	男	汉族
闫银万	男	汉族
李明	男	汉族
李巨	男	汉族
肖德珊	男	汉族
贾建安	男	回族
王志华	男	汉族
王占山	男	汉族
邬复明	男	汉族
林作良	男	汉族
马继承	男	汉族
王占玉	男	汉族
安秀英	女	汉族
李华	男	汉族
张柱晓	男	汉族
郭英华	男	汉族
白相国	男	汉族
张守桢	男	汉族

2016年临河区离休干部（41人）

姓名	性别	民族
王建德	男	汉族
左启河	男	汉族
李宝成	男	汉族

续表1

姓名	性别	民族
刘林刚	男	汉族
吕炳瑞	男	汉族
王二海	男	汉族
祁发才	男	汉族
张秀山	男	汉族
李贵荣	男	汉族
贾常晓	男	汉族
陈义	男	汉族
王枫桐	男	汉族
池仁义	男	汉族
张醒龙	男	汉族
潘太森	男	汉族
李有福	男	汉族
吕振华	男	汉族
沈万福	男	汉族
李永德	男	汉族
张仁虎	男	汉族
张守祯	男	汉族
屈培荣	男	汉族
杜一匡	男	汉族
赵广福	男	汉族
武建勋	男	汉族
赵铎	男	汉族
吴达瑞	男	汉族
付治和	男	汉族
许伟	女	汉族
韩志忠	男	汉族
金祥	女	蒙古族
杜长命	男	汉族
肖德珊	男	汉族
贾建安	男	回族
王志华	男	汉族
马继承	男	汉族
王占玉	男	汉族
白相国	男	汉族

续表2

姓名	性别	民族
冯振家	男	汉族
屈二羊	男	汉族
高日升	男	汉族

四、荣誉

一、全国五一劳动奖章

1992年：孙春元（临河农牧业机械总公司）

1996年：代俊安（市政设施维护站）

李燕（商业大厦）

1998年：秦建华（金川啤酒高科技股份有限公司）

2003年：李荣华（临河区医院）

2006年：郝续宽（维信羊绒公司）

2009年：边慧琴（巴运汽车运输有限责任公司临河站）

2011年：李启旺（临河区环境卫生管理局清掏队）

2013年：冯福琴（临河区环境卫生管理局清扫工）

二、内蒙古自治区劳模和先进工作者

1991年：李玉兰（临河第五中学）

1995年：李奋义（临河区黄河机械厂）

代俊安（市政管理处排污处）

徐青春（临河区公安局）

白存久（临河区城关镇）

王大吉（临河市干召庙镇民乐二社）

张秉文（临河化肥厂）

吴春生（临河区恒丰面厂）

1996年：史永莲（临河区纪检委）

1998年：李玉明（临河区法院）

2000年：赵焕然（内蒙古金川啤酒有限责任公司）

朱勇（恒丰集团）

黄永旺（临河市环卫局）

刘富罗（临河区森林公安）

任有才（巴盟热力公司临河新华街供热站）

张春娥（临河市八一乡丰收养殖场）

李志荣（临河市隆胜乡东兴村）

高爱成（临河市永丰商店）

李若金（临河百货大楼）

张培先（金川啤酒高科技股份有限公司）

2002年：牛德奎（临河市纪律检查委员会）

2005年：李学易（巴彦淖尔宏联种业物质回收公司）

杜守强（临河区自来水公司）

李向东（富源实业集团）

刘虎林（内蒙古经纬建设有限公司）

高华（临河区白脑包镇太阳村）

张毅敏（临河区新华镇隆胜村）

辛义清（临河区古城镇新建营村）

钱玉兰（临河商业大厦）

郝建强（中国农业发展银行巴彦淖尔临河支行）

2007年：武志杰（临河区政府）

2010年：梁恩洁（临河区城关镇晨光村）

武永斌（经纬建设有限公司）

李凤娥（临河区第五中学教师）

杨子龙（内蒙古金川保健啤酒高科技股份有限公司）

李光伟（联邦制药有限公司）

斯日古楞（临河区政府）

2012年：张建平（临河区委常委、统战部）

高义昌（临河区政府）

2013年：霍俊礼（啤酒厂）

魏建功（内蒙古恒丰食品工业股份

有限公司）

2015 年：朱存兰（临河区交通局公路段）

张文利（临河区城市发展投资有限

责任公司）

樊文日（燕京啤酒内蒙古金川有限

公司）

任玉光（临河区新华镇红旗村）

春　平（临河区城关增光六组）

王永刚（临河区八一乡联丰七组）

李玉莲（临河区执法局）

三、内蒙古自治区五一劳动奖章

2006 年：郭志良（临河区市政维护管理处）

2011 年：张有平（临河区地税）

2012 年：赵迎军（临河区妇幼保健院）

2014 年：霍　萍（临河区人民医院）

2016 年：杨慧仙（金川街道办事处）

四、全国工人先锋号

2008 年：巴彦淖尔市临河区环境卫生管理局
清掏队

2013 年：联邦制药（内蒙古）有限公司环保
车间生化运行工段二组

2014 年：中国华能北方联合电力有限责任公
司临河热电厂生技部热工主控班

附　录

一、口述史资料：
从肉羊产业发展看临河区改革开放

（一）临河肉羊发展历程

1990—2000 年，临河市畜类饲养以牛、羊、猪等为主，养殖模式多以家养户繁散养殖为主。1991 年底，全市牲畜存栏达到 84.84 万头（只），其中存栏羊 61.94 万只；到 1999 年末，全市牲畜存栏 119.5 万头（只），其中存栏羊 79.8 万只，比 1991 年增长 28.83%。2000 年，临河市委、政府提出建设中国"北方羊城"的口号和"以农养牧，以牧促农，四季出栏，均衡上市"的发展方向，号召各级和广大农户"念羊经，发羊财，壮羊业，建羊城"，把养羊业作为临河市畜牧业主导产业，从此，养羊业步入快车道。2000 年末，全市牲畜存栏 99.5 万头（只），其中存栏羊 67.4 万只，出栏羊 32 万只，出栏率 48%，出售羊 24.2 万只，商品率 36.3%。

2000—2002 年，临河市羊产业发展主要以扩张数量为主。

2002—2003 年，在继续扩量的同时注重质的提升，提出"扩张数量靠寒羊，提高品质靠改良"的发展思路，从外地购入德国美利奴及少量无角道赛特和萨福克等纯种肉用羊，与小尾寒羊杂交提高本地肉羊品质。到 2002 年底，有纯种小尾寒羊 31 万只，杂种小尾寒羊 37 万只，羊饲养量 160 万只。

2004 年，临河区以推行"户繁场育"发展模式为基点，肉羊规模养殖迅速发展，养羊业稳步发展。以改良羊品质为主、增加数量为辅，每年划拨肉羊"种子工程"专款 100 万元用于肉羊改良，出台肉羊改良工作实施方案，把建设肉羊纯繁户、绵羊人工授精站和购进经济杂交公羊作为

改良站工作重点。自此，肉羊人工授精站数量增加、肉羊良繁体系形成，2006 年底，羊产业发展实现数量和质量共增势头。

2007 年，临河区牲畜存栏达 180.8 万头（只），存栏羊 156.3 万只；出栏羊 314.5 万只，比上年增长 14.1%，饲养量与存栏量和上年比较分别下降 21.4% 和 22.4%。农民人均来自畜牧业纯收入 1852.4 元，比上年增加 514.3 元，占农民人均纯收入 30.89%，比上年提高 5.47%。

2008 年，临河区肉羊产业得到自治区财政厅支持，在地方政策、资金、技术的扶持和引导下，肉羊产业的规模化、标准化、产业化水平提升，养殖规模增加，养殖效益凸显。

2013 年，羊饲养量 530 万只，其中存栏羊 180 万只，出栏羊 350 万只，其中绵羊占 96.4%，山羊占 3.6%；羊肉产量 8.4 万吨。此阶段，机械化成为临河区肉羊业产业发展的重要特征。一是饲草料种植、收贮全部实现机械化，二是规模化养羊场（园区、户、小区）机械化配合饲草料 100%，三是饲料投喂实现半机械化，四是屠宰加工实现机械化，五是粪尿清理实现机械化或自动化。

2014 年，临河区成功举办"全国首届肉羊产业大会"，被中国畜牧协会授予"中国肉羊（巴美）之乡"。

2015 年，临河区从肉羊品种改良、肉食品安全、品牌化上，探索适合羊产业发展的路子。在中央财政现代肉羊项目支持下，尝试探索一种以肉羊食品安全生产为前提，以组织化、社会化、标准化、品牌化为重点，以现代化营销为手段的肉羊产业发展新模式。

2016 年，实施以品种改良为核心的"四方联动"方案，以种羊户、养羊户、屠宰场、羊畜产品交易中心为主，将整条产业链上的各个节点为划分标准，从研发到生产、从生产到销售，使肉羊繁育育种、养殖生产、屠宰加工、质量追溯等四方力量结合起来，实现效益最大化。3 月 31 日，

全国首家羊畜产品电子交易中心——内蒙古羊畜产品交易中心电子交易平台正式上线运营。中心主要为从事活羊及羊胴体、羊绒产品、羊下游产品交易的企业、合作社和养殖户提供现货电子交易、信息资讯、仓储物流、供应链金融等多项服务，交易方式根据自身需求灵活选择协议交易或单项竞价交易。通过有效整合全国羊畜产业资源，规范、提升羊畜产品市场交易，实现羊畜产业的产供销规模化、标准化、市场化运营，打造全国羊畜产品的"巴彦淖尔价格指数"。

未来，临河区的肉羊产业通过大数据运营平台实现农户的组织化、标准化统一，以有机绿色标准为基础来重塑产业链，各环节参与的利益方专注做自己最专业的事，把各节点环节打造成一个产业协同的整体，形成真正羊产业品牌利益共同体。

（二）品种改良

巴美肉羊作为临河区自行改良培育的新品种，经过对蒙古羊的杂交改良、引入德国肉用美利奴羊通过级进杂交、横交固定和选育提高三个阶段，最终培育成体型外貌一致、遗传性能稳定的肉羊新品种。2006年底，各类符合巴美肉羊鉴定标准（内蒙古自治区地方标准DB15/429—2006《巴美肉羊》）的羊达到33768只。2007年，巴美肉羊被国家遗传委员会正式命名，该品种的育成结束了我国没有专用肉羊品种的历史。

巴美肉羊作为临河区主推肉羊品种，已获得国家地理标识认证，是我国首个具有自主知识产权的肉羊品种。2013年，《巴美肉羊新品种培育及关键技术研究与示范》获得国家科技进步二等奖。以巴美肉羊繁育技术攻关为核心，为提高肉羊养殖的科技含量，打响巴美肉羊品牌，临河区通过胚胎移植技术扩大南非美利奴种羊群体数量，采用同期发情、人工授精方式提高巴美肉羊双羔率、产羔频率、产肉量和肉质，推广普及巴美肉羊，为生产高档羊肉奠定了基础。

通过从外地购入种公羊品种、增加绵羊人工授精站，提高授精成功率，扩大配种数量，扩大本交改良覆盖面，推进标准化养殖场建设，建设肉羊胚胎移植基地，推广二年三胎繁殖技术等工作，临河区肉羊纯繁步伐加快、种羊数量增加，肉羊产业稳定发展。临河区有巴美肉羊、小尾寒羊、杜泊、南非美利奴及萨福克等肉羊品种18个。到2016年，临河区共改良配种家畜110万头（只），其中绵羊改良配种105.3万只，人工授精85万只；山羊改良配种2.7万只。

人物访谈：

高远（临河区肉羊养殖合作社、临河区养羊协会副会长）

我是见证临河育肥羊历史的一员，很荣幸。1995年，我从农牧学院毕业后，在临河市化肥厂工作，1999年，我养了700多只鸡，隔壁的刘五养了几十只基础母羊，到2003年再见刘五时，他的羊已经发展到800多只，而我还在原地踏步，触动很大。2002年10月，听说杭后有人卖羊，连大带小170只17000元，我借了2万块钱全买回来。第二年三月，大羊带羔子300多只卖了47000多元，平均一只150元。算下来5个月挣了万数块钱，这是第一桶金。2003—2004年，羊肉4.5元一斤，2007年涨到10元，2009年15元，2011年20元，2013年25元，一路高涨。2009—2011年，我在宏宝基地养羊，多的时候3000多只，通过2007—2009年的羊肉大涨价，我积累的资金又全投到羊身上。2012—2013年，羊肉价格虽好，但利润不如以前，因为成本高了，羊和饲料都涨价。2014年，临河出现小反刍疫情，羊卖不出去，销售出现停滞，肉价下跌。到2015年底，羊肉最多卖到15元。从24元到15元，跌了9元，差价太大，养殖户都赔钱。2016年，肉羊市场才逐步回暖。十几年的养羊经历，我摸索出一套方法，养羊要把握三个步骤：一是选择没有毛病的羊，二做好疫病防控，三是把握市场需求。

2010年，我去刘五的羊场，看见人家的羊膘肥体壮，成本还不高，就学人家的方法，把豆粕棉粕番茄皮等配比起来饲喂。2011年，我成立了肉羊养殖合作社。2014年，临河区成立肉羊养殖协会，我任副会长，有会员600余户。我希望养殖户抱团发展，降低饲养成本，资源共享，销售有保障，没有后顾之忧。

临河区正在打造"中国羊都"，硬件基础设施很好，既有活畜交易市场，又具备四季出栏能力，但没有像银川滩羊、锡盟草原羊这样的好品牌。希望有关部门引导肉羊品种选择，统一标准，科学饲养，保证羊肉品质，打造属于临河的独特品牌。

谭军（内蒙古河套农牧业技术研究院常务副院长、内蒙古草原宏宝食品股份有限公司董事长、内蒙古草原宏宝食品股份有限公司党支部书记、巴彦淖尔市政协委员、巴彦淖尔市工商联副会长）

1984年，我在蔬菜公司工作，看到个体户来公司冷库存放剔骨肉，冻好后再卖供不应求，1989年我承包公司冷库后，也学着这么干，进行小作坊式加工。

临河的羊肉加工产业受季节影响，每年8—12月是"卧羊"时间，羊贩子集中去山里、牧区收羊，拉回来再进屠宰场，我们去市场看完后定价，定完价后再进行屠宰、加工。当时的流程是牧户卖活羊，屠宰场宰羊，有分割的小个体户将白条羊进行简单剔骨，去骨的肉再根据客户要求打成肉卷或肉包，发往全国各地。形成一个从白条羊到羊肉产品的过程，肉羊产业从那时拉开帷幕。

临河最早的屠宰场叫东门屠宰市场，当时从东门批发市场到大兰庙桥一带，羊贩子、屠宰户、卖活羊的都往那凑，后来卖皮子的、卖羊毛的、收羊皮的、收杂碎，形成东门屠宰交易市场。90年代，屠宰市场从东门迁到城关，开始进行定点屠宰，但也只是把个体屠宰户集中在一起，操作模式仍比较落后。后来政府出资，从山东引进得利斯屠宰场，推动了规范屠宰的进程。这一时期，国有经营体制市场化，羊肉批发市场逐渐形成，

产品可直接进北京等大城市的冷库销售，也有了羊肉加工个体户自己的销售网点。

经过10年积累，我的小作坊生产能力从100只左右增加到1000只，但一直是季节性加工。1999年，我在临狼路创办巴彦淖尔宏宝肉联厂，开始现代化羊肉加工，有分割车间、冷库、消毒间。有专业器械进行分割、加工，食品安全精细化。比如从前羊胴体有脏物，用手直接抓住拿刀割，后来则用医用手术镊把淋巴、污染物挑出来。后来羊肉产品更加细化，有按部位分的酮体卷、腿肉卷，有按羊大小分的羔羊卷肉、大羊卷肉等。

2000年，临河市提出建"北方羊城"，推行包扶养羊措施，为肉羊产业发展奠定了基础，从那一年开始，出现大批肉羊养殖户。2002年，临河市调研肉羊产业，要求建设完整的肉羊加工链，严把生产各环节。2003年，宏宝肉联厂新上一条全新的封闭吊挂式流水线屠宰生产线，配有官方兽医检疫的现代化流水生产线。2004年，宏宝肉联厂改名为内蒙古草原宏宝食品股份有限公司。

2004年，公司开启和农户联合养羊模式，公司出钱帮农户发展养殖，农户到公司屠宰销售；2007年，公司年屠宰能力为50万只；2008年，公司建成10个养殖基地；2013年，公司的肉羊全产业链模式形成；2014年，建成年屠宰能力100万只的分公司。

为提高羊的单体生产能力，公司投入100万只奶山羊现代化生产线。2016年，完善了奶绵羊的技术、引种、保健、营养和挤奶等控制体系。引进的30只奶绵羊，用胚胎扩繁的方式已繁育400多只，预计到2020年可达5000只。奶绵羊在中国不足3000只，未来，巴彦淖尔市最适合的生产方式是肉乳结合，把奶羊养好，生产出高品质的羊奶，那么羊肉的质量也会喜人。

陈怀森（内蒙古富川饲料科技股份有限公司董事长，内蒙古政协委员，内蒙古总商会第十二届副会长）

1986年，我在巴彦淖尔盟兽医站做动物防疫

和检疫工作，工作中接触到各种各样的实例，看到农牧民养猪鸡牛羊死亡率很高，因为好多病能防不能治，等发现的时候已经没办法了。1992年，我选择科技下乡，用科技服务农民。在技术服务的两年中，有好多农牧民请我当技术顾问，但我精力有限，能享受到我服务的农民太少，于是我考虑组建团队。

1994年，我在内蒙古昌河饲料发展有限公司做技术服务，1997年，应邀在北京仁和饲料集团作技术总监，1998年10月，我选择辞职。1999年3月，我们3个人用3万元创立巴彦淖尔盟畜牧兽医实用技术研究所（富川饲料厂前身），开始为养殖场（户）做技术服务，五个月后租下铁路货站两间库房，买了一台搅拌机，开始生产饲料。

起家的第一个产品叫攒猪口泼精，是专门针对巴彦淖尔盟农村秋冬季攒猪存在的问题（如猪不口泼、便秘等病）研制的一种特殊浓缩料，供不应求。之后，我们开始研究生产小猪饲料，一种减少猪毛病并且长得快的浓缩料应运而生。2000年，我们又以代加工的方式投放乳猪料。这样，饲料厂有了仔猪、乳猪、秋季攒猪的系列产品。2002年，整个后套的传统饲喂方式发生改变，富川饲料开始深得人心。我们又开始做鸡饲料科研，2003年攻破肉鸡腹水症这一全国性技术难题，为养殖户提高20%的收入。富川的发展，有一个重要原因是免费技术服务，先后推广猪三项保护技术（打好疫苗、驱好虫、喂上好饲料），并在巴彦淖尔盟各地讲课、培训农牧民，为农户保驾护航。

经过几年发展，2007年9月建成新饲料厂后，我们彻底解决生产供不上销售这一老大难问题。2009年，富川饲料公司顺利通过ISO9001：2008认证，成为内蒙古自治区首家通过HACCP食品卫生安全管理体系认证的饲料企业。饲草料的好坏直接关系到养羊效益，所以建造全产业链的第一步就是要把好牧草关。这些年，我们自主研发了很多高科技饲料产品，抑制了瘦肉精、三聚氰胺等违禁添加剂的使用，保障了饲料行业健康发展。

研究出的育肥羊调理期饲料，调理20天出现三个好结果——成活率99%，普通病发病率下降80%，平均每只羊日增重夏天0.45斤、冬天0.6斤以上。意味着提前20天出栏，给农民带来收益。

我们国家羊肉消费的多少取决于南方人，临河市大量育肥羊也都是南方人购买。2002年，我们带领养羊户实现短期快速出栏，产出了瘦肉率高、膻味小、鲜嫩的羊肉，深受南方人喜欢。2004年，大批南方人到巴彦淖尔买羊肉，把羊肉价格提升起来。2007年，肉羊市场发生逆转，羔羊价格涨到600～700元。2008年，我提出"好羊肉是喂出来的"，通过自繁自育，进行科技普及和推广，降低饲养成本，让广大农牧民获得更多收入。

2011—2016年，我们利用五年时间完成富川现代肉羊产业化循环经济科技示范园区的建设，以生产瘦肉率高、卫生安全的高端羊肉，打造全国第一羊肉品牌。以绿色生态效益为基点，引领农牧民共同致富。以突出科技创新和动物福利饲养为亮点，实现现代化农业与现代化牧业的有机结合和良性循环发展。这种养殖模式从饲草料种植，到整体规划、棚舍设计，到饲料科学搭配、卫生安全、疫病防控，到机械化作业、林下经济、沙漠治理等全包括在内。整个管理采用世界上最先进的动物福利饲养模式，让羊的健康水平、生产性能、羊肉品质、卫生安全指标最大化。2014年，我们生产出了全国最好的羊肉。2015年，我们与河套学院联合创办"河套学院—富川现代肉羊养殖商学院"，为西北地区大型现代化养羊场培养中高层管理技术人员。

刘银德（国家职业兽医师，内蒙古农牧业服务协会副会长、客座教授，国家种羊、种猪鉴定员）

1979年，我在临河县兽医站工作，负责牲畜防疫。那时一个兽医承包1～2个生产队，那会儿就有春、秋防疫大会战，但主要是给猪防疫，羊很少。1983年，养殖销售由市场调控，农民养什么，养多少，看市场定夺。1990年，市场经济放开，羊越来越多，人们养羊的积极性很高。防疫员也在春、秋两季集中防控。羊屠宰有了专门检疫，商品流通越来越快。临河市成立兽医站后，有了检疫所和监督所，农民文化程度低，农户十分依赖兽医。2000年，临河市开始禁牧，但养羊的反而更多，且出现规模化养殖。防疫员的防疫工作开始用分数评判，做法是随机抽查村民牲畜，看防疫员是否按规定给牲畜打了疫苗。市场经济运行平稳，检疫人员逐年增加。

我学的是兽医，但在基层得当全能手，分管过草原站和改良站、检疫和疾控中心。1988年，我获得国家和内蒙古政府星火项目"肉羊商品化技术开发"二等奖各一次；1990年，在各种病害防治方面实行的是防、检、消、治相结合的防病灭病措施，使猪、鸡、羊的防疫密度达到90%以上，死亡率控制在最低。1991年，我获得"耐盐碱优良牧草筛选和利用"项目内蒙古政府科技进步三等奖；1994年，临河市推行"行政、技术、农户"三位一体的防疫承包责任制，在部分乡村开展防疫保险责任制。这一年，我成为国家职业兽医师，做了推广青贮、秸秆转化的技术工作，和农管局合作搞肉羊商品化技术开发、在杭后搞耐盐碱优良牧草筛选等。1995年，临河市建立健全市、乡、村、社四级防疫网和兽药器械供应网；1996年，临河市采取定点屠宰检疫和市场验证督查双重把关的办法，每年畜产品检疫率明显提高；2000年，任富川畜牧兽医实用技术研究所技术顾问；2008年，获内蒙古"秸秆转化配套技术推广"项目二等奖；2015年，参与富川童子羊一系列检疫工作。2016年，成为巴彦淖尔市星火科技的坐诊专家、科技特派员。

孙亚红（临河区家畜改良工作站站长、党支部书记、农业推广研究员，临河区第十七届人民代表大会代表）

1988年7月，我从哲里木畜牧学院毕业分配到临河县家畜改良站工作。90年代，针对养殖户秸秆整喂、养殖粗放的现状，我主持推广"农作物秸秆加工转化利用项目"，利用"微贮王""兴牧宝"等微生物制剂对农作物秸秆进行微贮，利用尿素、石灰水对农作物秸秆进行氨化、碱化处理，经过10多项试验示范，发现每只羊增重5公斤，且农作物秸秆利用率提高40%，有了巨大的经济效益和社会效益。2000年，临河市委、政府提出建设"北方羊城"，为培育巴美肉羊新品种，从2002—2007年，我以胚胎移植主要技术人员的身份，连续5年参与巴美肉羊胚胎移植工作，共移植绵羊胚胎2万枚，受体羊受胎率60%以上，生产种羊1.2万只。在2005—2007年，主持开展"巴美肉羊新品种培育及优质种羊推广利用项目"，推广巴美肉羊2万多只，改良绵羊80多万只，肉杂羔屠宰率提高48%，胴体重由25斤提高到42斤，胴体净肉重由66%提高到75%，年新增经济效益2亿元以上。2006年—2007年，我主持成立临河区肉羊胚胎移植中心，移植巴美肉羊等胚胎2万多枚，生产种羊1万多只，带动经济效益2000多万元。

2010—2015年，我主持推广"玉米全株青贮技术推广项目"和"玉米秸秆黄贮技术推广项目"。2011年，我在临河区狼山镇兴德成养殖场、临河区种羊场开展巴美肉羊和南非美利奴羊胚胎移植工作；2012—2013年，开展巴美羔羊早期断奶和巴美母羊早期配种工作，巴美母羊反季节同期发情试验，双羔巴美母羊新品系培育工作，巴美母羊二年三胎繁育技术研究，巴美羊双胎基因筛选等工作；2014年，开展卵泡抑制素对巴美肉羊繁殖性能的影响等高频高繁技术试验工作，提高巴美肉羊的种群质量。2016—2017年，主持开展"巴寒杜三元二代杂交高频高繁技术试验示范项目和羔羊早期断奶试验示范项目"，探索适合临河区的最佳杂交组合和二年三胎繁殖技术。

在临河区建设羊都的道路上，品牌建设很重要，要支撑天赋河套品牌就必须源于河套，羊肉要做到可防可控，做好品种改良，使临河区肉羊产业不断延伸拓展，建设步伐更加稳健。

（三）肉羊业发展

从以前的"农业附带"到今天的"主导产业"，改革开放40年来，临河畜牧产业依靠政策护航，在发展中不断调整，在调整中不断优化，在优化中不断提高，以市场需求为导向，依托科技进步，在扩量、提质、增效上下功夫，着力做好种子工程、畜牧安全工程和动物营养工程，推动产业转型升级，使畜牧业实现跨越式发展。

1991年，临河市畜牧业以典型示范户为抓手，带动全市畜牧业走"以农养牧、以牧促农、农牧结合"的发展路子。

1994年，提出"龙头企业"带基地农户养殖，贸、工、牧一体的产业化道路，以全国秸秆养羊示范项目为契机，确定临河市东北部四个乡为肉羊生产基地。产业化布局的调整使临河形成猪、牛、羊、鸡四大产业化链条。

1999年，畜牧业产业结构调整为主攻猪、羊等品种，开展以良繁体系为主要内容的"牲畜种子工程"建设，建起绵羊人工授精站4个，完成肉羊基地秸秆养羊示范项目。全市牲畜存栏119.5万头（只），其中存栏猪32.4万头，羊79.8万只，牛1.38万头；良种、改良种牲畜达112.5万头（只），占存栏总数的94%；年内家畜饲养量179.4万头（只），其中饲养奶牛2462头，家禽饲养量482万只；牧业年度出栏家畜57.7万头（只），出栏率为47%，其中，出栏猪23万头，羊35万只；出售家畜43万头（只），商品率为39%，其中，商品猪15万头，商品羊28万只。1999年全市畜牧业总产值3.6亿元，较1998年增长8%，占农业总产值的22%。

2000年，临河市畜牧业在推进产业化进程中以科技进步为支撑，以推广秸秆养羊和瘦肉型猪饲料技术为支撑，加强基地建设，对畜牧业内部生产结构进行调整，加快畜牧业经营方式由粗放型向质量、效益型的转变。

2007年，临河区的肉羊养殖呈现出栏周期短、生长速度快、养殖效益高、规模化养殖的特点，肉羊养殖成为农民增收的重要来源。

2009年，畜牧业发展以肉羊和奶牛为重点，以项目为依托，以畜牧业"三大工程"为抓手，大力推进肉羊舍饲圈养，提升养殖水平和效益，加快畜牧业产业化进程。全区牲畜饲养量达到537万头（只），其中羊饲养量480万只；牲畜存栏189万头（只），其中存栏羊160万只、猪23万头、牛3.2万头；出栏牲畜348万头（只），其中出栏羊320万只、猪23万头、肉牛1.3万头，农民人均来自畜牧业的纯收入占到农民人均纯收入的30%以上。

2010年，围绕"主攻羊、突破牛、稳定猪"发展思路，通过市场调节、政府引导、项目推动使全区肉羊、奶牛、生猪养殖向标准化、集约化、现代化方向发展，提升养殖水平和效益。

2011年，临河区羊饲养量480万只，其中出栏羊320万只。农民人均来自畜牧业的纯收入达3393元，占农民人均纯收入的35%，其中人均来自肉羊业的纯收入占人均畜牧业纯收入的75%。

2012年，临河区规模化养殖发展势头强劲，落实新建和改扩建规模化养殖场（户）47个，其中肉羊39个、奶牛4个、生猪4个。

2013年，临河的肉羊养殖由家庭散养向专业育肥养殖模式转变，养殖规模不断增加，养殖效益更加明显。2013年牧业年度全区家畜总头数187.2万头（只），比上年增加10万头（只），增幅为5.7%；家畜饲养量达到463.9万头（只），比上年增加16.4万头（只），增幅3.7%。牛存栏2.4万头，比上年减少0.2万头，减幅8.9%，其中奶牛存栏1.8万头，比上年减少0.02万头，减幅1.4%。羊存栏168.2万只，比上年增加11.2万只，增幅7.1%；羊饲养量达到422.9万只，比上年增加19万只，增幅4.7%；羊出栏254.7万只，比上年增加7.8万只，增幅3.2%；羊的出栏率、商品率达到162.2%、156.9%，分别比上年增长3.8和3.7个百分点。生猪存栏13.4万头，比上年减少 0.6 万头，减幅 4.5%；生猪饲养量 32.1 万头，比上年减少 2.6 万头，减幅 7.6%；出栏肉猪 17.1 万头，比上年减少 1.6 万头，减幅 8.5%；生猪出栏率、商品率分别为 124.5% 和 86.1%，分别比上年下降 8.8 和 5.5 个百分点。

2017 年，发展现代畜牧业成为临河区农村产业结构调整的战略性举措。

经过 40 年的不断调整优化产业结构，临河区畜牧业实现由分散饲养到规模化养殖，由传统粗放经营向质量、效益、现代化经营转变，由种植业主导型向畜牧业主导型的转变，加快畜牧业产业化进程，实现畜牧业发展新跨越。

纵观临河畜牧业改革发展的历程，不难看出，畜牧业对振兴临河地方经济，促进农村发展，提高农民收入等方面发挥了巨大作用。根植河套这片沃土，临河畜牧业的发展还会再放异彩！

（赵海珍）

二、诗文收录

巴彦淖尔赋

杨介中

天赋古原，漠北胜地。簇拥山川之秀，独辟风水之祥。总揽神奇，雄踞北疆。身居穹庐之下，形在逸懿之上。北为高原，瑞草繁盛；国防峻伟，横扼边关；甘其毛道，口岸通商；牛羊成群，凤冠其首；二狼山绒，举世闻名；希热古泉，益寿延年。阴山岩画，民族图腾，历经沧桑，鬼斧神工。悬壁筑坝，蓄水拦洪。老榆挺骨，怪石成林。油煤争妍，沙石通灵。惊夺塞外奇观，巧布国脊彩虹。南称河套，渠系纵横；田园阔坦，百禾精生；小麦葵花为伍，鲜菜卉葩毗邻。黄河引颈，四百余里，随愿进退，长啸东海。阴山柱立，二千多米，绵延东西，直扑云天。三盛公桥，飞架南北，启闭之间，枢涛逐浪。乌梁素海，塞外明

珠，苇蒲蔽日，鸟鱼争翔。乌兰布和，沙族故乡，纵林表草，定风固壤。冬凝千里冰封，春发万枝绿茵。瓜果桃梨，香飘天外；金银铜铁，连接五洲。河套美酒，醇香可口；金川名啤，保肝护胃。雪花面粉，质优品纯；黑色瓜子，锻齿润肠。厚土千寻瑰丽，芳园万物销魂。资源浩荡，民风淳朴；厚德重情，健康文明。蒙汉兄弟，唇齿相依。文华奇射，学仕如林。龙吟虎啸，风骞鸾飞；花鸟如锦，人杰地灵；黄河之大，唯富一套。莽原既阔，雄镇一边；天苍苍，野茫茫，何其壮哉！沃土六万四千余平方公里。

秦汉设郡，府号九原。青史浩繁，辈出英贤；彪熊剪尾，豹舞猿啼。文治武功，烽火狼烟。无数豪强更迭，多少遗骨飘零。铁血悲歌，千古遗恨。惊世绝版，五原抗战。救亡图存，荷戈效命，军民同力，逐寇卫国。敌酋毙命，江山增颜。风骨留传万代，碧血光耀汉青。共产党人，竖旗河套；艰苦卓绝，争死向前；中华之魂，千年凝锦。融通马列，壮夺昆仑。事业与青山同在，精神与日月同辉。建国兴邦，下置七县；辅弼黎庶，沥血呕心。工商农牧兴旺，电路林田发达。改革开放，疏凿有序；吐纳英华，鉴照日月；催颓踣折，慷慨激烈。率先翻番，强国富民。奋惊九域，浪涌三春。谋求发展，优化环境；开发资源，启用贤能。史接千载，视通万里；根连地秀，顶接天齐。吐纳珠玉之声，卷舒风云之色。撤盟设市，跻月乘云。上顺天意，下应民心，御长风而破巨浪，跨雄级而迎曙光。满腔诗情画意，一路披荆斩棘。泱泱八百里水乡，浩浩四万里草场。约雨邀云，长歌当笑，来日试剑，欣然夺冠。

伟哉！巴彦淖尔；壮哉！巴彦淖尔；巍巍哉！河套平原，乌拉特草原。气象万千，名不虚传！

离太阳最近的人

——献给孔繁森

孙世平

你是一种声音

比诗歌更生动
你是一种色彩
比画面更传神

旭日从海洋升腾
高原离蓝天最近
你就行走于潮头
你就伫立在峰顶

从阿里到聊城
从东海到珠峰
人们呼喊着你的名字
泪水和泪水竞相奔涌

从妇女到儿童
从孩子到老人
大家传诵着你的故事
心灵与心灵不再陌生

人都是血肉之身
谁没有六欲七情
你两度入藏十几载
多少次梦中泪染衣襟
离别诚然苦痛
相聚纵然欢欣
但风中雨里的脚步
更愿踏辉煌的人生

不论乡村还是城镇
不论雪山还是田埂
你走到哪里
哪里都是阳光和春风

探贫苦　视灾情
访孤寡　问疾病
你把满腔的热血
献给了边关的父老乡亲

你很"傻"也最清醒
你很"穷"又是富翁
你视钱财如粪土
你把情感当黄金

没有人能否定
你无私无畏的精神
所有的人都敬佩
你是人民公仆的象征

谁敢相信
一个地委书记会没钱用
谁也不敢相信
堂堂的高干以卖血助人

我们的祖国大地
有许多您这样的共产党人
但也有一些"蛀虫"
让人感到失望和痛心

黑暗与光明
从来就是矛盾
美与丑　善与恶
没有一天停止过斗争

功臣或者罪人
无须包装和吹捧
历史是人民写的
人民是历史的天平

仰望永恒的星辰
缅怀不朽的英灵
我们记住了你的名字
共产党人孔繁森

敖包上的风

李　炯

我不止一次
看见你一动不动眺望远方
等一对岩石般相爱的人
前来祷告

我绕着你顺转三圈
添些石块，仰望你的高度
经幡热情抖动着
好像要抖落一身花瓣
然后羽翼般飞翔

我不止一次梦见你痴迷的样子
严肃神圣，执着崇奉
如这青石垒砌的敖包
一层一层，接近蓝天

乌拉特草原

何立亭

她辽阔，剔尽繁复
指向太阳沉落的地方
她自由游荡
带着骏马善良的眼神

她裸露青铜色的上身
裸露少女的清香和自由

请敞开坦荡的怀抱，到草原来
请放下所有的忧愁
请把歌声和草的清香
一口饮尽

请抬高你越来越矮下去的世界
把沾满尘土的心打扫干净

在高处，星空低垂
单纯的梦云一样轻

云天的故乡
乌拉特草原
在风雨中去蓝
去白，去绿，去遥远

花时间

赵春秀

夏末开始
我反复练习你开花的样子
旁若无人地等麦穗饱满
为爱着还有
来不及去爱的生命培植金黄
树影躺倒又直立周而复始向飞鸟讲述
事物变化的过程，风暴中
时间失去了控制
星空这座闪烁的大房子空荡
流动的只有梦幻和真实
正是它们毁灭和燃烧着渴望
叶子纷纷下落，一片，又一片
藏在缝隙之间，悄悄托举尘世的
是我没有遇见的另一片

西风辞

付志勇

风你别吹
让薄云留下来
为一个漂泊者
为一个异乡人

在途中
他因寂寞而有足够的空旷
他劈柴烧火

把远山的冬雪煮开

他也因孤独而有足够的澎湃

他挥毫泼墨

把沿路的炊烟写成流岚

他长河饮马

身上落满月光

他荒野行走

从冷风中取出火苗

他认真地绿

认真地荒芜

认真地爱和恨

认真地拨出身上的乌云

也静止也动荡

也沉默也喧哗

停不下来的奔波啊

他把自己安顿在西风里

河套之春

牧子

一棵草联合另一棵草

揭竿而起

河套的大地就绿了

一片云叮咛另一片云

不再调皮

河套的天空就蓝了

一个人遇见另一个人

两心相依

河套的爱情就熟了

三、临河老地名

A

爱丰　临河区原小召镇行政村名，位于镇政府驻地王老虎圪旦西北8千米。

爱国　临河区原小召镇行政村名，位于镇政府驻地王老虎圪旦西北5千米。

B

八岱　临河区原黄羊木头镇旭光村委会所在地名，又名八岱营盘。八岱会议，941年傅作义在八岱召开的一次会议。八岱乡，临河区境内曾设乡，乡政府驻八岱，1960年由黄羊木头公社划出设公社，因治所在八岱营盘而得名。1983年改乡，2001年撤销。

八岱营盘　临河区原黄羊木头镇旭光村委会驻地名。1932年，屯垦军队在八岱建营盘驻军，人们叫这个营盘为八岱营盘，后得地名八岱营盘。

八份子　临河区原古城镇新元（源）村委会所在地村名，因村位于旧东支渠第8支渠而得名。

八一乡古城遗址　临河区八一乡东3千米处公路北侧，有一座汉代古城遗址。八一乡，临河区乡，乡政府曾驻靳家台。1956年设靳家台，1958年设人民公社，时因境内有内蒙古军区八一拖拉机站而更名八一。

八一站　临河区八一乡新道村委会所在地村名，位于靳家台东8千米。20世纪30年代（中华民国年间），阎锡山曾在此地驻军屯垦，曾名屯垦寨子。1958年，中国人民解放军内蒙古军区在此捐建了八一拖拉机站，村名取八一站以示纪念。

巴彦淖尔影剧院　20世纪70年代，巴彦淖尔盟行政公署从磴口迁到临河后，开会没有大会场，演出没有大舞台，放电影没有大剧院，盟计划委员会决定建一个场所，并向内蒙古自治区提出申请。1979 年 3 月，自治区拨款 20 万元，后追加到 70 万元，资金不足部分由地方自筹，用于建设电影院。电影院由内蒙古设计院参考内蒙古工人文化宫设计，因增加了一个舞台，遂改为剧院。剧院于 1979 年秋开工，由巴彦淖尔盟建筑公司施工，可抗 9 级地震。1981 年 9 月底，剧院竣工。主楼建筑总面积 3400 平方米，占地近 8 亩。关于剧院的名字，"河套电影院""巴盟剧院""巴盟戏院""塞上剧场"等众说纷纭。梁国财研究了北京 60 多家影院、剧院、戏园的名称，认为它是一个集开会、放电影和演出的多功能综合剧院，所以叫影剧院最为合适，再冠以"巴彦淖尔"。他的建议得到认可，巴彦淖尔影剧院的名字便定下来。11 月 1 日，巴彦淖尔影剧院举行落成仪式，放的第一部电影叫《特高课在行动》。当时的巴彦淖尔影剧院，前厅为框架结构，六根柱子和前厅大门道壁均是大理石贴面，是本地在建筑上第一次使用大理石。是那个年代内蒙古西部地区独一无二的宏伟壮观建筑物，成为临河城一道亮丽风景线。2004、2006 年，巴彦淖尔市政府斥资 500 多万元，对影剧院消防工程和外立面进行两次改造。2012 年 5 月，巴彦淖尔市新创影业有限公司筹集 360 万元，对影剧院进行第三次改造。

巴音　临河区小召镇行政村名，村内曾驻有内蒙古水科所试验站、巴彦淖尔市清水试验站等单位。小召镇撤并后，归狼山镇管辖。

白大圪梁　临河区古城镇（后撤并归新华镇）联合行政村自然村名，位于八分子东 7 千米。

白脑包　临河区白脑包镇驻地村名（曾名王贵圪旦），位于临河西北 35 千米。脑包是蒙语译音，与敖包同意，白脑包即白色敖包。

白头圪旦　临河区古城镇红旗村民委员会所在地村名，位于八份子南 6 千米。

白油房圪旦　临河区小召镇富强村民委员会所在地村名。位于王老虎圪旦西南 8 千米。

百川堡　临河区新华镇政府和兴隆行政村委会所在地曾用名。位于临河北偏东 43 千米，临河至份子地公路、陕坝至五原公路在此交汇。1923 年，山东人王鸿一于此地创办移民社。随着商贸发展，有了祥泰魁买卖字号，因而此地初称祥泰魁。1932 年，阎锡山屯垦军进入后套，在祥泰魁东侧修筑城堡，设立屯垦办事处。为表记阎锡山屯垦实边，取阎的字百川命名此地为百川堡。1953 年改称新华镇。

班禅召　寺庙。位于临河区乌兰图克镇驻地苏生圪旦南 3 千米。1334 年由西藏来的纳旺班禅喇嘛主持修建，得名班禅召。1469 年被明朝的哈立珍汉王爷烧毁，1684 年依勒贺宝格达喇嘛又建。曾有清朝康熙皇帝御赐汉、满、蒙、藏文字题写的"法佑寺"牌匾，庙内供奉巴日汗巴格西（释迦牟尼）。1935 年和 1944 年，班禅召两次被水淹没，1966 年损毁。

包二子圪旦　临河区干召庙镇建华村委会所在地村名。

保管圪旦　临河区白脑包镇联丰村村委会所在地村名。位于敖包一社西南 5 千米。1949 年前此地有一个保管粮食的仓库，因而得此名。

北假　秦汉时称今内蒙古河套以北、阴山以南夹山带河地区为北假。《史记·匈奴列传》：秦始皇三十三年（前 214 年），蒙恬将兵北逐匈奴，"渡河据阳山（今阴山）北假中"，即此地。秦北逐匈奴拓阴山（今乌拉山。称前为阴，后为阳）北之地，使贫民垦辟，名其地曰北假。此为巴彦淖尔市境内垦务之始。北假这一地名最早见于《史记·始皇本纪》：始皇三十二年（215 年）"使将军蒙恬发兵三十万人，北击胡，略取河南地"。翌年，"又使蒙恬渡河取高阙、阳山、北假，中筑亭障，以逐匈奴"。按《水经注》云："自高阙以东，夹山带河，阳山以西，皆为北假也。"相当于临河区、五原县北境、乌拉特前旗西北地区和乌拉特中旗的山前地区。

C

蔡家圪旦　临河区原曙光办事处（后改曙光乡）曙光行政村驻地村名，曾位于解放东街东南2千米。

缠金　古地名。位于临河区古城镇。缠金渠，清代后套干渠，始成于嘉庆年间（1796—1820年），宽1丈，长25千米。清道光五年（1825年）开浚，自黄河东北行，经临河至乌加河，长80千米。光绪三十年加以整修，加宽加深，并配以6条分干渠，平水年可灌田三千顷。取6条分干渠均开口于缠金渠，缠金渠永远为其提供水源之意，后改名为永济。

长胜　临河区曾设公社名，1958年设长胜公社，1983年改设为隆胜乡，1999年改设为隆胜镇。

常东年圪旦　临河区自然村名。位于乌兰图克镇东兴村八组。

常素庙　寺名。又名观音茅蓬寺、甘露寺。位于临河区新华镇4.5千米。因信佛者常年吃素，故俗称常素庙。

常万银圪旦　临河区新华镇胜丰村委会所在地村名。成村约1930年，常万银是人名。

朝汗淖　临河区自然村名，北纬40°48′，东经107°12′。20世纪70年代为立新大队驻地。

陈河鱼圪梁　临河区原古城镇三合村自然村名。20世纪70年代为新胜大队驻地。

陈家圪旦　临河区原黄羊木头镇棋盘行政村委会所在地村名，位于原八岱乡西南8千米。

陈三圪旦　临河区原丹达木头乡永胜行政村村委会所在地村名。

陈营长圪旦　临河区双河镇进步行政村委会所在地村名。位于李世红圪旦西5.5千米。陈营长是民国年间退伍军人，故得此名。

程二圪旦　临河区新华镇民益（民义）行政村委会所在地村名。

D

大城西圪旦　临河区狼山镇迎胜行政村委会所在地名。民国初年形成大城西商号，村名来源于此。

大栓虎圪旦　临河区自然村名。20世纪70年代为隆光大队驻地。

丹达木头　临河区乡名。乡政府曾驻李四圪旦（曾名水桐树）。1961年设公社，公社政府驻德和泉。1976年迁驻李四圪旦。1985年改乡。

德和泉　临河区原丹达木头乡水桐树行政村委所在地村名。清末村中曾有德和泉商号，村名由此得来。

丁油房圪旦　临河区干召庙镇自然村名。

东洛　渠名。在临河区原隆胜镇东洛行政村境内。临河区隆胜镇行政村名。1983年更名改村，东洛渠纵贯南北。

东沙　也称东沙畔。临河区原小召镇西乐行政村村委会所在地村名，又名杨盛金圪旦。

杜家圪旦　临河区白脑包镇三八行政村村委会所在地村名，位于白脑包西北2千米。

杜家台　临河区八一乡行政村名。1958年设联丰大队，1983年更名改村。包兰铁路站名。临河区八一乡杜家台行政村自然村名，即杜家台车站所在村。

段家圪旦　临河区原乌兰淖尔乡行政村村委会所在地村名。

段阴阳圪旦　位于临河区东北17千米。

E

二哈营圪坝　临河区自然村名。

二黄河　临河区境内，对引水总干渠的俗称。

二厘五　临河区狼山镇富义村村委会所在地村名。

二七九医院　全称中国人民解放军第二七九医院。1967年建立，团级野战医院，位于临河区。负责包头以西、兰州以东地区驻军的医疗救治。1987年11月7日撤销。其房地产由原北京军区临河房地产管理处接收。

二万圪旦　临河区双河镇黄河村委会所在地村名。

二喜科圪旦 临河区自然村名。20 世纪 70 年代为民兴大队驻地。

F

范夫人城 临河区境内民间传说的古迹，在阴山的狼山段。《临河县志》有《范夫人城怀古》诗。

份子地 在临河区原古城镇旧东渠（开口于永济渠，流向东北）东。清末民初，居住于此的人们拓荒开垦，先后兴挖 20 多条渠，将土地分成份儿，出现了份子地的称谓。

冯家圪旦 临河区自然村名。20 世纪 70 年代为临河乌兰淖尔人民公社民丰大队驻地。

冯云圪旦 临河区原黄羊木头乡农光村村委会所在地村名。

G

干召庙 清代此处曾有一座甘珠尔（藏语）庙，并形成地名，位于临河区至陕坝公路 14 千米处。

刚济渠 1861 年（清咸丰十一年），临河商人贺清开浚，自黄河起经刘三地至达乌聂古琴渠，长 65 千米，原名刚目渠。

关东兴圪旦 临河区自然村名。为乌兰图克镇东兴村八组，按村民居住情况，分南营子和北营子，南北营子相距 500 米。南营子称常东年疙旦，北营子称关东兴疙旦。20 世纪 70 年代，关东兴疙旦为长胜公社兴丰大队驻地。

缸房圪卜 临河区狼山镇民强村委会所在地村名，20 世纪 70 年代为和平大队驻地。

高二圪旦 临河区自然村名。位于北纬 40° 36′，东经 107°12′。20 世纪 70 年代为团结大队驻地。

高骒驹圪旦 临河区双河镇民族村委会所在地村名，位于刘三圪旦西南 3 千米黄河岸边。

高油房 临河区原古城乡古城村村委会所在地村名。村中有古城遗址。

公产 临河区白脑包镇行政村名。

公中庙 临河区乌兰图克镇隆强村委会所在地村名。

古城 临河区原古城镇行政村名。因村委会所在地高油房村内有汉代古城遗址而得名。

光荣村 临河区原隆胜镇行政村名。

规划圪旦 临河区乌兰图克镇新胜村村委会所在地村名，1958 年曾对村落进行规划因而得村名。

郭兆玉圪旦 临河区行政村村名。20 世纪 70 年代为原乌兰淖尔公社全丰村村委会所在地，位于乡政府驻地西南 4 千米。21 世纪，为干召庙镇胜丰村二组所在地。

H

哈达淖尔 湖名。位于临河区新华镇哈达淖尔行政村境内。地名。哈达淖尔村。

韩家圪旦 临河区八一乡金星行政村村委会所在地村名。

韩三圪旦 临河区原古城镇东方红行政村委会所在地村名。

韩头圪旦 临河区乌兰图克镇团结行政村村委会所在地村名。

郝根缠圪旦 临河区原古城镇春和行政村村委会所在地村名。

郝驴驹圪旦 临河区白脑包镇公产行政村自然村名。

郝驴驹海子 淡水湖名。位于临河区白脑包镇公产行政村境内，面积 4 平方千米，水深 3 米，与永济渠相通。产鲤、鲢、草鱼等 10 多种鱼类。夏季景色秀美，秋季海天一色，冬天是一个冰盖。

郝桃圪旦 临河区乌兰图克镇新义村委会所在地村名。

合济渠 临河区境内水渠名。

何大山圪旦 临河区白脑包镇敖包行政村村委会所在地村名。

河北店 临河区原乌兰淖尔乡自然村名。

河曲圪旦　临河区双河镇自然村名，位于刘三圪旦东北3千米，合济渠两侧。

河套　"河套"一词最早见于何史籍，不能明详。但可以想象中华民族与河（古籍中河独指黄河）的关系密切。早在远古，生活在这里的先民就与境内的河产生了密切的关系，创造了灿烂的河套文化。他们狩猎、游牧在这片土地上，虽然不能鸟瞰河在这里的形势，但也知其沿阴山的环形（很明显"河套"一词是因河形而来的）。由此可知"河套"一词是由来已久的，只是人们不知道它最早见于哪本书而已。自元代起，"河套"一词越来越多地出现在各种书籍里，并有了较稳定的内涵，用来指贺兰山以东，狼山、大青山南，黄河沿岸地区。并以乌拉山为界，东为前套，西为后套。也有以黄河南、长城北地区为前套的，与河的北面的后套对称。1742年（清乾隆七年），陈履中编辑的《河套志》木刻本问世。到1949年后，"河套"一词的外延逐步缩小，演变为仅指境内的河套地区，或以这地区为中心的一个更大的范围。因而在1954年国家撤销了绥远省建制后，就批准了内蒙古自治区人民政府以"河套"命名境内一级行政区的申报，即改陕坝区为河套行政区。国家批准用"河套"一词来命名境内的一级行政区，从而确立了这个词的地区独有性（因为全国是不能重名的）。1984年，内蒙古自治区人民政府批准设立河套大学，1985年经国家教委备案，1986年国家副主席乌兰夫为河套大学题写了校名。以后境内各大企业又纷纷获得"河套牌"商标的注册。"河套"一词的主要特点是信息含量高，其本身具有方位指示性，有利于向外宣传、介绍自己，一提"河套"人们就知道在中国的什么地方。河套自古以来就是一个多民族聚居区，是北方民族繁衍生息的地方。各民族不仅共同创造了灿烂的远古河套文化，也开创了辉煌的近现代文明。河指黄河，套指黄河走势，围成大半个圈的河道，也指这样的河道围着的地方。明清山陕地方志人士认为，西河自西而东至灵州西界之横城（今银

川市），折而北谓之出套；北折而东，东复折而南至府谷之黄甫川入内地，迂回二千余里，环抱河以南地，故名河套。《辞海》1949年前版对"河套"一词的注释为，"《榆林志》云：黄河自宁夏横城堡西折而北，经三受降城南，至废东胜州，西折而南，入府谷县黄甫川东，其中谓之河套。"此说法自魏晋至清延用，指黄河从宁夏横城到陕西府谷的一段，也指黄河这一段围着的地方。近代则指黄河这一段和贺兰山、狼山、大青山之间的地区，即宁夏回族自治区境内的贺兰山以东、内蒙古自治区境内的狼山和大青山以南至黄河沿岸地区。因黄河在此流成一个大弯曲，故名。又有以乌拉山为界，东为前套，西为后套之说。旧时又有以黄河以南、长城以北的地区称前套的，和黄河北岸的后套相对称。今天内蒙古自治区内人称河套者，即指巴彦淖尔市境内的河套平原。河套大学，位于临河区利民东街大学路。1984年11月建立，1985年1月内蒙古自治区批准，4月国家教委备案，7月招生。时任国家副主席乌兰夫为学校题写校名。河套饭店，曾位于临河区胜利南路西马拉沁桥北，后拆迁。河套灌区，河套灌区河套平原灌溉农业区位于内蒙古自治区巴彦淖尔市南部。西起乌兰布和沙漠东缘，东至包头市郊，北抵阴山山脉的狼山、乌拉山洪积扇，南临黄河。横跨巴彦淖尔市7个旗县区、88个乡、689个村、3954个村民小组、8个农牧场、13个渔场。灌区有人口100多万，面积11898平方千米，设计引黄河水灌溉面积713千公顷，有灌溉面积530千公顷。河套灌区由包尔套勒盖、后套、三湖河3个灌域组成。包尔套勒盖灌域紧靠乌兰布和沙漠，由黄河三盛公水利枢纽上游4千米的一干渠（乌审干渠）进水闸引水灌溉。灌域内有磴口县巴彦高勒镇、补隆淖镇、哈腾套海苏木、沙金套海苏木。后套灌域西接包尔套勒盖灌域，东至乌梁素海。由三盛公枢纽北岸总干渠进水闸引水灌溉，是河套灌区面积最大的灌域。三湖河灌域位于中滩平原西端即蓿亥平原。20世纪40年代（民国

末），在乌拉特前旗东南乌梁素海至黄河间开通了黄河改道所形成的三个小湖泊，利用自然河道自流灌溉农田，人们把这条渠称为三湖河，后来这条渠浇灌的区域称为湖河灌域。河套灌区引黄河水灌溉的历史始于秦汉时期，至1900年（清光绪二十六年）八大干渠相继通水，灌溉面积达到66.7千公顷。1901年，清朝派垦务大臣贻谷来此督办垦务，至1949年灌溉面积达到200千公顷。但灌区灌水工程简陋，旱涝灾害频发。1961年，黄河三盛公水利枢纽工程建成（包括人工开挖的引水总干渠，境内人称引水渠），结束了境内数千年来在黄河上直口、多口自流引水灌溉的历史，形成了境内人力自如控制的首制引水的新的灌溉模式。年引黄河水61.9亿立方米，是我国最大和最古老的灌区之一。灌区灌水系统有黄河水利枢纽工程1座，北岸输水总干渠1条，干渠13条，分干渠47条，支干渠300条，斗渠1056条，农渠2575条，毛渠16095条，各级渠道总长16800千米。排水系统有总排水干沟1条（长180千米，1975年建成），干沟12条，分干沟45条，支沟137条，斗沟566条，农沟1553条，毛沟9156条，各级沟总长10300千米。干渠、沟上建有节制闸、桥梁、渡槽、涵洞、杨水站等各种设施2.5万多座（500座）。1990—1995年，各方筹集资金5.06亿元（其中国内筹款2.83亿元，国际开发协会货款6000万美元），用于灌区东西210千公顷农田的灌、排工程的配套建设。灌区有海子（湖泊）208处，其中乌梁素海最大，是排水、山洪水的主要容纳区。干渠造林2137千米，占总长的96%，干沟造林480千米，占总长的59%。灌区农作物主要有小麦、玉米、甜菜、葵花、西瓜、甜瓜、胡麻以及蔬菜等。河套平原，河套平原又称后套平原，为黄河上游的冲积平原，即河成平原。广义的河套平原，是包括宁夏回族自治区和内蒙古自治区境内的黄河冲积平原，即宁夏的银川平原和内蒙古的河套平原、土默川平原。西到贺兰山，北到狼山、大青山，南界鄂尔多斯高原。面积2.5

万平方千米，海拔1千米左右。可分为三部分：贺兰山以东的称银川平原，狼山以南的称后套平原，大青山以南的称土默川平原（前套平原）。狭义的河套平原只包括内蒙古境内的黄河沿岸平原。北至阴山脚下，东及东南至蛮汗山山前丘陵，南界是鄂尔多斯高原北缘的陡坎，西界与乌兰布和沙漠相连。在内蒙古，只把后套平原称为河套平原。位于狼山之南，乌兰布和沙漠之东，东至乌梁素海，南至黄河，北抵狼山。东西长180千米，南北宽60千米，形如扇面，总面积13933平方千米。是中国最大的引黄灌区（自流灌区、一首制灌区）。狼山山麓洪积平原向南倾斜，黄河冲积平原向北倾斜，二者之间形成一条凹陷地带，就是乌加河排水总干沟和沼泽所在之地。黄河冲积平原是后套平原的主体。总的地势是由西南向东北缓缓倾斜，西南高东北低，东西坡降1/3000～1/5000，南北坡降1/4000～1/1800，平均海拔1020千米～1050千米。历史上黄河流经磴口县以下分南北二支，史称南河、北河。北河从磴口县付家湾北流，经狼山南麓东流，出西山咀，早期为黄河主流，后因山洪淤积和流沙阻塞，逐渐退出主河，后也被称为小黄河。于是在黄河和古北河之间形成一块扇形冲积平原，即河套平原。人们又把河套平原分为后套平原和三湖河平原。三湖河平原即西山咀以东，乌拉山与黄河之间的狭长地带，东西长约70千米，南北宽约3～15千米。河套平原组成物质为细沙、粉沙和亚砂土、亚粘土互层，风积物是在冲积平原的基础上发育起来的，在长期的风蚀作用下，形成不少碟形风蚀洼地和风积沙丘、沙梁、沙垅。风蚀洼地积水形成湖泊，后套平原多湖泊，构成地貌特色之一。后套平原光照充足，昼夜温差大，降水量少，蒸发旺盛，春季风沙多，干旱少雨。无霜期130天～140天（120天～130天），农作物一年一熟。年均降水量130毫米～250毫米（200毫米～250毫米），年蒸发量2000毫米～2400毫米，属于大陆性干旱气候区。灌区的耕作土壤主要有灌淤土和盐土，盐土占灌区面积的 40%，与灌淤土插花分布。风沙土分布普遍，此外还有碱土和新积土。土层深厚，土壤养分含量较低，有机质多在 10 克/千克以下。自然植被的荒漠草原几乎全部被农田所代替，只在盐碱地和沙丘上生长着盐生植物和沙生植物。河套平原地势平坦，土地肥沃，以黄河水自流灌溉，有灌溉之利。灌溉历史悠久，渠道纵横，农业发达。"塞上米粮川"驰名全国。主要生产小麦、玉米、糜子、甜菜、向日葵等，还生产著名的河套蜜瓜、西瓜和苹果梨。

贺明玉圪旦 临河区原乌兰淖尔乡自然村名。

红柴 临河区原古城镇行政村名。位于高油房北 9 千米总排干北。

红丰 临河区干召庙镇行政村名。

红柳圪旦 临河区干召庙镇新华村村委会所在地村名。

红鞋店 20 世纪 80 年代前，临河、陕坝之间的一个车马大店的名字。店主是一名妇女，喜穿红鞋，形成店名。

红星 临河区八一乡行政村名。

宏胜 临河区曙光乡行政村名。

后套 指巴彦淖尔市包括临河区在内的河套平原地区。

胡贵圪旦 临河区原黄羊木头镇自然村名。

黄河总干渠 黄河北岸输水总干渠。临河区境内渠名。黄河是我国著名第二大河名，是流经内蒙古的最大河流。河套平原和土默川平原的主要灌溉水源，过境水量 235 亿立方米。从宁夏石嘴山进入内蒙古境内，流经河套平原、土默川平原，从鄂尔多斯市准格尔旗榆林湾出境，区间干流长 830 千米，区内流域面积 14.35 万平方千米，最宽处 4000 米，最窄处 200 米。河道不稳定并逐年抬高，贺兰山麓的洪积扇高出黄河水面 30 米～70 米，易遭洪水灾害。巴彦淖尔市磴口县境内建有三盛公大型水利枢纽工程。在内蒙古段每年春季出现凌汛。流经巴彦淖尔市境南。巴彦淖尔市境内流程从磴口县二十里柳子入境，东至乌拉特前

旗劳动渠口出境，全长 340 千米（345 千米）。流经杭锦后旗、临河区、五原县。河床宽在 3 千米以上，水流缓慢，沙洲多。河道分歧，水涨时各支流汇成一片汪洋，难辨正流。流量 12 月至次年 2 月最小，7 月到 10 月为洪水期。流凌封冻时多自三湖河溯源而上，11 月中下旬流凌，12 月中旬封冻。解冻开河则自上而下，3 月中旬解冻。封冻期在 90 天～100 天。谚语归纳为：小雪流凌，大雪封冻，惊蛰河凹，春分河烂，清明凌净。年均含沙约 6 千克/立方米。境内防洪堤长 296 千米，能抗御 6 千立方米/秒洪水通过。

黄济 临河区原黄羊木头镇行政村名。黄济渠，河套平原干渠之一，由临河区黄羊木头镇总干渠二闸上游引水，向北流经临河区黄羊木头镇、乌兰淖尔乡、干召庙镇、白脑包镇等，止于乌拉特中旗石兰计乡，长 81.4 千米。净灌控制面积 63 千顷，渠道最大流量 58.0 立方米/秒，一般流量 45.0 立方米/秒。灌溉面积 44100 公顷。下级渠道有分干渠 6 条，支干渠 34 条。该渠原名黄土拉亥河，是境内河套平原的南、北河之间一条重要天然支流。因河口有黄土包，蒙古语称敖包边为拉亥，因而得名黄土拉亥。1873 年（清同治十三年），陕西府谷人杨廷栋在下游引水灌溉种植。1900 年（清光绪庚子年）黄土拉亥河渠地因抵赔款，尽与教会。教会占用后，弃旧口，挖新口，并对河道逐年整理。1918 年（中华民国七年），邓德超（比利时籍）神父集资 10 万，疏浚劈宽河道，增开支渠，由陕坝向北接挖，开通两条退水渠入乌加河，1922 年（民国十一年）竣工。1925 年（民国十四年），黄土拉亥河从教会收回。1928 年（民国十七年），地方水利部门又进行大规模整修。至 1932 年（民国二十一年），干渠长 73.5 千米，宽 20 米，深 2 米～1.6 米，有支渠 95 道，其中较大的有大发公渠、蛮会渠、园子渠。1942 年（民国三十一年），将渠口接入杨家河，实行多口引水，从此黄土拉亥河改名黄济渠。1952 年 5 月 10 日，黄杨闸（同年改名解放闸）竣

工放水，黄济渠口接入解放闸进水分水枢纽。1963年3月，总干渠第一分水枢纽改建成，黄济渠进水闸改在第二分水枢纽上游距第二分水闸5.8千米的位置。

黄渠口　临河区双河镇新渠村委会所在地村名。

黄羊　临河区原黄羊木头镇行政村名，位于临河西南17千米。"黄羊"是蒙古语"二"的汉字音写，是"黄羊木头"的简称。

黄羊木头　临河区原黄羊木头镇政府所在地名。该镇历史悠久，自汉至清人都在这里农牧渔猎。1901年9月《辛丑条约》签订后，因赔款割地与外国传教会，比利时、葡萄牙等国教会曾在这里建立教堂。黄羊木头乡，临河区曾设乡，1958年设黄羊木头人民公社，1983年改建为乡。1990年9月27日，江泽民总书记到黄羊木头乡广联村视察。1997年撤销乡建制，改建为镇。黄羊天主堂，天主教堂，位于临河区黄羊镇110国道旁。

黄杨闸　为解决黄济渠、杨家渠等干渠进水而兴建的进水闸。建成之日改称解放闸。

J

军分区　全称为中国人民解放军巴彦淖尔军分区，曾位于临河区胜利北路。1949年10月中国人民解放军绥远省军区在集宁组建后套军分区，1950年2月底到达陕坝，3月中旬完成对原绥西警备司令部的改编任务，3月21日宣告后套军分区成立。8月改称陕坝军分区。1954年4月1日改称中国人民解放军河套军分区。1958年9月1日改称巴彦淖尔军分区，司令部设在巴彦高勒。1970年5月迁入临河。

继光　临河区城关镇行政村名。

贾大圪旦　临河区原乌兰淖尔乡新丰村委会所在地村名。

贾二圪旦　临河区城关镇万丰村委会所在地村名。位于临河区解放西街西南4千米。

贾科子圪旦　临河区原隆胜乡新跃村委会所

在地村名。

建丰　临河区原乌兰淖尔乡行政村名。

建国　临河区原古城乡行政村名。

建华　临河区干召庙镇行政村名。

建设　临河区路名，位于胜利路东侧、南起铁路货场，北至临五路。建设乡，临河区曾设乡。

解放街　临河区街名。东接胜利路，西连临陕路，长2.4千米。

解放闸　总干渠上分水闸名。

解放镇　临河区曾设镇名。20世纪70年代为临河县政府驻地。

金川市场　2002年建，始建初期称金川购物中心，是临河区最早的集贸市场。

金龙饭店　位于临河区永安街2号，巴彦淖尔影剧院广场南。

靳家圪旦　临河区自然村名。北纬40°54′，东经107°12′。20世纪70年代为民丰大队驻地。

靳家台　临河区八一乡长丰村委会所在地村名。20世纪70年代为八一公社驻地。

进步　临河区双河镇行政村名。

K

开发区清真寺　位于临河区巴彦淖尔经济技术万丰开发区。

康存义圪旦　临河区原黄羊木头镇黄济村村委会所在地村名。

康家圪旦　临河区八一乡生丰村委会所在地村名。

L

狼山县　抗日战争时期，绥远省政府迁至陕坝。1942年（民国三十一年），傅作义先生在后套推行新县制，设置狼山县。因所辖区域正对北部狼山而得名。县政府设在祥泰裕（民国初年间，有山东人到此地创办移民村，务农经商，取商号名为祥泰裕，形成地名），又名永安堡（1932年阎锡山屯垦军进驻祥泰裕，修筑城堡，更名永安堡，以屯垦办事处主任王靖国字永安命名，即后来的狼山镇政府所在地）。1958年4月22日撤销，划归杭锦后旗。狼山石刻，在狼山脚下有两块刻石，一块长约1.3米，厚约0.7米，上刻五言诗一首：

总统五千兵，纵横万里路，踏平金积堡，调防紫金驻。

忽逢重九日，登高于此处，只见蒙古包，不见村与树。

同治壬申金运昌。

在石刻的西边10米处有小石刻，也刻有"同治壬申"等字。"同治壬申"即清穆宗同治十一年（1827年），可见石刻为此时的作品。从五言诗中看，刻石者为一领兵将军。

狼山镇 临河区镇，位于临河北34千米。1958年，狼山县建制撤销，设杭锦后旗东风人民公社，1961年更名狼山公社，划归临河县。1982年改狼山乡，1985年建乡级镇。

狼山农场 场部设在新华镇北5.5千米，位于临河东北45千米。

狼山造纸厂 位于临河区狼山镇。1958年建立，"蔡伦式"生产，1970年采用1092毫米短长网造纸机，生产杏塔牌打字纸、书写纸、凸版印刷纸等14个品种，年产量近4千吨。

李方达圪旦 临河区乌兰图克镇新乐村村委会所在地村名。

李红世圪旦 临河区双河镇自然村名。

李顺维圪旦 临河区自然村名。

李四圪旦 临河区原丹达木头乡村名。

李新亮圪旦 临河区自然村名。

李玉 临河区双河镇行政村名。

联荣 临河区原古城镇行政村名。

联兴 曾写作联星。临河区白脑包镇行政村名。

临河 "临河"作为一个具有固定内涵的词组，最早出现在《汉书·地理志》："朔方郡，户34338，县10；三封、朔方、修都、临河……"战国时，赵国在河套地区设九原城（一说城址在包

头境内）。秦统一六国后，在黄河北岸设九原郡，因河为塞，筑44县城临河，迁徙内地人充实初设之县。公元前127年（汉元朔二年）新设置朔方郡，并改秦九原郡为五原郡。汉置郡县多因袭秦制，所以历代志书都说：秦蒙恬北击匈奴，因河为塞，筑44城，置临河县（嘉庆一统志·鄂尔多斯）。但有确切文字记载的只有《汉书·地理志》。由上看出，"临河"一词一出现，就是由一地的方位来命名一级行政建制的，是一个行政建制名，不是一个自然实体名，后来才逐渐有了地名的含义。有关临河的记述还有《水经注》载：河水自窳浑来为北河，东经高阙南，又东经临河县故城北，又南河自临戎来，东经临河县南。临河县自西汉元朔二年设，至东汉废。到1925年（民国十四年），设县时，考虑到本地历史，于是就采用了西汉时的县名。1984年又改设为县级市。

临河百货大楼 位于临河区市中心的百货大楼距今44年，兴建于1971年，1975年竣工。楼面正面为三层，侧面为二层，营业面积8800平方米，宾馆饭店3500平方米，仓储面积2120平方米。最辉煌时期，经营各种商品8000余种，曾经是临河最大的综合商场。百货大楼在不同历史时期，为繁荣市场、搞活流通和发展经济等做出很大贡献，先后获得各种荣誉称号100多项。1992年，百货大楼在竞争如林的市场形势下，大胆引进个体经营体制，实行国有民营、柜组承包改革，使企业得以生存和发展。1997年，百货大楼进行产权制度改革，实行公司化管理，建立了产权清晰、权责明确、政企分开、管理科学的现代企业制度。企业经营机制实行股份制经营下的柜组承包，即两权分离、统分结合的职工（股东）承包经营形式。1998年实现利润51.8万元，利税111万元，上缴利税81.9万元，分别比改制前增长2.2%、0.4%和5.6%。后随着商业大厦、金川购物商厦、蓝宇商厦等大型购物商场的崛起，百货大楼退居二线市场。

临河宾馆　曾位于临河区滨河街的临河宾馆，归口巴彦淖尔市人民政府办公厅。

临河车务段　位于临河区胜利南路，全称呼和浩特铁路局临河段。始建于1958年，2004年7月临河火车站划归临河车务段。

临河车站粮库　曾位于临河区建设路40号，1957年建立。

临河城关造纸厂　1991年5月投产。位于临河东5千米，110国道旧线旁。

临河第三毛纺厂　1988年建立。

临河电视台　1986年成立，曾位于胜利北路。

临河二轻饭店　位于临河区新华西街，1984年10月开业。

临河饭店　曾位于临河区胜利南路，距临河火车站100米。1978年开业。

临河恒丰食品工业集团公司　1992年12月在临河面粉厂的基础上组建，1994年11月改组为临河恒丰食品集团股份有限公司。

临河化肥工业集团总公司　1971年建立临河化肥厂，1975年8月投产，1991年临河市接管，1996年兼并巴彦淖尔盟磷铵厂、硫酸厂组建临河化肥工业集团总公司。

临河火车站　包兰铁路线上站名。位于包兰线23351.65米，临河区胜利南端。

临河进修学校　曾位于临河旧城。1980年设，1985年备案。

临河经济技术开发区　位于临河区东。2004年改为巴彦淖尔市经济技术开发区。

临河面粉厂　位于临河区建设南路滨河路。1958年建成，是临河车站粮库的附属厂。1956年属临河县粮食局。1992年12月划为巴彦淖尔盟直属企业，成立临河恒丰食品工业集团公司。

临河农场　位于临河北10千米。1953年3月建立劳改农场，1969年改为北京军区内蒙古生产建设兵团三师二十一团，1975年更名划归巴彦淖尔盟农牧场管理局。2001年4月，农管局实验农场撤销划入，总面积26平方千米。

临河啤酒厂　又名临河保健啤酒总厂，位于临河区团结路25号。

临河清真北大寺　位于临河区和平南路。

临河清真南寺　位于临河区新华西街。

临河区第二中学　位于临河区北狼山镇。1961年设。

临河区第一小学　位于临河区解放街南侧。1927年设立。临河县初级小学，曾多次向延安输送青年。

临河区第一中学　位于临河区解放西街。1956年设，1999年起不招初中班。

临河区果园　位于临河西北35千米白脑包镇境内。1966年设。

临河区蒙古族小学　位于临河区万丰经济开发区东缘。1987年设。

临河区卫生防疫站　位于临河区解放西街。1958年建立，1991年迁至临河解放西街。

临河区医院　位于临河胜利北路，利民东街南。

临河人民公园　位于临河市区中心。1975年兴建。

临河绒毛厂　曾位于临河东北7.5千米八一乡境内。北靠章嘉庙海子，1981年在临河震动器厂基础上筹建，1982年停产。

临河商业大厦　位于临河区胜利北路。1990年底开业。

临河十中　位于临河区新华西街。2003年建立。

临河市　巴彦淖尔市境内曾置市名。

临河市公共汽车公司　1976年建立，2004年改为巴彦淖尔公共汽车有限责任公司。

临河市原种场　位于临河市区东北30千米。西靠班禅召海子，1961年设。

临河市种子公司　曾下设6个中心站，1个经营部，从事良种生产、推广。

临河糖厂　曾位于临河区团结南路西侧，北边渠南。内蒙古自治区制糖行业重点企业之一。

隶属巴彦淖尔盟甜菜制糖工业公司。1968 年设临河糖厂筹备处至 1960 年 3 月。1970 年由原北京军区内蒙古生产建设兵团三师建立，名三师糖厂。1974 年 10 月投产。1975 年 10 月划归地方更名。1998 年 7 月转制改称内蒙古巴彦淖尔盟田力制糖有限责任公司。1999 年停产。

临河铁路医院　位于临河区胜利南路 60 号。1958 年建立。2004 年 7 月改称巴彦淖尔市第四医院。

临河邮电局　曾位于临河区胜利南路 77 号。1925 年设邮信代办所，1930 年 10 月设邮政局和电务局，1931 年 4 月改造为电报局。1952 年设临河县邮电支局，1987 年 1 月 1 日撤销，并入巴彦淖尔盟邮电局。

临赛公路　临河—乌拉特后旗赛乌素公路名。曾名临潮公路。1964 年兴建，1972 年翻修，1979 年修建，到 1982 年为汽车专用线。

临铁　临河区双河镇行政村名。

刘成仁沙湾　临河区自然村名。

刘根秀圪旦　临河区干召庙镇民华村村委会所在地村名。

刘三圪旦　临河区双河镇自然村名。

刘苏保圪旦　临河区城关镇蓿亥村村委会所在地村名。

刘锁子圪旦　临河区自然村名。

刘桃花圪旦　临河区白脑包镇召滩村委会所在地村名。

刘万金圪旦　临河区原乌兰淖尔乡立新村村委会所在地村名。

刘五圪旦　临河区原小召镇幸福村村委会所在地村名。

刘兆兰圪旦　临河区干召庙镇民主村村委会所在地村名。

陆合公　临河区原古城镇永利村村委会所在地村名。

龙太泉圪旦　临河区自然村名。

隆胜　临河区行政村名、乡镇名。

卢家圪旦　临河区双河镇新红村村委会所在地村名。

鲁万仁圪旦　临河区原古城镇新设村村委会所在地村名。

吕子义圪旦　临河区干召镇永丰村村委会所在地村名。

罗缸房圪旦　临河区狼山镇福增村村委会所在地村名。

罗罗圪旦　临河区自然村名。

M

马场地　临河区双河镇马场地行政村村名。位于临河区南 3.5 千米。民国年间，中共临河地下党支部曾在此活动。傅作义曾在此训练第七期国民兵。

马道桥　位于临河区解放办事处西侧，临河至陕坝公路上，是境内较早的桥梁。1929 年至 1930 年，绥远省建设厅"以工代赈"在河套干渠上新建桥梁 43 座，多为简易木桥，唯马道桥为木结构排架桩简支梁木桥。有 5 孔 28 米，桥台为芷笈码头，桥面两旁置木栏杆，是包银路第一座大桥。1944 年 11 月，黄河冰块涌入永济渠，冲毁了马道桥。1945 年初，省公路处决定重建此桥，经工程技术人员反复调查研讨，结合当地材料与技术力量实际，采用"豪氏木桁结构"，由石兆銮工程师施工，建了马道桥。桥墩基桩入土 8 米，中孔跨 10 米，墩前 2.5 米处置破冰体桩，桥面高出洪水面 1.5 米，下可通船筏。桥总长 32 米。为使桥渠免受洪水冲击，对旧桥上游 0.5 公里曲段截弯建直，西移了约 50 米。这项工程从 6 月初备料始，到抗战胜利后的 8 月 19 日，历时两个半月全部竣工。这是河套建桥史上的第一座"木吊桥"。1950 年春，省人民政府决定再次重建马道桥，桥型结构同原桥。4 月初筹建，6 月中旬竣工。由于条件局限，质量、造型都不够完美，1955 年，内蒙古自治区交通厅再次改建马道桥。这次改建施工采用柴油机打桩，汽车引擎动力带卷扬机打桩、射水冲桩三种机械方法。桥墩基桩入土 11 米，下部为座架式又墩，桥台前设导流平台。墩座前置三角形桩束破跨体以利破冰导流。上部改为 3 孔跨 12 米豪氏木桁架，总长 42 米。桥面高出洪水位 1.5 米，下可通船只。桥上安装低栏杆，双层木桥面板及避车台。这座桥的造型、工艺、质量，在河套木桥建造史上达到高峰。2009 年 1 月至 10 月，巴彦淖尔市交通运输局对马道桥进行改建，新改建的桥梁总长 52.6 米，宽 24 米，高 5.64 米。

马二毛圪旦　临河区自然村名。

马寡妇圪旦　临河区八一乡东北。

马家圪旦　临河区自然村名。

马六十一圪旦　临河区原小召镇爱国村村委会所在地村名。

马增祥圪旦　临河区狼山镇永长村村委会所在地村名。

蒙达利饭店　曾位于临河区胜利北路，北临庆丰街。

蒙古桥　位于 110 国道上。2003 年重建。

孟侉圪卜　临河区原古城镇五星村村委会所在地村名。

牧场圪旦　临河区狼山镇永乐村委会所在地村名。

N

农垦大世界　曾位于临河区胜利南路 2 号、光明街口北。1991 年 12 月 18 日开业，后在改革大潮中拆迁重建。

脑高　临河区原黄羊木头镇行政村村名。

内蒙古临河市塑料厂　1973 年建长。年生产能力 2000 吨。

内蒙古水利学校　简称临河水校，位于临河区利民东街（大学路）。1979 年筹建，2004 年初并入河套大学。

内蒙古五三〇三服装厂临河分厂　也称作内蒙古 5303 服装厂临河分厂，也叫武警部队 5303 厂

一分厂。位于临河区庆丰西街 88 号。

内蒙古有色地质勘测局 511 队　内蒙古有色地质勘查局五一一队，简称 511 地质队。位于临河区 110 国道旁。

农科站　临河区白脑包镇民富村委会所在地村名。

P

潘家圪旦　临河区自然村名。

Q

棋盘　临河区原黄羊木头镇行政村名。

乔海有圪旦　临河区原丹达木头乡永清村村委会所在地村名。

青垦　临河区狼山镇行政村名。

全保如圪旦　临河区城关镇治丰村村委会所在地村名。

全丰　临河区乌兰淖尔乡行政村村名。

R

荣丰　临河区原黄羊木头镇行政村村名。

S

三合　临河区原古城镇行政村村名。

三和园　临河区原古城镇桥梁村村委会所在地村名。

胜利路　临河区路。南起临河火车站，北接旧城解放街。

十二连海子　位于临河区新华镇境内西南马家圪旦。

石二红圪旦　临河区新华镇新安村村委会所在地村名。

史红庆圪旦　曾写作史洪庆圪旦。临河区新华镇新荣村村委会所在地村名。

史家圪旦　临河区原古城镇前进村村委会所在地村名。

世城西　临河区白脑包镇自然村名。位于市

区西北 35 千米，陕五公路两侧。清光绪年间，山西籍商人在此开办世兴城商行。民国初年，绥远省垦务厅收辖该商行，更名世城西，是河套地区较有影响的自然村。

试验站　临河区自然村名。

双河镇　临河区乡镇名。

水桐树　临河区原丹达木头乡行政村村名。

苏家圪旦　临河区城关镇五四行政村自然村名。

苏生圪旦　临河区乌兰图克镇政府和班禅召村委会（曾名红旗大队）所在地名。位于市区东北 31 千米，永刚渠两侧。曾名党油房、水桐树圪旦。1949 年后改名。

孙其圪旦　临河区八一乡自然村名。

W

万丰经济开发区　位于临河区西区。20 世纪 90 年代设万丰开发区，进入 21 世纪改称临河经济技术开发区。

王成主圪旦　临河区干召庙镇向阳村村委会所在地村名。

王贵圪旦　①临河区城关镇远景村村委会所在地村名，位于原八岱乡东 2.5 千米。②临河区城关镇晨光村村委会所在地村名。位于解放西街东 4.5 千米。③临河区自然村名。20 世纪 70 年代为曙光大队驻地。④临河区白脑包镇政府驻地名。

王拐子圪旦　临河区原隆胜镇隆胜村村委会所在地村名。位于镇政府西 1 千米。

王科子圪旦　临河区原丹达木头乡忠义村村委会所在地村名。

王来成圪旦　临河区自然村名。位于北纬 40° 54′，东经 107°18′。20 世纪 70 年代为永胜村驻地。

王老虎圪旦　临河区原小召镇政府和光明村村委会所在地名。位于临河城区北 16 千米，临狼公路旁。

王蛇儿疙旦　临河区原隆胜镇新民村村委会所在地地名，位于镇政府东 6 千米。

王五疙旦　临河区原古城镇联丰村村委会所在地名。

王六圪旦　临河区八一乡农丰村村委会所在地名。

王蛇儿圪旦　临河区原隆胜镇新民村村委会所在地名。

王喜子疙旦　临河区干召庙镇自然村名，位于镇政府东北 6 千米。

魏家圪旦　临河区双河镇临铁村村委会所在地名。

魏扬地　临河区自然村名。20 世纪 70 年代为万丰大队驻地。

温二疙旦　临河区新华镇永红村村委会所在地名。位于镇东 9 千米。

温来存疙旦　临河区原黄羊木头镇荣丰村村委会所在地名，位于镇西南 4.5 千米。

乌兰村　临河区原乌兰淖尔乡行政村村名。

乌兰淖尔　临河区原乌兰淖尔乡政府及乌兰淖尔村委会驻地村名。位于临河区 23 千米。这里地势低洼，曾多积水，蒙语称之为乌兰淖尔，意为红湖。1901 年 9 月后，比利时籍神父曾在此建立教堂传教，1950 年结束。

乌兰图克　蒙语为红旗。乌兰图克镇为临河区一乡镇。

邬家圪旦　临河区原丹达木头乡自然村名。

邬四圪旦　临河区原乌兰淖尔乡东风村村委会所在地名。

吴长锁圪旦　临河区原古城镇红柴村村委会所在地名。位于高油房北 9 千米，曾名红柴圪旦（红柴圪卜）。

吴三锋圪旦　临河区原丹达木头乡自然村名。

吴四圪旦　临河区狼山镇永增村村委会所在地名。

五四　临河区城关镇行政村名。村民委员会设在苏家圪旦，位于解放西街西南 7 千米。

五台　临河区乌兰图克镇行政村名。村民委员会设在五台疙旦。

五台圪旦　临河区乌兰图克镇五台村村委会所在地名。因村民多来自山西省五台县而得地名。

五星公社　临河区曾设公社。驻地高油房。1961 年由狼山公社划出设五星公社，1983 年改乡，1986 年更名古城乡。

X

西冯贵圪旦　临河区狼山镇新增村委会所在地名。

西海　临河区丹达木头乡行政村名。

西河湾　临河区干召庙镇西河湾村委会所在地自然村名。

西乐　临河区原小召镇行政村名。

西渠　临河区原黄羊木头镇行政村名。

西渠桥　位于 110 国道。2003 年重建。

西人圪旦　临河区乌兰图克镇民乐村村委会所在地名。早期村民多为甘肃民勤人而得名。境内称民勤人为西人。

西沙梁　临河区原隆胜镇长胜村村委会所在地村名。

西账房　临河区双河镇账房村村委会驻地名。位于临河区东 19 千米，总干渠南。曾名王老虎圪旦，后因蒙古族牧民的蒙古包增多而得名。

祥泰魁　临河区新华镇驻地名。因清末商号名而来。亦名百川堡。

祥泰裕　临河区狼山镇所在地曾用名，因清末商号名而得名。亦称永安堡。

新道　临河区八一乡行政村名。

新房圪旦　临河区白脑包镇民兴村村委会所在地村名。

新丰乡　临河区曾设乡。

新华街　临河区街名。

新华林场　临河区林业局所属林场名。

新建营子　临河区原古城镇新建营村村委会所在地村名。民国初年因艺人名称张大旗圪旦，抗日战争时期建有天主教堂圣贤堂，称圣贤营子。1950 年许多农户迁入，改称新建营子。

Y

阎家圪旦　临河区原乌兰淖尔乡民丰村村委会所在地村名。

阎锁圪梁　临河区原古城镇新民村村委会所在地村名。

羊场圪旦　临河区白脑包镇三八村自然村名。

羊房圪旦　临河区自然村名。

杨家圪旦　临河区自然村名。20 世纪 70 年代为八岱乡棋盘大队驻地。

一苗树　临河区自然村名。20 世纪 70 年代为哈达淖（哈达淖尔）大队驻地。

油房台子　临河区双河镇自然村名。

裕成厚圪旦　临河区原黄羊木头镇自然村名。

永济渠　又名缠金渠。1821 年（清道光元年），商人甄玉、魏羊与达拉特旗“郡王交善”，经郡王特准，在临河境内开渠垦地，当时渠口在黄河左岸向东转弯处。1828 年（道光八年），清廷下特旨开放缠金地，甄、魏二人联合 48 家商号，扩大整修缠金渠。1904 年（光绪三十年），缠金渠收归朝廷官办，拟定“吸水法”将引水口上移，渠道劈宽挖深，下接乌加河，改名永济渠，下设 6 条大支渠。1928 年（民国十七年），绥远省建设厅将刚济渠（永刚渠）并入永济干渠。1932 年（民国二十一年），修挖百川堡渠（新华渠）和乐善堂渠。1939 年（民国二十八年），永济正稍挖通至乌加河，共开支渠 55 道，浇地 6820 顷，成为河套最大的干渠。中华人民共和国成立后，1961 年改由总干渠第二分水枢纽引水，先后建成永济渠第一、二、三分水闸，由钢筋砼结构替代原来的草闸。之后历经了续建配套与节水改造等工程建设。永济渠渠长 49.4 公里，最大引水流量每秒 90 立方米，灌溉面积 128.78 万亩。

Z

毡房圪旦　临河区自然村名。北纬 40°54′，东经 107°12′。20 世纪 70 年代为红星大队驻地。

张碌圪旦　临河区双河镇跃进村村委会所在

地村名。

张成义圪旦 临河区原黄羊木头镇广联村村委会所在地村名。

张大栓圪旦 临河区新华镇隆光村村委会所在地村名。

张二有圪旦 临河区双河镇奋斗村村委会所在地村名。

张三圪旦 临河区原丹达木头乡永和村村委会所在地村名。

张三生圪旦 临河区原古城镇建国村村委会所在地村名。

张生德圪旦 临河区乌兰图克镇广丰村村委会所在地村名。

张银柱圪旦 临河区白脑包镇春光村村委会所在地村名。

章嘉庙 曾写作张家庙。临河区八一乡丰收村村委会所在地村名。清朝咸丰年间，村内曾建有喇嘛庙，庙名章嘉为藏语译音。庙宇旁有一棵茂盛的水桐树。村名从庙名。

召阁台 临河区原古城镇行政村名。

召滩 临河区白脑包镇自然村名。

赵木匠圪旦 临河自然村名。位于北纬41°06′，东经107°30′。20世纪70年代为新民大队驻地。

赵区儿圪旦 临河区原隆胜镇光荣村村委会所在地村名。

赵三圪旦 临河区原丹达木头乡自然村名。

治安 临河区城关镇行政村名。

智双全圪旦 临河区双河镇自然村名。

中心圪旦 临河区原古城镇召阁台村村委会所在地村名。

忠义 临河区原丹达木头乡行政村名。

朱家圪旦 临河区白脑包镇自然村名。

总干渠二闸 位于临河区原黄羊木头镇境内总干渠47千米处。1960年兴建，1961年竣工。

四、《临河区志》编纂工作安排意见

中共临河区委员会办公室

关于《临河区志》编纂工作的安排意见

临党办发〔2016〕91号

（2016年12月25日）

各乡镇、农场、办事处，区委各部、委，区直各单位及各人民团体，驻区各单位：

按照国务院《地方志工作条例》、自治区《地方志工作规定》和巴彦淖尔市第二轮修志动员会议精神，结合首轮修志实践经验和当前修志工作面临的新情况，现将《临河区志》（二轮志）编纂工作安排如下。

一、任务、步骤

临河区第二轮地方志编纂工作于2016年10月开始，计划用三年多时间完成志书的编纂出版工作。具体分以下几个阶段：

（一）召开《临河区志》编纂工作会议。

2016年10月15日至2016年12月25日，筹备组织召开《临河区志》编纂工作会议，传达内蒙古自治区、巴彦淖尔市关于启动第二轮志书编纂工作会议精神，全面安排部署《临河区志》编纂工作，对各相关单位编纂人员进行地方志知识业务培训。

（二）《临河区志》资料征集阶段。

各上报地方志资料单位于2017年2月底前，按《篇目大纲》《编纂工作指导手册》要求，将志书所需资料报送区委党史办，对不符合要求的返回原单位进行修改完善。

（三）志书初稿的编写和修改阶段。

2017年3月至2017年12月，区地方志编委会负责对各单位上报资料进行编纂和完善，完成地方志初稿第一稿工作。

（四）统稿阶段。2018年01月至2018年10月，广泛征求意见、查漏补缺，对初稿资料进一步完善。同时邀请市、区地方志相关专家和领导对志稿内容进行复查审核，并提出修改意见和建议。

（五）总纂阶段。2018 年 11 月至 2019 年 7 月，上报自治区地方志办公室，对志稿进行评议、验收。

（六）出版阶段。2019 年 7 月至 2019 年 12 月，申请书号印刷、校对、出版发行。

二、组织领导

为确保志书编纂工作顺利进行，特成立《临河区志》编纂委员会。编委会主要职能是及时协调和解决修志工作中出现的问题和困难，保障编纂工作目标、任务、步骤、措施等圆满落实。

编纂委员会成员

主　任：李　理　市委常委、区委书记

副主任：王肇晟　区委副书记、政府党组书记、区长

　　　　彭玉堂　区委副书记

　　　　张文智　区委常委、政府党组副书记、副区长

　　　　李晓蕊　区委常委、宣传部部长、政府副区长

　　　　王　勇　区委常委、区委办主任

成　员：

　　　　雷振华　区政府党组成员、政府机关党组书记、办公室主任

　　　　徐卫东　区财政局党组书记、局长

　　　　李　炯　区委办副主任、党史办主任

　　　　王海成　区政府机关党组成员、办公室副主任

　　　　李斌宽　区档案局局长

编纂委员会下设办公室，办公室设在临河区委党史办，主任由区委办副主任、党史办主任李炯担任，同时兼任《临河区志》主编，具体负责志书的日常编纂事务。

三、编纂要求

为提高工作效率，保证志书质量，客观系统地记述临河区时限内自然、政治、经济、文化、社会等各方面情况，全面、真实、系统地反映临河区改革开放、经济建设和社会发展取得的成绩、经验，突出时代特点和地方特色。对各承编单位和相关部门提出以下具体要求：

（一）修志工作要切实做到"一纳入、八到位"。即把地方志工作纳入国民经济和社会发展规划、各级政府工作任务之中，做到认识到位、领导到位、机构到位、编制到位、经费到位、设施到位、规划到位、工作到位。形成编委会成员和相关单位共同参与、分工协作的工作格局。临河区修志工作所需经费列为区财政专项资金，纳入预算管理，区财政局要保障《临河区志》编纂经费。各承编单位要高度重视区志编纂工作，明确职责，主要领导负总责，确定分管领导和编纂人员，保证人员、经费、时间的投入。要严格把好质量关，对上报志稿资料进行认真审核，并签字盖章。区委党史办要充分发挥组织、指导、协调作用，严格标准，确保质量。区档案局、区政协文史委等相关单位要主动为《临河区志》提供相关资料。

（二）严格执行《编纂工作指导手册》。《巴彦淖尔市临河区志》的上限原则上与首届志书的下限相衔接，上限为 1991 年 1 月 1 日，下限为 2016 年 12 月 31 日。体裁包括述、记、志、传、图、表、录等，以志为主体，适当增加图片数量，丰富图表形式，同时根据实际情况可设"专记"。志书中所用称谓、纪年时间、数字、注释引文、计量单位、标点符号及篇、章、节、目的序码等，按国家公布的出版物各项规范标准执行。志书所采用的数据要以统计部门为主、主管部门为辅，如出现不一致的情况，以统计部门为主。

（三）认真落实质量标准。史志资料上报工作是各级党委和政府的重要工作任务，有关部门领导必须高度重视，并确定有较强写作能力的干部

具体负责资料搜集、整理、上报工作。提供的资料一定要存真求实，确保质量，按时上报，不可敷衍塞责。各单位上报的区志资料，内容必须符合地方志编纂指导思想，符合党和国家的路线、方针、政策和法律、法规，符合保密、涉外和民族、宗教等政策的有关规定；区志资料条目内容要全面系统。史实数据要准确，无虚假成分，不夸张溢美，杜绝空话套话。记述内容要做到"横不缺要项，纵不断主线"，合乎科学分类，做到条目合理、归属得当、层次清楚、排列有序；志稿内容要求文风朴实，行文流畅，用语准确规范。

（四）进一步加强修志队伍建设。区志编纂工作是一项庞大、复杂的社会系统工程。各单位修志人员一定要认真学习《巴彦淖尔市临河区志编纂工作手册》，掌握志书的独特体例和写作要求，坚持"求实、创新、协作、奉献"精神，准确把握编纂区志的重要意义和现实作用，编纂具有鲜明特色、富于时代气息的精品区志，以强烈的责任感和使命感，高质量、高标准做好区志的编纂工作。志书编纂工作结束时，区委、政府对编纂过程中上报区志资料敷衍了事、资料不完善的单位和个人进行通报批评，对进展快、质量高的单位和个人进行表彰奖励。

四、报送方式

为保证区志编修整体进度，各单位务于2017年2月28日前将志书编写资料报送区委党史办。文稿统一用电子邮件发送至区委党史办电子信箱，同时报送经领导签字的纸质文稿一份，以备存档、查实。

联系人：额古勒　张学军

联系电话：0478—8523692

电子信箱：lhqdsb@sina.com

联系地址：临河区党政大楼4035办公室

中共临河区委员会办公室

临河区政府办公室

2016年12月25日

五、《临河区志（1991—2016年）》编纂人员分工

《临河区志（1991—2016年）》编纂人员分工

李　炯　担任区志主编。负责《临河区志（1991—2016年）》编纂工作的组织、协调、实施工作，负责区志的统稿、审稿、总纂、审校工作。撰写序言、概述、凡例、修志始末。

李平原　担任区志副主编、初纂编辑、总纂。负责协调、收稿、审稿、审校工作。编辑民主党派与群团社团、地方权力机关与地方人民代表大会、地方人民政府、政协地方委员会、地方军事、公安、司法、民政、扶贫、人力资源与社会保障、经济综述、城乡建设、环境保护、交通运输、邮政、信息产业、农牧业、经济综合管理、教育、科技、地震气象水文、文化艺术档案。

何立亭　担任初纂编辑。编辑政区、自然、地理、环境、民族、人口、宗教、中国共产党地方组织、水利、林业、工业、乡镇企业、非公有制经济、商粮、物流业、旅游业、社会服务业、金融。

吕春云　担任初纂编辑。编辑广电、报纸刊物、体育、医疗卫生、精神文明建设。

额古勒　孙　燕　编辑大事记、资料收集、校对工作。

温　馨　负责志书资料收集、扫描。

张学军　宋超宇　负责志书资料收集、校对工作。

阿娜尔　彭红梅　负责志书校对工作。

修志始末

　　《临河区志（1991—2016）》编修工作，历经三年多时间，完成志稿33篇、130万字。志书在编纂过程中，得到区委、政府高度重视，得到自治区、巴彦淖尔市地方志业务部门亲切关怀和大力支持，我们深表感谢。

　　志书编纂工作大体分四个阶段。第一阶段（2016年10月—2017年3月）：为组织动员、安排部署、培训阶段，第二阶段（2017年4月—2018年7月）：为征集资料、筛选资料、编辑资料阶段，第三阶段（2018年8月—2019年9月）：为初稿编纂、补充完善、总纂阶段，第四阶段（2019年10月—2020年10月）：为评审验收、出版发行阶段。

　　2016年10月，临河区史志办编写印制了《临河区志编纂工作指导手册》《临河区志篇目大纲》。《编目大纲》报请巴彦淖尔市地方志办公室审定、备案。2016年12月，临河区委、政府下发《关于临河区志编纂工作的安排意见》，成立《临河区志》编纂委员会，区委书记任编委会主任。区长、常务副区长等领导任副主任，相关部门负责人任成员。编委会下设办公室，办公室设在临河区史志办。

　　2017年1月，临河区召开史志工作暨《临河区志》编纂工作动员大会，会议全面安排部署了临河区二轮志编修工作。会后，组织举办了地方志编修人员业务培训班。在资料征集过程中，结合区直单位工作实际，对篇目结构进行了一次微调。将个别单位没有的工作职能项目去除，将工作内容单薄的项目合并，将新增加的尤其是有关改革的内容增设子目，突出改革内容，突出地域特色，力求篇目设计与工作实际有机结合。其间，分管地方志工作的常务副区长张文智，多次听取二轮志进展情况汇报，帮助解决工作经费等问题，主动为志书编修创造条件。2017年3月27日，针对资料征集过程中出现的问题，召集乡镇办事处撰稿人员，举办了第二期地方志业务培训班。2017年10月，史志办会同区委政府督查室，对资料报送质量不高、进展缓慢的40多个单位，进行督促检查，并下发《临河区地方志工作进展及存在问题情况的通报》，对供稿不及时的3个单位进行全区通报批评。与此同时，史志办分批次派出修志人员7人次，参加市、自治区、国家地方志业务培训班，带着任务和问题去学，拷贝培训内容，回来在工作例会上为大家解读，做到"一人培训、全员分享"。

　　2018年3月，再次成立地方志工作督导组，对拖延供稿的部分单位进行督查。利用史志办留存的历史资料，先后从2本《临河市年鉴》和临河《财政志》《水利志》《电力志》《统计志》《人大志》《军事志》《教育志》，以及20世纪90年代的一些纸质材料上，拾遗补阙，充实完善。2018年9月6日，自治区地方志办公室"三全目标"攻坚组来到临河，督查指导临河区二轮志编纂工作，通报了自治区地方志工作的任务与形势，区史志办及时向编委会汇报上级有关精神，增强工作的紧迫感、使命感，加快了工作进度。2018年9月15日，史志办聘请临河区三位作家李平原、何立亭、吕春云，先对他们进行培训，然后集中三个半月时间进行编纂。发挥作家凝练语言、流畅语句的功力，达到预期效果。2018年12月30日，《临河区志（1991—2016）》初纂结束，由主编李炯和副主编李平原进行统稿，同时对志书中工业、商业等资料的薄弱环节，进行再次收集整理、补充完善。这期间，巴彦淖尔市地志办主任刘景平先后两次来临河督查、指导工作。

2019年9月25日，区史志办将《区志》初稿资料，分别返回原单位，请各单位进行最后审核、把关，并将领导签字稿留存档案。2019年10月15日，开展了《区志》初评，将评审稿发放编委会领导和法制办、保密局等相关部门，将修改意见集中，进行再修改、再完善。同时，组织史志办全体工作人员，开展"全员纠错行动"，把33篇内容，按人头分发下去，集中20天时间，进行纠错与查遗补漏，效果很好。2019年12月15日，几经易稿，一部散发着墨香的《临河区志（1991—2016年）》（送审稿），寄往自治区和巴彦淖尔市两级地方志办公室。

2020年1月17日，内蒙古自治区、巴彦淖尔市两级评审会在临河区召开。自治区、市11位评审专家对志书初稿提出不少宝贵的修改意见。临河区史志办组织人员进行进一步修改完善。2020年6月15日，区史志办组织全体人员对《区志》验收稿再次进行问题排查，修改完善。6月下旬报巴彦淖尔市、自治区地方志部门验收通过。

《临河区志》既是一项声势浩大的文化工程，也是一项规模巨大的社会工程。几年来，全区社会各界、各行各业都参与了这项工程。前后有200余人参与了资料搜集、整理，临河区史志办工作人员承担了区志资料征集、审核把关、编纂出版工作，向临河人民交出一份厚重答卷。在此，谨对为本志付出辛勤汗水和关心支持的社会各界人士表示诚挚谢意！

由于资料来源和编纂水平所限，志中疏漏或谬误在所难免，恳请广大读者提出批评意见。

临河区地方志编纂委员会办公室

2020年5月1日